LA LÉGISLATION
DE
L'INSTRUCTION PRIMAIRE
EN FRANCE
DEPUIS 1789 JUSQU'A NOS JOURS

RECUEIL

DES

LOIS, DÉCRETS, ORDONNANCES, ARRÊTÉS, RÈGLEMENTS, DÉCISIONS, AVIS, PROJETS DE LOIS,

AVEC UNE INTRODUCTION HISTORIQUE ET UNE TABLE ANALYTIQUE

Par M. GRÉARD
VICE-RECTEUR DE L'ACADÉMIE DE PARIS
MEMBRE DE L'INSTITUT.

DEUXIÈME ÉDITION

TOME IV

De 1863 à 1879

PARIS
TYPOGRAPHIE DELALAIN FRÈRES
IMPRIMEURS DE L'UNIVERSITÉ
1 et 3, rue de la Sorbonne.

LA LÉGISLATION

DE

L'INSTRUCTION PRIMAIRE

EN FRANCE.

LA LÉGISLATION
DE
L'INSTRUCTION PRIMAIRE
EN FRANCE
DEPUIS 1789 JUSQU'A NOS JOURS

RECUEIL

DES

LOIS, DÉCRETS, ORDONNANCES, ARRÊTÉS, RÈGLEMENTS,
DÉCISIONS, AVIS, PROJETS DE LOIS,

AVEC UNE INTRODUCTION HISTORIQUE ET UNE TABLE ANALYTIQUE

Par M. GRÉARD
VICE-RECTEUR DE L'ACADÉMIE DE PARIS
MEMBRE DE L'INSTITUT.

DEUXIÈME ÉDITION

TOME IV
De 1863 à 1879

PARIS
TYPOGRAPHIE DELALAIN FRÈRES
IMPRIMEURS DE L'UNIVERSITÉ
1 et 3, rue de la Sorbonne.

Toutes nos éditions sont revêtues de notre griffe.

Delalain frères

Janvier 1896.

LA LÉGISLATION

DE L'INSTRUCTION PRIMAIRE EN FRANCE

DEPUIS 1789 JUSQU'A NOS JOURS.

TOME IV.

Décret autorisant les communes de Luxeuil et de Jussey, conjointement avec les frères des Écoles chrétiennes, à placer et à immatriculer des sommes ou rentes provenant d'un legs. 6 juillet 1863.

6 Juillet 1863.

NAPOLÉON, etc.,

Sur le rapport de notre Ministre secrétaire d'État au département de l'Instruction publique,

Vu :

L'ordonnance du 1er octobre 1843, qui a autorisé les communes de Vesoul, Jussey et Luxeuil (Haute-Saône), et le supérieur général des frères des Écoles chrétiennes à accepter, chacun en ce qui le concerne, le legs d'une somme de 150 000 francs, fait, suivant dispositions testamentaires du 21 avril 1840, par Mlle Bourdault, pour être appliqué à la fondation et à l'entretien d'une École chrétienne dans chacune de ces communes;

Une délibération du 23 novembre 1859, par laquelle le Conseil d'administration des frères sollicite l'autorisation de placer, en rentes sur l'État, une somme de 35 589 francs provenant du legs Bourdault, et applicable aux besoins de l'École chrétienne de Luxeuil;

Une seconde délibération du même Conseil, en date du 19 janvier 1860, demandant l'immatriculation, au nom exclusif de l'institut, d'une rente de 1 720 francs acquise par lui, provenant de la même source et destinée à l'entretien de l'École chrétienne de Jussey;

Les délibérations par lesquelles les deux communes intéressées demandent à intervenir, chacune pour sa part respective, au placement en rentes et à l'immatriculation de rente dont il est question;

Les lettres des 31 octobre et 20 novembre 1860, par lesquelles le Préfet de la Haute-Saône émet l'avis que l'institut des frères et les maires des deux communes soient autorisés à intervenir simultanément dans l'immatriculation et dans le placement en rentes sollicité par les frères;

Considérant que, dans l'espèce, les Écoles à fonder doivent, d'après l'intention de la testatrice, avoir un caractère communal et public;

Que, dès lors, si les frères sont l'instrument des libéralités de Mlle Bourdault, ces libéralités n'ont pour objet que le bien des populations en faveur desquelles elles sont faites;

Qu'il convient donc de faire intervenir la commune en même temps que l'institut,

Notre Conseil d'État entendu[1],

Avons décrété et décrétons ce qui suit :

ARTICLE 1er. — Le maire de Luxeuil (Haute-Saône) et le supérieur général des frères des Écoles chrétiennes, institut légalement reconnu par décret du 17 mars 1808, sont autorisés à placer conjointement, en rentes sur l'État, une somme de trente-cinq mille cinq cent quatre-vingt-neuf francs (35 589 fr.), provenant d'un legs fait, suivant testament olographe du 21 avril 1840, par Mlle Bourdault, pour la création et l'entretien d'une École chrétienne dans ladite ville, et dont l'acceptation a été autorisée par ordonnance du 1er octobre 1843. Les arrérages en seront touchés annuellement par ladite commune pour en faire l'emploi prescrit par la testatrice.

ART. 2. — Le maire de Jussey (Haute-Saône) et le supérieur général des frères des Écoles chrétiennes sont autorisés à faire immatriculer, au nom de cette commune et au nom de l'institut, une rente de dix-sept cent vingt francs (1 720 fr.), provenant des mêmes dispositions testamentaires et applicable aux besoins de l'École chrétienne de Jussey. Les arrérages en seront touchés annuellement par ladite commune pour en faire l'emploi prescrit par la testatrice.

1. Voir, Tome III, page 820, l'avis du Conseil d'État, en date du 10 juin 1863, qui était annexé au présent décret.

Décision relative à la peine de l'interdiction absolue prononcée contre des instituteurs.

18 juillet 1863.

18 Juillet 1863.

Le Conseil, etc.,

Vu la décision du Conseil départemental de l'instruction publique de la Gironde, en date du 30 janvier 1863, qui a, par deux dispositions distinctes :

1° Confirmé l'opposition formée le 8 décembre précédent par le Préfet de la Gironde, à l'ouverture de l'École primaire libre que le sieur..... avait, par déclaration du 28 novembre, manifesté l'intention d'ouvrir à....., canton de....., arrondissement de Bordeaux;

2° Prononcé contre le même instituteur, par application de l'article 30 de la loi du 15 mars 1850, paragraphe 2, la peine disciplinaire de l'interdiction absolue;

Vu l'appel interjeté le 16 février 1863 par..... de cette décision à lui notifiée le 8 du même mois et le mémoire à l'appui de son appel;

Vu le rapport de l'Inspecteur d'Académie en résidence à Bordeaux, en date du 9 avril, et la lettre du sénateur chargé de l'administration du département de la Gironde, en date du 11 du même mois;

Vu les articles 17, 28 et 30 de la loi du 15 mars 1850, les articles 7 et 8 de la loi du 14 juin 1854, et les articles 26 et 27 du règlement d'administration publique du 29 juillet 1850;

En ce qui concerne la disposition de la décision attaquée qui confirme l'opposition formée par le Préfet à l'ouverture de l'École primaire libre de garçons que ..... a déclaré vouloir établir à.....;

Attendu qu'aux termes de l'article 28 de la loi du 15 mars 1850 aucun recours n'est ouvert contre les décisions rendues en cette matière par les Conseils départementaux substitués aux Conseils académiques;

En ce qui concerne la disposition de la même décision qui, appliquant à ..... l'article 30 de la loi du 15 mars 1850, paragraphe 2, a prononcé contre lui la peine de l'interdiction absolue;

Attendu que le Conseil départemental n'a statué sur ce chef qu'à charge d'appel devant le Conseil impérial;

Attendu que la procédure suivie n'est pas régulière;

Attendu, en effet, que le Conseil départemental n'était saisi que de l'opposition formée par le Préfet, dans l'intérêt des mœurs publiques, à l'ouverture de l'École de....., à....., et que la décision elle-même ne vise que l'article 28 de la loi du 15 mars 1850;

Attendu que, quelque graves que puissent être les antécédents relevés à la charge d'un instituteur, l'application par le Conseil départemental des peines disciplinaires, autorisée par la loi, demeure subordonnée à des règles rigoureuses et à des garanties nécessaires;

Attendu qu'une condamnation de la nature de celle qui a été prononcée contre ..... ne peut intervenir, aux termes de l'article 30 de la loi du 15 mars 1850, que sur la plainte du Préfet ou du Procureur impérial, pour faute grave dans l'exercice des fonctions, inconduite ou immoralité, et selon les formes spécialement tracées par l'article 26 du règlement d'administration publique du 29 juillet 1850;

Attendu qu'aucune de ces formes n'a été observée dans la circonstance, et que ..... a été jugé et frappé d'une peine à l'occasion de faits pour lesquels il n'avait été ni cité, ni déclaré en prévention, ni mis en demeure de se défendre;

Déclare l'appel de ..... non recevable contre la disposition de la décision du Conseil départemental de la Gironde, qui a confirmé l'opposition formée par le Préfet à l'ouverture d'une École libre à....., laquelle décision conserve, de ce chef, son plein et entier effet;

Reçoit, au contraire, l'appel de ..... en ce qui touche la disposition de la même décision qui a frappé cet instituteur de la peine de l'interdiction absolue;

Infirme, de ce chef, la décision attaquée et décharge ..... de la condamnation disciplinaire irrégulièrement prononcée contre lui, sans préjudice de l'action qui pourrait être ultérieurement intentée à raison de ces derniers faits.

---

23 juillet 1863. **Décision du Conseil d'État, relative à l'exemption de la patente en faveur des instituteurs libres qui n'ont pas de pensionnat.**

23 Juillet 1863.

Un établissement d'instruction primaire ne peut-il être imposé à la patente que dans le cas où il a le caractère d'un pensionnat? Rés. aff.

Décidé que le réclamant (petit frère de Marie) s'était borné à recevoir des externes auxquels il avait donné l'instruction primaire, sans leur fournir la nourriture ni le logement, et qu'en conséquence, il avait été imposé à tort comme chef d'institution[1].

Le Conseil,

Vu la requête présentée par le sieur Fagouet (petit frère de Marie), tendant à ce qu'il nous plaise annuler un arrêté du 7 novembre 1862, par lequel le Conseil de préfecture de Saône-et-Loire a rejeté sa demande en décharge de la contribution des patentes, à laquelle il a été imposé pour l'année 1862, sur le rôle de la commune de Verdun-sur-le-Doubs, comme exerçant la profession de chef d'institution; — ce faisant, accorder au requérant la décharge demandée, attendu que l'établissement qu'il dirige est un établissement d'instruction primaire où les enfants ne sont ni logés ni nourris;

Vu la loi du 25 avril 1844, article 13, n° 2;

Vu la loi du 18 mai 1850 et le tableau G y annexé;

Considérant qu'il résulte de l'instruction que l'établissement dirigé par le frère Fagouet est un établissement d'instruction primaire qui ne pourrait être imposé à la contribution des patentes que dans le cas où il aurait le caractère d'un pensionnat;

Considérant que le sieur Fagouet se borne à recevoir des externes, auxquels, pendant l'année 1862, il a donné l'instruction primaire sans leur fournir la nourriture ni le logement; que, dans ces circonstances, c'est à tort qu'il a été imposé et maintenu, pour l'année 1862, sur le rôle de la commune de Verdun-sur-le-Doubs, par application de la loi du 18 mai 1850, tableau G, comme exerçant la profession de chef d'institution..... (*Arrêté annulé*).

Décret relatif à la transmission immédiate aux Préfets par les notaires d'un état des legs faits aux communes, aux pauvres, aux établissements publics ou d'utilité publique, aux associations religieuses, etc. 30 juillet 1863.

30 Juillet 1863.

NAPOLÉON, etc.,

Sur le rapport de notre Ministre secrétaire d'État au département de l'Intérieur;

1. L'arrêté attaqué était motivé sur ce que le requérant n'était pas instituteur primaire communal, mais qu'il tenait un externat et avait même quelques élèves pensionnaires logés dans l'intérieur de la ville, en attendant que les logements nécessaires chez lui fussent achevés.

Le Ministre des Finances a conclu en ces termes à l'annulation de cet arrêté : « La loi du 18 mai 1850 n'a assujetti à la contribution des patentes que les chefs

Vu l'ordonnance royale du 2 avril 1817;

Vu l'avis de notre Ministre de l'Instruction publique et des Cultes du 24 février 1863;

Vu l'avis de notre Garde des Sceaux, Ministre de la Justice, du 1er mai 1863;

Notre Conseil d'État entendu,

Avons décrété et décrétons ce qui suit :

ARTICLE 1er. — Tout notaire dépositaire d'un testament contenant un ou plusieurs legs au profit des communes, des pauvres, des établissements publics ou d'utilité publique, des associations religieuses et des titulaires énumérés dans l'article 2 de l'ordonnance royale du 2 avril 1817, devra transmettre au Préfet du département, sans délai, après l'ouverture du testament, un état sommaire de l'ensemble des dispositions de cette nature insérées au testament, indépendamment de l'avis qu'il est tenu de donner aux légataires, en exécution de l'article 5 de l'ordonnance précitée.

---

31 août 1863.

Statuts modèles pour les Sociétés de secours mutuels des instituteurs et des institutrices publics[1].

31 Août 1863.

TITRE Ier.

ARTICLE 1er. — Une Société de secours mutuels est établie entre les instituteurs communaux et les institutrices communales du département d.....

ART. 2. — La Société a pour objet de venir en aide aux instituteurs et institutrices qui seraient dans le besoin, de donner des secours aux veuves et de concourir à l'éducation des orphelins des instituteurs et des institutrices.

Elle pourra aussi, quand ses ressources le permettront, assurer à ses membres une pension de retraite.

TITRE II. — *Des sociétaires.*

ART. 3. — La Société se compose d'associés titulaires et d'associés honoraires. Les associés titulaires ont seuls droit aux secours de la Société.

« d'institution et les maîtres de pension. Les instituteurs primaires continuent à « jouir de l'exemption prononcée en leur faveur par l'article 13 de la loi du 25 avril « 1844, et ils ne deviennent imposables qu'autant qu'ils sont en même temps maîtres « de pension. Or, il résulte de l'instruction que l'établissement, objet du pourvoi, est « un simple externat primaire et qu'il n'a nullement le caractère d'un pensionnat. »

1. Consulter pour l'application la circulaire transmissive du 31 *août* 1863. (*Circulaires et Instructions officielles, etc.*, Tome VI, page 15.)

Art. 4. — Sont membres titulaires de la Société tous les instituteurs communaux et toutes les institutrices communales, les instituteurs adjoints dans les Écoles publiques, qui auront pris l'engagement de se conformer aux présents statuts.

Art. 5. — Sont membres honoraires de la Société toutes les personnes qui verseront à la caisse une somme fixe de 10 francs au moins. Les instituteurs communaux et les institutrices communales en exercice ne peuvent pas être membres honoraires.

Art. 6. — Tout sociétaire titulaire qui viendrait à cesser ses fonctions dans le département conservera néanmoins son titre de membre et tous ses droits, pourvu qu'il continue de remplir les obligations que lui impose cette qualité.

Art. 7. — Cesseront de faire partie de la Société :

1° Les membres qui, depuis deux ans, n'auraient pas versé leur cotisation ;

2° Ceux qui auront été révoqués de leurs fonctions;

3° Ceux qui, à la suite de leur démission des fonctions d'instituteur communal ou d'institutrice communale, renonceraient, par lettre au président, au titre et aux droits de membre de la Société.

Art. 8. — La radiation sera prononcée en conseil administratif, et le sociétaire qui en sera l'objet n'aura droit à aucun remboursement.

Art. 9. — Tout sociétaire qui, pour un motif quelconque, aura cessé de faire partie de l'association ne pourra y être admis de nouveau qu'à la condition de payer sa cotisation à partir de l'époque où sa radiation aura été prononcée, sauf dispense du conseil administratif.

Titre III. — *Administration de la Société.*

Art. 10. — La Société est administrée par un conseil administratif, qui la représente légalement en toutes circonstances. Ce conseil, dont les fonctions sont gratuites, est composé, non compris le président, de douze membres choisis parmi les membres honoraires et les associés titulaires, mais de manière que la majorité soit prise dans ces derniers.

Art. 11. — Conformément au décret du 26 mars 1852, le président de la Société est nommé par l'Empereur.

Art. 12. — L'Inspecteur d'Académie, les Inspecteurs primaires, le directeur de l'École normale, quand ils sont membres honoraires, font partie de droit du conseil.

Sont nommés membres du même conseil deux délégués de chaque arrondissement.

Art. 13. — Le conseil nomme parmi ses membres un vice-président, un secrétaire, un secrétaire adjoint et un trésorier.

Art. 14. — Les membres du conseil, ainsi que le vice-président, le secrétaire, le secrétaire adjoint et le trésorier sont nommés pour trois ans; ils conservent leurs fonctions jusqu'à leur remplacement. Ils peuvent être réélus.

Art. 15. — Les instituteurs associés titulaires de chaque canton se réunissent chez l'un d'eux, désigné à l'avance par leur président, à l'effet d'élire un délégué de canton et un vice-délégué. Ces nominations ont lieu à la majorité absolue des suffrages des instituteurs présents. Le procès-verbal de la nomination des délégués est adressé immédiatement au président.

Les fonctions de délégué de canton durent trois ans. Les mêmes membres peuvent être réélus.

Art. 16. — Une commission d'apurement, composée de trois membres nommés par le conseil, vérifie l'exactitude des comptes fournis par le trésorier; elle est saisie des registres et pièces de comptabilité un mois avant la séance générale du conseil.

ART. 17. — Une commission permanente, composée du président, du secrétaire, du trésorier et de deux autres membres désignés par le conseil, est autorisée à traiter toutes les affaires urgentes qui peuvent survenir entre deux séances du conseil, sauf à faire approuver ces décisions par le conseil à la première séance.

TITRE IV. — *Finances.*

ART. 18. — Le fonds social de secours et de réserve se compose :

1° Des cotisations des associés titulaires, fixées pour chaque membre et par an à la somme de.....

2° Des sommes données par les associés honoraires et tous autres;

3° Des recettes que la Société pourrait faire à quelque titre que ce fût.

ART. 19. — Les fonds de la Société restent entre les mains du trésorier jusqu'à concurrence de 100 francs.

ART. 20. — Le trésorier verse à la caisse d'épargne, au nom de la Société, toute somme de 20 francs excédant le chiffre ci-dessus.

Il a seul qualité pour faire les demandes de remboursement et donner quittance.

Toutefois les demandes de remboursement ne seront faites valablement par le trésorier que sur autorisation motivée du président du conseil donnée par écrit.

Le livret donné par la caisse d'épargne est soumis au visa du président autant de fois que celui-ci le réclame.

ART. 21. — Le délégué de chaque canton perçoit la cotisation annuelle des membres titulaires qui y résident; il peut également recevoir tous les dons en argent faits à la Société. Si la somme versée donne au déposant la qualité de membre honoraire, avis en est adressé immédiatement au président.

ART. 22. — Du 1er au 31 décembre, les délégués adressent au président les bordereaux des cotisations et versent au trésorier, qui en délivre quittance à souche, toutes les sommes dont ils sont comptables. Le montant des secours provisoires qu'ils ont payés, conformément à l'article 28, est pris pour comptant et porté en recette par le trésorier, moyennant la remise des pièces justificatives qu'il emploie en dépenses.

ART. 23. — Le trésorier reçoit aussi, en se conformant à l'article précédent, tous les dons faits à la Société et toutes les sommes versées à quelque titre que ce soit.

ART. 24. — La Société adressera, chaque année, à M. le Préfet un compte rendu de sa situation morale et financière.

TITRE V. — *Secours.*

ART. 25. — Des secours sont accordés par le conseil suivant les ressources disponibles de la Société et sans pouvoir excéder les neuf dixièmes des recettes annuelles :

1° Aux associés titulaires qui viendraient à éprouver des malheurs ou accidents fortuits;

2° Aux anciens instituteurs communaux et anciennes institutrices communales dont les fonctions ont cessé avant la fondation de la Société, et à ceux ou à celles des associés titulaires que des infirmités forceraient prématurément à renoncer à l'enseignement;

3° Aux veuves des associés titulaires et aux institutrices communales devenues veuves, pourvu qu'elles ne soient pas remariées;

4° Aux enfants en bas âge de l'institutrice ou de l'instituteur décédé. Le secours accordé à ces derniers est versé entre les mains du père, de la mère ou du tuteur, ou bien la Société se charge de faire élever les orphelins dans un établissement public, si ses ressources le lui permettent. Dans tous les cas, ces orphelins sont instruits gratuitement dans les Écoles publiques des communes où ils résident, et les délégués du canton s'assurent qu'ils les fréquentent régulièrement.

Art. 26. — Les demandes de secours sont faites par les intéressés eux-mêmes ou par un tiers en leur nom; elles sont adressées directement au président, qui les transmet au délégué du canton de la résidence du réclamant pour avoir l'avis des associés titulaires du canton.

Art. 27. — Sur l'invitation du président, le délégué réunit les membres titulaires du canton; il préside l'assemblée et s'adjoint, pour composer le bureau, le vice-délégué et, à son défaut, le plus âgé et le plus jeune des membres présents. Il consigne dans un procès-verbal, que signent tous les membres présents, le résultat de la délibération; copie en est aussitôt envoyée au président.

Dans aucun cas, le délégué ne peut permettre qu'on s'occupe d'autre chose que de l'objet de la réunion.

Art. 28. — S'il y a urgence et si l'avis est favorable à la demande, il peut être accordé un secours provisoire de 40 francs. Ce secours est remis par le délégué du canton sur la simple autorisation du président.

Art. 29. — Toute délibération des réunions cantonales prise sans l'autorisation préalable du président est nulle.

Art. 30. — L'instituteur résidant hors du département, et qui a conservé la qualité de membre titulaire, n'est admis à participer aux secours qu'en justifiant de ses besoins par un certificat de l'Inspecteur primaire de la circonscription à laquelle appartient le lieu de sa résidence et l'avis des associés du canton où il demeurait avant de quitter le département.

Titre VI. — *Prêts.*

Art. 31. — Des prêts, qui ne pourront, en aucun cas, dépasser la somme de 300 francs, sont faits à ceux des associés titulaires qui en adressent, par écrit, la demande motivée au président de la Société.

Art. 32. — L'argent prêté ne rapporte aucun intérêt à la Société. L'emprunteur s'engage, par écrit et sur timbre, à rembourser dans un délai qui ne peut dépasser quatre ans.

Art. 33. — Le président décide en commission permanente s'il y a lieu d'accorder ou de refuser le prêt demandé.

Titre VII. — *Caisse de retraites.*

Art. 34. — Un fonds de retraites sera créé, conformément au décret du 26 avril 1856, et placé à la Caisse des dépôts et consignations.

Art. 35. — Ce fonds se compose :

Des prélèvements faits par la Société sur l'excédent des recettes;

Des subventions spéciales accordées par l'État, le département ou les communes;

Des dons et legs faits à la Société avec affectation spéciale au service des pensions.

Art. 36. — Conformément à l'article 6 du décret du 26 avril 1856, la quotité de la pension sera fixée, sur la proposition du bureau, en assemblée générale, dans les limites déterminées par l'article 8 du même décret.

Art. 37. — Pour être présenté à l'assemblée générale comme candidat à la pension, le sociétaire doit avoir cinquante ans d'âge et faire partie de la Société depuis au moins dix ans en qualité de membre participant.

Titre VIII. — *Fonctions du conseil.*

Art. 38. — Le conseil administratif est convoqué par le président dans le premier trimestre de chaque année. Il peut être convoqué extraordinairement toutes les fois que le président le juge nécessaire aux intérêts de la Société.

Art. 39. — Le président ouvre et lève les séances, dirige les discussions, pose les questions, les met aux voix et proclame le résultat des votes.

Art. 40. — En l'absence du président, ses fonctions sont remplies par le vice-président ou, à défaut, par le plus âgé des membres présents du conseil. La présence de sept membres au moins est nécessaire pour prendre une délibération.

Art. 41. — Le conseil statue à la majorité absolue des suffrages; en cas de partage, la voix du président est prépondérante.

Art. 42. — Le président fait au conseil, dans sa séance générale, un rapport sur la situation administrative et morale de la Société et sur les opérations de la commission permanente. La commission d'apurement donne lecture du procès-verbal de la vérification des écritures du trésorier.

Art. 43. — Le trésorier ne siège pas au conseil lorsque celui-ci reçoit et arrête ses comptes.

Art. 44. — Le procès-verbal de la séance générale est rédigé par le secrétaire ou, à défaut, par le secrétaire adjoint. Il renferme le résumé des documents mentionnés en l'article 42, des décisions prises par le conseil; les noms des membres honoraires et titulaires décédés dans le courant de l'année qui a précédé l'époque de la session y sont inscrits. Ce procès-verbal est imprimé et adressé par le président aux sociétaires titulaires et honoraires.

Art. 45. — Le président est dépositaire des procès-verbaux et autres pièces qui émanent de la Société et qui ne font pas partie du dossier du trésorier.

Titre IX. — *Dispositions générales.*

Art. 46. — Un service funèbre annuel est célébré dans chaque canton pour le repos des âmes des membres décédés. Les membres honoraires résidant dans le canton y sont invités.

Ce service a lieu alternativement dans chacune des communes classées d'après leur ordre alphabétique ou dans la commune désignée d'avance par les sociétaires du canton, qui fixent aussi l'époque à laquelle le service sera célébré et prennent pour limite depuis le mois de juillet jusqu'au mois de novembre.

Les élèves de la commune désignée sont conduits à l'office.

Les délégués profitent de cette réunion pour réclamer les cotisations et demander l'avis des sociétaires sur les demandes de secours. Ils envoient sans retard au président les listes des associés titulaires présents, avec l'indication de ceux qui ont payé la cotisation.

Art. 47. — Les dispositions qui précèdent ne pourront être modifiées qu'en séance du conseil administratif, après avis des délégués des cantons. Les modifications devront être approuvées par l'Administration supérieure.

Rapport et Décret relatifs au traitement des fonctionnaires des Écoles normales primaires et à l'allocation d'un mobilier en faveur des instituteurs et des institutrices. 4 sept. 1863.

4 Septembre 1863.

1° Rapport à l'Empereur.

Sire,

Votre Majesté a déjà fait beaucoup pour améliorer le sort des instituteurs publics.

I. Leur traitement *minimum*, fixé d'abord à 600 francs, a été porté, à partir du 1er janvier 1863, pour les maîtres titulaires depuis cinq ans de leur emploi, au chiffre de 700 francs.

En outre, ceux d'entre eux qui se distinguent par leur zèle et leur intelligence peuvent voir ce *minimum* s'élever, au bout de cinq nouvelles années d'exercice, à 800 francs, et, après cinq autres années, à 900 francs.

II. L'Empereur ne veut pas que les institutrices soient oubliées dans ces mesures de haute et bienveillante justice. 4 755 d'entre elles ont encore aujourd'hui un traitement inférieur à 400 francs; c'est à peine un morceau de pain. Votre Majesté m'a ordonné d'inscrire au projet de budget de 1865 la somme nécessaire pour que leur traitement atteigne le minimum de 500 francs.

III. Une autre réforme, qui ne coûterait rien à l'État, serait cependant regardée comme un bienfait considérable par tout le personnel de l'enseignement primaire.

Pour cet ordre de fonctionnaires, le traitement n'est point toujours, comme pour les autres, payé à la fin de chaque mois; il y a souvent des retards de 3, 6 et 9 mois. De là *des embarras* d'argent, de la gêne, quelquefois des dettes, et, vis-à-vis des fournisseurs habituels, une situation *embarrassée*, qui ne convient pas à un bon serviteur de l'État.

A l'aide de simples mesures de trésorerie, que je concerte avec M. le Ministre des Finances, et que j'espère voir adopter, l'instituteur pourrait désormais compter sur l'exactitude dont tous les autres fonctionnaires ont l'habitude et le besoin.

IV. Dans nos Écoles normales, les élèves trouvent un personnel d'hommes voués sans relâche à leur difficile mission. Presque partout ces modestes fonctionnaires répondent à la confiance de l'État et travaillent religieusement à former de jeunes maîtres capables de donner aux enfants du peuple, au nom de la société, l'enseignement que la famille, la plupart du temps, ne peut pas ou ne sait pas leur donner, assez pénétrés de la pensée chrétienne pour comprendre la sainteté d'une telle tâche, et assez intelligents pour l'accomplir. Ce que nous demandons, en effet, aux directeurs et aux maîtres adjoints de nos Écoles normales, c'est plus que des soins administratifs et des labeurs d'enseignement, c'est un don complet d'eux-mêmes. A vrai dire, nous ne leur laissons point de vie privée; selon la parole d'un de mes illustres prédécesseurs : « C'est « l'honnête homme tout entier que l'État réclame, et qu'il dévoue à une œuvre « de patience, de persévérance et de vertu. »

Aussi Votre Majesté me permettra de réclamer de sa bienveillante justice une légère augmentation de traitement pour cet ordre de fonctionnaires.

D'après l'article 1er du règlement du 26 décembre 1855, qui a fixé l'administration et la comptabilité des Écoles normales primaires, les directeurs de ces Écoles sont partagés en trois classes, avec des traitements gradués de 2 000 à 3 000 francs; je propose à Votre Majesté de relever le minimum à 2 400 francs et le maximum à 3 600 francs.

Les traitements des maîtres adjoints varient de 1 000 à 1 800 francs; à l'avenir ils s'élèveraient de 1 200 à 2 000 francs, toujours répartis en trois classes de la manière suivante :

1re classe.	1 800 à 2 000 francs.
2e classe.	1 500 à 1 700 —
3e classe.	1 200 à 1 400 —

V. La maison de l'instituteur devrait être, comme la cure, la maison modèle du village : construction bien entendue, sobre élégance, aérage, et partout et en tout cette propreté qui est le luxe du pauvre. Nous y veillons de notre mieux, parce que l'éducation se fait par les yeux du corps en même temps que par ceux de l'esprit. Mais, si les communes sont propriétaires de leurs maisons d'école, elles ne le sont pas du mobilier personnel de l'instituteur, et, trop souvent, les élèves ne trouvent autour de leur maître que des meubles boiteux, qu'il a peut-être empruntés au voisinage. Lorsque l'instituteur change de commune, il faut les transporter dans sa nouvelle demeure, et, malgré l'indigence de ce pauvre mobilier, ce sont encore des frais relativement considérables : aussi l'Administration est-elle obligée, parfois, d'éviter des changements que commanderait l'intérêt du service.

Un spectacle non moins triste est celui du jeune maître qui sort de l'École normale sans autre patrimoine que son brevet et sa bonne volonté. Pour prendre possession d'un poste, il lui faut se pourvoir d'un mobilier; mais, le plus souvent, il ne peut l'acheter qu'à l'aide d'un emprunt, qui le livre dès l'abord aux mains des créanciers. Son premier pas dans la vie le met donc sur une pente dangereuse, et la dette que lui a fait contracter la nécessité pèse longtemps, pour quelques-uns toujours, sur sa carrière.

L'État, Sire, aurait beaucoup ajouté à la dignité, en même temps qu'au bien-être des instituteurs et des institutrices, s'il faisait modestement et à peu de frais, par en bas, ce qu'il fait par en haut pour les grands fonctionnaires, auxquels un mobilier coûteux et de représentation est nécessaire.

Pour constituer dans chaque localité le mobilier personnel des instituteurs, il suffirait d'imposer aux communes qui sollicitent du Gouvernement un secours afin d'acheter, de construire ou de réparer une École, l'obligation de fournir une somme de 300 francs pour achat du mobilier dont elles resteront propriétaires, l'État fournissant une somme égale.

Les communes et l'État seraient tenus à la même obligation vis-à-vis de l'élève sortant de l'École normale pour prendre possession de son premier poste. Au besoin, le département viendrait en aide aux finances municipales. Toutes les communes seraient ainsi, au bout de peu d'années, pourvues des objets indispensables pour l'usage des maîtres qui leur seraient donnés, et ceux-ci devraient à la bienveillance paternelle du Gouvernement cette sécurité qui laisse à l'esprit toutes ses ressources et à la bonne volonté toute son énergie.

J'ajoute que les frères des Écoles chrétiennes ne viennent s'établir dans une commune qu'en stipulant qu'il y aura pour eux dans l'École un mobilier personnel, et parfois même le linge de corps.

La dépense qu'entraînerait la réalisation de la mesure peut être estimée à 100 000 francs par an; je la prélèverais sur le chapitre du budget affecté aux secours à donner aux communes pour construction de maisons d'école.

En prenant, il y a deux mois, possession du Ministère que Votre Majesté a daigné me confier, j'ai trouvé 550 demandes formées par autant de communes pour les aider à construire leurs maisons d'école. Dans quinze jours, toutes ces demandes auront été examinées, et il y aura été répondu. On pourrait donc dès maintenant, pour un grand nombre de communes, inscrire dans l'arrêté de subvention la clause dont il vient d'être question.

Si Votre Majesté approuvait les réformes réglementaires que j'ai l'honneur de lui soumettre, je la prierais de vouloir bien revêtir de sa signature le projet de décret ci-joint.

Je suis, etc.

Signé : V. DURUY.

2° Décret.

NAPOLÉON, etc.,

Sur le rapport de notre Ministre de l'Instruction publique;

Vu l'article 37 de la loi du 15 mars 1850;

Vu l'article 1er du règlement de comptabilité en date du 26 décembre 1855,

Avons décrété et décrétons ce qui suit :

ARTICLE 1er. — Une somme de 100 000 francs, prélevée annuellement sur les fonds à donner en secours aux communes pour acquisition, construction et réparation de maisons d'école, sera appliquée à l'achat du mobilier personnel des instituteurs et des institutrices publics, sous la condition par la commune de supporter la moitié de la dépense.

Ce mobilier ainsi acheté restera la propriété de la commune[1].

ART. 2. — Le minimum des traitements des directeurs d'Écoles normales, fixé à 2 200 francs par le paragraphe 2 de l'article 1er du règlement en date du 26 décembre 1855, est porté à 2 400 francs, et

1. Voir la circulaire du 2 *février* 1864. (*Circulaires et Instructions officielles, etc.*, Tome VI, page 79.)

le maximum, fixé par le même décret à 3 000 francs, est élevé à 3 600 francs[1].

Le taux des traitements des maîtres adjoints est, à l'avenir, déterminé de la manière suivante :

1re classe	de 1 800 à 2 000 francs.
2e classe	de 1 500 à 1 700 —
3e classe	de 1 200 à 1 400 —

---

26 sept. 1863. **Instruction du Ministre de l'Instruction publique, relative à l'exécution du décret du 4 septembre 1863 concernant les traitements des fonctionnaires des Écoles normales primaires et l'allocation d'un mobilier pour les instituteurs et les institutrices.**

26 Septembre 1863.

Monsieur le Préfet, j'ai l'honneur de vous adresser ci-joint un exemplaire du rapport que j'ai présenté à l'Empereur le 4 de ce mois et du décret par lequel Sa Majesté a daigné sanctionner mes propositions.

L'exécution de ce décret et l'application des dispositions nouvelles contenues dans le rapport nécessitent, de ma part, quelques instructions.

Aucune difficulté ne peut s'élever sur le payement du traitement auquel les institutrices communales pourront avoir droit à partir du 1er janvier 1865, les règles suivies pour le traitement des instituteurs devant vous servir de guide. Lorsque je serai parvenu à la solution de la question que j'étudie en ce moment avec mes collègues aux départements de l'Intérieur et des Finances, relativement au payement régulier des instituteurs, les instructions, qui vous seront envoyées en temps utile, devront également être suivies pour le payement des institutrices.

L'amélioration apportée dans la situation des directeurs et maîtres adjoints des Écoles normales primaires ne donnant lieu qu'à un travail qui ressortit exclusivement à l'Administration centrale, je n'ai pas à vous en entretenir.

Reste la question importante du mobilier des instituteurs communaux. Afin de ne pas retarder la construction des maisons d'école, en faveur desquelles un secours est actuellement sollicité, la mesure, qui impose à toute commune désireuse d'obtenir le concours de l'État l'obligation de comprendre dans ses prévisions de dépenses une somme de 300 francs pour sa part contributive dans l'acquisition du mobilier de l'instituteur, ne sera mise en vigueur qu'à partir du 1er janvier prochain, sauf pour les communes qui manifesteraient le désir d'en bénéficier d'ores et déjà, et qui, dans ce but, voteraient les 300 francs qui leur incombent. Mais, en toute hypothèse, le décret devra recevoir une application immédiate dans les communes où des élèves-maîtres, *sortant de l'École normale* avec le brevet de capacité, seront envoyés en qualité d'instituteurs communaux. Le même bienfait est applicable, dès à présent, aux maîtres adjoints, anciens élèves des *Écoles normales*, qui seraient pourvus de la direction d'une École communale.

1. Voir l'arrêté du 30 *septembre*, page 16.

Pour assurer l'exécution de ces dispositions, je vous prie, Monsieur le Préfet, de veiller à ce qu'aucune demande de secours ne me soit adressée, à partir du 1er janvier prochain, sans qu'une somme de 300 francs, destinée à l'acquisition du mobilier, ait été comprise dans le chiffre de la dépense. De mon côté, j'augmenterai de pareille somme le secours alloué à la commune demanderesse, afin que le prix du mobilier, fixé à 600 francs, soit assuré.

Quant aux communes dans lesquelles vous aurez à envoyer, comme instituteurs titulaires, soit des maîtres adjoints, soit des élèves-maîtres récemment munis du brevet de capacité et *sortant de l'École normale*, vous aurez, avant toute nomination, à mettre le Conseil municipal en demeure de voter les 300 francs laissés à sa charge dans le prix d'acquisition du mobilier et à me donner avis du vote, afin que je puisse mettre immédiatement à votre disposition le complément de 300 francs qui incombe à mon Ministère. Il est d'ailleurs bien entendu que le nouveau maître ne devra aller prendre possession de son poste que lorsque vous aurez l'assurance que le logement qui lui est destiné est garni des meubles nécessaires à son usage, et dont je vous donne ci-joint la nomenclature. Je me suis assuré que ce mobilier peut être acquis, dans de bonnes conditions, pour la somme de 600 francs.

Il va de soi que toutes les communes, autres que celles dont il vient d'être question, recevront l'allocation de 300 francs tout aussitôt qu'elles voudront faire l'acquisition du mobilier personnel de l'instituteur.

Ce mobilier est, comme le mobilier scolaire, la propriété de la commune. C'est elle qui doit l'entretenir et le renouveler; mais c'est l'instituteur qui est particulièrement chargé de sa conservation. En conséquence, il devra, au moment de son installation et au moment de son départ, faire, en présence de M. le maire ou de son délégué, le récolement des meubles et ustensiles mis à sa disposition. Ce récolement, indépendamment de l'indication du nombre, de la valeur et de la date d'acquisition des objets, fera mention de l'état dans lequel ils se trouvent, afin que l'instituteur ne soit pas recherché ultérieurement pour des dégradations qui ne seraient pas de son fait, ou qu'il soit tenu de payer celles qui résulteraient de sa négligence. Le procès-verbal de récolement sera signé par les deux parties, qui en conserveront chacune une expédition. En cas de contestation entre M. le maire et l'instituteur, au moment de la prise de possession ou de la remise des meubles, le différend sera jugé par l'Inspecteur primaire de l'arrondissement, sauf appel devant le Préfet, l'Inspecteur d'Académie entendu.

J'espère, Monsieur le Préfet, que les administrations municipales auront à cœur de seconder de tous leurs efforts les vues bienveillantes de l'Empereur, et qu'ainsi vous ne rencontrerez aucune difficulté dans l'application d'une mesure destinée à améliorer le sort des modestes, mais si utiles, fonctionnaires de l'enseignement primaire.

Je vous prie de vouloir bien m'accuser réception de cette circulaire.

Recevez, etc.

Signé : V. DURUY.

Mobilier réglementaire de l'instituteur communal.

2 lits,	en noyer ciré.	2 oreillers.
2 tables de nuit,		2 couvertures en laine.
8 chaises,		2 couvertures en coton.
2 tables rondes,		1 table de cuisine en bois blanc.
1 commode,		4 chaises de cuisine en bois blanc.
1 armoire,		1 marmite en fonte.
2 toiles à paillasse.		3 casseroles.
4 matelas.		1 seau.
2 traversins.		

---

30 sept. 1863.

Arrêté portant fixation des traitements des directeurs des Écoles normales primaires.

30 Septembre 1863.

Le Ministre secrétaire d'État au département de l'Instruction publique,

Vu le décret du 4 septembre 1863, qui élève à 2 400 francs le minimum, et à 3 600 francs le maximum des traitements des directeurs des Écoles normales primaires,

Arrête :

ARTICLE 1er. — Les traitements des directeurs des Écoles normales primaires sont déterminés ainsi qu'il suit :

1re classe.	3 600 francs.
2e classe.	3 000 à 3 300 francs.
3e classe.	2 400 à 2 700 —

ART. 2. — Conformément au décret du 26 décembre 1855 (art. 4), le nombre des directeurs de 1re classe reste fixé à 20, et celui des directeurs de 2e classe à 25.

---

24 déc. 1863.

Décision du Conseil d'État fixant la compétence pour l'interprétation des donations faites à un établissement scolaire.

24 Décembre 1863.

C'est à l'autorité judiciaire seule qu'il appartient de statuer sur les contestations qui s'élèvent entre une commune et une congrégation religieuse, relativement au sens et à l'exécution des clauses d'un testament et d'un acte de donation ayant pour objet l'établissement d'une École gratuite.

Commune soutenant que les actes de libéralité, sainement interprétés, ne conféraient pas aux religieuses chargées de la direction de l'École gratuite le droit d'annexer à cette École un pensionnat et un externat. — Annulation pour excès de pouvoir de l'arrêté préfectoral qui rejetait la réclamation de la commune par des motifs tirés de l'interprétation des actes[1].

1. M. le Ministre de l'Instruction publique proposait l'annulation pour incompétence; il ajoutait, qu'aux termes de l'article 35 de la loi du 15 mars 1850, nul directeur ou directrice d'École publique ne pouvait recevoir de pensionnaires qu'avec l'autorisation du Conseil départemental, sur l'avis du Conseil municipal; qu'ainsi toute question relative à un pensionnat à établir ou même établi avant la loi de 1850, devait être soumise au Conseil départemental; que, de plus, il était contraire aux errements suivis par l'Administration de séparer les élèves payants des élèves admis à titre gratuit. Il est probable que le Conseil départemental, appelé à statuer sur l'autorisation du pensionnat, n'ordonnera pas la suppression; mais il exigera des réformes, et peut-être reconnaîtra-t-il à la commune le droit de disposer d'une partie des bâtiments, non pour y installer un hôpital ou une École de garçons, mais pour y établir une salle d'asile;

Si nous ne nous trompons, ce qui, dans la pensée de M. le Préfet, devait surtout motiver le rejet de la demande formulée par la commune, c'était le respect de la chose jugée. On lit, en effet, dans un considérant de l'arrêté attaqué, que la requête du syndic et du Conseil municipal de Saint-Sigismond, en date du....., et l'ordonnance épiscopale du..... compétemment rendue en cette matière, ont donné aux actes de libéralité l'interprétation qui vient d'être exposée, qu'on ne saurait donc à aucun titre revenir sur ladite décision demandée par la commune et prononcée par l'autorité alors compétente;

N'ayant pas sous les yeux cette délibération ni cette ordonnance, nous ignorons si elles seraient suffisantes pour imprimer à l'établissement du pensionnat et de l'externat des sœurs de Saint-Joseph le caractère d'un fait régulièrement accompli, et devenu irrévocable en vertu de l'autorité de la chose jugée antérieurement à l'annexion.

Mais toujours est-il que le Conseil d'État n'a pas cru devoir s'y arrêter; il a renvoyé les parties devant l'autorité judiciaire avec la plénitude de leurs droits. Les tribunaux apprécieront, d'après les règles ordinaires, le sens des actes : ils diront si l'intention des bienfaiteurs autorisait les sœurs de Saint-Joseph à annexer à leur École gratuite un pensionnat et un externat pour des élèves payants; ils statueront même au besoin sur l'exception de chose jugée, si elle est invoquée; ce principe de la compétence judiciaire avait déjà été posé par des arrêts précédents (25 juillet 1857, affaire SÉGUIER, T. III, p. 711; 24 juillet 1862, affaire de la commune de SAINT-MANVIEU, T. III, p. 803). Toutefois le Conseil d'État a considéré comme devant rester dans la sphère administrative un autre litige dans lequel le même moyen avait été soulevé (31 juillet 1862, affaire de la commune de SAINT-MANVIEU, T. III, p. 806).

En cette matière, comme en matière de règlement d'eau et dans toutes celles où l'application des principes du droit commun peut être revendiquée avec raison, la limite des compétences judiciaires et administratives ne se dessine pas toujours nettement. On conçoit que l'autorité, saisie la première, éprouve une certaine difficulté à la fixer. — A l'égard des libéralités faites aux administrations publiques avec destination spéciale, les fonctionnaires chargés d'en surveiller et d'en assurer l'emploi sont naturellement préoccupés de lois et règlements administratifs qu'il leur faut concilier avec la volonté des donateurs. Ajoutons que fort souvent le débat s'agite

Le Conseil,

Vu les requêtes pour la commune de Saint-Sigismond (département de la Savoie), tendant à ce qu'il nous plaise annuler pour excès de pouvoir un arrêté en date du 12 juillet 1861, par lequel le Préfet du département de la Savoie a rejeté les réclamations formées par le Conseil municipal de ladite commune, à l'effet d'obtenir la suppression du pensionnat et de l'externat payant annexés par les sœurs de Saint-Joseph à l'École gratuite de filles établie dans cette commune en vertu des dispositions du testament du chanoine Dubois et de la donation du sieur Suarez;

Ledit pourvoi fondé sur ce que, en décidant que les sœurs de Saint-Joseph n'avaient rien fait de contraire aux conditions des libéralités des sieurs Dubois et Suarez, le Préfet a statué sur une question qu'il n'appartenait qu'à l'autorité judiciaire de trancher;

Vu les observations présentées par notre Ministre de l'Instruction publique;

Vu la délibération en date du 2 février 1861, par laquelle le Conseil municipal de la commune de Saint-Sigismond décide, sauf l'approbation de l'autorité supérieure, que les sœurs de Saint-Joseph seront invitées à cesser de tenir dans la maison qui appartient à la commune leur pensionnat privé et leur externat de jeunes filles, et leur accorder à cet effet un délai jusqu'à la fin de l'année scolaire, et décide en outre que la maison des sœurs, établie à Saint-Sigismond, rentrera dans les limites de la fondation du chanoine Dubois, et restera uniquement chargée d'instruire gratuitement les jeunes filles de la paroisse de Saint-Sigismond;

Vu la loi des 7 et 14 octobre 1790, et celle des 16-21 août 1790;

Considérant que, par sa délibération en date du 8 février 1861, le Conseil municipal de la commune de Saint-Sigismond avait décidé, sauf l'approbation de l'autorité supérieure, que les sœurs de Saint-Joseph, chargées de la direction de l'École gratuite des filles établie dans la commune, en exécution du testament du chanoine Dubois et de la donation du sieur Suarez, seraient invitées à ramener l'établissement dans les conditions fixées par le testament et la donation précités, et en conséquence à cesser de tenir dans la maison appar-

devant eux sous forme de requêtes ou de lettres, sans que leur compétence soit alors contestée par aucune des parties qui leur demandent une solution. L'incompétence ou l'excès de pouvoir ne se révèlent qu'après la décision prise, et la nécessité d'un préalable judiciaire, que personne ne réclamait auparavant, dépend beaucoup des termes et des motifs de cette décision.

Il appartient au Conseil d'État de déclarer si le Préfet ou le Ministre a interprété un acte du droit civil en croyant n'en faire que l'application administrative.

tenant à la commune le pensionnat et l'externat qu'elles avaient annexés à l'École gratuite;

Que le Préfet du département de la Savoie a rejeté la réclamation du Conseil municipal, par le motif qu'elle était contraire aux droits que les sœurs de Saint-Joseph tenaient des clauses des libéralités faites par les sieurs Dubois et Suarez;

Considérant que, aux termes des lois ci-dessus visées, il n'appartenait qu'à l'autorité judiciaire de statuer sur la contestation qui s'était élevée entre la commune et les sœurs relativement au sens et à l'exécution des clauses du testament et de l'acte de donation précité, et que, en prononçant sur cette contestation, le Préfet du département de la Savoie a excédé la limite de ses pouvoirs :

ARTICLE 1er. — L'arrêté du Préfet du département de la Savoie, en date du 12 juillet 1861, est annulé.

. . . .

Décision du Conseil d'État relative au droit de recours devant le Conseil supérieur de l'instruction publique.

23 janvier 1864.

23 Janvier 1864.

Le décret du 29 juillet 1850, formant règlement d'administration publique pour l'exécution de la loi du 15 mars précédent, porte, article 8, relatif à l'instruction des affaires contentieuses ou disciplinaires devant le Conseil impérial de l'instruction publique : « En matière disciplinaire, le rapporteur est tenu d'en« tendre l'inculpé dans ses explications, s'il est présent et s'il le « demande. L'inculpé a également le droit d'être entendu par le « Conseil. » Lorsqu'un inculpé, par une lettre adressée au Ministre de l'Instruction publique, président du Conseil impérial, a fait connaître son intention d'user du droit qui lui appartenait aux termes de cette disposition, et que le Conseil impérial a été appelé à prononcer sans que l'inculpé ait été mis à même d'être entendu, soit par le rapporteur, soit par le Conseil, la décision doit-elle, sur le recours de l'inculpé, être annulée pour excès de pouvoir?

Le Conseil,

Vu la requête..... pour le sieur P.-C., ancien directeur libre d'une institution secondaire, à Vic (Meurthe), tendant à ce qu'il nous plaise annuler, pour cause d'excès de pouvoir, et avec toutes les conséquences de droit, une décision du 15 juillet 1862, par laquelle le Conseil impérial de l'instruction publique, — en statuant sur le recours formé par ledit sieur P.-C. contre une condamnation disciplinaire prononcée contre lui par le Conseil départemental de l'instruction publique de la Meurthe, — a rejeté ce recours sans entendre l'inculpé dans ses explications, bien que celui-ci eût, conformément à l'article 8 du décret du 29 juillet 1850, portant règlement d'administration publique pour l'exécution de la loi du 15 mars précédent, demandé à présenter sa défense devant le Conseil impérial;

Vu les observations présentées par le Ministre de l'Instruction publique, tendant au rejet du pourvoi;

Vu la lettre en date du 28 janvier 1862, par laquelle le sieur P.-C. demande au Ministre de l'Instruction publique de lui indiquer le mode par lequel il pourra présenter sa défense complète devant le Conseil impérial, et comment il devra faire entendre les témoins de sa conduite et poser des questions importantes à ceux qui ont été entendus à sa charge;

Vu la loi du 15 mars 1850 sur l'instruction publique, articles 5, 14 et 68; et l'article 8 du décret du 29 juillet 1850, portant règlement d'administration publique pour l'exécution de la loi du 15 mars précédent;

Considérant qu'aux termes de l'article 8 du décret du 29 juillet 1850, portant règlement d'administration publique pour l'exécution de la loi du 15 mars précédent : « le rapporteur d'une affaire disciplinaire devant le Conseil impérial de l'instruction publique est tenu d'entendre l'inculpé dans ses explications, s'il est présent et s'il le demande, et que l'inculpé a également le droit d'être entendu par le Conseil »;

Considérant que, par sa lettre ci-dessus visée, en date du 28 janvier 1862, adressée au Ministre de l'Instruction publique président du Conseil impérial, le sieur P.-C. avait fait connaître son intention d'user du droit qui lui appartenait aux termes de la disposition ci-dessus rappelée;

Considérant que le Conseil impérial a été appelé à prononcer et a prononcé sur le recours du sieur P.-C., sans que celui-ci ait été mis à même d'être entendu, soit par le rapporteur, soit par le Conseil; que, dans ces circonstances, le sieur P.-C. est fondé à demander l'annulation pour excès de pouvoir de la décision ci-dessus visée du Conseil impérial :

ARTICLE 1er. — Est annulée pour excès de pouvoir la décision ci-dessus visée, prise par le Conseil impérial de l'instruction publique à la date du 9 juillet 1862.

ART. 2. — Le sieur P.-C. est renvoyé devant ledit Conseil pour y voir statuer sur l'appel par lui formé, après que le Conseil l'aura entendu dans ses explications ou appelé pour les présenter, en exécution de l'article 8 du décret du 29 juillet 1850, ci-dessus visé[1].

1. Dans l'affaire actuelle, M. le commissaire du Gouvernement, Robert, a présenté les observations suivantes :

« S'agit-il ici, Messieurs, de l'inobservation d'une de ces formalités essentielles dont l'omission constitue l'excès de pouvoir? Nous le croyons.

« Le principe engagé dans cette question est fondamental : il ne s'agit de rien moins que du droit de la défense, dont le libre exercice doit appartenir à tout inculpé. Le Conseil impérial statue souvent sur des questions qui touchent à l'honneur; il prononce des peines très graves, l'interdiction absolue et perpétuelle du droit d'enseigner! On doit trouver devant lui les garanties essentielles dont aucune juridiction répressive ne peut s'affranchir.

« Nous ne relirons pas l'article 8 du décret du 29 juillet 1850; son texte est clair et précis et nous paraît trancher la question.

« Comment prétendrait-on invoquer contre les termes formels de cet article l'esprit de la législation de 1850? Les droits des membres de l'enseignement public ou libre seraient-ils moins protégés par la loi de 1850 et par le règlement d'administration publique du 29 juillet de la même année, que ne l'étaient les droits des membres de l'Université impériale sous le régime du décret du 15 novembre 1811?

« D'après ce décret, lorsqu'il y avait lieu de prononcer la réforme ou la radiation, le prévenu était nécessairement entendu ou appelé (art. 100).

« L'article 8 du décret du 29 juillet 1850 a rendu la comparution personnelle facultative pour l'inculpé; il n'est plus appelé nécessairement au Conseil, mais seulement s'il le demande. C'est là, entre les deux législations, une différence peu importante. Toutes deux ont évidemment entendu respecter les droits des accusés; toutes deux ont voulu leur assurer les avantages d'un débat contradictoire. Il suit de là que, si le Conseil d'État a, dans l'affaire Pierquin, jugée en 1851, assuré la stricte exécution de l'article 100 du décret de 1811, il doit, avec une égale vigilance, faire observer le dernier paragraphe de l'article 8 du décret du 29 juillet 1850.

« S'il était besoin d'ajouter un nouvel argument à d'aussi puissantes considérations, nous le trouverions dans le caractère essentiellement juridique des décisions que le Conseil impérial est appelé à rendre en matière disciplinaire. Nous avons invoqué le principe de la libre défense, nous avons insisté sur la gravité des peines prononcées; il nous reste à montrer que la loi de 1850 a voulu faire du Conseil impérial un tribunal appelé à rendre des jugements, et qu'à ce point de vue le respect des formes légales lui est tout particulièrement imposé.

« Que s'est-il passé au moment de la préparation de la loi du 15 mars 1850? Le projet du Gouvernement (art. 63), en donnant au Conseil supérieur la faculté de prononcer disciplinairement l'interdiction absolue du droit d'enseigner, ouvrait un recours, au fond, contre sa décision devant la section du contentieux du Conseil d'État. Le projet délibéré par la section de législation du Conseil d'État attribuait à l'autorité judiciaire le pouvoir disciplinaire à l'égard des membres de l'enseignement libre ou secondaire. Le rapport de la Commission repoussait ces deux systèmes, mais il reconnaissait qu'il s'agissait bien d'organiser une juridiction.

« Revenons, disait le rapporteur, aux vrais principes sur la compétence et la juri-
« diction. Les Conseils académiques et le Conseil supérieur y gagneront en autorité
« et en considération, et les parties ne se plaindront certes pas d'être jugées par
« leurs juges naturels : car elles le seront avec l'impartialité et toutes les garanties

29 janvier 1864. **Lettre du Ministre des Finances au Ministre de l'Instruction publique, relative à l'exemption du timbre pour les déclarations des candidats au brevet de capacité de l'enseignement primaire.**

29 Janvier 1864.

Monsieur et cher collègue, votre Excellence a bien voulu me consulter, par dépêche du 4 janvier courant, sur la question de savoir si l'on doit considérer comme assujettie au timbre la déclaration par laquelle les aspirants au brevet de capacité dans l'instruction primaire certifient, pour être admis aux épreuves, qu'ils ne se sont présentés devant aucune Commission d'examen dans les quatre mois précédents, et désignent les matières spéciales sur lesquelles ils désirent être interrogés.

Cette déclaration, Monsieur et cher collègue, n'a point le caractère d'un titre destiné à conférer des droits soit au postulant, soit contre lui. Ainsi que votre Excellence l'a exprimé dans sa dépêche, c'est un élément de l'instruction administrative à laquelle donnera lieu chaque demande d'admission, et qui doit éclairer les fonctionnaires de l'Académie sur l'exécution régulière de la loi.

Ce document doit donc profiter de l'exemption du timbre, au même titre que les certificats d'aptitude ou les diplômes qui peuvent être ultérieurement délivrés aux candidats.

En accordant à ces dernières pièces la dispense du timbre par une décision du 10 juin 1828, le département des Finances a principalement considéré que les certificats et les diplômes n'ont point été institués dans un intérêt privé, mais comme garantie d'ordre public, et afin que les fonctions dans l'enseignement ne fussent confiées qu'à des hommes suffisamment instruits.

Des motifs analogues me conduisent, Monsieur et cher collègue, à décider que les déclarations produites par les aspirants au brevet de capacité peuvent être rédigées sur papier non timbré,

Ma décision sera, selon le désir de votre Excellence, portée prochainement à la connaissance des agents de l'administration du timbre.

Agréez, etc.

Signé : A. FOULD.

---

24 février 1864. **Circulaire du Ministre de l'Instruction publique, relative à la gratuité de l'enseignement primaire en faveur des enfants des familles qui sont hors d'état de le payer.**

24 Février 1864.

Monsieur le Préfet, la loi du 15 mars 1850 porte, article 24 : « L'enseignement primaire est donné gratuitement à tous les enfants dont les familles sont hors d'état de le payer. »

« de forme qu'elles pourraient attendre des tribunaux ordinaires ou du Conseil « d'État. »

« Nous concluons à l'annulation de la décision attaquée. »

J'ai le devoir de maintenir ce principe, et je tiens à honneur de constater que l'Administration de l'Instruction publique l'a toujours maintenu. Toutefois on ne saurait affirmer qu'il n'ait pas éprouvé quelque échec dans la pratique.

Dans son rapport à l'Empereur, du 31 décembre 1853, un de mes honorables prédécesseurs a, en effet, signalé, dans la confection des listes de gratuité, des abus consistant à inscrire sur ces listes des enfants qui, par la position de leurs parents, ne devaient pas légalement y figurer[1]. L'article 13 du décret du 31 décembre 1853 a eu pour but de remédier à cet état de choses.

D'autre part, la statistique de l'instruction primaire pour l'année 1861[2] me fait craindre que les abus signalés n'aient point été complètement réprimés : elle constate que 600 000 enfants restent encore privés d'instruction ; et, d'après les renseignements que j'ai recueillis, la plupart d'entre eux appartiendraient à des familles hors d'état de payer les mois d'école.

Ainsi, lorsqu'une famille indigente a plusieurs enfants, on ne ferait profiter, en même temps, du bénéfice de la gratuité qu'un ou deux de ces enfants, quand tous, quel qu'en soit le nombre, y ont également droit.

Les autorités locales, convaincues que tels et tels enfants pauvres, quand bien même ils seraient inscrits sur les listes de gratuité, ne fréquenteraient pas l'École, soit parce qu'ils sont obligés de prendre part aux travaux de la famille, soit par la négligence de leurs parents, soit pour toute autre cause, croient devoir ne les y point comprendre, et, pour atteindre le maximum que vous avez fixé, elles y substituent des enfants dont les familles sont moins indifférentes et plus aisées.

L'Administration ne saurait admettre ces manières de faire, quelles que soient, d'ailleurs, les intentions bienveillantes sur lesquelles elles reposent. L'instruction doit être donnée gratuitement à tous les enfants pauvres, et, sous prétexte que quelques-uns n'ont point, par le passé, réclamé cette gratuité ou qu'ils n'en ont pas profité, on ne peut les priver, ni dans le présent, ni dans l'avenir, du droit absolu qu'ils tiennent de la loi.

Enfin, il arrive aussi parfois que des enfants ne sont pas inscrits sur les listes à raison de l'inconduite de leurs parents. Sans méconnaître la pensée morale qui dicte cette détermination, il n'est pas possible de ne pas gémir sur le sort d'enfants punis ainsi pour les fautes de leurs pères. Que ce soit par un motif ou par un autre, ces enfants sont malheureux; la société leur doit protection, et la loi veut que les portes de l'École leur soient gratuitement ouvertes[3].

Loin donc de tenir écartées des Écoles ces diverses catégories d'enfants, il convient de les y attirer. Je verrais avec plaisir les administrations les encou-

1. Voir l'Exposé de la situation de l'Empire en 1863. (*Bulletin administratif de l'Instruction publique*, année 1863, T. XIV, page 392.) — Voir le Rapport à l'Empereur sur l'état de l'enseignement primaire en 1863 (*Ibid.*, 1865, T. III, page 161), en 1866 (*Ibid.*, 1867, T. VII, page 207). — Voir le Rapport à l'Impératrice sur l'état des salles d'asile, 23 mars 1866. (*Ibid.*, 1866, T. V, page 356.) — Consulter la circulaire du 7 *octobre* 1865 aux Préfets. (*Circ. et Instr. off.*, T. VI, page 288.)

2. Consulter la circulaire du 17 *janvier* 1866 (*Circ. et Instr. off.*, T. VI, page 313), rappelant les dispositions de celle du 22 *septembre* 1845, en ce qui concerne la distinction qui existe dans certaines Écoles de filles entre les élèves indigentes et les élèves payantes.

3. Consulter les circulaires des 22 *juin* et 12 *juillet* 1866 au sujet des indemnités qui pourront être allouées aux instituteurs lésés par l'extension de la gratuité. (*Circ. et Instr. off.*, T. VI, pages 374 et 388.)

rager, par tous les moyens dont elles disposent, à fréquenter les classes; les bureaux de bienfaisance pourraient, dans ce but, étendre plus particulièrement leur sollicitude sur les familles qui s'acquitteraient le plus exactement de ce devoir.

En vous armant du droit de déterminer le nombre des enfants à admettre gratuitement chaque année dans les Écoles, le décret du 31 décembre 1853 a maintenu sans restriction les prérogatives attribuées par l'article 45 de la loi du 15 mars 1850 aux autorités municipales. C'est toujours au maire, de concert avec les ministres des divers cultes, qu'il appartient de désigner les enfants qui seront exemptés de la rétribution scolaire; les Conseils municipaux ont ensuite à approuver ces listes, et enfin c'est à vous, Monsieur le Préfet, qu'il appartient de prononcer en dernier ressort. Vous avez, en conséquence, à procéder à une double enquête : l'une antérieure à la fixation du nombre maximum des élèves à admettre gratuitement; l'autre postérieure à la confection des listes, et qui a pour but de contrôler les propositions nominatives qui vous sont soumises. J'ai l'honneur de vous prier de rappeler aux autorités locales les véritables principes qui doivent les guider. Leur mission est délicate; mais elles se doivent à elles-mêmes, elles doivent à leurs concitoyens et à l'Administration de la remplir consciencieusement, sans partialité et sans faiblesse. De votre côté, ne craignez pas, Monsieur le Préfet, de vous faire rendre un compte exact de l'état des choses dans chaque commune. MM. les Inspecteurs primaires, qui visitent chaque année toutes les Écoles, qui sont en relation avec les familles, recueilleront dans leurs tournées et vous transmettront, par l'intermédiaire de M. l'Inspecteur d'Académie, des renseignements utiles qui vous mettront à même de réprimer les abus qui tendraient encore à se produire.

En résumé, Monsieur le Préfet, l'Empereur, dans sa constante sollicitude pour les classes laborieuses, ne veut pas qu'un seul enfant reste privé d'instruction pour cause d'indigence de sa famille. Sans vous départir en rien d'une juste sévérité pour repousser des demandes ou des réclamations non fondées, vous seconderez les intentions généreuses du Gouvernement impérial en inscrivant sur les listes de gratuité, comme le veut la loi, tous les enfants dont les familles sont hors d'état de payer les mois d'école.

Je vous prie, Monsieur le Préfet, de vouloir bien m'accuser réception de cette circulaire et de me faire connaître les mesures que, de concert avec M. l'Inspecteur d'Académie, vous aurez prises pour assurer l'exécution complète des instructions qu'elle renferme.

Recevez, etc.

Signé : V. DURUY.

---

3 mars 1864. **Décision du Conseil d'État relative aux instituteurs procurant à leurs élèves des fournitures de papeterie.**

3 Mars 1864[1].

Un instituteur qui se borne à procurer à ses élèves, dans l'intérieur de son École, les fournitures de papeterie qui leur sont

1. Cette décision a été confirmée le 14 *avril* 1864.

nécessaires, peut-il être considéré comme exerçant la profession de marchand de papier en détail? Rép. nég.

Le Conseil,

Vu la requête présentée par le sieur Fautrier, instituteur à Saint-Cyr, arrondissement de Toulon (Var), tendant à ce qu'il nous plaise annuler un arrêté du 20 juin 1863, par lequel le Conseil de préfecture du Var a rejeté sa demande en décharge de la contribution des patentes à laquelle il a été imposé sur le rôle supplémentaire de la commune de Saint-Cyr, pour l'année 1862, comme exerçant la profession de papetier en détail, ce faisant lui accorder décharge de ladite contribution, par le motif qu'il se borne à fournir à ses élèves, dans l'intérieur de l'École, les objets de papeterie dont ils ont besoin, et que les ressources locales ne peuvent leur procurer qu'avec une irrégularité nuisible à leurs études;

Vu la loi du 25 avril 1844;

Considérant qu'il résulte de l'instruction que le sieur Fautrier se borne à procurer à ses élèves, dans l'intérieur de son École, les fournitures de papeterie qui leur sont nécessaires; que, dans ces circonstances, il ne peut être considéré comme exerçant la profession de marchand de papier en détail, imposable aux droits de patente; que dès lors c'est à tort que le Conseil de préfecture du département du Var a refusé de lui accorder décharge des droits de patente auxquels il avait été assujetti en cette qualité[1].

(*Arrêté annulé, décharge.*)

Circulaire du Ministre de l'Instruction publique, relative à l'établissement d'Écoles publiques dans les communes qui en sont dépourvues. 11 mars 1864.

11 Mars 1864.

Monsieur le Préfet, un relevé du nombre des Écoles primaires, fait l'année dernière, a constaté que 1 018 communes sont encore privées d'Écoles publiques en France.

Cette situation a dû appeler mon attention la plus sérieuse. La loi du 15 mars 1850, comme la loi précédente du 28 juin 1833, impose à toute commune l'obli-

1. Le requérant citait à l'appui de son pourvoi des rapports faits sur des pétitions adressées au Sénat, et sur lesquels ce corps a passé à l'ordre du jour (v. *Moniteur* des 29 juin 1861, page 296; 17 mars 1862, page 394; 10 mars 1863, page 356). Voici comment s'est exprimé un des rapporteurs : « Sous l'empire des diverses législations « qui ont successivement régi, les unes l'enseignement, et les autres la librairie, les « chefs d'établissements, soit primaires, soit secondaires, ont toujours joui de la fa- « culté de fournir à leurs élèves tous les livres et objets de classe nécessaires aux

gation d'entretenir une ou plusieurs Écoles primaires, selon les besoins de la population, à moins qu'elle ne soit autorisée par le Conseil départemental à se réunir à une ou plusieurs communes voisines pour l'entretien d'une École.

En posant ce principe avec tant de fermeté, la loi n'a reculé devant aucun sacrifice. Elle exige de toute commune, pour l'entretien de son École, une part de ses revenus ordinaires, le vote de trois centimes spéciaux au principal des quatre contributions directes; et, si le produit de la rétribution scolaire, réuni à ces ressources, ne suffit pas, le département et ensuite l'État sont chargés de combler le déficit. Aucune commune ne peut donc être admise à exciper de l'insuffisance de ses ressources pour se dispenser de l'entretien d'une École. A quoi dès lors attribuer l'absence totale d'établissements de ce genre dans les 1 018 communes qui m'ont été signalées? Plusieurs causes, je le sais, peuvent, jusqu'à un certain point, atténuer les reproches qui pourraient être adressés, à ce sujet, aux administrations municipales. Ici, on allègue le défaut absolu de local; là, on trouve des communes divisées en un grand nombre de hameaux éloignés les uns des autres, de telle sorte qu'une École au centre ne réunirait qu'un trop petit nombre d'enfants; enfin, dans telle commune, qui pourrait se réunir à une autre pour l'entretien d'une École, on rencontre, de la part de l'une ou de l'autre, des obstacles que la loi ne donne pas au Gouvernement le pouvoir de surmonter.

Mais, s'il en est ainsi pour quelques communes, il ne saurait en être de même pour toutes, et je désire avoir, sur ce point, les renseignements les plus précis.

J'ai donc l'honneur, Monsieur le Préfet, de vous prier de m'envoyer un état des communes de votre département qui sont encore sans École, et de m'indiquer pour chacune d'elles :

1° Le chiffre de la population;

2° La distance qui la sépare des communes voisines auxquelles elle pourrait être réunie;

3° La nature des obstacles qui s'opposent, soit à la création d'une École, soit à la réunion aux communes voisines.

Veuillez enfin, Monsieur le Préfet, ne pas attendre ma réponse pour adresser aux communes retardataires les recommandations les plus pressantes. Vous ferez comprendre aux administrations municipales qu'en maintenant ainsi les populations, qu'elles doivent protéger, dans un état d'infériorité sociale, elles manquent à tous leurs devoirs et encourent, à l'égard des familles, une responsabilité dont leur conscience ne saurait trop s'alarmer.

Sans doute, Monsieur le Préfet, la plupart des communes dont il s'agit sont celles qui présentent le moins de ressources, et qui, par conséquent, devront, relativement, imposer les plus grands sacrifices à l'État. Que cette considération ne vous arrête pas! Si le Gouvernement de l'Empereur veut qu'aucune dépense ne soit faite inutilement, s'il veut l'ordre et la régularité dans la comptabilité, il veut aussi qu'aucun service public ne reste en souffrance; il considère l'éducation du peuple comme un de ses premiers devoirs, et il compte sur le concours des fonctionnaires de tous les ordres pour lui en faciliter l'accomplis-

« études, et, jusqu'à ce jour, l'autorité judiciaire n'a pas vu dans ce fait une contra-
« vention de la loi. »

Le Ministre des Finances a fait remarquer que cette vente, autorisée dans un but d'intérêt et de sécurité pour les familles, paraissait d'autant moins passible de la patente qu'elle n'avait pas lieu dans une boutique ouverte au public, mais seulement dans l'intérieur de l'établissement fréquenté par les élèves.

sement. Vous seconderez donc, Monsieur le Préfet, les désirs de Sa Majesté en tenant la main à ce que chaque commune ait son École.

Recevez, etc.

Signé : V. Duruy.

Circulaire du Ministre de l'Instruction publique, portant rappel des prescriptions relatives à la construction et à l'appropriation des maisons d'école. 28 mai 1864.

28 Mai 1864.

Monsieur le Préfet, dans le but d'assurer la bonne exécution des projets de construction ou d'appropriation de maisons d'école soumis au Ministre de l'Instruction publique, un arrêté du 14 juillet 1858 porte qu'un exemplaire des plans dressés à l'appui, revêtu de l'approbation ministérielle, sera déposé entre les mains de l'Inspecteur d'Académie.

Cet arrêté dispose, en outre, que, lorsqu'il y aura lieu de payer le secours alloué en vue de cette construction, le Préfet en préviendra l'Inspecteur d'Académie; que ce fonctionnaire remettra à l'Inspecteur primaire de l'arrondissement le plan qui lui aura été confié, et lui donnera l'ordre de se transporter dans la commune pour y vérifier si les dispositions approuvées par le Ministre ont été exactement observées; qu'enfin le rapport de l'Inspecteur d'Académie devra être joint aux propositions d'ordonnancement qu'adresse le Préfet au Ministre.

Ces prescriptions n'ont pas toujours été régulièrement suivies. Aussi est-il arrivé que dans certaines communes on a pu modifier les projets qui avaient obtenu l'approbation ministérielle, et que des dispositions mal entendues ont été substituées à celles qui avaient été adoptées. Le plus souvent, le service scolaire a souffert de ces changements irréfléchis, et, là où une dépense moyenne aurait suffi pour satisfaire aux besoins de la population, on a été entraîné dans des dépenses supplémentaires excessives, qu'on eût pu éviter, et pour le payement desquelles on a eu de nouveau recours aux subventions de l'État.

Ce sont là des faits regrettables, dont il convient de prévenir le retour.

A cet effet, je vous prie, Monsieur le Préfet, de prendre les mesures nécessaires pour que les prescriptions de l'arrêté du 14 juillet 1858 reçoivent une application rigoureuse et constante. Je ne donnerais aucune suite aux propositions d'ordonnancement à l'appui desquelles ne serait pas annexé le rapport ou le certificat de l'Inspecteur d'Académie.

D'un autre côté, j'ai chaque jour l'occasion de constater qu'un grand nombre de demandes de secours qui me sont soumises pour l'installation des Écoles primaires publiques ne sont pas instruites dans les conditions recommandées par la circulaire du 30 juillet 1858. En dehors de ces conditions les projets ne pouvant être acceptés, je me trouve dans la nécessité de les renvoyer, soit pour en faire compléter l'instruction, soit pour en faire modifier les dispositions. Il en résulte des retards préjudiciables aux affaires, et, pour les bureaux des préfectures comme pour ceux de mon administration, de longues correspondances, qui, en présence des recommandations si précises tracées dans la circulaire précitée, ne semblent pouvoir être justifiées à aucun point de vue.

Je ne saurais donc trop insister, Monsieur le Préfet, pour que le service dont il s'agit, tout en recevant partout l'impulsion désirable, entre en même temps, au point de vue administratif, dans une voie régulière et uniforme. A cet effet, je crois utile de replacer sous vos yeux l'arrêté du 14 juillet 1858, ainsi que la circulaire du 30 du même mois.

Recevez, etc.

Signé : V. DURUY.

---

29 juin 1864.

Avis du Conseil d'État, relatif à l'acceptation d'un legs fait à une congrégation autorisée pour la fondation et l'entretien d'une École.

29 Juin 1864.

La section de l'Intérieur,

Vu l'avis de M. le Ministre de la Justice et des Cultes, tendant à ce que la congrégation des Petites-Sœurs des Pauvres, en raison des reconnaissances légales dont elle a été l'objet et du caractère charitable spécial de ses statuts, soit autorisée à accepter seule le legs qui lui est fait;

Vu les avis du Conseil d'État des 4 mars 1841, 24 janvier 1863 et 10 juin 1863[1];

Considérant que la congrégation des Petites-Sœurs des Pauvres a capacité pour recevoir la libéralité dont il s'agit, puisqu'elle a été autorisée précisément pour secourir et recueillir les pauvres;

Que dès lors il n'y a pas lieu d'appeler, pour l'habiliter, aucun autre établissement, ni d'appliquer l'avis du 24 janvier 1863, notamment quant à la garde et à la possession du titre;

Mais considérant que cette capacité ne saurait faire obstacle aux droits de surveillance dévolus par la loi aux autorités instituées par elle, et conforme, d'ailleurs, à la jurisprudence du Conseil d'État formulée dans l'avis du 10 juin 1863, en ce qui concerne les congrégations ou communautés religieuses enseignantes dûment autorisées,

Est d'avis qu'il y a lieu d'autoriser la supérieure générale de la congrégation hospitalière des Petites-Sœurs des Pauvres et le directeur de l'administration de l'Assistance publique à Paris, à accepter le legs de 4 000 francs fait par la demoiselle Borgnis-Gallanty[2].

1. Voir le texte de ces avis, pages 828, 813 et 820 du Tome III.
2. Cette jurisprudence a été confirmée dans un avis en date du 18 *décembre* 1867.

Circulaire du Ministre de l'Instruction publique, relative à l'augmentation du traitement des Inspecteurs primaires de troisième classe. 8 juillet 1864.

8 Juillet 1864.

Monsieur le Recteur, l'Empereur, dans sa constante et vive sollicitude pour l'enseignement public et pour les maîtres qui le donnent, a autorisé mon honorable prédécesseur, par le décret du 19 avril 1862, à améliorer la situation des instituteurs, et moi-même à augmenter les traitements des directeurs des Écoles normales et de leurs maîtres adjoints, celui des chargés de cours et d'un certain nombre de professeurs divisionnaires. Une somme de 160 000 francs a pu être détournée d'un emploi inutile pour être partagée entre les trop nombreuses institutrices qui ont moins de 400 francs de traitement. Enfin près de 200 000 fr. fournis par l'État, et une somme égale donnée par les communes, ont permis de constituer dans 641 Écoles le mobilier personnel des instituteurs.

Une classe de fonctionnaires aussi utiles à l'instruction populaire que les meilleurs instituteurs n'a pu être comprise dans ces mesures de juste et généreuse libéralité.

Les Inspecteurs de l'enseignement primaire sont divisés en trois classes, avec des traitements fixés à 1 600, 2 000 et 2 400 francs. Quand on place, en regard de ces chiffres, les services rendus par ces fonctionnaires et la dépense qui leur est imposée par les besoins de la vie matérielle, comme par le soin de leur propre dignité, à raison des rapports qu'ils doivent constamment entretenir avec les autorités et les personnes les plus considérables de leur ressort d'inspection, on ne peut s'empêcher de trouver insuffisants les honoraires qui leur sont alloués.

Il est nécessaire de remédier à cet état de choses en augmentant le traitement des Inspecteurs de toutes classes; mais les allocations accordées par la loi de finances ne me permettant pas, pour cette année, de réaliser ce projet, j'ai dû me contenter de penser à ceux dont la position laissait le plus à désirer, et je suis heureux de pouvoir vous annoncer qu'il me sera possible de porter à 2 000 francs les émoluments des inspecteurs de troisième classe. Cette augmentation de 400 francs, qui sera provisoirement accordée sous forme d'indemnité, leur sera comptée à partir du 1er juillet.

MM. les Inspecteurs primaires trouveront dans cette mesure, comme dans celles qui seront, je l'espère, réalisées dans un prochain avenir, une preuve de la sollicitude du Gouvernement pour le grand intérêt qui leur est confié.

Recevez, etc.

Signé : V. DURUY.

13 août 1864. **Circulaire du Ministre de l'Instruction publique, relative à l'acquisition pour les Écoles normales primaires d'instruments nécessaires aux observations météorologiques.**

13 Août 1864 [1].

Monsieur le Préfet, depuis longtemps le Gouvernement se préoccupe des moyens d'étendre et de préciser de plus en plus les observations météorologiques faites dans l'intérêt plus spécial de l'agriculture et de la marine. Les résultats déjà obtenus malgré l'insuffisance des moyens d'action dont il nous est permis de disposer donnent lieu d'espérer qu'on parviendrait à atténuer dans une proportion notable la gravité des sinistres qui atteignent trop souvent nos récoltes et nos navires, si les probabilités des changements de temps pouvaient être étudiées sur une plus vaste échelle et publiquement annoncées à l'avance.

En ce qui me concerne, j'ai pensé, Monsieur le Préfet, que les Écoles normales primaires pourraient être appelées à rendre ici d'utiles services, en rassemblant les matériaux d'une statistique des orages qui sévissent sur la France. Quelques-uns de ces établissements n'en sont plus à faire leurs preuves, et les renseignements qu'ils me transmettent sont pris en sérieuse considération. J'écris, par ce même courrier, à MM. les directeurs d'École normale pour les inviter à tenir registre désormais des phénomènes météorologiques qui se produiraient dans la localité. Les observations ainsi recueillies seraient ensuite centralisées à l'Observatoire impérial, et, de la comparaison de ces documents empruntés à toutes les latitudes, la science tirerait assurément des inductions de plus en plus certaines.

Mais pour atteindre ce but, c'est-à-dire pour mettre les Écoles normales à même de s'acquitter convenablement de la tâche que je leur confie, il serait nécessaire d'acquérir pour chacun de ces établissements un certain nombre d'instruments de météorologie, et c'est à cet endroit essentiel que le concours du Conseil général de votre département nous devient indispensable. Je ne doute pas, du reste, que cette assemblée n'apprécie pleinement l'importance capitale d'une mesure destinée à sauvegarder les plus graves intérêts, et je serais particulièrement heureux, si elle voulait bien, dans sa prochaine réunion, voter les fonds nécessaires à l'acquisition des instruments dont voici la liste :

1. Consulter, dans la collection des *Circulaires et Instructions officielles*, les documents suivants concernant les observations météorologiques :

Circulaire du 3 *septembre* 1864, relative à la participation des Écoles normales à ces travaux (aux Recteurs), T. VI, page 173;

—— *du* 27 *février* 1865, relative à l'organisation à adopter dans ces établissements (aux Préfets, aux Directeurs), T. VI, pages 217 et 219;

—— *du* 8 *août* 1865, recommandant de continuer les observations pendant les vacances (aux Directeurs), T. VI, page 274;

—— *du* 20 *août* 1866, relative à la publication des résultats obtenus (aux Préfets), T. VI, page 401;

—— *du* 23 *août* 1867, relative aux subventions départementales et à l'atlas météorologique pour l'année 1866 (aux Préfets), T. VI, page 521;

—— *du* 24 *août* 1868, relative à l'envoi de l'atlas des orages pour 1867 (aux Préfets), T. VI, page 606;

—— *du* 31 *août* 1871, rappelant les instructions précédentes et communiquant un rapport de M. le Directeur de l'Observatoire de Paris sur les travaux de météorologie (aux Préfets), T. VII, page 111.

1 baromètre de Fortin,
1 thermomètre à minima de Rutherford,
1 thermomètre à maxima de Negretti,
1 psychromètre,
1 pluviomètre,
1 girouette.

Le prix total ne dépasserait pas 250 francs.

Je recommande cette question, Monsieur le Préfet, à votre plus active sollicitude.

Recevez, etc.

Signé : V. DURUY.

Décret relatif aux recours et pourvois devant le Conseil d'État. 2 nov. 1864.

2 Novembre 1864.

NAPOLÉON, etc.,

Vu les décrets des 11 juin et 22 juillet 1806;

Vu l'ordonnance du 18 janvier 1826;

Notre Conseil d'État entendu,

Avons décrété et décrétons ce qui suit :

ARTICLE 1er. — Seront jugés sans autres frais que les droits de timbre et d'enregistrement :

Les recours portés devant le Conseil d'État, en vertu de la loi des 7-14 octobre 1790, contre les actes des autorités administratives, pour incompétence ou excès de pouvoirs;

Les recours contre les décisions portant refus de liquidation ou contre les liquidations de pension.

Le pourvoi peut être formé sans l'intervention d'un avocat au Conseil d'État, en se conformant, d'ailleurs, aux prescriptions de l'article 1er du décret du 22 juillet 1806.

ART. 2. — Les articles 130 et 131 du Code de procédure civile sont applicables dans les contestations où l'Administration agit comme représentant le domaine de l'État, et dans celles qui sont relatives, soit aux marchés de fournitures, soit à l'exécution des travaux publics, aux cas prévus par l'article 4 de la loi du 28 pluviôse An VIII.

ART. 3. — Les ordonnances de *soit communiqué*, rendues sur des pourvois au Conseil d'État, doivent être notifiées dans le délai de deux mois, sous peine de déchéance.

ART. 4. — Doivent être formés dans le même délai :

L'opposition aux décisions rendues par défaut, autorisée par l'article 29 du décret du 22 juillet 1806;

Les recours autorisés par l'article 32 du même décret et par l'article 20 du décret du 30 janvier 1852.

ART. 5. — Les Ministres font délivrer aux parties intéressées qui le demandent un récépissé constatant la date de la réception et de l'enregistrement au Ministère de leur réclamation.

ART. 6. — Les Ministres statuent, par des décisions spéciales, sur les affaires qui peuvent être l'objet d'un recours par la voie contentieuse.

Ces décisions sont notifiées administrativement aux parties intéressées.

ART. 7. — Lorsque les Ministres statuent sur des recours contre les décisions d'autorités qui leur sont subordonnées, leur décision doit intervenir dans le délai de quatre mois à dater de la réception de la réclamation au Ministère. Si des pièces sont produites ultérieurement par le réclamant, le délai ne court qu'à dater de la réception de ces pièces.

Après l'expiration de ce délai, s'il n'est intervenu aucune décision, les parties peuvent considérer leur réclamation comme rejetée et se pourvoir devant le Conseil d'État.

ART. 8. — Lorsque les Ministres sont appelés à produire des défenses ou à présenter des observations sur des pourvois introduits devant le Conseil d'État, la section du Contentieux fixe, eu égard aux circonstances de l'affaire, les délais dans lesquels les réponses et observations doivent être produites.

ART. 9. — Nos Ministres, chacun en ce qui le concerne, sont chargés de l'exécution du présent décret.

Novemb. 1864.

Note présentée au Conseil impérial de l'instruction publique sur un projet relatif à l'examen des livres classiques[1].

Session de Novembre 1864.

Il existe à l'égard des livres deux juridictions nécessaires :

1° Pour les ouvrages écrits en vue du grand public, la justice du pays prononçant au nom de la loi;

2° Pour les ouvrages destinés à la jeunesse des Écoles, la justice universitaire, qui prononce aussi au nom de la loi, mais ne peut édicter qu'une seule peine, l'interdiction dans les Écoles lorsque l'ouvrage est contraire à la morale ou aux lois. Il y a toutefois cette différence, que l'Université est tenue à plus de sévérité que la magistrature, parce que l'enfance doit être protégée contre des périls qui n'existent point pour l'âge mûr.

1. Note insérée au *Bulletin administratif* du 10 *janvier* 1865, et transmise aux Recteurs et aux Préfets par circulaire en date du 11 *janvier* 1865, rappelée le 4 *avril* suivant. (*Circ. et Instr. off.*, T. VI, pages 196, 197 et 230.)

La loi du 15 mars 1850 a investi le Ministre du droit de décider, le Conseil impérial entendu, quels livres peuvent être introduits dans les Écoles publiques, quels doivent être interdits dans les Écoles libres. En fait, c'est une Commission qui, depuis 1859, exerce cette prérogative. Avant cette époque, il n'y avait eu, depuis 1849, c'est-à-dire pendant dix années, ni examen ni autorisation.

Dès le premier jour de son installation, la Commission reçut 800 ouvrages. Le nombre de ceux qui sont annuellement déposés sur son bureau varie de 250 à 300. Or, malgré l'activité de ses travaux, elle peut tout au plus égaler le nombre de ses rapports annuels à celui des ouvrages qui lui sont annuellement adressés, et se voit indéfiniment surchargée d'un arriéré considérable. De là, si l'on suit l'ordre de l'inscription, des retards qui condamnent l'auteur à attendre un jugement pendant deux, trois et quatre ans, ou, si on l'intervertit, un véritable déni de justice, puisqu'il y aura préjudice effectif pour les uns ou privilège pour les autres. L'Administration est, dans ce système, imparfaitement éclairée; car elle n'est mise que très tardivement au courant de la valeur des publications classiques, et elle est obligée, contre sa propre règle, de tolérer l'introduction dans les établissements publics d'ouvrages utiles et bien faits, mais non revêtus de la sanction officielle. La loi est ainsi fréquemment violée, et l'autorité morale de la Commission se trouve affaiblie par cette indifférence à solliciter son approbation. Enfin cette intervention de l'État, avec les retards que l'examen entraîne, est une gêne pour un commerce considérable, celui de la librairie; et le privilège que l'autorisation accordée par le Ministre constitue en faveur des livres approuvés entrave la production, diminue la concurrence et prive la littérature classique d'un élément d'amélioration.

Une raison plus grave de renoncer à ce système, lors même que l'on viendrait à bout de supprimer les lenteurs administratives, c'est la solidarité établie par l'autorisation entre l'Université qui approuve, et l'ouvrage qui est approuvé. Malgré les progrès de la science, qui font vieillir si rapidement certains ouvrages, le livre autorisé conserve à toujours l'autorisation une fois donnée, et l'Université devient responsable des erreurs d'aujourd'hui qui avaient paru des vérités hier.

Le Gouvernement a cessé, dans l'ordre matériel, de donner sa garantie aux inventeurs; pourquoi continuerait-il, dans l'ordre pédagogique, à la donner aux écrivains?

Il serait accordé complète satisfaction au commerce, qui demande plus de liberté; à l'opinion publique, qui n'aime pas ces entraves établies au nom de l'État; à l'Administration, qui a le devoir de surveiller et, au besoin, de réprimer, mais non celui de diriger comme par la main toutes choses et toutes personnes, si, comme le veut la loi pour les Écoles libres, l'autorisation était remplacée par le *veto*.

Tout livre non frappé d'interdiction aurait la liberté de pénétrer dans les maisons d'éducation. Cette modification, qui est dans le sens général de la législation actuelle, n'exposerait pas les Écoles publiques au péril d'être envahies par les livres médiocres; car l'administration universitaire, qui est comme substituée à l'autorité des pères de famille, a sur ces Écoles un droit d'inspection sans réserve, et un livre insuffisant n'y pourrait rester longtemps, s'il en existait un meilleur. Les membres de l'Université seront d'autant plus scrupuleux dans le choix qu'ils auront la liberté de faire, qu'ils seront responsables, chacun vis-à-vis de son chef immédiat, et tous vis-à-vis du Ministre, de ce qu'ils auront eux-mêmes choisi.

Il y a donc lieu d'organiser une juridiction régulière et comme une première instance pour l'appréciation des cas d'interdiction. Le Conseil départemental, saisi par l'Inspecteur d'Académie, prononcerait en premier ressort sur les livres relatifs aux Écoles primaires; et le Conseil académique, saisi par le Recteur, sur ceux qui intéressent les établissements d'enseignement secondaire, chacun selon sa compétence naturelle. La délégation que le Conseil impérial a faite à la Commission irresponsable, qui fonctionne en ce moment, serait donnée à deux Conseils, que la loi a constitués, et la justice se trouverait placée plus près du justiciable. Le Conseil impérial, établi juge de la décision rendue par le Conseil départemental ou par le Conseil académique, rentrerait ainsi dans la vérité du rôle que la loi lui a dévolu.

---

11 janvier 1865.

Avis du Conseil d'État, relatif à un legs pour l'entretien à perpétuité d'une École congréganiste.

11 Janvier 1865.

La section de l'Intérieur, de l'Instruction publique et des Cultes, qui, sur le renvoi ordonné par le Ministre de l'Instruction publique, a pris connaissance d'un projet de décret ayant pour objet d'autoriser la commune de Pipriac (Ille-et-Vilaine) à accepter diverses libéralités testamentaires de la demoiselle de Tanouara, a cru devoir apporter à ce projet quelques modifications, au sujet desquelles il est nécessaire de rappeler les termes mêmes du testament et du projet :

« Voulant assurer à tout jamais, pour la commune de Pipriac, « l'existence d'une communauté de religieuses qui se consacrent « à l'instruction et à l'éducation des jeunes filles, surtout des « petites pauvres, je donne et lègue à la commune de Pipriac « tous mes biens, etc., à charge à elle d'en laisser la jouissance « aux religieuses, de quelque ordre qu'elles soient, qui seront « choisies par le Conseil municipal, de concert avec le curé, pour « monter l'École, sans que jamais la commune puisse appliquer « ces biens à une autre destination. »

Or, l'article 1er du projet de décret autorise, à la vérité, le maire de Pipriac à accepter le legs fait à cette commune; mais il joint à cette autorisation « la réserve de la clause qui obligerait « la commune à en laisser jouissance à des institutrices congré- « ganistes, laquelle n'est pas approuvée, comme contraire aux « lois sur l'enseignement ».

Sur quoi la section,

Considérant que la libéralité faite à la commune de Pipriac a pour but et pour objet essentiel l'entretien d'une école de filles,

3.

confiée à une corporation religieuse enseignante, et qu'ainsi le maintien, dans cette École, de l'enseignement congréganiste ne peut être envisagé comme une de ces conditions qui, aux termes de l'article 900 du Code Napoléon, doivent être réputées non écrites, et qui peuvent disparaître tout en laissant subsister le fond de la libéralité;

Que, de la sorte, si la fondation que la demoiselle de Tanouara a instituée dans son testament devait être considérée comme contraire aux lois, il faudrait refuser à la commune l'autorisation d'accepter le legs fait en vue de cette fondation suivant un principe déjà reconnu par l'avis du Conseil, en date du 9 janvier 1834[1]; mais qu'il ne saurait être permis de l'autoriser à en recueillir les bénéfices, en lui réservant en même temps la possibilité de la consacrer à une autre École que celle que la testatrice a entendu contribuer à soutenir;

Considérant qu'en l'espèce, l'acceptation du legs dont il s'agit ne saurait avoir pour effet, comme il est dit dans le rapport joint au projet, d'empêcher la commune de Pipriac d'opter entre l'enseignement laïque et l'enseignement congréganiste : car, quant à présent, le choix de cette commune a été fait, et son École confiée à une congrégation dès avant l'intervention de la libéralité de la demoiselle de Tanouara; et que, pour l'avenir, la commune conserve toujours la liberté de recourir, le cas échéant, à des institutrices laïques, sauf, dans ce cas, à ne pas appliquer à son École les fonds légués, d'où il suit que l'institution dont il s'agit ne peut être regardée comme illicite[2];

1. Voici l'avis du Conseil d'État auquel il est référé :

« Le Conseil,

« Considérant que, si la donation dont il s'agit est faite en faveur d'une congrégation légalement reconnue, dans des vues de bienfaisance et de charité, il est néanmoins constant que le but de cette fondation est de fonder un hospice dont la direction sera exclusivement confiée à des administrateurs désignés par la donatrice, et qui demeure entièrement en dehors du concours et du contrôle de l'autorité administrative;

« Que ce mode de constitution est contraire aux principes et aux règles consacrés par toutes les lois et ordonnances relatives aux établissements de ce genre, et qu'il y aurait de graves inconvénients à l'autoriser,

« Est d'avis qu'il n'y a lieu d'autoriser l'acceptation de la donation de la dame Bottu de la Baracondière. »

2. Cette jurisprudence avait été adoptée antérieurement, et d'une façon plus absolue, par le Ministère de l'Intérieur, ainsi que le constate la décision suivante :

« L'obligation de faire tenir à perpétuité une École par des religieuses est contraire aux dispositions de la loi du 15 mars 1850, du décret du 9 mars 1852 et de la loi du 14 juin 1854, d'après lesquels les communes et l'autorité départementale doivent conserver leur liberté d'option entre l'enseignement laïque et l'enseignement religieux. Elle n'est donc pas susceptible d'approbation. » (*Décision du Ministère de l'Intérieur*, 1863.)

Considérant, en conséquence, que l'article 1er du projet de décret doit être ramené à la formule ordinaire d'acceptation des legs et donations conditionnels : « en tant que ces conditions ne seront pas contraires aux lois »,

Par ces motifs,

A été d'avis de remplacer la réserve insérée à l'article 1er par ces mots : « aux clauses et conditions du testament, en tant qu'elles ne sont pas contraires aux lois[1] ».

---

11 janvier 1865.

Arrêté relatif à l'examen des livres classiques.

11 Janvier 1865.

Le Ministre secrétaire d'État au département de l'Instruction publique,

Vu l'article 5 de la loi du 15 mars 1850;

Le Conseil impérial de l'instruction publique entendu,

Arrête :

ARTICLE 1er. — Les Recteurs et les Inspecteurs d'Académie, les premiers pour les livres d'enseignement secondaire, les seconds pour les livres d'enseignement primaire, doivent, sous leur responsabilité, déférer, soit au Conseil académique, soit au Conseil départemental, les ouvrages publiés ou circulant dans leur Académie ou dans leur ressort d'inspection, qui leur paraissent contraires à la morale, à la Constitution et aux lois.

ART. 2. — Si le Conseil académique ou le Conseil départemental est d'avis qu'il y a lieu d'interdire les ouvrages ainsi déférés, il le déclare par une délibération motivée.

ART. 3. — Les délibérations intervenues en vertu des articles ci-dessus sont, dans tous les cas, soumises à l'approbation du Conseil impérial de l'instruction publique.

ART. 4. — Le Ministre présente, chaque année, au Conseil impé-

1. Le décret rendu en conséquence (11 *janvier* 1865) était, conformément à cet avis, ainsi libellé :

. . . .

« ARTICLE 1er. — Le maire de Pipriac (Ille-et-Vilaine), au nom de cette commune, est autorisé à accepter le legs à elle fait par la demoiselle Nathalie-Marie de Tanouara, suivant son testament olographe du 19 mars 1856, de tous les biens, meubles et immeubles, d'une valeur approximative de 17 000 francs, qu'elle possédait dans ladite commune ou aux environs, et ce aux clauses et conditions insérées audit testament, en tant qu'elles ne sont pas contraires aux lois. »

rial, qui donne son avis, la liste des ouvrages nouveaux qui peuvent être introduits dans les Écoles publiques.

ART. 5. — L'arrêté ministériel du 26 décembre 1858 est rapporté en ce qu'il a de contraire aux dispositions qui précèdent.

Arrêté relatif à l'enseignement de la musique dans les Écoles normales primaires[1]. 30 janvier 1865.

30 Janvier 1865.

Le Ministre secrétaire d'État au département de l'Instruction publique,

Vu l'arrêté du 15 mai 1845 sur l'enseignement du chant dans les Écoles publiques;

Vu le règlement du 31 juillet 1851, concernant l'enseignement des Écoles normales primaires;

Le Conseil impérial de l'Instruction publique entendu,

Arrête les dispositions suivantes pour l'enseignement de la musique dans les Écoles normales primaires..... :

ARTICLE 1er. — L'enseignement de la musique est obligatoire pour tous les élèves des Écoles normales primaires. Il en est de même du plain-chant pour les élèves catholiques et du chant religieux pour les autres communions.

ART. 2. — L'enseignement musical dans les Écoles normales embrasse les matières suivantes :

1° Principes élémentaires de musique et de chant. Lecture, écriture et dictée musicale sur la portée;

2° Principes élémentaires du plain-chant. Étude élémentaire de l'orgue.

Le piano pourra être employé comme moyen d'introduction à l'étude de l'orgue.

3° Étude élémentaire de l'accompagnement.

ART. 3. — Ces matières sont réparties de la manière suivante entre les trois années d'études :

Première année. — Principes élémentaires de musique. Notions sur l'émission vocale, sur la respiration et sur le classement des voix. Lecture sur les clefs de *sol* et *fa*, dans tous les tons majeurs et

1. Voir la circulaire du 15 *février* 1865 dans les *Circulaires et Instructions officielles*, T. VI, page 214.

mineurs et avec les mesures les plus usitées. Notions théoriques sur les autres clefs et les autres mesures.

Deuxième année. — Continuation des exercices de lecture. Écriture sous la dictée. Exécution de morceaux de chant à plusieurs voix.

Etude élémentaire du plain-chant. Notation, modes, lecture avec paroles.

Exercices élémentaires de mécanisme sur le piano ou l'orgue. Gammes dans tous les tons majeurs et mineurs.

Troisième année. — Continuation des exercices de musique et de plain-chant.

Etude élémentaire de l'accompagnement, spécialement en vue de l'accompagnement du plain-chant.

Lecture de morceaux faciles en accords plaqués, et accompagnement d'un plain-chant donné, soit à la basse, soit à la partie supérieure.

ART. 4. — Cinq heures par semaine sont consacrées, dans chacune des trois années, aux leçons de musique ou de plain-chant.

Le temps attribué, dans l'intervalle des leçons, à l'étude du piano ou de l'orgue, est pris sur la durée des récréations et sur le temps laissé libre le dimanche entre les offices.

ART. 5. — L'orgue, l'harmonium et le piano sont les seuls instruments employés pour l'enseignement musical dans les Écoles normales primaires.

. . . .

---

4 mars 1865.

Décret relatif à la création d'une École normale primaire d'instituteurs à Alger.

4 Mars 1865.

NAPOLÉON, etc.,

Sur le rapport de nos Ministres secrétaires d'État aux départements de la Guerre et de l'Instruction publique, et sur l'avis du Gouverneur général de l'Algérie;

Vu l'article 81 de la loi du 15 mars 1850 sur l'enseignement;

Vu les décrets des 14 juillet et 30 septembre 1850, relatifs à la création et à la surveillance des établissements d'instruction publique ouverts aux indigènes de l'Algérie,

Avons décrété et décrétons ce qui suit :

Article 1er. — Une École normale d'instituteurs est créée à Alger pour les Européens et les indigènes.

Art. 2. — Un arrêté de notre Ministre de l'Instruction publique, concerté avec notre Ministre de la Guerre et le Gouverneur général de l'Algérie, réglera tout ce qui se rapporte au personnel des maîtres et des élèves, à l'enseignement et à l'administration de la nouvelle École[1].

Art. 3. — Nos Ministres secrétaires d'État aux départements de la Guerre et de l'Instruction publique, et le Gouverneur général de l'Algérie, sont chargés, chacun en ce qui le concerne, de l'exécution du présent décret.

Décision du Conseil d'État, relative à l'inscription d'office pour la création d'une École de filles. 4 mars 1865.

4 Mars 1865.

L'article 51 de la loi du 15 mars 1850 porte : « Toute commune « de 800 âmes de population et au-dessus est tenue, si ses propres « ressources lui en fournissent les moyens, d'avoir au moins une « École de filles, sauf ce qui est dit à l'article 15; le Conseil aca-« démique peut, en outre, obliger les communes d'une popula-« tion inférieure à entretenir, si leurs ressources ordinaires le « leur permettent, une École de filles. »

Décidé qu'une commune dont la population excédait 800 âmes n'était pas fondée à prétendre que ses ressources étaient insuffisantes pour subvenir à la dépense d'une École de filles.

Ainsi décidé par les motifs suivants : l'arrêté préfectoral a inscrit d'office la dépense au budget de la commune, et il n'est pas justifié que ses ressources aient été insuffisantes pour acquitter les sommes inscrites par le Préfet; la commune objecte que le Préfet, pour assurer le payement des sommes dont il avait ordonné l'inscription, a refusé d'autoriser diverses dépenses facultatives, comprises au projet de budget préparé par le Conseil municipal et qu'il soutient être nécessaires;

Mais le Préfet n'a fait qu'user d'un droit qui lui appartenait en vertu de l'article 36 de la loi du 18 juillet 1837;

Décidé, en conséquence, que le Préfet n'avait pas excédé la

1. Voir cet arrêté, en date du 3 *août* 1865, au *Bulletin administratif du Ministère de l'Instruction publique,* année 1865, T. IV, page 117.

limite de ses pouvoirs, en ordonnant dans les formes prescrites par l'article 39 *de la loi du* 18 *juillet* 1837, *et sur le refus du Conseil municipal, l'inscription d'office au budget de la commune.*

NAPOLÉON, etc.,

Sur le rapport de la section du Contentieux;

Vu la requête présentée pour la commune du Pouget...., tendant à ce qu'il nous plaise annuler, pour excès de pouvoir, un arrêté pris par le Préfet de l'Hérault en Conseil de préfecture, à la date du 6 novembre 1863, à l'effet d'ordonner l'inscription d'office au budget de la commune requérante d'une somme de 150 francs pour l'année 1863, et d'une somme de 250 francs pour l'année 1864, destinées à payer l'indemnité de logement et le traitement de l'institutrice communale, par le motif que les propres ressources de la commune ne lui fournissaient pas les moyens d'entretenir une École de filles, et que dès lors, aux termes de l'article 51 de la loi du 15 mars 1850, elle n'était pas tenue d'avoir une institutrice communale;

Vu l'arrêté attaqué;

Vu les observations de notre Ministre de l'Instruction publique...., tendant à ce que le pourvoi soit rejeté, attendu que l'entretien d'une École de filles est une dépense obligatoire pour les communes de plus de 800 âmes, et que dès lors, sur le refus du Conseil municipal de la commune du Pouget de pourvoir à cette dépense, le Préfet a pu, sans excéder ses pouvoirs, user des droits qui lui étaient conférés par l'article 39 de la loi du 18 juillet 1837;

Vu le mémoire en réplique présenté pour la commune du Pouget...., par lequel elle déclare persister dans ses conclusions;

Vu les observations de notre Ministre de l'Intérieur...., tendant à ce que le pourvoi soit rejeté par le motif que les ressources de la commune étaient suffisantes pour subvenir aux dépenses d'entretien de l'École;

Vu les délibérations en date des 6 février 1862 et 16 janvier 1863, par lesquelles le Conseil municipal de la commune du Pouget décide que l'indemnité de logement allouée à l'institutrice communale sera réduite de 150 francs à 100 francs, et qu'il ne lui sera alloué aucun traitement pour l'année 1863;

Vu le budget de la commune du Pouget pour l'année 1863 et les chapitres additionnels audit budget, arrêtés par le Préfet le 26 décembre 1862 et le 11 juin 1863;

Vu la délibération en date du 22 septembre 1863, par laquelle le Conseil municipal refuse d'inscrire au budget de l'année 1864 les crédits nécessaires pour payer l'indemnité de logement et le traitement de l'institutrice communale;

Vu la lettre en date du 27 novembre 1863, par laquelle le Sous-Préfet de l'arrondissement de Lodève fait connaître au maire de la commune du Pouget que le Préfet a ordonné au Conseil de préfecture l'inscription d'office au budget de la commune, pour l'année 1864, d'une somme de 250 francs, et l'invite en conséquence à réunir le Conseil municipal pour voter une imposition de 450 francs pour insuffisance de ressources, au lieu de l'imposition de 200 francs portée au projet de budget alors soumis au Préfet;

Vu la délibération en date du 24 avril 1864, par laquelle le Conseil municipal, assisté des plus imposés, refuse de voter cette imposition;

Vu le budget de la commune du Pouget pour l'année 1864, arrêté par le Préfet le 29 avril 1864, et s'élevant à 6 965 fr. 21 cent. pour les recettes et à 6 960 fr. 29 cent. pour les dépenses;

Vu les chapitres additionnels audit budget, arrêtés par le Préfet le 18 juillet 1864, et s'élevant pour les recettes à 422 fr. 44 cent. et pour les dépenses à 419 fr. 03 cent.;

Vu la délibération, en date du 1er février 1864, par laquelle le Conseil municipal de la commune du Pouget autorise le maire de ladite commune à se pourvoir devant nous, en notre Conseil d'État, contre l'arrêté ci-dessus visé du 6 novembre 1863;

Vu les autres pièces produites et jointes au dossier;

Vu la loi du 15 mars 1850;

Vu la loi du 18 juillet 1837;

Vu la loi des 7-14 octobre 1790;

. . . .

Considérant qu'aux termes de l'article 51 de la loi du 15 mars 1850, toute commune de 800 âmes de population et au-dessus est tenue, si ses propres ressources lui en fournissent les moyens, d'avoir au moins une École de filles; que la commune du Pouget, dont la population est de 987 âmes, pour établir qu'elle n'est pas tenue d'avoir une École de filles, soutient que ses ressources sont insuffisantes pour subvenir à cette dépense;

Mais considérant que l'arrêté attaqué, en ordonnant l'inscription d'office d'un crédit de 100 francs sur le budget de l'année 1863, et d'un crédit de 250 francs sur le budget de l'année 1864, destinés à pourvoir à l'indemnité de logement et à l'entretien de l'institutrice communale, dispose que ces sommes seront imputées sur les ressources ordinaires de la commune, et qu'il n'est pas justifié que ces ressources aient été insuffisantes pour acquitter lesdites sommes;

Que la commune prétend, il est vrai, que le Préfet, pour assurer le payement des sommes dont il avait ordonné l'inscription, a refusé d'autoriser diverses dépenses nécessaires comprises au projet de budget préparé pour l'année 1864 par le Conseil municipal, mais que le Préfet, en rejetant ces dépenses, qui étaient d'ailleurs de celles que la loi considère comme facultatives, n'a fait qu'user d'un droit qui lui appartenait en vertu de l'article 36 de la loi du 18 juillet 1837;

Qu'il suit de là que le Préfet n'a pas excédé les limites de ses pouvoirs en ordonnant, dans les formes prescrites par l'article 39 de la loi du 18 juillet 1837, et sur le refus du Conseil municipal, l'inscription d'office au budget de la commune des crédits nécessaires pour assurer, pendant les années 1863 et 1864, l'entretien de l'École communale des filles;

Notre Conseil d'État au contentieux entendu,

Avons décrété et décrétons ce qui suit :

ARTICLE 1er. — La requête de la commune du Pouget est rejetée[1].

1. Voici les observations présentées sur cette affaire par M. le commissaire du Gouvernement, L'Hôpital : « Pour les garçons, toute commune doit avoir une École primaire, soit par elle-même, soit en se réunissant à une autre commune (art. 36 de la loi du 15 mars 1850). Si ses ressources ordinaires ne lui suffisent pas, l'article 40 lui impose l'obligation de voter ou de subir les trois centimes spéciaux. Ces centimes ne suffisent-ils pas encore? les fonds du département et de l'État pourvoiront. Dans tous les cas, la dépense de l'École des garçons est obligatoire; pour les filles, au contraire, elle n'est obligatoire que dans les cas déterminés par l'article 51. »

(Ici M. le commissaire du Gouvernement lit l'article dont nous avons cité le texte dans le sommaire.) Il continue ainsi :

« C'est la Commission de l'Assemblée nationale qui a ajouté dans le § 1er les mots : « Si ses ressources lui en fournissent les moyens ». C'était à toute commune de 800 âmes que le projet du Gouvernement imposait l'obligation d'une École de filles, sauf le pouvoir, pour le Conseil académique (aujourd'hui Conseil départemental), de l'autoriser, en raison des circonstances, à conserver l'école mixte (art. 15 de la loi).

« On a pu se demander assurément quelle est, depuis l'addition des mots « si ses ressources lui en fournissent les moyens », la différence subsistant entre la commune de 800 âmes, tenue de par la loi d'avoir une École de filles, et la commune de moins de 800 âmes, à qui le Conseil académique peut l'imposer? Mais, indépendamment de ce que autre chose est l'obligation légale, qui ne se discute pas, autre chose l'obligation qui ne résultera que d'une délibération du Conseil académique, avec lequel on peut discuter, la nuance est grande entre les termes du § 1er, « si ses propres ressources lui en fournissent les moyens », et les termes du § 2, « si leurs ressources ordinaires le leur permettent ».

« La question de savoir si les ressources ordinaires permettent ne comporte qu'un simple calcul dont la base est définie; il y a beaucoup plus de vague dans l'appréciation des propres ressources de la commune : qu'est-ce que c'est que les propres ressources? Cela est beaucoup plus élastique. La difficulté naissant comme dans l'espèce sera celle-ci :

« La dépense est obligatoire, et le Préfet a pu l'inscrire au budget, si les propres ressources de la commune sont suffisantes. Elle n'est pas obligatoire, elle ne peut pas être inscrite d'office dans le cas contraire. Mais, pour apprécier le caractère de l'in-

Décision du Conseil d'État, relative à la réunion de plusieurs communes pour l'entretien d'une École. 18 mars 1865.

18 Mars 1865.

L'article 36 de la loi du 15 mars 1850 porte : « Toute commune « doit entretenir une ou plusieurs Écoles primaires. Le Conseil « académique du département peut autoriser une commune à se

scription d'office et le mérite du recours pour excès de pouvoir, une grande latitude vous est laissée par la disposition de la loi.

« Ce sont toutes les ressources de la commune que vous envisagez, sous la seule condition qu'elles lui soient propres, c'est-à-dire qu'elle ne soit pas dans le cas de les demander à une opération qui la dépossède ou qui l'engage à une aliénation, par exemple, ou à un emprunt.

« Les propres ressources de la commune du Pouget lui fournissent-elles les moyens, et, par suite, permettent-elles de lui imposer la charge d'entretenir une École de filles?

« D'abord, la commune elle-même ne dit nulle part et n'a jamais songé à alléguer que ses ressources fussent en 1863 et en 1864 autres ou moindres qu'elles n'étaient en 1854. Or, en 1854, la commune les a trouvées suffisantes pour créer et ensuite entretenir son École de filles. Si elle dit le contraire aujourd'hui, ce n'est pas du tout que l'état de ses finances ait changé; c'est uniquement que le Conseil municipal a été renouvelé, et l'administration municipale après lui, et que l'institutrice communale, une sœur de l'ordre de la congrégation de Saint-Martin de Tours, qui vivait sous le patronage et la bienveillance de l'ancienne administration, est mal avec la nouvelle: considération sans réplique s'il s'agissait d'une dépense facultative que personne ne pourrait imposer à la commune; considération sans valeur s'il s'agit d'une dépense obligatoire. Cela dit sur les faits, examinons le droit.

« Qu'a fait le Préfet, après avoir accompli les formalités prescrites par l'article 39 de la loi du 18 juillet 1837? Après avoir mis le Conseil municipal en demeure, il a inscrit d'office, au budget de 1863, 150 francs pour le loyer de l'École des filles; au budget de 1864, 250 francs, dont 150 francs encore pour le loyer et 100 francs pour le traitement de l'institutrice. La base des évaluations du loyer à 150 francs, du traitement à 100 francs, n'est pas contestable : il s'agit de dépenses annuelles et variables; 150 francs et 100 francs sont la quotité moyenne des trois dernières années, ou même, disons mieux, sont les quotités annuellement payées dans chacune des années précédentes.

« Puis l'arrêté porte que les divers crédits seront imputés sur les ressources ordinaires de la commune.

« Il ne s'agit donc pas d'une imposition d'office, comme on l'a dit plusieurs fois par erreur dans l'instruction écrite, mais d'une inscription d'office, ce qui est fort différent. Ce n'est pas du tout le cas de la contribution extraordinaire dont parle l'article 39 *in fine*, prévoyant le cas où les ressources de la commune ne pourront pas suffire aux dépenses obligatoires. La commune n'est donc pas fondée à dire : « Mais déjà il me manquait 200 francs par l'effet de votre inscription d'office, il va « m'en manquer 450. Le déficit de 450 est la meilleure preuve que mes ressources « sont dépassées, et que, par conséquent, le caractère obligatoire de la dépense dis- « paraît. »

« Il n'en est pas ainsi, puisque c'est sur les ressources ordinaires que se prendra le crédit inscrit d'office.

« Le Préfet y a pourvu en ajoutant aux recettes prévues un article de prévision qui n'est que conforme ou même qui est inférieur à une recette réalisée dans les années

« réunir à une ou plusieurs communes voisines pour l'entretien « d'une École...... »

Le Conseil départemental de l'instruction publique (qui, depuis la loi du 14 juin 1854, remplace le Conseil académique du département) peut-il prononcer la réunion contrairement au vœu des Conseils municipaux? Rés. nég.

En conséquence, lorsque le Conseil municipal d'une commune a refusé de consentir à la réunion de cette commune à une autre commune pour l'instruction primaire, la décision du Conseil départemental de l'instruction publique, qui a prescrit d'office cette réunion pour la suppression de l'Ecole de la première commune, doit être annulée pour excès de pouvoir.

NAPOLÉON, etc.,

Vu la requête produite par la commune de Thulay....., et dirigée contre une décision en date du 28 décembre 1863, par laquelle le Conseil départemental de l'instruction publique du département du Doubs a prononcé la suppression de l'École de cette commune et la réunion des communes de Thulay et de Roche-les-Blamonts pour l'instruction primaire; ladite requête...., tendant à ce qu'il nous plaise, — attendu qu'aucune disposition de loi n'autorise les Conseils départementaux à prononcer la réunion de deux ou plusieurs communes pour l'instruction primaire sans le consentement des Conseils municipaux; — attendu que la décision attaquée a été prise malgré le refus formel du Conseil municipal de Thulay de consentir à la réunion prescrite par la décision, — annuler cette décision pour excès de pouvoir;

précédentes, à savoir : le prix de ferme du balayage, en rayant d'autre part trois articles de dépenses, savoir : 120 francs pour entretien d'aqueducs, 80 francs pour entretien du pavage, enfin 90 francs pour dépenses imprévues.

« En avait-il le droit? Messieurs, c'est lui qui règle le budget; aux termes de l'article 36 de la même loi, il peut réduire ou rejeter les dépenses proposées au budget de la commune; aux termes de l'article 37, il peut réduire ou rejeter même le crédit que le Conseil municipal peut porter au budget pour dépenses imprévues : il en est le maître si les ressources ordinaires ne peuvent faire face aux dépenses obligatoires qu'au moyen de la suppression ou de la réduction de ce crédit.

« Est-il donc possible de contester au Préfet le droit de réduire ou de rejeter les dépenses facultatives comme celles qu'il a rejetées, alors que les articles 33 et 36 lui reconnaissent le pouvoir de rejeter même des dépenses obligatoires, s'il estime que d'autres sont plus indispensables; de classer dans l'ordre dont il est juge les dépenses obligatoires elles-mêmes, dussent celles qu'il classerait les dernières sortir ainsi de l'ordre utile?

« Le Préfet n'a donc en rien excédé ses pouvoirs; et il nous appartenait de le dire : nous ajouterons qu'il nous paraît en avoir fait même un bon usage, la résistance de la commune du Pouget au maintien de l'École des filles n'étant, ce semble, aucunement digne d'intérêt ou de ménagement. »

Vu la décision attaquée;

Vu les observations de notre Ministre de l'Instruction publique...., tendant à l'annulation de la décision attaquée;

Vu les délibérations des Conseils municipaux des communes de Thulay et de Roche-les-Blamonts, en date des 9 et 16 juillet 1860, 16 et 19 novembre 1863;

Vu la délibération, en date du 14 novembre 1864, par laquelle le Conseil municipal de la commune de Thulay a autorisé le maire de cette commune à former le recours ci-dessus visé;

Vu les autres pièces produites et jointes au dossier;

Vu la loi du 15 mars 1850 sur l'enseignement, article 36;

Vu la loi du 14 juin 1854 sur l'instruction publique, article 5;

. . . .

Considérant qu'aux termes de l'article 36 de la loi du 15 mars 1850, le Conseil départemental de l'instruction publique peut autoriser une commune à se réunir à une ou plusieurs communes voisines pour l'entretien d'une École; qu'il n'appartient pas audit Conseil de prononcer cette réunion contrairement au vœu des Conseils municipaux;

Considérant que, par la délibération ci-dessus visée du 19 novembre 1863, le Conseil municipal de la commune de Thulay a refusé de consentir à la réunion de cette commune à la commune de Roche-les-Blamonts pour l'instruction primaire; que, dès lors, le Conseil départemental de l'instruction publique du département du Doubs, en prescrivant d'office cette réunion par la suppression de l'École communale de Thulay, a excédé la limite de ses pouvoirs;

Notre Conseil d'État au contentieux entendu,

Avons décrété et décrétons ce qui suit :

ARTICLE 1er. — La décision du Conseil départemental de l'instruction publique du département du Doubs, en date du 28 décembre 1863, est annulée pour excès de pouvoirs[1].

1. Voici les observations présentées dans le sens du recours par M. le Ministre de l'Instruction publique. « On ne saurait se dissimuler que, en fait, la décision du Conseil départemental du Doubs, qui a prononcé la réunion de la commune de Thulay à celle de Roche pour l'instruction primaire, repose sur des motifs plausibles.

« Une École qui coûte à l'État et au département 422 francs par an, et qui ne reçoit habituellement que douze élèves environ, peut, en effet, être considérée comme une charge inutile, alors qu'il est constant que ces enfants peuvent se rendre facilement à l'École de la commune voisine, distante de deux kilomètres seulement. Mais, si cette décision est fondée en fait, il n'en est pas de même en droit.

« Il ne faut pas perdre de vue, en effet, que la loi oblige toute commune à entretenir une ou plusieurs Écoles publiques, et qu'afin de rendre possible l'exécution de cette obligation, elle charge le département et l'État de pourvoir à l'insuffisance des

2 mai 1865.

Arrêté relatif à la création et à l'organisation des Écoles arabes-françaises.

2 Mai 1865.

Au nom de l'Empereur, le Maréchal de France, Gouverneur général de l'Algérie,

Vu le décret impérial du 10 décembre 1860, relatif au gouvernement et à la haute administration de l'Algérie, disposant, article 3... « Les Écoles arabes-françaises et les Ecoles indigènes restent dans « les attributions exclusives du Gouverneur général; »

Vu le décret du 7 juillet 1864, article 1er;

Vu le décret du 1er octobre 1863, portant création d'un emploi d'Inspecteur des établissements d'instruction publique ouverts aux indigènes,

Arrête :

ARTICLE 1er. — L'enseignement primaire est gratuit dans les Ecoles arabes-françaises de l'Algérie.

Il comprend :

Les éléments de la langue française, la lecture et l'écriture du français; les éléments du calcul et le système légal des poids et mesures; la lecture et l'écriture de l'arabe.

ART. 2. — Le personnel de chaque Ecole se compose d'un directeur français et d'un maître adjoint musulman.

ART. 3. — Les directeurs sont nommés par le Gouverneur général, et les maîtres adjoints par les généraux commandant les provinces.

Les candidats sont proposés par les Préfets pour les Ecoles ouvertes en territoire civil.

ART. 4. — Nul ne peut être nommé directeur s'il n'est pourvu du brevet de capacité exigé pour les instituteurs primaires en France.

Toutefois il sera tenu compte aux aspirants aux emplois de directeur de leurs connaissances dans la langue arabe, et l'acquisition de ces connaissances sera un motif de préférence pour le choix des directeurs.

ressources communales. L'article 36 de la loi du 15 mars 1850 permet, il est vrai, au Conseil départemental d'autoriser la réunion d'une ou de plusieurs communes voisines pour l'entretien d'une École; mais c'est une faculté qui est accordée à la commune, et dont elle est libre d'user ou de ne pas user; le Conseil départemental n'a donc pas le droit de la contraindre à cette réunion et de la prononcer d'office.

« Si donc le Conseil départemental du Doubs, en prononçant d'office et malgré les votes des Conseils municipaux la réunion des communes de Thulay et de Roche, pour l'instruction primaire, a pris une mesure utile en elle-même, il faut reconnaître qu'en la prescrivant, il a commis un excès de pouvoir. »

ART. 5. — Les directeurs et les maîtres adjoints sont divisés en trois classes, et leur traitement est fixé ainsi qu'il suit pour chacune des classes :

Directeurs	1re classe. . .	2 100 francs.
	2e classe. . .	1 800 —
	3e classe. . .	1 500 —
Maîtres adjoints	1re classe. . .	1 400 —
	2e classe. . .	1 200 —
	3e classe. . .	1 000 —

ART. 6. — Une somme de 500 francs sera allouée, au moment de la création de chaque École, pour l'achat du mobilier classique.

ART. 7. — Chaque École sera également pourvue, à l'usage du directeur, d'un mobilier particulier, dont la valeur est fixée à 600 francs.

Toute rétribution et prestation, autres que celles mentionnées ci-dessus, sont supprimées.

ART. 8. — Les arrêtés portant création des Écoles arabes-françaises détermineront la manière dont il sera pourvu aux dépenses du personnel et du matériel de ces établissements.

ART. 9. — Des arrêtés des généraux commandant les provinces réglementeront tout ce qui tient au régime intérieur et à la discipline des Écoles arabes-françaises.

Disposition transitoire.

ART. 10. — Les directeurs et maîtres adjoints des Écoles créées en vertu de l'article 1er du décret du 14 juillet 1850, dans les villes d'Alger, de Constantine, de Bône, d'Oran, de Blida et de Mostaganem, et nommés antérieurement à la promulgation du présent arrêté, seront élevés à la première ou à la deuxième classe de leur emploi, eu égard à leur mérite, à l'ancienneté de leurs services et aux avantages dont ils jouissaient, en vertu de l'article 6 dudit décret, qui cessera d'être appliqué.

ART. 11. — Les généraux commandant les provinces sont chargés de l'exécution du présent arrêté.

24 mai 1865.

Projet de loi relatif à l'enseignement primaire, présenté, au nom du Conseil d'État, au Corps législatif[1].

Séance du 24 Mai 1865.

1° Exposé des motifs.

Messieurs, l'Empereur a dit, le 15 février, à la séance d'ouverture de la session législative : « Dans le pays du suffrage universel, tout citoyen doit savoir « lire et écrire. Un projet de loi sera présenté pour propager de plus en plus « l'instruction primaire. »

Afin de réaliser le désir du souverain, qui est celui de la nation tout entière, le Gouvernement a pensé qu'il y avait lieu d'étendre la liberté qu'ont déjà les communes d'établir la gratuité scolaire et de mettre le plus possible les moyens d'instruction à la portée des populations. Il a voulu aussi entrer dans les vues de l'Empereur en organisant l'éducation primaire des filles d'une manière spéciale et appropriée à leur condition dans la société. Telles sont, Messieurs, les dispositions principales du projet de loi qui vous est soumis.

ART. 1er. — L'article 14 de la loi du 28 juin 1833 admettait gratuitement dans l'École publique tous les élèves de la commune ou des communes réunies que les Conseils municipaux avaient désignés comme ne pouvant payer aucune rétribution scolaire. L'article 24 de la loi du 15 mars 1850 dit avec plus d'énergie encore que la commune doit assurer l'enseignement primaire gratuit à tous les enfants dont les familles sont hors d'état de le payer, et, allant plus loin, l'article 36 de la même loi autorise les communes à entretenir une ou plusieurs Écoles gratuites, pourvu qu'elles le fassent avec leurs propres ressources. L'article 1er du projet n'est que l'extension du principe déposé dans cet article 36 : la difficulté, dans plusieurs cas, de reconnaître la vraie situation des familles, divers intérêts de l'ordre matériel ou moral, des circonstances particulières, peuvent solliciter certaines communes à développer l'instruction primaire au moyen de la gratuité absolue[2]; il convient de les laisser juges de la question d'opportunité. L'article 1er permet donc aux communes de voter la gratuité en s'imposant trois centimes extraordinaires, additionnels au principal des quatre contributions directes. Ces trois centimes, s'ajoutant aux trois centimes déjà établis par la législation antérieure pour l'instruction primaire et constituant ainsi, dans l'intérêt exclusif de ce service, une dotation de six centimes, en dehors des revenus ordinaires énumérés par l'article 40 de la loi de 1850, sont considérés comme le maximum des charges auxquelles une commune doive se résoudre. Dans de pareilles conditions, la gratuité a pour elle la présomption d'un intérêt sérieux, et, dès lors, il paraît naturel qu'en cas d'insuffisance des ressources municipales, une subvention puisse être accordée sur les fonds départementaux, et, à leur défaut, sur les fonds de l'État, dans les limites du crédit spécial porté annuellement, à cet effet, au budget du Ministère de l'Instruction publique.

1. Ce projet a été délibéré et adopté par le Conseil d'État dans ses séances des 5, 8, 11 et 12 *mai* 1865. Le rapporteur fut M. GENTEUR. (Voir *Moniteur* des 5 et 6 *juin* 1865, pages 747 et suiv.) Il a abouti à la loi du 10 *avril* 1867. (Voir ci-après cette loi à sa date et la note en renvoi.)

2. 2250 municipalités l'ont déjà établie dans près de 5000 Écoles. (*Note du projet.*)

Art. 2. — Pour tous les instituteurs publics, les minima du traitement sont maintenus à 600, 700, 800 ou 900 francs, conformément aux dispositions de l'article 38 de la loi du 15 mars 1850, et des articles 1, 2 et 3 du décret du 19 avril 1862; pour toutes les institutrices, ils sont fixés par l'article 2 de la présente loi à 400 ou 500 francs, selon la classe. Mais, dans les communes où la gratuité serait établie, il fallait trouver, à la place de la rétribution supprimée, un moyen de stimuler le zèle des maîtres. L'article 2 dispose que le traitement éventuel qui s'ajoutera au traitement fixe sera calculé à raison du nombre des élèves présents dans l'École et déterminé chaque année par le Préfet, sur l'avis du Conseil départemental et du Conseil municipal, ce qui permettra de proportionner le traitement de l'instituteur au succès de son enseignement.

Le second paragraphe de l'article 2 sauvegarde les intérêts de ceux des instituteurs, en exercice au moment de la promulgation de la loi, qui, par leur intelligence et leur activité, se seraient assuré une rémunération supérieure aux minima : leur traitement ne pourra être inférieur à la moyenne de leurs émoluments pendant les trois dernières années. Mais il est bien entendu que cet avantage ne leur est acquis qu'à la condition par eux de ne pas démériter, et que l'autorité publique conservera à leur égard tous les droits que lui reconnaît la législation sur la matière. Les mêmes dispositions sont applicables aux institutrices.

Art. 3. — Ce n'est pas assez d'ouvrir aux indigents les portes de l'École : il faut leur procurer, par des fournitures scolaires, les moyens d'en suivre les leçons avec fruit. Aussi bien, il peut être utile, dans certains cas, de leur faciliter la fréquentation de la classe par des secours de diverses natures, que la commune n'est pas en état de leur donner. Enfin, il convient d'encourager, par des récompenses, les enfants qui se font remarquer par leur exactitude et leur assiduité. A cet effet, une caisse des Écoles pourra être créée dans chaque commune; ses revenus se composeraient des cotisations volontaires, des subventions qui pourraient lui être accordées par la commune, le département ou l'État, et des dons et legs qui lui seraient faits.

Art. 4. — L'article 28 de la loi du 15 mars 1850 attribue au Conseil départemental le droit de juger sans appel, contrairement au principe consacré pour l'instruction secondaire, l'opposition formée par l'autorité publique à l'ouverture d'une École primaire libre. La pratique a démontré qu'il est préférable, pour éviter des erreurs d'interprétation, de revenir à la règle générale des deux degrés de juridiction. En conséquence, l'article 4 du projet donne la faculté de se pourvoir devant le Conseil impérial de l'instruction publique contre toutes les décisions rendues par le Conseil départemental en vertu de l'article 28. De quelque part que vienne l'appel, l'intérêt des mœurs ou de la santé des enfants s'oppose à ce que l'École soit ouverte avant que le Conseil impérial ait statué en dernier ressort.

Art. 5. — La séparation des sexes est le principe de l'organisation de nos Écoles; les classes mixtes ne sont qu'une exception. L'instituteur public placé par l'Administration à la tête d'une École mixte tient de sa nomination même le droit de donner l'enseignement aux jeunes filles. Quant à l'instituteur libre, qui n'a pu faire qu'une déclaration d'ouverture d'École de garçons, il contrevient à son engagement s'il reçoit des jeunes filles sans en avoir obtenu l'autorisation préalable du Conseil départemental. L'article 5 édicte pour cette contravention une pénalité que le législateur de 1850 avait omis de prononcer.

Art. 6. — L'inspection des Écoles libres ne peut porter sur l'enseignement que pour vérifier s'il n'est pas contraire à la morale, à la Constitution et aux lois (art. 21 de la loi du 15 mars 1850). Mais les Écoles libres qui touchent une subvention de la commune ou qui, par suite d'un traité avec l'administration municipale, reçoivent les enfants dont les familles sont hors d'état de payer la rétribution scolaire, sont par là même assimilables aux Écoles communales, et, dès lors, il est juste de les soumettre à tous les détails de l'inspection qui se fait dans les établissements d'instruction publique. L'autorité doit s'assurer que l'École mérite la continuation des bienfaits de la commune, et qu'elle donne aux enfants admis gratuitement toute l'instruction qu'ils trouveraient dans l'École publique.

Art. 7. — Il n'est pas permis de laisser dans une ignorance absolue de l'histoire et de la géographie de leur pays des enfants qui seront un jour des citoyens. Le patriotisme se compose surtout de souvenirs, et, quelque modeste que soit la condition d'un homme, il ne doit pas demeurer étranger au milieu où il est appelé à vivre. C'est pourquoi l'article 7 a rendu obligatoire, de facultatif qu'il était, l'enseignement de l'histoire et de la géographie de la France, réduit à des notions élémentaires simples et justes. Du reste, cette extension du programme a été demandée par un grand nombre de communes et ne peut manquer d'être accueillie avec faveur.

Art. 8. — On a dit avec raison que le jour où toutes les mères de famille sauraient lire et écrire, les vœux des amis de l'instruction primaire seraient bien près d'une complète satisfaction. Le premier soin de la jeune mère n'est-il pas, en effet, de transmettre à son enfant les leçons qu'elle a reçues? L'instruction de la femme profite à tout ce qui l'entoure, non seulement à ses enfants, mais encore à son mari, pour qui elle devient un auxiliaire plus utile. La connaissance qu'elle a acquise des travaux de son sexe est une précieuse ressource dans le ménage. Or, l'expérience prouve que rien n'est plus propre à attirer les jeunes filles dans les Écoles que la création d'établissements distincts. Il faut ajouter que la réunion d'enfants des deux sexes dans un même lieu n'est pas sans péril au point de vue moral.

Ces vérités n'avaient pas échappé aux Gouvernements antérieurs; mais la situation financière des communes, des départements et de l'État les avait tous contraints, et le législateur de 1833 s'en est expliqué formellement, à réserver pour l'avenir la solution de la difficulté. La loi de 1850 a fait un premier pas en stipulant que toute commune de 800 âmes et au-dessus aurait une École de filles, pourvu qu'elle en trouvât le moyen dans ses propres ressources, et qu'il en serait de même des communes d'une population inférieure, si leurs ressources ordinaires le leur permettaient. Mais en même temps elle autorisait le Conseil départemental à dispenser les communes de ces obligations, selon les circonstances, et ne garantissait aucun traitement aux institutrices, les laissant dans la position où se trouvaient les instituteurs avant la loi de 1833.

Quelque incomplète qu'elle fût à cet égard, la loi de 1850 a multiplié les Écoles spéciales. Mais le développement du principe qu'elle avait posé a été arrêté par l'insuffisance des ressources communales et le défaut de subvention des départements et de l'État : 1 891 communes de 800 âmes et au-dessus, 3 822 communes de 500 à 800 âmes n'ont pas encore d'Écoles de filles; 5 000 environ de ces communes n'ont que des Écoles libres, entretenues par des quêtes et des souscriptions volontaires.

Enfin, dans 16 500 communes au-dessous de 500 âmes, 14 000 ont des Écoles mixtes tenues par des instituteurs, et, sur ce nombre, 3 540 seulement ont, à côté de l'instituteur, une femme qui enseigne aux jeunes filles les travaux de leur sexe. D'autre part, 4 775 institutrices ne touchent qu'un traitement insuffisant, qui ne s'élève pas, en moyenne, à plus de 350 francs. Dans bien des cas, les locaux ne satisfont ni aux besoins scolaires ni même aux lois de l'hygiène, et le mobilier classique est souvent en mauvais état. Il est donc vrai de dire que l'organisation de l'éducation primaire des filles est très incomplète : les articles 8 et suivants ont pour but de combler, autant que possible, cette lacune : désormais toutes les communes de 500 âmes et au-dessus auront au moins une École publique de filles. Quelques-unes pourront encore en être dispensées par le Conseil départemental, conformément à l'article 15 de la loi de 1850, mais seulement lorsque les habitations trop espacées les unes des autres rendraient inutile l'établissement d'une École sur un point central, et non plus pour absence de ressources, puisque, à défaut de la commune et du département, l'État devra subvenir à la dépense. Dans les communes au-dessous de 500 âmes, et où l'École mixte ne sera pas tenue par une institutrice, une femme désignée par le Préfet sera chargée de diriger, moyennant une rétribution assurée, les travaux à l'aiguille des jeunes filles fréquentant l'École.

ART. 9. — La loi de 1850 s'en était rapportée aux communes elles-mêmes sur le nombre d'Écoles à établir. De là quelques abus, que l'article 9 a pour but de prévenir, en remettant au Conseil départemental, dont la composition offre toutes les garanties d'intelligence et d'impartialité, le soin de fixer, sous l'approbation du Ministre de l'Instruction publique, le nombre d'Écoles publiques de garçons ou de filles qui devront être entretenues dans chaque commune, eu égard aux besoins de la population.

Pour la propagation de l'instruction primaire, il importe beaucoup de rapprocher l'École des habitations, afin d'en rendre l'accès facile à tous les enfants. Aussi le Conseil départemental reçoit-il, en outre, la mission de déterminer les cas où, à raison de l'éloignement du chef-lieu, ou du mauvais état des chemins, ou de toute autre circonstance, il doit être établi des Écoles de hameaux à titre permanent ou même temporaire. Mais, comme la population de ces Écoles sera ordinairement peu nombreuse, on peut, sans inconvénient, les confier à des maîtres adjoints, qui ne recevront qu'un traitement inférieur à celui des instituteurs titulaires. Ainsi l'on donnera satisfaction aux besoins scolaires en ménageant les intérêts financiers.

ART. 10, 11 et 12. — La loi pourvoit au loyer et au mobilier des Écoles de filles, ainsi qu'au traitement et au logement des institutrices. A cet égard, on prend les mêmes mesures que pour les Écoles de garçons et pour les instituteurs, avec cette seule différence, que les institutrices sont divisées en deux classes, et que, suivant qu'elles appartiendront à l'une ou à l'autre, leur traitement minimum sera de 400 ou de 500 francs.

Les instituteurs adjoints sont également divisés en deux classes, avec un traitement minimum de 400 ou de 500 francs. Tous ont droit au logement. Quant aux adjoints tenant des Écoles de hameaux, leur traitement sera déterminé par le Préfet, et d'après les circonstances, attendu que leurs fonctions pourront n'être que temporaires.

ART. 13. — L'article 13 applique à l'organisation des Écoles de filles les voies et moyens de finances que la loi de 1850 a créés pour les Écoles de garçons et pour les Écoles mixtes, en rendant obligatoire, à défaut de ressources communales ou départementales, le concours de l'État. C'est la sanction qui a manqué jusqu'à présent à la législation sur la matière.

Les communes et les départements, affectant aujourd'hui au service de l'instruction primaire la plus grande partie de leurs ressources ordinaires et spéciales, ne pourront contribuer que dans une certaine mesure aux dépenses résultant de l'application de la loi nouvelle : il est donc probable qu'une forte part retombera à la charge de l'État. Mais c'est une dépense productive que celle qui a pour but d'élever le niveau intellectuel et moral des jeunes générations.

Par ces motifs, Messieurs, nous avons l'honneur de vous proposer le projet de loi qui suit :

2e Projet de loi.

ARTICLE 1er. — Toute commune qui veut user de la faculté, accordée par le § 3 de l'article 36 de la loi du 15 mars 1850, d'entretenir une ou plusieurs Écoles entièrement gratuites, peut, en sus de ses ressources propres, affecter à cet entretien le produit d'une imposition extraordinaire qui n'excédera pas trois centimes additionnels au principal des quatre contributions directes.

En cas d'insuffisance, une subvention peut être accordée à la commune sur les fonds départementaux, et, à leur défaut, sur les fonds de l'État, dans les limites du crédit spécial porté annuellement, à cet effet, au budget du Ministère de l'Instruction publique.

ART. 2. — Dans les communes où la gratuité est établie en vertu de la présente loi, le traitement des instituteurs et des institutrices publics se compose :

1° D'un traitement fixe de 200 francs;

2° D'un traitement éventuel calculé à raison du nombre d'élèves présents, d'après un taux déterminé, chaque année, par le Préfet, sur l'avis du Conseil départemental et du Conseil municipal;

3° D'un supplément accordé à tous les instituteurs et institutrices dont le traitement fixe, joint au produit de l'éventuel, n'atteint pas, pour les instituteurs, les *minima* déterminés par l'article 38 de la loi du 15 mars 1850 et par le décret du 19 avril 1862, et, pour les institutrices, les *minima* déterminés par l'article 11 ci-après.

Pour les instituteurs et institutrices en exercice dans ces communes au moment de la promulgation de la présente loi, le traitement, déterminé conformément aux paragraphes qui précèdent, ne pourra être inférieur à la moyenne de leurs émoluments pendant les trois dernières années.

ART. 3. — Une délibération du Conseil municipal, approuvée par le Préfet, pourra créer, dans toute commune, une caisse des Écoles destinée à encourager et à faciliter la fréquentation de l'École par des récompenses aux élèves assidus et par des secours aux élèves indigents.

Le revenu de la caisse se compose de cotisations volontaires et de subventions de la commune, du département ou de l'État. Elle peut recevoir, avec l'autorisation des Préfets, des dons et legs.

Plusieurs communes pourront être autorisées à se réunir pour la formation et l'entretien de cette caisse.

ART. 4. — Les décisions du Conseil départemental, rendues dans les cas prévus par l'article 28 de la loi du 15 mars 1850, peuvent être déférées, par voie d'appel, au Conseil impérial de l'instruction publique.

ART. 5. — Tout instituteur libre qui reçoit des filles dans son École, sans en avoir obtenu l'autorisation du Conseil départemental, est passible des peines portées à l'article 29 de la loi du 15 mars 1850.

ART. 6. — Est soumise à l'inspection, comme une École publique, toute École libre qui reçoit une subvention de la commune ou qui tient lieu d'École publique, en vertu du paragraphe 4 de l'article 36 de la loi du 15 mars 1850.

ART. 7. — Les éléments de l'histoire et de la géographie de la France sont ajoutés aux matières comprises dans la première partie de l'article 23 de la loi du 15 mars 1850.

ART. 8. — Toute commune de 500 habitants et au-dessus est tenue d'avoir au moins une École publique de filles, si elle n'en est pas dispensée par le Conseil départemental, en vertu de l'article 15 de la loi du 15 mars 1850.

Dans toute École mixte, une femme désignée par le Préfet peut être chargée de diriger les travaux à l'aiguille des filles. Son traitement est fixé par le Préfet.

ART. 9. — Le nombre des Écoles publiques de garçons ou de filles à établir dans chaque commune est fixé par le Conseil départemental.

Ce Conseil détermine, en outre, les cas où, à raison des circonstances, au lieu d'une École tenue par un instituteur ou une institutrice titulaire, il peut être établi une ou plusieurs Écoles de hameau dirigées par des adjoints.

Les décisions prises par le Conseil départemental, en vertu des deux paragraphes précédents, sont soumises à l'approbation du Ministre de l'Instruction publique.

ART. 10. — Toute commune doit fournir à l'institutrice ou à l'instituteur adjoint un traitement et un logement.

Elle doit fournir, en outre, à l'institutrice ou à l'instituteur adjoint dirigeant une École de hameau un local convenable pour la tenue de l'École et le mobilier de classe.

ART. 11. — Les institutrices communales sont divisées en deux classes.

Le traitement de la première classe ne peut être inférieur à 500 francs, et celui de la seconde à 400 francs.

Dans les communes qui n'ont point établi la gratuité de l'enseignement primaire, ce traitement se compose :

1° D'un traitement fixe de 200 francs;

2° Du produit de la rétribution scolaire;

Et 3° d'un supplément accordé à toutes les institutrices dont le traitement fixe, joint au produit de la rétribution scolaire, n'atteint pas 500 ou 400 francs, selon la classe.

ART. 12. — Les instituteurs adjoints sont divisés en deux classes.

Le traitement de la première classe ne peut être inférieur à 500 francs, et celui de la seconde à 400 francs.

Toutefois le traitement des adjoints tenant une École de hameau sera déterminé par le Préfet.

ART. 13. — Il sera pourvu aux dépenses résultant des articles 8, 9, 10, 11 et 12 de la présente loi, conformément à l'article 40 de la loi du 15 mars 1850, et au moyen des ressources indiquées par cet article.

ART. 14. — Sont abrogées les dispositions des lois antérieures en ce qu'elles ont de contraire à la présente loi.

21 juin 1865.

Loi portant organisation de l'enseignement secondaire spécial[1].

21 Juin 1865.

ARTICLE 1er. — L'enseignement secondaire spécial comprend : l'instruction morale et religieuse; la langue et la littérature françaises; l'histoire et la géographie; les mathématiques appliquées; la physique, la mécanique, la chimie, l'histoire naturelle et leurs applications à l'agriculture et à l'industrie; le dessin linéaire, la comptabilité et la tenue des livres.

Il peut comprendre, en outre : une ou plusieurs langues vivantes étrangères; des notions usuelles de législation et d'économie industrielle et rurale, et d'hygiène; le dessin d'ornement et le dessin d'imitation; la musique vocale et la gymnastique.

ART. 2. — Dans les communes qui en font la demande, les Collèges communaux peuvent être organisés en vue de cet enseignement, après avis du Conseil académique.

ART. 3. — Il est institué un Conseil de perfectionnement près de chacun des établissements dépendant du Ministère de l'Instruction publique où est donné l'enseignement secondaire spécial.

ART. 4. — A la fin des cours, les élèves sont admis à subir, devant un jury, dont les membres sont nommés par le Ministre de l'Instruction publique, un examen, à la suite duquel ils obtiennent, s'il y a lieu, un diplôme.

Les élèves de l'enseignement libre peuvent se présenter devant le jury et obtenir le même diplôme.

ART. 5. — La composition du Conseil de perfectionnement, celle des jurys et les conditions d'examen sont réglées par des arrêtés délibérés en Conseil supérieur de l'instruction publique.

ART. 6. — Le diplôme de bachelier peut être suppléé, pour l'ouverture d'un établissement libre d'enseignement secondaire spécial, par un brevet de capacité, à la suite d'un examen, dont les programmes sont réglés par des arrêtés délibérés en Conseil supérieur de l'instruction publique.

Nul n'est admis à subir cet examen avant l'âge de dix-huit ans.

La condition de stage prescrite par l'article 60 de la loi du 15 mars 1850 n'est pas exigible.

1. Voir le rapport à l'Empereur sur la réorganisation de l'enseignement commercial et industriel dans les établissements d'instruction publique, 14 *juin* 1862. (*Bulletin administratif*, 1862, T. XIII, page 109.)
Voir aussi la circulaire du 13 *août* 1864. (*Circ. et Instr. off.*, T. VI, page 169.)

ART. 7. — Les établissements libres jouissent, pour l'enseignement secondaire spécial, du bénéfice de l'article 69 de la loi du 15 mars 1850.

ART. 8. — Les dispositions de la présente loi ne font pas obstacle à ce que les chefs ou directeurs d'établissements d'instruction primaire, fondés en exécution de la loi du 28 juin 1833 sur l'instruction primaire, et de celle du 15 mars 1850 sur l'enseignement, continuent à donner l'instruction primaire, prévue par ces deux lois.

ART. 9. — A dater de la promulgation de la présente loi, l'enseignement primaire peut comprendre, outre les matières déterminées par le paragraphe 2 de l'article 23 de la loi du 15 mars 1850, le dessin d'ornement, le dessin d'imitation, les langues vivantes étrangères, la tenue des livres et des éléments de géométrie.

Arrêté relatif au mobilier personnel de l'instituteur.

23 juin 1865.

23 Juin 1865.

ARTICLE 1er. — La subvention spéciale de 300 francs accordée aux communes qui auront voté, aux termes de l'article 1er du décret du 4 septembre 1863, une somme égale pour l'achat du mobilier personnel de l'instituteur ou de l'institutrice publics, n'est ordonnancée qu'après la livraison intégrale et la vérification dudit mobilier.

ART. 2. — Le Préfet adresse au Ministre, avec ses propositions d'ordonnancement, un certificat délivré par l'Inspecteur d'Académie, constatant que les objets composant ledit mobilier sont bien conditionnés et représentent une valeur réelle et vénale de 600 francs[1].

1. Voir ci-dessus, page 14, la circulaire du 26 *septembre* 1863, concernant les traitements des instituteurs et l'allocation d'un mobilier spécial. — Consulter aussi la circulaire du 28 *juin* 1865, transmissive de l'arrêté du 23 juin. (*Circ. et Instr. off.*, T. VI, page 256.) — Voir également la circulaire du Ier *août* 1871, rappelant les dispositions relatives à l'application des précédentes instructions. (*Ibid.*, T. VII, page 107.)

---

11 juillet 1865. **Circulaire du Ministre de l'Instruction publique, relative à de nouvelles instructions sur les distributions de prix dans les Écoles communales, sur les concours cantonaux et sur les cours d'adultes.**

11 Juillet 1865.

Monsieur le Préfet, j'ai besoin, à la veille de la réunion des Conseils généraux, de vous entretenir de plusieurs questions relatives à l'enseignement primaire.

C'est dans le concours que réside le principe d'émulation, sans lequel tout languit. Ainsi les Expositions universelles ont donné à l'industrie une vie nouvelle, et les Comices agricoles ont été pour tous les travaux de nos campagnes le plus puissant moyen de perfectionnement. Ce qui est bon pour les bras l'est bien davantage pour l'esprit. L'an dernier, à pareille époque, je vous exprimais le désir de voir chaque village célébrer, dans son École, la fête de l'Enfance et du Travail. Je persiste à croire que cette coutume serait excellente, à la condition expresse que les prix seront délivrés avec discrétion, pour n'être donnés qu'aux élèves les plus méritants.

Je vous parlais aussi de concours cantonaux pour les meilleurs élèves de la division supérieure des Écoles primaires et pour les adultes de moins de vingt ans. J'appelle tout particulièrement votre attention sur cette institution, qui, établie depuis l'année dernière dans plusieurs départements, semble déjà promettre les meilleurs résultats. Il serait bon qu'elle pût se généraliser par toute la France et se relier à une institution analogue pour l'arrondissement et le département. Le système est bien simple : faire concourir les lauréats des Écoles pour un prix de canton, les lauréats des cantons pour un prix d'arrondissement, les lauréats des arrondissements pour un prix départemental.

L'enseignement primaire aurait ainsi le stimulant qui existe pour l'enseignement secondaire, et dont l'Empereur a décuplé naguère les effets en instituant le concours de tous les Lycées et Collèges de l'Empire.

Il n'est pas douteux, en effet, que ces concours exciteraient une grande émulation parmi les élèves et les maîtres. Ces épreuves successives, dont le cercle irait s'élargissant et par où passeraient tous les enfants du pays, nous feraient certainement découvrir des intelligences qui s'ignorent, et, pour ainsi dire, des forces à l'état latent, destinées, si on ne les dégage, à ne servir ni aux individus qui les contiennent, ni à la société au sein de laquelle elles resteront inutiles, comme ces cours d'eau souterrains qui n'ont jamais rien fécondé. Que d'hommes supérieurs doivent à une circonstance heureuse ou à un protecteur clairvoyant d'avoir été mis en état de faire les découvertes qui ont immortalisé leur nom et ajouté à la fortune en même temps qu'à la gloire de leur pays!

Les circonstances heureuses, c'est à nous de les créer; le protecteur clairvoyant, c'est nous tous qui devons l'être. Administrateurs, conseillers du département, de l'arrondissement ou de la commune, nous pouvons, si nous le voulons énergiquement, guérir la plaie de l'ignorance, et regagner en quelques années l'avance prise sur nous par d'autres peuples.

Ces concours n'auraient point le danger de déclasser ceux qui en seraient les vainqueurs. Les prix à décerner seraient, au canton et dans l'arrondissement, quelque ouvrage utile ou un livret de caisse d'épargne; et il n'est pas possible qu'il ne se trouve point dans chaque canton une personne désireuse de faire ces libéralités peu coûteuses et pourtant si profitables.

Pour le lauréat du département, la récompense devrait être plus considérable : une bourse, par exemple, dans une ferme-modèle, une École d'arts et métiers ou d'enseignement spécial, d'où le jeune homme sortirait avec une instruction qui ferait de lui un citoyen plus utile à lui-même et à la communauté.

Cette organisation ne saurait être décrétée de Paris, car elle suppose l'initiative des bons citoyens, et elle peut varier suivant les convenances des localités. Je m'en remets à vos soins, Monsieur le Préfet, pour en provoquer l'établissement dans votre département.

Il est un autre point sur lequel j'appelle aussi votre plus vive sollicitude : les cours d'adultes. Un grand nombre ont été créés cet hiver; il faut, l'hiver prochain, les multiplier encore, car ils nous fourniront le moyen de réparer les négligences et de combler les lacunes de l'école. Le paysan sent aujourd'hui le besoin de faire lui-même ses comptes et ses écritures. J'en ai vu revenir, à vingt-cinq ans même, sur les bancs de l'école, afin d'y gagner ces connaissances qui sont pour eux un affranchissement et pour leurs intérêts une sécurité.

Pour des jeunes gens, les cours du soir valent mieux que l'École. Dans un département, sur 6 860 adultes qui se sont présentés à ces cours en novembre dernier, 672 ne savaient ni lire ni écrire, et tous le savaient en avril. Que cet exemple soit suivi, et nous n'aurons pas besoin d'attendre huit ou dix ans pour faire baisser le chiffre de nos conscrits illettrés.

Ces cours sont faits par des instituteurs qui, en beaucoup de lieux, ont donné gratuitement leur temps et leur peine. J'ai pris note de ceux dont le dévouement m'a été signalé, et je vous prie, Monsieur le Préfet, de tenir grand compte de leur zèle, soit pour les promotions, soit pour les récompenses dont l'Administration dispose.

Mais il faut faire davantage. Veuillez donc examiner si vous ne pourriez soumettre à MM. les membres du Conseil général une proposition tendant à assurer une allocation spéciale à ceux des instituteurs qui obtiendraient, dans les cours d'adultes, les meilleurs résultats. Je ne doute pas que les communes, de leur côté, ne s'associent à cette pensée. Il a été ainsi fait, dès cette année, dans plusieurs départements, et les conséquences ont été des plus heureuses.

Je n'ai pas besoin d'ajouter, Monsieur le Préfet, que j'aiderai vos efforts de toute l'influence de mon administration et des ressources qui seront disponibles sur le budget de l'instruction publique.

Notre grande œuvre est en ce moment l'instruction du peuple. Vous voyez la large part que les questions de l'enseignement populaire, sous toutes ses formes, prennent aujourd'hui dans les préoccupations de l'Empereur, des grands corps de l'État et du pays tout entier. C'est à nous que revient l'honneur de donner satisfaction à ce besoin impérieux. Portons de ce côté tous nos efforts, et employons à cette œuvre tout ce que nous avons d'intelligence, d'activité et de dévouement.

Veuillez, Monsieur le Préfet, m'accuser réception de cette lettre, et me faire connaître quelle suite vous aurez donnée aux instructions qu'elle contient.

Recevez, etc.

Signé : V. DURUY.

15 juillet 1865.

Arrêté fixant le traitement des professeurs de musique dans les Écoles normales primaires.

15 Juillet 1865.

Le Ministre secrétaire d'État au département de l'Instruction publique,

Vu l'arrêté ministériel du 30 janvier 1865, relatif à l'organisation de l'enseignement de la musique dans les Écoles normales primaires;

Considérant que l'application de cet arrêté a donné lieu à un surcroît de travail pour les maîtres externes chargés de l'enseignement musical, et qu'il convient de leur assurer un traitement en rapport avec le nombre des leçons qui leur sont confiées,

Arrête :

ARTICLE 1er. — A partir de ce jour, le traitement des professeurs de musique, dans les Écoles normales primaires, sera calculé à raison de 100 francs par an pour un cours qui exige une leçon d'une heure par semaine; de 200 francs pour un cours de deux heures; de 300 francs pour un cours de trois heures, et ainsi de suite, sans que toutefois le montant du traitement total puisse dépasser 1 000 francs.

ART. 2. — MM. les Recteurs et les Préfets des départements sont chargés, chacun en ce qui le concerne, d'assurer l'exécution du présent arrêté.

---

21 juillet 1865.

Circulaire du Ministre de l'Instruction publique, relative à l'admission dans les Écoles primaires des enfants âgés de moins de sept ans.

21 Juillet 1865.

Monsieur le Préfet, j'ai été consulté sur la question de savoir si, dans les communes où il existe une salle d'asile publique, les enfants peuvent être reçus dans les Écoles primaires à l'âge de six ans révolus, ou s'il faut attendre pour les y admettre qu'ils aient atteint l'âge de sept ans révolus, terme réglementaire du séjour à la salle d'asile.

Cette question est du nombre de celles qui, en principe, doivent être tranchées par les règlements des Écoles primaires, et c'est au Ministre, sur l'avis du Conseil départemental et du Conseil impérial de l'instruction publique (art. 5 et 15 de la loi du 15 mars 1850), qu'il appartient d'arrêter ces règlements. En ce qui touche spécialement l'âge d'admission dans les Écoles primaires, le Conseil impérial a déclaré plusieurs fois que, dans sa pensée, les difficultés qui peuvent s'élever à cet égard doivent être résolues directement par le Ministre.

Le modèle de règlement approuvé par le Conseil supérieur de l'Instruction publique et adressé par le Ministre à MM. les Recteurs, le 17 août 1851, à titre de document à consulter, porte (art. 6) que, pour être admis dans une École, les enfants doivent être âgés de six ans au moins. Il est vrai qu'aux termes de l'article 1er du décret du 21 mars 1855, relatif aux salles d'asile, ces établissements sont destinés aux enfants des deux sexes de deux à sept ans. Aucun enfant de plus de sept ans révolus ne peut être reçu dans une salle d'asile. Mais ce décret ne fait nullement obstacle à ce que des enfants de six ans, s'ils sont assez avancés, sortent de la salle d'asile pour entrer à l'École primaire.

Il résulte de ce qui précède que, sauf le cas où le règlement des Écoles primaires publiques, régulièrement établi dans un département en vertu de la loi du 15 mars 1850, aura fixé pour l'admission aux Écoles primaires publiques un âge minimum supérieur à six ans, les enfants âgés de six ans révolus pourront, si leurs parents en font la demande, être reçus dans les Écoles, alors même qu'il existerait une salle d'asile publique dans la localité.

Vous voudrez bien, Monsieur le Préfet, m'accuser réception de la présente circulaire.

Recevez, etc.

Signé : V. DURUY.

Circulaire du Ministre de l'Instruction publique concernant l'établissement de conférences, dans les Écoles normales primaires, sur la mission et les devoirs des instituteurs. 1er sept. 1865.

1er Septembre 1865[1].

Monsieur le Recteur, il m'a été rendu compte des heureux effets obtenus dans une École normale primaire, à la suite de conférences, faites par le directeur de cet établissement aux élèves de troisième année, sur la mission et les devoirs de l'instituteur. M. l'Inspecteur d'Académie, qui assistait à l'une des dernières conférences, et qui a voulu ajouter ses réflexions et ses conseils à la parole du directeur, a pu constater que les élèves qui allaient quitter l'École étaient tous dans des dispositions morales excellentes.

Ce qui a été si heureusement tenté dans une de nos Écoles normales pourrait être fait avec avantage dans tous les établissements de ce genre, et je vous invite, Monsieur le Recteur, à donner des instructions dans ce sens à MM. les Inspecteurs d'Académie et aux directeurs des Écoles normales de votre ressort. Il conviendrait notamment d'instituer, à la fin du cours de troisième année, une conférence de sortie, que j'aimerais à vous voir présider, et dans laquelle nos futurs instituteurs recevraient de suprêmes avis et des conseils élevés. Cette cérémonie devrait se faire sans apparat; il serait seulement à désirer que la présence de quelques personnages importants vînt ajouter à l'effet salutaire qu'elle ne manquera pas de produire sur l'esprit des élèves.

Je vous serai obligé de me tenir au courant des mesures que vous aurez prescrites pour assurer l'exécution de la présente circulaire.

Recevez, etc.

Signé : V. DURUY.

1. Consulter la circulaire du 17 *mai* 1866 rappelant ces dispositions. (*Circ. et Instr. off.*, T. VI, page 356.)

27 octobre 1865. **Circulaire du Ministre de l'Instruction publique, relative à l'inspection des externats de jeunes filles tenus par des associations religieuses.**

27 Octobre 1865.

Monsieur le Recteur, l'article 10 du décret du 31 décembre 1853 porte :

« Toutes les Écoles communales ou libres de filles, tenues soit par des institutrices laïques, soit par des associations religieuses non cloîtrées ou même cloîtrées, sont soumises, quant à l'inspection et à la surveillance de l'enseignement en ce qui concerne l'externat, aux autorités instituées par les articles 18 et 20 de la loi du 15 mars 1850. »

L'article 50 de la loi organique avait déclaré que tout ce qui se rapporte à la surveillance et à l'inspection des Écoles de filles serait l'objet d'un règlement délibéré en Conseil supérieur. C'est en exécution de cette prescription de la loi qu'ont été édictées les dispositions comprises dans l'article 10 précité du règlement du 31 décembre 1853 et dans les deux articles suivants, relatifs à l'inspection des pensionnats.

Le texte de cet article est clair et semble ne pouvoir donner lieu à la moindre équivoque : il veut que toutes les Écoles de filles, sans exception, celles mêmes qui sont tenues par des religieuses cloîtrées, soient soumises, en ce qui concerne l'externat, à l'inspection et à la surveillance des autorités désignées par la loi.

Quelques personnes toutefois, se fondant sur certaines expressions de la circulaire du 26 janvier 1854, ont pensé que, bien que le décret eût statué d'une manière générale, on pouvait distinguer, dans un couvent cloîtré, deux espèces d'externats, l'externat renfermé dans le cloître et l'externat existant en dehors de ce cloître, et qu'il suffisait que la classe d'externes, tenue par des religieuses cloîtrées, fût comprise dans la ligne de clôture pour échapper à l'inspection.

Une pareille interprétation est inadmissible ; il n'est pas permis de distinguer là où la loi ne distingue pas, et une simple instruction ministérielle n'aurait pu modifier le texte si précis de l'article 10 du décret.

Il suffit, d'ailleurs, de rapprocher ces deux mots : *externat* et *clôture*, qui s'excluent mutuellement, pour repousser une distinction purement arbitraire.

Comment se prêter, en effet, à cette fiction d'un externat *clôturé*, s'ouvrant chaque jour et à toute heure aux enfants venus du dehors, et fermant ses portes aux autorités instituées par la loi pour le surveiller ?

Au surplus, dès le mois de juillet 1859, une Commission, désignée par le Conseil impérial, présidée par Monseigneur le cardinal archevêque de Paris et composée en majorité d'évêques, avait examiné la question et avait été unanimement d'avis que le droit absolu d'inspection, en ce qui touche les externats, ne saurait être mis en doute.

Quoique l'Administration supérieure, qui avait provoqué cet avis, s'y soit constamment conformée, j'ai lieu de craindre que tous les fonctionnaires des administrations académiques n'aient pas eu connaissance de la jurisprudence adoptée, et que quelques-uns de MM. les Inspecteurs ne s'abstiennent d'exécuter les dispositions de l'article 10 du décret du 31 décembre 1853, relatives à la visite des externats dépendant de certaines communautés cloîtrées.

Je vous prie, Monsieur le Recteur, de faire connaître aux fonctionnaires de votre ressort le véritable sens et la portée de ces dispositions, en les invitant à s'y conformer à l'avenir.

Vous voudrez bien m'accuser réception de la présente circulaire.

Recevez, etc.

Signé : V. DURUY.

Instruction du Ministre de l'Instruction publique, relative aux classes d'adultes. 2 nov. 1865.

2 Novembre 1865.

Monsieur le Recteur, si, après deux années d'expérience, il est permis d'affirmer que l'essai des conférences littéraires et scientifiques ou cours libres d'enseignement supérieur répondait à un besoin sérieux et ne doit pas son succès à l'attrait passager de la nouveauté, il n'est pas moins certain que les classes d'adultes et les cours primaires du soir, dont le germe existait déjà, ont pris, pendant la même période, un développement considérable. L'Administration a le devoir de favoriser et de surveiller le développement de cet enseignement extérieur, auxiliaire précieux, et, dans certains cas, complément indispensable de l'enseignement des Écoles.

Quel sera, dans ce mouvement, le rôle de l'Université? Le savoir de ses maîtres, leur expérience des meilleures méthodes, l'autorité que leur donne la grande habitude d'enseigner, tout semble les appeler à prendre part aux efforts tentés pour répandre l'instruction dans le peuple et souvent à les diriger. Les membres de l'enseignement primaire ont organisé, l'hiver dernier, 7 844 *cours d'adultes* ayant réuni près de 200 000 auditeurs. Ces chiffres, quelque considérables qu'ils soient déjà, ne sont que le début d'une progression qui ne semble pas devoir s'arrêter; j'ai l'espoir qu'ils seront doublés l'hiver prochain. D'un autre côté, des membres de l'enseignement secondaire ont créé, sur plusieurs points, des cours pratiques destinés à compléter l'instruction de ceux qui ont dû quitter trop tôt l'école pour l'atelier : de tels cours existaient, de longue date, à Paris et dans quelques villes de province, par les soins d'associations bienfaisantes qui comptent un grand nombre de membres appartenant à l'enseignement public. Je serais heureux d'apprendre que cet exemple est imité; que les maîtres de l'enseignement secondaire rivalisent de zèle avec les instituteurs pour le développement de l'instruction générale, et que ces deux branches de la grande famille universitaire se rapprochent pour le bien public, les uns donnant au pays la contribution volontaire de leur temps et de leur peine, les autres continuant la tradition de ces maîtres renommés que notre histoire scolaire nous montre se dévouant à l'éducation des plus petits.

En ce qui concerne les voies et moyens relatifs à la création de classes communales d'adultes, l'Administration est impuissante à y pourvoir directement : l'État doit consacrer toutes ses ressources à remplir les obligations qui résultent pour lui des lois sur l'instruction primaire. Mais déjà plusieurs Conseils généraux, ainsi qu'un grand nombre de municipalités, ont inscrit à leur budget facultatif les crédits nécessaires pour subvenir aux frais indispensables, créer des prix ou donner des encouragements, souvent même pour assurer à l'instituteur une rémunération bien méritée. Sur plusieurs points, de généreux citoyens prennent à leur charge la dépense des cours ou fondent des prix destinés à récompenser les élèves. De son côté, l'Administration, pour faciliter cette extension de l'enseignement populaire, s'empressera d'adopter toutes les mesures conciliables avec l'intérêt du service. En outre, elle tiendra compte aux instituteurs directeurs de cours d'adultes, pour l'avancement et les récompenses honorifiques, du zèle dont ils auront fait preuve et des résultats qu'ils auront obtenus.

Il est bien entendu, d'ailleurs, que l'Administration ne prescrit rien, n'impose à personne un surcroît de travail. L'Université doit avoir ses missions contre l'ignorance, comme le clergé a les siennes contre l'idolâtrie; mais l'esprit de sacrifice et de charité a d'autant plus d'énergie qu'il est plus spontané et plus libre; le dévouement ne se décrète pas. Toutefois il est à présumer, Monsieur le Recteur, que vous serez fréquemment consulté sur l'organisation des nouveaux cours; votre intervention sera presque toujours efficace pour aplanir les difficultés de diverse nature qui pourraient en entraver l'organisation et le succès. Votre concours et vos bienveillants conseils seront acquis à tous, sans distinction. A l'égard des membres du corps enseignant, vous agirez par vous-même ou par vos subordonnés, de manière à manifester les sympathies de l'autorité supérieure pour une œuvre qu'elle veut encourager, sans exercer aucune pression sur les volontés.

Afin de prévenir tout embarras dans l'instruction des affaires, je crois nécessaire de vous rappeler la législation à laquelle sont soumis actuellement les cours d'adultes. Les règles suivantes résultent de la loi du 15 mars 1850 (art. 54, 55 et 77), et de la loi du 21 juin 1865.

Les Écoles d'adultes ou classes régulières du soir ayant pour objet les matières de l'enseignement primaire qui sont déterminées par l'article 23 de la loi du 15 mars 1850, et à l'article 9 de la loi du 21 juin 1865, sont *communales* ou *libres*. Il en est de même des *cours primaires* ou *secondaires*, qui sont assimilés par l'article 77 de la loi de 1850 aux Écoles des degrés correspondants.

Les *Écoles* ou *classes communales d'adultes* sont celles qu'un instituteur public ouvre, gratuitement ou non, dans le local de l'école, avec ou sans le secours d'une subvention de la commune, du département ou de l'État. Pour ouvrir une École ou classe communale d'adultes dans ces conditions, l'instituteur doit obtenir une autorisation du Conseil départemental; mais le Préfet peut toujours la lui accorder d'urgence à titre provisoire. Cette autorisation n'a pas besoin d'être renouvelée chaque année. Les Préfets, en Conseil départemental, pourront provisoirement, mais sous la réserve de l'examen ultérieur de la question par le Conseil impérial, autoriser les instituteurs qui voudront ouvrir une classe du soir à réduire d'une heure la durée de la classe du jour, pour tout le temps pendant lequel cette classe du soir sera ouverte et suivie. L'obligation d'ouvrir un cours d'adultes ne peut en aucun cas être imposée aux instituteurs. Sont également *communales* les classes ou Écoles d'adultes dirigées par des professeurs, des régents, des fonctionnaires ou d'autres personnes, mais fondées et entretenues aux frais des villes.

Tout ce qui vient d'être dit des Écoles ou classes régulières communales du soir, établies à titre permanent au moins pour une saison, et répétant en quelque sorte le soir pour les adultes illettrés l'enseignement de l'école du jour, s'applique également aux *cours primaires* ou *secondaires communaux*, c'est-à-dire à des séries plus ou moins longues de leçons gratuites ou payées, ouvertes sous les auspices des municipalités et portant sur une ou plusieurs des matières contenues dans le programme obligatoire ou facultatif de l'enseignement primaire, ou dans le programme de l'enseignement secondaire spécial (article 23 de la loi du 15 mars 1850, et 9 de la loi du 21 juin 1865). Les cours d'orphéons, lorsqu'ils sont faits par l'instituteur ou qu'ils ont lieu dans le local de l'école avec l'autorisation de l'administration municipale, rentrent dans la catégorie des cours primaires communaux.

L'École ou classe d'adultes *libre* est celle qu'ouvre, en vertu de la loi et à la suite d'une déclaration faite à la mairie, un Français âgé de vingt et un ans et muni du brevet de capacité ou d'un titre équivalent. La classe d'adultes qu'ouvrirait un instituteur communal ailleurs que dans son École et sans subvention ne pourrait être qu'une École libre; mais cet instituteur devrait être muni d'une autorisation spéciale du Préfet.

Les Écoles d'adultes ouvertes dans des locaux privés et sans le concours des villes par des professeurs de Lycées ou de Collèges seraient aussi des Écoles libres soumises à la déclaration préalable. Lorsqu'il s'agit d'une réunion de personnes, professeurs ou autres, qui veulent fonder une de ces Écoles du soir, la déclaration faite par une d'elles est suffisante; les autres maîtres sont considérés, au point de vue légal, comme les adjoints du premier.

Quant aux cours primaires *libres*, la législation est la même. Les conditions d'âge et d'aptitude sont imposées également à l'auteur de la déclaration; mais une dispense peut lui être accordée par le Conseil départemental.

Dans les campagnes, l'enseignement peut se borner, pour les hommes faits comme pour les enfants, aux matières qu'on appelle obligatoires; cependant un maître instruit, ayant affaire à des élèves en âge de réfléchir et de raisonner, saisira les occasions de leur communiquer, avec les connaissances élémentaires, toutes celles qui peuvent les aider pour la conduite de leurs travaux ou le règlement de leurs intérêts. Dans les centres populeux, l'accroissement du bien-être et de la richesse, l'extension du commerce, le perfectionnement des arts et de l'industrie, ont amené, pour le plus grand nombre, le besoin impérieux d'un enseignement intermédiaire qui, sans pousser jusqu'à la démonstration théorique des sciences, en fasse néanmoins connaître les découvertes et en vulgarise les principales applications. Ce besoin de la société moderne, auquel le vote unanime de la loi du 21 juin 1865 a donné, pour les établissements scolaires, une éclatante consécration, peut-il rester, en ce qui concerne les adultes, longtemps encore négligé? Évidemment, non! Aussi voyons-nous dans les villes de médiocre importance, comme dans les cités de premier ordre, à Paris, à Lyon, à Nantes, à Brest, comme à Corbeil, à Guebwiller, à Vitry-le-François et sur cent autres points, tantôt les municipalités, tantôt les particuliers, isolés ou réunis, organiser à l'envi des cours pratiques pour l'instruction des ouvriers. Partout où il existe un Lycée, un Collège, ou même une École supérieure municipale, les maîtres universitaires seront des premiers sollicités de prêter leur concours à l'œuvre de l'enseignement populaire; le plus souvent, ils l'offriront d'eux-mêmes.

L'Administration sait que le temps consacré à ces obligations de dévouement n'est point dérobé aux devoirs du fonctionnaire; cependant, afin d'éviter les excès d'un zèle qu'elle ne veut point, d'ailleurs, réglementer, elle conseille aux professeurs de ne point ajouter à leurs travaux ordinaires plus de deux heures de cours par semaine. La conscience du bien accompli et la reconnaissance publique les récompenseront d'abord de leurs soins. En France, l'honneur est la première des rémunérations; l'autorité supérieure n'oubliera point les autres et témoignera, d'une manière effective, sa satisfaction aux membres de l'enseignement secondaire public qui se seront le plus distingués par les succès obtenus dans l'enseignement intermédiaire des adultes.

Les frais d'installation de ces cours d'enseignement spécial, de même que ceux des classes primaires du soir, ne peuvent rester à la charge de ceux qui donnent déjà gratuitement leur savoir et leur temps. Ordinairement, les communes s'empressent de fournir des locaux convenables, éclairés et chauffés à leurs frais. Quelquefois les organisateurs ont trouvé dans de libres souscriptions des ressources qui leur ont permis encore de sanctionner les études faites sous leur direction par des prix décernés avec solennité. Enfin on a vu les élèves eux-mêmes se cotiser pour réaliser, sur leur modique salaire, la somme destinée à couvrir les dépenses des cours, sacrifice utile, dont ils comprennent qu'ils seront largement dédommagés.

L'établissement d'une bibliothèque est la condition du succès de tout enseignement. Sur ce point, Monsieur le Recteur, vous ne craindrez pas de stimuler trop vivement le zèle des autorités locales. Le devoir de toute municipalité est d'établir, dès qu'elle le peut, une bibliothèque publique : elle assure ainsi aux citoyens, avec les moyens de se rendre plus instruits et meilleurs, une précieuse ressource contre l'ennui, contre la paresse et contre l'attrait des distractions mauvaises. L'Administration supérieure voit dans la propagation des bibliothèques scolaires un des grands intérêts moraux de notre époque, et 270 000 volumes, distribués par elle dans l'espace de quatre ans, l'existence actuelle de près de 5 000 bibliothèques organisées sous son impulsion et par ses soins, montrent sa ferme volonté de mettre à la portée de tous les connaissances jadis réservées à un petit nombre de privilégiés.

De l'emploi simultané de ces divers moyens, modestes en apparence, mais puissants par le concours de toutes les bonnes volontés, quelque chose de grand doit sortir, et nul ne peut prédire ce qu'il est réservé au pays de produire dans les sciences, dans les arts, dans l'industrie, le jour où non seulement il n'y aura plus d'illettrés, mais où chacun saura ce qui lui est utile pour exercer sa profession, régler sa vie et se mêler, avec un esprit mûri par l'étude, aux choses de son temps. Le progrès moral suit le progrès de l'intelligence. Le foyer et la place publique profiteront des leçons de la chaire et du livre. Défrichons donc les esprits. C'est dans les terrains incultes que poussent les plantes inutiles ou nuisibles.

Recevez, etc.

Signé : V. DURUY.

---

18 nov. 1865.

Arrêté relatif à la fondation d'un prix spécial en faveur des instituteurs communaux qui dirigent des Cours d'adultes.

18 Novembre 1865 [1].

Le Ministre secrétaire d'État au département de l'Instruction publique,

1. Voir les circulaires des 11 *juillet* et 2 *novembre* 1865 ; consulter aussi les circulaires des 16 *janvier*, 20 *mars*, 4 et 12 *juillet* 1866, 1er *mai* 1867, 30 *octobre* 1869. (*Circ. et Instr. off.*, T. VI, pages 263, 296, 312, 341, 385, 388, 451, 722.)

Considérant que la décroissance du chiffre des adultes illettrés est trop lente;

Que les statistiques relatives à l'instruction des jeunes gens portés chaque année sur les tableaux de recensement signalent encore un nombre très considérable d'illettrés;

Qu'en effet, le nombre des jeunes gens ne sachant ni lire ni écrire est de près des deux tiers, de la moitié ou des deux cinquièmes au moins dans 19 départements; de plus d'un tiers, du tiers ou du quart au moins dans 29; qu'il varie entre le quart et le dixième dans 25; qu'enfin il n'est inférieur à 10 sur 100 que dans 16 départements;

Voulant donner aux instituteurs qui dirigent des cours d'adultes une preuve nouvelle de l'importance que le Gouvernement attache au développement de cette partie du service scolaire,

Arrête :

ARTICLE 1er. — Indépendamment des récompenses réservées pour la direction des cours d'adultes aux instituteurs les plus méritants (mentions honorables, médailles, distinctions honorifiques et ouvrages donnés en prix), il sera décerné, en 1866, dans chaque département, par le Ministre de l'Instruction publique, au nom de l'Empereur, une médaille d'or de la valeur de 200 francs. Cette médaille sera donnée à l'instituteur communal, directeur d'un cours d'adultes, qui, dans la période comprise entre le mois d'octobre 1865 et le 1er avril 1866, aura fait les efforts les plus habiles et les plus heureux pour diminuer dans sa commune le nombre des jeunes gens illettrés.

Le nom des instituteurs ainsi récompensés sera inséré au *Moniteur*.

ART. 2. — Ces prix seront décernés sur la proposition d'une Commission présidée par le Préfet, et composée de l'Inspecteur d'Académie et des Inspecteurs primaires du département.

ART. 3. — La dépense relative à l'exécution du présent arrêté sera imputée par moitié sur chacun des crédits portés aux budgets de 1865 et 1866 pour l'encouragement des classes d'adultes.

Circulaire du Ministre de l'Instruction publique, relative à la gestion des bureaux télégraphiques municipaux par les instituteurs. 4 déc. 1865.

4 Décembre 1865.

Monsieur le Préfet, des bureaux télégraphiques, organisés suivant le système désigné sous le nom de *municipal*, sont établis dans un grand nombre de localités. Plusieurs de ces bureaux sont gérés par les instituteurs communaux, et M. le Ministre de l'Intérieur n'a eu jusqu'à présent qu'à se louer de leur coopération.

D'un autre côté, l'expérience a démontré que les obligations qu'imposent à ces maîtres leurs fonctions scolaires sont facilement conciliables avec les exigences réelles du service télégraphique dans les localités peu importantes. Aussi, toutes les fois que les circonstances l'ont permis, je me suis empressé d'intervenir à l'effet d'assurer à mon collègue de l'Intérieur le concours d'auxiliaires souvent indispensables.

Au moment où le réseau tend à prendre une grande extension, je désire que le corps des instituteurs continue à fournir, autant que possible, des agents aux bureaux télégraphiques municipaux.

En conséquence, j'ai l'honneur de vous prier, Monsieur le Préfet, d'user de toute votre influence pour seconder, à ce sujet, les vues de l'Administration supérieure.

Il est bien entendu, toutefois, que les instituteurs ne devront être autorisés par les Conseils départementaux de l'instruction publique à accepter la mission dont il s'agit, qu'autant qu'elle ne serait pas incompatible avec leurs devoirs scolaires. Je m'en rapporte sur ce point à votre prudence et à votre sollicitude pour les intérêts de l'enseignement primaire.

Recevez, etc.

Signé : V. DURUY.

---

6 déc. 1865. **Lettre du Ministre de l'Instruction publique à un Recteur, relative aux attributions des Recteurs et des Inspecteurs d'Académie en ce qui concerne le service de l'instruction primaire.**

6 Décembre 1865.

Monsieur le Recteur, votre lettre du 5 novembre courant concernant les attributions de MM. les Inspecteurs d'Académie contient des observations auxquelles il ne m'est pas possible d'adhérer.

MM. les Inspecteurs d'Académie sont, avant tout, des fonctionnaires de l'administration académique, et, par conséquent, ils sont soumis à votre autorité. Si l'article 9 de la loi du 14 juin 1854 dit qu'ils instruisent, sous l'autorité du Préfet, les affaires relatives à l'enseignement primaire, il ne faut pas perdre de vue que cette disposition est la conséquence de l'article 8, qui décide que les Préfets exercent, sous l'autorité du Ministre et sur le rapport de l'Inspecteur d'Académie, les attributions déférées au Recteur par la loi du 15 mars 1850; que, dès lors, les relations de MM. les Inspecteurs d'Académie avec les Préfets ne sont pas, comme vous paraissez le croire, des relations de subordination, mais bien des relations administratives déterminées par la loi, et qui ne modifient en rien la hiérarchie académique.

Il faut donc se garder de confondre ce que les convenances exigent de MM. les Inspecteurs d'Académie à l'égard de MM. les Préfets avec les obligations que leur impose leur devoir envers leur chef immédiat, c'est-à-dire le Recteur de l'Académie. Plus que jamais, je désire que MM. les Préfets et MM. les Inspecteurs d'Académie soient toujours dans des rapports de légitime confiance d'une part, et de respectueuse déférence de l'autre; mais, plus que jamais aussi, je désire qu'ils vous tiennent au courant de tout ce qui peut intéresser l'enseignement primaire, dont la surveillance et la direction vous sont demeurées confiées, ainsi que cela a été constaté par la circulaire du 31 octobre 1854.

Rien donc de ce qui peut intéresser cet enseignement ne doit vous demeurer étranger, et MM. les Inspecteurs de votre Académie se tromperaient gravement s'ils croyaient pouvoir se passer de vous consulter sur toutes les questions affectant l'intérêt de l'instruction primaire, même dans les cas où vous n'êtes pas appelé à prendre une décision. Il en est peu, en effet, qui ne se rattachent à la direction de l'enseignement, et si vous devez éviter d'entrer dans des détails que MM. les Préfets doivent régler, il ne faut pas non plus que vous soyez hors d'état d'intervenir lorsqu'il y a lieu ; j'ajouterai que MM. les Inspecteurs d'Académie ne doivent rien faire qui soit de nature à engager la responsabilité de l'administration à laquelle ils appartiennent sans vous en avoir référé comme à leur chef immédiat et hiérarchique.

Recevez, etc.

Signé : V. Duruy.

Avis relatif à la réhabilitation des instituteurs. 16 déc. 1865.

16 Décembre 1865.]

Le Conseil,

Vu l'exposé dans lequel, à l'occasion des réclamations à lui adressées par les sieurs ....., et ....., le Ministre demande l'avis du Conseil sur la question de savoir si la réhabilitation fait cesser l'incapacité établie par l'article 26 de la loi du 15 mars 1850 ;

Vu les articles 5, 26 et 28 de ladite loi ;

Vu les articles 619 et 634 du Code d'instruction criminelle, ensemble les lois des 3 juillet 1852 et 19 mars 1864 ;

Ouï le rapport présenté par M. Bonjean ;

Considérant que, d'après l'article 5 de la loi du 15 mars 1850, le Conseil impérial peut être appelé à donner son avis sur toutes les questions qui lui sont soumises par le Ministre de l'Instruction publique ;

Considérant qu'aux termes de l'article 634 du Code d'instruction criminelle, la réhabilitation fait cesser pour l'avenir, dans la personne du condamné, toutes les incapacités qui résultent de la condamnation ;

Que le bénéfice de la réhabilitation, d'abord restreint aux incapacités résultant des condamnations afflictives et infamantes a été étendu, par les lois des 3 juillet 1852 et 19 mars 1864, à celles attachées aux condamnations correctionnelles, et même à la simple destitution prononcée contre certains officiers publics, greffiers, notaires, avoués, huissiers, agents de change, courtiers, etc. ;

Que, du texte comme de l'esprit de ces lois, il résulte avec évidence que, dans l'intention du législateur, il n'est pas d'incapacité, résultant d'une condamnation quelconque, qui ne soit effacée par la réhabilitation;

Que, pour excepter de cette règle l'incapacité établie par l'article 26, il faudrait une disposition formelle, qui n'existe dans aucune loi;

Que c'est, d'ailleurs, dans ce sens que la question a été jugée par la Cour de cassation dans un arrêt du 27 avril 1865, inséré au *Moniteur* du 30 mai;

Considérant, au surplus, qu'en effaçant les incapacités, la réhabilitation replace purement et simplement, sous ce rapport, le condamné dans la condition commune des autres citoyens, et notamment sous l'empire de l'article 28 de la loi du 15 mars 1850, qui confère au Recteur (aujourd'hui remplacé par le Préfet) le droit de former opposition à l'ouverture de l'École, dans l'intérêt des mœurs publiques, et au Conseil académique (aujourd'hui Conseil départemental) celui de prononcer sans recours cette opposition,

Est d'avis :

1° Que la réhabilitation relève le condamné de l'incapacité établie par l'article 26 de la loi du 15 mars 1850;

2° Que la réhabilitation laisse d'ailleurs entier le droit d'opposition réglé par l'article 28 de la même loi.

---

16 déc. 1865. **Avis autorisant que la durée réglementaire des classes du jour dans les Écoles primaires soit réduite d'un temps égal à celui qui serait consacré le soir à la classe d'adultes.**

16 Décembre 1865[1].

Le Conseil,

Vu la proposition faite par plusieurs Comités départementaux,

Est d'avis :

Qu'il y a lieu d'accueillir la proposition de diminuer la durée réglementaire des classes du jour dans les Écoles primaires d'un temps égal à celui qui sera consacré, le soir, à la classe d'adultes, sous la réserve que par suite de cette réduction la classe du jour ne descendra pas au-dessous de cinq heures.

1. Consulter la circulaire transmissive du 16 *janvier* 1866. (*Circ. et Instr. off.*, T. VI, page 312.)

Circulaire du Ministre de l'Instruction publique, relative à l'inspection des Écoles de filles tenues par des associations religieuses cloîtrées. 21 février 1866.

21 Février 1866.

Monsieur le Recteur, ma circulaire du 27 octobre 1865, relative à l'inspection des Écoles de filles tenues par des associations religieuses cloîtrées et réputées par elles comprises dans la clôture, même quand il s'agit d'externats, a excité dans quelques diocèses des réclamations, dont je dois vous entretenir.

Je ne m'arrête point aux objections présentées contre le droit d'inspection considéré en lui-même : elles ont déjà été réfutées dans ma circulaire. Fondé sur la loi, consacré, pour l'exécution de la loi, par un décret rendu dans la forme des règlements d'administration publique, le droit de surveillance reconnu aux Inspecteurs primaires sur les Écoles libres est incontestable; la prétention de réduire ce droit à néant, par une combinaison qui enfermerait l'externat dans une ligne de clôture infranchissable que tracerait l'autorité diocésaine, ne peut pas soutenir l'épreuve d'une discussion juridique.

Mais, s'il en est ainsi au point de vue du droit absolu, l'exercice de cette faculté d'inspection comporte des ménagements, dont la nécessité ne peut échapper à votre prudence. Je n'ai pas besoin de vous dire, Monsieur le Recteur, que ma circulaire du 27 octobre 1865 ne prescrit point à MM. les Inspecteurs de soumettre à des visites périodiques toutes les Écoles des associations religieuses cloîtrées. Il vaudrait mieux, sans doute, que les congrégations allassent d'elles-mêmes au-devant de la loi, comme l'Université tout entière, au lieu de chercher à en entraver l'action; toutefois l'autorité publique ne doit agir qu'en vue d'accomplir un bien, et non pour remplir une formalité, qui peut rester souvent sans résultat utile. Or, en ce qui concerne les Écoles libres, l'inspection n'a d'autre objet que l'hygiène, la moralité, l'obéissance à la Constitution et aux lois; sur les deux premiers points, nous pouvons nous considérer comme désintéressés, dans la plupart des cas, à l'égard des Écoles annexées aux maisons religieuses, en nous reposant sur la surveillance de l'évêque, qui est une garantie pour les mœurs et la santé des élèves. Si pourtant vous appreniez, comme il est arrivé déjà, que la surveillance épiscopale a été trompée, que, par exemple, des punitions trop sévères ou d'une nature fâcheuse ont mis en danger la santé des élèves, vous n'hésiteriez pas à user de votre droit, car l'hygiène ne tient pas seulement à la bonne disposition des locaux, mais aussi à la manière dont on y fait vivre les enfants. La même observation s'applique aux mœurs. D'autre part, si vous étiez autorisé à croire que l'enseignement s'écarte des voies constitutionnelles et du respect qui doit entourer les lois du pays, vous n'hésiteriez pas davantage à ordonner l'inspection, et, en cas de résistance, à faire appliquer dans toute sa rigueur l'article 22 de la loi du 15 mars 1850.

Recevez, etc.

Signé : V. DURUY.

28 février 1866.

Décision du Conseil d'État, relative à l'opposition faite à l'ouverture d'une École.

28 Février 1866.

D'après les articles 27 et 53 de la loi du 15 mars 1850, tout instituteur qui veut ouvrir un pensionnat primaire doit en adresser la déclaration au maire de la commune, au Recteur de l'Académie, au Sous-Préfet et au Procureur impérial;

D'après l'article 28, c'est dans le mois qui suit la déclaration à lui faite, que le Recteur peut former opposition à l'ouverture du pensionnat dans l'intérêt des mœurs publiques; mais, les attributions déférées au Recteur par la loi du 15 mars 1850 ayant été transférées au Préfet par la loi du 14 juin 1854, c'est au Préfet que la déclaration que la loi de 1850 prescrivait d'adresser au Recteur doit être faite, et c'est dans le mois qui suit cette déclaration que le Préfet peut former opposition à l'ouverture du pensionnat[1].

Dans l'espèce, déclaration parvenue à la préfecture le 27 mars; décidé que l'opposition faite par le Préfet, le 28 avril suivant avait été formée dans le délai.

Vu la requête..... pour le sieur Louis-Philippe-Arsène Rousselle, instituteur libre, tendant à ce qu'il nous plaise annuler pour excès de pouvoir :

1° Un arrêté du 28 avril 1865, par lequel le Préfet du département de la Somme a formé opposition, dans l'intérêt des mœurs publiques, à l'ouverture d'un pensionnat primaire que le requérant voulait établir à Rosières;

2° Une décision du 12 juin 1865, par laquelle le Conseil départemental de l'instruction publique a déclaré cette opposition recevable par le motif que le délai fixé par la loi pour former opposition ne doit courir qu'à partir du jour où toutes les pièces exigées ont été produites, et que, dans l'espèce, le requérant n'avait pas produit le certificat constatant qu'il avait exercé pendant cinq ans, soit comme instituteur, soit comme maître adjoint dans un pensionnat, et a maintenu ladite opposition;

Attendu que toute opposition à l'ouverture d'un pensionnat primaire, qu'elle soit fondée sur l'intérêt des mœurs publiques ou sur

1. A l'appui de la recevabilité du recours au contentieux, le pourvoi rappelait les arrêts des 15 novembre 1851 (PIERQUIN), 23 janvier 1864 (PETIT-COLAS), 9 décembre 1864 (LEROY), — déclarations d'ouverture d'établissement secondaire.

l'observation des formalités exigées par la loi, doit être formée dans le mois qui suit la déclaration de l'ouverture de ce pensionnat; que, d'ailleurs, dans l'espèce, toutes les formalités prescrites avaient été remplies, les pièces produites par le requérant, constatant qu'il avait exercé pendant plus de cinq ans comme instituteur, et ces pièces devant, par suite, tenir lieu du certificat qu'on lui reproche de n'avoir pas produit;

Vu l'arrêté du Préfet de la Somme du 28 avril 1865, et la décision du Conseil départemental de l'instruction publique, en date du 12 juin 1865;

Vu les observations de notre Ministre de l'Instruction publique, et tendant à ce qu'il soit fait droit aux conclusions de cette requête;

Vu les autres pièces produites et jointes au dossier, notamment la déclaration faite par le sieur Rousselle à la mairie de Rosières le 21 mars 1865, et le certificat du Préfet de la Somme constatant que la copie de cette déclaration et les pièces dont elle devait être accompagnée ont été déposées à la préfecture le 27 mars 1865;

Vu la loi du 15 mars 1850, notamment les articles 27, 28 et 53, les décrets des 7 octobre et 30 décembre 1850, rendus pour l'exécution de cette loi, et la loi du 14 juin 1854, art. 8;

Considérant que, d'après les articles 27 et 53 de la loi du 15 mars 1850, la déclaration que doit faire tout instituteur qui veut ouvrir un pensionnat primaire doit être adressée par le postulant non seulement au maire de la commune où le pensionnat serait établi, mais aussi au Recteur de l'Académie, au Sous-Préfet et au Procureur impérial, et que, d'après l'article 28 de la même loi, c'est dans le mois qui suit la déclaration qui lui a été faite, que le Recteur peut former opposition à l'ouverture du pensionnat dans l'intérêt des mœurs publiques;

Considérant que, les attributions déférées au Recteur par la loi du 15 mars 1850 ayant été transférées au Préfet par l'article 8 de la loi du 14 juin 1854, c'est au Préfet que la déclaration que la loi de 1850 prescrivait d'adresser au Recteur doit être faite, et c'est dans le mois qui suit cette déclaration que le Préfet peut former opposition à l'ouverture du pensionnat primaire dans l'intérêt des mœurs publiques;

Considérant qu'il résulte de l'instruction que la déclaration que le sieur Rousselle devait adresser au Préfet n'est parvenue à la préfecture de la Somme que le 27 mars 1865; que, dès lors, l'opposition faite par le Préfet le 28 avril 1865, dans l'intérêt des mœurs publiques, à l'ouverture du pensionnat primaire que ledit sieur Rousselle voulait établir à Rosières, a été formée dans le délai fixé par la loi, et que le requérant n'est pas fondé à demander l'annulation : 1° de l'arrêté du Préfet du département de la Somme, en date du 28 avril 1865, comme ayant été pris après l'expiration du délai légal, et étant dès lors entaché d'excès de pouvoir; 2° de la décision du Conseil départemental de l'instruction publique du 12 juin 1865 :

ARTICLE 1er. — La requête du sieur Rousselle est rejetée.

. . . .

---

11 mars 1866.

Circulaire du Ministre de l'Instruction publique, relative à l'enseignement des sourds-muets admis dans les Écoles primaires.

11 Mars 1866.

Monsieur le Recteur, parmi les six à sept mille enfants sourds-muets qui existent en France, une très faible partie, appartenant à des familles aisées, peut être admise dans les Écoles qui leur sont spécialement destinées; les autres, dispersés dans les campagnes, sont voués à l'ignorance et à la plus affreuse misère.

Vivement ému de cette situation, j'ai dû, avec le concours des hommes les plus compétents, chercher les moyens d'ouvrir à ces pauvres enfants les portes des Écoles primaires, et je me suis arrêté à cette conviction, confirmée par l'expérience, que, grâce à un petit nombre de procédés simples, naturels, faciles à apprendre, non moins faciles à appliquer, les instituteurs primaires pourraient, sans dommage pour les autres élèves, s'occuper de leur instruction.

Les procédés dont je veux parler pourraient être enseignés aux élèves-maîtres dans les Écoles normales primaires, à la fin de leur troisième année d'études. Un petit nombre de leçons suffiraient pour leur en donner connaissance, surtout s'ils trouvaient près d'eux une École de sourds-muets dont ils pussent suivre quelquefois les exercices.

Ces procédés, qui sont journellement appliqués dans quelques Écoles de Paris, sont :

1° L'emploi de la mimique naturelle, déjà familière au sourd-muet, et dont l'usage ne devra cesser pour lui que peu à peu, en raison de ses progrès dans la langue parlée ou écrite;

2° L'enseignement de l'écriture, commencé immédiatement après l'entrée du sourd-muet à l'École primaire, et simultanément de la langue française par la méthode qui consiste à aller des choses aux mots, des actions et des faits aux propositions, au lieu de procéder, comme on l'a fait pendant longtemps, des mots aux choses et des propositions aux faits;

3° En l'absence des choses et des faits, on se sert de dessins ou de gravures. On exerce le sourd-muet, en lui montrant une image, à trouver le mot ou les phrases correspondantes, et réciproquement en lui montrant la phrase, à trouver l'image. Grâce à ce moyen, il peut s'occuper seul pendant de longues heures;

4° On peut, pour remplacer la dictée orale ou pour laisser dans la mémoire une empreinte plus profonde de l'orthographe, faire usage de la dactylographie; car elle n'exige aucune étude et consiste simplement à tracer, avec le doigt, les lettres dans l'espace ou sur une partie du corps, comme on les trace avec la plume sur le papier;

5° On exerce le sourd-muet, à l'aide de l'alphabet labial, à lire la parole sur les lèvres;

6° Enfin on fait usage de l'articulation pour les sourds-muets qui ont parlé jusqu'à l'âge de trois ou quatre ans, et on l'applique aux sourds-muets de naissance dans la mesure des espérances que peuvent autoriser les dons naturels de l'intelligence et de l'organisation. Le succès est possible dans le dernier cas; mais il est presque assuré dans le premier.

De ces différents moyens, il n'y en a guère que trois qui exigent une étude spéciale : l'enseignement de la langue par les méthodes indiquées plus haut, l'articulation et la parole sur les lèvres. Mais cette étude n'est ni assez longue ni assez difficile pour apporter le moindre trouble dans l'organisation actuelle de l'instruction primaire.

Partout où, grâce à ces procédés, les jeunes sourds-muets sont parvenus à entrer en communication intelligente avec leurs jeunes camarades, ils ont trouvé en ceux-ci une sorte de bienveillante protection, et, au lieu d'être exposés à leurs railleries et à leur mauvais vouloir, comme on aurait pu le craindre d'enfants chez qui le sentiment de la pitié ne se développe que tardivement, ils en ont reçu tous les soins qui leur sont si nécessaires. Au lieu de rester isolés, de demeurer étrangers au sein de la société, et de vivre en dehors d'elle, retenus seulement par la crainte de châtiments physiques, les jeunes sourds-muets, dont l'intelligence a été développée par l'instruction primaire, deviennent ainsi des citoyens paisibles, accessibles à tous les bons sentiments.

Un semblable résultat, Monsieur le Recteur, est digne de toute considération. C'est dans cette vue qu'il y a plusieurs années des Conseils généraux, sur la proposition de M. le Ministre de l'Intérieur, avaient voté des fonds pour subvenir aux frais de voyage de quelques directeurs d'Écoles normales primaires admis à suivre des conférences spéciales dans les Écoles de Paris.

J'apprendrai donc avec une vive satisfaction que des efforts sont faits pour atteindre le but que je vous signale, et j'examinerai avec la plus grande attention les rapports que vous m'adresserez au sujet de ceux de MM. les instituteurs primaires qui contribueront à l'instruction des jeunes sourds-muets, jusqu'à présent abandonnés à eux-mêmes dans leur commune.

Je vous recommande d'appeler sur ce point l'attention toute particulière de MM. les directeurs des Écoles normales primaires, en leur signalant des procédés dont l'emploi exige peu d'efforts et dont l'efficacité n'est pas douteuse.

Recevez, etc.

Signé : V. DURUY.

Modèle de statuts pour les Sociétés de secours mutuels des instituteurs et institutrices publics[1]. 19 mars 1866.

19 Mars 1866.

TITRE Ier. — *Constitution de la Société.*

ARTICLE 1er. — Une Société de secours mutuels est établie entre les instituteurs communaux et les institutrices communales du département d .

1. Voir la circulaire transmissive aux Préfets en date du 19 *mars* 1866. (*Circ. et Instr. off.*, T. VI, page 339.)
Consulter les *Sociétés de Secours mutuels entre les Instituteurs et les Institu-*

Elle a pour but :

1° D'accorder des secours aux instituteurs et institutrices sociétaires atteints de maladies ou de blessures accidentelles, les obligeant à cesser temporairement leurs fonctions;

2° De leur venir en aide, par une indemnité temporaire, dans le cas où, soit l'âge, soit les infirmités ne leur permettraient plus l'exercice de leurs fonctions avant le règlement de leur retraite;

3° De pourvoir aux frais funéraires de ses membres;

4° De secourir leur veuve et leurs enfants en bas âge, s'ils se trouvent dans le besoin.

Enfin la Société pourra aussi, quand ses ressources le permettront, assurer à ses membres une pension de retraite.

TITRE II. — *Des sociétaires.*

ART. 2. — La Société se compose de membres participants et de membres honoraires. Les membres participants ont seuls droit aux secours de la Société.

ART. 3. — Sont membres participants de la Société tous les instituteurs communaux et toutes les institutrices communales, les instituteurs adjoints dans les Écoles publiques, qui auront pris l'engagement de se conformer aux présents statuts, et qui ne seraient pas âgés de plus de cinquante ans.

ART. 4. — Sont membres honoraires de la Société toutes les personnes qui verseront à la caisse une somme annuelle de ..... francs au moins. Les instituteurs communaux et les institutrices communales en exercice ne peuvent pas être membres honoraires.

ART. 5. — Tout membre participant qui viendrait à cesser ses fonctions dans le département conservera néanmoins son titre de membre et tous ses droits, pourvu qu'il continue de remplir les obligations que lui impose cette qualité.

ART. 6. — Cesseront de faire partie de la Société :

1° Les membres qui, depuis deux ans, n'auront pas versé leur cotisation;

2° Ceux qui auront été révoqués de leurs fonctions; néanmoins, leur réintégration dans l'enseignement public leur donnera le droit de rentrer dans la Société;

3° Ceux qui, à la suite de leur démission des fonctions d'instituteur communal ou d'institutrice communale, renonceront par lettre, au président, aux titres et aux droits de membre de la Société.

ART. 7. — La radiation sera prononcée en Conseil administratif, et le sociétaire qui en sera l'objet n'aura droit à aucun remboursement.

ART. 8. — Tout membre qui, par un motif quelconque, aura cessé de faire partie de l'association, ne pourra y être admis de nouveau qu'à la condition de payer sa cotisation à partir de l'époque où sa radiation aura été prononcée, sauf dispense du Conseil administratif.

TITRE III. — *Administration de la Société.*

ART. 9. — La Société est administrée par un Conseil administratif, qui la représente légalement en toutes circonstances. Ce Conseil, dont les fonctions sont gratuites, est composé, non compris le président, de douze membres élus en

trices, par MARIE-CARDINE, dans les *Monographies pédagogiques* (1889), T. V, pages 37 à 287.

assemblée générale, choisis parmi les membres honoraires et les membres participants, mais de manière que la majorité soit prise dans ces derniers.

ART. 10. — Conformément au décret du 26 mars 1852, le président de la Société est nommé par l'Empereur.

ART. 11. — La Société nomme, parmi les membres du Conseil, un vice-président, un secrétaire, un secrétaire adjoint et un trésorier.

ART. 12. — Les membres du Conseil, ainsi que le vice-président, le secrétaire, le secrétaire adjoint et le trésorier, sont nommés pour trois ans; ils conservent leurs fonctions jusqu'à leur remplacement. Ils peuvent être réélus.

ART. 13. — Les instituteurs membres participants de chaque canton se réunissent chez l'un d'eux, désigné à l'avance par le président, à l'effet d'élire un délégué du canton et un vice-délégué pris parmi eux et chargé de les représenter dans les assemblées générales. Ces nominations ont lieu à la majorité absolue des suffrages des membres présents. Le procès-verbal de la nomination des délégués est adressé immédiatement au président.

Les fonctions de délégué de canton durent trois ans. Les mêmes membres peuvent être réélus.

ART. 14. — Une Commission d'apurement, composée de trois membres nommés par le Conseil, vérifie l'exactitude des comptes fournis par le trésorier; elle est saisie des registres et pièces de comptabilité un mois avant la séance générale du Conseil.

ART. 15. — Une Commission permanente, composée du président, du secrétaire, du trésorier et de deux autres membres désignés par le Conseil, est autorisée à traiter toutes les affaires urgentes qui peuvent survenir entre deux séances du Conseil, sauf à faire approuver ces décisions par le Conseil à la première séance.

TITRE IV. — *Finances.*

ART. 16. — Le fonds social de secours et de réserve se compose :

1° Des cotisations des membres participants, fixées, pour chacun d'eux et par an, à la somme de ..... francs, payable par trimestre et d'avance;

2° Des cotisations versées par les membres honoraires et des sommes données par tous autres;

3° Des recettes que la Société pourra faire à quelque titre que ce soit.

ART. 17. — Les fonds de la Société restent entre les mains du trésorier jusqu'à concurrence de 100 francs.

ART. 18. — Le trésorier verse, au nom de la Société, à la Caisse d'épargne ou à la Caisse des dépôts et consignations, conformément aux articles 13 et 14 du décret du 26 mars 1852, toute somme de 50 francs excédant le chiffre ci-dessus.

Il a seul qualité pour faire les demandes de remboursement et donner quittance.

Toutefois les demandes de remboursement ne seront faites valablement par le trésorier que sur autorisation motivée du président du Conseil donnée par écrit.

Le livret donné par la Caisse d'épargne ou par la Caisse des dépôts et consignations est soumis au visa du président, autant de fois que celui-ci le réclame.

ART. 19. — Le délégué de chaque canton perçoit, au moyen d'un livre à souche, la cotisation annuelle des membres participants et honoraires qui y résident; il peut également recevoir tous les dons en argent faits à la Société. Si la somme versée donne au déposant la qualité de membre honoraire, avis en est adressé immédiatement au président.

ART. 20. — Du 1er au 31 décembre, les délégués de canton adressent aux présidents les bordereaux de cotisations et versent au trésorier, qui en délivre quittance à souche, toutes les sommes dont ils sont comptables. Le montant des secours provisoires qu'ils ont payés, conformément à l'article 26, est pris pour comptant et porté en recette par le trésorier, moyennant la remise des pièces justificatives qu'il emploie en dépense.

ART. 21. — Le trésorier reçoit aussi, en se conformant à l'article précédent et aux lois sur la matière, tous les dons faits à la Société et toutes les sommes versées à quelque titre que ce soit.

ART. 22. — La Société adressera, chaque année, à M. le Préfet, un compte rendu de sa situation morale et financière.

TITRE V. — *Secours.*

ART. 23. — Des secours, calculés par journées de maladie, sont accordés par le Conseil, suivant les ressources disponibles de la Société et sans pouvoir excéder les neuf dixièmes des recettes annuelles, aux membres participants dont la maladie excéderait trois jours; mais, si la maladie prend un caractère chronique, après trois mois le bureau avisera.

Dans le cas où une retenue serait exercée sur le traitement de l'instituteur pour payer les émoluments d'un suppléant, une indemnité de ..... par jour lui sera accordée pendant trois mois.

Les frais funéraires des membres participants sont supportés par la Société.

Tout sociétaire malade doit faire connaître sa situation au délégué du canton et au président de la Société.

Nul n'a droit aux secours, s'il ne fait partie de la Société depuis six mois au moins.

La Société pourra, si ses ressources le lui permettent, accorder des secours temporaires :

1° Aux membres participants dont l'âge et les infirmités seraient un obstacle à l'exercice de leurs fonctions;

2° Aux veuves des membres participants;

3° Aux enfants en bas âge des membres participants décédés. Le secours accordé à ces derniers est versé entre les mains du père, ou de la mère, ou du tuteur.

La Société sollicite, en outre, et s'il y a lieu, l'admission gratuite de ces orphelins dans les Écoles publiques des communes où ils résident, et les délégués du canton s'assurent qu'ils les fréquentent régulièrement.

ART. 24. — Les demandes de secours sont faites par les intéressés eux-mêmes ou par un tiers en leur nom; elles sont adressées directement au président, qui les transmet au délégué du canton de la résidence du réclamant, pour avoir l'avis des membres participants du canton.

ART. 25. — Sur l'invitation du président, le délégué du canton réunit les membres participants du canton; il préside l'assemblée et s'adjoint, pour composer le bureau, le vice-délégué et, à son défaut, le plus âgé et le plus jeune des membres présents. Il consigne dans un procès-verbal, que signent tous les membres présents, le résultat de la délibération; copie en est aussitôt envoyée au président.

Dans aucun cas, le délégué du canton ne peut permettre qu'on s'occupe de questions étrangères à l'objet de la réunion.

ART. 26. — S'il y a urgence et si l'avis est favorable à la demande, il peut être accordé un secours provisoire de 40 francs. Ce secours est remis par le délégué du canton, sur la simple autorisation du président.

ART. 27. — Toute délibération des réunions cantonales, prise sans l'autorisation préalable et par écrit du président de la Société, est nulle.

ART. 28. — L'instituteur, résidant hors du département et qui a conservé la qualité de membre participant, n'est admis à participer aux secours qu'en justifiant de ses besoins par un certificat de l'Inspecteur d'Académie de la circonscription à laquelle appartient le lieu de sa résidence, et l'avis des membres participants associés du canton où il demeurait avant de quitter le département.

TITRE VI. — *Caisse de retraite.*

ART. 29. — Un fonds de retraite est créé conformément au décret du 26 avril 1856, et placé à la Caisse des dépôts et consignations.

ART. 30. — Ce fonds se compose :

Des prélèvements faits par la Société sur l'excédent des recettes;

Des subventions spéciales accordées par l'État, le département ou les communes;

Des dons et legs faits à la Société, avec affectation spéciale au service des pensions.

ART. 31. — Conformément à l'article 6 du décret du 26 avril 1856, la quotité de la pension sera fixée sur la proposition du bureau en assemblée générale, dans les limites déterminées par l'article 8 du même décret.

ART. 32. — Pour être présenté à l'assemblée générale comme candidat à la pension, le sociétaire doit avoir cinquante-cinq ans d'âge et faire partie de la Société depuis au moins dix ans en qualité de membre participant.

TITRE VII. — *Fonctions du Conseil.*

ART. 33. — Le Conseil administratif est convoqué par le président dans le premier trimestre de chaque année. Il peut être convoqué extraordinairement, toutes les fois que le président le juge nécessaire aux intérêts de la Société.

ART. 34. — Le président ouvre et lève les séances, dirige les discussions, pose les questions, les met aux voix et proclame le résultat des votes.

ART. 35. — En l'absence du président, ses fonctions sont remplies par le vice-président ou, à défaut, par le plus âgé des membres présents du Conseil. La présence de sept membres au moins est nécessaire pour prendre une délibération.

ART. 36. — Le Conseil statue à la majorité absolue des suffrages; en cas de partage, la voix du président est prépondérante.

ART. 37. — Le président fait à la Société, qui se réunit chaque année en assemblée générale, un rapport sur la situation administrative et morale de la Société, sur les opérations du Conseil et de la Commission permanente. La Commission d'apurement donne lecture du procès-verbal de la vérification des écritures du trésorier.

ART. 38. — Le trésorier ne siège pas au Conseil, lorsque celui-ci reçoit et arrête ses comptes.

ART. 39. — Le procès-verbal de la séance générale est rédigé par le secrétaire ou, à défaut, par le secrétaire adjoint. Il renferme le résumé des documents mentionnés en l'article 32 et des décisions prises par l'assemblée générale; les noms des membres honoraires et participants, décédés dans le courant de l'année qui a précédé l'époque de la session, y sont inscrits. Ce procès-verbal est imprimé et adressé par le président aux participants et honoraires.

ART. 40. — Le président est dépositaire des procès-verbaux et autres pièces qui émanent de la Société et qui ne font pas partie du dossier du trésorier.

TITRE VIII. — *Dispositions générales.*

ART. 41. — Un service annuel funèbre est célébré dans chaque canton pour le repos des âmes des membres décédés. Les membres honoraires résidant dans le canton y sont invités.

Ce service a lieu alternativement dans chacune des communes classées d'après leur ordre alphabétique, ou dans la commune désignée d'avance par les sociétaires du canton, qui fixent aussi l'époque à laquelle le service sera célébré, et prennent pour limite depuis le mois de juillet jusqu'au mois de novembre.

Les élèves de la commune désignée sont conduits à l'office.

Les sociétaires délégués des cantons profitent de cette réunion pour réclamer les cotisations et demander l'avis des sociétaires sur les demandes de secours. Ils envoient, sans retard, au président les listes des membres participants présents, avec l'indication de ceux qui ont payé la cotisation.

ART. 42. — Les dispositions qui précèdent ne pourront être modifiées qu'en assemblée générale, après avis des délégués des cantons et sur l'avis du Conseil administratif. Les modifications devront être approuvées par l'administration supérieure.

---

22 mars 1866.

Décision du Conseil d'État, relative à la nomination des instituteurs.

22 Mars 1866.

Un arrêté préfectoral, par lequel l'instituteur public d'une commune a été appelé à diriger l'École d'une autre commune, sans être remplacé, peut-il être attaqué comme entaché d'excès de pouvoir par la première commune, laquelle se plaint d'avoir été ainsi privée du service de l'instruction primaire? Rés. nég.

(Aucune disposition législative n'imposait au Préfet l'obligation de nommer le successeur de l'instituteur déplacé par le même arrêté qui appelait celui-ci à un autre poste.)

L'instituteur public d'une commune qui, sur le rapport de l'Inspecteur d'Académie et à titre d'avancement, a été appelé par un arrêté préfectoral à diriger l'École d'une autre commune, peut-il attaquer cet arrêté comme entaché d'excès de pouvoir, en se fondant sur ce que le Préfet ne pouvait, aux termes de l'article 33 *de la loi du* 15 *mars* 1850 *et de l'article* 8 *de la loi du* 14 *juin* 1854, *le déplacer que par mesure disciplinaire, et que, dès lors, il ne pouvait lui imposer sans son consentement, à titre d'avancement, un changement de résidence?* Rés. nég.

Aux termes de l'article 8 de la loi du 14 juin 1854, le Préfet exerce, sous l'autorité du Ministre de l'Instruction publique et sur le rapport de l'Inspecteur d'Académie, les attributions déférées au Recteur par la loi du 15 mars 1850 et par le décret organique du 9 mars 1852, en ce qui concerne l'instruction primaire. L'article 4 du décret du 9 mars 1852 avait transféré au Recteur le droit de nommer les instituteurs publics, que l'article 31 de la loi du 15 mars 1850 attribuait au Conseil municipal.

Aucune disposition législative n'interdit au Préfet d'appeler, dans l'intérêt du service public, l'instituteur d'une commune à exercer ses fonctions dans une autre commune.

Le Conseil,

Vu la requête..... pour : 1° la commune de Combloux.....; 2° le sieur Bariad, instituteur public à Saint-Sigismond; ladite requête..... tendant à ce qu'il nous plaise annuler un arrêté du 4 mars 1865, par lequel le Préfet de la Haute-Savoie a appelé ledit sieur Bariad, alors instituteur public à Combloux, à la direction de l'École de Saint-Sigismond sans lui donner de successeur; par le motif : 1° que le Préfet, en privant la commune du service de l'instruction primaire, a entendu contraindre le Conseil municipal à renoncer à exécuter des travaux communaux régulièrement autorisés et l'obliger à y substituer d'autres travaux, qu'il ne lui appartenait pas d'imposer à l'administration municipale; 2° que le Préfet ne pouvait, aux termes de l'article 33 de la loi du 15 mars 1850 et de l'article 8 de la loi du 14 juin 1854, déplacer le sieur Bariad que par mesure disciplinaire, et que, dès lors, il ne pouvait lui imposer, sans son consentement, à titre d'avancement, un changement de résidence;

Vu les observations de notre Ministre de l'Instruction publique, tendant à ce que le pourvoi soit rejeté comme non recevable, par le motif que les actes par lesquels les Préfets, agissant comme chefs de service de l'instruction primaire, en vertu des pouvoirs qui leur sont conférés par l'article 8 de la loi du 14 juin 1854, nomment ou déplacent les instituteurs publics, ne sont pas susceptibles de nous être déférés par la voie contentieuse;

Vu la loi du 15 mars 1850, le décret du 9 mars 1852 et la loi du 4 juin 1854;

Vu la loi des 7-14 juin 1790;

Sur les conclusions de la commune de Combloux, tendant à ce qu'il soit décidé que le Préfet ne pouvait, sans excès de pouvoir, appeler le sieur Bariad, instituteur public de ladite commune, à diriger l'École d'une autre commune sans pourvoir à son remplacement;

Considérant qu'aucune disposition législative n'imposait au Préfet l'obligation de nommer le successeur du sieur Bariad par le même arrêté qui appelait cet instituteur à un autre poste;

Sur les conclusions du sieur Bariad, tendant à ce qu'il soit décidé que le Préfet n'aurait pu ordonner son déplacement, sauf dans le cas où il aurait prononcé cette mutation par mesure disciplinaire;

Considérant qu'aux termes de l'article 8 de la loi du 14 juin 1854, le Préfet exerce, sous l'autorité de notre Ministre de l'Instruction publique, et sur le rapport de l'Inspecteur d'Académie, les attributions déférées aux Recteurs par la loi du 15 mars 1850 et par le décret organique du 9 mars 1852, en ce qui concerne l'instruction primaire; que l'article 4 de notre décret précité du 9 mars 1852 avait déféré au Recteur le droit de nommer les instituteurs publics, que l'article 31 de la loi du 15 mars 1850 attribuait au Conseil municipal; qu'aucune disposition législative n'interdit au Préfet d'appeler, dans l'intérêt du service public, l'instituteur d'une commune à exercer ses fonctions dans une autre commune; qu'ainsi le Préfet du département de la Haute-Savoie, en appelant le sieur Bariad, sur le rapport de l'Inspecteur d'Académie et à titre d'avancement, à diriger l'École de la commune de Saint-Sigismond, n'a commis aucun excès de pouvoir :

ARTICLE 1er. — La requête de la commune de Combloux et du sieur Bariad est rejetée.

. . . .

---

28 mars 1866.

Décret concernant la gratuité dans les Écoles primaires.

28 Mars 1866.

NAPOLÉON, etc.,

Sur le rapport de notre Ministre secrétaire d'État au département de l'Instruction publique[1],

Vu la loi du 15 mars 1850 et le décret du 7 octobre suivant;

Vu notre décret du 31 décembre 1853;

Notre Conseil d'État entendu,

Avons décrété et décrétons ce qui suit :

ARTICLE 1er. — L'article 13 du décret du 31 décembre 1853 est remplacé par la disposition suivante :

1. Voir ce rapport dans le *Bulletin administratif*, 1866, T. V, page 353.

« Lorsque la liste des élèves gratuits, dressée, en exécution des articles 24 et 45 de la loi du 15 mars 1850 et de l'article 10 du décret du 7 octobre 1850, par le maire et les ministres des différents cultes, et approuvée par le Conseil municipal, a été arrêtée par le Préfet, il en est délivré par le maire un extrait, sous forme de billet d'admission, à chaque enfant qui y est porté.

« Aucun élève ne peut être reçu gratuitement dans une École communale, s'il ne justifie d'un billet d'admission délivré par le maire. »

Arrêt de la Cour de cassation (Chambre criminelle). 29 mars 1866.

Audience du 29 Mars 1866.

La loi du 15 mars 1850 sur l'enseignement a entendu d'une manière absolue établir le contrôle de l'État sur tous les établissements d'éducation et d'instruction, qui ne peuvent être ouverts sans autorisation du Gouvernement.

Est illégale l'excuse admise par une Cour impériale qui a acquitté le prévenu, lequel donnait, dans sa maison, à plusieurs enfants, le logement, la nourriture, la surveillance, etc., sous prétexte que ces enfants n'y recevaient pas l'instruction, parce qu'ils étaient conduits dans une autre maison d'éducation libre; la loi, en effet, n'a pas seulement eu en vue l'instruction proprement dite, elle a aussi entendu soumettre au contrôle du Gouvernement tous les établissements où les enfants reçoivent une éducation qui doit offrir aux familles toutes garanties de moralité et de capacité de la part des personnes placées à leur tête.

La loi du 15 mars 1850 sur l'instruction publique, en interdisant l'ouverture sans autorisation d'une maison d'éducation dans laquelle serait élevée une certaine quantité de jeunes gens, n'a pas seulement eu en vue les maisons dans lesquelles l'instruction proprement dite serait donnée; elle s'est préoccupée encore de l'éducation, de la morale, de la salubrité publique, si indispensables à la jeunesse. Il est donc nécessaire, d'une manière absolue, qu'une autorisation soit demandée pour toute ouverture de maison recevant des enfants dont l'éducation doit y être surveillée, alors même que l'instruction n'y serait pas donnée, et que ces enfants seraient conduits au collège. Cette solution résulte de l'arrêt suivant de la Cour de cassation :

« La Cour,

« Ouï M. le conseiller Meynard de Franc en son rapport, et M. l'avocat général Bédarrides en ses conclusions;

« Vu les articles 9 de la Constitution du 4 novembre 1848; 21, 60, 61, 64, 66 et 68 de la loi du 15 mars 1850 sur l'enseignement;

« Attendu que, si les cours et tribunaux ont la souveraine appréciation des faits dont la connaissance leur est déférée, il appartient à la Cour de cassation, en prenant pour base les circonstances déclarées constantes par le juge lui-même, de déterminer leur qualification légale et de restituer à la loi pénale la portée et la force qui lui auraient été refusées;

« Attendu qu'en fait, il est reconnu par la Cour impériale de Besançon que la fille Françoise Toulon loge et nourrit à Dôle, dans un immeuble qui lui appartient avec d'autres, quinze enfants de divers âges, choisis avec soin, qui, se rendant aux cours de l'École libre de Mont-Roland, ne reçoivent chez l'inculpée aucune instruction quelconque, et y sont soumis à une règle de conduite que les visites quotidiennes d'un ecclésiastique ont pour unique but de faire plus efficace;

« Attendu, en droit, que ni l'article 9 de la Constitution du 4 novembre 1848, en déclarant que la surveillance de l'État s'exerce sur tous les établissements d'éducation et d'enseignement sans aucune exception, ni les articles précités de la loi du 15 mars 1850, n'admettent de distinction entre les maisons d'éducation et les maisons d'enseignement ouvertes aux jeunes gens que la confiance des familles y place sous la sauvegarde d'une même discipline;

« Qu'on ne peut voir une industrie privée affranchie de tout contrôle et de toute inspection dans une maison, quelle que soit la dénomination qu'on lui donne, où la jeunesse reçoit avec les soins matériels nécessaires, sinon l'instruction, du moins l'éducation, et n'exiger aucunes garanties de moralité et de capacité des personnes à qui les parents délèguent une portion de leur autorité, à qui ils confient la surveillance et la direction morale et religieuse de leurs enfants; qu'un tel établissement rentre dans les prévisions de la loi, et que prétendre l'en exclure, c'est perdre de vue l'objet si grave que le législateur s'est proposé, ainsi que ses volontés les plus expresses, lorsqu'il a proclamé la liberté de l'enseignement;

« D'où suit que, par son refus de voir dans les faits incriminés les caractères légaux de l'infraction prévue et punie par l'article 66 de la loi du 15 mars 1850, et en confirmant l'ordonnance de non-lieu à suivre, la Cour impériale de Besançon a faussement interprété et, par suite, violé les dispositions ci-dessus rappelées;

« Casse et annule l'arrêt du 25 janvier dernier;

« Et, pour être statué suivant la loi sur l'opposition formée par le Procureur général impérial près la Cour de Besançon à l'ordonnance rendue, le 31 décembre précédent, par le juge d'instruction du Tribunal de Dôle, renvoie la cause devant la Cour impériale de Lyon, Chambre des mises en accusation, à ce déterminée par délibération spéciale prise en la Chambre du Conseil. »

Dispositions additionnelles au projet de loi sur l'enseignement primaire[1] et relatives au traitement des instituteurs et des institutrices publics, présentées, au nom du Conseil d'État, au Corps législatif. 6 avril 1866.

Séance du 6 Avril 1866[2].

1° Exposé des motifs.

Messieurs, jusqu'au 1er janvier 1854, la liste des élèves à admettre gratuitement dans les Écoles primaires publiques était dressée tous les ans, dans chaque commune, par le maire, de concert avec les ministres des différents cultes, approuvée par le Conseil municipal, et définitivement arrêtée par le Préfet du département, après avis des délégués cantonaux et de l'Inspecteur primaire. Si des modifications à cette liste devenaient nécessaires dans le cours de l'année, les mêmes formalités devaient être accomplies. Tel est le mode organisé par l'article 45 de la loi du 15 mars 1850, l'article 10 du décret du 7 octobre et l'instruction réglementaire du 24 décembre suivant.

Un décret du 31 décembre 1853 a changé ce régime et prescrit, dans l'article 13, que dorénavant le Préfet fixerait à l'avance, sur la proposition des délégués cantonaux et l'avis de l'Inspecteur primaire, le nombre maximum des admissions gratuites pour chaque École, en ajoutant que ce maximum ne pourrait être dépassé par les propositions des autorités communales.

L'expérience a démontré que la fixation prématurée d'un maximum présentait de nombreuses difficultés dans la pratique, et, par suite, entravait l'application de la loi, qui a voulu que la porte des Écoles fût ouverte gratuitement à tous les enfants, sans aucune exception, dont les familles sont hors d'état de payer la rétribution.

Une circulaire de M. le Ministre de l'Instruction publique, en date du 24 février 1864, rappelée par celle du 7 octobre dernier, a recommandé aux Préfets la saine et libérale exécution des prescriptions législatives. Mais, les difficultés subsistant néanmoins, un décret impérial (28 mars) vient d'abroger l'article 13 du décret du 31 décembre 1853 et de restituer aux autorités locales, par un retour pur et simple au procédé de 1850, l'initiative que le législateur a voulu leur donner, tout en laissant à l'autorité préfectorale le contrôle qui lui appartient pour la sauvegarde des intérêts des familles, des communes, des départements et de l'État.

Cette mesure peut avoir pour effet d'appeler à l'École de nouveaux élèves gratuits et même de transformer en gratuits des élèves payants. Dès lors, il convenait de se préoccuper d'une situation dans laquelle l'instituteur verrait diminuer son traitement et augmenter ses fatigues. Aujourd'hui les instituteurs se divisent en trois catégories, selon l'importance des Écoles : 1° ceux dont le traitement dépasse le minimum; 2° ceux qui n'atteignent ce minimum qu'au moyen de la subvention du département ou de l'État; et 3° ceux qui, placés sur la limite, doivent, par des efforts, espérer le dépasser. Dans le premier cas, les intérêts de 14 000 instituteurs peuvent être lésés; dans les deux autres, 24 000 pourraient, par découragement ou même par négligence, faute de stimulant, compromettre à la fois les intérêts scolaires et les finances du département ou

1. Voir ci-dessus ce projet de loi, page 48.
2. Rapporteur : M. GENTEUR. (Voir *Moniteur* du 15 *avril* 1866, page 445.)

de l'État. La résolution à prendre est indiquée par le projet de loi déjà soumis au Corps législatif : d'après l'article 2 de ce projet, dans les communes où la gratuité complète serait établie, l'instituteur recevrait un traitement éventuel, calculé à raison du nombre d'élèves présents à son École. La disposition additionnelle qui vous est proposée, en appliquant la même règle aux élèves gratuits des Écoles payantes, suffirait pour protéger les instituteurs contre les chances de perte et pour exciter et maintenir chez tous l'émulation nécessaire à la prospérité des établissements scolaires. Le traitement des instituteurs dans les Écoles payantes serait donc, à l'avenir, composé de quatre parties : 1° d'un traitement fixe qui ne peut être inférieur à 200 francs; 2° du produit de la rétribution scolaire; 3° d'un traitement éventuel calculé à raison du nombre d'élèves gratuits présents à l'École, d'après un taux déterminé chaque année par le Préfet, sur l'avis du Conseil municipal et du Conseil départemental; et 4° d'un supplément accordé à tous les instituteurs dont le traitement fixe, joint au produit de la rétribution scolaire et de l'éventuel, n'atteindrait pas le minimum déterminé par la loi du 15 mars 1850 et par le décret du 19 avril 1862.

Cette disposition serait applicable aux institutrices publiques pour le traitement qui leur est attribué par le projet de loi.

Il va de soi que les dépenses résultant de la nouvelle organisation seraient obligatoires, et, comme telles, acquittées au moyen des ressources énumérées par l'article 40 de la loi du 15 mars 1850. Du reste, les charges du Trésor ne paraissent pas en devoir être sensiblement affectées, puisque les allocations pour le traitement éventuel se confondraient en partie avec celles qui ont servi jusqu'à présent à composer le minimum, et que, d'un autre côté, il serait toujours possible à l'Administration de fixer le taux de l'éventuel de manière à concilier tous les intérêts en présence.

C'est pourquoi nous avons l'honneur, Messieurs, de vous proposer les additions suivantes au projet de loi sur l'enseignement primaire.

2° Dispositions additionnelles.

Le paragraphe dernier de l'article 2 est supprimé.

ARTICLE 3 (nouveau). — Dans les autres communes, le traitement des instituteurs et des institutrices publics se compose :

1° D'un traitement fixe de 200 francs;

2° Du produit de la rétribution scolaire;

3° D'un traitement éventuel calculé à raison du nombre d'élèves gratuits présents à l'École, d'après un taux déterminé chaque année par le Préfet, sur l'avis du Conseil municipal et du Conseil départemental;

4° D'un supplément accordé à tous les instituteurs et institutrices dont le traitement fixe, joint au produit de la rétribution scolaire et du traitement éventuel, n'atteint pas, pour les instituteurs, les *minima* déterminés par l'article 38 de la loi du 15 mars 1850 et par le décret du 19 avril 1862, et, pour les institutrices, les *minima* déterminés par l'article 13 ci-après.

Il sera pourvu à la dépense résultant du traitement éventuel et des suppléments établis par le paragraphe précédent, conformément à l'article 40 de la loi du 15 mars 1850.

ART. 4 (nouveau). — Le traitement déterminé, conformément aux deux articles précédents, pour les instituteurs et institutrices en exercice au moment de la promulgation de la présente loi ne pourra être inférieur à la moyenne de leurs émoluments pendant les trois dernières années.

Décret relatif aux insignes des titres honorifiques de l'Université. 7 avril 1866.

7 Avril 1866.

NAPOLÉON, etc.,

Sur la proposition de notre Ministre de l'Instruction publique[1];

Vu le décret du 24 décembre 1852,

Avons décrété et décrétons ce qui suit :

ARTICLE 1er. — Le signe distinctif des Officiers de l'Instruction publique est la double palme d'or, et celui des Officiers d'Académie la double palme d'argent, conforme aux modèles annexés au présent décret.

Modèles annexés au décret du 7 avril 1866.

OFFICIER DE L'INSTRUCTION PUBLIQUE.

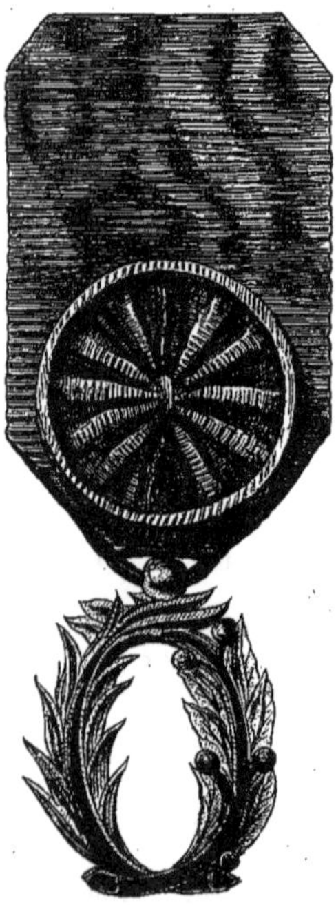

Ruban violet foncé. — Palmes en or avec filet violet sur la tige.

OFFICIER D'ACADÉMIE.

Ruban violet foncé. — Palmes en argent avec filet violet sur la tige.

1. Voir ce rapport dans le *Bulletin administratif*, 1866, T. V, page 460.

17 avril 1866.

Arrêté relatif aux écritures obligatoires pour les instituteurs.

17 Avril 1866.

Le Ministre secrétaire d'État au département de l'Instruction publique,

Considérant qu'il est utile que la tenue des registres et des écritures scolaires, exigée des instituteurs primaires, soit réglée d'une manière uniforme dans tous les départements;

Considérant qu'en exigeant la tenue régulière de certains registres nécessaires pour l'organisation matérielle de la discipline dans une classe, on fournit aux instituteurs le moyen de se rendre compte, à chaque instant, de l'assiduité des élèves, de leur conduite et de leurs progrès; mais qu'on doit éviter de leur imposer, par la tenue d'autres écritures, un travail qui, en dehors de leurs heures de classe, ne leur laisse point le temps de perfectionner par l'étude leur instruction personnelle,

Arrête[1] :

Les seules écritures périodiques dont la tenue est exigée des instituteurs sont les suivantes :

1re CATÉGORIE. — *Écritures relatives au recouvrement de la rétribution scolaire.*

1° Registre matricule;

2° Rôles de la rétribution scolaire et écritures qui s'y rapportent;

3° Registre des déclarations d'abonnements.

2e CATÉGORIE. — *Écritures d'ordre et de statistique.*

1° Registre d'inventaire du mobilier de l'École;

2° Catalogue et registre d'entrée et de sortie des livres des bibliothèques scolaires; registre des recettes et des dépenses et état au 31 décembre de ces bibliothèques;

3° Rapport annuel contenant les renseignements nécessaires à la rédaction des états de situation des Écoles et salles d'asile.

3e CATÉGORIE. — *Écritures relatives à la direction pédagogique de l'École.*

1° Registre d'appel ou de présence, de notes et de compositions, conforme au modèle annexé au présent arrêté;

2° Journal de classe, également conforme au modèle ci-annexé.

1. Voir l'instruction du 26 *mai* 1866 aux Préfets sur l'arrêté qui précède et sur les écritures obligatoires pour les Inspecteurs. (*Circ. et Instr. off.*, T. VI, page 359.)

Arrêté relatif aux nominations d'Officiers d'Académie et d'Officiers de l'Instruction publique. 25 mai 1866.

25 Mai 1866.

Article 1er.—Les nominations d'Officiers d'Académie et d'Officiers de l'Instruction publique seront faites aux trois époques suivantes :

A la fin de décembre, sur la proposition des Recteurs et après avis de l'inspection générale, pour les membres de l'enseignement secondaire et supérieur;

A l'époque de la réunion à Paris des Sociétés savantes des départements : 1° sur la proposition du Comité des travaux historiques et des présidents élus par les Commissions, pour les membres de ces Sociétés qui se seraient distingués par leurs travaux; 2° sur la proposition des Recteurs et après avis de l'inspection générale, pour les littérateurs et les savants recommandés par leurs succès dans les cours libres ou par des ouvrages intéressant l'instruction publique;

Au 15 août, sur la proposition des Recteurs et des Préfets, et après avis de l'inspection générale : 1° pour les délégués cantonaux; 2° pour les directeurs de cours d'adultes, pour les instituteurs et les autres membres de l'enseignement primaire qui se seraient distingués par leurs services; 3° pour les personnes étrangères à l'Université qui auraient bien mérité de l'instruction publique, soit par leur participation aux travaux des divers Conseils et Commissions établis près des Lycées, des Collèges et des Écoles normales (Conseils de perfectionnement et de patronage, Bureaux d'administration, Commissions administratives), soit par le concours efficace qu'elles auraient prêté au développement de l'enseignement à tous ses degrés et sous toutes ses formes.

Art. 2. — Aucune nomination ne pourra avoir lieu dans l'intervalle des trois époques indiquées à l'article 1er, à moins de circonstances exceptionnelles.

Lettre du Préfet de la Seine aux maires de ce département, relative à l'ouverture des établissements libres d'instruction primaire. 28 mai 1866.

28 Mai 1866.

Monsieur le Maire, la loi du 15 mars 1850 a substitué, en ce qui concerne l'enseignement privé, le régime de la liberté à celui de l'autorisation préalable : elle n'a laissé à l'Administration que le droit d'opposition, et seulement dans le délai d'un mois. Il importe donc essentiellement de régler l'accomplissement des formalités exigées par la loi, de telle sorte que les autorités auxquelles a été conféré le droit d'opposition puissent l'exercer utilement.

Vous avez reçu à ce sujet plusieurs circulaires, qui ont été insérées dans le *Recueil des Actes administratifs;* mais les prescriptions qu'elles renferment ne sont plus observées partout uniformément. En outre, la loi du 14 juin 1854 et les décrets qui en règlent l'exécution ont rendu quelques modifications nécessaires.

En conséquence, je crois devoir, Monsieur le Maire, vous adresser une note qui résume toutes les dispositions légales ou réglementaires relatives à l'ouverture des établissements libres d'instruction primaire.

Ainsi que vous le voyez par cette note, le service de la mairie consiste :

1° A recevoir la déclaration, qui est inscrite sur le registre spécial qui vous a été envoyé, et à en afficher une copie.

Afin d'éviter toute lenteur dans l'instruction des affaires de cette nature, il est utile de vérifier en même temps si toutes les pièces sont produites et si elles sont régulières (nos 4 et 6 de la note réglementaire);

2° A faire visiter dans un délai de *trois jours* (art. 2 du décret du 7 octobre 1850) le local destiné à l'école ou au pensionnat, afin que vous puissiez donner l'avis qu'il vous appartient d'exprimer aux termes de l'article 28 de la loi du 15 mars 1850. Si vous refusez d'approuver le local, vous devez faire mention de cette opposition et des motifs sur lesquels elle est fondée au bas des copies que vous délivrez à l'instituteur. Si vous l'acceptez, vous avez à le constater dans la même forme.

J'appelle toute votre attention, Monsieur le Maire, sur la nécessité d'observer *strictement,* surtout en ce qui concerne le délai de *trois jours,* les règles précédentes qui ont été prises pour sauvegarder les intérêts matériels des parties et pour satisfaire aux conditions de l'hygiène publique. L'article 2 du décret du 7 octobre 1850 prescrit aux maires d'adresser aux Préfets les pièces jointes à la déclaration et le certificat d'affiche. L'article 3 du décret du 30 décembre de la même année, relatif aux pensionnats, porte que les pièces seront remises aux postulants. C'est cette seconde forme de procéder qu'il convient *seule* de suivre. Elle permet de s'assurer en présence des déclarants et contradictoirement avec eux qu'ils ont satisfait à toutes les prescriptions de la loi, et de leur délivrer immédiatement, s'il y a lieu, le *récépissé* qui fixe le point de départ du délai légal (art. 11);

3° A transmettre à la préfecture, *avant l'expiration du délai,* les observations auxquelles la déclaration affichée peut avoir donné lieu, ou un certificat constatant qu'il n'en a pas été fait.

Je vous prie, Monsieur le Maire, de prendre les mesures qui seront nécessaires pour assurer l'observation des règles que je viens de vous rappeler et dont le maintien est indispensable.

Agréez, etc. *Signé :* G. E. HAUSSMANN.

Note relative aux formalités à remplir pour l'ouverture d'un établissement libre d'instruction primaire, annexée à la circulaire du 28 mai 1866.

1. Tout *Français* âgé de vingt et un ans accomplis peut exercer, dans toute la France, la profession d'instituteur primaire libre, s'il est muni d'un brevet de capacité[1].

1. Ces dispositions sont applicables aux établissements libres d'éducation pour les jeunes filles.

Le brevet de capacité peut être suppléé par le diplôme de bachelier, par un certificat d'admission dans une des Écoles spéciales de l'État[1] ou par le titre de ministre, non interdit ni révoqué, de l'un des cultes reconnus par l'État (art. 25 de la loi du 15 mars 1850).

2. Sont incapables de tenir une École libre, ou d'y être employés, les individus qui ont subi une condamnation pour crime ou pour un délit contraire à la probité et aux mœurs, les individus privés par jugement de tout ou partie des droits mentionnés en l'article 42 du Code pénal[2], et ceux qui ont été interdits en vertu des articles 30 et 32 de la loi du 15 mars 1850 (art. 26 de la loi du 15 mars 1850).

3. Pour ouvrir une École libre, l'instituteur doit préalablement déclarer son intention au maire de l'arrondissement urbain ou de la commune où il veut s'établir, lui désigner le local et lui donner l'indication des lieux où il a résidé et des professions qu'il a exercées pendant les dix années précédentes (art. 27 de la loi du 15 mars 1850).

4. Il doit produire :

1° Son acte de naissance (les institutrices mariées doivent produire leur acte de mariage) ;

2° Le brevet de capacité ou les titres équivalents.

5. S'il s'agit d'ouvrir un pensionnat, il faut être âgé de vingt-cinq ans et avoir exercé pendant cinq ans au moins comme instituteur ou comme maître dans un pensionnat primaire (art. 53 de la loi du 15 mars 1850).

6. Le déclarant doit, en outre, produire les pièces suivantes :

1° Son acte de naissance, et, s'il est marié, son acte de mariage ;

2° Son brevet de capacité ou titre équivalent ;

3° Un certificat de stage dûment légalisé, attestant que le postulant a exercé pendant cinq ans au moins dans un pensionnat primaire ;

4° Le programme de son enseignement ;

5° Le plan du local dans lequel le pensionnat doit être établi[3] ;

6° L'indication du nombre des pensionnaires qu'il se propose de recevoir[4] ;

7° L'indication des noms, prénoms, date et lieu de naissance des maîtres et employés qu'il s'est adjoints pour la surveillance du pensionnat (art. 1er du décret du 30 décembre 1850).

7. La déclaration est inscrite sur un registre spécial, et une copie en est im-

1. Les Écoles spéciales sont : l'École normale supérieure, l'École polytechnique l'École de Saint-Cyr, l'École forestière, l'École de la marine, l'École des mineurs de Saint-Étienne et d'Alais, l'École des Chartes (décret du 31 mars 1851).

2. Ces droits sont : 1° droit de vote et d'élection ; 2° d'éligibilité ; 3° d'être appelé ou nommé aux fonctions de juré ou autres fonctions publiques ou aux emplois de l'Administration, ou d'exercer ces fonctions ou emplois ; 4° de port d'armes ; 5° de vote et de suffrage dans les délibérations de famille ; 6° d'être tuteur, curateur, si ce n'est de ses enfants et sur l'avis seulement de la famille ; 7° d'être expert ou employé comme témoin dans les actes ; 8° de témoigner en justice autrement que pour y faire de simples déclarations.

3. Le plan devra être COTÉ, orienté, et comprendre au moins une *coupe* des dortoirs. La destination de chacune des pièces affectées au pensionnat y sera indiquée avec précision. Le plan sera certifié conforme au local par le maire, par un agent-voyer ou par un architecte de l'Administration.

4. Les lits des élèves doivent être espacés en tous sens d'un mètre. Les dortoirs contiendront quinze mètres cubes d'air par élève, et ils devront être surveillés pendant la nuit par l'instituteur ou par un maître adjoint.

médiatement affichée à la porte de la mairie et y demeure pendant un mois (art. 1er du décret du 7 octobre 1850).

8. Dans les *trois jours* qui suivent cette déclaration et le dépôt des pièces, le maire, après avoir visité ou fait visiter le local destiné à l'école ou au pensionnat, délivre gratuitement à l'instituteur, en *triple* expédition pour les communes de la banlieue, et en *double* expédition pour Paris, une copie certifiée de sa déclaration avec *son avis sur le local*. En même temps, il lui rend les pièces qu'il a produites.

Si le maire refuse d'approuver le local, mention de cette opposition et des motifs sur lesquels elle est fondée est faite au bas des copies légalisées qu'il délivre à l'instituteur (art. 2 du décret du 7 octobre 1850).

9. Une des copies est remise par l'instituteur au Procureur impérial[1], une autre, au Sous-Préfet (pour la banlieue seulement), lesquels en délivrent récépissé sur la copie qui est ensuite déposée à la préfecture (bureau de l'instruction publique) *avec les pièces produites à l'appui de la déclaration* (art. 3 du décret du 30 décembre 1850).

10. A l'expiration du délai d'un mois, fixé par l'article 27 de la loi organique, le déclarant peut ouvrir son établissement si aucune opposition n'a été formée[2].

11. Le délai d'un mois ne commence à courir que du jour où le déclarant a *reçu de la préfecture un récépissé, qui n'est délivré que lorsque le dossier est complet.*

12. La translation d'un établissement dans un autre local, la transformation d'un externat en pensionnat, l'adjonction d'un cours d'adultes à une École d'enfants, obligent à une nouvelle déclaration.

13. L'ouverture des cours publics sur des matières de l'instruction primaire est soumise aux mêmes formalités que celle des Écoles; mais des dispenses de brevet peuvent être accordées par le Conseil départemental de l'instruction publique.

---

2 juillet 1866.

Décret relatif au régime des Écoles normales primaires.

2 Juillet 1866.

NAPOLÉON, etc.,

Sur le rapport de notre Ministre secrétaire d'État au département de l'Instruction publique;

Vu l'article 35 de la loi du 15 mars 1850;

Le Conseil impérial de l'Instruction publique entendu,

Avons décrété et décrétons ce qui suit :

1. Il n'y a pour le département de la Seine qu'un seul tribunal de première instance, qui siège au Palais de Justice, où se trouve également le service du parquet.

2. L'opposition à l'ouverture d'un établissement d'instruction primaire peut être formée, dans l'intérêt des mœurs publiques, par le Préfet, soit d'office, soit sur la plainte du Procureur impérial ou du Sous-Préfet.

TITRE Ier.

Des objets de l'enseignement dans les Écoles normales primaires.

ARTICLE 1er. — L'enseignement dans les Écoles normales primaires comprend[1] : l'instruction morale et religieuse; la lecture; l'écriture; les éléments de la langue française; le calcul et le système légal des poids et mesures; l'arithmétique appliquée aux opérations pratiques; la tenue des livres; les éléments de l'histoire et de la géographie générale, et particulièrement l'histoire et la géographie de la France; des notions des sciences physiques et d'histoire naturelle, applicables aux usages de la vie; l'horticulture, ainsi que des notions élémentaires sur l'agriculture, l'industrie et l'hygiène; les éléments de la géométrie, l'arpentage et le nivellement; le dessin; le chant; la gymnastique; des notions d'administration communale et de tenue des registres de l'état civil.

ART. 2. — L'instruction religieuse est donnée aux élèves-maîtres, suivant la religion qu'ils professent, par les ministres des différents cultes reconnus par l'État. Ces ministres sont nommés conformément aux dispositions de l'article 7 ci-après.

ART. 3. — La durée du cours d'études est de trois ans. Les matières du programme sont réparties entre les trois années, et l'enseignement des matières inscrites comme facultatives dans l'article 23 de la loi du 15 mars 1850 et dans l'article 9 de la loi du 21 juin 1865 commence dès la première année.

L'enseignement est spécial aux élèves de chaque année.

Les élèves de plusieurs années ne peuvent être réunis et recevoir des leçons communes, à moins d'autorisation spéciale, que pour le chant, l'écriture, le dessin, la gymnastique et les travaux d'horticulture.

ART. 4. — A la fin de la seconde année, la Commission de surveillance désigne les élèves qui, en troisième année, peuvent être exceptionnellement dispensés de suivre quelques-uns des cours qui portent sur les matières facultatives.

ART. 5. — Les élèves-maîtres sont exercés à la pratique des méthodes d'enseignement dans les Écoles primaires annexées aux Écoles normales.

L'instituteur qui dirige l'École annexe est assimilé sous tous les rapports aux maîtres adjoints. Il peut, en conséquence, être chargé

1. Voir la circulaire du 7 *octobre* 1866 aux Recteurs sur la direction qu'il convient de donner à l'enseignement dans les Écoles primaires. (*Circ. et Instr. off.*, T. VI, page 413.)

d'une partie de la surveillance. Quand il n'est pas admis à la table commune, il reçoit, en sus de son traitement, une indemnité égale au prix de la pension des élèves-maîtres.

TITRE II.

De la direction et de la surveillance.

CHAPITRE Ier. — *De la direction.*

ART. 6. — Le directeur de l'École normale est nommé par le Ministre de l'Instruction publique; il est chargé, indépendamment de l'économat, des conférences pédagogiques et d'une partie de l'enseignement.

Il dresse, sous l'approbation du Recteur, la liste des livres à mettre entre les mains des élèves, ainsi que des livres de lecture composant la bibliothèque de la salle d'études. Il est personnellement responsable de la tenue des catalogues de livres et des registres de prêt, ainsi que des inventaires du mobilier usuel et scientifique.

ART. 7. — Le directeur est secondé par des *maîtres adjoints*[1] nommés par le Ministre, et dont la tâche, soit pour l'enseignement, soit pour la surveillance et les écritures, est fixée par le directeur, sous l'approbation du Recteur.

Les maîtres adjoints ne peuvent résider hors de l'établissement qu'avec l'autorisation du Recteur.

Les maîtres externes, autres que les maîtres adjoints, sont proposés par le directeur et agréés par le Recteur.

ART. 8. — La surveillance disciplinaire peut être partagée entre les maîtres adjoints et des élèves-maîtres de troisième année, désignés par le directeur parmi les plus méritants.

CHAPITRE II. — *De la Commission de surveillance et de ses attributions.*

ART. 9. — La surveillance de l'École normale est confiée à une Commission de cinq membres, nommés pour trois ans par le Recteur, y compris le président[2].

Le directeur assiste aux délibérations de la Commission, avec voix délibérative, hors les cas où elle a à statuer sur des questions qui intéressent sa gestion.

1. Les directeurs et les maîtres adjoints ont été partagés en trois classes et répartis en nombre égal dans chacune de ces trois classes, à dater du 1er janvier 1867, par le décret du 1er *octobre* 1866.

2. Consulter la circulaire du 13 *juillet* 1867, relative à la composition de la Commission. (*Circ. et Instr. off.*, T. VI, page 507.)

ART. 10. — La Commission de surveillance est chargée :

1° De préparer la liste des candidats à l'École normale dont elle aura reconnu l'aptitude à la suite de l'enquête prévue par l'article 15 ci-après ;

2° D'adresser au Préfet, au commencement de chaque année scolaire, un état de propositions pour la répartition des bourses entre les élèves-maîtres des trois divisions ;

3° De rédiger le règlement particulier de l'École ; ce règlement devra être approuvé par le Recteur ;

4° De désigner, à la fin de la première et de la deuxième année, les élèves qui sont admis aux cours de l'année supérieure.

Dans le cas de maladie prolongée ou d'absence légitime, la Commission peut, sous l'approbation du Recteur, autoriser un élève à redoubler le cours de première ou de deuxième année ;

5° De dresser, chaque année, le budget, d'examiner les comptes qui lui sont présentés par la direction de l'École et de consigner ses observations dans un rapport spécial.

ART. 11. — Les membres de la Commission de surveillance font, au moins une fois tous les trois mois, la visite de l'École ; ils prennent connaissance des registres sur lesquels sont consignées par le directeur les notes relatives à la conduite, au caractère et au travail de chaque élève, ainsi que des notes résumées que ce fonctionnaire remet au Préfet *pour le placement des élèves sortants.*

La Commission de surveillance examine les classes et interroge les élèves. Elle surveille la tenue des inventaires et catalogues et la conservation des collections. Elle se rend compte des travaux d'horticulture des élèves et de leurs progrès dans cet ordre de connaissances.

ART. 12. — Tous les ans, au mois de juillet, la Commission de surveillance adresse au Recteur de l'Académie, sur l'état et le personnel de l'École, un rapport, qui est transmis au Ministre.

Elle reçoit du directeur, à la même époque, un rapport sur tout ce qui concerne les élèves et la discipline. Elle transmet ce rapport, avec ses observations, au Préfet, qui le place sous les yeux du Conseil général, et au Recteur, qui en envoie au Ministre une expédition accompagnée de ses observations.

TITRE III.

De l'admission des élèves-maîtres.

ART. 13. — Chaque année, le Ministre détermine, sur l'avis du Conseil départemental, eu égard aux besoins du service, le nombre des élèves-maîtres qui peuvent être admis à l'École normale, soit à leurs frais[1], soit aux frais du département et des communes, soit aux frais de l'État.

ART. 14. — Les inscriptions des candidats ont lieu du 1er au 31 janvier. Un registre est ouvert à cet effet au bureau de l'inspection académique. Aucune inscription n'est reçue qu'après que le candidat a déposé les pièces suivantes :

1° Son acte de naissance, constatant qu'au 1er janvier de l'année dans laquelle il se présente, il avait seize ans accomplis au moins et vingt ans au plus[2];

2° Un certificat de médecin, constatant qu'il a été vacciné ou qu'il a eu la petite vérole, et qu'il n'est atteint d'aucune infirmité ou d'aucun vice de constitution qui le rende impropre à l'enseignement[3];

3° L'engagement de servir, pendant dix ans au moins, dans l'instruction primaire publique; la signature sera légalisée. Si le candidat est mineur, il produira, en outre, une déclaration par laquelle son père ou son tuteur l'autorise à contracter cet engagement;

4° Une note, signée de lui, indiquant le lieu ou les lieux qu'il a habités depuis l'âge de treize ans;

5° Des certificats de moralité, délivrés tant par les chefs des Écoles auxquelles il aura appartenu, comme élève ou comme sous-maître, que par le maire de la commune où il aura résidé.

ART. 15. — Une enquête est faite, par les soins de l'Inspecteur académique et des Inspecteurs de l'instruction primaire, sur la conduite et les antécédents des candidats[4].

Au vu des pièces exigées, et d'après les résultats de l'enquête, la Commission de surveillance dresse, du 1er au 15 juillet, la liste mentionnée en l'article 10.

Les candidats inscrits sur cette liste sont examinés du 15 au 31 juillet, au chef-lieu du département, par une Commission nommée par le Recteur, Commission dont le directeur fait nécessairement partie.

1. Voir la circulaire du 25 *octobre* 1866 sur la situation des pensionnaires libres. (*Circ. et Instr. off.*, T. VI, page 420.)

2. Voir la circulaire du 19 *mai* 1868, autorisant la concession de dispense d'âge aux candidats ayant seize ans au 1er octobre de l'année dans laquelle ils se présentent. (*Ibid.*, T. VI, page 598.)

3. Voir la circulaire du 16 *mai* 1877, rappelant aux Préfets la nécessité de soumettre les candidats à un examen attentif du médecin de l'établissement. (*Ibid.*, T. VII, page 675.)

4. Consulter la circulaire du 20 *octobre* 1868 sur le recrutement des Écoles normales. (*Ibid.*, T. VI, page 611.)

A la suite de cet examen, les candidats sont classés par ordre de mérite en nombre égal à celui des places vacantes.

La liste, par ordre de mérite, des élèves admissibles est transmise au Préfet, qui prononce l'admission.

Les pensionnaires libres admis à l'École peuvent concourir, à la fin ou dans le cours de chaque année, pour l'obtention des bourses ou portions de bourses devenues libres, soit par suite du renvoi d'élèves boursiers jugés incapables de continuer leurs études, soit pour tout autre motif.

ART. 16. — Les bourses ou portions de bourses entretenues par l'État ou par les départements sont accordées par le Préfet, en Conseil départemental, sur la proposition motivée de la Commission de surveillance et du directeur de l'établissement.

Les boursiers qui n'obtiennent que des portions de bourses s'engagent à payer la portion qui reste à leur charge.

Les boursiers départementaux s'engagent, en outre, à servir pendant dix ans, dans le département qui paye leur pension.

Ces engagements, ainsi que l'autorisation nécessaire aux mineurs, devront être légalisés.

Les anciens boursiers départementaux peuvent être relevés en tout ou en partie de l'engagement prévu au troisième paragraphe du présent article par une dispense du Préfet, sur l'avis conforme du Conseil départemental et de la Commission de surveillance.

ART. 17. — Les boursiers qui, par leur fait, sortiraient de l'École avant la fin du cours, ou qui refuseraient d'accomplir leur engagement décennal, sont tenus de restituer à l'État ou au département le prix de la pension dont ils ont joui.

Toutefois, ils peuvent être dispensés de cette obligation par le Ministre, sur l'avis du Conseil départemental.

Le montant des restitutions fait retour au fonds sur lequel les bourses étaient payées.

La dispense du service militaire cesse à dater du jour où l'engagement a été rompu.

TITRE IV.

Du régime intérieur.

ART. 18. — Les journées commencent et finissent par une prière commune.

Les jours de dimanche et de fêtes légalement reconnues, les élèves sont conduits à l'office divin sous la surveillance du directeur et des maîtres adjoints.

ART. 19. — Les vacances durent six semaines au plus, non compris le congé de Pâques, qui est de huit jours.

Tout congé, toute sortie particulière, hors une circonstance exceptionnelle dont le directeur est juge, sont formellement interdits pendant la durée du cours d'études.

Le directeur et les maîtres-adjoints ne peuvent prendre de congé qu'avec l'autorisation du Recteur.

ART. 20. — Les élèves-maîtres sont chargés du service de propreté dans l'intérieur de l'École.

TITRE V.

De la discipline.

ART. 21. — Les punitions qui peuvent être infligées aux élèves suivant la gravité des fautes sont : la retenue, la réprimande, l'exclusion.

Le directeur prononce la retenue.

La réprimande est prononcée, suivant les cas, par le directeur, la Commission de surveillance ou le Préfet.

L'exclusion est prononcée par le Préfet, sur l'avis du directeur, la Commission de surveillance entendue.

En cas de faute grave, le directeur peut prononcer l'exclusion provisoire.

Lorsque l'exclusion est prononcée, le Ministre en est immédiatement informé.

Lorsque plusieurs départements sont réunis pour l'entretien d'une École normale, le Recteur de l'Académie où se trouve placée cette École statue sur toutes les questions de discipline et de régime intérieur.

ART. 22. — Tout élève qui, à la fin de l'année, n'est pas jugé en état de suivre les cours de l'année suivante, cesse de faire partie de l'École.

ART. 23. — Le décret du 24 mars 1851 est et demeure rapporté.

---

2 juillet 1866. **Circulaire du Ministre de l'Instruction publique, relative à l'exécution du décret du 2 juillet 1866 concernant le régime des Écoles normales primaires.**

2 Juillet 1866.

Monsieur le Recteur, parmi les 600 000 élèves qui se sont pressés, l'hiver dernier, aux cours d'adultes, il s'en est trouvé 154 000 qui ont demandé à leurs maîtres un enseignement supérieur à celui que détermine le 1er paragraphe de l'article 23 de la loi du 15 mars 1850.

En outre, l'article 9 de la loi du 21 juin 1865, relative à l'enseignement secondaire spécial, autorise les maîtres des Écoles primaires à joindre à l'enseignement des matières facultatives déterminées par le paragraphe 2 de l'article 23 de la loi du 15 mars 1850, la tenue des livres, les éléments de la géométrie, le dessin d'ornement et d'imitation, et, dans les localités où ce sera nécessaire, les langues vivantes.

Les faits et la loi nous imposent donc l'obligation de fortifier l'enseignement donné dans les Écoles normales.

Cependant, je ne crois pas qu'il soit nécessaire de publier de nouveaux programmes. Ceux du 31 juillet 1851 me semblent pouvoir servir encore de base à l'enseignement; mais il sera facile de les étendre selon les besoins, à l'aide des programmes qui viennent d'être arrêtés pour l'enseignement secondaire spécial, et que le *Bulletin administratif* a mis déjà dans les mains de chaque directeur. Ils ont été rédigés dans un esprit de simplicité, qui doit être celui de l'enseignement des Écoles normales primaires, et ils sont précédés d'instructions, qui seront bonnes à suivre dans tous les établissements d'instruction élémentaire.

En outre, ils ont été, à dessein, très développés, afin que chaque École spéciale pût y trouver ce qui lui sera nécessaire et y puiser dans la mesure qui lui conviendra, sous la direction de son conseil de perfectionnement. Que les Écoles normales fassent de même. La force des études n'y est point partout égale; quelques-unes conduisent la plupart de leurs élèves au brevet complet; d'autres n'en mettent qu'un petit nombre en état de répondre pour une partie des matières facultatives, et une grande inégalité existe partout dans les résultats des examens. Un programme général et uniforme ne serait tel que sur le papier; par la force des choses, il variera nécessairement d'un département à l'autre; mieux vaut alors laisser à chaque directeur la liberté de choisir, sous votre contrôle, la portion des programmes de l'enseignement spécial qu'il jugera utile d'emprunter. Vous auriez soin de me faire, à ce sujet, un rapport, que je soumettrais en substance au Conseil impérial.

Il me suffira donc, Monsieur le Recteur, de vous adresser le tableau de la répartition des matières entre les trois années d'études.

Celui qui avait été prescrit par le règlement du 24 mars 1851 rejetait, dans la troisième année, toutes les matières facultatives. Il en résultait, pour les études comme pour l'esprit des élèves, un encombrement fâcheux. Beaucoup de plaintes légitimes se sont élevées à cet égard. Il est juste d'y faire droit. Le fardeau plus également réparti sera plus facilement porté.

Le premier cours, celui d'*instruction religieuse*, est fait par l'aumônier sous le contrôle de l'autorité diocésaine : je n'ai donc point à en parler.

J'introduis dans le tableau un cours de *pédagogie*. Je sais que, pour faire un bon maître, il n'y a pas de règle qui vaille un bon exemple, et cet exemple est donné chaque jour par les professeurs. Cependant, il est d'utiles observations à présenter aux élèves-maîtres sur l'éducation physique, intellectuelle et morale, sur la discipline de l'École, même sur son installation matérielle. Mes circulaires, en date des 1er septembre 1865 et 17 mai 1866, vous ont déjà invité, Monsieur le Recteur, à instituer des conférences de sortie pour les élèves arrivés au terme de leurs études. Mais ce n'est pas assez de quelques conseils, même donnés avec l'autorité qui vous appartient. La matière est assez étendue et assez importante pour mériter un cours véritable et régulier durant la troisième année. Chaque École rédigera, sous vos inspirations, son programme pour ce cours; vous me l'enverrez, et j'examinerai s'il y aura lieu d'en tirer un programme commun à toutes les Écoles normales de l'Empire.

Je vous prie de recommander à MM. les directeurs de veiller, avec l'attention la plus sérieuse, sur l'*écriture* et la *lecture*. Les élèves devraient, en sortant de l'École, être arrivés à la perfection pour ces deux exercices, et il s'en faut qu'ils méritent tous cet éloge. L'écriture, si soignée autrefois par nos vieux maîtres d'école, a été souvent négligée par nos instituteurs d'aujourd'hui, comme un mérite secondaire. Il en a été de même pour la lecture. Attachons-nous à faire perdre à nos élèves-maîtres toute prononciation vicieuse et tout mauvais accent. Ils n'y gagneront pas seulement un parler plus agréable, ce qui pourtant est déjà quelque chose, mais leur esprit profitera des efforts qu'ils feront pour prononcer correctement; car on ne lit bien que ce que l'on a parfaitement compris.

Dans le cours de *français*, beaucoup de maîtres abusent de la grammaire et croient avoir tout fait quand ils ont mis, dans la mémoire de leurs élèves, un grand nombre de règles, de distinctions et de mots techniques. Insistez pour que, dans cette étude, on évite les abstractions et les subtilités, pour qu'on s'attache aux applications et aux exemples, surtout aux exemples que fournissent la lecture et l'explication des grands écrivains. C'est par là que la langue, avec ses principales règles, ses finesses et ses idiotismes, s'apprend bien mieux que dans les grammaires.

Dans le cours d'*histoire*, on ira droit aux grands hommes et aux grands événements, dont on retrouve partout le souvenir dans nos arts comme dans notre littérature, et on négligera cette multitude de faits qui surchargent la mémoire sans rien dire à l'esprit et au cœur. Ce cours aura, dans la troisième année, deux conclusions : l'une sera le tableau succinct de notre constitution politique, parce qu'il faut que les hommes chargés de l'éducation du peuple connaissent les institutions qui nous régissent; l'autre sera l'exposé sommaire de notre organisation économique, parce qu'il est bon que les maîtres de l'enfance puissent redire à leurs élèves que la loi du travail domine aujourd'hui la société tout entière; que c'est le travail qui produit la richesse, l'esprit d'ordre qui la conserve, l'esprit de bienfaisance qui l'honore; qu'enfin notre société moderne, fondée sur la justice, est encore animée de cet amour du bien qui fait aller au-devant de toute douleur pour essayer de la guérir, de toute amélioration pour la réaliser, de toute réclamation légitime pour lui donner satisfaction.

Pour la *géographie*, beaucoup de cartes faites au tableau noir ou à main levée; étude approfondie du département; connaissance détaillée de la France; connaissance plus sommaire de l'Europe et des autres parties du monde. Un petit nombre de leçons seront données, comme suite du cours de géographie, à l'explication des grands phénomènes astronomiques : la forme et le double mouvement de la terre, avec l'inégalité des jours et la succession des saisons; la lune et le soleil, avec l'explication des marées et des éclipses; les planètes et leur différence avec les comètes et les étoiles. Un bon maître saura tirer parti de ces vérités magnifiques pour agrandir l'imagination et l'intelligence de ses élèves et leur montrer Dieu présent dans l'immensité et l'ordre harmonieux de la création.

Dans le cours d'*arithmétique* et des éléments de *géométrie*, on ne s'arrêtera point aux difficultés de théorie, mais on insistera sur les applications pratiques.

Pour la *tenue des livres*, ce n'est pas à l'École normale qu'on l'apprendra d'une manière complète. Il sera bon cependant que les instituteurs qui en sortiront connaissent les expressions les plus usitées dans le commerce, les livres obligatoires, les livres auxiliaires et la tenue de ces livres en partie double; car il est urgent de propager dans nos campagnes les procédés d'une bonne comptabilité agricole. Même dans une culture ordinaire et dans un simple ménage, il est utile de pouvoir se rendre compte à tout moment de la situation de ses affaires. L'esprit d'ordre, la moralité même, y gagneront, et nos instituteurs ont le devoir de répandre autour d'eux tout ce qui peut accroître le bien-être et la dignité de vie des populations rurales.

Beaucoup d'entre eux sont secrétaires de mairie. Ils ont à rédiger les *actes de l'état civil* et des pièces d'*administration* et de *comptabilité communale*. Une erreur commise dans ces actes entraîne parfois les plus sérieuses conséquences et peut faire naître des procès ruineux. Il faut donc que nos instituteurs sachent les formalités à remplir, les termes précis à employer pour les actes de naissance, de mariage et de décès, les règles à suivre pour le budget de la commune et les principaux règlements de la police municipale.

Je n'ai rien à dire sur les notions de *physique*, de *chimie* et d'*histoire naturelle* applicables aux usages de la vie, si ce n'est que le titre même indique dans quel cercle le professeur doit se renfermer.

L'École normale ne vise pas à former des agriculteurs; mais on doit pouvoir y prendre sur les terres et les eaux, sur les amendements et les engrais, sur les prairies artificielles et le drainage, sur les animaux domestiques, les constructions rurales et les instruments aratoires, des notions générales qui permettront aux élèves devenus maîtres de suivre avec intérêt les opérations d'un comice agricole, de lire avec profit un livre d'*agriculture* et de donner, au besoin, un bon conseil. On aime ce que l'on comprend bien. Quand ils seront en état de se rendre compte des phénomènes agronomiques, ils se plairont mieux aux champs et feront aisément que leurs élèves s'y plaisent davantage.

Mais on peut faire plus à l'École normale, même à l'École primaire, pour l'*horticulture;* car 27 000 de nos Écoles sont pourvues d'un jardin. Les fruits et les légumes entrent pour plus du tiers dans l'alimentation générale du pays. Ils représentent donc une valeur considérable, et cette valeur sera facilement accrue dans une très grande proportion par la propagation d'espèces meilleures et de procédés de culture et de taille perfectionnés. Sans s'éloigner de son École et sans perdre de temps, l'instituteur peut joindre à son jardin un rucher d'abeilles, une basse-cour, je n'ose dire une étable. L'élève des volailles, la production des œufs, du lait, du beurre et du fromage, tout en ajoutant à son bien-être, augmenteront la nature des services qu'il peut rendre à sa commune, s'il se fait, pour cette industrie ménagère, le propagateur des leçons reçues à l'École normale ou des enseignements recueillis dans les livres et dans les comices agricoles.

La loi du 15 mars 1850 range parmi les connaissances qu'il est bon de donner aux élèves-maîtres des instructions élémentaires sur l'*industrie* et l'*hygiène*. L'industrie a des formes si variées et s'exerce sur tant de matières différentes, que le cours demandé par la loi doit être restreint, pour être utile, aux principales industries du département. La visite des usines qui se trouveront à proximité de l'École, les explications que le professeur donnera sur les travaux qui s'y accomplissent, sur les transformations que la matière y subit, seront la continuation et la confirmation des leçons faites à l'École normale sur les sciences physiques et l'histoire naturelle.

L'hygiène n'est aussi qu'une application de ces mêmes sciences. Si, depuis moins d'un siècle, la moyenne de la vie s'est accrue, en France, de plus de douze années, c'est parce qu'on a mieux compris l'influence qu'exercent sur la santé de l'homme la nature et la disposition des lieux qu'il habite, les variations de température qu'il subit, les altérations de l'air qu'il respire, des eaux qu'il boit, des aliments dont il se nourrit, enfin les habitudes de propreté personnelle et domestique, l'emploi bien réglé de la vie et la tempérance en tout, même dans le travail. Il est aussi une hygiène particulière pour l'enfant et pour l'École, sur laquelle le professeur insistera particulièrement. L'instituteur à qui l'on aura présenté ces considérations dans un ensemble bien ordonné ne les oubliera plus; il se trouvera en état de donner les premiers soins pour les accidents qui se produisent fréquemment dans les Écoles, et de vulgariser parmi les populations rurales une foule de notions nécessaires pour conserver la santé, développer les forces physiques et éloigner tant de maladies qui naissent de l'imprudence ou de l'ignorance. Mais il n'oubliera pas que la meilleure hygiène est celle de l'âme. La santé du corps tient à celle de l'esprit.

La *musique* instrumentale et le *chant* touchent à cette double hygiène. Ils ajoutent à la pompe des cérémonies religieuses; mais ils habituent aussi à des mœurs plus douces. Au lieu de se chercher et de se réunir pour des plaisirs grossiers ou violents, on s'assemblera pour un plaisir délicat et relevé. La fable antique d'Orphée, calmant par les sons de sa lyre les monstres des bois, est toujours une vérité. Les Écoles normales peuvent beaucoup pour répandre le goût de la musique. Ne laissez pas, je vous prie, Monsieur le Recteur, en dehors de votre sollicitude cette partie de l'enseignement. Afin d'en assurer la bonne direction, j'ai organisé une inspection spéciale de ce service.

Le *dessin* est indispensable pour tous les ouvriers des manufactures : c'est l'écriture de l'industrie; il ne sera même pas inutile dans les Écoles rurales; car il donne de l'exactitude au coup d'œil de l'enfant, de la souplesse et de l'habileté à sa main, en même temps qu'il forme son goût et développe en lui le sentiment du beau.

Dans beaucoup de communes de la Suisse, il existe une *gymnastique* publique, qu'on voit au plus bel endroit du village. Je voudrais qu'il en fût de même en France. Tâchons au moins de mettre une gymnastique à l'École. Les enfants et les études s'en trouveront mieux; mais nous n'y réussirons qu'en commençant par l'avoir à l'École normale; car ces Écoles sont notre grand instrument de propagation pour les améliorations à introduire dans l'éducation nationale, et j'ai l'ambition, pour les maîtres qu'elles forment, de les voir devenir, chacun dans sa commune, le missionnaire de toutes les idées utiles et saines.

Après vous avoir entretenu des programmes, j'ai encore, Monsieur le Recteur, à vous parler des élèves et des maîtres.

La loi de 1833 avait fixé à dix-huit ans l'âge auquel on pouvait obtenir le brevet de capacité. Comme on était admis alors à seize ans à l'École normale, et que l'on y restait deux ans, c'était logique. Depuis la mise à exécution de la loi de 1850, on n'admet personne à l'École normale avant dix-huit ans, tout en permettant à ceux qui n'y viennent point de prendre le brevet à cet âge. Il en résulte que le jeune homme qui veut passer par l'École normale de son département, pour y prendre une instruction meilleure, en est puni, puisque, au moment où il en sort, il trouve ses émules en avance sur lui de deux ou trois années de service public, et qu'à ce titre ils ont privilège pour l'avancement.

Cette fâcheuse condition, imposée aux élèves-maîtres, a nui au bon recrutement des Écoles. On a, d'ailleurs, remarqué que les élèves plus jeunes sont, en général, meilleurs, parce que leur caractère est plus malléable. A dix-huit ans, en effet, les habitudes sont déjà prises, et certaines tendances assez développées pour que les trois années d'école ne puissent pas toujours opérer la réaction désirable. Il y a donc avantage à abaisser l'âge d'admission, et, en fait, cela arrive souvent à l'aide de dispenses. Il vaut mieux que ce soit en vertu du droit. Un décret, dont je vous envoie copie, permet d'admettre les élèves à l'École normale dans le cours de leur dix-septième année.

D'un autre côté, le décret du 24 mars 1851 et la circulaire du 31 octobre 1854 ont supprimé le concours pour l'admission des élèves et l'ont remplacé par une enquête que chaque Inspecteur primaire fait dans son arrondissement. Il en résulte des appréciations où la justice peut faire défaut. Tel candidat, placé le premier dans un arrondissement, est souvent moins avancé que tel autre placé au dernier rang dans l'arrondissement voisin : le premier est admis, quoique incapable; le second est refusé, bien que suffisamment préparé.

Aussi, frappé de cette anomalie, a-t-on, dans quelques départements, cherché à l'éviter en réunissant les aspirants pour leur faire subir un examen en commun. Nous ferons ainsi, et, tout en conservant d'une manière rigoureuse les enquêtes sur la conduite, la moralité, le caractère, l'aptitude, la vocation des candidats, nous établirons un concours dont les conditions seront déterminées d'une manière précise par un programme d'examen.

Dans l'intérêt d'un bon recrutement des professeurs des Écoles normales, il y a lieu de modifier aussi les conditions faites à ces fonctionnaires. Ils resteront soumis à l'obligation de suivre la plupart des exercices des Écoles normales; mais ils auront plus de temps, plus de liberté, pour accroître leur instruction, préparer les leçons destinées aux élèves, corriger soigneusement tous les devoirs et étudier les perfectionnements apportés dans les procédés d'enseignement.

Cette amélioration ne peut être réalisée qu'en les déchargeant d'une partie de la surveillance. Elle sera partagée entre eux et les élèves-maîtres de troisième année, qui, devant quitter bientôt l'École pour être maîtres à leur tour, se prépareront ainsi à l'usage honnête de la liberté et au sentiment d'une responsabilité sérieuse.

Les exercices de l'École annexe forment le principal moyen d'éducation pédagogique des élèves-maîtres. A ce compte, l'École annexe devrait être une École modèle, et son directeur un des instituteurs les plus distingués. Il n'en est pas toujours ainsi. Le directeur de l'École annexe n'est pas classé comme les autres maîtres adjoints; il ne jouit pas des avantages de logement, de nourriture, de blanchissage et de chauffage assurés à ses collègues. Il faut donner à ce fonctionnaire la position que, dans l'intérêt du service, il doit occuper, afin de pouvoir appeler à la tête de l'École un des meilleurs instituteurs du département.

Pour mettre toutes ces dispositions en vigueur, il y a eu nécessité de refondre le règlement général des Écoles normales. C'est l'objet du décret ci-joint, que le Conseil impérial a adopté, dans sa session de décembre 1865, et auquel Sa Majesté a bien voulu accorder sa sanction. Un arrêté relatif aux examens que doivent subir ceux qui aspirent au brevet de capacité complète cet ensemble de mesures, sur lequel j'appelle, Monsieur le Recteur, votre sollicitude la plus vigilante.

Par la réorganisation des études dans les Écoles normales, et, comme conséquence, dans les Écoles primaires, par l'immense développement des cours d'adultes, par la création de l'enseignement secondaire spécial, nous aurons répondu aux besoins du pays, qui veut plus d'instruction, parce qu'il sait que l'instruction est aujourd'hui la condition nécessaire de sa prospérité matérielle et morale.

Recevez, etc.

Signé : V. DURUY.

ÉCOLES NORMAL PRIMAIRES.

Tableau de la répartition matières d'enseignement.

(Tableau annexé à la cir du 2 juillet 1866.)

Numéros d'ordre.	MATIÈRES.	PREMIÈRE ANNÉE.	Leç. p[ar] s[emaine]	DEUXIÈME ANNÉE.	Leçons par semaine.	TROISIÈME ANNÉE.	Leçons par semaine.
1	*Instruction religieuse*	Instruction religieuse	[illegible]	Instruction religieuse	2	Instruction religieuse.	2
2	*Pédagogie*	. . . .	[illegible]	. . . .	»	Exposé des meilleurs procédés. — Éducation physique, intellectuelle et morale. — Organisation des écoles	1
3	*Écriture*	Cursive	[illegible]	Cursive. — Ronde. — Bâtarde	2	Cursive. — Ronde. — Bâtarde. — Gothique.	2
4	*Lecture*. . . . . *Récitation*	Français. — Manuscrit. — Latin. . . Textes choisis.	[illegible]	Français. — Manuscrits. — Latin . . Textes choisis.	4	Français. — Manuscrits. — Latin . . Textes choisis.	3
5	*Langue française*	Dictées. — Analyses. . . . . Exercices de style et de composition.	[illegible]	Dictées. — Analyses . . . . Exercices de style et de composition.	5	Dictées. . . . . Exercices de style et de composition. Notions historiques sur nos grands écrivains et sur leurs œuvres principales.	3
6	*Calcul; système légal des poids et mesures* . . . . *Arithmétique appliquée aux opérations pratiques*. . . . . *Tenue des livres*	Nombres entiers. — Fractions. — Système métrique	[illegible]	Revision du système métrique et des fractions . . . . Applications aux questions d'intérêt, d'escompte, d'annuité, de banque, de société de crédit, de change, etc.	4	Revision et compléments du cours d'arithmétique appliqués . . . . . . Tenue des livres	3
7	*Éléments de géométrie*. . . . . *Arpentage et Nivellement*	Géométrie plane	[illegible]	Suite et fin de la géométrie plane . . Arpentage. — Nivellement.	1	Revision et fin du cours. — Applications de la géométrie dans l'espace.	2
8	*Dessin linéaire* . . . . *Dessin d'ornement et d'imitation*. .	Dessin à main levée. — Ornement. .	[illegible]	Dessin graphique. — Étude des projections. — Dessin d'ornement et d'imitation	2	Applications diverses du dessin graphique. — Perspective. — Ombres — Lavis. — Suite du dessin d'ornement et d'imitation	2
9	*Éléments d'histoire et de géographie*.	Notions très sommaires d'histoire ancienne. — Histoire de France, jusqu'à la fin du xe siècle (avènement des Capétiens) . . . . Description générale des cinq parties du monde.	[illegible]	Histoire de France, de la fin du xe siècle à la Révolution française, 1789. . . . . Géographie particulière de l'Europe.	3	Histoire de France, depuis la Révolution française jusqu'à nos jours . . Géographie détaillée de la France et surtout du département.	3
10	*Chant et Orgue*.	. . . .	[illegible]	. . . .	3	. . . .	3
11	*Notions de physique, de chimie et d'histoire naturelle applicables aux usages de la vie*.	Zoologie (1er semestre). — Botanique (2e semestre)	[illegible]	Physique. . . . . Chimie (métalloïdes).	2 1	Physique . . . . Chimie (métaux). — Chimie organique.	1 2
12	*Agriculture et Horticulture*. . . . . *Instructions élémentaires sur l'industrie*.	Culture générale	[illegible]	Horticulture.	3	Revision des cours de première et de seconde année. . . . . Instructions élémentaires sur l'industrie	1 2
13	*Hygiène*	. . . .	[illegible]	. . . .	»	Hygiène.	1
14	*Actes de l'état civil et administration communale*	. . . .	[illegible]	. . . .	»	Actes de l'état civil et administration communale.	1
15	*Gymnastique*	. . . .	[illegible]	. . . .	»	. . . .	»
		TOTAL des leçons par semaine. .	[illegible]	. . . .	32	. . . .	32

Tous les devoirs qui exigent la remise d'une copie ou la présentation d'un cahier être considérés comme étant en même temps des exercices de calligraphie et d'orthographe.

3 juillet 1866.

Arrêté relatif à l'examen pour le brevet de capacité des instituteurs et institutrices primaires.

3 Juillet 1866[1].

Le Ministre secrétaire d'État au département de l'Instruction publique,

Vu les articles 23 et 46 de la loi du 15 mars 1850;

Vu l'article 50 du décret organique du 29 juillet 1850;

Vu l'article 9 de la loi du 21 juin 1865;

Le Conseil impérial de l'instruction publique entendu,

Arrête :

TITRE Ier.

De la Commission d'examen.

ARTICLE 1er. — Aucun examen particulier ne peut avoir lieu en dehors des deux sessions annuelles prescrites par l'article 50 du règlement d'administration publique du 29 juillet 1850.

Le Recteur peut, pour des cas graves, autoriser une troisième session.

Les sessions s'ouvrent le même jour et à la même heure dans chacun des départements composant le ressort académique. Ce jour est fixé par les Recteurs, après avis des Conseils départementaux.

ART. 2. — Dans chaque ressort académique, les sujets de compositions qui doivent être traités par les aspirants au brevet de capacité sont identiques.

Deux jours avant l'ouverture des sessions des Commissions d'examen, le Recteur envoie, sous pli fermé de trois cachets, les sujets de compositions à chaque Inspecteur départemental.

1. Consulter pour l'application du règlement les circulaires ci-après :

3 *juillet* 1866, transmissive de l'arrêté (*aux Recteurs*). (*Circ. et Instr. off.*, T. VI, page 383.)

22 *juillet* 1866, ajournant l'exécution au 1er janvier 1867 (*aux Recteurs*). (*Bulletin administratif*, 1866, T. VI, page 64.)

20 *septembre* 1866, répondant à diverses questions posées au sujet de l'application : dessin d'ornement, notes par séries, moyenne 5 (*aux Recteurs*). (*Circ. et Instr. off.*, T. VI, page 407.)

6 *mai* 1867, relative au droit des candidats de choisir une ou plusieurs matières dans une série de l'examen (*aux Recteurs*). (*Ibid.*, T. VI, page 456.)

19 *juin* 1867, relative à la fixation de la date des sessions (*aux Recteurs*). (*Ibid.*, T. VI, page 500.)

8 *avril* 1868, relative au complément des anciens brevets par l'histoire et la géographie (*aux Recteurs*). (*Ibid.*, T. VI, page 594.)

Chaque sujet de composition est renfermé sous un pli spécial, portant en suscription la nature de la composition, savoir :

1° Pour les aspirants qui se bornent à l'enseignement obligatoire : une dictée d'orthographe, un sujet de rédaction, une question d'arithmétique ;

2° Pour les aspirants qui désirent faire preuve de connaissances plus étendues : une question d'arithmétique et une question de géométrie, appliquées aux opérations pratiques, un sujet de dessin linéaire et d'ornement ; un récit exposant un des faits principaux de l'histoire, un sujet de dessin d'imitation ; et, pour les candidats qui auront demandé à être interrogés sur les langues vivantes, un thème et une version.

ART. 3. — Chaque sujet de composition est retiré du pli cacheté, séance tenante, en présence des candidats, par le président de la Commission, au commencement de chaque épreuve.

ART. 4. — Les épreuves écrites sont examinées et jugées par la Commission réunie, qui prononce l'admission aux épreuves orales et dresse la liste, par ordre de mérite, des candidats admis à ces épreuves.

ART. 5. — Les aspirants admis aux épreuves orales sont appelés, selon l'ordre de la liste de mérite, séparément ou par séries, devant le jury entier, pour être interrogés.

Le bureau ne peut, dans aucun cas, se subdiviser en Sous-Commissions pour procéder à l'examen dans des locaux séparés ou sur divers points d'une même salle.

Les candidats ne sont examinés sur les matières religieuses que par un ministre de leur culte.

ART. 6. — A la fin de la session, le procès-verbal des opérations de la Commission, signé par le président et le secrétaire, est envoyé au Recteur de l'Académie, accompagné : 1° des compositions écrites faites par les candidats jugés dignes du brevet de capacité ; 2° de l'indication des questions posées aux mêmes candidats pour les épreuves orales.

TITRE II.

Des aspirants au brevet de capacité.

ART. 7. — Tout aspirant au brevet de capacité est tenu de se faire inscrire au bureau de l'Inspecteur d'Académie un mois avant l'ouverture de la session, et de déposer à l'appui de sa demande d'inscription :

1° Un extrait de son acte de naissance ;

2° La déclaration que l'aspirant ne s'est présenté devant aucune Commission d'examen dans l'intervalle des quatre mois qui précèdent la session, et qu'il ne s'est fait inscrire pour cette session dans aucun autre département;

3° La déclaration, si le candidat veut faire constater son aptitude à l'enseignement primaire facultatif, des matières sur lesquelles il demande à être interrogé, matières qui sont réparties en quatre séries par les articles 16 et 17 du présent arrêté et comprises dans la deuxième partie de l'article 23 de la loi du 15 mars 1850 et dans l'article 9 de la loi du 21 juin 1865.

ART. 8. — La signature de l'aspirant doit être légalisée par le maire de la commune où il réside.

ART. 9. — Ne sont pas admis à l'examen, et, dans tous les cas, n'ont pas droit à la délivrance du brevet de capacité, les candidats qui se trouvent dans les cas d'incapacité prévus par l'article 26 de la loi du 15 mars 1850, et ceux qui auraient fait, pour se conformer à l'article 7 du présent arrêté, de fausses déclarations.

ART. 10. — A l'ouverture de la session, le président de la Commission fait l'appel des candidats inscrits. Chaque aspirant, à l'appel de son nom, vient apposer sa signature sur le registre, afin de constater son identité.

ART. 11. — Toute communication entre les aspirants pendant les épreuves est interdite sous peine d'exclusion.

ART. 12. — Les aspirants au brevet comprenant l'enseignement facultatif sont interrogés, à leur choix, sur les matières comprises dans les quatre séries déterminées aux articles 16 et 17 du présent arrêté. Ils peuvent, en conséquence, subir quatre examens successifs devant la même Commission ou devant des Commissions différentes.

TITRE III.

De l'examen.

ART. 13. — L'examen se divise en épreuves écrites et en épreuves orales; il ne peut porter que sur les matières qui sont l'objet de l'enseignement dans les écoles normales primaires.

Pour les épreuves écrites, les aspirants sont réunis, soit ensemble, soit par séries, sous la surveillance d'un ou de plusieurs membres de la Commission désignés par le président.

ART. 14. — Les épreuves écrites pour l'examen des aspirants au brevet simple sont au nombre de quatre, savoir :

1° Une page d'écriture à main posée, en gros, en moyen et en fin, dans les trois principaux genres, savoir : la cursive, la bâtarde et la ronde. Les aspirants font une ligne au moins de chaque espèce d'écriture;

2° Une dictée d'orthographe d'une page environ, dont le texte est pris dans un livre classique. Ce texte, lu d'abord à haute voix, est ensuite dicté posément, puis relu. Dix minutes sont accordées aux aspirants pour relire et corriger leur travail;

3° Un exercice de style;

4° La solution raisonnée d'un ou de plusieurs problèmes d'arithmétique comprenant l'application des nombres entiers et l'usage des fractions.

Il est accordé une heure pour la composition d'histoire, une heure pour l'écriture et une heure pour l'arithmétique.

ART. 15. — Les épreuves orales pour le brevet simple ont lieu dans l'ordre suivant :

1° Lecture du français dans un recueil de morceaux choisis en prose et en vers : chaque aspirant lira un passage de prose et un passage de poésie; lecture dans un manuscrit; lecture du latin dans le psautier ou dans le livre d'office. — Des questions sont adressées aux candidats sur le sens des mots et la liaison des idées dans les morceaux français qu'ils ont lus;

2° Questions sur le catéchisme et l'histoire sainte;

3° Analyse d'une phrase au tableau noir;

4° Questions d'arithmétique et de système métrique.

Des questions sur les procédés d'enseignement des diverses matières comprises dans le programme obligatoire seront, en outre, adressées aux candidats.

Vingt minutes au plus sont consacrées à chacune de ces épreuves, qui sont communes à tous les aspirants au brevet de capacité.

ART. 16. — Les candidats déjà pourvus d'un brevet simple, et qui ont fait la déclaration prescrite par le paragraphe 4 de l'article 7 du présent arrêté, sont admis de droit et sans retour sur les examens précédents aux épreuves concernant l'enseignement facultatif.

Les épreuves écrites sont, dans ce cas, divisées en quatre séries, savoir :

1° L'arithmétique et la géométrie appliquées aux opérations pratiques, le dessin linéaire et d'ornement;

2° L'histoire et la géographie;

3° Le dessin d'imitation;

4° Les langues vivantes (thème et version).

Trois heures sont accordées pour la première épreuve, une pour la seconde, une pour la troisième, une pour la quatrième.

ART. 17. — Les épreuves orales ont lieu dans l'ordre suivant :

1re *Série.* — Arithmétique appliquée aux opérations pratiques, tenue des livres, éléments de géométrie, arpentage, nivellement, dessin linéaire et d'ornement, chant.

2e *Série.* — Éléments d'histoire et de géographie; notions de sciences physiques et d'histoire naturelle applicables aux usages de la vie; instructions élémentaires sur l'agriculture, l'industrie, l'hygiène et la gymnastique.

3e *Série.* — Dessin d'imitation.

4e *Série.* — Langues vivantes.

Les deux premières épreuves durent chacune une heure, la troisième une demi-heure, la quatrième une demi-heure.

TITRE IV.

Du jugement des épreuves.

ART. 18. — Le jury exprime la valeur de chacune des épreuves écrites ou orales à l'aide des signes qui suivent :

10, 9	équivalent à *très bien.*	4, 3	équivalent à *médiocre.*
8, 7	— *bien.*	2, 1	— *mal.*
6, 5	— *passable.*	0	— *nul.*

Pour l'épreuve d'orthographe, toute copie qui présente plus de trois fautes est rejetée.

Les notes données par la Commission sont le résultat de l'appréciation faite en commun de chaque épreuve.

ART. 19. — Tout candidat au brevet simple qui n'obtient pas une moyenne de vingt points pour les épreuves écrites, n'est pas admis aux épreuves orales.

La nullité d'une épreuve est un cas absolu d'exclusion.

ART. 20. — Le brevet simple est accordé aux candidats qui, pour l'ensemble des épreuves orales, ont obtenu un minimum de vingt points.

ART. 21. — Pour que mention soit faite, sur son brevet, des matières nouvelles sur lesquelles il aura subi les épreuves prescrites par les articles 16 et 17 du présent arrêté, le candidat doit obtenir un minimum de cinq points pour chacune de ces épreuves, écrites ou orales.

TITRE V.

Des aspirantes au brevet de capacité.

ART. 22. — Les aspirantes au brevet de capacité de deuxième ordre subissent les épreuves déterminées aux articles 14 et 15 du présent arrêté.

Entre les épreuves écrites et les épreuves orales, elles exécutent, sous la surveillance d'une ou de plusieurs dames désignées à cet effet par le Préfet, les travaux à l'aiguille prescrits par l'article 48 de la loi du 15 mars 1850.

Parmi ces travaux et au premier rang sont les ouvrages de couture usuelle.

Les aspirantes qui n'obtiennent pas pour les épreuves écrites vingt points, et pour la couture cinq points, ne sont pas admises aux épreuves orales.

ART. 23. — Les aspirantes au brevet de premier ordre doivent, pour les épreuves écrites, traiter une question d'arithmétique appliquée, ainsi qu'une question élémentaire d'histoire et de géographie, faire un dessin linéaire et d'ornement, et, si elles en ont fait la demande, un thème et une version dans une langue vivante.

Les épreuves orales comprennent l'arithmétique appliquée aux opérations pratiques, la tenue des livres, les éléments d'histoire et de géographie, les notions de sciences physiques et d'histoire naturelle applicables aux usages de la vie, le dessin, le chant, l'hygiène, et, si les aspirantes en ont fait la demande, une langue vivante.

ART. 24. — Toutes les dispositions contraires au présent arrêté sont et demeurent abrogées.

Circulaire du Ministre de l'Instruction publique, relative aux examens pour le brevet de capacité de l'enseignement primaire. 3 juillet 1866.

3 Juillet 1866.

Monsieur le Recteur, depuis la mise en vigueur de l'arrêté du 15 février 1853, relatif aux examens des aspirants et des aspirantes au brevet de capacité, un grand nombre de dispositions particulières ont dû être prises pour l'application de cet arrêté. D'un autre côté, la loi du 21 juin 1865 sur l'enseignement secondaire spécial a modifié le programme de l'enseignement primaire, en y ajoutant la géométrie, la tenue des livres, le dessin d'ornement et d'imitation et les langues vivantes étrangères.

Il m'a paru nécessaire de réunir et de coordonner les prescriptions éparses de la réglementation usuelle et de statuer sur les matières complémentaires de l'examen, ainsi que sur quelques mesures nouvelles dont l'expérience a révélé le besoin.

Vous trouverez ci-inclus, Monsieur le Recteur, plusieurs exemplaires de l'arrêté réglementaire que j'ai adopté, à cet effet, le 3 juillet courant, après avis du Conseil impérial de l'instruction publique.

Aux termes de cet arrêté, les examens doivent avoir lieu le même jour et à la même heure dans les départements d'un même ressort académique (art. 1er). Cette disposition est destinée à assurer la sincérité des épreuves.

Les épreuves sur les matières de l'enseignement facultatif sont divisées en quatre séries; chacune de ces séries comprend un certain nombre de matières. Les candidats peuvent subir autant d'examens successifs qu'il y a de séries (art. 16 et 17). Cette division est commandée par la difficulté où se trouvent actuellement les aspirants, par suite de l'extension des programmes, de pouvoir répondre dans un seul examen sur l'ensemble de toutes les matières facultatives.

Une semblable difficulté n'existe pas pour les aspirantes. Elles doivent continuer de subir l'examen sur l'ensemble des matières déterminées par l'article 23.

Les Commissions sont tenues d'examiner les candidats qui en font la demande, sur la série entière de matières facultatives désignée par eux, pourvu qu'ils aient déjà obtenu un brevet. Elles ne peuvent, en aucun cas, revenir sur les examens précédents, lorsque les candidats les ont subis avec succès (art. 16).

Le programme des examens comprend les matières qui sont l'objet de l'enseignement dans les Écoles normales primaires (art. 13).

Je crois devoir ajouter à ces développements quelques recommandations de détails.

Ainsi que le rappelait la circulaire du 8 mai 1855, la même sévérité doit présider à l'appréciation des épreuves dans l'une et l'autre session.

Les prescriptions que contenait cette circulaire, en ce qui concerne l'appréciation des diverses épreuves écrites ou orales, ne sont, d'ailleurs, point abrogées. Je vous prie de veiller à leur exécution.

L'épreuve d'orthographe sera appréciée comme il suit :

Pour une dictée qui sera faite sans faute, on donnera. .	10	points.
Pour une faute	7	—
Pour deux fautes.	4	—
Pour trois fautes.	1	—
Et au-dessus de trois fautes.	0	—

Aussitôt que, en conformité des dispositions de l'article 1er, vous aurez fixé le jour d'ouverture des examens dans votre ressort, vous voudrez bien me donner avis de cette fixation.

Lorsque vous me transmettrez le résumé des opérations des Commissions d'examen, vous y joindrez les listes nominatives des candidats (hommes ou femmes) qui ont été jugés dignes d'un brevet, et la liste des personnes qui, s'étant fait inscrire pour subir l'examen, n'ont pas obtenu le titre qu'elles sollicitaient. Il sera essentiel que ces listes contiennent les noms, prénoms, date et lieu de naissance, et indication de domicile de tous les candidats.

Je vous adresse les modèles des nouvelles formules que vous devrez employer à l'avenir pour la délivrance des brevets de capacité[1].

1. Voir ces modèles aux *Documents annexes*.

Je vous prie de m'accuser réception de la présente circulaire.

Recevez, etc.

Signé : V. Duruy.

Circulaire du Ministre de l'Instruction publique, recommandant la délivrance de certificats d'études primaires[1]. 20 août 1866.

20 Août 1866.

Monsieur le Recteur, le nombre des personnes illettrées qui ont suivi cette année les cours d'adultes atteste l'insuffisance de l'enseignement dans une grande partie des Écoles primaires. Entre autres causes de cette insuffisance, il faut compter en première ligne l'insouciance des familles et le défaut d'émulation des élèves. Il importe donc, tout en stimulant ceux-ci, de vaincre l'indifférence des parents et de les amener à donner aux progrès des études primaires de leurs enfants l'attention qu'ils méritent.

Dans quelques communes, on a eu la bonne pensée de délivrer aux enfants qui quittent pour toujours les bancs de l'École des certificats d'études primaires, et ces certificats ont produit de bons effets; les élèves comme les familles les ont recherchés.

Afin de généraliser cette mesure, j'ai fait préparer le modèle d'un certificat qui pourrait être proposé aux instituteurs et délivré aux élèves quittant l'École pour n'y plus rentrer.

Mais, pour que ce certificat ait une valeur réelle, il conviendrait de ne le remettre qu'aux élèves qui auraient subi avec succès un examen portant au moins sur l'enseignement obligatoire.

Cet examen serait fait par l'instituteur, en présence et avec le concours du maire et du curé, lesquels, en cas d'empêchement, pourraient déléguer pour les suppléer, soit un membre du Conseil municipal, soit un habitant notable de la commune.

Les résultats seraient indiqués par les notes *bien* ou *assez bien* en regard de la matière sur laquelle l'examen aurait porté; mais tout élève qui n'aurait pas obtenu l'une de ces deux notes pour la lecture, l'écriture, l'orthographe, le calcul et le système métrique, n'aurait pas droit au certificat.

L'examen, au surplus, ne serait pas obligatoire; l'instituteur n'appellerait à y prendre part que les élèves qui en manifesteraient le désir.

Vous trouverez ci-joint, Monsieur le Recteur, un modèle de certificat d'études primaires[2] et un certain nombre d'exemplaires dudit certificat, qui seront distribués entre les Inspecteurs primaires de votre ressort. Veuillez inviter MM. les Inspecteurs d'Académie, chargés du service de l'instruction primaire, à en signaler l'utilité aux instituteurs publics et à les encourager à en introduire l'usage dans leurs Écoles.

On recherchera avec empressement, selon toute probabilité, une sorte de diplôme qui, attestant les connaissances acquises des jeunes gens, leur rendrait

1. Consulter la circulaire du 22 *décembre* 1866, qui annonce l'extension de la mesure par le Ministre de la Guerre aux soldats de l'armée qui suivent les écoles régimentaires. (*Circ. et Instr. off.*, T. VI, page 427.)

2. Voir ce modèle aux *Documents annexes*.

plus facile l'accès de diverses professions et deviendrait même, pour des emplois salariés dans l'agriculture, l'industrie ou le commerce, un titre de préférence. Lorsque les familles s'apercevront de cette préférence, lorsqu'elles verront qu'à défaut de ce diplôme leurs enfants trouvent moins facilement à s'employer selon leurs désirs, elles comprendront mieux le prix de l'instruction, et, par conséquent, la nécessité d'envoyer leurs enfants aux Écoles, de les y rendre plus assidus et de s'assurer des progrès qu'ils y font.

Il s'agit, comme vous le voyez, Monsieur le Recteur, d'exercer indirectement sur les familles une influence morale qui profite à l'amélioration de l'enseignement primaire.

Veuillez donner tous vos soins au succès d'une mesure dont je serais heureux de voir proclamer l'utilité par l'expérience.

Recevez, etc.

Signé : V. DURUY.

---

11 sept. 1866. **Circulaire du Ministre de l'Instruction publique, relative aux précautions hygiéniques à prendre dans les établissements scolaires.**

11 Septembre 1866.

Monsieur le Recteur, nous traversons un été pluvieux, qui exige des précautions hygiéniques, et, sur quelques points du territoire, la santé publique a été affectée par un retour partiel de l'épidémie cholérique. Il importe donc de profiter des vacances pour faire exécuter dans nos établissements scolaires tous les travaux d'assainissement qui seraient nécessaires :

Niveler les cours, afin de ménager le prompt écoulement des eaux;

Laver à grande eau le pavé et les murs des réfectoires, cuisines, couloirs, etc.;

Blanchir les murs à la chaux partout où les élèves séjournent, et où le lavage n'a pu être opéré sur des surfaces protégées par une peinture à l'huile;

Opérer la vidange des fosses d'aisances et le curage des puisards; là où l'on ne pourra établir un système de fermeture mobile, ce qui serait excellent, s'approvisionner de désinfectants, dont on fera grand usage pour détruire les miasmes;

Revêtir le sol des cabinets, ainsi que les parois inférieures, de dalles parfaitement jointes, ou d'une couche imperméable qu'on puisse laver deux fois par jour;

Faire disparaître les débris ou objets hors d'usage dont on encombre souvent une cour, un grenier, divers locaux, et que l'on garde inutilement;

Faire entrer partout l'air et la lumière : il suffit parfois pour cela de jeter bas une cloison maladroitement établie, ou de la remplacer par un vitrage avec vasistas ou fenêtre;

Ventiler les salles d'étude et de classe, les vestiaires, où les vêtements devraient toujours être suspendus dans des appareils à claire-voie, et les dortoirs, où quelques ouvertures faites au plafond, et communiquant par un tuyau ou une colonnette creuse avec l'air extérieur, produiront l'effet de cheminées d'appel, qui enlèveront l'air vicié par la respiration nocturne;

Apporter le plus grand soin à tout ce qui est relatif au coucher des élèves, au renouvellement quotidien de l'eau des lavabos, à la propreté des vases et des tables de nuit;

Éviter que les élèves mettent ou gardent des chaussures ou des vêtements humides.

En un mot, veuillez, Monsieur le Recteur, de concert avec le Conseil d'hygiène de votre Académie, porter toute votre attention sur les précautions à prendre pour mettre nos Lycées, Collèges et Écoles dans le meilleur état possible de salubrité.

Je joins à cette lettre une copie du rapport qui vient d'être adressé par le Comité consultatif d'hygiène à M. le Ministre de l'Intérieur au sujet du choléra de 1865. La haute compétence du Comité et l'autorité du rapporteur donnent à ce document une importance qui nous oblige d'en connaître toutes les prescriptions.

L'expérience montre que les épidémies cholériques ne se continuent pas trois années de suite. Il est donc probable que nous n'avons rien à craindre pour 1867. Cependant il faut être prêt à parer au mal dans le cas où il éclaterait sur quelque point. C'est dans cette vue que je vous transmets le savant rapport de M. Dumas, qu'il vous sera, d'ailleurs, utile de consulter, même en temps ordinaire.

Recevez, etc.

Signé : V. DURUY.

ANNEXE A LA CIRCULAIRE DU 11 SEPTEMBRE 1866.

Rapport adressé au Ministre de l'Intérieur par le Comité consultatif d'hygiène et du service médical des hôpitaux.

Précautions hygiéniques à prendre dans les hôpitaux et les hospices pendant les épidémies, et en particulier pendant les épidémies cholériques.

Les épidémies cholériques qui ont sévi et qui sévissent encore dans quelques-unes des villes de l'Europe ou de la France ont fourni l'occasion d'étudier divers procédés de purification applicables à l'air des habitations, à l'eau des boissons, aux chambres ou salles occupées par les malades, aux provenances de toute espèce enfin, qui dérivent des personnes atteintes du choléra asiatique.

L'Administration de la ville de Paris, après un examen sérieux de la question, a pris à ce sujet, pendant l'épidémie de 1865, et observe toujours certaines mesures, qu'il a paru opportun au Comité de porter à la connaissance des institutions hospitalières et des établissements où sont réunis, sous un régime hygiénique commun, des habitants nombreux, malades ou bien portants.

Le Comité n'a point à résoudre les questions controversées qui agitent le monde médical au sujet du mode de transport et de propagation du choléra.

Il constate seulement que, d'un côté, après une étude attentive, certaines précautions ont été prises à Paris par l'Administration municipale ou l'Assistance publique, et qu'elles ont été poursuivies avec régularité, ensemble et persévérance; que, d'un autre côté, les chiffres de la mortalité générale sont demeurés dans cette ville, en 1865, bien au-dessous de ceux qu'on avait signalés dans les trois épidémies de 1832, 1849 et 1854; en outre, que parmi les 300 femmes environ qui ont été employées par l'Assistance publique, en 1865, au lessivage et au blanchissage des linges provenant du service des cholériques, il ne s'est pas manifesté de décès dû au choléra; qu'il en a été de même en quelque sorte pour les 911 employés ou porteurs du service des Pompes funèbres, parmi lesquels on n'a constaté que deux cas de choléra.

Le caractère propre de la maladie en 1865, les améliorations générales dont la voirie et l'hygiène publique de Paris ont été l'objet, ont eu, sans doute, la plus grande part dans le premier de ces résultats. Pour les deux autres, il est permis d'en attribuer le mérite, dans une certaine proportion, aux mesures hygiéniques adoptées par l'Administration.

Alors même que la nécessité de ces précautions serait contestée par certaines théories concernant la nature et l'origine du choléra épidémique, les chefs de service, les autorités municipales ou hospitalières sont sûrs, du moins, en les prescrivant ou en les pratiquant, de ne nuire à aucun de leurs administrés. Ils peuvent compter même, d'après l'expérience de la ville de Paris, qu'elles seront utiles à beaucoup d'entre eux, soit par une action bienfaisante directe, soit en raffermissant leur moral ébranlé.

Les agents de purification qui ont été essayés à Paris sont variés et nombreux. En voici la liste :

Chlore, eau de Javel, chlorure de chaux, acide nitrique en vapeur, vapeur nitreuse, permanganate de potasse, braise de boulanger, sulfate de fer, acide phénique, ammoniaque, acide sulfureux.

Cette instruction n'a point pour objet de rappeler les propriétés chimiques de ces diverses substances, ni d'en retracer l'histoire au point de vue de leurs applications hygiéniques. Le Comité se borne à faire connaître aux administrateurs, aux médecins et aux pharmaciens des établissements placés sous la surveillance du Ministère de l'Intérieur, les formules qui ont été définitivement adoptées à Paris, et à indiquer les motifs en raison desquels celles qui n'ont pas été maintenues ont été écartées.

Le chlore gazeux a été réservé pour les localités inhabitées; partout ailleurs on a préféré l'eau de Javel et le chlorure de chaux. Ces deux composés dégagent le chlore peu à peu, sans excès nuisible pour les personnes, et cependant en quantités spontanément proportionnelles, pour ainsi dire, aux miasmes qu'il s'agit de détruire.

L'acide nitrique en vapeur, obtenu en versant à froid sur du nitre en poudre de l'acide sulfurique concentré, peut remplacer le chlore et les chlorures; cependant on s'en est rarement servi.

Les vapeurs nitreuses, obtenues en versant de l'acide nitrique sur du cuivre, ont fourni un moyen de purification très efficace pour les salles qui avaient contenu des cholériques et qu'on avait évacuées, soit momentanément, soit pour en changer la destination.

Par suite de réactions, qu'il serait inutile de détailler ici, les vapeurs nitreuses se régénèrent quand leurs dérivés détruisent les matières organiques. Leur effet peut donc se reproduire dans certaines conditions, tandis que le chlore n'agit qu'une fois. Mais les vapeurs nitreuses, par leur action corrosive, exigent que l'application en soit confiée à des mains expérimentées. Quand on voudra s'en servir dans les lieux habités, il faudra toujours employer un procédé ou un appareil propre à en régler la production d'une manière extrêmement prudente.

Le permanganate de potasse constitue un agent dont la chirurgie a tiré parti et qui a été recommandé pour la purification des eaux potables. L'oxygène qu'il abandonne au contact des matières organiques, et qui les brûle, le rend capable de détruire rapidement les matières organiques contenues dans les eaux destinées à servir de boisson. En toute autre occasion, cet agent est remplacé avantageusement par les chlorures désinfectants et les vapeurs nitreuses, qui agissent comme lui au contact, et qui, de plus, vont chercher les miasmes dans l'air, ce que le permanganate ne fait pas[1].

On n'a point adopté le permanganate de potasse à Paris pour la purification des eaux. L'usage en serait difficile, même entre les mains d'un chimiste de profession, tandis que la braise de boulanger, à laquelle on a donné la préférence, produit de bons effets et ne donne lieu à aucune difficulté dans l'application. Il suffit de placer dans les fontaines qui contiennent les eaux destinées aux boissons, par hectolitre, deux kilogrammes de braise de boulanger, qu'on renouvelle chaque semaine. Les matières organiques dissoutes et les gaz sont presque toujours condensés et fixés par le charbon, à mesure que l'eau passe à travers le lit filtrant formé par cette substance.

On trouve dans l'emploi de la chaleur des garanties encore plus efficaces. Il suffit, en effet, de faire bouillir l'eau destinée aux boissons pour la débarrasser de toute substance présumée nuisible. Quand on fait usage de café léger, de thé ou d'infusions toniques quelconques, obtenues au moyen de l'eau bouillante, on prévient avec certitude tous les inconvénients que l'eau pourrait avoir par suite de la présence des matières organiques, sans recourir à l'emploi compliqué et moins sûr du permanganate de potasse.

Le sulfate de fer commun, celui qu'on désigne ordinairement sous le nom de vitriol vert, a été spécialement affecté à la désinfection des fosses d'aisances. Par son acide, il en fixe l'ammoniaque; par sa base, il en détruit l'hydrogène sulfuré. Il supprime ainsi ou prévient toutes les émanations gazeuses des fosses, et s'oppose, en conséquence, au transport des matières miasmatiques auxquelles les gaz servent de véhicule.

Le sulfate de fer est remplacé avec avantage, sinon pour la désinfection, du moins à d'autres égards, par le sulfate de manganèse, par le sulfate ou le chlorure de zinc; mais on se procure plus difficilement ces sels. Lorsque l'industrie locale les fournit, on peut les utiliser à la place du sulfate de fer.

Quel que soit l'état de la fosse, ces trois sels, qui sont neutres, peuvent être employés; il n'en est pas de même du phosphate acide de magnésie et de fer, qui n'est pas d'un emploi aussi commode, si la fosse ne vient pas d'être évacuée. Le perchlorure de fer neutre, qui serait le meilleur des désinfectants, ne se trouve pas dans le commerce des produits chimiques à bas prix.

L'acide phénique s'oppose à la fermentation putride et à d'autres fermentations. Il peut agir sur les miasmes cholériques, soit pour en arrêter l'action, s'ils participent de la nature des ferments, soit pour en prévenir la formation, s'ils sont le produit d'une altération spontanée des matières organiques. L'usage de ce puissant antiseptique a donc été sérieusement essayé, et mérite d'être recommandé et d'être mis à profit, jusqu'à ce que l'expérience l'ait jugé d'une manière définitive. C'est celui qui se prêterait le mieux à la préservation des personnes et des choses à leur usage.

L'ammoniaque, sous forme de carbonate solide en fragments ou d'ammoniaque liquide en dissolution, étant placée dans une soucoupe et exposée à l'air, abandonne des émanations ammoniacales gazeuses, qui se disséminent dans la salle et qui restent inaperçues. Cependant ce gaz prévient la formation des moisissures microscopiques partout où il pénètre, et peut s'opposer ainsi au développement des miasmes de nature végétale.

1. Le permanganate de soude, qui est moins cher que le permanganate de potasse, pourra, quand il sera régulièrement livré au commerce, fournir un liquide très propre à la désinfection des linges.

Relativement à la maladie qui nous occupe, l'air chargé d'ammoniaque, respiré à l'habitude, peut exercer, d'ailleurs, une action physiologique favorable. En outre, en attendant que la statistique ait positivement éclairé le sujet, on doit tenir compte de l'opinion populaire, qui considère les ouvriers que leur profession oblige à vivre dans une atmosphère ammoniacale comme moins exposés que les autres en temps d'épidémie cholérique.

Il convient donc d'essayer l'ammoniaque comme agent spécial d'épuration de l'air pour les salles de malades cholériques, comparativement au chlorure de chaux et à l'acide phénique[1].

Mais ces moyens se rattachent au traitement des malades, et demeurent toujours soumis à la prescription directe du médecin ; ils ne peuvent être employés que d'après ses ordres.

Pour les salles de malades cholériques non ventilées, il n'y a pas d'autres précautions à prescrire qu'une désinfection générale. Mais, lorsqu'elles sont pourvues d'appareils ventilateurs, il y a lieu de prévenir la dispersion des miasmes, qui, aspirés par les bouches de la ventilation, en suivent les canaux, arrivent dans la cheminée générale et vont retomber ensuite et se répandre dans l'air. Il est indispensable et facile de les détruire, en disposant des vases contenant du chlorure de chaux et dégageant du chlore : 1° sur le sol de la salle, près des bouches d'aspiration ; 2° dans la conduite même, si elle présente des parties horizontales où la vitesse de l'air se ralentit ; 3° enfin, dans l'intérieur et à la base de la cheminée générale où se réunissent les divers canaux de la ventilation.

Lorsque le décès d'un malade cholérique est constaté, on opère une aspersion phénique autour du lit.

Dans la bière, on met au-dessous et des deux côtés du corps du chlorure de chaux en poudre, et sur le corps lui-même de la sciure de bois imprégnée d'acide phénique.

Enfin, après la mise en terre, lorsque la fosse est presque comblée, on en recouvre la surface bien égalisée d'une couche de chlorure de chaux, qu'on délaye à l'aide d'un arrosoir d'eau versé sur le sol. On achève de remplir la fosse, et lorsque l'opération est terminée, on sème une nouvelle dose de chlorure de chaux sur la dernière couche de terre, mais sans arroser celle-ci.

Si, au bout de quelques jours, il se manifeste des émanations, on renouvelle l'application du chlorure de chaux.

Dans la combinaison de ces prescriptions, on a admis que les miasmes cholériques ont une existence matérielle ; qu'ils consistent en gaz ou en vapeurs, ou même en poussières solides, d'une excessive ténuité, assimilables à des gaz sous le rapport de leur diffusion. Ce point de vue, dans l'état d'ignorance où nous sommes sur la cause qui produit le choléra, est, en effet, le seul qui puisse utilement diriger les savants dans les études qu'ils poursuivent pour la mettre en évidence, et les administrateurs dans leurs efforts pour en borner les effets et en circonscrire l'action.

FORMULES.

1° Assainissement du linge provenant du lit des malades, des toiles à matelas, du linge de corps des cholériques, etc.

1. L'acide sulfureux n'a pas été essayé dans les diverses épidémies qui ont affecté la ville de Paris depuis 1854.

Tremper pendant une heure environ les objets à désinfecter dans une solution formée de :

Chlorure de soude.	1 litre.
Eau (environ)	9 litres.

2° Désinfection des bassins et des urinaux.

Vider les bassins et les urinaux, puis les tremper immédiatement dans un baquet ou grand seau renfermant un mélange composé de :

Chlorure de chaux sec	500 grammes.
Eau (environ)	9 litres.

Délayer le sel avec soin et agiter le dépôt au moment de l'immersion. Les vases doivent être passés dans un seau d'eau ordinaire, puis essuyés avant d'être remis en service.

A la fin de la journée, verser le contenu du récipient dans le vidoir ou dans le tuyau de chute des lieux, et renouveler la solution.

3° Désinfection des fosses d'aisances, des cabinets et des urinoirs.

Là où il existe des lieux d'aisances perfectionnés, il suffira de laver le vidoir et les urinoirs avec le mélange de chlorure de chaux indiqué ci-après :

Matin et soir, jeter dans l'orifice du tuyau de chute des lieux d'aisances ordinaires un seau (environ 10 litres) de la solution suivante :

Sulfate de fer	500 grammes.
Eau.	10 litres.
Acide phénique à 1/100e.	100 grammes.

Le lavage des surfaces se fera avec le mélange déjà indiqué :

Chlorure de chaux sec	500 grammes.
Eau.	9 litres.

4° Désinfection de l'amphithéâtre d'autopsie et de la salle des morts, de la salle de dépôt du linge sale, des conduites d'extraction de l'air des salles de cholériques (là où il y a un système de ventilation), des trémies pour le linge sale, dans les hôpitaux qui en sont pourvus.

Mélanger dans un vase en grès :

1 litre d'acide pyroligneux avec 4 litres d'eau.

Durant la journée, y ajouter, par parties, 250 grammes de chlorure de chaux sec. On obtiendra ainsi un dégagement abondant et permanent de chlore.

5° Assainissement des salles de cholériques :

Placer dans ces salles de nombreuses assiettes avec chlorure de chaux sec, légèrement humecté d'eau.

On peut encore opérer des fumigations d'acide phénique avec le mélange suivant :

Eau.	10 litres.
Alcool	1 litre.
Acide phénique	50 grammes.

Ce liquide sera distribué dans des terrines placées dans les salles à raison de cinq terrines de 2 litres par salle de 30 à 40 malades, soit une terrine pour 6 à 8 lits.

On ne devra employer l'un ou l'autre de ces deux modes d'assainissement des salles de cholériques que de concert avec le chef du service médical.

Les directeurs des hôpitaux et des hospices s'entendront avec les pharmaciens des établissements pour l'exécution de ces diverses prescriptions.

6° Au moment de fermer la bière, on répand 2 kilogrammes de chlorure de chaux solide au-dessous et sur les côtés du corps.

On jette sur le corps un litre de sciure de bois imprégnée de 10 grammes d'acide phénique.

7° Pour chaque fosse, on emploie, suivant l'âge des décédés, de 2 à 6 kilogrammes de chlorure de chaux, divisés en deux fractions, ainsi qu'il est énoncé plus haut.

Le présent rapport a été lu au Comité et adopté en séance, le 28 juillet 1866.

Le Sénateur, Vice-Président,
Signé : DUMAS.

---

25 sept. 1866.

Circulaire du Ministre de l'Instruction publique sur la durée des classes dans les Écoles primaires communales.

25 Septembre 1866.

Monsieur le Recteur, aux termes du règlement des Écoles primaires communales, les classes durent au moins trois heures le matin et trois heures le soir, et rien n'indique que ces longues séances doivent être coupées par un repos. L'immobilité de corps et la fatigue d'esprit, imposées ainsi pendant trois heures consécutives à des enfants de sept à treize ans, soulèvent des plaintes légitimes. Les vœux de l'opinion publique ont été devancés à cet égard pour les jeunes gens de treize à dix-huit ans qui reçoivent l'enseignement secondaire spécial, puisque les nouveaux programmes d'études pour cet enseignement prescrivent qu'après deux heures de travail il doit y avoir un repos de dix minutes ou d'un quart d'heure employé à des exercices gymnastiques, sans préjudice des récréations plus longues qui suivent les repas. Dans quelques Écoles primaires, malgré le silence du règlement, l'usage s'est aussi introduit d'interrompre par une récréation ces longues classes du matin et du soir.

Un repos de dix minutes ou d'un quart d'heure est indispensable aux enfants, pour qui le mouvement est une nécessité, et dont il n'est pas possible, malgré la diversité des exercices scolaires, de maintenir l'attention éveillée durant trois heures.

Je désire, Monsieur le Recteur, que l'usage introduit à titre d'exception devienne désormais la règle. Vous voudrez bien adresser à MM. les Inspecteurs de votre ressort académique des instructions précises à ce sujet.

Je vous prie de m'accuser réception de la présente circulaire et d'en assurer l'exécution.

Recevez, etc.

Signé : V. DURUY.

Projet de loi sur l'enseignement primaire[1], présenté au Corps législatif, par M. Chauchard, député, au nom de la Commission[2]. Septemb. 1866.

Septembre 1866.

ARTICLE 1er (art. 10 du projet). — Toute commune de 500 habitants et au-dessus est tenue d'avoir au moins une École publique de filles, si elle n'en est pas dispensée par le Conseil départemental, en vertu de l'article 15 de la loi du 15 mars 1850.

Dans toute École mixte *tenue par un instituteur*, une femme *nommée* par le Préfet, *sur la proposition du maire*, est chargée de diriger les travaux à l'aiguille des filles. Son traitement est fixé par le Préfet, *après avis du Conseil municipal*.

ART. 2 (art. 11 du projet). — Le nombre des Écoles publiques de garçons ou de filles à établir dans chaque commune est fixé par le Conseil départemental, *sur l'avis du Conseil municipal.*

Le Conseil départemental détermine les Écoles publiques de filles auxquelles, d'après le nombre des élèves, il doit être attaché une institutrice adjointe.

Les paragraphes 2 et 3 de l'article 34 de la loi du 15 mars 1850 sont applicables aux institutrices adjointes.

Ce Conseil détermine, en outre, *sur l'avis du Conseil municipal, les cas où, à raison des circonstances, il peut être établi une ou plusieurs Écoles de hameau dirigées par des adjoints ou des adjointes.*

Les décisions prises par le Conseil départemental, en vertu des *paragraphes 1, 2 et 4 du présent article*, sont soumises à l'approbation du Ministre de l'Instruction publique.

ART. 3 (art. 12 du projet). — Toute commune doit fournir à l'institutrice, *ainsi qu'à l'instituteur adjoint et à l'institutrice adjointe dirigeant une Ecole de hameau, un local convenable, tant pour leur habitation que pour la tenue de l'école, le mobilier de classe et un traitement.*

Elle doit fournir à l'adjoint et à l'adjointe un traitement et un logement.

ART. 4 (art. 13 du projet, §§ 1 et 2). — Les institutrices communales sont divisées en deux classes.

Le traitement de la première classe ne peut être inférieur à 500 francs, et celui de la seconde à 400 francs.

ART. 5 (art. 14 du projet). — Les instituteurs adjoints sont divisés en deux classes.

Le traitement de la première classe ne peut être inférieur à 500 francs, et celui de la seconde à 400 francs.

Le traitement des institutrices adjointes est fixé à 350 francs.

1. Voir, page 48, le texte primitif du projet de loi présenté au Corps législatif le 24 *mai* 1865.

2. La Commission était composée de MM. BERTRAND, *président;* FABRE, *secrétaire;* PAUL DUPONT, ROULLEAUX-DUGAGE, DENNEROUX DE GAULMIN, CHAUCHARD, LE PELETIER D'AUNAY, CHADENET, LOUVET. — MM. Genteur et Robert, conseillers d'État, étaient commissaires du Gouvernement. (Voir le rapport de M. CHAUCHARD, avec renseignements statistiques à l'appui, au *Moniteur* des 17, 18, 19, 21, 22 et 26 septembre 1866, pages 1120, 1123, 1125, 1131, 1135, 1147 et suiv.)

Le traitement des adjoints et adjointes tenant une Ecole de hameau est déterminé par le Préfet, sur l'avis du Conseil municipal et du Conseil départemental.

ART. 6 (nouveau). — *Dans le cas où un ou plusieurs adjoints ou adjointes sont attachés à une Ecole, le Conseil départemental peut décider, sur la proposition du Conseil municipal, qu'une partie du produit de la rétribution scolaire servira à former leur traitement.*

ART. 7 (art. 1er du projet). — Toute commune qui veut user de la faculté, accordée par le § 3 de l'article 36 de la loi du 15 mars 1850, d'entretenir une ou plusieurs Écoles entièrement gratuites peut, en sus de ses ressources propres *et des centimes spéciaux autorisés par la même loi*, affecter à cet entretien le produit d'une imposition extraordinaire, qui n'excédera pas *quatre* centimes additionnels au principal des quatre contributions directes.

En cas d'insuffisance *des ressources indiquées au paragraphe qui précède, et sur l'avis du Conseil départemental*, une subvention peut être accordée à la commune sur les fonds du département, et, à leur défaut, sur les fonds de l'État, dans les limites du crédit spécial porté annuellement, à cet effet, au budget du Ministère de l'Instruction publique.

ART. 8 (art. 2 du projet). — Dans les communes où la gratuité est établie en vertu de la présente loi, le traitement des instituteurs et des institutrices publics se compose :

1° D'un traitement fixe de 200 francs;

2° D'un traitement éventuel calculé à raison du nombre d'élèves présents, d'après un taux *de rétribution* déterminé, chaque année, par le Préfet, *sur l'avis du Conseil municipal et du Conseil départemental;*

3° D'un supplément accordé à tous les instituteurs et institutrices dont le traitement fixe, joint au produit de l'éventuel, n'atteint pas, pour les instituteurs, les *minima* déterminés par l'article 38 de la loi du 15 mars 1850 et par le décret du 19 avril 1862, et, pour les institutrices, les *minima* déterminés par *l'article 4 ci-dessus.*

ART. 9 (art. 3, § 1er, du projet). — Dans les autres communes, le traitement des instituteurs et des institutrices publics se compose :

1° D'un traitement fixe de 200 francs;

2° Du produit de la rétribution scolaire;

3° D'un traitement éventuel calculé à raison du nombre d'élèves gratuits présents à l'École, d'après un taux déterminé, chaque année, par le Préfet, sur l'avis du Conseil municipal et du Conseil départemental;

4° D'un supplément accordé à tous les instituteurs et institutrices dont le traitement fixe, joint au produit de la rétribution scolaire et du traitement éventuel, n'atteint pas, pour les instituteurs, les *minima* déterminés par l'article 38 de la loi du 15 mars 1850 et par le décret du 19 avril 1862, et, pour les institutrices, les *minima* déterminés par l'article 4 *ci-dessus.*

ART. 10 (art. 4 du projet). — Le traitement déterminé, conformément aux deux articles précédents, pour les instituteurs et institutrices en exercice au moment de la promulgation de la présente loi, ne peut être inférieur à la moyenne de leurs émoluments pendant les trois dernières années.

ART. 11. — *Le Préfet du département et le maire de la commune peuvent se pourvoir devant le Ministre de l'Instruction publique contre les délibérations du Conseil départemental prises, en vertu du deuxième paragraphe de l'article 15 de la loi de 1850, pour la fixation du taux de la rétribution scolaire.*

ART. 12 (nouveau). — *Dans les communes qui n'ont point à réclamer le concours du département ni de l'Etat pour former le traitement des instituteurs et institutrices, tel qu'il est déterminé par les articles* 8 *et* 9, *ce traitement peut, sur la demande du Conseil municipal, être remplacé par un traitement fixe, avec l'approbation du Préfet, sur l'avis du Conseil départemental.*

ART. 13. — *Il est pourvu aux dépenses résultant des articles* 1, 2, 3, 4 *et* 5 *ci-dessus comme à celles résultant de la loi de* 1850, *au moyen des ressources énumérées dans l'article* 40 *de ladite loi, augmentées d'un troisième centime départemental additionnel au principal des quatre contributions directes.*

ART. 14 (art. 3 du projet). — Une délibération du Conseil municipal, approuvée par le Préfet, *peut* créer, dans toute commune, une caisse des Écoles, destinée à encourager et à faciliter la fréquentation de l'École par des récompenses aux élèves assidus et par des secours aux élèves indigents.

Le revenu de la caisse se compose de cotisations volontaires et de subventions de la commune, du département ou de l'État. Elle peut recevoir, avec l'autorisation des Préfets, des dons et des legs.

Plusieurs communes *peuvent* être autorisées à se réunir pour la formation et l'entretien de cette caisse.

Le service de la caisse des Ecoles est fait gratuitement par le percepteur.

ART. 15 (art. 9 du projet). — Les éléments de l'histoire et de la géographie de la France sont ajoutés aux *matières obligatoires de l'enseignement primaire.*

ART. 16. — Sont soumises à l'inspection, comme les Écoles publiques, les Écoles libres qui tiennent lieu d'Écoles publiques, aux termes du quatrième paragraphe de l'article 36 de la loi de 1850, ou qui reçoivent une subvention de la commune, du département ou de l'État.

ART. 17. — L'engagement de se vouer pendant dix ans à l'enseignement public, prévu par l'article 79 de la même loi, peut être réalisé, tant par les instituteurs que par leurs adjoints, dans celles des Écoles mentionnées à l'article précédent qui sont désignées à cet effet par le Ministre de l'Instruction publique, après avis du Conseil départemental.

L'engagement décennal peut être contracté, avant le tirage, par les instituteurs adjoints des Écoles désignées ainsi qu'il vient d'être dit.

Sont applicables à ces mêmes Ecoles les dispositions de l'article 34 *de la loi de* 1850 *concernant la fixation du nombre des adjoints, ainsi que le mode de leur nomination et de leur révocation.*

ART. 18 (art. 6 du projet). — Les décisions du Conseil départemental, rendues dans les cas prévus par l'article 28 de la loi de 1850, peuvent être déférées, par voie d'appel, au Conseil impérial de l'instruction publique.

Cet appel doit être interjeté dans le délai de dix jours, à compter de la notification de la décision.

ART. 19. — Tout instituteur ou toute institutrice libre qui, *sans en avoir obtenu l'autorisation du Conseil départemental, reçoit dans son Ecole des enfants d'un sexe différent du sien*, est passible des peines portées à l'article 29 de la loi de 1850.

ART. 20. — *Aucune École primaire, publique ou libre, ne peut, sans l'autorisation du Conseil départemental, recevoir d'enfants au-dessous de six ans, s'il existe dans la commune une salle d'asile publique ou libre.*

ART. 21 (art. 16 du projet). — Sont abrogées les dispositions des lois antérieures en ce qu'elles ont de contraire à la présente loi.

22 nov. 1866. **Avis du Conseil d'État, relatif à l'acceptation des legs faits à des fabriques ou autres établissements religieux, à la condition de fonder et d'entretenir des Écoles publiques.**

22 Novembre 1866.

Le Conseil,

Considérant que les libéralités faites à des fabriques ou autres établissements religieux, à la charge de fonder ou d'entretenir des Écoles publiques, doivent être acceptées conjointement par l'établissement religieux institué et par la commune, que cette règle a été consacrée par l'avis du Conseil d'État du 10 juin 1863[1];

Qu'aux termes du même avis, la garde des titres de propriété, la perception des revenus et la direction de l'École sont attribués à la commune, mais que le droit de surveiller l'exécution des conditions de la libéralité est réservé à l'établissement religieux légataire; que cette jurisprudence, adoptée par le Conseil d'État lorsqu'il s'agit de legs ne comprenant que des rentes sur l'État, doit également s'appliquer à des libéralités consistant en immeubles ou en rentes constituées;

Qu'en effet, l'avis du 10 juin 1863 ayant pour but de concilier autant que possible les intentions des bienfaiteurs avec les dispositions des lois et règlements auxquels sont soumis les établissements religieux, la solution doit être indépendante de la nature des biens donnés ou légués;

En ce qui concerne spécialement les legs de divers immeubles faits par l'abbé Ménuel à l'évêque de Grenoble, et celui d'une rente constituée fait par la demoiselle Béhel à la fabrique d'Haveluy sous la condition de fonder et d'entretenir des Écoles publiques dans les communes de Viriville, de Saint-Siméon-de-Bressieux (Isère) et d'Haveluy (Nord);

Considérant que ces legs faits à des établissements religieux, tels que fabriques ou évêchés, et non à des congrégations enseignantes, doivent être affectés à la fondation d'Écoles publiques, et que, suivant la distinction établie par l'avis du 10 juin 1863, rien ne s'oppose à l'application des règles rappelées ci-dessus; qu'en effet, il ne saurait y avoir d'inconvénients à confier aux communes le soin d'administrer les immeubles et la rente constituée qui ont été légués, d'en percevoir les revenus, et d'en garder et conserver les titres de propriété; qu'il est au contraire plus convenable de conférer ce droit d'administration aux communes, qui, étant appelées à représenter la

1. Voir cet Avis dans le Tome III, pages 320 à 323.

généralité des habitants, ont, à ce titre, un intérêt majeur et plus direct à l'exécution et au maintien des fondations;

Considérant, d'ailleurs, que la nature des biens légués par l'abbé Ménuel et par la demoiselle Béhel, et le mode d'administration de ces biens ne présentent aucune circonstance particulière qui puisse faire obstacle à ces principes,

Est d'avis qu'il y a lieu de décider dans le sens des observations qui précèdent.

Rapport et Décret concernant les titres honorifiques créés par le décret du 17 mars 1808[1]. 27 déc. 1866.

27 Décembre 1866.

1° Rapport à l'Empereur.

SIRE,

Les titres honorifiques, dans l'Université impériale, remontent à sa fondation. Ils furent créés par le décret du 17 mars 1808, et destinés à « distinguer les fonctions éminentes et à récompenser les services rendus à l'enseignement ». (*Décret du 17 mars* 1808, art. 32.)

A ces titres étaient attachées, aux termes du décret impérial, « une pension et une décoration ». La première disposition du décret n'a pas reçu d'exécution; quant à la décoration, on adopta les insignes trois ou quatre fois séculaires de l'Université, et elle consista en une double palme brodée sur la partie auche de la poitrine.

Le décret de 1808 avait créé trois sortes de titres honorifiques : les Titulaires, les Officiers de l'Université, et les Officiers d'Académie. Ces titres étaient attachés *de droit* à certaines fonctions. Ils pouvaient, en outre, être conférés, par nomination du Grand-Maître, aux membres de l'Université « les plus recommandables par leurs talents et par leurs services ». (Art. 35.)

Tous les ans, le Grand-Maître devait soumettre à l'Empereur et publier au *Moniteur*, à l'ouverture de l'année scolaire, le tableau des officiers d'Académie et des officiers de l'Université. (Art. 55.)

Les titres honorifiques, par le fait même que telle ou telle fonction y donnait droit, faisaient pour ainsi dire partie du costume et n'ajoutaient que peu de chose à la considération qui s'attache à la possession d'une charge publique. Ils perdirent, en conséquence, dès l'origine, une grande partie de leur valeur.

D'un autre côté, le décret de 1808 avait renfermé dans des limites très étroites l'admissibilité des fonctionnaires du corps enseignant aux distinctions honorifiques, puisque ces distinctions étaient le résultat d'une nomination faite par le Ministre. Les proviseurs, les censeurs, les professeurs des deux premières classes des Lycées « les plus recommandables par leurs talents et par leurs services » pouvaient seuls obtenir le titre d'officier de l'instruction publique. Les

1. Consulter la circulaire du 4 *mai* 1867 relative à la forme à adopter pour les propositions. (*Circ. et Instr. off.*, T. VI, page 455.)

autres professeurs de Lycées, les régents et les chefs d'institution qui se seraient distingués par des « services éminents » étaient admissibles au titre d'officier d'Académie.

M. de Salvandy s'attacha à relever l'importance des titres honorifiques et à les étendre à un plus grand nombre de fonctionnaires. Tel fut l'objet de l'ordonnance du 9 septembre 1845, qui remit en vigueur l'obligation imposée par le décret organique de 1808, de l'approbation du Souverain et de l'insertion au *Moniteur*[1].

En 1850, on reconnut que les distinctions honorifiques, pour produire tout leur effet, ne devaient être accordées qu'à des services exceptionnels ou anciens, rendus dans l'exercice d'une fonction. Le décret du 9 décembre 1850 exigea pour le titre d'officier d'Académie un certain temps de services effectifs, et pour celui d'officier de l'instruction publique, qui remplaça alors le titre d'officier de l'Université, la possession, durant cinq années au moins, du grade d'officier d'Académie.

Les insignes de ces deux grades étaient des palmes d'or et d'argent brodées sur le costume officiel. Mais ce costume n'existe ni pour les fonctionnaires les plus nombreux de l'Université, nos 49 000 instituteurs, ni pour une grande partie des 95 000 personnes qui, de par la loi ou les règlements, nous donnent gratuitement leur concours, ni enfin pour beaucoup de savants et d'écrivains dont les travaux sont utiles à la cause de l'instruction publique. Pour toutes ces personnes, les palmes universitaires n'étaient donc qu'un titre, et non pas, comme le veut le décret de 1808, une décoration. L'Empereur, par le décret du 7 avril 1866, a effacé cette inégalité, en autorisant le port des palmes d'or et d'argent sur l'habit de ville comme sur le costume officiel.

Au moment où Votre Majesté rend toute leur valeur à nos vieux insignes, il importe qu'ils ne soient conférés qu'avec les plus sérieuses garanties d'une justice sévère.

A cet effet, j'ai rédigé un règlement général qui contient à la fois les conditions d'admissibilité et le mode de présentation, soit pour les fonctionnaires du corps enseignant, soit pour les personnes de tout rang qui prêtent à l'Université un concours actif, intelligent et dévoué.

Tel est l'objet du décret qu'après avis du Conseil impérial de l'instruction publique, j'ai l'honneur de soumettre à l'approbation de Votre Majesté.

Je suis, etc.

Signé : V. DURUY.

2e Décret.

NAPOLÉON, etc.,

Vu le décret organique du 17 mars 1808, les ordonnances royales du 14 novembre 1844, du 9 septembre 1845 et du 1er novembre 1846, le décret du 9 décembre 1850 et le décret du 7 avril 1866;

1. Article 4 de l'ordonnance royale du 9 septembre 1845 : « Les nominations dans « les grades d'officier d'Académie et d'officier de l'Université auront lieu deux fois par « an, à l'époque des vacances, conformément au décret organique, et à celle des va- « cances semestrielles; ces promotions auront lieu sur la présentation des Inspecteurs « généraux et des Recteurs. Le tableau des nominations, qui doit être placé sous nos « yeux, aux termes du décret, par notre Ministre secrétaire d'État, Grand-Maître de « l'Université, sera publié au *Moniteur*. »

Le Conseil impérial de l'instruction publique entendu,

Avons décrété et décrétons ce qui suit :

ARTICLE 1er. — Les titres d'Officier d'Académie et d'Officier de l'Instruction publique, créés par l'article 32 du décret organique du 17 mars 1808, sont conférés par notre Ministre secrétaire d'État au département de l'Instruction publique, sous les conditions ci-après déterminées.

ART. 2. — Les titres honorifiques sont conférés, sur la proposition des Recteurs et après avis des Inspecteurs généraux réunis en Comité, aux membres de l'enseignement supérieur et de l'enseignement secondaire public ou libre, aux fonctionnaires de l'Administration de l'instruction publique, ainsi qu'aux fonctionnaires des Écoles normales primaires.

ART. 3. — Les titres honorifiques, attribués aux instituteurs titulaires ou adjoints, publics et libres, sont conférés sur la proposition des Préfets ou sur celle des Recteurs.

ART. 4. — Les titres honorifiques attribués aux membres des Sociétés savantes des départements et aux correspondants du Ministère pour les travaux historiques, qui se seraient distingués par leurs travaux, sont conférés sur la proposition du *Comité des travaux historiques et des Sociétés savantes* et sur celle des présidents élus par les délégués des Sociétés à l'époque de leur réunion à Paris.

ART. 5. — Les titres honorifiques attribués aux littérateurs et aux savants recommandés par leurs succès dans l'enseignement libre ou par des ouvrages intéressant l'instruction publique sont accordés sur la proposition des Recteurs, après avis des Inspecteurs généraux.

ART. 6. — Les titres honorifiques accordés aux personnes qui auraient bien mérité de l'instruction publique, soit par leur participation aux travaux des délégations cantonales et des Conseils ou Commissions établis près des Lycées, des Collèges, des Écoles normales (Conseils de perfectionnement, Bureaux d'administration, Commissions administratives, etc.), soit par le concours efficace qu'elles auraient prêté au développement de l'enseignement à tous ses degrés et sous toutes ses formes, sont conférés sur la proposition des Recteurs.

ART. 7. — Les fonctionnaires et membres de l'enseignement public et libre désignés à l'article 2 du présent décret ne peuvent être nommés officiers d'Académie qu'après cinq ans de services ou d'exercice.

Nul instituteur, public ou libre, ne peut être présenté pour les palmes d'officier d'Académie, s'il n'a obtenu, depuis deux ans au moins, la médaille d'argent instituée par l'arrêté du 15 juin 1818.

ART. 8. — Nul ne peut être nommé officier de l'Instruction publique, s'il n'a été pendant cinq ans au moins officier d'Académie.

Il ne pourra être dérogé à cette règle qu'en faveur des personnes déjà titulaires du grade d'officier de la Légion d'honneur.

ART. 9. — Les nominations d'officiers d'Académie et d'officiers de l'Instruction publique ne pourront avoir lieu qu'aux trois époques suivantes :

1° Au 1er janvier, pour les fonctionnaires de l'Administration, de l'enseignement supérieur et de l'enseignement secondaire; 2° au 15 août, pour les fonctionnaires de l'enseignement primaire et les personnes désignées dans l'article 6; 3° à l'époque de la réunion à Paris des Sociétés savantes des départements, pour les membres de ces Sociétés et pour les littérateurs et les savants recommandés par leurs succès dans l'enseignement libre ou par des ouvrages intéressant l'instruction publique.

Le tableau des nominations est publié au *Moniteur*, conformément aux dispositions du décret du 17 mars 1808.

ART. 10. — Sont abrogés les décrets et ordonnances relatifs aux titres honorifiques, en ce qu'ils ont de contraire aux dispositions du présent décret.

---

8 février 1867.

Arrêté instituant un Comité de patronage pour l'enseignement du chant dans les Écoles. [Extrait.]

8 Février 1867.

ARTICLE 1er. — Il est formé au Ministère de l'Instruction publique un Comité de patronage pour développer l'enseignement du chant[1] dans les Écoles de l'Empire et encourager les orphéons dirigés par les instituteurs.

. . . .

1. Consulter la circulaire du 15 *avril* 1864, prescrivant une enquête sur l'enseignement du chant dans les Écoles normales primaires. (*Circ. et Instr. off.*, T. VI, page 104.)

Décret ayant pour objet la nomination d'une Commission chargée de préparer un programme pour l'enseignement de l'agriculture. [Extrait.] 12 février 1867.

12 Février 1867.

ARTICLE 1er. — Une Commission, présidée par nos Ministres de l'Instruction publique et de l'Agriculture, du Commerce et des Travaux publics, est chargée d'étudier et de proposer les mesures nécessaires pour développer les connaissances agricoles dans les Écoles normales primaires, dans les Écoles communales et dans les cours d'adultes des communes rurales.

. . . .

Disposition additionnelle au projet de loi sur l'enseignement primaire (article 7) et relative à l'allocation d'une indemnité aux instituteurs et institutrices dirigeant les classes d'adultes, présentée au nom du Conseil d'État au Corps législatif. 15 février 1867.

Séance du 15 Février 1867.

1° Exposé des motifs [1].

Messieurs, les statistiques établissent que, de novembre 1865 à mars 1866, près de 25 000 cours d'adultes ont été faits en France pour environ 600 000 élèves par 30 000 instituteurs de tout ordre; aujourd'hui, il y en a plus de 28 000.

Ce grand résultat est dû au dévouement des instituteurs; car, si la loi du 15 mars 1850 permet de créer des classes et des cours d'adultes et d'apprentis, elle ne garantit à leur direction aucun traitement. Près de 14 500 instituteurs ont enseigné, l'an dernier, sans recevoir d'indemnité, et 4 150 ont même déboursé une somme de 94 000 francs.

Les classes d'adultes ont un double but : elles tendent aujourd'hui à rendre universel l'usage de la lecture, de l'écriture et du calcul; mais ce n'est là que la forme transitoire, du moins il faut l'espérer, d'une institution qu'il importe de rendre permanente. En effet, les enfants ayant l'habitude de quitter l'école entre onze et douze ans, il est nécessaire de fortifier et de développer par la pratique l'enseignement qu'ils y ont reçu, sous peine d'en perdre le fruit et de condamner la France à compter toujours un certain nombre d'habitants tout à fait illettrés. Les classes d'adultes et d'apprentis doivent donc, comme les Écoles primaires, être mises à la portée des populations, et la loi doit assurer, en cas de besoin, aux maîtres dévoués qui les dirigent une rémunération, qui, fût-elle

1. Rapporteur : M. GENTEUR.

insuffisante, aurait du moins l'avantage d'assimiler à certains égards la classe du soir à l'école du jour.

Tel est, Messieurs, l'objet de l'article additionnel que nous avons l'honneur de vous soumettre, et qui compléterait d'une manière heureuse le projet de loi sur l'enseignement primaire.

Lorsque l'établissement d'une classe communale d'adultes, qui n'est qu'une extension de l'École primaire publique, aurait été jugé nécessaire par le Conseil départemental, sur l'avis du Conseil municipal, conformément au paragraphe 1er de l'article 2 du projet de loi, l'indemnité due au directeur ou à la directrice de cette classe constituerait, comme le traitement du maître de l'École primaire, une dépense obligatoire pour la commune, pour le département et pour l'État; il y serait pourvu ainsi qu'aux autres dépenses obligatoires de l'instruction primaire, et selon le droit commun, par les ressources énumérées dans l'article 40 de la loi de 1850, augmentées d'un troisième centime départemental additionnel au principal des quatre contributions directes (article 13 du projet de loi devenu article 14). Le chiffre de cette indemnité dépend de circonstances si diverses qu'il ne peut pas être fixé à l'avance; il le serait chaque année, à l'expiration de l'année scolaire, sur la proposition du Préfet, et, après le rapport des Inspecteurs locaux, par le Ministre de l'Instruction publique. C'est au Ministre, en effet, que la décision appartient, puisque la dépense, en cas d'insuffisance de toutes les autres ressources, devrait être supportée par l'État. Et, d'un autre côté, le Corps législatif ne peut concevoir aucune crainte d'exagération, puisque c'est lui qui inscrirait chaque année au budget, ainsi qu'il l'a fait jusqu'à présent, la somme qu'il croirait devoir être consacrée à la rémunération ou à l'encouragement des classes et des cours d'adultes.

Par ces motifs, nous avons l'honneur, Messieurs, de vous proposer l'article additionnel qui suit au projet de loi sur l'enseignement primaire.

2° Disposition additionnelle.

ARTICLE 7 (ancien 6). — Une indemnité, fixée par le Ministre de l'Instruction publique, sur la proposition du Préfet, peut être accordée annuellement aux instituteurs et institutrices dirigeant une classe communale d'adultes établie en conformité du paragraphe 1er de l'article 2 de la présente loi.

En conséquence, modifier ainsi l'article 13, qui deviendrait l'article 14 :

« Il est pourvu aux dépenses résultant des articles 1, 2, 3, 4, 5 et 7 ci-dessus... » (*Le reste comme au projet*[1].)

---

26 mars 1867.

Rapport sur le projet de loi de l'enseignement primaire, présenté au Sénat par M. Larabit, rapporteur.

Séance du 26 Mars 1867.

Messieurs les Sénateurs, le projet de loi sur l'enseignement primaire, qui se trouve aujourd'hui soumis aux délibérations du Sénat, est un des projets les

1. Voir ce projet, page 48.

plus importants que vous ayez à examiner; fécond en bienfaits très prochains, fécond en conséquences pour l'avenir.

C'est l'accomplissement d'une promesse éminemment libérale de l'Empereur; car il nous avait annoncé ce projet de loi dans la séance du 15 février 1865, en nous disant que, *dans le pays du suffrage universel, tout citoyen doit savoir lire et écrire.*

Et, en effet, d'après sa promesse, la présentation a été faite au Corps législatif dès le 24 mai 1865.

Diverses circonstances et l'importance du sujet ont retardé la discussion jusqu'en mars 1867.

Enfin, après un lumineux et remarquable rapport d'un honorable député de la Haute-Marne, après une discussion brillante et approfondie, le projet de loi a été adopté *à l'unanimité* par le Corps législatif.

Cette unanimité si respectable et si imposante ne doit pas empêcher les membres du Sénat d'user du droit d'examen et de discussion, qui leur est assuré par le sénatus-consulte du 14 mars dernier, faisant désormais partie intégrante de la Constitution, et qui vient d'être réglementé par le décret récent du 23 mars.

Le Sénat approuvera sans doute les dispositions du projet comme parfaitement justes et libérales, conformes aux promesses généreuses de l'Empereur. L'influence considérable qu'elles peuvent avoir sur l'état social de la France, au prix de très grands sacrifices, mérite au plus haut degré les méditations de l'homme d'État et du législateur.

La Commission a chargé son rapporteur de signaler au Sénat les principaux caractères du projet de loi.

Le projet primitif du Gouvernement avait établi à l'article 8 d'excellentes dispositions, déjà étudiées, relatives à la réduction des Écoles mixtes, recevant les enfants des deux sexes, par une augmentation considérable des Écoles de filles.

Le Corps législatif a voulu en faire l'article 1er de la loi, ce qui lui donne sa principale signification; c'est l'honneur de cette loi; c'est un progrès moral que n'avaient pas et ne pouvaient pas encore avoir les lois précédentes; l'instruction et l'éducation des filles n'a-t-elle pas, en effet, la plus grande importance dans la vie sociale? Elles sont destinées à devenir mères de famille et à se trouver les premières institutrices de leurs enfants; les leçons qu'elles ont reçues d'une maîtresse honnête et sage fructifient plus heureusement que celles d'un maître moins indulgent. Nous ne voulons pas en dire ici davantage; mais il est clair que la bonne éducation des filles sera celle des mères d'une autre génération; et, suivant une belle pensée, qui se trouve dans un écrit d'un de nos plus éminents collègues : « C'est par la mère que la nature imprime le bien ou le mal dans le cœur d'un enfant. »

La loi de 1833, qu'on a appelée avec raison la charte de l'enseignement primaire, n'avait rien prescrit relativement aux Écoles de filles. On peut se rappeler que cette loi, si libérale pour cette époque, inspirait alors des inquiétudes aux conservateurs arriérés, et qu'elle était regardée comme une grande hardiesse du Ministre éloquent qui en était l'auteur. C'est sans doute la crainte de la dépense qui avait empêché le législateur d'encourager convenablement les Écoles de filles. Les considérations financières avaient alors un grand empire dans les Chambres; mais, quel qu'en fût le motif, la loi n'avait pris aucune disposition pour les Écoles de filles.

La loi du 15 mars 1850 a commencé à combler cette lacune : elle a stipulé que les communes au-dessus de 800 âmes seraient tenues d'avoir au moins une École de filles, si leurs ressources étaient suffisantes; mais, en cas d'insuffisance, le Conseil départemental pourrait les en dispenser; le département ou l'État ne leur donnait aucun secours; il n'y avait pas de dispositions précises pour garantir le traitement et le logement des institutrices.

A l'avenir, d'après la loi nouvelle, le chiffre minimum des populations de communes tenues d'entretenir une École de filles sera abaissé de 800 à 500; il en résulte une différence numérique considérable.

En remontant à un temps qui n'est pas très éloigné, on voit qu'il a été fait d'immenses progrès dans cette voie libérale. En 1832, on ne comptait en France que 1 014 Écoles de filles; il est vrai que la statistique de cette époque est un peu incertaine; mais, d'après la loi de 1850, qui les a rendues obligatoires, sauf dispense, dans les communes au-dessus de 800 habitants, il y avait déjà, en 1864, dans les 37 510 communes de l'Empire, 13 207 communes pourvues d'Écoles de filles, et on espère, par la loi qui vous est soumise, en fonder 5 735 nouvelles dans les communes au-dessus de 500 habitants, ce qui ferait près de 19 000, sauf le cas où les communes en seraient dispensées par le Conseil départemental.

19 000 Écoles de filles pour les 37 510 communes de l'Empire : on voit qu'il y aurait encore près de la moitié des communes dépourvues de ces Écoles.

Mais un grand correctif est établi par la loi pour les Écoles mixtes. D'après l'article 1er, dans toute École mixte tenue par un instituteur, une femme nommée par le Préfet sera chargée de diriger les travaux à l'aiguille des jeunes filles; il en résultera naturellement une surveillance spéciale, qui fera disparaître les graves inconvénients d'un instituteur unique. Ce sera sans doute presque toujours sa femme; si elle est assidue à son service, il en résultera une petite augmentation de bien-être dans le ménage de l'instituteur; car il y aura pour la femme un traitement fixé par le Préfet.

Comme les Écoles trop nombreuses ont beaucoup d'inconvénients pour l'ordre et l'instruction, le Conseil départemental aura le droit de fixer pour chaque commune le nombre d'Écoles publiques de garçons et de filles qu'elle devra entretenir; il pourra aussi créer des instituteurs adjoints, s'il augmente le nombre des Écoles.

Enfin, la loi complète l'ensemble de ces mesures populaires et généreuses par l'institution d'Écoles de hameaux, ce qui facilitera l'instruction primaire pour une foule d'enfants qui en étaient privés par les distances, les difficultés et les dangers des chemins, ou par les travaux et les soins que les familles peuvent exiger de leurs enfants pendant quelques heures de la journée.

La loi de 1833 avait statué en principe que les élèves qui ne pourraient payer aucune rétribution, et qui seraient désignés par les Conseils municipaux, seraient admis gratuitement dans l'École communale. Cette disposition, dont le but était d'empêcher la prodigalité, avait souvent un effet contraire: l'enseignement, dans certaines communes, n'était pas complètement assuré aux indigents.

La loi du 15 mars 1850 a établi d'une manière plus précise la gratuité pour ceux qui sont hors d'état de payer; mais il s'était encore introduit des abus dans la pratique, et un décret du 31 décembre 1853 imposa aux Préfets l'obligation de fixer chaque année, d'avance, le nombre des élèves indigents à admettre gratuitement dans l'École; le but n'était pas encore atteint, et ce décret fut rapporté par celui du 28 mars 1866, qui remit en vigueur le principe de la loi de 1850 dans toute sa simplicité, mais sans créer les ressources nécessaires. La loi nouvelle assure, par son article 10, aux instituteurs et institutrices un traitement éventuel, calculé à raison du nombre d'élèves gratuits qui sera déterminé chaque année par le Préfet. Les instituteurs auront donc intérêt à appeler dans leurs Écoles les enfants indigents qui, antérieurement, en étaient éloignés, et les Préfets, sur l'avis du Conseil municipal et du Conseil départemental, fixeront un taux sagement modéré pour cette rémunération éventuelle.

Pour l'exécution de toutes ces mesures libérales, il faut des logements et des mobiliers, il faut des suppléments de traitement, il faut des indemnités : aussi la loi met à la disposition du département un troisième centime départemental additionnel au principal des quatre contributions directes; des subventions pourront être accordées à la commune sur les fonds du département et, à leur défaut, sur les fonds de l'État. Il ne faut pas se dissimuler qu'il en résultera d'assez lourdes charges pour les budgets des communes, des départements et de l'État; mais le Corps législatif, en votant la loi à l'unanimité, a montré qu'il ne reculera pas devant les sacrifices nécessaires pour distribuer libéralement les bienfaits de l'instruction primaire à tous les enfants de l'Empire.

Comme on le voit, l'enseignement sera entièrement gratuit pour tous les enfants indigents; la loi n'a pas voulu établir la gratuité obligatoire, deux principes s'y opposent : d'abord les familles qui peuvent payer l'instruction doivent en faire elles-mêmes les frais, au lieu de les rejeter sur l'impôt; la Commission a été frappée, en outre, d'une considération de haute politique : la crainte qu'il ne s'établit dans les mêmes lieux des Écoles pour les riches payants, à côté des Écoles gratuites abandonnées aux pauvres, ce qui les séparerait dès l'enfance, et détruirait en eux dès les plus jeunes années le sentiment d'égalité qui règne dans toutes nos institutions, et qu'il faut conserver, pour ne pas développer l'orgueil des uns et la jalousie des autres.

Cependant la loi a admis que, quand une commune voudrait établir la gratuité absolue, elle pourrait y affecter, outre ses ressources ordinaires, le produit de 4 nouveaux centimes additionnels au principal des quatre contributions directes, et même recevoir des subventions du département sur l'avis du Conseil départemental. Mais ces 4 centimes ne pourront pas être votés sans le concours des plus imposés ; et, quant aux subventions, les Conseils généraux, les Préfets et le Ministre les refuseront, quand ils croiront y voir un abus. L'instruction ne doit être gratuite que pour les indigents.

Les cours d'adultes, qui ont reçu sous l'administration de M. le Ministre de l'Instruction publique une si grande impulsion, ne pouvaient pas être oubliés dans cette loi de progrès; mais ce n'est qu'en février dernier que le Gouvernement, éclairé par le développement extraordinaire de ces cours, a proposé à l'Empereur et au Corps législatif de les comprendre dans la loi.

Ces cours s'adressent à des hommes modestes, amis de l'ordre, affligés de l'infériorité de leur instruction, à côté de celle de leurs enfants ou de leurs jeunes frères. Ils veulent réparer le temps perdu, et, après leurs journées de travail, ils sacrifient à l'étude le temps qu'ils pourraient donner aux plaisirs souvent malsains de la table et de la veillée. Dans l'hiver de 1865 à 1866, il s'était établi en France près de 25 000 cours pour 600 000 adultes; il y a aujourd'hui plus de 28 000 de ces cours. La grande majorité des instituteurs s'y sont prêtés avec zèle; les membres du clergé et les amis de l'instruction leur ont donné leur concours; mais il en résulte de nouvelles charges pour les instituteurs et institutrices, et il a paru juste de leur accorder une indemnité; elle sera fixée, d'après l'article 7, par le Ministre, après avis du Conseil municipal et sur la proposition du Préfet. C'est au Corps législatif qu'il appartiendra d'augmenter en conséquence le crédit accordé au Ministère de l'Instruction publique; il sait aussi bien que le Sénat combien ces cours sont utiles à l'ordre et à la moralisation des adultes; ils ne peuvent être trop encouragés.

L'article 15 de la loi prévoit et favorise la fondation d'une caisse des Écoles, destinée à encourager et à faciliter la fréquentation de l'École par des récompenses et des secours. Cette caisse se composera de cotisations volontaires et de subventions données librement par la commune, le département et l'État.

Une addition importante est faite à l'enseignement.

L'article 16 ajoute aux matières obligatoires de l'enseignement primaire les éléments de l'histoire et de la géographie de la France, enseignement qui jusqu'ici n'était que facultatif. Il est clair qu'il ne peut être question pour notre histoire que des faits principaux et de leur chronologie; et pour la géographie, que des distances des lieux, de leur orientation, de la configuration des départements et de l'indication de leurs produits.

L'article 18 de la loi étend aux instituteurs et aux adjoints des Écoles libres la dispense du service militaire, moyennant l'engagement contracté avant le tirage de se vouer pendant dix années à l'enseignement. Mais ce privilège déjà attribué aux Écoles publiques ne sera accordé qu'aux Écoles libres soumises à l'inspection, ou qui, tenant lieu d'Écoles publiques, sont subventionnées par la commune, le département ou l'État. Ces Écoles seront désignées par le Ministre de l'Instruction publique, après avis du Conseil départemental. Le Ministre sait assurément qu'il ne faut pas trop élargir un privilège qui pourrait être nuisible à l'armée et aux classes successives du recrutement.

Enfin, un excellent article de police scolaire, introduit dans la loi par un amendement du Corps législatif, interdit aux Écoles primaires, publiques ou libres, de recevoir des enfants au-dessous de six ans, partout où il y a des salles d'asile. Les trop jeunes enfants ne doivent pas être mêlés avec des enfants plus âgés; s'il y a des dispenses nécessaires, elles ne pourront être accordées que sur l'avis du Conseil départemental.

Telles sont les dispositions principales du projet de loi.

Nous demandons pardon au Sénat de lui en avoir présenté une si longue analyse; cependant nous croyons encore devoir lui faire connaître sommairement les charges qui, déjà en 1863, incombaient aux budgets des communes, des départements et de l'État, pour le service de l'enseignement primaire.

La dépense totale s'élevait en chiffres ronds à près de 59 millions, dont 45 millions pour le traitement des instituteurs, institutrices, adjoints ou adjointes; 9 millions pour les loyers et frais d'entretien des maisons d'école, et 5 millions pour les dépenses diverses : dans ces dépenses, les classes publiques d'adultes ne figuraient que pour 300 000 francs environ.

Cette dépense de 59 millions était supportée pour 20 millions environ par les familles qui doivent payer l'instruction quand elles le peuvent; pour plus de 25 millions par les communes; pour près de 5 millions par les départements, et plus de 5 millions par l'État, les 3 autres millions provenant des fondations, legs ou dons, et des allocations des villes pour des Écoles normales.

Ces dépenses ont profité à plus de 4 300 000 élèves, dont 3 100 000 enfants de sept à treize ans, les autres plus jeunes dans les salles d'asile, quelques-uns plus âgés dans les cours d'adultes.

Sur les 37 500 communes de France, il n'y en avait en 1866 que 706 dépourvues complètement de moyens d'instruction; la loi nouvelle va faire disparaître cette lacune; elle ira, en outre, chercher les enfants, ou plutôt leur porter l'instruction dans un grand nombre de hameaux dont les enfants ne pouvaient pas sortir journellement sans dangers ou graves inconvénients. Les jeunes filles seront spécialement protégées contre ces inconvénients : c'est un grand avantage de la loi nouvelle; mais il en résultera certainement un grand accroissement de dépenses. S'il en résulte pour les instituteurs une augmentation de travail, ils en retireront en même temps de nouveaux avantages; leur sort a été continuellement amélioré depuis 1850. Nous devons espérer qu'ils seront reconnaissants de ce que l'Empereur veut faire pour l'instruction du peuple et pour l'encouragement des instituteurs; nous respectons et nous apprécions au plus haut degré les services qu'ils rendent dans nos populations; mais ils doivent être modestes et se renfermer dans l'accomplissement de leurs devoirs scolaires : c'est ainsi qu'ils mériteront le respect des populations. Le Ministre et les autorités départementales les maintiendront dans la ligne de leurs devoirs, et ils n'oublieront pas la reconnaissance qu'ils doivent à l'Empereur, dont toutes les pensées leur sont si bienveillantes.

D'un autre côté, les élèves auxquels ils donnent l'instruction ne doivent pas oublier, et les maîtres doivent au besoin le leur faire comprendre, que l'instruction primaire qu'ils reçoivent n'est qu'un premier instrument pour développer leur intelligence et les aider dans leurs affaires, mais qu'ils ne doivent pas en tirer vanité et déserter le travail de leurs pères pour la vie aventureuse et presque toujours funeste des grandes villes.

Enfin, quand le législateur impose tant de sacrifices au pays pour donner cette instruction primaire dans tous les villages et hameaux aux enfants les plus pauvres comme aux enfants nés dans l'aisance, puissent les hommes d'État réfléchir aux moyens d'éloigner de la jeunesse les mauvais écrits de toute espèce, et de propager, au contraire, les ouvrages moraux et utiles, sans quoi nous aurions fait un cadeau fatal à nos populations!

Messieurs les Sénateurs, après ces diverses observations, la Commission est unanime pour approuver cette loi importante, qui doit devenir si féconde pour l'avenir : elle a donc l'honneur de vous proposer de ne pas en retarder la promulgation.

Conformément au sénatus-consulte du 14 mars et du décret réglementaire du 23 mars dernier, elle vous propose d'abord de déclarer qu'il n'y a pas lieu de soumettre la loi à une nouvelle délibération du Corps législatif; et, en second lieu, comme la loi n'a rien qui soit contraire aux grands principes de la Constitution, la Commission vous propose de déclarer que le Sénat ne s'oppose pas à sa promulgation.

Loi relative à l'enseignement primaire [1]. 10 avril 1867.

10 Avril 1867.

ARTICLE 1er. — Toute commune de 500 habitants et au-dessus est tenue d'avoir au moins une École publique de filles, si elle n'en est pas dispensée par le Conseil départemental, en vertu de l'article 15 de la loi du 15 mars 1850.

1. Voir ci-dessus le projet déposé le 24 *mai* 1865 (page 48), — les dispositions additionnelles à ce projet, 6 *avril* 1866 (page 83), — le projet modifié par la Commission et rapporté par M. Chauchard (page 119), — la nouvelle disposition addi-

Dans toute École mixte tenue par un instituteur, une femme nommée par le Préfet, sur la proposition du maire, est chargée de diriger les travaux à l'aiguille des filles. Son traitement est fixé par le Préfet, après avis du Conseil municipal.

ART. 2. — Le nombre des Écoles publiques de garçons ou de filles à établir dans chaque commune est fixé par le Conseil départemental, sur l'avis du Conseil municipal.

Le Conseil départemental détermine les Écoles publiques de filles auxquelles, d'après le nombre des élèves, il doit être attaché une institutrice adjointe.

Les paragraphes 2 et 3 de l'article 34 de la loi du 15 mars 1850 sont applicables aux institutrices adjointes.

Ce Conseil détermine, en outre, sur l'avis du Conseil municipal, les cas où, à raison des circonstances, il peut être établi une ou plusieurs Écoles de hameau[1] dirigées par des adjoints ou des adjointes.

Les décisions prises par le Conseil départemental, en vertu des paragraphes 1, 2 et 4 du présent article, sont soumises à l'approbation du Ministre de l'Instruction publique.

ART. 3. — Toute commune doit fournir à l'institutrice, ainsi qu'à l'instituteur adjoint et à l'institutrice adjointe dirigeant une École de hameau, un local convenable, tant pour leur habitation que pour la tenue de l'école, le mobilier de classe et un traitement.

Elle doit fournir à l'adjoint et à l'adjointe un traitement et un logement.

ART. 4. — Les institutrices communales sont divisées en deux classes.

Le traitement de la première classe ne peut être inférieur à 500 francs, et celui de la seconde à 400 francs.

ART. 5. — Les instituteurs adjoints sont divisés en deux classes.

Le traitement de la première classe ne peut être inférieur à 500 francs, et celui de la seconde à 400 francs.

Le traitement des institutrices adjointes est fixé à 350 francs.

Le traitement des adjoints et adjointes tenant une École de ha-

tionnelle du 15 *février* 1867 (page 127), — le rapport de M. Larabit au Sénat, 26 *mars* 1867 (page 128).

La discussion au Corps législatif tint six séances : 1er, 2, 7, 8, 9 et 11 *mars* 1867. — La loi fut votée le 11 *mars* à l'unanimité des 250 membres.

Le texte fut délibéré et voté par le Sénat le 29 *mars* 1867 par 99 voix contre 1 sur 100 votants.

Consulter pour l'application de la loi les circulaires fondamentales ci-après des 12 *mai* (page 138), 17 *octobre* (page 168), 30 *octobre* 1867 (page 175).

1. Consulter *Les Écoles de hameau*, par F. POITRINEAU, recueil des Monographies pédagogiques publiées à l'occasion de l'Exposition universelle de 1889, Tome VI, pages 91 à 204.

meau est déterminé par le Préfet, sur l'avis du Conseil municipal et du Conseil départemental.

ART. 6. — Dans le cas où un ou plusieurs adjoints ou adjointes sont attachés à une École, le Conseil départemental peut décider, sur la proposition du Conseil municipal, qu'une partie du produit de la rétribution scolaire servira à former leur traitement.

ART. 7. — Une indemnité, fixée par le Ministre de l'Instruction publique, après avis du Conseil municipal et sur la proposition du Préfet, peut être accordée annuellement aux instituteurs et institutrices dirigeant une classe communale d'adultes, payante ou gratuite, établie en conformité du paragraphe 1er de l'article 2 de la présente loi.

ART. 8. — Toute commune qui veut user[1] de la faculté, accordée par le paragraphe 3 de l'article 36 de la loi du 15 mars 1850, d'entretenir une ou plusieurs Écoles entièrement gratuites peut, en sus de ses ressources propres et des centimes spéciaux autorisés par la même loi, affecter à cet entretien le produit d'une imposition extraordinaire, qui n'excédera pas quatre centimes additionnels au principal des quatre contributions directes.

En cas d'insuffisance des ressources indiquées au paragraphe qui précède, et sur l'avis du Conseil départemental, une subvention peut être accordée à la commune sur les fonds du département, et, à leur défaut, sur les fonds de l'État, dans les limites du crédit spécial porté annuellement, à cet effet, au budget du Ministère de l'Instruction publique.

ART. 9. — Dans les communes où la gratuité est établie en vertu de la présente loi, le traitement des instituteurs et des institutrices publics se compose :

1° D'un traitement fixe de 200 francs;

2° D'un traitement éventuel calculé à raison du nombre d'élèves présents à l'École, d'après un taux de rétribution déterminé, chaque année, par le Préfet, sur l'avis du Conseil municipal et du Conseil départemental;

3° D'un supplément accordé à tous les instituteurs et institutrices dont le traitement fixe, joint au produit de l'éventuel, n'atteint pas, pour les instituteurs, les *minima* déterminés par l'article 38 de la loi du 15 mars 1850 et par le décret du 19 avril 1862, et, pour les institutrices, les *minima* déterminés par l'article 4 ci-dessus.

1. Consulter, pour l'application de cet article, la circulaire du 17 *octobre* 1867, page 168, et les circulaires du 2 *août* 1867 et du 1er *août* 1868. (*Circ. et Instr. off.*, T. VI, pages 511 et 603.)

ART. 10. — Dans les autres communes, le traitement des instituteurs et des institutrices publics se compose :

1° D'un traitement fixe de 200 francs ;

2° Du produit de la rétribution scolaire ;

3° D'un traitement éventuel calculé à raison du nombre d'élèves gratuits présents à l'École, d'après un taux déterminé, chaque année, par le Préfet, sur l'avis du Conseil municipal et du Conseil départemental ;

4° D'un supplément accordé à tous les instituteurs et institutrices dont le traitement fixe, joint au produit de la rétribution scolaire et du traitement éventuel, n'atteint pas, pour les instituteurs, les *minima* déterminés par l'article 38 de la loi du 15 mars 1850 et par le décret du 19 avril 1862, et, pour les institutrices, les *minima* déterminés par l'article 4 ci-dessus.

ART. 11. — Le traitement déterminé, conformément aux deux articles précédents, pour les instituteurs et institutrices en exercice au moment de la promulgation de la présente loi, ne peut être inférieur à la moyenne de leurs émoluments pendant les trois dernières années.

ART. 12. — Le Préfet du département et le maire de la commune peuvent se pourvoir devant le Ministre de l'Instruction publique contre les délibérations du Conseil départemental, prises en vertu du deuxième paragraphe de l'article 15 de la loi de 1850, pour la fixation du taux de la rétribution scolaire.

ART. 13. — Dans les communes qui n'ont point à réclamer le concours du département ni de l'État pour former le traitement des instituteurs et institutrices, tel qu'il est déterminé par les articles 9 et 10, ce traitement peut, sur la demande du Conseil municipal, être remplacé par un traitement fixe, avec l'approbation du Préfet, sur l'avis du Conseil départemental.

ART. 14. — Il est pourvu aux dépenses résultant des articles 1, 2, 3, 4, 5 et 7 ci-dessus comme à celles résultant de la loi de 1850, au moyen des ressources énumérées dans l'article 40 de ladite loi, augmentées d'un troisième centime départemental additionnel[1] au principal des quatre contributions directes.

ART. 15. — Une délibération du Conseil municipal, approuvée par le Préfet, peut créer, dans toute commune, une caisse des Écoles destinée à encourager et à faciliter la fréquentation de l'École par

1. Consulter l'instruction complémentaire du 30 *juin* 1867 (*Circ. et Instr. off.*, T. VI, page 501) pour l'exécution de la loi et en particulier de l'article 14 (aux Préfets). — Consulter aussi la circulaire du 17 *octobre* 1867 (aux Préfets).

des récompenses aux élèves assidus et par des secours aux élèves indigents[1].

Le revenu de la caisse se compose de cotisations volontaires et de subventions de la commune, du département ou de l'État. Elle peut recevoir, avec l'autorisation des Préfets, des dons et des legs.

Plusieurs communes peuvent être autorisées à se réunir pour la formation et l'entretien de cette caisse.

Le service de la caisse des Écoles est fait gratuitement par le percepteur.

ART. 16. — Les éléments de l'histoire et de la géographie de la France sont ajoutés aux matières obligatoires de l'enseignement primaire[2].

ART. 17. — Sont soumises à l'inspection, comme les Écoles publiques, les Écoles libres qui tiennent lieu d'Écoles publiques, aux termes du quatrième paragraphe de l'article 36 de la loi de 1850, ou qui reçoivent une subvention de la commune, du département ou de l'État[3].

ART. 18. — L'engagement de se vouer pendant dix ans à l'enseignement public, prévu par l'article 79 de la même loi, peut être réalisé, tant par les instituteurs que par leurs adjoints, dans celles des Écoles mentionnées à l'article précédent qui sont désignées à cet effet par le Ministre de l'Instruction publique, après avis du Conseil départemental.

1. Voir la circulaire du 7 *octobre* 1868, et les tableaux y annexés pour l'établissement du budget de la caisse des Écoles. (*Circ. et Instr. off.*, T. VI, page 608.)

2. Consulter la circulaire du 8 *avril* sur les interrogations d'histoire de France au brevet de capacité. (*Circ. et Instr. off.*, T. VI, page 594.)

La circulaire confidentielle aux Recteurs, du 24 *novembre* 1868, sur le même objet, portait :

« Il me paraît utile de signaler à votre attention l'importance particulière de l'examen en ce qui concerne l'histoire de France et le soin avec lequel doivent être interrogés les candidats.

« D'après les rapports qui me sont parvenus sur les résultats constatés par les Commissions départementales chargées d'examiner les aspirants et aspirantes au brevet de capacité, il y a lieu de craindre que dans quelques établissements libres, où la surveillance ne peut être exercée en dehors des limites fixées par l'article 21 de la loi du 15 mars 1850, l'enseignement de l'histoire ne soit dirigé de façon à donner aux candidats, qui se préparent à subir leur examen, des opinions préconçues, au lieu de leur exposer, sans parti pris, des faits que personne ne doit ignorer, et de leur faire connaître, avec impartialité, les hommes qui, aux différentes époques de notre histoire, ont le plus contribué à la grandeur de la France et à sa prospérité.

« Il est donc essentiel que le membre de la Commission qui interroge sur l'histoire s'assure que, dans l'appréciation sommaire des hommes et des choses, le jugement des candidats n'a pas été faussé par une direction mauvaise ou inintelligente.... »

3. Consulter la circulaire du 31 *janvier* 1868 pour l'application de cet article (aux Préfets).

L'engagement décennal peut être contracté, avant le tirage, par les instituteurs adjoints des Écoles désignées ainsi qu'il vient d'être dit.

Sont applicables à ces mêmes Écoles les dispositions de l'article 34 de la loi de 1850 concernant la fixation du nombre des adjoints, ainsi que le mode de leur nomination et de leur révocation.

ART. 19. — Les décisions du Conseil départemental, rendues dans les cas prévus par l'article 28 de la loi de 1850, peuvent être déférées, par voie d'appel, au Conseil impérial de l'Instruction publique.

Cet appel doit être interjeté dans le délai de dix jours, à compter de la notification de la décision.

ART. 20. — Tout instituteur ou toute institutrice libre qui, sans en avoir obtenu l'autorisation du Conseil départemental, reçoit dans son École des enfants d'un sexe différent du sien, est passible des peines portées à l'article 29 de la loi de 1850.

ART. 21. — Aucune École primaire, publique ou libre, ne peut, sans l'autorisation du Conseil départemental, recevoir d'enfants au-dessous de six ans, s'il existe dans la commune une salle d'asile publique ou libre.

ART. 22. — Sont abrogées les dispositions des lois antérieures en ce qu'elles ont de contraire à la présente loi.

---

12 mai 1867.

Instruction du Ministre de l'Instruction publique, relative à l'exécution de la loi du 10 avril 1867, concernant l'enseignement primaire.

12 Mai 1867[1].

Monsieur le Préfet, j'ai l'honneur de vous envoyer un certain nombre d'exemplaires de la loi du 10 avril 1867 sur l'enseignement primaire.

Cette loi, destinée à donner une plus vive impulsion à l'instruction primaire publique et à combler les lacunes que présentait l'enseignement des filles, est d'avance acceptée comme un bienfait par les populations. Qu'elle soit exécutée comme elle a été comprise, et la France, qui a dépassé toutes les nations pour l'extension des droits politiques du peuple, ne laissera bientôt à aucune autre l'honneur de prétendre au premier rang pour l'instruction populaire.

Afin d'arriver à une exécution prompte et complète de cette loi, je crois devoir appeler votre attention sur les principales dispositions qu'elle contient.

Ecoles de filles. — En principe, il est à désirer que toutes les communes aient une École spéciale à chaque sexe; mais la loi n'a pas cru pouvoir imposer cette obligation aux communes qui ont moins de 500 âmes. Cette limite se justifie

1. Consulter la circulaire du 15 *mai* 1867 aux Recteurs et la circulaire complémentaire du 30 *juin* 1867. (*Circ. et Instr. off.*, T. VI, pages 487 et 501.)

par deux motifs : 1° les communes au-dessous de 500 âmes fourniraient un si petit nombre d'enfants à chaque École, que la classe, partagée en plusieurs divisions, comme l'exigent non seulement les règlements, mais l'âge même des enfants, serait privée de toute émulation, et que l'enseignement y deviendrait presque individuel ; 2° les dépenses d'une telle organisation, qui retomberaient, en grande partie, à la charge des départements et de l'État, absorberaient, sans utilité réelle, des ressources qui doivent être mieux employées. Tous vos efforts pour la création de ces Écoles devront donc se porter en premier lieu vers les communes où la population, plus nombreuse, fournit aux Écoles mixtes un plus grand nombre d'enfants, et dans lesquelles, par conséquent, le mélange des sexes présente le plus d'inconvénients. Si toutes les communes de plus de 500 âmes pouvaient organiser immédiatement une École de filles et faire ainsi de leur École mixte une École spéciale aux garçons, nous n'aurions qu'à nous en féliciter; mais nous ne pouvons espérer qu'il en sera ainsi; profitons au moins de toutes les circonstances favorables pour assurer à la loi l'exécution la plus rapide qui pourra lui être donnée.

Vous voudrez bien, Monsieur le Préfet, constater d'abord quelles sont les communes de votre département qui tombent sous le coup de la loi et les mettre en demeure de se conformer à ses prescriptions; mais vous vous attacherez à reconnaître celles d'entre elles qui peuvent s'y soumettre sans de trop grandes difficultés, et vous insisterez pour qu'elles prennent sur-le-champ les dispositions que commande la création d'une École spéciale de filles.

Si ces communes demandent à être dispensées de la création d'une École publique et à y suppléer par une École libre, le Conseil départemental, qui doit statuer sur leur demande, ne perdra pas de vue que les intérêts d'une École libre, quelque recommandable qu'elle soit, ne doivent pas être une considération déterminante. Il faut que cette École, pour justifier la faveur qui lui serait accordée, tienne réellement lieu d'une École publique, et, pour cela, qu'elle se soumette à l'inspection, comme le veut l'article 17 de la loi nouvelle, mais surtout que l'instruction des jeunes filles pauvres y soit assurée. La circulaire du 24 décembre 1850 avait prévu le cas où une École libre refuserait de recevoir gratuitement les jeunes filles indigentes, et elle déclarait qu'alors l'instituteur communal ne serait pas déchargé de son devoir d'instruire les filles pauvres; à plus forte raison, l'École étant autorisée à tenir lieu d'École publique, le Conseil départemental doit-il stipuler l'admission des enfants pauvres, dont la liste devra être dressée conformément à l'article 45 de la loi du 15 mars 1850. Il n'y a, en cela, aucune atteinte à la liberté de l'enseignement; car les Écoles libres auront toujours la faculté de renoncer à la faveur qui leur aura été faite. Mais, si on ne leur imposait pas cette obligation, l'École communale resterait forcément mixte, puisqu'elle continuerait de recevoir les jeunes filles pauvres. Il sera toutefois bon que les Conseils départementaux prennent les précautions nécessaires pour que ces Écoles, après avoir assuré leur prospérité en recevant toutes les jeunes filles que l'absence de concurrence ne permettrait pas de placer ailleurs, ne puissent renoncer tout d'un coup à tenir lieu d'Écoles publiques et ne se placent ainsi en dehors des conditions premières. Il y aurait là un dommage pour les familles pauvres, que l'expérience ordonne de prévoir. Les Conseils départementaux devront donc avoir sous les yeux le traité passé entre la commune et la directrice de l'École libre.

L'article 4 divise les institutrices communales en deux classes; mais il ne fixe pas le nombre des institutrices qui devront faire partie de la première. Il vous appartient de statuer à cet égard sur la proposition de M. l'Inspecteur d'Académie. Vous serez nécessairement limité jusqu'à un certain point, sous ce rapport, par les ressources des communes et du département. Cependant, l'État devant combler le déficit, vous ne vous croirez pas obligé de maintenir dans la deuxième classe des institutrices qui, par leurs services, leurs charges de famille et leur isolement, mériteraient un avancement. Ce sera, en outre, une prime que vous réserverez aux institutrices pourvues du brevet, et qui, d'un autre côté, en seraient dignes par la supériorité de leur enseignement. Il y a tout lieu de croire, d'ailleurs, que ces institutrices jouiront déjà d'émoluments supérieurs aux *minima* déterminés par la loi, et qu'à cet égard, vous n'éprouverez pas d'embarras.

Travaux à l'aiguille. — Quant aux Écoles qui devront rester, à un titre quelconque, communes aux deux sexes, il y aura lieu d'y confier immédiatement la direction des travaux à l'aiguille des jeunes filles à une femme, conformément à l'article 1er, § 2, de la loi.

Vous ne sauriez, Monsieur le Préfet, procéder à ce choix avec trop de circonspection. Lorsque l'instituteur sera marié et père de famille, votre choix devra naturellement s'arrêter sur la femme, la fille ou la sœur de l'instituteur, si toutefois elle est réellement en état de donner de bonnes leçons de couture aux enfants. Dans le cas contraire, il faudra désigner, autant que possible, une mère de famille, dont l'âge, la conduite et la tenue seront de nature à inspirer le respect. La maîtresse des travaux d'aiguille n'est chargée par la loi que de cette partie de l'enseignement; mais il serait à désirer que cette personne pût assister aux classes et à la sortie des jeunes filles. Sa seule présence sera tout à la fois une garantie pour les maîtres et pour les élèves; enfin, quoiqu'elle ne doive prendre aucune part à l'enseignement donné par l'instituteur, elle le remplacera utilement au point de vue de l'ordre dans les rares occasions où celui-ci sera obligé de s'absenter de sa classe. C'est ainsi que beaucoup des inconvénients des Écoles mixtes pourront disparaître, et que les familles n'hésiteront plus à y envoyer les jeunes filles. Sans doute, une semblable tâche exigera une plus longue présence de la part de la maîtresse que n'en exigeraient de simples leçons de couture; mais il y a lieu de remarquer que, pendant les classes, la maîtresse pourra se livrer, soit au travail d'entretien du linge et des vêtements de sa famille, soit à la confection des vêtements dont elle se chargerait par état; ces travaux, exécutés sous les yeux des jeunes filles, ne contribueraient pas peu, d'ailleurs, à leur en inspirer le goût, tout en développant leur adresse.

Le traitement qui devra être attribué à cette maîtresse variera nécessairement selon les localités, le temps qu'elle consacrera à l'école et sa position personnelle. Attribué à la femme de l'instituteur, il pourrait être une charge moins lourde pour la commune, tout en contribuant au bien-être du ménage de l'instituteur.

Veuillez, Monsieur le Préfet, examiner avec soin la situation des communes auxquelles la nouvelle loi est applicable, et inviter, selon les cas, les Conseils municipaux, dans leur prochaine session, à délibérer, soit sur la création des Écoles spéciales de filles, soit sur le choix du local où elles pourront être établies, soit enfin sur le traitement qui devra être alloué à la maîtresse des travaux d'aiguille; MM. les maires auront soin, pour faciliter ce dernier vote, d'indiquer aux Conseils municipaux la personne sur laquelle ils se proposent d'appeler votre choix. Toutefois, Monsieur le Préfet, je vous recommande de ne prendre à cet égard un parti définitif qu'après vous être assuré que la personne présentée est réellement en état de donner d'utiles leçons; il ne faut pas nous exposer à céder aux sentiments de commisération qui pourraient porter quelques maires à confier cette tâche à des personnes dans le besoin, mais peu capables. Ainsi donc, soit qu'il s'agisse de la femme ou de la fille de l'instituteur, soit qu'il s'agisse d'une étrangère, l'Inspecteur primaire sera appelé à vous donner son avis, après avoir pris toutes les précautions nécessaires pour s'éclairer.

Quant au choix du local, qu'il s'agisse d'une location, d'une appropriation ou d'une construction, je vous recommande de vous montrer facile. Les règles prescrites pour les Écoles de garçons doivent évidemment être appliquées aux Écoles de filles, en ce qui concerne la salubrité : vous ne devez donc vous départir en rien, sous ce rapport, de la juste sévérité que vous apportez ordinairement à l'examen des plans qui vous sont soumis; mais, lorsqu'il n'y aura aucun intérêt de ce genre en péril, et que des dispositions qui ne vous satisferaient pas complètement vous seront présentées, vous les accepterez plutôt que d'exposer la commune à rester sans École de filles. La création d'une École de ce genre est un bienfait si grand, que, pour l'acquérir, il faut se résigner à sacrifier quelques-unes de ces formalités minutieuses mais prudentes, qui, excellentes pour les temps ordinaires, deviennent une gêne inutile au moment où il faut installer un grand service en usant de toutes les bonnes volontés et de toutes les circonstances favorables. Sans doute, il serait préférable, surtout lorsqu'il s'agit d'une construction, d'établir les choses dans les meilleures conditions possibles et en prévision de l'avenir; mais nous serions loin de compter autant d'Écoles, si, dans l'origine, et en exécution de la loi de 1833, on avait apporté dans l'approbation de ces constructions la rigueur qu'on y a mise depuis. Commençons par établir le mieux que nous pourrons les Écoles de filles; lorsque les populations en auront vu les bons effets, elles ne reculeront pas devant les sacrifices que leur commandera la nécessité d'une amélioration. Mais, si vous pouvez ne pas vous montrer exigeant quant à la manière de construire, vous ne devez jamais transiger, je le répète, sur les points qui intéressent la santé des élèves et des maîtresses.

Fixation du nombre des Ecoles de garçons et de filles dans les communes. — Ecoles de hameau. — Il est souvent arrivé que des communes, occupant une assez grande étendue de terrain, ne satisfaisaient pas à leurs obligations scolaires par l'entretien d'une seule École. Les habitants demandaient en vain qu'il en fût établi une seconde; leur réclamation ne trouvait pas d'écho au sein du Conseil municipal, pris souvent tout entier dans la partie de la commune qui n'était pas en souffrance. L'Administration avait beau rappeler à ces Conseils que la loi les obligeait à entretenir une ou plusieurs Écoles primaires; ils restaient sourds à des recommandations qui n'étaient appuyées d'aucune mesure coercitive. Ce n'est pas, d'ailleurs, le seul cas où il y aurait lieu d'agir sur des Conseils municipaux. Il est arrivé qu'une maison scolaire, construite il y a vingt ans, est devenue insuffisante par suite de l'augmentation du nombre des élèves, et que, pour éviter la dépense d'une seconde École, on a limité, chaque année, le nombre des nouveaux élèves qui seraient admis et de ceux des anciens qui seraient conservés; d'où il résultait que des enfants en âge de suivre les classes attendaient longtemps leur tour d'admission, et que d'autres qui auraient eu tout intérêt à y prolonger leur séjour étaient obligés d'en sortir; quelquefois la liste des enfants à admettre gratuitement était réduite outre mesure, afin de laisser de la place aux élèves payants et de ménager les ressources de l'instituteur. L'article 2 de la loi met un terme à cette fâcheuse situation. Ce sera désormais le Conseil départemental qui fixera le nombre des Écoles à entretenir par les communes, et, ce nombre étant fixé, l'entretien des Écoles deviendra obligatoire. Vous aurez donc le droit, dans ce cas, d'imposer d'office les communes. Je n'ai pas besoin de dire que vous ne pourrez obliger la commune à fournir aux instituteurs nouveaux un traitement supérieur aux *minima* déterminés par l'article 10 de la loi.

Avant de fixer le nombre des Écoles à entretenir, le Conseil départemental devra avoir sous les yeux :

1° Le plan topographique de la commune, indiquant l'emplacement de l'École existante et celui de l'École à ouvrir;

2° Un état certifié du chiffre de la population, indiquant le nombre exact des enfants aptes à fréquenter l'École demandée, et qui ne peuvent, vu la distance, se rendre à l'École existante;

3° Une copie résumée du budget de la commune;

4° Une délibération du Conseil municipal, indiquant, s'il y a lieu, la raison de son opposition à la création de la seconde École;

5° L'avis du délégué cantonal et de l'Inspecteur primaire;

6° Le rapport de l'Inspecteur d'Académie et votre propre proposition.

Il en sera de même lorsqu'il s'agira de l'établissement d'une École dans un de ces hameaux dont les habitants contribuaient jusqu'ici aux dépenses de l'École communale, sans pouvoir y envoyer leurs enfants. Ces petites agglomérations de population, trop longtemps dédaignées par certains Conseils municipaux, représentants exclusifs des intérêts du chef-lieu de la commune, ne seront plus privées du bienfait de l'enseignement. Vous aurez donc à examiner la situation des communes qui comptent dans leur circonscription un ou plusieurs hameaux, et à vous informer si la distance qui sépare ces hameaux est réellement un obstacle à la fréquentation de l'École. Si MM. les délégués cantonaux veulent bien vous aider dans cette recherche et s'entendre à cet effet avec MM. les Inspecteurs primaires, ils pourront vous fournir à cet égard d'utiles renseignements; car, mieux que personne, ils sont en état d'apprécier les besoins des populations au milieu desquelles ils vivent. Une fois la nécessité d'une École de hameau reconnue, vous inviterez le Conseil municipal à délibérer sur les moyens de l'établir. Une École de ce genre, qui sera presque toujours mixte et peu nombreuse, se prêtera à toutes les formes d'organisation. Il est, sans doute, à désirer qu'elle puisse être ouverte toute l'année dans les mêmes conditions que les Écoles ordinaires; mais il faudra se garder de repousser les combinaisons qui s'éloigneraient du règlement des Écoles, et que de véritables nécessités commanderaient. Ainsi, l'École de hameau pourra être tenue par une femme ou par un homme. Ici, elle ne sera ouverte qu'à telles ou telles heures de la journée; là, que pendant telle ou telle partie de l'année. Le but que la loi se propose n'est pas d'établir une uniformité impossible, mais de mettre à la disposition des familles des moyens certains d'instruction. Dans quelques départements où la population des hameaux abandonne presque tout entière la plaine pour se retirer l'été dans les montagnes avec les troupeaux, l'instituteur suit la population et réunit où il peut et comme il peut, à de certaines heures, les enfants, pour leur donner les leçons dont ils ont besoin. Il y a certes, dans cet arrangement, dans cette classe en quelque sorte vagabonde, une déviation considérable de la règle ordinaire; mais, loin de blâmer cet état de choses, on doit, au contraire, s'en féliciter, puisque autrement les enfants seraient totalement privés d'instruction. Les diverses combinaisons auxquelles on pourra s'arrêter seraient mauvaises, pour la plupart, dans les centres où une École régulière peut être tenue; mais, dans les hameaux éloignés, privés de voies de communication, elles deviendront un véritable bienfait. Le Conseil départemental fera donc bien, lorsqu'il s'agira de déterminer les cas où il devra être établi des Écoles de hameau dans les communes, de constater les besoins des populations et d'y autoriser, sur votre proposition, tous les arrangements propres à y assurer l'instruction des enfants. Ce point est l'affaire capitale; tout le reste doit y être subordonné.

Instituteurs adjoints et institutrices adjointes chargés d'une Ecole de hameau. — Le choix de l'instituteur ou de l'institutrice adjointe à qui ces Écoles de hameau devront être confiées vous appartient incontestablement. Vous pouvez donc prendre ces maîtres ou maîtresses, soit parmi les aspirants au brevet de capacité, soit parmi les habitants des hameaux qui vous présenteraient des garanties suffisantes d'instruction et de moralité. Il ne faut même pas exiger, dans ces petites Écoles, qu'on y enseigne toute la partie dite obligatoire du programme. Que les enfants aujourd'hui complètement étrangers aux plus simples connaissances primaires y apprennent la lecture, l'écriture, les quatre règles, et on aura déjà fait beaucoup. Quant aux Écoles de hameau qui auraient tous les caractères d'une véritable École, je ne verrais que des avantages à ce que vous en choisissiez le maître ou la maîtresse parmi les candidats brevetés. Elles seraient ainsi des postes utiles de début pour les élèves des Écoles normales primaires. Ces maîtres seront naturellement placés sous la surveillance morale et la direction de l'instituteur communal.

Logement et traitement des instituteurs et institutrices adjoints chargés d'une Ecole de hameau. — L'article 3 de la loi veut que la commune fournisse à l'instituteur ou à l'institutrice adjointe dirigeant une École de hameau un local convenable, tant pour leur habitation que pour la tenue de la classe, ainsi que le mobilier de classe et un traitement. Il va sans dire que ces conditions doivent être rigoureusement remplies dans les communes où ces Écoles de hameau seront tenues d'une manière régulière et permanente.

J'ajoute que la construction d'une maison d'école y serait très désirable, parce qu'il y aurait là un service public qui ne pourrait que se développer. Il est probable, en effet, que ces hameaux se peupleront de plus en plus, lorsque les habitants y trouveront les ressources nécessaires pour l'éducation de leurs enfants. Je serais donc disposé à favoriser ces constructions par la concession de secours qui, dans certains cas, pourraient être accordés dans une proportion plus forte que celle que je suis obligé de m'imposer aujourd'hui.

Pour les petits hameaux où il faudra se contenter d'une location, vous aurez soin de n'y laisser installer l'École que si le local choisi présente les conditions de salubrité nécessaires; mais vous ne vous montrerez pas difficile pour les autres conditions: rien, par exemple, ne vous obligera à exiger que l'instituteur adjoint ait son logement dans la même maison que la classe. Cela sera préférable si les localités le permettent; mais il ne faut pas que des arrangements de ce genre deviennent un obstacle sérieux à la création de l'École.

Rien ne s'oppose, au surplus, à ce que des communes se réunissent pour l'entretien d'Écoles de hameau; il y a telles circonstances locales où des hameaux, établis à une grande distance de leurs chefs-lieux, se trouvent, quoique faisant partie de communes différentes, assez rapprochés pour que les enfants puissent aller de l'un dans l'autre; il se peut aussi que, chaque hameau ayant son École, il y ait intérêt à faire dans l'un une École spéciale de garçons, et dans l'autre une École spéciale de filles. Des arrangements analogues peuvent même être convenus, sauf votre approbation, entre deux communes limitrophes. Toutes ces combinaisons sont admissibles lorsqu'il y a avantage évident pour les familles, et je ne doute pas que les Conseils départementaux n'y aient égard ainsi que vous.

Choix des instituteurs adjoints chargés des Écoles de hameau. — Il est à désirer que les Écoles de hameau, où les jeunes instituteurs feront utilement leurs premières armes, puissent aussi servir de transition aux instituteurs fatigués, et qu'on songerait à admettre à la retraite. Quand ces instituteurs ne peuvent plus tenir des Écoles nombreuses, ils suffiraient peut-être encore à donner des leçons de lecture, d'écriture et de calcul à un petit nombre d'enfants. Malheureusement, en adoptant cette mesure, vous exposeriez les instituteurs à éprouver une perte considérable, si leur pension était réglée d'après le dernier traitement dont ils jouissaient dans ces hameaux. Il y a, toutefois un moyen d'obvier parfois à ce grave inconvénient. Tel instituteur, par exemple, ayant droit à la retraite, pourrait encore rendre des services dans une petite École de hameau. Au lieu de le nommer immédiatement à ce dernier poste, proposez son admission à la retraite, puis, la pension étant liquidée, remettez-le en activité dans un hameau. Aux termes de l'article 28 de la loi du 9 juin 1853 sur les pensions civiles, la pension de ce maître remis en activité sera suspendue pendant tout le temps de son nouveau service; il la retrouvera lorsqu'il sera définitivement obligé de se reposer, ou, s'il a intérêt à demander une nouvelle liquidation, il en aura le droit aux termes de l'article précité, lequel est ainsi conçu :

« ART. 28. Lorsqu'un pensionnaire est remis en activité, le payement de sa « pension est suspendu.

« Lorsqu'il est remis en activité dans un service différent, il ne peut cumuler « sa pension et son traitement que jusqu'à concurrence de 1 500 francs.

« Après la cessation de ses fonctions, il peut rentrer en jouissance de son « ancienne pension ou obtenir, s'il y a lieu, une nouvelle pension basée sur la « généralité de ses services. »

Comme, selon toute probabilité, le traitement alloué à l'instituteur d'une École de hameau sera supérieur à sa retraite, il y aura toujours avantage pour l'instituteur à prolonger son activité, puisqu'il n'aura plus à craindre que cette prolongation ait pour résultat de réduire sa pension. Je ne sais encore ce que les circonstances permettront de faire pour améliorer la retraite des instituteurs; mais, en attendant, le moyen que je vous indique pourra être quelquefois employé utilement dans l'intérêt des maîtres comme dans celui des Écoles de hameau.

Vous n'oublierez pas, dans tous les cas, Monsieur le Préfet, que le dernier paragraphe de l'article 2 de la loi exige que les délibérations du Conseil départemental, relatives à la fixation du nombre des Écoles à établir dans une commune et à la création des Écoles dans les hameaux, soient soumises au Ministre de l'Instruction publique. Vous voudrez donc bien m'adresser, lorsqu'il y aura lieu, vos propositions à ce sujet, accompagnées de la délibération du Conseil départemental et de toutes les pièces qui auront été mises sous ses yeux.

Adjoints et adjointes dans les Écoles communales. — Enfin, Monsieur le Préfet, la loi soumet également à l'approbation du Ministre de l'Instruction publique les délibérations des Conseils départementaux relatives à la désignation des Écoles de filles auxquelles devront être attachées des institutrices adjointes. On pourrait croire, au premier abord, que l'article 2 de la loi du 10 avril, ne mentionnant que les Écoles de filles, ne vous impose pas la même obligation en ce qui concerne les Écoles de garçons. Ce serait une erreur. L'article 34 de la loi du 15 mars 1850 contient à l'égard des Écoles de garçons une disposition analogue à celle qui est contenue dans le deuxième paragraphe de l'article 2 de la loi du 10 avril pour les Écoles de filles. L'article 5 de la loi du 10 avril règle le traitement des adjoints, et l'article 14 porte qu'il sera pourvu à ces dépenses, comme à celles qui résultent de la loi de 1850, au moyen des ressources énumérées dans l'article 40 de ladite loi : il en résulte que, les mêmes dispositions s'appliquant également aux instituteurs adjoints et aux institutrices adjointes, vous aurez à m'adresser les mêmes pièces justificatives dans l'un et l'autre cas.

Il n'a pas été possible de fixer d'avance le chiffre de la population scolaire au delà de laquelle un maître ou une maîtresse adjointe serait nécessaire. Cette nécessité peut varier selon des circonstances dont il a paru préférable de laisser l'appréciation au Conseil départemental. Telle École qui ne réunit pas plus de 60 enfants, mais où l'enseignement reçoit tous les développements prévus par la loi, exigera la présence d'un adjoint, plutôt que telle autre École qui comptera 80 ou 100 enfants auxquels la partie obligatoire seule de l'instruction primaire sera enseignée. Tel maître jeune et actif suffira pour 80 écoliers, tandis que tel autre, déjà âgé ou maladif, succomberait à la fatigue que lui imposeraient 50 ou 60 enfants. Ce sont toutes ces circonstances qui détermineront le Conseil départemental ; mais il ne perdra pas de vue que la dépense résultant de cette adjonction sera garantie par le département et par l'État, si les ressources de la commune n'y suffisent pas, et qu'elle ne devra leur être imposée qu'en cas d'absolue nécessité. J'aurai à parler plus loin de quelques questions relatives au système financier qui va régir l'instruction primaire ; mais je ne dois pas négliger ici de vous recommander cette bonne et sage économie, qui, ne reculant devant aucun sacrifice utile, s'arrête devant des dépenses qui ne sont point suffisamment justifiées.

Attribution d'une partie de la rétribution scolaire aux adjoints et adjointes. — Je n'ignore pas que l'article 6 de la loi du 10 avril a excité quelque émotion parmi un certain nombre d'instituteurs. Cet article permet au Conseil départemental d'attribuer à la formation du traitement des adjoints une partie de la rétribution scolaire, laquelle, jusqu'à présent, a appartenu aux instituteurs, et ceux-ci ont pu craindre de voir ainsi diminuer leur revenu. J'ai hâte de vous donner à cet égard les explications propres, je l'espère, à dissiper toute espèce d'inquiétude. Et d'abord, dans l'état actuel des choses, il n'y a que 1 013 instituteurs adjoints des Écoles laïques qui soient rétribués sur les fonds communaux ; les autres, au nombre de 1 710, sont payés par les instituteurs eux-mêmes. Ceux-ci n'ont donc rien à perdre. Quant aux premiers, dont la plupart ne pourraient partager le produit de la rétribution scolaire avec un adjoint sans voir leur revenu s'amoindrir d'une manière injuste, la loi ne peut leur être contraire, puisqu'elle a pour but l'amélioration des Écoles et du sort des maîtres, et qu'elle devra être exécutée conformément à son esprit. La participation des adjoints au bénéfice de la rétribution scolaire n'aura donc lieu que dans ces grandes Écoles où la présence d'un ou de plusieurs adjoints attire un grand nombre d'enfants.

Il est évident que la prospérité d'une semblable École n'est pas uniquement due à l'instituteur directeur, mais aux sacrifices votés par le Conseil municipal pour lui adjoindre des maîtres expérimentés, et qu'il ne serait pas juste que cette prospérité pesât lourdement sur les finances de la commune au seul profit de l'instituteur, alors peut-être que ses adjoints, c'est-à-dire les auteurs mêmes de sa fortune, seraient réduits aux *minima* déterminés par l'article 5. Un système, qui rappelle celui de la loi actuelle, a prévalu dans l'enseignement secondaire en ce qui concerne la répartition de l'éventuel dans les Lycées. Le Conseil départemental fixera équitablement, sur la proposition du Conseil municipal, la part du traitement des adjoints qui doit rester à la charge de la commune, et vous aurez soin, Monsieur le Préfet, de veiller à ce que cette part de la rétribution scolaire ne vienne pas en déduction des dépenses des Écoles, mais demeure affectée, soit au traitement, s'il y a lieu, de nouveaux maîtres adjoints, soit à l'augmentation du traitement de ceux de ces maîtres qui auraient bien mérité. On aura donc soin, dans tous les cas, de fixer la part communale de telle sorte qu'elle ne réduise pas les revenus de l'instituteur, et que la prospérité de l'École ne devienne pas pour lui une cause d'amoindrissement. La disposition transitoire de l'article 11 garantit d'ailleurs les situations acquises.

Logement des instituteurs et institutrices adjoints. — Le logement, dû par la commune aux adjoints et aux adjointes, sera donné, toutes les fois que le local le permettra, dans le bâtiment même de l'École, à la condition toutefois qu'il n'en résulte aucune gêne pour l'instituteur ou sa famille. Dans le cas contraire, il leur sera alloué une indemnité de logement, et la délibération du Conseil municipal portant fixation de cette indemnité sera soumise à votre approbation; car il s'agira d'une dépense qui pourra tomber à la charge du département ou de l'État.

Cours d'adultes. — Je n'ai point à rappeler l'extension extraordinaire donnée depuis deux ans aux cours d'adultes par les instituteurs. La loi ne pouvait demeurer indifférente à de tels efforts et à de semblables résultats, qui démontraient, par l'exemple, la possibilité de doter la France d'un nouvel ordre d'enseignement. Elle a donc voulu tout à la fois assurer aux maîtres une récompense bien méritée, et faire de ces cours d'adultes, dont l'existence avait été jusque-là si précaire, l'objet d'une institution permanente, destinée à compléter l'œuvre de l'école du jour, et assimilée, au point de vue financier, à l'ensemble des services scolaires. Par son article 7, la loi a décidé qu'une indemnité pourrait être accordée par le Ministre de l'Instruction publique, sur la proposition du Préfet, après avis du Conseil municipal, aux instituteurs qui dirigent des classes du soir. Tout en soutenant ainsi les cours d'adultes, la loi conserve à leurs directeurs la liberté qui a donné à cette grande œuvre des deux dernières années son caractère de spontanéité. Elle ne contraint pas les instituteurs; elle se borne à aider leur initiative et celle des communes. La quotité de l'indemnité accordée pourra dépendre du crédit affecté par le budget aux besoins de l'instruction primaire, et je ne puis, dès à présent, vous faire connaître le chiffre total à raison duquel vous devrez, dans votre département, fixer le montant des allocations individuelles; mais, sans prétendre payer un dévouement qui cherche avant tout sa récompense dans la conscience du devoir accompli et dans l'estime publique, j'espère que les efforts combinés des particuliers, des communes, des départements et de l'État prouveront aux directeurs des cours d'adultes que, dans notre état social, une bonne action se trouve souvent avoir été encore un bon calcul. Si, à mon grand regret, l'indemnité qui sera allouée aux instituteurs ne compense pas complètement les peines qu'ils se seront données, il leur restera la satisfaction de savoir que la société demeure leur obligée. Ce sentiment les soutiendra dans la continuation de leur œuvre excellente.

Il est dit, dans l'article 7, que des indemnités pourront être accordées aux instituteurs et institutrices dirigeant une classe communale d'adultes établie en conformité du paragraphe 1er de l'article 2 de la loi. Or, ce paragraphe 1er porte que le nombre des Écoles à établir dans une commune sera fixé par le Conseil départemental sur l'avis du Conseil municipal. Il importera donc que les cours d'adultes dont il s'agira d'indemniser les directeurs aient été ouverts en vertu d'une délibération du Conseil municipal et d'une décision du Conseil départemental; en un mot, que ce cours ait un caractère d'institution communale. L'État ne pouvait prendre l'engagement de contribuer à tous les cours qui auraient pu être fondés par l'initiative privée; mais, s'il est obligé de soutenir les cours communaux d'adultes, il s'efforcera volontiers de venir en aide à ceux des cours privés qui rendraient d'incontestables services. Quoi qu'il en soit, Monsieur le Préfet, il importe que vous ne perdiez pas de vue les dispositions que je viens de vous rappeler, et que, chaque année, vous invitiez les Conseils municipaux à délibérer, dans leur session du mois de février, sur l'ouverture ou l'entretien des cours d'adultes, en même temps qu'ils délibéreront sur les dépenses d'entretien des écoles du jour, et vous aurez soin, s'il s'agit d'une création nouvelle, de soumettre au Conseil départemental la partie de la délibération relative aux cours d'adultes, afin qu'il puisse procéder conformément au premier paragraphe de l'article 2.

Personnel des instituteurs primaires. — Avant de passer à un autre article de la loi, je dois, Monsieur le Préfet, vous entretenir encore du personnel des instituteurs. Lors de la discussion de la loi du 10 avril, des vœux ont été émis au Corps législatif pour l'amélioration de leur sort. On a demandé, soit que les changements de destination fussent moins fréquents, soit qu'une indemnité de déplacement leur fût accordée lorsqu'ils sont envoyés dans un autre poste, soit que l'obligation de leur fournir un mobilier personnel fût imposée aux communes au même titre que le mobilier de classe. Tous ces vœux sont légitimes; mais le Gouvernement de l'Empereur les a en grande partie devancés. C'est ainsi que le décret du 19 avril 1862 accorde une indemnité de 100 francs à tout élève-maître d'une École normale primaire qui va prendre la direction d'une École; que le décret du 4 septembre 1863 alloue aux communes qui veulent acquérir un mobilier personnel pour leur instituteur une somme égale à la moitié de la dépense; enfin, qu'une instruction ministérielle, en date du 26 août 1862, vous a recommandé de n'opérer parmi les instituteurs primaires que les mutations indispensables, et surtout de ne les effectuer que dans un intérêt scolaire ou dans l'intérêt de l'instituteur lui-même, à moins que le changement n'ait le caractère d'une peine disciplinaire. Les instituteurs doivent donc être assurés du désir qu'éprouve le Gouvernement d'étendre, autant que possible, l'effet des mesures qu'il a provoquées. En attendant, il verrait avec une vive satisfaction les Conseils généraux attribuer à des dépenses de ce genre, soit la partie disponible des centimes spéciaux qu'ils sont autorisés à affecter aux dépenses obligatoires de l'instruction primaire, soit une partie de leurs centimes facultatifs. Quant à moi, je continuerai de soutenir les communes qui doteront leurs Écoles du mobilier personnel de leur instituteur, et vous pourrez provoquer de la part des Conseils municipaux une dépense si utile.

En vous entretenant de la gratuité de l'enseignement, je vous entretiendrai au surplus encore du sort des instituteurs; car les mesures relatives à l'extension de la gratuité se rattachent essentiellement à la question de leur traitement.

De la gratuité dans les Écoles soumises à la rétribution scolaire. — Deux écueils doivent être évités en ce qui concerne l'admission gratuite, dans les Écoles payantes, d'enfants qui seront dispensés d'y solder la rétribution scolaire. D'un côté, il serait contraire au vœu de la loi d'y recevoir, à titre gratuit, des enfants appartenant à des familles aisées; mais, d'autre part, le texte comme l'esprit de la loi seraient méconnus, si l'entrée gratuite de l'École pouvait être refusée à des enfants pour lesquels cette gratuité est nécessaire : des précautions doivent être prises, à ce double point de vue, afin d'empêcher les abus. Celles qu'avait prescrites le décret du 31 décembre 1853, dans une pensée d'économie pour le Trésor, par l'établissement d'un *maximum*, dépassaient le but; un décret du 28 mars 1865 a dû intervenir pour le modifier. La désignation pure et simple des admissibles par le Conseil municipal, ainsi que le réglait la loi du 28 juin 1833, ouvrait la porte à l'abus contraire.

Sans insister sur ces faits anciens, je me borne à vous rappeler, Monsieur le Préfet, que la législation existante respecte tous les droits et vous permet d'empêcher qu'on les méconnaisse. L'article 24 de la loi du 15 mars 1850 accorde l'admission gratuite aux enfants qui ne peuvent payer la rétribution scolaire; l'article 45 de la même loi vous charge d'arrêter la liste de gratuité dressée par le maire et le ministre du culte, et approuvée par le Conseil municipal. La loi nouvelle, par son article 10, sur lequel j'aurai à revenir, organise un système financier d'après lequel l'extension de la gratuité, dans l'École payante, ne peut jamais nuire à l'instituteur. Je n'ai pas besoin de vous rappeler que l'intérêt du Trésor ne doit pas être oublié lorsqu'il impose le devoir de repousser des prétentions mal fondées; mais vous savez aussi quelles sont les vues libérales du Gouvernement de l'Empereur; ce n'est pas au moment où la loi permet d'accorder des subventions pour établir la gratuité absolue qu'on pourrait oublier la nécessité d'appliquer, sans trop de rigueur, l'article 24 de la loi du 15 mars 1850; vous tiendrez compte de la situation des familles, du nombre des enfants, et vous ouvrirez l'École à tous ceux dont les familles, sans être dans la catégorie légale des indigents, ont réellement besoin, pour fréquenter l'École, du bienfait de la gratuité.

Les lois de 1833 et de 1850 ne considéraient la gratuité absolue de l'enseignement pour tous les élèves qui fréquentent une École que comme une exception en quelque sorte de luxe, que les communes riches pouvaient se permettre si leurs budgets leur en fournissaient les moyens. Il avait été établi que, dans ce cas, ni le département ni l'État ne pouvaient intervenir, attendu qu'en renonçant à la ressource que devait leur procurer la rétribution scolaire, ces communes auraient fait retomber le déficit au compte du département et de l'État. Mais l'expérience a prouvé qu'un assez grand nombre de familles renonçaient à envoyer leurs enfants dans les Écoles plutôt que d'endosser, en quelque sorte, la livrée de la misère, en sollicitant leur inscription sur les listes de gratuité, et la loi a voulu donner aux communes où ces abstentions menaçaient de devenir trop nombreuses les moyens de rendre leurs Écoles entièrement gratuites. En outre, la justice, comme la saine politique, voulait que le bénéfice de la gratuité complète de l'École ne fût pas accordé seulement aux habitants des grandes villes, où se trouvent déjà réunis tant de secours pour les classes laborieuses, mais que les communes rurales pauvres, celles où il y a un grand nombre de cultivateurs peu aisés, pussent, elles aussi, acquérir cet avantage, qui correspondra pour elles à un dégrèvement d'impôt. Tel est le but de l'article 8 de la loi nouvelle.

Aux termes de cet article 8, les communes qui voudront rendre leurs Écoles entièrement gratuites commenceront, en cas de besoin, par s'imposer un véritable sacrifice : elles devront voter, en sus des trois centimes exigés par la loi de 1850 et avec le concours des plus imposés, quatre autres centimes extraordinaires au principal des quatre contributions directes. Ce sacrifice ne leur créera pas toutefois, par le fait même, un droit au concours du département et de l'État; mais il leur donnera l'aptitude légale à recevoir, sur la proposition du Conseil départemental, des subventions du département et de l'État, dans les limites des crédits annuellement votés par les Conseils généraux ou portés à cet effet au budget du Ministère de l'Instruction publique.

Lorsqu'une commune voudra rendre son École entièrement gratuite, elle devra donc en exprimer le vœu dans une délibération motivée. Vous placerez cette délibération sous les yeux du Conseil départemental, en lui faisant connaître, s'il y a lieu, l'état du crédit qui aura été voté par le Conseil général, et en lui indiquant : 1° le montant de la subvention à demander, dans ce cas, aux fonds départementaux, défalcation faite du produit des quatre centimes nouveaux à voter par la commune; 2° le montant de la subvention à demander à l'État. Si le Conseil départemental émet un avis favorable à la proposition du Conseil municipal, vous inviterez ce dernier à délibérer, à l'aide des plus imposés, sur l'imposition extraordinaire des quatre centimes, laquelle imposition figurera sur le budget municipal, à la suite de l'imposition des trois centimes, et vous me transmettrez le dossier avec votre proposition. La délibération du Conseil départemental, favorable ou contraire, sera dans tous les cas portée à ma connaissance.

Vous aurez donc, Monsieur le Préfet, à mettre tous les ans sous les yeux du Conseil général, en l'invitant à voter, avec les deux centimes existant déjà, le troisième centime de même nature créé par l'article 14 de la loi pour les dépenses ordinaires des Écoles de garçons et de filles, les délibérations prises par les Conseils municipaux dans leur session de mai, qui auront été approuvées par le Conseil départemental, et ayant pour but de placer leurs Écoles sous le régime de la gratuité absolue. Le Conseil général délibérera et votera, s'il le juge convenable, une somme destinée à contribuer à l'entretien de ces Écoles. Je m'efforcerai, de mon côté, de faire ouvrir au budget de mon Ministère le crédit à l'aide duquel je pourrai combler le déficit prévu, et je vous ferai connaître jusqu'à concurrence de quelle somme vous devrez compter, pour assurer cette dépense, sur le concours de l'État. Vous pourrez alors répartir les fonds départementaux et les fonds de l'État entre celles des communes où le Conseil départemental reconnaîtra l'utilité de la mesure. Il se pourrait que cette transformation de certaines Écoles dût être ajournée faute de fonds; le Conseil départemental, dans ce cas, devra commencer par les plus petites communes où le nombre des pères de famille placés dans une position précaire ou gênée est relativement le plus considérable, et dans lesquelles l'État n'aura à assurer les traitements des instituteurs que jusqu'à concurrence des *minima* mentionnés dans le dernier paragraphe de l'article 9. Par ce moyen, nous viendrons d'abord en aide aux plus pauvres populations, et nous pourrons faciliter la gratuité dans un plus grand nombre de communues. Il sera, toutefois, nécessaire de n'accorder et de ne conserver le bienfait de ces subventions qu'aux communes dans lesquelles les enfants en âge et en état d'aller à l'École y seront régulièrement envoyés. Il faut que les communes sachent que l'État renoncerait à assurer le bénéfice de la gratuité, si l'École n'était pas suivie.

Du traitement des instituteurs et du taux de la rétribution scolaire. — L'article 10 apporte une notable amélioration à la condition d'un grand nombre d'instituteurs en activité de service. Indépendamment de 200 francs de traitement fixe et du produit de la rétribution scolaire qui leur appartient déjà, il leur assure un traitement éventuel calculé à raison du nombre d'élèves gratuits présents à l'École. Ce traitement éventuel variable, qui ne se composera, en réalité, que du produit de la rémunération payée à la place des familles indigentes, et pour leur compte, par la commune dans la limite des trois centimes spéciaux, puis par le département et l'État, viendra nécessairement, dans les communes où l'instituteur jouit d'un traitement supérieur au *minimum*, en augmentation de ce traitement; il protège l'instituteur contre le préjudice qui pouvait résulter jusqu'ici de l'extension de la gratuité dans l'École payante; il est garanti à l'instituteur, vous le voyez, aussi efficacement que les *minima* qu'il dépasse.

La rémunération payée pour les élèves gratuits ne sera pas toutefois fixée au même taux que celle qui est établie pour les élèves payants. Il ne serait pas juste que la commune, qui assure déjà un traitement fixe à l'instituteur, n'obtînt pas une diminution du prix d'écolage pour les élèves qu'elle envoie gratuitement dans les Écoles. Vous aurez donc, Monsieur le Préfet, à fixer tous les ans le taux de cette rémunération, après avoir pris l'avis du Conseil départemental et du Conseil municipal, et vous aurez soin, tout en calculant le produit de cette rétribution de manière à offrir à l'instituteur un avantage certain, de ne pas surcharger outre mesure les communes ou l'État. Cette attribution qui vous est conférée est des plus importantes. Par la fixation du taux du traitement éventuel, il vous appartient d'améliorer la situation du maître et de récompenser son zèle.

Quant au taux de la rétribution scolaire à percevoir dans les Écoles non gratuites, il continuera d'être fixé, conformément à l'article 15 de la loi du 15 mars 1850, par le Conseil départemental, sur l'avis des Conseils municipaux et des délégués cantonaux; mais l'article 12 de la nouvelle loi vous ouvre, ainsi qu'aux maires des communes, un recours devant le Ministre de l'Instruction publique contre cette fixation. Il y a lieu de croire qu'il sera rarement fait usage de cette faculté; il se pourrait cependant que le Conseil départemental, en vue d'établir une certaine uniformité absolue, que la loi ne commande ni ne prévoit, appliquât à de petites communes, dont il n'aurait pas suffisamment apprécié la situation particulière un taux de rétribution scolaire peu en harmonie avec la pauvreté des habitants, et que le maire crût devoir réclamer; vous auriez, dans ce cas, à me communiquer la délibération qui serait prise à ce sujet par le Conseil municipal, ainsi que le nouvel avis émis par le Conseil départemental sur cette délibération, le tout accompagné de votre avis personnel, afin que je puisse statuer en parfaite connaissance de cause. Il me paraît utile de communiquer d'abord le pourvoi du maire au Conseil départemental, parce qu'il arrivera souvent que ce Conseil y fera droit, et que le pourvoi sera, par conséquent, retiré. Enfin, Monsieur le Préfet, vous pourrez, de votre côté, me déférer, s'il y avait lieu, les délibérations du Conseil départemental. J'aime à penser que la bonne entente qui règne entre vous et le Conseil départemental rendra presque toujours mon intervention inutile.

A l'égard des instituteurs qui ne jouissent en ce moment que du *minimum* de traitement, la loi nouvelle ne changera leur condition que si, en attirant dans leur École un grand nombre d'élèves gratuits, ils parviennent, par le jeu du traitement éventuel, à dépasser ce même *minimum*. Dans le cas contraire, l'État se bornera, comme par le passé, à maintenir leurs traitements au taux au-dessous duquel ils ne doivent pas descendre.

Dans tous les cas, il importe que les traitements des instituteurs placés à la tête d'Écoles devenues gratuites ou restées dans les conditions premières ne puissent être inférieurs à la moyenne de leurs émoluments pendant les trois dernières années. Il se pourrait, en effet, que les Conseils municipaux de communes où, par l'effet de la rétribution scolaire, le *minimum* est dépassé, tentassent de rendre leurs Écoles gratuites en votant les quatre centimes exigés par la loi et en ramenant les traitements de leurs instituteurs au *minimum* légal, ce qui aurait pour conséquence de décharger les familles aux dépens des maîtres. L'article 11 vous donne le droit de déjouer ces combinaisons, et de porter d'office au budget municipal la somme nécessaire pour conserver à l'instituteur le traitement dont il jouit en moyenne depuis trois ans.

Je n'ai pas besoin d'ajouter que cette garantie établie par la loi ne signifie pas que le traitement accordé à un instituteur expérimenté, comme prix de bons et longs services, sera nécessairement donné à un débutant qui deviendrait son successeur.

Quant aux communes qui pourvoient, sans le secours du département et de l'État, aux dépenses de l'instruction primaire, l'article 13 leur confère le droit d'assurer à leur instituteur ou institutrice un traitement fixe invariable, et de percevoir dans ce cas, pour leur compte, le produit de la rétribution scolaire. Cette faculté n'est consentie que dans l'intérêt des instituteurs, qui sont ainsi mis à l'abri des variations qu'éprouve souvent, pour des causes qui leur sont étrangères, le produit de la rétribution. Mais il se pourrait que des administrations fussent tentées de se procurer ainsi des ressources budgétaires en allouant à l'instituteur un traitement inférieur à ce produit. Rien dans la législation précédente n'interdisait cette manière de procéder : aussi a-t-on vu des exemples de l'abus que je viens de vous signaler. En exigeant que les délibérations soient soumises à votre approbation, après avis du Conseil départemental, la loi nouvelle, sans proscrire une combinaison qui a l'avantage d'assurer le payement régulier du traitement de l'instituteur, vous fournit les moyens de repousser les arrangements contraires à ses intérêts. Les frères des Écoles chrétiennes reçoivent tous des traitements fixes, et, depuis quelques années seulement, ils ont consenti à laisser percevoir dans leurs Écoles une rétribution scolaire pour le compte des villes. On pourrait, comme on le fait quelquefois lorsqu'il s'agit des instituteurs laïques, supposer qu'étant assurés de leurs revenus, ils ne font aucun effort pour attirer des élèves dans leurs Écoles ; il n'en est rien cependant, et l'expérience prouve que, quoique pécuniairement désintéressés dans la question, les frères tiennent à honneur d'avoir des Écoles nombreuses. J'aime à croire que les instituteurs laïques, animés de la même ambition, ne trouveraient pas, dans la sécurité qui leur serait assurée, des causes d'affaiblissement de zèle, et qu'ils justifieraient, au contraire, la faveur qui leur serait faite. Dans tous les cas, vous apprécieriez les faits en Conseil départemental, et l'on n'oublierait pas qu'il est à la fois juste et conforme aux règles d'une bonne administration que le fonctionnaire qui avance en âge et accroît ses titres à la confiance des familles, des communes et de l'État, puisse aussi compter sur plus de bien-être. Certains départements, notamment celui du Nord, qui ont établi le traitement fixe pour leurs instituteurs, ont eu soin de diviser ces traitements en classes différentes, de telle sorte qu'un instituteur plus méritant a le légitime espoir d'être aussi mieux rétribué, d'obtenir un avancement sur place et de ne pas voir son revenu diminuer avec ses forces aux approches de la vieillesse. C'est un exemple que je propose à vos méditations.

Caisse des Écoles. — Je ne saurais trop vous recommander, Monsieur le Préfet, l'institution d'une caisse des Écoles dans les communes. Cette caisse, destinée à encourager et à faciliter la fréquentation de l'École, peut avoir les plus utiles résultats. Créée sous l'inspiration du Conseil municipal, alimentée par les souscriptions des personnes les plus dévouées au bien public, elle peut suppléer à l'insuffisance des ressources communales pour un grand nombre de dépenses qui, sans être obligatoires, sont d'une utilité incontestable. Il ne suffit pas, par exemple, en de certains cas, d'ouvrir gratuitement à un enfant la porte de l'école; l'expérience prouve que beaucoup d'enfants qui y sont admis à cette condition se dispensent d'y paraître ou y paraissent si irrégulièrement qu'ils n'en profitent réellement pas. Cela tient à plusieurs causes que la caisse des Écoles peut faire disparaître. Le besoin qu'ont les parents des services de leurs enfants : la caisse ne peut-elle pas leur allouer des secours à la condition de l'envoi régulier des enfants à l'École? Ces enfants manquent de vêtements : ne peut-elle leur en donner? Ils n'ont pas les moyens de se procurer des livres et du papier : ne peut-elle leur en fournir? Ne peut-elle pas récompenser par quelques dons les enfants les plus assidus, accorder des prix en dehors de ceux pour lesquels le Conseil municipal alloue une certaine somme ou en doubler la valeur, aider certaines familles à payer l'écolage, donner à l'instituteur lui-même soit une gratification, soit les livres dont il aurait besoin pour l'instruction de ses élèves ou la sienne propre, ou enfin souscrire en son nom à des recueils périodiques qui le tiendraient au courant des méthodes nouvelles et des progrès de la science? Cet emploi si varié des ressources de la caisse des Écoles peut se reproduire sous mille aspects différents; mais ces ressources, il faut se les procurer, et, dans ce but, une bonne organisation des caisses des Écoles est nécessaire. Je ne crois pas cependant, Monsieur le Préfet, qu'il y ait lieu de leur donner à toutes la même forme et de les soumettre aux mêmes règles. Ces établissements, qui devront beaucoup à l'initiative privée, n'ont besoin que d'un règlement de travaux intérieurs dont vous pourrez donner le modèle sans prétendre l'imposer. Ce règlement, qui conférera au maire la présidence de la Commission administrative, laissera aux membres de la Commission le choix de son vice-président et de son secrétaire; il pourra désigner, parmi les fonctionnaires publics, des membres de droit, ou décider que tous les membres seront soumis à l'élection; il pourra partager les souscripteurs en membres titulaires et en membres honoraires, donnant ou ne donnant pas aux uns et aux autres le droit d'assister aux réunions générales avec voix consultative ou délibérative selon que les circonstances locales paraîtront devoir être le plus conformes aux intérêts de la caisse; il pourra fixer le taux de la souscription ou en autoriser l'acceptation à quelque somme qu'elle s'élève; il pourra rendre les souscriptions annuelles et même permettre d'accueillir celles qui seraient offertes à la Commission administrative, à telle ou telle condition qui ne serait pas onéreuse pour la caisse; il pourra autoriser la Commission à déléguer ses pouvoirs, dans telle ou telle limite, à un Comité, ou lui réserver l'administration directe de la caisse; enfin il se prêtera à toutes les combinaisons qui pourraient attirer le plus grand nombre possible de souscripteurs.

Je ne puis en ce moment prendre aucun engagement quant à la participation des fonds de l'État à l'alimentation de ces caisses; mais mon vif désir est de pouvoir bientôt leur venir en aide. Mon intention serait donc de leur accorder, par exemple, soit tous les deux ans, soit annuellement, une somme égale au dixième du chiffre total des souscriptions. Cette somme serait versée entre les mains du percepteur receveur municipal, que la loi charge gratuitement de ce service, et qui pourra, dès lors, être membre de droit du Comité.

Veuillez donc, Monsieur le Préfet, inviter les Conseils municipaux à délibérer sur cette création dans leur prochaine session du mois de mai courant, en leur faisant remarquer que ces caisses n'ont d'autre but que de leur venir en aide en intéressant à la prospérité des Écoles un plus grand nombre de personnes, et en se chargeant des menus frais auxquels les ressources financières de la commune ne pourraient subvenir.

Vous voudrez bien m'envoyer à part, soit la délibération même, si elle présente quelque intérêt, soit une copie des statuts que vous auriez approuvés. Je désire enfin que vous me teniez régulièrement au courant de la création de ces caisses, et que vous m'adressiez, pour quelques-unes d'entre elles, des propositions de secours. Je m'empresserai d'y faire droit aussitôt que cela me sera possible. Vous aurez enfin à mettre ces délibérations, avec un résumé des votes, sous les yeux du Conseil général, et à l'inviter à voter la somme qu'il croira nécessaire pour contribuer à l'établissement et à l'entretien des caisses des Écoles. Il va sans dire que le Conseil général pourra indiquer d'avance la destination précise ainsi que le mode de distribution de ces fonds, mais qu'il ne devra y affecter aucune partie des centimes spéciaux consacrés aux dépenses de l'instruction primaire, si l'insuffisance de ces centimes le forçait déjà de recourir aux subventions de l'État. Les caisses des Écoles, partout où elles existent, notamment dans le IIe et le XIXe arrondissements de Paris, ont efficacement aidé à combattre l'ignorance et à diminuer le nombre des illettrés. Elles sont en honneur en Suisse, où, par un touchant usage, les nouveaux époux déposent, le jour des noces, dans la caisse des Écoles, une sorte d'offrande à l'enfance.

Inspection des Écoles libres tenant lieu d'Écoles publiques. — L'article 36, § 4, de la loi du 15 mars 1850 porte ce qui suit :

« Le Conseil académique peut dispenser une commune d'entretenir une École « publique, à condition qu'elle pourvoira à l'enseignement primaire gratuit, « dans une École libre, de tous les enfants dont les familles sont hors d'état d'y « subvenir. Cette dispense peut toujours être retirée. »

Cette disposition de la loi était incomplète. En donnant à quelques Écoles libres les avantages assurés aux Écoles publiques, et en ne les soumettant pas aux mêmes règles, on leur conférait un véritable privilège, puisque l'État renonçait à leur susciter la concurrence d'une École publique, et qu'il ne lui était pas possible de s'assurer si l'enseignement qui y était donné aux enfants répondait réellement à leurs besoins. Le même article disait, il est vrai, que la dispense d'entretenir une École publique donnée à une commune pouvait toujours être retirée; mais, à ma connaissance, il n'a jamais été usé d'office de cette faculté, même en présence d'abus qu'il eût été facile de prévoir. Quelques instituteurs ou institutrices, qui dirigeaient des Écoles libres tenant lieu d'Écoles publiques, prétendaient limiter le nombre des élèves gratuits qu'ils devaient recevoir; d'autres voulaient avoir le choix de ces enfants; d'autres, et c'est le plus grand nombre, surtout parmi les Écoles de filles, réunissaient les enfants pauvres dans la partie la plus mal disposée de leur local et leur donnaient une instruction insuffisante, réservant tous leurs soins pour les élèves payants. Ces Écoles, ordinairement patronnées par des personnes riches et influentes, et appartenant, pour la plupart, à des communautés religieuses, ne tardaient pas à recevoir des donations ou des legs qui en assuraient l'existence et les rendaient complètement indépendantes. Aucune chance de succès n'était ainsi réservée à l'établissement d'Écoles publiques, et les communes subissaient avec résignation un état de choses qui était assez souvent contraire aux intérêts bien entendus de la population comme aux sentiments de l'autorité municipale. L'article 17 de la nouvelle loi, en soumettant ces Écoles à l'inspection comme les Écoles publiques, a donc fait un acte de protection et de justice. Désormais, on pourra s'assurer si l'École libre, dont la seule présence est un obstacle à l'existence d'une École publique, la remplace en effet, et si elle satisfait complètement aux obligations qu'elle a contractées. L'inspection de ces Écoles ne devra donc plus se borner à constater, comme la loi l'exige à l'égard des Écoles libres, si l'enseignement n'y est pas contraire à la morale, à la Constitution et aux lois; elle devra s'assurer si tous les enfants y reçoivent l'instruction que leur offrirait une École publique, et si tous y sont l'objet des mêmes soins. Cette inspection, j'ai à peine besoin de le dire, ne sera jamais tracassière, et, tout en recommandant la suppression des abus qu'elle pourrait rencontrer, elle n'oubliera pas qu'elle est en présence d'Écoles qui rendent de véritables services, surtout dans les communes pauvres, et ont un droit particulier à la protection de l'État.

Recours des instituteurs contre l'opposition faite à l'ouverture des Écoles libres. — Au surplus, l'article 19 de la nouvelle loi, comme toute la pratique de l'Administration, témoigne assez du respect de l'autorité envers la liberté de l'enseignement pour qu'il soit inutile de l'affirmer ici de nouveau. L'article 18 de la loi du 15 mars 1850 donnait au Conseil départemental le droit de juger, à bref délai, contradictoirement et sans recours, l'opposition faite par vous à l'ouverture d'une École primaire libre; l'article 64 de la loi admettait, au contraire, et, dans le même cas, lorsqu'il s'agissait d'un établissement d'instruction secondaire, un appel de la décision du Conseil départemental devant le Conseil impérial de l'instruction publique, dont la loi a fait le gardien suprême de la liberté d'enseignement. Une semblable différence ne pouvait se comprendre. Vainement pourrait-on dire que, les Écoles primaires étant beaucoup plus nombreuses que les Écoles secondaires, le Conseil impérial de l'instruction publique eût été appelé à statuer sur un trop grand nombre de pourvois; une semblable raison, et je n'en connais pas d'autres, n'est pas admissible, et je suis étonné que les personnes qui tiennent le plus à la liberté de l'enseignement n'aient pas été frappées depuis longtemps des inconvénients d'une semblable législation. Ce n'est pas, je me hâte de le dire, que MM. les Préfets aient obtenu des Conseils départementaux la confirmation d'actes susceptibles d'être réformés par le Conseil impérial; je rends, sous ce rapport, pleine justice aux jugements qui ont été prononcés; mais ces jugements ont été souvent contestés par les parties intéressées, et nul ne pouvait comprendre, dans ce cas, que la loi leur refusât la garantie qu'elle accordait au simple bachelier voulant ouvrir une École secondaire libre; cette différence de brevets ne leur paraissait pas devoir entraîner une inégalité des droits du citoyen devant la loi. Il n'en sera plus de même désormais. Vous devrez donc, Monsieur le Préfet, lorsque vous notifierez à un instituteur le jugement du Conseil départemental confirmatif de votre opposition à l'ouverture d'une École, lui faire savoir que la loi lui accorde dix jours pour se pourvoir, à dater de la notification de la décision du Conseil départemental.

Cet appel devra être déposé à la préfecture, et il en sera donné un récépissé. Vous me transmettrez le tout avec les pièces à l'appui, et vous y joindrez non seulement la décision frappée d'appel du Conseil départemental, mais toutes les pièces qui vous auront déterminé à former votre opposition. Vous voudrez bien aussi me donner les explications que vous jugerez convenables sur le pourvoi même de l'instituteur. Ces pourvois seront soumis au Conseil impérial dans sa première session; mais ils ne seront pas suspensifs, l'article 29 de la loi du 15 mars 1850 n'étant à cet égard modifié en quoi que ce soit par la loi du 10 avril 1867.

Les instituteurs libres ne peuvent recevoir des enfants des deux sexes sans l'autorisation du Conseil départemental. — L'article 15 de la loi du 15 mars 1850 donnait au Conseil départemental le droit de déterminer *les cas où les communes pouvaient provisoirement établir ou conserver* des Écoles primaires où seraient admis des enfants de l'un et l'autre sexe. Cette disposition était conforme au principe d'après lequel il devait être établi des Écoles différentes pour chaque sexe. Cependant l'article 52 de la même loi portait qu'aucune École *publique ou libre* ne pouvait, sans l'autorisation du Conseil académique, recevoir des enfants des deux sexes s'il existait dans la commune une *École publique ou libre de filles*, ce qui impliquait, sinon une contradiction manifeste, du moins une certaine confusion. En effet, l'article 15 supposait qu'une commune ne pouvait établir une École mixte sans l'autorisation du Conseil académique, et l'article 52 lui donnait le droit d'établir cette même École s'il n'y avait pas d'École publique ou libre dans la même commune. Malheureusement, la première disposition ne s'appliquait qu'aux Écoles publiques, alors que la dernière s'appliquait également aux Écoles libres : ainsi, tandis qu'en vertu de l'article 15, la commune ne pouvait établir une École publique mixte sans l'autorisation du Conseil académique, l'École libre pouvait se rendre mixte à la seule condition qu'il n'y eût pas d'École publique ou libre *de filles* dans la commune; la circulaire du 24 décembre 1850 avait donné à cette disposition de la loi une interprétation contraire à cette prétention; mais elle a été contestée, et, en l'absence d'un texte précis, des Écoles libres ont pu réunir des enfants des deux sexes et, par conséquent, perpétuer un état de choses auquel le Gouvernement s'efforce de mettre un terme, et le continuer dans les conditions qui présentent le moins de garanties. L'article 21 de la nouvelle loi ne permet plus le moindre doute : il soumet l'Ecole libre qui veut recevoir des enfants des deux sexes à l'obligation d'en obtenir préalablement l'autorisation. Il ne faut pas oublier que des communes peuvent être dispensées d'entretenir une École publique, à la condition de pourvoir à l'enseignement gratuit des enfants pauvres dans une École libre, et que ces Écoles, la plupart du temps uniques dans la commune, ne suppléeraient qu'imparfaitement à l'absence d'Écoles publiques, si elles ne pouvaient être autorisées à recevoir les deux sexes, ou si elles n'y consentaient pas; mais, hors ces cas, les Écoles libres dirigées par un instituteur ne doivent recevoir que les garçons, et les filles ne doivent être admises que dans les Écoles dirigées par des institutrices. Vous voudrez donc bien, Monsieur le Préfet, donner les ordres nécessaires pour mettre un terme à un état de choses que l'esprit de la loi de 1850 condamnait, et contre lequel la loi nouvelle édicte une pénalité. Il va sans dire que, si vous vous trouviez en présence de quelques faits particuliers dignes d'être pris en considération, vous auriez soin d'en référer au Conseil départemental et de lui proposer le maintien, au moins provisoire, de l'organisation qui aurait appelé votre attention. Le vœu du législateur est de prévenir les dangers des Écoles mixtes; il a fait de grands efforts et il impose de grands sacrifices au pays dans ce but; mais, en admettant l'intervention du Conseil départemental, la loi a permis de tenir compte de toutes les circonstances qu'elle n'avait pu prévoir, et qui seraient de nature à intéresser le développement de l'instruction primaire.

De l'âge d'admission des enfants dans les Écoles publiques lorsqu'il y a une salle d'asile dans la commune. — Je crois devoir appeler d'une manière toute particulière votre attention sur l'article 21 de la loi. Cet article ne permet à aucune École publique ou libre de recevoir, sans l'autorisation du Conseil départemental, des enfants au-dessous de six ans, s'il existe dans la commune une salle d'asile publique ou libre.

Selon l'usage que fera le Conseil départemental de la faculté qui lui est ainsi conférée, cette disposition produira les effets les plus salutaires ou aura, pour quelques Écoles, des résultats désastreux. Il importe de se rendre un compte très exact de la pensée qui l'a dictée et de l'esprit dans lequel elle doit être exécutée.

Les salles d'asile sont une institution qu'on ne saurait trop encourager. Considérées d'abord comme des établissements en quelque sorte de bienfaisance, destinées à venir en aide aux familles pauvres qui ne pouvaient se livrer hors de leur domicile à des travaux indispensables, sans abandonner leurs jeunes enfants sur la voie publique ou sans les tenir enfermés, hors de toute surveillance dans de pauvres logis, les salles d'asile n'ont pas tardé à être partout appréciées comme un puissant moyen d'éducation. Repoussées d'abord par le clergé, qui en avait méconnu l'utilité, exclusivement dirigées par des laïques, les congrégations religieuses de femmes répugnant à se charger d'élever des petits garçons, les salles d'asile ont triomphé de tous les obstacles, conquis l'appui du clergé et attiré à elles un si grand nombre de communautés religieuses, qu'aujourd'hui 2 609 salles d'asile, sur 3 572, sont dirigées par des sœurs. Mais ici, comme en toutes choses, il faut se garder de l'exagération, et les succès des salles d'asile ont failli en compromettre l'avenir. Au lieu de se borner à donner les premières connaissances utiles et qui doivent être l'objet d'un enseignement verbal, on a tenté, dans quelques établissements, d'y développer l'instruction et d'en faire ainsi de véritables écoles. Il faut cultiver de bonne heure l'intelligence des enfants; mais on doit se garder de la fatiguer et de l'appauvrir à jamais en la surexcitant outre mesure.

Des précautions ont donc été prises pour conserver à ces petites maisons d'éducation le caractère qui leur est propre. D'autres dangers les ont encore menacées. Ici, tel instituteur libre, ayant à soutenir la concurrence redoutable d'une École publique et craignant qu'au sortir de la salle d'asile les familles ne fussent amenées à placer leurs enfants dans cette École, les attirait dès leur plus jeune âge et les soumettait à un régime qui leur était très défavorable. Or, la loi n'ayant établi aucune pénalité à cet égard, on ne pouvait que difficilement s'opposer à cet état de choses, et une foule d'enfants, au lieu d'aller à l'asile, où se font des exercices propres à leur âge, s'étiolaient sur les bancs de l'école, assistant à des leçons qu'ils ne pouvaient comprendre, obligés à un profond silence pendant de longues heures, et privés de l'air et du mouvement si indispensables à leur âge.

L'article 21 de la loi permettra de mettre un terme à de pareils abus et de punir les maîtres qui persisteraient à les perpétuer.

Mais ici, Monsieur le Préfet, vous rencontrerez d'autres inconvénients, que vous ne négligerez pas de signaler, dans l'occasion, au Conseil départemental. Lorsqu'une commune n'a pu établir une salle d'asile à côté de son École publique, et lorsque cette École a à soutenir la concurrence d'une École libre, la directrice de l'École libre, en vue d'y attirer tous les enfants, ouvre dans une salle particulière ce qu'elle appelle une salle d'asile, puis revendique le droit exclusif d'y recevoir les enfants au-dessous de six ans, se réservant de les faire passer dans l'École au fur et à mesure qu'ils atteignent l'âge d'y être admis. On conçoit qu'un semblable procédé tende à tarir en peu de temps la source du recrutement de l'École publique, à qui il est alors défendu de recevoir des enfants au-dessous de six ans. L'institutrice libre jouit, dans ce cas, d'un véritable privilège sans grand profit pour les enfants, mais au grand détriment de l'École publique comme de la commune, qui voit diminuer, chaque jour, le produit de la rétribution scolaire. C'est ainsi qu'on est quelquefois arrivé à faire supprimer l'École publique ou à la remplacer par l'École libre, qui avait préparé et réalisé sa ruine.

Dans quelques départements, on a reconnu ce danger, et les règlements particuliers des Écoles n'ont imposé aux Écoles publiques l'obligation de fermer leurs portes aux enfants au-dessous de six ans, que s'il y avait dans la commune une salle d'asile *publique*. Mais alors des précautions ont dû être prescrites pour que les plus jeunes enfants fussent soumis dans l'École à un régime particulier, et pour qu'on leur donnât toutes facilités de prendre plus longtemps et plus librement leurs ébats au grand air. La loi nouvelle, exclusivement favorable en ce point aux salles d'asile, étend sa prescription au cas où il y aurait une salle d'asile libre dans la commune, et cette prescription aura d'immenses avantages partout où la salle d'asile formera un établissement spécial qui ne sera pas destiné à frapper de mort l'École publique. L'article 21, prévoyant toutefois la possibilité d'un abus de ce genre, permet au Conseil départemental d'autoriser les Écoles publiques à recevoir des enfants au-dessous de six ans, même en présence d'une salle d'asile, et elle laisse à ces Conseils la libre appréciation des circonstances dans lesquelles ils croiront devoir accorder ces autorisations. Il vous appartiendra donc, Monsieur le Préfet, d'examiner, le cas échéant, les considérations qui pourraient motiver les exceptions à la règle, et vous n'hésiterez pas à protéger, s'il y avait lieu, les Écoles publiques contre des tentatives menaçantes et intéressées.

Il y aura toutefois, Monsieur le Préfet, des précautions à prendre pour que l'intérêt des enfants ne soit jamais, dans ce cas, sacrifié à celui des Écoles publiques. Il conviendra donc de prescrire aux Écoles publiques les dispositions propres à y assurer aux enfants les bienfaits de la salle d'asile, et, à ce sujet, Monsieur le Préfet, je crois devoir vous entretenir des essais heureux qui ont déjà été faits dans quelques établissements pour y rendre presque insensible la transition de l'asile à l'école, que trop souvent un abîme sépare.

Dans les salles d'asile, de petites classes entremêlées de mouvements divers, de chants, d'exercices variés et d'instructions ne durant jamais plus de dix minutes; point de leçons apprises par cœur, point de devoirs écrits, mais des récits moraux faits par la directrice, et qui servent de texte à de fréquentes interrogations; de longues récréations, pendant lesquelles des jeux sont organisés en plein air et ont pour but de développer tout à la fois les forces physiques et l'intelligence des enfants. Rien de tout cela ne se retrouve dans les Écoles, où les enfants entrent en sortant de l'asile. De longues classes, précédées et suivies de longues études, des récréations courtes, trop souvent même pas de récréations, l'obligation de faire d'interminables pages d'écriture, qui ne parlent pas toujours à leur esprit, d'apprendre par cœur des leçons de grammaire, des règles de calcul, et de faire des devoirs dont ils ne comprennent pas encore le but. On conçoit facilement que ce passage sans transition d'un régime qui est trop sévère à un régime très doux ne soit pas facilement accepté par tous les enfants, et qu'un certain nombre vienne s'engourdir dans un profond ennui sur les bancs de l'école. Tous les enfants, sans exception, aiment l'asile et s'y rendent avec empressement; se rendent-ils tous avec le même plaisir à l'école?

Nous aurons une sérieuse réforme à introduire dans ce régime; en attendant, il conviendrait, Monsieur le Préfet, là où les enfants au-dessous de six ans seraient autorisés à rester dans les Écoles publiques, d'y organiser pour eux une petite division qui emprunterait aux asiles quelques-uns de ses procédés, et dont le régime serait combiné de telle sorte, qu'en modifiant légèrement celui de la division supérieure, la transition s'opérât presque insensiblement. Je sais que cette modification aux règlements d'études, à laquelle la femme chargée, dans les Écoles mixtes, des travaux à l'aiguille pourrait être utilement employée, ne peut être faite sans l'intervention de M. le Recteur de l'Académie, qui a particulièrement sous sa direction ce qui concerne l'enseignement proprement dit : aussi je compte appeler prochainement son attention sur ce point important.

Des engagements décennaux et de la dispense du service militaire. — J'ai peu de chose à vous dire relativement à l'article 18 de la loi concernant les engagements décennaux et la dispense du service militaire. Mes circulaires des 17 juillet 1865, 14 février et 17 mars 1866[1] ont eu pour but et pour résultat de mettre un terme à un abus qui constituait un privilège exorbitant au profit des associations religieuses vouées à l'enseignement. La loi de 1850 n'avait accordé la dispense du service militaire qu'aux personnes qui contractaient l'engagement de remplacer les sept ans de services militaires par dix ans de services rendus dans l'enseignement public, et qui réalisaient cet engagement. Or les Écoles libres tenues, soit par des laïques, soit par des congréganistes, étant des établissements particuliers et essentiellement mobiles, subissant toutes les chances bonnes ou mauvaises des spéculations privées, et s'ouvrant et se fermant à la volonté de ceux qui les entreprenaient, ne pouvaient conférer aux maîtres qui les dirigeaient ou à ceux qui y étaient employés le caractère de fonctionnaires publics : par conséquent, leurs services ne pouvaient être assimilés aux services rendus dans les Écoles communales.

La loi nouvelle, consacrant ce principe, y a fait toutefois une légitime exception. Elle permet de réaliser l'engagement décennal dans les Écoles libres tenant lieu d'Écoles publiques, mais uniquement dans celles de ces Écoles qui auront été désignées pour remplir cette mission par le Ministre de l'Instruction publique, après avis du Conseil départemental. Ainsi se trouve modifié le troisième paragraphe de l'article 15 de la loi de 1850. Aux termes de cet article, le Conseil départemental dispensait une commune d'entretenir une École publique et laissait à cette commune le soin de traiter avec une École libre pour y assurer l'admission gratuite des enfants indigents; il faudra désormais que cette École libre soit spécialement désignée par le Ministre, sur la proposition du Conseil départemental. S'il en était autrement, l'instituteur titulaire, non plus que ses adjoints, ne sauraient être considérés comme remplissant les

1. Consulter ces circulaires. (*Circ. et Instr. off.*, T. VI, pages 320 (*note*), 318 et 336.)

conditions de l'engagement. Quant à ces derniers, qui continueront d'être nommés et révoqués par les instituteurs, le nombre en sera déterminé par le Conseil départemental, afin de prévenir les abus qui auraient pu très aisément se produire, et ils devront être agréés par vous. Tout instituteur adjoint qui n'aurait pas été nommé avec votre agrément, soit par l'instituteur laïque, soit par le supérieur de la congrégation dont il fait partie, ne serait pas dans une situation régulière au point de vue de l'engagement décennal et perdrait son droit à la dispense.

La loi de 1850 permet aux élèves des Écoles normales primaires, aux novices des associations religieuses légalement reconnues et aux instituteurs adjoints des Écoles publiques de contracter un engagement décennal, à charge de le réaliser dans un établissement public; le deuxième paragraphe de l'article 18 de la loi nouvelle concède la même faveur aux instituteurs adjoints des Écoles libres désignées pour tenir lieu d'Écoles publiques; cette extension d'un privilège précieux montre le désir du Gouvernement et du législateur de favoriser tous ceux qui servent l'intérêt général.

En résumé, Monsieur le Préfet, je vous recommande d'exécuter la loi nouvelle avec un esprit ennemi des vaines formalités et des restrictions inutiles. Vous ne devrez rien négliger des garanties que cette loi assure à l'État, c'est-à-dire à la société; mais vous n'exigerez rien au delà, et vous aurez soin, dans toutes les circonstances où il y aurait lieu d'interpréter telle ou telle disposition, de vous inspirer des principes de liberté qui sont l'esprit même de cette circulaire.

L'œuvre que la loi du 10 avril nous donne le devoir et l'honneur d'accomplir nécessitera, Monsieur le Préfet, beaucoup d'efforts et de persévérance; mais je suis assuré d'avance de votre concours le plus résolu et de votre dévouement le plus actif pour répondre à la confiance de l'Empereur, au vœu des grands Corps de l'État et à l'un des intérêts les plus pressants du pays; car nul doute aujourd'hui qu'avec une instruction bien appropriée aux besoins de chacun, on ne forme véritablement des hommes, de plus habiles ouvriers et de meilleurs citoyens.

Recevez, etc.

Signé : V. DURUY.

Instruction du Ministre de l'Instruction publique, relative à l'organisation des caisses des Écoles dans les communes. 9 juillet 1867.

9 Juillet 1867.

Monsieur le Préfet, j'ai appelé d'une manière toute particulière, le 12 mai dernier, votre attention sur la création dans les communes de votre département d'une caisse des Écoles, création prévue et autorisée par l'article 15 de la loi du 10 avril 1867; je vous ai indiqué, dans cette instruction générale, les avantages d'une institution de ce genre. Mais il ne suffit peut-être pas que ces avantages soient connus : il importe que les Conseils municipaux, jouissant, à cet égard, d'une grande liberté, puissent adopter promptement un mode d'organisation en parfaite connaissance de cause.

J'ai, en conséquence, réuni dans une note, que vous trouverez ci-jointe :

1° L'article 15 de la loi du 10 avril 1867 et un extrait de la circulaire du 12 mai suivant, relatifs aux caisses des Écoles ;

2° Une note sur l'usage de faire des dons aux caisses des Écoles à l'occasion des mariages ;

3° Un résumé de l'organisation de la caisse des Écoles du IIe arrondissement de Paris ;

4° Un résumé de l'organisation de la caisse des Écoles du XIXe arrondissement de Paris ;

5° Un extrait de l'étude de M. Louis Reybaud sur le régime des manufactures, indiquant les résultats obtenus à Lyon par la Société d'instruction primaire ;

6° Une délibération du Conseil municipal de Gentilly (Seine), portant création d'une caisse des Écoles ;

7° Un projet de statuts annexé à une délibération d'un Conseil municipal de Seine-et-Marne, portant création et organisation d'une caisse des Écoles ;

8° Enfin un autre projet de statuts annexé à une délibération d'un Conseil municipal de Seine-et-Oise, portant création et organisation d'une caisse des Écoles.

Il ne m'est pas possible, Monsieur le Préfet, de mettre à votre disposition des exemplaires de cette note en nombre égal à celui des communes de votre département ; mais je vous en envoie assez pour que vous puissiez les distribuer à MM. les Inspecteurs d'Académie et de l'instruction primaire, ainsi qu'aux délégués cantonaux qui vous paraîtront pouvoir concourir utilement au but que nous nous proposons. Vous pourrez d'ailleurs les publier, soit dans votre *Bulletin départemental*, soit dans le *Bulletin spécial de l'Instruction primaire*. Ce qui importe, c'est que la pensée de la loi parvienne partout où elle peut être suivie d'exécution, et qu'ainsi les libéralités des personnes bienfaisantes, les cotisations des habitants, les subventions des Conseils municipaux qui pourraient être destinées aux caisses des Écoles, trouvent ces caisses ouvertes et constituées.

Je vous recommande de nouveau, Monsieur le Préfet, de donner tous vos soins à ces créations, dont on ne peut qu'attendre les plus utiles effets.

Recevez, etc.

Signé : V. DURUY.

Note annexée à l'Instruction officielle qui précède.

1° *Article 15 de la loi du 10 avril 1867.*

(Voir ci-dessus, page 136, le texte de cet article.)

Extrait de la circulaire du 12 mai 1867.

(Voir ci-dessus, pages 152-153, le paragraphe intitulé : *Caisse des Écoles.*)

2° *Dons faits aux caisses des Écoles à l'occasion des mariages.*

Dans plusieurs pays étrangers, l'usage d'augmenter la dotation des caisses des Écoles à l'occasion d'un mariage contribue à développer cette excellente institution. Il en est de même pour l'École israélite d'arts et métiers fondée à Strasbourg. Il résulte du dernier compte rendu de l'établissement que, parmi les dons antérieurs à 1866, placés sous la rubrique des dons inaliénables, quinze ont été faits par des personnes généreuses à l'occasion du mariage de leurs enfants, ou par les futurs conjoints eux-mêmes, ou encore par des époux depuis longtemps mariés, à l'occasion de l'anniversaire de leur mariage. Ces dons représentent une valeur totale de 1 650 francs. Beaucoup d'autres sont faits à la même caisse pour rappeler la mémoire des parents ou des enfants décédés, ou à l'occasion de la naissance d'un enfant.

3° *Caisse des Écoles du IIe arrondissement de la ville de Paris.*

Cette caisse est administrée par le maire et ses deux adjoints, assistés d'un Comité de dix-neuf membres et de dix dames patronnesses. Elle a pour but de répandre l'assistance et l'émulation dans les Écoles communales de cet arrondissement, qui compte près de 2 700 écoliers. A cet effet, elle délivre aux enfants les plus pauvres des aliments, des vêtements et des chaussures; elle vient en aide aux familles des écoliers, en cas d'accident, de chômage ou de maladie; elle place les orphelins ou les enfants abandonnés dans des maisons de bienfaisance ou d'éducation; elle décerne, à la fin de l'année scolaire, dans chaque École communale, pour récompenser le travail et la conduite, un prix d'honneur de 100 francs, des prix d'encouragement de 25 francs et des mentions honorables : elle distribue ainsi chaque année 6 livrets de la caisse d'épargne de 100 francs, 32 livrets de 25 francs, 4 médailles d'argent, 8 de bronze, 45 prix en livres, 47 mentions honorables; elle donne enfin deux livrets de 300 francs chacun au meilleur élève des Écoles de garçons concourant entre elles et à la meilleure élève des Écoles de filles concourant de la même manière. Dans les Écoles qui n'ont pas remporté ce prix supérieur, le premier candidat reçoit un livret de 100 francs, et les deux suivants chacun un livret de 50 francs. Elle crée des bourses à l'École professionnelle de commerce. Les ressources consistent : 1° dans les souscriptions des membres fondateurs, qui versent 10 francs au moins; 2° dans les quêtes des dames patronnesses; 3° dans le produit d'une messe solennelle en musique célébrée, chaque année, à l'église Saint-Eustache. Cette caisse existe depuis dix-huit ans. L'influence exercée par elle sur les progrès de l'instruction est considérable. Il a été constaté, lors des opérations du tirage, que parmi les jeunes gens nés dans cet arrondissement il ne se trouve plus d'illettrés, et ce résultat ne peut être attribué qu'à la caisse des Écoles.

4° *Caisse des Écoles du XIXe arrondissement de la ville de Paris.*

Cette caisse, fondée en 1862, est administrée par un Comité composé du maire, président, des deux adjoints, d'un trésorier, d'un secrétaire et de six autres membres. Elle distribue des secours en nature et en argent aux écoliers malades indigents; elle place et patronne les enfants orphelins et infirmes; elle crée des bourses d'apprentissage et des bourses dans les Écoles supérieures; elle distribue aux meilleurs élèves 2 grands livrets d'honneur de 100 francs, 2 livrets de 50 francs et 65 livrets de 25 francs chacun; elle donne des vêtements aux élèves pauvres.

Son revenu est formé de souscriptions et de quêtes. Il s'est élevé, en 1866, à 4 636 francs.

5° *Extrait de l'Étude sur le régime des Manufactures par Louis* REYBAUD, *indiquant les résultats obtenus à Lyon par la Société d'instruction primaire.*

« Deux faits touchants sont à signaler dans l'histoire de la Société primaire du Rhône. Les administrateurs voyaient avec peine les enfants arriver à l'école dans une tenue qui laissait beaucoup à désirer. En vain essayait-on de les astreindre à quelques soins de propreté : leurs vêtements et leur linge de corps se prêtaient mal à une réforme. On avisa ; une association de dames charitables se forma sous le nom de *Société du Petit-Saint-Jean* et devint une sorte d'annexe. Cette association entreprit de modifier la tenue des jeunes élèves ; on commença par ceux dont le costume offrait le plus de délabrement. Des blouses neuves remplacèrent les blouses trop disparates ; on en fit autant pour les jupes, les robes et les tabliers ; on donna des sabots, des bas, des pantalons et même des chemises. Plusieurs de ces objets étaient confectionnés dans l'École des filles, aux heures destinées aux travaux manuels, et sous la direction d'ouvrières habiles. L'apprentissage de la couture prit ainsi un caractère d'utilité. Les résultats de cette amélioration devinrent bientôt visibles : les classes prirent un meilleur aspect et ne présentèrent plus de contraste affligeant. Une louable émulation s'en mêla, et les parents montrèrent moins de négligence. Une autre idée, tout aussi heureuse, suivit celle-là. Pour accoutumer les enfants à la prévoyance, la Société établit des caisses d'épargne dans ses Écoles : dix-sept en sont déjà pourvues ; les autres vont l'être prochainement. Cette caisse d'épargne est un meuble, une espèce de buffet garni de petits trous qui ont leurs ouvertures dans un plateau supérieur. Un élève veut-il se former une réserve, il inscrit son nom sur une de ces ouvertures, qui lui est désormais affectée ; il y verse ce qu'il veut et quand il veut. Ce sont, ou ses étrennes qui prennent ce chemin, ou les gratifications qu'il touche, ou les pièces de monnaie qui lui sont données à titre d'encouragement. Trois fois par an, en présence de toute l'École, les troncs sont vidés, le dépouillement s'opère, et les sommes sont inscrites à la grande caisse d'épargne au nom des déposants. En 1856, le produit de ces caisses primaires a été de 1 980 francs, et de 1 500 francs seulement en 1857, par suite du ralentissement du travail. On comprend, sans qu'il soit utile d'y insister, les avantages de cette institution : non seulement les familles y trouvent une ressource dans les mauvais jours ; mais l'enfant y contracte, dès le premier âge, des habitudes qui le préserveront plus tard, l'esprit de calcul et le goût de l'économie. » (*Condition des ouvriers en soie*, p. 178.)

6° *Délibération du Conseil municipal de Gentilly (Seine), portant création d'une caisse des Écoles dans cette commune et don par le maire d'une première subvention de 1 000 francs.*

Aux termes de cette délibération, le Conseil municipal, rappelant l'article 15 de la loi du 10 avril 1867, déclare fonder une caisse des Écoles ; elle aura pour objet de stimuler les familles indifférentes à l'instruction de leurs enfants, d'encourager celles qui comprennent leurs devoirs, de leur venir en aide au besoin par des secours pécuniaires ; de rendre plus nombreuses et plus fréquentes les récompenses destinées aux élèves studieux ; de leur donner libéralement les fournitures de classe qui leur sont nécessaires. Le Conseil municipal accepte la somme de 1 000 francs donnée par le maire : cette somme, placée en rentes sur l'État, formera le premier fonds de la caisse; conformément au vœu du donateur, le revenu annuel de cette somme servira à donner des bas et des chaussures aux enfants les plus nécessiteux de l'École et de l'asile.

7° *Projet d'organisation d'une caisse des Écoles qui serait fondée avec le concours des membres du bureau de bienfaisance, et dont le plan a été proposé par le maire d'une commune de Seine-et-Marne.*

« ARTICLE 1er. — Une caisse des Écoles est instituée dans la commune de..... conformément à l'article 15 de la loi du 10 avril 1867, en vertu de la délibération prise par le Conseil municipal le..... et approuvée par le Préfet le.....

« ART. 2. — Le revenu de la caisse se compose des sommes votées par le Conseil municipal, des cotisations volontaires offertes par les habitants, et des dons, legs et fondations que la caisse, constituée par la loi à l'état de personne civile, peut recevoir, quel qu'en soit le chiffre, avec l'autorisation du Préfet.

« ART. 3. — Le revenu de la caisse est employé à développer la gratuité de l'instruction; à distribuer, dans les Écoles de garçons et de filles, des prix et des primes d'assiduité, sous forme de livres utiles, d'instruments d'études, de vêtements ou de livrets de la caisse d'épargne ou de la caisse des retraites.

« ART. 4. — La caisse est administrée par une Commission spéciale, présidée par le maire et composée des membres du bureau de bienfaisance et de l'instituteur, qui remplit les fonctions de secrétaire. Le budget annuel de la caisse est dressé à la même époque et dans la même forme que celui du bureau de bienfaisance.

« ART. 5. — Le service de la caisse est fait gratuitement par le percepteur, conformément au dernier paragraphe de l'article 15 de la loi du 15 mars 1850. »

8° *Projet de statuts pour la création et l'organisation d'une caisse des Écoles.*

« Le Conseil municipal de la commune de.....

« Vu l'article 15 de la loi du 10 avril 1867;

« Sur la proposition de M. le maire,

« Délibère, sauf l'approbation de M. le Préfet, qu'il y aura dans la commune une caisse des Écoles fondée et administrée conformément aux dispositions suivantes :

CHAPITRE Ier. — Formation et but de la caisse des Écoles.

ARTICLE 1er. — Une caisse des Écoles est établie dans la commune de..... conformément à l'article 15 de la loi du 10 avril 1867. Une société est formée pour assurer la prospérité de cette œuvre et en réaliser les bienfaits.

ART. 2. — La caisse des Écoles a pour but d'encourager et de faciliter la fréquentation des Écoles par des récompenses aux élèves assidus et par des secours aux élèves indigents ou peu aisés, soit en leur fournissant les livres de classe qu'ils ne pourraient se procurer, bien qu'exempts de la rétribution scolaire, soit en leur donnant des vêtements, soit en aidant les familles momentanément dans la gêne, et qui n'ont pu encore obtenir l'admission gratuite, à payer la rétribution scolaire due pour leurs enfants; soit en donnant des secours aux familles indigentes qui se privent du travail de leurs enfants afin de les envoyer aux Écoles.

CHAPITRE II. — **Composition de la société.**

ART. 3. — La société se compose de membres honoraires fondateurs, de membres sociétaires et de dames patronnesses; elle est présidée par le maire.

Les membres honoraires fondateurs sont ceux qui font à la caisse un don immédiat de 100 francs ou qui prennent l'engagement de verser annuellement, pendant cinq ans au moins, une somme de 20 francs dans la caisse.

Les membres sociétaires sont ceux qui, par une souscription volontaire dont la quotité ne peut être moindre de 2 francs par an, contribuent à la prospérité de la caisse des Écoles.

Les dames patronnesses sont particulièrement chargées de veiller à l'instruction des jeunes filles.

Les uns et les autres ont, en outre, pour mission principale de rechercher les enfants qui ne vont point aux Écoles, et de tout mettre en œuvre pour déterminer les familles à les y envoyer.

CHAPITRE III. — **Administration de la société.**

ART. 4. — La société est administrée par un Comité composé de cinq membres au moins, y compris le maire, président de droit.

Les membres du Comité sont élus pour trois ans par les membres sociétaires, à la majorité absolue des suffrages. Le renouvellement est déterminé par le sort pendant les trois premières années, et ensuite par l'ancienneté. Les membres sortants sont rééligibles.

ART. 5. — Le Comité, présidé par le maire, désigne son vice-président et son secrétaire; il se réunit au moins une fois par mois. Tous les six mois, il rend compte à l'assemblée générale des membres de la société de ses travaux et de l'emploi des fonds, ainsi que de l'état de la caisse. Une copie de ce compte rendu est mise chaque année sous les yeux du Conseil municipal, à la session de mai.

CHAPITRE IV. — **Des revenus de la caisse des Écoles et de ses dépenses.**

ART. 6. — Le revenu de la caisse des Écoles se compose :

1° Des versements faits par les membres honoraires fondateurs, par les membres sociétaires et par les dames patronnesses;

2° Des dons et legs faits à ladite caisse et du produit de quêtes;

3° Des subventions allouées par le Conseil municipal;

4° Des secours alloués par le Conseil général et par le Ministre de l'Instruction publique.

Ces fonds sont versés dans la caisse du receveur municipal, qui est chargé par la loi du 10 avril 1867 de faire gratuitement le service de la caisse.

ART. 7. — La caisse des Écoles peut recevoir des dons en nature, tels que livres, papiers, plumes, vêtements et objets alimentaires destinés aux enfants indigents.

ART. 8. — Les règles de la comptabilité communale sont applicables à la comptabilité de la caisse des Écoles. Le budget et le compte de la caisse des Écoles sont, en conséquence, soumis au Conseil municipal comme les budgets et comptes des autres établissements de bienfaisance.

Aucune dépense ne peut être faite sans l'avis du Comité. Toutefois, lorsqu'il s'agit de dons en nature, le maire peut procéder immédiatement à la distribution des objets donnés, à charge par lui d'en rendre compte au Comité, à sa première réunion.

Lettre du Ministre de l'Instruction publique au Vice-Recteur de l'Académie de Paris, relative à l'interprétation de la loi du 10 avril 1867, en ce qui concerne les instituteurs directeurs d'Écoles mixtes. 29 juillet 1867.

29 Juillet 1867.

Monsieur le Vice-Recteur, il résulte de votre dernier rapport trimestriel, en date du 9 juillet courant, qu'une crainte paraît s'être manifestée au sujet de l'application de la loi du 10 avril 1867 : on se serait demandé si la suppression des Écoles mixtes n'entraînera pas, pour les instituteurs qui en avaient la direction, une diminution, relativement considérable, de leurs émoluments actuels, et, par suite, de leur pension de retraite. Ces appréhensions ne sont pas fondées; elles seraient sans objet quant aux instituteurs d'anciennes Écoles mixtes dont les émoluments ne dépassaient pas, avant la loi nouvelle, les *minima* garantis de 600 à 700 francs : car, après comme avant cette loi, ces *minima* leur sont assurés par le complément nécessaire. En ce qui concerne les instituteurs chargés, avant la loi du 10 avril 1867, de diriger une École mixte convertie, par l'effet de cette loi, en une École spéciale de garçons, ils ne doivent concevoir aucune inquiétude. La loi contient, dans son article 11, une disposition transitoire qui leur est applicable. Les articles 9 et 10 ont réglé, pour toutes les Écoles primaires publiques de France, gratuites ou payantes, la composition du traitement des instituteurs et institutrices, et ces articles s'appliquent aux instituteurs qui dirigeaient une École mixte supprimée, comme à tous les autres instituteurs. L'article 11 a pour but de protéger toutes les situations acquises, et ne laisse pas cette catégorie d'instituteurs en dehors de ses dispositions bienfaisantes; il s'exprime en termes généraux : « Le traitement déterminé conformément aux deux articles précédents (les articles 9 et 10), pour les instituteurs et institutrices en exercice au moment de la promulgation de la présente loi, ne peut être inférieur à la moyenne de leurs émoluments pendant les trois dernières années. »

L'application de la règle sera rendue plus sensible par un exemple. Soit un instituteur qui, chargé d'une École mixte dans une commune de 600 âmes, y recevait, pendant les trois années 1864, 1865 et 1866, moyennant une rétribution scolaire de 12 francs par tête et par an, trente garçons payants et trente filles payantes. Il recevait ainsi 720 francs, qui, joints au traitement fixe de 200 francs, faisaient monter son revenu moyen à 920 francs. La création d'une École publique de filles dans la commune, en vertu de la loi nouvelle, lui enlève, avec ses trente élèves du sexe féminin, une somme de 360 francs. Il pourra sans doute trouver une compensation dans le traitement éventuel qui lui sera accordé pour chaque écolier reçu gratuitement en sus des trente garçons payants; mais supposons que le traitement éventuel, fixé pour vingt écoliers gratuits à 10 francs l'un, ne s'élève qu'à 200 francs, cet instituteur supportera-t-il un déficit de 160 francs? La loi ne l'a pas voulu. En vertu de l'article 11, il recevra, tant qu'il n'aura pas été l'objet d'un changement de résidence, un complément qui maintiendra son traitement au niveau de la moyenne antérieure des trois dernières années. Cette réserve, relative au cas de changement de résidence, est commandée par la nature des choses. Le législateur a voulu qu'aucun préjudice ne pût résulter pour l'instituteur des dispositions nouvelles qu'il établissait; il a pris les précautions nécessaires pour que le bien réalisé d'un côté ne fût acheté par aucun sacrifice imposé aux instituteurs en fonctions; mais il n'a pu avoir la pensée d'assurer ces derniers contre toutes les éventualités étrangères à l'application de la loi, et qui sont inhérentes à l'exercice de leur profession. Si donc l'instituteur est appelé à un autre poste, il perdra nécessairement les avantages que lui assurait l'application de l'article 11. Il est évident, d'ailleurs, que, si cet article lui assure, dans la commune où il exerce aujourd'hui, le complément qui, pour l'École prise ci-dessus comme exemple, s'élevait à 160 francs, il n'a nullement pour effet de lui garantir de la même manière le maintien du produit actuel de la rétribution scolaire et du traitement éventuel. Ces deux éléments de ressources peuvent, en effet, s'abaisser par la négligence de l'instituteur ou par des circonstances accidentelles, étrangères aux prescriptions de la loi nouvelle.

En un mot, Monsieur le Vice-Recteur, il importe que les instituteurs sachent que la loi du 10 avril 1867, inspirée par une sollicitude constante à leur égard, ne doit leur donner aucune crainte. Si l'Administration fait appel à leur zèle, elle espère trouver dans la nouvelle législation sur l'enseignement primaire le moyen de rémunérer convenablement tous les bons services.

Recevez, etc.

Signé : V. DURUY.

---

8 octobre 1867. **Instruction du Ministre de l'Instruction publique, relative aux bibliothèques scolaires et à l'atelier de reliure à établir dans les Écoles normales.**

8 Octobre 1867.

Monsieur le Recteur, l'augmentation rapide du nombre des bibliothèques scolaires doit être la conséquence du développement des cours d'adultes et du progrès général de l'instruction primaire. Le merveilleux élan des populations et l'admirable dévouement de nos instituteurs aboutiraient à une déception, si l'adulte à qui l'on vient d'apprendre à lire ne trouvait pas près de lui et à portée de sa main le moyen d'utiliser et de développer encore la faculté qui lui a été si heureusement donnée.

Le complément nécessaire d'un cours d'adultes est une collection de bons livres propres à entretenir les sentiments généreux, à répandre les notions utiles, à faire aimer le travail. Ces livres ne seront pas là seulement pour être mis à la disposition de l'adulte aux jours de loisir : dans les classes du soir, une lecture bien choisie couperait agréablement les exercices, et, tout en reposant l'élève, fournirait une occasion de lui apprendre beaucoup de choses utiles par les réflexions et les commentaires qui, naturellement, accompagneraient la lecture du maître.

L'œuvre des bibliothèques scolaires a déjà produit d'excellents résultats : dix mille bibliothèques environ offrent aux cultivateurs et aux ouvriers des lectures saines et instructives; mais il faudrait en porter le nombre de dix mille à trente-sept mille, pour que chaque cours d'adultes eût la sienne; et, en admettant qu'une somme de 100 francs, au minimum, fût suffisante pour fonder la bibliothèque scolaire d'un village, la dépense totale, pour les vingt-sept mille créations de ce genre, s'élèverait à près de 3 millions. Un crédit annuel de 200 000 francs, s'il était inscrit au budget, ne permettrait d'atteindre le but désiré qu'après beaucoup d'années. Mais il me semble, Monsieur le Recteur, qu'au moyen d'une combinaison fort simple, la création si utile d'une bibliothèque annexée à chaque cours d'adultes peut avoir lieu très rapidement cette année même. C'est par l'accord de l'initiative individuelle et de l'action gouvernementale que se réalisent en France un grand nombre d'améliorations nécessaires. Si, dans chacune de nos classes du soir, l'instituteur ouvrait, en même temps que les cours, une souscription pour fonder la bibliothèque, peu d'élèves hésiteraient à lui apporter leur modeste offrande. Ces élèves, en effet, ne sont pas, comme ceux de l'école du jour, des enfants encore à la charge de leur famille : ce sont des hommes qui savent gagner leur vie, et pour lesquels il ne serait pas difficile de prélever dans l'année sur leur salaire un franc ou deux, ou seulement quelques centimes par mois, pour constituer à leur profit commun une bibliothèque. Le dernier hiver a vu 830 000 auditeurs se presser dans les classes du soir; il faudrait demander bien peu à chacun pour arriver à dépasser le chiffre de un million de francs.

Veuillez donc, Monsieur le Recteur, donner des instructions à MM. les Inspecteurs d'Académie, pour que les instituteurs soient avisés de ce projet dès la rentrée des classes et invités à y prêter leur concours. Je ne doute pas qu'il ne se trouve dans beaucoup de communes des hommes amis du progrès qui voudront, par une contribution personnelle, encourager une œuvre aussi morale.

L'argent réuni, il restera à acheter des livres : j'en ai fait examiner beaucoup, et je vous enverrai la liste de ceux que la Commission, formée à cet effet au Ministère, a jugés les plus utiles. Cette liste n'est ni complète ni irrévocable. L'expérience fera peut-être découvrir dans quelques-uns de ces ouvrages des défauts qui engageront à les effacer du catalogue, tandis qu'il s'ouvrira à d'autres, que nous pouvons avoir oubliés, ou qui paraîtront dans la suite. Depuis longtemps, en effet, j'ai invité la librairie à publier en petits volumes à bas prix des ouvrages sains de pensée et de forme, enseignant, par des exemples et des récits, le respect de la loi, l'amour du pays, le sentiment du devoir, tout ce qui élève l'esprit, en un mot, et rapproche l'âme de son Créateur. Je considère aussi comme utiles à placer dans les bibliothèques scolaires des traités renfermant des conseils profitables à l'ouvrier des champs ou de la ville, à quelque industrie qu'il appartienne, et des renseignements dont chacun profitera pour tirer un parti meilleur de son travail, apporter plus de bien-être au foyer domestique et s'élever dans sa condition.

Bon nombre d'ouvrages de ce genre ont été publiés; d'autres le seront, surtout si la librairie voit ce nouveau débouché s'ouvrir devant elle. Alors, au lieu d'une littérature parfois malsaine et vivant de scandale, ou jetant l'esprit au milieu d'aventures et d'idées qui ne sont ni de notre temps ni de nos mœurs, les personnes vouées au travail manuel auront des livres bien appropriés à leurs besoins moraux et professionnels, et la plupart de ces livres n'en seront pas moins intéressants ou utiles pour d'autres lecteurs. L'Allemagne et l'Angleterre ont déjà cette littérature populaire qui nous fait encore défaut; de petits traités économiques, jetés à profusion au sein des classes laborieuses, en leur faisant comprendre leurs véritables intérêts, ont préservé de plus d'une émeute certains comtés d'Angleterre, et le contraire ne s'est vu que là où cet enseignement a manqué.

Je pourrai ensuite servir aux instituteurs d'intermédiaire auprès des éditeurs; et la librairie, à peu près certaine d'avoir à livrer un chiffre considérable d'exemplaires de chaque ouvrage indiqué sur le catalogue recommandé, pourra me les livrer pour le compte des bibliothèques à des prix inférieurs à ceux qui sont fixés pour un exemplaire pris isolément. Plusieurs éditeurs m'ont déjà donné l'assurance qu'ils étaient prêts à entrer dans cette voie. Chaque École bénéficierait ainsi des avantages qui ne peuvent être accordés qu'aux achats en gros.

La plupart des livres dont je viens de parler sont d'une utilité générale; mais il en faut qui répondent aussi aux besoins locaux. Les instituteurs, les Inspecteurs primaires d'arrondissements, les Inspecteurs d'Académie devront vous signaler les livres qui, suivant les localités, seraient plus particulièrement utiles. Vous me soumettriez, Monsieur le Recteur, ces indications. C'est ainsi que la Société des belles-lettres et d'agriculture de Mont-de-Marsan va mettre au concours la composition d'un petit livre sur l'*économie rurale* des Landes, laquelle diffère absolument de l'économie rurale de la Beauce ou de l'Auvergne. Cet ouvrage, lu l'hiver prochain dans les deux cents cours d'adultes du département, répandra nécessairement parmi les 5 000 ouvriers ruraux qui s'y pressent une foule de notions dont ils pourront tirer immédiatement parti, à leur grand profit et à celui du département tout entier.

Les livres non reliés se dégradent rapidement; mais le prix d'une reliure serait souvent, pour les ouvrages dont nous nous occupons, supérieur à celui du livre même : il ne faut donc pas songer à acheter des livres reliés, à moins que la librairie ne trouve le moyen de donner au volume une forte couverture, sans beaucoup en augmenter le prix. En attendant, tenez la main à ce que l'atelier de reliure que je vous ai invité à établir dans les Écoles normales y fonctionne régulièrement, pour que tous nos instituteurs sachent faire ce travail, qui s'apprend si vite et qui demande si peu d'outils, de temps et de dépense. J'ai vu avec regret, dans certaines Écoles normales où j'ai récemment passé, qu'on n'avait pas encore tenu compte de ces prescriptions, qui datent cependant du 14 octobre 1865.

Recevez, etc.

Signé : V. DURUY.

---

17 octobre 1867. **Nouvelles instructions du Ministre de l'Instruction publique, relatives à l'exécution de la loi du 10 avril 1867 sur l'enseignement primaire.**

17 Octobre 1867.

Monsieur le Préfet, pour compléter les instructions que je vous ai adressées au sujet de l'exécution de la loi du 10 avril 1867 sur l'enseignement primaire, je dois vous entretenir, d'une part, de ce qui concerne spécialement la gratuité absolue; d'autre part, du classement qui doit être établi entre les dépenses obligatoires résultant de cette loi, au point de vue de leur imputation successive sur les ressources communales et départementales et sur les fonds de l'État.

Gratuité absolue.

Un certain nombre de communes, voulant assurer la gratuité absolue de leurs Écoles, ont voté l'imposition extraordinaire de quatre centimes, prévue par l'article 8 de la loi du 10 avril 1867[1], et déjà quelques Conseils départementaux ont donné un avis favorable à l'exécution de cette mesure; enfin, beaucoup de Préfets constatent, dans leurs derniers rapports trimestriels, les vœux des populations en faveur de la gratuité, et plusieurs m'ont demandé s'ils devaient comprendre, dès maintenant, le montant des impositions votées à cet effet par les Conseils municipaux dans les rôles qui seront mis en recouvrement à partir du 1er janvier prochain.

En se pénétrant de l'esprit de la loi du 10 avril dernier, on doit reconnaître que cette mise en recouvrement immédiat serait au moins prématurée dans les départements où les communes doivent recourir aux subventions de l'État, mais que rien ne s'oppose à ce que ces impositions soient mises en recouvrement là où elles suffiraient à la dépense, soit seules, soit avec l'aide des subventions votées à cet effet par le Conseil général. L'article 8 de ladite loi porte qu'en cas d'insuffisance des ressources affectées à la gratuité absolue de l'enseignement, une subvention peut être accordée à la commune *sur les fonds départementaux, et, à leur défaut, sur les fonds de l'État, dans les limites du crédit spécial porté annuellement à cet effet au budget du Ministère de l'Instruction publique.* Pour déterminer approximativement le chiffre de ce crédit, il fallait attendre le résultat des votes des Conseils municipaux, et le budget du Ministère de l'Instruction publique, voté avant l'époque où ces Conseils se sont réunis, ne pouvait contenir encore, pour 1868, aucun crédit spécial applicable à la gratuité absolue de l'enseignement : il ne me serait donc pas possible d'accorder, dès aujourd'hui, aux communes qui en auraient besoin, les subventions sur lesquelles elles devraient compter. J'espère que, lors de la présentation du budget rectificatif de 1868, cette lacune sera comblée, mais j'ignore encore dans quelle mesure, la loi laissant à cet égard tout pouvoir au législateur. Il convient néanmoins de préparer dès à présent l'exécution de la loi, de telle sorte que les crédits puissent être employés aussitôt qu'ils seront mis à ma disposition. Vous aurez donc soin, Monsieur le Préfet, de classer les communes qui ont déjà voté les quatre centimes et celles qui les voteront, soit dans leur session de novembre prochain, soit dans celle de février 1868, suivant l'importance de leurs besoins. C'est aux populations pauvres que la loi a voulu assurer le bénéfice de la gratuité de l'enseignement. C'est donc par les communes les plus intéressantes à ce point de vue que nous commencerons la distribution de nos subsides.

Lorsque vous aurez ainsi classé les communes dans l'ordre de leurs besoins, et lorsque le Conseil départemental aura approuvé, non seulement les demandes des Conseils municipaux, mais encore le classement de ces demandes, vous voudrez bien m'envoyer le tableau que vous en aurez dressé, et dont je vous communique ci-joint un modèle (*Tableau A*)[2]. Je pourrai alors, aussitôt que je connaîtrai le montant du crédit voté par le Corps législatif, en faire la répartition entre tous les départements, et vous indiquer les communes qui devront y participer. Il va sans dire que les fonds de l'État ne doivent supporter cette dépense qu'à défaut des fonds départementaux, et que, par conséquent, les départements dont les Conseils généraux n'auraient voté que la portion des trois centimes spéciaux départementaux strictement nécessaire pour subvenir aux dépenses ordinaires d'entretien des Écoles, et qui, bien qu'ayant ainsi à leur disposition les fonds libres provenant de ces trois centimes, auraient omis ou

1. Consulter les circulaires des 1er *août* et 16 *décembre* 1868, qui rappellent ces prescriptions. (*Circ. et Instr. off.*, T. VI, pages 603 et 616.)

2. Ces tableaux, d'un intérêt purement administratif, ne sont pas insérés ici.

refusé de voter une subvention pour la gratuité absolue, pourraient se voir refuser l'avantage de participer au fonds spécial porté au budget de l'État en faveur de cette gratuité. Le bienfait de la gratuité que la loi a pour but d'assurer aux populations pauvres serait, il est vrai, ajourné, à mon grand regret, dans ces départements; mais la responsabilité de cet ajournement ne saurait remonter jusqu'à l'État : elle s'arrêterait nécessairement au Conseil général.

Je ne saurais trop vous recommander, Monsieur le Préfet, de donner une grande attention à l'ordre de classement des communes qui réclameront, en vue de la gratuité, les subsides de l'État. Si toutes ne peuvent être immédiatement secourues, il importe que les bienfaits de l'État viennent trouver celles qui en ont un plus pressant besoin, et que cette première répartition soit faite de telle sorte que les communes qui pourraient en être exclues n'aient, par comparaison, aucun motif légitime de plainte.

Dépenses ordinaires et obligatoires.

Après avoir ainsi préparé, l'emploi du crédit spécial qui sera porté au budget rectificatif de 1868 pour assurer la gratuité absolue de l'enseignement là où elle sera accordée, je dois me préoccuper en même temps du crédit nouveau nécessaire pour faire face à celles des dépenses obligatoires qui, dès 1868, peuvent et doivent être, conformément à la nouvelle loi, supportées par la commune, le département et l'État. Il y a des départements pour lesquels le concours de l'État ne sera pas réclamé en 1868; mais, pour beaucoup d'autres, une subvention sera indispensable. Les 500 000 francs portés au budget de 1868, et votés en quelque sorte *pour mémoire*, ne permettront certainement pas d'organiser tous les services auxquels ils sont applicables, et, en vue du budget rectificatif, je chercherai, au moyen des éléments fournis par les Préfets, à déterminer la mesure dans laquelle il serait urgent d'augmenter immédiatement ce crédit. Mais, abstraction faite de toute augmentation ultérieure, et afin de retarder le moins possible l'exécution de la loi, il convient de déterminer ceux des services obligatoires auxquels il sera pourvu en premier lieu, soit dans la limite des ressources communales et départementales, soit subsidiairement dans les limites du crédit porté au budget de l'État. Tous les services améliorés ou créés par la loi ont un caractère également obligatoire; mais, ne pouvant tout organiser à la fois, il y a lieu de s'occuper aujourd'hui en première ligne de ceux de ces services qui ont en outre un caractère d'urgence, et que nous sommes certains de pouvoir assurer à partir du 1er janvier prochain.

Compléments de traitements. — Et d'abord il est de principe qu'avant de construire à nouveau, il faut consolider et entretenir ce qui existe. Commençons donc par consolider les établissements existants en assurant aux instituteurs et aux institutrices dont les revenus scolaires pourraient être affectés par l'admission d'un plus grand nombre d'élèves gratuits dans l'école payante, un traitement égal à la moyenne des émoluments scolaires légaux touchés par eux pendant les trois dernières années 1864, 1865 et 1866; il y a là une dette véritable, une question d'équité résolue par l'article 11 de la loi, et qui domine toutes les autres. La loi de 1867 comporte l'application large et libérale du principe d'admission gratuite posé par la loi de 1850; tous les enfants pauvres et ceux des familles gênées, pour lesquelles la rétribution scolaire est un pesant fardeau, doivent être admis gratuitement dans les Écoles; mais la loi de 1867 n'a pas voulu que ce fût aux dépens des instituteurs. Lorsqu'il s'agit de communes où l'instituteur n'atteint pas le minimum de 600 ou 700 francs, l'extension de la gratuité, grâce au jeu du complément légal, n'affecte pas la position de l'instituteur. Il doit en être de même dans les autres communes, et c'est pour cela que la loi accorde dorénavant à l'instituteur, en sus du produit de la rétribution scolaire payée par les parents, un traitement éventuel payé par la commune, le département ou l'État, et calculé à raison du nombre d'élèves gratuits qu'il reçoit dans son Ecole; c'est pour cela encore qu'à titre de disposition transitoire, et au delà même du chiffre de ce traitement éventuel, la loi garantit aux instituteurs et institutrices en exercice au moment de la promulgation de la loi un traitement égal à la moyenne des trois dernières années.

Il va sans dire cependant que cette moyenne n'est garantie à l'instituteur qu'autant que le dommage qu'il pourrait éprouver résulterait directement de l'exécution de la loi, et qu'il resterait dans la même commune. Ainsi, qu'une École libre de garçons ou de filles ouverte dans la commune lui enlève un certain nombre d'élèves payants, l'instituteur éprouvera un dommage; mais ce dommage ne résultera ni de la création d'une École communale de filles, ni de celle d'une École de hameau, et, par conséquent, la loi nouvelle y sera étrangère. Mais si, par suite de ces circonstances, le dommage qu'il éprouve fait tomber son traitement au-dessous des *minima* de 600 et de 700 francs mentionnés dans le quatrième paragraphe de l'article 10 de la loi, l'instituteur ou l'institutrice aura droit, non plus à la moyenne de son traitement pendant les trois dernières années, mais au complément prévu par l'article précité, et destiné à lui assurer l'un des *minima* déterminés. Qu'au contraire, un instituteur qui recevait l'année dernière quarante élèves payants soit contraint aujourd'hui de recevoir dix d'entre eux gratuitement, il pourra légitimement prétendre au bénéfice de l'article 11, puisque la transformation de dix élèves payants en dix élèves gratuits fera tomber son traitement au-dessous de la moyenne des trois dernières années. C'est à vous qu'il appartient d'apprécier équitablement toutes ces circonstances et de ne porter sur vos états de dépenses pour compléments de ce genre que les instituteurs qui y auront des droits incontestables.

La disposition transitoire de l'article 11, comme l'article 10 lui-même, dont il va être parlé, ne doit s'appliquer qu'aux institutrices en exercice au moment de la promulgation de la loi, dans les communes de 500 habitants et au-dessus.

Au même rang que l'application des dispositions transitoires de l'article 11, je place, en ce qui concerne les institutrices, l'application de l'article 10 de la loi qui leur garantit un traitement d'au moins 400 francs. La création de nouvelles Écoles de filles dans les communes de 500 âmes peut être entravée par différentes causes. Toute la sollicitude de l'Administration ne fera point, par exemple, que les maisons d'école nécessaires soient construites en quelques mois. Puisque la loi de 1850 n'est pas encore complètement exécutée à cet égard, nous ne pouvons espérer que celle de 1867 le soit au lendemain du vote. En attendant que les obstacles prévus disparaissent, obéissons du moins aux injonctions de l'article 10, en assurant, sur les ressources disponibles, aux institutrices titulaires communales en exercice *dans des communes de plus de 500 âmes* à la date du 10 avril 1867, le *minimum* qui leur est désormais garanti. C'est l'application de l'article 10 de la loi nouvelle. Ces institutrices doivent, aux termes de l'article 4, être divisées en deux classes, et je vous ai fait savoir, par ma circulaire du 12 mai, comment il me paraissait convenable de faire cette classification. Je n'ai donc ni à revenir sur ce point, ni à vous donner à ce sujet de nouvelles instructions. Je désire toutefois que vous m'adressiez l'état des

Écoles de filles en activité; cet état, conforme au modèle *B* ci-joint[1], contiendra d'abord les Écoles de première classe, puis celles de seconde, et indiquera les motifs de la préférence donnée aux premières. Comme les dispositions de l'article 40 de la loi de 1850 sont applicables dans les limites des *minima* aux Écoles communales de filles aussi bien qu'aux Écoles communales de garçons, ou mixtes, les mêmes règles leur seront appliquées. Il y a lieu cependant de remarquer que l'obligation d'entretenir une École spéciale de filles n'incombe qu'aux communes de plus de 500 âmes, et que les départements et l'État n'ont aucune obligation à l'égard des Écoles déjà existantes dans les communes d'une population inférieure. Je chercherai volontiers, plus tard, à venir en aide à ces communes, si les ressources du budget le permettent, au moyen de quelques subventions; mais je ne puis prendre envers elles aucun engagement.

Cours d'adultes. — Notre attention et nos secours doivent se porter, avec une vigilance égale, sur les cours d'adultes dont la dépense, désormais obligatoire, devra figurer immédiatement après les compléments de traitement. Les instituteurs ont conquis, par leur zèle et leur désintéressement, une place spéciale au budget pour ces établissements qui ont excité tant d'intérêt en France; une prévision du budget de 1868 consacre à l'entretien et au développement de ces cours, en sus des ressources communales et départementales indiquées par la loi de 1867, une somme de 500 000 francs, et l'article 7 de cette loi porte qu'une indemnité fixée par le Ministre de l'Instruction publique, après avis du Conseil municipal et sur la proposition du Préfet, peut être accordée annuellement aux instituteurs et institutrices dirigeant une classe communale d'adultes payante ou gratuite, consacrée par le vote du Conseil départemental, sur l'avis du Conseil municipal.

Les indemnités dues aux instituteurs directeurs de cours d'adultes, une fois fixées par le Ministre, sont des dépenses nécessaires imputables, en vertu de l'article 14, sur les fonds de la commune, du département, de l'État, et notamment sur le troisième centime départemental obligatoire créé par la loi du 10 avril 1867 pour les dépenses ordinaires et permanentes de l'enseignement primaire.

Par ma circulaire du 12 mai dernier, je vous ai fait savoir dans quel esprit il convient de mettre à exécution cette partie si importante de la loi; je dois vous entretenir aujourd'hui des moyens pratiques à employer pour y pourvoir d'urgence. En 1866, sur 595 506 élèves adultes, on en a compté 123 778 qui ont payé, pour les cours du soir, une rétribution volontaire de 414 940 francs. L'année suivante, au 1er avril 1867, le nombre des adultes payants n'était que de 81 846 sur 829 555, et la rétribution payée par eux est descendue à la somme de 285 185 francs.

Il faut reconnaître que dans un grand nombre de localités l'admission gratuite aux cours d'adultes est une condition nécessaire à leur fréquentation assidue. Ce fait constaté, de quelle manière convient-il d'organiser la rémunération de l'instituteur? L'indemnité promise et garantie par la loi doit-elle être un traitement éventuel calculé, comme pour l'école du jour, à raison du nombre d'élèves reçus gratuitement chaque mois dans l'École? Je ne l'ai pas pensé : les adultes qui viennent à la classe du soir peuvent avoir l'intention de suivre seulement un ou plusieurs cours; tel élève, qui vient chercher à la classe du soir les leçons théoriques nécessaires pour la pratique de sa profession, ne peut

1. Voir la note 2, page 169.

être contraint d'assister aux leçons de lecture ou d'écriture; tel autre, qui ne sait pas encore bien lire ou écrire, ne peut être tenu d'assister à des leçons de géométrie ou de grammaire. Dans de petites communes, à raison du nombre des élèves, l'instituteur, privé d'adjoint, peut être obligé de les diviser en catégories, pour les réunir à des jours différents. Je dois ajouter que ce mode de rémunération, appliqué d'une manière absolue à des adultes, qui ne seraient à la classe du soir que des spectateurs oisifs, pourrait devenir une source d'abus.

Il résulte de ces considérations que l'allocation garantie à laquelle aura droit le directeur d'un cours d'adultes communal régulièrement établi sous votre contrôle devra consister en une indemnité fixe. Quel en sera le montant? Cette allocation garantie devra se composer de deux éléments : le remboursement d'une dépense absolument indispensable et la rémunération personnelle de l'instituteur. Du jour où la loi a donné une existence légale aux cours d'adultes, elle a implicitement entendu que les moyens matériels de tenir la classe du soir seraient assurés.

Je ne puis donc m'empêcher de considérer au moins les frais d'éclairage de la salle comme devant être nécessairement remboursés à l'instituteur. Il m'a paru, d'un autre côté, quant à la rémunération personnelle, qu'il serait injuste d'adopter le même chiffre pour toutes les classes d'adultes, et qu'il convient, au contraire, d'avoir égard, d'une manière générale et par une appréciation d'ensemble, au nombre d'élèves qui suivent le cours, au nombre de mois et jours par semaine pendant lesquels il s'ouvre, à l'objet, à l'étendue, à la qualité de l'enseignement, au zèle du maître, aux succès qu'il obtient. J'ajoute que l'indemnité ainsi accordée a beaucoup moins le caractère d'un traitement que celui d'un dédommagement ou d'une récompense publique. Tels sont les motifs qui me déterminent à poser en principe que cette portion de l'indemnité ne descendra pas au-dessous d'un minimum de 50 francs, et qu'elle pourra être portée, sur votre proposition, à un chiffre supérieur, qui toutefois ne pourra pas dépasser 100 francs. Dans le cas où le cours serait payant, le produit de la rétribution scolaire s'imputerait sur l'indemnité garantie, et viendrait ainsi réduire, jusqu'à due concurrence, la somme due par la commune, le département et l'État. Bien que la loi réserve au Ministre la fixation de l'indemnité, il est évident que, ne pouvant songer à statuer par décision individuelle et isolément sur chacun des cours d'adultes auxquels la loi devra être appliquée, je devrai le plus souvent accepter dans leur ensemble les propositions faites par les Préfets. Les observations qui précèdent devront vous servir de règle pour l'appréciation des droits des instituteurs. J'espère bien que ces allocations officiellement garanties n'auront pas pour effet de tarir la source des libéralités particulières, communales et départementales, qui, pour 1867, se sont élevées au chiffre total de 1 337 441 francs, savoir : 1 145 304 francs votés par les Conseils municipaux, 121 415 francs donnés par les particuliers, et 70 722 francs accordés par les Conseils généraux. Je dois répéter encore, au sujet de l'allocation garantie, que l'État n'intervenant, pour ce qui le concerne, qu'à défaut des ressources communales et départementales indiquées à l'article 14 de la nouvelle loi, vous devrez épuiser ces ressources avant de proposer le prélèvement de ces indemnités sur les fonds de l'État.

Vous trouverez ci-joint le modèle d'un tableau, sur lequel vos propositions devront être consignées.

En suivant l'ordre que j'ai indiqué ci-dessus, nous trouverons, en troisième lieu, la création des emplois de maîtresses des travaux à l'aiguille dans les Écoles mixtes. Pour les localités où il n'est pas possible de dédoubler immédiatement l'École mixte en créant une École spéciale de filles, il faut la perfectionner, c'est-à-dire y offrir aux familles non seulement les moyens de donner aux jeunes filles l'habitude de la couture domestique si utile dans les ménages des campagnes, mais toute la sécurité que doit inspirer la présence d'une femme dans l'École. Les Écoles mixtes doivent avoir une maîtresse des travaux à l'aiguille, et le traitement de ces maîtresses, fixé par vous, sera compris dans les dépenses générales d'entretien des Écoles primaires, et imputable, après l'indemnité des directeurs de cours d'adultes, sur les ressources indiquées par l'article 14 de la loi. Si ces ressources avaient été déjà épuisées par les dépenses auxquelles elles doivent d'abord pourvoir, une subvention de l'État vous serait accordée à cet effet; vous voudrez bien dresser, sur un tableau spécial dont je vous envoie le modèle, la liste des emplois de maîtresses d'ouvrage à créer dans votre département. En vue du cas où, par l'insuffisance des ressources du budget de l'État, je me verrais obligé de faire un choix entre les Écoles mixtes où il conviendrait d'installer une maîtresse d'ouvrage, je vous prie d'inscrire en tête de votre liste les communes qui auront des droits réels à la préférence, ne perdant pas de vue que les autres seront dotées un peu plus tard.

Viendront ensuite les Écoles de filles à créer dans les communes au-dessus de 500 habitants. Je n'ai à cet égard aucune instruction particulière à vous donner, car il s'agit ici d'Écoles communales pour lesquelles on devra procéder comme on l'a fait jusqu'à présent pour les Écoles communales de garçons.

Nous aurons enfin à pourvoir à la création des emplois de maîtres adjoints et de maîtresses adjointes dans les Écoles de garçons et de filles, à la création d'Écoles de hameaux et d'Écoles ordinaires nouvelles dans les communes qui en comportent deux ou plusieurs, et enfin à l'organisation des caisses des Écoles. Je ne puis, à cet égard, que vous inviter à vous reporter à mes instructions du 12 mai dernier. J'attache la plus grande importance à ce que toutes ces dispositions de la loi puissent être promptement exécutées; mais, limités comme nous le sommes par le crédit porté au budget, nous devons diriger nos efforts vers les points où nos ressources nous permettent d'espérer un succès immédiat.

J'ai fait dresser néanmoins pour chacun de ces services des modèles de tableaux, que je vous prie de me renvoyer avec les indications qu'ils sont destinés à recevoir, afin que je puisse connaître l'ensemble des dépenses auxquelles il y aura lieu de pourvoir, soit d'urgence, soit successivement.

Recevez, etc.

Signé : V. Duruy.

---

26 octobre 1867.

Circulaire du Ministre de l'Instruction publique, relative à l'organisation d'expositions scolaires départementales[1].

26 Octobre 1867.

Monsieur le Préfet, l'exposition scolaire placée au Champ de Mars et celle qui a eu lieu au Ministère de l'Instruction publique ont fourni de si utiles rensei-

1. Voir *Les Expositions scolaires départementales*, par Ch. Defodon, dans les Monographies pédagogiques de 1889, T. III, pages 663 à 691.
Voir la circulaire du 9 *mai* 1868, qui institue des récompenses pour les concours et les expositions scolaires. (*Circ. et Instr. off.*, T. VI, page 597.)

gnements que la pensée est venue d'avoir, chaque année, des expositions analogues dans les départements. Cette pensée a été réalisée déjà dans le Cher et la Sarthe. Le Conseil général du Cher, frappé des bons effets de la mesure, a même voté une allocation pour la renouveler en 1868. On ne doute pas qu'il n'en résulte une féconde émulation entre les Écoles. L'enseignement du dessin particulièrement pourra en profiter au grand avantage de l'art et de l'industrie.

Cette initiative départementale mérite d'être imitée. Je vous saurais gré, Monsieur le Préfet, de vouloir bien étudier les moyens d'organiser, pour votre département, en 1868, au moment de la distribution des prix aux instituteurs, une exposition de ce genre : elle compléterait d'une manière heureuse la fête annuelle de l'enseignement populaire.

Je vous serai très obligé de me faire connaître les mesures que vous comptez prendre à ce sujet.

Recevez, etc.

Signé : V. DURUY.

Instructions complémentaires du Ministre de l'Instruction publique, relatives à l'exécution de la loi du 10 avril 1867, en ce qui concerne les Écoles de filles. 30 octobre 1867.

30 Octobre 1867.

Monsieur le Recteur, je vous ai adressé déjà les instructions nécessaires pour l'exécution de la loi du 10 avril 1867; il me reste à vous entretenir de dispositions qui en seront le complément naturel.

En organisant l'enseignement primaire des filles, en décidant la création de 10 000 Écoles nouvelles, la loi du 10 avril 1867 a répondu à des vœux unanimes. Aussi la sollicitude de tous les pouvoirs publics est-elle acquise à la bonne et prompte exécution de cette loi.

Mais, pour construire ou louer les bâtiments nécessaires, pour trouver le personnel qui saura donner la meilleure direction à ces Écoles, il faudra du temps et de l'argent. Tandis qu'on étudie les plans et qu'on prépare les ressources, nous pouvons, Monsieur le Recteur, nous occuper de donner satisfaction, non plus à la loi elle-même, mais à des vœux qui ont été exprimés durant la discussion au sein du Corps législatif, qui répondent au désir même du Gouvernement, et dont la réalisation n'exige ni une dépense bien sérieuse, ni un temps bien considérable.

Classe de persévérance. — Il est malheureusement entré dans les mœurs du pays que l'École primaire soit abandonnée par ses élèves dès qu'ils ont fait leur première communion, c'est-à-dire vers leur douzième année, tandis qu'ils ne la quittent, dans les pays protestants, qu'entre quinze et seize ans, époque de leur grand acte religieux, la confirmation. Il est bien à souhaiter qu'on puisse reprendre, au profit de l'École, sinon pour tous les enfants, au moins pour un certain nombre d'entre eux, moins pressés de gagner un mince pécule, ces trois ou quatre années où les forces physiques ont encore besoin d'être ménagées, et durant lesquelles l'esprit serait muni de connaissances qui ne courraient plus le risque d'être oubliées, comme il arrive trop souvent pour celles de l'École primaire. L'enseignement religieux a le catéchisme de persévérance, qui ne laisse pas s'égarer et se perdre les fruits des premières instructions : il nous faudrait aussi des classes de persévérance.

On réussira à en établir par les exhortations des maîtres auprès des enfants et des familles, pour décider les uns et les autres à une prolongation de la vie scolaire; par la propagande qui se fait de tous côtés en faveur de l'instruction, à raison des avantages matériels et moraux qu'elle assure; par les concours qu'on établirait entre ces Écoles de persévérance, dont les prix pourraient être ajoutés, dans les communes rurales, à ceux des Comices agricoles, dans les villes, à ceux des sociétés industrielles. Enfin, la caisse des Écoles, là où l'on saura la fonder dans de bonnes conditions, pourra favoriser la formation des classes de persévérance par des primes et des encouragements donnés à ceux qui continueront leurs études pour les fortifier et les étendre.

Grâce, en effet, au mouvement que nous admirons, le nombre des enfants qui restent en dehors de l'enseignement diminue chaque jour, de sorte que, pour un certain nombre de départements, nous sommes déjà bien près du moment où les encouragements et les efforts devront porter, moins sur les enfants qu'il faut pousser à l'école, que sur ceux qu'il faut y retenir.

Cours professionnels. — Ces classes de persévérance ne nécessiteront ni des méthodes nouvelles ni de nouveaux programmes, puisqu'on n'y enseignera que les matières dites *facultatives*. Or, pour ces études, que la loi du 15 mars 1850 a énumérées, que celle du 21 juin 1865 a précisées et accrues, il existe des instructions toutes rédigées, des programmes tout faits : ce sont ceux des Écoles normales et des premières années de l'enseignement spécial; il suffit d'y puiser.

Vous savez, en effet, Monsieur le Recteur, que l'enseignement spécial a pour point de départ l'enseignement primaire habituel, et qu'il en forme, dans ses premiers cours, le développement logique.

Je ne saurais, en outre, insister trop sur ce point, que le trait caractéristique de l'enseignement spécial est de se conformer aux besoins des industries qui dominent là où il est donné. Ce qui serait emprunté à ces programmes pour les Écoles de persévérance devrait donc être pris dans le sens des nécessités locales : on assurerait ainsi à ces Écoles un caractère véritablement professionnel.

On pourrait même, dans les villes d'une population considérable, faire prédominer, dans une des Écoles communales, les études qui conduisent au commerce, comme la calligraphie, le calcul mental, la tenue des livres, la comptabilité, les écritures commerciales et quelques notions de législation usuelle; dans une autre, celles qui mèneraient aux industries dominantes, telles que le dessin d'ornement ou le dessin géométrique, le dessin des machines, certaines connaissances chimiques ou mécaniques, etc., afin que les élèves et les maîtres fussent mieux répartis selon leurs besoins et selon leurs aptitudes.

Le personnel enseignant ne ferait pas plus défaut que les programmes, puisque nos 80 Écoles normales, dont les études ont été réformées, livrent, chaque année, aux Écoles publiques 1 000 ou 1 200 instituteurs. Un certain nombre d'entre eux seront désormais en état de bien donner cet enseignement intermédiaire, pour lequel l'École de Cluny forme, de son côté, d'habiles directeurs.

Dans beaucoup de cas, ces mesures n'entraîneront d'autre dépense que celle qui serait nécessaire pour dédommager les maîtres d'un surcroît de travail ou assurer le traitement de maîtres nouveaux appelés à faire des cours dans les Écoles où l'enseignement dépasserait la mesure des forces d'un seul instituteur.

Tout ce qui vient d'être dit des Écoles de persévérance et des Écoles professionnelles s'applique aux Écoles de filles comme à celles de garçons, avec la différence qu'amènerait dans les études la différence des sexes et, par suite, celle de certains travaux.

Ainsi, pour les filles, il faudrait qu'elles pussent apprendre dans les Écoles rurales : la couture domestique, la tenue des écritures de ferme, le calcul mental, des notions d'agriculture et d'économie rurale appropriées à la localité, la conduite d'un verger, d'un jardin, d'une basse-cour, quelques principes d'hygiène de famille, etc. ; — dans les Écoles urbaines : la couture industrielle, le dessin d'ornement et le dessin industriel, les écritures commerciales, le calcul, l'hygiène, et, selon les lieux, quelques-uns des arts professionnels qu'une fille peut pratiquer près de sa mère, la peinture sur porcelaine, la gravure sur bois, la broderie d'art; enfin, partout, la langue française et l'histoire nationale.

Je sais bien qu'à l'égard de ces Écoles professionnelles de filles, le personnel enseignant serait, sur plusieurs points et en bien des lieux, insuffisant; mais il se formera peu à peu. Il ne peut être question, d'ailleurs, de créer soudainement un grand nombre de ces Écoles, et je suis assuré qu'en cherchant bien, on trouvera le moyen de satisfaire aux premiers besoins.

En résumé, Monsieur le Recteur, je vous demande :

1° D'user de toute votre influence auprès des autorités municipales, et par elles sur les familles, pour retenir le plus longtemps possible les enfants à l'École, afin de diminuer le chiffre énorme des non-valeurs scolaires, qui s'élève encore à 34 pour 100; c'est une perte annuelle de 20 000 000 de francs que fait la France, puisque les 60 000 000 qu'elle dépense pour instruire les enfants du peuple ne profitent qu'aux deux tiers d'entre eux. L'emploi de livres impropres à l'enseignement, l'usage de méthodes défectueuses, sont pour beaucoup assurément dans ce résultat fâcheux; mais il provient surtout de l'abandon prématuré de l'École;

2° D'inviter les municipalités, partout où le succès semblera possible, à organiser pour les enfants de la classe ouvrière des Écoles professionnelles, où, tout en perfectionnant leur instruction primaire, ils acquerront des connaissances qui leur permettront de gagner un salaire plus élevé;

3° D'organiser auprès de ces Écoles un Comité de patronage qui soit comme la seconde famille de ces jeunes filles, et qui s'occupera de leur trouver, pour le jour de la sortie de l'École, du travail dans les conditions les meilleures de rémunération et de moralité.

Par les Écoles de persévérance, qu'on peut établir partout, puisqu'elles ne sont que la continuation de l'École primaire; par les Écoles professionnelles, qui peuvent se confondre avec les premières, ou, dans les communes riches, devenir l'objet de fondations spéciales, on aura donné à l'enseignement primaire et professionnel des jeunes filles de la classe ouvrière tous les développements désirables.

Enseignement secondaire des filles. — Mais il reste une chose considérable à faire : il faudrait fonder l'enseignement secondaire des filles, qui, à vrai dire, n'existe pas en France.

C'est au foyer domestique, dans le sanctuaire de la famille, que la jeune fille reçoit l'éducation du cœur et les premiers enseignements de la religion. Son instruction religieuse se poursuit et s'achève à l'église ou au temple, sous la direction des ministres de son culte. Mais, pour fortifier son jugement et orner son intelligence, pour apprendre à gouverner son esprit et à se mettre en état de porter avec un autre le poids des devoirs et des responsabilités de la vie, sans sortir du rôle que la nature lui assigne, il faut à la femme une instruction forte et simple, qui offre au sentiment religieux l'appui d'un sens droit et aux entraînements de l'imagination l'obstacle d'une raison éclairée.

Cette instruction forte et simple, il est bien rare de la trouver aujourd'hui en France. Que de plaintes ne s'élèvent point sur la difficulté de donner aux jeunes filles une instruction en rapport avec le rang qu'elles occuperont un jour dans la société, et avec celle que reçoivent leurs frères dans les Écoles de l'État et dans les établissements libres! Les choses en sont venues à ce point, que les élèves-maîtresses des Écoles normales, destinées pour la plupart à enseigner dans les campagnes, ont une instruction plus complète que beaucoup de jeunes filles auxquelles la naissance et la fortune assigneront une place dans la société la plus éclairée; le simple brevet de capacité pour l'instruction primaire est devenu la preuve d'une éducation soignée : les jeunes filles le recherchent dans les familles les plus soucieuses de l'instruction, sans autre but que de constater qu'elles se sont élevées au-dessus du niveau de l'ignorance générale.

Aujourd'hui, bien des mères de famille désireraient garder leurs filles auprès d'elles, afin de présider elles-mêmes à leur éducation, au développement de leur caractère : il leur faut s'en séparer, parce qu'elles n'ont sous la main aucun moyen d'instruction; elles les confient au pensionnat, tout en regrettant que l'enseignement n'y dépasse guère la portée des études primaires. Beaucoup de jeunes filles, lorsqu'elles rentrent à la maison paternelle, vers leur quinzième année, seraient heureuses de trouver à leur portée un enseignement complémentaire, de s'occuper utilement, pour le présent et pour l'avenir, pendant trois ou quatre ans, c'est-à-dire jusqu'à l'époque où des devoirs plus graves s'imposeront à elles. Cette précieuse ressource, cet emploi salutaire des années les plus difficiles et les plus inoccupées de la jeunesse, leur est presque partout interdit. Quelques familles privilégiées ont recours à des maîtres particuliers; elles confient leurs enfants à nos professeurs les plus distingués des Lycées ou à des cours établis dans quelques grandes villes; mais c'est une exception, un enseignement de luxe, auquel ne peuvent prétendre le plus souvent ceux qui en comprennent le mieux la valeur.

Puisque les familles les plus favorisées par la fortune n'hésitent point à appeler auprès d'elles des maîtres particuliers pour leur confier l'instruction des jeunes filles, pourquoi ne point généraliser ce qui est resté jusqu'à présent une sorte de privilège? Pourquoi laisser se consumer dans les efforts d'un enseignement individuel des forces vives et un dévouement qui peuvent être si facilement utilisés au profit du grand nombre? Pourquoi, enfin, ne pas constituer un véritable enseignement secondaire des filles offrant les plus sérieuses garanties et placé sous le patronage des personnes qui ont dans chaque ville une autorité et une influence incontestées? Le besoin d'un enseignement plus élevé est si généralement reconnu, l'organisation que j'ai en vue est si simple, si peu coûteuse et peut donner de tels résultats, que je n'hésite pas à vous charger d'en préparer le succès.

L'enseignement secondaire des filles est et ne peut être que l'enseignement spécial, qui vient d'être constitué pour les garçons par loi du 21 juin 1865, et d'où les langues mortes sont exclues.

Cet enseignement, caractérisé par la combinaison d'une instruction littéraire générale, de l'étude des langues vivantes et du dessin, avec la démonstration pratique des vérités scientifiques, peut, en effet, s'il est convenablement approprié à sa destination nouvelle, devenir l'enseignement classique des jeunes filles de quatorze à dix-sept ou dix-huit ans.

Les méthodes, les programmes employés pour les uns, seront facilement utilisés pour les autres. Il n'y a rien à créer, tout existe; il s'agit seulement d'en faire l'application aux études des jeunes filles avec les différences que comportent leur condition et leurs besoins.

Ainsi l'enseignement secondaire des filles formerait un ensemble régulier, divisé en trois ou quatre années, chacune de six ou sept mois d'études, avec une ou deux leçons par jour, des devoirs remis par les élèves, corrigés par les maîtres, et des compositions mensuelles.

On ne passerait d'un cours à l'autre qu'après un examen sérieux.

Le cours complet aurait pour sanction et pour couronnement la délivrance, par le jury départemental ou académique, des diplômes que la loi du 21 juin 1865 a institués.

Les programmes seraient arrêtés, et la surveillance des cours serait faite par les membres du Conseil de perfectionnement, que la loi du 21 juin 1865 a créé, et dont le maire a, dans chaque ville, la présidence. Enfin les cours ne seraient point publics; mais la jeune fille y serait conduite par sa mère, sa gouvernante ou sa maîtresse de pension, qui assisteraient aux leçons.

Ces cours, s'adressant aux familles aisées ou riches, seraient nécessairement payants : 15 ou 20 francs par mois.

De la somme ainsi trouvée il serait fait deux parts : les deux tiers ou les trois quarts formeraient la rémunération des professeurs; le reste serait mis en réserve pour former un fonds qui servirait aux dépenses du matériel et à la création de bourses d'externat en faveur de jeunes filles pauvres qui montreraient une vocation décidée pour les hautes études, et pourraient se préparer dans ces cours à donner elles-mêmes un jour l'enseignement secondaire.

Le local serait une salle de l'Hôtel de Ville ou de quelque édifice communal; car cet enseignement devrait être établi sous le patronage, le contrôle et la direction des autorités municipales, c'est-à-dire de ceux qui sont les représentants légaux de tous les pères de famille de la cité.

Quant aux maîtres et aux moyens d'enseignement, ils sont tout prêts. Les membres de l'enseignement secondaire, qui ont déjà la confiance des familles, puisque 70 000 enfants leur sont confiés dans les Lycées et les Collèges, peut-être même quelques membres des Facultés, n'hésiteraient pas à prêter leur concours, s'il était réclamé, et, dans ce cas, je les autoriserais à employer pour ces cours extérieurs tout le matériel scientifique du Lycée.

Vous voyez, Monsieur le Recteur, qu'il n'y aurait besoin, pour cette œuvre considérable, ni de bâtir de nombreuses maisons, ni de créer un nouveau personnel, ni de constituer à grands frais un matériel scientifique; il suffirait d'appliquer le principe qui a si bien réussi pour les cours d'adultes : le matériel et le personnel de l'enseignement secondaire seraient utilisés deux fois; frères et sœurs auraient les mêmes maîtres. Je vous disais, il y a deux ans, à propos des cours d'adultes : « En employant, le soir, le matériel et le personnel du jour, « nous doublons sans frais le nombre des Écoles, nous rendons féconde la « première dépense faite par le pays, nous tirons du même capital un second « intérêt. » On pourra dire la même chose de la combinaison proposée; seulement, plus heureux que les instituteurs, qui ont dû attendre le prix de leur dévouement, les membres de l'enseignement secondaire trouveraient immédiatement la récompense de leur zèle, puisque les nouveaux cours seront payants.

En tout ceci, Monsieur le Recteur, nous n'avons rien à entreprendre par nous-mêmes. C'est une œuvre de persuasion à poursuivre auprès des autorités municipales et des familles. Qu'elles le veuillent, et dans quelques semaines, sans dépenses, ni de l'État, ni du département, ni de la commune, l'enseignement supérieur des filles sera fondé dans les 80 villes qui ont un Lycée et dans les 260 qui possèdent un Collège : nos 3 000 professeurs sont tout prêts.

Recevez, etc.

Signé : V. DURUY.

---

27 nov. 1867. **Décision du Conseil d'État, relative au droit de patente des instituteurs.**

27 Novembre 1867.

Décidé que si le réclamant, instituteur libre, avait été autorisé provisoirement par le Préfet à recevoir chez lui quelques internes pendant une année scolaire, il n'était pas établi par l'instruction que, dans les conditions où il avait usé de cette autorisation, il pût être considéré comme ayant exercé pendant ladite année la profession de maître de pension.

Le Conseil,

Vu la requête présentée par le sieur Vanhès, tendant à ce qu'il nous plaise annuler un arrêté du 5 octobre 1866, par lequel le Conseil de préfecture du Nord a rejeté sa demande en décharge du droit de patente, auquel il a été assujetti, pour ladite année, sur le rôle de la commune de Berlaimont, en qualité de maître de pension;

Ce faisant, — attendu que l'autorisation d'ouvrir un pensionnat lui a été refusée, à raison de l'insuffisance des bâtiments destinés à recevoir les élèves; que si le Préfet du Nord lui a permis d'avoir chez lui quelques élèves internes, pour l'aider dans une collection d'histoire naturelle, il ne saurait, pour ce seul fait, être imposé à la patente des maîtres de pension; — lui accorder la décharge demandée;

Vu les observations du Ministre des Finances, tendant au maintien de l'arrêté attaqué, par le motif que le sieur Vanhès n'a présenté aucune réclamation pour l'année 1867, et que l'instruction constate qu'en 1866 son pensionnat était tenu dans les mêmes conditions qu'en 1867;

Vu la loi du 25 août 1844, la loi du 18 mai 1850, et le tableau G y annexé;

Considérant que, si le sieur Vanhès, instituteur à Berlaimont, a été autorisé provisoirement par le Préfet du Nord à recevoir chez lui quelques internes pendant l'année scolaire 1866, il n'est pas établi par l'instruction que, dans les conditions où le sieur Vanhès a usé de cette autorisation, il puisse être considéré comme ayant exercé, pendant ladite année, la profession de maître de pension; que, dès lors, c'est à tort qu'il a été imposé et maintenu au rôle de Berlaimont, pour l'année 1866, en qualité de maître de pension :

ARTICLE 1er. — L'arrêté par lequel le Conseil de préfecture du Nord a rejeté la demande du sieur Vanhès est annulé.

ART. 2. — Le sieur Vanhès est déchargé du droit de patente auquel il a été assujetti pour l'année 1866.

Avis du Conseil d'État, relatif à la garde des titres de rente ou de propriété faisant l'objet d'une donation.

18 déc. 1867.

18 Décembre 1867.

Le Conseil,

Considérant que, lorsque des libéralités sont faites à des établissements religieux pour les pauvres, la garde des titres de rente ou de propriété doit être confiée au bureau de bienfaisance, seul représentant légal des pauvres;

Considérant que les mêmes raisons de décider se rencontrent dans l'espèce soumise au Conseil d'État; qu'à la vérité la demoiselle Pagelet, testatrice, a indiqué dans ses dispositions que la remise des titres de rente serait faite aux curés chargés d'en distribuer les arrérages aux pauvres;

Mais que la volonté de la testatrice n'a pu modifier les règles que chaque établissement est tenu d'observer, afin de demeurer dans la limite des attributions déterminées par la loi de son institution;

Que c'est par application de ces principes que les avis ci-dessus visés ont prescrit l'immatriculation conjointe des titres de rente, et, en outre, dans ce cas, la remise de ces titres à l'établissement civil, représentant légal des pauvres;

Qu'au surplus, la demoiselle Pagelet n'a voulu, par la disposition précitée, qu'assurer la distribution par les curés des arrérages destinés aux pauvres, et que sa volonté sera exécutée au moyen de la remise de ces arrérages, que le bureau de bienfaisance sera tenu de faire aux curés, conformément auxdits avis;

Considérant enfin que, pour que l'accomplissement de la volonté des testateurs soit complètement garantie, il convient de donner aux établissements religieux désignés le moyen de réclamer et d'obtenir les sommes dont la distribution leur est confiée; que, par suite, des copies certifiées des titres (testament et titres de rente) doivent leur être remises,

Est d'avis qu'il y a lieu de statuer dans le sens des observations qui précèdent.

---

29 déc. 1867. **Arrêté relatif à la distinction à établir pour la fixation des heures de travail et de l'époque des vacances entre les Écoles rurales et les Écoles urbaines.**

29 Décembre 1867.

Le Ministre, etc.,

Vu les articles 5 et 17 de la loi du 15 mars 1850;

Considérant que les règlements en vigueur n'établissent aucune distinction entre les Écoles primaires rurales et les Écoles urbaines, les élèves des premières comme ceux des secondes sont obligés d'assister, le matin, à une classe qui dure trois heures, et le soir, à une classe de même durée;

Que, par suite, leur journée est coupée à deux reprises, de telle sorte qu'entre les heures de classe, ils ne peuvent être exercés aux travaux de l'agriculture ni employés dans de grands établissements industriels où leur activité et leurs forces corporelles se développeraient;

Que cette situation amène la désertion des Écoles, principalement en été, et nuit aux progrès de l'enseignement;

Considérant que, pour faire disparaître en partie ces inconvénients, il suffit de régler, pour les communes rurales, la part de l'École primaire et celle de l'apprentissage, et de fixer les heures des classes, en tenant compte des exigences des travaux agricoles ou industriels;

Le Conseil impérial de l'instruction publique entendu,

Arrête :

Article 1er. — Les Conseils départementaux sont autorisés à modifier les règlements des Écoles primaires, quant à la fixation des heures de travail et de l'époque des vacances, dans le but de concilier les exercices classiques avec les travaux des champs, sans toutefois que la durée totale de ces exercices puisse être, en aucun cas, inférieure à trois heures par jour de classe, et celle des vacances à un mois.

ART. 2. — Les Conseils départementaux pourront également modifier les règlements des Écoles communales, situées près de grands établissements industriels, comme les exploitations de mines, les forges, les verreries et établissements analogues, dans lesquels les enfants ont besoin d'être initiés, dès que leur âge le permet, aux travaux de leurs pères, et dans lesquels ils trouveraient les conditions d'activité et de développement physique qui existent dans les travaux de l'agriculture.

Arrêté fixant le programme de l'enseignement agricole pour les Écoles primaires rurales et les Écoles normales.

30 déc. 1867.

30 Décembre 1867[1].

Le Ministre, etc.,

Vu les articles 5 et 35 de la loi du 15 mars 1850;

Vu le décret du 2 juillet 1855;

Le Conseil impérial de l'instruction publique entendu,

Arrête :

ARTICLE 1er. — Le programme de l'enseignement agricole dans les Écoles primaires rurales et dans les Écoles normales primaires est adopté ainsi qu'il suit :

1° VÉGÉTATION, TERRE, CLIMATS.

1. Aperçu général sur la végétation; durée des végétaux, modes divers de reproduction, par graines, boutures, etc.
2. Des terres, leur nature et leurs propriétés physiques.
3. Régions agricoles; influence du climat.

1. Consulter l'instruction du 31 *décembre* 1867 sur l'organisation de l'enseignement agricole. (*Circ. et Instr. off.*, T. VI, page 567.)

Consulter la circulaire du 12 *janvier* 1867 sur la situation de l'enseignement de l'agriculture dans les Écoles (*Ibid.*, T. VI, page 429); — le décret du 12 *février* suivant instituant une Commission chargée de rechercher les mesures à prendre pour l'extension à donner aux connaissances agricoles (*Bulletin administratif*, 1867, T. VII, page 142); — le rapport à l'Empereur, 27 *août* 1867, sur les travaux de la Commission (*Ibid.*, T. VIII, page 183).

Voir la circulaire du 20 *juin* 1868, celle du 30 *août* 1868 et celle du 10 *mars* 1869 (*Circ. et Instr. off.*, T. VI, pages 600, 607 et 677), — l'instruction du 22 du même mois relative aux essais pratiques à tenter (*Ibid.*, page 680), — celle du 10 *mai* 1869 portant envoi aux Inspecteurs d'Académie de tableaux des animaux utiles ou nuisibles à l'agriculture (*Ibid.*, page 692). — Voir ci-après la loi du 30 *juillet* 1875.

2° Opérations principales de l'agriculture.

4. Substances fertilisantes, amendements, engrais. Écobuage.
5. Culture du sol; instruments de culture.
6. Enlèvement des eaux nuisibles à la culture. Drainage.
7. Irrigation et arrosage.
8. Semailles et transplantations.
9. Récoltes, conservation des divers produits.
10. Influence de la chaleur et de la lumière sur les végétaux cultivés. Exposition. Abris.
11. Défrichements.
12. Clôtures, chemins vicinaux, voitures.
13. Constructions rurales.

3° Végétaux qui intéressent la culture française.

14. Céréales.
15. Légumes secs ou verts.
16. Plantes oléagineuses, textiles, tinctoriales, à produits divers.
17. Plantes fourragères; prairies naturelles et artificielles, fenaison.
18. Racines alimentaires ou industrielles; sucres et alcools.
19. Plantes parasites et animaux nuisibles aux récoltes; moyens préservatifs; animaux destructeurs des animaux nuisibles.
20. Végétaux ligneux; notions générales.
21. Multiplication, pépinières, greffe, éducation, plantation et entretien des arbres.
22. Arbres fruitiers, conduite et taille, variétés principales cultivées en France.
23. Arbres à produits industriels; vignes et vins; pommiers et cidre, mûriers, etc.
24. Plantation, conduite, exploitation des arbres destinés à fournir des bois d'œuvre ou de chauffage.

4° Animaux domestiques utiles à l'agriculture.

25. Économie du bétail; principes généraux.
26. Espèce bovine, chevaline, ovine, porcine, etc.
27. Oiseaux de basse-cour.
28. Vers à soie, abeilles.

5° Économie agricole.

29. Capitaux agricoles, fermier, métayer, propriétaire; achat et location d'un domaine.
30. Assolement ou succession des cultures; jachère, repos; organisation des travaux agricoles.
31. Influence de diverses circonstances sur les systèmes agricoles; début de l'entreprise; comptabilité agricole.

6° CULTURE DES JARDINS.

32. Division de l'horticulture en trois parties.
33. Jardin fruitier.
34. Jardin potager.
35. Jardin d'agrément.
36. Végétaux parasites des plantes de jardin; animaux nuisibles à l'horticulture et moyens de les détruire.

Arrêté fixant le programme pour l'examen d'admission aux Écoles normales primaires. 31 déc. 1867.

31 Décembre 1867.

Le Ministre, etc.,
Vu le § 3 de l'article 35 de la loi du 15 mars 1850;
Vu le décret du 2 juillet 1866;
Le Conseil impérial de l'instruction publique entendu,
Arrête :

ARTICLE 1er. — Le programme de l'examen d'admission aux Écoles normales primaires est adopté ainsi qu'il suit :

TITRE Ier.

Nature des épreuves.

Épreuves écrites.

ART. 2. — L'examen d'admission aux Écoles normales primaires comprend des épreuves écrites et des épreuves orales.

ART. 3. — Les épreuves écrites sont au nombre de quatre, savoir :

1° Une page d'écriture cursive, en gros, en moyen et en fin. Elle comprend au moins deux lignes de gros, quatre de moyen et huit de fin. Les candidats devront avoir une écriture non seulement courante, mais encore régulière et déjà formée; il sera tenu compte, dans l'appréciation de cette épreuve, de l'écriture des autres compositions;

2° Une dictée d'orthographe, d'une page environ, dont le texte est pris dans un livre classique. Ce texte, lu d'abord à haute voix, est ensuite dicté posément, puis relu. Dix minutes sont accordées aux candidats pour relire et corriger leur travail. La ponctuation ne sera pas dictée; on en tiendra compte dans la correction de l'épreuve, où elle entrera, si elle est inexacte, pour une faute, ou une portion de faute, selon le cas;

3° Un récit tiré soit de l'histoire sainte, soit de l'histoire de France, ou une narration très simple sur un sujet donné;

4° Des exercices pratiques de calcul, et la solution raisonnée d'un ou de plusieurs problèmes d'arithmétique.

ART. 4. — Il est accordé une heure et demie pour la composition de style, une heure et demie pour la composition d'arithmétique, et une demi-heure pour la composition d'écriture.

Épreuves orales.

ART. 5. — Les épreuves orales porteront sur les matières suivantes :

1° Instruction religieuse.	Catéchisme. Histoire sainte (Ancien et Nouveau Testament). Évangiles des dimanches.
2° Lecture	Lecture du français. Explication de la signification des mots, du sens des phrases et du passage tout entier. Lecture du latin et des manuscrits.
3° Éléments de la langue française.	Premiers principes de grammaire. Principales règles de la syntaxe. Explication d'un texte français.
4° Arithmétique	Pratique des quatre règles (nombres entiers et décimaux) et calcul mental. Principales questions sur la théorie des quatre règles. Système métrique : théorie et pratique.
5° Histoire et géographie.	Résumé de l'histoire et de la géographie de la France.

ART. 6. — Les candidats devront lire le français couramment et distinctement. Ils devront savoir lire aussi le latin et les manuscrits. Les examinateurs feront expliquer le texte français pour apprécier l'intelligence des candidats.

ART. 7. — On s'assurera que les candidats calculent promptement et sûrement, de tête et par écrit.

ART. 8. — Un quart d'heure au plus sera consacré à chacune des cinq épreuves orales ci-dessus.

ART. 9. — Indépendamment de ces épreuves obligatoires, les candidats qui le demanderont pourront être interrogés sur les matières suivantes : 1° chant et orgue; 2° dessin, pourvu qu'ils aient obtenu dans les matières obligatoires les moyennes nécessaires à leur admission.

TITRE II.

Jugement des épreuves.

ART. 10. — Le maximum des points pour chaque épreuve est fixé à 10. La Commission exprime par un chiffre la valeur de chacune des épreuves écrites ou orales de la manière indiquée à l'article 18 du règlement du 3 juillet 1866.

ART. 11. — Toute copie d'orthographe contenant plus de quatre fautes sera considérée comme nulle et entraînera l'exclusion. L'épreuve d'orthographe sera, d'ailleurs, appréciée comme il suit :

Pour une dictée sans faute	10 points.
Pour une faute.	8 —
Pour deux fautes	6 —
Pour trois fautes	3 —
Pour quatre fautes.	1 —

ART. 12. — Les fautes relatives aux accents, aux lettres majuscules et aux traits d'union, quand il ne s'agit pas de l'application d'une règle, ne compteront chacune que pour un quart. Dans le cas où un mot pourrait s'écrire de plusieurs manières, d'après des sens différents mais également admissibles, comme dans tous les cas de questions grammaticales controversées, il ne sera pas compté de faute.

ART. 13. — Tout candidat qui n'obtient pas une moyenne de 20 points pour les épreuves écrites n'est pas admis aux épreuves orales.

ART. 14. — La nullité de l'une des épreuves obligatoires, soit écrites, soit orales, est un cas d'exclusion.

ART. 15. — Chacune des subdivisions des cinq épreuves orales obligatoires sera l'objet d'une note particulière. La note pour chaque épreuve entière sera la moyenne des notes obtenues pour les subdivisions.

Tout candidat qui ne réunira pas un maximum de 25 points pour l'ensemble des épreuves orales obligatoires ne pourra être placé sur la liste d'admissibilité.

ART. 16. — Le résultat de chacune des épreuves facultatives sera constaté par un nombre de points dont le maximum est fixé à 5; il en sera tenu compte pour déterminer l'ordre de mérite des candidats déjà admissibles, et, par suite, pour former la liste définitive d'admissibilité à présenter au Préfet.

ART. 17. — Les dispositions du présent règlement s'appliquent aussi à l'admission dans les Écoles normales de filles. Toutefois, aux épreuves écrites, sera jointe une épreuve de couture, qui, comme les autres, sera appréciée conformément aux dispositions de l'article 10, et dont la nullité sera une cause d'élimination.

31 déc. 1867. **Arrêté portant nomination de professeurs départementaux d'agriculture.**

31 Décembre 1867.

Le Ministre, etc.,

Vu l'avis de la Commission chargée, par décret du 12 février 1867, d'étudier et de proposer les mesures nécessaires pour développer l'enseignement agricole dans les Écoles normales, les classes d'adultes et les Écoles primaires rurales;

Vu le rapport adressé à l'Empereur le 27 août 1867 par le Ministre de l'Agriculture, du Commerce et des Travaux publics et par le Ministre de l'Instruction publique;

Vu la dépêche en date du 20 décembre courant, par laquelle M. le Ministre de l'Agriculture, du Commerce et des Travaux publics estime qu'il y a lieu de charger de l'enseignement agricole, dans les Écoles normales primaires, les titulaires des chaires départementales d'agriculture des départements de.....

Arrête :

ARTICLE 1er. — Sont nommés professeurs d'agriculture, dans les Écoles normales primaires ci-après désignées, les personnes dont les noms suivent :

. . . .

ART. 2. — Ces professeurs donneront aux élèves-maîtres deux leçons d'une heure chacune par semaine. Dans la saison où les élèves pourront être conduits sur le terrain, les leçons théoriques seront remplacées par des leçons de pratique culturale ou horticole. Les élèves devront suivre, sous la direction du professeur et d'un maître de l'École normale, les travaux de l'une des fermes du voisinage et y étudier le fonctionnement des machines agricoles.

ART. 3. — Le programme de l'enseignement agricole professé à l'École normale sera soumis à l'approbation du Conseil départemental et du Recteur de l'Académie.

ART. 4. — Le professeur d'agriculture pourra inspecter dans ses tournées l'enseignement agricole donné, dans les Écoles rurales, par les instituteurs publics, et visiter les jardins annexés aux maisons d'école. Il pourra également, avec l'autorisation du Préfet et sous la direction des Inspecteurs du département, réunir les instituteurs dans les chefs-lieux de canton et leur faire des conférences sur l'enseignement de l'agriculture et de l'horticulture.

ART. 5. — Un traitement est alloué à chaque professeur d'agriculture sur les fonds du Ministère de l'Instruction publique.

Instruction du Ministre de l'Instruction publique, relative à l'application de l'article 17 de la loi du 10 avril 1867, relatif aux Écoles libres. 31 janvier 1868.

31 Janvier 1868.

Monsieur le Préfet, l'article 17 de la loi du 10 avril 1867 soumet à l'inspection complète, comme les Écoles publiques, les Écoles libres qui en tiennent lieu, et l'article 18 de la même loi charge le Ministre de l'Instruction publique, après avis du Conseil départemental, de désigner parmi ces Écoles celles dont les maîtres, directeurs ou adjoints, seront admis à contracter l'engagement de se vouer pendant dix ans au service de l'Instruction publique, et dans lesquelles cet engagement, qui procure la dispense du service militaire, pourra être réalisé.

Les demandes qui m'ont été adressées au sujet de l'application de cet article me donnent lieu de craindre que l'esprit de la loi n'ait pas été partout bien compris : je crois donc devoir vous adresser à ce sujet quelques instructions.

Antérieurement à la loi du 10 avril 1867, et en présence d'abus qu'il ne m'était pas possible de tolérer, j'avais dû rappeler que, d'après l'article 79 de la loi du 15 mars 1850, la dispense du service militaire ne pouvait être accordée et maintenue qu'aux maîtres exerçant dans les Écoles publiques, à l'exclusion de ceux qui sont employés dans les Écoles libres.

L'étude des questions soulevées à l'occasion de l'article 79 de la loi du 15 mars 1850, pendant la préparation de la loi du 10 avril 1867, amena le Gouvernement et le Corps législatif à reconnaître, d'un commun accord, que cet article pouvait comporter certaines modifications. En exécution du § 4 de l'article 36 de la loi du 15 mars 1850, un certain nombre de communes ont été dispensées par les Conseils départementaux d'entretenir une École publique, à condition de pourvoir à l'enseignement primaire gratuit, dans une École libre, de tous les enfants indigents. La dispense dont il s'agit a été accordée, tantôt parce que la commune, manquant de ressources et ne pouvant établir une École publique, n'aurait eu sans cette dispense aucun moyen de faire donner l'instruction à ses enfants pauvres; tantôt parce qu'il y avait dans la commune une bonne École libre établie avec un caractère permanent par une fondation, ouverte gratuitement à tous les enfants, et qui pouvait tenir lieu d'une École publique. Il parut dès lors que les maîtres employés dans ces Écoles libres y rendaient des services qu'on pouvait assimiler à ceux des instituteurs publics, et la loi décida, en conséquence, que l'engagement décennal pourrait être contracté et réalisé dans celles de ces Écoles qui seraient désignées à cet effet. La loi accorde la même faveur à une autre catégorie d'établissements primaires : il existe, en effet, en dehors des Écoles libres auxquelles s'applique le § 4 de l'article 36 de la loi du 15 mars 1850, certaines Écoles libres subventionnées. Des Écoles sont ouvertes avec le concours des deniers publics dans de grands établissements agricoles, industriels ou pénitentiaires; elles peuvent être assimilées aux Écoles publiques quant à la surveillance de l'État et quant à la possibilité soit d'y contracter, soit d'y réaliser l'engagement décennal.

Telle est la pensée de la loi : elle a voulu, dans un but d'équité, déduire une conséquence nouvelle du principe posé par l'article 79 de la loi du 15 mars 1850; mais elle n'a pas eu l'intention de conférer à des Écoles libres qui ne tiendraient pas réellement la place d'Écoles publiques un privilège contraire à l'esprit de notre législation.

Il importe donc, Monsieur le Préfet, que les Conseils départementaux appelés à donner leur avis sur les demandes qui pourraient être formées à ce sujet par les directeurs de quelques Écoles libres, se pénètrent bien du vœu de la loi. Ce n'est pas pour favoriser tel ou tel établissement que la loi du 10 avril 1867 a permis d'étendre ainsi la dispense du service militaire; c'est uniquement pour assurer aux populations les avantages qu'elles retirent, d'une manière permanente et régulière, de la présence d'Écoles libres revêtues d'un caractère spécial par une certaine assimilation aux Écoles publiques. S'il en pouvait être autrement, si cette faveur exceptionnelle de la dispense du service militaire pouvait être accordée à une École libre sans consistance, placée hors des conditions qui en font l'équivalent d'une École publique, l'avantage ainsi octroyé abusivement pourrait un jour être retiré à cette École. Que deviendraient alors les maîtres qui y exerçaient? Leur position serait gravement compromise : car, cessant aussitôt d'appartenir à une École dispensée, ils seraient immédiatement repris pour le service militaire. Le Conseil départemental reconnaîtra donc la nécessité de ne donner un avis favorable qu'aux demandes formées en faveur d'établissements rendant les mêmes services que les Écoles publiques.

L'article 17 de la loi soumet à l'inspection complète, non seulement les Écoles libres qui tiennent lieu d'Écoles publiques en vertu d'une délibération prise par le Conseil départemental conformément au § 4 de l'article 36 de la loi du 15 mars 1850, mais encore celles qui reçoivent *une subvention de la commune, du département ou de l'État*. Ces subventions sont, en fait, bien plus souvent accordées aux Écoles de filles qu'aux Écoles de garçons; mais l'article 17 de la loi donne à cette circonstance, en ce qui touche ces dernières Écoles, une importance considérable. C'est une raison pour que le Conseil départemental se rende un compte très exact de la situation des choses. Il importe qu'il connaisse le chiffre de la subvention, et surtout qu'il sache dans quel but elle a été accordée. S'agit-il seulement de venir en aide à un instituteur recommandable, d'encourager de louables efforts, de donner un témoignage d'intérêt et de sympathie par une subvention peu élevée? Il n'y aurait pas là un motif suffisant pour que l'École libre fût désignée comme pouvant procurer la dispense du service militaire aux maîtres qui y donnent l'enseignement à titre privé, recevoir et conserver des engagements décennaux. S'agit-il, au contraire, d'une École libre largement dotée par la commune, inscrite d'une manière permanente au budget municipal comme une indispensable auxiliaire de l'École publique? Cette École libre, subventionnée dans de pareilles conditions, pourra être assimilée à l'École publique au point de vue de l'engagement décennal.

En un mot, Monsieur le Préfet, la loi, en étendant à quelques Écoles libres la dispense du service militaire accordée aux Écoles publiques, ne déroge point aux principes consacrés par la législation antérieure : elle les applique, au contraire, d'une manière plus complète en étendant la dispense à l'exécution, même indirecte, d'un service public. Il ne s'agit donc ici ni d'une faveur ni d'une préférence accordée à des Écoles libres privilégiées ou à telle ou telle catégorie d'instituteurs privés; notre but commun doit être de réserver les avantages d'une assimilation exceptionnelle aux Écoles qui la comportent.

Lors donc qu'une demande de ce genre sera soumise au Conseil départemental, ce Conseil, avant de donner son avis, devra être mis en mesure de savoir :

1° S'il n'y a point d'École publique dans la commune ou si les Écoles publiques n'y sont pas en nombre suffisant, et pourquoi la loi n'y a pas encore été exécutée (loi du 10 avril 1867, art. 2, § 1er) ;

2° Si l'École libre reçoit des enfants qui ne pourraient être admis dans aucune École publique ou libre, soit de la commune, soit d'une commune voisine, et quel est le nombre de ces enfants;

3° Si l'École libre supplée réellement à l'insuffisance des Écoles publiques, et si elle ne leur fait pas plutôt concurrence;

4° Combien l'École libre reçoit d'élèves gratuits;

5° Quel est le nombre des maîtres adjoints que l'École doit avoir. Au point de vue de la dispense du service militaire proprement dit, et en tenant compte de la pratique habituelle, il convient d'admettre qu'un maître adjoint n'est indispensable dans une École que lorsqu'elle compte plus de 60 élèves, et qu'au-dessus de 120 élèves, un maître adjoint doit être admis pour chaque nouvelle fraction de 60 élèves au moins. Ce nombre n'a pas été fixé par la loi; mais un seul maître adjoint paraît suffisant pour une École de 60 élèves. La règle admise en ce qui concerne les dispenses relatives au service de la garde nationale mobile ne peut s'appliquer ici;

6° Quelle est la quotité de la subvention accordée à l'École libre par la commune ou le département;

7° Combien d'enfants de la commune ou du quartier ne vont pas à l'École, soit parce qu'ils n'y peuvent trouver place, soit pour toute autre cause.

Le Conseil départemental ne perdra pas de vue que la dispense d'entretenir une École publique, accordée en vertu de l'article 36 de la loi de 1850, pouvant toujours être retirée, la faveur concédée à une École libre, en ce qui touche l'engagement décennal, doit être essentiellement temporaire. D'un autre côté, on s'éloignerait complètement du but de la loi, si, par ce seul fait qu'une École libre aurait obtenu d'un Conseil municipal une certaine subvention, elle pouvait se flatter d'obtenir, à titre permanent, la faculté de faire dispenser du service militaire les maîtres qu'elle attirerait par l'appât d'une semblable faveur, et si elle pouvait s'en faire ainsi un moyen de triompher d'Écoles rivales. L'autorisation de conserver des dispensés doit être la consécration d'une situation tout à fait favorable, et non pas un moyen de recruter, peut-être à bas prix, de jeunes maîtres, qui se trouveraient déjà presque suffisamment rémunérés par la dispense du service militaire, et qui pourraient même ne pas remplir de fonctions d'enseignement. Les Écoles libres, désignées en vertu de l'article 18 de la loi de 1867, ne devront jamais être considérées comme une sorte de refuge contre le service militaire.

Enfin, Monsieur le Préfet, il importe qu'aucun engagement contracté par un maître adjoint dans une École libre ne soit soumis à l'acceptation de M. le Recteur qu'accompagné d'un certificat délivré par vous et attestant :

1° Que le contractant a été nommé à telle date maître adjoint dans telle École, soit par l'instituteur, s'il s'agit d'une École laïque, soit par son supérieur, s'il s'agit d'une École de frères;

2° Que cette nomination vous a été soumise, et que vous y avez donné votre agrément, conformément à l'article 34 de la loi du 15 mars 1850, rendu, à cet égard, applicable aux Écoles libres par l'article 18 de la loi du 10 avril 1867;

3° Que le nombre des maîtres adjoints dans cette École n'excède pas le nombre fixé par le Conseil départemental, conformément à la règle établie ci-dessus, et que ces maîtres remplissent des fonctions d'enseignement;

4° La date de la décision ministérielle qui autorise l'École libre à conserver des maîtres qui contracteront et y réaliseront leur engagement décennal;

5° L'indication de la destination donnée au maître qui a été remplacé dans l'École par le contractant.

J'envoie à M. le Recteur de l'Académie dans le ressort de laquelle votre département est compris une copie de cette lettre, et je l'invite à se conformer aux dispositions qu'elle contient, en se concertant avec vous pour en assurer l'exécution.

Recevez, etc.

Signé : V. DURUY.

1er février 1868. **Loi sur le recrutement de l'armée et l'organisation de la garde nationale mobile.** [Extrait relatif à l'**Engagement décennal des instituteurs.**]

1er Février 1868[1].

ARTICLE 4. — Les Conseils de revision dispensent également (du service dans la garde nationale mobile) les jeunes gens se trouvant dans l'un des cas de dispenses prévus par l'article 14 de la loi du 21 mars 1832, par l'article 79 de la loi du 15 mars 1850, et par l'article 18 de la loi du 10 avril 1867; — les jeunes gens qui auront contracté, avant le tirage au sort, l'engagement de rester dix ans dans l'enseignement primaire, et qui seront attachés, soit en qualité d'instituteur ou en qualité d'instituteur adjoint, à une École libre existant depuis au moins deux ans, ayant au moins trente élèves.

La dispense ne peut s'appliquer aux instituteurs et aux instituteurs adjoints d'une même École, que dans la proportion d'une par chaque fraction de trente élèves.

. . . .

ART. 14. — L'engagement de rester dix ans dans l'enseignement, prévu par les lois de 1832, 1850 et 1867, pourra être pris au moment où il sera procédé à la formation de la garde nationale mobile en vertu des dispositions transitoires ci-dessus. (Dispositions s'appliquant aux classes de 1866, 1865 et 1864.)

---

8 février 1868. **Circulaire du Ministre de l'Instruction publique, relative au payement du traitement des Inspecteurs primaires.**

8 Février 1868.

Monsieur le Préfet, par la loi de finances du 31 juillet 1867, portant vote du budget des recettes et des dépenses de l'exercice 1868, le traitement des Inspecteurs de l'enseignement primaire a été élevé, savoir :

1. Consulter la circulaire du 20 *mars* 1868 relative à l'exécution de la loi. (*Circ. et Instr. off.*, T. VI, page 589.)

Pour la 1re classe de ces fonctionnaires, à 2 600 francs;
Pour la 2e classe, à 2 300 francs;
Pour la 3e classe, à 2 000 francs.

Je vous prie, en conséquence, Monsieur le Préfet, de mandater, au profit de chaque Inspecteur, à partir de la présente année et mensuellement, le douzième du traitement afférent à sa classe.

Recevez, etc.

Signé : V. DURUY.

Circulaire du Ministre de l'Instruction publique, relative à la surveillance disciplinaire dans les Écoles normales primaires. 4 mars 1868.

4 Mars 1868.

Monsieur le Recteur, aux termes de l'article 8 du décret du 2 juillet 1866, la surveillance disciplinaire dans les Écoles normales peut être confiée, en partie, à des élèves de troisième année.

J'ai demandé directement aux chefs de nos Écoles normales si cette disposition a reçu son application, dans quelle mesure elle a été exécutée et quels résultats elle a produits.

Il ressort des réponses qui me sont parvenues que, dans trente-cinq Écoles normales, les élèves-maîtres de troisième année et quelquefois de deuxième année sont chargés de toute la surveillance intérieure; les maîtres adjoints visitent seulement les études de temps en temps, ils dirigent les promenades et surveillent les dortoirs.

Dans vingt-cinq autres Écoles normales, les élèves de troisième année ne prennent qu'une part assez restreinte à la surveillance, et encore ne s'exerce-t-elle que sur les choses purement matérielles.

Enfin, dans seize Écoles normales, les élèves ne participent en aucune façon à la surveillance intérieure et disciplinaire.

L'application de l'article 8 du décret de 1866 n'a donné lieu jusqu'ici à aucune observation; dans les Écoles normales où les élèves-maîtres ont pris part à la surveillance, la discipline n'en a pas souffert, et les jeunes gens ont continué à se montrer animés d'un bon esprit et exacts observateurs de la règle. Il est donc à désirer que cette mesure soit étendue à toutes les Écoles normales de l'Empire.

Il importe, d'ailleurs, que les futurs instituteurs de l'enfance, qui doivent bientôt quitter l'École pour être maîtres à leur tour, se préparent ainsi à l'usage honnête de la liberté et au sentiment d'une *responsabilité* sérieuse.

Je vous prie, en conséquence, Monsieur le Recteur, d'inviter les directeurs des Écoles normales soit à persévérer dans l'exécution de la disposition dont il s'agit, en l'appliquant d'une manière de plus en plus large, soit à prendre sans retard des mesures, s'ils ne l'ont déjà fait, pour entrer dans cette voie et pour confier la surveillance aux élèves de troisième année, choisis et préparés avec le plus grand soin à cette nouvelle mission.

Recevez, etc.

Signé : V. DURUY.

15 avril 1868. **Arrêté relatif aux achats de livres pour les bibliothèques scolaires.**

15 Avril 1868.

Le Ministre, etc.,

Vu l'arrêté ministériel du 1er juin 1862, prescrivant l'établissement, dans chaque École primaire publique, d'une bibliothèque scolaire placée sous la surveillance de l'instituteur, et déterminant le mode d'acquisition et d'installation des livres et les ressources financières propres à chaque bibliothèque;

Vu les circulaires des 24 juin 1862, 10 juin 1865 et 8 octobre 1867[1];

Vu le cahier des charges imposées à l'adjudicataire du service de la fourniture auxdites bibliothèques;

Vu le procès-verbal de l'adjudication publique qui a eu lieu le 5 février 1868, et à la suite de laquelle M. P. Dupont a été déclaré adjudicataire;

Vu la décision prise par S. Exc. le Ministre des Finances en date du 17 mars 1868 et réglant le mode de remboursement desdites fournitures,

Arrête :

ARTICLE 1er. — Toute commune qui voudra profiter des avantages stipulés en sa faveur par l'adjudication en date du 5 février 1868, devra adresser directement sa demande, formée ainsi qu'il est indiqué dans la note du *Bulletin* du 27 mars 1868, au Ministre de l'Instruction publique.

ART. 2. — Ces demandes, après avoir été visées au Ministère, seront transmises, avec leur numéro d'ordre, à l'adjudicataire, sur un état général.

ART. 3. — Tous les jours, cet état (ainsi que les demandes qui l'accompagnent) sera envoyé à l'adjudicataire, qui devra renvoyer ledit état et les demandes, après l'exécution des ordres, dans un délai de huit jours.

ART. 4. — Les communes qui auraient à formuler des réclamations pourront les adresser directement au Ministre de l'Instruction publique.

ART. 5. — L'adjudicataire, qui, aux termes de l'article 7 du cahier des charges, doit communiquer, à toute réquisition, ses livres au

1. Voir ces circulaires dans la collection des *Circulaires et Instructions officielles*, T. V, p. 519; T. VI, p. 248 et 526.

délégué du Ministre, devra spécialement avoir un livre-journal portant tous les renseignements détaillés, énoncés dans la demande dont formule a été publiée au *Bulletin* du 27 mars 1868.

ART. 6. — Le Ministre réserve à son délégué le droit de vérifier les reliures exécutées par l'adjudicataire, soit en les déchirant, en cas de besoin, sans indemnité, soit par tout autre mode de vérification.

ART. 7. — Le Ministre de l'Instruction publique ne garantit en aucune façon à l'adjudicataire ses créances sur les communes et n'entend encourir à cet égard aucune responsabilité.

Annexe à l'arrêté du 15 avril 1868.

Le 31 mars 1868, M. le Ministre des Finances a adressé à MM. les trésoriers-payeurs généraux et receveurs des finances une circulaire qui contient le passage suivant :

« Le Ministère de l'Instruction publique a récemment adjugé à l'imprimerie « P. Dupont la fourniture des livres destinés aux bibliothèques scolaires. Les « avantages que les communes retireront de cette adjudication consistent non « seulement en un rabais considérable sur les prix de librairie, mais, en outre, « dans l'engagement souscrit par l'adjudicataire de fournir les ouvrages tout « reliés et de les expédier *franco* jusqu'à la gare de chemin de fer la plus proche « de la commune destinataire. Pour compléter ces avantages, qui doivent con- « tribuer au développement de l'œuvre des bibliothèques scolaires, il convient « de faciliter aux communes les moyens d'acquitter sans frais leurs dépenses « pour achats de livres. A cet effet, les receveurs des finances sont autorisés à « centraliser à leur caisse, sous le titre de *cotisations municipales*, toutes les « ressources propres aux bibliothèques scolaires, c'est-à-dire aussi bien les « fonds votés par les Conseils municipaux que les souscriptions et les dons pri- « vés. Les receveurs des finances devront donc se charger en recette des fonds « dont il s'agit et en délivrer récépissé au titre ci-dessus (§ 10, *Frais d'abon-* « *nement à diverses publications*), conformément à la marche tracée par l'ar- « ticle 626 de l'instruction générale. Le prix des ouvrages fournis sera ensuite « mandaté par le Préfet sur la caisse du trésorier général et imputé en dépense « sur le fonds précité des cotisations; il sera payé à l'imprimerie P. Dupont au « moyen d'un mandat à son ordre sur le Trésor, exempt de timbre, comme se « rapportant à un service public. »

Bibliothèques scolaires. — La fourniture aux communes, sur leur demande, des livres indiqués au catalogue rédigé par la Commission des bibliothèques scolaires a été l'objet d'une adjudication publique, qui a eu lieu le 5 février 1868, et à laquelle ont été appelés tous les libraires, éditeurs et commissionnaires en librairie.

M. Paul Dupont, libraire-éditeur à Paris, rue de Grenelle-Saint-Honoré, dont la soumission portait le rabais le plus élevé, a été déclaré adjudicataire.

Les avantages procurés aux communes sont les suivants :

1° De ne faire, si elles le désirent, qu'une seule commande, au lieu de s'adresser à plusieurs éditeurs;

2° De recevoir les ouvrages solidement *reliés* d'après un modèle uniforme;

3° De recevoir les volumes demandés, *franc de port* et en bon état, jusqu'à la station de chemin de fer la plus rapprochée de la commune;

4° De n'avoir à payer, pour tous les avantages qui précèdent et pour l'achat du livre lui-même, qu'un prix inférieur de 16 pour 100 aux prix portés sur le catalogue pour les ouvrages brochés.

Toutes les communes qui, par voie de souscription, par le vote du Conseil municipal, par des dons ou par d'autres ressources, auront réuni une somme quelconque pour achats de livres destinés à la bibliothèque scolaire, et qui voudront profiter des avantages stipulés en leur faveur, devront envoyer directement au Ministère de l'Instruction publique une demande conforme au modèle annexé au catalogue et indiquant :

1° Le montant de la somme destinée à un achat de livres;

2° La liste des ouvrages choisis dans le catalogue, avec l'indication exacte de la série à laquelle appartient l'ouvrage, du numéro d'ordre, du titre, du nom de l'auteur, du prix fort;

3° L'indication de la gare de chemin de fer la plus voisine de la commune et de la ligne sur laquelle cette gare est située.

L'adjudicataire, auquel la commande sera immédiatement transmise par le Ministre, expédiera aux communes, dans un délai de huit jours, les ouvrages demandés; ces ouvrages seront reliés en toile bisonne grise, avec titre au dos du livre, et seront transportés *franco* jusqu'à la gare de chemin de fer la plus voisine de la commune destinataire.

Le prix de la fourniture, qui résulte du rabais de 16 pour 100 consenti par l'adjudicataire sur le prix fort des ouvrages brochés, est fixé de telle sorte que la commune payera, pour l'ouvrage relié et transporté *franco*, un prix inférieur de 16 pour 100 au prix fort de l'ouvrage broché. Toutefois, l'obligation de livrer les ouvrages reliés ne s'applique pas aux petits livres ou brochures dont le prix fort ne dépasse pas 50 centimes.

Ainsi une commune qui demandera des livres dont le prix fort pour les ouvrages brochés (c'est le prix porté dans la dernière colonne du catalogue) serait de 25 francs, recevra ces livres *franco* et *reliés* pour 21 francs.

Une commune dont la commande sera de 50 francs ne payera que 42 francs.

Pour une commande de 75 francs, elle ne payera que 63 francs.

Enfin, pour une commande de 100 francs, elle ne payera que 84 francs.

L'adjudicataire informera la commune destinataire de l'expédition de la commande.

Les dons et souscriptions destinés à l'achat de livres pour la bibliothèque scolaire sont versés, avec cette affectation spéciale, dans la caisse du receveur municipal.

Le prix sera payé par la commune à l'adjudicataire, de la manière suivante :

Pour le payement du prix des livres commandés en vertu de l'adjudication, le maire délivrera, sur la caisse du receveur municipal, un mandat au profit, non de l'adjudicataire, mais du trésorier général, qui s'en charge en recette, à titre de *cotisations municipales et particulières*, et qui reste ensuite chargé de faire parvenir les fonds à l'adjudicataire en un mandat sur le Trésor, et, par suite, sans qu'il en résulte aucuns frais pour les communes.

Les ouvrages mentionnés sur le catalogue y sont portés à titre d'indication et de renseignements; il n'est pas destiné à limiter les choix, mais à servir au besoin de guide. Les instituteurs chargés de tenir la bibliothèque scolaire restent libres de choisir, d'acheter et de recevoir pour cette bibliothèque d'autres ouvrages, sous le contrôle de l'Inspecteur primaire et de l'Inspecteur d'Académie, conformément aux règles tracées par le Ministre de l'Instruction publique dans son arrêté du 1er juin 1862.

Circulaire du Ministre de l'Instruction publique, relative aux sociétés de secours mutuels entre les instituteurs et les institutrices. 30 mai 1868.

30 Mai 1868.

Monsieur le Préfet, quelques-uns de vos collègues m'ont demandé s'il y aurait lieu d'ouvrir aux sociétés de secours mutuels entre les instituteurs et les institutrices un compte courant chez les trésoriers-payeurs généraux, qui feraient opérer sans frais, par les receveurs particuliers et les percepteurs, le payement des dépenses et le recouvrement des cotisations des sociétaires.

J'ai soumis cette question à M. le Ministre des Finances, et je m'empresse de vous adresser les observations auxquelles cette communication a donné lieu.

Mon collègue des Finances ne pense pas pouvoir imposer cette obligation à MM. les trésoriers-payeurs généraux, parce qu'elle pourrait créer contre le Trésor des recours qui ne peuvent s'exercer que pour des faits de charge et d'intérêt public; mais il me fait remarquer que ces comptables sont, par l'essence même de leur institution, autorisés à recevoir, des particuliers ou établissements privés, des dépôts de fonds en compte courant, à leurs risques et périls, à des conditions librement débattues de part et d'autre.

« Je ne m'oppose nullement, ajoute M. le Ministre des Finances, à ce que les « sociétés de secours mutuels demandent au trésorier-payeur général de leur « département de leur ouvrir un compte courant avec ou sans intérêts, mais à « la condition qu'il s'agira d'une entente locale, de faits qui ne créeront aucun « recours contre le Trésor, en un mot d'opérations qui ne se traduiront pas « dans les écritures officielles, mais seulement dans les écritures des *fonds par-* « *ticuliers* de la Trésorerie générale. »

J'ai l'honneur de vous prier, Monsieur le Préfet, de communiquer la présente circulaire à M. le président de la société de secours mutuels établie entre les instituteurs et les institutrices de votre département, et d'examiner avec lui s'il n'y aurait pas lieu de recourir à un mode de recouvrement et de payement qui me semble très propre à faciliter le service financier des sociétés de secours mutuels dont les membres se trouvent répandus sur toute la surface d'un département.

Recevez, etc.

Signé : V. DURUY.

25 sept. 1868. **Circulaire du Ministre de l'Intérieur, relative à la direction des archives départementales, communales ou hospitalières et des bibliothèques administratives.**

25 Septembre 1868[1].

Monsieur le Préfet, dans un assez grand nombre de communes rurales qui ne possèdent pas de mairie, les archives sont conservées par le maire, dont le domicile est souvent plus ou moins distant du chef-lieu communal. A chaque renouvellement de l'administration municipale, elles subissent des déplacements, qui ne sont pas sans danger au point de vue de la conservation des documents. Il résulte, en outre, de cette situation des difficultés de plus d'un genre, en ce qui concerne la communication des titres communaux aux personnes intéressées à les consulter.

J'ai pensé qu'il serait possible de remédier à ces inconvénients dans les communes où l'instituteur remplit les fonctions de secrétaire de la mairie : on déposerait à la maison d'école les archives communales, qui seraient confiées à la garde de l'instituteur, tout en restant placées, bien entendu, sous l'autorité et sous la surveillance directe du maire.

Son Exc. le Ministre de l'Instruction publique, à qui j'avais soumis cette question, m'a fait connaître que la mesure proposée lui paraissait d'une utilité incontestable, et qu'il était disposé à en faciliter l'exécution partout où il serait possible de l'appliquer.

Rien ne s'oppose donc à ce que cette nouvelle combinaison soit immédiatement mise en pratique. Veuillez, en conséquence, inviter MM. les maires des communes de votre département qui sont dépourvues de mairie à se concerter à cet effet avec les instituteurs, qui, de leur côté, recevront de M. le Ministre de l'Instruction publique des instructions dans le même sens. Il y aura lieu toutefois d'excepter de la mesure dont il s'agit : 1° les Écoles installées dans des locaux déjà trop restreints pour qu'on puisse y mettre une bibliothèque scolaire, et qui seraient, par conséquent, insuffisants pour recevoir les archives communales; 2° les Écoles dirigées par un instituteur qui n'est pas secrétaire de mairie, et où l'on ne pourrait commettre à sa garde des documents auxquels il serait complètement étranger.

Vous aurez soin de me faire connaître, dans votre prochain rapport annuel sur les archives communales, les résultats de l'exécution de cette circulaire, dont je vous prie de m'accuser réception.

Recevez, etc.

Signé : PINARD.

1. Consulter la circulaire en date du 31 *octobre* 1868 (*Circ. et Instr. off.*, T. VI, p. 613), par laquelle le Ministre de l'Instruction publique donne des instructions conformes.

Avis relatif à une demande de modification au règlement des Écoles normales primaires, portant sur un projet de création d'une division préparatoire dans l'intérêt des fils d'instituteurs communaux.

26 Janvier 1869.

Le Conseil

Est d'avis :

Qu'il y a lieu d'adopter en principe la création proposée et de l'appliquer ainsi qu'il suit :

L'admission des élèves serait prononcée par le Conseil de surveillance de l'École normale primaire, après un examen.

Les candidats admis seraient classés par ordre de mérite; des bourses pourraient être accordées par le Ministre aux candidats admis qui seraient fils ou petit-fils d'instituteurs et d'institutrices en exercice ou anciens.

Avis relatif à la question de savoir dans quelle forme les personnes frappées de l'interdiction du droit d'enseigner peuvent obtenir leur réhabilitation. 28 janvier 1869.

28 Janvier 1869.

Le Conseil,

Consulté sur la question de savoir s'il y a lieu d'admettre un mode de réhabilitation au profit de l'instituteur frappé d'interdiction;

Vu sa délibération en date du 16 décembre 1865, sur les effets de la réhabilitation, en ce qui touche le droit d'enseigner;

Considérant qu'en conférant aux Conseils académiques le droit de prononcer l'interdiction absolue d'enseigner contre l'instituteur convaincu de fautes graves dans l'exercice de ses fonctions, d'inconduite ou d'immoralité, la loi du 15 mars 1850 a satisfait au vœu de l'honnêteté publique et sauvegardé l'un des plus chers intérêts de la société;

Considérant, en effet, qu'un instituteur ne peut accomplir sa mission, si, par ses habitudes et ses mœurs, autant que par ses aptitudes professionnelles, il n'inspire à l'Administration et aux familles une confiance sans bornes, conditions impossibles à remplir dès qu'une déclaration juridique a signalé sa présence dans l'enseignement comme un danger pour la jeunesse; que, par conséquent, il est de l'essence de la peine encourue qu'elle soit irrémédiable, l'intérêt public devant en toute circonstance prévaloir sur l'intérêt privé;

Considérant qu'une différence profonde sépare une telle décision des cas auxquels s'appliquent les articles 632 et 634 du Code d'instruction criminelle;

Que, d'une part, en effet, lorsque l'incapacité d'enseigner n'est qu'un corollaire obligé de condamnations édictées par les tribunaux ordinaires pour les crimes ou délits du droit commun, il n'en résulte pas nécessairement que le condamné auquel un décret de réhabilitation a été accordé, n'ait pas les qualités et ne puisse offrir les garanties qui constituent l'instituteur, tandis que tel est le résultat légal, nécessaire de la décision disciplinaire, qui, n'ayant d'autre cause que l'appréciation des facultés morales et professionnelles de l'instituteur, a prononcé sa déchéance;

Que, d'autre part, en conformité de l'avis exprimé par le Conseil impérial, le 16 décembre 1865, l'effet de la réhabilitation se borne à rendre au condamné sa situation primitive, et que, s'il entreprend d'ouvrir une École, il demeure, comme tout autre citoyen, passible de l'opposition réservée à l'autorité administrative, dans l'intérêt des mœurs publiques, ce qui prévient tous les dangers, tandis que la seule mesure réellement efficace et propre à relever le condamné disciplinairement de la déchéance qu'il a encourue serait de l'autoriser à rouvrir immédiatement en droit l'École qu'il a fallu fermer, ce qui répugnerait à la prudence la plus vulgaire;

Considérant qu'il n'y a pas à tirer de conclusion plus favorable de la loi du 10 mars 1864, qui permet aux notaires, greffiers et officiers ministériels destitués de reconquérir le droit de voter dans les élections et de faire partie du jury;

Considérant qu'en supposant, ce qui reste douteux, que parmi les condamnés disciplinairement, il en est qui rachètent par l'intégrité de leur vie les fautes du passé, il est nécessaire d'inspirer aux hommes qui entrent dans l'enseignement cette pensée salutaire qu'investis d'une sorte de sacerdoce, ils doivent à l'État, aux familles, à la jeunesse, l'exemple constant d'une moralité sans reproche, d'un caractère honorable et sûr, d'une patience et d'un dévouement inaltérables; et que, si, manquant à ces conditions essentielles, ils s'exposent aux sévérités de la juridiction disciplinaire, ils perdront sans retour les avantages d'une position qu'ils n'ont obtenue qu'après de longues et difficiles épreuves et de pénibles sacrifices;

Considérant, enfin, qu'il faudrait qu'une loi nouvelle intervînt et changeât une jurisprudence qui a mérité le respect universel,

Émet l'avis que la loi du 15 mars 1850, dictée par l'intérêt bien entendu de la société, ne pourrait, sans inconvénient, subir de modifications.

Décision relative à l'opposition faite à l'ouverture d'une École libre par un maire.

28 janvier 1869.

28 Janvier 1869.

Le Conseil,

Vu la lettre adressée le 23 novembre 1868, par laquelle le maire de la commune de..... déclare à M. le Préfet de..... qu'il interjette appel, devant le Conseil impérial de l'instruction publique, d'une décision rendue par le Conseil départemental dudit département;

Vu ladite décision en date du 31 octobre 1868, portant qu'il y a lieu d'approuver le local présenté par la dame....., en religion sœur..... de la congrégation des sœurs de Saint-Joseph de Tarbes, pour y tenir une École primaire libre;

Vu la déclaration faite le 23 septembre 1868, par ladite dame, à l'effet d'ouvrir cette École dans la commune de....., ensemble les pièces à l'appui;

Vu le refus d'approuver le local proposé, formulé par le maire de la commune au bas de ladite déclaration;

Vu la lettre en date du 2 décembre, adressée par le maire au Préfet de....., ensemble un mémoire et des conclusions motivées, présentés par lui à l'appui de son appel;

Vu le rapport de l'Inspecteur d'Académie, en date du 26 octobre 1868, adressé au Préfet, ensemble le rapport de l'Inspecteur des Écoles primaires, en date du 21 octobre précédent;

Vu la lettre du Préfet au maire en date du 23 novembre 1863, ensemble la réponse du maire en date du 27 novembre suivant;

Vu la lettre de l'Inspecteur d'Académie, adressée au Préfet le 9 décembre 1868;

Vu la lettre en date du 2 janvier 1869, à M. le Ministre de l'Instruction publique;

Vu la lettre du Préfet à M. le Ministre de l'Instruction publique, en date du 11 janvier 1869, constatant la notification au maire de la réunion en séance ordinaire du Conseil impérial de l'instruction publique;

Vu les lois des 15 mars 1850, 14 juin 1854 et 10 avril 1867, article 19;

Considérant que l'appel interjeté par le maire de..... contre la décision susvisée du Conseil départemental de..... présente à décider les trois questions suivantes :

1° Est-il recevable?

2° Est-il suspensif?

3° Est-il fondé?

En ce qui touche la première question :

Considérant qu'aux termes de l'article 28 de la loi du 15 mars 1850, les oppositions formées à l'ouverture des Écoles primaires libres étaient jugées sans recours par le Conseil académique, puis par le Conseil départemental, substitué en cette matière au Conseil académique par la loi du 14 juin 1854;

Que cette disposition a été modifiée par l'article 19 de la loi du 10 avril 1867, portant que les décisions du Conseil départemental, rendues dans les cas prévus par l'article 28 de la loi du 15 mars 1850, peuvent être déférées par voie d'appel au Conseil impérial de l'instruction publique; qu'aux termes dudit article 28 le maire peut refuser d'approuver le local proposé pour une École, et qu'alors il est statué par le Conseil départemental;

Considérant que le refus du maire de..... d'approuver le local proposé par la dame....., constituera l'un des cas prévus par ledit article 28, et qu'ainsi le maire de..... était en droit d'interjeter appel de la décision du Conseil départemental, qui a statué contrairement à son refus, et que son appel est recevable.

En ce qui touche la deuxième question :

Considérant qu'il est de droit commun que le recours devant une autorité compétente suspende l'exécution des décisions rendues par une autorité inférieure, à moins qu'il n'en soit autrement ordonné par une disposition légale;

Qu'aucune disposition légale de la loi du 10 avril 1867 ne déroge à ce principe, à l'égard de l'appel qui serait interjeté par le maire, et qu'ainsi, dans le silence de la loi, on doit reconnaître que l'appel du maire de..... est suspensif, et qu'il y avait lieu de surseoir à l'ouverture de l'École de ladite dame..... jusqu'à la décision en dernier ressort du Conseil impérial;

Que c'est dans ce sens que l'article 19 de la loi du 10 avril 1867 a été présenté par les commissaires du Gouvernement, qui, dans l'exposé des motifs, se sont exprimés ainsi : « De quelque part que « vienne l'appel, l'intérêt des mœurs ou celui des enfants s'oppose à « ce que l'École soit ouverte avant que le Conseil impérial ait statué « en dernier ressort »;

Qu'à la vérité, l'article 29 de la loi du 15 mars 1850, en prononçant des peines déterminées contre celui qui, dans le cas d'opposition formée à l'ouverture de son École, l'ouvrirait néanmoins avant qu'il ait été statué sur cette opposition, ou bien au mépris de la décision départementale qui aurait accueilli l'opposition, décide implicitement que l'appel de l'instituteur n'est point suspensif dans ce cas : disposition qui se trouve textuellement reproduite dans la circulaire du 12 mai 1867;

Mais considérant qu'il n'est aucunement dérogé par la loi du 10 avril 1867 aux prescriptions de l'article 29 précité; que ledit article et ladite circulaire ne sont point applicables à l'appel du maire, mais seulement à l'appel de l'instituteur; que cette différence a pour motif l'intérêt des bonnes mœurs et de l'hygiène, qui est sauvegardé par l'appel du maire, et qui pourrait être compromis par l'appel de l'instituteur, s'il était suspensif,

Il y a lieu d'en conclure que l'article 29 de la loi du 15 mars 1850 et la circulaire du 12 mai 1867 ne font point obstacle légalement à ce que l'appel du maire soit suspensif.

En ce qui touche la troisième question :

Au fond, adoptant les motifs de la décision du Conseil départemental, et sans qu'il soit besoin de recourir à une expertise, déclare que le refus du maire de..... d'approuver le local proposé par la dame..... est mal fondé, rejette son appel et confirme ladite décision.

Avis relatif à l'insertion des avis du Conseil au Bulletin officiel du Ministère de l'Instruction publique.

28 janvier 1869.

28 Janvier 1869.

Le Conseil

Est d'avis :

Que les décisions doctrinales, adoptées dans le cours de chaque session, seront dorénavant insérées au *Bulletin officiel du Ministère de l'Instruction publique*, après en avoir retranché, au préalable, les noms des localités et des personnes.

Décision relative aux Écoles libres entretenues par les fabriques.

30 janvier 1869.

30 Janvier 1869.

Le Conseil,

Admettant la convenance d'une solution doctrinale pour la question générale ayant pour objet de savoir si une École primaire, entretenue par une fabrique, doit être considérée comme une École publique;

Considérant qu'il y a lieu de spécialiser cette solution par application au Conseil départemental de....., qui l'a provoquée pour une École de son ressort, et de pourvoir de la sorte, au fur et à mesure que des cas nouveaux analogues se présenteront;

Vu les pièces du dossier relatives à la question de savoir si l'École de la commune de..... doit être considérée comme une École libre;

Vu les lois des 15 mars 1850 et 10 avril 1867;

Vu l'avis émis par le Conseil d'État le 10 juin 1863, sur la question de savoir sous quel nom doivent être immatriculés les titres de rentes provenant de libéralités faites à des établissements religieux, à charge de fonder ou d'entretenir des Écoles;

Considérant que l'École de....., sur le caractère de laquelle le Conseil impérial est prié de donner son avis, a été fondée en 1831, au moyen d'une libéralité particulière contenue dans le testament du sieur de.....;

Considérant qu'il résulte des circonstances dans lesquelles cette libéralité a été adoptée et employée à sa destination, et notamment du caractère d'École libre donné depuis 1852 à l'Ecole dont il s'agit, qu'il n'y a pas lieu de la considérer comme une Ecole communale,

Est d'avis :

Que le caractère d'École libre doit être conservé à l'École de.....

---

30 janvier 1869.

Avis relatif aux exemptions du service militaire.

30 Janvier 1869.

Le Conseil,

Vu l'article 79 de la loi du 15 mars 1850;

Considérant que cette loi, en admettant à souscrire l'engagement décennal les novices des associations religieuses vouées à l'enseignement et autorisées par la loi, et en les déclarant dispensés du service militaire, s'ils réalisent cet engagement, n'a point entendu et ne pouvait entendre que l'on pût exciper du titre de novice pendant toute la durée de l'engagement;

Considérant que les règlements des Écoles primaires fixent à trois années le temps de la préparation fixé par le tirage au sort,

Est d'avis :

Que tout novice âgé de vingt-trois ans doit, pour conserver des droits à l'exemption du service militaire, justifier d'une situation d'instituteur ou d'adjoint dans une École publique.

Décret portant organisation de l'enseignement de la gymnastique. 3 février 1869.

3 Février 1869[1].

Napoléon, etc.,

Sur la proposition de notre Ministre de l'Instruction publique;

Vu l'article 23 de la loi du 15 mars 1850;

Vu l'arrêté du 13 mars 1854, portant règlement sur l'enseignement de la gymnastique, et le programme y annexé;

Vu l'article 1er de la loi du 21 juin 1865;

Vu les articles 46, 73 et 74 de la loi du 15 mars 1850;

Vu le rapport de la Commission chargée de préparer un programme de l'enseignement de la gymnastique dans les Écoles primaires, les Collèges, les Lycées et les Écoles normales primaires, ensemble les programmes rédigés par ladite Commission et annexés au présent décret;

Vu l'avis du Conseil supérieur de perfectionnement de l'enseignement secondaire spécial;

Le Conseil impérial de l'instruction publique entendu,

Avons décrété et décrétons ce qui suit:

Titre Ier.

Des Lycées et Collèges.

. . . .

Titre II.

Des Écoles primaires communales[2].

Art. 4. — Les Conseils municipaux délibéreront, dans leur session de mai 1869, sur les moyens à prendre pour organiser les exer-

1. Consulter l'instruction du 9 *mars* 1869 aux Recteurs et aux Préfets; — la circulaire du 12 *juillet* 1869. (*Circ. et Instr. off.*, T. VI, p. 676 et 711.)

2. Voir l'*Enseignement de la Gymnastique dans l'Université*, un vol. grand in-8° de 221 pages, publié par le Ministère de l'Instruction publique (Imprimerie nationale, 1878).

Voir l'*Enseignement de la Gymnastique dans les établissements d'enseignement primaire* (Mémoires et Documents scolaires publiés par le Musée pédagogique, Fascicule n° 49, année 1887).

Voir le *Manuel d'Exercices gymnastiques et de Jeux scolaires* (même Collection, Fascicule 116, année 1891).

cices gymnastiques appropriés aux besoins des Écoles primaires communales.

ART. 5. — L'enseignement de la gymnastique dans les Écoles primaires communales comprend nécessairement ceux des mouvements et exercices indiqués au programme n° 1 ci-annexé, qui ne comportent l'emploi d'aucun appareil.

Dans les Écoles où les appareils et agrès indispensables ont pu être installés au moyen d'une allocation accordée par le Conseil municipal, le département ou l'État, ou à l'aide de souscriptions particulières, cet enseignement comprend en tout ou en partie les exercices qui comportent, conformément audit programme, l'emploi d'appareils et d'agrès.

Les exercices gymnastiques sont dirigés par l'instituteur ou par un maître spécial. Ils sont suivis par tous les élèves qui n'en ont pas été dispensés par le maire sur le certificat d'un médecin.

ART. 6. — Des secours pourront être accordés sur les fonds de l'État aux communes qui feront établir des appareils de gymnastique pour leurs Écoles.

ART. 7. — Sur la proposition de l'Inspecteur d'Académie, le Conseil départemental fixe le nombre des leçons à donner par semaine aux élèves des Écoles primaires, ainsi que les jours et heures de ces leçons.

TITRE III.

Des Écoles normales primaires.

ART. 8. — L'enseignement de la gymnastique est obligatoire dans les Écoles normales primaires et dans les Écoles primaires qui leur sont annexées. Cet enseignement est donné conformément au programme n° 3 ci-annexé pour les Écoles normales, et au programme n° 1 en ce qui concerne les Écoles primaires, sauf les dispenses individuelles accordées par le médecin attaché à l'établissement.

ART. 9. — Les appareils de gymnastique nécessaires pour la complète exécution du programme n° 3 seront établis dans toutes les Écoles normales primaires[1].

ART. 10. — Un maître de gymnastique, nommé par le Ministre, est attaché à chaque École normale primaire.

Le maître de gymnastique de l'École normale peut être chargé par le Recteur d'enseigner aux instituteurs, réunis à cet effet au

1. Voir la circulaire du 17 *mai* 1872 (*Circ. et Instr. off.*, T. VII, p. 191) et ci-après celle du 5 *novembre* 1872 et les devis y annexés.

chef-lieu de canton, le mode d'exécution du programme à suivre dans les Écoles primaires.

TITRE IV.

Dispositions générales.

ART. 11. — Une Commission de cinq membres, nommée par le Ministre de l'Instruction publique, est instituée au chef-lieu de chacune des Académies pour examiner les candidats qui veulent obtenir un *certificat spécial d'aptitude à l'enseignement de la gymnastique*[1]. Ce certificat est délivré par le Ministre sur le rapport de la Commission. Un arrêté du Ministre détermine les formes et les conditions de l'examen.

ART. 12. — La Commission d'examen instituée au chef-lieu de chaque département, en vertu de l'article 46 de la loi du 15 mars 1850, pour juger l'aptitude au brevet de capacité pour l'enseignement primaire, est autorisée, en ce qui touche les épreuves relatives à la gymnastique, à s'adjoindre, à titre consultatif, pour cette partie spéciale de l'examen, une ou deux personnes ayant fait une étude particulière de cet enseignement[2].

Arrêté relatif à l'engagement décennal des novices appartenant aux congrégations religieuses. 16 février 1869.

16 Février 1869.

Le Ministre, etc.,

Vu l'article 79 de la loi du 15 mars 1850;

Considérant que cette loi, en admettant à souscrire l'engagement décennal les novices des associations religieuses vouées à l'enseignement et autorisées légalement, et en les déclarant dispensés du service militaire, s'ils réalisent cet engagement, n'a point entendu et ne pouvait entendre que l'on pût exciper du titre de novice pendant toute la durée de l'engagement;

Considérant que les règlements des Écoles normales primaires fixent à trois années le temps de la préparation à l'enseignement;

1. Consulter la circulaire du 2 *novembre* 1871. (*Circ. et Instr. off.*, T. VII, p. 137.)
2. Voir les programmes de l'enseignement de la gymnastique dans les Écoles primaires de garçons et les Écoles normales primaires, annexés au décret du 3 février 1869. (*Bulletin administratif du Ministère de l'Instruction publique*, 1869, T. XI, p. 249 et suiv.)

Considérant que le commencement du noviciat doit être antérieur à l'époque fixée pour le tirage au sort;

De l'avis du Conseil impérial de l'instruction publique,

Arrête :

Tout novice âgé de vingt-trois ans, appartenant à une association religieuse enseignante, légalement reconnue, qui a contracté l'engagement de se vouer pendant dix ans à l'enseignement public dans un établissement public d'instruction, doit, pour conserver ses droits à l'exemption du service militaire, justifier du titre d'instituteur ou d'adjoint, soit dans une École publique, soit dans une des Écoles mentionnées à l'article 18 de la loi du 10 avril 1867.

MM. les Préfets sont chargés de l'exécution du présent arrêté.

---

21 février 1869.

Règlement intérieur du Conseil d'administration de la Société pour l'instruction élémentaire.

21 Février 1869[1].

TITRE Ier. — *Du Conseil d'administration.*

ARTICLE 1er. — Le Conseil d'administration se réunit tous les quinze jours, à sept heures et demie du soir.

Il peut être convoqué extraordinairement par le président dans les cas d'urgence.

Le président doit le convoquer extraordinairement sur la demande de cinq membres du Conseil.

ART. 2. — Les correspondants de la Société et ses associés étrangers ont le droit d'assister aux séances du Conseil avec voix consultative.

Le président, prévenu d'avance, et sur la demande d'un membre du Conseil, peut autoriser une personne étrangère à la Société à assister aux séances.

ART. 3. — Il est tenu à chaque séance une liste de présence.

ART. 4. — Le président, après avoir consulté le bureau, peut déclarer la séance secrète, dans tous les cas où les intérêts de la Société l'exigeraient.

La séance devient nécessairement secrète sur la demande de cinq membres du Conseil.

Les membres du Conseil assistent seuls aux séances secrètes.

ART. 5. — Toute proposition nouvelle est renvoyée, s'il y a lieu, au comité compétent ou à une commission spéciale, selon les cas, avant d'être soumise à la discussion.

ART. 6. — Tout rapport à une assemblée générale est préalablement lu et approuvé en Conseil d'administration.

1. Consulter au sujet du fonctionnement de la Société :
1° Le *Bulletin mensuel* publié au siège de la Société, 14, rue du Fouarre;
2° La notice sur les travaux de la Société (1888), au même siège;
3° L'article du *Dictionnaire de Pédagogie*, 1re partie, T. II, pages 2793 à 2796.

Art. 7. — Il sera tenu chaque année au moins deux assemblées générales : l'une de ces assemblées, à laquelle aucune personne étrangère à la Société ne pourra assister, sera consacrée à la nomination des membres du Conseil, ainsi qu'au compte rendu de l'état des finances. — Les membres titulaires de la Société y auront seuls le droit de vote. — Cette assemblée se tiendra chaque année, dans la huitaine qui suivra la distribution des récompenses.

Art. 8. — Dans sa première réunion, le Conseil d'administration nomme son bureau.

Art. 9. — Les élections du bureau sont faites par les membres du Conseil.

Ces élections ont lieu au scrutin secret, à la majorité absolue des suffrages des membres présents. — Si les deux premiers scrutins ne donnent pas de résultats, on procède à un scrutin de ballottage entre les deux membres qui ont réuni le plus grand nombre de voix. A égalité de voix, le plus ancien d'admission est préféré.

Art. 10. — Tout membre adjoint au Conseil ne peut être nommé que sur la proposition d'un des comités. — Le vote a lieu quinze jours après la présentation, et il est procédé à l'élection par la voie du scrutin secret.

Titre II. — *Du Bureau, ses Comités et ses Commissions.*

Art. 11. — Le bureau est chargé de la correspondance de la Société.

Art. 12. — Le secrétaire général est chargé de faire le rapport annuel sur les travaux de la Société et sur les progrès de l'instruction élémentaire.

Art. 13. — Le Conseil se répartit pour ses travaux en trois comités : des Fonds, d'Inspection, et du Bulletin.

Chacun de ces comités est chargé de faire à la Société des rapports motivés sur les objets de sa compétence, tels qu'ils vont être ci-après désignés.

Art. 14. — Chaque comité est composé de douze membres au moins.

Il nomme chaque année son président et son secrétaire.

Le Conseil désigne les membres de chaque comité; les membres du bureau sont compris dans cette désignation.

Un membre peut appartenir à plusieurs comités.

Art. 15. — Le *Comité des Fonds* surveille les recouvrements des revenus de la Société, propose, règle et ordonnance ses dépenses suivant les formes et sous les conditions indiquées au titre III ci-après.

Il fait préparer les devis relatifs aux travaux à exécuter pour le compte de la Société, il en suit l'exécution; il dirige l'emploi des crédits ouverts pour l'achat et l'entretien du mobilier, y compris la bibliothèque.

Art. 16. — Le *Comité d'Inspection, des Maîtres et des Méthodes* surveille les cours fondés par la Société; il visite les Écoles et fait des rapports au Conseil pour leur tenue et sur l'instruction de leurs élèves.

Il propose les améliorations et les récompenses, suivant qu'il sera dit ci-après.

Il s'occupe des moyens propres à former de bons maîtres et des encouragements qui peuvent leur être offerts.

Il fait subir aux élèves les examens annuels indiqués ci-après, et il arrête le programme des questions qui sont posées dans ces examens.

Il examine et recherche les méthodes et les procédés relatifs aux diverses branches de l'enseignement élémentaire.

Art. 17. — Le *Comité du Bulletin et des Livres* dirige la composition, la rédaction, et surveille la publication du Bulletin de la Société, comme il est dit ci-après, titre IV.

Il examine les livres soumis à la Société.

Il recherche et propose les moyens propres à former des bibliothèques à l'usage des Écoles.

Il s'occupe du choix et dresse un catalogue des ouvrages propres à servir de lectures populaires; il fait connaître les meilleurs ouvrages publiés en langues étrangères, et en propose la traduction.

Il surveille la bibliothèque de la Société, comme il est dit ci-après, titre V.

ART. 18. — Le président et le secrétaire général de la Société sont de droit membres de tous les comités et de toutes les commissions. A défaut du président, il est remplacé par un vice-président.

ART. 19. — Le président de chaque comité est chargé d'en convoquer les membres; le président et le secrétaire général de la Société ont également le droit de convoquer les divers comités.

ART. 20. — Tout comité doit, dans la quinzaine, rendre compte de l'état du travail sur les affaires qui lui auront été soumises dans la séance précédente.

ART. 21. — Dans le cas d'urgence, les comités sont autorisés à prendre des mesures provisoires, sauf à en référer à la plus prochaine séance du Conseil.

ART. 22. — Des commissions peuvent être formées momentanément pour l'examen de questions spéciales.

Ces commissions sont désignées par le Conseil.

TITRE III. — *Des fonds et de la comptabilité.*

ART. 23. — Le comité des fonds présente au Conseil, dans le courant du dernier mois de l'année, le budget de l'année suivante.

ART. 24. — Le comité des fonds fait tenir un registre dans lequel sont énoncées, au fur et à mesure, les dépenses autorisées, d'après l'évaluation soit précise, soit approximative, qui en aura été faite.

ART. 25. — Le trésorier ou l'agent général de la Société n'acquitte aucune dépense que sur le vu du mandat signé par deux membres du comité des fonds et des pièces justificatives visées par le comité. Le mandat relate la délibération du Conseil qui a autorisé cette dépense.

ART. 26. — A la fin de chaque trimestre, il est dressé, dans la même forme que le budget de l'exercice courant, un état des recettes et des dépenses effectuées depuis le commencement de l'année. Cet état, après avoir été vérifié par le comité des fonds, est déposé sur le bureau du Conseil dans la seconde séance ordinaire de chacun des mois d'avril, juillet, octobre et janvier.

ART. 27. — Toute personne qui payera à la fois au moins dix années de cotisation sera de droit sociétaire à vie, avec le titre de donateur. — Le titre de donateur est également conféré à toute personne qui fait don à la Société d'une somme de cent francs au moins. — Les sommes provenant de ces cotisations et dons seront placées, et les intérêts seront seuls considérés comme faisant partie du revenu annuel.

ART. 28. — Au mois de janvier, le trésorier remet le compte général de l'année précédente au comité des fonds, qui, après l'avoir vérifié, le soumet au Conseil pour être arrêté et approuvé par lui. — Le Conseil présente à l'assemblée générale le compte annuel du trésorier.

ART. 29. — Tous les ans, le comité des fonds fait le récolement et l'inventaire du mobilier de la Société; il en est dressé procès-verbal et fait rapport au Conseil.

Titre IV. — *Du Bulletin.*

Art. 30. — Le Bulletin de la Société est publié par livraison mensuelle d'une feuille d'impression au moins.

Il ne pourra être publié plus de sept feuilles par trimestre, qu'en vertu d'une autorisation spéciale du Conseil.

Plusieurs numéros pourront être réunis en un seul cahier par une délibération expresse du comité du Bulletin.

Art. 31. — Le comité du Bulletin dirige et surveille la composition, la rédaction, l'impression et la publication du Bulletin.

Sur la présentation du comité, le Conseil peut lui adjoindre un rédacteur, qui est nommé pour un an, dans le courant du mois de décembre, et qui sera rééligible.

Art. 32. — Le Bulletin comprend principalement les actes et travaux de la Société et les documents relatifs à l'instruction élémentaire.

Art. 33. — Sous le titre d'*Actes et Travaux de la Société*, sont compris notamment les extraits des procès-verbaux ou des comptes rendus des séances de la Société et de son Conseil, ainsi que les rapports et autres travaux des comités, des commissions ou des membres du Conseil, dont l'impression aura été autorisée par le Conseil ou par le comité du Bulletin.

Art. 34. — La partie des *Documents relatifs à l'instruction élémentaire* comprend les actes officiels soit intégralement, soit par analyse, extraits ou simple mention.

Il contient, en outre, des extraits de la correspondance de la Société et des divers journaux, publications et ouvrages d'éducation.

Art. 35. — La couverture du Bulletin contient le tableau indicatif des jours de séance et tous les avis dont l'impression sur cette couverture aura été ordonnée par le comité du Bulletin.

Art. 36. — Le Bulletin est publié avec le papier, la justification, et, autant que possible, le caractère qui ont été déterminés par le Conseil, dans le marché passé avec l'imprimeur de la Société.

Art. 37. — Chaque numéro doit paraître dans la première quinzaine du mois qui suit celui dont il porte le nom.

Art. 38. — Les ouvrages envoyés à la Société sont transmis au comité du Bulletin et des Livres, qui les fait examiner par ses membres ou par d'autres membres de la Société. — Les rapports sont lus en séance du Conseil; ils sont ensuite renvoyés au comité du Bulletin et des Livres, qui statue sur leur insertion intégrale ou partielle, dans le Bulletin de la Société, à moins que le Conseil n'ait ordonné immédiatement le simple dépôt aux archives.

Titre V. — *De la Bibliothèque et des Archives.*

Art. 39. — La bibliothèque de la Société est placée sous la surveillance du comité du Bulletin et des Livres.

Art. 40. — Chaque ouvrage sera inscrit sur un registre catalogué par ordre de numéro et de date.

Art. 41. — Chaque ouvrage sera revêtu de l'estampille de la Société, au moment même de sa remise.

Art. 42. — Le comité des livres dresse le catalogue général, en fait le recensement, et rend compte, chaque année, de cette opération au Conseil.

Il propose au Conseil les moyens de compléter la bibliothèque.

ART. 43. — Le comité des fonds proposera, dans le budget de chaque année, une allocation proportionnée aux ressources de la Société et destinée à augmenter la bibliothèque.

ART. 44. — La bibliothèque de la Société est ouverte : 1° à tous les membres de la Société; 2° aux instituteurs, aux institutrices et à toutes personnes, sur la recommandation d'un membre du Conseil.

ART. 45. — Aucun livre de la bibliothèque ne peut être prêté au dehors, sans l'agrément du comité des livres et sans avoir été préalablement inscrit au catalogue et estampillé.

ART. 46. — L'agent de la Société qui est chargé de la garde et de la conservation de la bibliothèque fera inscrire, sur un registre *ad hoc*, le récépissé des livres prêtés.

ART. 47. — Il ne pourra être prêté plus de trois ouvrages à la fois, si ce n'est aux comités, aux commissions ou à leurs rapporteurs, pour les travaux de la Société.

ART. 48. — Dans le cas où les livres prêtés seraient gardés plus d'un mois, l'agent de la Société les réclamera jusqu'à ce qu'ils aient été rendus; s'ils n'étaient pas rentrés après trois demandes, il en serait fait rapport au comité du Bulletin et des Livres, qui prendrait les mesures nécessaires.

ART. 49. — Les titres de propriété de la Société sont confiés au trésorier. — Chaque année, il en dressera un inventaire en présence du comité des fonds, et le remettra au président de ce comité.

Cet inventaire, ainsi que les autres documents et pièces, sont réunis et déposés dans les archives, à la diligence du secrétaire général.

TITRE VI. — *De l'agence générale de la Société.*

ART. 50. — L'agent général de la Société est nommé par le Conseil sur la présentation du bureau.

ART. 51. — Il est chargé, sous sa responsabilité personnelle et sous la surveillance du secrétaire général : 1° de la tenue des registres; 2° de l'expédition de la correspondance; 3° de la garde et conservation du mobilier, des archives et de la bibliothèque; 4° du recouvrement d'une partie des recettes, et de l'acquittement des dépenses déterminées par le comité des fonds.

ART. 52. — Le bureau de la Société règle les détails du service général de l'agent. — Le comité des fonds règle les détails de son service en ce qui concerne la comptabilité, et il fixe la somme que celui-ci peut avoir entre les mains.

TITRE VII. — *De la distribution du Bulletin et des publications.*

ART. 53. — Le Bulletin est envoyé gratuitement :

1° Aux Sociétés correspondantes nationales et étrangères;

2° Et aux personnes auxquelles, sur la proposition du comité du Bulletin et des Livres, il est jugé utile de l'adresser.

ART. 54. — Tous les ans, dans le dernier trimestre de l'année, le comité du Bulletin, de concert avec le comité des fonds, dresse la liste des sociétés, des établissements, des bibliothèques, des Écoles et des personnes auxquelles il peut être utile d'adresser gratuitement le Bulletin[1].

1. A l'époque de la séance des récompenses, il sera dressé une liste des personnes et des Sociétés auxquelles le compte rendu devra être adressé.

Art. 55. — Le Bulletin, sur la proposition du comité compétent, et par une décision du Conseil, peut être donné en échange de journaux ou écrits périodiques.

Art. 56. — Le prix d'abonnement au Bulletin est fixé à cinq francs par an pour toute la France. — Il est réduit à trois francs pour les instituteurs, pour les institutrices et les bibliothèques populaires.

Art. 57. — Le compte rendu de la séance générale annuelle est envoyé à tous les instituteurs et à toutes les institutrices qui ont obtenu, dans cette séance générale, une médaille ou une mention honorable.

Art. 58. — Toutes les fois que le Conseil aura décidé qu'un travail ou document, inséré au Bulletin, devra être tiré à part, la distribution spéciale en sera, s'il y a lieu, votée par le Conseil, sur la proposition du comité du Bulletin.

Titre VIII. — *Des Cours normaux.*

Art. 59. — La Société établit des cours normaux destinés à former des instituteurs et des institutrices et à compléter les études.

Art. 60. — Le bureau de la Société détermine, chaque année, dans le courant d'octobre, le nombre et la nature des cours normaux. — Les professeurs sont nommés par le Conseil sur la proposition du bureau, et ils ne peuvent être pris que parmi les membres de la Société. — Le programme de chaque cours est remis au bureau et soumis au Conseil.

Art. 61. — Les cours commencent dans la première quinzaine de novembre et se terminent dans la seconde quinzaine de juin.

Art. 62. — Les personnes qui désirent y être admises doivent être munies de cartes, qui leur sont délivrées au secrétariat.

Titre IX. — *Des Examens annuels établis par la Société.*

Art. 63. — La Société fait subir, chaque année, aux élèves des Écoles primaires de l'un et de l'autre sexe, un examen spécial sur les matières du programme de l'instruction primaire.

Ce programme comprend : *Instruction morale.* — *Lecture.* — *Ecriture.* — *Orthographe.* — *Analyse grammaticale.* — *Analyse logique.* — *Rédaction.* — *Arithmétique.* — *Système métrique.* — *Travaux à l'aiguille* (pour les filles). — *Histoire.* — *Géographie.* — *Notions usuelles sur les sciences.* — *Dessin linéaire et dessin d'ornement.* — *Tenue des livres.* — *Chant.* — *Gymnastique.* — Partie facultative : *Langues vivantes.*

Art. 64. — Des récompenses seront accordées aux élèves qui auront subi avec succès les épreuves.

Art. 65. — Les instituteurs et les institutrices devront adresser une demande de présentation comprenant les noms, prénoms, date et lieu de naissance de chacun des candidats; ils devront attester, en outre, que les élèves qu'ils présentent ont passé au moins deux années dans leur École.

Art. 66. — La demande de présentation et l'attestation devront être déposées au secrétariat de la Société avant le 15 avril.

Art. 67. — Il ne pourra être présenté, par un instituteur ou une institutrice, que le sixième des élèves de son établissement.

Art. 68. — Le programme des questions à proposer aux élèves sera réglé d'avance par une commission nommée à cet effet par le comité d'inspection; les compositions seront faites sous les yeux de cette commission.

Le Conseil statuera définitivement sur les récompenses à décerner, après le rapport de la commission d'examen.

ART. 69. — Un concours spécial est établi entre les élèves qui ont obtenu des récompenses de la Société dans les concours des deux années précédentes. — Sont admis aux divers examens, sous les mêmes conditions, les élèves présentés par leurs familles.

TITRE X. — *Encouragements pour la composition des livres.*

ART. 70. — Tous les ans, sur le rapport du comité des livres, le Conseil décernera, dans l'assemblée générale de la Société, des médailles d'argent, des médailles de bronze et des mentions honorables aux auteurs des ouvrages publiés en France ou à l'étranger, qui lui paraîtront mériter des récompenses.

ART. 71. — Le Conseil dresse un catalogue des livres destinés aux bibliothèques scolaires et populaires.

TITRE XI. — *Des récompenses décernées aux instituteurs, aux institutrices et à toutes autres personnes.*

ART. 72. — Il sera décerné, dans une séance générale de la Société, des médailles d'argent et de bronze, ainsi que des mentions honorables, aux instituteurs et aux institutrices qui seront jugés dignes de cette distinction.

ART. 73. — Il pourra être décerné des médailles d'honneur et des mentions honorables spéciales aux conseils, aux établissements et aux personnes qui auront rendu des services à l'instruction primaire[1].

ART. 74. — La mention honorable ne pourra être accordée à un instituteur ou à une institutrice qu'après trois ans d'exercice.

ART. 75. — La médaille de bronze ne pourra être accordée que trois ans après l'obtention d'une mention honorable et après trois années consécutives d'inspection.

ART. 76. — Il en sera de même de la médaille d'argent.

ART. 77. — La mention honorable n'est pas susceptible de rappel. — La médaille de bronze et celle d'argent ne pourront être accordées, de nouveau, que sous forme de rappel, et cela, toujours après trois ans d'intervalle.

ART. 78. — Il ne pourra être fait exception aux dispositions ci-dessus que pour des cas très rares et pour des services de longue durée ou tout à fait exceptionnels.

ART. 79. — Les instituteurs et les institutrices qui désireront faire inspecter leurs Écoles devront en faire la demande expresse et se faire inscrire, avant le 1er janvier de chaque année, au secrétariat de la Société. — La demande d'inspection devra être renouvelée chaque année par les directeurs et les directrices d'Écoles qui ont été déjà inspectés ou récompensés par la Société.

ART. 80. — A partir du jour où le registre des inscriptions sera clos, les Écoles inscrites seront visitées et examinées par le comité d'inspection et par les membres qu'il s'adjoindra. — Sur la proposition de ce comité, le Conseil statue sur les encouragements à décerner à l'assemblée générale annuelle.

1. Il sera, en outre, distribué annuellement des médailles d'argent et des médailles de bronze aux auteurs de travaux insérés au Bulletin de la Société, soit sur un sujet librement choisi, soit sur des sujets indiqués à l'avance par le comité du Bulletin ou par le Conseil.

Les membres du Conseil ne pourront être l'objet de ces récompenses.

ART. 81. — Après deux rappels au moins de la médaille d'argent, la Société peut décerner une médaille de vermeil aux instituteurs et aux institutrices qui en seront reconnus dignes.

TITRE XII. — *Dispositions générales.*

ART. 82. — Il ne peut être voté sur l'admission des membres, des correspondants et des associés étrangers, qu'au scrutin et quinze jours après la séance qui suit leur présentation.

ART. 83. — La Société s'abstient d'émettre un avis sur les ouvrages composés par des membres du Conseil.

ART. 84. — La liste des donateurs de la Société est publiée chaque année, dans le Bulletin, en tête de celle des membres du Conseil.

ART. 85. — Le Conseil tient dans ses séances ordinaires, et au besoin dans ses séances extraordinaires, des conférences sur les questions relatives à l'instruction et à celles qui s'y attachent.

ART. 86. — La Société fait dresser un tableau des personnes qui ont rendu des services éminents à l'éducation populaire.

Ce tableau est placé dans la salle principale.

ART. 87. — Le présent règlement ne pourra être modifié qu'à la majorité des voix, dans une assemblée composée d'au moins la moitié, plus un, de tous les membres du Conseil, spécialement convoqués à cet effet.

Arrêté relatif aux achats d'appareils mobiles et d'agrès pour l'enseignement de la gymnastique. 21 avril 1869.

21 Avril 1869 [1].

Le Ministre, etc.,

Vu le décret du 3 février 1869 sur l'enseignement de la gymnastique dans les établissements publics d'instruction, ensemble les programmes y annexés;

Vu les circulaires aux Recteurs et aux Préfets, en date du 9 mars 1869;

Vu le cahier des charges imposées à l'adjudicataire du service de la fourniture des appareils et agrès de gymnastique aux Lycées, Collèges, Écoles normales et Écoles publiques qui en feront la demande;

Vu le procès-verbal de l'adjudication publique qui a eu lieu le 20 avril 1869, et à la suite de laquelle M. Walcker, fabricant d'appareils de gymnastique, demeurant à Paris, rue Rochechouart, n° 42, a été déclaré adjudicataire,

1. Consulter la circulaire transmissive du 4 mai 1869. (*Circ. et Instr. off.*, T. VI, p. 691.)

Arrête :

ARTICLE 1er. — Les Lycées impériaux, les Collèges communaux, les Écoles normales primaires et les Écoles primaires communales qui voudront profiter, pour l'acquisition d'appareils et agrès de gymnastique, des avantages offerts à ces établissements par l'adjudication du 20 avril 1869 et indiqués dans la note annexée au présent arrêté, devront adresser directement leur commande au Ministre de l'Instruction publique.

Cette commande devra être conforme au modèle annexé au présent arrêté.

ART. 2. — Les commandes, après avoir été visées au Ministère, seront transmises, avec leur numéro d'ordre, à l'adjudicataire, ainsi qu'un bordereau général. Les commandes sont renvoyées au Ministre avec le bordereau, après l'exécution des ordres.

ART. 3. — Lorsque les objets compris dans une commande sont prêts à être livrés, et avant de procéder à leur emballage et à leur expédition, l'adjudicataire doit en prévenir l'Administration, pour que les objets à livrer puissent être vérifiés et reçus par le délégué du Ministre, conformément à l'article 9 du cahier des charges.

ART. 4. — Les établissements qui auraient à former des réclamations les adresseront directement au Ministre de l'Instruction publique.

ART. 5. — L'adjudicataire devra tenir un livre-journal spécial indiquant, pour chaque commande, les renseignements détaillés qu'elle doit contenir d'après le modèle annexé au présent arrêté.

ART. 6. — Le Ministre de l'Instruction publique ne garantit point à l'adjudicataire le recouvrement de ses créances sur les établissements acquéreurs, et ne peut encourir à cet égard aucune responsabilité.

Note annexée à l'arrêté du 21 avril 1869, relatif aux achats d'appareils mobiles et d'agrès pour l'enseignement de la gymnastique.

La fourniture aux Lycées, Collèges, Écoles normales primaires et Écoles primaires communales, sur leur demande, des agrès et appareils mobiles pour les exercices de la gymnastique, d'après les programmes annexés au décret du 3 février 1869, a été l'objet d'une adjudication publique, qui a eu lieu le 20 avril 1869, et à laquelle ont été appelés les fabricants de cordages ou d'appareils de gymnastique.

M. Walcker, fabricant d'appareils de gymnastique à Paris, rue Rochechouart, n° 42, dont la soumission portait le rabais le plus élevé, a été déclaré adjudicataire.

Ce rabais est de 16 pour 100. C'est un rabais unique, qui porte uniformément sur toute fourniture d'objets demandée en vertu de l'adjudication.

Les obligations de l'adjudicataire et les garanties stipulées au profit des établissements d'instruction sont déterminées de la manière suivante par le cahier des charges :

L'adjudicataire s'engage envers le Ministre de l'Instruction publique :

1° A fournir aux Lycées impériaux, Colléges communaux, Écoles normales primaires et Écoles primaires communales, sur leur demande, en totalité ou en partie, les objets énumérés dans la liste annexée au cahier des charges;

2° A expédier le colis ou la caisse *franco* par le chemin de fer, jusqu'à la station la plus rapprochée de la commune destinataire.

L'expédition doit avoir lieu dans le délai de huit jours, à compter de la réception de la commande par l'adjudicataire.

La fourniture et le transport des objets sont faits par l'adjudicataire, moyennant le payement par l'établissement acquéreur du prix résultant, pour chaque objet porté au catalogue, du rabais de 16 pour 100 consenti par l'adjudicataire sur le prix fort indiqué par la liste annexée au cahier des charges.

L'adjudicataire est tenu de centraliser dans un dépôt ou magasin, situé dans l'enceinte de Paris, toutes les expéditions et livraisons faites en vertu de l'adjudication.

L'adjudication est faite pour une période de deux, quatre ou six ans.

Les établissements publics d'instruction ne sont nullement tenus d'adresser à l'adjudicataire leurs commandes d'appareils et d'agrès; ils restent entièrement libres de se procurer ces objets en traitant à Paris ou dans les départements avec d'autres fabricants ou intermédiaires de leur choix.

Les fournitures doivent être de bonne qualité et en tout conformes, pour les dimensions, la solidité et la nature des matières employées, aux modèles-types dont la collection, dûment timbrée et visée, reste déposée au Ministère après avoir servi de base à l'adjudication.

L'adjudicataire se soumet au contrôle de l'Administration; il s'engage :

A laisser visiter, à toute réquisition, par un délégué du Ministre, les fournitures dont il prépare la livraison;

A défaire et démonter les objets dont la vérification comporterait ce mode d'examen;

A permettre l'emploi de tous les moyens d'investigation et d'épreuve nécessaires pour constater la solidité et la bonne confection des appareils;

A laisser ouvrir les caisses et colis déjà fermés, et à envoyer, sans délai et à ses frais, au Ministère de l'Instruction publique, tous colis ou objets compris dans le service de l'adjudication, et que le délégué du Ministre jugerait nécessaire de comparer aux modèles-types déposés au Ministère.

En cas de contestation entre l'adjudicataire et le délégué du Ministre sur la qualité des objets à livrer, l'expédition de ces objets à leur destination est suspendue; ils sont soumis à l'examen d'une Commission de contrôle, composée de trois membres, et qui sera nommée, chaque année, par le Ministre pour l'exécution du présent article. La Commission de contrôle entend l'adjudicataire et le délégué du Ministre; elle dresse procès-verbal de ses opérations. Le Ministre décide, sur le rapport de la Commission, s'il y a lieu de déclarer les objets recevables et d'en autoriser l'expédition.

Le délégué du Ministre ne peut faire partie de la Commission de contrôle.

La Commission siége au Ministère de l'Instruction publique.

Dans les cas où les objets expédiés par l'adjudicataire sur la commande d'un établissement public d'instruction n'auraient point été visités avant leur livraison par le délégué du Ministre, ou n'auraient donné lieu de sa part à aucune contestation, mais où l'établissement destinataire les trouverait défectueux, soit au moment de la livraison, soit postérieurement, le chef de l'établissement devra en informer immédiatement le Ministre, qui saisira la Commission de contrôle de cette réclamation. La Commission pourra, suivant les circonstances, demander une expertise locale ou se faire envoyer les objets dont la qualité serait contestée.

Le prix des fournitures faites aux établissements publics d'instruction par l'adjudicataire lui est payé directement par chacun de ces établissements.

L'adjudicataire s'engage à communiquer, à toute réquisition, au délégué du Ministre les livres et pièces de comptabilité relatifs aux services compris dans l'adjudication.

En cas d'inexécution des conditions du présent cahier des charges, et notamment si l'ouverture des caisses ou colis à expédier ou les réclamations des destinataires avaient fait constater par la Commission de contrôle le défaut de solidité ou la mauvaise qualité des objets fournis, l'adjudication pourrait être résiliée par le Ministre, sans que l'adjudicataire eût à réclamer aucune indemnité et sans préjudice des dommages-intérêts dont il se serait rendu passible envers les établissements acquéreurs, par suite d'accident ou de préjudice quelconque.

Un cautionnement de 10 000 francs, versé par l'adjudicataire, est affecté à la garantie des indemnités qui pourraient être dues par lui aux établissements publics d'instruction.

La liste suivante des appareils et agrès compris dans l'adjudication contient leur description détaillée et porte l'estimation du prix de vente de chacun d'eux; elle est annexée au cahier des charges[1].

---

10 mai 1869. **Circulaire du Ministre de l'Instruction publique aux déléguées chargées de l'inspection des salles d'asile, relative aux limites de l'enseignement à donner dans les salles d'asile.**

10 Mai 1869.

Madame la Déléguée, le Comité central de patronage, dans sa dernière séance, s'est occupé de la manière dont l'enseignement est actuellement donné dans les salles d'asile, et, d'après les renseignements qui lui sont parvenus, il est porté à croire que les directrices tendent à y introduire des modifications en désaccord avec la destination de ces établissements.

Les salles d'asile ont pour objet, non seulement de recueillir les tout jeunes enfants, afin de leur assurer les soins spéciaux que réclame leur âge, mais encore de les préparer à la vie de l'école par la connaissance des notions premières de lecture, d'écriture et de calcul, et à la vie commune par le développement, au point de vue religieux et moral, des facultés de l'âme, par des habitudes de discipline maternelle sagement calculées, enfin par des enseignements destinés à éveiller doucement leur attention, en leur apprenant déjà à réfléchir. Il est inutile d'ajouter que ces enseignements doivent toujours rester très simples, de manière à être facilement compris d'enfants de deux à six ans.

Je vous recommande donc, Madame la Déléguée, de prémunir, dans vos tour-

1. Voir cette liste au *Bulletin administratif du Ministère de l'Instruction publique*, 1869, T. XI, p. 553.

nées d'inspection, les directrices des établissements que vous visiterez, contre la tendance signalée par le Comité central.

Vous voudrez bien veiller à ce qu'on ne s'écarte pas des prescriptions de l'arrêté du 5 août 1859, qui a tracé les limites dans lesquelles l'expérience a démontré qu'il est nécessaire de maintenir l'enseignement.

Recevez, etc.

Signé : V. DURUY.

Circulaire du Ministre de l'Instruction publique, relative au traitement éventuel des instituteurs et des institutrices. 31 mai 1869.

31 Mai 1869.

Monsieur le Préfet, l'examen des liquidations des dépenses ordinaires des Écoles communales de garçons et de filles, dans quelques départements, m'a donné lieu de remarquer que la question du traitement éventuel des instituteurs et des institutrices n'a pas reçu une solution conforme au sens littéral comme à l'esprit de la loi du 10 avril 1867.

L'article 10 de cette loi porte que le traitement des instituteurs et des institutrices se compose : 1° d'un traitement fixe de 200 francs; 2° du produit de la rétribution payée par les familles; 3° d'un traitement éventuel formé par les rétributions payées pour les élèves gratuits présents à l'École; 4° d'un supplément accordé aux instituteurs et aux institutrices, lorsque leur traitement fixe, joint au produit de la rétribution scolaire et au traitement éventuel, n'atteint pas les minima déterminés par la loi du 15 mars 1850, par le décret du 19 avril 1862 et par l'article 4 de la loi du 10 avril 1867. L'article 9 de cette dernière loi établit un système analogue en ce qui touche les Écoles gratuites.

Le législateur a entendu, en s'exprimant ainsi, que les trois premiers éléments du traitement seraient payés intégralement. Il n'a fixé de minimum que pour le supplément à accorder, au cas où les trois parties principales de la rémunération scolaire n'atteindraient pas 400 et 500 francs pour les institutrices, et 600, 700, 800 et 900 francs pour les instituteurs.

Il s'ensuit que le traitement éventuel, quel que soit le chiffre atteint par le produit total du traitement fixe et de la rétribution scolaire, est acquitté ou complété au moyen des fonds de subvention, si les ressources légales de la commune, fondations, revenus et centimes spéciaux, ont déjà été absorbées par le traitement fixe.

Je cite des exemples à l'appui de cette explication :

1er EXEMPLE.

Traitement de l'instituteur.		*Ressources.*	
Traitement fixe.	200 f.	Fondations.	»
Rétribution scolaire.	500	Revenus.	»
Traitement éventuel.	300	3 centimes.	300 f.
. . . .	»	Rétribution scolaire.	500
. . . .	»	Subvention du dépt ou de l'État.	200
TOTAL.	1 000 f.	TOTAL.	1 000 f.

Dans ce premier exemple, les fonds de subvention payent les 200 francs de traitement éventuel, que les fonds communaux n'ont pu acquitter.

2e EXEMPLE.

(Instituteurs à 700 francs après cinq ans de services.)

Traitement de l'instituteur.		*Ressources.*	
Traitement fixe	200 f.	Fondations	»
Rétribution	200	Revenus	»
Traitement éventuel	200	Centimes	200 f.
Supplément	100	Rétribution scolaire	200
	»	Subvention de l'État ou du dép^{t}.	300
TOTAL	700 f.	TOTAL	700 f.

Dans ce second exemple, la subvention paye les 200 francs du traitement éventuel et, en outre, 100 francs de supplément pour porter le traitement total à 700 francs.

Dans les Écoles payantes et dans les Écoles gratuites où, en vertu de l'article 13 de la loi du 10 avril 1867, le traitement déterminé par les articles 9 et 10 de la loi est remplacé par un traitement fixe payé par la commune, il va sans dire qu'il n'y a plus lieu à l'établissement du traitement éventuel.

Je me réfère, d'ailleurs, à mes instructions précédentes, insérées au *Bulletin administratif* de mon Ministère, n° 199, pages 190 et 191.

Recevez, etc.

Signé : V. DURUY.

---

5 juin 1869.

Arrêté admettant au bénéfice de la retraite les professeurs de gymnastique.

5 Juin 1869.

Le Ministre, etc.,

Vu le décret du 3 février 1869, portant organisation de l'enseignement de la gymnastique,

Arrête :

A dater du 1er mars 1869, les professeurs de gymnastique nommés dans les Lycées, Collèges communaux et Écoles normales primaires, en vertu des articles 2 et 10 du décret ci-dessus visé, sont admis au bénéfice de la retraite.

Ils supporteront, en conséquence, sur leur traitement, les retenues déterminées par la loi du 9 juin 1853 sur les pensions civiles, et par le règlement d'administration publique du 9 novembre suivant.

Circulaire du Ministre de l'Instruction publique, relative à l'arrêté qui précède. 9 juin 1869.

9 Juin 1869.

Monsieur le Recteur, j'ai l'honneur de vous transmettre un arrêté que je viens de prendre, après m'être concerté avec Son Exc. M. le Ministre des Finances, et en vertu duquel les professeurs de gymnastique des Lycées, Colléges communaux et Écoles normales primaires, sont admis au bénéfice de la pension à dater du 1er mars 1869.

Vous remarquerez que cet arrêté s'applique seulement aux professeurs qui ont été institués en vertu du décret du 3 février 1869, portant organisation de l'enseignement de la gymnastique. Il n'a pas d'effet rétroactif, et, par conséquent, les maîtres qui auraient exercé antérieurement audit décret n'auraient pas à se prévaloir des services qui en ont précédé la promulgation, ni à réclamer le versement de retenues arriérées. Le droit à pension n'a pris naissance en faveur des fonctionnaires de cet ordre qu'à la date fixée par le présent arrêté, en vertu des dispositions du décret précité, qui, pour la première fois, donnait à l'enseignement de la gymnastique une organisation régulière. C'est à partir de cette date seulement que les retenues réglementaires devront être exercées, savoir : la retenue du premier douzième et la retenue du vingtième. Vous voudrez bien donner des instructions en ce sens à MM. les chefs des établissements situés dans le ressort de votre Académie.

Recevez, etc.

Signé : V. DURUY.

Circulaire du Ministre de l'Instruction publique, relative à la fourniture d'aliments chauds aux enfants des salles d'asile. 14 juin 1869.

14 Juin 1869.

Monsieur le Préfet, depuis l'institution des salles d'asile, l'Administration s'est appliquée à rechercher tous les moyens d'accroître l'heureuse influence de ces établissements sur le développement moral et physique des enfants.

Sous le rapport moral, on peut considérer que le but qu'on se proposait a été atteint par suite des perfectionnements apportés dans les procédés d'enseignement et par un meilleur emploi du temps. Mais, sous le rapport physique, de grands progrès restent à accomplir. Les enfants admis dans les salles d'asile, et qui la plupart appartiennent à des parents peu aisés, sont souvent mal vêtus et n'ont pas une nourriture suffisante. Les Comités de patronage ont rivalisé de zèle pour obvier à cette double insuffisance. D'une part, beaucoup de vêtements sains et propres ont été distribués; d'autre part, il résulte de l'enquête ordonnée par ma circulaire du 30 juillet 1868, que des aliments chauds sont distribués aux enfants, vers le milieu de la journée, dans 464 salles d'asile de l'Empire, et que cette distribution n'occasionne qu'une minime dépense de cinq centimes par enfant et par jour.

Les ressources servant à faire face à cette dépense sont les suivantes :

Dons volontaires en argent et en nature;

Souscriptions, quêtes et loteries organisées par les Comités de patronage;
Legs et donations;
Subventions allouées par les communes, les hospices ou les bureaux de bienfaisance.

Il est d'un grand intérêt, Monsieur le Préfet, d'améliorer les conditions hygiéniques dans lesquelles sont élevés les jeunes enfants : un des moyens les plus efficaces pour atteindre ce but serait de pourvoir à l'insuffisance de leur alimentation.

En conséquence, je vous prie de favoriser, autant que vous le pourrez, l'introduction dans les salles d'asile des distributions de soupes et d'aliments chauds, en recourant aux ressources que je viens d'énumérer et en réclamant le concours actif et toujours si dévoué des dames patronnesses.

En ce qui touche les subventions municipales, il ne saurait être question de provoquer le vote d'une imposition extraordinaire spéciale. Toutefois rien ne s'oppose à ce que vous usiez de votre légitime influence, tant auprès du Conseil général qu'auprès des municipalités, pour les engager à appliquer à la dépense qui fait l'objet de cette circulaire une partie des fonds qui, faute d'emploi, pourraient rester libres en fin de compte.

Recevez, etc.

Signé : V. DURUY.

---

5 juillet 1869.

Arrêt de la Cour d'appel de Grenoble, relatif à l'acceptation d'un legs fait à une fabrique[1].

5 Juillet 1869.

La Cour.....,

Attendu que, par testament en date du 12 novembre 1864, l'abbé Ménuel a légué divers immeubles, situés sur Saint-Siméon de Bressieux, à l'évêque de Grenoble, en sa qualité d'administrateur du dio-

1. Voici le texte de l'arrêt du tribunal de Saint-Marcellin, confirmé par la Cour de Grenoble (24 *avril* 1868) :

Le Tribunal,

Attendu que, par son testament, en date du 12 novembre 1854, l'abbé Ménuel a fait à l'évêque de Grenoble, en sa qualité d'administrateur du diocèse, trois legs, comprenant chacun divers immeubles : le premier, pour fonder à Viriville une École de frères appartenant à une congrégation; le second, pour fonder une École semblable à Saint-Siméon de Bressieux; le troisième, pour fonder à Saint-Siméon une maison de sœurs institutrices appartenant à une congrégation religieuse; que ces trois legs sont faits sous les conditions suivantes : 1° que les fondations seront perpétuelles, et les immeubles inaliénables; 2° que certaines prières seront récitées dans les Écoles fondées; 3° que ces établissements recevront gratuitement les enfants pauvres qui leur seront désignés par le curé de la paroisse;

Attendu qu'après avoir fait ces legs et divers autres, l'abbé Ménuel déclare : que si quelques-uns des legs qu'il vient de faire étaient refusés par ses légataires, parce qu'ils les trouveraient trop onéreux, ou parce que, par des motifs qu'il ne peut prévoir, il ne leur serait pas possible d'en devenir possesseurs, les biens non recueillis par ses légataires deviendront la propriété de son héritier institué, qui en disposera

cèse, pour fonder à Saint-Siméon un établissement de Frères maristes ou de la Doctrine chrétienne, ou tous autres à son choix, pour faire l'école aux jeunes garçons de la paroisse; que, par ce même testament, il a encore légué à l'évêque de Grenoble sa terre de Chassagne, pour fonder à Saint-Siméon une maison de Sœurs institu-

comme de son bien propre; qu'enfin l'abbé Ménuel institue pour son héritier universel et pour son exécuteur testamentaire l'abbé Marion, en expliquant que, s'il ne transmet à ses parents que son patrimoine personnel, c'est parce qu'il ne veut pas leur donner des biens qui lui sont advenus pendant qu'il était prêtre; que le choix de l'abbé Marion pour son légataire universel, choix évidemment inspiré par l'intention d'employer la fortune qu'il avait reçue de la famille Leblanc en œuvres de bienfaisance, explique et précise la clause par laquelle l'abbé Ménuel a institué subsidiairement son légataire universel à l'effet de recueillir les legs particuliers qui ne pourraient pas recevoir leur exécution;

Attendu que les circonstances qui viennent d'être relevées et l'ensemble des faits de la cause ne permettent aucun doute sur l'esprit qui a dicté les legs faits à l'évêché; que l'abbé Ménuel voulait, avant tout, faire une chose utile aux intérêts de la religion dont il était ministre, et que ses intentions peuvent se résumer en deux points essentiels : transmission à l'évêché des biens affectés à ces fondations, emploi de ces biens à l'entretien d'instituteurs congréganistes choisis, surveillés et dirigés par l'évêque;

Attendu que, si on rapproche ces intentions ainsi caractérisées des résultats auxquels conduit l'exécution du décret du 1er août 1864, qui a déterminé sous quelles conditions et de quelle manière les legs faits à l'évêché pourraient être acceptés, on est forcé de reconnaître *qu'aux termes de ce décret, interprété par les avis du Conseil d'État, du* 10 *juin* 1863 *et du* 22 *novembre* 1866, *l'intervention de l'évêque dans l'acceptation des legs devient purement nominale; que la propriété et l'administration des biens, le choix des instituteurs et la direction des Écoles sont attribués aux communes, de telle sorte qu'au lieu d'une libéralité faite à l'évêché, dans un but éminemment religieux, l'abbé Ménuel se trouverait avoir fait un legs aux communes pour l'entretien d'Écoles publiques;*

Attendu que, dans cette situation, Delphine Vallet, qui représente aujourd'hui le légataire universel de l'abbé Ménuel, est fondée à soutenir que l'évêque étant dans l'impossibilité de se mettre en possession des legs qui lui avaient été faits, les biens affectés à ces legs doivent, conformément à la disposition subsidiaire du testament, redevenir sa propriété et lui être restitués;

Attendu que, pour repousser cette demande, on ne saurait alléguer que le décret du 1er août 1864 s'est borné à faire subir aux legs de l'abbé Ménuel des modifications de forme ou de détail indispensables, et qui ne sont que la conséquence du principe établi par l'article 900 du Code Napoléon, aux termes duquel les conditions impossibles, contraires aux lois ou aux mœurs, sont réputées non écrites dans les testaments; qu'en droit, la règle exceptionnelle contenue dans l'article 900 n'est que la consécration d'une présomption d'intention qui cesse d'exister lorsque le testateur a formellement déclaré qu'il entendait que sa volonté fût indivisible et que sa disposition fût exécutée intégralement ou annulée; que, d'autre part, en fait, le décret dont il s'agit a supprimé les conditions *dont aucune impossibilité matérielle ou légale n'interdisait l'exécution*, et a introduit des changements qui n'atteignent pas les dispositions du testament dans leur mode d'exécution seulement, mais bien dans leur essence et dans leur principe même;

Attendu qu'on ne saurait pas davantage soutenir que la clause par laquelle l'abbé Ménuel a institué subsidiairement son héritier, pour le cas où ses legs ne pourraient pas être recueillis par ses légataires particuliers, est contraire à l'ordre public et doit, comme telle, être annulée; qu'en effet, on a toujours le droit de disposer, comme on le veut, dans les limites déterminées par la loi; que la disposition par laquelle

trices de la Providence ou des Trinitaires, ou de toutes autres congrégations à son choix; que ces deux legs sont faits dans les conditions suivantes : 1° que les immeubles ne puissent être vendus, et que leurs revenus soient à perpétuité consacrés à l'entretien des Écoles; 2° que les frères et sœurs feront réciter aux enfants, dans leurs Écoles respectives, certaines prières, et célébrer dans l'église de Saint-Siméon des messes et services pour le repos de l'âme du testateur et de celles de ses parents; 3° que les deux Écoles ainsi fondées recevront gratuitement les enfants pauvres de Saint-Siméon qui seront désignés par le curé de la paroisse; que, par une disposition finale de son testament, l'abbé Ménuel déclare que si, par des motifs qu'il ne peut pas prévoir, ses légataires ne pouvaient devenir possesseurs des choses léguées, les biens légués deviendraient la propriété de son héritier institué, qui en disposerait comme de son bien propre;

Attendu que, par décret rendu en conseil le 1er août 1864, l'évêque de Grenoble, tant en son nom qu'au nom de ses successeurs, et le maire de Saint-Siméon, au nom de cette commune, ont été autorisés,

un testateur, pour le cas où certaines de ses volontés ne pourraient pas être exécutées, déclare qu'il entend transmettre ses biens à une personne capable de recevoir, est régulière et expressément autorisée par l'article 898 du Code Napoléon;

Attendu que cette institution subsidiaire ne cesserait pas d'être permise alors même qu'elle aurait pour effet de placer le Gouvernement dans l'alternative d'autoriser pour le tout ou de rejeter une libéralité faite à un établissement public ou religieux; que, si l'article 910, s'inspirant de graves considérations d'intérêt politique et économique, a voulu assurer à l'État les moyens d'empêcher une trop grande accumulation de la richesse mobilière ou immobilière entre les mains d'être moraux ou d'associations qui ne doivent pas devenir trop puissants, la faculté de leur accorder ou de leur refuser l'autorisation de recevoir les libéralités qui leur seraient faites suffit pour contenir, dans de justes limites, les entraînements du prosélytisme religieux; que, d'ailleurs, ce droit d'approbation ou de refus est le seul qui soit édicté dans l'article 910;

Attendu que, si, dans quelques cas, il a paru équitable, dans l'intérêt d'héritiers naturels dont la position est digne de faveur, de concilier leurs intérêts et ceux des établissements institués, ces transactions ne sauraient être obligatoires lorsque le testateur, voulant précisément les interdire, a prescrit que ces dispositions seraient révoquées si elles ne recevaient pas leur entière exécution;

Attendu, enfin, qu'il y a d'autant plus lieu de décider ainsi, qu'il s'agit de l'exécution des testaments, c'est-à-dire du droit de propriété, dont la liberté de tester n'est qu'une manifestation et une conséquence essentielle; que la faculté de disposer doit être exercée avec la liberté la plus entière et respectée de la manière la plus absolue dans les limites déterminées par la loi civile; qu'une autre interprétation de l'article 910 arriverait à anéantir les dispositions testamentaires dont la loi ellemême, dans ses principes généraux, et notamment dans les articles 898 et 1006, consacre la validité;

Par ces motifs, dit qu'il y a lieu de faire droit à la demande de Delphine Vallet; prononce l'annulation et la révocation des trois legs de l'abbé Ménuel, que les communes de Viriville et de Saint-Siméon ont été autorisées à accepter conjointement avec l'évêché, par le décret du 1er août 1864; ordonne que Delphine Vallet reprendra la pleine propriété et jouissance des biens qui en faisaient l'objet.

chacun en ce qui le concerne, à accepter les deux legs ci-dessus sous les clauses et conditions imposées, à l'exception de celles relatives à l'inaliénabilité des immeubles légués, au choix et à la nomination des directeurs et directrices des Écoles projetées, clauses dont l'acceptation n'est pas autorisée; qu'enfin, par un avis du 22 novembre 1866, le Conseil d'État a décidé que c'était à la commune, et non à l'évêque, qu'appartenait le droit d'administrer les immeubles légués, d'en percevoir les revenus et d'en garder les titres de propriété;

Attendu qu'il résulte clairement des termes du testament et de la qualité ecclésiastique du testateur qu'il a voulu faire deux fondations essentiellement religieuses dans leur but et dans leur moyen; que le but qu'il se proposait était de donner aux enfants pauvres de Saint-Siméon une instruction et une éducation chrétiennes; que le moyen adopté par lui était de confier cette éducation à des personnes appartenant à une congrégation religieuse;

Attendu que, pour réaliser ses intentions, le testateur avait placé sur la tête des évêques successifs de Grenoble la propriété des immeubles dont le revenu était affecté à l'entretien de ses fondations, et confié expressément à ces mêmes évêques le choix des religieux et religieuses chargés de faire l'école aux enfants de Saint-Siméon;

Attendu qu'en enlevant aux évêques le choix des directeurs et directrices des Écoles fondées par l'abbé Ménuel, ainsi que l'administration des biens affectés à l'entretien de ces Écoles, on n'a pas tenu compte de la volonté expresse du testateur, et on a ouvert, au profit de l'héritier institué, une action en révocation de legs;

Attendu que la commune oppose une fin de non-recevoir, fondée sur ce que, du vivant même de l'abbé Ménuel, les Écoles dont il s'agit avaient été confiées à des religieux maristes, et qu'aujourd'hui encore elles sont dirigées par des membres de la même congrégation; mais que cette fin de non-recevoir ne saurait être accueillie; qu'en effet, et en premier lieu, il y a violation actuelle de la volonté du testateur, par le fait que la gestion des biens donnés a été enlevée à l'évêque, pour être confiée à la commune; attendu, en second lieu, que, pour revendiquer le bénéfice du legs dont il s'agit, la commune avait besoin d'être autorisée, conformément à l'article 910 du Code civil; que le décret du 1er août 1864 accorde, il est vrai, l'autorisation d'accepter le legs, mais refuse l'autorisation d'accepter la clause relative au choix et à la nomination des directeurs et directrices des Écoles; que, dès lors, aux termes de l'article 910 précité, les legs dont il s'agit n'ont pu produire aucun effet au profit de la commune;

Attendu que lesdits legs étant sans effet faute d'autorisation, la commune ne peut invoquer son désir d'exécuter toutes les volontés du testateur, et prétendre que cette inexécution lui est imposée par une force majeure;

Attendu que vainement il a été soutenu, au nom de la commune, que les conditions des legs, dont le décret du 1er août 1864 n'a pas autorisé l'acceptation, étaient contraires aux lois, et, partant, réputées non écrites, en vertu de l'article 900 du Code civil; qu'aucune loi d'ordre public ne prohibe la fondation d'une École, sous la condition qu'elle sera dirigée par des religieux choisis et surveillés par l'évêque du diocèse;

Attendu que, si la loi du 15 mars 1850 dispose (article 31) que les instituteurs communaux sont nommés par le Conseil municipal, la même loi autorise, par ses articles 17, 27 et suivants, l'établissement d'Écoles libres, et qu'il suffit de se reporter à la discussion qui a précédé le vote de la loi pour se convaincre que, dans les prévisions des législateurs, la plupart de ces Écoles libres devaient être placées sous la direction du clergé; qu'en supposant que, comme condition d'un legs fait au profit d'une École communale, le testateur ne puisse imposer des conditions relatives au choix et à la nomination des instituteurs, il faut admettre que, dans l'espèce, l'abbé Ménuel avait en vue la fondation d'une École libre, placée sous la tutelle de l'autorité diocésaine;

Attendu qu'il est inutile, d'après ce qui précède, d'examiner la question de savoir si la clause d'inaliénabilité des immeubles légués était contraire à la loi, et quelle est la conséquence du refus d'autoriser l'acceptation de cette clause,

La Cour..... confirme.

---

5 juillet 1869.

Circulaire du Ministre de l'Instruction publique, relative aux Comités de patronage des salles d'asile.

5 Juillet 1869.

Monsieur le Préfet, le décret du 21 mars 1855 a institué, dans chaque commune où il existe une ou plusieurs salles d'asile, un Comité local, présidé par le maire et composé de dames qui se partagent la protection de ces établissements. Partout où ces Comités ont été organisés, la méthode d'enseignement particulière aux salles d'asile a été employée d'une manière plus intelligente, le zèle des maîtresses a été soutenu, les offrandes ont été recueillies plus abondantes et ont permis de distribuer aux enfants, pendant la mauvaise saison, des aliments et des vêtements chauds. Enfin, par leur sollicitude maternelle, les dames patronnesses ont exercé la plus heureuse influence sur la jeune population des salles d'asile, aussi bien sous le rapport physique que sous le rapport moral.

Ces résultats font un devoir à l'Administration de veiller au développement d'une si utile institution.

En conséquence, je vous prie, Monsieur le Préfet, de vous faire rendre un compte exact des communes dans lesquelles il existe une ou plusieurs salles d'asile, et de prendre les mesures que vous jugerez convenables pour organiser, le plus promptement possible, un Comité de patronage dans celles de ces communes qui n'en seraient pas encore dotées. Vous voudrez bien, à cet égard, vous reporter aux instructions contenues dans la circulaire du 18 mai 1855. Je ne saurais trop vous recommander ensuite de veiller à ce que tous les Comités se réunissent au moins une fois par mois, conformément à l'article 15 du décret précité du 21 mars 1855.

J'ai fait réunir en une brochure les lois, décrets, règlements et circulaires qui concernent les salles d'asile. Je vous en envoie un certain nombre d'exemplaires, que je vous prie de faire parvenir à tous les présidents des Comités de patronage. Ce recueil facilitera l'accomplissement de leur mission en leur permettant de se familiariser avec la législation qui régit les établissements placés sous leur surveillance.

Recevez, etc.

Signé : V. DURUY.

Circulaire du Ministre de l'Instruction publique, relative au recrutement du personnel des institutrices et à l'établissement d'Écoles normales primaires de jeunes filles. 6 juillet 1869.

6 Juillet 1869.

Monsieur le Préfet, l'examen que j'ai fait des renseignements qui me sont périodiquement adressés touchant l'instruction donnée aux jeunes filles dans les Écoles communales m'a amené à constater qu'une amélioration réelle s'est produite dans cette partie du service. Néanmoins je ne puis méconnaître que le progrès n'est pas général et que, dans un certain nombre de départements, l'éducation donnée est encore loin de répondre aux besoins actuels des populations. Il est donc nécessaire de prendre des mesures pour étendre davantage l'enseignement et pour développer, chez les jeunes filles qui fréquentent les Écoles publiques, les habitudes d'ordre, de travail et de bonne éducation.

L'inspection a bien souvent constaté que beaucoup d'Écoles de filles n'étaient pas dans des conditions scolaires aussi satisfaisantes que celles des garçons. Cette infériorité tient évidemment à ce que le recrutement du personnel des institutrices n'est pas aussi bien assuré que celui des instituteurs.

En effet, tandis qu'il existe 78 Écoles normales primaires bien organisées, où les futurs maîtres sont préparés avec le plus grand soin à leurs délicates fonctions, nous ne comptons pour les filles que 9 Écoles normales desservant 10 départements, et 53 cours normaux desservant 50 départements.

Les Écoles normales d'institutrices n'ont rien à envier pour leur organisation aux Écoles normales d'instituteurs. Il n'en est pas de même des cours normaux : huit ou dix seulement ont reçu une installation qui les fait presque marcher de pair avec les Écoles normales ; mais les autres, pour la plupart, sont de simples annexes de pensionnats libres, où ils n'occupent qu'une place tout à fait secondaire.

Il y a urgence, Monsieur le Préfet, à améliorer une semblable situation, surtout si l'on considère que, par suite de l'application de la loi du 10 avril 1867, un grand nombre de communes, qui jusqu'à présent n'ont possédé qu'une École mixte, vont être pourvues d'une École spéciale pour les enfants de chaque sexe. Une partie de ces établissements nouveaux pourra sans doute être confiée à des congrégations religieuses; mais l'Administration a le devoir de se mettre en mesure de satisfaire au vœu des municipalités qui donneront la préférence à l'enseignement laïque. J'ai, d'ailleurs, l'espoir que les avantages faits par la loi du 10 avril 1867 aux institutrices attireront aux Écoles publiques des sujets distingués, notamment un certain nombre de filles d'instituteurs qui, dans la maison paternelle, auront pris déjà la vocation et, dans une certaine mesure, l'usage des bonnes méthodes de nos Écoles normales.

Le moment me paraît venu de soumettre aux Conseils généraux, lors de leur prochaine session, l'adoption des moyens nécessaires pour seconder la vocation des jeunes personnes qui désireraient se vouer à l'enseignement et assurer ainsi le recrutement des institutrices laïques.

Je vous prie donc, Monsieur le Préfet, de vous faire rendre un compte exact du nombre des Écoles laïques existant pour les filles dans votre département, ainsi que du nombre de celles qu'il y a lieu de créer en vertu de la loi de 1867, et de déterminer, en conséquence, le nombre approximatif des postes auxquels il y aura annuellement à pourvoir. Vous voudrez bien ensuite étudier, avec tout le soin que comporte un pareil sujet, quelles propositions vous pourrez soumettre au Conseil général, lors de sa prochaine session, pour obtenir, sur la question dont je viens de vous entretenir, une solution favorable, à laquelle j'attache le plus grand prix.

Vous demanderez à cette assemblée de vouloir bien examiner si, en raison des besoins qui se manifestent dès à présent, et qui ne peuvent que s'accroître, il lui est possible d'ériger en École normale le cours normal existant dans votre département. Cette érection présenterait des avantages certains. En effet, dans une École normale, l'action de l'autorité se fait sentir davantage, et le personnel des maîtresses y est plus choisi. Ainsi, d'après les témoignages les plus autorisés, il est avéré que les résultats obtenus dans les Écoles normales sont de beaucoup supérieurs à ceux que donnent les cours normaux.

Afin de déterminer la préférence en faveur de la création d'une École normale, prévenez le Conseil général qu'il ne s'agit pas de voter les fonds nécessaires à la construction d'un bâtiment neuf, mais qu'il lui suffit de pourvoir à une installation matérielle convenable dans une maison prise à loyer, et d'assurer le traitement de la directrice, ainsi que ceux des maîtresses adjointes, dont l'une serait chargée de la tenue de l'École annexe.

Je fais appel, Monsieur le Préfet, à toute votre sollicitude pour hâter autant que vous le pourrez l'instruction de cette affaire. Veuillez me faire connaître préalablement les propositions que vous serez dans l'intention de soumettre au Conseil général, afin que je puisse, s'il y a lieu, vous adresser en temps utile les observations que pourrait me suggérer la lecture de votre rapport.

Recevez, etc.

Signé : V. DURUY.

Avis relatif à la durée des classes d'été et à la fréquentation des élèves. 17 juillet 1869.

17 Juillet 1869.

Le Conseil,

Vu le règlement des Écoles publiques du Bas-Rhin et les modifications proposées,

Est d'avis :

1° Qu'il y a lieu d'adopter les deux modifications dont il s'agit et qui ont pour effet d'ajouter à l'article 18 du règlement le paragraphe suivant :

« Dans les communes rurales, l'instituteur pourra, avec l'approbation des autorités locales, ne tenir classe, en été, que pendant trois heures, le matin. Il devra donner avis de cette autorisation à M. l'Inspecteur d'arrondissement » ;

2° D'ajouter également à l'article 44 le paragraphe suivant, qui avait été supprimé à tort :

« A la fin de chaque trimestre, l'instituteur envoie à l'Inspecteur d'arrondissement un bulletin certifié par les autorités locales, et indiquant le nombre moyen d'élèves qui ont fréquenté l'école pendant le trimestre écoulé. »

Décision du Conseil d'État, relative aux centimes additionnels spéciaux à l'instruction primaire. 11 août 1869.

11 Août 1869.

Décidé..... que les revenus ordinaires de la ville de Paris n'étaient pas insuffisants, dans le sens de l'article 40 de la loi du 15 mars 1850, pour pourvoir aux dépenses de l'instruction primaire; — et, qu'en conséquence, les réclamants étaient en droit d'obtenir décharge des centimes additionnels spécialement affectés au service de l'instruction primaire auxquels ils avaient été soumis sur le rôle de cette ville[1].

1. Voici l'analyse des observations présentées par M. le commissaire du Gouvernement Aucoc :

« Le Conseil a deux questions à examiner : 1° quelle est la portée de l'article 40 de la loi du 15 mars 1850, qui autorise les Conseils municipaux à voter trois centimes additionnels pour les dépenses de l'instruction primaire en cas d'insuffisance des revenus ordinaires?

« 2° Quelle application y a-t-il lieu de faire de cette disposition de loi dans l'espèce?

« Sur la première question, M. le Ministre de l'Intérieur soutient qu'en limitant

Le Conseil,

Vu les requêtes sommaires et ampliatives, présentées pour la Compagnie impériale des voitures de Paris....., le sieur Boucher et autres, lesdites requêtes tendant à ce qu'il nous plaise annuler un

l'autorisation générale qu'il donnait au cas d'insuffisance des revenus ordinaires, le législateur de 1850 n'a entendu poser qu'une règle de conduite pour les Conseils municipaux, et restreindre le pouvoir de coercition de l'autorité supérieure; mais que les contribuables n'ont pas le droit de se plaindre par la voie contentieuse, quand le Conseil municipal a voté l'imposition.

« Cette doctrine ne nous paraît pas exacte. L'Assemblée constituante de 1789 avait posé, en principe, qu'aucune autorité locale ne pouvait établir de centimes additionnels sans l'autorisation du pouvoir législatif. On craignait que la bourse des contribuables, épuisée par les dépenses locales, ne fût plus en état de fournir les ressources nécessaires pour les dépenses des services publics intéressant l'État tout entier. Pendant longtemps, toutes les impositions extraordinaires communales ont été autorisées par des lois. A partir de 1848, le pouvoir législatif a délégué au pouvoir exécutif le soin d'autoriser la plupart des impositions communales, après qu'il aurait apprécié, dans chaque cas, l'utilité de la dépense et l'insuffisance des ressources ordinaires.

« Mais, après 1830, on a suivi pour certaines dépenses, dont l'utilité paraissait incontestable, un autre système : le législateur a donné par avance une autorisation générale, sous certaines conditions. C'est ce qu'il a fait en 1833 et en 1850 pour l'instruction primaire; en 1836, pour les chemins vicinaux. Les Conseils municipaux peuvent voter un certain nombre de centimes, avec cette destination spéciale, en cas d'insuffisance des revenus ordinaires.

« Ils n'ont plus besoin de demander l'autorisation; mais, s'ils ne se renferment pas dans les limites posées par le législateur, limites auxquelles l'autorisation est subordonnée, n'y a-t-il pas une violation du droit des contribuables, violation qui permet le recours par la voie contentieuse?

« On ne pourrait en douter, si le Conseil municipal votait 4 centimes dans le cas où la loi n'autorise que l'imposition de 3 centimes.

« La solution doit-elle être différente quand il s'agit de la seconde condition posée par le législateur, du point de savoir s'il y a insuffisance des ressources ordinaires?

« Nous ne pouvons pas l'admettre, et vous ne l'avez pas admis.

« Pour le cas de vote de prestations en nature et des centimes additionnels destinés aux dépenses des chemins vicinaux, vous avez reconnu que les contribuables peuvent contester l'insuffisance des ressources ordinaires. (Arr. du 7 septembre 1861, DELAIR.)

« Vous l'avez également reconnu dans une matière analogue, en matière d'établissement de taxe de pavage; il nous suffit de citer les arrêts du 8 août 1865 (ville du MANS) et du 12 février 1867 (ville de NÎMES).

« Il est vrai que le Conseil de préfecture de la Seine, dans l'arrêté attaqué, objecte qu'il est impossible d'établir, au point de vue légal, une comparaison entre les dépenses ordinaires et les ressources ordinaires, pour en déduire l'insuffisance de ces ressources, parce que le législateur, qui a distingué les ressources ordinaires des ressources extraordinaires, n'a pas établi la même distinction pour les dépenses, qui sont divisées dans la loi de 1837 en dépenses obligatoires et dépenses facultatives.

« Mais cette objection ne vous a pas arrêtés et ne vous arrêtera pas davantage; il y a dans la pratique, dans le cadre des budgets communaux, une distinction faite entre les dépenses ordinaires et les dépenses extraordinaires; et, d'ailleurs, nous admettrions sans difficulté que, parmi les dépenses extraordinaires, toutes celles qui sont obligatoires, qui correspondent à des dettes, doivent entrer en ligne de compte quand il s'agit d'apprécier l'insuffisance des revenus ordinaires.

« Voilà, croyons-nous, la doctrine telle qu'elle résulte de l'esprit de la législation et de votre jurisprudence.

« Appliquons-la maintenant aux faits de l'espèce. Le budget de la ville de Paris,

arrêté du 3 août 1867, par lequel le Conseil de préfecture de la Seine a rejeté leurs demandes en décharge de la contribution des trois centimes spécialement affectés au service de l'instruction primaire, et à laquelle ils ont été imposés, pour l'année 1866, sur les rôles de la ville de Paris : — ce faisant, attendu que l'article 40 de la loi du 15 mars 1850 n'autorise l'imposition de centimes additionnels au principal des quatre contributions directes, destinées à faire face aux dépenses de l'instruction primaire, que dans le cas où les revenus ordinaires de la commune sont insuffisants; qu'il résulte du compte général des recettes et dépenses de la ville de Paris, pour l'année 1866, que les recettes ordinaires ont présenté sur les dépenses de même nature un excédent de 43 585 604 fr. 65 cent., et qu'ainsi ces revenus sont suffisants et au delà pour pourvoir aux dépenses de l'instruction primaire, qui ne s'élèvent en totalité qu'à la somme de 5 207 309 francs; en conséquence, accorder aux requérants décharge de l'imposition à laquelle ils ont été soumis;

Vu la décision attaquée;

Vu les avis de la Commission et du directeur des contributions directes;

Vu les observations de notre Ministre de l'Intérieur, ensemble l'avis du Sénateur Préfet de la Seine, transmis par notre Ministre avec ses observations, lesdites observations tendant au rejet du pourvoi susvisé, par le motif qu'en disposant, dans son article 40, que des centimes additionnels, spécialement affectés au service de l'instruction primaire, pourraient être imposés en cas d'insuffisance des revenus ordinaires, la loi du 15 mars 1850 n'a pas entendu restreindre les pouvoirs des Conseils municipaux; qu'elle a seulement limité le droit d'imposition qui appartient à l'Administration, en cas de refus

qui est joint au dossier, présente-t-il une insuffisance des ressources ordinaires pour faire face aux dépenses ordinaires et d'une manière générale aux dépenses obligatoires?

« D'après le budget de 1866, que nous sommes obligés de prendre tel qu'il a été adopté par l'administration municipale de Paris, les ressources ordinaires s'élèvent à 134 160 000 francs; les dépenses ordinaires ne s'élèvent qu'à 90 574 809 francs. Aux dépenses ordinaires, nous devons ajouter la somme affectée à l'amortissement de la dette, soit 11 000 000 de francs, qui figure dans les dépenses extraordinaires. Il n'est pas justifié qu'aucune autre somme comprise parmi les dépenses extraordinaires constitue une dette de la ville. Reste donc un excédent de plus de 30 000 000 de francs sur les ressources ordinaires, et la dépense de l'instruction primaire ne monte qu'à 6 millions.

« Il suit de là que la ville de Paris ne se trouve pas dans les conditions où un Conseil municipal peut voter, sans autorisation, en vertu de la loi du 15 mars 1850, une imposition extraordinaire de trois centimes pour l'instruction primaire.

« Par ces motifs, nous concluons à ce qu'il soit accordé aux réclamants décharge de la contribution additionnelle à laquelle ils ont été imposés. »

du Conseil municipal; que, d'ailleurs, l'excédent de revenus ordinaires de la ville de Paris ne constitue pas, à proprement parler, un fonds libre dont elle puisse disposer, par suite des engagements qu'elle a contractés pour de longues années;

Vu le budget et le compte général des recettes et dépenses de la ville de Paris pour l'exercice 1866;

Vu la loi du 28 pluviôse An VIII, celles des 3 et 4 frimaire de l'An VII, la loi du 18 juillet 1837 (art. 31, § 5), celle du 28 juin 1833 (art. 13), et la loi du 15 mars 1850, notamment l'article 40;

Considérant que les pourvois ci-dessus visés présentent à juger la même question; que, dès lors, il y a lieu de les joindre pour y être statué par un même décret;

Considérant que l'article 40 de la loi du 15 mars 1850 dispose, qu'en cas d'insuffisance des revenus ordinaires, il est pourvu aux dépenses de l'instruction primaire au moyen d'une imposition spéciale votée par le Conseil municipal, qui ne pourra excéder trois centimes additionnels au principal des quatre contributions directes; — qu'il résulte de l'instruction, notamment du compte général des recettes et dépenses de la ville de Paris, qu'en 1866, d'une part, l'excédent des revenus ordinaires sur les dépenses de même nature a été de 43 585 604 fr. 65 c., et, d'autre part, que la totalité des dépenses de l'instruction primaire s'est élevée seulement à 5 207 309 francs; que, dès lors, les requérants sont fondés à prétendre que les revenus ordinaires de la ville de Paris n'étaient pas insuffisants, dans le sens de l'article 40 de la loi susvisée, pour faire face aux dépenses de l'instruction primaire, et qu'ainsi c'est à tort que le Conseil de préfecture du département de la Seine a refusé de leur accorder décharge de la contribution des trois centimes spécialement affectés au service de l'instruction primaire, à laquelle ils ont été soumis pour l'année 1866, sur les rôles de la ville de Paris...... (*Arrêté annulé. Décharge.*)

---

28 août 1869. **Circulaire du Ministre de l'Instruction publique, relative à un projet de création d'asiles pour les anciens instituteurs retraités.**

28 Août 1869.

Monsieur le Recteur, divers projets ont été soumis au Ministre de l'Instruction publique pour la création de maisons ou d'asiles destinés à recevoir les instituteurs retraités.

Ces asiles seraient annexés aux Écoles normales ou installés à proximité de ces établissements, de telle sorte que les anciens instituteurs qui y seraient admis prendraient leurs repas soit avec les élèves-maîtres, soit séparément, et y trouveraient, moyennant le versement du montant de leur retraite, une existence assurée.

De graves objections ont été constamment opposées à ces projets; on a vu des inconvénients à réunir ainsi des vieillards nécessairement soumis à un régime commun, et l'on a pensé qu'il était préférable de laisser à leurs familles le soin de les recueillir et de subvenir au déficit que leur pension de retraite laisserait encore subsister dans leurs ressources.

Mais on insiste, et l'on fait remarquer qu'il y a quelque chose à faire, au moins pour les instituteurs sans famille, qui seraient heureux de trouver un asile pour leurs vieux jours.

Je vous prie, Monsieur le Recteur, d'étudier la question et de me faire connaître vos idées à ce sujet. Vous voudrez bien, en outre, m'indiquer dans votre rapport : 1° le nombre approximatif, dans chaque département de votre ressort, des instituteurs retraités qui pourraient demander à être reçus dans un asile; 2° si les bâtiments des Écoles normales se prêteraient à de semblables dispositions, et, dans ce cas, combien de chambres pourraient être affectées à ce service; vous pourriez même m'indiquer si dans le voisinage on ne trouverait pas à louer quelques chambres dans ce but.

Ce que nous devons nous proposer, c'est d'offrir aux instituteurs en possession de pensions insuffisantes les moyens de terminer leur carrière dans une situation moins pénible que celle à laquelle le Gouvernement s'est déjà efforcé d'apporter des améliorations par la concession de secours temporaires, et non de créer de nouveaux établissements hospitaliers.

Recevez, etc.

Signé : BOURBEAU.

Arrêté relatif au Comité des Inspecteurs généraux. 28 sept. 1869.

28 Septembre 1869.

Le Ministre, etc.,

Vu l'article 6 du décret du 9 mars 1852;

Vu l'arrêté ministériel en date du 28 octobre suivant,

Arrête :

ARTICLE 1er. — Les Inspecteurs généraux de l'instruction publique se réuniront en comité, au moins une fois par mois, au Ministère, pour donner leur avis sur les questions qui seront soumises à leur examen par le Ministre.

ART. 2. — Il y aura également, tous les mois au moins, réunion, en comité particulier, des Inspecteurs généraux de chacun des trois ordres d'enseignement, supérieur, secondaire et primaire.

ART. 3. — Les séances se tiendront sous la présidence du Ministre, assisté du secrétaire général du Ministère, du Vice-Recteur de l'Académie de Paris et des chefs de service qui seront spécialement convoqués.

ART. 4. — Pourront prendre part aux réunions, en vertu d'une convocation particulière, les Inspecteurs généraux honoraires, les Doyens des Facultés et toutes autres personnes appelées par le Ministre.

ART. 5. — Il sera dressé, sur un registre spécial et par les soins du chef du Cabinet, procès-verbal de chacune des séances.

ART. 6. — Le secrétaire général du Ministère est chargé de la convocation des Comités et de la préparation de l'ordre du jour, dont une copie devra être jointe aux lettres de convocation.

---

18 nov. 1869.

Décision du Conseil d'État, relative au traitement d'un maître d'École normale révoqué.

18 Novembre 1869.

Aux termes des dispositions combinées des articles 33 *de la loi du* 15 *mars* 1850 *et du décret du* 9 *mars* 1852, *les Recteurs peuvent suspendre, par mesure administrative, les professeurs de l'enseignement public, avec ou sans privation totale ou partielle de traitement, à la charge d'en rendre compte immédiatement au Ministre, qui lève ou maintient la punition.*

En informant un maître adjoint dans une Ecole normale primaire qu'il ne faisait plus partie du personnel de cette Ecole, le Recteur de l'Académie n'a pas indiqué qu'il perdait droit à tout ou partie de son traitement; c'est seulement par une décision ministérielle postérieure que ce maître a été définitivement révoqué de ses fonctions : dans ces circonstances, le maître révoqué est-il fondé à demander qu'il lui soit tenu compte de la partie de son traitement courue entre les deux décisions? Rés. aff.

Mais ce maître, ayant effectivement cessé d'exercer ses fonctions à partir de la décision du Recteur, n'est pas fondé à réclamer l'allocation, à partir de cette décision, d'une somme représentant les avantages matériels attachés à l'exercice de ses fonctions.

La mesure dont le demandeur a été l'objet est-elle de nature à ouvrir à son profit un droit à indemnité? Rés. nég.

Est-il dû des intérêts pour le retard dans le payement d'un traitement? Rés. nég. — (Aucune disposition de loi ne permet d'allouer des intérêts dans ce cas.)

Le Conseil,

Vu la requête..... présentée pour le sieur Lafage, ancien maître adjoint à l'École normale primaire de Toulouse, tendant à ce qu'il nous plaise annuler deux décisions des 13 mars et 29 mai 1869, aux termes desquelles notre Ministre de l'Instruction publique, statuant sur la réclamation présentée devant lui par le requérant contre une décision du 30 septembre 1863, par laquelle l'Inspecteur de l'Académie de Toulouse, faisant fonctions de Recteur, lui a fait connaître qu'il ne faisait plus partie du personnel de l'École, a confirmé ladite décision et repoussé la demande du sieur Lafage, tendant à obtenir payement de la partie de son traitement courue depuis la décision précitée du 30 septembre 1863 jusqu'au 7 mars 1864, époque à laquelle il a été procédé par notre Ministre au remplacement du sieur Lafage; — ce faisant, attendu qu'aux termes de l'article 8 du décret du 24 mars 1851, combiné avec l'article 3 du décret du 9 mars 1852, les maîtres adjoints des Écoles normales primaires, nommés par le Ministre, ne peuvent être révoqués que par lui; qu'en admettant, qu'en vertu de l'article 8 du décret précité du 9 mars 1852, ils puissent être suspendus par mesure administrative par les Recteurs, ces derniers doivent en rendre compte immédiatement au Ministre; attendu, en fait, que le requérant a été, non pas suspendu, mais illégalement révoqué par une décision du Recteur du 30 septembre 1863, et que c'est seulement le 7 mars 1864, date de l'arrêté de notre Ministre, qui a procédé au remplacement du sieur Lafage, que sa révocation est devenue définitive; — annuler les décisions attaquées; en conséquence, adjuger au requérant : 1° une somme représentant la partie de son traitement courue depuis le 30 septembre 1863 jusqu'au 7 mars 1864, y compris les avantages matériels afférents à sa fonction; 2° une indemnité de 4 000 francs à titre de dommages-intérêts; condamner, en outre, le Ministre au payement des intérêts desdites sommes;.....

Vu, en date du 30 septembre 1863, la lettre de l'Inspecteur de l'Académie de Toulouse, faisant fonctions de Recteur;

Vu, à la date du 7 mars 1864, la décision par laquelle notre Ministre de l'Instruction publique nomme un maître adjoint à l'École normale primaire de Toulouse en remplacement du sieur Lafage, démissionnaire;

Vu les observations du Ministre de l'Intérieur, tendant au maintien des décisions attaquées, par le motif que le requérant a été régulièrement suspendu de ses fonctions par le Recteur de l'Académie; qu'à partir de ladite suspension il a cessé de remplir ses fonctions, et que, dès lors, il n'a pas droit au payement de son traitement jusqu'au 7 mars 1864;

Vu le mémoire en réplique présenté par le sieur Lafage;

Vu la loi du 15 mars 1850, notamment l'article 33; le décret du 24 mars 1851 (art. 8) et le décret du 9 mars 1852 (art. 3 et 8);

En ce qui touche la demande relative au traitement :

Considérant qu'aux termes des dispositions combinées des articles 33 de la loi du 15 mars 1850 et 8 du décret du 9 mars 1852, les Recteurs peuvent suspendre, par mesure administrative, les professeurs de l'enseignement public, avec ou sans privation totale ou partielle de traitement, et à la charge d'en rendre compte immédiatement au Ministre, qui lève ou maintient la punition;

Considérant qu'il résulte de l'instruction qu'en informant, par sa décision du 30 septembre 1863, le sieur Lafage qu'il ne faisait plus partie du personnel de l'École normale primaire de Toulouse, le Recteur de l'Académie n'a pas indiqué qu'il perdait le droit à tout ou partie de son traitement; que c'est seulement à la date du 7 mars 1864 que le sieur Lafage a été définitivement révoqué de ses fonctions; que, dans ces circonstances, il est fondé à réclamer qu'il lui soit tenu compte de la partie de son traitement courue depuis la décision précitée du Recteur, du 30 septembre 1863 jusqu'au 7 mars 1864;

Sur les conclusions tendant à ce qu'il soit alloué au requérant, à partir du 30 septembre 1863, une somme représentant les avantages matériels attachés à sa fonction: — considérant qu'il résulte de l'instruction et qu'il n'est, d'ailleurs, pas contesté que le sieur Lafage a cessé d'exercer ses fonctions à partir du 30 septembre 1863; que, dès lors, il n'est pas fondé à réclamer l'allocation d'une somme représentant les avantages matériels attachés à l'exercice de ses fonctions;

Sur la demande d'indemnité : — considérant que la mesure dont le requérant a été l'objet n'est pas de nature à ouvrir à son profit un droit à indemnité;

Sur les conclusions relatives aux intérêts du traitement auquel le sieur Lafage a droit : — considérant qu'aucune disposition de loi ne permet d'allouer des intérêts pour le retard dans le payement d'un traitement :

ARTICLE 1er. — Il est alloué au sieur Lafage une somme représentant la partie de son traitement de maître adjoint à l'École normale primaire de Toulouse, courue depuis le 30 septembre 1863 jusqu'au 7 mars 1864.

ART. 2. — Les décisions susvisées de notre Ministre de l'Instruction publique, des 13 mars et 29 mai 1869, sont réformées en ce qu'elles ont de contraire à la disposition qui précède.

ART. 3. — Le surplus des conclusions du requérant est rejeté.

Arrêté fixant les conditions d'obtention du certificat d'aptitude à l'enseignement de la gymnastique.

25 nov. 1869.

25 Novembre 1869[1].

Le Ministre, etc.,

Vu l'article 11 du décret du 3 février 1869, portant organisation de l'enseignement de la gymnastique;

Vu l'avis de la Commission instituée par l'arrêté du 15 février 1868;

Vu l'avis du Conseil supérieur de perfectionnement de l'enseignement secondaire spécial;

Le Conseil impérial de l'instruction publique entendu,

Arrête :

ARTICLE 1er. — L'examen à subir devant les Commissions compétentes par les aspirants au certificat spécial d'aptitude à l'enseignement de la gymnastique, établi par l'article 11 du décret susvisé du 3 février 1869, aura lieu conformément au programme annexé au présent arrêté.

ART. 2. — La Commission d'examen donne au candidat, au moyen de trois chiffres, dont chacun ne peut dépasser le maximum de 20 points, des notes qui correspondent : la première, aux notions théoriques (§ 1er du programme); la seconde, à l'aptitude pédagogique (§ 2 du programme); la troisième, à l'aptitude physique à l'exécution des exercices (§ 3 du programme).

Pour calculer le nombre total des points obtenus par le candidat, le nombre de points afférents à l'aptitude pédagogique est doublé; ceux afférents aux notions théoriques et à l'aptitude physique à l'exécution des exercices ne subissent aucun changement.

Le maximum de points que peut obtenir un candidat est fixé par ce mode de calcul à 80. Ne pourra être admis le candidat qui n'aura pas obtenu le minimum de 35 points, ou qui sera resté au-dessous

1. Consulter la circulaire transmissive du même jour (*Circ. et Instr. off.*, T. VI, p. 726) et les programmes annexés à l'arrêté (*Bulletin administratif*, 1869, T. XII, p. 331).

du chiffre 5 pour les notions théoriques, ou au-dessous du chiffre 10 pour l'aptitude pédagogique ou pour l'aptitude physique à l'exécution des exercices.

ART. 3. — Le diplôme est délivré par le Ministre, sur la proposition du Recteur et sur le vu du procès-verbal des opérations de la Commission d'examen.

---

11 déc. 1869.

Décret conférant de nouvelles attributions aux Recteurs[1].

11 Décembre 1869.

NAPOLÉON, etc.,

Sur le rapport de notre Ministre secrétaire d'État au département de l'Instruction publique;

Vu l'article 3 du décret du 9 mars 1852, portant que le Ministre de l'Instruction publique nomme et révoque généralement toutes les personnes attachées à des établissements d'instruction publique appartenant à l'État,

Avons décrété et décrétons ce qui suit :

ARTICLE 1er. — Par délégation du Ministre, les Recteurs nomment, dans les Lycées et Collèges :

Les professeurs chargés de faire les conférences préparatoires à la licence et à l'agrégation de grammaire;

Les professeurs chargés des suppléances éventuelles;

Les instituteurs brevetés, chargés de l'enseignement primaire;

Les maîtres de chant;

Les membres des Commissions d'examen pour les bourses dans les Lycées et Collèges, et pour les candidats à l'École normale d'enseignement secondaire spécial de Cluny.

ART. 2. — Les Recteurs nomment également les appariteurs, garçons de bureau, garçons de service et concierges de l'administration académique.

ART. 3. — Ils nomment, sur la présentation des doyens des Facultés et des directeurs des Écoles supérieures de pharmacie, les appariteurs, garçons de bureau, garçons de laboratoire, gens de service, jardiniers et concierges des établissements d'enseignement supérieur.

1. Consulter la circulaire transmissive du 23 *décembre* 1869. (*Circ. et Instr. off.*, T. VI, p. 728.)

Avis relatif au règlement à appliquer aux petites classes dans les Écoles. 17 février 1870.

17 Février 1870.

Le Conseil,

Ouï l'examen d'un projet de règlement-type pour les petites classes destinées à servir de transition entre l'asile et l'École primaire;

Sur la proposition que la question soit ajournée, afin qu'elle puisse être de sa part l'objet d'un plus ample examen préalable,

Est d'avis qu'il y a lieu d'ajourner.

Avis relatif à l'autorisation demandée pour les élèves-maîtres des Écoles normales de se présenter aux épreuves du brevet obligatoire à la fin de la 2e année. 17 février 1870.

17 Février 1870.

Le Conseil,

Considérant qu'une mesure qui autoriserait les élèves-maîtres des Écoles normales primaires à se présenter à la fin de la seconde année d'études aux examens donnant lieu à la délivrance du brevet simple, n'offrirait pas des avantages assez certains pour qu'il y eût utilité à modifier le régime établi;

Que du reste aucun vœu n'a été exprimé à cet égard par l'administration rectorale;

Considérant que la minorité des Recteurs consultés, qui a donné un avis favorable à la mesure, ne paraît préoccupée que de la nécessité de rendre obligatoires des études de la troisième année; que la majorité, qui a répondu défavorablement, exprime la crainte que la faculté accordée aux élèves-maîtres de subir l'examen pour le brevet simple, à la fin de la seconde année d'études, ne nuise à la fois aux deux parties de l'enseignement : la partie obligatoire et la partie facultative;

Considérant, en outre, qu'il n'est pas possible en droit de détenir, pendant une année, un brevet légitimement acquis,

Est d'avis qu'il y a lieu de maintenir l'état de choses actuel.

---

23 février 1870.

Avis relatif à l'opposition faite par un maire à l'ouverture d'une École.

23 Février 1870.

Le Conseil,

Vu la déclaration faite le 14 septembre 1869 devant le maire de la commune de..... par l'abbé....., desservant de la paroisse de....., à l'effet d'ouvrir une École primaire libre dans la maison curiale dudit lieu;

Vu le certificat délivré par le maire le 15 septembre, et la lettre adressée par le même magistrat au Préfet de....., le 3 du même mois; constatant que, tout en reconnaissant le local destiné à l'École projetée convenable sous le rapport de l'étendue et de la hauteur, le maire a refusé d'approuver le local, par le motif qu'un presbytère est une maison affectée au logement du desservant, et qu'il a pour unique destination de servir d'habitation au pasteur;

Vu l'arrêté du Préfet de....., en date du 5 octobre suivant, qui, confirmant le refus du maire, s'oppose à l'ouverture de l'École dans le local désigné, et cite l'abbé..... à comparaître devant le Conseil départemental;

Vu la décision du Conseil départemental de....., en date du 22 octobre dernier, qui maintient l'opposition formée à l'ouverture d'une École primaire libre dans le presbytère de.....;

Vu l'appel interjeté le 11 novembre 1869 par l'abbé....., en vertu de l'article 19 de la loi du 10 avril 1867;

Vu les articles 25, 27 et 28 de la loi du 15 mars 1850, l'article 7 de la loi du 14 juin 1854, et l'article 19 précité de la loi du 10 avril 1867;

Vu les articles 1, 2 et 3 du décret du 7 octobre 1850;

Considérant que l'article 28 de la loi du 15 mars 1850 donne formellement au maire le droit de refuser d'approuver le local désigné par quiconque se propose d'ouvrir une École primaire libre dans la commune, et qu'il n'a ni déterminé ni limité les causes de ce refus;

Considérant qu'il appartient au Conseil départemental, et en dernier ressort au Conseil impérial, d'apprécier, en pareil cas, les motifs du refus du maire et de statuer sur la validité de ce refus;

Considérant que le maire de..... a procédé, dans la circonstance, non point comme exerçant les droits de propriété de la commune, mais au nom de l'intérêt scolaire que l'article 28 de la loi du 15 mars 1850 a confié à sa garde;

Considérant qu'il est de principe et de jurisprudence constante que le presbytère a une affectation publique, qu'il n'est permis à personne de modifier ou de détourner en vue d'un intérêt privé, quelque respectable qu'il puisse être;

Considérant que, si l'article 23 de la loi précitée admet le titre de ministre de l'un des cultes reconnus par l'État comme suppléant le brevet de capacité exigé pour l'exercice de la profession d'instituteur primaire, ces ministres demeurent, pour tout ce qui n'est pas excepté, soumis aux autres conditions imposées par la loi;

Considérant que le maintien de ces principes et de cette égalité de situation intéresse à la fois l'existence des Écoles communales et la loyale pratique de la liberté de l'enseignement;

Considérant, dès lors, qu'en refusant d'approuver, pour une École primaire libre, la désignation d'un local, que son affectation spéciale et obligatoire rendait inacceptable pour cet usage, le maire de..... n'a fait qu'une juste et légitime application du droit qu'il tient de l'article 28 de la loi du 15 mars 1850,

Confirme la décision du Conseil départemental de....., et maintient le refus du maire de.....

Avis relatif à un projet de règlement d'études pour les Écoles communales, dites allemandes, du département de la Moselle. 23 février 1870.

23 Février 1870.

Le Conseil,

Sur le renvoi qui lui a été fait par S. Exc. M. le Ministre de l'Instruction publique, de toutes les pièces relatives à l'affaire déjà délibérée dans sa session de juillet 1869, concernant l'enseignement dans les Écoles primaires communales de la partie de l'ancienne Lorraine, où la langue allemande est restée en usage;

Vu l'avis émis par le Conseil, le 15 juillet, qu'il y a lieu de rapporter le programme de l'enseignement adopté pour lesdites Écoles par le Préfet du département de la Moselle, le 19 mars 1865, sur l'avis du Conseil départemental, lequel programme n'avait point reçu l'approbation du Ministre;

Vu la décision en date du 20 juillet, par laquelle M. le Ministre a rapporté le programme, en invitant, sur l'avis du Conseil impérial, le Conseil académique du ressort à préparer pour les Écoles primaires, dites allemandes, de la Moselle, un nouveau règlement, qui devra être soumis, conformément à la loi, à l'approbation du Ministre en Conseil;

Vu le règlement des Écoles communales de la Moselle, adopté par le Ministre en Conseil supérieur, le 23 mars 1852, visé par le Conseil impérial dans son avis précité;

Vu le projet de règlement nouveau, préparé sur le rapport de M. le premier président Leclerc, par le Conseil académique de Nancy, dans la séance du 19 novembre dernier, en conformité de l'avis de ce Conseil, portant qu'il y avait lieu de maintenir le règlement du 4 décembre 1851, approuvé en Conseil supérieur le 23 mars 1852, en y ajoutant, toutefois, pour les communes où le besoin s'en ferait sentir, l'autorisation d'enseigner l'écriture aussi bien que la lecture allemande, aux enfants qui savent déjà lire et écrire en français;

Après avoir examiné ce nouveau règlement, transmis par le Recteur le 27 novembre 1869, avec annexe du 5 décembre, donnant le tableau de l'emploi du temps dans les Écoles,

Est d'avis qu'il y a lieu d'approuver le règlement, en le modifiant sur quelques points de détail et le réduisant aux dispositions suivantes, qui satisferont à ce qu'il y a de fondé dans les réclamations auxquelles l'état de choses existant a donné sujet :

ARTICLE 1er. — La base de l'enseignement est la langue française, dont l'étude se généralisera progressivement dans les trois divisions dont se composent lesdites Écoles; mais la pratique de la langue allemande y sera maintenue dans une juste mesure, soit comme moyen nécessaire de communication entre le maître et les élèves, dans la division inférieure et élémentaire, soit dans les divisions intermédiaires et supérieures, par les exercices de traduction et de conversation.

ART. 2. — Pour les enfants catholiques, l'enseignement comprend essentiellement la récitation de la lettre du catéchisme diocésain, qui sera étudié en allemand et traduit en français, ou réciproquement, toutes les fois que le besoin s'en fera sentir.

ART. 3. — Dans tous les exercices, les instituteurs appelleront constamment les élèves à rendre compte en français de ce qui fait l'objet de la lecture ou de l'entretien, qu'ils aient lieu en français ou en allemand.

ART. 4. — Pour le calcul, les maîtres s'attacheront particulièrement à l'usage du français, sans négliger les rapprochements indispensables avec l'allemand, et ils exerceront avec soin les élèves sur toutes les parties du système métrique.

ART. 5. — Dans les Écoles dont il s'agit, une demi-heure par jour sera consacrée à la lecture en allemand, aussitôt que les élèves sauront lire couramment le français, et vers l'âge de sept ou huit ans.

Une ou deux fois par semaine, cette leçon de lecture pourra être remplacée, dans la première et dans la deuxième division, par une leçon d'écriture allemande.

ART. 6. — La répartition générale des études et l'emploi du temps dans chacune des trois divisions seront réglés par le Conseil académique, conformément aux présentes dispositions et en vertu de l'article 35 du règlement du 23 mars 1852.

Décision du Conseil d'État, relative à une inscription d'office pour le traitement des instituteurs congréganistes. 9 mars 1870.

9 Mars 1870.

Un Conseil municipal a demandé le remplacement, par des laïques, des frères de Saint-Yon, placés à la tête de l'École communale, et a refusé de voter les traitements de ceux-ci.

Le Préfet, s'il a cru devoir, malgré le vœu émis par le Conseil municipal, maintenir les frères en fonctions, peut-il, sans excès de pouvoir, sur le refus de ce Conseil de voter l'allocation nécessaire pour subvenir à leur traitement, inscrire d'office au budget de la ville cette allocation, conformément à l'article 39 de la loi du 8 juillet 1837? Rés. aff. — *Aux termes du décret du 9 mars 1852 et de la loi du 14 juin 1854 combinés, les Préfets nomment les instituteurs communaux, les Conseils municipaux entendus. D'après les lois précitées et celle du 15 mars 1850, article 33, il leur appartient également de décider s'il y a lieu de faire droit à la demande d'une commune tendant à obtenir le changement des instituteurs en exercice. Lorsque ceux-ci sont maintenus par le Préfet, la ville demeure tenue de pourvoir à leurs traitements dans les limites fixées par les lois du 15 mars 1850 et du 10 avril 1867;*

Décide toutefois que la ville ne devait, d'après ces lois précitées, payer qu'un traitement d'instituteur et deux d'instituteurs adjoints, et non pas un traitement d'instituteur à chacun des trois frères dirigeant l'Ecole, comme l'avait admis le Préfet en procédant à l'inscription d'office.

Le Conseil,

Vu la requête pour le maire de la ville de Nemours, agissant au nom de ladite ville....., tendant à ce qu'il nous plaise annuler, pour excès de pouvoir, un arrêté, en date du 7 septembre 1868, par lequel le Préfet du département de Seine-et-Marne, statuant en Conseil de préfecture, a inscrit d'office, au budget de la ville de Nemours, une somme de 900 francs pour le traitement, pendant le second semestre de l'année 1868, des trois instituteurs congréganistes dirigeant l'École communale;

Ce faisant et attendu que la loi du 15 mars 1850 et le décret du 9 mars 1852 donnent aux Conseils municipaux le droit de décider si la direction de l'École communale sera confiée à des instituteurs laïques ou à des instituteurs congréganistes; que, par plusieurs délibérations successives, le Conseil municipal de la ville de Nemours avait demandé le remplacement des frères de Saint-Yon, placés à la tête de l'École communale, par des instituteurs laïques, et qu'il avait expressément refusé de voter le traitement des instituteurs congréganistes pour le second semestre de l'année 1868; décider que le Préfet du département de Seine-et-Marne n'a pu maintenir en fonctions les instituteurs congréganistes et inscrire d'office au budget leur traitement pour le second semestre de l'année 1868; attendu, en tous cas, que la ville requérante ne peut être tenue de payer lesdits traitements que dans les limites fixées par la loi du 15 mars 1850 et celle du 10 avril 1867; qu'ainsi c'est à tort que le Préfet, par l'arrêté attaqué, attribue un traitement annuel de 600 francs à chacun des trois instituteurs en exercice[1];

1. M. Bayard, commissaire du Gouvernement a conclu en ces termes :
La ville de Nemours a conclu en ces termes :

« La ville de Nemours a reçu, vers 1846, plusieurs libéralités formant ensemble aujourd'hui un revenu annuel de 1 125 francs, avec affectation spéciale à l'établissement d'une École primaire gratuite dirigée par les frères de la Doctrine chrétienne.

« Jusqu'en 1868, les conditions imposées par les bienfaiteurs de la commune furent exécutées; mais, à cette époque, le Conseil municipal prit une délibération aux termes de laquelle, renouvelant une demande déjà formée dix-huit mois auparavant, il réclamait la substitution d'instituteurs laïques aux instituteurs congréganistes, et refusait, en même temps, de porter au budget, pour le second semestre 1868, la somme correspondante au traitement de trois frères de Saint-Yon chargés de donner l'enseignement aux enfants de la commune.

« Le Préfet prit alors un arrêté ordonnant l'inscription d'office au budget municipal d'une somme de 900 francs, représentant six mois de traitement des trois instituteurs.

« La requête soutient que, par cette inscription d'office, le Préfet a excédé ses pouvoirs; car il ne lui appartient pas d'obliger le Conseil municipal à payer des instituteurs congréganistes alors qu'il s'est formellement déclaré pour l'enseignement laïque; que, en tous cas, il ne pouvait être tenu, suivant la loi du 10 avril 1867, qu'à payer le traitement d'un seul instituteur et de deux instituteurs adjoints, et que c'est à tort que trois traitements d'instituteurs ont été portés au budget.

« Ce pourvoi soulève l'examen des droits et des obligations respectifs des Conseils municipaux et de l'Administration en matière d'enseignement primaire.

« Sous l'empire de la loi du 15 mars 1850, les Conseils municipaux nommaient les instituteurs communaux (art. 31); mais ce pouvoir leur fut retiré par le décret du 9 mars 1852, qui investissait les Recteurs, par délégation du Ministre, du droit de

Vu la délibération du Conseil municipal de la ville de Nemours, relative à la suppression de l'École congréganiste, notamment la délibération du 25 mai 1868, portant refus de voter le traitement des

nomination, les Conseils municipaux entendus. Aujourd'hui, en vertu de la loi du 14 juin 1854, article 5, le Préfet exerce, sous l'autorité du Ministre de l'Instruction publique et sur le rapport de l'Inspecteur d'Académie, les attributions déférées au Recteur par le décret organique du 9 mars 1853.

« Ce n'est donc plus le Conseil municipal qui nomme l'instituteur communal; c'est le Préfet, sur le rapport de l'Inspecteur d'Académie, le Conseil municipal entendu.

« Le Conseil municipal ne peut qu'exprimer un vœu, dont la réalisation appartient au Préfet.

« Mais si, sous prétexte que le Préfet tarde à prendre en considération le vœu qui est exprimé, le Conseil municipal efface de son budget le crédit affecté à l'enseignement primaire, il manque à une obligation qui lui est imposée par la loi du 15 mars 1850, car, aux termes de l'article 36 de cette loi, toute commune est tenue d'entretenir une ou plusieurs Écoles primaires. Dès lors, le droit du Préfet est incontestable de rétablir au budget le crédit afférent à cette dépense, qui est rangée par la loi du 18 juillet 1837 (art. 30, chapitre XII) parmi les dépenses obligatoires.

« Est-ce à dire pour cela que le Préfet ne doive pas tenir compte du sentiment manifesté par le Conseil municipal? Nullement. Nous ne méconnaissons pas l'importance d'un vœu exprimé en pareil matière, et nous pensons que tôt ou tard il doit s'imposer à l'Administration. Mais celle-ci est libre d'apprécier les circonstances au milieu desquelles il a été formulé; elle doit se rendre compte, avant de modifier un état de choses ancien, des conséquences qui pourront se produire. Son devoir est d'avertir le Conseil municipal s'il s'engage dans une voie funeste aux intérêts de la commune.

« C'est par des considérations graves, en effet, que le Préfet du département de Seine-et-Marne a résisté jusqu'à ce jour à se rendre à la demande qui lui a été adressée; car la substitution d'instituteurs laïques aux instituteurs congréganistes, pouvant entraîner la révocation des libéralités faites à la commune, aura vraisemblablement pour résultat d'imposer aux contribuables des charges nouvelles. Le Préfet était d'autant plus fondé à ne pas agir avec précipitation que la délibération du Conseil municipal avait été prise par 11 voix contre 10, et que, sur cette question, il n'apparaissait pas que la majorité se fût rendue l'organe du sentiment public.

« L'inscription d'office était donc justifiée.

« Mais la commune de Nemours doit-elle trois traitements d'instituteurs ou bien un traitement d'instituteur et deux d'instituteurs adjoints?

« Le Préfet n'ignorait pas que la commune, pour obtenir les trois frères de Saint-Yon, avait contracté vis-à-vis de la congrégation l'obligation de fournir à chacun d'eux un traitement de 600 francs. Aussi, dans un sentiment d'équité pour la congrégation autant que dans un intérêt de dignité pour la commune, il eut en vue plutôt l'exécution du contrat que l'application de la loi.

« Si, en contractant avec la congrégation, la commune a consenti des engagements pécuniaires plus onéreux que ceux qui sont inscrits dans la loi, sans doute elle a agi avec l'autorisation du Préfet; mais l'intervention de l'Administration n'a pu changer le caractère du contrat, qui reste soumis à toutes les règles du droit civil, et l'autorité judiciaire serait seule compétente pour statuer sur les difficultés auxquelles il pourrait donner lieu.

« C'était donc dans la loi seule que le Préfet devait chercher les obligations de la commune, avant de déterminer le chiffre à inscrire d'office au budget.

« La loi de 1850, en imposant à chaque commune l'obligation d'avoir au moins une École, lui impose en même temps l'obligation d'entretenir un instituteur, dont le traitement, qui se compose d'une rétribution fixe et d'une rétribution éventuelle,

instituteurs pour le second semestre de l'année 1868, et celle du 20 septembre 1868, autorisant le recours devant nous, en Conseil d'État;

Vu les observations de notre Ministre de l'Intérieur, ensemble un rapport du Préfet du département de Seine-et-Marne, transmis par notre Ministre;

Vu les observations de notre Ministre de l'Instruction publique;

Vu la loi du 18 juillet 1837, celle du 15 mars 1850, le décret du 9 mars 1852, la loi du 14 juin 1854 et celle du 10 avril 1867;

Considérant que, aux termes du décret du 9 mars 1852 et de la loi du 14 juin 1854 combinés, les Préfets nomment les instituteurs communaux, les Conseils municipaux entendus; que, d'après les lois précitées et celle du 15 mars 1850, article 33, il leur appartient également, lorsqu'un Conseil municipal réclame le changement des instituteurs en exercice, de décider s'il y a lieu de faire droit à cette demande;

Considérant que le Préfet du département de Seine-et-Marne ayant cru devoir, malgré le vœu émis par le Conseil municipal de la ville de Nemours, maintenir en fonctions, pendant le second semestre de l'année 1868, les trois frères de l'ordre de Saint-Yon dirigeant l'École communale, la ville était tenue de pourvoir à leurs traitements dans les limites fixées par les lois du 15 mars 1850 et du 10 avril 1867; que, sur le refus du Conseil municipal de voter l'allocation nécessaire, le Préfet a dû, conformément à l'article 39 de la loi du 18 juillet 1837, l'inscrire d'office au budget de ladite ville;

Mais, constatant que le Préfet, en procédant à cette inscription, a attribué à chacun des trois frères dirigeant l'École communale un traitement d'instituteur, et que la ville est fondée à soutenir que, d'après les lois précitées, elle n'est tenue de payer qu'un traitement d'instituteur et deux traitements d'instituteurs adjoints :

doit être de 600 francs au moins. Mais la loi du 10 avril 1867 a créé des adjoints, qu'elle a divisés en deux classes, et qui sont appelés indistinctement à prêter leur concours à l'instituteur d'une école nombreuse. Elle a maintenu aux instituteurs le minimum de traitement de 600 francs, et elle a attribué aux adjoints un minimum de 500 francs ou de 400 francs, selon la classe à laquelle ils appartiennent. Quelles sont les conditions exigées pour le passage d'une classe dans une autre? La loi ne le dit pas, et sans doute elles sont tracées dans des règlements particuliers.

« L'École communale de Nemours ne peut donc avoir qu'un instituteur au traitement minimum de 600 francs; les autres ne peuvent être considérés que comme des adjoints.

« Telles sont les règles dans lesquelles devait se renfermer le Préfet du département de Seine-et-Marne; il a méconnu les dispositions de la loi en attribuant aux trois instituteurs de l'École communale un traitement identique : sur ce point son arrêté doit être modifié. »

ARTICLE 1er. — La somme inscrite d'office au budget de la ville de Nemours, pour l'année 1868, par l'arrêté ci-dessus visé du Préfet du département de Seine-et-Marne, est réduite à la somme nécessaire pour pourvoir, pendant le second semestre de ladite année, aux traitements d'un instituteur et de deux instituteurs adjoints. (*Arrêté réformé en ce qu'il a de contraire; surplus des conclusions rejeté.*)

Circulaire du Ministre de l'Instruction publique, relative au complément de traitement des institutrices exerçant dans les communes de moins de 500 habitants. 10 mars 1870.

10 Mars 1870.

Monsieur le Préfet, j'ai décidé que, pour l'année 1869 comme pour les années précédentes, le traitement des institutrices publiques exerçant dans les communes dont la population est de moins de 500 habitants sera complété au taux de 400 francs. Ce taux représente le minimum légal du traitement attribué aux institutrices publiques qui exercent dans des communes de plus de 500 habitants.

C'est là, Monsieur le Préfet, eu égard aux dispositions formelles de la loi du 10 avril 1867, une mesure tout à fait exceptionnelle; elle témoigne à la fois de la sollicitude du Gouvernement pour les institutrices et de son désir de seconder les communes dans les sacrifices qu'elles se sont spontanément imposés, avant la promulgation de la loi, pour créer des Écoles spéciales. Cependant, en contribuant au maintien d'un état de choses existant à cette époque et en s'efforçant de sauvegarder les intérêts des institutrices, le Gouvernement n'a jamais entendu se substituer d'une manière absolue aux communes dans le payement des frais d'entretien d'Écoles qui n'ont aucun caractère obligatoire. Les communes doivent, évidemment, subvenir à ces dépenses dans la mesure des ressources locales; il importe, d'un autre côté, que les populations manifestent l'intérêt qu'elles attachent à ces établissements, en assurant la fréquentation des classes. S'il en était autrement, l'État se trouverait appelé à acquitter, intégralement ou à peu près, les frais d'entretien d'Écoles réunissant parfois dix élèves à peine. Dans de telles conditions, le maintien de ces Écoles ne saurait se justifier à aucun point de vue, et il me serait impossible d'attribuer aux communes une subvention en vue du traitement de l'institutrice.

Je vous prie, Monsieur le Préfet, de donner aux autorités municipales des instructions dans ce sens, afin d'assurer, pour l'avenir, le meilleur emploi possible du fonds affecté à la dépense dont il s'agit.

J'ai fait préparer un cadre, dont vous trouverez ci-joint le modèle; ce cadre indique les renseignements que je vous prie de me fournir à l'appui de vos propositions.

Vous aurez soin de n'y pas comprendre les communes comptant moins de 500 habitants, qui ont ouvert des Écoles de filles après la promulgation de la loi du 10 avril 1867. Ces communes n'ignoraient pas qu'elles ne remplissaient point les conditions voulues pour obtenir le concours de l'État, et que c'était au moyen de leurs seules ressources et du produit de la rétribution scolaire que devaient être formés les émoluments de l'institutrice.

Quant aux communes dont la population atteint et dépasse 500 âmes, elles devront figurer dans l'état de liquidation générale des dépenses de l'instruction primaire, attendu que les frais résultant de l'entretien de leurs Écoles constituent des charges obligatoires pour les communes, les départements et l'État.

Je vous serai obligé, Monsieur le Préfet, de me faire parvenir vos propositions dans le plus bref délai possible.

Recevez, etc.

Signé : SEGRIS.

---

17 mars 1870.

Circulaire du Ministre de l'Instruction publique, relative à l'admission des élèves-maîtres des Écoles normales primaires à l'examen du brevet de capacité.

17 Mars 1870.

Monsieur le Recteur, depuis plusieurs années, on se préoccupe de la question de savoir s'il conviendrait d'autoriser les élèves-maîtres des Écoles normales primaires à se présenter à l'examen du brevet simple, dès la fin de la seconde année d'études.

Avant de donner à cette question une solution définitive, j'ai désiré avoir l'avis du Conseil impérial de l'instruction publique.

Dans une de ses séances, la haute assemblée a été d'avis[1] qu'il convenait de maintenir l'état de choses actuel.

Je me suis rangé à cette opinion : j'ai décidé, en conséquence, qu'il n'y a pas lieu d'adopter l'innovation proposée, et que les élèves-maîtres ne pourront se présenter aux examens du brevet de capacité qu'à la fin de la troisième année.

Je vous prie de notifier cette décision à MM. les Inspecteurs d'Académie et directeurs des Écoles normales de votre ressort, qui devront en assurer l'exécution.

Recevez, etc.

Signé : SEGRIS.

---

2 avril 1870.

Circulaire du Ministre de l'Instruction publique, relative aux moyens de développer l'instruction primaire et d'encourager la création de bureaux scolaires.

2 Avril 1870.

Monsieur le Préfet, parmi les différents services qui se rattachent au département ministériel auquel j'ai été appelé, il n'en est pas qui préoccupe plus vivement l'opinion et qui excite à un plus haut degré ma sollicitude que le service de l'instruction primaire.

1. Voir cet avis ci-dessus, 17 *février* 1870, page 239.

Initier l'enfant, dans quelque condition que le sort l'ait placé, aux premiers éléments de l'enseignement et de l'éducation morale, le préparer ainsi aux rudes labeurs de la vie, c'est là une obligation qui, à raison même de la nature de nos institutions et des conditions de concurrence et de lutte où nous placent nos relations internationales, s'impose plus étroitement que jamais.

Depuis vingt années, d'énergiques efforts ont été faits en ce sens ; des progrès considérables ont été obtenus ; ce ne sera pas un des moindres titres à la reconnaissance publique pour l'Empereur qui les a voulus, pour les Ministres qui l'y ont aidé et pour tous ceux qui, à un degré quelconque, y ont concouru[1].

Dans cette période, le chiffre de la fréquentation scolaire s'est augmenté de plus de 1 200 000 enfants ; plus de 800 000 adultes fréquentent aujourd'hui les cours si généreusement ouverts par nos instituteurs ; les maisons d'école se sont accrues de près de 20 000 constructions nouvelles ; sous l'influence de la loi du 10 avril 1867, les Écoles de filles et les Écoles de hameau se construisent, les bibliothèques scolaires se multiplient et se développent ; les traitements des Inspecteurs et des instituteurs primaires ont été améliorés, et une première allocation de 1 500 000 francs, inscrite au budget de 1871, assure encore aux plus faibles traitements de nos instituteurs une amélioration nécessaire et désormais certaine.

Mais il ne faut pas se faire illusion : s'il a été beaucoup fait, il reste encore beaucoup à faire.

Certes, la fréquentation des Écoles s'est considérablement accrue depuis vingt années ; les enquêtes ont constaté que, dès la fin de 1856, le nombre des enfants dans les Écoles primaires communales et libres s'élevait à plus de 4 500 000, en même temps que plus de 170 000 enfants étaient instruits à domicile ou en dehors de ces Écoles ; il n'en est pas moins vrai, et il faut le reconnaître avec tristesse, que près de 300 000 enfants de sept à treize ans ne fréquentent aucune École et restent plongés dans une profonde ignorance, et que, parmi ceux qui ont fréquenté l'école, près de 150 000 n'en emportent qu'une instruction première incomplète et bientôt oubliée.

Là est le mal, et c'est à le combattre que doivent s'employer tous les efforts.

Il est un premier point sur lequel j'appelle votre attention :

Sans examiner quant à présent la question de savoir si l'État doit ou peut prendre à sa charge les 22 000 000 de rétribution scolaire que les pères de familles payent aujourd'hui à l'École pour l'instruction de leurs enfants, je ne dois pas vous laisser ignorer que la volonté la plus absolue du Gouvernement est que l'École primaire soit toujours gratuitement ouverte à tout enfant dont les parents peuvent n'être pas en état de la payer ; quel qu'en soit le nombre, aucune limitation, aucune restriction, ne doit y être apportée : le Gouvernement entend et veut que les dispositions libérales de la loi reçoivent l'application la plus large, et qu'en cas de doute, la gratuité soit toujours acquise à l'enfant. C'est en ce sens, je le sais, que la loi s'exécute aujourd'hui ; mais j'ai voulu de nouveau en affirmer l'application, afin que les autorités locales, les Conseils municipaux, l'instituteur, l'Inspecteur primaire, soient pénétrés des sentiments qui nous animent, et que, dans le cas où quelques réclamations viendraient à se produire, elles soient toujours vérifiées avec empressement et bienveillance et avec la ferme résolution d'y faire droit.

1. Consulter l'*Exposé de la situation de l'Empire*, présenté aux Chambres les 18 janvier et 29 novembre 1869. (*Recueil des Lois et Actes de l'Instruction publique*, 1869, nos 2 et 37, p. 24 et suiv., 605 et suiv. ; Paris, Delalain.)

Mais il ne suffit pas que la gratuité soit aussi largement accordée pour amener tous les enfants à l'école.

L'éloignement de la maison d'école, la distance trop grande à parcourir par l'enfant pour l'aller et le retour, quelquefois l'indifférence des parents, et le plus souvent la nécessité absolue d'utiliser, pour vivre, même les plus faibles services de l'enfant, telles sont les véritables causes du déficit qui se produit encore aujourd'hui dans la fréquentation des Écoles.

Il est manifeste que la gratuité ne peut supprimer ni les distances ni l'éloignement. Or, pour se convaincre des conséquences qu'entraînent les distances trop grandes à parcourir et l'éloignement des Écoles, il suffira de constater que ce sont les départements où la population est disséminée sur de vastes espaces, et où la viabilité est incomplète, qui fournissent le plus large contingent au déficit de près de 400 000 enfants constaté à la fin de 1866.

Aussi est-ce à construire, à multiplier les maisons d'école et les Écoles de hameau, à les rapprocher, autant que possible, des groupes de population, qu'il faut, avant tout, employer les efforts et les ressources. Ce n'est que par ce moyen qu'on attaquera le mal à sa racine; tout autre moyen y serait inefficace; et, tandis qu'il en est qui demandent que les 22 000 000 de rétribution scolaire payés pour l'instruction de leurs enfants par les pères de famille qui peuvent les payer soient mis à la charge de l'État, je n'hésite pas à penser qu'un tel crédit s'emploierait bien plus utilement, dans l'intérêt de la diffusion de l'enseignement, à construire et à multiplier les maisons d'école.

Je ne saurais trop vous inviter, Monsieur le Préfet, à appeler sur ce point l'attention des Conseils municipaux et des Conseils départementaux, et, de mon côté, c'est surtout à aider les communes par de larges subventions pour la construction de leurs maisons d'école que j'emploierai tous mes efforts et les premiers crédits dont il me sera possible d'obtenir l'inscription à mon budget.

Quant à l'indifférence ou à la pauvreté des parents, qui motivent, il faut bien le reconnaître, pour une large part, même alors que la gratuité leur est offerte, l'absence ou l'inassiduité des enfants aux Écoles, comment en conjurer les funestes effets?

Pour vaincre l'indifférence, je n'hésite pas à faire appel, avant tout, au dévouement et à l'action des instituteurs. La fréquentation des Écoles se produit presque toujours en raison de leur vigilance et de leur mérite. Mais, pour que leur action conserve toute sa valeur et son efficacité dans la commune, il faut que l'instituteur s'y fasse accepter sans distinction par les familles, et qu'il se concilie leur bienveillance; qu'il se place et soit toujours laissé en dehors des luttes qui passionnent et divisent; que, s'il reste libre, en tous cas, d'exercer ses droits de citoyen, jamais sa fonction ne soit engagée ni compromise en dehors des devoirs qui lui sont propres, et que, incessamment voué à l'instruction et à l'éducation morale des enfants qui lui sont confiés, il sache et apprenne à tous ceux au milieu desquels il vit qu'il n'est aujourd'hui, pour le fonctionnaire à tous les degrés, qu'un moyen de servir utilement la polique du Gouvernement, c'est de remplir avec dévouement, au profit de tous, les fonctions qu'il exerce en son nom.

Dans de telles conditions, quand l'indifférence des parents tiendra seule les enfants éloignés de l'École, si l'instituteur, par son influence et par ses conseils, les incite à les y envoyer, qui peut douter que sa voix ne soit bien souvent entendue?

Vous appellerez, Monsieur le Préfet, chaque année, mon attention sur les instituteurs qui, par leur vigilance et leurs efforts, auront réduit le déficit de la fréquentation scolaire dans leurs Écoles; il peuvent être assurés à l'avance de toute ma bienveillance, et leurs services ne seront pas mis en oubli.

Mais jamais l'obstacle que l'indifférence des parents ou leur pauvreté opposent à la fréquentation des Écoles ne sera complètement détruit tant qu'à côté de l'instituteur, et dans chaque commune, ne se produira pas l'action collective de ces associations charitables qui, sous le nom de bureaux scolaires, rendent à l'étranger de si grands services à l'enseignement. Leur mission ne serait pas seulement de surveiller l'École de leur commune, mais surtout d'en assurer la fréquentation. Avertis par l'instituteur de l'absence ou de l'inassiduité de l'enfant, les membres de ces bureaux scolaires en rechercheraient la cause et exerceraient auprès des parents, que, dans les communes rurales, ils connaissent le plus souvent, une action bienfaisante; leur intervention se produirait par de sages conseils et parfois aussi par de faibles secours, qui tantôt seraient un encouragement, tantôt une récompense, et dont une caisse des Écoles, organisée, soit par l'initiative privée, soit dans les conditions indiquées en l'article 15 de la loi du 10 avril 1867, avec le concours des subventions de la commune, du département et de l'État, leur procurerait la disposition.

De telles créations, je le sais, ne s'improvisent pas. Ce n'est pas en les inscrivant dans les lois, ni en les réglementant, qu'on les obtient. Il faut, avant tout, les faire pénétrer dans les habitudes et les mœurs. Il suffirait que, dans une des communes de chaque canton, un bureau scolaire pût s'organiser et fonctionner dans ces conditions pour qu'à raison des résultats obtenus, l'exemple fût bientôt suivi dans les autres communes.

Ne serait-il pas possible d'atteindre ce but, en suscitant, dans celle des communes du canton qui semblerait offrir plus particulièrement des chances de succès, l'initiative privée? Le maire, par ses désignations et par son intervention personnelle, l'Inspecteur primaire, par ses démarches, l'instituteur lui-même, pourraient y concourir activement. Les encouragements ne manqueront pas à ceux qui s'emploieront à cette utile entreprise.

Je vous prie de me signaler les noms de tous ceux qui, par de telles créations, auront assuré dans leur commune la fréquentation des enfants à l'École.

Il faudra assurément encore beaucoup d'efforts pour amener tous les enfants de sept à treize ans à recueillir les bienfaits de l'instruction primaire, et pour conquérir aux écoles les 300 000 enfants environ qui ne les fréquentent pas encore. Mais on sait quels progrès considérables avaient déjà été obtenus dès la fin de 1866. La moyenne de progression dans la fréquentation des enfants à l'école n'a pas été moindre, par année, de 50 000 enfants. Ces progrès n'ont pu que se développer et s'étendre sous l'influence de la loi du 10 avril 1867, et on ne peut douter que, même sans recourir aux moyens extrêmes, le but ne soit bientôt atteint.

Pour l'atteindre sûrement, je fais appel à votre concours le plus actif et au dévouement de ces quarante mille instituteurs, qui déjà en ont donné tant de preuves, et dont la situation, si digne d'intérêt, sera l'objet de ma constante sollicitude.

Tous nous ne saurions unir nos efforts pour une œuvre plus utile. Car, on l'a dit avec raison, l'ignorance est une faiblesse, et, dans les âpres luttes de la vie, qui dit faiblesse dit généralement infortune. L'instruction seule fortifie et forme les hommes : elle donne au pays d'habiles ouvriers et de bons citoyens.

Recevez, etc.

Signé : Segris.

9 avril 1870. **Circulaire du Ministre de l'Instruction publique, relative à l'introduction de la méthode d'enseignement des salles d'asile dans la classe inférieure des Écoles primaires.**

9 Avril 1870.

Monsieur le Recteur, la classe inférieure ou dernière division des Écoles publiques de garçons et de filles paraît généralement composée d'enfants dont l'âge varie de six à huit ans.

Les uns, qui n'ont pas fréquenté la salle d'asile, se présentent à l'École sans avoir reçu aucune notion préparatoire à l'enseignement primaire. Les autres, qui, plus favorisés, ont passé sur les bancs de l'asile, oublient bien vite les connaissances qu'ils y ont acquises, quand leur santé ne souffre pas, en outre, du brusque abandon d'une méthode destinée à favoriser le développement du corps en même temps que celui de l'intelligence.

Ces enfants, dont la réunion est toujours très nombreuse, sont un grand embarras pour le maître, contraint de leur faire suivre un programme qui ne répond pas plus à leur âge qu'à leurs besoins.

J'ai pensé qu'il serait facile de remédier à ces inconvénients, en ménageant une transition entre le régime si doux de la salle d'asile et la règle plus sévère de l'école, et, dans ce but, j'ai fait préparer un projet de programme, que je recommande particulièrement à votre attention, ainsi qu'une note de Mlle Loizillon, Inspectrice générale des salles d'asile, qui se rapporte au même objet.

Ce programme, rédigé en vue de la classe inférieure des Écoles primaires confiée à un maître spécial, ne saurait sans doute être suivi complètement dans les Écoles qui seront dirigées par un instituteur ou une institutrice privés d'auxiliaires, et ce ne serait, en conséquence, qu'à l'aide de moniteurs et en modifiant, suivant les cas, leur tableau de l'emploi du temps que ces derniers en feraient utilement l'application.

Aussi est-il nécessaire que le règlement à adopter soit assez large pour se prêter aux exigences de lieu et de temps, mais assez précis pour guider les maîtres et établir, autant que possible, l'unité dans les Écoles.

Déjà, conformément aux instructions de mes prédécesseurs, des 16 juin 1855 et 12 mai 1867, différents essais ont eu lieu et ont produit de bons résultats.

Toutefois, avant de prendre aucune résolution à cet égard, je désire que vous me fassiez connaître votre avis sur les modifications dont le programme projeté vous paraîtrait susceptible et sur les mesures qu'il conviendrait de prendre pour en faciliter l'application.

Recevez, etc.

Signé : SEGRIS.

---

2 mai 1870. **Décret fixant l'âge d'admission aux examens d'aspirante au brevet de capacité de l'enseignement primaire.**

2 Mai 1870.

NAPOLÉON, etc.,

Sur le rapport de notre Ministre secrétaire d'État au département de l'Instruction publique;

Vu l'article 50 de la loi du 15 mars 1850;
Vu l'article 7 du décret du 31 décembre 1853;
Vu l'avis du Conseil impérial de l'instruction publique;
Notre Conseil d'État entendu,
Avons décrété et décrétons ce qui suit :

ARTICLE 1er. — Aucune aspirante au brevet de capacité ne peut être admise à se présenter devant une Commission d'examen, si elle n'est âgée, au jour de l'ouverture de la session, de seize ans accomplis[1].

ART. 2. — Aucune dispense d'âge ne pourra être désormais accordée.

Décret relatif aux traitements des instituteurs et des institutrices titulaires et au classement des institutrices titulaires et des instituteurs adjoints. 27 juillet 1870.

27 Juillet 1870.

NAPOLÉON, etc.,
Sur le rapport de notre Ministre secrétaire d'État au département de l'Instruction publique;
Vu le décret du 19 avril 1862;
Vu la loi du 10 avril 1867;
Vu la loi de finances pour l'exercice 1871, en date de ce jour,
Avons décrété et décrétons ce qui suit :

ARTICLE 1er. — A partir du 1er janvier 1871, le traitement minimum des instituteurs primaires publics, comptant moins de cinq années de services, est fixé à 700 francs.

ART. 2. — A partir de la même époque, le traitement minimum des instituteurs primaires publics comptant cinq années de services, est fixé à 800 francs.

ART. 3. — A partir de la même date, un traitement supplémentaire, calculé de manière à élever, après dix ans de services, le revenu scolaire du 20e des instituteurs au minimum de 900 francs, et, après quinze ans de services, le revenu scolaire du 20e des instituteurs au minimum de 1 000 francs, pourra être accordé par notre

1. Le décret ci-après du 19 *février* 1870 abaissait l'âge des aspirantes au brevet de capacité :

« ARTICLE 1er. — L'article 7 du décret du 31 décembre 1853 est rapporté.

« La condition d'âge exigée des aspirantes au brevet de capacité pour l'enseignement primaire est abaissée de dix-huit à seize ans.

« ART. 2. — Aucune dispense d'âge ne pourra être désormais accordée. »

Ministre de l'Instruction publique à ceux de ces maîtres qui se distingueront par leurs bons services.

ART. 4. — A partir du 1er janvier 1871, le traitement des institutrices primaires publiques de la 1re classe ne pourra être inférieur à 600 francs, et celui des institutrices de la 2e classe à 500 francs.

ART. 5. — Il sera pourvu aux dépenses résultant des articles 1, 2, 3 et 4 ci-dessus, conformément aux dispositions de l'article 14 de la loi du 10 avril 1867 et de celles de la loi de finances pour l'exercice 1871.

ART. 6. — A partir du 1er janvier 1871, chacune des classes d'institutrices titulaires et d'instituteurs adjoints, déterminées par les articles 4 et 5 de la loi du 10 avril 1867, comprendra le même nombre de fonctionnaires.

Nul ne pourra être élevé à la 1re classe, s'il ne compte au moins trois années de services dans la seconde classe.

---

5 août 1870.

Circulaire du Ministre de l'Instruction publique, relative à l'affectation temporaire des bâtiments scolaires aux besoins de l'armée.

5 Août 1870.

Monsieur le Recteur, plusieurs d'entre vous m'ont consulté sur la question de savoir s'ils devaient déférer aux demandes de l'autorité militaire en ce qui concerne la cession des bâtiments scolaires, pendant les vacances, pour y établir des ambulances ou y loger des troupes.

Malgré les inconvénients que ceux de vos collègues qui m'ont consulté ont vus dans cette mesure, nous ne saurions hésiter aujourd'hui à la prendre. En présence de nécessités impérieuses, et quand il s'agit de l'intérêt de l'armée, la responsabilité du Ministre de l'Instruction publique est dégagée. Les devoirs du patriotisme dominent tous les autres.

Vous aurez soin, Monsieur le Recteur, de donner des instructions dans ce sens aux fonctionnaires placés sous vos ordres, et de m'avertir immédiatement des incidents qui viendraient à se produire.

Recevez, etc.

Signé : MÈGE.

---

9 août 1870.

Instruction du Ministre de l'Instruction publique, relative à l'application financière de la loi du 10 avril 1867.

9 Août 1870.

Monsieur le Préfet, l'examen attentif des états de liquidation des dépenses ordinaires des Écoles primaires m'a donné lieu de reconnaître que la loi du

10 avril 1867 n'a pas été appliquée partout de la même manière, ni d'après les mêmes principes. Les nombreuses irrégularités que présentent ces états prouvent que les règlements de comptabilité ne sont point toujours observés, et qu'il est indispensable que des instructions précises assurent à l'avenir l'application uniforme des prescriptions de la loi.

Aux termes de la loi du 18 juillet 1837, sont obligatoires les dépenses relatives à l'instruction publique, conformément aux lois.

Les dépenses obligatoires de l'instruction primaire (articles 37 et 40 de la loi du 15 mars 1850, et 1, 2, 3, 4 et 5 de la loi du 10 avril 1867) sont :

1° Les frais de location des maisons d'école;

2° Les frais d'imprimés pour le service de l'instruction primaire;

3° Le traitement des instituteurs, qui se compose :

D'un traitement fixe de 200 francs;

Du produit de la rétribution scolaire;

Du traitement éventuel;

D'un supplément accordé à tous ceux dont le traitement, joint au produit de la rétribution scolaire et à l'éventuel, n'atteint pas 700, 800, 900 et 1000 francs, selon le cas (loi de finances du 27 juillet 1870, pour l'exercice 1871);

4° Le traitement des institutrices, qui se compose des mêmes éléments, et dont les minima ont été fixés par la loi de finances pour l'exercice 1871 à 500 et à 600 francs;

5° Le traitement des instituteurs adjoints dont les minima sont de 400 et 500 francs;

6° Le traitement des institutrices adjointes dont le minimum est de 350 francs;

7° Le traitement des instituteurs et institutrices adjoints, dirigeant des classes de hameau, traitement dont la loi a chargé les Préfets de fixer la quotité, mais qui ne peut pas excéder 500 francs quand la commune est subventionnée;

8° Les indemnités à accorder à la personne chargée de l'enseignement des travaux à l'aiguille dans les Écoles mixtes dirigées par des instituteurs. Cette indemnité, fixée par le Préfet, ne peut dépasser 100 francs quand la commune est subventionnée;

9° Le complément nécessaire pour assurer à chaque instituteur la moyenne de ses émoluments pendant les trois dernières années 1864, 1865 et 1866, par application de la loi du 10 avril.

Les dépenses d'entretien des Écoles de filles ne sont obligatoires que dans les communes de 500 âmes et au-dessus (article 1er de la loi du 10 avril 1867). Celles qui sont relatives aux instituteurs adjoints ne sont obligatoires que lorsque la classe compte au moins 80 élèves.

Les ressources qui doivent être affectées à ces dépenses, d'après l'article 40 de la loi du 15 mars 1850 et l'article 14 de la loi du 10 avril 1867, sont les suivantes :

1° Les dons et legs;

2° Les revenus ordinaires des communes;

3° En cas d'insuffisance des revenus ordinaires, le produit d'une imposition spéciale de trois centimes;

4° Le produit de la rétribution scolaire;

5° Lorsque ces revenus sont épuisés, les ressources ordinaires du département, et, en cas d'insuffisance, une imposition spéciale de trois centimes additionnels au principal des quatre contributions directes;

6° Enfin, si les ressources communales et départementales ne suffisent pas, une subvention sur les fonds portés chaque année au budget de l'État.

Les dépenses de l'instruction primaire sont donc des charges essentiellement communales. Les dons et legs et les revenus ordinaires, telles sont les ressources qui doivent tout d'abord être affectées à ces dépenses. Ce n'est qu'après les avoir épuisées que, dans les communes subventionnées, les Conseils municipaux peuvent recourir à l'imposition spéciale de trois centimes. Le concours du département et, subsidiairement, celui de l'État ne peuvent être réclamés et accordés que quand les communes sont dans l'impossibilité de remplir les engagements que la loi leur impose.

Je vais passer en revue, pour en préciser le caractère et le mode d'administration, les recettes et les dépenses des communes qui concernent le service de l'instruction primaire.

Dons et legs. — Les dons et legs forment une recette fixe, dont l'emploi est déterminé par des actes publics : ils s'appliquent, soit à telle École particulièrement désignée, soit au service de l'instruction primaire en général. Dans ce dernier cas, il n'est pas permis d'en faire emploi pour un établissement à l'exclusion d'un autre; le produit doit en être partagé entre chacune des Écoles de la commune.

Les souscriptions résultant d'engagements pris envers les communes, par des particuliers, pour l'entretien d'une École, doivent être, comme les dons et legs, classées au premier rang des ressources scolaires.

Il importe que l'on se conforme scrupuleusement aux intentions des donateurs; que, dans les états de liquidation, l'affectation des dons et legs et des souscriptions soit indiquée d'une manière précise, et que cette nature de ressources soit intégralement employée à des dépenses obligatoires.

Revenus ordinaires. — Dans un certain nombre de localités, les Conseils municipaux ne font aucun prélèvement sur les revenus ordinaires ou ne font que des prélèvements insignifiants en faveur des Écoles dont l'entretien est obligatoire. Ils se bornent à voter les trois centimes et ils réclament le concours du département et de l'État pour compléter la dépense. Ce fait, qui se produit même dans des communes très importantes, prouve que les prescriptions de la loi sont éludées.

Dans ces communes, les revenus ordinaires disponibles, après qu'il a été pourvu aux dépenses obligatoires dont on a exclu l'instruction primaire, sont employés à des dépenses facultatives ou même extraordinaires, qui, indirectement, sont mises ainsi à la charge du département ou de l'État. J'ai constaté, en outre, que le compte du receveur municipal présente souvent un excédent de recettes disponibles sans affectation spéciale, et que, cependant, on a eu recours aux fonds du département ou de l'État pour assurer le service de l'instruction primaire. Lorsqu'une subvention a été accordée en prévision d'une insuffisance de ressources qui ne se produit pas en fin d'exercice, vous devez faire reverser tout ou partie de cette subvention, jusqu'à concurrence du reste disponible.

Fréquemment aussi, les restes d'impositions extraordinaires sont employés à des traitements supplémentaires ou à d'autres dépenses facultatives, tandis que le département ou l'État supporte les frais de l'École obligatoire. Il ne faut pas perdre de vue, Monsieur le Préfet, que les fonds restant sans emploi et provenant d'impositions votées pour insuffisance de revenus constituent une ressource ordinaire et par conséquent applicable aux dépenses obligatoires. J'ai été frappé, en examinant les états de liquidation de 1869, de voir des villes de 2 000, 3 000, 4 000 et 5 000 âmes, réclamer des subventions alors qu'elles pouvaient faire face par elles-mêmes aux dépenses d'entretien de leurs Écoles. Ce sont là des abus qui ne sauraient être tolérés, et il me suffira de les signaler à votre attention pour que vous les fassiez disparaître.

Il n'est pas possible de déterminer d'avance dans quelle mesure les revenus ordinaires doivent concourir aux dépenses obligatoires des Écoles : cette détermination étant faite chaque année par vous, lors du règlement des budgets, je ne puis que vous inviter à veiller à ce que les Conseils municipaux fassent un emploi équitable et légal de ces revenus. Aussi j'ai besoin de compter sur votre vigilance pour empêcher :

1° Que le chiffre de certaines dépenses ne soit exagéré, et celui de certaines recettes dissimulé, en vue d'une subvention dont la nécessité, toute fictive, disparaîtrait si les ressources étaient exactement réparties entre les services obligatoires ;

2° Que les revenus ordinaires ne soient pas employés à couvrir des dépenses facultatives ou extraordinaires, telles que l'entretien d'Écoles de filles dans des localités de moins de 500 âmes, les suppléments de traitements aux instituteurs titulaires ou adjoints en dehors des *minima* légaux, les indemnités aux directeurs des classes du soir, dont l'entretien n'est pas obligatoire au même titre que celui de l'école du jour, etc., etc.......

Centimes spéciaux. — Il ne doit être pourvu aux dépenses de l'instruction primaire au moyen d'une imposition spéciale de trois centimes, votée par le Conseil municipal, qu'en cas d'insuffisance des revenus ordinaires, et conséquemment après le prélèvement de la part qui revient aux dépenses de l'instruction primaire dans les revenus ordinaires.

Il a été constaté que, dans quelques départements, des communes obtiennent des subventions, bien que les trois centimes n'aient pas été votés, ou que cette ressource n'ait pas été intégralement affectée à l'entretien de l'École, le surplus ayant été employé à des dépenses facultatives. Le produit des trois centimes doit être exclusivement consacré aux dépenses obligatoires de l'instruction primaire dans les communes subventionnées : on ne peut donc en faire emploi, dans ces communes, pour augmenter le traitement légal de l'instituteur, ou pour indemniser le directeur des cours d'adultes, ou enfin pour venir en aide à l'École des filles dans les communes de moins de 500 âmes.

Rétribution scolaire. — J'appelle votre attention, Monsieur le Préfet, sur la nécessité de fixer un taux de rétribution scolaire qui soit en rapport avec l'état de fortune des populations. J'ai remarqué que les chiffres indiqués dans l'état de liquidation ne sont pas toujours les mêmes que ceux qui résultent du registre matricule, et que l'on fait payer à l'État les non-valeurs et les remises qui, d'après la loi, sont charges communales. Enfin, dans quelques communes, l'instituteur et l'institutrice perçoivent eux-mêmes et pour leur compte la rétribution des enfants admis en classe au-dessous de l'âge réglementaire. Ce sont là des abus qu'il importe de faire cesser.

Depuis plusieurs années, le produit de la rétribution scolaire a considérablement diminué dans les Écoles. Les causes de cette diminution sont dans l'abaissement du taux, dans la fréquentation moins régulière de la classe, et surtout dans l'extension donnée aux listes de gratuité. Des combinaisons adoptées par les lois des 15 mars 1850 et 10 avril 1867, en chargeant l'État de combler le déficit des ressources communales, désintéressent les Conseils municipaux dans la question et les déterminent à se montrer très faciles quant à l'admission gratuite des élèves dans les Écoles. Il est certain qu'un grand nombre de familles payeraient facilement et sans hésitation la faible dépense mise à leur charge. Dans beaucoup de communes, l'état de liquidation n'indique que 5, 4, 3, 2, et souvent même un seul élève payant, sur 30, 40, 50, 60, 80 enfants gratuits et plus. Dans ce cas, les Écoles ne sont payantes que fictivement, et les Conseils municipaux dissimulent la gratuité pour en faire profiter les familles et exonérer en même temps les communes des charges que la loi impose aux localités qui admettent la gratuité absolue.

Les principes, à cet égard, ont été établis avec une grande libéralité par l'instruction du 12 mai 1867 et la circulaire du 4 avril 1870. Je ne puis que vous prier de vous reporter à ces documents pour la solution de toutes les difficultés d'application.

Traitement éventuel. — Avant 1867, les instituteurs ne recevaient aucune rémunération pour les élèves gratuits admis dans leurs Écoles. La loi du 10 avril a établi, en faveur des maîtres, un traitement éventuel calculé d'après le nombre d'élèves indigents qui ont réellement fréquenté l'École, et elle a laissé aux Conseils départementaux le soin de fixer le taux de rétribution mensuelle à payer pour chacun de ces élèves. Cette dépense est obligatoire, et, à défaut de ressources communales, elle est payée sur le fonds de subvention.

Or, l'établissement de ce traitement éventuel a donné lieu à deux abus principaux : le premier, c'est le chiffre élevé du taux mensuel de rétribution; le deuxième, c'est l'établissement d'un abonnement annuel à payer à l'instituteur pour chaque élève gratuit.

Le taux mensuel de la rétribution due pour les élèves, étant une nouvelle ressource au profit de l'instituteur, devrait être, comme le prescrit la circulaire du 12 mai 1867, inférieur aux taux imposés aux élèves payants et, dans tous les cas, ne jamais s'élever au-dessus de la moitié de ce dernier taux.

Quant à l'abonnement, il est contraire au but que le législateur s'est proposé. La loi a voulu, en effet, tout en rémunérant l'instituteur pour les soins donnés aux indigents, l'intéresser directement à favoriser la fréquentation de son École par ces élèves, que l'on considère généralement comme les moins assidus. Il n'en serait point ainsi avec le mode d'abonnement, qui désintéresserait complètement l'instituteur, car il suffirait qu'un élève fréquentât la classe un seul jour de l'année pour constituer en faveur du maître un droit à l'allocation totale représentée par le prix de l'abonnement. D'après l'esprit de la loi, le traitement éventuel ne doit résulter que du produit d'un taux mensuel multiplié par le nombre des mois pendant lesquels l'enfant a réellement fréquenté l'École. Un mois ne peut entrer dans le calcul que lorsque l'enfant a fréquenté l'École au moins pendant 15 jours. Ce que la loi a voulu, nous ne devons pas le perdre de vue, c'est la fréquentation assidue de l'École. Lorsque des enfants fréquentent comme élèves gratuits l'École payante ou l'École gratuite d'une commune voisine, le traitement éventuel n'est pas dû pour ces enfants à l'instituteur qui les reçoit. On ne peut, en effet, obliger une commune à supporter les frais d'instruction d'enfants étrangers à la localité.

Frais de loyer de maisons d'école et indemnités de logement. — Il a été constaté qu'un certain nombre de communes, propriétaires de maisons d'école convenables à tous égards, continuaient à demander et à obtenir des subventions pour frais de loyer. Il me suffit de vous signaler un fait aussi grave pour être assuré qu'il ne se renouvellera plus.

D'un autre côté, des communes, propriétaires de maisons d'école qui ne conviennent plus qu'imparfaitement à leur destination, demandent aussi des subventions pour loyers. Ces subventions ne doivent être accordées qu'à titre provisoire, pendant une année ou deux tout au plus, c'est-à-dire pendant le temps strictement nécessaire pour permettre aux administrations municipales d'approprier les locaux. Le décret du 7 octobre 1850, article 9, vous donne le moyen de vaincre le mauvais vouloir ou l'indifférence que vous pourriez rencontrer à ce sujet. L'État ne saurait, en effet, continuer à payer indéfiniment un loyer pour une maison à l'édification de laquelle il a déjà contribué. Ce fait, plus général que le précédent, est encore un abus, sur lequel j'appelle tout particulièrement votre attention. J'espère que, grâce à vos efforts, il disparaîtra très promptement. Je suis disposé, d'ailleurs, à venir en aide aux communes, sur votre proposition, dans la mesure la plus large, pour le payement des dépenses d'appropriation des locaux scolaires.

Enfin, les prix de location de maisons d'école présentent souvent une exagération qui ferait craindre qu'une partie des fonds affectés à cet objet ne fût employée à des dépenses facultatives de l'École ou même à des dépenses étrangères au service de l'instruction primaire. Il importe, Monsieur le Préfet, que vous n'approuviez les baux qu'après vous être assuré que la dépense est de tous points régulière. MM. les Inspecteurs primaires vous donneront les renseignements qui vous permettront de statuer en pleine connaissance de cause.

Lorsque la maison tenue à loyer comprend, à la fois l'École, la mairie, la justice de paix, la remise à pompe, les logements de divers employés de la commune ou un pensionnat, il est absolument impossible d'admettre que la totalité de la dépense soit supportée par le budget de l'instruction primaire. Il vous appartient d'établir la part qui revient à chaque service. La dépense afférente à la partie de la maison occupée par le pensionnat demeure évidemment à la charge de l'instituteur, car il s'agit ici d'un intérêt privé.

En principe, toute commune doit être propriétaire d'une maison d'école; la location n'est qu'une mesure transitoire. L'ordonnance du 18 juillet 1833 avait limité à cinq ans la durée maximum des baux. Ce délai a été prorogé jusqu'en 1840 et ensuite jusqu'en 1850. Aucune disposition nouvelle n'a abrogé l'ordonnance dont il s'agit, et il importe que les dispositions qu'elle édicte soient appliquées.

Le Corps législatif, convaincu de la nécessité d'édifier partout des maisons d'école convenables et d'éteindre la dette annuelle de plus de 2 000 000 pour loyers, a voté des suppléments de crédit, qui me permettront de venir au secours des communes dans des proportions plus larges que par le passé. Vous seconderez, Monsieur le Préfet, les vues du Gouvernement, en vous faisant rendre compte de la situation matérielle des Écoles de votre département et en usant de votre légitime influence sur les administrations municipales pour les amener à faire construire des maisons d'école.

Frais d'imprimés. — Dans quelques départements, les frais d'imprimés dépassent la somme ordinairement allouée pour cette dépense : ici, ces frais sont de 2 ou 3 francs; là, ils s'élèvent à 15 et 20 francs par commune. Il vous appartient de veiller à ce qu'on ne puisse comprendre dans la dépense scolaire celle des imprimés relatifs à d'autres services.

Aux termes des instructions, les imprimés dont la dépense est seule obligatoire sont les rôles et imprimés se rapportant au recouvrement de la rétribution scolaire et le registre matricule.

Dans un grand nombre de départements, les frais qu'entraînent ces imprimés sont imputés sur les fonds des cotisations municipales. Il est à désirer que cet usage se généralise.

Traitements des instituteurs. — La loi de finances du 27 juillet 1870 pour l'exercice 1871 a élevé à 700 francs le traitement minimum de tous les instituteurs comptant moins de cinq ans d'exercice. Ce traitement est porté à 800 francs après cinq ans de service.

Des allocations supplémentaires permettront d'élever, dans les conditions du décret du 19 avril 1862, les traitements à 900 francs après dix ans, et à 1 000 francs après quinze ans de service. Ces dispositions, exécutoires à partir du 1er janvier 1871, sont l'objet d'un décret spécial en date du 27 juillet 1870, dont je vous adresse copie, et dont je vous prie d'assurer l'exécution.

Aux termes formels de la loi du 27 juillet 1870, la dépense résultant de ces augmentations de traitement est obligatoire pour les communes au même titre que le traitement fixe de 200 francs. Elle doit être acquittée au moyen des ressources énumérées dans les articles 40 de la loi du 15 mars 1850 et 14 de la loi du 10 avril 1867, c'est-à-dire des revenus municipaux (dons et legs, revenus ordinaires, produit des trois centimes), et à défaut de ces revenus au moyen des subventions du département et de l'État[1]. Vous voudrez donc bien, en réglant les budgets communaux pour l'exercice 1871, veiller à l'application des prescriptions de la loi et me rendre compte des mesures que vous aurez prises à ce sujet. Quand, dans le cours de l'année, vous préparerez le travail des allocations supplémentaires relatives à l'exercice suivant, vous devrez en informer les communes intéressées, afin qu'elles puissent voter à l'avance, s'il en est besoin, les trois centimes et les autres ressources nécessaires au payement des allocations dont il s'agit.

L'examen des états de liquidation m'a révélé, au surplus, de nombreux abus dans la formation du traitement des instituteurs et des erreurs de calcul, qui sont presque toujours au détriment du Trésor.

Le traitement des instituteurs dépasse fréquemment, à l'aide de subventions, les minima garantis par la loi. Ainsi, un instituteur doit toucher 900 francs, par suite de l'allocation supplémentaire à laquelle il a droit après quinze années de service : son traitement est porté, en fait, à 910, 920, 950 francs, sans que rien justifie cette augmentation. Un autre instituteur n'a qu'un ou deux ans de service, on lui assure 700 francs, minimum qui n'était dû qu'après cinq ans d'exercice comme titulaire; celui-ci reçoit un supplément, en dehors du traitement légal, sur les trois centimes spéciaux ou même sur les revenus ordinaires, alors que la commune est subventionnée pour compléter ce traitement au taux légal; celui-là, enfin, voit son traitement augmenté, par application de l'article 11 de la loi du 10 avril 1867 à l'aide de compléments qui ne sont dus à aucun titre.

Dans un certain nombre de départements, la direction des Écoles est encore

1. La loi de finances du 27 juillet 1870 porte, article 36 :

« Le crédit de 1 500 000 francs, ouvert au chapitre XXI, article 4, du budget de l'instruction publique, servira, avec le concours des départements et des communes, à élever le traitement minimum des instituteurs de 600 à 700 francs et de 700 à 800 francs, etc. »

confiée à des instituteurs provisoires, c'est-à-dire à des maîtres qui ne remplissent pas les conditions d'âge et de capacité prescrites par la loi. Ces instituteurs n'ont droit qu'au traitement fixe de 200 francs, à la rétribution scolaire et à l'éventuel. Néanmoins leur traitement est porté au taux des titulaires au moyen des fonds de subventions.

Désormais il devra être procédé, dans ces divers cas, conformément aux principes que la loi a consacrés.

Le traitement des instituteurs se compose, vous le savez, Monsieur le Préfet :

1° D'un traitement fixe de 200 francs;

2° Du produit de la rétribution scolaire;

3° Du traitement éventuel;

4° D'un supplément prélevé sur les fonds des communes d'abord, du département ensuite, et enfin, s'il y a lieu, sur les fonds de l'État, pour porter les minima à 700 francs pour tous les instituteurs comptant moins de cinq ans de service en qualité de titulaires. Ce traitement est porté à 800 francs après cinq ans de service. Les services comme instituteurs adjoints, intérimaires ou provisoires, ne doivent pas compter dans les années d'exercice qui donnent droit aux minima établis par la loi.

J'insiste, Monsieur le Préfet, pour que les prescriptions de la loi, en ce qui concerne la nature et l'emploi des revenus municipaux, soient sévèrement observées, et que l'on n'ait jamais recours aux fonds de subventions avant d'avoir épuisé intégralement les ressources locales.

Le traitement de 800 francs, acquis à l'instituteur après cinq années d'exercice, ne devra courir qu'à partir du 1er du mois qui suivra celui dans lequel il a atteint cette limite. Cette règle est également applicable aux instituteurs proposés pour des allocations supplémentaires destinées à élever leurs traitements à 900 et à 1 000 francs, aux instituteurs adjoints et aux institutrices.

Vous veillerez à ce que les instituteurs proposés pour ces allocations aient atteint le nombre d'années de service exigées, à ce que le mérite réel de ces maîtres soit bien constaté par l'inspection, et à ce que leur nombre ne dépasse pas, dans chaque catégorie, les limites fixées, c'est-à-dire le vingtième des instituteurs titulaires. J'ai regretté de voir fréquemment, dans les propositions, figurer des instituteurs qui ne se recommandaient ni par la capacité, ni par le zèle, ni par le résultat de leur enseignement.

L'article 11 de la loi du 10 avril 1867 garantit aux instituteurs en exercice au moment de la promulgation de la loi le traitement moyen des trois dernières années (1864, 1865 et 1866). Cette moyenne n'est garantie qu'autant que le dommage que l'instituteur pourrait éprouver résulterait directement de l'exécution de la loi, et que ce fonctionnaire resterait dans la même commune. Or, le dommage dont il s'agit ne peut résulter, pour l'instituteur, que de la création d'une École communale de filles dans la localité, ou d'une École publique dans un hameau qui dépend de la même commune et qui envoyait des enfants à son École, ou enfin de l'établissement de la gratuité absolue dans une École pour l'entretien de laquelle le Conseil municipal a voté les quatre centimes extraordinaires prévus par la loi. Mais, qu'une École libre de garçons ou de filles ouverte dans la commune lui enlève un certain nombre d'élèves, l'instituteur éprouvera un dommage qui ne résultera ni de la création d'une École communale de filles ni de celle d'une École de hameau, et par conséquent la loi nouvelle y sera étrangère. Il n'y a pas lieu d'en tenir compte. L'État ne doit rien non plus pour le dommage que l'instituteur subirait par suite de la création d'une École communale de filles dans une localité de 800 âmes et au-dessus, cette création étant une conséquence de la loi du 15 mars 1850. Si l'École de filles n'a pas été créée avant la promulgation de la loi du 10 avril 1867, l'École mixte n'existait que par tolérance, et cette situation ne donne droit à aucune compensation. Qu'une École publique ou libre soit établie dans une commune de moins de 500 âmes : comme cette création ne résulte pas d'une obligation légale, les dispositions de l'article 11 ne sauraient être invoquées. Tel instituteur recevait un supplément en dehors du traitement légal : le Conseil municipal supprime ce supplément en invoquant le manque de ressources budgétaires, on ne peut réclamer le bénéfice de l'article 11. Telle institutrice dirigeant une École spéciale de filles jouissait d'un traitement de 600 ou de 700 francs au moment de la promulgation de la loi du 10 avril : elle n'est pas fondée à réclamer un complément, puisque l'État ne s'est engagé qu'à lui assurer 400 ou 500 francs. Telle autre institutrice est chargée de la direction d'une École mixte : cette École ne doit jamais avoir plus de 40 élèves; elle en recevait néanmoins 60, 70 et 80, et le traitement de la directrice s'élevait, par suite, à 600, 700 ou 800 fr.; ce traitement, pour une cause ou pour une autre, se trouve réduit de 100 ou de 200 francs : l'État ne doit pas de compensation, car il s'agit ici d'une situation tout à fait irrégulière, qui ne constitue aucun droit en faveur de l'institutrice. Le nombre des élèves admis gratuitement à l'École s'est accru par suite de diverses circonstances, et la rétribution scolaire a diminué : l'extension donnée à la gratuité n'étant pas la conséquence de l'application de la loi du 10 avril 1867, qui, au contraire, a favorisé l'instituteur et l'institutrice par l'établissement du traitement éventuel, l'article 11 n'est point applicable. Vous remarquerez, en effet, Monsieur le Préfet, que l'extension donnée à la gratuité résulte d'une application plus libérale de la loi du 15 mars 1850 et surtout du retrait du décret du 31 décembre 1853, qui avait limité le nombre des admissions gratuites. Enfin l'article 11 n'est pas applicable non plus dans le cas où le Conseil départemental a diminué le taux de la rétribution. Ainsi, le taux mensuel avait été fixé à 2 fr. 50 cent.; le Conseil abaisse ce taux à 2 francs : les instituteurs éprouvent une perte que l'État n'a pas à réparer.

Traitement des institutrices. — Aux termes de l'article 4 de la loi du 10 avril 1867, les institutrices communales sont divisées en deux classes, dont les traitements, fixés à 400 et à 500 francs, viennent d'être portés, par la loi de finances de l'exercice 1871, à 500 et à 600 francs. Les règles prescrites pour la formation du traitement des instituteurs sont applicables aux traitements des institutrices ; les ressources communales doivent y concourir d'abord et être complètement épuisées avant tout recours aux subventions.

J'ai remarqué qu'aucune règle n'a présidé jusqu'ici au classement des institutrices, et j'ai constaté que, dans tel département, les institutrices étaient presque toutes de 1re classe, tandis que, dans un département voisin, le plus grand nombre était maintenu à la 2e classe. Il importait de régulariser ce service et de donner aux institutrices des garanties pour un avancement graduel. Aux termes du décret du 27 juillet 1870, à partir du 1er janvier 1871 :

1° Chaque classe comprendra le même nombre d'institutrices;

2° Toute institutrice débutera nécessairement par la 2e classe;

3° Aucune institutrice ne sera élevée à la 1re classe qu'après trois années de service en qualité de titulaire.

Traitement des adjoints et des adjointes. — Aux termes de l'article 5 de la loi du 10 avril 1867, les instituteurs adjoints sont divisés en deux classes, dont les traitements sont de 400 et de 500 francs. Le traitement des adjointes est de 350 francs.

L'examen des états de liquidation m'a donné lieu de remarquer qu'il n'a pas toujours été tenu compte de ces prescriptions, et que les minima légaux sont souvent dépassés au moyen des subventions. Il n'en saurait être ainsi. D'un autre côté, comme pour les institutrices, aucune règle ne déterminait l'avancement des adjoints. Le décret du 27 juillet 1870 fixe le classement de ces fonctionnaires; à l'avenir, chaque classe comprendra un nombre égal d'adjoints; ces maîtres débuteront nécessairement par la 2e classe, et ce n'est qu'après trois années de service qu'ils pourront être élevés à la 1re classe. Le traitement des adjoints et adjointes doit être imputé avant tout, comme celui des instituteurs et des institutrices titulaires, sur les ressources locales. La loi du 10 avril 1867, en créant des emplois d'instituteurs adjoints et en établissant un traitement éventuel, a réalisé trois améliorations : elle a allégé la tâche des directeurs, augmenté la prospérité de l'École par une meilleure tenue de la classe, et, enfin, a ajouté, au moyen de l'éventuel, une ressource nouvelle aux émoluments de l'instituteur.

Il n'est pas juste que les communes, le département et l'État supportent exclusivement les charges résultant de ces améliorations, et que l'instituteur titulaire seul profite de cet état de choses. Il convient que les adjoints et les adjointes, qui contribuent à la prospérité de l'École, aient une part dans les ressources de l'établissement.

D'après l'article 6 de la loi du 10 avril 1867, le Conseil départemental est autorisé à déterminer la portion de la rétribution scolaire et de l'éventuel qui doit être attribuée aux adjoints et aux adjointes. Je vous prie d'appeler sur ce point l'attention de l'assemblée départementale, qui, j'en suis convaincu, vous prêtera son concours pour l'application équitable des dispositions de l'article 6.

Aux termes des instructions, un emploi d'adjoint ou d'adjointe ne peut être créé que quand l'École reçoit au moins 80 élèves[1]. Néanmoins j'ai constaté que des Écoles, ne comptant que 30, 40, 50 ou 60 enfants, ont un maître auxiliaire dont le traitement et l'indemnité de logement sont mis à la charge de l'État.

L'indemnité de logement payée aux adjoints et aux adjointes n'est due que lorsqu'il est absolument impossible de loger ces fonctionnaires dans une des dépendances de la maison d'école. Au moyen d'une appropriation peu coûteuse ou d'une meilleure distribution des pièces qu'occupe l'instituteur, il sera presque toujours possible de leur procurer une chambre ou deux pour leur habitation.

Il arrive assez fréquemment qu'une École compte 80 élèves et plus pendant

1. Les demandes de création d'emplois d'instituteurs adjoints et d'institutrices adjointes doivent être accompagnées des pièces suivantes : 1° une délibération faisant connaître l'avis du Conseil municipal sur la création projetée et sur les moyens de pourvoir à la dépense; 2° la liste de tous les élèves qui fréquentent l'École : cette liste indiquera, pour chacun d'eux, leurs nom, prénoms et date de naissance; 3° le plan de la maison d'école et du logement de l'instituteur : ce plan fera connaître quelles sont les pièces qui pourront servir d'habitation à l'adjoint ou à l'adjointe; 4° la liste des Écoles de la commune, indiquant le nombre d'élèves que chacune d'elles reçoit; 5° une note faisant connaître le traitement de l'instituteur adjoint et les moyens de pourvoir à la dépense; 6° la copie certifiée du budget communal (primitif et supplémentaire); 7° les avis particuliers du délégué cantonal, de l'Inspecteur primaire, de l'Inspecteur d'Académie, du Conseil départemental et du Préfet.

un mois ou deux de l'hiver, et que, pendant le reste de l'année, le nombre des enfants est réduit à 40, 50 ou 60. J'ai été consulté sur la question de savoir ce qu'il convenait de faire dans ce cas. Voici la décision que j'ai prise : ce n'est pas d'après le nombre maximum d'élèves que renferme une École qu'un emploi d'adjoint doit être créé, mais d'après le nombre moyen des élèves pendant les mois de novembre, décembre, janvier, février, mars, avril et mai. Ainsi, une École qui est fréquentée en hiver par 80 ou 90 enfants et par 40 ou 50 seulement pendant le reste de l'année ne peut avoir d'adjoint ou ne peut avoir qu'un adjoint temporaire.

Je dois ajouter que, si une École recevant le nombre voulu d'élèves pour avoir droit à un adjoint descend, dans le cours de l'année, au-dessous du chiffre réglementaire, l'adjoint ne pourra continuer à rester attaché à l'établissement que jusqu'aux vacances; vous lui donnerez une autre destination à la rentrée des classes.

Le traitement des instituteurs adjoints, qui, ainsi que je l'ai déjà dit, peut être prélevé sur la rétribution scolaire ou l'éventuel, est nécessairement à la charge de l'instituteur ou de l'institutrice toutes les fois qu'un pensionnat est annexé à l'École.

Traitement des directeurs et des directrices d'École de hameau. — Les Écoles de hameau doivent être dirigées par des adjoints ou des adjointes (art. 2 de la loi du 10 avril 1867). Leur traitement est déterminé par vous, Monsieur le Préfet, sur l'avis du Conseil municipal et du Conseil départemental. Ces maîtres ou maîtresses ne pouvant exercer qu'à titre d'adjoints ou d'adjointes, leurs traitements ne sauraient être supérieurs à 400 ou à 500 francs pour les uns et à 350 francs pour les autres. Il est bien entendu que la rétribution scolaire concourt, avec les ressources locales, à la formation de ces *minima*, qu'elle doit être perçue pour les hameaux au compte des adjoints et adjointes et recouvrée dans la forme ordinaire. Lorsque l'École de hameau n'est ouverte qu'une partie de l'année, le traitement, fixé également par vous, est proportionné à la durée des classes. Le traitement des directeurs et des directrices d'Écoles de hameau est, comme celui des instituteurs et institutrices, à la charge des communes.

J'ai constaté que, dans quelques localités, les Écoles de hameau ont été confiées à des instituteurs titulaires, au traitement de 700, 800 et 900 francs. Il y a lieu de faire cesser cet état de choses, contraire aux prescriptions formelles de la loi, en donnant le plus tôt possible une autre destination aux instituteurs ou institutrices qui occupent ces postes destinés à des débutants ou à d'anciens instituteurs jouissant déjà d'une pension de retraite.

J'ai constaté également qu'un bon nombre de ces Écoles ne reçoivent que 1, 2, 3, 4 ou 5 élèves au plus. Évidemment, ces établissements n'ont pas de raison d'être. Dans ce cas, il vaudrait mieux allouer une indemnité à l'instituteur du chef-lieu qui se rendrait au hameau deux ou trois fois par semaine et donnerait l'instruction élémentaire aux enfants qui sont dans l'impossibilité absolue de se rendre à l'École[1].

1. Toute demande de création d'École de hameau doit être accompagnée des pièces suivantes : 1° le plan topographique de la commune, indiquant, pour chaque section ou hameau, la distance qui le sépare tant du chef-lieu communal que des autres sections de la même commune, l'emplacement des Écoles existantes et celui de l'École à ouvrir; 2° le plan de la maison choisie pour l'installation de la nouvelle École; 3° un état certifié du chiffre de la population totale de la commune et de la

Dans les hameaux d'une population inférieure à 500 âmes, on a établi quelquefois des Écoles spéciales pour les garçons et pour les filles, quoique des Écoles distinctes existent déjà au chef-lieu communal. Le traitement des directeurs et directrices de ces Écoles est mis à tort à la charge directe ou indirecte de l'État. Je ne pourrai, à l'avenir, admettre de semblables dépenses.

Indemnités pour les maîtresses chargées des travaux à l'aiguille. — L'article 1er de la loi du 10 avril 1867 a décidé qu'une femme serait chargée de l'enseignement des travaux à l'aiguille dans toute École mixte tenue par un instituteur, et que le traitement de cette auxiliaire serait fixé par vous. L'indemnité qui peut être accordée, dans ce cas, ne saurait dépasser 100 francs. Elle doit être en rapport avec le temps que la maîtresse consacre à l'École, avec le nombre des élèves dont elle s'occupe et avec sa position personnelle. J'ajouterai que cette indemnité n'est pas due à des institutrices dirigeant des Écoles mixtes ou des Écoles spéciales de filles. Cette dépense est, d'ailleurs, obligatoire pour les communes comme le traitement ordinaire des instituteurs et institutrices, et doit être acquittée dès lors sur les ressources locales.

Indemnités aux directeurs et aux directrices de cours d'adultes. — D'après l'article 7 de la loi du 10 avril 1867, une indemnité, fixée par le Ministre, peut être annuellement accordée aux directeurs des cours d'adultes. Les termes mêmes de la loi indiquent assez qu'il s'agit ici d'une dépense qui n'est pas obligatoire au même titre que la dépense de l'École ordinaire. La commune ne doit y appliquer ses ressources légales que quand elle a pourvu à l'entretien de l'École du jour, mais elle peut toujours y affecter des ressources extraordinaires. Le chauffage et l'éclairage de ces classes, comme le chauffage de l'École du jour, sont des charges locales qui ne donnent droit à aucune subvention. Quant à l'indemnité personnelle due au directeur, elle est imputée soit sur les ressources municipales restant libres, soit sur les fonds départementaux, soit sur les fonds de l'État. Dans le premier cas, elle est déterminée par vous, après avis du Conseil municipal; dans les deux derniers cas, elle est fixée par moi sur votre proposition, et ne peut être payée que lorsque je vous ai notifié ma décision. Lorsque cette indemnité est imputée sur les fonds de subvention, elle ne saurait s'élever à plus de 120 francs par École, y compris les frais de chauffage et d'éclairage qui n'auraient pu être acquittés par la commune ou par les élèves.

population particulière de chacune des sections; 4° la liste, pour chaque section, des enfants en âge de recevoir l'instruction : cette liste fera connaître les nom, prénoms et date de la naissance de chaque enfant; elle indiquera quels sont ceux de ces enfants qui ne peuvent, vu la distance, se rendre à l'École existante; 5° une copie certifiée du budget de l'exercice courant et du budget supplémentaire de l'exercice précédent; 6° la liste des objets mobiliers dont l'École sera pourvue; 7° un état indiquant : le traitement de l'instituteur ou de l'institutrice qui doit diriger la nouvelle École, et les moyens d'y pourvoir, le prix du loyer de la maison d'école, le montant total de la dépense à laquelle donnera lieu l'entretien de l'École projetée, les ressources communales qui y seront affectées et la subvention à fournir par le département et par l'État pour compléter cette dépense; 8° l'état indiquant les Écoles publiques ou libres existant déjà, soit au chef-lieu, soit dans les sections, et le nombre d'enfants que chacune d'elles reçoit; 9° une délibération du Conseil municipal indiquant son avis motivé sur le projet de création d'École et sur les moyens de pourvoir à la dépense; 10° l'avis du délégué cantonal; 11° le rapport de l'Inspecteur primaire qui aura étudié la question sur les lieux; 12° l'avis de l'Inspecteur d'Académie; 13° l'avis du Conseil départemental; 14° enfin l'avis motivé du Préfet.

Il arrive quelquefois que l'indemnité accordée aux cours d'adultes n'est pas toujours proportionnée au nombre des élèves ni à la durée des cours; j'ai même constaté que des indemnités ont été payées à des maîtres qui n'avaient pas reçu d'élèves ou qui n'en avaient eu qu'un ou deux. Il importe que MM. les Inspecteurs primaires vous rendent un compte exact de la situation, et que les indemnités ne soient allouées que pour des cours présentant de sérieuses garanties. Dans les départements qui ne reçoivent aucune subvention de l'État pour l'entretien des Écoles, je n'accorderai une indemnité aux directeurs des cours d'adultes, que lorsque les dépenses des écoles du jour auront été liquidées conformément aux prescriptions contenues dans la présente instruction, c'est-à-dire, lorsque les communes et les départements auront fait un emploi régulier des ressources applicables aux dépenses obligatoires.

Communes qui assurent des traitements fixes aux instituteurs et aux institutrices. — L'article 13 de la loi du 10 avril 1867 laisse aux communes la faculté de remplacer le traitement des instituteurs et des institutrices, tel qu'il résulte des articles 9 et 10 de la même loi, par un traitement fixe, la rétribution scolaire étant perçue au compte de la caisse municipale. Dans ce cas, les communes n'ont droit à une subvention ni pour l'École qui jouit de ce privilège ni pour les autres Écoles qu'elle entretient. La loi est formelle à ce sujet. Je vous prie de veiller à ce que ces prescriptions soient strictement observées, parce que je n'accorderai à l'avenir aucune subvention aux communes qui se trouveront dans ce cas.

Des Écoles gratuites. — L'établissement de la gratuité absolue dans les Écoles est facultatif pour les communes; mais, quand elle existe de fait ou que les Conseils municipaux la demandent, il doit être pourvu à la dépense dans les conditions déterminées par l'article 8 de la loi du 10 avril 1867.

Cet article porte que, en cas d'insuffisance de leurs revenus ordinaires et des trois centimes spéciaux autorisés par l'article 40 de la loi du 15 mars 1850, les communes sont tenues de voter une imposition extraordinaire de quatre centimes.

Ce n'est qu'après épuisement de ces ressources qu'une subvention peut être accordée sur les fonds du département et, à défaut, sur les fonds de l'État. Mais dans tous les cas, je ne puis intervenir que dans les limites du crédit spécial porté annuellement, à cet effet, à mon budget.

Ainsi, en principe, les dépenses résultant de la gratuité sont une charge essentiellement municipale, et les communes ne peuvent recourir aux subventions qu'exceptionnellement.

Il résulte de l'examen des états de liquidation que des communes ont établi la gratuité dans toutes leurs Écoles, sans avoir voté les quatre centimes extraordinaires ou même les trois centimes spéciaux, et qu'elles ont néanmoins demandé des subventions. D'autres fois, et ce cas est plus général, on a établi la gratuité dans les Écoles du chef-lieu et maintenu la rétribution scolaire dans les Écoles de hameau ou réciproquement. Cependant, non seulement ces communes n'ont pas voté les quatre centimes, mais encore elles ont appliqué leurs revenus ordinaires à l'entretien des Écoles gratuites, laissant ainsi à la charge de l'État les Écoles payantes, qui seules sont obligatoires. Enfin, il est des communes qui n'ont affecté à la gratuité que les trois centimes spéciaux et les quatre centimes extraordinaires, consacrant leurs revenus aux autres services municipaux ou à des dépenses facultatives de l'instruction primaire et laissant ainsi à l'État le soin de combler le déficit dans les dépenses scolaires obligatoires. Dans ces divers cas, aucune subvention ne doit être accordée ni pour les Écoles payantes ni pour les Écoles gratuites. Parfois, l'établissement de la gratuité ne résulte pas d'un vote formel du Conseil municipal; elle existe non en droit, mais en fait. Deux circonstances se présentent : 1° la liste des gratuits comprend tous les enfants de la commune en âge de fréquenter l'École; 2° l'École publique n'est suivie que par les élèves gratuits, ceux qui sont en état de payer fréquentant une École libre ou un établissement étranger à la commune. Dans les deux cas, la gratuité doit être considérée comme résultant de l'application de l'article 8, et les communes sont tenues de voter les quatre centimes, si elles veulent se créer des titres à une allocation sur le fonds spécial de la gratuité ou même obtenir une subvention quelconque.

J'ai constaté, en outre, un abus, sur lequel j'ai déjà appelé votre attention. Il consiste à dissimuler la gratuité absolue en maintenant à l'École 1, 2 ou 3 élèves payants. Vous devez, lorsque ce fait se produit, inviter le Conseil municipal à rendre son École entièrement gratuite et à prendre à sa charge les dépenses que cette situation lui impose.

Si nous devons tenir la main à ce que la gratuité soit accordée de la manière la plus libérale, nous devons, en même temps, poursuivre les abus dont cette gratuité serait le prétexte. Je m'empresse d'ajouter que l'intention du Gouvernement est de venir en aide dans une mesure de plus en plus large aux communes pauvres qui auraient été amenées, par les circonstances, à établir la gratuité dans leurs Écoles. Lorsqu'un Conseil municipal a voté les quatre centimes extraordinaires en vue d'établir la gratuité absolue dans l'École publique, vous devez faire opérer le recouvrement de cette contribution sans attendre ma décision au sujet de la subvention de l'État qui peut être accordée à la commune.

Jusqu'ici la subvention de l'État pour la gratuité absolue était double de l'allocation départementale quand le troisième centime variait entre 20 000 et 10 000 francs; elle était quadruple quand le troisième centime ne produisait qu'une somme égale ou inférieure à 10 000 francs; mais elle était seulement égale dans les départements où le produit du centime dépassait 20 000 francs. J'espère que, grâce à une meilleure répartition des ressources dont nous disposons, je pourrai augmenter notablement cette proportion, étendre par conséquent chaque année le bienfait de la gratuité et seconder ainsi de mieux en mieux les efforts des communes.

Chauffage des classes. — J'ai été consulté sur la question de savoir si le chauffage des salles de classe, pour l'école du jour et pour celle du soir, est une dépense obligatoire, au même titre que le traitement et le loyer de la maison d'école, et pouvait ainsi, à défaut de ressources locales, être payé sur les fonds de subvention. Ma réponse ne saurait être douteuse. D'après la jurisprudence constamment suivie à cet égard et fondée sur un long usage, le chauffage est une charge des familles, qui ont la faculté de l'acquitter soit en argent, soit en nature ; la commune n'intervient, pour sa quote-part, que comme représentant les élèves gratuits. Elle est obligée de pourvoir à cette partie de la dépense comme elle pourvoit aux frais d'entretien de ses bâtiments municipaux, et ne saurait prétendre dès lors, pour cet objet, à aucune subvention, soit sur les fonds du département, soit sur les fonds de l'État.

Dans plusieurs départements, le chauffage est payé au moyen d'un abonnement ou d'une cotisation très minime à la charge des familles. C'est là un usage excellent, qu'il serait utile de voir adopter partout, au lieu des autres modes suivis, qui présentent des inconvénients de diverses natures.

Fonds départementaux. — Lorsque les ressources municipales (dons et legs, revenus ordinaires, trois centimes spéciaux, restes d'impositions extraordinaires) ont été intégralement affectées aux dépenses obligatoires des Écoles, s'il y a un déficit, il est comblé par une subvention sur les fonds du département, au moyen de ses ressources ordinaires, et, en cas d'insuffisance, du produit d'une imposition spéciale de trois centimes. Au produit des trois centimes viennent s'ajouter :

1° Les restes disponibles des exercices précédents;

2° La plus-value des centimes de l'année antérieure, lorsqu'il n'a pu en être fait emploi;

3° Les reversements des sommes allouées en trop aux communes pendant l'année précédente;

4° Les produits éventuels à divers titres.

Le montant de ces ressources doit être exclusivement consacré aux dépenses obligatoires énumérées au sous-chapitre 2 du budget départemental, savoir :

1° Dépenses de l'École normale primaire (art. 1er);

2° Frais d'imprimés pour les Commissions d'examen et les délégations cantonales (art. 2);

3° Complément des dépenses obligatoires des Écoles primaires (art. 4).

L'État, aux termes de l'article 40 de la loi du 15 mars 1850, ne peut concourir aux dépenses de l'instruction primaire si les ressources départementales n'ont pas reçu leur emploi légal : il ne m'est donc possible d'autoriser un prélèvement sur les trois centimes, en faveur des dépenses facultatives ou extraordinaires énumérées aux sous-chapitres 3 et 4, que lorsque j'ai la certitude que les dépenses obligatoires sont entièrement soldées, et qu'il ne peut être fait emploi de l'excédent de ces centimes.

J'appelle votre attention particulière sur ce point, que je vous prie de signaler de votre côté au Conseil général, afin qu'à l'avenir il ne soit plus émis de vote que je ne pourrais approuver.

Lorsque, sur votre proposition, j'autorise des prélèvements sur les centimes départementaux, il convient d'attendre la fin de l'exercice pour mandater ces fonds, afin de s'assurer que l'excédent dont il s'agit se réalisera.

Les crédits inscrits aux articles 1, 2 et 3 du sous-chapitre 2 sont quelquefois supérieurs aux dépenses effectuées. Lorsque ce fait se produit, vous devez, Monsieur le Préfet, me proposer, avant la clôture de l'exercice, de rattacher les excédents disponibles aux crédits de l'article 4, afin qu'il soit possible d'en faire emploi en temps utile.

Il arrive fréquemment que le crédit inscrit à l'article 4 du sous-chapitre 2 n'est pas toujours intégralement employé avant tout recours aux subventions de mon budget. Dans le mois qui précède la clôture de l'exercice, il y a lieu de faire emploi du reste disponible en déduction de la subvention de l'État au moyen d'un changement d'imputation. Vous devez prendre à cet effet un arrêté, que vous m'adressez et dont copie est remise au trésorier-payeur général, chargé de faire le changement dans ses écritures.

Je ne doute pas, d'ailleurs, qu'en vous rendant compte, en temps utile, des besoins du service et de la situation des crédits, et en faisant, dans le cours de l'exercice, un emploi très régulier des fonds départementaux, vous n'évitiez les changements d'écritures dont je viens de parler.

Je dois vous rappeler, Monsieur le Préfet, qu'aux termes des règlements de comptabilité, lorsque les fonds de l'État mis à votre disposition n'ont pas entièrement été dépensés, vous devez m'adresser, immédiatement après la clôture des écritures, un bordereau d'annulation, afin que je puisse faire emploi de ces fonds avant le mois de juin. C'est là une prescription qui n'est pas toujours observée, et je vous prie de prendre des mesures pour qu'à l'avenir il ne se produise aucun retard dans l'envoi du bordereau dont il s'agit.

En ce qui concerne les fonds du département et de l'État qui sont mis, à titre d'avances, à la disposition des communes, il arrive souvent qu'ils sont employés au delà des besoins justifiés, et l'on n'exige pas le reversement des excédents de subventions.

Ces fonds ainsi retenus dans les caisses municipales viennent en report aux budgets et sont affectés à des dépenses facultatives. C'est là un abus sur lequel j'appelle toute votre attention, et qui, je l'espère, ne se renouvellera plus.

Il importe, lorsque toutes les ressources municipales sont réalisées, que vous invitiez les communes à effectuer les reversements des sommes perçues en trop, au plus tard dans la première quinzaine de mars.

Vous devrez ensuite m'adresser, sans faute, dans le courant d'avril, les ordres émis et les récépissés à talon délivrés par le trésorier-payeur général. L'envoi de ces pièces n'est pas toujours fait régulièrement. Aux termes de l'article 137 du règlement de 1867, destiné, en ce qui concerne le département de l'instruction publique, à l'exécution du décret du 31 mai 1862 sur la comptabilité publique, « le débiteur est tenu de rapporter pour sa décharge un récépissé « à talon de la somme par lui versée, lequel doit être adressé à la division de « comptabilité, pour l'annulation, s'il y a lieu, en tout ou partie, de l'ordonnance « ou du mandat acquitté ». Cette perception est l'objet d'une circulaire spéciale en date du 8 juin 1854[1], circulaire à laquelle je vous prie de vouloir bien vous reporter.

En appliquant avec vigilance et avec fermeté les principes rappelés dans cette circulaire, nous parviendrons, Monsieur le Préfet, non seulement à répartir d'une manière plus équitable les ressources que la loi affecte aux dépenses obligatoires de l'instruction primaire, mais encore nous pourrons donner une plus grande impulsion à cet important service, augmenter, d'année en année, le traitement des instituteurs, étendre le bienfait de la gratuité, construire ou approprier les locaux scolaires et réaliser enfin les améliorations graduelles justement réclamées par l'opinion publique.

Je compte, pour atteindre ce but, sur votre concours le plus actif et sur votre dévouement.

Recevez, etc.

Signé : Mège.

Circulaire du Ministre de l'Instruction publique, relative à l'affectation des bâtiments scolaires aux ambulances. 24 août 1870.

24 Août 1870.

Monsieur le Préfet, des instructions vous ont été déjà adressées pour la transformation en ambulances des Lycées, Collèges et Écoles normales. J'ai invité

1. *Circ. et Instr. off.*, T. IV, p. 432.

aussi MM. les Préfets des départements de l'Est et du Nord à organiser le service hospitalier pour les blessés dans les Écoles communales de ces départements.

Une mesure plus générale me paraît nécessaire.

Je viens vous demander de vous entendre sans délai avec MM. les maires, pour que toutes nos Écoles puissent recevoir des blessés. La dissémination aura des avantages considérables pour la prompte guérison de nos soldats.

Chaque famille communale veut, d'ailleurs, prendre sa part des soins qui sont dus aux défenseurs du pays, et il importe de seconder cet élan patriotique.

Chaque École doit devenir une infirmerie; chaque instituteur, un infirmier; chaque institutrice, une sœur de charité.

Dans les départements où les vacances ne sont pas encore ouvertes, elles devront être avancées; dans ceux où elles vont être bientôt terminées, elles seront prolongées.

Vous pouvez compter sur l'empressement des instituteurs et institutrices. Invitez-les en mon nom à provoquer, de la part des habitants, des dons de linge, de charpie, sans rien oublier de ce qui peut adoucir les souffrances de nos braves soldats. S'il n'est pas possible de diriger chacun de nos blessés vers sa commune natale, chaque commune saura, du moins, que ses enfants sont soignés ailleurs par des mains fraternelles.

Dans le cas où des difficultés locales se présenteraient, vous voudriez bien m'en référer immédiatement.

Je vous adresserai sans délai mes instructions pour la prompte et universelle transformation de nos Écoles en ambulances.

Recevez, etc.

Signé : J. BRAME.

---

24 sept. 1870. **Rapport au membre du Gouvernement de la défense nationale, délégué à la Mairie de Paris et à l'administration du département de la Seine[1], sur la fondation d'une bibliothèque communale et d'une salle de lectures et conférences dans chacun des arrondissements de Paris.**

24 Septembre 1870.

Par arrêté de M. Étienne Arago, maire de Paris, d'accord avec vous, j'ai été chargé d'organiser dans chacun des arrondissements de Paris une bibliothèque et une salle de lectures et conférences. Le moment pourrait paraître singulièrement choisi, si l'on ne songeait qu'au présent, et si l'on n'avait pour exemple les premiers défenseurs et les premiers fondateurs de la République en France.

Un des côtés les plus admirables de la Révolution française, et celui que les esprits d'élite et d'étude profonde ont seuls jusqu'ici mis en lumière est, en effet, ce côté éminemment éducateur, civilisateur, qui se développe même pendant les heures les plus troublées, en pleine lutte et en pleine guerre. C'est que l'instruction, la moralisation d'un peuple, doivent être toujours, fût-ce dans les jours d'épreuves, le but de tous les Gouvernements libres et dévoués au bien public. De l'instruction populaire naissent la force et la vitalité d'une nation, et cette Prusse même, notre ennemie d'aujourd'hui, lorsque, après Iéna, la fortune l'eut réduite au dernier rang, lorsqu'elle fut comme agonisante sous le talon

1. JULES FERRY.

d'un conquérant, trouva une puissance nouvelle, puisa une virilité inattendue, non plus seulement dans ses armées, mais dans ses Universités, dont elle fit comme des foyers de patriotisme et de résistance à l'oppression.

Sans sortir de chez nous, au surplus, nous avons, je le répète, une tradition qui nous est chère. A l'heure même où la patrie menacée se débattait contre l'invasion et travaillait d'un irrésistible élan à chasser l'étranger, la Convention nationale s'occupait aussi, non seulement du sol de la France, mais en quelque sorte de son âme, et, tout en armant les citoyens, elle songeait à les instruire. Elle ne voulait pas seulement travailler au salut du présent, mais à celui de l'avenir. En même temps qu'elle détruisait, elle fondait. Et nos bibliothèques publiques, nos musées nationaux, nos créations littéraires et scientifiques, tout ce qui fait la gloire de la France pacifique, datent de ces heures de guerre, si tourmentées et si terribles. Deux hommes surtout se vouaient à ce travail de reconstitution morale et intellectuelle, travail aussi difficile que celui de la direction des masses armées. Tandis que Carnot et Bouchotte organisaient la victoire, Grégoire et Lakanal organisaient la science.

Le rapport de Grégoire, qui date du mois d'avril 1794, presque au lendemain de la mort de Danton, est encore aujourd'hui à relire et à étudier pour tout ce qu'il contient d'érudit, de sensé et de pratique. La Constituante avait décidé, dès 1790, que toutes les Écoles, urbaines ou rurales, auraient une bibliothèque ouverte à tous les citoyens. Couppé (de l'Oise) avait déjà, le 30 nivôse An II, proposé, au nom du Comité de l'Instruction publique, d'établir dans chaque district une bibliothèque publique où fussent réunis à la fois tous les livres des cloîtres et toutes les médailles et collections dans les départements. « La littérature et les sciences, disait Couppé, doivent s'allier aux vertus civiques, « unir leurs travaux et concourir ensemble à la gloire et à la prospérité de la « République. » Grégoire reprenait et complétait, en l'élargissant, l'idée de Couppé (de l'Oise). Il recueillait et centralisait les livres épars dans les châteaux et les couvents. Dans le seul département de Paris, il trouvait 1 800 000 volumes. Il fondait enfin les bibliothèques publiques et faisait rendre à la Convention ce décret : « Les bibliothèques sont recommandées à la surveillance de tous les « citoyens. »

Ainsi la Convention ne négligeait rien de ce qui pouvait faire la nation grande et forte, en la rendant éclairée, et elle applaudissait, unanime, aux paroles de Grégoire, lorsque le rapporteur disait : « Des bibliothèques et des musées « formés avec choix sont, en quelque sorte, les ateliers de l'esprit humain. Que « de gens qui étaient tourmentés par l'inquiétude indécise du génie ont connu « leur vocation à la lecture d'un bon livre! »

La chute de la République et le premier Empire vinrent arrêter ce mouvement rapide vers l'instruction populaire : le début du dix-neuvième siècle sembla la négation même des généreuses idées du dix-huitième. La force prit brutalement la place du droit. Il ne fut question ni de bons ni de méchants livres, puisqu'il ne fut plus question de livres. Le recueil des bulletins de l'armée devint l'Encyclopédie de l'Empire. Il fallut attendre longtemps avant de voir reparaître et, en quelque sorte, refleurir ces idées de bibliothèques et d'éducation populaires. Tandis que les États-Unis, l'Angleterre, la Hollande, la Suisse, fondaient, ouvraient partout des bibliothèques de communes ou de districts, la France demeurait, sous ce rapport, fort en arrière.

Dès 1790, le poète Robert Burns avait posé le principe de ces bibliothèques communales que nous voulons créer aujourd'hui. Il raconte, dans une de ses lettres signée *Un Paysan*, comment, dans un petit village d'Écosse, des fermiers s'associèrent pour fonder une bibliothèque rurale de plus de 1 500 volumes, parmi lesquels figuraient Addison, Hume, Robertson, Cervantès. Quarante ans après, au lendemain de la révolution de 1830, M. Perdonnet fondait, avec les élèves de l'École polytechnique, l'Association polytechnique, et ouvrait, à la halle aux draps, la première bibliothèque populaire, en même temps qu'il instituait des cours gratuits d'ouvriers.

L'incendie de la halle aux draps devait anéantir la bibliothèque, sans lasser M. Perdonnet, qui, reprenant un projet de M. François Delessert, projet qui date de trente ans bientôt, voulait, à la fin de sa vie, instituer à Paris une bibliothèque populaire par arrondissement. Ce mouvement vers l'éducation, arrêté pendant les premières années du second Empire, s'était en effet réveillé en quelque sorte et ranimé, il y a environ douze ans, grâce aux journaux, et deux publicistes, M. Jules Mahias dans la *Presse*, et M. Ch. Sauvestre dans l'*Opinion nationale*, s'attachèrent alors à faire triompher cette idée des bibliothèques populaires. De cette année 1858 date comme une ère nouvelle dans l'éducation. La France semble vouloir à grands pas atteindre et même dépasser les nations rivales. Elle veut avoir, comme les États-Unis, des bibliothèques de districts, *Bibliothèque des Écoles publiques*, où, non seulement les écoliers, mais tous les habitants sont admis. Elle sait que ces bibliothèques existent depuis 1853 à Berlin, que la bibliothèque de Mary-le-Bone, à Londres, peut servir d'exemple.

Partout le mouvement s'accentue et s'accélère. M. Jean Macé établit la *Ligue de l'enseignement*, et l'Alsace, qu'on dispute à la France, fut la première à affirmer son désir de rajeunir la France par l'instruction; un ouvrier lithographe, M. Girard, a l'idée de fonder une *Société des amis de l'Instruction*, qui prêtera des livres moyennant une rétribution minime; sous la direction de M. Marguerin, les deux associations polytechnique et philotechnique se donnent la main; la société s'organise et fonctionne rue de Vendôme, dans le troisième arrondissement; la *Société Franklin*, pour la propagation des bibliothèques populaires, est fondée et reconnue le 19 septembre 1862; dans plus d'un arrondissement de Paris et sur des initiatives particulières, des bibliothèques sont organisées : le Ier arrondissement, grâce à M. Hément; le Ve, grâce à M. Laboulaye; le IXe, le XVIIIe, ont leur bibliothèque populaire. Enfin, au budget de la ville de Paris, les XIe et XXe arrondissements figurent pour des frais alloués à des bibliothèques.

Mais ce n'est pas assez maintenant, et le Gouvernement républicain du 4 septembre a voulu que, dans tous les arrondissements, une bibliothèque communale fût fondée, qui enrichît encore davantage, au point de vue intellectuel, cette ville de Paris, centre de civilisation qu'à cette heure entoure un cercle de fer. « La richesse intellectuelle, dit un des hommes qui ont le plus travaillé à « l'instruction publique et à l'éducation populaire, M. Jules Simon, la richesse « intellectuelle fait plus que toutes les autres pour le bonheur de celui qui la « possède. » Elle fait aussi pour une cité plus que tous les monuments luxueux ou superbes. Ce qu'il nous faut construire pour enrichir davantage Paris, ce sont des bibliothèques et des Écoles.

Construire, ou du moins organiser. La plupart des mairies de Paris sont assez vastes pour loger les livres qu'on y pourra apporter. La fondation de ces bibliothèques communales pourra donc être rapide et économique. Permettez-moi, après en avoir brièvement exposé l'histoire, de faire connaître la façon dont j'entends leur organisation.

Chaque bibliothèque d'arrondissement sera, si faire se peut, établie dans la mairie ou dans un local voisin, École ou lieu public. Un catalogue général, soigneusement composé (et pour le choix des livres on aura recours, au besoin, à la Commission instituée par la mairie de Paris pour l'enseignement communal) donnera à chaque bibliothèque un fonds commun de livres, de telle sorte que le lecteur, l'ouvrier changeant de logement, puisse être certain de retrouver dans la bibliothèque de son arrondissement nouveau le livre préféré qu'il trouvait dans son ancien arrondissement. Ce catalogue, uniforme en principe, pourra varier par des additions de livres spéciaux, achetés selon le quartier et les besoins des habitants. Telle partie de la population parisienne, plus généralement composée d'ouvriers de certaines industries, trouvera, par exemple, dans sa bibliothèque des ouvrages qui répondront à ses études et à ses travaux. Mais je crois devoir insister sur ce fonds commun à toutes les bibliothèques et composé des meilleurs livres d'histoire, de géographie, de sciences, d'hygiène et de littérature. Il est indispensable qu'il soit le même dans les vingt arrondissements. Ce fonds commun s'augmentera d'ailleurs nécessairement d'année en année, au fur et à mesure de la publication de certains livres de nécessité première, les annuaires, par exemple, les ouvrages de statistique, et variera en outre, grâce aux dons de livres que ne manqueront pas de faire les auteurs et les éditeurs.

Une question se pose immédiatement après la formation des bibliothèques. Comment seront-elles administrées? c'est-à-dire seront-elles seulement des salles de lecture, ou pourra-t-on y venir chercher les livres pour les emporter et les lire chez soi? La question du *prêt* est évidemment la question la plus grave. Les bibliothécaires de métier sont, en principe, opposés à ces prêts de livres, qui décomplètent et désorganisent souvent une bibliothèque. Mais nous ne devons pas être seulement des bibliothécaires, nous devons être des moralisateurs et des instructeurs, et faciliter, par conséquent, à tous la morale et l'instruction. Le livre, lu sur la table commune, sous le bec de gaz de la bibliothèque, dans la salle publique, ne porte pas avec lui autant de fruit que le livre emporté, feuilleté, dévoré au coin du feu, dans la chambre, dans la mansarde, lu et commenté tout haut, et qui fait pleurer ou sourire, qui charme ou qui enseigne non seulement celui qui lit, mais ceux qui écoutent.

Voyez l'ouvrier qui sort de la bibliothèque avec le livre prêté sous le bras. Il est à la fois heureux et fier, et il se redresse en marchant avec ce compagnon qui, tout à l'heure, va lui donner plaisir et profit. Il en fait comme un hommage à sa femme, à ses enfants. Ce livre n'est plus un personnage officiel qu'on va visiter dans sa mairie et qu'on interroge avec une certaine timidité; c'est un hôte aimé, fêté, et à qui l'on fait, le cœur sur la main, les honneurs du logis.

La *Société des amis de l'Instruction* permet à l'ouvrier de lire, d'emporter tous les livres qu'il demande, et cela moyennant un droit d'inscription de un franc et une cotisation d'un peu moins de dix centimes par semaine. Mais nos bibliothèques communales seront gratuites, et c'est là ce qui les différencie de toutes les bibliothèques existantes. La commune n'exige rien pour l'instruction de ses citoyens. Il ne faut point cependant, et c'est ce qui les distingue des autres, que les livres soient confiés à tout le monde, et que le premier venu puisse emporter un ouvrage appartenant à la bibliothèque. Le prêt des livres ne sera accordé qu'à des citoyens connus, à des lecteurs d'habitude, et dans chaque arrondissement une sorte de Conseil de surveillance pris parmi les administrateurs communaux, une Commission de visiteurs adjoints au bibliothécaire, fera droit aux demandes de prêt en s'assurant que le postulant habite l'arrondissement, et que les livres prêtés seront en sûreté entre ses mains. On ne prêtera d'ailleurs *que des doubles*, afin de ne point entamer le fonds même de la bibliothèque réservé aux lecteurs sur place.

Ce système de bibliothèques pourra être appliqué par l'administration du département, non seulement aux arrondissements de Paris, mais à toutes les communes de la Seine. Quelques-unes de ces communes ont au surplus pris l'initiative du mouvement, et je citerai entre autres la commune de Boulogne-sur-Seine, qui possède une bibliothèque fondée par les citoyens eux-mêmes, bibliothèque de 4 000 volumes, établie dans l'École, et où vont déjà plus de trente lecteurs par soirée. Je n'ai pas à faire ressortir l'avantage qu'aurait ce système, rayonnant ainsi de Paris dans les départements.

Les bibliothèques communales étant fondées par toute la France, le niveau de l'intelligence publique s'élèverait rapidement. Il ne s'agit pas seulement en effet des villes, mais des campagnes. On a déjà fondé çà et là des bibliothèques communales, dont plusieurs peuvent servir de type, celle de Vernon, par exemple; la bibliothèque cantonale qu'a établie M. Poyez, membre du Conseil général de la Vienne, à Mons-sur-Guesnes, et bien d'autres. Le principe appliqué à Paris serait utile partout. On établirait un véritable réseau de bibliothèques dans tout le pays, en créant une bibliothèque par commune, bibliothèque qui deviendrait cantonale dans certains départements, où les communes sont peu importantes, et dont le catalogue serait modifié suivant les lieux, composé surtout d'ouvrages d'agriculture dans les communes ou les cantons agricoles, et d'ouvrages sur l'industrie dans les communes et les cantons industriels.

On pourrait se servir, pour former les fonds de ces bibliothèques, à Paris ou en province, non plus, comme au temps de Grégoire, des bibliothèques maintenant nationalisées des couvents, mais des *doubles* et même des *triples* exemplaires de chaque ouvrage que possèdent la plupart de nos grandes bibliothèques publiques. On pourrait même, à mon avis, distribuer entre les bibliothèques d'arrondissements ces bibliothèques de châteaux impériaux, la plupart fort riches en ouvrages d'histoire, et qui n'ont jamais servi ni au public ni à personne.

Une autre question tout actuelle pourrait être traitée ici : je veux parler de l'application immédiate de ces bibliothèques et de l'avantage moral que la défense d'une ville comme Paris y pourrait trouver, si, ce qui est peu probable, l'investissement durait jusqu'au moment où fonctionneront toutes nos bibliothèques. Les citoyens de garde aux remparts et les soldats y pourraient certes trouver un encouragement, un stimulant, en même temps qu'une distraction. L'histoire de la Révolution leur dirait comment on sait vaincre, et Corneille comment on sait mourir. Et quel avantage considérable trouverait l'armée dans ces lectures, dans ces livres!

L'Empire, réduisant le soldat à l'obéissance passive, s'inquiétait peu de cette *force morale* qui constitue, nous a-t-on éloquemment dit depuis, un des principes de la victoire. La République doit, au contraire, faire passer dans l'esprit de l'armée cette flamme intellectuelle, cette puissance morale qui vivifie les nations. Elle ne doit pas se laisser plus longtemps devancer par l'Angleterre, qui a institué depuis 1861 des bibliothèques régimentaires, dont la bibliothèque de Chatam nous offre un remarquable exemple.

La fin du siège de Paris ne nous permettra sans doute pas — et fort heureusement — d'utiliser de ce côté les bibliothèques communales; mais, encore une fois, le principe aura été posé, et l'application suivra bientôt.

J'aurais voulu joindre à ce rapport le catalogue même, commun aux vingt bibliothèques. On s'attachera, en le composant, à faire qu'il présente dans sa variété une unité d'enseignement véritablement libre et démocratique. L'histoire y tiendra une large place : la série des ouvrages qui racontent successivement les destinées des peuples y figurera complète et de façon à ne laisser aucune lacune ni aucun point obscur. La géographie, les sciences naturelles et physiques, tout ce qui fait la puissance du siècle où nous vivons, la philosophie politique et sociale, les lettres, depuis la jeune antiquité jusqu'aux œuvres contemporaines, les publications d'art et d'art industriel, les ouvrages de vulgarisation, et même les travaux des érudits y prendront place. Nous parviendrons, je l'espère, à établir vingt bibliothèques, dont le fonds sera comme une encyclopédie toute moderne et toute populaire.

Je compte, pour arriver à ce résultat inappréciable, sur l'aide et le concours des maires et des municipalités. Ils savent tous de quelle importance est l'œuvre que vous avez bien voulu me charger de mener à bonne fin. La création des bibliothèques d'arrondissement a été plus d'une fois agitée sous le régime déchu, et on s'imagine peut-être que les maires de l'Empire ont apporté leurs soins à cette innovation. Il n'en est rien, et presque partout les bibliothèques sont absentes, ou, lorsqu'elles existent, sont tellement précaires et rudimentaires, qu'on ne peut les signaler comme des exemples. Seules, encore une fois, des bibliothèques particulières, comme cette bibliothèque de l'École centrale, qui a servi de type à la plupart des bibliothèques de département, ont une existence assurée et une vitalité utile. Les autres sont presque toutes à créer.

Le Ier et le IIe arrondissement n'ont point de bibliothèque municipale, le IIIe, le IVe, le VIe, le VIIe n'en ont pas. Dans le IXe, la bibliothèque particulière de la société de secours mutuels prête des livres à ses membres et à leurs amis. Une autre société de secours a mis, dans le Xe arrondissement, sa bibliothèque à la disposition de la mairie. La bibliothèque sert aujourd'hui de salle d'état-major pour la garde nationale. Le XIIe, le XIIIe, le XIVe arrondissement n'ont point de bibliothèque municipale. Dans les arrondissements de l'ancienne banlieue, dans le XVIIe par exemple, la société de secours mutuels met son fonds de livres à la disposition de ses membres. Le XIe arrondissement, en revanche, a, comme le XXe, une bibliothèque municipale gratuite de 3 000 à 3 200 volumes, ouverte le soir de 8 à 10 heures. La moyenne des lecteurs est de 8 ou 10 par soirée, elle en compte actuellement une quinzaine. Le catalogue de la bibliothèque du XIe est manuscrit ; il n'existe pas de règlement imprimé. Celle du XXe, également gratuite, fonctionne de la même façon.

Le XVIIIe arrondissement possède une bibliothèque remarquable, installée, non pas à la mairie de Montmartre, mais à la Chapelle, dans le local de l'ancienne mairie. C'est une bibliothèque des amis de l'instruction, due à l'initiative privée et devenue bibliothèque municipale. Elle compte environ 2 000 volumes ; mais elle fonctionne comme toutes les bibliothèques des amis de l'instruction ; elle est ouverte le soir de sept heures et demie à neuf heures et demie, dimanches et fêtes exceptés. On en peut emporter les livres moyennant une cotisation mensuelle de 50 centimes pour les hommes et de 25 centimes pour les femmes. Elle n'est point gratuite comme celles que nous voulons fonder. Donc, en dehors du XIe et du XXe arrondissement, il n'existe point de bibliothèques municipales. Et encore faut-il créer à nouveau celles qui existent.

Un examen plus particulier de ces bibliothèques diverses prouve d'ailleurs combien il est temps de leur communiquer et la vie et le mouvement. En bien des mairies, la place de la bibliothèque est marquée, mais la salle affectée aux livres n'en contient aucun. Je citerai, entre autres, le IIIe arrondissement. Ailleurs, ceux qu'on a pu réunir sont de fades récits ou des traités de morale vulgaire, sans attrait et sans profit. Les catalogues sont généralement rédigés sans discernement. Et qu'arrive-t-il ? Le lecteur n'y trouve point son compte. Il néglige cette science et cet enseignement si peu avenants. Je ne veux point citer trop de chiffres, mais on ne saurait lire sans tristesse tel rapport des bibliothécaires, celui de M. Edme, bibliothécaire du Xe arrondissement, par exemple, qui constate que, dans tout l'enclos Saint-Laurent, le nombre des lecteurs a été, dans toute une année, l'année 1868, de 136 seulement. On n'a prêté que 107 volumes par mois, alors qu'on en pourrait faire lire plus de 200 par soirée.

J'espère bien que nos bibliothèques futures auront un autre mouvement et une autre importance. Il faut, encore une fois, les rendre, par la composition des ouvrages, attachantes et vivantes. Les puérilités ne devront point figurer dans nos catalogues ; il faut intellectuellement au peuple ce qu'un grand écrivain appelait les *viandes noires* de la pensée. Le champ est assez vaste et la collection assez belle de ces toniques en philosophie et en politique, bien faits pour réagir contre l'anémie morale et la décadence.

Tout a son importance dans une œuvre comme la nôtre. Je vous proposerais de faire que, matériellement même, nos bibliothèques devinssent utiles, et que les yeux y trouvassent leur instruction comme l'esprit. Outre qu'il serait bon peut-être que les rayons, la décoration des salles, fussent, autant que possible, uniformes pour tous les arrondissements, et qu'un Voltaire, par exemple, ou un Diderot figurât partout, à la même place, de façon, je le répète, à ce qu'en changeant de quartier chacun retrouvât ailleurs ses livres d'habitude et ses coins préférés, il serait assurément excellent que, dans ces bibliothèques, dans ces salles de lecture, on pût placer des modèles ou des copies d'œuvres d'art, qui donneraient à ces demeures de l'étude quelque chose de l'aspect et de l'agrément d'un musée.

Il ne s'agirait pas évidemment d'art pur, mais bien plutôt d'art appliqué, d'art industriel, et les ouvriers, en rencontrant là des exemplaires choisis de notre industrie nationale du seizième ou du dix-huitième siècle, en emporteraient double profit. Rien n'est plus simple et plus facile, moins coûteux que cette adjonction de copies, de gravures ou de surmoulages. On aurait de la sorte, dans les vingt arrondissements parisiens, autant de musées au petit pied, qui seraient comme des fractions de ce magnifique musée de Kensington dont la Grande-Bretagne a le droit d'être fière.

Enfin, pour me résumer et établir le fonctionnement habituel de nos bibliothèques, elles s'ouvriraient toujours gratuitement, chaque jour, de dix heures du matin à quatre heures de l'après-midi, et de sept heures à dix heures du soir. Ces lectures du soir sont les plus utiles et seront certainement les plus courues par la population ouvrière, qui, après la journée de travail et les grandes bibliothèques fermées, n'a jamais eu guère de choix, en ces dernières années, qu'entre un théâtre qui jouait surtout des opérettes débilitantes et le café-concert ou la tabagie.

Les bibliothèques communales seront, au surplus, complétées par une salle de lectures et de conférences établie dans chaque arrondissement, soit à la mairie, soit dans le quartier. La cause des conférences n'est plus à plaider, elle est gagnée. Le public français en est venu à préférer des leçons orales à des représentations de théâtre. Des savants, des professeurs, des littérateurs, feront dans chaque arrondissement, soit des récits, soit des cours. Des expériences de physique et de chimie compléteront parfois le discours, qui sera de la sorte une véritable leçon. Des voyageurs conteront leurs voyages, parleront à l'imagination, dévoileront à tous l'infini du monde après l'infini de la science. Ce sont de véritables Écoles d'enseignement supérieur qu'on peut établir côte à côte avec les bibliothèques.

Et qui sait les bienfaits que peuvent produire les *lectures* bien choisies, telles qu'Émile Souvestre après 1848, M. Just Olivier et quelques autres en firent dans divers quartiers de Paris? La lecture d'un morceau de littérature ou d'histoire est plus utile encore peut-être qu'une improvisation ou qu'une conférence. Ce n'est plus seulement le lecteur, c'est La Fontaine, ou La Bruyère, ou Voltaire qui parle. Ainsi la vérité pénètre plus avant et plus vite et se fixe plus profondément dans l'esprit de l'auditeur. On entendra, dans ces lectures, les morceaux choisis de notre littérature nationale et aussi les traductions de ces langues étrangères, que nous avons ignorées trop longtemps, et qu'il faut étudier et connaître.

Bref et sans exagération, la fondation de ces bibliothèques communales et de ces salles de lectures et conférences peut marquer un pas décisif dans la voie du progrès intellectuel. Et ce progrès moral sera fatalement un progrès matériel. « Un ouvrier instruit, dit encore M. Jules Simon, dans son livre de *l'École*, « est en même temps un ouvrier plus heureux et un meilleur ouvrier. » On en peut dire autant de tous les hommes. Chacun le sent bien aujourd'hui. L'élan est donné. Le monde appartient à la science. Et nous commençons à peine à créer des bibliothèques communales que des étrangers, M. Grazia, M. Eichhoff, en sont déjà à la fondation d'une bibliothèque internationale universelle, où seront centralisés et traduits dans toutes les langues tous les chefs-d'œuvre anciens et modernes, grecs ou hindous.

Tenons-nous-en à notre rôle plus modeste, mais non moins utile; fondons nos bibliothèques communales, fondons-les justement en pleine guerre, au milieu de Paris assiégé, et protestons ainsi contre la barbarie qui nous étreint et contre les iniquités des tueries. Cette antithèse est morale d'une ville menacée du bombardement et qui, fabricant des canons et achetant des livres, s'occupe à la fois de son salut matériel et de son salut moral.

C'est aussi une victoire digne de nous et digne d'une République, que la victoire remportée sur l'ignorance. On inaugurera donc prochainement, dans une des mairies de Paris, la première bibliothèque communale et bientôt aussi la première des conférences. Les orateurs apprendront à leurs auditeurs la résistance, en attendant qu'en des heures plus calmes ils leur enseignent la science pure. Soyons assurés que leurs efforts ne seront point perdus : car la parole de Villars en 1795, au nom du Comité de l'Instruction publique, lors de l'organisation de la Bibliothèque nationale, est de tous les temps, et il faut dire avec lui qu'après la lutte énergique contre l'étranger, « le vrai moyen d'affermir un « gouvernement libre, c'est de ne rien oublier de ce qui peut accroître la masse « des vérités utiles au peuple ».

Or, qui mieux qu'un livre accroît ce capital de vérités utiles? Les bibliothèques communales sont des réserves de science et de dévouement, et, lorsqu'il les aura fondées, on pourra dire que Paris aura quelque chose comme vingt arsenaux de dignité et de liberté.

Tels sont et les idées que j'entrevois et les renseignements que je puis vous donner dès à présent sur la fondation de ces bibliothèques communales, dues à votre initiative et à celle de M. Arago. Elles ne seront point, permettez-moi de l'espérer, une des moindres améliorations apportées par l'administration nouvelle et l'avènement de la République. Elles répareront un jour le mal causé par l'ignorance née du despotisme, et fermeront les plaies mêmes ouvertes par cette guerre épouvantable qu'un peuple résolu, décidé à vaincre, accepte comme un patriotique et fier devoir, et du milieu de laquelle, semblable à une ferme réponse à l'ennemi, notre œuvre naît, œuvre réparatrice et sereine, dont Paris, que vous administrez, et la France, qui se lève derrière Paris, sentiront un jour, et avant peu, soyez-en sûr, les bienfaits.

Agréez, etc.

Signé : JULES CLARETIE.

---

2 octobre 1870.

Lettre du Ministre de l'Instruction publique au Maire de Paris, relative à l'étude des questions qui intéressent l'enseignement primaire.

2 Octobre 1870.

Monsieur le Maire, vous avez nommé, de concert avec moi, une Commission chargée d'examiner tout ce qui se rapporte à l'instruction primaire dans le département de la Seine.

Votre Commission vous proposera sans doute les mesures à prendre immédiatement pour recevoir dans les Écoles et les salles d'asile non seulement les enfants de Paris, mais ceux de la banlieue, et pour leur donner une instruction solide, virile, austère, telle en un mot que peut et doit la donner une République. Je voudrais que, sans se borner aux résolutions les plus urgentes, elle examinât, dès à présent, toutes les questions que nous aurons à résoudre dans un avenir prochain : la gratuité, l'obligation, les devoirs et les droits de la commune, le mode de nomination des instituteurs, leur traitement d'activité, leur retraite, le programme même de l'enseignement dans les Écoles de la République, la part qu'il convient de faire aux exercices du corps, si étrangement oubliés jusqu'ici, les sacrifices que devra s'imposer la commune pour rendre possible l'accès des hautes études aux sujets d'élite dont les parents sont sans fortune, la consécration de la liberté d'enseignement, les moyens de concilier l'organisation de l'instruction primaire avec les lois à intervenir sur le contrat d'apprentissage et le travail des enfants dans les manufactures.

J'ai moi-même, Monsieur le Maire, employé ce que les travaux du Gouvernement me laissent de moments libres chaque jour à préparer un projet d'ensemble; quoique votre Commission soit purement locale, je ne doute pas qu'elle ne me procure des indications fécondes et un appui sérieux pour les propositions que j'aurai à soumettre à mes collègues.

Je vous remercie, comme Ministre, de la résolution que vous avez prise. Comme citoyen, je vous félicite d'avoir pensé que, même en ce moment, où Paris n'est plus qu'une forteresse, il n'est permis à personne d'oublier les intérêts sacrés de l'éducation populaire. La France ne peut être définitivement sauvée, la République ne peut être solidement établie, que si nous parvenons, par nos efforts incessants, à relever le niveau intellectuel et moral de notre pays.

Ce sera notre tâche, ce sera notre honneur, ce sera notre vie tout entière, aussitôt que cette sanglante et horrible tragédie sera terminée. Nous ferons une race d'hommes inaccessible à la peur, éclairée sur le devoir, débarrassée des vieux préjugés qui énervent les caractères et troublent les intelligences, digne, par ses lumières, son patriotisme et sa vertu, de mettre fin aux deux plus grands fléaux de l'humanité : le privilège et la guerre.

Agréez, etc.

Signé : Jules Simon.

Lettre du Ministre de l'Instruction publique au Maire de Paris, relative à la création d'Écoles normales primaires. 13 octobre 1870.

13 Octobre 1870.

Monsieur le Maire, je viens vous proposer de fonder à Paris, en 1870, pendant le siège, une École normale primaire pour les instituteurs et une École normale primaire pour les institutrices. Nous avons onze départements en France, sur quatre-vingt-neuf, qui n'ont pas d'École normale primaire. Le département de la Seine est un de ceux-là. L'École fondée après 1830 fut supprimée quelques années plus tard; Paris envoya ses élèves à l'École normale de Versailles; enfin, il supprima les bourses, comme il avait supprimé l'École, et cette situation se prolonge depuis vingt ans. Elle doit cesser. Nous ne jetterons pas les millions, comme nos prédécesseurs immédiats, au luxe et au plaisir; mais nous ne les marchanderons pas à l'instruction de nos enfants.

La loi du 28 juin 1833 était muette sur les Écoles de filles; la loi du 15 mars 1850 permet aux communes d'en fonder; celle du 10 avril 1867 les y oblige. Cette dernière loi, qui consacre le principe, a été incomplètement appliquée, parce que les institutrices, et surtout les institutrices laïques, font défaut. Paris n'a pas d'École normale de filles. La France, dans tout son territoire, n'en possède que neuf; et cinquante-trois Écoles autorisées à recevoir des élèves stagiaires ne sont pas une ressource sérieuse pour un service si important.

Nous pouvons, dès à présent et sans trop de frais, fonder à Paris une maison qui soit l'exemple et la règle des autres; nous y instituerons un enseignement simple, sérieux, austère, attentif à toutes les convenances, conforme à toutes les délicatesses, mais préparant les femmes à des travaux et à des carrières dont leur sexe ne les exclut pas, et qui leur ont été fermées jusqu'ici par l'insuffisance de leur éducation.

Nous ne perdrons pas de vue que les mères sont les premières et les plus puissantes institutrices; qu'elles inspirent les grands sentiments et les nobles pensées; que la morale enseignée dans nos Écoles frapperait inutilement nos esprits, si nous ne ressentions jusqu'au fond de notre être l'influence des premières leçons et des premières caresses; que la force vient de là, celle du citoyen et celle de la société, et que nous devons relever le niveau intellectuel des femmes, puisque nous voulons, suivant la pensée de Montesquieu, fonder la République sur la vertu.

Si l'on demande pourquoi nous créons cette École quand chacun est cruellement préoccupé des incidents du combat et se reproche les instants consacrés à d'autres devoirs que celui de la défense, nous répondrons que la question était mûre pour nous tous; que nous l'avons étudiée pendant des années; qu'il n'y avait pas un jour à perdre; qu'il s'agit de la morale elle-même; que la guerre actuelle, quoique faite malgré le pays, lui est imputable; car il a souffert, pendant dix-huit ans, d'être gouverné et trompé par ceux qui l'ont faite;

que, pendant ces dix-huit ans, les caractères ont été abaissés, les intelligences dévoyées, les liens de la famille relâchés; que les désastres inouïs qui ont marqué les deux dernières semaines de l'Empire doivent au moins nous servir de leçon; qu'il faut réparer, reconstituer dès à présent, même avant la victoire, la seule force qui rende invincible, c'est-à-dire la force intellectuelle et morale. Cette École sera née dans une heure sanglante, et, plus tard, c'est elle qui nous donnera des mères et des épouses républicaines, et qui fera revivre parmi nous l'austérité des mœurs, sans laquelle il n'y a pas de peuple vraiment grand.

Je vous demande de vous mettre immédiatement à l'œuvre, afin que notre École soit peuplée et vivante lorsque, dans quelques semaines, nous retrouverons la France, et que la France nous retrouvera. Le 22 thermidor An II, la Convention s'obligea par décret à consacrer trois jours, chaque décade, à l'examen des questions d'instruction publique; et pourtant, absorbée par la lutte gigantesque qu'elle avait à soutenir, elle ne laissa que des décrets, une lettre morte. J'espère que nous serons plus heureux. Nous trouverons un asile pour nos deux Écoles dans les maisons occupées autrefois par la Liste civile. Je travaille activement, avec mes collègues que cela concerne, à les rendre disponibles. Le personnel est tout prêt. Je vous adresserais dès à présent le programme des cours si je n'étais convaincu que la Commission nommée par vous pour la ville et le département de la Seine se dispose à discuter cette grande question. Je demande le concours de ses lumières et des vôtres, et je sais d'avance que je puis y compter.

Agréez, etc.

Signé : Jules Simon.

---

10 nov. 1870.

Circulaire du Ministre de l'Intérieur, relative au Bulletin de la République et à sa lecture publique par les instituteurs.

10 Novembre 1870.

Monsieur le Préfet, en créant un *Bulletin de la République française*, le Gouvernement de la Défense nationale à Tours s'est proposé de répandre dans toutes les communes la connaissance des actes officiels et d'aider à l'instruction politique du peuple.

L'interruption forcée du *Journal officiel* et du *Moniteur des Communes*, pour la province, par suite du siège de Paris, rendait cette publication indispensable. Je n'ai donc pas hésité à décider qu'elle paraîtrait trois fois par semaine et sous forme d'affiche, de manière à atteindre le plus complètement possible le but que je viens d'indiquer.

Je vous ai adressé le 15 octobre, par le télégraphe, une première circulaire réglant l'organisation de ce service. Chaque commune devait recevoir un exemplaire du *Bulletin*. Il en était attribué deux au chef-lieu de canton, six au chef-lieu de l'arrondissement, et douze au chef-lieu de département. Les exemplaires destinés à chaque arrondissement seraient transmis directement aux Préfets et aux Sous-Préfets. Ces fonctionnaires devaient les répartir suivant cet ordre et les expédier immédiatement aux maires des communes, en leur recommandant de les faire afficher aux endroits les plus apparents.

Je vous prie de vouloir bien me faire connaître si ces instructions ont été observées. Il m'a été rapporté que, dans quelques arrondissements, le *Bulletin* n'est pas régulièrement placardé, par la négligence ou le mauvais vouloir des maires. C'est un point qu'il convient de vérifier avec la plus grande exactitude. Vous ne devez tolérer aucun manquement aux recommandations que vous avez dû faire aux administrations locales. C'est à vous qu'il appartient de veiller à ce que l'affichage, qui est notre unique moyen d'information et d'enseignement, s'effectue aussitôt après la réception du *Bulletin* dans les mairies.

D'ailleurs, pour assurer au *Bulletin de la République* une publicité plus certaine et plus efficace encore, j'ai adopté la résolution suivante :

Tous les dimanches, obligatoirement, et même plusieurs fois dans le cours de la semaine, s'il se peut, l'instituteur de chaque commune devra lire aux habitants réunis, soit dans l'École, soit à la mairie, les principaux articles insérés au *Bulletin de la République*. Les populations devront être prévenues du lieu, du jour et de l'heure choisis pour ces lectures. L'instituteur s'attachera particulièrement à donner connaissance des articles de doctrine ou d'histoire dont la rédaction a pour but d'éclairer l'esprit du peuple, de lui enseigner ses droits politiques et sociaux, aussi bien que les devoirs qui en sont le corollaire, et de démontrer cette vérité essentielle, que la République seule peut assurer, par ses institutions, la liberté, la grandeur et l'avenir de la France.

Je n'ai pas besoin de faire ressortir la haute importance de cette propagande éminemment moralisatrice. Pendant vingt ans, l'Empire a systématiquement travaillé à entretenir le peuple dans l'ignorance et à le corrompre, afin d'en faire l'instrument de son despotisme. C'est à nous de relever l'âme de la nation, d'y développer les idées de justice et d'indépendance, le sentiment du patriotisme, les vertus civiques, et de prévenir, par cette régénération intellectuelle et morale, le retour des lamentables catastrophes qui accablent en ce moment la patrie.

Je ne puis donc que vous inviter à vous concerter immédiatement avec les autorités chargées de représenter l'Instruction publique, pour que les maires et les instituteurs reçoivent sans aucun retard toutes les instructions utiles à ce sujet.

Vous me ferez part d'une manière spéciale de la suite qui aura été donnée à la présente circulaire.

Agréez, etc.

Signé : GAMBETTA.

Arrêt de la Cour d'appel d'Angers, relatif à l'acceptation d'un legs fait à une fabrique pour la fondation et l'entretien d'une École. 23 mars 1871.

23 Mars 1871.

La Cour,

Attendu que le sieur de Langottière est mort en 1861, laissant un testament du 10 avril 1856 et un codicille du 4 décembre 1857, par lesquels il lègue à la fabrique de l'église du Vieil-Baugé une maison et un capital de 8 000 francs, destinés à l'établissement, à l'acquisition du mobilier et à l'entretien de deux sœurs pour soigner les malades et instruire les enfants pauvres;

Attendu que le testateur a prescrit, comme condition formelle de sa libéralité, que l'emploi de toutes les sommes léguées à l'église de la paroisse du Vieil-Baugé sera fait par les soins de la fabrique de son église et de son curé; que les sœurs seront choisies par le curé, seront sous sa direction, et non sous celle de l'administration municipale de la commune;

Attendu que le testateur, prévoyant le cas où la maison cesserait d'être habitée par des sœurs, en transfère la jouissance ainsi que celle du mobilier et de la rente à la fabrique, à défaut de la fabrique à la cure, à défaut de la cure et de la fabrique aux pauvres de la paroisse du Vieil-Baugé, à cette condition, toutefois, qu'aussitôt que des sœurs pourraient être rétablies, la jouissance déléguée à la fabrique, à la cure et aux pauvres reviendrait aux deux sœurs;

Attendu que la fabrique ayant demandé l'autorisation d'accepter ce legs, il a été répondu à cette demande par un décret du Conseil d'État du 18 novembre 1863, lequel autorise le trésorier de la fabrique de l'église succursale du Vieil-Baugé au nom de l'établissement, le maire du Vieil-Baugé au nom de cette commune, et le bureau de bienfaisance de cette localité, à accepter, chacun en ce qui le concerne, et aux clauses et conditions imposées, le legs fait à cette fabrique; ordonne l'emploi des 8000 francs légués à l'achat d'une rente 3 pour 100, laquelle sera immatriculée au nom de la fabrique et de la commune du Vieil-Baugé;

Soumet cette autorisation à la condition que les sœurs qui dirigent l'École y recevront les enfants pauvres de la commune, sur la liste dressée en exécution de l'article 45 de la loi du 15 mars 1850;

Et enfin rejette, comme étant contraire à la loi, la clause du testament précité de M. de Langottière, portant que les sœurs établies au Vieil-Baugé seront au choix et sous la direction du curé de cette commune;

Attendu que les héritiers de Langottière ont, par citation du 2 mars 1867, appelé la fabrique du Vieil-Baugé devant le tribunal d'Angers; que la fabrique a appelé la commune en cause, et que les héritiers de Langottière ont conclu à ce que la fabrique fût tenue, dans un délai à impartir par le tribunal et sans l'intervention de la commune, à accepter le legs, et à ce que, faute de cette acceptation par la fabrique, le legs fût déclaré caduc;

Attendu que, sur cette première instance, un jugement du tribunal d'Angers, du 29 juillet 1869, a déclaré les héritiers de Langottière mal fondés dans leur demande;

Attendu que, par citations des mois d'avril, mai et juin, le maire du Vieil-Baugé a appelé les héritiers de Langottière devant le tribunal de Baugé, et a conclu contre eux à la délivrance du legs dans les termes de l'autorisation, et que les héritiers de Langottière ont mis en cause la fabrique du Vieil-Baugé;

Attendu que, sur cette seconde instance, un jugement du tribunal de Baugé, du 12 août 1868, a fait délivrance du legs à la fabrique du Vieil-Baugé, conjointement avec le maire de la commune, dans les termes du décret du 19 novembre 1863, et a ordonné que la somme de 8000 francs sera employée à l'achat d'une rente 3 pour 100, laquelle sera immatriculée au nom de la fabrique et de la commune;

Attendu que les héritiers de Langottière ont formé appel de ces deux jugements et que ces deux appels donnent à juger la question de savoir si le décret d'autorisation a respecté la volonté du testateur, et si, dans le cas où cette volonté n'aurait pas été respectée, il appartient à la justice ordinaire de prononcer la caducité du legs;

Attendu que l'autorité de la justice ordinaire n'est pas sérieusement contestée, et que cette autorité a été reconnue par le décret du Conseil d'État du 13 juillet 1870, lequel déclare que, si les héritiers de Langottière entendent soutenir que les conditions sous lesquelles la fabrique a été autorisée à accepter ne sont pas conformes à la volonté du testateur, c'est à l'autorité judiciaire qu'il appartient de connaître de leurs réclamations et de décider, par interprétation de ce testament, s'il y a lieu pour les héritiers à se refuser à la délivrance de ce legs;

Attendu qu'il suffit de comparer les termes du testament avec les conditions imposées par le décret d'autorisation, pour reconnaître que la volonté du testateur a été absolument méconnue par le décret, et que, à cette volonté clairement manifestée, le décret a substitué des dispositions destructives de cette volonté;

Attendu qu'il appartient au Conseil d'État d'accorder ou de refuser l'autorisation d'accepter le legs; mais qu'il ne pouvait lui appartenir de changer les conditions et de créer un testament arbitraire, en remplacement de celui émané de la volonté du testateur;

Attendu que les héritiers de Langottière agissent en vertu d'un intérêt et d'un devoir : intérêt à réclamer les valeurs du legs non exécuté, devoir de faire respecter les intentions de leur auteur;

Attendu qu'ils sont donc recevables dans leur demande de caducité des legs et bien fondés dans cette demande, puisque la fabrique de l'église du Vieil-Baugé se trouve dans l'impossibilité d'accepter le legs dans les conditions stipulées par le testateur;

Par ces motifs, la Cour joint les deux appels;

Déclare caduc le legs fait à la fabrique du Vieil-Baugé par le testament du 10 avril 1856 et le codicille du 4 décembre 1857;

Donne acte à la fabrique de ce qu'elle est toujours prête à accepter le legs et à exécuter le testament du sieur de Langottière.

---

24 avril 1871.

Circulaire du Ministre de l'Instruction publique, relative à la conduite que doivent tenir les membres de l'Université[1].

24 Avril 1871.

Monsieur le Recteur, je viens de prononcer la peine de la suspension contre trois professeurs de l'Université et d'imposer à quelques autres, par mesure disciplinaire, des changements de résidence désavantageux. J'attendrai les résultats de l'inspection générale et vos propositions, Monsieur le Recteur, pour me décider sur d'autres cas moins graves.

J'ai la ferme résolution de défendre les intérêts et l'honneur de l'Université quand elle sera injustement attaquée; mais, pour que je puisse le faire avec autorité et avec sécurité pour ma conscience, je dois commencer par y remettre tout dans l'ordre et par exiger de tous nos collaborateurs l'accomplissement rigoureux du devoir.

Les épreuves que la France vient de traverser ont porté le trouble non seulement dans les affaires, mais dans les esprits. Et, comme nous sommes précisément chargés de former et de régler les mœurs, c'est par nous-mêmes que nous devons commencer la régénération, c'est dans nos propres rangs que nous devons, avant tout, établir une discipline sévère.

Je sais que, pendant cette longue crise, beaucoup de maîtres sont restés fidèles à leurs habitudes et à nos traditions, que quelques-uns ont donné l'exemple du courage et du dévouement à la patrie.

Mais il en est d'autres, en très petit nombre, qui ont oublié la réserve imposée par la nature de leurs fonctions à tous les membres de l'Université; c'est sur ceux-là, Monsieur le Recteur, que j'appelle d'abord votre vigilance : non que je sois capable d'oublier les droits inhérents à la qualité de citoyen et de porter la moindre atteinte à la liberté des convictions politiques ou religieuses de nos collaborateurs; mais je ne puis me dispenser de leur rappeler qu'en acceptant de faire partie du corps enseignant, il ont contracté des obligations envers lui, et que la gravité de leur état interdit les controverses passionnées et violentes.

De même que le père de famille est responsable envers ses enfants du nom qu'il leur laissera, de même un professeur doit se souvenir dans sa chaire, dans ses écrits, dans tous les actes de sa vie publique et privée, qu'il est dépositaire de l'honneur commun, et que les conséquences de ses excès ou de ses faiblesses ne retomberaient pas sur lui seul.

1. Consulter la circulaire du 28 *mars* précédent sur les événements politiques du 18; la circulaire du 15 *juin* 1871 interdisant le colportage de pétitions dans les Écoles; celle du 29 *septembre* 1871 qui interdit aux instituteurs de s'occuper des élections des Conseils généraux. (*Circ. et Instr. off.*, T. VII, p. 88, 96 et 127.)

C'est une erreur, et des plus graves, de croire que cette solidarité et cette responsabilité sont limitées à l'exercice même de la profession, et que le maître, en déposant sa robe au vestiaire, cesse en quelque sorte d'appartenir à l'Université. Autant vaudrait soutenir qu'un prêtre peut mener une vie dissipée hors de l'église, un magistrat hors du tribunal.

Si l'on ne comprend pas qu'un professeur institué par l'autorité publique, salarié par le budget, et qui devrait se borner à l'enseignement de la science et des vérités morales sur lesquelles la société repose, transforme sa chaire en tribune et fournisse aux enfants des arguments contre la foi politique et religieuse de leurs pères, comprend-on davantage que, par un compromis sans loyauté, il garde le silence dans sa classe sur des théories qu'il professe bruyamment au dehors, dégradant ainsi dans sa personne la dignité du professorat et réduisant l'enseignement à n'être qu'un métier, au lieu de l'élever à la hauteur d'un sacerdoce?

Celui qui parle au nom de la société et qui remplace le père de famille est tenu de donner à ses élèves la leçon et l'exemple. Il ne faut pas qu'on l'accuse de réticences intéressées et qu'on oppose secrètement la modération de son enseignement à la violence de ses articles et de ses discours. Les plus jeunes enfants sentiraient eux-mêmes l'indignité d'un pareil rôle; il y perdrait son autorité, quel que fût d'ailleurs son mérite. Ce n'est pas le talent qui fait le maître, c'est le respect.

Beaucoup de professeurs cèdent à la tentation d'écrire dans un journal, et quelques-uns rendent comme journalistes d'importants services à la science et à la morale. Vous devez cependant, Monsieur le Recteur, avertir les jeunes professeurs qu'ils ne doivent écrire que dans les journaux qui se respectent; qu'en vain garderaient-ils une exacte mesure dans leurs propres articles, s'il se commet des excès à côté d'eux; que les journaux ne sont pas toujours l'organe d'un parti sérieux et respectable; qu'ils ne représentent souvent qu'une coterie, une intrigue ou une spéculation.

Comme il y a des maisons qu'un professeur, un magistrat, un prêtre, ne sauraient fréquenter, ils ne doivent aussi, pour les mêmes motifs, collaborer qu'en bonne compagnie. Dites cela, je vous prie, aux jeunes gens, dans leur intérêt comme dans le nôtre; soyez leur père autant que leur chef. Qu'ils comprennent bien que, si le journalisme devient pour eux un métier, leur carrière universitaire est perdue, d'abord parce qu'il ne leur restera pas de temps pour l'étude, et ensuite parce qu'il y a incompatibilité entre le rôle de chef de parti et celui d'universitaire. Ce qui fait le mérite et l'éclat du journaliste est précisément ce qui compromet le professeur.

J'aurais été bien étonné, il y a un mois, Monsieur le Recteur, si on m'avait dit que je lirais dans plusieurs journaux des départements des articles, signés par des professeurs, dans lesquels la Commune de Paris est excusée ou même glorifiée.

Je veux bien croire que les mensonges répandus par les journaux de l'insurrection ont fait prendre le change sur certains événements; je fais la part de la jeunesse, de l'inexpérience et surtout de l'excitation produite par les terribles commotions des six derniers mois. Mais que des esprits cultivés aient besoin d'être avertis pour juger entre la France et une poignée de criminels, voilà, je l'avoue, ce qui me confond.

Je me demande comment il est possible qu'on s'y trompe. L'Assemblée a-t-elle été librement élue par le suffrage universel? Je défie qu'on le nie. Donc elle est souveraine, donc elle a droit à l'obéissance de tous. Une ville, et non pas une ville, mais un parti qui, dans cette ville, arrive par surprise à dominer, se soulève contre l'Assemblée, et, par conséquent, contre le suffrage universel et contre la nation elle-même; il n'y a pas à en douter, c'est une révolte contre le plus évident et le plus sacré de tous les droits.

Cette révolte a-t-elle une cause sérieuse? Où est-elle, cette cause? qu'on me la montre. On prétend combattre pour la République; mais l'Assemblée a-t-elle détruit la République? Au contraire, elle l'a même maintenue. Il est vrai qu'elle l'a maintenue provisoirement jusqu'à la Constitution. Quand on fera la Constitution, si on renverse la République, ce jour-là, et ce jour-là seulement, les républicains auront un grief. Ils examineront, ce jour-là, si, en leur âme et conscience, ils peuvent mettre la République au-dessus du suffrage universel; mais à l'heure qu'il est, ce prétexte même ne vaut rien.

On en invoque un autre qui est admirable : ce sont les franchises municipales de Paris. Par malheur, cette même Assemblée contre laquelle on se révolte vient de donner à Paris le droit de nommer son Conseil municipal, un droit que Paris n'avait jamais eu depuis le Consulat; le même droit, les mêmes franchises, la même liberté, dont jouissent les autres communes de France.

On a parlé de sécession, c'est-à-dire de démembrement, Paris devenant une sorte de République isolée au milieu de la France. Cela ne supporte pas de discussion.

Il y a bien une autre cause qu'on ne dit pas, qui est la vraie et que j'ose à peine rappeler, tant elle est extravagante : c'est la prétention de Paris, ou plutôt de la secte communiste qui en ce moment opprime Paris, à gouverner toute la France. L'Assemblée nationale, qui représente 36 000 000 de citoyens, doit s'effacer, doit s'humilier devant la Commune, qui en représenterait, si elle était régulièrement élue, un million et demi. Tout cela est pitoyable. J'ai beau chercher, je ne trouve rien de plus. Voilà les origines de l'insurrection.

A présent, regardez le moment qu'on choisit; là est surtout le crime. Ce n'est pas seulement une révolte contre le pays, c'est un effort pour détruire à jamais le pays, pour consommer sa ruine. Cette seule pensée fait frémir. Il faut, pour trouver quelque apaisement, se rappeler que Paris, en ce moment, regorge d'étrangers et qu'il obéit à des Russes, à des Polonais, à des Allemands, à des hommes égarés ou pervers, accourus de toutes parts pour donner une capitale à l'insurrection contre les sociétés humaines. Ce ne sont pas des Français qui s'abritent sous le drapeau rouge et qui provoquent une guerre civile le lendemain de l'invasion.

Mais, quand cette guerre serait excusable dans ses causes, il semble que, pour en juger les auteurs, il suffit de raconter leurs actes. Le premier jour, ils assassinent deux généraux; huit jours après, ils tirent sans sommation sur une foule désarmée. Ils rétablissent la loi des suspects. Ils emprisonnent sans jugement; ils condamnent par commissaires et sans appel à la peine de mort. Ils prennent des otages et menacent de les fusiller. Ils rançonnent la Banque, font main basse sur les richesses de l'État, enfoncent les portes des maisons particulières pendant la nuit, prennent l'argenterie et les bijoux sans forme de procès, confisquent les biens du clergé, arrêtent les prêtres, pillent les églises, suppriment les journaux, désarment les bataillons dont ils se défient, enrôlent tous les citoyens de dix-sept à quarante ans. Ils font cela, et ils trouvent jusque dans l'Université des hommes qui parlent d'eux avec indulgence, quelquefois même avec sympathie. Je le répète, je ne me résignerais pas à le croire si je n'en avais les preuves sous les yeux.

Notre devoir, Monsieur le Recteur, est d'arrêter sur-le-champ de tels scandales. Il ne s'agit ici ni de théories ni d'opinions discutables; il s'agit d'une révolte à main armée contre le Gouvernement légal, et du renversement de toutes les lois sur lesquelles les sociétés civilisées reposent.

J'aurais déféré aux tribunaux tout acte d'adhésion formelle; je me borne à des mesures disciplinaires contre des adhésions déguisées ou adoucies. On ne m'en a signalé en tout qu'une vingtaine; mais vous penserez, comme moi, qu'elles suffisent, et au delà, pour justifier mes alarmes. Il est clair qu'une surveillance de tous les instants devient urgente, et que l'Université a besoin de sentir qu'elle est gouvernée. Il me serait très pénible d'avoir recours à des mesures de rigueur; mais il ne sera pas dit que, par ma faute, l'Université ait été déshonorée et la jeunesse pervertie.

Je compte, Monsieur le Recteur, sur tout votre concours. Je préparerai avec maturité une loi organique; elle viendra en son temps. Ce qu'il faut avant tout, c'est une administration vigilante. Je vous prie de multiplier vos rapports avec moi, de me renseigner sur tout le personnel administratif, et sur ceux des professeurs et instituteurs qui ont commis des fautes ou vous causent quelques inquiétudes pour l'avenir.

J'ai besoin de savoir tout ce qui se passe dans la maison. Je n'aurai pas la conscience en repos tant que je ne verrai pas l'Université uniquement occupée de préparer pour notre pays une génération qui sache souffrir et obéir. Relever les esprits et les cœurs par une éducation sensée et virile, voilà ce que nous devons à la patrie. Cette tâche est si belle, que rien ne doit et ne pourra nous en détourner.

Recevez, etc.

Signé : JULES SIMON.

Proposition de loi relative à la nomination des instituteurs communaux et à la surveillance des Écoles primaires[1]. 27 mai 1871.

Séance du 27 Mai 1871.

ARTICLE 1er. — L'article 8 de la loi du 14 juin 1854, qui attribue aux Préfets la nomination des instituteurs primaires, est abrogé.

ART. 2. — Les instituteurs communaux sont nommés par le Conseil municipal de chaque commune, conformément aux dispositions qui suivent :

1. Cette proposition de loi a été présentée à l'Assemblée nationale par MM. Martial DELPIT, duc DE BROGLIE, VITET, SAINT-MARC GIRARDIN, DUPANLOUP, évêque d'Orléans, WALLON, le comte DE SUGNY, l'abbé JAFFRÉ, général D'AURELLES DE PALADINES, F. DE CORCELLE, le comte DE RESSÉGUIER, FRESNEAU, le comte DE MÉRODE, le vicomte DE MEAUX, le vicomte Arthur DE CUMONT, G. MOULIN, Cornélis DE WITT, l'amiral JAURÉGUIBERRY, le général baron DE CHABAUD-LATOUR, WADDINGTON, BARAGNON, ERNOUL, L. DE LAVERGNE, Charles DE LACOMBE, le vicomte DE GONTAUT-BIRON, DE LA BORDERIE, AUBRY, AUDREN DE KERDREL, comte JAUBERT, BEULÉ, général TROCHU, JOHNSTON, MORTIMER-TERNAUX, membres de l'Assemblée nationale.

Voir ci-après, à leur date, les amendements à ce projet : de M. LAROCHEJAQUELEIN, 19 *décembre* 1871 et 24 *janvier* 1872; de M. DE BELCASTEL, 19 *janvier* 1872. — Voir le rapport de M. ERNOUL, 3 *juillet* 1872.

Le Conseil municipal décide d'abord s'il veut un instituteur laïque ou un instituteur appartenant à une des associations religieuses vouées à l'enseignement et autorisées par la loi ou reconnues comme établissements d'utilité publique.

Dans le cas où le Conseil veut nommer un instituteur laïque, il le choisit sur une liste de cinq candidats, qui sera dressée par le Conseil départemental, après avoir consulté les délégués cantonaux.

Dans le cas où le Conseil municipal aurait opté pour une congrégation religieuse vouée à l'enseignement, il le choisit sur la présentation qui est faite par les supérieurs de ces congrégations.

Les consistoires jouissent du droit de présentation pour les instituteurs appartenant aux cultes non catholiques.

Le droit du Conseil municipal s'exerce quelle que soit la cause de la vacance, décès, démission, mutation, avancement.

Si le Conseil municipal avait fait un choix non conforme à la loi ou n'en avait fait aucun, il sera pourvu à la nomination par le Conseil départemental un mois après la mise en demeure adressée au maire par le président dudit Conseil.

ART. 3. — Dans chaque canton, l'instruction primaire est placée sous la surveillance d'un Comité qui prend le nom de *Comité des délégués cantonaux.*

Ce Comité est composé :

1° De trois membres de droit : le membre du Conseil général du canton; le juge de paix; le curé doyen du canton, et, dans les cantons où il y a des Écoles protestantes, d'un pasteur protestant désigné par les consistoires;

2° De trois membres au moins et de cinq au plus désignés par le Conseil départemental.

Le Conseil départemental détermine les Écoles particulièrement soumises à la surveillance de chacun des délégués qu'il désigne.

Les délégués sont nommés pour trois ans, et rééligibles. Ils se réunissent au moins une fois tous les trois mois, au chef-lieu du canton, pour convenir des avis à transmettre au Conseil départemental.

Dans la première réunion qui suit leur nomination, ils élisent un président et un secrétaire pour les trois années de leur exercice et font connaître la nomination de leur bureau au Conseil départemental.

Le bureau est chargé des convocations, qui auront lieu tous les deux mois, et de celles qui pourraient avoir lieu dans l'intervalle, sur la demande motivée de l'un des délégués. Un extrait du procès-verbal de chaque réunion devra être transmis au Conseil départemental.

Le Comité des délégués cantonaux fixe, d'accord avec le Conseil municipal de chaque commune, le taux de la rétribution scolaire des diverses Écoles publiques du canton. En cas de dissentiment entre le Comité des délégués et le Conseil municipal, le Conseil départemental statue définitivement sur cet objet, l'article 12 de la loi du 10 avril 1867 demeurant abrogé.

Il fait au Conseil départemental des propositions motivées pour la liste d'admissibilité et d'avancement des instituteurs laïques, pour les récompenses à accorder aux instituteurs primaires, et, en général, pour les secours et encouragements de tout genre, relatifs à l'instruction primaire dans le canton.

Il donne son avis sur la désignation des Écoles publiques ou libres du canton, aptes à recevoir des stagiaires[1], sur l'autorisation des Écoles mixtes quant au

1. Art. 47 de la loi du 15 mars 1850.

culte et quant au sexe[1], sur la réunion d'une ou plusieurs communes voisines pour l'entretien d'une École[2], sur l'autorisation demandée par un instituteur communal d'ouvrir un pensionnat[3].

Les peines disciplinaires mentionnées aux articles 30 et 33 de la loi du 15 mars 1850 ne pourront être prononcées par les autorités compétentes, sans que ces autorités aient pris l'avis du Comité des délégués cantonaux.

En cas d'opposition faite à l'ouverture d'une École ou d'un pensionnat libre, conformément au § 1er de l'article 28 de la loi du 15 mars 1850, le Conseil départemental ne statue sur cette opposition qu'après avoir entendu l'avis du Comité des délégués cantonaux.

Chaque délégué correspond tant avec le Conseil départemental, auquel il doit adresser des rapports, qu'avec les autorités locales pour tout ce qui regarde l'état et les besoins de l'enseignement primaire dans sa circonscription.

Il peut, lorsqu'il n'est pas membre du Conseil départemental, assister à ses séances avec voix consultative pour les affaires intéressant les Écoles de la circonscription.

Chaque délégué cantonal, dans l'étendue de sa circonscription, installe les instituteurs communaux avec l'assistance des autorités locales préposées à la surveillance de l'instruction primaire dans la commune.

En ce qui touche les communes de la circonscription, chaque délégué cantonal donne son avis au Conseil départemental sur le nombre des Écoles publiques à ouvrir dans chaque commune[4], et sur l'établissement des Écoles de hameau[5].

ART. 4. — Dans chaque département, les Inspecteurs de l'instruction primaire sont nommés par le Ministre de l'Instruction publique sur une liste triple de présentation dressée par le Conseil départemental.

Proposition de loi faite au nom de la Commission chargée d'examiner la proposition de MM. le duc de Broglie, Wallon, de Corcelle, Saint-Marc Girardin et plusieurs de leurs collègues, ayant pour objet le rétablissement du Conseil supérieur de l'Instruction publique sur les bases de la loi de 1850 et la remise en vigueur des garanties assurées par cette loi aux membres de l'enseignement public, par M. le duc de Broglie, membre de l'Assemblée nationale. 27 juin 1871.

Séance du 27 Juin 1871[6].

Texte de la proposition.

ARTICLE 1er. — La disposition de l'article 1er du décret du 9 mars 1852, portant que le Président de la République, sur la proposition de M. le Ministre de

1. Art. 15, § 3, de la loi du 15 mars 1850.
2. Art. 36, § 2, de la loi du 15 mars 1850.
3. § 1er de l'art. 53 de la loi du 15 mars 1850.
4. Art. 2 de la loi du 10 avril 1867.
5. Art. 3 de la loi du 10 avril 1867.
6. *Journal officiel* du 9 juillet 1871, p. 1869.

l'Instruction publique, nomme et révoque les membres du Conseil supérieur est abrogée.

ART. 2. — Jusqu'à la revision de la loi organique sur l'enseignement, du 15 mars 1850, l'article premier de cette loi, modifié comme il suit, est remis en vigueur :

Le Conseil supérieur de l'Instruction publique sera ainsi composé :

Le Ministre, président;

Huit membres choisis, au scrutin de liste, par l'Assemblée nationale, dont deux appartiendront, l'un à l'armée et l'autre à la marine;

Quatre archevêques ou évêques, élus par leurs collègues;

Un ministre de l'Église réformée, élu par les consistoires;

Un ministre de l'Église de la confession d'Augsbourg, élu par les consistoires;

Un membre du consistoire central israélite, élu par ses collègues;

Trois membres de la Cour de cassation, élus par leurs collègues;

Trois membres de l'Institut, élus en assemblée générale de l'Institut;

Un membre élu par les professeurs du Collège de France;

Un membre élu par les professeurs des Facultés de droit;

Un membre élu par les professeurs des Facultés de médecine;

Un membre élu par les professeurs des Facultés des sciences;

Un membre élu par les professeurs des Facultés des lettres;

Huit membres nommés par le Chef du Pouvoir exécutif et choisis parmi les membres de l'Université et de l'enseignement libre.

ART. 3. — Sont abrogées les dispositions du décret du 9 mars 1852 qui supprimaient les garanties assurées aux membres de l'enseignement supérieur, de l'enseignement secondaire et de l'enseignement primaire, par les articles 33 et 76 de la loi du 15 mars 1850.

Projet de la Commission.

ARTICLE 1er. — Le Conseil supérieur institué près le Ministre de l'Instruction publique est composé comme il suit :

Le Ministre, président;

Quatre membres élus au scrutin de liste par l'Assemblée nationale, et pouvant être choisis hors de son sein;

Deux membres du Conseil d'État;

Un membre de l'armée et un membre de la marine, élus par l'Assemblée nationale;

Quatre archevêques ou évêques élus par leurs collègues;

Un délégué de l'Église réformée, élu par les consistoires;

Un délégué de l'Église de la confession d'Augsbourg, élu par les consistoires;

Un membre du consistoire central israélite, élu par ses collègues;

Deux membres de la Cour de cassation, élus par leurs collègues;

Trois membres de l'Institut, élus en assemblée générale de l'Institut;

Un membre du Collège de France, élu par ses collègues;

Un membre d'une Faculté de droit, élu par les professeurs des Facultés de droit;

Un membre d'une Faculté de médecine, élu par les professeurs des Facultés de médecine;

Un membre d'une Faculté des lettres, élu par les professeurs des Facultés des lettres;

Un membre d'une Faculté des sciences, élu par les professeurs des Facultés des sciences;

Un membre du Conseil supérieur des arts et manufactures, élu par ses collègues;

Un membre du Conseil supérieur du commerce, élu par ses collègues;

Un membre du Conseil supérieur de l'agriculture, élu par ses collègues;

Sept membres de l'enseignement public, nommés par le Chef du Pouvoir exécutif en Conseil des Ministres, et choisis parmi les Inspecteurs généraux, Recteurs et anciens Recteurs, professeurs et anciens professeurs des Facultés, professeurs du Collège de France, professeurs du Muséum d'histoire naturelle, directeur de l'École normale, proviseurs des Lycées;

Trois membres de l'enseignement libre, élus par le Conseil.

ART. 2. — Le Conseil élit dans son sein une Section permanente de l'enseignement public, choisie parmi ceux de ses membres qui appartiennent à l'Institut ou à l'enseignement public.

ART. 3. — Les membres du Conseil sont élus pour six ans.

Les membres de la Section permanente sont élus pour deux ans.

Les membres du Conseil et les membres de la Section permanente sont indéfiniment rééligibles.

ART. 4. — Le Conseil tient deux sessions par an.

En dehors de ces deux sessions ordinaires, il peut être convoqué par le Ministre.

Le Ministre doit, en outre, le convoquer chaque fois que dix de ses membres en font la demande.

ART. 5. — Le Conseil supérieur peut être appelé à donner son avis sur les projets de loi, de règlement et de décret relatifs à l'enseignement, et, en général, sur toutes les questions qui lui seront soumises par le Ministre.

Il est nécessairement appelé à donner son avis :

Sur les règlements relatifs aux examens, aux concours et aux programmes d'études dans les Écoles publiques, à la surveillance des Écoles libres, et, en général, sur tous les arrêtés portant règlement pour les établissements d'instruction publique;

Sur la création des Facultés, Lycées et Colléges;

Sur les secours et encouragements à accorder aux établissements libres d'instruction secondaire;

Sur les livres qui peuvent être introduits dans les Écoles publiques, et sur ceux qui doivent être défendus dans les Écoles libres, comme contraires à la morale, à la Constitution et aux lois.

Il prononce en dernier ressort sur les jugements rendus par les Conseils départementaux ou académiques, dans les cas déterminés par l'article 14 de la loi du 15 mars 1850.

Le Conseil présente chaque année au Ministre un rapport sur l'état général de l'enseignement, sur les abus qui pourraient s'introduire dans les établissements d'instruction et sur les moyens d'y remédier.

ART. 6. — La Section permanente est chargée de l'examen préparatoire des questions qui se rapportent à la police, à la comptabilité et à l'administration des Écoles publiques.

Elle donne son avis toutes les fois qu'il lui est demandé par le Ministre sur les questions relatives aux droits et à l'avancement des membres de l'enseignement public.

Elle présente annuellement au Conseil un rapport sur l'état de l'enseignement dans les Écoles publiques.

ART. 7. — Sont abrogés les articles 1er et 3 du décret du 9 mars 1852 dans leurs dispositions relatives à la révocation des membres de l'enseignement public.

Les articles 14, 33 et 76 de la loi du 15 mars 1850 sont remis en vigueur.

---

6 juillet 1871.

Décret du Chef du Pouvoir exécutif de la République française portant dissolution du Comité central de patronage des salles d'asile.

6 Juillet 1871.

Le Chef du Pouvoir exécutif, président du Conseil des Ministres,

Vu l'article 57 de la loi du 15 mars 1850;

Vu le décret du 16 mai 1854, qui met les salles d'asile sous la protection de l'Impératrice;

Vu le décret du même jour, portant création d'un Comité central de patronage des salles d'asile, placé sous les auspices de l'Impératrice;

Vu la proposition du Ministre de l'Instruction publique et des Cultes,

Arrête :

Le Comité central de patronage des salles d'asile est dissous.

Les décrets du 16 mai 1854, susvisés, sont et demeurent abrogés.

---

4 août 1871.

Deuxième rapport fait à l'Assemblée nationale, au nom de la Commission chargée d'examiner les propositions : 1° de MM. le duc de Broglie, Wallon, Vitet et plusieurs de leurs collègues; 2° de MM. de Corcelle, Saint-Marc Girardin et plusieurs de leurs collègues, relativement aux Conseils de l'enseignement, par M. le vicomte de Meaux, membre de l'Assemblée nationale.

Séance du 4 Août 1871.

Proposition de loi sur les Conseils de l'enseignement.

TITRE Ier. — *Du Conseil supérieur.*

(Voir page 290 le texte du projet de la Commission.)

TITRE II. — *Des Conseils académiques.*

ART. 8. — Les Conseils académiques institués au chef-lieu de chaque Académie, y compris celle de Paris, seront composés ainsi qu'il suit :

1° Le Recteur, président;

2° Le Général commandant la division militaire;

3° L'Archevêque ou Évêque du diocèse dans lequel siège ledit Conseil;

4° Le Préfet maritime, là où il y a un Préfet maritime dans la circonscription académique, et s'il y en a deux, celui de première classe;

5° Le Préfet du département où siège le Conseil;

6° Le Procureur général et trois membres de la Cour d'appel, élus par leurs collègues, ou, s'il y a plusieurs Cours dans la circonscription académique, le Procureur général du lieu où siège le Conseil et deux membres de chaque Cour, élus par leurs collègues;

7° Le Président de la Chambre de commerce siégeant dans la ville la plus peuplée de la circonscription;

8° Le Doyen de chacune des Facultés comprises dans la circonscription et le Directeur de l'École secondaire de médecine établie dans le département où siège le Conseil;

9° Deux ecclésiastiques choisis par les évêques de la circonscription;

10° Un délégué de l'Église réformée, élu par les consistoires de la circonscription, et un délégué de l'Église de la confession d'Augsbourg, élu par le consistoire dans les circonscriptions où il existe une église de cette confession;

11° Un délégué du consistoire israélite dans les circonscriptions où il existe un consistoire israélite;

12° Un délégué de chacun des Conseils généraux de la circonscription; les Conseils généraux pourront choisir hors de leur sein;

13° Six membres appartenant à l'enseignement public et à l'enseignement libre, désignés par le Conseil supérieur de l'instruction publique;

14° Le Proviseur d'un des Lycées de la circonscription, désigné par le Ministre.

Les Inspecteurs d'Académie des départements compris dans la circonscription pourront être appelés à siéger dans le Conseil, avec voix consultative, pour les affaires intéressant le département dont ils sont chargés.

ART. 9. — Les membres élus du Conseil académique sont nommés pour six ans et rééligibles.

Dans la première séance qui suit l'élection des membres élus, le Conseil académique choisit son secrétaire. Le secrétaire est chargé de la garde des archives, qui doivent rester toujours dans le local où siège le Conseil et à la disposition du Recteur. Les fonctions du secrétaire durent trois ans; il peut être réélu.

Le Conseil académique se réunit au moins une fois tous les six mois. Dans l'intervalle des sessions, il doit être convoqué par le Recteur sur la demande de dix membres ou sur l'ordre du Ministre de l'Instruction publique.

La présence de la moitié plus un de ses membres est nécessaire pour la validité des délibérations.

TITRE III. — *Des Conseils départementaux.*

ART. 10. — Le Conseil départemental de l'enseignement est composé, dans chaque département, ainsi qu'il suit :

1° Le Président du Conseil général, président;

2° L'Inspecteur de l'Académie, vice-président;

3° Le Préfet;

4° L'Évêque;

5° Le Général commandant le département;

6° Le Procureur général de la Cour d'appel, dans les villes où siége une Cour d'appel, et, dans les autres, le Procureur de la République près le tribunal de première instance du chef-lieu;

7° Un ecclésiastique désigné par l'évêque;

8° Un délégué de l'Église réformée, élu par le consistoire auquel se rattache le chef-lieu du département; un délégué de l'Église de la confession d'Augsbourg, élu par le consistoire, dans les départements où il existe une église de cette confession;

9° Un délégué du consistoire israélite dans chacun des départements où il existe un consistoire;

10° Quatre membres du Conseil général, nommés par leurs collègues; ce nombre devra être égal à celui des arrondissements, si le département en compte plus de quatre;

11° Deux membres de la Cour d'appel, élus par elle, ou, à défaut de Cour d'appel, deux membres du tribunal de première instance du chef-lieu, élus par ce tribunal;

12° Deux délégués cantonaux, désignés par le Conseil général;

13° Un membre de l'enseignement public, secondaire ou primaire, désigné par le Recteur;

14° Un membre de l'enseignement libre, secondaire ou primaire, désigné par le Conseil général du département.

Les Inspecteurs de l'enseignement primaire du département pourront être appelés à siéger dans le Conseil, avec voix consultative, pour les affaires intéressant leur circonscription.

Par exception, et seulement au cas d'empêchement légitime, le Procureur général, le Préfet, l'Évêque et le Général pourront se faire remplacer par un délégué.

ART. 11. — Les membres élus du Conseil départemental sont nommés pour six ans et rééligibles.

Le Conseil se réunit sur la convocation de son président.

Les séances ont lieu au moins une fois tous les trois mois.

La présence de la moitié plus un des membres est nécessaire pour la validité des délibérations.

Le président du Conseil départemental pourra le convoquer extraordinairement. Il devra le convoquer toutes les fois que la demande lui en sera adressée par cinq membres du Conseil.

Dans sa première réunion, le Conseil désigne parmi ses membres un secrétaire, qui est nommé pour trois ans et rééligible.

Le secrétaire est chargé de la garde des archives du Conseil.

ART. 12. — Dans le département de la Seine, le Conseil départemental est composé ainsi qu'il suit :

1° Le Recteur ou Vice-Recteur de l'Académie de Paris, président;

2° Le Préfet de la Seine;

3° L'Archevêque de Paris;

4° Le Général commandant la place de Paris;

5° Le Procureur général près la Cour d'appel et le Procureur de la République près le tribunal de première instance;

6° Le secrétaire général de la préfecture de la Seine;

7° Trois ecclésiastiques, désignés par l'Archevêque de Paris;

8° Un délégué de l'Église réformée, élu par le consistoire;

9° Un délégué de l'Église de la confession d'Augsbourg, élu par le consistoire;

10° Un membre du consistoire israélite, élu par le consistoire;

11° Quatre membres du Conseil municipal de Paris, et deux membres du Conseil général de la Seine pris parmi ceux des arrondissements de Sceaux et de Saint-Denis, tous élus par le Conseil général de la Seine;

12° Deux membres de la Cour d'appel de Paris et deux membres du tribunal de première instance de la Seine, élus par leurs collègues;

13° Quatre délégués cantonaux, désignés par le Conseil général;

14° Quatre membres de l'enseignement public, désignés par le Ministre de l'Instruction publique;

15° Quatre membres de l'enseignement libre, désignés par le Conseil supérieur de l'instruction publique.

Le Préfet, l'Archevêque, le Général et le Procureur général pourront se faire représenter par un délégué.

Proposition de loi présentée par M. Henri de Lacretelle. 5 août 1871.

5 Août 1871.

Article unique. — A partir du 1er novembre 1871, l'instruction primaire sera gratuite et obligatoire dans toutes les Écoles de la République [1].

Proposition de loi ayant pour objet une institution de conférences publiques, présentée par M. Édouard Charton [2]. 21 août 1871.

21 Août 1871.

Article unique. — Tout instituteur communal, pourvu du brevet complet, fera, chaque semaine, une conférence publique sur l'une des matières de l'enseignement facultatif dans les Écoles normales primaires, et notamment sur les éléments des sciences et des arts applicables aux intérêts locaux, agricoles ou autres.

1. Voir, page 298, un nouveau projet de M. de Lacretelle, 6 *septembre* 1871.
2. Voir ci-après le rapport de M. Ernoul, 3 *juillet* 1872.

---

29 août 1871. **Proposition de loi ayant pour objet l'instruction primaire obligatoire, présentée par MM. Georges Vacherot, Édouard Charton, Bethmont, H. Martin, Ferry, Flotard, Parent, Varroy, Contaut Steinheil.**

29 Août 1871.

ARTICLE 1er. — L'instruction primaire est obligatoire sur tout le territoire français pour les enfants du sexe masculin.

ART. 2. — Tout mineur âgé de sept ans révolus au moins et de quatorze ans au plus sera tenu, sous la responsabilité de ses père, mère, tuteur ou autre personne en ayant la garde, de fréquenter assidûment une École publique ou une École privée régulièrement établie, à moins qu'il ne soit justifié que ledit mineur reçoit dans sa famille une instruction suivie et suffisante (le tout sauf ce qui sera dit article 5).

ART. 3. — A l'effet d'assurer l'exécution de cette prescription, les directeurs d'Écoles publiques ou privées tiendront à jour une liste de présence de tous les élèves fréquentant leurs Écoles.

Cette liste sera par eux déposée chaque mois, sur récépissé, à la mairie de leur commune, pour y être, par les soins du maire ou d'un délégué du Conseil municipal, contrôlée avec la liste des jeunes gens de sept à quatorze ans habitant la commune.

Il sera, chaque mois, dressé de cette opération procès-verbal sommaire, indiquant le nom des jeunes gens qui ne se trouveraient pas sur les listes d'École.

Ce procès-verbal sera immédiatement transmis à l'Inspecteur primaire du ressort.

Ces opérations seront, en outre, vérifiées sur place par l'Inspecteur primaire ou par les délégués cantonaux, chaque fois que l'un d'eux le jugera convenable.

ART. 4. — Lorsqu'un directeur d'École publique ou privée ne tiendra pas la liste de présence exigée par l'article 3, ou au cas où il n'en fera pas le dépôt mensuel à la mairie, il sera passible d'une amende de 50 à 100 francs.

En cas de récidive dans le délai d'un an, la peine sera doublée. En cas d'une nouvelle récidive dans le même délai, l'instituteur pourra être destitué s'il s'agit d'une École publique, et l'établissement fermé s'il s'agit d'une École libre.

La pénalité sera la même pour le cas où il aurait été commis sur les listes des inexactitudes volontaires.

ART. 5. — Au cas où un mineur de six à quatorze ans suivrait les cours d'une École autre que celle de sa résidence légale, ou au cas où il recevrait dans sa famille l'instruction primaire obligatoire, ses parents ou, à leur défaut, ceux qui sont légalement responsables, devront, à peine de supporter les frais de poursuites qui seraient intentées contre eux, en faire la déclaration au maire de la résidence légale du mineur.

Le maire transmettra dans la huitaine cette déclaration à l'Inspecteur primaire du ressort, lequel devra sans retard en contrôler l'exactitude.

L'élève qui recevra l'instruction primaire dans sa famille devra, au moins une fois par an, subir un examen devant l'Inspecteur primaire.

Au cas où deux examens successifs ne donneraient pas de résultats satisfaisants, l'élève pourra, sur l'avis motivé de l'Inspecteur assisté d'un délégué cantonal, être soumis à l'obligation de suivre les cours d'une École.

Il pourra être appelé de cette décision devant le Conseil départemental, qui jugera en dernier ressort.

Art. 6. — Il pourra être accordé par l'Inspecteur primaire, sur l'avis du maire, des exemptions temporaires de fréquenter l'École aux élèves dont les parents en feront la demande motivée. Ces exemptions ne pourront être accordées pour plus de quinze jours.

Il ne pourra en être accordé plus de quatre au même élève dans le courant d'une année.

Art. 7. — L'obligation de suivre assidûment les cours d'une École cessera :

1° Lorsque l'enfant aura atteint l'âge de quatorze ans révolus;

2° Lorsque, avant cet âge, il aura satisfait à son examen de capacité.

A cet effet, l'Inspecteur primaire, assisté d'un délégué cantonal et d'un instituteur du canton, se transportera, au moins une fois par an et à un jour indiqué un mois d'avance, dans chacune des communes de son ressort, à l'effet d'interroger en séance publique, sur toutes les matières de l'enseignement primaire : 1° tous les élèves des Écoles ayant atteint ou dépassé l'âge de treize ans; 2° tous les jeunes gens de la commune au-dessous et au-dessus de cet âge qui auraient demandé par écrit à être admis aux épreuves.

Les candidats qui auront satisfait à cet examen recevront un certificat de capacité; ils seront immédiatement exemptés de l'obligation de suivre les cours d'aucune École, et leurs parents, tuteurs et autres, seront déchargés de toute responsabilité à cet égard.

Art. 8. — Le programme des matières formant l'objet de l'enseignement primaire sera arrêté chaque année par le Conseil supérieur de l'instruction publique.

Art. 9. — Lorsqu'il sera constaté qu'un enfant soumis à l'obligation de suivre les cours d'instruction primaire n'a fréquenté aucune École pendant le délai d'un mois, sans motif légitime d'empêchement, le père, ou à son défaut le tuteur, ou, à défaut du tuteur, toute personne en ayant la garde, sera passible d'une peine consistant en trois journées de prestation au moins et dix jours au plus, ou l'équivalent en argent, avec contrainte par corps dont le tribunal fixera la durée.

En cas de récidive dans le courant d'une année, la peine sera du double.

Dans le cas où la même personne aurait encouru quatre condamnations dans le délai d'un an, elle pourra, outre l'amende, être condamnée en un emprisonnement de cinq jours au plus.

Elle sera privée de ses droits politiques pour cinq années au moins, dix ans au plus.

En outre, la garde de l'enfant pourra lui être retirée pour un temps que le tribunal déterminera, et qui ne pourra être inférieur à une année.

Pendant le même laps de temps, l'enfant, s'il n'est réclamé par un de ses parents, qui en deviendra responsable, sera placé dans un établissement public d'instruction aux frais de la personne qui avait sa garde.

Les frais de son séjour seront avancés par l'État, qui en fera le recouvrement sur les biens de la personne condamnée; et, en cas d'insolvabilité constatée de cette dernière, sur les biens personnels de l'enfant ou sur ceux qui pourront lui échoir ultérieurement.

L'action de l'État, en ce cas, ne sera éteinte que par la prescription trentenaire.

Art. 10. — Au cas où l'enfant soumis à l'obligation de l'instruction primaire aura, sans cause légitime, fait plus de cinq jours d'absence dans un mois aux cours de l'École à laquelle il est inscrit, le père ou la personne responsable sera prévenu par écrit, à la diligence et sous la responsabilité civile de l'instituteur. Si le fait se renouvelle le mois suivant, le père ou la personne responsable sera puni de deux jours de prestation au moins, et cinq au plus, ou d'une amende de somme équivalente.

En cas de récidive, la peine sera doublée.

Lorsque la même personne aura subi, pour ce motif, plus de quatre condamnations dans le cours d'une année, le tribunal pourra, suivant les circonstances, lui appliquer les dispositions de l'article 9 et notamment lui enlever la garde de l'enfant et placer ce dernier dans un établissement public, ainsi qu'il est dit à l'article précédent.

Art. 11. — Toutes les poursuites auront lieu devant le tribunal de simple police du canton, à la requête du ministère public, sur le rapport de l'Inspecteur primaire du ressort, du maire ou d'un délégué cantonal. Le produit des amendes sera versé dans la caisse communale et affecté au budget de l'instruction primaire.

Art. 12. — A dater de la promulgation de la présente loi, toute personne ayant la garde ou la responsabilité légale d'un mineur âgé de plus de sept ans et de moins de quatorze, ne pourra être admise à exercer aucune fonction publique ou communale, si elle ne produit un certificat délivré par le maire ou par l'instituteur et visé par le maire de la commune, constatant que l'enfant dont elle a la charge fréquente régulièrement une École ou reçoit à domicile l'instruction primaire.

Nul ne sera admis à recevoir des secours de l'assistance publique ou des bureaux de bienfaisance communaux, sans la production préalable de ce certificat.

Art. 13. — Dans les communes où l'instruction primaire n'est pas entièrement gratuite, toute personne hors d'état de subvenir aux frais d'écolage des enfants dont elle a charge, devra en faire la déclaration à la mairie.

Sur le vu du certificat qui en sera délivré par ce magistrat, tout enfant sera admis gratuitement dans les Écoles publiques de la commune.

Les livres et autres objets d'écolage indispensables seront aussi, en ce cas, fournis gratuitement.

Les frais seront supportés moitié par la commune et moitié par l'État.

---

6 sept. 1871.

Proposition de loi présentée par M. Henri de Lacretelle, ayant pour objet l'instruction primaire gratuite et obligatoire[1].

6 Septembre 1871.

Article 1er. — L'instruction primaire est gratuite et obligatoire dans toutes les Écoles de la République, pour les enfants des deux sexes.

Art. 2. — Tout enfant âgé de sept ans révolus sera tenu, sous la responsabilité de ses père, mère, ascendant ou tuteur, de fréquenter les Écoles primaires

1. Voir ci-dessus, page 295, l'article unique du projet déposé par M. de Lacretelle le 5 *août* 1871.
Voir ci-après le projet de M. Ernoul, 3 *juillet* 1872.

jusqu'à l'âge de quinze ans, sauf l'exception relatée plus loin. Néanmoins le père de famille pourra conserver ses enfants chez lui, s'il fournit la preuve qu'il leur fait donner l'instruction primaire à domicile ou dans une École libre.

ART. 3. — L'instituteur ou l'institutrice, ou les directeurs ou directrices des Écoles libres, devront remettre chaque mois au maire de la commune la liste des enfants qui suivent leurs classes. En cas de refus de la part de la famille, ou d'absences multipliées et non justifiées de l'enfant, le maire appellera devant lui les délinquants.

ART. 4. — La peine infligée à ceux qui ont la surveillance de l'enfant sera une réprimande publique toutes les fois que l'absence aura duré plus de huit jours, sans être justifiée. La peine consistera dans l'insertion des noms sur un placard affiché devant la porte de la mairie s'il y a récidive. Si l'absence est systématique, ou si le refus des parents est constaté, la peine, à la troisième insertion, sera d'une amende de cinq francs pour chaque jour de retard, et d'une interdiction des droits civils pendant deux années. L'amende sera versée dans la caisse de l'École communale.

ART. 5. — Dans les hameaux éloignés de l'École et aux époques des grands froids, et dans tout le territoire de la commune pendant la fenaison et la vendange, il pourra être accordé aux élèves une autorisation de quinze jours d'absence. Cette permission ne sera renouvelée qu'une fois par an.

ART. 6. — L'Inspecteur primaire et le médecin cantonal visiteront tous les mois les Écoles du canton.

ART. 7. — Les père, mère, ascendant ou tuteur seront à l'abri de toute recherche, si leurs enfants sont inscrits dans une autre École que celle de leur résidence légale.

ART. 8. — A l'âge de douze ans, pour ceux qui entreront dans les Écoles de second degré ou dans les Lycées et Colléges, et de quinze ans pour ceux qui se livreront aux études primaires, les élèves passeront devant un jury composé d'un Inspecteur primaire, d'un père de famille résidant dans la commune, et du maire, un examen après lequel il pourra leur être délivré un certificat de capacité. Ils continueront leurs études jusqu'à ce qu'ils aient obtenu un certificat.

ART. 9. — Les communes contribueront aux frais de l'instruction gratuite, dans la proportion de la moyenne des fonds qu'elles consacraient à l'assistance scolaire. Le reste sera fourni par l'État. Le minimum du traitement de l'instituteur et de l'institutrice sera de 1 200 francs par an. Ils auront droit au logement, à un jardin, au chauffage et à l'éclairage.

Rapport sommaire fait au nom de la sixième Commission d'initiative parlementaire sur la proposition de loi de M. Edouard Charton ayant pour objet une institution de conférences publiques, par M. Bardoux, membre de l'Assemblée nationale. 7 sept. 1871.

Séance du 7 septembre 1871.

Messieurs, répandre largement l'instruction dans un pays de suffrage universel est une des nécessités sur lesquelles tous les esprits doivent être d'accord. Le principe de notre droit politique, qui met un bulletin de vote entre les mains de tous les citoyens, doit avoir pour corollaire une loi sur l'enseignement populaire.

Toutes les propositions tendant à ce but doivent être favorablement accueillies.

Notre honorable collègue, M. Édouard Charton, a pensé qu'à l'aide de conférences familières, on pourrait répandre jusque dans les petites communes les éléments pratiques des sciences et des arts, en recherchant surtout leur application aux intérêts locaux et agricoles.

Il propose de charger tout instituteur communal, pourvu du brevet complet, de faire chaque semaine une conférence publique sur l'une des matières de l'enseignement facultatif dans les Écoles normales primaires.

Nous ne nous dissimulons pas, l'honorable auteur de la proposition ne se l'est pas dissimulé davantage, qu'il serait difficile d'exiger de tout instituteur, même ayant le brevet de premier degré, les qualités ordinaires d'un conférencier. Aussi pensons-nous qu'on remplacera le plus souvent les conférences par la lecture d'un livre utile. L'auditoire y trouvera encore son profit.

L'essentiel est de répandre largement des idées saines, morales, pratiques, et de lutter partout avec persévérance et sans découragement contre ce courant de sophismes, contre ces systèmes décevants, ennemis mortels de la liberté et qui troubleraient si profondément la société.

La Commission d'initiative parlementaire s'est cependant demandé, tout en rendant hommage aux intentions élevées qui ont inspiré le projet de M. Édouard Charton, si une loi spéciale était bien nécessaire pour instituer ces conférences dans les communes.

N'est-ce pas plutôt une de ces questions entrant exclusivement dans la compétence du Ministre de l'Instruction publique? Une circulaire ministérielle ne pourrait-elle pas suffire?

Ou mieux encore ne faudrait-il pas attendre que la loi si impatiemment désirée sur l'enseignement soit présentée et discutée, pour y introduire une disposition générale qui donnerait satisfaction à la demande de notre honorable collègue.

Ces considérations très puissantes n'ont cependant pas empêché votre Commission d'accueillir favorablement cette proposition. Elle a incontestablement cet avantage d'attirer l'attention sur un des sujets les plus dignes des préoccupations de l'Assemblée.

Sous quelque forme, et par quelque moyen qu'elle puisse en définitive se réaliser, elle répond au besoin indispensable de répandre libéralement l'instruction. Les conférences ou même les lectures ont été dans les pays voisins un précieux instrument de civilisation et de progrès. Elles n'offriront aucun danger sous la surveillance des autorités compétentes, qui seront juges de leur opportunité, de leur intérêt et de l'esprit qui les animera; on pourra les suspendre et même les supprimer si elles étaient détournées de leur but essentiellement pratique.

Le traitement des instituteurs, à qui l'on impose un surcroît de travail, peut-être, devra être augmenté. C'est une objection; mais cette charge pour le Trésor sera peu onéreuse, et nous espérons bien qu'à l'avenir, même dans la limite de nos ressources, le budget de l'instruction publique ne sera plus le plus pauvre de nos budgets ministériels.

La sixième Commission d'initiative parlementaire vous propose donc de prendre en considération la proposition de M. Édouard Charton.

Circulaire du Ministre de l'Instruction publique, relative à la nomination des instituteurs. 28 octobre 1871.

28 Octobre 1871.

Monsieur le Préfet, plusieurs de vos collègues m'ont consulté sur quelques difficultés qu'a soulevées l'interprétation de l'article 4 du décret du 9 mars 1852, et de l'article 8 de la loi du 14 juin 1854, dans les cas où les Conseils municipaux ont émis leur avis sur l'option à faire entre les instituteurs laïques et les instituteurs congréganistes.

L'Assemblée nationale est saisie de plusieurs propositions relatives aux Conseils d'instruction publique et à la nomination des instituteurs. Je prépare moi-même, sur ces parties essentielles de notre législation, un projet de loi, que je suis dans l'intention de soumettre à l'Assemblée.

En présence de ces projets divers, j'aurais désiré qu'on pût attendre la décision de l'autorité souveraine sur les difficultés qui m'étaient soumises. Mais tout retard aggraverait une situation déjà difficile. Sur cette importante question de l'option entre laïques et congréganistes, l'Administration de l'Empire n'a laissé aucune jurisprudence fixe.

Je crois donc devoir demander aux lois existantes, en attendant la solution législative, une jurisprudence qui puisse donner aux Conseils municipaux toute facilité pour exprimer leur avis, en même temps qu'elle assure aux intérêts de l'enseignement, directement en cause, la protection efficace du Conseil départemental.

Aux termes de l'article 4 du décret-loi du 9 mars 1852 et de l'article 8 de la loi du 14 juin 1854, le Préfet nomme les instituteurs communaux, les Conseils municipaux entendus.

La circulaire ministérielle du 3 avril 1852 a fait connaître que, par ces mots : *les Conseils municipaux entendus*, le législateur a voulu dire que le Conseil municipal devait être mis en demeure de déclarer s'il désirait que la direction de son École fût confiée à un instituteur laïque ou à un instituteur congréganiste. Plus tard, à la date du 2 mars 1853, une nouvelle circulaire dispose que les Recteurs peuvent déplacer les instituteurs ou opérer entre eux des mutations, *sans être tenus de prendre l'avis des Conseils municipaux*. Dès lors, les assemblées communales n'étaient plus appelées à exprimer leur avis sur l'option entre laïques et congréganistes, que dans le cas de démission, révocation ou décès.

Telle a été, en effet, la jurisprudence suivie jusque dans les dernières années du régime déchu, et confirmée par un avis du Sénat (*séance* du 8 mai 1862), avis qui devint l'occasion et le fondement des dispositions de la circulaire ministérielle du 12 juillet de la même année.

Cette modification, qui ramenait aux plus étroites limites la faculté d'option des Conseils municipaux, provoqua des réclamations. On fit remarquer qu'en restreignant aux seuls cas de vacances d'emplois l'avis à émettre sur l'option, on permettait aux Préfets, aussi bien qu'aux supérieurs des congrégations, de perpétuer dans une École communale une catégorie d'instituteurs, contrairement à la volonté des populations.

L'Administration de l'Instruction publique jugea, sans doute, que l'observation était fondée et l'inconvénient grave, puisqu'elle admit, dans les dernières années de l'Empire, que, pour certains cas, le Conseil municipal pourrait formuler son avis, lors même qu'il n'y aurait pas vacance d'emploi. On exigea seulement une enquête spéciale destinée à établir que le vœu du Conseil était bien le vœu de la population. Le Ministre se réservait la décision. C'était faire de cette décision la seule loi, en dépit de la volonté expresse du législateur, qui avait voulu décentraliser tout ce qui a rapport à la nomination des instituteurs publics.

Ces hésitations, ces changements brusques dans la jurisprudence, en matière si délicate, devaient produire de fâcheuses conséquences pendant la période troublée que nous venons de traverser. Il faut rendre cette justice aux municipalités issues du suffrage universel, qu'elles se sont montrées presque partout très prudentes, très réservées. Mais un certain nombre de Commissions municipales ont voulu immédiatement trancher elles-mêmes, de leur propre autorité, cette difficile question de l'option entre laïques et congréganistes. On a vu se produire alors les regrettables effets de la confusion des pouvoirs que le Gouvernement de l'Empire avait créée. Des instituteurs ont été expulsés dans les vingt-quatre heures, sans que l'autorité universitaire eût été prévenue; on n'a tenu compte ni des engagements pris, ni des intérêts scolaires, ni même des intérêts financiers des communes. Des décisions municipales ayant été mises à exécution contrairement à des dispositions testamentaires sanctionnées par l'État et obligatoires pour les villes, les intéressés n'ont eu de recours que devant la juridiction civile. Enfin, par un effet plus déplorable encore de ces mesures illégales, l'opinion des familles n'étant pas partout conforme aux volontés des municipalités, les élèves n'ont point fréquenté les nouvelles Écoles brusquement substituées aux anciennes; l'École publique a été désertée, au grand détriment de l'enseignement populaire.

Il est indispensable qu'une règle soit établie, qu'elle soit connue de tous, respectée de tous. Cette règle, jusqu'au jour où le législateur aura de nouveau parlé, ne peut se trouver que dans une interprétation libérale, mais exacte, de la loi telle qu'elle subsiste encore.

La loi actuelle confère aux Préfets la nomination des instituteurs publics; mais la loi veut aussi que le Conseil municipal soit entendu sur le choix à faire entre les instituteurs laïques et les congréganistes; il faut que cet avis du Conseil municipal puisse être émis dans des conditions qui garantissent à la fois les intérêts des maîtres et ceux de l'École. La décision, dans tous les cas, appartient au Préfet.

Telle est la législation; il n'y a pas d'autre disposition textuelle dans la loi. J'ai dû me borner à le rappeler à ceux de MM. les Préfets qui m'ont consulté, en ajoutant seulement qu'ils devaient, autant que possible, se conformer au vœu de la majorité des pères de famille.

Mais c'est là précisément qu'est la difficulté. Comment le Préfet pourra-t-il juger, avec certitude, si, oui ou non, le Conseil municipal est d'accord avec la majorité de la population? Et, en outre, convient-il que le Conseil municipal et le Préfet interviennent seuls dans cette question, essentiellement scolaire, du choix de l'instituteur?

Le rapport administratif présenté au Préfet par l'Inspecteur d'Académie, qui est son subordonné en ce qui touche l'enseignement primaire, ne paraît pas suffire pour protéger les intérêts scolaires. Quelle sera donc l'autorité qui les défendra efficacement? Qui éclairera le Préfet sur les inconvénients que sa décision pourrait entraîner? Le Ministre est trop loin de la commune pour prononcer avec assurance sur des questions où il importe de connaître si exactement les sentiments particuliers de la population.

Il est donc désirable qu'une autre autorité vienne émettre aussi son avis, et que cette autorité soit placée sur les lieux, mais assez haut pour n'être point dominée par les passions locales.

Cette autorité, dont la compétence est, d'ailleurs, hors de doute, ce sera le Conseil départemental de l'instruction publique. L'article 14 de la loi du 15 mars 1850 charge ce Conseil de donner son avis sur les réformes à introduire dans l'administration des Écoles. Nous ne ferons que nous conformer à l'esprit de la loi, en lui conférant, dès à présent, le droit de donner son avis sur l'option entre l'École laïque et l'École congréganiste. Vous voudrez donc bien, à l'avenir, le consulter avant de prendre un parti définitif; c'est à lui qu'il appartiendra d'examiner si le vœu du Conseil municipal est bien celui de la population elle-même, si l'intérêt des études permet de l'adopter, s'il est conforme aux prescriptions légales qui ont pu intervenir en ce qui concerne la constitution de l'École.

Telle est la marche que vous aurez à suivre dans ces affaires d'option entre laïques et congréganistes; c'est la loi même qui l'a tracée, et, quelque défectueuse que soit cette loi, il y a plus d'intérêt pour tous à la suivre qu'à chercher, dans des interprétations restrictives, des avantages souvent périlleux, toujours sujets à contestation. Ainsi, chacun rentrera dans son droit : le Préfet conservera son autorité et aussi sa responsabilité; le Conseil municipal pourra émettre son avis; le Conseil départemental exercera la surveillance des intérêts scolaires qui lui appartient déjà, en attendant que la loi ait déterminé elle-même si son pouvoir, en cette matière, ne doit point aller jusqu'à une décision définitive.

Dans le cas où quelques Conseils municipaux vous auraient fait parvenir leurs vœux relativement à l'option entre laïques et congréganistes, vous auriez donc à saisir le Conseil départemental. La loi vous donne tous pouvoirs pour la nomination des instituteurs; le double avis du Conseil municipal et du Conseil départemental laisse à vos décisions leur entière indépendance; mais je ne doute pas que, désormais éclairé sur les intérêts en cause par l'étude approfondie à laquelle se sera livré le Conseil départemental, vous ne parveniez à résoudre les questions qui vous seront soumises, de manière à donner aux populations toutes les satisfactions compatibles avec l'intérêt supérieur de l'enseignement.

Recevez, etc.

Signé : JULES SIMON.

Circulaire du Ministre de l'Instruction publique, relative aux subventions allouées aux communes pour travaux de maisons d'école. 14 nov. 1871.

14 Novembre 1871.

Monsieur le Préfet, aux termes de l'article 68 de la loi départementale du 10 août 1871, les subventions aux communes pour acquisition, construction et réparation de maisons d'école et de salles d'asile ne peuvent être allouées par le Ministre que sur la proposition du Conseil général du département. A cet effet, le Conseil général dresse un tableau collectif des propositions, en les classant par ordre d'urgence.

En exécution de cette disposition, toute demande de secours faite pour travaux de maisons d'école devra être transmise, à l'avenir, à M. le président du Conseil général, la législation nouvelle conférant au Conseil le droit d'examen et de proposition des allocations demandées par les communes sur les fonds départementaux et sur les fonds de l'État.

Le bon emploi de ces fonds, comme l'intérêt le mieux entendu des communes, exige que, dans les projets présentés par les municipalités, il soit tenu compte des recommandations contenues dans l'instruction du 30 juillet 1858. S'il en était autrement, la solution de ces sortes d'affaires éprouverait des retards regrettables, attendu qu'il ne me serait possible de statuer sur les propositions du Conseil général qu'autant que ces conditions auraient été remplies.

Vous trouverez ci-jointes des demandes de secours qui ont été formées postérieurement à la promulgation de la loi, et que vous aurez à faire parvenir à M. le président du Conseil général.

Recevez, etc.

Signé : JULES SIMON.

---

18 nov. 1871. **Instruction du Ministre de l'Instruction publique aux Inspecteurs d'Académie, relative à l'organisation pédagogique des Écoles primaires publiques[1].**

18 Novembre 1871.

Monsieur l'Inspecteur, c'est par les Écoles primaires publiques que doivent commencer les améliorations que réclame l'enseignement à tous les degrés. Nos Écoles primaires, il faut le reconnaître, n'ont point produit jusqu'ici tous les résultats qu'on est en droit d'en attendre; les rapports qui me parviennent ne laissent aucun doute à cet égard.

La faiblesse de ces résultats tient à diverses causes : quelques-unes se rattachent intimement à des questions qui seront plus tard résolues; d'autres peuvent être immédiatement signalées, et le mal peut dès à présent recevoir son remède.

Tandis que la répartition de nos Écoles sur la surface du territoire, la nomination du personnel, la surveillance et l'administration financière de nos établissements publics d'instruction primaire sont depuis longtemps réglées et forment un tout coordonné, l'enseignement proprement dit n'a point été suffisamment organisé. La loi a bien désigné, d'une manière générale, les matières qu'il doit embrasser dans toutes les Écoles, et celles qu'il peut aussi comprendre dans certains cas; mais cette détermination se borne à un simple énoncé; aucune règle ne prescrit comment cet enseignement doit être donné, en combien d'années il peut être réparti, et ce qu'il doit comprendre dans chaque année d'études.

Un trop grand nombre d'instituteurs, à qui l'on n'a ni prescrit exactement leur tâche, ni laissé l'initiative ou inspiré la confiance nécessaire pour la fixer

1. Voir les circulaires des 6 et 18 *décembre* 1872. (*Circ. et Instr. off.*, T. VII, p. 266 et 275.)

eux-mêmes, marchent sans guide, au hasard. Leur bonne volonté ne saurait suppléer aux instructions précises qui leur manquent.

Tout est de nature à les embarrasser : les matières et les procédés d'enseignement, le choix des livres et la progression des études, le temps même qu'il faut y employer. Faute d'un plan déterminé, les leçons se font sans enchaînement logique et trop souvent sans profit constaté, malgré les louables efforts de l'inspection.

Il arrive même que l'enseignement varie sans motifs, et que les Écoles non seulement diffèrent entre elles, ce qui aurait sa raison d'être, mais ne se ressemblent pas à elles-mêmes d'une année à l'autre.

Les élèves quittent donc l'École avec des connaissances incomplètes, tronquées, confuses, et de là, plus tard, en dépit des sacrifices de temps et d'argent que se sont imposés les familles, ce nombre considérable de conscrits illettrés que la statistique nous dénonce.

Pour remédier au mal, il y aurait lieu d'établir dans chaque École primaire : 1° un programme spécial d'enseignement; 2° un emploi du temps, avec tableau du travail à l'appui.

On n'y a pas manqué pour l'enseignement secondaire; mais là rien n'était plus facile que de mettre l'ordre et l'unité; tout y aide dans les familles dont les enfants fréquentent nos Lycées et nos Collèges : mêmes habitudes d'esprit, mêmes mœurs, et, le plus souvent, même degré d'instruction.

Mais les populations auxquelles s'adresse l'enseignement primaire offrent, d'une province à l'autre, les plus grands contrastes. L'instruction, très avancée dans quelques départements, est très arriérée dans d'autres; il y a dans la configuration du sol, dans l'agglomération ou la dissémination des habitants, dans leur genre de vie, dans la répartition de la propriété, dans la nature des cultures et des industries, une foule de circonstances qui influent à la fois sur la fréquentation des Écoles et sur l'instruction qui peut y être utilement donnée. Si l'on voulait appliquer la même règle à des Écoles placées dans des conditions si diverses, on n'arriverait qu'à un seul résultat : l'impossibilité d'appliquer cette règle dans la plupart des cas, et l'on substituerait une confusion à une autre. L'uniformité dans le détail eût arrêté tout progrès : ainsi se trouve justifié le caractère général des règlements qui ont suivi la promulgation des lois de 1833 et de 1850.

C'est par un procédé inverse que la réforme peut se faire : à des règlements très généraux, il suffirait d'ajouter le complément de dispositions très particulières, mais appropriées aux circonstances locales. Les Écoles placées dans des conditions à peu près identiques auraient naturellement un programme d'enseignement en rapport avec la situation particulière du pays et les habitudes de la population, ainsi qu'un emploi du temps en harmonie avec ce programme.

Qui fixerait le programme? L'autorité l'imposerait-elle, après l'avoir seule rédigé? Telle n'est pas mon opinion; et je verrais plus d'avantages à réaliser hardiment une idée qui n'est point émise ici pour la première fois.

Chaque instituteur commencerait par dresser lui-même son programme, en distribuant les matières de l'enseignement prescrit par la loi en un certain nombre d'années, conformément aux besoins reconnus de son École et selon ses propres aptitudes. Il n'aurait plus alors, pour s'en écarter, les raisons qu'on objecte contre les règlements uniformes, qui ne tiennent compte ni de la situation matérielle ou morale des Écoles, ni de l'aptitude des maîtres, ni des besoins réels des élèves. L'instituteur serait juge, tout le premier, et devrait se conformer invariablement au programme qu'il aurait reconnu le meilleur.

Voici, en conséquence, les mesures pratiques auxquelles je vous invite à donner tous vos soins.

Au reçu de cette circulaire, vous voudrez bien demander à chaque directeur et directrice d'École publique, sans exception, de dresser : 1° un plan d'études indiquant la répartition de l'enseignement en un nombre d'années approprié aux besoins de son École; 2° un tableau de l'emploi du temps en harmonie avec ce plan.

Les maîtres pourront s'aider, pour ce travail, des programmes et des emplois du temps dressés précédemment dans beaucoup de départements, ainsi que de ceux qui ont été publiés par divers auteurs. En outre, afin de venir mieux en aide aux instituteurs, et surtout à ceux qui n'auraient aucun de ces tableaux entre les mains, je joins à cette circulaire un modèle de plan d'études[1] et un tableau de l'emploi du temps[2], que vous adresserez à chaque directeur ou directrice d'École.

Comme l'esprit d'initiative ne saurait être trop encouragé pour une pareille œuvre, il est expressément entendu que les instituteurs, restant libres de rédiger leurs programmes et leurs tableaux comme ils le croient convenable, doivent considérer ceux que je vous envoie, non pas comme un type à adopter, mais seulement comme contenant des indications générales qui peuvent leur être utiles.

Chaque maître, après avoir dressé son plan d'enseignement, tel qu'il le jugera praticable dans son École, soumettra ce travail à l'examen de l'Inspecteur de l'arrondissement, qui vous le transmettra avec ses observations. L'Inspecteur pourra, en outre, s'il le juge utile, réunir dans des conférences les instituteurs d'un même canton, soit avant toute rédaction et tout envoi de programmes, pour éclairer les maîtres de son expérience et leur expliquer mes intentions avec plus de détails, soit après la remise des programmes et l'examen qu'il en aura fait, en vue d'assurer une entière satisfaction aux besoins de chaque commune.

Une fois l'emploi du temps et le plan d'études approuvés par vous, des modifications ne pourront y être introduites que sur la demande motivée de l'instituteur et après avis de l'Inspecteur. Ils resteront en vigueur et affichés dans l'École et devront y être régulièrement observés. Chaque Inspecteur primaire conservera une copie du plan d'études et de l'emploi du temps définitivement approuvés; et c'est d'après cette règle, que l'instituteur se sera tracée à lui-même, qu'il deviendra facile à l'Inspecteur de juger des progrès des élèves.

Lorsque vous aurez réuni les divers documents fournis par les instituteurs, il y aura lieu de les soumettre au Conseil départemental, qui pourra les contrôler à son tour, et s'assurera qu'ils ne contiennent aucune disposition nuisible aux intérêts de l'enseignement.

Nous arriverons ainsi, j'en ai l'espoir, à introduire dans les études primaires un fonctionnement régulier que l'Administration a toujours réclamé sans l'obtenir. Nous y arriverons sans faire violence aux personnes ni aux choses; les instituteurs reconnaîtront qu'il serait impossible de prendre une mesure qui, en apportant dès à présent une amélioration considérable à l'enseignement primaire, ouvrît mieux la porte à tous les perfectionnements et fût plus en harmonie avec le principe de liberté qui doit aujourd'hui diriger le Gouvernement.

1. Voir les sept tableaux de répartition de l'enseignement annexés à la présente instruction, pages 310 et suivantes.

2. Voir le tableau de l'emploi du temps annexé à la présente instruction, page 308.

Si un bon emploi du temps et un programme d'études rationnel peuvent contribuer à assurer le progrès de l'enseignement, c'est à la condition toutefois que l'instituteur préparera sérieusement sa classe à l'avance, afin de mesurer exactement la difficulté et l'étendue des leçons et des devoirs sur le degré d'instruction de ses élèves, et de n'éprouver jamais aucune hésitation dans les explications qu'il est obligé de leur fournir.

L'instituteur qui ne prépare pas les matières de son enseignement perd beaucoup de temps à chercher pendant la leçon, dans les livres ou des cahiers, les textes à faire lire ou à expliquer, les devoirs d'arithmétique ou de français à dicter, et il s'expose à les mal choisir. Les élèves, qui restent eux-mêmes oisifs, se dissipent, s'agitent, et la discipline est en souffrance. Le maître, au contraire, qui n'entre dans sa classe que quand tous les matériaux ont été préparés à tête reposée, peut suivre sans peine les différents exercices et en tirer tout le fruit possible pour les progrès de l'École.

Je vous prie d'appeler sur ce point l'attention toute particulière des instituteurs et des institutrices de votre département, et de veiller à ce que mes recommandations soit consciencieusement suivies.

Veuillez, Monsieur l'Inspecteur, m'accuser réception de cette circulaire et m'adresser, avant le 15 janvier prochain, un rapport détaillé sur les dispositions que vous aurez prises pour en assurer la prompte exécution.

Recevez, etc.

Signé : JULES SIMON.

[*TABLEAUX*.]

Annexe N° 1. ORGANISATION DES ÉTUDES DANS LES ÉCOLES PRIMAIRES,

EMPLOI DU TEMPS

MATIN

DIVISIONS.	7 h. 45 à 8 h.	8 h. à 8 h. 30.	8 h. 30 à 9 h.	9 h. à 9 h. 20.	9 h. 20 à 9 h. 50.	9 h. 50 à 10 h.	10 h. à 10 h. 30.	10 h. 30 à 11 h.	11 h.	11 h. à 11 h. 30.	11 h. 30 à midi 45.	OBSERVATIONS.
3e ANNÉE.	Mise en rang. Inspection	INSTRUCTION RELIGIEUSE.	LANGUE FRANÇAISE. Rédaction du devoir donné la veille.	Dictée commune par un aide.	Leçon par le maître.	Récréation.	LECTURE par le maître.	ÉCRITURE par le maître.	Prière. Sortie.	EXERCICES DE GYMNASTIQUE.	Repas et Récréation.	
2e ANNÉE.	de propreté. Entrée		Leçon par le maître.		Rédaction du devoir.							
1re ANNÉE.	en classe. Appel. Prière.	INSTRUCTION RELIGIEUSE. Récitation des prières et du petit catéchisme, sous la direction d'un aide.	LANGUE FRANÇAISE. Exercices pratiques sous la direction d'un aide d'abord, par le maître ensuite.		LECTURE ET RÉCITATION De petits morceaux choisis, par le maître d'abord, sous la direction d'un aide ensuite.		CALCUL ORAL ET EXERCICES au tableau noir et sur l'ardoise sous la direction d'un aide.					

SOIR

DIVISIONS.	Midi 45 à 1 h.	1 h. à 1 h. 30.	1 h. 30 à 2 h.	2 h. à 2 h. 30.	2 h. 30 à 2 h. 45.	2 h. 45 à 3 h. 15.	3 h. 15 à 3 h. 45.	3 h. 45 à 4 h.	4 h.
3e ANNÉE.	Mise en rang. Inspection	CALCUL ET SYSTÈME MÉTRIQUE. Rédaction du devoir donné la veille.	Leçon par le maître.	LECTURE par le maître.	Récréation.	HISTOIRE ET GÉOGRAPHIE. Écriture, mise au net d'un devoir ou tracé d'une carte.	Leçon par le maître.	LEÇON GÉNÉRALE SUR LES CHOSES USUELLES.	Prière. Sortie.
2e ANNÉE.	de propreté. Entrée	Leçon par le maître.	Rédaction du devoir.			Leçon par le maître.	Écriture, mise au net d'un devoir ou tracé d'une carte.		
1re ANNÉE.	en classe. Appel. Prière.	LECTURE sous la direction d'un aide.	Description et usage des mesures effectives du système métrique sous la direction d'un aide.	HISTOIRE ET GÉOGRAPHIE. Récits d'histoire et notions de géographie par le maître.		ÉCRITURE sous la direction d'un aide.	LANGUE FRANÇAISE. Exercices pratiques sous la direction d'un aide.		

OBSERVATIONS.

Les entrées et les sorties, ainsi que les mouvements pour passer d'un exercice à un autre, se font toujours en chantant.

Dans les écoles de filles, les *travaux à l'aiguille* auront lieu deux fois par semaine de 2 à 4 heures.
Dans les écoles mixtes, ils auront lieu en dehors des heures ordinaires des classes.

Deux fois par semaine, le *dessin linéaire* pourra remplacer l'écriture, et l'agriculture pourra remplacer l'arithmétique.
Le *chant* pourra remplacer la lecture le mardi et le samedi.

Les classes d'*histoire* auront lieu les mercredis et vendredis ; les classes de *géographie*, les mardis et samedis.

Une fois par mois, l'instituteur devra conduire les élèves, si cela est possible, dans les établissements agricoles, industriels et manufacturiers du voisinage, pour les initier aux travaux dont on s'occupe spécialement dans la contrée.

ANNEXE N° 2.

ORGANISATION DES ÉTUDES

DANS LES ÉCOLES PRIMAIRES.

RÉPARTITION TRIMESTRIELLE

DES MATIÈRES DE L'ENSEIGNEMENT.

TABLEAU N° 1. RÉPARTITION TRIMESTRIELLE DES MATIÈRES DE L'ENSEIGNEMENT.

MATIÈRES.	TRIMESTRE.	1re ANNÉE.	2e ANNÉE.	3e ANNÉE.
INSTRUCTION RELIGIEUSE. *Nota.* La répartition des leçons de catéchisme se fera d'après les indications du ministre du culte. Dans la première année, les leçons consistent en récits et entretiens. En deuxième et surtout en troisième année, les leçons devront, de temps en temps, être l'objet de récits analytiques, tantôt sous forme orale, tantôt sous forme de rédaction.	1er	La création. — Le déluge. — La tour de Babel. — Abraham et Isaac. — Ésaü et Jacob. — Joseph et ses frères. — Entretiens et récits.	*Les premiers âges du monde :* La création. — Le déluge. — Noé et la dispersion des hommes. — Les Patriarches. — Le peuple de Dieu. — Abraham. — Jacob. — Joseph en Égypte.	Revision rapide des matières enseignées dans les cours intermédiaires.
	2e	Moïse et Josué. — Les juges. — Saül et David. — Salomon. — Histoire de Job. — Entretiens et récits.	*La terre promise :* Moïse. — Les Hébreux dans le désert. — Josué. *Les Juges.* Description sommaire de la Palestine. *Les Rois :* Saül. — David. — Salomon. — Histoire de Job.	Mœurs et gouvernement des Hébreux. — Les Patriarches. — La vie nomade. Les juges. Les rois.
	3e	Captivité de Babylone. — Daniel. — Tobie. — Les Macchabées. — Entretiens et récits.	*Le schisme et la captivité :* Royaume d'Israël. — Royaume de Juda. Les Juifs à Babylone. Les Juifs sous la domination étrangère. — Persécutions. Les Macchabées. Les Juifs sous les Romains.	Géographie de la Palestine. Géographie physique. — Géographie politique : 1° après l'établissement des Hébreux; 2° après le schisme. L'Ancien Testament : la loi, le temple, les fêtes, les sacrifices, etc. — Les Prophètes.
	4e	Jésus-Christ : sa vie et sa passion. — Entretiens et récits.	Jésus-Christ. Les premiers Apôtres. Destruction du temple.	Le Nouveau Testament : l'Evangile. — Établissement du christianisme.

TABLEAU No 2. RÉPARTITION TRIMESTRIELLE DES MATIÈRES DE L'ENSEIGNEMENT.

MATIÈRES.	TRIMESTRE.	1re ANNÉE.	2e ANNÉE.	3e ANNÉE.
LECTURE. Quand la leçon s'adresse à la 2e et à la 3e année, le maître doit lire préalablement tout ou partie de l'exercice de lecture, et appeler l'attention des élèves sur les repos, les liaisons, les intonations qu'il convient de faire.	1er	Étude des éléments : sons et articulation. — Combinaison de ces éléments et application immédiate à la lecture de mots simples et usuels. — Lecture de petites phrases simples et graduées. — Explication de ces phrases.	Lecture courante. — Explications et interrogations. — Comptes rendus et résumés oraux de ces lectures.	Lecture courante. — Reproduction, de mémoire, des morceaux lus. — Déductions morales à tirer d'un récit. — Comptes rendus et résumés oraux, puis écrits.
	2e	Exercices de syllabation. — Lecture au tableau et dans les livres. — Explication du sens des mots et des phrases.	Lecture courante dans les *imprimés* et dans les *manuscrits*. — Comptes rendus et résumés oraux, puis écrits. — Lecture du latin.	Lecture dans les *imprimés* et dans les *manuscrits*. — Morceaux choisis de prose et de vers. — Reproduction, de mémoire, des morceaux lus.— Déductions morales à tirer d'un récit. — Comptes rendus et résumés oraux, puis écrits. — Lecture du latin.
	3e	Lecture courante de phrases courtes renfermant des connaissances usuelles. — Explication du sens des mots et des phrases.	Lecture courante dans les *imprimés* et dans les *manuscrits*. — Comptes rendus et résumés oraux, puis écrits. — Lecture du latin.	Lecture dans les *imprimés* et dans les *manuscrits*. — Morceaux choisis de prose et de vers. — Reproduction, de mémoire, des morceaux lus.— Déductions morales à tirer d'un récit. — Comptes rendus et résumés oraux, puis écrits. — Lecture du latin.
	4e	Lecture courante dans les livres. — Explication du sens des mots et des phrases.	Lecture courante dans les *imprimés* et dans les *manuscrits*. — Comptes rendus et résumés oraux, puis écrits. — Lecture du latin.	Lecture dans les *imprimés* et dans les *manuscrits*. — Morceaux choisis de prose et de vers. — Reproduction, de mémoire, des morceaux lus.— Déductions morales à tirer d'un récit. — Comptes rendus et résumés oraux, puis écrits. — Lecture du latin.

TABLEAU N° 3. RÉPARTITION TRIMESTRIELLE DES MATIÈRES DE L'ENSEIGNEMENT.

MATIÈRES.	TRIMESTRE.	1re ANNÉE.	2e ANNÉE.	3e ANNÉE.
ÉCRITURE. Les phrases servant de modèles d'écriture doivent toujours présenter un sens complet, et avoir pour objet soit un précepte de conduite, soit une notion utile.	1er	Tracé, sur l'ardoise, de lettres, de syllabes, de mots simples et usuels.	Écriture sur le papier. — Genres divers de cursive : moyenne, fine et grosse.	Exercices de cursive. Mémoires, factures, etc.; copies de modèles divers relatifs à la correspondance et à la comptabilité agricole ou commerciale. — Remise au net de quelques devoirs.
	2e	Écriture sur l'ardoise et sur le papier. — Mots simples et usuels.	Écriture sur le papier. — Genres divers de cursive : moyenne, fine et grosse.	Exercices de cursive. Mémoires, factures, etc.; copies de modèles divers relatifs à la correspondance et à la comptabilité agricole ou commerciale. — Remise au net de quelques devoirs.
	3e	Écriture sur le papier. — Mots simples et usuels.	Écriture sur le papier. — Genres divers de cursive : moyenne, fine et grosse.	Exercices de cursive et de ronde. Mémoires, factures, etc.; copies de modèles divers relatifs à la correspondance et à la comptabilité agricole ou commerciale. — Remise au net de quelques devoirs.
	4e	Écriture sur le papier. — Majuscules et chiffres. — Phrases courtes et simples.	Écriture sur le papier. — Genres divers de cursive : moyenne, fine et grosse.	Exercices de cursive et de ronde. Mémoires, factures, etc.; copies de modèles divers relatifs à la correspondance et à la comptabilité agricole ou commerciale. — Remise au net de quelques devoirs.

[1] TABLEAU N° 4. RÉPARTITION TRIMESTRIELLE DES MATIÈRES DE L'ENSEIGNEMENT.

MATIÈRES.	TRIMESTRE.	1re ANNÉE.	2e ANNÉE.	3e ANNÉE.
	1er	Numération des nombres jusqu'à 1,000. — Tracé des chiffres sur l'ardoise et au tableau noir. — Lecture des nombres de deux et de trois chiffres. Additions et soustractions orales, soit à l'aide du boulier, soit au moyen d'objets usuels. Le mètre.— Le litre.— Le gramme. — Le franc. — Les montrer et en indiquer l'usage.	Exposé du système de numération décimale. — Exercices d'écriture et de lecture de nombres entiers et décimaux. — Rendre un nombre entier ou décimal 10, 100, 1,000, etc., fois plus grand ou plus petit. — Addition et soustraction des nombres entiers et décimaux. — Règle pratique et preuve de ces opérations. *Mesures de longueur.* — Définition du mètre. — Ses multiples et sous-multiples. — Mesures itinéraires. — Évaluation de longueurs données. — Tracé de ces longueurs à vue. *Mesures de superficie.* — Mètre carré. — Are.	Explication raisonnée des quatre opérations sur les nombres entiers. — Caractères de divisibilité par 2, 3, 4, 5, 6, 9. — Application à la simplification des calculs. — Preuve par 9 de la multiplication et de la division. Fractions ordinaires. — Définitions et principes généraux. — Simplification des fractions. — Recherche du plus grand commun diviseur. — Applications. — Réduction des fractions au même dénominateur. — Recherche du plus petit commun multiple entre deux ou plusieurs nombres. — Applications. Revision du système métrique, avec applications à la mesure des surfaces et des volumes.
CALCUL ET SYSTÈME MÉTRIQUE.	2e	Lecture des nombres supérieurs à 1,000. — Nombres décimaux expliqués avec le mètre. — Additions et soustractions orales sur des nombres entiers et décimaux. — Opérer sur des nombres concrets, au tableau noir et sur l'ardoise. — Table de multiplication. — Multiplication d'un nombre de plusieurs chiffres par un nombre d'un seul chiffre. Le mètre. — Ses multiples et sous-multiples. — Mesures effectives. — Les montrer et en indiquer l'usage; habituer les élèves à s'en servir eux-mêmes.	Multiplication des nombres entiers et décimaux. — Multiplication de nombres terminés par des zéros. — Preuve de la multiplication. — Exercices sur les trois premières opérations. *Mesures de volume et de capacité.* — Mètre cube. — Stère. — Décastère. — Décistère. — Litre. — Multiples et sous-multiples. — Mesures effectives.	Opérations sur les fractions. — Addition et soustraction. — Multiplication. — Division. — Nombres décimaux. — Expositions raisonnées des règles du calcul des nombres décimaux. — Conversion des fractions ordinaires en fractions décimales, et réciproquement. Revision du système métrique, avec application à la mesure des surfaces et des volumes.
Les problèmes devront toujours avoir pour objet des questions pratiques se rapportant aux professions, aux industries locales, aux travaux agricoles de la saison, à la comptabilité d'un ménage, d'une maison de culture, etc. Dans la première année, l'enseignement du calcul est presque exclusivement oral.	3e	Écriture et lecture des nombres entiers et décimaux. — Exercices sur l'addition et la soustraction combinées et appliquées à des problèmes usuels.— Table de multiplication. — Calcul mental. — Multiplication de deux nombres quelconques entiers et décimaux. — Problèmes sur les trois premières opérations combinées. Le litre. — Ses multiples et sous-multiples. — Mesures effectives. — Les montrer et en indiquer l'usage. — Faire mesurer par les enfants.	Division des nombres entiers. — Examen des divers cas qui se présentent. — Division des nombres décimaux. — Différents cas qui peuvent se présenter. — Preuve de la division. *Mesures de poids.* — Gramme. — Multiples et sous-multiples. — Mesures effectives de poids. — Séries de poids en usage. *Monnaies.* — Le franc. — Décime. — Centime. — Poids et diamètre des diverses pièces de monnaies.	Applications des quatre règles (nombres entiers et fractions) aux opérations pratiques. — Règles de trois, d'intérêt, d'escompte, d'alliage, par la méthode de réduction à l'unité. — Indication des formules. Exercices empruntés à des questions usuelles et relatives aux opérations agricoles, à la répartition des impôts, aux rentes sur l'État, aux caisses d'épargne, aux emprunts, aux actions et obligations industrielles, aux assurances, etc. Opérations pratiques sur la mesure des surfaces et des volumes.
Les derniers jours de chaque trimestre sont employés à la revision des matières étudiées dans le cours de ce trimestre.	4e	Écriture et lecture des nombres entiers et décimaux. — Problèmes sur les trois premières opérations. — Table de multiplication. — Exercices de calcul mental. — Division d'un nombre d'un chiffre ou de deux chiffres par un nombre d'un seul. — Division d'un nombre de plusieurs chiffres par un nombre d'un seul. — Problèmes sur les quatre règles. *Gramme.* — Ses multiples et ses sous-multiples. — Séries de poids en usage. — Les montrer; habituer les enfants à les connaître et à s'en servir. *Monnaies.* — Le franc. — Séries des monnaies en usage.	Problèmes usuels sur les quatre opérations et le système métrique. *Mesure du temps.* Règle pratique pour la mesure de la surface du triangle, du parallélogramme, du trapèze, du cercle, etc.	Carré. — Cube. — Racine carrée. — Racine cubique. — Indication très élémentaire et en vue des applications du système métrique et de la mesure des surfaces et des volumes. Toisé. — Cubage. — Exercices et opérations d'arpentage.

TABLEAU N° 5. RÉPARTITION TRIMESTRIELLE DES MATIÈRES DE L'ENSEIGNEMENT.

MATIÈRES.	TRIMESTRE.	1re ANNÉE.	2e ANNÉE.	3e ANNÉE.
LANGUE FRANÇAISE. Les définitions et les règles doivent découler d'exemples donnés préalablement et expliqués. Les exercices d'application comprendront dans la première année, où l'enseignement est entièrement oral, des mots d'abord, puis de petites phrases simples sur des notions usuelles que les élèves et le maître écriront sur le tableau noir, sur l'ardoise ou sur le papier.	1er	*Nom.* — Nom commun. — Nom propre. — Exercices d'application et d'invention sur la distinction des genres et des nombres. — Formation du pluriel. Exercices oraux de conjugaison.	*Notions préliminaires.*—Accents et signes de ponctuation.— Mots variables et mots invariables. — Nom. — Exceptions à la règle générale de la formation du pluriel. — Article. — Articles simples. — Contraction. — Adjectif. — Différentes sortes d'adjectifs. — Principales exceptions à la règle générale de la formation du féminin et du pluriel. Conjugaison orale des verbes.	Revision des dix parties du discours étudiées dans la deuxième année. — Étude de la proposition. — Propositions. — Sujet — Verbe. — Attribut. — Compléments. — Liaisons des propositions entre elles. — Ponctuation. Sens propre et sens figuré des mots. Exercices de rédaction.
Dans la deuxième et la troisième année, les dictées seront courtes, corrigées avec soin et remises au net.	2e	*Adjectif.* — Adjectifs qualificatifs. — Formation du féminin et du pluriel. — Accord de l'adjectif avec le nom. — Exercices d'application et d'invention. Continuation des exercices oraux de conjugaison.	*Pronom.* — Différentes espèces de pronoms. — Exercices d'application et d'invention sur le nom, l'adjectif et le pronom. — Verbe. — Accord du verbe. — Personnes, nombres, modes et temps. — Radical et terminaisons. — Différentes sortes de verbes. Exercices sur le nom, l'article, l'adjectif, le pronom et le verbe.	Règles d'accord de l'adjectif avec le nom. — Remarques sur le genre de certains noms. — Orthographe des noms propres, des noms composés et des noms empruntés aux langues étrangères. — Exceptions à la règle générale d'accord de l'adjectif. — Orthographe de certains adjectifs qualificatifs, numéraux et indéfinis. — Syntaxe des pronoms. — Exercices et dictées d'application. Exercices de rédaction.
Les exercices de rédaction doivent avoir lieu toute l'année pour les élèves de la division supérieure; ils comprendront : la description d'un objet usuel, le récit d'un trait d'histoire ou d'un fait de la vie privée, le compte rendu d'une promenade, des lettres familières, etc.	3e	*Pronom.* — Pronoms personnels. — Distinction des personnes. — Exercices d'application et d'invention sur le uom, l'adjectif et le pronom. Continuation des exercices oraux de conjugaison.	Verbes réguliers et irréguliers. — Formation des temps. — Participes. — Règles générales d'accord. — Exercices d'application. Exercices oraux d'analyse.	*Verbe.* — Règles d'accord du verbe. — Exceptions à la règle générale. — Construction des sujets et des divers compléments. — Emploi des auxiliaires. — Emploi des modes. — Concordance des temps. — Participe présent et adjectif verbal. — Participe passé. — Principales observations sur l'accord de ces participes. — Exercices et dictées d'application. Exercices de rédaction.
Dans les exercices de conjugaison, le verbe devra, autant que possible, faire partie d'une phrase simple et courte. Les dictées, en dehors des exercices spéciaux d'application des règles de la grammaire, devront être empruntées à nos meilleurs auteurs ou avoir trait à des questions historiques, géographiques, agricoles ou commerciales intéressant la localité.	4e	*Verbe.* — Son sujet. — Son complément. — Accord du verbe avec son sujet.—Exercices d'application et d'invention sur le nom, l'adjectif, le pronom et le verbe. Exercices oraux de conjugaison.	*Mots invariables.* — Adverbe. — Préposition. — Conjonction. — Interjection. — Dictées très courtes. Exercices élémentaires de rédaction. — Composition de phrases simples sur des sujets empruntés aux circonstances ordinaires de la vie. Exercices oraux d'analyse.	*Mots invariables.* — Principales remarques sur le rôle et l'emploi de ces mots. — Exercices et dictées d'application sur les dix parties du discours. Exercices de rédaction.

Tableau N° 6. RÉPARTITION TRIMESTRIELLE DES MATIÈRES DE L'ENSEIGNEMENT.

MATIÈRES.	TRIMESTRE.	1re ANNÉE.	2e ANNÉE.	3e ANNÉE.
HISTOIRE DE FRANCE. On devra tracer et faire tracer par les élèves les cartes de la Gaule et de la France aux principales époques de notre histoire, comme, par exemple, la Gaule primitive, la Gaule sous Clovis, l'empire de Charlemagne, la France après le traité de Verdun, la France avec ses accroissements successifs sous les Capétiens, etc. Chaque fois qu'il se rencontre un nom de lieu géographique dans la leçon d'histoire, le maître doit en faire connaître la position sur la carte. Les derniers jours de chaque trimestre seront employés à la revision des matières étudiées pendant ce trimestre. Nota. — Pour l'histoire, il n'y a pas d'enseignement suivi en première année. Cet enseignement consiste en lectures et en récits faits par le maître.	1er	La Gaule. — Attila. — Sainte Geneviève. — Les Francs. — Clovis et Clotilde.	**Notions préliminaires:** Manière de compter les temps. — Peuples anciens. — La Gaule et les Gaulois. — Les Romains, les Francs. **Première période :** Les Mérovingiens. Règne de Clovis. — Les successeurs de Clovis. — Les rois fainéants et les maires du palais jusqu'à Pépin le Bref.	**Cinquième période :** Les Valois (suite et fin). Récapitulation des siècles précédents. — Seizième siècle. — Du règne de Louis XII à la mort de Henri III. — Les guerres d'Italie et les guerres de religion.
	2e	Charlemagne. — Les croisades. — Saint Louis.	**Deuxième période :** Les Carlovingiens. Règne de Charlemagne. — Successeurs de Charlemagne jusqu'au démembrement définitif de l'empire. — Fin des Carlovingiens; la féodalité.	**Sixième période :** Les Bourbons. Dix-septième et dix-huitième siècles. — De l'avénement de Henri IV à la Révolution. — Henri IV et Sully. — Louis XIII et Richelieu. — Louis XIV, Mazarin et la Fronde. — Louis XV, la Régence. — Système de Law. — Louis XVI. — Guerre d'Amérique.
	3e	Les Anglais en France. — Duguesclin. — Jeanne d'Arc. — Les Français en Italie. — Bayard. — Henri IV. — Son éducation. — Son entrée à Paris. — Sa mort. — Sully.	**Troisième période :** Les Capétiens directs. — *La Monarchie féodale et les Croisades.* Premiers rois capétiens. — Les Croisades. — Philippe-Auguste et saint Louis. — Les derniers Capétiens directs : Philippe le Bel.	**Septième période :** La Révolution française. Fin du dix-huitième siècle. — États généraux. — Assemblée nationale. — Assemblée législative. — Convention. — Directoire.
	4e	Richelieu. — Louis XIV.	**Quatrième période :** Les Valois jusqu'aux guerres d'Italie. Quatorzième et quinzième siècles. — De l'avénement de Philippe de Valois à Charles VIII. — La guerre de Cent ans et la ruine de la féodalité.	Commencement du dix-neuvième siècle. — Consulat. — Empire.

TABLEAU N° 7. — RÉPARTITION TRIMESTRIELLE DES MATIÈRES DE L'ENSEIGNEMENT.

MATIÈRES.	TRIMESTRE.	2e ANNÉE.	3e ANNÉE.
GÉOGRAPHIE. La géographie doit être étudiée sur les cartes. Les élèves seront fréquemment exercés au tracé des cartes sur le tableau noir.	1er	*Préparation à l'étude de la géographie.* — Ce que c'est qu'une carte. — Les points cardinaux. — Tracer au tableau noir le plan de l'école, puis celui des divers quartiers et des hameaux de la commune. — Montrer sur la carte les signes conventionnels au moyen desquels on représente les cours d'eau, les montagnes, les villes, etc. *Nomenclature géographique.* — Expliquer sur la carte du département et sur celle de la France les principaux termes de la nomenclature géographique : montagnes, chaînes de montagnes, plateau, étang, fleuve, rivière, vallée, lac, golfe, mer, détroit, etc.	Notions sommaires sur les cinq parties du monde et sur l'Europe en particulier. *Notions de cosmographie élémentaire.* — Grands et petits cercles. — Équateur. — Méridiens. — Longitude et latitude d'un lieu. *Distinction de la géographie physique et de la géographie politique.* — Explication des principaux termes de la géographie politique : État, province, district, comté, canton, département, etc. *Grandes divisions du globe.* — Asie. — Afrique. — Amérique. — Océanie. — Population du globe. — Les grandes races humaines. — Système général des montagnes. — Grands fleuves. — États et villes principales. — Principaux objets d'échange avec l'Europe. *Europe. — Géographie physique.* — Ligne de partage des eaux; montagnes qui s'y rattachent. — Volcans, fleuves et rivières principales. — Mers, golfes, détroits, îles, etc.
Les derniers jours de chaque trimestre seront employés à la revision des matières étudiées dans ce trimestre.	2e	*Le département.* — Aspect. — Division administrative. — Villes principales. — Détails sur la commune, le canton, l'arrondissement.	*Géographie politique de l'Europe.* — États du Nord, du Centre et du Sud. — Capitales : raisons diverses de leur établissement. — Nations latines, germaniques, slaves. — Langues principales. — Religions, gouvernements, population. — Principales productions du sol et de l'industrie. — Grands ports de commerce. *France. — Géographie physique.* — Tracé des frontières et des côtes. — Ligne de partage des eaux; montagnes qui s'y rattachent. — Bassin des grands fleuves. — Leurs principaux affluents. — Les grands canaux. — Les chemins de fer. — Détails sur le département.
NOTA. — Pour la géographie, il n'y a pas d'enseignement suivi en 1re année. Le maître se bornera à quelques notions sur le pays où se trouve située l'école.	3e	*La France.* — Bornes. — Principales chaînes de montagnes. — Les grands fleuves. — Villes importantes.	*Géographie politique de la France.* — Ce que c'était qu'une ancienne province. — Ce que c'est qu'un département, un arrondissement, un canton, une commune, une division militaire, un archevêché, un évêché, une cour d'appel, une académie. — Ce que c'est qu'une route nationale, une route départementale, un chemin de grande communication, un chemin vicinal. *Les anciennes provinces, les départements.* — Division de la France en provinces. — Division en départements : chefs-lieux. — Étudier la place des départements sur la carte à l'aide du cours des fleuves et des rivières ou de la direction des montagnes dont ils portent le nom. — Algérie : ses divisions. — Indication des autres colonies françaises. — Détails sur le département.
	4e	*L'Europe.* — Bornes. *Mappemonde.* — Démonstration familière de la forme de la terre. — Les cinq parties du monde.	*Industrie et commerce de la France.* — Zones de culture et de production. — Grands centres d'industrie. — Voies de commerce entre la France et les cinq parties du monde. Détails sur le département.

28 nov. 1871.

Jugement du Tribunal de Commerce de la Seine, relatif au payement des frais de pension des élèves.

28 Novembre 1871.

Il n'y a pas lieu de distinguer dans le prix de pension des élèves la part afférente à la nourriture et celle applicable à l'instruction, lors de l'admission par privilège de la créance d'un chef d'institution dans une faillite[1].

Le tribunal,

Attendu que D...., chef d'institution, demande à être admis par privilège au passif de la faillite X.... pour la somme de 1 198 fr. 75 c., solde justifié du prix de la pension des deux fils X...., pendant l'année qui a précédé la faillite, et soutient, à l'appui de sa demande, que le caractère privilégié de sa créance résulte des dispositions de l'article 2101 du Code civil;

Que le syndic soutient, au contraire, que le privilège invoqué ne s'applique qu'aux seuls aliments fournis par le maître de pension;

Mais, attendu que le prix fixé entre les parties a été de 700 francs par an pour l'aîné des enfants, et de 600 francs pour le plus jeune; qu'il est constant que, sur cette somme, la part afférente aux aliments est de beaucoup la plus considérable, tandis que celle imputable aux frais d'éducation n'est pas suffisamment appréciable; qu'il

1. L'article 2101 du Code civil dispose que les fournitures de subsistances, faites au débiteur et à sa famille par les maîtres de pension pendant la dernière année sont privilégiées. Or, le prix de la pension des élèves confiés à un chef d'institution est, en général, fixé sans distinction de la part afférente à la nourriture et de celle applicable à l'instruction. Cette distinction doit-elle être faite, et peut-elle toujours être faite, pour restreindre le privilège aux frais de nourriture seulement, lorsque le père des jeunes pensionnaires vient à être déclaré en faillite sans avoir payé la dernière année de leur pension? Telle est la question qui était soumise au tribunal.

En fait, M. X...., négociant, a mis ses deux fils en pension chez M. D...., chef d'institution, et il a été déclaré en faillite avant d'avoir réglé entièrement la dernière année de la pension de ses fils, qui était de 700 francs par an pour l'aîné, et de 600 francs pour le plus jeune. Le reliquat dû par lui était au total de 1 198 fr. 75 c. M. D.... a prétendu qu'il devait être admis par privilège à la faillite pour la somme entière de 1 198 fr. 75 c. Le syndic soutenait, au contraire, qu'il y avait lieu de distinguer la part afférente à la nourriture des enfants, celle-ci étant seule privilégiée, de la part applicable à leur éducation, qui ne jouit d'aucun privilège.

Sur ce débat, et après avoir entendu les observations de Mes Mermilliod et Buisson, agréés des parties, le tribunal a rendu le présent jugement.

y a lieu dès lors de reconnaître le bien fondé de la demande et d'ordonner l'admission par privilège dans les opérations de la faillite;

Par ces motifs,

Ouï M. le juge-commissaire en son rapport oral;

Jugeant en dernier ressort,

Dit que le syndic sera tenu d'admettre D...., par privilège, au passif de la faillite X.... pour la somme de 1 198 fr. 75 c.; sinon, et faute de ce faire, dit que, sur le vu du présent jugement, il sera admis par privilège et inscrit au procès-verbal d'affirmation pour ladite somme, à charge dans tous les cas, par D...., d'affirmer la sincérité de sa créance entre les mains de M. le juge-commissaire, dépens en frais de syndicat.

Arrêt de la Cour de Chambéry, établissant l'incompétence du juge des référés pour statuer sur une demande formée par une congrégation enseignante contre la commune de Cognin, à l'effet d'être réintégrée ou maintenue en possession provisoire des Écoles communales. 11 déc. 1871.

11 Décembre 1871.

Le juge des référés est incompétent pour statuer sur la demande formée par une congrégation enseignante contre une commune, à l'effet d'être réintégrée ou maintenue en possession provisoire des locaux des Écoles communales, nonobstant une délibération du Conseil municipal approuvée par le Préfet, qui retire à la congrégation la direction de ces Écoles.

Et il en est ainsi, alors même que la congrégation se fonde sur un contrat purement civil intervenu entre elle et la commune, tel que bail, louage de services, mandat ou société innomée, si le contrat n'est pas prouvé par un titre.

La Cour,

Attendu qu'il est constant, en fait, que les frères de la Doctrine chrétienne dirigent depuis de longues années l'École communale de Cognin, qu'ils occupaient des locaux appropriés à cette destination par la commune et recevaient de celle-ci une subvention;

Que, par une délibération du 6 août 1871, approuvée par arrêté de M. le Préfet de la Savoie, le 17 du même mois, le Conseil municipal de Cognin a décidé qu'à partir de la rentrée scolaire, l'enseignement laïque serait substitué à l'enseignement congréganiste;

Que ces décisions administratives ont été portées à la connaissance des frères de la Doctrine chrétienne par lettre du maire de Cognin, du 17 septembre;

Qu'en cet état, par exploit du 26 octobre 1871, les frères ont assigné en référé, devant le président du tribunal de Chambéry, le maire de Cognin, à l'effet d'obtenir un sursis à l'exécution de la délibération précitée, et, en même temps, leur maintien dans la jouissance des locaux et des subsides;

Que, par ordonnance du 28 octobre 1871, le président du tribunal s'est déclaré incompétent, et que le 4 novembre appel a été interjeté de son ordonnance;

Que, depuis ladite ordonnance, les frères de la Doctrine chrétienne ont été expulsés des locaux qu'ils occupaient;

Que les appelants reprennent devant la Cour les conclusions posées en première instance, et qu'ils demandent, en outre, à être réintégrés dans les locaux où ils résidaient;

Attendu que les appelants soutiennent en premier lieu que la compétence du magistrat statuant en référé est absolue, et que sa juridiction, ne s'exerçant jamais que par des mesures provisoires, a, du moins, dans cette sphère particulière, un caractère de plénitude;

Que, suivant eux, cette latitude s'explique par la nécessité de prévenir de graves inconvénients, souvent irréparables, et qu'elle ne compromet, d'ailleurs, aucun droit, puisqu'elle réserve aux juridictions compétentes les résolutions définitives; qu'on ne saurait donc appliquer ici la règle de la séparation des pouvoirs;

Attendu que la défense faite aux autorités judiciaires de s'immiscer dans les actes administratifs a été élevée par le législateur à la hauteur d'un principe constitutionnel;

Que le magistrat jugeant en référé est essentiellement une autorité judiciaire; qu'il serait au moins étrange que le président du tribunal ne fût pas soumis à une règle qui gouverne non seulement le tribunal dont il fait partie, mais encore toutes les juridictions de l'ordre judiciaire, même la plus élevée;

Qu'en pareille omnipotence, loin de s'appuyer sur la loi, il serait en contradiction avec l'ensemble de toute notre législation;

Que, vainement, pour justifier cette extension de pouvoirs conférés au juge des référés, on insiste sur le caractère provisoire de ses décisions;

Qu'il n'est pas douteux, en effet, que le tribunal entier, saisi d'une instance dans laquelle on pourrait invoquer la règle de la séparation des pouvoirs, devrait proclamer son incompétence, même pour ordonner de simples mesures provisoires;

Que c'est donc avec raison que dans l'ordonnance dont est appel, le président du tribunal s'est déclaré incompétent pour surseoir à l'exécution d'actes administratifs;

Attendu, en second lieu, que les appelants prétendent que le juge du référé s'est à tort dessaisi entièrement du litige;

Qu'en dehors des questions administratives, il y avait dans la cause des questions de droit civil qui s'imposaient à son appréciation;

Qu'en effet, les frères de la Doctrine chrétienne, nommés instituteurs communaux, avaient contracté avec la commune de Cognin, et qu'il était intervenu entre eux, soit pour les subsides, soit pour l'occupation des locaux, des engagements respectifs dont l'exécution ou la violation appartenait à l'autorité judiciaire;

Que, tout au moins, si le juge du référé devait se renfermer dans ces limites, il ne lui était pas permis de décliner sa compétence sur ce dernier point;

Attendu que les frères de la Doctrine chrétienne ne produisent pas de convention écrite, et que la commune dénie toute convention verbale;

Que, sous ce rapport, il y avait un premier obstacle à la juridiction du juge du référé, qui ne peut admettre de simples présomptions dans une matière où la preuve testimoniale ne serait pas admissible;

Attendu, en outre et surtout, qu'en l'absence de convention écrite, le magistrat jugeant en référé eût été dans la nécessité, avant d'ordonner toute mesure, de se livrer à la recherche délicate de la nature de la convention verbale intervenue entre les parties; de préciser s'il s'agissait d'un bail, d'un louage de services, d'un mandat, d'une société innomée;

Que ce sont là autant de points qui appartiennent exclusivement à la juridiction compétente pour connaître de l'action principale, et que le juge du référé, devant éviter avec soin de rien préjuger au fond, trouvait ainsi dans la cause une nouvelle et décisive raison de s'abstenir;

Attendu, en dernier lieu, que l'urgence est avant tout la condition essentielle du référé, et que cette urgence doit encore apparaître avec un caractère spécial, c'est-à-dire la nécessité de prévenir un préjudice irréparable;

Que ces conditions ne se rencontrent pas dans l'espèce;

Que les frères de la Doctrine chrétienne ont été avertis le 17 septembre, mis à cette date en demeure d'aviser, et qu'aujourd'hui ils se sont pourvus d'un autre local dans lequel ils ont ouvert leurs classes;

Que des instituteurs laïques ont été installés administrativement dans les locaux précédemment occupés par les frères, et qu'une mesure de réintégration, en la supposant possible juridiquement, n'aboutirait qu'à provoquer un regrettable conflit;

Sans préjudice pour les appelants de leur droit au fond, s'il y a lieu,

Rejette.....

---

15 déc. 1871. **Projet de loi sur l'instruction primaire, présenté à l'Assemblée nationale par M. Thiers, Président de la République, et par M. Jules Simon, Ministre de l'Instruction publique.**

15 Décembre 1871[1].

1° Exposé des motifs.

Messieurs, dès le lendemain de nos malheurs, tout le monde a compris que notre plus pressant intérêt, notre plus impérieux devoir, étaient de reconstituer l'instruction publique dans notre pays, de développer surtout l'instruction primaire, de donner cette force à la France contre les agressions du dehors, à la civilisation contre les agitations intérieures. Il n'est pas un candidat qui n'ait inscrit sur son programme l'amélioration de l'instruction primaire; il n'est pas un Conseil général qui n'en ait délibéré. Le pays tout entier est attentif, et comprend enfin la supériorité des questions intellectuelles et morales sur tous les autres intérêts. Après avoir rétabli l'ordre matériel, vous voudrez assurer l'avenir par une bonne loi sur l'éducation, et répandre, avec les lumières, la morale et la liberté.

Il serait injuste de dire que tout est à faire. L'instruction primaire, qui n'avait pas de budget sous le premier Empire, qui, dans les premiers temps de la Restauration, ne figurait sur la liste des dépenses publiques que pour une somme de 50 000 francs, qui, même en 1840, ne recevait qu'une maigre subvention de 1 600 000 francs, a été dotée pour 1871 de 11 952 200 francs. Ce chiffre, auquel il faut ajouter les ressources fournies par les communes et par les départements, est encore bien insuffisant, si on le compare à l'importance du service et au budget de l'instruction primaire dans d'autres États; mais, rapproché de nos indigents budgets d'il y a trente ans, il prouve que nous commençons à comprendre la nécessité de faire des sacrifices pour l'instruction populaire. 20 000 maisons d'école ont été bâties depuis 1833. Le nombre des enfants qui reçoivent l'instruction dans les Écoles communales a presque doublé depuis la même époque. Enfin le chiffre, sur 100, des conscrits illettrés, après avoir été, en 1833, de 47,69, était tombé, en 1863, à 28,21.

Des budgets qui passent, en quarante ans, de 1 600 000 francs à 12 millions;

1. Voir aux divers articles du projet les renvois aux amendements au projet, notamment le projet de M. BEAUSSIRE en 44 articles, 26 *janvier* 1872; — le projet de MM. DRÉO et FERROUILLAT en 26 articles, 12 *juin* 1872.
Voir le rapport de M. ERNOUL, 3 *juillet* 1872.

des maisons d'école dont le nombre s'élève dans la même période de 10 000 à 27 000; une population scolaire qui, de 2 millions à peine, monte à 3 millions et demi, ce sont des progrès qu'il ne faut pas méconnaître, qui servent aux indifférents d'arguments pour ne rien faire, mais qui ne sauraient nous faire oublier qu'il reste en France, d'après la statistique de 1866, la dernière qu'on puisse invoquer, 663 360 enfants de sept à treize ans qui ne fréquentent aucune École.

Ce chiffre doit être inscrit en tête d'une loi sur l'instruction primaire.

Il est juste d'en retrancher tous les enfants qui reçoivent l'instruction dans leurs familles; mais quel en est le nombre? Il ne faudrait pas l'exagérer. Les mères les plus instruites, après avoir donné quelques leçons de lecture à leurs enfants dans le premier âge, les envoient à l'école : c'est une habitude presque générale. Les maîtres et maîtresses à domicile sont relativement assez rares. De ce que 663 000 enfants n'étaient pas inscrits, en 1866, sur les registres scolaires, on ne saurait conclure, assurément, que le nombre des enfants absolument illettrés s'élevait à 663 000; mais serait-il bien téméraire de dire qu'il s'élevait à la moitié de ce chiffre?

Quand même il n'y aurait eu, en 1866, que 330 000 enfants abandonnés à une ignorance complète, la société aurait le devoir de recourir aux remèdes les plus énergiques; mais il y a lieu de se demander si tous les ignorants étaient en dehors des Écoles, et s'il n'y en avait pas dans les Écoles elles-mêmes.

Il y a lieu de se demander si les 3 310 000 enfants dont les noms figurent sur les registres de 1866, ont tous réellement appris à lire et à écrire; s'il n'est pas vrai que des milliers d'enfants, inscrits sur les registres scolaires, n'assistent à la classe que par aventure, et que d'autres en sortent, après plusieurs années, dans l'état où ils y étaient entrés. Aux 300 000 ignorants qui n'ont pas mis le pied dans une École, ajoutons un nombre égal d'élèves intermittents ou fictifs, et nous serons bien près de la réalité. Le nombre des enfants illettrés dépassait donc de beaucoup un demi-million en 1866. C'est ainsi que la France vient, au point de vue de la vulgarisation des premiers éléments de l'instruction, après la Prusse, l'Écosse, la Suisse, la Hollande et la plupart des États allemands. Il ne faut pas, en pareille matière, compter ce qu'on a fait; il faut regarder en avant et non en arrière, savoir le chiffre des illettrés, le porter avec soi comme un remords et ne prendre aucun repos jusqu'à ce qu'on ait réparé cette injustice, écarté ce danger social. Il y va de la sécurité du pays et de son honneur. Sur tous ces points la lumière est faite. Tout le monde est d'accord pour reconnaître qu'il faut répandre et réorganiser l'instruction primaire.

Où la difficulté commence, c'est pour le choix des méthodes de propagande et des méthodes de réorganisation.

Pour la propagande, les uns croient qu'il suffit de multiplier les Écoles et les cours d'adultes, et de compter, pour les peupler, sur l'attrait de la science et la vigilance des pères de famille; d'autres veulent l'instruction obligatoire; d'autres enfin la veulent à la fois obligatoire et gratuite. Quant à la réorganisation, les systèmes sont plus nombreux encore, et plus divergents. Il y a les partisans absolus de la liberté, qui refusent l'intervention des pouvoirs publics, et les centralisateurs, qui veulent remettre toute autorité sur l'enseignement soit à l'État, soit au département, soit à la commune. Même confusion d'idées pour le programme des études : ceux-ci se contentent du nécessaire; ceux-là ne trouvent jamais l'enseignement assez étendu. Enfin la grande bataille roule sur l'enseignement religieux, parce que chacun aspire à faire de l'école un instrument de propagande pour sa foi ou pour son incrédulité. Agiter ici toutes ces questions, ce serait transporter l'administration dans la législation, et changer une assemblée politique en conseil d'enseignement. Nous devons nous borner à poser les principes essentiels et à créer un corps fortement constitué, capable de les maintenir avec énergie et d'en développer toutes les conséquences.

Nous parlerons d'abord des moyens de répandre l'instruction primaire.

Il y en a deux : multiplier les Écoles; rendre l'instruction obligatoire. Nous n'avons jusqu'ici employé que le premier, et c'est pour cela qu'un huitième au moins de nos enfants reste dans l'ignorance absolue.

On dirait, à voir les répulsions que l'obligation inspirait il y a deux ans à peine, qu'elle est une nouveauté. Elle ne l'est pas en Prusse, où elle existe depuis un siècle; dans la plupart des États de l'Allemagne, en Suisse, en Portugal, en Espagne, en Danemark, en Norvège. Tous les peuples en auront compris avant nous l'utilité, la nécessité. Nous-mêmes, qui l'avons si longtemps repoussée, nous refusions de l'écrire sous son nom dans la loi sur l'instruction primaire, et nous l'avions en principe dans l'article 203 du Code civil; nous la développions dans la loi de 1841 sur le travail des enfants dans les manufactures. Dès qu'un enfant entrait dans un atelier composé de plus de vingt personnes, nous trouvions juste, raisonnable, nécessaire, de le contraindre à savoir lire et écrire; mais, s'il ne travaillait pas, s'il ne gagnait pas un salaire, nous lui réservions, comme avec un soin pieux, la liberté de l'ignorance, et nous appelions cela, par un singulier abus de langage, respecter les droits du père de famille.

On ne blesse pas les droits du père de famille en rendant aux enfants l'immense bienfait d'assurer leur éducation.

Parmi les enfants dont l'intelligence n'est pas cultivée, le plus grand nombre n'a pas de famille, beaucoup n'ont pas de père. Le père, quand il y en a un, le père qu'on veut protéger en repoussant l'instruction obligatoire, c'est celui qui ne s'occupe pas de son enfant, qui le laisse vagabonder et mendier, ou qui le tient à la tâche pour faire des journées de huit à dix heures, dans un temps où cette assiduité au travail est aussi meurtrière pour son corps que pour son esprit. Voilà ce qui se cache sous ce grand nom de père de famille. C'est par respect pour de tels pères que nous hésitons depuis si longtemps à suivre l'exemple de la plupart des États de l'Europe, en consacrant par une disposition pénale le devoir, écrit dans notre code, d'élever et d'instruire ses enfants.

Envers qui la société a-t-elle un devoir? Envers le père qui néglige son enfant ou l'exploite, ou envers l'enfant, condamné par l'indifférence ou l'avidité du père à l'étiolement physique et à la misère intellectuelle? C'est envers l'enfant : donc il faut rendre l'instruction obligatoire. Quand le père abandonne son enfant au hasard, ou le contraint pendant tout le jour à un travail manuel, sans prendre aucun souci de son intelligence, ne fait-il tort qu'à son enfant? Ne met-il pas dans la société un paria, un ennemi? N'envoie-t-il pas au scrutin un incapable? Donc il faut rendre l'instruction obligatoire. L'État doit intervenir, au nom de la justice absolue; il le doit dans l'intérêt de l'enfant, dans celui de la civilisation, dans celui du pays. Ce n'est ni un père de famille, ni un tuteur qu'il a devant lui; c'est un coupable, un mauvais citoyen, un mauvais père. La société, qui repose sur la propriété, exige l'impôt, elle exige le service militaire; elle n'exigera pas l'instruction de l'enfant? Il y a quatre devoirs du citoyen : s'instruire, c'est le premier et le plus nécessaire; payer, voter, combattre : l'école, l'impôt, le scrutin, le service militaire pour la défense du pays. Les peuples seuls où ces quatre devoirs sont bien organisés, et bien observés, sont des peuples libres.

Nous imposons aussi le devoir d'école aux filles; et d'abord, il faut reconnaître que, comme elles ne votent pas et ne prennent pas une part directe à l'administration des affaires du pays, plusieurs des raisons que nous venons d'exposer ne s'appliquent pas à elles. Mais personne ne voudra commettre de nouveau la faute qui a été faite par les Chambres de 1833, lorsqu'elles ont organisé l'enseignement primaire pour les garçons, en renvoyant à une époque plus éloignée, comme étant d'un intérêt secondaire, l'organisation de l'enseignement pour les filles. Il s'en faut beaucoup que l'instruction des filles importe moins à la société que l'instruction des garçons. Nous avons entendu, dans ces derniers temps, au milieu des théories malsaines qui ont produit la guerre civile, la revendication d'un prétendu droit des femmes à jouer dans la société civile et politique le même rôle que les hommes. Les femmes ne peuvent pas et ne doivent pas aspirer à devenir des hommes; mais elles ont, comme femmes, la plus noble des destinations : celle d'apprendre à leurs enfants les premiers éléments de la morale, et de leur rendre chères, pour toute la vie, les maximes sacrées du devoir et de l'honneur. Elles peuvent aujourd'hui porter remède à ce qui est peut-être le plus grand de nos malheurs, c'est-à-dire au relâchement des liens de la famille.

Certes, il est utile et nécessaire de distribuer à nos jeunes gens l'enseignement régulier de la morale, parce qu'il faut que leur raison adhère aux grands principes du devoir et du droit; mais l'influence de la mère, celle de la famille, les habitudes d'amour et de respect pour le foyer domestique, sont les agents les plus puissants d'une résurrection intellectuelle et morale. Nous avons donc mis dans cette loi l'éducation des filles au même rang que l'éducation des garçons, et ce n'est que le commencement d'une œuvre que nous continuerons ensemble, Messieurs, si nous avons le vrai sentiment des besoins de notre pays.

On dit quelquefois qu'il vaut mieux faire de bonnes écoles et en faire beaucoup que de recourir à des pénalités. En est-il vraiment ainsi, et suffit-il de faire partout des Écoles pour avoir partout des Écoles pleines? Ceux qui le croient tirent leur principal argument de la progression rapide des inscriptions scolaires.

Le nombre des enfants inscrits sur les registres était de 3 133 540 en 1863, de 3 273 631 en 1865, de 3 340 702 en 1866. Mais cette progression se continuera-t-elle jusqu'au bout? N'y a-t-il pas un certain nombre d'enfants presque infailliblement destinés à devenir réfractaires, tels que les enfants naturels non reconnus, les orphelins, les fils de condamnés et de vagabonds? Ce sont ceux-là surtout que la loi de l'obligation doit atteindre, c'est pour eux qu'elle est nécessaire. L'École a pour ennemis l'ignorance, qui tantôt rougit d'elle-même, tantôt est incapable de comprendre son malheur, quelquefois même met un funeste orgueil à combattre la civilisation; l'indifférence, moins odieuse, plus criminelle, vice particulier aux sociétés destinées à périr, dont les zélateurs de l'instruction primaire rencontrent les terribles traces, non seulement dans les familles pauvres, mais parmi les patrons et les chefs d'industrie; l'égoïsme, qui pousse tant de pères à ne voir dans leurs enfants qu'une source de revenus; la misère, qui met un grand nombre de familles dans la nécessité de choisir entre le pain et l'École.

On ne saurait se faire illusion à cet égard tant qu'il y aura dans la commune un enfant illettré et dans l'École une place vide. Proposer à l'État de s'en reposer sur l'amour paternel, c'est oublier que l'amour paternel n'est pas toujours éclairé, et qu'il y a, par milliers, des enfants qui n'ont pas de père. Cette objection d'ailleurs ne conclut qu'à l'inutilité de la loi. Or, il vaut mieux faire une loi inutile que d'omettre une loi nécessaire. Si la loi est inutile, elle ne sera pas appliquée; pourquoi la craindre? Si elle est appliquée, l'amour paternel ne suffirait pas, et la loi est juste.

On nous oppose le respect dû à la liberté de conscience.

La liberté de conscience ne serait une objection grave que si l'on prétendait rendre l'École obligatoire, imposer un livre, une doctrine, un maître. Ce n'est pas ce que nous voulons. L'enfant sera instruit; mais on l'instruira comme on voudra et où l'on voudra; pourvu qu'il sache, le vœu de la loi est rempli, comme celui de la société et de la nature.

La patrie ouvre une École à proximité de l'enfant; s'il y entre, elle le reçoit; s'il n'y entre pas, elle se garde de le contraindre; mais elle veut savoir ce qu'il va devenir; elle s'assure que les droits du mineur ne sont pas méconnus; qu'on ne laisse pas ses facultés impuissantes, qu'on le prépare pour les luttes de la vie et pour ses devoirs civiques. Quand, d'une part, des raisons de conscience empêchent la fréquentation de l'École publique, et que de l'autre la famille n'a ni assez de ressources pour payer un instituteur, ni assez de connaissances pour s'en passer, l'État ne punit personne. C'est lui seul, dans ce cas, qui est fautif. Ainsi se concilient le respect de la liberté de conscience et le respect de l'intelligence humaine. Ces cas extrêmes seront bien rares, et, quand ils se présenteront, la société devra comprendre aussitôt le devoir qu'ils lui imposent.

La loi de 1841, encore en vigueur, ne permet pas l'entrée des manufactures avant l'âge de huit ans accomplis; mais cette loi est mal observée. Le patron ferme les yeux; l'ouvrier, tisseur ou filateur, est complice; malgré les dangers que court la santé de son enfant, la mère a pleuré pour qu'on le reçût. C'est une question de pain. L'enfant, qui a besoin de jeu et de soleil, a besoin de pain aussi, et la mère a caché son âge pour lui faire gagner 30 centimes par jour. Nous trouvons la même difficulté pour la fréquentation de l'École, même gratuite. Nous donnons bien la gratuité de l'École à l'enfant indigent; mais nous ne lui donnons pas de pain. Il ne peut être à la fois à l'atelier et à l'École, ni rester à l'École pour y mourir.

Cette objection de la misère a été faite en 1841, et n'a pas arrêté le législateur. Il a pensé avec raison que la véritable humanité est de sauver la race, de laisser le corps se développer, les forces venir. En dépit de tout ce qu'on objectait sur les besoins du pauvre et sur les droits du père, il a résolument affirmé ceux de l'État, en fixant un âge légal pour l'entrée dans les manufactures, en limitant la durée du travail et en stipulant que le patron serait obligé d'envoyer les enfants à l'École : excellentes mesures, mieux observées chez nos voisins que chez nous, mais qui le seront chez nous désormais, grâce aux leçons du malheur. On ne voudra plus détruire la génération dans sa fleur, transformer en ouvriers des enfants de six ans, les tenir attachés au métier dix et douze heures par jour, souffrir que la cupidité ou l'indifférence les soustraient au devoir de l'école.

La loi que nous proposons repose sur les mêmes principes que la loi de 1841. Elle impose la même obligation; elle fait les mêmes efforts pour concilier l'intérêt présent, qui est de gagner un salaire, avec l'intérêt futur, qui est de se préparer par une bonne éducation aux combats de la vie. Non seulement elle rend l'École gratuite; mais elle prend des mesures pour que l'enfant pauvre puisse remplir le devoir scolaire sans renoncer aux bénéfices de l'atelier. A l'user, les familles comprendront que ces sages dispositions, destinées à sauver l'avenir, améliorent même le présent, et qu'elles augmentent dans la même proportion les gains de l'enfant, sa capacité et sa force.

L'Assemblée, en votant le principe de l'obligation, apaisera la conscience publique, que le spectacle des déshérités, des abandonnés, révolte; elle rendra l'espoir aux patriotes, qui verront se former dans les Écoles un nouveau peuple; elle donnera à la morale, aux grands sentiments, une voix capable de se faire entendre jusque dans les chaumières les plus misérables; elle mettra à la portée de toutes les capacités et de tous les courages les premiers instruments de la fortune; elle assurera à nos principes d'égalité, à nos institutions de suffrage universel, leur consécration nécessaire; elle fera plus, par ce simple article de loi, pour la résurrection de la France, que par tous les impôts et par toutes les constitutions qu'elle pourra voter. La richesse d'un pays, sa force, c'est l'homme.

On entend soutenir que l'obligation est impossible sans la gratuité.

C'est une erreur, et la preuve n'en est pas loin. L'obligation existe en Prusse, où la gratuité absolue n'existe pas. Pour établir que la gratuité est le corollaire indispensable de l'obligation, on prétend qu'il est injuste de forcer un homme à mettre son enfant dans une École payante. Il n'y a aucune injustice à faire payer un service rendu; il n'y en a même pas à exiger le payement d'un impôt. Si le père a de l'argent, on le contraint de payer les mois d'école, comme on le contraint de payer le port de la lettre qu'il met à la poste, comme on le contraignait hier à acheter un habit de garde national; mais, s'il est misérable, il faudra que l'École soit gratuite pour lui, et elle le sera. Cet argument, qu'on répète sans cesse, avec l'arrière-pensée de transformer les difficultés de la gratuité en objection invincible contre l'obligation, sera valable dans un pays où l'École ne serait gratuite pour personne; mais elle est gratuite chez nous pour tous ceux, sans exception, qui n'ont pas le moyen de la payer.

Donc l'argument ne vaut rien, et la gratuité, c'est-à-dire la gratuité absolue, n'est pas la conséquence indispensable de l'obligation. Cela seul nous importe. Nous ne pouvons proposer la gratuité absolue; nous ne la combattons pas, nous ne la défendons pas; nous nous bornons à déclarer que, pour aujourd'hui, elle est impossible, par cette unique raison qu'elle exigerait un sacrifice au-dessus de nos forces.

On ne doit jamais invoquer l'économie contre l'instruction publique. Aussi n'est-ce pas d'économie qu'il s'agit ici, mais de nécessité. L'argent qu'il faudrait, nous ne l'avons pas. Nous ne pouvons, en ce moment, le demander ni à l'impôt, ni à l'emprunt. Il nous est impossible d'ajouter 30 millions au budget de l'instruction primaire, et 30 millions ne suffiraient pas, si nous les avions.

On croit généralement qu'il suffit, pour établir la gratuité absolue, d'ajouter au budget de l'instruction primaire une somme égale au produit de la rétribution scolaire. Ce produit était de 22 millions au dernier recensement; mais il faut faire face à des dépenses nouvelles, nécessitées par l'obligation, et qu'augmenterait encore la gratuité. Ces dépenses, on ne peut guère les déterminer d'avance; on peut seulement prévoir qu'elles seraient assez lourdes.

En effet, à mesure que le nombre des élèves s'accroît, il faut un plus grand nombre d'adjoints. En supposant un adjoint par 50 élèves, on peut apprécier ce que coûterait l'entrée dans les Écoles de cent, deux cent, cinq cent mille élèves nouveaux. Il faudra même de nouvelles Écoles; on les fera avec la plus grande économie, mais on ne pourra se dispenser de les faire. Il n'est pas douteux que, même sans établir la gratuité absolue, nous aurons à faire face, pour les exercices prochains, à un accroissement de dépenses très important. Nous y parviendrons si nous ne surchargeons pas le budget dès à présent; mais exonérer, au prix de 22 millions, les familles qui, en ce moment, payent la rétribution scolaire, ce serait évidemment nous exposer à ne pouvoir, l'an prochain, ni donner aux Écoles subsistantes le nombre de maîtres dont elles auront indispensablement besoin, ni ouvrir un nombre suffisant d'Écoles proprement dites et d'Écoles de hameaux. Même si nous étions dans une situation à pouvoir voter dès aujourd'hui 22 millions d'augmentation, il serait sage de ne pas le faire, et de réserver nos ressources pour les dépenses plus urgentes.

Telles sont les raisons qui nous déterminent à proposer l'obligation sans la gratuité, étant d'ailleurs bien entendu que les communes conservent toute liberté d'établir, avec leurs ressources propres, la gratuité chez elles, et que, dans les communes qui ne l'établiront pas, l'École sera ouverte sans rétribution à tous les enfants hors d'état de payer.

Voilà ce que nous proposons de faire pour la propagande de l'enseignement. Maintenant, parlons de l'organisation des Écoles.

La loi de 1854 les a mises dans les mains des Préfets. Il n'est pas difficile de deviner le motif de cette attribution. Les Préfets n'ont aucune compétence scolaire, ce sont des agents politiques. Les charger de nommer et de gouverner les instituteurs, c'est évidemment leur imposer une besogne à laquelle ils ne sont pas préparés. Ils n'ont pas qualité pour juger de la valeur d'une méthode ou d'un livre; ils ne peuvent décider si un instituteur a le véritable esprit de son état. Comment peuvent-ils assigner un poste à un maître, lui donner ou lui refuser de l'avancement? La loi leur donne pour collaborateur l'Inspecteur d'Académie; mais l'Inspecteur n'est qu'un conseiller, et un conseiller bien embarrassé pour défendre son opinion quand il a un Préfet pour antagoniste.

Il suit de là que si le Gouvernement n'est pas scrupuleux, les mutations dans le corps des instituteurs ont pour raison d'être la politique et non la pédagogie. Le moyen d'avancer, ce n'est pas de faire de bons élèves, c'est de servir d'auxiliaires à l'administration du Préfet, à sa police, à ses volontés en matière d'élections. Ceux qui connaissent l'histoire des candidatures officielles savent quel rôle ont joué, dans les élections, la plupart des instituteurs. Écrire les bulletins, les porter, les recommander, faire copier les circulaires et les correspondances à leurs élèves, servir au besoin d'afficheurs, louer le candidat agréable dans les lieux publics, parfois dans la classe, parce que les parents entendent ce que l'on dit à leurs enfants, dénigrer et même calomnier l'adversaire, voilà ce qu'on attendait d'eux et ce qu'ils ne pouvaient refuser sans compromettre leur carrière et briser leur avenir.

Il n'en était pas ainsi partout, et maintenant il n'en est ainsi nulle part; mais de ce que le Gouvernement et l'Assemblée sont d'accord aujourd'hui pour proscrire de honteuses manœuvres, pouvons-nous conclure qu'on n'y reviendra jamais? Pouvons-nous répondre de nos successeurs? Sommes-nous bien sûrs que dans les moments de luttes on ne sera pas tenté de ressaisir cette armée qu'on aura là sous la main, et qui, à une époque, a rendu, et souvent en dépit d'elle-même, de si funestes services? N'est-il pas sage, indispensable, de marquer par une transformation profonde que la politique doit être désormais bannie de l'enseignement? Les Préfets, transformés naguère en directeurs de l'instruction primaire pour les besoins de la candidature officielle, ne peuvent plus conserver une situation si contraire à leurs aptitudes et si peu en harmonie avec les besoins de l'enseignement. Ils auront sur l'instruction primaire une influence considérable par leur action dans le Conseil général et dans le Conseil départemental, mais ils ne la dirigeront plus.

Qui héritera de leur pouvoir? Est-ce l'État? Est-ce la commune?

L'idée que la commune doit nommer l'instituteur et diriger librement l'École qu'elle a fondée fait de très grands progrès dans les partis les plus opposés. D'abord elle se rattache aux principes généraux de décentralisation et d'indépendance communale, et elle s'appuie en outre sur l'intime analogie de l'École avec la vie de famille. On a beau mettre son enfant chez un instituteur; on ne le lui confie qu'à demi, on le retient en le donnant. On veut veiller sur ses sentiments, les diriger; déterminer le caractère de son travail, en fixer même la mesure. Ce n'est pas une prétention, c'est l'exercice d'un droit, l'accomplissement d'un devoir. Quoi de plus naturel que de faire représenter les pères de famille par les délégués de la commune, qui sont les conseillers municipaux, et par le maire? La commune est elle-même une sorte de famille; elle doit en avoir le caractère, et elle l'aura d'autant plus qu'elle retiendra l'École sous son autorité. La qualité la plus indispensable à un maître, c'est d'inspirer la confiance; et le moyen d'avoir confiance, c'est de choisir. Personne ne souffrirait qu'on lui imposât un médecin, et de même on ne doit pas imposer un instituteur. Enfin les dépenses de l'instruction primaire, quoique le département et l'État y contribuent, sont surtout, et quelquefois exclusivement, des dépenses communales.

Malgré ces raisons, qui ne sont pas sans force, nous croyons que l'État a, dans l'éducation des enfants, un intérêt supérieur. Il est riche et puissant si l'éducation est bonne; si elle est mauvaise, rien ne peut le sauver de la décadence. Ce ne sont pas seulement de futurs habitants de la commune qu'on élève dans les Écoles; ce sont des citoyens qui serviront le pays, qui l'administreront, qui voteront dans les élections générales, et peut-être même dans les plébiscites. L'État est un être humain, puisqu'il représente une collection d'hommes. A-t-il pour unique mission de percevoir les impôts, de faire des routes, de rassembler l'armée? Doit-il se désintéresser de la pensée et de la morale? Le pourrait-il quand il le voudrait? Il a beau repousser bien loin le principe des religions d'État, proclamer et professer la liberté de conscience : il a un dogme puisqu'il a un code; il n'est pas une association d'intérêts; il est la patrie, quelque chose de puissant et de vivant, qui parle au cœur et s'impose à l'esprit. C'est par les Écoles qu'il souffle le patriotisme, qu'il entretient la morale, qu'il relève les mœurs, fortifie les caractères, enseigne le respect, commande le sacrifice. Nul n'oserait chasser la France des Écoles françaises.

Tel est le principe; l'étude des faits le confirme. Qu'est-ce qu'une commune? C'est quelquefois Paris ou Lyon; mais c'est aussi plus de vingt mille fois un village. Nous avons en France seize mille communes qui ne comptent pas plus de cinq cents habitants. Un grand nombre, parmi ces petites communes, ont grand'peine à réunir cinq ou six conseillers municipaux sachant lire. Que sera, dans de telles circonstances, le gouvernement de l'École par le maire et les conseillers municipaux? On s'occupe beaucoup aujourd'hui des questions scolaires; on convient qu'elles sont les plus importantes de toutes et les plus difficiles. Il ne faut donc pas donner la moitié au moins, et probablement les trois quarts, de nos Écoles à gouverner à des illettrés ou à des hommes sachant tout au plus lire, écrire et compter. Il n'y a guère de différence entre cette direction incompétente, inintelligente, et la désorganisation de la moitié de nos Écoles.

Si les Conseils municipaux choisissent les instituteurs, quelle garantie avons-nous que le choix sera bien fait? Aucune absolument : c'est abandonner l'instruction au hasard. Même dans les villes, où les conseillers doivent être plus éclairés, ils ne sont à aucun degré compétents. On ne saurait trop se pénétrer de cette vérité, que la pédagogie est une science des plus difficiles, qui ne s'acquiert que par une longue pratique, et qui demande des dispositions toutes spéciales. Ce qui déterminera les choix, ce sera la coterie ou le parti; une famille puissante ou une majorité dominante. On disposera de la direction de l'École pour quelqu'un qui en a besoin, ou qui a des parents puissants, ou beaucoup d'amis. La dernière chose à laquelle on pensera dans ces élections, ce sera l'École. Ailleurs, on voudra un maître républicain ou un maître légitimiste.

Le maître nommé, mais destituable à merci, ne sera qu'un valet; il obéira à tout le monde dans la commune et n'obtiendra ni le respect ni l'obéissance de ses élèves. Il n'aura pas de carrière, puisque, en sortant d'une École, il n'est plus autre chose qu'un candidat obligé de chercher une vacance, de se présenter devant un nouveau Conseil municipal, de lutter, lui étranger, contre des influences locales. Le recrutement sera impossible. On n'aura plus pour maîtres que des impuissants ou des déclassés. N'est-il pas plus simple de traiter les instituteurs comme les professeurs des Collèges et des Lycées, d'en faire un corps ayant sa hiérarchie, son avancement régulier, ses pensions de retraite? C'est la pratique de tous les peuples chez lesquels l'instruction primaire a prospéré. Le maire, les délégués cantonaux, le Conseil départemental, auront leur part d'autorité et leur droit de surveillance; les Écoles privées jouiront d'une liberté entière. Dans ces conditions, l'État remplira son devoir, la commune exercera ses droits, et l'École sera bonne.

Nous proposons donc de faire nommer les instituteurs par l'Inspecteur d'Académie, sous l'autorité du Recteur; mais il les nommera seulement à titre provisoire. L'expérience a démontré qu'on peut avoir toutes les connaissances nécessaires pour obtenir un diplôme et manquer des qualités les plus essentielles à un maître. Après deux ans d'exercice, l'instituteur subira un examen professionnel devant l'Inspecteur d'Académie, assisté de deux Inspecteurs de l'enseignement primaire, et c'est à la suite de cette épreuve que le Recteur de l'Académie lui conférera un titre définitif.

L'Inspecteur d'Académie fera les mutations, qui n'auront aucun caractère disciplinaire. Il pourra, en avertissant le Recteur, prononcer la suspension provisoire. Il ne fera, pour les peines plus graves, que déférer le coupable au Conseil départemental. Nous avons tenu à donner des garanties sérieuses, des protecteurs puissants aux instituteurs.

Ils sont fort abandonnés au fond de leurs villages; ils dépendent de bien des personnes : du maire, du curé, des délégués cantonaux, de l'Inspecteur primaire, de l'Inspecteur d'académie, sans parler des pères de famille. Aucun fonctionnaire n'a un plus grand nombre de maîtres; aucun n'a besoin d'être mieux défendu. Nous renvoyons donc au Conseil départemental tout ce qui touche à leur carrière ou à leur fortune : la suspension avec privation de traitement, la mutation pour un poste inférieur, la destitution, la révocation.

Nous aurions bien voulu, dans le même ordre d'idées, relever le traitement des instituteurs. Nous avons un si impérieux besoin d'excellents maîtres, que nous voudrions pouvoir appeler à nous les capacités.

Il est d'ailleurs plus que jamais nécessaire que le maître se consacre exclusivement à son École et ne cherche pas un supplément de ressources dans des fonctions souvent peu compatibles avec sa dignité et l'accomplissement de ses devoirs. La situation actuelle de nos finances nous interdit de proposer dès maintenant une augmentation. Une loi, qui vous est présentée, met les instituteurs dans la seconde classe du service actif pour l'obtention des pensions de retraite; un article de la présente loi assure la régularité des payements : ces deux bienfaits seront vivement ressentis. Le droit que nous conférons aux instituteurs de n'être punis qu'en vertu d'un jugement contribuera aussi à relever l'importance de leurs fonctions; mais, aussitôt que les charges momentanées que nous subissons auront disparu, ce sera un devoir impérieux d'élever le minimum du traitement, qui est aujourd'hui de 750 francs, et qui doit être porté à 1000.

Nous avons en France un grand nombre de congrégations enseignantes, les unes disséminées dans tout le pays, les autres locales. Il paraît raisonnable, et conforme à tous les intérêts, de supprimer, après des délais convenables, le privilège accordé aux religieuses d'entrer dans l'enseignement sans produire un brevet de capacité. Il serait fort à souhaiter que, dans les communes où les familles sont divisées sur le choix entre une École congréganiste et une École laïque, il fût possible d'entretenir à la fois les deux Écoles. Beaucoup de localités ne pouvant suffire à cette double dépense, le choix à faire pour la direction de l'École unique est très épineux. Dans l'état actuel, il appartient au Préfet, qui prononce après avoir entendu le Conseil municipal. La plupart des Préfets refusent d'exercer ce droit et en réfèrent au Ministre. D'autre part, lorsque les Préfets ont pris sur eux de repousser l'avis du Conseil municipal, celui-ci ne manque pas d'en référer à l'autorité supérieure : de sorte que le maintien de la législation actuelle aurait pour conséquence de faire trancher la question par le Ministre seul, ce qui constituerait une des applications les plus abusives du principe de la centralisation.

Nous croyons que la décentralisation est de droit dans une matière qui touche de si près à la liberté de conscience, et que le droit d'option ne peut être exercé que par un pouvoir local et électif. Nous ne venons pas cependant vous proposer de charger le Conseil municipal de décider en dernier ressort. Outre qu'il y a des Conseils municipaux peu éclairés, et d'autres qui, par la force des choses, sont toujours soumis à certaines influences politiques, territoriales ou religieuses, les élections municipales sont trop souvent une manifestation politique, et nous devons autant que possible soustraire nos Écoles aux fluctuations de l'opinion. Le Conseil municipal est sans doute le délégué officiel de la commune; il est censé en représenter la majorité; il ne la représente pas toujours, surtout dans des matières aussi spéciales, et la preuve, c'est que, dans les moments de trouble, où les Conseils municipaux se sont arrogé la direction absolue de leurs Écoles, on a pu constater un désaccord formel entre eux et la majorité des pères de famille.

C'est cette majorité qu'il faut respecter; c'est elle qu'il faut constater, et c'est pour y parvenir que nous vous proposons de donner l'initiative au Conseil municipal, et la décision au Conseil départemental, devenu, par une loi nouvelle, une assemblée élective. Dès que la municipalité aura exprimé son vœu, l'Inspecteur d'Académie procédera à une enquête. Le vœu est-il légal? Est-il conforme aux intérêts de l'École? Répond-il à la volonté de la majorité des pères de famille? Il fait, sur ces trois points, un rapport écrit et donne ses conclusions au Conseil départemental, qui décide. Ce Conseil renferme les représentants de tous les intérêts; il est en grande partie électif; il compte parmi ses membres (du moins nous vous le proposerons avec le vif désir de voir notre proposition acceptée) le maire du chef-lieu; il connaît bien le département, puisqu'il lui appartient; il est placé au-dessus des intrigues et des passions locales; il a qualité pour déclarer si le Conseil municipal a cédé à des entraînements et mal interprété le vœu de la population.

Enfin la décision du Conseil pourra être déférée par voie d'appel au Conseil supérieur de l'instruction publique. Ce grand corps, où siégeront les représentants les plus autorisés de la science et de l'enseignement, sera présidé par le Ministre. Il aura sous les yeux, en rendant son jugement, la délibération du Conseil municipal, celle du Conseil départemental; il pourra entendre les parties; le Préfet lui adressera son rapport. Nous croyons que cette procédure est irréprochable, et qu'elle assure pleinement les droits des pères de famille.

La jurisprudence actuelle est obscure sur un point capital, qu'il faut trancher par la loi. Une circulaire ministérielle et une décision conforme du Sénat établissent que le Conseil municipal n'a jamais le droit d'émettre un vœu que dans le cas de vacance de l'École par décès, démission ou destitution du titulaire. Si cette jurisprudence était maintenue, l'autorité universitaire ou les congrégations pourraient, par des mutations faites à propos, rendre presque impossible l'exercice du droit du Conseil municipal. Il paraît donc nécessaire d'ajouter au droit d'émettre un vœu en cas de vacance de l'École celui d'en émettre un dans la session qui suivra les élections communales. Les conseillers, récemment élus, exprimeront évidemment la volonté de leurs électeurs. Il ne paraît pas utile d'aller plus loin. L'instituteur ne doit pas être exposé à se voir discuter chaque jour. Le cas de vacance d'une École et une période de cinq ans, qui peut se trouver diminuée par les dispositions de la loi municipale, donnent satisfaction aux droits de la commune.

Nous ne proposons pas de revenir sur la nomenclature des matières de l'enseignement primaire. La loi de 1854, comme les lois antérieures, distingue avec raison les matières obligatoires et les matières facultatives. La nomenclature des matières obligatoires est bien faite, elle est suffisante. Elle a seule une importance légale, importance que vont accroître encore les prescriptions relatives à l'obligation scolaire. L'énumération des matières facultatives n'a d'autre but que de définir l'enseignement primaire, et cette définition est nécessaire, puisque l'enseignement primaire et l'enseignement secondaire sont soumis à des conditions, à des règles et à des autorités différentes. Il doit être bien entendu que cette liste peut être développée ou restreinte, suivant le vœu et les besoins des populations, et que l'administration doit avoir une certaine latitude à cet égard. Il serait dès lors peu opportun de provoquer une nouvelle délibération sur cette nomenclature : c'est au Conseil supérieur qu'il appartient de la modifier. C'est lui qui, d'accord avec le Ministre, trouvera le moyen d'améliorer et de généraliser l'étude de la géographie et de l'histoire, et de faire passer, dans les habitudes nationales, les exercices de la gymnastique.

Quant à la morale, qui doit être l'objet suprême de nos efforts, nous ne chargerons pas nos instituteurs de l'enseigner dans des cours réguliers : nos enfants ne seraient pas en état de les comprendre, et bien peu d'instituteurs seraient préparés à les bien faire. Il n'y aura pas, dans les Écoles, d'enseignement dogmatique de la morale; mais, si notre loi ne manque pas son but, les maîtres enseigneront à nos enfants, chaque jour et dans chacun des exercices de la classe, la nécessité de remplir son devoir envers les hommes, envers la patrie et envers Dieu. Ceux qui choisiront les instituteurs s'attacheront sans doute à en trouver de capables; mais ils exigeront avant tout qu'ils soient honnêtes ou, pour mieux dire, qu'ils soient exemplaires. Toutes les autorités scolaires, Ministre, Conseil supérieur, Conseil académique, Conseil départemental, Inspecteurs de tout ordre, délégués cantonaux, ne cesseront de songer que l'éducation importe encore plus que l'instruction, et que la France a besoin de bons citoyens, autant et plus que de citoyens lettrés.

Les murs de l'École parleront de morale; les exemples d'écriture introduiront par force dans la mémoire des maximes austères d'obéissance, de dévouement, de probité. L'instituteur ne manquera pas une occasion de le rappeler; personne n'entrera dans une classe sans se souvenir qu'il doit y parler en père de famille. Les livres surtout seront l'objet d'une revision complète. Des efforts seront tentés pour que les plus grands esprits tiennent à honneur de composer à l'usage des Écoles deux ou trois petits livres dignes d'être appris par cœur par les enfants et de rester éternellement dans la mémoire des hommes faits. On essayera par les cours d'adultes de prolonger l'influence de l'instituteur sur les jeunes gens. La bonne École est celle dans laquelle on aime à revenir, comme on revient au foyer domestique, pour y chercher des consolations, des leçons et des forces.

L'enseignement régulier de la morale, qui serait déplacé et peut-être dangereux dans les Écoles, tiendra désormais le premier rang dans les Écoles normales. On y enseignera aux élèves-maîtres les principes sur lesquels repose la morale publique et privée; on leur en fera suivre les diverses applications. On nourrira leur esprit de ces mâles doctrines qui, dans chaque crise de la vie, montrent infailliblement où est le devoir, et ne laissent place ni à l'erreur ni à l'hésitation. On leur en fera comprendre la justice, l'autorité, la nécessité. Ils sauront que, sous un titre modeste et dans une carrière ingrate, ils sont chargés de rendre à leur pays le plus grand de tous les services, en répandant le sentiment et l'intelligence du devoir.

Chaque année, le Ministre rendra compte à l'Assemblée, en séance publique, des progrès de l'instruction primaire. Cette solennité sera chère au Corps enseignant. Elle donnera à l'Assemblée l'occasion de faire entendre sa volonté souveraine; elle nous fera connaître à tous les efforts que nous aurons faits, les uns et les autres, pour mériter notre propre estime et celle du monde.

2° Projet de loi.

ARTICLE 1er[1]. — Tout enfant, de l'un ou de l'autre sexe, âgé de six ans révolus à treize ans révolus, doit recevoir un minimum d'instruction comprenant les matières obligatoires, soit dans l'École communale, soit dans une École libre, soit dans la famille.

Ce minimum d'instruction sera constaté à la fin de la période scolaire légale par un examen conférant, s'il y a lieu, un certificat d'études.

Le Conseil départemental pourra déclarer que les enfants employés, hors de leurs familles, dans l'agriculture ou dans les manufactures, ne seront tenus d'assister, à certaines époques, qu'à une seule des classes de la journée.

Ne seront pas soumis aux sanctions pénales déterminées par l'article 4 les habitants des communes ou portions de communes que le Conseil départemental, après l'avis du Conseil général, aura déclaré ne pas se trouver dans des conditions qui permettent d'appliquer le principe de l'obligation.

Cette exemption ne vaudra que pour un an; la déclaration du Conseil départemental sera transmise, séance tenante, au Ministre de l'Instruction publique, qui prendra, avec le concours du Préfet et du Conseil général, les mesures nécessaires pour qu'une École soit établie pour l'année suivante.

1. Voir ci-après l'amendement de M. A. LEFÈVRE-PONTALIS, 12 *janvier* 1872, — de M. DELPIT, 19 *janvier* 1872, — de M. BEAUSSIRE, 26 *janvier* 1872, — de MM. DRÉO et FERROUILLAT, 12 *juin* 1872.

ART. 2[1]. — Une Commission scolaire est instituée pour surveiller la fréquentation des Écoles. Cette Commission est composée du délégué cantonal, du maire, du curé ou du pasteur, et de trois pères de famille désignés par le Conseil municipal, et dont un, au moins, devra être pris dans le sein de ce Conseil.

La Commission scolaire est présidée par le maire ou, en son absence, par le plus âgé des membres présents. Le procès-verbal des séances, signé par tous les membres présents, sera conservé dans les archives de la mairie.

L'Inspecteur de l'enseignement primaire fait partie de toutes les Commissions scolaires de son ressort d'inspection.

ART. 3. — Le maire remet chaque année à l'instituteur, quinze jours avant la rentrée des classes, la liste de tous les enfants qui sont dans l'âge où la fréquentation des Écoles est obligatoire. Il indique sur cette liste les enfants qui, d'après la déclaration des familles, tuteurs ou patrons, suivent une École libre ou reçoivent l'instruction à domicile.

Il remet à chaque instituteur libre la liste des enfants inscrits pour suivre son École. L'instituteur libre est soumis, pour la constatation de l'assiduité, aux mêmes obligations que l'instituteur public.

Lorsqu'un élève quitte l'École, l'instituteur en donne avis au maire sans délai; la famille est tenue de faire la même déclaration, en indiquant de quelle façon l'enfant recevra l'instruction à l'avenir.

L'instituteur public ou libre adresse, le dernier jour du mois, au président de la Commission scolaire et à l'Inspecteur de l'enseignement primaire la liste des élèves qui ont été absents, avec l'indication du nombre et des motifs des absences pour chaque élève. Ne seront considérées comme valables que les excuses acceptées par la Commission scolaire.

La Commission scolaire ou l'Inspecteur d'Académie pourront déférer au Conseil départemental tout instituteur libre qui ne se conformerait pas aux prescriptions du présent article.

Après deux avertissements restés inutiles, le Conseil prononcera la suspension pour un mois; en cas de récidive, la peine pourra être élevée à trois mois.

L'instituteur suspendu pourra en appeler au Conseil supérieur de l'instruction publique; l'appel sera suspensif.

ART. 4. — Après trois absences non justifiées dans le courant du mois, le père, le tuteur ou la personne responsable sera mandée dans la salle des actes de la mairie, devant la Commission scolaire, qui, en lui rappelant le texte de la loi, lui expliquera ses devoirs.

En cas de récidive, la Commission prononcera l'inscription des nom, prénoms et qualité de la personne responsable à la porte de la mairie pendant quinze jours ou un mois. Elle pourra aussi retirer aux familles indigentes la faculté de recevoir des secours publics.

En cas de récidive nouvelle ou après dix absences non justifiées, la Commission adressera une plainte au juge de paix, qui, après avoir appelé le contrevenant, prononcera une amende de *un* à *dix* francs.

Dans le cas d'une nouvelle infraction, l'amende sera doublée. Si, après ces deux dernières condamnations, de nouvelles infractions à la loi se produisent, le tribunal correctionnel, saisi par la Commission scolaire ou par l'Inspecteur de l'enseignement primaire, prononcera une amende de *vingt* francs au moins et de *cinquante* francs au plus.

1. Voir ci-après l'amendement de M. DE BONALD, 10 *janvier* 1872, — de M. DELPIT, 19 *janvier* 1872.

En cas de récidive, l'amende sera doublée. Le tribunal pourra, en outre, prononcer la privation des droits civiques pendant trois ans et l'interdiction, pendant la même durée, d'être employé dans les ateliers de l'État, soit comme ouvrier, soit à un autre titre.

A défaut de payement, le total des amendes sera converti en journées de prestation, dont la valeur en argent, de même que le montant de l'amende, sera ajoutée au produit des centimes spéciaux de l'instruction primaire.

Lorsque l'enfant est employé soit dans l'agriculture hors de sa famille, soit dans un atelier ou une fabrique, le patron sera mandé en même temps que le père ou tuteur, et condamné aux mêmes peines. Il pourra être déclaré solidairement responsable des amendes encourues.

ART. 5. — Chaque année la Commission scolaire délivre, en séance publique, des certificats d'études aux enfants âgés de *treize ans* révolus qui ont suivi l'École publique ou libre avec assiduité depuis l'âge de six ans révolus. Elle examine sur les matières obligatoires les enfants qui ont reçu l'instruction dans leur famille, et leur délivre, s'il y a lieu, le certificat d'études. Chacun de ces enfants écrit publiquement une dictée dont le texte est fourni par l'Inspecteur d'Académie. La dictée est annexée au procès-verbal.

Lorsqu'il est prouvé que l'enfant n'a pas reçu de leçons dans la famille, la Commission scolaire ou l'Inspecteur de l'enseignement primaire adresse une plainte au tribunal correctionnel, qui peut appliquer le maximum des peines portées à l'article 4.

A la fin de cette session d'examen, le président de la Commission scolaire dresse la liste des enfants qui reçoivent l'instruction à domicile; il en donne lecture à haute voix et la transmet au maire de la commune et au président de la Commission cantonale.

ART. 6[1]. — A partir du 1er janvier 1880, aucun citoyen arrivant à l'âge de vingt et un ans ne sera inscrit sur la liste électorale que sur la présentation du certificat d'études. A défaut de ce certificat, il pourra obtenir d'être rétabli sur la liste électorale en écrivant sa demande sur la table de la mairie, en présence du maire et de deux conseillers municipaux. Procès-verbal de cette formalité sera envoyé par le maire à l'Inspecteur d'Académie; la demande de l'électeur sera annexée au procès-verbal.

ART. 7[2]. — L'Inspecteur d'Académie, sous l'autorité du Recteur, nomme à titre provisoire les instituteurs, les institutrices, les directrices des salles d'asile publiques, leurs adjoints et adjointes; il arrête la liste d'admissibilité à l'École normale primaire, et propose au Conseil général la nomination des boursiers de l'État et des communes.

Nul n'est nommé instituteur à titre définitif qu'à la suite d'un examen professionnel auquel on ne peut être admis qu'après deux ans d'exercice.

L'examen a lieu devant l'Inspecteur d'Académie et deux Inspecteurs de l'enseignement primaire du département désignés par le Recteur.

La nomination à titre définitif est ratifiée par le Recteur d'Académie, au nom du Ministre de l'Instruction publique.

ART. 8. — L'Inspecteur d'Académie peut, suivant les cas, avertir, réprimander, suspendre, sans privation de traitement, jusqu'à la prochaine réunion du Conseil départemental, les directeurs ou directrices d'Écoles ou d'asiles, ainsi

1. Voir ci-après l'amendement de M. NAQUET, 5 *février* 1872.

2. Voir ci-après l'amendement de M. DE BONALD, 10 *janvier* 1872, — de M. NAQUET, 5 *février* 1872.

que leurs adjoints ou adjointes. Il peut même prononcer provisoirement la privation partielle ou totale du traitement. Toutes les fois que la suspension est prononcée, le Recteur doit être immédiatement averti. Le Conseil statue sur la prolongation de la suspension; il peut ordonner la restitution du traitement.

La révocation ne sera prononcée que par le Conseil départemental, l'instituteur ayant été entendu ou dûment appelé. L'instituteur révoqué ne pourra exercer des fonctions d'enseignement dans le même canton.

Le Conseil départemental peut, après l'avoir entendu ou dûment appelé, frapper l'instituteur communal d'une interdiction absolue.

L'instituteur révoqué ou interdit pourra en appeler devant le Conseil supérieur de l'instruction publique dans le délai de dix jours, à partir de la notification de la décision. Cet appel n'est pas suspensif.

ART. 9[1]. — Toutes les fois qu'une École devient vacante par suite de démission, de révocation ou de décès du titulaire, le Conseil municipal est mis en demeure d'émettre son avis sur la question de savoir s'il désire que la direction de l'École soit confiée à un instituteur laïque ou à un membre d'une association religieuse vouée à l'enseignement public.

Il peut émettre son avis sur la même question dans la session qui suit le renouvellement intégral de ses membres. Sa délibération est transmise à l'Inspecteur d'Académie, qui fait immédiatement une enquête, et au Conseil départemental, pour statuer. Avant le vote du Conseil départemental, l'Inspecteur d'Académie lui rend compte des résultats de son enquête; il expose les motifs de la délibération du Conseil municipal et donne ses conclusions.

La partie qui succombe peut en appeler au Conseil supérieur de l'instruction publique. Le Conseil supérieur est tenu d'entendre, s'ils le demandent, le Préfet, l'Inspecteur d'Académie, les délégués du Conseil municipal et ceux du Conseil départemental. Le jugement mentionne qu'ils ont été entendus ou que leurs lettres ou mémoires ont été lus en séance. Cet appel n'est pas suspensif.

ART. 10. — Le local de l'inspection académique, composé au moins d'un cabinet pour l'Inspecteur, d'une pièce pour le commis, d'une salle des séances du Conseil départemental, ainsi que le mobilier dudit Conseil et les frais du bureau de l'Inspecteur d'Académie sont à la charge du département. Ces dépenses sont obligatoires et ne peuvent être prélevées sur les centimes spéciaux de l'instruction primaire.

ART. 11[2]. — L'inspection des établissements d'enseignement primaire publics et libres est exercée :

1° Par les Inspecteurs généraux de l'instruction publique;

2° Par le Recteur ou les Inspecteurs d'Académie;

3° Par les Inspecteurs de l'enseignement primaire et les inspectrices des salles d'asile;

4° Par les membres du Comité cantonal, par les maires, et enfin par les curés ou desservants, les pasteurs ou rabbins, chacun en ce qui concerne le culte dont il est le ministre.

Aucune autre personne ne peut être admise à faire dans les établissements publics un acte quelconque de surveillance et d'inspection.

Néanmoins, dans les villes qui comptent au moins vingt établissements publics d'instruction primaire, un contrôleur spécial pourra, avec l'agrément du

1. Voir ci-après l'amendement de M. DE BONALD, 10 *janvier* 1872, — de M. PAUL MORIN, 30 *mai* 1872.

2. Voir ci-après l'amendement de M. DE BONALD, 10 *janvier* 1872.

Ministre, être chargé de la surveillance du matériel ; il sera nommé par le maire et payé sur les fonds de la commune.

ART. 12[1]. — Dans chaque canton, les établissements d'instruction primaire sont placés sous la surveillance des membres du Comité cantonal d'instruction primaire.

Les membres du Comité sont désignés, au nombre de cinq au moins et de douze au plus, pour chaque canton par le Conseil départemental ; un instituteur public de la circonscription et, si le canton compte au moins six établissements libres, un instituteur libre font nécessairement partie de chaque Comité cantonal, sans cependant prendre part à la visite des Écoles. Le Conseil désigne l'instituteur public sur une liste de trois candidats élus par les instituteurs publics du canton, et l'instituteur libre sur une liste de trois candidats élus par les instituteurs libres.

Ces élections se font par un vote au scrutin secret, sur la convocation de l'Inspecteur d'Académie, à l'époque du renouvellement des Comités cantonaux ou après décès ou démission d'un des instituteurs membres du Comité.

ART. 13. — Les membres du Comité cantonal sont nommés pour trois ans ; ils sont rééligibles et révocables par le Conseil départemental.

ART. 14. — Les membres du Comité cantonal se réunissent au moins une fois tous les trois mois au chef-lieu du canton, sous la présidence de celui d'entre eux qu'ils désignent.

Ils désignent aussi un secrétaire, qui rédige et conserve les procès-verbaux. L'Inspecteur de l'enseignement primaire est toujours informé, cinq jours à l'avance, de la réunion ; il a le droit d'y assister avec voix délibérative.

Les membres du Comité cantonal se répartissent la surveillance des Écoles du canton et donnent avis de cette répartition au Conseil départemental.

Le Comité adresse à ce Conseil, par l'intermédiaire de l'Inspecteur d'Académie, des délibérations et des rapports.

Chacun de ses membres correspond directement avec les autorités locales pour tout ce qui concerne les besoins des Écoles dont il est spécialement chargé.

ART. 15. — Le Comité cantonal est consulté :

Sur les récompenses et encouragements qu'il convient d'accorder aux instituteurs publics ou libres et sur les peines qu'il peut y avoir lieu de prononcer contre eux, quand ces peines sont la suspension, la révocation ou l'interdiction ; néanmoins, en cas d'urgence, la peine de la suspension peut être prononcée directement par l'Inspecteur d'Académie ;

Sur le nombre des Écoles publiques et des salles d'asile publiques à ouvrir dans chaque commune et sur l'établissement des Écoles de hameau ;

Sur le taux de la rétribution scolaire dans les Écoles et les salles d'asile publiques ;

Sur les autorisations à donner pour l'établissement des Écoles mixtes, quant au sexe et quant au culte ;

Sur la création d'Écoles d'adultes ;

Sur l'admissibilité à l'examen d'entrée à l'École normale des candidats de la circonscription ;

Sur l'autorisation demandée par un instituteur public d'ouvrir un pensionnat ;

Sur la réunion de plusieurs communes pour l'entretien d'une École.

1. Voir ci-après l'amendement de M. NAQUET, 5 *février* 1872.

Extrait du procès-verbal de chaque réunion est transmis au Conseil départemental par l'intermédiaire de l'Inspecteur d'Académie.

Chaque membre du Comité cantonal assiste avec les autorités locales à l'installation de l'instituteur appelé à la direction de l'une des Écoles placées sous sa surveillance. Il prend part, de concert avec l'Inspecteur de l'enseignement primaire, aux examens pour l'obtention du certificat d'études.

ART. 16. — A partir du 1er janvier 1876, nul ne pourra être chargé de la direction d'une École, s'il n'est pourvu du brevet de capacité mentionné à l'article 25 de la loi du 15 mars 1850.

Les religieuses qui, à la date du 1er janvier 1876, compteront quatre années d'exercice de la profession d'institutrice, seront dispensées de l'obligation de produire le brevet.

ART. 17. — Les dépenses relatives à l'instruction primaire figurent au premier rang des dépenses obligatoires des communes et des départements.

Il y sera pourvu au moyen :

1° Des dons et legs ;

2° Des revenus ordinaires des communes ;

3° En cas d'insuffisance des revenus ordinaires, du produit d'une imposition spéciale de trois centimes ;

4° Du produit de la rétribution scolaire ;

5° Lorsque ces revenus sont épuisés, des ressources ordinaires des départements ;

Et en cas d'insuffisance, d'une imposition spéciale de trois centimes additionnels au principal des quatre contributions directes ;

6° Enfin, si les ressources communales et départementales ne suffisent pas, d'une subvention sur les fonds portés chaque année au budget de l'État.

Les dépenses de l'instruction primaire auxquelles il doit être pourvu avant toute autre dépense comprennent :

1° Les traitements fixes et éventuels des instituteurs et institutrices, de leurs adjoints et adjointes, des maîtresses de travaux à l'aiguille dans les Écoles mixtes, des directrices des salles d'asile et de leurs adjointes ;

2° Les frais de construction, de réparation, appropriation ou location de maisons d'école ;

3° Les frais d'entretien des bâtiments et du matériel scolaire, y compris l'achat des registres scolaires ;

4° Les frais de bureau des Comités cantonaux, des Commissions scolaires et des Commissions d'examen pour le brevet de capacité.

Les dépenses d'entretien des cours d'adultes et de chauffage des classes et celles des fournitures classiques aux élèves hors d'état de payer sont obligatoires et purement communales.

ART. 18. — Il y a dans chaque département une École normale d'instituteurs et une École normale d'institutrices, entretenues aux frais de l'État. Le département est tenu de fournir et d'entretenir le local et les dépendances nécessaires à l'installation des établissements.

Néanmoins, sur la demande des Conseils départementaux et des Conseils généraux, le Ministre de l'Instruction publique pourra autoriser plusieurs départements à entretenir en commun une seule École normale d'instituteurs ou une seule École normale d'institutrices.

ART. 19. — A partir du 1er janvier 1872, les fonds qui constituent le traitement des instituteurs et des institutrices publics, et qui ont été déterminés par les lois des 15 mars 1850 et 10 avril 1867, sont centralisés à la trésorerie générale du département. Les instituteurs et institutrices seront payés mensuellement sur mandats délivrés par les Préfets.

ART. 20. — Les attributions conférées par la présente loi aux Inspecteurs d'Académie seront exercées en Algérie par le Recteur de l'Académie d'Alger.

Le Conseil académique de l'Académie d'Alger exercera les attributions qui sont dévolues aux Conseils départementaux de la métropole.

ART. 21. — Dans le courant du mois de mars de chaque année, le Ministre de l'Instruction publique présente à l'Assemblée nationale, en séance publique, un rapport sur la situation de l'enseignement primaire.

ART. 22. — Les dispositions des lois antérieures contraires à la présente loi sont et demeurent abrogées.

Projet de loi sur la retraite de divers fonctionnaires de l'enseignement primaire, présenté à l'Assemblée nationale par M. Thiers, Président de la République, et par M. Jules Simon, Ministre de l'Instruction publique[1]. 15 déc. 1871.

15 Décembre 1871.

1° Exposé des motifs.

Messieurs, la retraite des instituteurs est régie en ce moment par la loi sur les pensions civiles du 9 juin 1853.

Les conditions exigées pour avoir droit à la retraite sont :

Soixante ans d'âge,

Trente ans de services.

La pension est réglée sur la moyenne du traitement pendant les six dernières années.

La condition de soixante ans d'âge, très bien justifiée pour d'autres services, n'est pas facilement remplie par les maîtres de nos Écoles. En effet, les instituteurs sont souvent fatigués avant d'arriver à cet âge, et se trouvent trop souvent obligés de se retirer sans avoir un droit absolu à aucune pension.

L'article 5 de la loi du 9 juin 1853 permet, il est vrai, de donner la pension de retraite à l'instituteur hors d'état de continuer ses fonctions, même lorsqu'il n'a pas atteint l'âge réglementaire, mais pourvu qu'il ait trente ans de services. L'Administration a fait un usage très bienveillant de cette disposition. Le nombre de ces instituteurs, qui reçoivent une pension de retraite quoique n'ayant pas soixante ans, est considérable, et l'exception tend à devenir la règle. La condition des trente ans de services reste seule dans toute sa force, et il n'est pas permis à l'Administration d'y déroger dans l'état actuel de la législation.

La retraite des instituteurs est liquidée sur le traitement moyen des six dernières années. Le législateur de 1853, en acceptant cette base, était animé d'une intention éminemment favorable aux retraités. En effet, en règle générale, lorsqu'un employé entre au service, il commence par remplir un emploi peu

1. Voir ci-après le rapport de M. ERNOUL, 3 *juillet* 1872.

important et reçoit un petit traitement. L'âge arrive, les services rendus sont plus nombreux, le fonctionnaire s'élève graduellement dans la hiérarchie, et le traitement suit la même marche ascensionnelle; puis, quand vient le moment de la retraite, les traitements des six dernières années de service sont les plus élevés qu'il ait jamais reçus. Si donc sa retraite est établie sur ces six dernières années, elle l'est dans les conditions les plus favorables.

Il n'en est pas de même pour l'instituteur. L'instituteur commence par une petite École et par un petit traitement; peu à peu il arrive au maximum qu'il peut atteindre comme travail et comme rémunération; mais ses forces s'épuisent rapidement, et presque toujours avant que l'heure de la retraite ait sonné, l'Administration, par bienveillance, le maintient à son poste tant que l'enseignement ne souffre pas de l'affaiblissement de ses forces; mais, lorsque le service de l'École périclite, l'instituteur est envoyé dans un poste inférieur. Dès lors, son traitement se trouve diminué. D'ailleurs, dans le cas même où il serait maintenu, le résultat serait le même; car, ou bien les pères de famille envoient leurs enfants chez un instituteur voisin, plus jeune et plus actif, ou bien un instituteur libre vient s'installer auprès de l'instituteur vieilli au service, parce que l'occasion est favorable pour la concurrence. Ainsi, le traitement dans un grand nombre, sinon dans la majorité des cas, diminue successivement pour l'instituteur âgé de plus de cinquante ans. L'instituteur primaire passe donc les dernières années de son exercice dans les conditions les plus défavorables pour la liquidation de sa pension.

Cette situation a été l'objet de réclamations nombreuses; elle a été notamment l'objet d'une pétition soumise au Sénat, en 1865, par un certain nombre d'instituteurs.

Le Sénat, dans la séance du 1er mai de cette même année, renvoya la pétition au Gouvernement, qui reconnut qu'il y avait là un intérêt grave à sauvegarder, et que la retraite des instituteurs devait être l'objet d'une réglementation spéciale.

Trois points sont à réformer : la limite d'âge, fixée à soixante ans;

La durée des services, fixée à trente ans;

La moyenne des six dernières années de traitement, prise pour base de la liquidation.

Cette triple réforme peut être faite dans le sens le plus favorable aux instituteurs, en les comprenant dans le tableau n° 2 annexé à la loi de 1853.

Le législateur de 1853 a reconnu que certains emplois épuisent les forces plus vite que d'autres, et, par conséquent, réclament une règle plus favorable pour l'admission à la pension. « Il suffit, dit l'article 5, de cinquante ans d'âge « et de vingt-cinq ans de services pour les fonctionnaires qui ont passé quinze « ans *dans la partie active* », et à la suite de la loi se trouve un tableau n° 2, où sont énumérés les emplois du service actif qui donnent droit à cette faveur : ce sont les emplois des douanes, des tabacs, des forêts de l'État, de la couronne et des postes. Les instituteurs n'ont-ils pas un service aussi actif et aussi pénible que celui de ces employés?

Les Inspecteurs de l'enseignement primaire, choisis parmi les instituteurs les plus distingués, me paraissent aussi devoir profiter des mêmes avantages. Quelles fonctions exigent, en effet, plus que celles d'inspecteur de l'enseignement primaire, une activité incessante, des déplacements continuels et prolongés sur une grande étendue territoriale? En assimilant ces fonctionnaires aux employés du service actif, on ne ferait qu'entrer dans l'esprit de la loi de 1853.

L'article 5 de cette loi porte que « aucun autre emploi ne peut être compris « au service actif, ni assimilé à un emploi de ce service qu'en vertu d'une « loi ». Le législateur prévoyait donc que l'expérience ferait reconnaître que l'assimilation que nous proposons pourrait un jour être réclamée.

L'épreuve a été faite pendant seize ans : elle est concluante. Nous venons donc vous proposer un article de loi qui sera reçu par tous les membres de l'enseignement primaire comme un bienfait, et qui sera un acte de justice.

2° Projet de loi.

ARTICLE UNIQUE. — Les Inspecteurs de l'enseignement primaire, les instituteurs et institutrices publics et les directrices de salles d'asile communales sont compris parmi les fonctionnaires du service actif et ajoutés au tableau n° 2, annexé à la loi du 9 juin 1853. Leur pension de retraite est réglée conformément aux dispositions de cette loi relatives aux emplois de la partie active[1].

Amendement à la proposition de loi de M. Delpit (27 mai 1871) et ses collègues, relative à la nomination des instituteurs communaux et à la surveillance des Écoles primaires, présenté par M. le marquis de La Rochejaquelein. 19 déc. 1871.

19 Décembre 1871.

ARTICLE 1er. — *Comme au projet de M. Delpit.*

ART. 2. — Le choix entre l'enseignement laïque et l'enseignement congréganiste appartient aux pères de famille; il est soumis à un vote tous les dix ans au moins et chaque fois que l'École laïque devient vacante par suite de décès, démission, mutation, révocation ou avancement du titulaire.

ART. 3. — Chaque père de famille a, dans le vote, autant de voix qu'il a d'enfants au-dessous de l'âge de douze ans révolus, garçons ou filles, suivant l'École pour laquelle le scrutin a lieu.

Le vote est secret, et le père de famille dépose autant de bulletins pliés qu'il a de voix. Si le père est décédé, le tuteur le remplace.

Chaque bulletin porte le mot « laïque », ou le mot « congréganiste ».

ART. 4. — L'instituteur ou l'institutrice laïque est nommé par le Recteur de l'Académie, sur la proposition du Conseil départemental.

L'instituteur ou l'institutrice congréganiste est agréé par le Recteur, sur la présentation des supérieurs de la communauté religieuse.

ART. 5. — Lorsque le nombre d'enfants de même sexe dans une commune atteint le chiffre de 300, la commune est tenue d'établir une ou plusieurs Écoles laïques et une ou plusieurs Écoles congréganistes, si les parents, par leur vote, le demandent pour 100 enfants au moins.

1. Le 29 *décembre* 1871, MM. BOZÉRIAN, LEBLOND, TASSIN, DELILLE, DELORME, LENOEL, proposèrent l'amendement ci-après au projet :

« Cette pension est basée sur la moyenne des traitements et émoluments de toute nature soumis à retenues, dont l'ayant droit a joui pendant les six années qui ont produit le chiffre le plus élevé. »

Si l'enseignement dans la commune est subventionné, chaque École l'est proportionnellement au nombre d'enfants qu'elle reçoit.

ART. 6. — En dehors des Écoles communales, quand l'enseignement est gratuit, c'est-à-dire payé par tous les contribuables de la commune, chaque École libre, établie conformément aux lois et offrant les garanties exigées, a droit à une part de subvention proportionnelle au nombre d'enfants qui la fréquentent, et calculée d'après le montant des dépenses réelles de l'enseignement dans la commune.

Quand l'enseignement n'est pas gratuit, chaque École a part à l'indemnité de rétribution fixée pour les enfants indigents.

ART. 7. — *Comme l'article 3 du projet de M. Delpit.*

ART. 8. — *Comme l'article 4 du projet de M. Delpit.*

---

9 janvier 1872. **Arrêt de la Cour d'Aix, établissant la compétence du pouvoir judiciaire pour maintenir provisoirement en possession des locaux qu'elle occupe une École congréganiste expulsée.**

9 Janvier 1872.

L'autorité judiciaire est seule compétente pour statuer sur la question de propriété d'une École communale, revendiquée par une congrégation enseignante, à la suite d'une délibération du Conseil municipal, lui retirant la direction de l'École avec ordre de l'évacuer.

Par suite, lorsque la congrégation produit des titres qui, considérés dans leurs apparences, démontrent la légitimité de son occupation, le juge des référés doit, à raison de l'urgence, la maintenir dans la possession des lieux, jusqu'à la décision du fond.

La Cour,

Sur l'exception d'incompétence proposée par le maire de Toulon[1];

Attendu que le débat porte sur la question de savoir si les Dames de Saint-Maur seront ou non expulsées de la maison qu'elles habitent depuis plus de soixante ans, et qu'il présente dès lors un véritable caractère d'urgence;

1. Le 2 août 1871, le Conseil municipal de Toulon a pris une délibération retirant aux congréganistes, pour l'attribuer aux laïques, la direction des Écoles communales. En conséquence de cette délibération, le maire a prévenu les Dames de la congrégation de Saint-Maur, qu'à dater du 1er octobre, elles aient à cesser de diriger l'École communale des filles et à en évacuer les bâtiments. En même temps, le Préfet a pris un arrêté nommant à leur place des institutrices laïques.

Les Dames de Saint-Maur ont prétendu être maintenues dans leurs droits d'insti-

Attendu, d'autre part, que ce débat se rattache à une question de propriété, et qu'à ce titre il est essentiellement de la compétence de l'autorité judiciaire, malgré les actes administratifs que la mairie de Toulon invoque, dont le sens et la valeur ne sont nullement contestés, qui sont étrangers à la question à résoudre, et dont l'effet ne saurait être de troubler l'ordre des juridictions;

Sur la demande des sœurs de Saint-Maur;

Attendu que les divers actes produits par ces dames, et notamment l'acte d'acquisition du 31 août 1711 et la concession faite par la ville le 4 juin 1830, sont des titres qui, considérés dans leurs apparences et au point de vue de la légitimité de l'occupation, démontrent qu'en

tutrices communales, et se sont pourvues de ce chef devant la juridiction administrative. En outre, elles ont prétendu qu'elles étaient propriétaires du local de l'École, et elles ont cité le maire de Toulon devant le juge des référés, pour les voir maintenir provisoirement en possession du local.

Le 15 novembre 1871, ordonnance du président du tribunal civil, ainsi conçue :

« Attendu que les Dames de Saint-Maur élèvent la prétention d'être maintenues provisoirement en possession, en attendant la solution au principal du litige engagé entre elles et la ville de Toulon, des lieux qu'elles occupent rue Bonnefoy; qu'elles colorent leurs prétentions à ce sujet en s'appuyant sur les contrats intervenus entre elles et la ville de Toulon dès 1711, époque à laquelle la ville, de concert avec l'évêque de Toulon, qui a contribué au payement du prix pour un tiers, acheta cette maison pour les dames de l'évêché, et notamment encore sur la délibération du 4 juin 1830, qui a conféré à perpétuité la jouissance à ladite communauté dudit local de l'évêché, à la condition d'y donner l'enseignement gratuit aux enfants de la cité, et principalement aux enfants des familles pauvres, et enfin sur l'ordonnance du roi du 1er décembre 1830;

« Attendu qu'il est juste d'accueillir la prétention des demanderesses à ce sujet, que la décision toute provisoire réclamée par elles est la seule qui sauvegarde véritablement la question du fond et ne se fasse point préjuger; qu'il est hors de doute que l'appréciation de la légalité de la délibération du Conseil municipal de Toulon, du 2 août 1871, et de l'arrêté de M. le Préfet du Var, nommant des institutrices laïques à la place des Dames de Saint-Maur, dépasse les limites de notre compétence; mais que le maintien en la possession des lieux dont s'agit, comme mesure provisoire, non seulement n'excède pas les limites de notre compétence, mais encore est la seule qui n'engage pas le fond du procès et n'établisse aucun préjugé à l'égard de l'une ou l'autre des parties; qu'ordonner l'expulsion des demanderesses serait faire pressentir la solution définitive du procès et sortir en réalité des limites de notre compétence;

« Attendu que cette espèce présente une frappante analogie avec celle d'un litige porté devant le juge de paix, et maintenue dans la possession d'une servitude discontinue ou non apparente, lorsque la possession est colorée par un titre; que le juge de paix est sans doute incompétent pour statuer sur la validité du titre produit, mais que pourtant il a le droit d'en tenir compte dans une certaine mesure, au point de vue seulement de la possession et pour la colorer;

« Attendu qu'il y a lieu, dans l'espèce du référé, par application des mêmes principes et sans statuer au fond, de maintenir les Dames de Saint-Maur dans une possession colorée par des titres dont l'un remonte à 1711, et les autres résultent de la délibération du Conseil municipal de Toulon du 4 juin 1830, de l'ordonnance du roi du 1er décembre 1830, et de les autoriser à garder provisoirement cet asile, etc. »

Appel par le maire de Toulon et par les Dames de Saint-Maur.

effet l'occupation des Dames de Saint-Maur est légitime, et qu'elle doit leur être provisoirement conservée;

Par ces motifs,

Autorise les Dames de Saint-Maur à demeurer dans les bâtiments de l'École jusqu'à ce qu'il ait été statué définitivement, au fond, sur les droits respectifs des parties, par les juridictions compétentes[1].

---

10 janvier 1872. **Amendement au projet de loi de M. Jules Simon (15 décembre 1871) sur l'instruction primaire, présenté par MM. de Bonald, Pradié, Calemard de Lafayette.**

10 Janvier 1872.

ARTICLE 2. — *Remplacer l'article du projet par celui-ci :*

Il est institué, dans chaque commune ou section de commune formant une circonscription scolaire, un Conseil des pères de famille, élu par tous les pères de famille ayant des enfants en âge de fréquenter l'École.

Seront considérés comme pères de famille et voteront en cette qualité : 1° les tuteurs d'enfants orphelins ou abandonnés; 2° les veuves; 3° les mères de famille munies d'une procuration de leur mari absent de la commune, et sans procuration lorsque le mari sera atteint d'aliénation mentale, frappé d'interdiction, ou aura subi une condamnation à une peine infamante; 4° les femmes séparées de corps lorsque les tribunaux leur auront laissé le soin de diriger l'éducation de leurs enfants.

Le Conseil des pères de famille se compose de neuf membres; ils sont élus pour six ans et indéfiniment rééligibles. Ils choisissent parmi eux leur président et leur secrétaire. Le délégué cantonal, le maire, le curé ou pasteur et l'inspecteur de l'enseignement primaire ont entrée dans le Conseil des pères de famille, mais avec voix consultative seulement.

Le Conseil des pères de famille est consulté sur le choix et la nomination de l'instituteur, sur les récompenses qu'il y aurait lieu de lui décerner et sur les punitions qu'il aurait encourues, et sur tout ce qui intéresse la direction et la bonne tenue de l'École. Il surveille la fréquentation de l'École.

ART. 7. — *Ajouter au deuxième paragraphe ces mots :*

Et sur l'avis conforme du Conseil des pères de famille.

ART. 9. — *Remplacer l'article du projet par celui-ci :*

Toutes les fois qu'une École devient vacante par suite d'une démission, de révocation ou de décès du titulaire, le Conseil des pères de famille est mis en demeure de déclarer s'il désire que la direction de l'École soit confiée à un instituteur laïque ou à un membre d'une association religieuse vouée à l'enseignement public.

Il peut se prononcer sur la même question à la première réunion qui suit le renouvellement intégral de ses membres. La décision de la majorité est toujours obligatoire. Toutefois, si le tiers au moins des voix est d'un avis opposé,

1. Voir les arrêts de la Cour de Nîmes (20 mars 1871), de la Cour de Dijon (11 août 1869), de la Cour de Colmar (28 janvier 1831), concluant dans le même sens ou dans un sens analogue.

la question de savoir s'il sera créé une deuxième École communale, conforme au vœu de la minorité, est soumise à l'assemblée entière des pères de famille, composée comme il est dit à l'article 2, et, lorsque le tiers de cette assemblée émet un avis favorable à cette création, la délibération est transmise par l'Inspecteur de l'enseignement primaire au Conseil départemental, qui statue après enquête et sauf recours au Conseil supérieur.

Le Conseil des pères de famille se prononce de la même manière sur la convenance d'établir ou de conserver une École mixte.

ART. 11. — *Ajouter au paragraphe premier :*

5° Par les délégués du Conseil des pères de famille.

Amendement au projet de loi sur l'instruction primaire, présenté par M. Antonin Lefèvre-Pontalis. 12 janvier 1872.

12 Janvier 1872.

L'enseignement primaire sera donné gratuitement à tous les enfants dont les familles déclareront qu'elles sont hors d'état de le payer. Cette déclaration sera faite à la mairie de chaque commune.

Amendement à la proposition de loi de M. Delpit et ses collègues relative à la nomination des instituteurs communaux et à la surveillance des Écoles primaires, présenté par MM. G. de Belcastel, F. du Temple, de Cazenove de Pradine, Ch. Combier, le vicomte de Rodez-Benavent, le baron de Vinols, le comte de Vaulchier, A. de Colombet, le marquis de Gouvello, Soury-Lavergne, le comte de Cintré, le marquis de Franclieu, Jaffré, le vicomte de Lorgeril. 19 janvier 1872.

19 Janvier 1872.

ARTICLE 1er. — Tous les établissements d'instruction primaire, tenus par un corps religieux enseignant, soit d'hommes, soit de femmes, seront libres et sans autre surveillance que celle de droit commun.

ART. 2. — Seront regardés comme tels les corps religieux pourvus à cet effet de l'institution canonique ou de l'autorisation de l'évêque du diocèse.

ART. 3. — Les établissements religieux d'instruction primaire, dans les conditions qui précèdent, seront reconnus comme personnes civiles capables d'acquérir, de posséder et de transmettre ; ils seront assujettis à l'impôt spécial de mainmorte.

Amendement à la proposition de loi de M. Delpit et ses collègues, présenté par M. le marquis de La Rochejaquelein. 24 janvier 1872.

24 Janvier 1872.

ART. 2. — Le choix entre l'enseignement laïque et l'enseignement congréganiste appartient aux pères de famille, aux mères, aux tuteurs ; il est soumis à un vote tous les dix ans au moins, et chaque fois que l'École laïque devient vacante par suite de décès, démission, mutation, révocation ou mise à la retraite du titulaire.

---

26 janvier 1872. **Proposition de loi sur l'instruction élémentaire, présentée par M. Emile Beaussire.**

26 Janvier 1872.

TITRE Ier. — *De l'instruction primaire en général.*

ARTICLE 1er. — L'instruction primaire a pour base un enseignement moral et religieux, approprié aux cultes professés par les familles.

Elle comprend, outre cet enseignement :

1° La lecture; 2° l'écriture; 3° les éléments de la langue française; 4° le calcul et le système légal des poids et mesures; 5° des notions pratiques d'arithmétique, de géométrie, de sciences physiques et naturelles; 6° les éléments de l'histoire et de la géographie; 7° des notions élémentaires sur l'agriculture, le commerce, l'industrie, l'économie politique, le droit usuel et l'hygiène, appropriées aux localités; 8° le dessin, le chant et la gymnastique; 9° les rudiments de l'instruction militaire pour les garçons; 10° les travaux à l'aiguille pour les filles.

Les matières énoncées aux quatre premiers numéros constituent un minimum indispensable pour l'accomplissement éclairé des devoirs de citoyen.

La loi civile, la loi électorale et la loi militaire détermineront les incapacités ou les avantages dont pourront être frappés ceux qui ne justifieraient pas de ce minimum, ainsi que les avantages qui pourront être faits à ceux qui posséderaient une instruction primaire complète.

ART. 2. — Tout père de famille est obligé de pourvoir, sous la forme et suivant le mode qui lui convient, à l'instruction de ses enfants ou pupilles. Il ne peut être exempté d'en supporter les charges qu'en cas d'insuffisance dûment constatée de ses ressources.

ART. 3. — Toute association formée dans le but de donner l'instruction primaire est reconnue *ipso facto* comme établissement d'utilité publique, à la condition de faire connaître, par une déclaration en forme, au Ministre de l'Instruction publique, les noms, professions et domiciles de ses fondateurs ou administrateurs, le siège de son principal établissement et ses statuts.

Le Ministre peut former opposition, devant le Conseil supérieur de l'instruction publique, dans l'intérêt de l'ordre social et des bonnes mœurs, contre la reconnaissance légale d'une association enseignante.

L'opposition n'est recevable que si elle est notifiée aux parties dans les trois mois qui suivent leur déclaration. Le jugement du Conseil ne peut avoir d'effet que s'il est rendu dans les trois mois qui suivent l'opposition.

L'opposition est suspensive.

Le Conseil supérieur peut également, pour les mêmes motifs, retirer aux associations enseignantes le bénéfice de la reconnaissance légale. Ce retrait ne peut être prononcé que sur la demande du Ministre de l'Instruction publique, et dans les trois mois qui suivent cette demande.

Les associations auxquelles la reconnaissance légale a été refusée ou retirée restent soumises aux lois qui régissent les associations ordinaires.

ART. 4. — Les associations enseignantes légalement reconnues peuvent obtenir la faculté de délivrer à leurs membres des certificats de capacité ayant la même valeur que les certificats de capacité exigés pour l'enseignement primaire public ou libre, par l'article 25 de la loi du 15 mars 1850.

Cette faculté leur est accordée et peut leur être retirée par le Conseil supérieur de l'instruction publique.

Les certificats de capacité, délivrés par les associations, ne sont valables que s'ils portent la mention d'examens subis avec satisfaction, sur les mêmes matières que les examens institués par la loi précitée.

L'article 49 de la loi du 15 mars 1850, relatif aux lettres d'obédience est abrogé.

ART. 5. — Les établissements d'instruction primaire, dont les directeurs ou les maîtres ne reçoivent pas leur institution de l'État ou des autorités qui le représentent ont le caractère d'Écoles libres, quel que soit leur mode de fondation ou d'entretien.

Ont seuls le caractère d'Écoles publiques les établissements d'instruction primaire dont les directeurs ou les maîtres sont des fonctionnaires de l'État placés sous la dépendance directe des autorités préposées à l'instruction publique.

ART. 6. — Les Écoles soit libres, soit publiques, peuvent être mixtes pour les sexes et pour les cultes.

Les Écoles mixtes pour les sexes doivent être dirigées par des institutrices ayant satisfait aux mêmes examens que les instituteurs.

Les Écoles mixtes pour les cultes doivent être tenues de façon à éviter tout ce qui peut blesser la foi de leurs élèves, et à leur fournir tous les moyens de recevoir, soit à l'École même, soit au dehors, une instruction religieuse appropriée à leurs cultes respectifs.

TITRE II. — *Des institutions municipales concernant l'instruction primaire.*

ART. 7. — Les dépenses de l'instruction primaire, dans chaque commune, sont assurées au moyen :

1° Du produit de la rétribution scolaire payée par les familles;

2° Des dons, legs et fondations des particuliers;

3° Des ressources ordinaires et extraordinaires des communes jusqu'à épuisement d'une imposition spéciale de trois centimes sur les contributions de toute nature perçues dans chaque commune;

4° Des ressources ordinaires et extraordinaires des cantons jusqu'à épuisement d'une imposition spéciale de trois centimes sur les contributions perçues dans chaque canton;

5° Des ressources ordinaires et extraordinaires des départements jusqu'à épuisement d'une imposition spéciale de trois centimes sur les contributions perçues dans chaque département;

6° D'une subvention sur les fonds portés chaque année au budget de l'État.

Il ne sera recouru aux trois dernières catégories de ressources que si les trois premières sont insuffisantes. La quatrième reste d'abord subordonnée à l'institution d'une organisation administrative des cantons.

ART. 8. — Les dépenses de l'instruction primaire auxquelles il doit être pourvu avant toutes les autres, sur le budget de chaque commune, comprennent :

1° La création, l'entretien ou la subvention d'un nombre d'Écoles en rapport avec la population;

2° Le payement, en totalité ou en partie, dans les Écoles choisies par les parents, de la rétribution scolaire pour les enfants des familles les plus nécessiteuses.

ART. 9. — Toute commune ou arrondissement municipal, de même que toute section de commune distante de plus de quatre kilomètres du chef-lieu de la commune, et comptant une population agglomérée de plus de 300 habitants, doit posséder au moins une École.

Les communes, arrondissements municipaux ou sections de communes d'une population de 3 000 habitants et au-dessus, doivent posséder autant d'Écoles qu'ils comptent de fois 3 000 habitants, sans qu'il soit tenu compte des fractions.

Les communes dont la population est inférieure à 3 000 habitants peuvent être autorisées à s'annexer, pour l'instruction primaire, à d'autres communes.

Même autorisation peut être accordée aux communes, quelle que soit leur population, pour les enfants à qui elles ne pourraient offrir des Écoles appropriées à leurs cultes.

ART. 10. — Lorsqu'une commune, un arrondissement municipal ou une section de commune, dans les conditions spécifiées à l'article précédent, ne possède qu'une École, cette École doit être apte à recevoir des enfants des deux sexes.

ART. 11. — Lorsqu'il n'existe qu'une École dans une commune où sont célébrés plusieurs cultes, cette École doit être mixte, à moins que l'autorisation spécifiée au paragraphe 4 de l'article 9 n'ait été obtenue.

ART. 12. — Les Écoles créées et entretenues directement par les communes portent le nom d'Écoles communales.

L'entretien d'Écoles communales n'est obligatoire pour les communes que si l'initiative privée, avec ou sans subvention de leur part, ne suffit pas pour les doter du nombre d'Écoles qu'elles sont tenues de posséder, en raison de leur population.

ART. 13. — Les communes ont la faculté d'option, pour les Écoles communales, entre les Écoles libres et les Écoles publiques.

Elles ont également la faculté d'option entre les Écoles distinctes et les Écoles mixtes, soit pour les sexes, soit pour les cultes, sauf les cas spécifiés aux articles 10 et 11, et sous cette réserve, que, si un seul culte est célébré sur le territoire d'une commune, l'École communale ne peut qu'être appropriée à ce culte.

ART. 14. — Les communes sont représentées, pour ce qui concerne l'instruction primaire, sauf le vote des ressources qui lui sont affectées, par une Commission scolaire, composée ainsi qu'il suit, pour chaque commune ou arrondissement municipal :

Le maire ou un de ses adjoints désigné par lui, président;

Le ministre ou, s'il y en a plusieurs, le plus élevé en dignité, ou, à dignité égale, le plus ancien des ministres de chacun des cultes célébrés dans la commune ou dans l'arrondissement municipal;

Des membres élus par les pères de famille, au nombre de trois pour une population de moins de 3 000 âmes; de six, pour une population de 8 à 10 000 âmes; de neuf, pour une population de plus de 10 000 âmes.

ART. 15. — Sont électeurs, pour la nomination des membres élus de la Commission scolaire, les pères de famille ou tuteurs inscrits sur la liste électorale pour les élections municipales, dont les enfants ou pupilles ont plus de cinq et moins de vingt et un ans.

L'élection a lieu au scrutin de liste, à la majorité absolue des suffrages pour le premier tour de scrutin, ou, s'il y a lieu à un second tour, à la majorité relative.

Les membres élus sont renouvelés par tiers tous les trois ans. Le sort désignera les deux premiers tiers qui devront sortir. Les membres sortants sont indéfiniment rééligibles.

ART. 16. — La Commission scolaire dispose de toutes les ressources affectées d'une manière générale à l'instruction primaire, dans la commune ou l'arrondissement municipal, par la commune elle-même, par le département, le canton ou l'État, par la libéralité des particuliers, ainsi que des fonds provenant des amendes édictées par les articles 35, 38 et 39 ci-après.

Elle a qualité pour recevoir des dons et legs et pour agir, en tout ce qui concerne les intérêts dont elle est chargée, comme personne civile.

ART. 17. — La Commission statue sur tous les intérêts de l'instruction primaire dans la commune ou l'arrondissement municipal.

Elle accorde ou refuse aux familles qui en font la demande l'exemption de la rétribution scolaire, conformément aux articles 2 et 8 ci-dessus.

Elle peut accorder des indemnités aux parents qui auraient besoin du travail de leurs enfants, à la condition que ceux-ci fréquentent assidûment les Écoles.

Elle surveille le régime des Écoles de tout ordre, au point de vue des mœurs, de l'hygiène et de la discipline.

Elle accorde ou retire les subventions aux Écoles privées.

Elle pourvoit directement aux dépenses des Écoles communales, soit pour le matériel, soit pour le payement du traitement des instituteurs.

Elle exerce, au nom de la commune, la faculté d'option spécifiée à l'article 13.

ART. 18. — Si la Commission opte pour une École libre, elle traite directement avec l'instituteur ou avec une association vouée à l'enseignement.

Si elle opte pour une École publique, elle traite avec le chef de service de l'instruction publique dans le département, aux charges suivantes : fournir un local approprié à l'instruction primaire ; — placer et entretenir dans ce local le mobilier nécessaire ; — garantir pour cinq ans au moins le maintien de l'École publique et le traitement de l'instituteur.

ART. 19. — Le chef de service de l'instruction publique, dans chaque département, nomme, sous l'autorité du Recteur, à titre provisoire, les instituteurs ou institutrices attachés aux Écoles publiques.

Nul n'est chargé, à titre définitif, de la direction d'une École publique, qu'à la suite d'un examen professionnel, auquel on ne peut être admis qu'après deux ans d'exercice.

L'examen a lieu devant une Commission désignée par le Recteur.

La nomination définitive est faite par le Recteur, au nom du Ministre de l'Instruction publique.

ART. 20. — Les salles d'asile sont assimilées aux Écoles pour les dispositions des articles 12, 13, 17, 18 et 19. Toutefois l'examen prescrit par l'article 17 ne sera pas exigé pour la direction à titre définitif d'une salle d'asile publique.

TITRE III. — *Des institutions cantonales concernant l'instruction primaire.*

ART. 21. — Chaque canton est représenté, pour tout ce qui concerne l'instruction primaire, sauf le vote des ressources qui lui sont affectées, par un Comité cantonal composé ainsi qu'il suit :

Le membre du Conseil général représentant le canton, président;

Le juge de paix;

Le plus élevé en dignité ou, à dignité égale, le plus ancien des ministres de chacun des cultes célébrés dans le canton;

Trois membres au moins nommés au scrutin de liste, à la majorité absolue, ou, s'il y a lieu, à un second tour de scrutin, à la majorité relative, par les Commissions scolaires du canton. Ces membres portent le nom de délégués cantonaux.

Le nombre des délégués cantonaux sera porté à six dans les cantons qui compteront plus de dix communes ou dont la population dépassera 50 000 habitants.

Les délégués cantonaux sont renouvelés par tiers tous les trois ans, à la suite du renouvellement partiel des Commissions scolaires. Le sort désignera les deux premiers tiers qui devront sortir. Les membres sortants sont indéfiniment rééligibles.

ART. 22. — Les communes partagées en plusieurs cantons ou en plusieurs arrondissements municipaux sont considérées, avec les communes rurales faisant partie de leurs cantons, comme ne formant qu'un canton unique, et ne sont représentées que par un seul Comité cantonal.

ART. 23. — Le Comité cantonal a la surveillance générale de toutes les Écoles du canton. Cette surveillance est exercée particulièrement sous la forme de visites trimestrielles ou plus fréquentes, s'il y a lieu, par les délégués cantonaux, qui se partagent, pour ces visites, les communes du canton.

ART. 24. — Le Comité cantonal est appelé à statuer :

Sur le taux de la rétribution scolaire dans les Écoles et les salles d'asile communales;

Sur l'annexion de pensionnats aux Écoles communales;

Sur l'autorisation à donner aux communes qui voudraient se réunir à d'autres communes pour l'entretien d'une École, dans les cas prévus par les deux derniers paragraphes de l'article 9;

Sur les récompenses et encouragements à accorder aux instituteurs publics ou libres.

Il prononce, en premier ressort, sur la plainte d'un Inspecteur de l'instruction primaire contre les instituteurs publics ou libres, après les avoir entendus dans leurs moyens de défense, des peines disciplinaires, telles que la suspension, la révocation ou l'interdiction. Néanmoins, en cas d'urgence, la peine de la suspension peut être prononcée par le chef de service de l'instruction publique dans le département. Elle ne pourra, dans ce cas, durer plus d'un mois, si elle n'a pas été confirmée par le Comité cantonal.

L'instituteur frappé d'une peine disciplinaire peut en appeler au Conseil départemental, et, en dernier ressort, au Conseil supérieur de l'instruction publique. L'appel n'est pas suspensif.

ART. 25. — Le Comité cantonal accorde ou retire les subventions pour l'instruction primaire aux communes du canton.

Il statue sur la création, l'entretien ou la subvention des Écoles cantonales.

Il dispose à cet effet de toutes les ressources affectées d'une manière générale à l'instruction primaire dans le canton, soit par le canton lui-même lorsqu'il aura reçu une organisation administrative, soit par le département ou l'État, soit par la libéralité des particuliers.

Il a qualité pour recevoir des dons et legs, et pour agir, en tout ce qui concerne les intérêts dont il est chargé, comme personne civile.

ART. 26. — Lorsque les cantons seront organisés administrativement, chaque canton devra posséder au moins une École du degré supérieur, où seront enseignées toutes les matières de l'instruction primaire, et où pourront être enseignées d'autres matières facultatives, telles que les langues vivantes, la littérature générale, les éléments théoriques des principales sciences, etc. Le Comité cantonal devra pourvoir à la création et à l'entretien de cette École, si elle n'est pas établie et soutenue, avec ou sans subvention de sa part, par l'initiative privée.

ART. 27. — Les Écoles créées et entretenues directement par les cantons portent le nom d'Écoles cantonales.

Le Comité cantonal a la faculté d'option, pour les Écoles cantonales, entre des Écoles libres et des Écoles publiques.

Il exerce cette faculté de la même façon que la Commission scolaire à l'égard des Écoles communales.

Les nominations dans les Écoles cantonales publiques se font comme dans les Écoles communales publiques.

TITRE IV. — *Des institutions départementales concernant l'instruction primaire.*

ART. 28. — Chaque département est représenté, — pour tout ce qui concerne l'instruction primaire, sauf le vote des ressources qui lui sont affectées, — par le Conseil départemental, dont la composition et les attributions générales sont maintenues telles qu'elles ont été établies par les lois antérieures.

ART. 29. — Le Conseil départemental accorde ou retire les subventions pour l'instruction primaire aux cantons ou aux communes du département.

Il statue sur la création, l'entretien et la subvention des Écoles normales.

Il dispose, à cet effet, de toutes les ressources affectées d'une manière générale à l'instruction primaire dans le département, soit par le département lui-même, soit par l'État ou la libéralité des particuliers.

Il a qualité pour recevoir des dons et legs, et pour agir, en tout ce qui concerne les intérêts dont il est chargé, comme personne civile.

ART. 30. — Chaque département doit posséder deux Écoles normales, l'une pour les instituteurs, l'autre pour les institutrices. Ces deux Écoles normales peuvent avoir des cours communs.

La création et l'entretien des deux Écoles normales sont obligatoires pour les départements, si elles ne sont pas établies et soutenues, avec ou sans subvention de la part des Conseils départementaux, par l'initiative privée.

Deux ou plusieurs départements peuvent être autorisés par le Conseil supérieur de l'instruction publique, sur la demande des Conseils généraux, et après avoir pris l'avis des Conseils départementaux, à pourvoir, en commun, à l'entretien d'une seule École normale, soit d'instituteurs, soit d'institutrices.

ART. 31. — Les départements ont la faculté d'option, pour les Écoles normales créées et entretenues par eux, entre des Écoles libres et des Écoles publiques.

Les Conseils départementaux exercent cette faculté au nom des départements, de la même façon que les Comités cantonaux et les Commissions scolaires à l'égard des Écoles cantonales ou communales.

Les nominations, dans les Écoles normales publiques, sont faites, pour les directeurs ou directrices, par le Ministre de l'Instruction publique; pour les professeurs, par les Recteurs.

ART. 32. — Des Écoles normales publiques peuvent toujours être établies directement aux frais de l'État, par des décrets du pouvoir exécutif, sauf approbation, en ce qui concerne leurs ressources, par le pouvoir législatif.

TITRE V. — *De la sanction de l'instruction primaire.*

ART. 33. — Les chefs d'établissements publics ou libres d'instruction primaire ou secondaire sont autorisés, sous leur responsabilité, à délivrer à leurs élèves des certificats constatant qu'ils possèdent, soit le minimum, soit la totalité des connaissances qui forment l'objet de l'instruction primaire.

Des copies authentiques de ces certificats devront être remises aux Commissions scolaires des communes dans lesquelles résident les parents ou tuteurs des élèves.

En cas de changement de résidence, les parents ou tuteurs ont le droit de se faire délivrer gratuitement de nouvelles copies, qu'ils devront remettre aux Commissions scolaires de leurs nouvelles résidences.

Tout certificat reconnu mensonger, soit à la suite d'une inspection, soit par tout autre moyen de constatation, donnera lieu à des poursuites disciplinaires contre le chef d'établissement qui l'aura signé. La peine sera la suspension, et, en cas de récidive, la révocation ou l'interdiction, suivant que le chef d'établissement appartiendra à l'enseignement public ou à l'enseignement libre. Le certificat sera déclaré non avenu, et avis sera donné de cette déclaration aux Commissions scolaires qui en ont reçu copie.

ART. 34. — Chaque année, dans le courant des mois de mars, d'avril et de mai, les Inspecteurs de l'instruction primaire se transporteront dans les communes ou arrondissements municipaux de leurs circonscriptions respectives, et tiendront, dans chaque commune ou arrondissement municipal, avec l'assistance de la Commission scolaire, une session d'examens sur toutes les matières de l'instruction primaire.

Des certificats seront délivrés à ceux qui auront satisfait à ces examens.

Ces certificats porteront mention, pour chaque matière et pour l'ensemble, de la façon *passable*, *bonne*, *très bonne* ou *parfaitement bonne*, dont les examens auront été subis. Ils ne pourront être obtenus que s'il a été répondu au moins d'une façon passable sur les matières formant le minimum de l'instruction primaire.

Des copies authentiques de ces certificats devront être remises à la Commission scolaire, et de nouvelles copies devront être délivrées en cas de changement de résidence, comme pour les certificats qui font l'objet de l'article précédent.

ART. 35. — Toute falsification dans les certificats institués par les deux articles précédents, toute supposition de personne dans les examens à la suite desquels ils ont été obtenus, ou dans l'usage qui en est fait, donnent lieu à des poursuites disciplinaires contre les auteurs ou complices devant le Conseil cantonal, avec la faculté d'appel devant le Conseil départemental, et, en dernier ressort, devant le Conseil supérieur de l'instruction publique, sans préjudice des poursuites correctionnelles ou criminelles, s'il y a connexité avec un délit ou un crime de droit commun. La peine est une amende égale au montant, et en cas de récidive, au double de la contribution personnelle et mobilière du coupable ou de ceux qui sont civilement responsables de ses actes. Si la peine est prononcée contre un instituteur ou une institutrice, elle entraîne, de plus, de plein droit, la suspension pour un an, et, en cas de récidive, l'interdiction ou la révocation.

ART. 36. — Les jeunes gens qui auront mérité à leurs examens la mention *parfaitement bien* pour le tiers au moins des matières, et la mention *très bien* ou *bien* pour l'ensemble, pourront obtenir, sur les fonds dont disposent les Commissions scolaires, les Comités cantonaux et les Conseils départementaux, des bourses dans les Écoles des cantons, dans les Écoles normales, ainsi que dans les établissements publics ou libres d'instruction secondaire. Ces bourses seront personnelles et n'entraîneront, pour ceux qui les auront obtenues, que l'obligation de suivre régulièrement, dans un établissement au choix de leurs familles, le genre d'enseignement auquel elles auront été affectées. Les Commissions scolaires, les Comités cantonaux et les Conseils départementaux veilleront, en ce qui concerne les bourses qu'ils auront accordées, à ce que cette obligation soit remplie.

Des récompenses pécuniaires pourront également être accordées, sur les mêmes fonds, soit aux familles des jeunes gens qui auront mérité lesdites mentions, soit aux Écoles dans lesquelles ils auront reçu leur instruction.

ART. 37. — Sont admis à se présenter aux examens tous les enfants ou jeunes gens mineurs âgés de plus de dix ans et résidant dans la commune ou dans l'arrondissement municipal.

Les examens sont obligatoires pour les enfants ou jeunes gens mineurs âgés de plus de treize ans qui ne possèdent pas les certificats institués par les articles 33 et 34.

ART. 38. — Huit jours au moins avant la session d'examens, la Commission scolaire convoque, au domicile de leurs parents ou tuteurs, de leurs maîtres ou de leurs patrons, les enfants ou les jeunes gens pour lesquels les examens sont obligatoires.

Elle cite devant elle, dans un délai d'un mois après les examens, les parents ou tuteurs, les maîtres ou les patrons, dont les enfants ou pupilles, les domestiques, les apprentis ou ouvriers, ne se sont pas rendus à ladite convocation ou bien n'ont pu satisfaire, sur le minimum prescrit, aux conditions de l'examen; et, si elle juge qu'il y ait de leur faute, elle leur inflige un avertissement. Si l'année suivante ils n'ont pas tenu compte de cet avertissement, elle peut les frapper d'une amende égale au maximum de la rétribution scolaire dans les Écoles de la commune ou de l'arrondissement municipal. Ils restent passibles de la même amende jusqu'à la majorité des jeunes gens, tant qu'ils se rendent coupables de la même négligence. La faculté de recevoir des secours publics peut, en outre, leur être retirée. Communication de cette dernière décision est faite au bureau de bienfaisance, ainsi qu'à toute autre institution charitable dont le bénéfice appartient ou s'étend à la commune ou à l'arrondissement municipal.

ART. 39. — En cas de mauvais vouloir constaté des enfants ou jeunes gens, les parents ou tuteurs, sur l'avis conforme de la Commission scolaire, peuvent user des droits que leur confèrent les article 383 à 393, ainsi que l'article 468 du Code civil.

L'amende édictée par l'article précédent peut, d'ailleurs, être infligée directement aux jeunes gens âgés de plus de seize ans.

TITRE VI. — *Dispositions générales.*

ART. 40. — Un délai d'un an est accordé aux associations enseignantes actuellement existantes et légalement reconnues pour user des droits que leur confère l'article 4. Jusqu'à l'expiration de ce délai, les congrégations religieuses, femmes, continueront à jouir de la faculté qui leur est accordée par l'article 49 de la loi du 15 mars 1850.

ART. 41. — Un délai de deux ans est accordé aux communes pour se conformer aux prescriptions de l'article 9.

Pareil délai sera accordé aux cantons, lorsqu'ils auront reçu une organisation administrative, pour se conformer aux prescriptions de l'article 26.

ART. 42. — Les Commissions scolaires et les Conseils départementaux qui voudraient user, au préjudice d'établissements publics d'instruction primaire actuellement existants, de la faculté d'option qui leur est conférée par les articles 13, 17 et 31, devront notifier leur intention à cet égard, par la voie hiérarchique, au Ministre de l'Instruction publique. L'option n'aura d'effet que dans un délai d'un an, à partir de cette notification.

ART. 43. — Les pénalités édictées par les articles 38 et 39 ne pourront être appliquées que deux ans après la promulgation de la présente loi.

ART. 44. — Les dispositions des lois antérieures contraires à la présente loi sont et demeurent abrogées.

---

5 février 1872.

Amendement au projet de loi de M. Jules Simon sur l'instruction primaire (15 décembre 1871), présenté par M. Alfred Naquet.

5 Février 1872.

Intercaler entre les articles 5 et 6 du projet du Ministre :

ART. 6. — Toutes les années, par la voie du concours, il sera choisi un enfant sur cinquante, parmi ceux qui ont atteint leur treizième année et qui ont reçu des certificats d'aptitude, pour recevoir, aux frais de la République, l'instruction secondaire dans les Lycées de l'État.

ART. 7. — A la fin de leurs cours d'étude dans les Lycées, il sera choisi, toujours par la voie du concours, un élève sur deux parmi ceux qui sont désignés dans l'article précédent. Les élèves choisis seront entretenus aux frais de la nation auprès des Écoles de la République (École normale, École polytechnique, École de la marine, École militaire, Faculté de droit, Faculté de médecine); ils y recevront l'instruction supérieure.

ART. 12. — Les dispositions des articles 10, 11 et 12 ne seront applicables aux filles que quand l'organisation de l'instruction secondaire des filles sera un fait accompli.

---

16 février 1872.

Circulaire du Ministre de l'Instruction publique, recommandant la plantation et l'entretien des jardins annexés aux Écoles rurales.

16 Février 1872.

Monsieur le préfet, mon attention a été appelée sur la nécessité de prendre des mesures pour que les jardins annexés aux Écoles rurales rendent les services qu'on peut en attendre au point de vue de l'enseignement horticole, et plus particulièrement de l'arboriculture.

Les terrains affectés à ces jardins exigent parfois des frais de défoncement, d'engrais et de plantation, qui restent le plus souvent à la charge de l'instituteur, et ce fonctionnaire n'est pas toujours en état de les supporter. Ces terrains, par suite, ne sont pas cultivés comme ils devraient l'être, ou, lorsque des instituteurs se sont imposé quelques sacrifices, les arbres fruitiers qu'on y trouve appartiennent rarement aux meilleures espèces.

D'un autre côté, les instituteurs qui sont propriétaires de ces arbres les enlèvent des jardins lorsqu'ils renoncent à leurs fonctions, ou lorsqu'ils sont nommés dans une autre localité. C'est là, sans doute, une faculté qui ne saurait leur être contestée, si les communes se refusaient à leur tenir compte des frais d'achat et, s'il y avait lieu, des frais de main-d'œuvre pour la plantation ; mais il résulte de l'exercice de ce droit que les jardins scolaires sont exposés à des dévastations à peu près périodiques, et que l'enseignement de l'arboriculture est interrompu ou supprimé dans les écoles auxquelles ils sont annexés.

Il m'a paru, Monsieur le Préfet, qu'il était utile, en effet, de remédier aux inconvénients que présente l'état de choses actuel. Pour atteindre ce but, il conviendrait tout d'abord de comprendre, dans les frais d'installation de l'École, construction ou appropriation, les dépenses de défoncement et de plantation du sol. Dans ces conditions, les arbres appartenant aux communes seraient inventoriés comme les objets mobiliers, et les instituteurs, à qui reviendrait nécessairement le produit des récoltes, ne seraient plus alors considérés que comme de simples usufruitiers. C'est seulement ainsi qu'on arrivera à créer, à maintenir et développer un enseignement qui tend à accroître le bien-être des populations, et auquel, pour ce motif même, je ne puis manquer d'attacher une juste importance.

J'ajouterai que, pour faciliter l'organisation de cet enseignement, il importe d'en restreindre les frais autant que possible. Ce résultat pourra être obtenu si, comme j'ai tout lieu de le supposer, les pépinières des Écoles normales sont, chaque année, en état de fournir à un certain nombre d'Écoles rurales des greffes, des boutures et des plants des espèces nouvelles ou les plus utiles.

Je suis convaincu, Monsieur le Préfet, que MM. les directeurs de ces établissements s'empresseront de seconder les vues de l'Administration. Il ne saurait leur échapper qu'un pareil concours, si profitable aux communes et précieux pour les populations, ne pourra qu'ajouter à la considération de l'instituteur, et créer de nouveaux liens d'attachement entre ce fonctionnaire et l'école-mère.

Je vous prie, Monsieur le Préfet, de vouloir bien prescrire les mesures nécessaires pour assurer l'exécution des dispositions recommandées dans la présente circulaire.

Recevez, etc.

Signé : JULES SIMON.

Décret modifiant le nombre et les attributions des déléguées générales pour l'inspection des salles d'asile.

20 février 1872.

20 Février 1872.

Le Président de la République française,

Sur le rapport du Ministre de l'Instruction publique, des Cultes et des Beaux-Arts,

Vu le décret du 21 mars 1855, qui crée deux emplois de déléguées générales pour l'inspection des salles d'asile;

Vu l'arrêté ministériel du 8 mai 1862, qui crée un troisième emploi de déléguée générale pour l'inspection des Écoles de filles,

Décrète :

ARTICLE 1er. — Il est créé un nouvel emploi de déléguée générale, afin de porter à quatre le nombre de ces fonctionnaires.

ART. 2. — Les déléguées générales inspecteront, à l'avenir, les Écoles de filles et les salles d'asile.

---

20 février 1872.

Décret créant un nouvel emploi de déléguée spéciale des salles d'asile dans l'Académie de Paris.

20 Février 1872.

Le Président de la République française,

Sur le rapport du Ministre de l'Instruction publique, des Cultes et des Beaux-Arts,

Vu l'article 17 du décret du 21 mars 1855, qui établit dans chaque Académie une déléguée spéciale, chargée de l'inspection des salles d'asile;

Considérant qu'une seule déléguée ne peut, dans l'Académie de Paris, dont le ressort comprend neuf départements, suffire à l'inspection annuelle de ces établissements,

Décrète :

ARTICLE 1er. — Un nouvel emploi de déléguée spéciale des salles d'asile est créé dans l'Académie de Paris.

---

21 février 1872.

Circulaire du Ministre de l'Instruction publique, prescrivant une demande d'autorisation pour les représentations théâtrales données dans les Écoles primaires publiques.

21 Février 1872.

Monsieur le Préfet, je suis informé que des représentations théâtrales ont eu lieu dans quelques Écoles primaires publiques, et que même, dans plusieurs communes, les élèves de ces Écoles ont été conduits par leurs maîtres, soit à des représentations de cette nature, soit à des fêtes publiques, organisées dans le but d'y faire figurer la jeunesse de nos Écoles.

Ces manifestations ont, à diverses reprises, vivement ému l'opinion publique, et, comme elles touchent à la fois à l'ordre public et aux intérêts scolaires, j'ai cru devoir me concerter avec M. le Ministre de l'Intérieur.

Nous avons décidé qu'à l'avenir MM. les maires ne pourront autoriser aucune de ces fêtes sans avoir obtenu l'assentiment du Ministre de l'Intérieur et du Ministre de l'Instruction publique.

Vous aurez, en conséquence, à soumettre à mon collègue, qui me les communiquera, toutes les demandes de ce genre. Ces demandes devront être accompagnées de votre avis et de celui du maire de la commune.

Recevez, etc.

Signé : JULES SIMON.

Circulaire du Ministre de l'Instruction publique, relative aux plans-modèles des maisons d'école. 14 mars 1872.

14 Mars 1872.

Monsieur le Préfet, afin de faciliter aux administrations municipales les moyens d'établir, dans les conditions nécessaires, les projets d'installation de maisons d'école, j'ai souscrit au recueil de *plans-modèles* publié par M. César Pompée. Vous trouverez ci-joint un exemplaire de ce recueil.

Ces plans ne sauraient, en toute circonstance, être suivis d'une manière exacte : il est évident que les constructions sont subordonnées aux dispositions et à la contenance du terrain sur lequel elles doivent être élevées. Ces modifications, toutefois, ne peuvent s'écarter des prescriptions des règlements. C'est ainsi que les dimensions de la salle de classe doivent toujours être calculées à raison d'un mètre carré par élève, et le nombre des élèves est déterminé par celui des enfants âgés de cinq à treize ans dans les communes où il n'existe pas de salle d'asile, et de sept à treize ans pour les communes qui possèdent une salle d'asile. La hauteur des classes, sous plafond, ne peut être moindre de 4 mètres pour les constructions; on tolérera $3^{m},30$ pour les acquisitions et les appropriations (circulaire du 30 juillet 1858). Le logement se composera de trois pièces au moins, dont une cuisine, suffisamment spacieuses et aérées, et pourvues de cheminées. Les salles affectées au service municipal seront, autant que possible, séparées du logement de l'instituteur. Dans les projets comprenant une salle de classe annexée au bâtiment du logement, la mairie pourra être installée au rez-de-chaussée; mais, lorsque, eu égard au chiffre peu élevé de l'effectif scolaire, les communes auront avantage à ne construire qu'un seul bâtiment, elles pourront placer la classe dans une des deux pièces du rez-de-chaussée : l'autre pièce serait réservée pour la cuisine. Il importe que la femme de l'instituteur et ses enfants, qui s'y tiennent le plus habituellement, trouvent dans le logement toutes les commodités désirables. Dans ces conditions, il n'y aurait aucun inconvénient à installer la mairie dans une des chambres de l'étage, les réunions municipales n'ayant lieu qu'à d'assez longs intervalles. Le bâtiment unique, dont le recueil ne représente pas le modèle, doit être recommandé pour les communes qui n'ont qu'une population peu considérable.

Quant aux prix mentionnés dans le recueil, ils ne sont que des indications approximatives, la valeur des matériaux et de la main-d'œuvre variant selon les localités; ces prix, toutefois, présentent une moyenne que j'ai lieu de croire exacte.

Je vous prie de faire connaître à MM. les maires du département qu'ils trouveront dans les bureaux de la préfecture des plans-modèles que pourront consulter utilement les architectes et entrepreneurs, à l'effet de dresser, selon les prescriptions réglementaires, les projets dont ils auront été chargés.

Recevez, etc.

Signé : JULES SIMON.

---

21 mars 1872.

Extrait de la loi de finances élevant le traitement des Inspecteurs primaires, des directeurs et des maîtres adjoints des Écoles normales primaires.

21 Mars 1872.

Le traitement des Inspecteurs primaires est fixé ainsi qu'il suit :

1re classe	3 000 francs.
2e classe	2 700 —
3e classe	2 400 —

Le traitement des directeurs et des maîtres adjoints des Écoles normales primaires est ainsi fixé :

Directeurs :

1re classe	4 000 francs.
2e classe	3 300 à 3 600 francs.
3e classe	2 700 à 3 000 —

Maîtres adjoints :

1re classe	2 000 à 2 200 francs.
2e classe	1 700 à 1 900 —
3e classe	1 400 à 1 600 —

1er avril 1872.

Décret ayant pour objet de classer les aumôniers d'Écoles normales primaires et de fixer les traitements.

1er Avril 1872.

Le Président de la République française,

Sur le rapport du Ministre de l'Instruction publique, des Cultes et des Beaux-Arts;

Vu l'article 35 de la loi du 15 mars 1850;

Vu l'article 2 du décret du 26 décembre 1855,

Décrète :

ARTICLE 1er. — Les aumôniers des Écoles normales primaires sont divisés en trois classes, et les traitements affectés à chaque classe sont fixés ainsi qu'il suit :

Aumôniers de 1re classe, de 1 600 à 2 000 francs.
— de 2e classe, de 1 100 à 1 500 —
— de 3e classe, de 500 à 1 000 —

Circulaire du Ministre de l'Instruction publique, relative à la préparation de nouveaux programmes d'enseignement pour les Écoles normales primaires. 4 mai 1872.

4 Mai 1872.

Monsieur le Recteur, mon Administration s'occupe en ce moment de préparer des programmes pour l'enseignement dans les Écoles normales primaires. J'ai donné ordre qu'ils vous fussent communiqués. Je vous prie de me faire connaître votre opinion sur la partie de ces programmes qui doit être commune à toutes les Écoles normales, et sur celle qui pourrait être modifiée selon les besoins particuliers des Écoles normales de votre ressort. Je vous consulte aussi sur la question de savoir s'ils doivent être imposés ou seulement conseillés, et s'il n'y aurait pas lieu de laisser aux directeurs, sous votre autorité, la même latitude que nous laissons aux instituteurs, qui doivent avoir un programme, mais qui sont chargés de le rédiger et de le proposer eux-mêmes.

J'ai obtenu de l'Assemblée nationale les moyens d'améliorer, dans une proportion très modeste, la situation des professeurs de nos Écoles normales. L'enseignement qu'ils sont chargés de répandre ne doit pas être trop élevé; il ne doit pas cesser d'être dirigé en vue de celui qui sera donné par les élèves-maîtres dans les Écoles primaires; mais, pour s'arrêter judicieusement aux connaissances dont la diffusion est le plus nécessaire, pour les disposer dans un cadre régulier, pour les exprimer avec netteté et de manière à frapper de jeunes esprits, enfin pour se tenir au courant des découvertes utiles et pour s'approprier les meilleures méthodes, il faut des maîtres savants, sensés, expérimentés, ayant le goût et l'instinct de leur profession. Je ne saurais trop vous recommander de les connaître et de les étudier personnellement, d'avoir avec eux de fréquents rapports. L'École normale primaire doit être l'objet de vos préoccupations les plus constantes, et je vous saurai gré de tout ce que vous tenterez pour y faire régner l'esprit de sagesse et de travail, de dévouement aux fonctions, de respect pour les maîtres, d'amour pour l'enfance, qui doit animer nos instituteurs.

On nous demande, de divers côtés, de développer l'enseignement de nos Écoles normales. En me donnant votre avis sur ces propositions, vous ne devrez pas perdre de vue qu'il ne faut pas augmenter le nombre des cours au point de rendre impossible le travail individuel. Je crois néanmoins que quelques modifications importantes peuvent être apportées dans nos programmes et dans notre régime intérieur.

Je verrais avec satisfaction l'étude de la musique se répandre, et surtout de la musique sacrée, qui abonde en chants majestueux et en chœurs magnifiques. Je fais un effort pour remplacer les livres vulgaires, dont nos dépôts et nos bibliothèques sont remplis, par les chefs-d'œuvre les plus admirés et les plus incontestés; et, de même, je ne voudrais déposer dans la mémoire de nos jeunes maîtres et répandre, avec leur concours, parmi les populations, qu'une musique simple, grave, religieuse. C'est dans ce but que j'essaye de relever les maîtrises. L'étude de la musique ne sera pas, d'ailleurs, pour nos élèves un accroissement de travail, mais une source de nobles plaisirs.

La gymnastique est aussi, pour des jeunes gens de vingt ans, une véritable récréation. Si nous voulons la propager dans les Écoles primaires et rendre ce grand bienfait aux générations qui s'élèvent, il faut que nous nous efforcions d'en inspirer le goût aux futurs instituteurs. Soyez persuadé qu'ils ne l'enseigneront jamais, s'ils la considèrent seulement comme un devoir et une fatigue, et s'ils n'y trouvent pas leur amusement. Je ne sépare pas de l'enseignement de la gymnastique celui de l'hygiène. L'Académie de Médecine vient de me fournir, pour les élèves de philosophie dans les Lycées, le programme de six leçons, qui seront faites par les médecins de ces établissements. Je joins ici ce programme. J'attacherais un prix particulier à le voir enseigné aussi dans les Écoles normales, et je vous prie tout spécialement de me rendre compte de ce que vous aurez fait pour réaliser mon vœu à cet égard. Il faut donner aux enfants le goût et l'habitude de la propreté. Cette transformation, si nous parvenons à la faire, sera aussi profitable pour les esprits que pour les corps.

Je n'espère pas que les instituteurs puissent enseigner l'agriculture aux agriculteurs; mais ils peuvent éveiller leur attention sur les nouvelles méthodes, se tenir au courant des bonnes publications et les répandre. Destinés à vivre au milieu des champs, il importe qu'ils s'intéressent aux choses agricoles, et qu'ils trouvent dans cet ordre d'études une source de plaisir et de considération.

J'incline moins à favoriser les cours de langues vivantes, si ce n'est dans les Écoles du degré supérieur et dans quelques pays frontières. Les instituteurs ne seront pas chargés par la suite de cet enseignement, et, comme je vous l'ai dit, il faut éviter de trop multiplier les leçons.

Mais, Monsieur le Recteur, ce que je vous demande par-dessus toutes choses, c'est de porter votre attention sur l'histoire et la géographie. Entendez bien qu'il ne s'agit pas de faire des savants, ni même de surcharger de détails la mémoire des jeunes gens. Les détails sont souvent inutiles; ils empêchent de saisir le développement des faits ou de se faire une idée nette de l'ensemble d'une région. Il faut se borner à ce qui est d'une utilité constante et générale; avoir des notions justes et précises, et les posséder bien complètement. Avec cela et un bon livre ou une bonne carte, on est toujours sûr de trouver les détails dont on vient à avoir besoin. J'ai constitué ici une Commission, dont les membres sont animés, comme moi-même, du désir ardent de propager l'enseignement de la géographie; je fais faire, sous leur direction, une carte de France, qui ne sera guère prête avant la fin de la présente année, et que nous nous efforçons de rendre aussi claire et aussi précise que possible. Notre intention est de la répandre à profusion dans les Lycées et dans les Écoles. Je m'occupe actuellement d'organiser au Ministère un musée scolaire, où le matériel d'enseignement pour la géographie tiendra nécessairement une grande place. Les directeurs des Écoles normales devront visiter ce musée et nous aider à le compléter.

Vous me reprocheriez, Monsieur le Recteur, d'insister sur la nécessité d'inculquer aux élèves-maîtres les grands principes de la morale; ils me le reprocheraient eux-mêmes. On ne se voue pas à la noble carrière de l'enseignement sans avoir un sentiment profond du devoir et comme une passion d'apostolat. Je me permets de vous conseiller de compter tout particulièrement, pour former le jugement des futurs maîtres, sur la lecture de quelques livres bien choisis et sur les commentaires que vous ou le directeur de l'École en pourrez faire. Rien n'est si salutaire que d'aimer un bon livre, de l'avoir sans cesse avec soi et de vivre ainsi dans la familiarité d'un esprit élevé et d'un grand cœur. Les théories sont un peu creuses pour des esprits que leurs occupations et leurs devoirs de chaque jour doivent absorber; il leur faut surtout de bonnes maximes, de bons exemples, rien que de précis, de viril et je dirai presque de concret. En somme, les instituteurs doivent être d'honnêtes gens et des gens pratiques; aimer un peu le terre-à-terre, adorer le bon sens; se trouver de pair avec les habitants des campagnes, tout en ayant des goûts d'étude et des connaissances sérieuses; se contenter de leur sort; penser orgueilleusement de leur mission et modestement d'eux-mêmes; porter en tout l'esprit de mesure et de réserve; donner à leurs élèves et aux parents de leurs élèves l'exemple du travail, de la sobriété et des mœurs austères.

Je suis persuadé, Monsieur le Recteur, que vous trouverez partout, dans les aumôniers de nos Écoles, de zélés et précieux collaborateurs; mais je n'ai pas d'autre recommandation à leur adresser que de rendre la religion aimable en la montrant douce et charitable; et je n'ai pas, Monsieur le Recteur, d'autre prière à vous faire à leur égard que de les laisser libres dans leur enseignement et de les entourer de respect.

Veuillez agréer, etc.

Signé : JULES SIMON.

Jugement du tribunal civil de Saint-Étienne, statuant sur la demande de dommages-intérêts formée par les frères des Écoles chrétiennes expulsés des Écoles communales de Saint-Étienne. 28 mai 1872.

28 Mai 1872.

Le tribunal[1],

Attendu qu'il est constant, en fait, que depuis 1805 les frères des Écoles chrétiennes tiennent dans la ville de Saint-Étienne des Écoles dans lesquelles est donnée l'instruction primaire gratuitement;

Que, depuis cette époque, il s'est formé entre leur société et la ville un contrat, par lequel, d'une part, les congréganistes s'engagent à donner leurs soins à l'éducation des enfants qui leur seraient confiés; et, d'autre part, la ville de Saint-Étienne à leur donner une subvention annuelle, pour faire face aux besoins, à la nourriture et à l'entretien des membres de la congrégation contractante;

1. La question du procès était celle-ci : Les frères expulsés par le Conseil municipal le 30 septembre 1870, réinstallés le 1er octobre 1871 par la Commission municipale, ont-ils le droit d'exiger de la ville de Saint-Étienne leurs appointements pour l'année pendant laquelle ils n'ont pas donné l'enseignement?

Attendu qu'il est encore constant, en fait, que la ville de Saint-Étienne, par suite de demandes successives, employait cinquante-deux frères pour l'instruction primaire, qu'elle s'était obligée de leur payer 600 francs d'appointements à chacun d'eux;

Attendu que, le 21 septembre 1870, la ville de Saint-Étienne, par l'organe de l'autorité municipale, signifia aux frères de l'École chrétienne qu'elle leur retirait toute subvention;

Attendu qu'à la suite de cette mesure, les frères durent quitter les locaux occupés;

Que c'est à raison de ces faits qu'ils ont formé contre la ville une demande en payement du traitement qui leur était dû;

Attendu que la ville a opposé l'incompétence du tribunal;

Attendu, sur ce point, que le tribunal n'a pas à examiner si le Conseil municipal avait ou n'avait pas le droit de prendre la délibération en vertu de laquelle la subvention était supprimée aux frères des Écoles chrétiennes;

Qu'il suffira de constater qu'il existait un contrat exécuté loyalement depuis plus de soixante-cinq ans entre la ville et la congrégation, pour que le tribunal soit compétent et décide si la violation ou l'interruption précitée de ce contrat a porté préjudice à l'une des parties, et si, à raison de ce, il est dû à la partie qui éprouve le préjudice des dommages-intérêts; que, posée en ces termes, la question ne peut être douteuse;

Qu'en effet, il est constant que les frères, privés subitement de leurs moyens d'existence, de leur domicile et de leur traitement, ont éprouvé un dommage;

Que, sans doute, la ville de Saint-Étienne peut retirer ses engagements, mais à la condition qu'elle se conformera aux lois en vigueur, et, en second lieu, qu'elle donnera aux frères des Écoles chrétiennes le temps moral qui leur permettra de se déplacer sans préjudice;

Sur la fin de non-recevoir tirée de ce que les cinquante-deux frères ne sont pas tous en cause;

Attendu que le tribunal doit ordonner l'exécution du contrat tel qu'il a été accepté par les parties;

Qu'il est constant pour lui que chaque section est dirigée par un frère professeur titulaire nommé spécialement par arrêté préfectoral; que ce frère-directeur se fait assister d'aides et d'auxiliaires, en nombre indéterminé, suivant les besoins de l'École et le nombre des enfants à instruire;

Attendu que le frère-directeur, ayant autorité sur tous les membres de la congrégation fixée à Saint-Étienne, produit un état duquel il résulte que cinquante-deux frères auraient été employés à Saint-Étienne au moment où la subvention leur fut enlevée;

Que ce chiffre n'est pas contesté par la ville, que seulement elle soutient que quarante-deux frères congréganistes ne sont pas instancés, qu'on ne peut statuer à leur égard;

Attendu qu'il faut se reporter aux engagements de la ville et à ses précédents agissements;

Qu'elle a toujours et constamment servi la subvention calculée sur le nombre des congréganistes, lequel était changé au fur et à mesure des besoins;

Que, dès lors, elle n'a pas traité individuellement avec chacun d'eux, et qu'il suffit au tribunal de constater que le nombre de cinquante-deux est exact, pour décider qu'il y a lieu d'allouer des dommages-intérêts à cet égard à ce chiffre de frères employés dans les Écoles de Saint-Étienne, les quarante-deux frères non mis en cause étant suffisamment représentés par le frère Adonis et les dix autres directeurs des Écoles de quartiers;

Attendu que le tribunal ne peut accorder à titre de dommages-intérêts la totalité des émoluments d'une année entière;

Qu'il a des éléments suffisants pour arbitrer ces dommages, en tenant compte des frais de déménagements précités et pertes de salaire;

Attendu que le tribunal estime qu'en allouant, à titre d'indemnité, à chacun des congréganistes, six mois d'émoluments, il leur accordera une indemnité suffisante;

Attendu que les considérations qui précèdent dispensent le tribunal d'examiner les autres points du litige et les plus amples réclamations des demandeurs;

Par ces motifs :

Le tribunal, jugeant en premier ressort et matière ordinaire,

Condamne la ville à payer, soit aux demandeurs, soit au sieur Jacquin, dit frère Adonis, directeur supérieur des Écoles chrétiennes à Saint-Étienne, la somme de 15000 francs à titre de dommages-intérêts;

Met la ville hors de cause sur toutes plus amples demandes, fins et conclusions.

30 mai 1872.

Amendement au projet de loi de M. Jules Simon sur l'instruction primaire (15 décembre 1871), présenté par M. Paul Morin.

30 Mai 1872.

Remplacer la rédaction de l'article 9 par la rédaction suivante :

ART. 9. — Toutes les fois qu'une École devient vacante par suite de la démission, de la révocation ou du décès du titulaire, le Conseil municipal est mis en demeure de décider si la direction de l'École sera confiée à un instituteur laïque ou à un membre d'une association religieuse vouée à l'enseignement public.

Le Conseil municipal est également appelé, dans la session qui suit le renouvellement intégral de ses membres, à se prononcer sur la même question.

Dans l'un comme dans l'autre cas, la délibération du Conseil municipal sera transmise à l'Inspecteur d'Académie, pour recevoir par ses soins la suite qu'elle comporte.

Juin 1872.

Décision relative à la direction des Écoles communales par des laïques et par des congréganistes dans une proportion déterminée[1].

Juin 1872.

Le Conseil municipal de Lyon,

Vu la lettre de M. le Préfet du Rhône en date du 14 mars 1872;

Vu l'arrêté du Comité de Salut public du 13 septembre 1870;

Vu les délibérations du Conseil municipal des 2 novembre 1870 et 19 mai 1871;

Vu l'arrêté du maire de Lyon du 13 février 1871, approuvé par M. Valentin, Préfet du Rhône;

Vu les approbations successives données par MM. les Préfets

1. Au lendemain du 4 septembre 1870, les Écoles congréganistes furent fermées par le Conseil municipal de Lyon. Des instituteurs laïques furent successivement nommés à la place des instituteurs congréganistes, et la commune a entretenu depuis cette époque 114 Écoles laïques et gratuites. Un grand nombre de pères de famille réclamèrent le droit d'envoyer leurs enfants dans des Écoles congréganistes. Le Préfet, assisté du Conseil départemental, saisi de la question et ayant droit, d'après la loi de 1854, de la trancher, a essayé d'abord de divers moyens de conciliation qui n'ont point eu le succès qu'il était permis d'en attendre. Ce n'est que devant la résistance du Conseil municipal qu'il a dû passer outre. Il avait en effet, tenant compte des vœux du Conseil, tenté de maintenir le caractère laïque de l'enseignement communal, en demandant à la municipalité de subventionner, en même temps que les Écoles laïques, dans une certaine mesure, d'autres Écoles congréganistes, qui ont pour clientèle la moitié des enfants de la cité. C'est à cette proposition que le Conseil municipal répondit par la présente délibération.

Le Préfet répondit à cette délibération par l'arrêté dont le texte est publié à la suite.

Challemel-Lacour et Valentin aux premières nominations des instituteurs laïques;

Vu les arrêtés de nomination des instituteurs laïques postérieurement pris par MM. les Préfets Valentin et Pascal;

Attendu que la législation sur l'instruction primaire n'a jamais entendu dénier aux Conseils municipaux le droit d'option en faveur du caractère exclusivement laïque de l'enseignement rétribué par la commune, et que ce droit est reconnu par la lettre même de M. le Préfet;

Attendu que, si, à Lyon, le choix du Conseil municipal n'a pas été directement sanctionné par le Préfet, cette omission se trouve, en fait, compensée par l'approbation préfectorale donnée à l'arrêté du maire de Lyon du 13 février 1871, ainsi que par les actes consécutifs de nomination intéressant les instituteurs laïques actuellement en fonctions, et que ces actes constituent, avec le silence gardé pendant six mois par l'autorité universitaire, autant de ratifications de fait dont la municipalité est fondée à se prévaloir en faveur du maintien du *statu quo*;

Attendu qu'en entretenant 114 Écoles laïques et gratuites, la municipalité a largement rempli les obligations des lois de 1850 et de 1867;

Considérant que les consciences ne sauraient être froissées par l'établissement de l'enseignement laïque, puisque dans les Écoles laïques l'instruction morale et religieuse est sous le contrôle des agents de l'État, et qu'elle y est garantie par les dispositions de la loi elle-même;

Considérant que le nombre des élèves qui, dans la pensée de M. le Préfet, persisteraient à fréquenter les Écoles congréganistes, est exagéré; que ce chiffre doit être réduit environ de moitié, et qu'encore il n'est entretenu qu'au moyen de pratiques et d'obsessions que la municipalité se garderait bien d'employer au profit des Écoles municipales;

Considérant, en outre, que le Gouvernement prépare une nouvelle loi pour l'instruction primaire; que rien dans la situation des parties intéressées n'est de nature à faire intervenir un règlement prématuré et temporaire de la question; qu'au contraire, la volonté bien explicite de la majorité électorale, l'apaisement des esprits, le caractère rassurant de l'opinion, qui répudie toute agitation et ne demande que du calme, de l'ordre et du travail, tout, jusqu'à l'ouverture prochaine de l'Exposition, concourt à détourner de notre ville l'éventualité d'un conflit entre l'autorité de M. le Préfet et les droits du Conseil municipal;

Ouï le rapport de M. le maire, et en adoptant au surplus les conclusions,

Délibère :

M. le Préfet du Rhône est invité à n'apporter aucun changement, aucune modification à l'état actuel des Écoles municipales et laïques, et à surseoir à toute résolution au sujet de l'enseignement congréganiste jusqu'au vote de la nouvelle loi.

Délibéré à Lyon, en l'hôtel de ville, le 30 mai 1872.

Le Préfet du département du Rhône,

Vu la loi du 15 mars 1850, le décret-loi du 9 mars 1852 (article 4) et la loi du 15 juin 1854 (article 8);

Vu les instructions ministérielles et spécialement la circulaire du 28 octobre 1871;

Vu l'avis du Conseil départemental en date du 23 novembre 1871;

Vu notre lettre à M. le maire de Lyon en date du 14 mars 1872;

Vu la proposition que nous avons faite à l'administration municipale de donner une subvention aux Écoles libres proportionnée au nombre des enfants qui les fréquentent, et de maintenir ainsi le caractère exclusivement laïque à l'enseignement communal;

Vu la lettre du 16 mars signée Chaverot, adjoint, qui demande un sursis motivé sur l'absence du maire;

Vu nos lettres des 4, 8 et 24 mai, rappelant au maire de Lyon l'impérieuse nécessité de sauvegarder des intérêts trop longtemps méconnus;

Vu la délibération du 30 mai, par laquelle le Conseil municipal nous prie de n'apporter aucun changement, aucune modification dans l'état actuel des Écoles municipales et laïques, et de surseoir à toute résolution au sujet de l'enseignement jusqu'au vote de la nouvelle loi;

Considérant que la demande du Conseil municipal tendant à un nouvel ajournement n'a pas été admise par le Conseil départemental; que cette demande prolongerait une situation blessante pour les intérêts d'un nombre considérable de familles qui envoient leurs enfants dans les Écoles congréganistes;

Considérant, d'autre part, que le fait de la présentation d'un projet de loi ne saurait suspendre l'application des lois en vigueur;

Considérant que les Écoles municipales ont été établies en dehors des conditions légales, sans l'accomplissement préalable des formalités protectrices du droit des minorités;

Considérant que le refus du Conseil municipal de donner une subvention aux Écoles libres et de régulariser ainsi les Écoles communales actuellement existantes ne saurait être inspiré que par la pensée de consacrer exclusivement les ressources de la commune à un enseignement qui n'est accepté que par une partie de la population;

Considérant que cette prétention, contraire aux règles de l'équité tout autant qu'aux prescriptions légales, impose à l'Administration supérieure le devoir de tenir compte de la volonté des pères de famille, et que cette volonté se manifeste ici par des faits incontestés;

Considérant, d'ailleurs, que les instructions ministérielles et les ordres formels du Gouvernement, donnés à nos prédécesseurs comme à nous-même, ne sauraient être plus longtemps méconnus;

Considérant que, la loi ne nous autorisant pas à imposer d'office une subvention, nous sommes dès lors contraint, par le refus du Conseil municipal lui-même, à établir un nombre d'École congréganistes communales en rapport avec le nombre des enfants qui fréquentent actuellement ces Écoles;

Considérant que le Conseil départemental, en demandant formellement le rétablissement des Écoles congréganistes, a réservé la question du nombre de ces Écoles jusqu'à ce qu'un document certain lui permette de le déterminer avec l'impartialité scrupuleuse dont il ne s'est jamais départi; qu'il importe dès lors de procéder à un dénombrement officiel,

Arrête :

ARTICLE 1er. — Les Écoles communales de la ville de Lyon seront dirigées par des laïques et des congréganistes dans une proportion qui sera ultérieurement déterminée.

ART. 2. — Une Commission est instituée sous la présidence de M. l'Inspecteur d'Académie, pour faire d'urgence le travail de dénombrement qui servira de base à cette répartition.

Amendement au projet de loi de M. Jules Simon sur l'instruction primaire (15 décembre 1871), présenté par MM. Dréo et Ferrouillat. 12 juin 1872.

12 Juin 1872.

ARTICLE 1er. — L'instruction primaire est obligatoire en France.

Elle est gratuite et laïque dans toutes les Écoles publiques.

ART. 2. — L'enseignement primaire comprend :

L'instruction morale, la lecture, l'écriture, les éléments de la langue et de la littérature française, les notions indispensables de droit civil et politique, l'histoire de France et la géographie élémentaire, le calcul et le système légal des poids et mesures, des préceptes d'agriculture et d'hygiène.

Devront aussi faire partie de cet enseignement l'arithmétique et la géométrie appliquées aux opérations usuelles, des notions élémentaires de physique, de chimie, d'histoire naturelle, et leurs applications principales aux industries agricoles et manufacturières, les éléments généraux d'histoire, de géographie et de cosmographie, le dessin linéaire, le chant et la gymnastique. Néanmoins, en ce qui concerne cette dernière partie du programme, une circulaire ministérielle déterminera celles de ces connaissances dont l'enseignement pourra être momentanément ajourné.

L'instruction religieuse sera exclusivement donnée par les ministres des différents cultes aux enfants dont les parents en auront fait la demande.

Chaque année, le Conseil départemental déterminera l'heure à laquelle, deux jours par semaine, les ministres des divers cultes pourront être admis dans les Écoles publiques pour y donner l'enseignement religieux. En aucun cas, cet enseignement ne devra modifier les heures ou la durée des autres études ordinaires de la journée.

ART. 3. — (*Comme l'art. 1er du projet.*)

ART. 4. — Une Commission scolaire est instituée dans chaque commune ou section de commune formant une circonscription scolaire, pour surveiller la fréquentation des Écoles.

Cette Commission est composée du délégué cantonal, du maire et de trois pères de famille, désignés par le Conseil municipal, et dont un, au moins, devra être pris au sein de ce Conseil.

(*Le reste de l'article comme les §§ 2 et 3 de l'art. 2 du projet.*)

ART. 5. — (*Comme l'art. 3 du projet.*)

ART. 6. — (*Comme l'art. 4 du projet, en supprimant le § 6 et en ajoutant au* § 5 :

« Le produit de l'amende sera ajouté au produit des centimes spéciaux de l'instruction primaire. »

ART. 7. — *Comme la première partie de l'art. 5 du projet, jusqu'à ces mots :* « Elle examine, etc..... »

ART. 8. — *A substituer aux autres dispositions de l'art. 5, à partir de ces mots :* « Elle examine, etc..... » :

« Les enfants qui reçoivent l'instruction dans leur famille sont soumis à deux examens sur les matières obligatoires, le premier à l'âge de dix ans, le deuxième à l'âge de treize ans révolus.

« Ces deux examens seront faits publiquement, au chef-lieu du canton, par le Comité cantonal institué par l'article 16.

« Après le dernier examen, le Comité cantonal délivre à ces enfants, s'il y a lieu, le certificat d'études.

« Lorsqu'il est prouvé, par l'un ou l'autre de ces examens, que l'enfant n'a pas reçu de leçons dans la famille, le Comité cantonal ou l'Inspecteur de l'enseignement primaire adresse une plainte au tribunal correctionnel, qui peut appliquer le maximum des peines portées à l'article 6.

« A la fin de chaque session d'examen, le président de la Commission scolaire dresse, dans chaque commune, la liste des enfants qui reçoivent l'instruction à domicile. Il la transmet au maire de la commune et au président du Comité cantonal. »

ART. 9. — (*Comme l'art. 6 du projet.*)

ART. 10. — *Ajouter après le § 1er de l'art. 7 du projet :*

« Aucun ministre d'un culte reconnu ou non reconnu par l'État, aucun membre d'une congrégation religieuse, ne pourra être nommé directeur ou maître adjoint d'une École publique, directeur ou maître adjoint d'une École normale. »

(*Les trois derniers paragraphes de l'art.* 7, *comme au projet.*)

ART. 11. — Les instituteurs publics seront divisés en trois classes, avec allocation, au minimum, des traitements suivants : 1re classe, 1 500 francs; 2e classe, 1 200 francs; 3e classe, 1 000 francs.

Les maîtres adjoints seront divisés en deux classes, avec traitements, au minimum, de 900 francs pour la 1re classe, et de 700 francs pour la 2e.

Les institutrices seront également divisées en trois classes, avec traitements de 1 200 francs, 1 000 francs et 800 francs au minimum.

Les adjointes comprendront deux classes : 1re, 700 francs; 2e, 500 francs, au minimum.

La classe sera attachée à la personne, et non à l'École.

Toutefois les dispositions qui précèdent, en ce qui concerne le traitement minimum alloué à chaque classe, ne devront recevoir leur exécution absolue qu'à partir du 1er janvier 1876.

ART. 12. — Les Écoles publiques dirigées actuellement par des membres d'une association religieuse seront pourvues d'instituteurs laïques, dans le plus bref délai. Néanmoins les traités intervenus entre des communes et des associations religieuses seront respectés; mais aucun renouvellement ne pourra en être fait à partir de la promulgation de la présente loi.

ART. 13. — Le Recteur, sur la proposition de l'Inspecteur d'Académie, peut, suivant les cas, avertir, réprimander, suspendre, sans privation de traitement jusqu'à prochaine réunion du Conseil départemental, les directeurs ou directrices d'Écoles ou d'asiles, ainsi que leurs adjoints ou adjointes. Il peut même prononcer provisoirement la privation partielle ou totale du traitement. Le Conseil statue sur la prolongation de la suspension; il peut ordonner la restitution du traitement.

(*Le reste de l'article comme les trois derniers paragraphes de l'art.* 8 *du projet.*)

(*Supprimer l'art.* 9 *du projet.*)

ART. 14. — (*Comme l'art.* 10 *du projet.*)

ART. 15. — (*Comme l'art.* 11 *du projet, sauf la suppression au* 4e § *de ces derniers mots :* « et enfin par les curés ou desservants, les pasteurs ou rabbins, chacun en ce qui concerne le culte dont il est le ministre. »

ART. 16. — (*Prenant la place de l'art.* 12 *du projet.*)

Dans chaque canton, les établissements d'instruction primaire sont placés sous la surveillance des membres du Comité cantonal d'instruction primaire.

Ce Comité est composé : du conseiller général représentant le canton, président, et de six membres au moins ou douze au plus, désignés, moitié par le Conseil général, moitié par le Conseil départemental.

Ces délégués cantonaux sont nommés pour trois ans; ils sont rééligibles et révocables par chacun des Conseils qui ont procédé à leur élection.

Un instituteur public de la circonscription, et, si le canton compte au moins six établissements libres, un instituteur libre, font nécessairement partie du Comité cantonal, sans cependant prendre part à la visite des Écoles.

L'instituteur public est élu par les instituteurs publics du canton, l'instituteur libre par les instituteurs libres. Cette élection a lieu au scrutin secret, sur la convocation de l'Inspecteur d'Académie, à l'époque du renouvellement des Comités cantonaux ou après décès ou démission d'un des instituteurs, membre du Comité.

ART. 17. — (*Comme l'art. 14 du projet.*)

ART. 18. — (*Comme l'art. 15 du projet, sauf à supprimer le 4e alinéa et retrancher du 5e alinéa ces mots :* « et quant au culte. »)

ART. 19. — (*Substitué à l'art. 16 du projet.*)

A partir du 1er janvier 1874, nul ne pourra être chargé de la direction d'une École s'il n'est pourvu du brevet de capacité mentionné à l'article 25 de la loi du 15 mars 1850.

La même obligation est imposée aux instituteurs adjoints et aux institutrices adjointes dans les Écoles du chef-lieu de canton.

Le classement des instituteurs, conformément à l'article 11, sera déterminé par des brevets de capacité gradués, délivrés à la suite d'examens, dont les conditions seront fixées par un règlement d'administration publique.

ART. 20. — (*Comme l'art. 17 du projet, sauf la suppression du 4e §.*)

ART. 21. — Aucune subvention de la commune, du département ou de l'État, ne pourra être allouée à une École libre d'enseignement primaire.

Toutefois cette prescription ne sera pas applicable aux communes que le Conseil général aura déclarées être dans l'impossibilité de fonder immédiatement une École publique.

Cette déclaration ne sera valable que pour un an. Elle pourra être renouvelée.

ART. 22. — *Intercaler, entre le 1er et le 2e § de l'art. 18 du projet, le paragraphe suivant :*

« Dans toutes les Écoles normales primaires, il y aura au moins trois cours faits par des membres de l'enseignement supérieur ou de l'enseignement secondaire : un cours de littérature, un cours d'histoire générale et un cours de morale. »

ART. 23, 24, 25 et 26. — (*Comme les art. 19, 20, 21 et 22 du projet.*)

---

19 juin 1872.

Arrêt de la Cour de Bourges, prononçant l'incompétence de l'autorité judiciaire dans les contestations survenues entre les communes et les congrégations enseignantes liées par un contrat[1].

19 Juin 1872.

La Cour,

Considérant que, préalablement à l'examen de la question de compétence relevée au procès, il convient de rappeler les circonstances principales dans lesquelles elle se produit;

Considérant, en fait :

Qu'à la suite d'une délibération prise par la Commission admi-

1. Résumé des faits :

Le 13 *novembre* 1853, le Conseil municipal de Prémery émettait le vœu de l'installation à Prémery de sœurs de charité comme institutrices communales.

Le 4 *décembre* 1853, par une nouvelle délibération, ce Conseil fixait le traitement qui serait alloué aux sœurs, et le chiffre des dépenses affectées au mobilier de l'École.

Le 30 *décembre* 1853, intervenaient entre la commune et les sœurs des conven-

nistrative, le 4 décembre 1853, les sœurs de la Charité et de l'Instruction chrétienne de Nevers ont, par trois d'entre elles, exercé depuis le commencement de 1854, dans la commune de Prémery, les fonctions d'institutrices communales;

tions verbales déterminant les obligations réciproques des parties de la manière suivante :

ARTICLE 1er. — Les sœurs de la Charité de Nevers, au nombre de trois, seront chargées de l'École communale de Prémery et de la visite des pauvres malades.

ART. 2. — Les sœurs enseignantes seront placées, quant aux rapports temporels, sous la dépendance et l'autorité municipale; la sœur supérieure aura seule des relations avec l'autorité locale.

ART. 3. — Il sera fourni par la commune, aux sœurs, une maison avec cour, jardin, et convenablement garnie de lits, meubles et des ustensiles nécessaires tant pour elles que pour les classes, ainsi que pour le linge qui leur sera nécessaire; ou bien la commune donnera à la communauté *une somme de* 1 500 *francs, conformément à la délibération du* 4 *décembre* 1853, pour fourniture de tout le mobilier nécessaire, dans lequel ne sera pas compris le mobilier des sœurs.....

Il sera dressé, à l'entrée des sœurs, un état des lieux et un inventaire du mobilier qui leur sera fourni, ou qu'elles auront fourni au moyen de l'allocation de 1500 francs.....

ART. 4. — La commune payera chaque année aux sœurs *une somme de* 1 300 *francs*, dont 100 francs pour gage de la domestique, pour leur nourriture, etc.....

ART. 5. — La supérieure générale et la commune auront respectivement le droit de provoquer le changement des sœurs.

ART. 6. — Dans le cas de la retraite volontaire de la communauté ou de son remplacement par une autre congrégation, la supérieure générale, ou la commune, devra prévenir l'autre partie, et s'entendre avec elle sur l'époque de la sortie des sœurs; *cette sortie aura lieu quatre mois au plus tard après la notification faite par celle des parties qui voudra résilier le traité.*

Le 14 *janvier* 1871, la Commission municipale alors en fonctions à Prémery, prétendant que depuis dix-huit ans l'École congréganiste n'avait pu prospérer *malgré toutes les faveurs de l'Administration*, en face de l'institution laïque dirigée par les demoiselles Barleuf et Genty; que cette École congréganiste était sans profit, et même ruineuse pour le budget communal, qui, chaque année, se soldait par un déficit de 3 200 francs, décida, sur la proposition du maire et à la majorité de cinq voix contre deux, que l'institution dirigée par Mme Cécile Brun cesserait d'être communale à partir du 30 janvier 1871; qu'à partir de cette époque, les religieuses attachées à cet établissement cesseront de toucher leur traitement, et qu'elles devront évacuer les lieux actuellement occupés par elles aussitôt que signification de la présente délibération leur sera faite administrativement, et que leur institution serait remplacée par celle de Mlles Barleuf et Genty, qui s'engageaient pendant trois ans à donner l'instruction primaire aux jeunes filles de la commune, etc.....

Le 4 *février* 1871, un arrêté du Préfet de la Nièvre donnait son approbation à la décision municipale du 14 janvier.

Le 9 *février* 1871, M. le maire faisait connaître à la supérieure la décision municipale approuvée, et la prévenait que le 15 du même mois inventaire serait dressé par la Commission municipale, qui recevrait les clefs du château.

Le 12 *février* 1871, le maire prévient ses administrés par voie d'affiche qu'à partir du 15, l'institution communale des sœurs sera remplacée par celle de Mlles Barleuf et Genty, qui devront donner *l'instruction gratuitement à toutes les jeunes filles de la commune dans le local qu'elles occupent actuellement, et que ne seront soumises à la rétribution scolaire que les élèves apprenant la musique, le dessin, la tenue des livres.*

Le 15 *février* 1871, le maire faisait fermer les portes de l'École.

Le 16 *février* 1871, la supérieure requérait du juge de paix un procès-verbal de

Que, par une délibération du 14 janvier 1871, la Commission administrative de cette commune a décidé, sauf approbation de l'autorité supérieure, la substitution de l'enseignement laïque à l'enseignement des sœurs de l'Instruction chrétienne, et la nomination de Mlles Barleuf et Genty en leur remplacement;

Que cette délibération a été approuvée par décision du Préfet de la Nièvre, en date du 4 février 1871;

constatation de la fermeture des salles de classe et de ses protestations. — Les sœurs refusent de quitter leur établissement, ne voulant céder qu'à la force.

Le 5 *juin* 1871, « la supérieure générale de Nevers déclare au maire de Prémery qu'étant informée de tous les faits, elle s'est déterminée, au lieu de lui demander compte de ses actes devant les tribunaux criminels, et pour ramener la commune de Prémery à l'exécution pleine et entière des lois des 15 mars 1850, 9 mars 1852, 14 juin 1854, et du traité verbal du 30 décembre 1853, à présenter au Préfet de la Nièvre le mémoire prescrit par la loi des 18-20 juillet 1837.

« Dans ce mémoire elle se plaint : 1° de la violation de la loi; 2° de la violation du traité verbal; 3° elle demande le payement intégral du traitement des sœurs; 4° le payement d'une somme de 700 francs, restant due sur celle de 1 500 francs, promise par traité verbal; 5° elle informe que, par le dépôt de son mémoire à la préfecture, tout doit rester en l'état, et qu'il ne saurait être procédé légalement à aucune expulsion des sœurs de Prémery. »

Le 11 *juillet* 1871, le Conseil municipal de Prémery prend une nouvelle délibération par laquelle il déclare persister dans sa décision du 14 janvier 1871.

C'est alors que commence le procès.

Le 22 *juillet* 1871, la communauté des sœurs de la Charité fait assigner la commune de Prémery pour : 1° s'entendre condamner à payer les 700 francs qu'elle redoit sur les 1 500 francs originairement promis; 2° à payer le traitement des sœurs, sur les bases du traité, depuis le 30 janvier 1871; 3° à payer 500 francs à titre de dommages-intérêts; 4° voir dire que le traité verbal du 30 décembre 1853 continuera à recevoir sa pleine et entière exécution, et que défense sera faite de troubler à l'avenir les sœurs de la communauté.

A cette action, la commune répond par un déclinatoire d'incompétence, soutenant: 1° que le traité invoqué est un acte administratif; 2° que son contrôle, sa modification, son interprétation, relèvent de l'autorité administrative; 3° que les tribunaux civils sont donc incompétents.

De leur côté, les sœurs répondirent à ce déclinatoire : 1° que la convention verbale du 30 décembre 1853 était purement civile; 2° que, du reste, le sens n'en étant pas obscur et ne donnant lieu à aucune interprétation, il n'y avait lieu que d'en ordonner l'exécution; 3° qu'enfin la décision municipale du 14 janvier 1871 ne pouvait avoir aucune influence sur l'appréciation de la demande et la question de compétence.

Le 10 *janvier* 1872, le tribunal correctionnel de Cosne se déclarait *compétent*, disait néanmoins qu'il y avait lieu de *surseoir* pendant le délai de trois mois, temps pendant lequel les parties se pourvoiraient devant l'autorité compétente, à l'effet de faire rapporter l'arrêté du 4 février 1871.

Le 5 *février* 1872 : 1° appel par les sœurs dudit jugement, en ce que à tort les premiers juges, après s'être déclarés *compétents*, ont cru devoir *surseoir* pour faire statuer sur le mérite d'un arrêté qui n'était pas soumis à leur appréciation et qui n'était ni approuvé ni contesté par les sœurs;

2° Appel incident par la commune, en ce que à tort les premiers juges se sont déclarés *compétents*.

Le 19 *mars* 1872, M. le Préfet de la Nièvre, à la sollicitation des sœurs, prenait

Qu'à la date du 16 février même mois, le maire de Prémery a tenté d'expulser les sœurs du local par elles occupé, mais qu'elles ont continué et n'ont pas cessé de l'occuper et d'y maintenir leur École;

Que le Conseil municipal de Prémery ayant, par une délibération du 11 juillet 1871, pris une délibération analogue à celle prise pré-

un arrêté par lequel il rapportait celui du 4 février 1871, sur lequel s'appuyait la commune de Prémery, et refusait d'approuver la délibération du Conseil municipal.

Le 13 *mai* 1872, par un nouvel arrêté, le Préfet de la Nièvre mandatait d'office au profit des sœurs :

1° Le traitement du 4° trimestre de 1870, soit.	425 francs.
2° Les frais de chauffage pour 1870, soit	150 —
3° Le traitement de l'année 1871, soit.	1 300 —
4° Les frais de chauffage de 1871, soit	150 —

L'affaire était en cet état, quand elle vint devant la Cour de Bourges, qui rendit arrêt le 19 juin 1872.

Cet arrêt n'est pas en accord avec la jurisprudence établie.

D'après la jurisprudence de la Cour de cassation et du Conseil d'État, l'autorité judiciaire est seule compétente pour statuer sur la validité, l'interprétation, l'exécution des contrats passés entre les communes et les particuliers, lors même qu'ils sont reçus en la forme administrative. Ces actes, dans lesquels l'Administration stipule dans son propre intérêt, comme le ferait un simple particulier, n'ont pas le caractère d'actes administratifs dont l'interprétation est réservée à l'autorité administrative; contrats de droit civil soumis aux règles du droit commun, ils rentrent dans les attributions de l'autorité judiciaire.

L'autorité administrative est compétente seulement pour connaître des questions relatives à l'accomplissement régulier des formalités administratives auxquelles ces contrats sont soumis. Cette difficulté constitue une question préjudicielle réservée à l'autorité administrative. (Cassation, 2 janvier 1817, 4 septembre 1818, 24 septembre 1825, 26 août 1826, 6 août 1829. — Conseil d'État, 30 octobre 1834, 27 août 1837, 16 mars 1848, 26 mars 1850, 10 janvier 1851, 23 mai 1851.)

Le contrat une fois consommé crée des droits auxquels l'Administration ne saurait porter atteinte, sous prétexte d'irrégularités dans les actes qui ont précédé ou autorisé la convention. En présence de ces droits acquis, ce n'est plus l'irrégularité de forme, c'est le contrat lui-même qu'il faut désormais attaquer, et la partie ayant qualité à cet effet doit porter son action devant l'autorité judiciaire, seul juge du mérite de la question de forme, en ce sens qu'il peut seul renvoyer à l'autorité administrative, le cas échéant, celles de ces questions préjudicielles que peut faire naître le débat sur le fond même de la contestation. (Conseil d'État, 4 août 1861, 1er février 1866, 9 janvier 1867, 19 mai 1867, 17 avril 1869.)

Ce n'est que dans les questions relatives au traitement des instituteurs et des institutrices, que la jurisprudence admet la compétence exclusive de l'autorité administrative, ainsi que le constate la décision ci-après du Conseil d'État, en date du 7 décembre 1844 :

Vu la loi du 28 juillet 1833 et l'ordonnance royale du 23 juin 1836;
Vu la loi du 18 juillet 1837;
Vu la loi des 16-24 août 1790, titre II, art. 13;
Vu le décret du 16 fructidor An III;
Vu les ordonnances royales des 1er juin 1828 et 12 mars 1831;
Vu l'article 35 de l'ordonnance du 19 juin 1840;

Considérant qu'il s'agit, dans l'espèce, de savoir si la commune de Passavan doit être condamnée à payer à la demoiselle Savary le traitement qu'elle réclame en qualité d'institutrice communale;

Considérant qu'aux termes des articles 7 et 11 de l'ordonnance du 23 juin 1836, les

cédemment le 14 janvier, la supérieure de la communauté a, le 22 du même mois, assigné le maire de Prémery devant les tribunaux;

Qu'aux termes de cette assignation, les premiers juges étaient appelés par la supérieure : 1° à décider qu'un traité verbal, intervenu le 30 décembre 1853 entre la Commission administrative de Prémery et la supérieure de la communauté, continuerait de recevoir exécution, et que défense serait faite au maire de la commune de, à l'avenir, troubler ainsi qu'il l'a fait les sœurs de l'École communale; 2° à condamner le maire ès-nom au payement d'une somme de 700 francs, restant dus à la supérieure pour avances par elle faites sur le mobilier dû par la commune; 3° à condamner la commune à payer aux sœurs de l'institution communale de Prémery le traitement auquel elles ont droit d'après le traité susrappelé, à partir du 30 janvier 1871; 4° 500 francs de dommages et intérêts;

Que le tribunal rejetant le déclinatoire opposé par la commune, s'est déclaré compétent pour connaître de ces divers chefs, mais que, la question relative au traitement réclamé nécessitant l'application de la validité de l'arrêté préfectoral, il a sursis sur le tout, à l'effet par les parties de faire rapporter par l'autorité compétente, dans un délai déterminé, le susdit arrêté;

Que, depuis le jugement et à la date du 19 mars 1871, un nouvel arrêté du Préfet de la Nièvre (contre lequel le maire s'est pourvu le 31 mai suivant) a rapporté l'approbation préfectorale donnée le 4 février 1871 à la délibération du Conseil municipal de Prémery du 14 janvier précédent, et déclaré que cette délibération n'est pas approuvée;

Qu'un autre arrêté préfectoral, en date du 13 mai dernier, a autorisé le receveur municipal de Prémery à payer à la sœur directrice de l'École communale des filles le traitement et les frais de chauffage du 4e trimestre 1870 et de l'année 1871;

institutrices communales sont instituées par le Recteur de l'Académie; que, d'après l'article 9, un logement et un traitement convenables doivent leur être assurés, soit par des fondations, donations ou legs faits à leur profit comme établissements publics, soit par délibération du Conseil municipal dûment approuvée;

Qu'enfin, aux termes de l'article 15, elles peuvent être privées de leur traitement par voie administrative, et que le montant peut en être alloué par la même voie à une institutrice remplaçante;

Que lesdites institutrices étant ainsi préposées à un service public, sous la surveillance et l'autorité de l'Administration, les contestations relatives à leur traitement ne sont point du ressort de l'autorité judiciaire :

ARTICLE 1er. — L'arrêté de conflit, pris le 7 septembre 1844 par le Préfet du Jura, est confirmé.

ART. 2. — Sont considérés comme non avenus l'exploit introductif d'instance du 2 août 1844 et le jugement du tribunal de première instance de Lons-le-Saunier, en date du 19 août 1844.

Considérant que la question de compétence fait l'objet de l'appel incident de la commune, la disposition relative au sursis faisant l'objet de l'appel principal;

Sur la compétence :

Considérant que, devant la Cour, la supérieure de la communauté ne demande plus explicitement, par le dispositif de ses conclusions, que le traité verbal du 30 décembre 1853, réglant par application des lois et règlements sur l'instruction primaire les relations entre la commune de Prémery et l'institutrice communale, continue de recevoir à l'avenir exécution, malgré la délibération du 14 janvier 1871 et l'arrêté préfectoral du 4 février suivant qui l'approuvait, ces actes ayant été rendus en violation des lois; mais que ce chef de demande a été soumis aux premiers juges et était compris parmi ceux sur lesquels portait l'exception de compétence, et qu'il n'a d'ailleurs pas été formellement abandonné devant la Cour;

Considérant que cette réclamation, qui formait l'objet principal et l'intérêt caractéristique du procès, constituait manifestement un litige administratif, impliquant l'appréciation nécessaire, au point de vue de la légalité et de la régularité, d'actes de l'autorité administrative, et particulièrement de l'arrêté du Préfet, chargé par la loi de la nomination des institutrices communales;

Qu'en supposant légalement possible devant la Cour, saisie de la question de compétence par l'appel incident de la commune, la réduction du débat déféré aux premiers juges par la demande principale, la justice ordinaire ne pouvait, dans les circonstances particulières du procès, statuer complètement sur les chefs expressément maintenus;

Considérant, en effet, que les diverses réclamations de la supérieure de la communauté s'appuient et se fondent sur la convention précitée du 30 décembre 1853;

Considérant que cette convention n'est pas produite devant la justice, qu'elle est qualifiée verbale par l'une et l'autre partie;

Considérant qu'un traité destiné à régler entre une commune réputée mineure par la loi et une institutrice communale leurs relations relativement à un intérêt d'ordre public le plus élevé, l'instruction primaire, par l'application des lois qui régissent cette matière, ne saurait être considéré comme un acte purement civil et privé, ni comme susceptible d'être consenti verbalement par le maire d'une commune sans accomplissement des conditions, formes et approbations auxquelles sont assujettis les contrats par lesquels une commune peut être ainsi obligée;

Qu'il rentrerait essentiellement par le caractère public des parties, de même que par la nature de son objet, dans les contrats administratifs et se rattacherait, comme l'accessoire au principal, à la situation publique qu'il suppose, aux dispositions des lois et aux actes de l'autorité qui fixent les conditions dans-lesquelles s'administre l'instruction publique communale, la nomination ou le déplacement des instituteurs communaux, le quantum du traitement, l'agencement et les convenances du local de l'école, l'importance du mobilier, etc.;

Considérant que la justice ordinaire est incompétente pour, à défaut de production, rechercher la preuve de l'existence et de la consistance d'un tel traité, soit dans une situation de fait plus ou moins prolongée, soit dans des documents administratifs, tels que budgets municipaux et arrêtés préfectoraux, qui en supposeraient la connaissance et l'approbation implicite;

Considérant que, à ce défaut, les divers chefs de demande dont il est la base et qui ne pourraient se juger que par son application, échappent par là même, comme aussi par leur caractère propre, à la compétence judiciaire;

Qu'il est impossible, dans les conditions de fait et en présence des actes rappelés ci-dessus, de ne pas considérer comme impliquant l'existence d'un traité et entraînant l'appréciation des actes administratifs exposés dans le procès, le jugement tant de la réclamation relative au traitement que celle relative à l'indemnité qui se rattache au mobilier, dépenses obligatoires concernant le service administratif de l'instruction primaire publique; — considérant, quant à la demande de dommages et intérêts, que les conditions particulières dans lesquelles elle se présente, ne permettent pas à l'autorité judiciaire, malgré sa compétence générale, de la retenir pour la juger;

Que si le libellé des conclusions signale l'emploi, par le maire de la commune, de procédés dont l'inconvenance ne relèverait pas de la justice, la réclamation se fonde en réalité sur la tentative d'expulsion qui aurait été brusquement et indûment essayée par le maire de Prémery; mais que, étant constant que ces agissements ont eu lieu à la suite et en exécution de l'arrêté préfectoral qui avait, le 4 février, approuvé la délibération municipale du 14 janvier 1871, ce chef particulier de demande porte directement contre l'acte administratif lui-même, qui subsistait lors du jugement, et ne saurait être, dans l'état du procès, retenu séparément des autres;

Considérant qu'au moyen des décisions qui précèdent, il n'y a lieu de surseoir au jugement du procès, comme dans le cas où la justice étant complètement saisie, l'interprétation des actes administratifs devient nécessaire; que la justice se déclarant incompétente, doit se dessaisir;

Dit qu'il n'y a lieu à sursis;

Renvoie les parties à se pourvoir, ainsi qu'elles aviseront;

Condamne la supérieure de la communauté aux dépens de 1re instance et d'appel;

Ordonne la restitution de l'amende consignée, etc.

Arrêt de la Cour de Bourges, prononçant l'incompétence de l'autorité judiciaire dans les contestations survenues entre les communes et les congrégations enseignantes liées par un traité[1]. 1er juillet 1872.

1er Juillet 1872.

La Cour,

. . . .

sur la question de compétence relevée par l'appel incident :

Considérant que la fin de non-recevoir opposée à cet appel est sans fondement; que le maire de Cosne n'a pu renoncer ni implicitement, ni explicitement à une exception d'ordre public;

1. Résumé des faits :

Le 24 *mai* 1852, le Conseil municipal de Cosne décidait, à la majorfté d'une voix, que l'instruction primaire serait confiée aux frères des Écoles chrétiennes, en remplacement de l'instituteur laïque alors en fonctions.

Cette délibération, prise en vertu de la loi du 9 mars 1852, expliquée par la circulaire du 3 avril 1852, se bornait à dire :

1° Que le traitement des trois frères s'élevait à 1 800 francs;

2° Que la commune ferait à ses frais l'appropriation de l'ancienne mairie à la nouvelle École.

En conséquence de cette délibération, valant comme simple avis et approuvée ultérieurement par l'autorité supérieure, les frères congréganistes devinrent instituteurs primaires communaux de la commune de Cosne, et exercèrent en cette qualité (non sans luttes et tiraillements incessants, ainsi que l'explique un rapport du frère Hilarius, du 12 mars 1866, à son supérieur général), jusqu'en octobre 1870.

Le 6 *octobre* 1870, le Conseil municipal de Cosne décidait, par application de l'article 3 de l'arrêté ministériel du 18 mars 1856, que, moyennant une subvention de 2 800 francs portée au budget, le principal du Collège de Cosne serait chargé de l'enseignement primaire avec trois professeurs, dont un pourvu du brevet supérieur et deux du brevet ordinaire.

Le 9 *novembre* 1870, un arrêté préfectoral approuvait l'avis émis, sous forme de décision, par le Conseil municipal de Cosne.

Le 19 *novembre* 1870, un nouvel arrêté préfectoral nommait comme instituteur communal M. Parizet, et comme instituteurs adjoints MM. Bordeso et Poupet.

En exécution de ces décisions administratives, les frères furent expulsés du local de l'école.

Le 21 *juillet* 1871, le frère Philippe, supérieur général des frères des Écoles chrétiennes, introduisait, contre le maire de Cosne, une action par laquelle il concluait :

Considérant que, en première instance, la demande du supérieur général des frères des Écoles chrétiennes tendait principalement :

1° A ce que le tribunal déclarât que c'était sans droit et contrairement aux conventions verbales d'octobre 1852 et aux lois et arrêtés sur l'instruction primaire, que le maire de Cosne a retiré à M. Froment la direction de l'École communale; que ce retrait ne pouvait avoir lieu que dans les cas prévus par lesdites conventions, en se conformant aux clauses du traité;

2° A ce qu'il fût dit que ce traité continuerait à recevoir sa pleine et entière exécution;

Considérant que le jugement dont est appel a déclaré que ces chefs de demande relevaient comme les autres de la compétence du tribunal;

Considérant que, par leur portée directe, par la nature même des appréciations que leur solution rendrait nécessaires, ils avaient un caractère essentiellement administratif; qu'ils supposaient, en effet,

1° A la réinstallation de l'École congréganiste;

2° A la remise de tout le mobilier de l'École, comme appartenant à la communauté des frères;

3° Au payement du traitement dû aux frères depuis le jour de leur expulsion (20 novembre 1870), ou de la somme de 2 000 francs;

4° A 5 000 francs de dommages-intérêts.

Cette demande se basait sur l'existence d'un traité ou convention dite civile, que les demandeurs faisaient résulter d'un prospectus qu'ils produisaient et dont ils soutenaient que les conditions avaient été acceptées sans réserve, en 1852, par la municipalité de Cosne, prospectus dont l'acceptation était, selon eux, la condition de tout temps imposée par leur congrégation aux communes qui les appelaient à la tête des Écoles primaires.

Les 2e, 3e, 4e chefs de la demande s'appuyaient sur les articles 7 et 14 dudit prospectus.

En réponse à cette demande, la commune :

1° Niait l'existence de la convention alléguée par les frères, parce qu'elle n'était pas signée du maire et n'avait fait, en 1852, l'objet d'aucune délibération du Conseil municipal; elle prétendait n'être engagée que par ladite délibération, comme faisant seule la loi des parties et relatant les obligations de la commune;

2° Elle opposait un déclinatoire tiré de ce qu'alors même qu'il existerait entre les frères et la commune un traité, ce traité serait un acte purement administratif, dont l'appréciation ne saurait relever de la juridiction civile;

3° Elle demandait, en tout cas, un sursis fondé sur la nécessité de faire statuer sur la validité ou l'invalidité des arrêtés préfectoraux des 9 et 19 novembre 1870, qui substituaient les instituteurs laïques aux congréganistes, arrêtés implicitement mais formellement mis en question par le premier chef de la demande des frères, tendant à la réinstallation de l'École congréganiste.

Le 6 *février* 1872, le tribunal civil de Cosne, par son jugement :

1° Considéra le prospectus comme ayant dû être la base des conventions et comme engageant la commune, qui en aurait consacré l'existence légale;

2° Il se déclara compétent, par ce motif que le traité, fût-il un acte administratif, il ne s'agirait que de l'appliquer, et non de l'interpréter;

3° Il sursit à statuer au fond pendant trois mois, par ce motif, que la demande tendait à modifier les arrêtés préfectoraux des 9 et 19 novembre 1870.

l'examen de la légalité et de la régularité, tant des délibérations du Conseil municipal de la ville de Cosne, en date des 6 octobre et 16 novembre 1870, portant substitution de professeurs laïques aux frères congréganistes et annexion de l'École primaire au Collège communal sous la direction et l'administration du principal (arrêté ministériel du 18 mars 1856, art. 3), que des arrêtés préfectoraux qui ont approuvé et ratifié ces délibérations et nommé le nouvel instituteur communal et les adjoints;

Que ces chefs de demande ne pouvaient évidemment être soumis à la justice ordinaire;

Qu'au surplus, devant la Cour, le supérieur des frères ès-noms les a retranchés des conclusions par lui prises, renonçant à les soutenir;

Considérant que les chefs de contestation en instance expressément au procès par le supérieur comprennent :

1° La demande à fin de condamnation du maire ès-qualités à payer une indemnité, réduite en appel à la représentation de six mois de traitement avec intérêts;

2° La demande de 5 000 francs de dommages et intérêts pour cause de rupture du traité;

3° La remise du mobilier, sinon la somme de 2 000 francs pour sa valeur;

Considérant que ces divers chefs de demande sont formés, comme les précédents, en exécution d'un traité qui serait intervenu, en 1852, entre le maire de la commune de Cosne et le supérieur des frères des Écoles chrétiennes, pour régler leurs obligations respectives, la commune en tant qu'obligée par la loi de pourvoir aux besoins de l'instruction primaire, le supérieur ou son représentant en qualité d'instituteur communal;

Considérant que ce traité n'est pas produit au procès, qu'il est qualifié « verbal » par le supérieur qui l'invoque, et que son existence est déniée par la commune;

Considérant qu'un tel traité, destiné à régler entre une commune réputée mineure par la loi et un instituteur communal leurs rapports relativement à un intérêt d'ordre public le plus élevé, l'instruction primaire, par application des lois administratives qui régissent cette matière, ne saurait être considéré comme un acte purement civil et privé ni comme susceptible d'être consenti verbalement par le maire d'une commune sans accomplissement des conditions, formes et approbations auxquelles sont assujettis les contrats par lesquels une commune peut être ainsi obligée;

Qu'il rentrerait essentiellement, par le caractère public des parties, de même que par la nature de son objet, dans les contrats administratifs et se rattacherait, comme l'accessoire au principal, à la situation publique qu'il suppose, aux dispositions des lois et aux actes de l'autorité qui fixent les conditions dans lesquelles s'administre l'instruction primaire communale, la nomination ou le déplacement des instituteurs communaux, le quantum du traitement, l'agencement et les convenances du local de l'école, l'importance de son mobilier, etc., etc.;

Considérant que la justice ordinaire est incompétente pour, à défaut de production, rechercher l'existence et la consistance d'une telle convention, et décider si elle est prouvée soit par une situation de fait maintenue pendant un temps plus ou moins long, soit par prospectus, lettres ou pièces qui y feraient allusion, soit par des actes administratifs qui en supposeraient la connaissance et l'approbation implicite, tels que les budgets municipaux et les arrêtés préfectoraux qui les approuvent;

Considérant que les divers chefs de demande dont le traité est la base, et qui ne pourraient se juger que par son application, échappent par là même à la compétence judiciaire, comme aussi par leur caractère propre;

Que les réclamations relatives au traitement et au mobilier, dépenses obligatoires concernant le service de l'instruction primaire publique, constituent des réclamations purement administratives, où, à l'égard de la demande de dommages et intérêts, les conditions particulières dans lesquelles elle se présente ne permettent pas à l'autorité judiciaire, malgré sa compétence générale, de la retenir pour la juger;

Que non seulement elle a son principe dans le traité de 1852, qui n'est pas produit, mais qu'elle suppose nécessairement l'appréciation de la légalité ou de l'illégalité de l'arrêté préfectoral du 19 novembre 1870; que cet acte administratif subsiste et doit être, dans l'état, tenu par la justice pour obligatoire; qu'il ne saurait être sursis par elle sur la demande jusqu'à ce qu'il ait été statué sur la validité d'un arrêté qui n'est actuellement l'objet d'aucun recours, et qu'aucune des parties n'exprime même la volonté d'attaquer;

Qu'il n'y a donc lieu de surseoir au jugement du procès;

Par ces motifs :

Statuant tant sur l'appel principal que sur l'appel incident,

Infirme le jugement dont est appel;

Dit que l'action a été incompétemment formée devant le tribunal;

Dit qu'il n'y a lieu à sursis;

Renvoie les parties à se pourvoir ainsi qu'elles aviseront;

Condamne l'appelant principal ès-noms aux dépens de première instance et d'appel;

Ordonne la restitution de l'amende consignée, etc.

Projet de loi sur l'instruction primaire, présenté à l'Assemblée nationale par M. Ernoul. 3 juillet 1872.

Séance du 3 Juillet 1872.

1° Rapport fait par M. Ernoul au nom de la Commission[1] chargée d'examiner : 1° le projet de loi sur l'instruction primaire; 2° le projet de loi sur la retraite de divers fonctionnaires de l'enseignement primaire; 3° la proposition de M. Delpit et plusieurs de ses collègues, relative à la nomination des instituteurs communaux et à la surveillance des Écoles primaires; 4° la proposition de M. Charton ayant pour objet une institution de conférences publiques; 5° la proposition de M. Beaussire sur l'instruction primaire.

Messieurs, ce sera l'honneur de notre pays et de cette Assemblée de ne s'être pas, au lendemain de désastres inouïs, uniquement préoccupés des questions de réorganisation matérielle, mais d'avoir mis en première ligne la reconstitution morale de la nation et d'avoir pensé aux Écoles, en même temps qu'à l'armée.

Dès le début de vos travaux, M. Delpit et plusieurs de nos collègues vous présentèrent un projet de loi qui proposait, moins à titre de solution définitive, que de provocation à une étude approfondie, un retour pur et simple à la loi libérale du 15 mars 1850, mutilée par l'Empire.

M. le Ministre de l'Instruction publique, fidèle aux idées qu'il avait soutenues dans l'opposition, vous demandait de suivre l'exemple de nos vainqueurs, et, renonçant à l'application d'une gratuité absolue de l'enseignement, qu'il confessait impossible à nos finances surchargées, il réclamait cependant des pénalités rigoureuses contre le père de famille qui n'aurait pas procuré à ses enfants le bienfait de l'enseignement primaire.

D'autres projets vous étaient successivement soumis, inspirés par des opinions contraires, mais dirigés vers un même résultat; les uns invoquant la contrainte, les autres ne demandant qu'à la liberté mieux organisée et devenue plus féconde les développements de l'instruction populaire.

Et pendant que l'initiative parlementaire accomplissait ainsi son œuvre, des pétitions nombreuses étaient déposées sur le bureau de l'Assemblée, échos d'un pays divisé, expression d'appréciations et de vœux contradictoires[2]. L'ensei-

1. Cette Commission était composée de MM. Dupanloup, évêque d'Orléans, *président;* de Corcelle, *vice-président;* le comte Desbassyns de Richemont, *secrétaire;* le vicomte de Meaux, Gaslonde, Ricard, Ernoul, le comte de Ressé-guier, Delpit, l'abbé Jaffré, Tailhand, de Lacombe, Keller, le vicomte de Cumont, Carnot (père).

2. Les pétitions sont en nombre considérable, et les signatures se comptent par centaines de mille. — Elles se classent en : 1° pétitions qui, demandant le maintien de l'instruction religieuse et la liberté d'enseignement, repoussent l'enseignement

gnement devait-il être gratuit, obligatoire, laïque, comme le voulait une formule dès longtemps et bruyamment répandue? La religion serait-elle bannie de nos Écoles, ou continuerait-elle à être la base de l'éducation et la meilleure sauvegarde de l'enfance? Quelle part faire à la liberté, à l'État? aux droits du père et de la famille?

C'est en regard de ces questions et de ces projets si divers, au milieu de cette agitation de pensées contraires, qu'a été nommée votre Commission.

Sa mission fut d'ailleurs nettement tracée. Treize bureaux sur quinze s'étaient prononcés contre le projet de M. le Ministre de l'Instruction publique, et repoussaient tout principe et tout moyen de coercition matérielle. L'un des bureaux avait admis en principe l'obligation avec sanction pénale, mais sous la condition qu'un moyen pratique se rencontrât de la concilier avec le respect de la liberté et de la conscience. Un seul avait fait un choix plus rapproché des projets ministériels[1].

Bien qu'investie d'un mandat aussi clairement défini, votre Commission n'en a pas moins étudié le projet de loi présenté par le Gouvernement avec le soin et l'attention que commandaient son origine et la gravité du problème. De nombreuses séances ont été consacrées à cet examen, et ce n'est qu'à la suite d'une consciencieuse étude, que la Commission est arrivée à cette conviction, qu'il lui était impossible, partant d'un principe opposé, de prendre pour texte et pour objet de ses travaux une proposition conçue sous l'inspiration d'une pensée absolument différente de la sienne.

Ce point reconnu, la Commission devait-elle se borner à une conclusion négative? Cela n'était digne ni de l'Assemblée, ni du Gouvernement, ni des légitimes préoccupations de l'opinion publique. Devait-on élaborer une loi entièrement nouvelle? Mais c'est surtout en matière d'éducation et d'instruction que les expériences sont souvent funestes, et les changements périlleux. Montaigne a dit quelque part, « qu'il y a grand doute s'il se peut trouver si évident profit « au changement d'une loi reçue telle qu'elle soit, qu'il y a de mal à la remuer ». Le doute devient certitude quand il s'agit d'une loi qui a fait ses preuves, et qui a su améliorer d'une façon lente, mais continue, l'enseignement en France.

Devait-on reprendre simplement la législation de 1850, ramenée à sa conception et à sa formule premières?

Assurément c'était quelque chose d'effacer les décrets impériaux, de retrouver et de reprendre la trace de nos devanciers, de chasser la politique de l'École et de remplacer par la direction des Conseils de l'enseignement l'action souveraine des Préfets; mais ce n'était pas assez. Le temps a marché. A des besoins nouveaux il faut des satisfactions nouvelles, et une réponse précise aux indications de la pratique, aux controverses soulevées, aux inquiétudes mêmes de l'opinion. Les principes demeurent, leur application doit être adaptée à l'état du pays et des mœurs. La Commission s'est donc résolue à vous présenter un contre-projet complet, qui, prenant pour base la loi du 15 mars 1850, con-

obligatoire; 2° pétitions qui réclament l'enseignement obligatoire, gratuit et laïque; 3° pétitions qui réclament l'enseignement obligatoire et gratuit; 4° pétitions qui réclament l'une ou l'autre de ces deux mesures. Enfin il y a des pétitions qui s'appliquent à des détails ou expriment des vues particulières.

Le dépouillement de ces dossiers énormes, et qui se grossissent chaque jour, n'a pu être complètement opéré; il ne sera possible de donner des chiffres exacts que lorsque le travail de classement et d'examen se trouvera terminé. (*Note du rapport.*)

1. La pensée de l'honorable M. Carnot se trouve formulée dans son projet de loi sur l'instruction primaire présenté en 1848. (*Note du rapport.*)

servant la plupart des textes anciens, les combinant parfois avec certaines modifications postérieures bonnes à retenir, rétablissant plus souvent ce qui avait été détruit ou altéré, donnât pourtant satisfaction à toutes les propositions utiles, fit une part plus large à la liberté et imprimât aux progrès de l'instruction publique un mouvement plus décidé et plus vif.

Nous avons essayé de construire sur des fondements déjà éprouvés, et, tout en conservant la partie encore debout du vieil édifice, de compléter ce qui lui manquait et de restaurer ou rétablir ce qui avait été ébranlé ou détruit.

Il n'y a rien ou il y a peu à dire sur la portion du projet qui n'est qu'une reproduction ou qu'une mise en ordre des textes de la loi existante. Ce qui importe, c'est de mettre en suffisante lumière la partie nouvelle de la loi projetée et, après avoir exposé rapidement les principes ou les tendances qui ont guidé la Commission, d'indiquer et de bien fixer les applications et les réformes qu'elle vous propose.

Il s'agissait d'abord d'assurer la propagation et le développement de l'instruction primaire. Divisée parfois sur les moyens d'atteindre le but, la Commission ne l'était pas sur le but lui-même. Elle a voulu avec énergie et, si le mot peut se dire, avec passion, le développement et l'extension de l'instruction en France. Deux voies s'ouvraient devant elle, la contrainte et la liberté : elle a opté pour la liberté ; mais, le choix fait, toutes les barrières ont été abaissées qui pouvaient s'opposer aux efforts individuels ou collectifs.

Désormais, à l'action des pouvoirs publics pourra se joindre plus facilement et plus efficacement que par le passé l'initiative individuelle, et nul ne rencontrera sous ses pas d'obstacles sérieux quand il voudra créer des Écoles. Les communes seront tenues, comme par le passé, de fonder et d'entretenir des Écoles, partout où cela est nécessaire; elles pourront en outre augmenter, dans la proportion d'un quart, les ressources dont elles pouvaient antérieurement disposer et les centimes spéciaux dont elles s'imposent chaque année (art. 30).

Quand les départements devront venir en aide aux communes indigentes, ils rencontreront une semblable facilité (art. 30). Une caisse spéciale pourra recevoir et concentrer les cotisations, les subventions, les dons et les legs destinés à subvenir aux besoins des Écoles (art. 11). Tous les corps constitués, départements, communes, évêchés, fabriques, cures, consistoires, corporations religieuses, reconnues d'utilité publique, seront investis de la faculté d'acquérir et de recevoir quand il s'agira de ce grand et noble intérêt, la diffusion de l'enseignement (art. 21).

Des associations se formeront librement et n'auront plus, pour naître et pour vivre, qu'à se soumettre à des formalités qui protègent l'ordre public, mais n'entravent point leur liberté réelle (art. 14 et suiv.). Les Conseils publics sont mis en demeure de veiller assidûment à la multiplication des Écoles ordinaires, des Écoles d'adultes ou d'apprentis. L'activité privée et l'effort local sont sollicités de toutes manières, et, comme ce n'est jamais en vain que l'on s'adresse en France à la charité, à l'émulation pour le bien, à l'esprit de bienfaisance et de sacrifice, et qu'il suffit le plus souvent de leur laisser le champ libre et de supprimer les entraves gênantes et les interventions tracassières qui s'opposent à leur généreuse expansion, il faut espérer que, la liberté aidant, nous parviendrons, comme d'autres nations, à réaliser le système enviable *des Écoles fondées*. Mieux que tout autre, il assure aux masses le bienfait de l'instruction et décharge du même coup les budgets publics d'un de leurs plus lourds fardeaux.

Le système de l'enseignement obligatoire, avec son cortège de sanctions et de pénalités, ferait-il plus ou mieux? Il est, certes, permis d'en douter. Les succès de l'École et les progrès de l'instruction tiennent bien moins à telle ou telle combinaison légale qu'à l'état des mœurs, à la multiplicité des Écoles, à la valeur des maîtres, à la fixité des méthodes et des fondations.

On a beaucoup invoqué, dans ces derniers temps, l'exemple des nations étrangères, et il semblait, à entendre certains discours, que les succès de la Prusse et nos revers fussent dus principalement, sinon uniquement, à la diversité des régimes scolaires. Mais, pour qui examine les choses de plus près, il est facile de constater que l'élévation et l'abaissement de l'instruction obéissent à d'autres causes, qu'à tel ou tel système auquel on les voudrait exclusivement rattacher. La libre Belgique n'a rien à envier à l'Allemagne. La plupart des États d'Amérique ignorent les sanctions dont on voudrait nous doter. L'Alsace et la Lorraine, vivant hier encore sous le régime de notre loi de 1850, offraient un niveau d'instruction égal ou supérieur à celui des provinces Rhénanes. Le Portugal vit sous l'obligation scolaire sans que personne ait la pensée d'invoquer son exemple et ses pratiques.

Puis comment imposer l'obligation sans offrir la gratuité, sa compagne nécessaire?

N'est-ce pas se payer de mots que de croire tout sauvé parce qu'un texte de loi infligera la nécessité de se rendre à l'École à des enfants qui souvent n'ont pas d'Écoles à leur portée, ou sont dans l'impossibilité de se rendre à l'École même voisine! Qui fera la part de la misère et de l'impuissance? Quel juge leur donner? à quelle limite s'arrêteront les sanctions? Devant quelles exceptions reculeront-elles? Où trouvera-t-on la légion des examinateurs qui devront faire comparaître à leur barre la jeunesse française tout entière? Il serait fort à craindre que le principe, inscrit dans nos lois, n'y demeurât d'abord comme une déclaration fastueuse, frappé d'impuissance par la résistance des choses, et que, l'heure des déclamations et des illusions étant passée, il ne succombât devant le soulèvement des mœurs et les révoltes de l'opinion.

Il serait facile de multiplier ces objections, et beaucoup d'autres de même nature viennent à l'esprit; mais elles sont, à vrai dire, secondaires, et la résistance de la Commission tient à des motifs plus absolus et d'un ordre plus élevé.

L'obligation, à ses yeux, est inconciliable chez nous avec la liberté de conscience sincèrement et honnêtement pratiquée. C'est vainement que des esprits convaincus essayent de mettre d'accord et de réunir ces deux principes opposés (*res dissociabiles*) destinés à s'exclure l'un l'autre ou à s'entre-détruire. On comprend l'obligation chez une nation hiérarchisée, aristocratique comme la Prusse, qui en est au règlement du grand Frédéric, consacrant l'union intime de l'État, de l'Église et de l'École. On la comprendrait chez des peuples heureux qui auraient la fortune d'être d'accord sur tous les principes essentiels de la vie publique; mais dans un pays divisé, dans des temps agités par les dissensions politiques, et par des dissidences religieuses plus profondes encore, où l'École deviendrait si vite un instrument de propagande et un moyen de lutte, il faut savoir faire son choix. Encore une fois, la Commission a fait résolument le sien. C'est la liberté qu'elle veut; elle repousse l'obligation.

Seulement, il importe beaucoup de préciser les choses et de définir les mots, plus puissants aujourd'hui que jamais, de ne laisser place à aucune équivoque, et de dire nettement ce que nous acceptons, ce que nous combattons.

Le père de famille a le devoir d'assurer à ses enfants non seulement la nourriture du corps, mais encore celle de l'âme : suivant la belle expression qu'a consacrée notre langue, il doit, dans la mesure de ses forces et de sa condition sociale, les *élever*, et cette obligation morale va souvent bien au delà des humbles limites de l'instruction élémentaire. Qui a jamais nié cela?

Quand le législateur inscrivit dans notre code les règles qui président à la formation de la famille et sa charte constitutive, en tête des obligations nées du mariage, il plaça celle de nourrir et d'élever les enfants. Qui a jamais protesté contre! et comment confondre cette évidente vérité avec la doctrine qui donne lieu aujourd'hui à de si ardentes controverses? A côté du droit du père, il y a ses devoirs, il y a le droit de la mère, il y a le droit de l'enfant, il y a le droit de la famille entière, et, grâce à Dieu, notre législation, encore tout imprégnée de christianisme, n'a jamais connu le principe barbare et païen qui faisait de l'enfant la chose du père.

Que la société ait un devoir particulier de protection vis-à-vis de l'enfant qui, jeté dans le mouvement trop souvent impitoyable de la vie industrielle et manufacturière, se trouve séparé de la famille; qu'elle surveille attentivement les conditions d'hygiène matérielle et de préservation morale dans lesquelles s'accomplira son travail précoce et malsain, qu'à cette situation exceptionnelle elle impose une tutelle particulière, c'est à merveille, et la concession est facile qui consiste à reconnaître la sagesse de la loi de 1841 ou des modifications législatives qui vont l'améliorer.

Le vagabondage doit être réprimé et peut donner lieu à des mesures protectrices.

Les lois civiles, électorales, militaires, pourront introduire ou ont déjà accordé certains avantages, qu'un degré plus ou moins avancé d'instruction conférera à ceux qui en sont pourvus. Sauf examen des dispositions proposées, nous n'y contredirons pas en principe, et il est même probable que les seules mesures vraiment efficaces appartiendront à cet ordre de prescriptions.

Mais, il ne faut pas de méprise, le mot *obligation* dans le langage de ceux qui l'emploient le plus fréquemment et le plus volontiers, non moins que dans l'histoire des tentatives qui ont été faites pour l'introduire et l'acclimater en France, a une portée et un sens tout autres. Il ne correspond ni au devoir du père vis-à-vis de Dieu, de sa conscience ou de son enfant, ni au lien que consacre la loi civile et qui rattache les uns aux autres les membres d'une famille. Il signifie et veut signifier le droit d'intervention de l'État dans les rapports du père avec l'enfant, la police de l'État s'introduisant au foyer domestique, la nécessité légale de l'instruction primaire dominant l'autorité paternelle, et la direction de la famille subordonnée à un moteur étranger. Le système, quoi qu'on dise et quoi qu'on fasse, aboutit à un fonctionnaire qui jugera, sous peine d'amende ou de prison, les plus intimes et les plus délicates questions, celles qui touchent aux nécessités de la famille, à l'éducation de l'enfance, à ses croyances ou à sa pureté. Voilà ce que nous repoussons, et ce que nous ne laisserons pas volontairement passer.

Sans doute tous ne l'entendent pas de la sorte, et il suffit, pour se convaincre du pouvoir des mots et de la nécessité de les expliquer, de parcourir avec quelque attention les propositions faites à l'Assemblée, les pétitions et les vœux qui lui ont été adressés. Au premier coup d'œil, il semble qu'une même parole, incessamment répétée, réclame un même objet; qui va au fond des choses s'aperçoit vite de la confusion et reconnaît qu'un seul pavillon couvre des doctrines substantiellement différentes. Plusieurs acceptent le mot d'*obligation* qui entendent maintenir fermement les droits de la famille et repousser toute violation de la conscience humaine. Mais, quant à ceux qui furent dans le passé et qui se font encore les plus ardents promoteurs de ce progrès prétendu de l'instruction, l'illusion n'est pas possible à leur égard ; car ils savent tirer les conséquences de leur principe. L'obligation suppose la gratuité absolue de l'enseignement ; l'intervention de l'État, dont le Code est le seul dogme, appelle et réclame la laïcité de l'enseignement. Cela se nomme aujourd'hui l'obligation de l'instruction ; cela se nommerait demain l'obligation de l'école et de telle école. Les étapes sont pour ainsi dire marquées à l'avance, le mot d'abord, les choses ensuite, jusqu'à ce que, de progrès en progrès, ou de ruines en ruines, on nous ait conduits au triomphe de l'école d'État, c'est-à-dire à la plus insupportable des tyrannies.

Votre Commission a pensé que son premier devoir était de s'expliquer loyalement sur cette grande controverse ; le second consistait à préparer votre décision dans le sens qu'indiquaient et notre législation antérieure, et le sort des tentatives précédentes, et les enquêtes même qui, dirigées par un Ministre ami de l'obligation, avaient abouti à la condamnation de ses propres doctrines. Laissons à chaque peuple ses mœurs, ses vertus, son état social et les nécessités auxquelles il obéit, et prenons garde de justifier ce mot d'un homme qui a beaucoup écrit sur l'éducation : « Il y a des gens qui font le contraire des « abeilles. Les abeilles vont recueillir sur chaque fleur ce qu'elle a de plus « exquis pour en composer leur miel. Ils vont, eux, pour nous composer un « code d'instruction publique, colliger chez les divers peuples ce qu'ils peuvent « trouver d'inique et d'arbitraire[1]. » La rédaction, qui vous est présentée, laisse l'État se mouvoir dans la sphère d'action qui lui est propre ; ni ses droits ni ses devoirs ne sont contestés ; mais, ayant reconnu la part légitime d'action et de contrôle qui lui revient, elle affirme fermement les droits imprescriptibles du père de famille, en même temps qu'elle reconnaît son devoir et son obligation morale.

Donc, propagation de l'enseignement par la liberté.

Liberté pour tout Français de se vouer à la carrière de l'enseignement sous les seules conditions de droit commun que détermine la loi.

Liberté pour le père de choisir le maître de ses enfants ou de les élever lui-même.

Liberté de la bienfaisance et de l'association.

Deux questions confinent de très près à celle de l'enseignement obligatoire et lui sont unies par des liens étroits : l'enseignement primaire doit-il être gratuit ? Doit-il être religieux ? Pour répondre, et pour répondre juste, la Commission n'avait qu'à reproduire et à fortifier ce qui existe.

Oui, l'enseignement doit être gratuit, mais relativement gratuit. Le devoir qu'a le père de famille d'élever et d'instruire ses enfants n'est pas purement platonique, et, quand il le peut, c'est à lui de faire face aux nécessités et aux charges qu'entraîne leur éducation. Le père de famille est-il indigent, tout au moins gêné et dans l'impuissance de remplir sa tâche sacrée, la famille communale vient à son aide, sauf à réclamer elle-même, quand ses propres ressources sont insuffisantes, les secours du département et de l'État. Ce qui est exprimé depuis longues années par cette formule, toujours à peu près identique, que l'enseignement primaire est donné gratuitement à tous les enfants dont les familles sont hors d'état de le payer.

Imposer aux budgets publics, nourris de l'obole du contribuable pauvre aussi bien que de l'impôt payé par le riche, le fardeau trop lourd d'une prescription absolue et d'un bienfait uniforme s'appliquant aux favoris de la fortune, comme

1. BARRAU, *Du Rôle de la Famille dans l'éducation.*

aux autres, serait une flagrante injustice. D'ailleurs, pourquoi semblable sacrifice? La gratuité complète est loin d'avoir produit les effets merveilleux que lui attribue la théorie. L'expérience est faite, et les Inspecteurs de l'enseignement ont souvent signalé à l'attention des Ministres successifs de l'Instruction publique ce phénomène, à première vue surprenant, que le niveau de l'École et le nombre des élèves, loin de s'élever, s'abaissaient souvent par l'introduction du principe de la gratuité absolue. L'explication du fait expérimental pourrait du reste être facilement fournie, si la discussion ne devenait inutile en regard de l'impuissance trop constatée de notre situation financière.

Cependant la gratuité absolue, qui n'est pas la règle, peut être établie à titre exceptionnel, d'après les dispositions combinées des lois du 15 mars 1850 et du 10 avril 1867 : elle existe en réalité dans un certain nombre de localités importantes. Nous avons maintenu la faculté; mais nous vous proposons : 1° de revenir à la loi de 1850 et de déclarer que les communes devront faire face à cette charge purement volontaire sur leurs propres ressources; 2° de faire descendre de 4 à 3 le nombre des centimes dont les communes pouvaient à cet égard extraordinairement s'imposer. Les ressources des communes opulentes ne diminueront pas dans la réalité, puisque l'article 30 du projet élève de 3 à 4 les centimes spéciaux ordinaires destinés à l'instruction primaire.

Ici se place naturellement une innovation importante, instamment demandée par plusieurs de nos collègues, des divers côtés de l'Assemblée, et qui se trouve consacrée par le projet, *le bon d'école*. L'enfant inscrit sur les listes de gratuité par les autorités compétentes ne pouvait, d'après le système suivi jusqu'à ce jour, recevoir asile et instruction que dans l'École publique. La commune payait pour lui le montant de la rétribution scolaire, mais à un instituteur déterminé : en telle sorte que le père de famille indigent se trouvait privé de la liberté de son choix entre les diverses Écoles qui pouvaient solliciter sa confiance, et parfois obligé, ou de livrer son enfant à un maître suspect, ou de le condamner à l'ignorance. Le plus simple des mécanismes suffit à améliorer ou pour mieux dire à transformer cette situation mauvaise et injuste. Donnez à l'enfant, qui figure sur les listes de gratuité, au lieu d'un droit d'entrée dans une École unique, un bon scolaire, une sorte de titre au porteur payable à présentation par le percepteur sur les fonds communaux, et qui sera valable pour toutes les Écoles de la commune; que l'instituteur libre consente à recevoir l'enfant aux conditions de prix qu'aura déterminées le Conseil départemental : le pauvre a reconquis sa liberté; le bienfait ne sera plus amer, nos lois auront une fois de plus affirmé le respect qui est dû à la liberté de la conscience humaine. Certes, devant de pareils avantages, l'expérience, déjà provoquée d'ailleurs dans une de nos colonies, mérite bien d'être tentée.

Et que l'on ne s'arrête pas à des objections budgétaires plus spécieuses, nous l'espérons, que fondées. Il n'y a d'embarras possible que pour les communes où règne le système de la gratuité absolue; mais là encore, quoi de plus simple que de délivrer des bons d'école aux parents qui en feront la demande, et les Écoles communales qu'abandonnerait la confiance générale des parents au point de compromettre leur existence, mériteraient-elles longtemps les faveurs de l'autorité?

Les articles 6, dernier paragraphe, 76 et 81, consacrent, au profit des divers Conseils, un droit de surveillance et de répression, qui empêchera la liberté de dégénérer en abus.

L'enseignement doit-il être religieux? Ce serait à désespérer de notre civilisation et de l'avenir de notre cher et malheureux pays si la question pouvait même être sérieusement posée! Ni l'instruction ne peut être séparée de l'éducation, ni l'éducation ne se conçoit sans la religion et sans la morale. L'instruction est une force et un instrument qu'il faut confier à des mains honnêtes, une lumière qui doit diriger l'âme de l'enfant et l'incliner vers la source éternelle du bien, du beau et du vrai.

Tous les peuples civilisés sont d'accord sur ce sujet essentiel. Rien de plus explicite que le règlement prussien de 1763. L'instruction primaire, dit la loi belge, comprend nécessairement l'enseignement de la religion et de la morale. L'enseignement doit être conforme au principe du Christianisme : nous venons de copier l'article 14 de la Constitution qui gouverne la Suisse. L'Angleterre pense à cet égard comme la Russie. « J'arrête, disait l'illustre Tocqueville, le « premier Américain que je rencontre et je lui demande s'il croit la religion « utile à la stabilité des lois et au bon ordre de la société. Il me répond, sans « hésiter, qu'une société civilisée, mais surtout une *société libre*, ne peut subsister sans religion. Le respect de la religion y est à ses yeux la plus grande « garantie de la stabilité de l'État et de la sûreté des particuliers. Les moins « versés dans la science du gouvernement savent au moins cela[1]. »

Nous n'avions qu'à écouter ces grandes voix et à maintenir le principe qui est la base de toute éducation, digne de ce nom, et, par l'éducation, de toute société.

En vain certains esprits raffinés essayent-ils de séparer la morale de la religion, de réduire l'enseignement public à une espèce de neutralité indifférente et de chercher dans le code du citoyen la règle unique de l'homme moral et social. La séparation est impossible. Il est chimérique de vouloir briser une union indissoluble, et il reste vrai que l'on ne fait pas sa part au doute.

D'autres[2] voudraient que la pensée religieuse, absente des leçons ordinaires, ne trouvât place qu'à des heures déterminées et fût en quelque sorte exclusivement cantonnée dans un enseignement isolé. Si nos honorables collègues entendent par là que l'instituteur ne doit pas être transformé en ministre du culte, l'École en Église, l'instruction primaire en cours de théologie, nous serons facilement d'accord ; mais le principe subsiste. De ce qu'un enseignement religieux plus substantiel sera donné par ceux qui ont mission pour le dispenser, de ce que les ministres du culte auront sur l'enseignement religieux un droit spécial de contrôle et de direction, il n'en résulte pas que l'instituteur puisse hautement professer l'indifférence dédaigneuse d'une morale indépendante, et bannir de ses leçons la prière et Dieu. Sur certaines matières la neutralité est un rêve : la pensée s'échappe, fût-ce involontairement, et depuis la leçon d'histoire jusqu'à l'explication d'un texte, jusqu'au simple modèle d'écriture, tout révèle, à l'œil clairvoyant de l'enfant, l'incrédulité ou la foi de ses maîtres.

Donc, maintenons fermement une règle indispensable. Mais faut-il en conclure qu'une violence quelconque sera faite à la liberté des cultes et des âmes? à Dieu ne plaise! Ceux-là respectent le plus scrupuleusement la liberté des autres qui sont disposés à réclamer plus énergiquement la leur propre. Partout où des cultes différents sont publiquement professés, des Écoles communales distinctes devront être fondées : l'exception ne pourra être autorisée qu'à titre provisoire et en cas de nécessité. Chacun sera libre de créer une École conforme à sa croyance; et quant à l'École publique, si l'accès en est facilité à tous, nous ne l'imposons à personne. Ainsi la société accomplit son

1. *De la Révolution et de l'Ancien Régime,* page 234.
2. Voir ci-dessus, page 369, l'amendement de MM. DRÉO et FERROUILLAT.

devoir, en affirmant les principes dont elle vit; ainsi la liberté joue son rôle salutaire, la liberté, qui peut être l'ornement des jours tranquilles, mais qui devient, dans les temps troublés, une nécessité de la paix et du salut publics.

Un autre point doit être maintenant exposé :

L'institution de l'École est, à nos yeux, essentiellement communale. Les deniers de la commune et la rétribution payée par les pères de famille sont ses moyens réguliers d'existence, le département et l'État n'intervenant qu'en cas d'insuffisance de ces premiers éléments de vie, et pour une part relativement faible. Le caractère de publicité et de libre admission des élèves appartient presque toujours à l'École libre aussi bien qu'à l'École officielle. Pour toutes ces raisons, l'École officielle sera dite École communale, et non plus École publique (art. 23).

Si nous passons des mots aux choses, la question, délicate entre toutes, de savoir si l'École communale doit être confiée à un instituteur laïque ou dirigée par l'une des associations religieuses vouées à l'enseignement sera désormais tranchée, non plus par un fonctionnaire politique, non par des corps délibérants nommés en vue d'intérêts complexes et d'un ordre différent, mais par les véritables intéressés, les pères, les mères et les tuteurs (art. 55 et suivants). Leur situation en fait, dans cette occurrence, les représentants naturels de la famille communale, leur devoir et leur tendresse, les meilleurs juges de ce qui convient à leurs propres enfants. Cette réforme capitale était sollicitée avec ardeur, et plusieurs amendements avaient été formulés en ce sens par MM. Pradié, de Bonald, de Lafayette et de la Rochejaquelein; la Commission a volontiers suivi nos honorables collègues dans la voie où ils la conviaient d'entrer, estimant qu'il était bon d'établir une ligne de démarcation entre la politique et l'École, qu'il était malsain et dangereux que ce pacifique terrain fût transformé en champ de bataille périodique par nos divisions, nos rancunes et nos haines. Appliquée chez d'autres peuples, pourquoi l'institution échouerait-elle en France? Elle n'y est pas, d'ailleurs, une importation étrangère : si l'on veut fouiller le sol, on la retrouve sous des ruines : c'était une des franchises qu'ont connue et pratiquée nos pères et que nous avions oubliée. — Dans les communes importantes, notamment dans les villes, le vote aura lieu par quartiers d'école ou circonscriptions scolaires, dont le Conseil départemental fixera le nombre et l'étendue : besogne facile, puisque des divisions analogues existent déjà presque partout. La formation des listes préparatoires et les autres conditions accessoires du vote qu'il était impossible de préciser dans la loi elle-même, restent à déterminer par un règlement d'administration publique.

Les pères de famille ayant été appelés à faire ainsi leur choix et à déclarer leur préférence, deux hypothèses se peuvent présenter. Ou bien la majorité a été très considérable et ne laisse aucun doute sur la volonté générale, ou bien la commune scolaire est partagée presque également entre des sympathies contraires et comme en plusieurs camps rivaux. Aux deux cas, convenait-il d'appliquer une solution unique? La Commission ne l'a pas pensé, et la majorité des pères de famille n'imposera souverainement son choix à la minorité opposante que si elle est égale aux deux tiers des suffrages exprimés. Si elle n'atteint point ce chiffre, le dernier mot appartiendra au Conseil départemental, qui prononcera dans sa sagesse, après avoir provoqué, au cas où les ressources de la commune le permettraient, la création d'une deuxième École. Aux termes de l'article 58, la décision des pères de famille doit être soumise à un nouveau vote tous les dix ans, et chaque fois que l'École devient vacante par suite de certains événements graves; mais pour que le collège des pères de famille soit convoqué, il faudra que la Commission scolaire en ait fait la demande formelle. A quoi bon, si le désir d'un changement n'est pas sérieusement exprimé par l'autorité locale, interprète naturel des vœux et des sentiments de la population, les stériles agitations d'un vote inutile? Un motif analogue et le désir de ne pas remettre imprudemment en discussion les Écoles existantes, a inspiré le 3e § de l'art. 93. La différence de nature entre l'École laïque et l'École congréganiste entraînera vraisemblablement une certaine diversité d'applications pratiques. La confiance s'adresse plutôt à l'association religieuse qu'aux membres qui la représentent : les changements de personne y sont faciles, presque toujours à bref délai, souvent sans importance. Au contraire, quand il s'agit d'un instituteur laïque, la question de principe et la question personnelle se confondent trop souvent. Quel meilleur moment de trancher l'une, en évitant l'autre, que celui où l'École devient vacante par la disparition du titulaire?

Par des motifs semblables, les pères de famille n'auront pas épuisé leur mission et terminé leur rôle, lorsqu'ils se seront prononcés sur la nature de l'École communale. Leur action doit être non intermittente et manifeste seulement à des intervalles de temps plus ou moins longs, mais permanente, et puisque chaque père de famille ne saurait directement et incessamment traduire son droit en acte, il l'exercera par une délégation confiée à une Commission scolaire, véritable représentation de la commune. Cette Commission, où le maire trouvera place près du curé, et qui, pour éviter tout froissement entre des pouvoirs destinés à rester unis, mais parfois rivaux, sera présidée par un délégué cantonal, se composera principalement de membres nommés, en nombre proportionnel à l'importance de l'agglomération communale, par le libre suffrage des pères de famille. Les grosses communes et les villes auront autant de Commissions scolaires que de cantons ou d'arrondissements municipaux. Aux Commissions appartiendront la surveillance et la direction des Écoles situées dans leur circonscription, le droit d'administrer la caisse spéciale, le soin de veiller à l'observation de la loi sur le travail des enfants dans les manufactures, de faciliter une juste combinaison des heures de classe et de labeur scolaire avec les exigences du travail agricole ou industriel, la mission enfin de préparer toutes les décisions du Conseil départemental et d'assurer à l'élément local la part d'influence et de pouvoir qui lui revient légitimement.

L'institution de la Commission scolaire et le principe dont elle est née ont conduit la Commission à la solution rationnelle d'un difficile problème. Par qui sera nommé l'instituteur communal?

Aucune question n'a été soumise à plus de variations législatives; aucune n'a soulevé des débats plus vifs dans le sein même de la Commission.

Les décrets du 29 frimaire An I et du 7 frimaire An XI avaient conservé, dans une certaine mesure, les droits des pères, mères et tuteurs.

Depuis, l'instituteur a été successivement nommé par les administrations de département sur la présentation des autorités communales (loi du 3 brumaire An IV, 25 novembre 1795);

Par les Maires (loi du 11 floréal An X, 1er mai 1802);

Par le Recteur (ordonnance du 29 février 1816);

Par le Recteur, mais après autorisation accordée par l'évêque (ordonnance du 18 avril 1824);

Par le Recteur, sans autorisation de l'évêque, mais sur le vu d'un certificat d'instruction religieuse (ordonnance du 21 avril 1828);

Par le Comité d'arrondissement, sur présentation du Conseil municipal, après avis du Comité communal, mais le Ministre de l'Instruction publique donnant l'institution (loi du 28 juin 1833);

Par le Conseil municipal, sur une liste dressée par le Conseil académique: Institution par le Ministre (loi du 15 mars 1850);

Par les Recteurs exerçant la délégation du Ministre, les Conseils municipaux entendus (décret du 9 mars 1852);

Par les Préfets (décret du 14 juin 1854).

Le projet de loi de M. le Ministre de l'Instruction publique propose la nomination de l'instituteur par l'Inspecteur d'Académie, sous l'autorité du Recteur, mais à titre provisoire seulement. Le titre définitif comporterait la nécessité d'un examen *professionnel* subi, après deux ans d'exercice, devant l'Inspecteur d'Académie et deux Inspecteurs d'arrondissement de l'enseignement primaire.

Ces variations successives et ces changements si brusques signalent clairement la profondeur de la difficulté et combien est redoutable la question de principe qui s'agite sous la mobilité des applications. Au fond, ce qu'il est bon de rechercher, c'est la limite entre les droits de l'État, et les droits de la commune et de la famille : on se bat pour des frontières. L'École doit-elle être asservie à la politique et subir le contre-coup des révolutions? Faut-il considérer l'instruction primaire comme une vaste machine gouvernementale, les instituteurs comme un corps hiérarchisé, expression de l'État enseignant, et relevant d'un maître unique? ou, au contraire, l'École est-elle un organisme spécial, une dépendance intime du foyer, un véritable prolongement de la famille, ayant son autonomie et sa vitalité propres? Tel est le champ de bataille entre les défenseurs des franchises locales et les partisans d'une centralisation autoritaire.

Les esprits systématiques se meuvent dans l'absolu et vont, par le penchant de leur nature, aux solutions extrêmes. La Commission a cru, au contraire, qu'elle ne devait méconnaître aucun des éléments qui se disputent cet humble et grand pouvoir, et que sa tâche était de les concilier plutôt que de les supprimer. Les fonctionnaires qui représentent le pouvoir central continueront à préparer les listes d'admissibilité et d'avancement, qui établissent les droits et l'ordre des candidatures. Le Conseil départemental, ce juge élevé qui prononce, au nom de la société tout entière, arrêtera définitivement ces listes; puis, quand une École deviendra vacante, il en extraira trois noms, parmi lesquels la Commission scolaire, mandataire de la commune, choisira définitivement l'instituteur. S'agit-il d'un instituteur appartenant à une congrégation religieuse? la présentation sera faite par le supérieur; d'un instituteur se rattachant à un culte dissident? le soin en sera remis au consistoire. Cette combinaison semble assurer, dans la mesure du possible, la capacité du candidat, qui ne peut guère être sainement appréciée qu'en haut, et la liberté du choix s'exerçant sur place. Nous n'avons pas adopté le système de l'examen professionnel; il fait une part immense à l'arbitraire et supprime au profit de l'État tous les droits de la commune.

Ces points principaux étant exposés, restent à indiquer, l'une après l'autre, et en suivant les textes, les modifications que nous vous proposons d'apporter à l'état actuel de la législation, soit au point de vue des Écoles elles-mêmes, soit au point de vue de la direction et du gouvernement de l'enseignement primaire, et sur lesquelles nous n'avons pas été amenés à fournir encore des explications; quelques-unes sont de pur détail, les autres plus importantes et plus graves. Quant au plan de la codification proposée, le tableau synoptique qui accompagne notre projet permet de la comprendre et de l'apprécier sans effort,

ARTICLE 1er. — L'article 1er ajoute aux matières obligatoires des instructions familières sur l'agriculture et l'horticulture, selon le besoin des localités. Ainsi se trouve satisfait le vœu formulé par la réunion libre des agriculteurs de l'Assemblée nationale. Non que nous entendions transformer l'École primaire en institut agronomique, mais comment nier l'utilité d'inculquer aux enfants tout au moins les premières notions et les principes fondamentaux du travail auquel sera consacrée leur vie entière?

Les notions sur l'histoire et la géographie de la France avaient été ajoutées par la loi de 1867 à la nomenclature des matières énumérées par la loi de 1850: la pensée était trop patriotique pour que la Commission hésitât à s'y associer.

ART. 4. — La liberté des Écoles normales existait en fait, mais précaire et quelquefois contestée dans les résultats. La loi était muette sur un sujet si important. Nous avons cru devoir rompre ce silence et faire disparaître les doutes et les interprétations.

ART. 5. — Les listes de gratuité sont dressées par la Commission scolaire, qui, en matière d'enseignement, représente la commune; mais l'avis du Conseil municipal, qui vote les centimes spéciaux et tient la clef des budgets, était nécessaire. Si des contestations sont soulevées par le Conseil municipal, ou des réclamations présentées par les familles, le Conseil départemental jugera. Nous avons maintenu le principe d'une gratuité simplement relative; mais l'esprit de la loi est que l'on ne marchande pas, et que le doute s'interprète en faveur de la pauvreté.

ART. 8. — Le but en est évident, il ne faut pas que l'on puisse s'endormir sur des intérêts si chers.

ART. 9. — Il consacre l'obligation du département, et assure, par une rédaction plus développée, une complète liberté dans le mode de recrutement des élèves-maîtres.

ART. 11, 13, 19, 21, 22, 71. — La personnalité civile se trouve largement attribuée à la caisse des Écoles, aux corps constitués, aux associations, aux Écoles elles-mêmes. L'École fondée, cette espérance de l'avenir, est fille de la charité et de la liberté. Tous ceux qui aiment vraiment l'instruction et veulent en répandre les bienfaits d'une main généreuse s'associeront à cette grave réforme. Et que l'on ne fasse pas apparaître le fantôme de la main-morte : la nécessité de l'autorisation maintenue par l'article 22 fait disparaître tout danger et doit supprimer les objections.

ART. 14 et 15. — Les articles 14 et 15 déterminent les conditions dans lesquelles les associations formées dans le but de fonder, d'entretenir des Écoles et de propager l'instruction primaire, pourront naître et vivre. Comme dans la loi générale, dont l'honorable M. Bertauld est l'éloquent rapporteur, le système de l'autorisation préventive est condamné par notre loi. L'arbitraire perd ses droits. L'ordre public menacé, les bonnes mœurs compromises et la loi violée, pourront seuls motiver l'opposition des surveillants naturels de l'enseignement et des représentants de la société. Les Conseils de l'enseignement jugeront, suivant une procédure qui protège et rassure tous les droits. Assurément, les dispositions que nous formulons pourront perdre beaucoup de leur intérêt, si, comme nous l'espérons, une loi plus large, applicable à toutes les associations, vient concilier l'ordre et la liberté et rendre à cette dernière ses droits méconnus. Nous les avons cependant présentées, par une double raison : 1° Certaines objections dirigées contre les associations en général, particulièrement contre les associations politiques, ne sauraient s'appliquer aux associations spéciales en faveur des Écoles, que nous voudrions voir se multiplier en France.

2° Les juges en cette matière sont tout trouvés et leur compétence est incontestable.

Les Anglais, qui se connaissent en liberté, ont fondé et développé chez eux les associations par un moyen semblable; chaque nature d'associations est l'objet d'un bill spécial. A tout événement, nous avons suivi leur exemple.

ART. 20. — L'article 20 est l'application d'une règle de justice, et, quand elle ne peut être utilement invoquée, nous avons imité la législation spéciale qui avait été, sous la Restauration, appropriée à certaines associations religieuses. On peut aussi consulter les lois plus récentes sur les sociétés de secours mutuels.

ART. 25. — Aux termes du troisième paragraphe, le Conseil départemental fixe, après avis du Conseil municipal et de la Commission scolaire, les Écoles dans lesquelles les matières facultatives de l'article 2 peuvent ou doivent être enseignées. — Nulle École, dit le quatrième paragraphe, ne sera autorisée à recevoir plus de 80 enfants dans la même salle de classe. L'enseignement facultatif comportait déjà, d'après la loi du 15 mars 1850, la nécessité d'une autorisation préalable : trop embrasser c'est toujours mal étreindre. Notre texte ajoute que, dans certains cas et pour certaines Écoles importantes, le Conseil pourra non plus seulement autoriser, mais prescrire et ordonner.

Quand les Écoles reçoivent un grand nombre d'enfants, n'est-il pas à désirer que les classes soient divisées autant que possible suivant les âges et le degré d'avancement des élèves? N'est-ce pas un moyen essentiellement pratique d'élever le niveau de l'enseignement scolaire?

ART. 27. — Les sages prescriptions de la loi de 1867 relativement aux Écoles mixtes, quant aux sexes, sont maintenues et fortifiées.

L'article 28 se termine par une innovation de la plus haute portée, réclamée dans le projet remarquable de notre collègue, M. Beaussire, et par beaucoup de sages esprits, appliquée en Amérique, et dont les motifs se présentent tellement d'eux-mêmes qu'il devient inutile de les développer. L'École mixte devrait être une exception. Or, en France, il y a encore, à cette heure, près de 14 000 Écoles placées dans cette condition regrettable; que du moins, et tant que la nécessité continuera d'enfanter l'abus, les Écoles mixtes soient obligatoirement dirigées par des institutrices.

Seulement, une pareille réforme ne peut être appliquée brusquement et tout d'un coup sans inconvénients. L'article 94 décide que la mesure ne s'appliquera que par voie d'extinction, et dans un délai maximum de 10 ans.

ART. 34 et suivants. — Ces articles se bornent à introduire quelques améliorations de détail dans les déclarations et dans les procédures qui préparent ou qui accompagnent la création d'une École libre.

ART. 36. — L'article 36 conserve leur caractère et leur condition aux Écoles libres qui sont subventionnées par les communes.

ART. 38. — Il faut signaler principalement, sous les articles 38 et suivants relatifs aux Écoles normales, le mode de nomination des divers fonctionnaires qui les dirigent ou sont appelés à y enseigner. Les directeurs sont nommés par le Ministre, sur une double liste présentée par le Conseil départemental et par le Conseil académique. Les professeurs sont nommés et révoqués par le Recteur, qui a dû prendre l'avis préalable des directeurs de l'enseignement primaire et de l'École normale. C'est l'autorité religieuse qui désigne les ministres des différents cultes; mais doit intervenir l'agrément du Conseil départemental. Le rôle assigné aux Conseils sauvegarde les intérêts d'une sage décentralisation. La nomination du directeur réservée au Ministre maintient les droits de l'État et sa part de contrôle et de surveillance. Tout ce chapitre III est fort sobre de prescriptions et de détails. — Les Écoles normales sont fondées par les départements, à la liberté d'action desquels beaucoup de choses doivent être nécessairement abandonnées. Des règlements d'administration publique existent d'ailleurs ou seront formulés dans la mesure nécessaire.

ART. 48. — L'article 48 détermine les conditions d'aptitude et de capacité que doivent remplir les instituteurs et les institutrices. Il n'introduit pas un droit nouveau, et n'entraînerait dès lors la nécessité d'aucune observation, si les lettres d'obédience, qui s'y trouvent maintenues comme une équivalence au brevet de capacité, n'avaient été attaquées avec une vivacité qui impose à la Commission le devoir de défendre cet article et d'indiquer rapidement ses motifs : — 1° Les institutions religieuses dont les supérieures délivrent les lettres d'obédience sont autorisées par l'État ou reconnues comme établissements d'utilité publique. — 2° Les lettres seront, à l'avenir, revêtues du contreseing et de l'approbation de l'évêque, dans le diocèse duquel se trouve la maison principale à laquelle se rattache l'institutrice qui les obtient. — 3° Elles assurent, dans ces conditions, des garanties d'aptitude et de responsabilité certainement supérieures à celles que présente le certificat de stage, au moins égales à celle que donne le résultat d'un examen unique. — 4° Le nombre des institutrices laïques est absolument insuffisant en France. Les vocations se font rares, et ce serait désorganiser l'enseignement pour les filles, que de frapper d'une mesure qui les atteindrait gravement les congrégations religieuses vouées à l'enseignement de la jeunesse. — 5° En fait, et les statistiques en font foi, les Écoles tenues par des religieuses offrent des résultats satisfaisants. Comment, en regard de ces faits incontestables, a-t-on pu prononcer cette parole passionnée, que les lettres d'obédience étaient un privilège décerné à l'ignorance? Tous ceux qui aiment l'instruction pour elle-même seront nos alliés naturels et défendront, à nos côtés, ces institutions modestement utiles et ces pieuses filles, providence des campagnes, qui, après avoir donné leurs journées à nos enfants, consacrent encore aux malades leurs soins et leurs veilles. Ajoutons que nul ne réclame un privilège, et que, le jour où d'autres associations obtiendront la reconnaissance par l'État et offriront mêmes garanties, même droit et même faveur leur devront être accordés immédiatement.

L'utilité du brevet lui-même a été contestée vivement au sein de la Commission en ce qui concerne les Écoles libres non subventionnées : il n'y a pas, a-t-on dit, de véritable exercice du droit des pères de famille, s'ils sont obligés d'envoyer leurs enfants à l'instituteur breveté et s'ils n'ont pas la liberté de les confier, à leurs frais, à un instituteur de leur choix. La Commission a cru que la liberté demandait à être réglée en ce point et n'a pas adopté cette opinion.

ART. 52. — L'article 52 fait disparaître, dans sa première partie, la nécessité du brevet ou de ses équivalences pour les personnes qui, avec l'autorisation du Comité cantonal, donnent l'instruction primaire aux enfants gratuitement et dans un but purement charitable. La loi de 1850 accordait la simple faculté d'apprendre à lire et à écrire; notre rédaction supprime une restriction inacceptable et d'une exécution impossible. — La seconde partie de l'article accorde également la dispense du brevet aux personnes qui auront obtenu de la Commission scolaire l'autorisation d'enseigner dans un hameau qui n'aura pas d'École et qui sera distant de plus de 2 kilomètres de l'École la plus voisine. Cela, semble-t-il, se justifie de soi.

ART. 63 et 64. — Par les articles 63 et 64 se trouvent reproduites les dispositions des lois antérieures qui organisaient la répression disciplinaire, soit contre l'instituteur communal, soit contre l'instituteur libre. Trois modifications sont à signaler : — 1° Le directeur pourra, sans suspendre l'instituteur, lui infliger une privation partielle de traitement. Les avantages de cette mesure sont évidents : elle permet au directeur d'atteindre l'instituteur dans ses intérêts pécuniaires, sans le frapper, souvent à mort, dans sa considération et dans son honneur.— 2° L'instituteur révoqué ne pourra exercer la profession d'instituteur, soit communal, soit libre, dans le même arrondissement. La loi de 1850 disait dans la même commune, le projet de M. le Ministre de l'Instruction publique, dans le même canton. — 3° La défense des instituteurs poursuivis est assurée par des mesures mieux définies : ils devront toujours être entendus. Le droit de recours devant une juridiction supérieure est accordé dans plusieurs cas.

ART. 65 et suivants. — Le chapitre III du titre III (art. 65 et suivants) est consacré tout entier à la matière éminemment intéressante du traitement et de la retraite des instituteurs. Bien des plaintes se sont élevées vers la Commission, bien des doléances lui ont été droit au cœur, et c'est volontiers qu'elle a essayé, dans la mesure trop restreinte du possible, d'améliorer le sort d'une classe nombreuse de fonctionnaires dévoués. C'était encore de sa part s'occuper utilement de la diffusion et de la propagation de l'enseignement primaire; car, si nous demeurons incrédules sur l'appel à la contrainte et à la force, nous croyons beaucoup à ce double moyen : Écoles nombreuses, bons instituteurs. Sans vouloir attacher un prix exagéré au côté matériel des situations, et sans appliquer hors de propos cette triste parole, *malesuada fames*, cependant il est permis de penser qu'à l'élévation des traitements correspondrait un relèvement de la valeur morale, d'espérer que les vocations se multiplieraient en proportion des avantages qui leur seraient offerts.

Fallait-il changer la base du système financier organisé dans la loi de 1850, modifié par la loi du 10 avril 1867, par les décrets du 31 octobre 1853, du 19 avril 1862, du 26 juillet 1870 et par plusieurs autres dispositions accessoires? La Commission eût désiré le pouvoir faire. Le système actuel est plein de complications et il a le grand inconvénient de calculer l'augmentation de traitement sur la durée plutôt que sur l'importance des services rendus : il supprime trop l'émulation et la concurrence ; mais, d'un autre côté, la complication est inévitable quand il faut puiser à tant de sources diverses, et l'état des finances comportait difficilement l'application d'une réforme radicale. Nous nous sommes donc bornés à faire le bien sans nous précipiter vers le mieux. La parole est aux chiffres : il suffira de les parcourir et de les mettre en regard de ce qui existe, même après les derniers encouragements de 1870, pour constater un progrès modeste, mais réel, une amélioration de la condition des instituteurs, des institutrices, des directrices de salle d'asile. Nous léguerons à nos successeurs, quand les temps seront meilleurs, le soin et la mission bien douce de faire davantage, et, si les ressources de l'État le permettent, alors il sera temps de passer du système actuel au régime des traitements fixes plus élevés et grossis par les rétributions scolaires.

ART. 69. — Dans le même ordre d'appréciations et de désirs, la loi spéciale qu'avait présentée, sur les retraites, M. le Ministre de l'Instruction publique, est devenue l'article 69 du projet. Nous l'avons complétée par l'adoption d'un amendement de l'honorable M. Bozérian. La pension de retraite sera calculée sur la moyenne des traitements pendant les six années d'exercice qui ont produit le chiffre le plus élevé, au lieu de l'être sur la moyenne des six dernières années. La vieillesse apporte à l'instituteur une diminution, plutôt qu'une augmentation de traitement : conséquence injuste, dès lors condamnée à périr.

ART. 71. — Le Conseil départemental est l'expression la plus élevée, la plus nette, de l'esprit qui animait la loi du 15 mars 1850; il est demeuré le véritable pivot sur lequel roule tout entier le projet actuel. Son action, son influence, son pouvoir, y sont pour ainsi dire inscrits à chaque ligne. Toutefois, ce Conseil étant institué par une loi particulière, nous avons dû ne pas nous engager sur un terrain qui ne nous appartenait plus. La juridiction est organisée par d'autres : nous déterminons seulement les attributions qui lui reviennent en matière d'instruction primaire, les questions qu'elle tranchera, les justiciables qui comparaîtront devant elle.

ART. 73 et suivants. — Les articles 73 et suivants se réfèrent à la création et à l'organisation du Comité cantonal.

Tout le monde semble d'accord sur ce point, qu'une autorité intermédiaire doit exister entre l'élément purement communal et l'autorité maîtresse placée au chef-lieu du département. Le canton étant le siège naturel de ce Comité de surveillance, il sera formé de membres de droit, le conseiller général, le juge de paix, le curé-doyen, et de membres désignés par le Conseil départemental.

Les Inspecteurs de l'enseignement primaire y auront voix simplement consultative. L'État surveille, contrôle : la liberté agit ; c'est la société qui juge.

Nous ne répétons pas les détails d'organisation et d'attribution que les textes expliquent et font suffisamment connaître.

ART. 82. — Signalons enfin une innovation importante, que propose à l'Assemblée notre article 82 : la création d'un directeur départemental de l'instruction primaire. C'est le Recteur de la loi de 1850, dégagé de ses fonctions multiples et complexes; c'est le Conseil départemental concentré et, pour ainsi dire, incarné dans un homme; c'est l'unité d'action combinée avec la représentation de toutes les forces vivantes de la société; c'est le lien entre le département et l'État, d'un côté, entre le département et la commune, de l'autre.

Et que l'on n'objecte pas que les fonctionnaires, déjà si nombreux en France, seront ainsi multipliés. Il est facile de répondre : 1° que le directeur départemental remplace, avec un rôle mieux défini, l'Inspecteur actuel d'Académie; 2° que les Inspecteurs d'Académie, devenus moins nombreux, rentreront dans leurs véritables attributions, et que, placés au chef-lieu de nos seize Académies, ils deviendront ce qu'ils auraient toujours dû être et ce qu'ils étaient à l'origine, les lieutenants et les *missi dominici* du Recteur; 3° que les Inspecteurs de l'enseignement primaire pourront être moins nombreux et en nombre proportionnel à des circonscriptions que déterminera le Conseil supérieur de l'instruction publique.

Quant au mode de nomination, nous n'aurions qu'à répéter des observations plus haut présentées. Le Conseil départemental présente, le Ministre nomme.

Désormais vous connaissez, Messieurs, l'économie générale et les détails du projet que soumet au jugement de l'Assemblée votre Commission, heureuse si, après un long labeur, elle a su remplir le mandat que vous lui aviez confié, préparer dans le présent quelques réformes nécessaires, confier à l'avenir le soin de développer des germes utiles. Permettez-nous de dire ce dernier mot en terminant : Ceci est une œuvre de bonne foi, tout entière dictée par un désir sincère de propager l'instruction publique, par un ardent amour du bien public et de la liberté[1].

1. La Commission n'a pas cru que le projet de l'honorable M. CHARTON, qui propose l'institution de conférences publiques par les instituteurs pût trouver place dans une loi sur l'instruction primaire. Pareille prescription pourrait être souvent

2° Projet de loi.

TITRE Ier. — Dispositions générales.

CHAPITRE Ier. — *Objet de l'enseignement.*

ARTICLE 1er. — L'enseignement primaire a pour objet les connaissances élémentaires propres à concourir à la première éducation religieuse, morale et intellectuelle des enfants.

Il comprend nécessairement :

L'instruction religieuse et morale;

La lecture;

L'écriture;

Les éléments de la langue française;

Le calcul et le système légal des poids et mesures;

Des notions élémentaires sur l'histoire et la géographie de la France;

Des instructions familières sur l'agriculture et l'horticulture, selon les besoins des localités;

Les travaux à l'aiguille dans les Écoles de filles.

ART. 2[1]. — L'enseignement primaire peut comprendre en outre :

L'arithmétique appliquée aux opérations pratiques;

La tenue des livres;

Des notions sur les sciences physiques et sur l'histoire naturelle, applicables aux usages de la vie;

Des éléments de géométrie, l'arpentage, le nivellement, le dessin linéaire, le dessin d'ornement, le dessin d'imitation;

Des instructions sur le commerce, l'industrie, l'hygiène;

Le chant;

La gymnastique.

CHAPITRE II. — *De la liberté de l'enseignement.*

ART. 3. — L'enseignement primaire est libre.

Tout Français peut exercer dans toute la France la profession d'instituteur primaire communal ou libre, s'il remplit les conditions d'âge, de moralité et de capacité exigées par la loi.

Le père de famille choisit librement l'instituteur de ses enfants. C'est à lui

inutile, parfois dangereuse, et transformer singulièrement la mission et le rôle de l'instituteur dans les communes. Dans tous les cas, la matière relèverait plutôt des règlements, des circulaires et d'un système d'autorisations spéciales que d'un texte de loi. (*Note du rapport.*)

1. Amendement présenté par MM. MILLAUD et LOUSTALOT, 24 *janvier* 1873 :

ART. 2. — *Ajouter le* § *suivant :* « Toute punition corporelle est absolument interdite dans les Écoles publiques ou libres ouvertes sur le territoire de la République. »

Amendement présenté par MM. WOLOWSKI, Arthur LEGRAND, Louis PASSY, DE LAVERGNE, BARDOUX, SCHEURER-KESTNER, WARNIER (de la Marne), SCHŒLCHER, GERMAIN, 9 *juin* 1873 :

ART. 2. — *Ajouter aux mots* « des instructions sur le commerce et l'industrie », *ces mots :* « et des notions élémentaires d'économie politique ».

qu'incombe l'obligation morale et qu'appartient le droit imprescriptible de les élever et de les instruire, soit par lui-même, soit par l'instituteur de son choix.

ART. 4. — Des Écoles normales libres peuvent être créées et entretenues en se conformant aux conditions déterminées par la loi.

CHAPITRE III. — *De la gratuité de l'enseignement.*

ART. 5. — L'enseignement primaire est donné gratuitement à tous les enfants dont les familles sont hors d'état de le payer.

La liste de ces enfants, dressée chaque année par la Commission scolaire, soit d'office, soit sur la déclaration des familles, est soumise au Conseil municipal, et, en cas de contestations, définitivement arrêtée par le Conseil départemental[1].

ART. 6. — Dans toutes les communes, même dans celles où la gratuité absolue de l'enseignement primaire est établie, des bons d'école, remboursables sur les fonds communaux, seront délivrés aux parents des enfants admis au bénéfice de l'enseignement gratuit. Ils seront valables pour toutes les Écoles de la commune, communales ou libres.

Le Conseil départemental pourra cependant, sur la plainte du Comité cantonal ou de la Commission scolaire, priver une École libre du droit de les recevoir.

CHAPITRE IV. — *De la propagation de l'enseignement.*

ART. 7[2]. — Les communes sont tenues de créer et d'entretenir des Écoles partout où cela est nécessaire.

Quand les ressources des communes sont insuffisantes, les départements et l'État leur viennent en aide.

ART. 8. — Le Conseil départemental fait dresser, chaque année, un état comprenant : les Écoles ayant besoin de réparations indispensables, les villages ou hameaux où il serait nécessaire d'en établir de nouvelles, les dépenses afférentes à ce double objet.

Cet état est transmis au Ministre de l'Instruction publique, au président du Conseil général et au Préfet, qui avisent chacun en ce qui le concerne. Un extrait en est envoyé au maire de chaque commune intéressée.

ART. 9. — Tout département est tenu de pourvoir au recrutement des instituteurs communaux en entretenant des élèves-maîtres, soit dans les établissements d'instruction primaire désignés par le Conseil départemental, soit dans l'École normale fondée et entretenue à cet effet par le département, soit dans l'École normale d'un autre département, soit dans une École normale libre.

ART. 10. — Le Conseil départemental veille à ce qu'il soit établi partout où il le juge utile des Écoles pour les adultes et pour les apprentis.

ART. 11. — Une caisse des Écoles, destinée à encourager la propagation de l'instruction primaire et à faciliter par tous moyens la fréquentation des Écoles communales ou libres, peut être créée par chaque Commission scolaire, après autorisation du Conseil départemental.

Le revenu de la caisse se compose de cotisations volontaires et des subven-

1. Voir ci-après l'amendement au second paragraphe de l'article 5 présenté par M. MAURICE, le 24 *janvier* 1873.

2. Voir ci-après l'amendement de MM. VENTE et BOTTIEAU aux articles 7 et 59, 6 *mars* 1873.

tions de la commune, du département ou de l'État. Elle peut recevoir des dons et des legs.

Plusieurs Commissions scolaires peuvent se réunir pour la formation et l'entretien d'une caisse unique. La caisse est alors administrée par les délégués des Commissions scolaires intéressées.

ART. 12. — Il est ouvert, chaque année, au budget de l'Instruction publique un crédit pour encourager la fondation d'institutions, telles que :

1° Les écoles du dimanche ;

2° Les écoles dans les ateliers et les manufactures;

3° Les classes dans les hôpitaux et les prisons ;

4° Les cours publics ouverts conformément à la loi ;

5° Les classes d'adultes ou d'apprentis;

6° Les bibliothèques de livres utiles;

7° Les autres institutions dont les statuts auront été approuvés par le Conseil supérieur de l'instruction publique.

ART. 13. — Les communes, les départements, les établissements publics religieux, tels que les évêchés, fabriques, cures, succursales, consistoires, les communautés religieuses enseignantes dûment autorisées ou reconnues comme établissements d'utilité publique, peuvent recevoir des dons et legs à la charge de fonder et entretenir des Écoles soit communales, soit libres. Les biens qui en proviennent sont administrés, et les Écoles sont tenues conformément aux intentions des donateurs ou testateurs et aux dispositions de la loi.

ART. 14. — Il peut être formé des associations dans le but de fonder, d'entretenir des Écoles, et de propager l'instruction primaire.

Les fondateurs ou administrateurs devront faire au Directeur départemental de l'enseignement primaire[1], au Préfet et au Procureur de la République, si l'association est instituée pour un seul département, au Ministre de l'Instruction publique si elle embrasse plusieurs départements, une déclaration contenant leurs noms, qualités et domiciles, les statuts, l'indication du siège de l'association et du lieu de réunion.

Les administrateurs sont tenus de faire une nouvelle déclaration dans le cas de modification aux statuts.

ART. 15. — Le Directeur départemental et le Ministre de l'Instruction publique peuvent, soit d'office, soit sur la plainte du Préfet ou du Procureur de la République, faire opposition dans l'intérêt de l'ordre public, des bonnes mœurs et de la loi, pendant le mois qui suivra le dépôt de la déclaration. L'opposition motivée est notifiée aux fondateurs ou administrateurs au siège de l'association; elle est suspensive.

ART. 16. — Il est statué sur l'opposition par le Conseil départemental lorsqu'elle a été faite par le Directeur, par le Conseil supérieur de l'instruction publique lorsqu'elle est signifiée par le Ministre.

L'affaire est portée à l'une des séances de la plus prochaine session du Conseil qui en est saisi. Les représentants de l'association sont entendus, s'ils le demandent. Ils peuvent se faire assister ou remplacer par une personne de leur choix.

La décision du Conseil départemental peut être attaquée pendant un mois,

1. Amendement de MM. VENTE et BOTTIEAU aux articles 14, 15, 16, 18, 34, 35, 38, 41, 46, 49, 59, 63, 64 et 67. — Substituer dans tous ces articles aux mots « *Directeur de l'enseignement primaire dans le département* » les mots « *Inspecteur d'Académie* » (6 *mars* 1873).

soit par le Directeur, soit par les administrateurs de l'association, devant le Conseil supérieur, qui statue dans sa plus prochaine session. — Le délai d'un mois court pour le Directeur du jour de la décision, pour les représentants de l'association du jour de la notification qui leur en est faite.

ART. 17. — S'il n'a été formé aucune opposition dans le délai, ou si l'opposition est rejetée, l'association est définitivement constituée.

Une copie de l'acte constitutif de l'association et de ses statuts est déposée aux archives du Conseil supérieur ou du Conseil départemental. Les administrateurs de l'association ont droit de se faire délivrer un certificat constatant qu'il n'a pas été formé d'opposition ou que l'opposition a été rejetée.

ART. 18. — Si une association ne se conforme pas à ses statuts, si par ses actes elle porte atteinte à l'ordre public, à la morale ou à la loi, les administrateurs, sur la plainte du Directeur ou du Ministre, suivant la distinction établie dans l'article 14, sont appelés devant le Conseil départemental ou devant le Conseil supérieur, qui prononce, s'il y a lieu, la peine de l'avertissement, celle de la réprimande, ou ordonne la dissolution.

La décision du Conseil départemental peut être attaquée devant le Conseil supérieur. L'affaire est instruite et jugée conformément à l'article 16.

ART. 19. — Les associations formées dans le but déterminé par l'article 14 peuvent acquérir et contracter à titre onéreux : elles peuvent recevoir des dons et legs.

ART. 20. — En cas de dissolution, si les statuts ne contiennent aucune disposition relative aux biens de l'association restés libres après la liquidation et le payement des dettes, leur attribution est réglée ainsi qu'il suit :

Les biens provenant de dons et legs font retour aux donateurs ou à leurs parents au degré successible, et aux parents des testateurs au même degré. Les autres biens sont partagés, suivant les cas, par le Conseil supérieur ou par le Conseil départemental entre les associations du même genre, et, à défaut de ces associations, entre les Écoles communales ou libres existant dans la circonscription territoriale pour laquelle l'association dissoute avait été fondée.

ART. 21. — Toute personne qui affecte, par donation ou par testament, des biens meubles ou immeubles à la fondation et à l'entretien d'une École libre, peut assurer la perpétuité de son œuvre, en chargeant un Conseil, dont elle règle la composition, d'administrer ladite École. L'École peut contracter et acquérir. Elle demeure soumise aux lois et règlements qui régissent les Écoles libres.

ART. 22. — L'acceptation des dons et legs prévus par les articles 11, 13, 19, 21, doit être autorisée par le Préfet, sur l'avis du Conseil départemental, lorsque les libéralités n'excèdent pas la valeur de 1 000 francs, et si elles n'ont donné lieu à aucune réclamation des familles.

Dans les autres cas, l'autorisation est donnée, sur avis du Conseil supérieur, par décret rendu en Conseil d'État.

TITRE II. — Des Écoles.

ART. 23. — La loi reconnaît deux espèces d'Écoles :

1° Les Écoles communales, qui sont fondées et entretenues sur le budget des communes, avec ou sans le concours des départements et de l'État;

2° Les Écoles libres, qui sont fondées et entretenues par des particuliers ou par des associations.

CHAPITRE Ier. — *Des Écoles communales.*

ART. 24. — Toute commune doit entretenir une ou plusieurs Écoles primaires.

Dans les communes où différents cultes sont professés publiquement, des Écoles séparées seront établies pour les enfants appartenant à chacun de ces cultes.

Toute commune de 500 habitants et au-dessus, toute commune d'une population inférieure, mais dont le Conseil départemental déclare les ressources suffisantes, est obligé de fonder et d'entretenir une École séparée pour les filles.

ART. 25. — Le Conseil départemental fixe, après avis du Conseil municipal et de la Commission scolaire :

1° Le nombre des Écoles principales, de section de commune, ou de hameau, à établir dans chaque commune, et le lieu où elles doivent être établies;

2° Les Écoles communales auxquelles doivent être attachés un ou plusieurs instituteurs adjoints;

3° Les Écoles dans lesquelles les matières facultatives énumérées en l'article 2 peuvent ou doivent être enseignées.

Nulle École ne sera autorisée à recevoir plus de 80 enfants dans la même salle de classe.

ART. 26. — Le Conseil départemental peut autoriser une commune à se réunir à une ou plusieurs communes voisines pour l'entretien d'une École. En cas de réunion de plusieurs communes pour l'enseignement primaire, l'École de garçons et l'École de filles pourront être placées dans deux communes différentes.

Le Conseil peut dispenser une commune d'avoir une École communale, à la condition qu'elle s'entende avec une École libre pour procurer l'enseignement primaire gratuit à tous les enfants dont les familles sont hors d'état d'y subvenir.

Le Conseil peut également dispenser les communes d'entretenir des Écoles séparées pour les enfants de sexes et de cultes différents; mais cette dispense ne peut être accordée qu'en cas de nécessité et à titre essentiellement provisoire.

ART. 27. — Aucune École ne peut, sans l'autorisation du Conseil départemental, recevoir d'enfants des deux sexes, s'il existe dans la commune une École communale ou libre de filles.

Les Écoles mixtes, pour les deux sexes, doivent être dirigées par des institutrices.

ART. 28. — L'instituteur devra toujours appartenir au culte professé par les enfants qui fréquentent l'École, ou, si l'École est mixte, par la majorité des enfants.

ART. 29. — Toute commune doit fournir à l'instituteur et à l'institutrice, ainsi qu'à l'instituteur adjoint et à l'institutrice adjointe dirigeant une École de hameau, un local convenable, tant pour leur habitation que pour la tenue de l'École, le mobilier de classe et un traitement.

Le local est visité, avant l'ouverture de l'École, par le délégué cantonal, qui fait son rapport au Conseil départemental.

La commune doit fournir à l'adjoint et à l'adjointe, qui assistent l'instituteur ou l'institutrice dans la direction de l'École, un logement et un traitement.

Dans le cas où un ou plusieurs adjoints sont attachés à une École, le Conseil départemental peut décider, sur la proposition du Conseil municipal, qu'une partie de la rétribution scolaire servira à former leur traitement.

ART. 30. — A défaut de fondations, dons ou legs, le Conseil municipal délibère sur les moyens de pourvoir aux dépenses de l'enseignement primaire dans la commune.

En cas d'insuffisance des revenus ordinaires, il est pourvu à ces dépenses au moyen d'une imposition spéciale votée par le Conseil municipal, ou, à défaut du vote de ce Conseil, établie par un décret du pouvoir exécutif. Cette imposition, qui devra être autorisée chaque année par la loi de finances, ne pourra excéder quatre centimes additionnels au principal des quatre contributions directes.

Lorsque des communes, soit par elles-mêmes, soit en se réunissant à d'autres communes, n'auront pu subvenir, de la manière qui vient d'être indiquée, aux dépenses de l'École communale, il y sera pourvu sur les ressources ordinaires du département, ou, en cas d'insuffisance, au moyen d'une imposition spéciale votée par le Conseil général, ou, à défaut du vote de ce Conseil, établie par un décret. Cette imposition, autorisée chaque année par la loi de finances, ne pourra excéder quatre centimes additionnels au principal des quatre contributions directes.

Si les ressources communales et départementales ne suffisent pas, le Ministre de l'Instruction publique accordera, sur le crédit qui sera porté annuellement pour l'enseignement primaire au budget de l'État, une subvention nécessaire pour suppléer à cette insuffisance.

Chaque année, un rapport annexé au projet de budget fera connaître l'emploi des fonds alloués pour l'année précédente.

ART. 31. — La rétribution scolaire et la valeur des bons d'école sont fixées par le Conseil départemental, sur l'avis des Conseils municipaux et des délégués cantonaux.

La rétribution scolaire est perçue dans la même forme que les contributions publiques directes; elle est exempte des droits de timbre et donne droit aux mêmes remises que les autres recouvrements.

ART. 32. — Toute commune a la faculté d'entretenir une ou plusieurs Écoles entièrement gratuites, à la condition d'y subvenir sur ses propres ressources. Elle peut, à cet effet, établir une imposition extraordinaire qui n'excédera pas trois centimes au principal des quatre contributions directes[1].

ART. 33. — L'assiduité scolaire devra être rendue plus facile aux enfants et moins onéreuse aux parents par la combinaison des heures et de la durée des classes avec les exigences de la saison et du travail industriel ou agricole.

CHAPITRE II. — *Des Écoles libres.*

ART. 34[2]. — Tout instituteur ou toute institutrice qui veut ouvrir une École libre doit préalablement déclarer son intention au maire de la commune où il veut s'établir, lui désigner le local et lui donner l'indication des lieux où il a résidé et des professions qu'il a exercées pendant les dix années précédentes.

Le maire remet immédiatement au postulant un récépissé de sa déclaration et en fait afficher, le jour même, une copie à la porte de la mairie, où elle demeure pendant un mois. Le maire adresse également, dans un délai de trois

1. Amendement de M. le marquis DE LA ROCHEJAQUELEIN. — Ajouter : « *et la totalité des ressources affectées annuellement à la gratuité est convertie en bons d'école délivrés à tous les enfants de la commune.* »

2. Voir ci-après à sa date (8 *janvier* 1873) l'amendement de M. Alfred GIRAUD aux articles 34 et 35.

jours, trois copies signées de lui de la même déclaration, l'une au Directeur départemental, l'autre au Procureur de la République, la troisième au Préfet, pour l'arrondissement du chef-lieu, et au Sous-Préfet, pour les autres arrondissements.

Si le maire n'approuve pas le local indiqué, il doit inscrire sur chacune de ces trois copies, son avis motivé à ce sujet.

ART. 35. — Le Directeur départemental, soit d'office, soit sur la plainte du Procureur de la République ou du Sous-Préfet, peut former opposition à l'ouverture de l'École dans l'intérêt des mœurs publiques, pendant le mois qui suit la déclaration faite au maire.

Cette opposition est jugée contradictoirement par le Conseil départemental dans sa plus prochaine session. Si l'opposition est admise, le postulant peut faire appel devant le Conseil supérieur, qui prononce à la plus prochaine session. La décision du Conseil départemental est provisoirement exécutoire.

Si le maire refuse d'approuver le local, il est statué à cet égard par le Comité cantonal dans le mois qui suit l'opposition, sauf recours au Conseil départemental.

L'appel, dans les deux cas, doit être interjeté dans les dix jours, à partir de la notification de la décision.

A défaut d'opposition, l'École libre peut être ouverte à l'expiration du mois sans autre formalité.

ART. 36. — Les Écoles libres pourront, sans rien changer à leur caractère et à leur condition d'Écoles libres, recevoir des communes, même quand il y existera des Écoles communales, des locaux ou des subventions.

ART. 37. — Les dispositions de l'article 27 sont applicables aux Écoles libres.

CHAPITRE III. — *Des Ecoles normales.*

ART. 38. — Les directeurs des Écoles normales départementales sont nommés par le Ministre, sur deux listes de deux candidats chacune, présentées par le Conseil académique et par le Conseil départemental.

Les professeurs sont nommés et révoqués par le Recteur, les Directeurs de l'enseignement primaire et de l'École normale entendus.

Le Conseil départemental agrée les ministres des différents cultes nommés par l'autorité diocésaine ou consistoriale et chargés de la direction religieuse.

ART. 39. — La surveillance de l'École normale est confiée à une Commission de cinq membres choisis par le Conseil départemental, et pour trois ans.

ART. 40. — Des règlements délibérés en Conseil supérieur de l'instruction publique déterminent les programmes d'enseignement.

ART. 41. — Toute personne qui veut fonder une École normale libre est tenue de se conformer aux prescriptions des articles 34 et 35 de la présente loi.

Si le Directeur départemental forme opposition à l'ouverture de l'École, le Conseil départemental prononcera en premier ressort; l'appel devant le Conseil supérieur pourra être interjeté soit par le postulant, soit par le directeur.

Dans le cas de non-approbation du local, il sera statué par le Conseil départemental, avec faculté de recours devant le Conseil supérieur.

CHAPITRE IV. — *Des pensionnats primaires, des Ecoles d'adultes ou d'apprentis, des salles d'asile.*

ART. 42. — Tout Français, âgé de vingt-cinq ans, ayant au moins cinq années d'exercice comme instituteur communal ou libre, comme maître dans un pensionnat primaire, et remplissant les conditions énumérées dans l'article 48, peut ouvrir un pensionnat primaire, en se conformant aux prescriptions des articles 34 et 35 de la présente loi. Toutefois les instituteurs communaux ne pourront ouvrir un pensionnat qu'avec l'autorisation du Conseil départemental, sur l'avis de la Commission scolaire.

Le Conseil départemental veille, dans l'intérêt de la moralité et de la santé des élèves, à l'exécution de toutes les mesures prescrites par les règlements.

ART. 43. — Les instituteurs communaux ne pourront ouvrir une École d'adultes ou d'apprentis qu'avec l'autorisation du Conseil départemental, sur l'avis de la Commission scolaire.

Les articles 34 et 35 sont applicables aux instituteurs libres qui veulent ouvrir des Écoles d'adultes ou d'apprentis.

ART. 44. — Il ne peut être reçu d'élèves des deux sexes dans les pensionnats primaires, ni dans les Écoles d'adultes ou d'apprentis.

Lorsqu'une classe d'adultes ou d'apprentis est annexée à une École primaire, les élèves de l'École ne doivent jamais être admis dans les classes des adultes ou apprentis.

ART. 45. — Une indemnité fixée par le Ministre de l'Instruction publique, après avis de la Commission scolaire et du Conseil départemental, peut être accordée annuellement aux instituteurs et institutrices dirigeant une classe communale ou libre, d'adultes ou d'apprentis, payante ou gratuite.

Il sera ouvert, chaque année, au budget du Ministre de l'Instruction publique, un crédit pour subvenir à cette dépense.

ART. 46. — Toute personne, âgée de vingt-cinq ans et n'ayant encouru aucune incapacité, peut réunir des enfants d'un même sexe destinés à être conduits, pour y recevoir l'instruction, dans une École communale ou libre, sous la condition de déclarer son intention au maire de la commune, au Directeur de l'enseignement primaire, au Procureur de la République et au Sous-Préfet. Un plan du local et l'indication de l'âge des enfants devront être joints à la déclaration. — Les dispositions des articles 34 et 35 seront applicables.

ART. 47. — Les salles d'asile sont communales ou libres.

Les salles d'asile communales sont régies par un règlement arrêté en Conseil supérieur, qui détermine : 1° le mode de surveillance et d'inspection de ces établissements; 2° les conditions d'âge, d'aptitude et de moralité des personnes qui seront chargées de la direction et du service dans les salles d'asile publiques; 3° le traitement de ces personnes; 4° le programme de l'enseignement et des exercices.

Les salles d'asile libres sont soumises aux prescriptions des articles 34 et 35.

Elles peuvent recevoir des secours sur les budgets des communes, des départements et de l'État.

TITRE III. — Des instituteurs.

CHAPITRE Ier. — *Des conditions d'aptitude et d'exercice.*

ART. 48. — Nul ne pourra exercer la profession d'instituteur s'il n'est âgé de vingt et un ans accomplis, et s'il n'est pourvu d'un brevet de capacité.

Le brevet de capacité peut être suppléé par le diplôme de bachelier;

Par un certificat constatant qu'on a été admis dans une des Écoles spéciales de l'État;

Par le titre de ministre, non interdit ni révoqué, de l'un des cultes reconnus par l'État;

Par le certificat de stage;

Par des lettres d'obédience, visées par l'évêque diocésain, pour les institutrices appartenant à des congrégations religieuses vouées à l'enseignement, dûment autorisées ou reconnues comme établissement d'utilité publique.

Art. 49. — Chaque année, le Conseil départemental nomme une Commission d'examen, chargée de juger publiquement, à des époques déterminées par le Directeur départemental, l'aptitude des aspirants au brevet de capacité, quel que soit le lieu de leur domicile.

Cette Commission se compose de sept membres, et est présidée par le Directeur départemental; elle choisit son secrétaire. Un délégué cantonal, un ministre du culte professé par le candidat, un membre de l'enseignement public et un membre de l'enseignement libre en font nécessairement partie.

L'examen ne portera que sur les matières comprises dans l'article 1er. — Les candidats qui voudront être interrogés sur tout ou partie des matières spécifiées dans l'article 2 en feront la demande à la Commission. Les brevets délivrés par le Directeur départemental, sous l'autorité du Ministre, feront mention des matières spéciales sur lesquelles les candidats auront répondu d'une manière satisfaisante.

L'examen des institutrices n'aura pas lieu publiquement.

Art. 50. — Le Conseil départemental délivre, s'il y a lieu, des certificats de stage aux personnes qui justifient avoir enseigné, pendant trois ans au moins, les matières fixées par l'article 2, dans les Écoles communales ou libres, autorisées à recevoir des stagiaires. — Les élèves-maîtres, entretenus par les départements, sont, pendant la durée de leur stage, spécialement surveillés par les Inspecteurs de l'enseignement primaire.

Art. 51. — Les instituteurs adjoints peuvent n'être âgés que de dix-huit ans, et ne sont pas soumis aux conditions de l'article 48, s'ils enseignent sous la direction immédiate de l'instituteur et dans l'École même qu'il dirige.

Art. 52. — Ne seront pas soumises aux prescriptions de l'article 48 :

1° Les personnes qui, dans un but purement charitable, donneront l'instruction primaire aux enfants avec l'autorisation du Comité cantonal;

2° Celles qui auront obtenu de la Commission scolaire l'autorisation d'enseigner dans un hameau qui n'aura pas d'École et qui sera distant de plus de 2 kilomètres de l'École la plus voisine.

Ces autorisations pourront toujours être retirées par le Conseil départemental.

Art. 53. — Sont incapables de tenir une École communale ou libre, un pensionnat primaire, une salle d'asile, une École d'adultes, d'apprentis, ou d'y être employés, les individus qui ont subi une condamnation pour crime ou pour un délit contraire à la probité ou aux mœurs, les individus privés par jugement de tout ou partie des droits mentionnés en l'article 42 du Code pénal, et ceux qui ont été interdits en vertu des dispositions de la présente loi.

Art. 54. — Les instituteurs ne peuvent exercer aucune fonction administrative sans l'autorisation du Conseil départemental.

Toute profession commerciale ou industrielle leur est absolument interdite.

CHAPITRE II. — *Du choix, de la nomination, de la suspension et de la révocation des instituteurs.*

ART. 55[1]. — Les Écoles communales peuvent être dirigées soit par des instituteurs laïques, soit par des instituteurs appartenant à l'une des associations religieuses vouées à l'enseignement, dûment autorisées ou reconnues comme établissement d'utilité publique.

L'option appartient aux pères de famille de chaque commune ou section de commune, formant une circonscription scolaire.

Les circonscriptions scolaires sont déterminées par le Conseil départemental.

ART. 56[2]. — Auront droit de voter :

1° Les pères de famille inscrits sur la liste électorale municipale dont les enfants ont moins de dix-huit ans;

2° Les mères de famille résidant dans la circonscription scolaire, lorsqu'elles exercent les droits de la puissance paternelle, ou lorsqu'elles sont chargées de la garde et de l'éducation des enfants;

3° Les tuteurs à défaut des pères et mères.

La formation des listes électorales spéciales et les conditions dans lesquelles le vote aura lieu, seront déterminées par un règlement d'administration publique.

ART. 57[3]. — Le choix n'est obligatoire que s'il réunit au moins les deux tiers des suffrages exprimés. Si la majorité des deux tiers n'est pas obtenue, et si les ressources de la commune ne permettent pas la création d'une deuxième École, le Conseil départemental décide sans recours.

ART. 58[4]. — Toutes les fois que l'École devient vacante par suite de décès, mise à la retraite, démission ou révocation du titulaire, ou lorsqu'il s'est écoulé dix ans depuis le dernier vote des pères de famille, la Commission scolaire peut provoquer une nouvelle décision.

ART. 59[5]. — Les instituteurs communaux et les institutrices communales, les directeurs et directrices de salles d'asile, les instituteurs adjoints chargés de la direction d'une École de hameau, sont nommés par la Commission scolaire, soit à la création de l'École, soit dans les cas de mutation :

1° Si l'instituteur doit être laïque, sur la présentation de trois candidats choisis par le Conseil départemental sur une liste d'admissibilité et d'avancement;

2° Si les pères de famille ont opté pour une congrégation religieuse, sur la présentation faite par les supérieurs de la congrégation;

3° Si l'École appartient à un culte non catholique, sur la présentation du consistoire.

Le Conseil départemental dresse, chaque année, la liste d'admissibilité et

1. Amendement de M. MAURICE, 25 *janvier* 1873. — Remplacer les §§ 2 et 3 par la disposition suivante : « *L'option appartient au Conseil municipal. La décision prise devra, avant sa mise à exécution, être communiquée au Conseil départemental, qui pourra provoquer une seconde délibération.* »

2. A supprimer. — Amendement de M. MAURICE, 25 *janvier* 1873.

3. A supprimer. — Amendement de M. MAURICE, 25 *janvier* 1873.

4. A supprimer. — Amendement de M. MAURICE, 25 *janvier* 1873.

5. Voir ci-après les amendements à l'article 59 de M. DE LA ROCHEJAQUELEIN, 22 *janvier* 1873, — de M. MAURICE, 24 *janvier* 1873, — de MM. VENTE et BOTTIEAU, 6 *mars* 1873.

d'avancement, après avoir pris l'avis du Directeur départemental et des directeurs d'Écoles normales.

ART. 60. — Si la Commission scolaire n'avait pas choisi l'instituteur dans le délai d'un mois, à partir de la présentation par le Conseil départemental, il serait pourvu à la nomination par ce Conseil.

ART. 61. — Les instituteurs adjoints, qui enseignent sous la direction immédiate de l'instituteur, sont nommés et révocables par lui, avec l'agrément de la Commission scolaire.

Les instituteurs adjoints appartenant à des associations religieuses sont nommés et révoqués par les supérieurs de ces associations.

ART. 62. — Le Conseil départemental désigne les instituteurs chargés de diriger les Écoles communales d'adultes et d'apprentis.

ART. 63. — Le Directeur départemental peut, suivant les cas, réprimander, suspendre, avec ou sans privation totale ou partielle de traitement, pour un temps qui n'excède pas six mois, ou même révoquer, l'instituteur communal et le directeur d'une salle d'asile communale. Le Directeur pourra également, sans suspendre l'instituteur, lui infliger une privation partielle de traitement. Il peut désigner un instituteur suppléant chargé de remplacer provisoirement l'instituteur suspendu.

La révocation ne sera définitive que si elle est confirmée par le Conseil départemental.

L'instituteur révoqué est incapable d'exercer la profession d'instituteur, soit communal, soit libre, dans le même arrondissement.

Le Conseil départemental peut, après l'avoir entendu ou dûment appelé, frapper l'instituteur communal ou le directeur d'une salle d'asile communale d'une interdiction absolue, sauf appel devant le Conseil supérieur de l'instruction publique dans le délai de dix jours, à partir de la notification de la décision. L'appel n'est pas suspensif.

En cas d'urgence, le maire peut suspendre provisoirement l'instituteur communal ou le directeur de la salle d'asile, après avoir pris l'avis de la Commission scolaire, et à charge de rendre compte dans les deux jours au Préfet et au président du Conseil départemental.

ART. 64. — Tout instituteur libre, directeur d'un pensionnat primaire, ou d'une École d'adultes libre, tout directeur d'une salle d'asile libre, sur la plainte du Directeur départemental ou du Procureur de la République, peut être traduit, pour cause de faute grave dans l'exercice de ses fonctions, d'inconduite ou d'immoralité, devant le Conseil départemental qui peut, suivant les cas, le censurer, le suspendre pour un temps qui n'excédera pas six mois, l'interdire de l'exercice de sa profession dans la commune où il est établi, ou même l'interdire d'une façon absolue.

Dans le cas d'interdiction relative ou absolue, il y aura lieu à appel devant le Conseil supérieur. Cet appel devra être interjeté dans le délai de dix jours, à compter de la notification, et ne sera pas suspensif. L'instituteur poursuivi devra toujours être entendu dans sa défense ou dûment appelé.

CHAPITRE III. — *Du traitement et de la retraite des instituteurs.*

ART. 65[1]. — Le traitement des instituteurs communaux se compose :

1° D'un traitement fixe qui ne peut être inférieur à 200 francs;

1. Voir ci-après les amendements de M. Francisque RIVE à l'article 65, 6 *janvier* 1873; — de M. MAURICE, aux articles 65, 66, 67 et 69, 10 *janvier* 1873.

2° Du produit de la rétribution scolaire et des bons d'école;

3° D'un supplément de traitement accordé à tous ceux dont le traitement joint à la rétribution scolaire et aux bons d'école n'atteint pas 800 francs.

Après cinq années de service, le traitement minimum est porté à 850 francs.

Le Ministre de l'Instruction publique, sur l'avis du Conseil départemental, pourra élever à 950 francs, après dix ans, jusqu'à 1 100 francs, après quinze ans de service, le traitement minimum des maîtres qui se seront distingués dans l'exercice de leurs fonctions.

ART. 66. — Les institutrices communales sont divisées en deux classes.

Le traitement de la première classe ne pourra être inférieur à 600 francs, et celui de la deuxième à 500 francs.

Les directrices de salles d'asile sont, quant au traitement, assimilées aux institutrices de deuxième classe.

ART. 67. — Les traitements *minima* des instituteurs adjoints et des institutrices adjointes sont fixés de la manière suivante :

1° Instituteurs adjoints dirigeant une École de hameau. . .		650 francs.
2° Instituteurs adjoints attachés à l'École principale.	1re classe . . .	500 —
	2e — . . .	450 —
3° Institutrices adjointes.	1re — . . .	400 —
	2e — . . .	350 —

Le Conseil départemental, sur la proposition du Directeur de l'enseignement primaire, détermine la classe à laquelle appartiennent les adjoints et les adjointes.

ART. 68. — Dans les communes où la gratuité est établie, le traitement des instituteurs et des institutrices doit atteindre les *minima* fixés par l'article 65.

Dans les communes qui pourvoient sur leurs propres ressources au payement des instituteurs et institutrices, le traitement ordinaire peut, sur la demande du Conseil municipal et avec l'approbation du Conseil départemental, être remplacé par un traitement fixe.

ART. 69. — Les instituteurs communaux et les institutrices communales, les directeurs et directrices de salles d'asile communales sont compris parmi les fonctionnaires du service actif et ajoutés au tableau n° 2 annexé à la loi du 9 juin 1853. Leur pension de retraite est réglée conformément aux dispositions de cette loi relative aux emplois de la partie active. Elle est basée sur la moyenne des traitements et émoluments de toute nature soumis à retenue, dont l'ayant droit a joui pendant les six années qui ont produit le chiffre le plus élevé.

TITRE IV. — Des autorités préposées à l'enseignement primaire.

CHAPITRE Ier. — *Des autorités locales.*

ART. 70[1]. — En matière d'instruction primaire et de surveillance des Écoles, le département est représenté par le Conseil départemental, le canton par le Comité des délégués cantonaux, la commune par une Commission scolaire.

§ 1er.

ART. 71. — Le Conseil départemental, dont la composition est fixée par une loi spéciale, exerce en matière d'enseignement primaire toutes les attributions qui lui sont conférées par la présente loi.

1. Voir ci-après les amendements de M. MAURICE à l'article 70, 25 et 27 *janvier* 1873.

Il décide les programmes des Écoles, le plan des études et l'emploi du temps, d'après les règles posées par le Conseil supérieur de l'instruction publique (art. 33).

Il a qualité pour recevoir des dons et legs et pour agir, en tout ce qui concerne les intérêts dont il est chargé, comme personne civile.

§ 2.

ART. 72. — Le Comité des délégués cantonaux est composé :

1° De membres de droit, qui sont : le conseiller général, le juge de paix et le curé-doyen du canton ;

2° De trois membres au moins, de sept au plus, désignés par le Conseil départemental.

L'Inspecteur de l'instruction primaire a le droit d'assister, il peut être appelé aux séances du Comité. Il n'a que voix consultative.

Dans les cantons où il existe des Écoles appartenant à des cultes non catholiques reconnus par l'État, le ministre le plus ancien de chacun de ces cultes a droit de séance et voix délibérative au sein du Comité.

ART. 73. — Les communes partagées en plusieurs cantons ou en plusieurs arrondissements municipaux sont considérées, avec les communes rurales faisant partie de leurs cantons, comme ne formant qu'un canton unique, et ne sont représentées que par un seul Comité cantonal.

Dans ce cas, le Comité cantonal est composé de douze membres, tous nommés par le Conseil départemental, mais parmi lesquels doivent nécessairement figurer l'un des conseillers généraux, l'un des juges de paix, l'un des curés-doyens de la commune, et, s'il y existe des Écoles appartenant à des cultes non catholiques, l'un des ministres de ces cultes.

ART. 74. — Les membres élus du Conseil cantonal sont nommés pour trois ans : ils sont rééligibles et révocables par le Conseil départemental.

Dans sa première séance, le Comité élit un président et un secrétaire.

Les membres du Comité se réuniront, au moins une fois tous les deux mois, au chef-lieu de canton. Une réunion extraordinaire peut être provoquée en cas d'urgence par chaque délégué et par l'Inspecteur des Écoles ; les convocations seront toujours faites par le bureau.

ART. 75. — Le Comité est appelé à donner son avis sur l'opposition faite à la fondation d'une École libre ;

Sur la désignation des Écoles communales ou libres du canton aptes à recevoir des stagiaires ;

Sur l'autorisation, en cas de nécessité absolue, des Écoles mixtes quant aux sexes et quant aux cultes ;

Sur la réunion d'une ou plusieurs communes pour l'entretien d'une École ; sur l'autorisation de fonder des pensionnats primaires ou des Écoles d'adultes ;

Sur la détermination des circonscriptions scolaires ;

Sur la fixation de l'heure et de la durée des classes, conformément à l'article 33 ;

Sur les poursuites disciplinaires dirigées contre les instituteurs ;

Sur le taux de la rétribution scolaire ;

Sur les récompenses ou encouragements accordés soit aux Écoles, soit aux instituteurs communaux ou libres.

Extrait de chaque délibération est transmis au Conseil départemental par les soins du président.

Le Comité adresse au moins une fois par an au Directeur départemental un rapport sur les Écoles du canton.

ART. 76. — Les délégués se partagent, au point de vue de la surveillance et de l'inspection à exercer par chacun d'eux, les communes du canton.

Chaque délégué, dans les communes de sa circonscription, inspecte toutes les Écoles communales au moins une fois entre les deux sessions du Comité. Il inspecte, en outre, les Écoles libres qui acceptent des bons d'école, et s'assure que les enfants qui en sont porteurs y reçoivent l'instruction.

Il examine le local destiné aux Écoles nouvelles, assiste, avec les autorités locales, à l'installation des instituteurs.

Tout délégué a le droit d'assister aux séances du Conseil départemental, mais avec voix consultative seulement, quand il s'agit des intérêts des Écoles de sa circonscription.

§ 3.

ART. 77[1]. — La Commission scolaire est composée :

1° De membres de droit : le maire, le curé, le délégué cantonal dans la circonscription duquel se trouve comprise la commune;

2° De cinq pères de famille dans les communes qui ne dépassent pas 2 000 habitants, de sept pères de famille dans toutes les autres.

Dans les communes où il existe des Écoles appartenant à des cultes non catholiques reconnus par l'État, le ministre le plus ancien de ces cultes assiste aux réunions de la Commission avec voix délibérative.

Dans les communes divisées en quartiers ou circonscriptions scolaires, le Conseil départemental déterminera le nombre de membres à nommer par chaque quartier.

ART. 78. — Dans les communes divisées en plusieurs cantons ou arrondissements municipaux, il y aura autant de Commissions scolaires que de cantons ou d'arrondissements. Le maire pourra se faire remplacer par un adjoint ou par un conseiller municipal.

Chaque circonscription scolaire du canton ou de l'arrondissement urbain aura le droit de nommer un nombre de membres de la Commission déterminé par le Conseil départemental.

ART. 79. — Les commissaires sont élus pour cinq ans, par toutes les personnes désignées en l'article 56. Ils sont indéfiniment rééligibles.

La Commission s'assemblera régulièrement tous les mois, extraordinairement sur la convocation du président.

Elle est présidée par le délégué cantonal et nomme son secrétaire.

L'Inspecteur primaire y a droit de séance avec voix consultative, quand il le réclame ou est appelé.

ART. 80. — La Commission scolaire est préposée à la surveillance et à la direction de toutes les Écoles communales de la circonscription pour laquelle elle est instituée.

L'entrée de l'École est toujours ouverte à chacun des membres de la Commission.

Les ministres des différents cultes sont chargés, en outre, de surveiller spécialement l'enseignement religieux de l'École.

ART. 81. — La Commission veille particulièrement : 1° à l'observation de la loi sur le travail des enfants dans les manufactures, quant à la fréquentation

1. Voir ci-après l'amendement de M. MAURICE aux articles 77, 78, 79 et 80, 27 *janvier* 1873.

de l'École; 2° à l'assiduité des enfants munis de bons d'école dans les Écoles libres qui les acceptent.

CHAPITRE II. — *De l'Inspection.*

ART. 82. — L'inspection des établissements d'instruction primaire est exercée conformément aux règlements délibérés en Conseil supérieur, par les Inspecteurs généraux de l'enseignement primaire, par un directeur de l'enseignement primaire dans chaque département[1], et, sous ses ordres, par les Inspecteurs primaires.

ART. 83. — L'inspection des Écoles libres porte sur la moralité, l'hygiène et la salubrité. Elle ne peut porter sur l'enseignement que pour vérifier s'il n'est pas contraire à la morale et aux lois.

Les Écoles libres qui tiennent lieu d'Écoles communales (art. 26, 2e §) sont inspectées dans les mêmes conditions que ces dernières.

ART. 84[2]. — Les Inspecteurs généraux sont choisis par le Ministre de l'Instruction publique, le Conseil supérieur consulté.

Le Directeur départemental et les Inspecteurs des Écoles primaires sont nommés par le Ministre sur une liste de trois candidats présentés par le Conseil départemental. Les Directeurs départementaux doivent être choisis parmi les Inspecteurs d'Académie, les professeurs des Facultés, les proviseurs et censeurs des Lycées, les principaux des Collèges, les chefs d'établissements secondaires libres, les professeurs des classes supérieures dans ces diverses catégories d'établissements, les agrégés des Facultés, les Inspecteurs des Écoles primaires et les directeurs d'Écoles normales. — Les candidats devront avoir le grade de licencié ou dix ans d'exercice.

Le directeur et les Inspecteurs primaires peuvent être révoqués par le Ministre après avis du Conseil départemental.

ART. 85. — L'article 69 est applicable aux Inspecteurs primaires.

TITRE V. — **Dispositions pénales.**

ART. 86. — Les fondateurs ou administrateurs d'une association relative à l'enseignement primaire, qui n'auraient pas fait les déclarations prescrites par l'article 14, seront punis d'une amende de 500 à 1.000 francs.

ART. 87. — Les administrateurs d'une association, qui continuerait à fonctionner au mépris d'une décision qui la supprime (art. 16), ou de la dissolution prononcée conformément à l'article 18, seront punis d'une amende de 100 à 1 000 francs et d'un emprisonnement de six jours à trois mois.

ART. 88. — Quiconque aura ouvert ou dirigé une École, un pensionnat ou une salle d'asile, en contravention aux articles 42, 46, 47, 48 et 53, ou avant l'expiration du délai fixé par le dernier paragraphe de l'article 35, sera poursuivi devant le tribunal correctionnel du lieu du délit, et condamné à une amende de 50 à 500 francs.

L'École sera fermée.

En cas de récidive, le délinquant sera condamné à un emprisonnement de six jours à un mois et à une amende de 100 à 1 000 francs.

1. Amendement de MM. VENTE et BOTTIEAU. — Supprimer les mots : « *par un directeur de l'enseignement primaire dans chaque département* » (6 *mars* 1873).

2. Article à supprimer. — Amendement de MM. VENTE et BOTTIEAU, 6 *mars* 1873.

ART. 89. — La même peine de six jours à un mois d'emprisonnement et de 100 à 1 000 francs d'amende sera prononcée :

1° Contre celui qui dans le cas d'opposition formée à l'ouverture de son École l'aura néanmoins ouverte avant qu'il ait été statué sur cette opposition ou bien au mépris de la décision du Conseil départemental qui aurait accueilli l'opposition;

2° Contre l'instituteur (art. 63 et 64) qui aurait ouvert une École malgré la sentence portée contre lui.

ART. 90. — Quiconque aura contrevenu aux prescriptions des articles 27, 37, 44, sera puni des peines édictées à l'article précédent.

En cas de récidive, l'amende pourra être élevée à 2 000 francs, et la peine d'emprisonnement à six mois.

ART. 91. — Tout chef d'établissement primaire qui refusera de se soumettre à la surveillance et à l'inspection des autorités compétentes sera traduit devant le tribunal correctionnel de l'arrondissement et condamné à une amende de 100 à 1 000 francs. En cas de récidive, l'amende sera de 500 à 3 000 francs. Si deux condamnations sont prononcées pour la même cause dans l'année, la fermeture de l'établissement pourra être ordonnée par le jugement qui prononcera la deuxième condamnation.

Le procès-verbal des Inspecteurs constatant le refus du chef d'établissement fera foi jusqu'à inscription de faux.

ART. 92. — L'article 463 du Code pénal est applicable aux délits et contraventions prévues par la présente loi.

Dispositions transitoires et réglementaires.

ART. 93. — La présente loi ne sera exécutoire qu'à partir du 1873.

Les autorités actuelles continueront d'exercer leurs fonctions jusqu'à cette époque.

Les Écoles actuellement existantes ne pourront être soumises à la délibération des pères de famille, prévue par les article 55 et suivants, que sur une décision formelle de la Commission scolaire de leur circonscription, approuvée par le Conseil départemental.

ART. 94. — La prescription de l'article 27 relative à la direction exclusive des Écoles mixtes par des institutrices sera appliquée au fur et à mesure des vacances qui se produiront, et devra être entièrement exécutée dans un délai de dix ans.

ART. 95. — Les dispositions des lois antérieures sont et demeurent abrogées en ce qu'elles ont de contraire à la présente loi.

---

10 juillet 1872.

Circulaire du Ministre de l'Instruction publique, relative aux Écoles mixtes.

10 Juillet 1872.

Monsieur le Préfet, des faits regrettables qui se sont produits, à diverses époques, dans les Écoles mixtes me font un devoir d'appeler votre attention sur les inconvénients que présente la réunion d'enfants des deux sexes dans les

Écoles, surtout quand ils atteignent un certain âge, et que la direction de l'établissement est confiée à des instituteurs.

Tous les efforts de l'Administration tendent, vous le savez, à provoquer dans chaque commune la création d'Écoles spéciales, et je me plais à constater que les subventions accordées par l'État aux communes qui s'imposent des sacrifices pour atteindre ce but, ainsi que les libéralités particulières faites en faveur de l'enseignement, ont permis, depuis quelques années, de réaliser sous ce rapport des améliorations notables.

J'ajouterai que l'application de l'article 1er de la loi du 10 avril 1867, qui oblige les communes de plus de 500 habitants à entretenir des Écoles de filles, a contribué puissamment au dédoublement des Écoles mixtes.

On ne saurait néanmoins se dissimuler que les ressources dont l'Administration dispose ne permettent pas encore de dédoubler toutes les Écoles de cette catégorie dans des communes ayant moins de 500 habitants et dans des sections importantes de commune, où elles rendent, à défaut d'Écoles spéciales, d'incontestables services.

Il y a donc lieu de rechercher les moyens d'améliorer la situation matérielle et morale des Écoles mixtes.

L'article 15 de la loi du 15 mars 1850, la circulaire du 24 décembre de la même année, le décret du 31 décembre 1853 (art. 9) ont fixé les règles à suivre pour l'organisation de ces Écoles, et cependant ces prescriptions générales ne paraissent pas avoir prévenu tous les abus.

Plusieurs Conseils académiques et départementaux s'en sont émus. L'expérience elle-même a démontré que les intérêts de la morale, notamment, veulent de plus sérieuses garanties.

Non seulement les Écoles mixtes ne doivent être créées ou maintenues que dans les centres où il est absolument impossible de fonder des Écoles spéciales, mais il faut encore que les autorités scolaires s'assurent que les dispositions recommandées sont strictement appliquées en ce qui concerne la séparation des deux sexes pendant les classes, les récréations et aux heures d'entrée et de sortie.

Il importe en outre, et surtout, que le règlement adopté par le Conseil départemental n'autorise pas l'admission dans ces Écoles d'enfants âgés de plus de douze ans accomplis.

Je n'ai pas besoin de vous faire remarquer que l'exception prévue, pour les enfants âgés de plus de treize ans, par l'article 6 du règlement modèle des Écoles, approuvé par le Conseil supérieur de l'Instruction publique, ne s'applique évidemment qu'aux Écoles spéciales. Il est d'ailleurs hors de doute que, presque toujours, les élèves des Écoles mixtes qui auront atteint l'âge de douze ans pourront, sans trop de peine et avec plus de fruit, se rendre à celle de ces Écoles dont ils seront le moins éloignés.

Dans le cas où le règlement des Écoles ne serait pas en harmonie avec ces principes, vous voudrez bien saisir le Conseil départemental de cette question, dont il comprendra, j'en suis sûr, toute l'importance.

Il est un dernier point fort délicat, que je recommande particulièrement à votre sollicitude. Quelque bien installée qu'elle puisse être, l'École mixte n'est en réalité qu'une institution transitoire et, dans la pensée du législateur, destinée à ne recevoir que des jeunes enfants auxquels leur âge permettrait difficilement de fréquenter les Écoles spéciales des communes voisines du chef-lieu.

A qui convient-il de confier la direction de pareilles Écoles?

L'article 1er de la loi du 10 avril 1867 porte que les communes peuvent être dispensées d'avoir des Écoles de filles par le Conseil départemental, qui, d'après les prescriptions de l'article 15 de la loi du 15 mars 1850, a le droit d'autoriser les communes à conserver des Écoles dans lesquelles les enfants des deux sexes seront admis.

D'un autre côté, l'article 9 du décret du 31 décembre 1853 dispose que des institutrices peuvent être chargées de la direction des Écoles publiques communes aux deux sexes, qui, d'après la moyenne des trois dernières années, ne réunissent pas plus de quarante élèves.

J'ajouterai qu'un grand nombre de Conseils académiques et départementaux ont demandé que les institutrices fussent seules autorisées à diriger ces Écoles. Ce vœu me semble conforme à toutes les convenances, et je verrais avec une vive satisfaction qu'il fût accueilli par toutes les localités où cela est possible.

Le choix des directrices exigera, je le sais, beaucoup de soin. Aux conditions de capacité, ces maîtresses devront joindre l'énergie nécessaire pour maintenir une discipline exacte parmi des élèves dont les aptitudes sont si différentes; mais vous avez près de vous, Monsieur le Préfet, des fonctionnaires dévoués qui vous éclaireront sur le mérite des institutrices les plus propres à diriger les Écoles mixtes, et qui, dans l'intérêt des mœurs et de l'éducation, vous aideront à accomplir la réforme que je vous recommande.

Recevez, etc.

Signé : JULES SIMON.

---

27 juillet 1872.

Loi sur le recrutement de l'armée[1]. [Extrait.]

27 Juillet 1872.

ARTICLE 20[2]. — Sont, à titre conditionnel, dispensés du service militaire :

1° Les membres de l'instruction publique, les élèves de l'École normale supérieure de Paris dont l'engagement de se vouer pendant dix ans à la carrière de l'enseignement aura été accepté par le Recteur de l'Académie avant le tirage au sort, et s'ils réalisent cet engagement;

2° Les professeurs des Institutions nationales des Sourds-muets et des Institutions nationales des Jeunes aveugles, aux mêmes conditions que les membres de l'instruction publique;

3° Les artistes qui ont remporté les grands prix de l'Institut, à condition qu'ils passeront à l'École de Rome les années réglementaires et rempliront toutes leurs obligations envers l'État;

1. Consulter, pour l'application de cette loi, les circulaires en date des 15 *novembre* 1873, 14 *janvier* et 29 *février* 1876, 20 *juillet* et 8 *novembre* 1877, 21 *mai* 1879, 10 *juillet* et 3 *octobre* 1885, 23 *octobre* et 8 *décembre* 1886, 4 *janvier* 1887, 21 *décembre* 1888. (*Circ. et Instr. off.*, T. VII, VIII, IX et X.)

2. Voir les circulaires des 20 et 23 *janvier* 1873, 20 *février* 1876, relatives à l'application de cet article. (*Circ. et Instr. off.*, T. VII, pages 284, 286 et 560.)

4° Les élèves pensionnaires de l'École des Langues orientales vivantes et les élèves de l'École des Chartes nommés après examen, à condition de passer dix ans tant dans lesdites Écoles que dans un service public;

5° Les membres et novices des Associations religieuses vouées à l'enseignement et reconnues comme établissements d'utilité publique, et les directeurs, maîtres adjoints, élèves-maîtres des Écoles fondées ou entretenues par les Associations laïques[1], lorsqu'elles remplissent les mêmes conditions, pourvu toutefois que les uns et les autres, avant le tirage au sort, aient pris devant le Recteur de l'Académie l'engagement de se consacrer pendant dix ans à l'enseignement et s'ils réalisent cet engagement dans un des établissements de l'Association religieuse ou laïque, à condition que cet établissement existe depuis plus de deux ans ou renferme trente élèves au moins;

6° Les jeunes gens qui, sans être compris dans les paragraphes précédents, se trouvent dans les cas prévus par l'article 79 de la loi du 15 mars 1850 et par l'article 18 de la loi du 10 avril 1867, et ont, avant l'époque fixée pour le tirage, contracté devant le Recteur le même engagement et aux mêmes conditions.

L'engagement de se vouer pendant dix ans à l'enseignement peut être réalisé par les instituteurs et par les instituteurs adjoints mentionnés au présent paragraphe 6°, tant dans les Écoles publiques que dans les Écoles libres désignées à cet effet par le Ministre de l'Instruction publique, après avis du Conseil départemental;

7° Les élèves ecclésiastiques désignés à cet effet par les archevêques et par les évêques, et les jeunes gens autorisés à continuer leurs études pour se vouer au ministère dans les cultes salariés par l'État, sous la condition qu'ils seront assujettis au service militaire s'ils cessent les études en vue desquelles ils auront été dispensés,

1. Aux associations vouées à l'enseignement et reconnues comme établissements d'utilité publique que nous avons déjà signalées (T. I, p. 543 et suiv.), il y a lieu d'ajouter les suivantes :

Société des Écoles chrétiennes du faubourg Saint-Antoine, à Paris, rue de l'Hôpital, 70 (23 juin 1820).
Société d'Instruction primaire du Rhône, à Lyon (15 avril 1829).
Société Industrielle, à Nantes (21 mai 1845).
École-Asile Fénelon, à Vaujours (Seine-et-Oise) (5 février 1852).
Société de la Providence, à Nantes (12 septembre 1857).
Société Philomathique, à Bordeaux (27 juillet 1859).
Société Philotechnique, à Paris (11 mai 1861).
Œuvre des Écoles de Bellevue (Seine-et-Oise) (7 août 1867).
Société d'Éducation de Lyon (31 août 1867).
Association Polytechnique, à Paris (30 juin 1869).
Orphelinat protestant de Plaisance, à Paris (25 juillet 1870).

ou si à vingt-six ans les premiers ne sont pas entrés dans les ordres majeurs et les seconds n'ont pas reçu la consécration.

ART. 21. — Les jeunes gens liés au service dans les armées de terre ou de mer en vertu d'un brevet ou d'une commission, et qui cessent leur service;

Les jeunes marins portés sur les registres matricules de l'inscription maritime, conformément aux règles prescrites par les articles 1, 2, 3, 4 et 5 de la loi du 25 octobre 1795 (3 brumaire An IV), qui se font rayer de l'inscription maritime;

Les jeunes gens désignés en l'article 20 ci-dessus, qui cessent d'être dans une des positions indiquées audit article avant d'avoir accompli les conditions qu'il leur impose, sont tenus :

1° D'en faire la déclaration au maire de la commune dans les deux mois, et de retirer expédition de leur déclaration;

2° D'accomplir dans l'armée active le service prescrit par la présente loi, et de faire ensuite partie des réserves selon la classe à laquelle ils appartiennent.

Faute par eux de faire la déclaration ci-dessus et de la soumettre au visa du Préfet du département dans le délai d'un mois, ils sont passibles des peines portées par l'article 60 de la présente loi.

Ils sont rétablis dans la première classe appelée après la cessation de leurs services, fonctions ou études. Mais le temps écoulé depuis la cessation de leurs services, fonctions ou études, jusqu'au moment de la déclaration, ne compte pas dans les années de service exigées par la présente loi.

Toutefois est déduit du nombre d'années pendant lequel tout Français fait partie de l'armée active le temps déjà passé au service de l'État par les marins inscrits et par les jeunes gens liés au service dans les armées de terre et de mer, en vertu d'un brevet ou d'une commission.

---

24 sept. 1872. **Circulaire du Ministre de l'Instruction publique, relative au mode de concession de cartes et de globes terrestres pour l'enseignement de la géographie aux communes dépourvues de ces objets d'enseignement.**

24 Septembre 1872.

Monsieur le Préfet, je vais être prochainement en mesure d'appliquer le crédit spécial porté au budget du Ministère de l'Instruction publique pour l'enseignement de la géographie. Il importe que les concessions de globes terrestres et de cartes ne soient faites qu'aux communes qui sont tout à fait dépourvues de ces objets d'enseignement et hors d'état d'en acquitter les frais.

Quant aux communes d'une certaine importance, je me plais à penser qu'elles s'imposeront volontiers les sacrifices nécessaires pour faciliter aux élèves de leurs Écoles l'étude de la géographie et mettre ainsi ou maintenir cet enseignement au niveau qu'il aura atteint dans les Écoles de communes pauvres, grâce aux libéralités de l'État.

Je vous prie de m'adresser une liste de propositions, rédigée d'après ces indications.

Vous aurez le soin de mentionner le chiffre de la population de la commune, ainsi que le nombre des élèves de chaque École. Vous consignerez, dans une colonne réservée, toutes les observations qui seraient de nature à appuyer vos propositions.

Recevez, etc.

Signé : JULES SIMON.

Circulaire du Ministre de l'Instruction publique, relative à l'achat des objets nécessaires pour l'enseignement de la gymnastique dans les Écoles, en exécution du décret du 3 février 1869[1]. 5 nov. 1872.

5 Novembre 1872.

Monsieur le Préfet, j'ai l'honneur de vous transmettre le catalogue des objets reconnus nécessaires pour l'enseignement de la gymnastique :

1° Dans les Écoles normales ;

2° Dans les Écoles de chefs-lieux de préfecture, de sous-préfecture ou de canton, ainsi que dans les Écoles des communes d'une certaine importance ;

3° Enfin dans les Écoles des communes rurales.

Les administrations départementales et municipales trouveront, dans ces catalogues, des renseignements sur les prix des objets. Ces renseignements leur permettront d'apprécier la dépense à laquelle elles auraient à pourvoir.

Je suis disposé à venir en aide aux départements et aux communes ; mais, les ressources dont je dispose étant limitées, j'ai besoin de savoir, avant tout examen des demandes, ce qui existe et ce qui fait défaut dans les gymnases actuellement en exercice. Vous voudrez donc bien me faire parvenir un état présentant, pour chaque École normale et pour chaque commune, des renseignements précis d'après les données qui devront vous être fournies par les directeurs d'Écoles normales et par les maires.

J'examinerai alors dans quelle mesure, eu égard aux sacrifices faits par les

1. Consulter l'arrêté du 9 *avril* 1873, relatif à la fourniture des appareils et agrès, et le devis qui y est joint (*Bulletin administratif*, 1873, T. XVI, p. 295 et suiv.). Consulter également la circulaire du 31 *janvier* 1875 (*Circ. et Instr. off.*, T. VII, p. 454), la circulaire du 25 *juin* 1878 sur les précautions à prendre pour les exercices du trapèze, celle du 27 *septembre* 1878 prescrivant une enquête sur les exercices militaires. — Consulter la liste prescrite par la circulaire du 3 *novembre* 1882 (*Circ. et Instr. off.*, T. IX, p. 140), et nécessairement restreinte par suite de l'application de la loi du 27 *janvier* 1880, qui a rendu l'enseignement de la gymnastique obligatoire.

départements et les communes, il me sera possible de les admettre au bénéfice des crédits spéciaux portés au budget de l'année 1872.

Il ne vous échappera pas que, pour les Écoles rurales, l'enseignement de la gymnastique, devant rester très élémentaire, peut consister presque uniquement dans les mouvements de marche et dans les exercices sans appareils. Il suffira donc de l'acquisition de quelques haltères. Outre que, dans ces conditions, l'enseignement de la gymnastique ne créera aux petites communes aucune charge nouvelle, il offrira aux familles tous les avantages d'un exercice éminemment utile et sans danger.

Il y aura lieu d'examiner également si, dans les localités importantes, un seul gymnase ne pourrait pas satisfaire aux besoins de plusieurs Écoles. Les élèves ayant la facilité de venir, à tour de rôle, y recevoir l'enseignement, soit le jeudi, soit les autres jours de la semaine, dans l'intervalle des heures de classe, il suffirait d'une mesure de règlement pour déterminer les jours et heures qui seraient assignés à chaque École.

Je vous prie de tenir compte de ces deux observations dans votre tableau de propositions.

Recevez, etc.

Signé : JULES SIMON.

Devis estimatif des ouvrages et fournitures à faire pour l'installation d'un gymnase dans une École normale.

	fr.	c.
Portique en chêne avec tous les accessoires	240	»
AGRÈS FIXÉS AU PORTIQUE.		
Une corde à consoles, attachée à l'un des crochets du portique	10	»
Une échelle de cordes en quatre torons, de 3m,70 de hauteur	12	»
Une paire d'anneaux avec cordes de 2m,20 de longueur	10	»
Deux perches oscillantes, à 6 francs l'une	12	»
Un trapèze à base ferrée avec cordes de 2m,20 de longueur	10	»
Une échelle de bois	22	»
Barres parallèles de grande dimension	42	»
Crochets pour fixer les agrès au portique, la pièce	1	»
Chevalet de natation en bois de frêne	6	25
Une corde à nœuds, dite *septin*, de 3m,70 de longueur	10	»
Deux cordes lisses de 3m,70 de longueur, à 6 francs l'une	12	»
Une échelle orthopédique	22	»
Barres à sphères (une douzaine)	12	»
Vingt-quatre haltères de 3 et 4 kilogrammes	43	»
Vindas en chêne avec boulon et peinture, tous les accessoires compris	130	»
Six perches à sauter de 2m,35 de hauteur, à 2 fr. 25 cent. l'une	13	50
Mils ou massues (12 paires)	50	»
Cordeau à sauter avec sacs	5	25
Barre à suspension de 6 mètres de longueur, en fer, de 35 centimètres de diamètre, potence en fer, ascellement et banc en bois de chêne de 30 centimètres de largeur	100	»
Plate-forme à rétablissement	80	»
TOTAL	843	»

Devis estimatif des ouvrages et fournitures à faire pour l'installation d'un gymnase dans une École primaire de chef-lieu de département, d'arrondissement ou de canton.

	fr.	c.
Portique en chêne	140	»
AGRÈS FIXÉS AU PORTIQUE.		
Gros mât pour le portique, avec ferrure	9	»
Une corde à consoles, attachée à l'un des crochets du portique	10	»
Une échelle de cordes en quatre torons, de 3m,70 de hauteur	12	»
Une paire d'anneaux avec cordes de 2m,20 de longueur	10	»
Un trapèze à base ferrée avec cordes de 2m,20 de longueur	10	»
Une échelle de bois n° 7	22	»
Barres parallèles	30	»
Crochets pour fixer les agrès au portique, la pièce	1	55
Une corde à nœuds, dite *septin*, de 3m,70 de longueur	10	»
Une corde lisse de 3m,70 de longueur	6	»
Une échelle orthopédique	25	»
Cannes devant servir de barres à sphères pour les exercices élémentaires (une douzaine)	6	»
Une douzaine d'haltères de 1 kilogramme	6	»
Une douzaine d'haltères de 2 kilogrammes	12	»
TOTAL	309	55

Devis estimatif des ouvrages et fournitures à faire pour l'installation d'un gymnase dans une École primaire de commune rurale.

	fr.	c.
Portique en chêne	140	»
AGRÈS FIXÉS AU PORTIQUE.		
Une corde à consoles, attachée à l'un des crochets du portique	10	»
Une échelle de cordes en quatre torons, de 3m,70 de hauteur	12	»
Une paire d'anneaux avec cordes de 2m,20 de longueur	10	»
Un trapèze à base ferrée avec cordes de 2m,20 de longueur	10	»
Une échelle de bois n° 7	22	«
Crochets pour fixer les agrès au portique, la pièce	1	»
Gros mât pour le portique, avec ferrure	9	»
Une douzaine d'haltères de 1 kilogramme	6	»
Une douzaine d'haltères de 2 kilogrammes	12	»
TOTAL	232	»

20 nov. 1872.

Décret relatif aux traitements des directrices et des maîtresses adjointes des Écoles normales primaires.

20 Novembre 1872.

Le Président de la République,

Sur le rapport du Ministre de l'Instruction publique, des Cultes et des Beaux-Arts;

Vu l'article 35 de la loi du 15 mars 1850, qui prescrit les mesures au moyen desquelles doit être assuré le recrutement des instituteurs communaux;

Vu l'article 50 de ladite loi qui rend applicables aux Écoles de filles et aux institutrices les dispositions de l'article 35 précité;

Vu l'article 1er de la loi du 10 avril 1867, qui impose à toute commune de 500 âmes et au-dessus d'avoir au moins une École publique de filles;

Vu l'article 40 de la loi du 15 mars 1850, qui énumère les ressources au moyen desquelles il est pourvu aux dépenses de l'instruction primaire;

Vu l'article 14 de la loi du 10 avril 1867, qui augmente d'un troisième centime départemental les ressources énumérées à l'article 40 de la loi du 15 mars 1850 précité;

Vu l'article 1er du décret du 26 décembre 1855, relatif au classement des fonctionnaires des Écoles normales d'instituteurs;

Considérant que les directrices et les maîtresses adjointes des Écoles normales primaires d'institutrices doivent être placées dans une situation analogue à celle des fonctionnaires des Écoles normales d'instituteurs,

Décrète :

ARTICLE 1er. — Les directrices des Écoles normales primaires d'institutrices sont divisées en trois classes, et les traitements affectés à chaque classe sont fixés ainsi qu'il suit :

1re classe	3 000 fr.
2e classe	2 400 fr. — 2 600 fr.
3e classe	2 000 fr. — 2 200 fr.

ART. 2. — Les maîtresses adjointes des Écoles normales primaires d'institutrices sont également réparties en trois classes, et les traitements affectés à chaque classe sont fixés ainsi qu'il suit :

1re classe	1 800 fr.
2e classe	1 400 fr. — 1 600 fr
3e classe	1 000 fr. — 1 200 fr.

Proposition de loi sur l'enseignement primaire. — Amendement présenté à la proposition de loi de la Commission par MM. Francisque Rive, de Salvandy, Bardoux, Philippoteaux, le comte Duchâtel, Target, Ricard, Louis Delille, Christophle, Delorme, Seignobos, H. de Choiseul, Duréault, Limpérani. Delacour, René Brice, Bottard. Gailly, Bertauld, de Marcère, Jacques Palotte, Duvergier de Hauranne, Mounot-Arbilleur, E. Cézanne, Wilson. 6 janvier 1873.

6 Janvier 1873.

Du traitement des instituteurs.

ART. 65. — A partir du 1er janvier 1874 :

1° Le traitement des instituteurs communaux n'a plus qu'une base unique, un traitement fixe;

2° Les instituteurs sont divisés en cinq classes, auxquelles sont attachés les traitements suivants :

5e classe.	1 000 francs.
4e classe.	1 200 —
3e classe.	1 600 —
2e classe.	1 800 —
1re classe.	2 000 —

3° La classe est attachée à la personne, et non à l'École;

4° L'avancement est toujours accordé au choix; mais aucun instituteur ne peut être promu à une classe supérieure avant d'avoir exercé au moins trois ans dans la classe inférieure;

5° Les communes qui pourvoient aux dépenses du traitement des instituteurs sur leurs propres ressources peuvent toujours ajouter aux traitements légaux des indemnités dont elles déterminent la quotité;

6° Les ressources d'origines diverses, qui constituaient le traitement des instituteurs, sont centralisées; les instituteurs sont payés mensuellement sur mandats délivrés par les Préfets.

Amendement présenté par M. Alfred Giraud à la proposition de loi de la Commission sur l'enseignement primaire. 8 janvier 1873.

8 Janvier 1873.

ART. 34. — Tout instituteur ou toute institutrice qui veut ouvrir une École libre doit préalablement déclarer son intention au maire de la commune où il veut s'établir, lui désigner le local et lui donner l'indication des lieux où il a résidé et les professions qu'il a exercées pendant les dix années précédentes. Le maire remet immédiatement au postulant un récépissé de sa déclaration.

Cette déclaration doit, en outre, être adressée par le postulant au directeur départemental, au Procureur de la République et au Sous-Préfet de l'arrondissement, qui en délivreront récépissé; elle demeurera affichée, par les soins du maire, à la porte de la mairie pendant un mois.

Si le maire n'approuve pas le local indiqué, il doit, dans le plus bref délai, en avertir le Directeur départemental, le Procureur de la République et le Sous-Préfet, et leur faire connaître ses motifs.

ART. 35. — Le Directeur départemental, soit d'office, soit sur la plainte du Procureur de la République ou du Sous-Préfet, peut former opposition à l'ouverture de l'École, dans l'intérêt des mœurs publiques, pendant le mois qui suit la déclaration qui lui est adressée.

Le reste comme au projet.

---

10 janvier 1873. **Amendements présentés par M. Maurice à la proposition de loi de la Commission sur l'enseignement primaire.**

10 Janvier 1873.

Rédiger ainsi qu'il suit les articles 65, 66 *et* 67 :

ART. 65. — Le traitement des instituteurs communaux se compose :

1° D'un traitement fixe qui ne peut être inférieur à 200 francs;

2° Du produit de la rétribution scolaire et des bons d'école;

3° D'un supplément de traitement accordé à tous ceux dont le traitement, joint à la rétribution scolaire et aux bons d'école, n'atteint pas 1 000 francs (*au lieu de* 800 *francs portés au projet*).

Après cinq années de service, le traitement minimum est porté à 1 100 francs (*au lieu de* 850 *francs*).

Le Ministre de l'Instruction publique, sur l'avis du Conseil départemental, peut élever à 1 200 francs (*au lieu de* 950 *francs*), après dix ans, et à 1 400 francs (*au lieu de* 1 100 *francs*), après quinze ans de service, le traitement minimum des maîtres qui se seront distingués dans l'exercice de leurs fonctions.

ART. 66. — Les institutrices communales sont divisées en deux classes :

Le traitement de la première classe ne pourra être inférieur à 800 francs (*au lieu de* 600 *francs*) et celui de la deuxième à 650 francs (*au lieu de* 500 *francs*).

Les directrices de salles d'asile sont, quant au traitement, assimilées aux institutrices de deuxième classe.

ART. 67. — Les traitements *minima* des instituteurs adjoints et des institutrices adjointes sont fixés de la manière suivante :

1° Instituteurs adjoints dirigeant une École de hameau, 700 francs (*au lieu de* 650 *francs*) ;

2° Instituteurs adjoints attachés à l'École principale : première classe (*au lieu de* 500 *francs*), 600 francs; deuxième classe (*au lieu de* 450 *francs*), 500 francs (*vote du* 9 *décembre* 1872) ;

3° Institutrices adjointes : première classe (*au lieu de* 450 *francs*), 500 francs; deuxième classe (*au lieu de* 350 *francs*), 450 francs (*vote du* 9 *décembre* 1872).

ART. 69. — *Ajouter à la fin de l'article :*

« Toutefois le chiffre de la pension de retraite ne pourra être inférieur à 600 francs pour un instituteur, et à 500 francs pour une institutrice.

« Le supplément nécessaire sera inscrit au budget comme allocation à la Caisse de retraite des instituteurs primaires. »

Décision du Conseil d'État, relative à l'avis que le Conseil municipal a le droit d'exprimer dans les questions d'option entre les instituteurs laïques et les instituteurs congréganistes. 17 janvier 1873.

17 Janvier 1873.

Le Conseil d'État, statuant au contentieux, sur le rapport de la section du Contentieux,

Vu la requête présentée par le maire de Roanne, au nom du Conseil municipal de cette ville et en vertu d'une délibération de ce Conseil, du 26 décembre 1871, ladite requête enregistrée au secrétariat de la section du Contentieux du Conseil d'État, le 19 février 1872, et tendant à ce qu'il plaise au Conseil annuler pour excès de pouvoir l'arrêté en date du 19 décembre 1871, par lequel le Préfet de la Loire, rapportant une décision d'un de ses prédécesseurs, du 20 janvier 1871, qui approuve la délibération du Conseil municipal de Roanne, du 11 janvier précédent, relative à la substitution de l'enseignement laïque à l'enseignement congréganiste dans les Écoles municipales, a annulé ladite délibération;

Ce faisant, attendu que la délibération du 11 janvier 1871 était devenue définitive par suite de l'approbation préfectorale qui lui avait été donnée le 20 janvier suivant; qu'en donnant cette approbation, le Préfet de la Loire s'était conformé à la lettre et à l'esprit de la loi, et avait suivi les prescriptions des circulaires ministérielles sur la matière; qu'en tout cas, sa décision ne pouvait être réformée par l'autorité préfectorale, qui, ayant épuisé son droit, ne pouvait revenir sur son propre jugement: prononcer la nullité de l'arrêté du 19 février 1872;

Vu l'arrêté attaqué, enregistré comme ci-dessus, le 19 février 1872, et portant :

« ARTICLE 1er. — La décision préfectorale en date du 20 janvier 1871, approbative de la délibération du Conseil municipal de Roanne, en date du 11 dudit mois, est rapportée.

« ART. 2. — N'est pas approuvée la délibération du Conseil municipal de Roanne, en date du 11 septembre 1871, en ce qui concerne la substitution de l'enseignement laïque à l'enseignement par les congréganistes. »

Vu la délibération du Conseil municipal de Roanne, en date du 11 janvier 1871, approuvée le 20 janvier par le Préfet de la Loire;

Vu la délibération en date du 26 décembre 1871, par laquelle ledit

Conseil a autorisé le maire de Roanne à former un recours pour excès de pouvoir devant le Conseil d'État contre l'arrêté préfectoral du 19 décembre 1871;

Vu les observations présentées par le Ministre de l'Instruction publique, les 9 avril et 7 mai 1872, en réponse à la communication qui lui a été donnée du pourvoi; lesdites observations enregistrées comme ci-dessus, les 10 avril et 8 mai 1872, et tendant au rejet du pourvoi, par le motif que, le Conseil municipal de Roanne ayant statué en dehors de ses attributions, sa délibération était nulle et ne pouvait en aucun cas recevoir l'approbation préfectorale; que, dès lors, le Préfet actuel en avait avec raison prononcé l'annulation;

Vu toutes les autres pièces produites et jointes au dossier;

Vu la loi du 15 mars 1850, le décret du 9 mars 1852, la loi du 14 juin 1854 et celle du 10 avril 1867;

Vu la loi du 18 juillet 1837, celle du 5 mai 1855 et celle du 24 juillet 1867;

Vu la loi des 7-14 octobre 1790 et celle du 24 mai 1872;

Ouï M. de Montesquiou, conseiller d'État, en son rapport;

Ouï M. Perret, maître des requêtes, commissaire du Gouvernement, en ses conclusions;

Considérant que, par l'arrêté attaqué, du 19 décembre 1871, le Préfet de la Loire a rapporté la décision en date du 20 janvier 1871, par laquelle son prédécesseur avait approuvé la délibération du Conseil municipal de Roanne, du 11 janvier précédent;

Considérant que, par ladite délibération, le Conseil municipal de Roanne a décidé : 1° que l'enseignement congréganiste serait remplacé dans les Écoles primaires de la ville à partir du 15 février suivant; 2° que la Commission d'instruction serait chargée, dans ce délai ou dans un délai plus court au besoin, d'organiser le personnel du nouvel enseignement; qu'il serait créé, dès le 20 janvier, une École de filles;

Considérant qu'aux termes de la loi du 15 mars 1850, article 31, du décret du 9 mars 1852, article 4, et de la loi du 14 juin 1854, article 8, combinés, c'est le Préfet qui nomme les instituteurs communaux et les choisit, soit parmi les instituteurs laïques, soit parmi les membres des associations religieuses vouées à l'enseignement, et qu'il exerce ces pouvoirs sur le rapport de l'Inspecteur d'Académie, le Conseil municipal entendu;

Que, d'autre part, c'est le Conseil départemental qui fixe, sauf approbation du Ministre de l'Instruction publique, le nombre des Écoles publiques à établir dans une commune;

Considérant que, si le Conseil municipal de Roanne avait, aux termes des lois précitées, le droit d'émettre un vœu ou de donner un avis sur le remplacement des instituteurs congréganistes par des laïques, et sur la création d'une École de filles, il n'a pu, sans se substituer au Préfet et au Conseil départemental, prendre des décisions à cet égard et fixer la date à laquelle elles recevraient leur exécution;

Considérant que la délibération du Conseil municipal de Roanne, prise en dehors de ses attributions, est nulle de plein droit, aux termes de l'article 23 de la loi du 5 mai 1855; que l'arrêté préfectoral qui l'a approuvée n'a pu ni changer la nature de cet acte ni le valider;

Que, dès lors, en rapportant ledit arrêté de son prédécesseur, le Préfet de la Loire a pris une décision qui n'est pas de nature à être déférée au Conseil d'État pour cause d'excès de pouvoir et par application des lois des 7-14 octobre 1790 et 24 mai 1872,

Décide :

La requête du maire de Roanne est rejetée.

Décision du Conseil d'État, relative à l'avis que le Conseil municipal a le droit d'exprimer dans les questions d'option entre les instituteurs laïques et les instituteurs congréganistes. 17 janvier 1873.

17 Janvier 1873.

Le Conseil d'État, statuant au contentieux, sur le rapport de la section du Contentieux,

Vu la requête sommaire et le mémoire ampliatif présentés par les Dames religieuses de Saint-Maur, de Toulon; ladite requête et ledit mémoire enregistrés au secrétariat de la section du Contentieux du Conseil d'État, les 1er décembre 1871 et 7 février 1872, et tendant à ce qu'il plaise au Conseil annuler pour excès de pouvoir la délibération en date du 2 août 1871, par laquelle le Conseil municipal de Toulon a décidé que tous les établissements d'instruction primaire de la ville seraient confiés à des instituteurs et institutrices laïques, à partir du 1er octobre, et l'arrêté du Préfet du Var, du 29 août 1871, rendu sous forme d'approbation de ladite délibération;

Ce faisant, attendu qu'aux termes de la loi du 15 mars 1850, du décret du 9 mars 1852 et de la loi du 14 juin 1854 combinés, c'est le Préfet qui nomme les instituteurs communaux sur le rapport de l'Inspecteur d'Académie, les Conseils municipaux entendus; qu'ainsi les Conseils municipaux n'ont aujourd'hui que le droit de donner leur avis ou d'émettre un vœu sur la nomination des instituteurs; que le Conseil municipal de Toulon, en décidant qu'à partir du 1er octobre 1871 toutes les Écoles communales seraient confiées à des instituteurs et institutrices laïques, est sorti des limites de ses attributions; que, sans attendre l'approbation du Préfet, le maire a notifié, le 4 août, la décision du Conseil municipal aux Dames de Saint-Maur, avec injonction de quitter les lieux à la date fixée; que l'approbation donnée par le Préfet du Var, le 29 août suivant, à une délibération nulle, n'a pu la rendre valable, et que la décision du Préfet, considérée en elle-même, est aussi sans valeur, parce qu'elle n'a pas été précédée du rapport ordinaire de l'Inspecteur d'Académie, et parce qu'elle n'a pas été rendue dans la forme des arrêtés préfectoraux : prononcer l'annulation de la délibération et de l'arrêté précités;

Vu la délibération attaquée, revêtue de l'approbation préfectorale et enregistrée comme ci-dessus, le 17 décembre 1871, ladite délibération portant notamment : « 1° Tous nos établissements d'instruction primaire (Écoles de garçons et de jeunes filles, cours d'adultes, salles d'asile) seront confiés à des instituteurs et institutrices laïques, à partir du 1er octobre 1871 »;

Vu les observations du Ministre de l'Instruction publique en réponse à la communication qui lui a été donnée du pourvoi, lesdites observations tendant à ce qu'il y soit fait droit, par le motif que le Conseil municipal de Toulon a excédé ses pouvoirs en prenant une décision, lorsqu'aux termes de l'article 4 du décret du 29 mars 1852, il ne pouvait qu'émettre un avis, et que le Préfet ne devait pas revêtir une délibération illégale de son approbation;

Vu toutes les pièces produites et jointes au dossier, notamment le rapport du Préfet du Var au Ministre de l'Instruction publique; ensemble les observations du maire de Toulon, tendant au rejet de la requête des Dames de Saint-Maur, par ce motif que ladite requête n'est ni recevable ni fondée; que les requérantes n'attaquent les actes du Conseil municipal et du Préfet qu'au point de vue de la forme; qu'elles ne contestent pas le droit qu'ils avaient l'un et l'autre, en suivant les règles tracées par la loi, d'opérer dans le corps des instituteurs primaires de la ville de Toulon les changements qui ont été accomplis; que, dès lors, le recours des Dames de Saint-Maur est irrecevable comme dénué d'intérêt pour elles; que, d'ailleurs, les actes attaqués sont réguliers; qu'aux termes des lois sur la matière, les Conseils municipaux ont le droit d'émettre des vœux sur le choix à faire entre l'enseignement laïque et l'enseignement congréganiste, et que les instructions ministérielles prescrivent aux Préfets de suivre l'indication donnée à cet égard; que le Préfet du Var a obéi à ces prescriptions en donnant à la délibération du 2 août l'approbation que doivent recevoir toutes les délibérations des Conseils municipaux; qu'ainsi les requérantes, fussent-elles recevables, ne sont pas fondées dans leur recours;

Vu la loi du 18 juillet 1837, celles du 5 mai 1855 et du 24 juillet 1867;

Vu la loi du 15 mars 1850, le décret du 9 mars 1852, les lois des 14 juin 1854 et 10 avril 1867;

Vu le décret du 2 novembre 1864;

Vu la loi des 7-14 octobre 1790 et celle du 24 mai 1872;

Ouï M. de Montesquiou, conseiller d'État, en son rapport;

Ouï Me Jozon, avocat des Dames religieuses de Saint-Maur, de Toulon, et Me Arbelet, avocat de la ville de Toulon, en leurs observations;

Ouï M. Perret, maître des requêtes, commissaire du Gouvernement, en ses conclusions;

Considérant que, par une délibération du 2 août 1871, le Conseil municipal de Toulon a décidé que tous les établissements d'instruction primaire de la ville seraient confiés à des instituteurs et institutrices laïques, à partir du 1er octobre suivant, et que, le 4 août, le maire de Toulon a notifié cette décision aux Dames de Saint-Maur, institutrices communales, afin qu'elles prissent leurs dispositions pour avoir à cesser leurs fonctions à l'époque fixée;

Considérant qu'aux termes de la loi du 15 mars 1850, article 31, du décret du 9 mars 1852, article 4, et de la loi du 14 juin 1854, article 8, combinés, c'est le Préfet qui nomme les instituteurs communaux, et les choisit, soit parmi les instituteurs laïques, soit parmi les membres des associations religieuses vouées à l'enseignement, et qu'il exerce ces pouvoirs sur le rapport de l'Inspecteur d'Académie, les Conseils municipaux entendus;

Considérant que le Conseil municipal de Toulon ne s'est pas borné à donner un avis ou à exprimer un vœu, comme il en avait le droit, aux termes des lois précitées, sur le remplacement des instituteurs congréganistes par des laïques, dans les Écoles de la ville, mais qu'il s'est substitué au Préfet en prenant une décision à cet égard et en fixant l'époque à laquelle les instituteurs, régulièrement investis de leurs fonctions, devaient avoir à les cesser;

Que le caractère de décision ne ressort pas seulement des termes de la délibération du 2 août 1871, mais encore de ce fait, que dès le

4 août, avant toute intervention de l'autorité préfectorale, le maire de Toulon l'a notifiée aux Dames de Saint-Maur, institutrices communales en exercice, pour les inviter à s'y conformer;

Considérant qu'il suit de là que le Conseil municipal de Toulon a excédé la limite de ses attributions;

Considérant que, si le Préfet du Var a approuvé, le 29 août suivant, la délibération dont il s'agit, son approbation n'a pu rendre valable un acte qui est nul de plein droit, puisqu'il règle un objet sur lequel les Conseils municipaux ne sont appelés par la loi ni à statuer ni à délibérer;

Considérant dès lors que les Dames de Saint-Maur sont recevables et fondées à demander l'annulation de la délibération du 2 août et de l'approbation qui y a été donnée par le Préfet du Var,

Décide :

ARTICLE 1er. — Sont annulées pour excès de pouvoir la délibération en date du 2 août 1871, par laquelle le Conseil municipal de Toulon a décidé que tous les établissements d'instruction primaire seraient confiés à des instituteurs et à des institutrices laïques, à partir du 1er octobre 1871, et l'approbation donnée le 29 août 1871 à ladite délibération par le Préfet du Var.

ART. 2. — La ville de Toulon est condamnée aux frais de timbre et d'enregistrement.

---

17 janvier 1873. **Décision du Conseil d'État, relative à l'inscription d'une imposition d'office pour le traitement d'une seconde institutrice dans une commune régulièrement pourvue d'une École de filles.**

17 Janvier 1873.

Le Conseil, statuant au contentieux, sur le rapport de la section du Contentieux,

Vu : 1° la requête sommaire et le mémoire ampliatif présentés pour la commune de Beaumont-le-Roger; ladite requête et ledit mémoire enregistrés au secrétariat de la section du Contentieux du Conseil d'État, les 17 janvier et 8 février 1872, et tendant à ce qu'il plaise audit Conseil annuler pour excès de pouvoir un arrêté du Préfet du département de l'Eure, en date du 13 décembre 1871, inscrivant d'office au budget de la commune une somme de 9851 fr. 25 c. sous le titre : « Dû à Mlle....., institutrice communale, pour traitements arriérés depuis 1858 »; 2° la requête présentée pour la même commune, ladite requête enregistrée comme ci-dessus le 8 novembre 1864, et tendant à ce qu'il plaise au Conseil, — considérant comme rejetée la réclamation adressée par ladite commune au Ministre de l'Intérieur contre l'arrêté du Préfet, et sur laquelle le Ministre n'a pas statué dans le délai légal, — joindre la requête à celle déposée pour excès de pouvoir dans la même affaire, contre le même arrêté préfectoral, et annuler la décision attaquée;

Ce faisant, attendu que la Dlle..... n'a jamais été institutrice communale à Beaumont-le-Roger; que l'arrêté préfectoral de 1858, qui lui aurait conféré cette qualité, n'a pas été notifié à la commune; que la Dlle..... n'a jamais été installée, n'a jamais figuré sur les listes officielles d'institutrices; que son prétendu traitement n'a jamais figuré au budget soumis annuellement au contrôle du Préfet; qu'elle n'a jamais reçu que de simples secours, pris sur les fonds pour les dépenses imprévues; qu'elle n'a pas requis l'inscription d'office et n'a pas reçu d'élèves à titre gratuit dans son École; que les sœurs de la Providence, au contraire, ont toujours figuré comme institutrices communales sur toutes les pièces officielles et en ont rempli toutes les obligations; que la commune, imposée au maximum des centimes additionnels affectés à l'instruction primaire, n'a jamais eu l'intention d'avoir deux institutrices communales : prononcer l'annulation demandée.

Vu l'arrêté attaqué du Préfet du département de l'Eure, en date du 13 décembre 1871; ensemble l'arrêté de mise en demeure, en date du 18 octobre 1871, et la délibération du Conseil municipal de la commune de Beaumont-le-Roger, en date du 12 novembre 1871, refusant d'obtempérer à l'arrêté précité;

Vu la délibération du Conseil municipal de la commune de Beaumont-le-Roger, en date du 6 janvier 1872, autorisant le maire à se pourvoir devant le Conseil d'État;

Vu le récépissé, en date du 21 janvier 1872, de la réclamation adressée au Ministre de l'Intérieur pour la commune de Beaumont-le-Roger;

Vu les observations présentées par la Dlle..... en réponse à la communication qui lui a été donnée du pourvoi; lesdites observations enregistrées comme ci-dessus, le 14 mars 1872, et tendant au rejet du pourvoi;

Vu les observations présentées par le Ministre de l'Instruction publique, lesdites observations enregistrées comme ci-dessus, le 10 mai 1872, et tendant au rejet du pourvoi, par le motif que la Dlle..... a été régulièrement, et sur la demande même du Conseil municipal, nommée institutrice communale par arrêté préfectoral du 12 février 1858; qu'aucune disposition législative n'exige, pour qu'une institutrice ait droit à son traitement, qu'elle soit officiellement installée; que la D^lle..... n'a pas cessé depuis sa nomination de diriger son École; que, à plusieurs reprises, le maire et le Conseil municipal lui ont reconnu la qualité d'institutrice communale;

Vu le mémoire en réplique présenté pour la commune de Beaumont-le-Roger, ledit mémoire enregistré comme ci-dessus, le 8 novembre 1872, et par lequel la commune déclare persister dans ses précédentes conclusions;

Vu l'arrêté du Préfet du département de l'Eure, en date du 31 août 1861, nommant la sœur Pachant institutrice communale à Beaumont-le-Roger, en remplacement de la sœur Ledo, nommée à Bourgtheroulde;

Vu les diverses délibérations du Conseil municipal de la commune de Beaumont-le-Roger, jointes au dossier;

Vu les budgets de la commune de Beaumont-le-Roger pour les années 1859, 1860, 1861, 1862, 1863, 1864, 1865, 1866 et 1867;

Vu les autres pièces produites et jointes au dossier;

Vu le décret rendu en Conseil d'État, au contentieux, le 28 janvier 1870;

Vu la loi du 28 juin 1833, l'ordonnance du 23 juin 1836, la loi du 15 mars 1850, le décret du 9 mars 1852, la loi du 14 juin 1854;

Vu la loi du 18 juillet 1837, article 39;

Vu le décret du 2 novembre 1864;

Ouï M. Le Vavasseur de Précourt, auditeur, en son rapport;

Ouï Me Guyot, avocat de la commune de Beaumont-le-Roger, en ses observations;

Ouï M. Perret, maître des requêtes, commissaire du Gouvernement, en ses conclusions;

Considérant que les deux pourvois ci-dessus visés tendent à l'annulation pour excès de pouvoir du même arrêté; que, dès lors, il y a lieu de les joindre pour y être statué sur un seul et même décret;

Au fond :

Considérant que, aux termes de l'article 51 de la loi du 15 mars 1850, sous l'empire de laquelle se sont passés les faits qui ont donné naissance au pourvoi, toute commune de 800 âmes et au-dessus est tenue d'entretenir au moins une École de filles;

Considérant qu'il résulte de l'instruction que la commune de Beaumont-le-Roger a constamment entretenu, dans une maison louée par elle à cet effet, une École de filles; que, l'institutrice qui dirigeait cette École depuis 1849 ayant été, en 1861, nommée dans une autre commune par le Préfet du département de l'Eure, par arrêté du 31 août 1861, le Préfet a nommé, en son remplacement, une autre institutrice communale à Beaumont-le-Roger, et qu'il a été procédé par le maire à l'installation de cette institutrice; que les budgets annuels de la commune, de 1859 à 1867, portent aux dépenses ordinaires le traitement de l'institutrice communale ; qu'il suit de là que la commune de Beaumont-le-Roger a rempli les obligations qui lui étaient imposées par la loi du 15 mars 1850; qu'il n'est pas établi, d'autre part, que la commune ait jamais eu l'intention d'avoir en même temps deux institutrices communales; que l'arrêté du Préfet, en date du 12 février 1858, qui nommait la D^lle^..... institutrice communale pour entrer en fonctions à l'expiration du bail de la maison d'école actuelle, n'a jamais reçu d'exécution; que la D^lle^..... a même, depuis cette époque, reçu à plusieurs reprises de la commune des subventions à titre de secours comme institutrice libre;

Que de tout ce qui précède il résulte que le Préfet du département de l'Eure n'a pas pu, sans excéder la limite de ses pouvoirs, inscrire d'office au budget de la commune la somme de 9851 fr. 25 c. comme étant due à la D^lle^....., institutrice communale, pour traitements arriérés depuis 1858,

Décide :

ARTICLE 1er. — Est annulé pour excès de pouvoir l'arrêté en date du 13 décembre 1871, par lequel le Préfet du département de l'Eure a inscrit d'office au budget de la commune de Beaumont-le-Roger une somme de 9851 fr. 25 c. sous le titre : « Dû à Mlle ...., institutrice communale, pour traitements arriérés depuis 1858. »

Décret augmentant le traitement des instituteurs adjoints et des institutrices adjointes.

20 janvier 1873.

20 Janvier 1873.

Le Président de la République française,

Sur le rapport du Ministre de l'Instruction publique, des Cultes et des Beaux-Arts;

Vu la loi du 10 avril 1867;

Vu le décret du 27 juillet 1870;

Vu la loi de finances pour l'exercice 1873, en date du 20 décembre 1872,

Décrète :

ARTICLE 1er. — A partir du 1er janvier 1873, le traitement minimum des instituteurs adjoints est porté à 600 francs ou à 500 francs, selon la classe à laquelle ils appartiennent.

ART. 2. — A partir de la même époque, le traitement des institutrices adjointes est fixé à 450 francs.

ART. 3. — Il sera pourvu aux dépenses résultant de l'exécution du présent décret conformément aux dispositions de l'article 14 de la loi du 10 avril 1867 et de celles de la loi de finances susvisée pour l'exercice 1873.

---

22 janvier 1873.

Amendement présenté par M. le marquis de La Rochejaquelein à la proposition de loi de la Commission sur l'enseignement primaire.

22 Janvier 1873.

ART. 59. — Les instituteurs communaux et les institutrices communales, les directeurs et directrices de salles d'asile, les instituteurs adjoints chargés de la direction d'une École de hameau, sont nommés :

1° Si l'instituteur doit être laïque, par le Directeur départemental (ou Inspecteur d'Académie), sur la présentation du Conseil départemental;

2° Si les pères de famille ont opté pour une congrégation religieuse, par le supérieur de la congrégation.

Le Conseil départemental dresse chaque année la liste d'admissibilité et d'avancement des instituteurs et institutrices laïques, après avoir pris l'avis du Directeur départemental (ou Inspecteur d'Académie) et des directeurs et directrices des Écoles normales.

---

24 janvier 1873.

Amendements présentés par M. Maurice à la proposition de loi de la Commission sur l'enseignement primaire.

24 Janvier 1873.

ART. 5. — *Remplacer le deuxième paragraphe par l'article 45, de la loi du 15 mars 1850, modifié seulement dans son dernier mot :*

« Le maire dresse chaque année, de concert avec les ministres des différents cultes, la liste des enfants qui doivent être admis gratuitement dans les Écoles publiques. Cette liste est approuvée par le Conseil municipal et définitivement arrêtée par (*le Préfet*) le Conseil départemental. »

ART. 59. — Les instituteurs communaux et les institutrices communales, les directeurs et directrices des salles d'asile, les instituteurs adjoints chargés de la direction d'une École de hameau, sont nommés :

1° Si l'instituteur doit être laïque, par l'Inspecteur d'Académie (ou Directeur départemental). Les nominations ne seront définitives qu'après approbation du Conseil départemental;

2° Si l'instituteur doit appartenir à une congrégation religieuse, par les supérieurs de la congrégation;

3° Si l'École appartient à un culte non catholique, par le consistoire.

Le reste comme au projet.

Amendement présenté par M. Maurice à la proposition de loi de la Commission sur l'enseignement primaire. 25 janvier 1873.

25 Janvier 1873.

ART. 70. — *Remplacer les mots :* « la commune par une Commission scolaire », *par ceux-ci :*

« Dans les communes, les autorités locales préposées à la surveillance et à la direction morale de l'enseignement primaire sont, pour chaque École, le maire, le curé (ou le pasteur) et un ou plusieurs habitants désignés par le Conseil départemental, dans toutes les agglomérations qui comptent 1 200 âmes au moins.

« L'entrée de l'École leur est toujours ouverte. »

Amendement présenté par M. Maurice à la proposition de loi de la Commission sur l'enseignement primaire. 27 janvier 1873.

27 Janvier 1873.

Modifier ainsi qu'il suit l'amendement présenté sur l'article 70 (25 *janvier*) :

ART. 70. — Remplacer les mots : « la commune par une Commission scolaire », par ceux-ci :

« La commune par une Commission communale. »

Rédiger ainsi qu'il suit les articles 77, 78, 79 *et* 80 :

ART. 77. — La Commission communale est composée :

1° De membres de droit : le maire, le curé (ou le pasteur), le délégué cantonal dans la circonscription duquel se trouve comprise la commune;

2° De un ou de plusieurs habitants désignés par le Conseil départemental, qui détermine le nombre des commissaires.

ART. 78. — Dans les communes divisées en plusieurs cantons ou arrondissements municipaux, le Conseil départemental pourra instituer plusieurs Commissions de surveillance, s'il juge cette mesure utile au bien du service.

Le maire pourra, dans ce cas seulement, se faire remplacer par un adjoint ou un membre du Conseil municipal pris dans l'ordre d'inscription au tableau.

ART. 79. — Les commissaires sont nommés pour cinq ans et indéfiniment rééligibles.

La Commission s'assemblera régulièrement tous les mois; extraordinairement, sur la convocation du président.

Elle est présidée par le délégué cantonal et nomme son secrétaire.

L'Inspecteur d'Académie (ou Directeur départemental), l'Inspecteur primaire, y ont droit de séance avec voix consultative, quand ils le réclament ou sont appelés.

ART. 80. — La Commission communale est préposée à la surveillance et à la direction morale de toutes les Écoles communales de la circonscription pour laquelle elle est instituée.

L'entrée de l'École est toujours ouverte à chacun des membres de la Commission.

Les ministres des différents cultes sont chargés, en outre, de surveiller spécialement l'enseignement religieux de l'École.

---

7 février 1873. **Décision du Conseil d'État, relative au droit d'annulation exercé par le Ministre de l'Instruction publique en matière d'arrêté préfectoral touchant l'instruction primaire.**

7 Février 1873.

Le Conseil, statuant au contentieux, sur le rapport de la section du Contentieux,

Vu la requête sommaire et le mémoire ampliatif produits pour la ville de Toulouse, par le maire dûment autorisé; ladite requête et ledit mémoire enregistrés au secrétariat de la section du Contentieux du Conseil d'État, les 18 avril et 12 juillet 1872, et tendant à ce qu'il plaise au Conseil annuler pour excès de pouvoir la décision en date du 19 janvier 1872, par laquelle le Ministre de l'Instruction publique a annulé un arrêté du Préfet de la Haute-Garonne du 27 décembre 1870, pris pour l'exécution de mesures votées par le Conseil municipal de Toulouse, les 22 novembre et 13 décembre précédents, qui déclare vacantes neuf Écoles primaires communales, et décide qu'il sera pourvu à la nomination d'instituteurs et d'institutrices adjoints laïques pour la direction desdites Écoles;

Ce faisant, attendu que, pour annuler l'arrêté préfectoral précité, le Ministre de l'Instruction publique s'appuie uniquement sur ce que les directeurs des Écoles congréganistes déclarées vacantes étaient munis de titres réguliers et n'avaient pas été révoqués par des arrêtés spéciaux; mais que le Préfet avait suffisamment indiqué sa volonté d'user du droit de révocation qui lui appartient, en visant la loi de 1850, sur laquelle ce droit est fondé; qu'il a, d'ailleurs, pourvu au remplacement de ces directeurs par des nominations faites conformément aux lois; qu'ainsi le Ministre, en annulant les décisions régulièrement prises par le Préfet, a excédé ses pouvoirs; que l'arrêté ministériel a eu, d'ailleurs, des conséquences fâcheuses pour les finances de la ville; qu'en effet, le Préfet actuel s'en est autorisé pour imposer d'office le traitement des anciens directeurs des Écoles congréganistes par deux arrêtés des 17 février et 21 mars 1872; pour ces motifs, prononcer la nullité de la décision ministérielle attaquée, et, par voie de conséquence, annuler les arrêtés précités du Préfet de la Haute-Garonne des 17 février et 21 mars 1872, et condamner le défendeur aux dépens;

Vu la décision ministérielle attaquée, enregistrée comme ci-dessus, le 18 avril 1872;

Vu l'arrêté du Préfet de la Haute-Garonne du 27 décembre 1870, annulé par la précédente décision;

Vu la délibération du Conseil municipal de Toulouse, du 28 février 1872, qui autorise le maire à se pourvoir au Conseil d'État contre la décision du Ministre de l'Instruction publique et contre les arrêtés préfectoraux qui en ont été la conséquence;

Vu les observations du Ministre de l'Instruction publique, en réponse à la communication qui lui a été donnée du pourvoi; lesdites observations enregistrées comme ci-dessus, le 5 novembre 1872;

Vu toutes les pièces produites et jointes au dossier;

Vu la loi du 15 mars 1850, le décret du 9 mars 1852 et la loi du 14 juin 1854;

Vu la loi des 7-14 octobre 1790 et la loi du 24 mai 1872;

Ouï M. de Montesquiou, conseiller d'État, en son rapport;

Ouï Me A. Périer, avocat de la ville de Toulouse, en ses observations;

Ouï M. Perret, maître des requêtes, commissaire du Gouvernement, en ses conclusions;

Considérant que, par un arrêté du 27 décembre 1870, pris pour l'exécution des mesures votées par le Conseil municipal de Toulouse, le 22 novembre et le 13 décembre 1870, le Préfet de la Haute-Garonne a déclaré vacantes neuf Écoles primaires communales de la ville de Toulouse, confiées aux frères de la Doctrine chrétienne, et a décidé qu'il serait pourvu à la nomination d'instituteurs laïques pour la direction desdites Écoles;

Considérant que, par sa décision attaquée du 19 janvier 1872, le Ministre de l'Instruction publique a annulé l'arrêté précité, en se fondant sur ce que les directeurs des Écoles congréganistes déclarées vacantes étaient investis de nominations régulières, et que l'arrêté préfectoral qui avait déclaré la vacance des Écoles ne pouvait suppléer à l'absence d'une révocation des instituteurs, nécessaire pour annuler l'effet des nominations antérieures;

Considérant qu'aux termes de l'article 8 de la loi du 14 juin 1854, combiné avec les articles 4 du décret du 9 mars 1852 et 31 et 33 de la loi du 15 mars 1850, c'est sous l'autorité du Ministre de l'Instruction publique que le Préfet exerce les attributions relatives à la nomination et à la révocation des instituteurs communaux;

Considérant dès lors que la décision par laquelle le Ministre de l'Instruction publique a rapporté l'arrêté préfectoral du 27 décembre 1870 est un acte d'administration pris dans la limite de ses pouvoirs, et qui n'est pas susceptible d'être déféré au Conseil d'État par la voie contentieuse,

Décide :

La requête de la ville de Toulouse est rejetée.

---

7 février 1873. **Décision du Conseil d'État, relative à l'incompétence touchant l'annulation d'un arrêté préfectoral pris en Conseil de préfecture.**

7 Février 1873.

Le Conseil, statuant au contentieux, sur le rapport de la section du Contentieux,

Vu la requête et le mémoire ampliatif présentés par MM. Lasbaysse, maire, de Soula, Garros et autres, membres du Conseil municipal de Pamiers, agissant au nom dudit Conseil, en vertu d'une délibération du 25 février 1872; ladite requête et ledit mémoire enregistrés au secrétariat de la section du Contentieux du Conseil d'État, les 6 mai et 25 juillet 1872, et tendant à ce qu'il plaise au Conseil annuler, pour excès de pouvoir, l'arrêté, en date du 10 février 1872, par lequel le Préfet de l'Ariège a annulé deux délibérations du Conseil municipal de Pamiers, des 27 juin et 24 décembre 1871, qui décident: la première, que les directeurs des Écoles primaires de la ville doivent être munis du brevet supérieur, et les instituteurs adjoints du brevet élémentaire; la seconde, que le directeur de l'École congréganiste et ses adjoints ne s'étant pas conformés à la décision du Conseil, la subvention accordée à l'École des frères sera supprimée à partir du 1er janvier 1872;

Ce faisant, attendu que le Conseil municipal a agi dans la limite de ses attributions; qu'en effet, aux termes des lois des 15 mars 1850, 9 mars 1852 et 14 juin 1854, le Conseil doit être nécessairement consulté en matière d'instruction primaire, et que les instructions ministérielles reconnaissent qu'il est dans l'esprit de la loi que le vœu de la commune soit toujours accueilli lorsqu'il s'agit du choix à faire entre l'enseignement congréganiste et l'enseignement laïque; prononcer, pour excès de pouvoir, l'annulation de l'arrêté précité du Préfet de l'Ariège avec toutes les conséquences de droit;

Vu l'arrêté attaqué par lequel le Préfet, séant en Conseil de préfecture, a déclaré, en vertu de l'article 23 de la loi du 5 mai 1855, la nullité des deux délibérations précitées du Conseil municipal de Pamiers, comme portant sur des objets étrangers aux attributions dudit Conseil;

Vu la délibération en date du 25 février 1872, par laquelle le Conseil municipal de Pamiers déclare persister dans les résolutions prises par lui précédemment, et autorise le maire à déférer au Conseil d'État l'arrêté précité du Préfet de l'Ariège;

Vu les observations du Ministre de l'Instruction publique, en réponse à la communication qui lui a été donnée du pourvoi, lesdites observations enregistrées comme ci-dessus le 28 septembre 1872;

Vu toutes les pièces produites et jointes au dossier;

Vu la loi du 18 juillet 1837;

Vu loi du 15 mars 1850, le décret du 9 mars 1852 et la loi du 14 juin 1854;

Vu la loi du 5 mai 1855;

Ouï M. de Montesquiou, conseiller d'État en son rapport;

Ouï Me Lesage, avocat des sieurs Lasbaysse et autres, en ses observations;

Ouï M. Perret, maître des requêtes, commissaire du Gouvernement, en ses conclusions;

Considérant qu'aux termes de l'article 23 de la loi susvisée du 5 mai 1855, toute délibération d'un Conseil municipal, portant sur un objet étranger à ses attributions, est nulle de plein droit; que le Préfet, en Conseil de préfecture, en déclare la nullité, et qu'en cas de réclamation du Conseil municipal, il est statué par un décret, le Conseil d'État entendu;

Considérant que l'arrêté en date du 10 février 1872, par lequel le Préfet de l'Ariège a déclaré nulles les délibérations du Conseil municipal de Pamiers, des 27 juin et 24 décembre 1871, a été pris par application de l'article précité et dans la forme prescrite;

Que, si le Conseil municipal de Pamiers croyait devoir se pourvoir contre l'arrêté précité, ce n'était pas par la voie contentieuse, pour excès de pouvoir et par application de la loi des 7-14 octobre 1790, mais par la voie administrative, par application de la loi du 5 mai 1855, que son recours aurait dû être formé,

Décide :

La requête des sieurs Lasbaysse, maire, de Soula, Garros et autres, membres du Conseil municipal de Pamiers, agissant au nom dudit Conseil, est rejetée.

---

8 février 1873. **Jugement du tribunal civil de Montpellier, relatif à la recevabilité des actions en diffamation intentées par les instituteurs communaux.**

8 Février 1873.

Les instituteurs publics communaux, congréganistes ou laïques, sont du nombre des personnes agissant dans un caractère public dont parle l'article 3 *de la loi du* 15 *avril* 1871, *et dès lors, s'ils se plaignent d'une diffamation commise à leur égard, à raison de leurs fonctions, par la presse périodique, la Cour d'assises est seule compétente pour statuer simultanément sur l'action publique et sur l'action civile.*

Le tribunal,

Attendu que, aux termes de l'article 3 de la loi du 15-22 avril 1871, « en cas d'imputation contre les dépositaires ou agents de l'autorité publique, à l'occasion des faits relatifs à leurs fonctions, ou contre toute personne ayant agi dans un caractère public à l'occasion de ces actes, la preuve de la vérité des faits diffamatoires pourra être faite devant le jury, etc., etc.; » et qu'aux termes de l'article 4, « l'action civile résultant des délits à l'occasion desquels la preuve est permise par l'article ci-dessus, ne pourra (sauf les exceptions) être poursuivie séparément de l'action publique » ;

Attendu que les imputations sur lesquelles est fondée l'action civile intentée par les demandeurs sont considérées par eux, dans leur exploit introductif, comme portant atteinte à leur honneur et à leur considération; que c'est par la voie de la presse que ces imputations ont été rendues publiques; que dès lors les demandeurs ne pouvant être considérés comme « dépositaires de l'autorité publique ou agents de l'autorité publique », il reste à examiner si, dans les faits imputés, les demandeurs auraient « agi dans un caractère public »;

Qu'il ne peut être contesté d'ailleurs que ces faits ne soient relatifs à la qualité d'instituteur communal, ce qui réduit la question à examiner celle de savoir si cette qualité leur confère un caractère public;

Attendu que, pour résoudre cette question, il importe de remonter aux principes qui ont fait admettre, pour les cas prévus par l'article 3 précité et l'article 20 de la loi du 26 mai 1819, une dérogation à la règle qui prohibe la preuve des faits diffamatoires;

Que, selon les expressions de l'exposé des motifs de la loi de 1819, « la vie privée des fonctionnaires n'appartient qu'à eux-mêmes, leur vie publique appartient à tous »; c'est le droit, c'est souvent le devoir de leurs concitoyens de leur reprocher publiquement leurs torts et leurs fautes publiques; « qu'un fait vrai, révélé au public dans ces conditions, ajoute le rapporteur de la loi de 1871, peut être un service rendu à la société »;

Attendu que ces principes sollicitaient une dérogation à la règle de la non-admissibilité de la preuve pour les dépositaires et agents de l'autorité publique; mais que cette dérogation n'épuisait pas toutes les conséquences du principe auquel obéissait le législateur; qu'en dehors des dépositaires et agents de l'autorité, il y avait, en effet, des personnes chargées par l'autorité publique d'un service d'intérêt général, responsables aussi devant le public des torts qu'elles pouvaient encourir dans l'accomplissement du service qui leur était confié, et à l'égard desquelles la révélation de ces torts présentait le même caractère d'utilité générale; que ce sont ces personnes que l'article 30 de la loi de 1871, se conformant à l'article 20 de la loi de 1819, a comprises dans l'exception, sous le nom de « personnes ayant agi dans un caractère public »;

Attendu que l'on ne peut nier que le service de l'instruction primaire ne soit un service d'intérêt général; que d'ailleurs ceux qui en sont chargés, à titre d'instituteurs communaux publics, sont évidemment investis d'un mandat de l'autorité publique, puisqu'aux termes des articles 31 et suivants de la loi du 15 mars 1850, les instituteurs sont, en général, choisis par le Conseil municipal sur une liste d'admissibilité dressée par le Conseil départemental de l'instruction publique; qu'ils recevaient, aux termes de ladite loi, l'institution du Ministère, attribution que la loi a depuis transférée aux Préfets, et enfin un traitement auquel concourent la commune, le département et l'État; que l'instituteur communal public réunit donc toutes les conditions qui constituent la personne revêtue d'un caractère public dans les cas des lois de 1819 et 1871;

Attendu, au surplus, que le législateur lui-même a qualifié les instituteurs communaux de fonctionnaires de l'enseignement; que c'est, en effet, sous cette dénomination collective que les a compris l'article 4 de la loi du 9 juin 1853, qui a créé pour eux le droit à la pension de retraite, et que la même qualification leur a été donnée dans plusieurs documents officiels;

Attendu qu'il résulte des motifs qui viennent d'être déduits que la preuve des faits imputés était admissible, et que, par voie de suite, et conformément à l'article 4 de la loi de 1871, l'action civile n'a pu être intentée séparément de l'action publique; que, dès lors, le jugement de défaut intervenu sur ladite action doit être rétracté, et les parties délaissées à se pourvoir ainsi qu'elles aviseront;

Attendu que les dépens font suite au principal; que, néanmoins, les frais du jugement de défaut doivent rester comme frais frustratoires à la charge des défendeurs;

Par ces motifs,

Le tribunal, faisant droit à l'opposition, rétracte le jugement de défaut;

Ce faisant,

Se déclare incompétent pour statuer sur la demande formée par les sieurs Colomiès et consorts; délaisse les parties à se pourvoir ainsi et comme elles aviseront; etc.

---

6 mars 1873.

Amendement présenté par MM. Vente et Bottieau à la proposition de loi de la Commission sur l'enseignement primaire.

6 Mars 1873.

Substituer aux articles 7 du projet du Gouvernement et 59 du projet de la Commission la disposition suivante :

« Les instituteurs communaux et les institutrices communales, les directeurs et directrices des salles d'asile, leurs adjoints et adjointes, sont nommés par le Recteur, comme délégué du Ministre de l'Instruction publique :

« 1° S'ils sont laïques, sur la proposition de l'Inspecteur d'Académie;

« 2° S'ils appartiennent au clergé catholique ou à une congrégation religieuse, sur la présentation de l'évêque ou du supérieur de la congrégation;

« 3° S'ils appartiennent à un culte non catholique, sur la présentation du consistoire. »

---

19 mars 1873.

Loi relative au Conseil supérieur de l'Instruction publique.

19 Mars 1873[1].

ARTICLE 1er. — Le Conseil supérieur institué près le Ministre de l'Instruction publique est composé comme il suit :

1. Le projet de loi sur le *Conseil supérieur* avait été réuni par la Commission d'initiative parlementaire à celui des *Conseils académiques* et des *Conseils dépar-*

Le Ministre, président;

Trois membres du Conseil d'État en service ordinaire, élus par le Conseil d'État;

Un membre de l'armée, nommé par le Ministre de la Guerre, le Conseil supérieur de la guerre entendu;

Un membre de la marine, nommé par le Ministre de la Marine, le Conseil d'amirauté entendu;

Quatre Archevêques ou Évêques, élus par leurs collègues;

Un délégué de l'Église réformée, élu par les Consistoires;

Un délégué de l'Église de la Confession d'Augsbourg, élu par les Consistoires;

Un membre du Consistoire central israélite, élu par ses collègues;

Deux membres de la Cour de cassation, élus par leurs collègues;

Cinq membres de l'Institut, élus par l'Institut en assemblée générale et choisis dans chacune des cinq classes;

Un membre du Collège de France, élu par ses collègues;

Un membre d'une Faculté de droit, élu par les professeurs des Facultés de droit;

Un membre d'une Faculté de médecine, élu par les professeurs des Facultés de médecine;

Un membre d'une Faculté des lettres, élu par les professeurs des Facultés des lettres;

Un membre d'une Faculté des sciences, élu par les professeurs des Facultés des sciences;

Un membre de l'Académie de médecine, élu par ses collègues;

Un membre du Conseil supérieur des Arts et Manufactures, élu par ses collègues;

Un membre du Conseil supérieur du Commerce, élu par ses collègues;

Un membre du Conseil supérieur de l'Agriculture, élu par ses collègues;

Sept membres de l'enseignement public, nommés par le Président de la République en Conseil des Ministres, et choisis parmi les Inspecteurs généraux, Recteurs et anciens Recteurs, professeurs et anciens professeurs des Facultés, professeurs du Collège de France,

tementaux. Il en fut détaché sur la proposition de M. le vicomte de Meaux, appuyée par le Ministre, aux séances des 7 et 8 *janvier* 1873. Voir les débats au *Journal officiel* du 25 *avril* 1872, des 9, 10, 11, 12, 14, 15, 16, 17, 18 et 19 *janvier*, — 18, 19 et 20 *mars* 1873.

Consulter le décret du 19 *avril* 1873 réglant le mode d'élection des membres du Conseil supérieur. (*Bulletin administratif*, 1873, T. XVI, p. 250.)

professeurs du Muséum d'histoire naturelle, directeur de l'École normale, proviseurs des Lycées;

Quatre membres de l'enseignement libre, élus par le Conseil.

ART. 2. — Les membres du Conseil sont élus pour six ans.

Ils sont indéfiniment rééligibles.

ART. 3. — Le Conseil tient deux sessions par an. En dehors de ces deux sessions ordinaires, il peut être convoqué par le Ministre.

Le Ministre doit, en outre, le convoquer chaque fois que dix de ses membres en font la demande.

Le Conseil peut choisir dans son sein des Commissions chargées d'étudier, dans l'intervalle des sessions, les questions sur lesquelles il a à délibérer, et de lui en faire rapport.

Quand les questions à examiner seront exclusivement relatives aux établissements d'enseignement public, les Commissions nommées devront être choisies en majorité parmi les membres du Conseil appartenant à cet enseignement.

ART. 4. — Le Conseil supérieur peut être appelé à donner son avis sur les projets de lois, de règlements et de décrets relatifs à l'enseignement, et, en général, sur toutes les questions qui lui seront soumises par le Ministre.

Il est nécessairement appelé à donner son avis :

Sur les règlements relatifs aux examens, aux concours et aux programmes d'études dans les Écoles publiques, à la surveillance des Écoles libres, et, en général, sur tous les arrêtés portant règlement pour les établissements d'instruction publique;

Sur la création des Facultés, Lycées et Collèges;

Sur les secours et encouragements à accorder aux établissements libres d'instruction secondaire;

Sur les livres qui peuvent être introduits dans les Écoles publiques et sur ceux qui doivent être défendus dans les Écoles libres, comme contraires à la morale, à la Constitution et aux lois.

Il prononce, en dernier ressort, sur les jugements rendus par les Conseils départementaux ou académiques dans les cas déterminés par les articles 14, 68 et 76 de la loi du 15 mars 1850; toutefois, il ne peut prononcer définitivement l'interdiction de l'enseignement libre, que si sa décision est prise aux deux tiers des suffrages.

Le Conseil présente, chaque année, au Ministre un rapport sur l'état général de l'enseignement, sur les abus qui pourraient s'introduire dans les établissements d'instruction et sur les moyens d'y remédier.

ART. 5. — Sont abrogés les articles 1 et 3 du décret du 9 mars 1852, dans leurs dispositions relatives à la révocation des membres de l'enseignement public.

Les articles 14, 68 et 76 de la loi du 15 mars 1850 sont remis en vigueur[1].

Décision du Conseil d'État, relative à l'avis que le Conseil municipal a le droit d'exprimer dans les questions d'option entre l'enseignement laïque et l'enseignement congréganiste. 21 mars 1873.

21 Mars 1873.

Le Conseil,

Vu la requête sommaire et le mémoire ampliatif présentés par le maire de Lyon, dûment autorisé, aux termes d'une délibération du Conseil municipal de Lyon, en date du 8 août 1872, ladite requête et ledit mémoire enregistrés au secrétariat du contentieux du Conseil d'État, les 26 août et 21 décembre 1872, et tendant à ce qu'il plaise au Conseil annuler, pour excès de pouvoir, deux arrêtés du Préfet du Rhône, en date des 1er juin et 27 juillet 1872 : le premier, décidant que les Écoles communales de Lyon seront dirigées partie par des laïques, partie par des congréganistes ; le second, fixant la répartition des Écoles laïques et des Écoles congréganistes dans l'étendue de la ville;

Ce faisant, attendu, en ce qui touche le premier arrêté, qu'aux termes de l'article 36 de la loi du 15 mars 1850 et de l'article 8 de la loi du 10 avril 1867, le droit de créer des Écoles primaires gratuites appartient exclusivement à la commune; qu'il résulte de la loi du 15 mars 1850, du décret du 9 mars 1852, de la loi du 14 juin 1854, ainsi que des instructions ministérielles des 3 avril 1852 et 31 décembre 1854, que le droit d'opter entre l'enseignement laïque et l'enseignement congréganiste a été réservé aux Conseils municipaux; que le Préfet, chargé de nommer les instituteurs, est tenu de se conformer sur ce point au vœu exprimé par les représentants de la population;

En ce qui touche le deuxième arrêté préfectoral, attendu qu'aux termes de l'article 2 de la loi du 10 avril 1867, le nombre des Écoles primaires communales est fixé par le Conseil départemental sur l'avis du Conseil municipal; que l'assemblée municipale n'a pas été appelée à donner son avis sur le nombre des Écoles à ouvrir; attendu,

1. Voir le texte de ces articles dans le Tome III, pages 326 et suiv.

dès lors, que les arrêtés attaqués ont été pris en violation de la loi : prononcer l'annulation desdits arrêtés préfectoraux;

Vu les arrêtés attaqués, en date des 1er juin et 27 juillet 1872, enregistrés comme ci-dessus, le 26 août 1872;

Vu la délibération du Conseil municipal de Lyon, en date du 8 août 1872, qui autorise le maire de cette ville à se pourvoir contre les arrêtés précités;

Vu les lettres du Préfet du Rhône, adressées au maire de Lyon, les 14 mars, 4, 8 et 24 mai 1872;

Vu la délibération du Conseil municipal de Lyon, en date du 30 mai 1872, dans laquelle ce Conseil déclare qu'en entretenant 114 Écoles laïques et gratuites, la municipalité a largement rempli les obligations des lois de 1850 et 1867, et prie M. le Préfet du Rhône de n'apporter aucun changement, aucune modification à l'état actuel des Écoles municipales laïques;

Vu la décision du Conseil départemental de l'instruction publique, en date du 26 juillet 1872, portant fixation du nombre des Écoles primaires dans la ville de Lyon;

Vu les observations du Ministre de l'Instruction publique, en réponse à la communication qui lui a été donnée du pourvoi, et tendant au rejet du pourvoi;

Vu les mémoires en réponse présentés par le maire de Lyon, et par lesquels il déclare persister dans ses précédentes conclusions;

Vu toutes les autres pièces produites et jointes au dossier;

Vu la loi du 15 mars 1850, le décret du 9 mars 1852, les lois des 14 juin 1854 et 10 avril 1867;

Vu les lois des 7-14 octobre 1790 et du 24 mai 1872;

Ouï M. de Montesquiou, conseiller d'État, en son rapport;

Ouï M. Perret, maître des requêtes, commissaire du Gouvernement, en ses conclusions;

En ce qui touche l'arrêté préfectoral du 1er juin 1872, qui porte : « ART. 1er. Les Écoles communales de la ville de Lyon seront diri-« gées par des laïques et par des congréganistes dans une propor-« tion qui sera ultérieurement déterminée »;

Considérant que, pour demander l'annulation dudit arrêté, la ville de Lyon se fonde sur ce qu'aux termes des lois en vigueur, le Préfet était tenu de se conformer au vœu exprimé par le Conseil municipal, quant au choix à faire entre l'enseignement laïque et l'enseignement congréganiste;

Considérant qu'il résulte de la loi du 15 mars 1850, article 31; du décret du 9 mars 1852, article 4, et de la loi du 14 juin 1854, article 8, combinés, que c'est le Préfet qui nomme les instituteurs communaux et qui les choisit, soit parmi les instituteurs laïques, soit parmi les instituteurs congréganistes, et qu'il exerce ce droit, le Conseil municipal entendu;

Que si le Conseil municipal de Lyon avait, en vertu des dispositions précitées, le droit d'émettre un vœu ou d'exprimer un avis, comme il l'a fait dans la délibération susvisée du 30 mai 1872, sur le choix à effectuer entre les deux catégories d'instituteurs, c'est au Préfet, sous l'autorité du Ministre de l'Instruction publique, qu'il appartenait de prendre une décision à cet égard;

Que, dès lors, la requête de la ville de Lyon n'est pas fondée sur ce point;

En ce qui touche le deuxième arrêté du Préfet du Rhône, du 17 juillet 1872, qui porte : « Art. 1er. Le nombre des Écoles publiques de « Lyon est fixé, conformément à la décision du Conseil départe- « mental de l'instruction publique du Rhône, à 74 pour les garçons, « et 70 pour les filles;

« Ces Écoles seront dirigées, les unes par des maîtres et des maî- « tresses congréganistes, etc...., savoir : (suit la répartition des Écoles par canton et par catégorie); »

Considérant que, pour attaquer cet arrêté, la ville de Lyon se fonde sur ce que le Préfet aurait fixé le nombre d'Écoles primaires communales, bien que le Conseil municipal n'eût pas été appelé à donner son avis à cet égard;

Sans qu'il soit besoin d'examiner si le Conseil municipal de Lyon, qui avait déclaré, le 30 mai 1872, que la municipalité remplissait largement ses obligations légales, en entretenant 114 Écoles laïques, n'avait pas suffisamment fait connaître son avis sur le nombre des Écoles communales;

Considérant qu'aux termes de l'article 2 de la loi du 10 avril 1867, le droit de fixer le nombre des Écoles de garçons ou de filles à établir dans chaque commune appartient au Conseil départemental, sous l'approbation du Ministre de l'Instruction publique;

Que c'est le Conseil départemental du Rhône qui a arrêté le nombre des Écoles communales de Lyon par sa décision du 26 juillet 1872, qui n'est pas attaquée;

Que le Préfet du Rhône s'est borné, dans son arrêté du 27 juillet suivant, à prendre comme base le nombre d'Écoles ainsi fixé, pour déterminer la proportion à établir entre les deux catégories de maîtres qui devaient les diriger, et qu'il n'a pas en cela excédé la limite de ses pouvoirs,

Décide :

La requête de la ville de Lyon est rejetée.

25 mars 1873.

Arrêté portant création au Ministère de l'Instruction publique d'un Comité consultatif de l'enseignement public.

25 Mars 1873.

Le Président de la République française,

Sur le rapport du Ministre de l'Instruction publique, des Cultes et des Beaux-Arts;

Vu l'arrêté du 28 octobre 1852;

Vu l'arrêté du 28 septembre 1869,

Décrète :

ARTICLE 1er. — Le Comité des Inspecteurs généraux constitué près le Ministère de l'Instruction publique prend le titre de *Comité consultatif de l'enseignement public.*

ART. 2. — Le Comité consultatif, présidé par le Ministre, est composé de douze Inspecteurs généraux désignés par le Ministre, du Vice-Recteur de l'Académie de Paris, du directeur de l'École normale supérieure, d'un professeur de chacune des Facultés de droit, de médecine, des sciences et des lettres, d'un professeur du Collège de France et d'un professeur du Muséum d'histoire naturelle, des directeurs de l'enseignement supérieur, secondaire et primaire au Ministère de l'Instruction publique, et du chef de division de la comptabilité centrale.

ART. 3. — Le Comité se divise en trois sections. Chaque section se réunit nécessairement une fois par mois.

Le Comité se réunit en assemblée générale une fois par trimestre.

ART. 4. — Le Comité donne son avis sur les projets de lois, de règlements et de programmes d'études, sur les questions de contentieux administratif et de discipline qui lui sont renvoyées par le Ministre.

Il est consulté sur les questions relatives à l'avancement des fonctionnaires et membres du corps enseignant.

Il délibère sur les vœux émis dans les comités mensuels de perfectionnement, dans les assemblées de Facultés et dans les réunions des professeurs des Lycées et Collèges.

A la fin de chaque année scolaire, le Comité consultatif tient une session spéciale pour dresser un tableau général d'avancement de tous les membres du corps enseignant, et proposer, s'il y a lieu, des mutations et des mesures disciplinaires. Pendant cette session, les présidents des jurys d'agrégation sont appelés à siéger dans le Comité avec voix délibérative.

Décision du Conseil d'État, relative à l'avis que le Conseil municipal a le droit d'exprimer dans les questions d'option entre l'enseignement laïque et l'enseignement congréganiste. 28 mars 1873.

28 Mars 1873.

Le Conseil,

Vu le recours formé par le maire de la commune de Prémery, agissant au nom de cette commune, à ce dûment autorisé par délibération du Conseil municipal; ledit recours enregistré au secrétariat de la section du Contentieux du Conseil d'État, le 31 mai 1872, et tendant à ce qu'il plaise annuler, pour excès de pouvoir, un arrêté en date du 19 mars 1872, par lequel le Préfet de la Nièvre a rapporté une décision d'un de ses prédécesseurs, en date du 4 février 1871, approuvant une délibération de la Commission municipale, en date du 14 janvier précédent, ladite délibération portant que l'École dirigée par la dame ....., religieuse de la congrégation des Sœurs de la Charité et de l'Instruction chrétienne de Nevers, cesserait d'être École communale à partir du 30 janvier 1871; qu'à partir de cette époque, les religieuses cesseraient de toucher leurs traitements et devraient abandonner les locaux occupés par elles; que ladite École serait remplacée par celle des demoiselles ....., institutrices laïques; attendu que la délibération de la Commission municipale était devenue définitive par suite de l'approbation préfectorale dont elle avait été revêtue; qu'en donnant cette approbation, le Préfet avait statué dans la limite de ses attributions; qu'en tout cas, sa décision avait été mise à exécution et ne pouvait, dès lors, être ultérieurement rapportée; qu'ainsi l'arrêté du 19 mars 1872 est entaché d'excès de pouvoir;

Vu la délibération de la Commission municipale de Prémery, en date du 14 janvier 1871, approuvée le 4 février par le Préfet de la Nièvre;

Vu l'arrêté attaqué dont le dispositif est ainsi conçu :

« ART. 1er. L'approbation préfectorale, donnée le 4 février 1871 a « la délibération ci-dessus relatée du 14 janvier précédent, est rap- « portée.

« ART. 2. N'est pas approuvée la délibération du Conseil munici- « pal de Prémery, en ce qui concerne la suppression de l'École com- « munale dirigée par les sœurs »;

Vu la délibération, en date du 20 mai 1872, par laquelle le Conseil municipal de Prémery a autorisé le maire à former un recours pour excès de pouvoir devant le Conseil d'État contre l'arrêté du 19 mars précédent;

Vu le mémoire en défense présenté pour la congrégation des Sœurs de la Charité et de l'Instruction chrétienne de Nevers, représentée par sa supérieure générale; ledit mémoire enregistré comme ci-dessus le 10 août 1872, et tendant à ce qu'il plaise :

Attendu que la Commission municipale n'avait le droit, ni de révoquer l'institutrice en fonctions, ni de nommer d'autres institutrices communales pour la remplacer, ni de créer une seconde École primaire; que, par suite, sa délibération était radicalement nulle et n'avait pu être validée par l'approbation préfectorale; que, d'ailleurs, ladite délibération n'a pas été mise à exécution; que, dans ces circonstances, le Préfet a pu rapporter l'approbation mal à propos donnée par un de ses prédécesseurs;

Rejeter le recours; pour le cas où l'arrêté du 14 mars 1872 serait annulé, annuler également, pour excès de pouvoir, l'approbation donnée le 4 février 1871 à la délibération précitée;

Vu les observations du Ministre de l'Instruction publique, enregistrées comme ci-dessus le 12 octobre 1872, par lesquelles le Ministre émet l'avis que le recours soit rejeté;

Vu le mémoire en réplique présenté pour la commune de Prémery; ledit mémoire enregistré, comme ci-dessus, le 3 mars 1873, par lequel la commune persiste dans ses précédentes conclusions, et, en outre, conclut à ce que le recours incident formé par la communauté contre l'arrêté du 4 février 1871 soit rejeté comme non recevable ou mal fondé, et à ce que ladite communauté soit condamnée aux dépens;

Vu les autres pièces produites et jointes au dossier;

Vu la loi du 15 mars 1850, le décret du 9 mars 1852, la loi du 14 juin 1854 et celle du 10 avril 1867;

Vu la loi du 18 juillet 1837, celle du 5 mai 1855, celle du 24 juillet 1867;

Vu la loi des 7-14 octobre 1790 et celle du 24 mai 1872, article 9;

Ouï M. de Saint-Laumer, auditeur, en son rapport;

Ouï Me de Saint-Malo, avocat des sœurs de Charité, en ses observations;

Ouï M. David, maître des requêtes, commissaire du Gouvernement, en ses conclusions;

Considérant que par l'arrêté attaqué du 19 mars 1872, le Préfet de la Nièvre a rapporté la décision, en date du 4 février 1871, par laquelle un de ses prédécesseurs avait approuvé la délibération du Conseil municipal de Prémery, en date du 14 janvier précédent;

Considérant que, par ladite délibération, la Commission municipale de Prémery avait décidé : 1° que l'École tenue par la dame ...., religieuse de la congrégation des Sœurs de la Charité et de l'Instruction chrétienne de Nevers, cesserait, à partir du 30 janvier 1871, d'être communale ; qu'audit jour, les religieuses devraient quitter les locaux occupés par elles, et qu'elles cesseraient d'avoir droit à leurs traitements ;

2° Qu'à partir de la même date, deux Écoles communales laïques seraient tenues par les demoiselles .....;

Considérant, d'une part, qu'aux termes de la loi du 15 mars 1850, articles 31 et 50, du décret du 9 mars 1852, et article 4 de la loi du 14 juin 1854, combinés, c'est le Préfet qui nomme les institutrices communales et les choisit, soit parmi les membres des associations religieuses vouées à l'enseignement, soit parmi les institutrices laïques, et qu'il exerce ces pouvoirs sur le rapport de l'Inspecteur d'Académie, le Conseil municipal entendu ;

Que, d'après les articles 33 et 50 de la loi du 15 mars 1850 et la loi du 14 juin 1854, il appartient également au Préfet de prononcer la révocation des institutrices communales, sur le rapport de l'Inspecteur d'Académie ;

Considérant que, d'autre part, en vertu de la loi du 10 avril 1867, c'est le Conseil départemental qui fixe le nombre des Écoles publiques à établir dans une commune ;

Considérant que, si le Conseil municipal de Prémery avait, aux termes des lois précitées, le droit d'émettre un vœu ou de donner un avis sur le remplacement de l'institutrice congréganiste régulièrement en fonctions par une institutrice laïque, et sur la création d'une seconde École publique de filles dans la commune, il n'a pu, sans se substituer au Préfet et au Conseil départemental, prendre des décisions à cet égard, et fixer la date à laquelle elles recevraient leur exécution ;

Considérant que la délibération du Conseil municipal de Prémery, prise en dehors de ses attributions, est nulle de plein droit, aux termes de l'article 23 de la loi du 5 mai 1855 ; que l'arrêté préfectoral qui l'a approuvée n'a pu ni changer la nature de cet acte, ni le valider ;

Que, dès lors, en rapportant ledit arrêté de son prédécesseur, le Préfet de la Nièvre a pris une décision qui n'est pas de nature à être déférée au Conseil d'État, pour cause d'excès de pouvoir et pour application des lois des 7-14 octobre 1790 et 24 mai 1872,

Décide :

La requête de la commune de Prémery est rejetée.

1er avril 1873. **Circulaire du Ministre de l'Instruction publique, relative aux demandes de subventions pour les maisons d'école.**

1er Avril 1873.

Monsieur le Préfet, grâce au concours de toutes les autorités locales et à votre zèle éclairé, un progrès réel a été réalisé, depuis l'année dernière, dans la situation matérielle des Écoles primaires. Mais, vous le savez, il nous reste beaucoup à faire.

Au moment où le Conseil général va entrer en session, je vous prie de vouloir bien lui signaler les besoins scolaires qui réclament son bienveillant examen, en même temps que les moyens d'assurer à ces besoins une prompte satisfaction.

Vous devez avoir reçu des municipalités les demandes de subventions qui ont été préparées depuis la session d'août 1872. Au cas où elles ne vous seraient pas encore parvenues, veuillez vous les faire adresser sans retard, et en provoquer, de la part de votre administration, l'étude immédiate. Ainsi que vous le savez, aux termes des instructions, notamment de la circulaire du 30 juillet 1858, les Inspecteurs de l'enseignement primaire sont particulièrement appelés à examiner les projets de construction et d'appropriation d'écoles au point de vue des dispositions scolaires. Les instructions exigent également que le Conseil départemental de l'instruction publique et l'Inspecteur d'Académie donnent un avis. Vous voudrez bien prendre les mesures nécessaires pour qu'aucune de ces formalités ne soit omise. Il importe que le Conseil général ait sous les yeux des dossiers *complets*, qui lui permettent de classer les demandes dans l'ordre de priorité qu'il croira devoir adopter. Je suis disposé moi-même à suivre cet ordre pour l'allocation des secours. Mais je ne pourrai le faire qu'autant que ces dossiers me seront transmis avec toutes les pièces réglementaires soumises au Conseil général. A ces pièces doit être joint, pour m'être adressé, un extrait de la délibération du Conseil général, mentionnant la quotité de la subvention attribuée, sur les fonds départementaux, à chaque commune.

Quant aux voies et moyens, les circonstances peuvent aujourd'hui, dans une certaine mesure, les faciliter. Un certain nombre de départements ont affecté à l'installation de leurs Écoles une partie du remboursement fait par l'État de l'imposition relative à la garde nationale mobilisée.

J'ai été heureux de venir en aide, aussi largement qu'il m'a été possible, à tous ceux qui avaient appliqué leurs ressources disponibles à des améliorations scolaires.

Vous pouvez, à l'avance, assurer le Conseil général que mon concours ne fera pas défaut aux départements et aux communes qui s'imposeraient des sacrifices.

Recevez, etc.

Signé : JULES SIMON.

Circulaire du Ministre de l'Instruction publique, fixant l'interprétation de l'article 45 de la loi du 10 août 1871, relatif à la collation des bourses départementales dans les Écoles normales primaires. 5 avril 1873.

5 Avril 1873.

Monsieur le Préfet, mon attention a été appelée, à diverses reprises, sur l'interprétation de l'article 45 de la loi organique du 10 août 1871 sur les Conseils généraux[1], en ce qui concerne les titulaires des bourses entretenues sur les fonds départementaux dans les Écoles normales. On s'est demandé si, par ces mots du paragraphe 1er : « le Conseil général nomme et révoque les *titulaires de bourses* entretenues sur les fonds départementaux », le législateur avait entendu enlever aux Préfets ou aux Recteurs, suivant le cas, le droit d'exclure des Écoles normales les élèves-maîtres titulaires des bourses départementales, droit que ces autorités tiennent de l'article 21 du décret du 2 juillet 1866. On s'est préoccupé surtout de la portée du paragraphe 2, qui, en établissant « que l'autorité universitaire ou le chef d'institution libre peut prononcer la révocation, dans le cas d'urgence, sauf à en donner avis immédiatement au Président de la Commission départementale », a paru à quelques-uns de vos collègues impliquer, sous la forme d'un cas prévu d'exception, l'abrogation virtuelle des règles fixées par le décret du 2 juillet 1866.

Bien que les termes de la loi ne soient peut-être pas tout à fait aussi explicites qu'il serait désirable, je ne crois pas qu'ils puissent prêter à aucune difficulté d'interprétation sérieuse.

L'embarras qu'on me signale provient, sans doute, de la confusion faite entre la qualité d'élève-maître et celle de boursier.

Les élèves-maîtres sont tous indistinctement nommés par le Préfet (*Décret du 2 juillet* 1866, *art.* 15). A ce titre, ils relèvent tous indistinctement de l'autorité qui les a nommés. La collation de la bourse, quel que soit le pouvoir qui la confère, crée un avantage à la famille; mais elle ne constitue point un privilège de juridiction pour l'élève. Les bourses n'ont pas toutes la même origine : elles sont fondées, les unes par l'État, les autres par les départements, d'autres par les villes et les particuliers. D'un autre côté, un boursier peut être déchu de sa bourse sans cesser d'être élève-maître ; en sens contraire, un élève-maître entré à l'école comme pensionnaire payant, peut, dans le cours de ses études, être nommé boursier. Enfin, dans la jouissance même de la bourse, il y a des degrés : on est demi-boursier, boursier aux trois quarts, etc. En un mot, la bourse est un bénéfice spécial, aléatoire dans une certaine mesure, mobile tout au moins, qui ne modifie, à aucun degré, la situation générale de l'élève-maître à l'égard des autorités préposées par la loi à la direction de l'école. Tout élève-maître,

1. Voici les termes de cet article :

« Le Conseil général, sur l'avis motivé du directeur et de la Commission de surveillance, pour les Écoles normales; du proviseur ou du principal et du bureau d'administration, pour les Lycées ou Collèges; du chef d'institution, pour les établissements d'enseignement libre, nomme et révoque les titulaires des bourses entretenues sur les fonds départementaux.

« L'autorité universitaire ou le chef d'institution libre peut prononcer la révocation dans les cas d'urgence; ils en donnent avis immédiatement au président de la Commission départementale et en font connaître les motifs. »

en qualité d'élève-maître, est justiciable du pouvoir qui lui a donné cette qualité.

Il n'a donc pu entrer dans la pensée du législateur de 1871 d'apporter aucune modification à cette règle, base de la discipline. Ce qu'il a eu en vue, c'est uniquement le droit de collation des bourses départementales. Que dit, en effet, le rapporteur? « Aux termes de l'article 45, le Conseil général nomme et révoque « les titulaires des bourses entretenues sur les fonds départementaux. Il existait, en cette matière, une certaine divergence dans les errements des Conseils « généraux. Dans la plupart des départements, les Préfets exerçaient sans conteste le droit de nomination ; dans d'autres, il était partagé entre le Conseil et « le Préfet. Le projet de loi attribue définitivement l'exercice de ce patronage « au Conseil général, qui en fait tous les frais. »

Le droit de collation était-il effectivement partagé entre le Conseil général et le Préfet, ainsi que le pense le rapporteur? Là où les choses se passaient ainsi, c'était, en réalité, non pas une conséquence d'une confusion de pouvoirs, mais l'effet de l'inexécution de la loi. En effet, le texte qui investissait les Préfets du droit de nommer les boursiers départementaux est formel (*Décret du 2 juillet* 1866, *art.* 16). Quoi qu'il en soit, ce droit est aujourd'hui passé du Préfet aux Conseils généraux, et c'est ce droit qu'établit, en principe, l'article 45 de la loi du 10 août 1871 : rien de plus. Le législateur a voulu, suivant les termes du rapport, que la collation des bourses départementales fût désormais le privilège de ceux qui en font les frais.

Conséquemment, et pour arriver à la pratique, chaque année, après le concours d'entrée à l'École normale, la liste des élèves-maitres nommés par le Préfet doit être soumise au Conseil général, qui choisit ceux qu'il juge dignes de participer aux bourses qu'il a créées; et ces bourses demeurent attribuées à ceux auxquels il les a données, jusqu'au jour où, sur une proposition de retrait émanant de l'autorité administrative, il en révoque les titulaires; à moins que, par des motifs d'appréciation à lui propres, il ne se saisisse lui-même, par l'organe d'un de ses membres, d'une proposition de révocation. Or, à quelle époque cette question peut-elle se produire le plus ordinairement? A la fin de l'année scolaire, quand l'élève-maître a, par son peu de travail ou par sa mauvaise conduite de toute l'année, mérité une déchéance; et, comme c'est à cette même époque que se réunit le Conseil général, il n'y a pas lieu ni intérêt pour l'Administration à provoquer l'accomplissement de la mesure, avant que la mesure ait été décidée par l'autorité compétente. La prescription du paragraphe 1er de l'article 45 est donc aussi sage que naturelle.

Mais il peut arriver que, dans le cours d'une année scolaire, il soit nécessaire d'infliger à un boursier coupable d'un grave oubli de ses devoirs une peine sévère, et que l'Administration estime que la peine la plus opportune soit la privation immédiate de l'avantage dont il jouit. C'est le cas d'urgence exceptionnelle que le législateur a voulu prévoir par le paragraphe 2. Il a craint, avec raison, de désarmer l'Administration d'un utile moyen d'action; et, conciliant les nécessités bien entendues de la discipline scolaire avec le droit du Conseil général, il a laissé à l'autorité universitaire ou au chef d'institution libre la possibilité de prononcer la révocation de la bourse, sauf à en référer sur-le-champ, dans un rapport motivé, au Président de la Commission départementale.

Tel est évidemment l'esprit, conforme d'ailleurs au sens littéral, de l'article 45 de la loi du 10 août 1871. Cet article fixe le droit du Conseil général; il n'abroge pas celui des autorités scolaires et administratives. Fondateur des bourses départementales, le Conseil général intervient pour assurer les avantages de la gratuité qu'il procure ou pour priver des avantages de la gratuité qu'il a procurés; mais il n'a pas d'action sur le régime disciplinaire de l'école. A côté des prescriptions spéciales de la loi du 10 août 1871, subsistent les prescriptions générales du décret du 2 juillet 1866. A côté du Conseil général, qui nomme et révoque les boursiers départementaux, demeurent, dans leurs pleins pouvoirs, les autorités scolaires et administratives, qui prononcent l'admission et l'exclusion des élèves-maîtres. Bien plus, il est évident que la juridiction scolaire et administrative, qui a pour objet de garantir la discipline et le travail de l'École, est antérieure et supérieure à la juridiction qui dispose légitimement des faveurs qu'elle crée, mais qui ne dispose que de ces faveurs. Nul doute, conséquemment, que l'exclusion de l'élève-maître n'emporte la révocation du boursier; l'autorité de la règle est à ce prix.

Telles sont les explications que j'ai cru utile de vous adresser pour prévenir les erreurs d'interprétation qui pourraient se produire.

Vous voudrez bien les notifier aux autorités qu'elles intéressent et m'en accuser réception.

Recevez, etc.

Signé : Jules Simon.

Décision du Conseil d'État, relative au droit de présentation appartenant aux consistoires pour la nomination des instituteurs. 25 avril 1873.

25 Avril 1873.

Dans les Écoles protestantes, les instituteurs ne peuvent être nommés que sur la présentation des consistoires [1].

Le Conseil d'État,

Vu la requête sommaire et le mémoire ampliatif présentés pour le consistoire de l'Église réformée de Sainte-Foy (Gironde).....;

Vu la loi du 15 mars 1850, article 31, le décret du 9 mars 1852 et la loi du 14 juin 1854;

1. La nomination des instituteurs est réglée par l'article 8 de la loi du 14 juin 1854 combiné avec l'article 4 du décret du 9 mars 1852 et l'article 31 de la loi du 15 mars 1850.

Aux termes de cette législation, le Préfet, sur le rapport de l'Inspecteur d'Académie, nomme les instituteurs communaux, qui sont choisis sur la liste d'admissibilité et d'avancement dressée par le Conseil départemental, lorsqu'il s'agit d'instituteurs catholiques laïques.

La loi de 1850 attribuait aux Conseils municipaux la nomination des instituteurs communaux; lorsqu'il s'agissait de membres des associations catholiques reconnues ou d'instituteurs appartenant aux cultes non catholiques, le Conseil municipal, d'après l'article 31 de cette loi, ne pouvait faire de nomination que sur la présentation des supérieurs des congrégations pour les premiers, des consistoires pour les seconds.

Les articles 4 du décret du 9 mars 1852 et 8 de la loi du 14 juin 1854 ont attribué successivement aux Recteurs et aux Préfets les pouvoirs qui appartenaient aux Con-

Vu les lois des 7-14 octobre 1790 et du 24 mai 1872;

Ouï M. de Montesquiou, conseiller d'État, en son rapport;

Ouï Me Monod, avocat du consistoire de Sainte-Foy, en ses observations;

Ouï M. David, maître des requêtes, commissaire du Gouvernement, en ses conclusions;

Considérant que le Préfet de la Gironde, après avoir mis le consistoire de Sainte-Foy en demeure de lui présenter un candidat pour le poste devenu vacant d'instituteur public à l'École protestante de Bouhets, n'a pas cru devoir agréer le candidat proposé, et a, par son arrêté attaqué, du 8 octobre 1872, nommé le sieur Bonmartin, qui n'avait pas été présenté par le consistoire;

Considérant que l'article 31 de la loi du 15 mars 1850, qui attribue la nomination des instituteurs communaux au Conseil municipal, dispose, dans son paragraphe 2, que « les consistoires jouissent du « droit de présentation pour les instituteurs appartenant aux cultes « non catholiques »; que le décret du 9 mars 1852, article 4, et la loi du 14 juin 1854, article 8, en transportant successivement aux Recteurs et aux Préfets les pouvoirs qui appartenaient aux Conseils municipaux pour la nomination des instituteurs, ont expressément réservé le droit de présentation attribué aux consistoires;

Que, si le Préfet de la Gironde, aux termes des dispositions précitées, n'était pas tenu d'agréer le candidat présenté en premier lieu, et avait le droit de mettre le consistoire en demeure de lui faire d'autres propositions, il n'a pu, sans excéder ses pouvoirs, nommer à l'École de Bouhets, sur le rapport de l'Inspecteur d'Académie, un instituteur protestant qui n'a pas été présenté par le consistoire dont dépend ladite École,

Décide :

ARTICLE 1er. — L'arrêté, en date du 8 octobre 1872, par lequel le Préfet de la Gironde a nommé le sieur Bonmartin instituteur protestant à l'École de Bouhets, est annulé.

seils municipaux pour la nomination des instituteurs; mais le droit de présentation des supérieurs pour les instituteurs congréganistes, des consistoires pour les instituteurs non catholiques, n'en existe pas moins, ainsi que vient de le décider le Conseil d'État.

En conséquence, de même que le Préfet ne peut choisir un instituteur ordinaire en dehors des listes d'admissibilité et d'avancement, de même il ne peut choisir un instituteur congréganiste ou appartenant à un culte non catholique en dehors des présentations faites par les supérieurs ou les consistoires.

Dans l'espèce, le Préfet de la Gironde avait nommé aux fonctions d'instituteur public, dans une École protestante, un instituteur non présenté par le consistoire compétent.

Le consistoire a attaqué cette nomination comme entachée d'excès de pouvoirs.

Circulaire du Ministre de l'Instruction publique, relative à l'admission gratuite des enfants des douaniers dans les Écoles publiques. 10 mai 1873.

10 Mai 1873.

Monsieur le Préfet, un de mes prédécesseurs, par une circulaire du 30 octobre 1867, vous a exposé les considérations exceptionnelles qui lui paraissaient créer, en faveur des gendarmes, des titres à l'admission gratuite de leurs enfants dans les Écoles publiques; et mon prédécesseur vous a invité à faire appel à la bienveillance de MM. les maires pour qu'ils portent, sur la liste spéciale, les enfants de ceux des gendarmes qui auront demandé à jouir de la gratuité.

M. le Ministre des Finances m'a exprimé le désir que cette même faveur pût être étendue aux enfants des préposés du service actif des douanes.

Mon collègue m'a fait remarquer qu'indépendamment de leur mission spéciale, les brigades des douanes sont fréquemment appelées à remplir des missions d'ordre public, et qu'elles peuvent, à cet égard, être assimilées à la gendarmerie; que, de plus, sous le rapport des ressources pécuniaires, les préposés du service actif des douanes sont dans une situation tout aussi modeste que celle des gendarmes, d'où il suit que le payement de la rétribution scolaire constitue pour eux une charge fort onéreuse.

Les considérations exposées par mon collègue me paraissent fondées en tous points. En conséquence, je vous prie d'intervenir auprès de MM. les maires de votre département pour que les enfants des douaniers, comme ceux des gendarmes, soient inscrits sur les listes d'admission gratuite dans les Écoles communales, lorsque les parents en feront la demande.

Recevez, etc.

Signé : JULES SIMON.

Modifications proposées à la loi du 9 juin 1853 sur les pensions civiles, en ce qui concerne les fonctionnaires de l'Instruction publique. 15 mai 1873.

15 Mai 1873.

La Commission[1] instituée par l'arrêté ministériel du 12 mars 1873, à l'effet de rechercher les modifications à introduire dans la loi du 9 juin 1853 sur les pensions civiles, en ce qui concerne les fonctionnaires de l'Instruction publique, s'est réunie le 15 mai dernier, et elle a émis, à l'unanimité, l'avis qu'il y avait lieu de proposer à l'Assemblée nationale les résolutions suivantes :

1. La Commission était composée de : MM. le Ministre, *président;* WALLON, membre de l'Assemblée nationale, secrétaire perpétuel de l'Académie des Inscriptions et Belles-Lettres; BEAUSSIRE, membre de l'Assemblée nationale; JOURDAIN, membre de l'Institut, Inspecteur général de l'enseignement supérieur; DU MESNIL, directeur de l'enseignement supérieur; GRÉARD, directeur de l'enseignement primaire; BOUIN, chef de la division de comptabilité; OURRY, chef du bureau des pensions au Ministère des Finances; DE SERRAVALLE, chef du bureau des pensions au Ministère de l'Instruction publique, *chargé des fonctions de secrétaire de la Commission.*

1° Les membres de l'enseignement sont compris dans la catégorie des fonctionnaires du service actif. Leur pension de retraite est réglée conformément aux dispositions relatives aux emplois de ce service. Ils seront ajoutés au tableau n° 2, annexé à la loi du 9 juin 1853.

2° Les fonctionnaires de l'enseignement secondaire et de l'enseignement supérieur ne pourront être admis à la retraite que sur leur demande ou sur l'avis conforme du Comité consultatif de l'Instruction publique. Dans ce dernier cas, l'avis sera visé dans l'acte qui prononcera l'admission du fonctionnaire à la retraite.

3° Les années que les fonctionnaires de l'enseignement public auront passées, à partir de l'âge de vingt ans, en qualité d'élèves, à l'École normale supérieure, à l'École normale de Cluny et dans les Écoles normales primaires, seront comprises dans le compte de leurs années de services, lors de la liquidation de leur pension de retraite.

---

23 mai 1873.

Décision du Conseil d'État, relative au droit des Conseils municipaux d'Algérie, relativement à l'option entre les maîtres laïques et les maîtres congréganistes.

23 Mai 1873.

Le Conseil,

Vu la requête sommaire, ensemble le mémoire ampliatif présentés par le sieur Vuillermoz, maire d'Alger, dûment autorisé, aux termes d'une délibération du Conseil municipal de cette ville, en date du 15 avril 1872; ladite requête et ledit mémoire enregistrés au secrétariat de la section du Contentieux du Conseil d'État, les 24 avril et 12 octobre 1872, et tendant à ce qu'il plaise au Conseil d'État annuler, pour excès de pouvoir, un arrêté du Gouverneur général civil de l'Algérie, du 21 mars 1872, qui a rapporté l'approbation donnée le 27 décembre 1870, par le Préfet d'Alger, à une délibération du 9 novembre précédent, dans laquelle le Conseil municipal d'Alger a décidé qu'il serait notifié aux instituteurs communaux congréganistes, qu'à partir du 1er janvier 1871, la ville n'avait plus besoin de leur concours;

Ce faisant, attendu : 1° que le Gouverneur général civil était sans pouvoir pour rapporter l'arrêté préfectoral du 27 décembre 1870; que les attributions des Préfets sont en Algérie les mêmes que dans la mère patrie; qu'au Préfet seul il appartenait, si le Conseil municipal était sorti de ses attributions, d'annuler sa délibération en Conseil de préfecture; qu'en outre, cette délibération, régulièrement approuvée, était inattaquable comme ayant reçu son exécution; qu'en effet, le Recteur avait remplacé les instituteurs congréganistes par des laïques, qui avaient été installés et qui étaient en possession régulière de leurs fonctions;

Attendu, en second lieu, que le Conseil municipal était en droit de prendre la décision qu'il a prise; qu'il a délibéré en session ordinaire, et qu'il est investi, par la législation spéciale à l'Algérie, du droit de choisir les instituteurs communaux, en vertu du décret du 30 décembre 1853, qui appelle les Conseils municipaux à fixer le traitement de ces instituteurs, et qui met exclusivement ce traitement à la charge des communes; que c'est en vain que le Gouverneur général civil se prévaut d'une délégation spéciale qu'il aurait reçue du Ministère de l'Instruction publique; que le Ministre ne peut pas déléguer l'autorité qui s'attache à ses fonctions; que, d'ailleurs, le Ministre lui-même était sans droit pour annuler une délibération régulière du Conseil municipal d'Alger, approuvée et exécutée; par tous ces motifs, prononcer l'annulation de l'arrêté précité du Gouverneur général civil;

Vu l'arrêté attaqué du 21 mars 1872, approuvé par le Ministre de l'Instruction publique le 9 avril suivant;

Vu la délibération du Conseil municipal d'Alger du 9 novembre 1870, approuvée par le Préfet d'Alger le 27 décembre suivant;

Vu la délibération, en date du 15 avril 1872, par laquelle le Conseil municipal d'Alger a décidé qu'il y avait lieu de déférer au Conseil d'État l'arrêté précité du Gouverneur général civil;

Vu la lettre du Ministre de l'Intérieur, en réponse à la communication qui lui a été donnée du pourvoi;

Ensemble les observations transmises par le Gouverneur général civil de l'Algérie; lesdites observations tendant au rejet du pourvoi, par le motif : 1° que, sans s'appuyer sur les décrets des 24 octobre 1870 et 7 octobre 1871, le Gouverneur général trouve, dans le décret organique du 10 décembre 1860, des pouvoirs suffisants pour exercer son contrôle sur les actes des Préfets;

Que, d'ailleurs, le Ministre de l'Instruction publique a donné au Gouverneur général civil une délégation spéciale pour prendre l'arrêté attaqué;

2° Que le Conseil municipal d'Alger était sans pouvoir pour prononcer le remplacement des instituteurs congréganistes par des laïques;

Que le droit qui lui appartient en Algérie de fixer le traitement des instituteurs communaux n'implique pas celui de les choisir; que le Préfet était également incompétent en cette matière, et n'a pu, par son approbation, valider un acte entaché d'illégalité;

Vu le mémoire en réplique fourni par la ville d'Alger; ledit mémoire enregistré comme ci-dessus, le 27 mars 1873, et dans lequel le maire déclare persister dans ses conclusions;

Vu les observations présentées par le Ministre de l'Instruction publique, en réponse à la communication qui lui a été donnée du pourvoi; lesdites observations enregistrées comme ci-dessus, les 28 septembre 1872 et 8 avril 1873, et tendant au rejet du pourvoi pour les motifs indiqués dans le mémoire du Gouverneur général civil, et, en outre, pour ce motif qu'à défaut de législation spéciale, la législation de la métropole doit être considérée comme applicable en Algérie, et qu'en vertu de cette législation la délibération du Conseil municipal d'Alger était sans valeur, ainsi que l'approbation qui y a été donnée par le Préfet;

Vu l'arrêté du 16 août 1848 et le décret du 2 août 1858, relatifs à l'organisation de l'instruction publique en Algérie;

Vu le décret du 30 décembre 1853, relatif au traitement des instituteurs et institutrices publics en Algérie;

Vu la loi du 15 mars 1850, le décret du 9 mars 1852 et la loi du 14 juin 1854;

Vu l'ordonnance royale du 28 septembre 1847, et les décrets des 27 décembre 1866 et 19 décembre 1868, sur l'organisation municipale en Algérie;

Vu le décret du 10 décembre 1860;

Vu le décret du 27 octobre 1870, sur l'organisation politique de l'Algérie;

Vu l'arrêté du Chef du Pouvoir exécutif du 29 mars 1871, qui a nommé le Gouverneur général civil actuel de l'Algérie, et celui du 6 mai 1871 qui règle le régime financier de la colonie;

Vu la loi du 7-14 octobre 1790 et celle du 24 mai 1872;

Ouï M. de Montesquiou, conseiller d'État, en son rapport;

Ouï Me Mazeau, avocat de la ville d'Alger, en ses observations;

Ouï M. Laferrière, maître des requêtes, commissaire du Gouvernement, en ses conclusions;

Considérant que, par son arrêté attaqué du 21 mars 1872, le Gouverneur général civil a déclaré nulle et non avenue l'approbation que le Préfet d'Alger a donnée le 27 décembre 1870 à une délibération du Conseil municipal d'Alger du 9 novembre précédent, ainsi conçue : « Le Conseil décide : dès ce jour, il sera notifié aux frères « des Écoles chrétiennes que la commune n'a plus besoin de leur « concours dès le 1er janvier 1871; une semblable notification sera « adressée aux sœurs de la Doctrine chrétienne »;

Considérant qu'aucune disposition des décrets et règlements spéciaux en Algérie ne confère aux Conseils municipaux le pouvoir de décider le changement des instituteurs communaux en exercice;

Qu'en admettant même, ainsi que le fait le Ministre de l'Instruction publique, qu'à défaut d'une législation spéciale, celle de la métropole soit applicable à l'Algérie en matière d'instruction primaire, le Conseil municipal d'Alger, qui aurait pu émettre un vœu ou exprimer un avis sur une substitution d'instituteurs et d'institutrices laïques aux congréganistes, était sans droit pour prononcer lui-même cette substitution et pour notifier à des instituteurs communaux, régulièrement investis de leurs fonctions, l'époque à laquelle ils devaient les cesser;

Considérant qu'il suit de là que le Conseil municipal d'Alger est sorti de ses attributions et que sa délibération précitée du 9 novembre 1870 est nulle de plein droit, aux termes de l'article 23 de la loi du 5 mai 1855, rendue applicable en Algérie par l'article 15 de l'ordonnance du 27 décembre 1866;

Considérant que l'approbation donnée par le Préfet d'Alger à cette délibération n'a pu en changer la nature ni la valider;

Considérant qu'aux termes des articles 5 et 7 du décret du 24 octobre 1870, qui a institué en Algérie les fonctions de Gouverneur général civil, le gouvernement et la haute administration de l'Algérie sont centralisés à Alger dans les mains de ce haut fonctionnaire, et que les Préfets exercent, sous son autorité supérieure, les attributions conférées aux Préfets des départements de la République;

Considérant, dès lors, qu'en déclarant nulle et non avenue la décision d'un fonctionnaire placé sous son autorité supérieure, le Gouverneur général civil a fait, dans la limite de ses pouvoirs, un acte d'administration qui n'est pas de nature à être déféré au Conseil d'État, par application des lois des 7-14 octobre 1790 et 24 mai 1872,

Décide :

ARTICLE 1er. — La requête présentée par le sieur Vuillermoz, maire d'Alger, au nom du Conseil municipal, est rejetée[1].

Décision de la Cour d'appel de Lyon, relative à la révocation d'un instituteur prononcée par un Conseil municipal. 29 mai 1873.

29 Mai 1873.

Le droit exclusif de nomination et de révocation d'un instituteur communal appartient au Préfet; une révocation illégale faite par le maire d'une commune peut donner lieu à une action en payement de traitement et en dommages-intérêts.

1. Le Conseil d'État a statué dans le même sens, en repoussant les requêtes des municipalités de Constantine (20 *juin* 1873) et d'Oran (25 *mai* et 1er *juin* 1877).

Une demande, contre une commune, en payement : 1° du traitement de l'instituteur, et 2° du loyer de la maison d'école, peut être valablement formée, en son nom personnel, par le membre d'une congrégation qui a été personnellement nommé instituteur communal, a reçu seul et à ce titre les mandats de traitement, et se trouve personnellement propriétaire de la maison où est l'École communale.

En l'état de la législation qui régit l'instruction primaire, le Préfet a seul le droit de nommer les instituteurs communaux, sans être tenu de se conformer à l'avis du Conseil municipal sur le choix à faire de telle ou telle personne; il a aussi le droit de révocation.

Est nulle, en conséquence, toute révocation d'instituteur prononcée par le Conseil municipal;

Et l'instituteur illégalement révoqué a le droit, dans le cas où la maison d'école lui appartenant serait restée ouverte et accessible à des élèves auxquels il aurait continué à donner l'instruction, de réclamer à la commune son traitement d'instituteur et le payement du loyer de la maison d'école, et, contre le maire personnellement, des dommages et intérêts à raison des motifs faussement allégués à l'appui de sa destitution illégale.

Ainsi jugé dans l'affaire Rivière contre la commune de Caluire-et-Cuire.

---

9 juin 1873.

Circulaire du Ministre de l'Instruction publique, relative à l'admission gratuite des enfants des instituteurs et des institutrices dans les Écoles primaires.

9 Juin 1873.

Monsieur le Préfet, la circulaire du 31 mars 1851 porte que l'instituteur public qui reçoit ses propres enfants dans sa classe est autorisé à ne les faire figurer ni sur les rôles de recouvrement de la rétribution scolaire, ni sur la liste des élèves admis gratuitement.

J'ai été consulté à l'effet de savoir si les institutrices publiques jouissent du même privilège, et si l'exemption du payement de la rétribution scolaire peut être maintenue lorsque les filles de l'instituteur fréquentent la classe de l'institutrice, ou que les garçons de l'institutrice sont admis dans la classe de l'instituteur.

Je ne puis que résoudre affirmativement ces deux questions.

Les institutrices n'ont pas été mentionnées dans la circulaire du 31 mars 1851, parce qu'à cette époque les dispositions financières de la loi du 15 mars 1850 n'étaient pas applicables aux Écoles de filles.

Quant à l'admission gratuite des enfants des fonctionnaires de l'enseignement dans les classes de leurs confrères, en l'admettant aujourd'hui comme règle, je ne fais que consacrer un usage généralement établi, dû à des sentiments de bienveillance réciproque, et qui remonte aux premiers temps de l'Université.

Recevez, etc.

Signé : A. BATBIE.

Texte modifié de la proposition de loi portant fixation du traitement et de la pension de retraite des instituteurs et des institutrices primaires, présentée par M. Maurice[1]. 9 juin 1873.

9 Juin 1873.

ARTICLE 1er. — A dater du 1er janvier 1874, le traitement des instituteurs communaux se compose :

1° D'un traitement fixe qui ne peut être inférieur à 200 francs;

2° Du produit de la rétribution scolaire;

3° D'un traitement éventuel, payé par la commune, en dehors du produit des centimes additionnels affectés au service de l'enseignement primaire, et calculé en raison du nombre d'élèves gratuits présents à l'École, d'après un taux déterminé, chaque année, par le Préfet sur l'avis du Conseil municipal et du Conseil départemental;

4° D'un supplément de traitement accordé à tous ceux dont le traitement, joint à la rétribution scolaire et à l'éventuel, n'atteint pas 1 000 francs.

Après cinq années d'exercice, le traitement minimum est porté à 1 100 francs.

Le Ministre de l'Instruction publique, sur l'avis du Conseil départemental, peut élever à 1 200 francs après dix ans, et à 1 400 francs après quinze ans de service, le traitement minimum des maîtres qui se seront distingués dans l'exercice de leurs fonctions.

ART. 2. — Le traitement des institutrices communales se compose :

1° D'un traitement fixe qui ne peut être inférieur à 200 francs;

2° Du produit de la rétribution scolaire;

3° D'un traitement éventuel, payé par la commune, et calculé comme il est dit à l'article précédent pour les instituteurs;

4° D'un supplément accordé à toutes les institutrices dont le traitement fixe, joint au produit de la rétribution scolaire et de l'éventuel, n'atteint pas 650 francs.

Après cinq années d'exercice, le traitement minimum est porté à 800 francs.

ART. 3. — Les traitements minima des instituteurs adjoints et des institutrices adjointes sont fixés de la manière suivante :

1° Instituteurs adjoints dirigeant une École de hameau, 700 francs;

2° Instituteurs adjoints attachés à l'École principale : 1re classe, 600 francs; 2e classe, 500 francs;

3° Institutrices adjointes : 1re classe, 500 francs; 2e classe, 450 francs.

(*Vote du 9 décembre* 1872.)

ART. 4. — Les instituteurs communaux et les institutrices communales sont compris parmi les fonctionnaires du service actif et ajoutés au tableau n° 2 annexé à la loi du 9 juin 1853. Leur pension de retraite est réglée conformément aux dispositions de cette loi, relatives aux emplois de la partie active. Elle est basée sur la moyenne des traitements et émoluments de toute nature soumis à la retenue dont l'ayant droit a joui pendant les six années qui ont produit le chiffre le plus élevé.

1. La proposition fut renvoyée d'abord à la Commission du budget, puis, le 15 *décembre* 1873, à une Commission spéciale, dont M. Ernoul fut le rapporteur. M. Ernoul déposa son rapport le 27 *juillet* 1874; le projet aboutit aux lois des 19 *juillet* 1875 et 17 *août* 1876.

Toutefois, le chiffre de la pension de retraite ne pourra être inférieur à 600 francs pour un instituteur, et à 500 francs pour une institutrice.

ART. 5. — Il est pourvu aux dépenses résultant de la présente loi, pour les communes et les départements, en cas d'insuffisance des revenus ordinaires : 1° au moyen des ressources non employées sur les trois centimes additionnels déjà autorisés pour le service de l'instruction primaire; et 2° au moyen d'une imposition d'un quatrième centime additionnel au principal des quatre contributions directes à voter par les Conseils municipaux et les Conseils généraux, ou, à défaut de vote, établie par un décret du pouvoir exécutif.

Si les ressources communales et départementales ne suffisent pas, le Ministre de l'Instruction publique accordera, sur le crédit qui sera porté annuellement pour l'enseignement primaire au budget de l'État, une subvention nécessaire pour suppléer à cette insuffisance.

Chaque année, un rapport annexé au projet de budget fera connaître l'emploi des fonds alloués pour l'année précédente.

---

14 juin 1873. **Décision du Conseil supérieur de l'instruction publique, relative au recours formé par une commune contre une décision du Conseil départemental, touchant la dispense d'entretenir une École de filles.**

14 Juin 1873.

Le Conseil,

Vu le recours formé par le maire de Saint-Gengoux (Saône-et-Loire), autorisé par une délibération du Conseil municipal de ladite commune, en date du 1er août 1872, contre deux arrêtés du Conseil départemental de Saône-et-Loire, en date des 18 janvier et 23 juin 1872, qui ont décidé que la dispense provisoirement accordée à la commune de Saint-Gengoux d'entretenir une École primaire publique de filles, est retirée;

Vu les arrêtés ci-après;

Vu les délibérations du Conseil municipal de Saint-Gengoux, en date des 26 août 1871, 25 mars et 1er août 1872;

Vu l'avis du Préfet de Saône-et-Loire, en date du 19 novembre 1872;

Vu les autres pièces jointes au dossier;

Vu la loi du 14 juin 1854, article 7;

Vu les articles 14, 15, 36, 68 et 76 de la loi du 15 mars 1850;

Vu les articles 1 et 19 de la loi du 10 avril 1867;

Vu la loi du 19 mars 1873;

Ouï M. de Montesquiou, conseiller d'État, en son rapport;

Considérant qu'aux termes de l'article 7 de la loi du 14 juin 1854, les appels des décisions prises par le Conseil départemental sont portés au Conseil supérieur, « en conformité des dispositions » de la loi du 15 mars 1850;

Que ladite loi, dans ses articles 14, 68 et 76, détermine les affaires contentieuses ou disciplinaires attribuées au Conseil départemental, et pour lesquelles un recours est ouvert devant le Conseil supérieur;

Qu'aucune de ces dispositions législatives, non plus que celles des lois du 10 avril 1867 et du 19 mars 1873 ne réservent aux communes le droit de se pourvoir contre les décisions prises par les Conseils départementaux en vertu des articles 15 et 36 de la loi du 15 mars 1850 et de l'article 1er de la loi du 10 avril 1867 pour les dispenser provisoirement d'entretenir une École publique;

Considérant, d'ailleurs, que cette mesure administrative, essentiellement révocable, confiée par le législateur à l'appréciation des Conseils départementaux, ne saurait, par sa nature même, être rangée parmi les décisions contentieuses pour lesquelles un recours est ouvert devant le Conseil de l'instruction publique,

Décide :

Le pourvoi formé par la commune de Saint-Gengoux-le-Royal contre les décisions du Conseil départemental de Saône-et-Loire, en date des 18 janvier et 23 juin 1872, est rejeté.

Avis du Conseil supérieur de l'instruction publique, relatif à l'autorisation pour les frères de la Doctrine chrétienne de Nancy d'étendre leur enseignement à toute la France. 19 juin 1873.

19 Juin 1873.

Le Conseil

Est d'avis qu'il y a lieu : 1° d'étendre à toute la France, à l'Algérie et aux colonies, l'autorisation d'enseigner accordée à l'institut des frères de la Doctrine chrétienne de Nancy, pour les trois départements de la Meurthe, de la Meuse et des Vosges; 2° d'approuver les modifications introduites dans leurs anciens statuts.

---

19 juin 1873. **Avis du Conseil supérieur de l'instruction publique, relatif à la demande en reconnaissance légale formée par l'association des Frères de la Sainte-Famille de Belley.**

19 Juin 1873.

Le Conseil

Est d'avis qu'il y a lieu d'accueillir la demande en reconnaissance légale formée par l'association des Frères de la Sainte-Famille existant à Belley.

---

24 juin 1873. **Décision du Conseil supérieur de l'instruction publique, relative à la liberté appartenant à un chef d'institution secondaire de recevoir dans son établissement des enfants au-dessous de six ans.**

24 Juin 1873.

Le Conseil,

Vu les deux délibérations du Conseil départemental de l'Oise, en date des 13 janvier 1872 et 27 juin 1872;

Vu le pourvoi du sieur Ledieu, chef d'institution secondaire à Breteuil, et ses observations à l'appui;

Vu les articles 5 et 14 de la loi des 19 janvier-15 mars 1850 et l'article 21 de la loi du 10 avril 1867;

Ouï M. Renouard, en ses conclusions;

Attendu qu'aux termes de l'article 21 de la loi du 10 avril 1867, s'il existe dans la commune une salle d'asile publique ou libre, aucune École primaire, publique ou libre, ne peut, sans l'autorisation du Conseil départemental, recevoir des enfants au-dessous de six ans;

Que la loi n'a point imposé la même condition aux autres Écoles, et a ainsi laissé aux familles le soin de confier leurs enfants de tout âge aux établissements autres que les salles d'asile;

Attendu que les interdictions sont de droit étroit, et ne peuvent être étendues aux cas non prévus par la loi;

Attendu que le Conseil départemental de l'Oise, par délibération du 21 décembre 1871, a déclaré l'article précité applicable à toutes les Écoles, et a, en conséquence, soumis à la nécessité de l'autorisation le sieur Ledieu, chef d'une institution secondaire libre dans la commune de Breteuil;

Attendu que l'article 5 de la loi de 1850 confère au Conseil supérieur l'attribution de prononcer en dernier recours sur les jugements rendus par les Conseils départementaux dans les cas déterminés par l'article 14, et que, parmi ces cas, sont compris ceux où le Conseil départemental prononce, sauf recours au Conseil supérieur, sur les affaires contentieuses relatives à l'ouverture des Écoles libres, aux droits des maîtres particuliers et à l'exercice du droit d'enseigner;

Attendu qu'il s'agit d'une contestation élevée sur la question de savoir si un chef d'institution secondaire a la liberté d'ouvrir son École à des enfants au-dessous de six ans, et d'exercer à leur égard le droit d'enseigner;

Qu'il suit de là que le Conseil supérieur est compétent pour statuer,

Annule la décision du Conseil départemental de l'Oise du 21 décembre 1871, et dit que le sieur Ledieu, chef d'institution secondaire à Breteuil, peut recevoir sans autorisation, dans son établissement, des enfants au-dessous de six ans.

Avis du Conseil supérieur de l'instruction publique, relatif à la revision de la législation sur l'instruction publique en Algérie. 28 juin 1873.

28 Juin 1873.

Le Conseil,

Vu le vœu déposé par M. de Montesquiou;

Ouï M. de Montesquiou, en son rapport,

Appelle l'attention de M. le Ministre sur le régime légal de l'instruction publique en Algérie,

Émet le vœu qu'une Commission spéciale, instituée par le Ministre, soit chargée d'étudier cette question sous ses divers aspects.

Amendement au projet de loi portant fixation du budget général des dépenses et des recettes pour l'exercice 1874, présenté par Mgr Dupanloup, le comte Desbassyns de Richemont, le vicomte de Meaux, Gaslonde, le comte Bességuier, Delpit, Tailhand, de Lacombe, le vicomte de Cumont. 28 juin 1873.

28 Juin 1873.

ARTICLE 1er. — Le traitement des instituteurs et des institutrices se compose :

1° D'un traitement fixe qui ne peut être inférieur à 200 francs;

2° Du produit de la rétribution scolaire;

3° D'un supplément accordé sur les fonds de la commune, du département ou de l'État, dans les conditions prescrites par l'article 40 de la loi du 15 mars 1850, à tous ceux dont le traitement, joint au produit de la rétribution scolaire, n'atteint pas les minima suivants :

Le minimum du traitement des instituteurs est fixé à 900 francs;

Après cinq années de service, ce minimum est porté à 1 000 francs.

Un traitement supplémentaire, calculé de manière à élever, après dix et vingt ans de services, le minimum à 1 100 et 1 200 francs, pourra être accordé aux instituteurs qui se seront distingués par leurs bons services, sans que toutefois le nombre des maîtres de chacune de ces catégories puisse dépasser le vingtième du nombre total des instituteurs du département.

ART. 2. — Le traitement des institutrices communales ne peut être inférieur, pour la 1re classe, à 700 francs, et pour la 2e classe, à 600 francs.

Un règlement d'administration publique déterminera les conditions d'avancement et le mode de classement des instituteurs et des institutrices, d'après l'importance des localités desservies, le mérite des maîtres et l'étendue du programme des Écoles.

ART. 3. — Les minima des instituteurs adjoints et des institutrices adjointes sont fixés de la manière suivante :

1° Instituteurs adjoints dirigeant une École de hameau, 650 francs;

2° Instituteurs adjoints attachés à l'École principale, 600 francs;

3° Institutrices adjointes, 500 francs.

ART. 4. — Dans les communes qui pourvoient, sur leurs propres ressources, au payement des instituteurs et des institutrices, le traitement ordinaire peut, sur la demande du Conseil départemental de l'instruction publique, être remplacé par un traitement fixe.

ART. 5. — Les instituteurs communaux et institutrices communales, les directrices de salles d'asile communales, sont compris parmi les fonctionnaires du service actif et ajoutés au tableau n° 2 annexé à la loi du 9 juin 1853.

Leur pension de retraite est réglée conformément aux dispositions de cette loi, relatives aux emplois de la partie active. Elle est établie sur la moyenne des traitements des six années qui ont produit le chiffre le plus élevé pendant la période de douze années de service.

Les membres des associations religieuses n'ont point droit à la retraite, et ne sont point soumis à la retenue du 20e.

ART. 6. — Il sera dressé, par les soins du Ministère de l'Instruction publique, un état des Écoles primaires existant dans chaque département et des sommes données dans chaque département par l'État, en application de la loi du 10 avril 1867.

Amendement au budget des dépenses sur ressources spéciales.

PROJET DU GOUVERNEMENT.

ART. 19. — En cas d'insuffisance des revenus ordinaires pour l'établissement des Écoles primaires communales élémentaires ou supérieures, les Conseils municipaux et les Conseils généraux des départements sont autorisés à voter pour l'année 1874, à titre d'imposition spéciale destinée à l'instruction primaire, des centimes additionnels au principal des quatre contributions directes.

Toutefois, il ne pourra être voté à ce titre plus de trois centimes par les Conseils municipaux et plus de trois centimes par les Conseils généraux.

AMENDEMENT.

ART. 19. — *Comme au projet.*

« Toutefois, il ne pourra être voté, à ce titre, plus de quatre centimes par les Conseils municipaux, et plus de quatre centimes par les Conseils généraux. »

Avis du Conseil supérieur de l'instruction publique, relatif à la demande formée par l'Association libre pour l'éducation de la Jeunesse ouvrière, en vue de la reconnaissance légale. 30 juin 1873.

30 Juin 1873.

Le Conseil

Émet l'avis qu'il y a lieu d'accueillir la demande formée par l'*Association libre pour l'Éducation de la Jeunesse ouvrière*, à l'effet d'obtenir sa reconnaissance légale comme établissement d'utilité publique.

Décision de la Cour d'appel de Montpellier, relative aux diffamations contre les instituteurs publics congréganistes. 14 juillet 1873.

14 Juillet 1873.

Les instituteurs publics communaux membres d'une communauté religieuse ne sont ni dépositaires, ni agents de l'autorité publique, et n'agissent pas dans un caractère public au sens de l'article 3 de la loi du 15 avril 1871.

Par suite, les diffamations dont ils ont à se plaindre doivent être déférées au tribunal correctionnel, et l'action civile peut être intentée séparément de l'action publique.

La Cour,

Sur la question de compétence :

Attendu que le directeur et les maîtres adjoints de la commune de Lodève se plaignent d'avoir été diffamés, au point de vue de l'administration de leur établissement, dans un article signé Arrazat, publié dans le numéro du 21 octobre 1872 du journal *la République*, qui s'imprime à Montpellier, demandent la réparation du préjudice souffert par application de l'article 1382 du Code civil, portant que tout fait quelconque de l'homme qui cause à autrui un dommage oblige celui par la faute duquel il est commis à le réparer ;

Attendu que le tribunal s'est déclaré incompétent, sur le fondement que, s'agissant de faits imputés par la voie de la presse à des personnes qui les auraient commis dans un caractère public, l'action civile ne pouvait être poursuivie séparément de l'action publique et devait nécessairement être soumise à l'appréciation du jury;

Attendu qu'il s'agit, dès lors, d'examiner, en l'état, si le directeur et les maîtres adjoints d'une École chrétienne communale ont un caractère public, et de préciser, surtout, ce qu'il faut entendre par ces mots : « caractère public »;

Attendu que l'article 2 de la loi de 1871 (15-22 avril) saisit les tribunaux correctionnels de la connaissance des délits de diffamation et d'injures publiques concernant les particuliers; l'article 3 autorise, en cas d'imputation contre les dépositaires ou agents de l'autorité publique, à l'occasion de faits relatifs à leurs fonctions, ou contre toute personne ayant agi dans un caractère public, à l'occasion de ces actes, la preuve devant le jury de la vérité des faits diffamatoires; l'article 14 décide enfin que l'action civile, résultant des délits à l'occasion desquels la preuve est permise, ne sera point poursuivie séparément de l'action publique;

Attendu qu'il résulte de ces dispositions législatives que, lorsque l'imputation des faits diffamatoires n'est point dirigée contre les dépositaires ou agents de l'autorité publique, mais contre de simples particuliers, la juridiction compétente est la juridiction correctionnelle; l'action civile peut, dans ce cas, être appréciée séparément de l'action publique; il n'y a d'exception ou de dérogation à cette règle que pour le cas où le simple particulier (toute personne) a été diffamé à l'occasion de faits qu'il a commis dans un caractère public; il ne suffit pas qu'il y ait un fait intéressant le public, il faut encore que ce fait ait été accompli dans un caractère public, ou bien que la personne à laquelle on l'impute l'ait commis en agissant avec un caractère public;

Attendu que le caractère public qui n'est pas permanent peut être, temporairement ou pour quelque affaire spéciale, l'apanage d'une personne; mais, pour être temporaire, il ne doit pas moins être constaté; car c'est par lui et à cause de lui seulement que le fait incriminé change de juridiction, et passe de la juridiction correctionnelle à celle de la Cour d'assises. Or, le caractère public n'est autre que l'exercice à un titre quelconque de l'autorité publique; ceux-là seuls peuvent en être considérés comme les dépositaires ou les agents qui, par délégation médiate ou immédiate du Gouvernement, exercent dans un intérêt public une portion de son autorité ou font exécuter ses ordres;

Attendu que la mission toute temporaire d'un directeur ou d'un maître adjoint d'une École chrétienne municipale ne saurait leur imprimer, pour le temps qu'ils les accomplissent, ce caractère public;

Attendu que, si cette mission les consacre à un service public, elle ne se manifeste par aucun acte de l'autorité publique, et elle ne les rend à aucun titre les délégués médiats ou immédiats du Gouvernement. Ils sont agréés par l'autorité préfectorale, mais ils n'agissent pas en son nom : ils ressortent d'une autorité toute spirituelle, qui est celle de leur supérieur, et leurs services, quelque publics et utiles qu'ils puissent être, ne sauraient leur imprimer un caractère public, puisque c'est bien moins au nom de la puissance publique que par dévouement à leur congrégation et sous l'empire du sentiment du devoir, qu'ils les accomplissent;

Attendu que l'on invoque vainement, dans une préoccupation trop grande pour la nature du service public, cette maxime souvent répétée, que la vie publique appartient à tous; les actes de la vie publique appartiennent certainement à tous, à une condition essentielle : c'est qu'ils ne soient pas seulement du domaine de la vie publique, mais encore qu'ils aient été faits avec un caractère public. Des actes de l'électeur, du juré, du témoin, de l'expert commis par la justice, du ministre des cultes, de l'administrateur des hospices, etc., appartiennent certainement à la vie publique; mais il n'a jamais été dit qu'ils fussent, au point de vue judiciaire qui nous occupe, le domaine de tous. Il y a une condition essentielle qui manque : c'est d'avoir été accomplis dans un caractère public;

Attendu que, rendant hommage à ce principe, on a prétendu enfin que le directeur d'une École congréganiste municipale était, de par la loi et par les circulaires ministérielles qui en sont le commentaire le plus autorisé, un véritable fonctionnaire public, en ajoutant toutefois que ce fonctionnaire public appartenait à un ordre particulier de fonctionnaires, celui des fonctionnaires de l'enseignement;

Attendu que la loi ne donne nulle part aux instituteurs congréganistes, directeurs d'une École municipale, la qualité de fonctionnaires. Quant aux circulaires du Ministère de l'Instruction publique, il y en a une, en effet, celle du 18 avril 1854, où l'on s'occupe à ce point de vue des instituteurs congréganistes chargés d'une École publique; mais elle ne peut être invoquée, car il y est dit : « Il a été « reconnu, relativement aux instituteurs et institutrices, membres « des corporations religieuses, que leur assimilation à des fonction- « naires publics ne pouvait être admise en principe, et qu'ils ne « tombaient pas dès lors sous l'empire d'une loi faite uniquement

« pour rémunérer les services de ces fonctionnaires. » La question à décider avait trait à l'application de la loi sur les pensions de retraite aux instituteurs, membres des corporations religieuses;

. . . .

---

17 juillet 1873. **Décision du Conseil d'État, annulant une délibération par laquelle un Conseil général a chargé six de ses membres de constater la situation matérielle des Écoles primaires dans vingt et un des cantons du département.**

17 Juillet 1873.

Le Conseil,

Vu la loi du 15 mars 1850;

Vu la loi du 10 août 1871, et notamment les articles 33, 47 et 51;

Vu la délibération en date du 12 septembre 1872, par laquelle le Conseil général des Bouches-du-Rhône avait chargé une Commission de six membres, prise dans son sein, de faire une enquête sur la situation matérielle des Écoles primaires du département;

Vu la délibération en date du 24 avril 1873, par laquelle le Conseil, modifiant les termes de sa première décision, charge, en vertu de l'article 51, § 2, de la loi du 10 août 1871, six de ses membres de recueillir sur les lieux, dans vingt et un des cantons du département, les renseignements nécessaires pour statuer sur les subventions à accorder aux Écoles primaires, et ajoute que ces renseignements seront soumis au Conseil général à sa prochaine session ordinaire;

Vu le recours formé contre cette dernière délibération par le Préfet des Bouches-du-Rhône;

Vu les pièces constatant que ce recours a été notifié le 20 mai 1873 au président du Conseil général et de la Commission départementale, conformément à l'article 47 de la loi du 10 août;

Considérant que le deuxième paragraphe de l'article 51 de la loi du 10 août 1871 permet aux Conseils généraux de charger un ou plusieurs de leurs membres de recueillir sur les lieux les renseignements qui leur sont nécessaires pour statuer sur les affaires placées dans leurs attributions;

Mais, considérant qu'il résulte des délibérations susvisées que la mission conférée aux membres délégués du Conseil général excède les limites déterminées par ledit article;

Que, en effet, par sa décision du 24 avril, le Conseil général des Bouches-du-Rhône organise, pour la majeure partie des Écoles publiques du département, une inspection qui appartient exclusivement aux autorités instituées par les lois spéciales, et notamment par la loi du 15 mars 1850;

Que, dès lors, le Conseil général des Bouches-du-Rhône a excédé ses attributions, faussement appliqué l'article 51 de la loi du 10 août 1871, et violé les lois spéciales sur l'inspection des Écoles,

Délibère :

ARTICLE 1er. — Est annulée la délibération en date du 24 avril 1873, par laquelle le Conseil général des Bouches-du-Rhône a chargé six de ses membres de constater la situation matérielle des Écoles primaires dans vingt et un des cantons du département.

Arrêté relatif à la constitution d'une Commission chargée de l'examen des livres classiques[1].

22 juillet 1873.

22 Juillet 1873.

Le Ministre, etc.,

Vu l'article 4 de la loi du 19 mars 1873,

Arrête :

ARTICLE 1er. — Tout auteur ou éditeur qui voudra obtenir qu'un ouvrage puisse être introduit dans les Écoles publiques devra en déposer trois exemplaires au Ministère de l'Instruction publique, avec une demande signée de lui.

Le Ministre ne fait examiner que les ouvrages imprimés.

ART. 2. — Les ouvrages déposés, si le Ministre estime qu'il y a lieu, sont renvoyés, pour être examinés, à une Commission composée des Inspecteurs généraux des trois ordres et de membres nommés par le Ministre.

ART. 3. — Chaque ouvrage est l'objet d'un rapport écrit et signé, fait à la Commission par un de ses membres.

La Commission délibère sur chaque rapport et émet l'avis qu'il y a ou qu'il n'y a pas lieu d'autoriser l'introduction de l'ouvrage dans les Ecoles publiques[2].

1. Voir la circulaire du 2 *août* suivant, relative à l'application de cet arrêté (*Circ. et Instr. off.*, T. VII, p. 324), et la note explicative insérée au *Journal officiel* du 10 *septembre* de la même année.

Voir ci-après l'arrêté de même date, relatif au fonctionnement de la Commission, et celui du 3 *novembre* suivant.

2. La mesure qui exige qu'un ouvrage ne puisse être introduit dans les Écoles

ART. 4. — Les commissaires sont tenus de faire leur rapport dans le délai d'un mois après la réception de l'ouvrage qui leur sera soumis. Dans le cas où ils ne l'auraient pas fait, le volume est remis de droit à un autre examinateur.

ART. 5. — La liste des ouvrages que le Ministre, après l'examen de la Commission, a reconnus pouvoir être introduits dans les Écoles publiques, est adressée aux membres du Conseil supérieur de l'instruction publique en même temps que la lettre portant convocation pour la session prochaine.

Pendant cette session, tous ces ouvrages sont renvoyés, avec les rapports et les avis de la Commission, au Conseil supérieur, qui, sur le rapport d'un de ses membres, donne son avis sur l'admissibilité desdits ouvrages.

Le Ministre statue définitivement.

ART. 6. — Dans l'intervalle des sessions du Conseil, le Ministre peut, après avoir pris l'avis de la Commission dans les formes tracées par l'article 3 ci-dessus, interdire l'usage d'un livre dans les Écoles libres.

Le Conseil supérieur reçoit connaissance de cette décision dans la forme prescrite par l'article 5, et il est appelé, dans sa plus prochaine session, à donner son avis sur cette interdiction.

ART. 7. — Les auteurs et éditeurs qui entendent faire usage de l'autorisation qui leur est accordée sont tenus de reproduire textuellement, en tête de l'ouvrage, les termes mêmes de l'autorisation ministérielle, et de ne faire aucun changement dans les éditions successives de leur ouvrage, sans être pourvus d'une autorisation nouvelle, le tout sous les peines de droit.

ART. 8. — Un exemplaire de chacun des ouvrages introduits dans les Écoles publiques, avec l'autorisation du Ministre, est conservé dans la bibliothèque du Ministère. Tous les exemplaires en circulation doivent être conformes à l'exemplaire déposé; cet exemplaire doit être signé *ne varietur* par le Ministre et par l'auteur ou l'éditeur.

En cas de dissemblance, l'autorisation accordée est retirée *ipso facto*, indépendamment des poursuites judiciaires qui pourront avoir lieu contre le délinquant.

publiques sans une autorisation préalable du Conseil supérieur ne sera obligatoire qu'à la rentrée des classes de l'année scolaire 1875-1876. (*Journal officiel*, 22 mai 1874.)

Arrêté relatif au fonctionnement de la Commission des livres.

22 juillet 1873.

22 Juillet 1873.

Le Ministre, etc.,

Vu le règlement en date de ce jour, relatif à l'examen des livres classiques;

Considérant qu'il importe de régler à l'avance le fonctionnement de la Commission instituée par l'article 2 du susdit règlement,

Arrête :

ARTICLE 1er. — La Commission instituée par l'article 2 du règlement du 22 juillet 1873, relatif à l'examen des livres classiques, est partagée en trois sections, savoir :

1° Une section des lettres, à laquelle seront envoyés les livres ayant pour objet l'étude des langues anciennes, de la langue française, des langues étrangères, les grammaires, les dictionnaires, etc.;

2° Une section des sciences, pour les livres relatifs aux sciences mathématiques, aux sciences physiques et aux sciences naturelles;

3° Une section des sciences morales, pour les livres d'instruction religieuse et de morale, de droit, d'histoire et de géographie, de pédagogie.

Le président, avec l'agrément de la Commission, distribue les membres de ladite Commission dans les trois sections.

ART. 2. — La Commission pourra, dans certains cas et pour des ouvrages spéciaux, demander au Ministre le choix d'un rapporteur pris en dehors de son sein.

ART. 3. — La Commission se réunira deux fois par mois en assemblée générale, sauf le temps des vacances.

ART. 4. — Un jeton de 50 francs par séance est attribué aux membres de la Commission, et sera prélevé sur les fonds portés au budget pour frais d'examen des livres classiques.

ART. 5. — Le président adresse tous les trois mois au Ministre un rapport sur l'ensemble des travaux de la Commission.

ART. 6. — Les affaires relatives à la Commission d'examen des livres classiques (réception et transmission des ouvrages, etc.) sont centralisées au bureau du dépôt des livres et des bibliothèques scolaires.

22 juillet 1873. **Avis du Conseil d'État, sur la question de savoir : 1° par qui et en quelles formes doivent être acceptées des libéralités faites à des établissements ecclésiastiques pour la fondation ou l'entretien d'Écoles; 2° au nom de qui doivent être immatriculés les titres de rentes achetés avec le produit de ces libéralités; 3° à qui doivent être confiés la garde des titres de rentes et le soin d'en percevoir les arrérages.**

24 Juillet 1873.

Le Conseil d'État, qui, sur le renvoi ordonné par M. le Ministre de l'Instruction publique, des Cultes et des Beaux-Arts, a pris connaissance d'un projet de décret ayant pour objet :

1° D'autoriser le trésorier de la fabrique de l'église succursale de Saint-Georges-de-Luzançon (Aveyron) et le maire de Saint-Georges-de-Luzançon, au nom de cette commune, à accepter conjointement, chacun en ce qui le concerne, et aux clauses et conditions énoncées, un legs fait à ladite fabrique par la demoiselle Galtier, consistant en une somme de 3 000 francs et une maison estimée 3 000 francs, pour l'entretien de sœurs d'un ordre religieux chargées de donner l'instruction et l'éducation aux jeunes filles de la paroisse de Saint-Georges;

2° De prescrire que la somme de 3 000 francs sera employée à l'achat d'une rente sur l'État, qui sera immatriculée aux deux noms de la fabrique et de la commune; que la destination des arrérages sera mentionnée sur l'inscription, et que la garde du titre sera confiée au receveur municipal;

Vu le testament et le codicille de la demoiselle Galtier;

Vu la lettre, en date du 25 avril 1873, par laquelle M. le Ministre de l'Instruction publique, des Cultes et des Beaux-Arts, exprime l'opinion que les établissements ecclésiastiques ou religieux ont capacité pour fonder et entretenir des Écoles, et indique sous quelles conditions pourrait leur être donnée l'autorisation de recueillir des libéralités ayant cette destination[1];

1. Voici la teneur de cette lettre :

MONSIEUR LE PRÉSIDENT ET CHER COLLÈGUE,

Avant de statuer sur l'acceptation d'un legs fait par la demoiselle Galtier à la fabrique de Saint-Georges-de-Luzançon (Aveyron), pour une École de filles, la section de l'Intérieur, de la Justice, de l'Instruction publique, des Cultes et des Beaux-Arts du Conseil d'État a désiré connaître mon avis sur la question de savoir dans « quelles « conditions doivent être autorisées l'acceptation et l'exécution des legs faits à des

Vu la lettre, en date du 18 mai 1873, par laquelle M. le Ministre de l'Intérieur adhère, en principe, aux considérations indiquées par M. le Ministre de l'Instruction publique, des Cultes et des Beaux-Arts;

Vu les autres pièces produites;

Vu les articles 910 et 937 du Code civil, la loi du 2 janvier 1817, les ordonnances des 2 avril 1817 et 14 janvier 1831;

Vu la loi du 18 germinal An X, portant organisation du culte catholique, et le décret du 30 décembre 1809 sur les fabriques;

« établissements religieux pour des Écoles, et, s'il y a lieu, de continuer à appliquer « la jurisprudence établie par l'avis du 10 juin 1863. »

Avant d'aborder l'examen de ces questions, je crois indispensable, Monsieur le Président, de soumettre au Conseil d'État deux observations préliminaires :

1° Si l'on voulait attacher au terme « établissements religieux » son acception rigoureuse, la note que je viens de transcrire n'exprimerait pas vraisemblablement la véritable pensée de la section.

Le législateur a distingué les établissements ecclésiastiques des établissements religieux. La loi du 2 janvier 1817 ne s'occupe que des établissements ecclésiastiques : l'ordonnance du 14 janvier 1831, articles 1 et 4, traite à la fois des établissements ecclésiastiques et des établissements religieux.

Les établissements ecclésiastiques sont destinés à satisfaire à des intérêts d'un ordre général; ils sont reconnus par la loi dans le sens exact du mot, en ce sens, que le seul fait de leur création dans les conditions règlées par le législateur les rend aptes à jouir de la vie civile. Chaque mense épiscopale, chaque chapitre, séminaire, fabrique, cure ou succursale, pour ne citer que les établissements sur lesquels aucun doute ne s'est élevé, n'a pas besoin d'un décret spécial pour exister légalement : tous ces êtres moraux tiennent leur vie civile des lois organiques du culte. Les bâtiments où ils ont leur siége font généralement partie du domaine national ou communal : ce sont des établissements publics, et, par suite, ils sont soumis, dans tous leurs actes, au contrôle administratif.

Les établissements religieux sont des institutions utiles, mais non indispensables; créés par des particuliers, ils sont reconnus, en vertu de la loi, à titre d'établissements d'utilité publique, par des décisions spéciales et en vue d'un but rigoureusement déterminé. Ils sont propriétaires des bâtiments qu'ils occupent, et ils conservent leur autonomie pour tous les actes de droit civil ou privé, relatifs à la gestion de leurs biens, qui ne sont pas expressément soumis à l'examen et à l'autorisation du Gouvernement.

Les seuls établissements religieux, *religionis intuitu*, aujourd'hui reconnus, sont les congrégations, communautés et associations religieuses.

Les avis des 10 juin 1863 et 22 novembre 1866 distinguent nettement ces deux classes d'établissements et leur imposent des conditions différentes lorsqu'ils reçoivent des libéralités destinées à des Écoles.

La question dont se préoccupe aujourd'hui la section de l'Intérieur, de l'Instruction publique et des Cultes, présente peu de difficultés en ce qui concerne les établissements religieux; il n'en est pas de même en ce qui touche les établissements ecclésiastiques. Je m'occupérai donc principalement de cette classe d'établissements dans laquelle rentre, du reste, l'espèce qui a soulevé la discussion, le legs fait à la fabrique de Saint-Georges-de-Luzançon.

Je reviendrai plus loin sur l'importance que j'attache à cette distinction.

2° La note de la section ne pose pas la question de savoir si les établissements ecclésiastiques peuvent recevoir des libéralités destinées à des Écoles.

C'est, en effet, une question de capacité, qui rentre essentiellement dans le domaine de l'autorité judiciaire; l'autorité administrative, bien moins encore que le Conseil

Vu la loi du 18 germinal An X, portant organisation des cultes protestants, et le décret du 26 mars 1852;

Vu le décret du 17 mars 1808 et les ordonnances des 29 juin 1819, 20 août 1823 et 25 mai 1844, portant règlement pour l'organisation du culte israélite;

d'État, n'a pas à statuer en pareil cas; elle n'a d'autre mission que de constater les règles posées par la juridiction compétente et d'étudier les mesures à prendre pour les appliquer aux établissements placés sous son contrôle.

Je ne crois donc pas pouvoir discuter cette question de capacité : je me bornerai à rappeler les solutions qu'elle a reçues depuis quarante ans.

Cette capacité présupposée, d'après la jurisprudence civile, j'indiquerai les conditions auxquelles on peut en subordonner l'exercice par mesure administrative.

PREMIÈRE PARTIE.

CAPACITÉ.

« Les établissements ecclésiastiques légalement reconnus peuvent-ils fonder et « entretenir des Écoles, et, par suite, peuvent-ils acquérir pour cette destination? »

I. — Dans l'ancienne législation, cette question ne soulevait aucun doute. Il y avait, en règle générale, dans chaque paroisse, deux Écoles dites de charité pour les enfants pauvres, l'une pour les garçons, l'autre pour les filles. D'après les arrêts du Parlement, le temporel de ces Écoles était administré par les marguilliers, qui en rendaient compte dans un chapitre particulier du compte général de la fabrique. Le curé avait le gouvernement spirituel de l'École; il devait la visiter, veiller sur les instructions que l'on donnait et sur les livres qu'on employait, interroger et récompenser les élèves.

Dans le cas de la vacance, les maîtres ou maîtresses étaient choisis par le fondateur, s'il s'était réservé ce droit; sinon, par l'assemblée générale des habitants de la paroisse. (JOUSSE, *Gouvernement temporel des Paroisses*, p. 233; — *Mémoires du Clergé*, in-4°, t. Ier, col. 969-1085.)

Les Parlements maintenaient rigoureusement ces principes et leurs déductions.

II. — Pendant le premier tiers de ce siècle, la question de capacité n'a pas été sérieusement agitée, et le Conseil d'État a fréquemment autorisé les évêques, les conseils de fabrique, les curés et desservants à accepter des libéralités destinées à des Ecoles. La controverse date surtout d'un avis du 12 avril 1837, portant : « Que les « fabriques n'ont été reconnues comme établissements publics et autorisées à rece- « voir et posséder que dans l'intérêt de la célébration du culte et dans les limites « des services qui leur sont confiés à cet égard par les lois et décrets;

« Que les fabriques ne peuvent, en dehors de ces limites, invoquer leur qualité « d'établissements publics pour recevoir des donations à l'effet d'établir des Écoles « ou former toutes autres entreprises étrangères à leurs attributions. »

III. — Le Conseil royal de l'Instruction publique, saisi de la même question, l'avait résolue dans un sens contraire par l'avis du 10 février 1837 :

« Ce qui est donné à la fabrique, dit cet avis, ne peut être considéré comme donné « au préjudice de la commune. Les établissements publics étant des personnes aptes « à recevoir ou posséder sous toutes conditions qui n'ont rien de contraire aux lois « ni aux mœurs, et aucune loi n'interdisant aux fabriques de recevoir ou de posséder « sous la condition de fonder des Écoles, on ne paraît pas légalement fondé à établir « à cet égard, d'une manière générale, cette sorte d'incapacité.

« Dans certains cas particuliers, l'incapacité pourra être de fait appliquée par « l'exercice du pouvoir laissé au Gouvernement d'autoriser ou de ne pas autoriser

Vu les avis du Conseil d'État des 12 avril 1837, 4 mars 1841, 30 décembre 1846, 10 juin 1863 et 6 mars 1873;

Vu l'arrêt de la Cour de cassation du 18 mai 1852 (legs HAUSS-

« l'acceptation des dons et legs faits aux fabriques et autres établissements publics..... « Cette intervention discrétionnaire de l'autorité supérieure paraît devoir suffire pour « prévenir les inconvénients signalés dans la délibération du Conseil d'État. (Donation JAMET à la fabrique de Courthezon, Vaucluse.)

« ..... Toute École primaire, quelle que soit son origine ou sa nature..... contribue « nécessairement d'une manière plus ou moins directe à l'avantage de la communauté. »

IV. — Le Ministère de l'Instruction publique avait adopté l'opinion de son Conseil :

« Je ne vois, en ce qui concerne les intérêts de mon Ministère, écrivait M. Guizot, « le 9 mars 1837, aucune difficulté à ce que les fabriques soient autorisées à accepter « les libéralités qui ont pour objet le service de l'instruction publique. C'est une « heureuse idée que celle de réunir, par un lien aussi étroit que possible, l'intérêt « de la religion et celui de l'éducation populaire : c'est elle qui inspire les donations « qui se font assez fréquemment aux fabriques catholiques et aux consistoires des « cultes dissidents. L'autorité doit protection et encouragement à ces dispositions. »

V. — La doctrine de l'avis du 12 avril 1837 était donc contestée par les représentants les plus autorisés des intérêts de l'instruction publique. Elle souleva, dans la pratique, de graves difficultés et de nombreuses réclamations, dont le Ministère de l'Intérieur crut devoir se préoccuper et se faire l'organe.

Le directeur de l'administration départementale et communale résuma les principales objections contre cette doctrine nouvelle dans un rapport présenté au Ministre de l'Intérieur, le 15 mars 1840. Il y exposa les trois opinions qui se produisaient alors :

« 1° Doit-on autoriser la fabrique seule à accepter? »

« 2° Doit-on autoriser la commune seule à accepter? »

« 3° Doit-on autoriser la fabrique à accepter la libéralité et la commune à accepter « le bénéfice de la disposition? »

Il démontra que le premier système laissait la commune sans capacité pour recueillir le bénéfice de la condition attachée à la libéralité, et par suite sans qualité pour poursuivre au besoin l'exécution de cette condition;

Que dans le second système, qui faisait une attribution de propriété par voie administrative, les héritiers seraient fondés à refuser la délivrance de legs qu'on voulait attribuer à des établissements non institués par le testament; — que, d'ailleurs, il était impossible d'induire des textes qu'il appartînt exclusivement aux communes d'accepter tous les legs profitant à l'instruction primaire, même ceux qui seraient faits nominativement à des fabriques;

Que le troisième système levait toutes les difficultés et conciliait tous les intérêts.

VI. — Le Ministre de l'Intérieur renvoya l'examen de ce rapport au Conseil d'État, qui en adopta les conclusions dans l'avis précité du 4 mars 1841. On s'abstint de se prononcer sur la question de capacité, qui était en dehors de la compétence du Conseil d'État; mais on se plaça, sans discussion, dans une hypothèse contraire à la doctrine de l'avis de 1837, en s'attachant exclusivement « à régler le mode d'autorisation « lorsqu'une libéralité est faite à un établissement capable de recevoir sous condition « d'une fondation ou d'un service qui soit dans les attributions d'un autre établissement également capable de recevoir : par exemple, si une libéralité est faite à « une fabrique à condition de fonder une École gratuite, fondation qui rentre dans « les attributions de l'autorité communale ».

Le Conseil d'État fut d'avis, comme le Ministre de l'Intérieur, qu'on ne pouvait

MANN), l'arrêt de la Cour d'appel de Grenoble du 5 juillet 1869 (legs MENUEL), et l'arrêt de la Cour d'appel d'Angers du 23 mars 1871 (legs DE LANGOTTIÈRE);

Vu l'avis du Conseil royal de l'instruction publique du 20 février 1837;

autoriser exclusivement l'établissement bénéficiaire ou l'établissement institué, et que, dès lors, il convenait d'autoriser simultanément les deux établissements.

Ce n'étaient pas exactement les termes de la proposition du directeur de l'administration départementale et communale, qui ne demandait pas l'acceptation conjointe proprement dite, mais bien l'acceptation de la disposition par l'institué et l'acceptation du bénéfice de la disposition par le destinataire, rédaction qui avait le grand avantage de ne soulever aucune question juridique, en donnant à l'administration toutes les garanties compatibles avec le respect des volontés des fondateurs.

VII. — La formule adoptée par le Conseil d'État ne tarda pas à susciter de nouvelles difficultés : on se demanda quelle pouvait être, en droit, la conséquence de l'acceptation conjointe, au point de vue de la propriété des biens donnés ou légués. Le Conseil d'État fut saisi de la question par le Garde des sceaux, Ministre de la Justice, dans une espèce où il s'agissait d'une libéralité faite à une communauté religieuse pour les pauvres, et il la résolut par l'avis du 30 décembre 1846, portant que le système de l'acceptation conjointe avait été adopté, « parce qu'il avait paru « convenable de faire surveiller par le représentant légal des pauvres, quoiqu'il ne « fût pas institué, l'emploi d'une libéralité destinée à leur soulagement; mais qu'on « n'avait pas entendu transporter au bureau de bienfaisance, même pour partie, les « droits de propriété qui résultent, pour la communauté légataire, des dispositions « du testament ».

Le Conseil d'État décida en même temps que, pour conserver la trace de la destination que le testateur avait voulu donner à sa libéralité, il suffirait de rappeler, par une mention sur l'inscription de rente achetée au nom de l'établissement institué, que le capital de la rente provenait d'un legs fait à cet établissement pour une destination déterminée.

VIII. — Ce système des avis du 4 mars 1841-30 décembre 1846 pouvait donner lieu à des objections théoriques; mais je dois reconnaître qu'ils parurent très satisfaisants dans la pratique et qu'ils ne soulevèrent aucune objection.

On essaya, il est vrai, d'en restreindre la portée, en soutenant que l'avis de 1841 ne s'appliquait qu'aux legs, et non aux donations. Cette prétention était évidemment contraire à la généralité des termes de cet avis et aux principes du droit civil.

Les considérants et les motifs de l'avis de 1841 ne sont pas, en effet, spéciaux aux legs. On y emploie le mot *libéralité*, qui s'applique à toutes les dispositions, soit entre-vifs, soit testamentaires.

La loi civile ne fait d'ailleurs aucune distinction entre la capacité de recevoir par testament et la capacité de recevoir par donation. — Le chapitre II du titre II du livre III du Code civil est intitulé : *De la capacité de disposer et de recevoir par donation entre-vifs ou par testament.*

L'article 902 dit également : « Toutes personnes peuvent disposer et recevoir, soit « par donation entre-vifs, soit par testament, excepté celles que la loi a déclarées « incapables; » et l'article 910 ne fait pas davantage de distinction entre les deux ordres de libéralités.

IX. — Malgré ces tentatives de restriction, le système des avis de 1841-1846 resta en vigueur dans ses parties essentielles, et la doctrine de l'avis de 1837, qu'ils avaient remplacée, fut solennellement condamnée, en 1852, par la Cour de cassation, juge suprême des questions de capacité. Par son arrêt du 18 mai, cette Cour déclara « que « les établissements religieux appartenant à l'un des cultes reconnus par l'État

Considérant qu'il résulte de l'instruction que la demoiselle Galtier avait, depuis 1859, établi dans la maison léguée pour les jeunes filles de la paroisse de Saint-Georges-de-Luzançon, une École libre tenue par des religieuses;

« (c'est-à-dire les établissements ecclésiastiques), et notamment les consistoires, ont « capacité pour recevoir des libéralités destinées à des Écoles, et qu'aucune disposi- « tion de ce genre n'est défendue par aucun texte ». (Arrêt HAUSSMANN.)

X. — Le Conseil d'Etat suivit encore pendant onze ans les règles qu'il s'était tracées pour assurer l'exécution de ces libéralités; mais, en 1863, il fit un pas en arrière ; à la majorité d'une ou deux voix, il abandonna un système éprouvé par vingt années d'expérience, sans toutefois revenir franchement à la doctrine de l'avis du 12 avril 1837.

Dans l'avis du 10 juin, qui reproduit les règles nouvelles introduites par l'avis du 24 janvier précédent, pour les libéralités charitables, il établit une distinction entre les libéralités faites à des établissements ecclésiastiques pour fonder et entretenir des Écoles, et les libéralités faites pour la même destination à des communautés religieuses enseignantes dûment autorisées.

Pour les établissements ecclésiastiques, il émit l'opinion que ces établissements « devraient être réputés incapables d'accepter des libéralités faites dans un but « étranger à leurs attributions »; qu'il y avait lieu, toutefois, de valider la disposition en faisant intervenir la commune dans l'acceptation, ainsi que l'avait prescrit l'avis du 4 mars 1841. Mais il ajouta que cette double acceptation devait avoir pour conséquence la double immatriculation, c'est-à-dire l'inscription du titre de propriété faite simultanément sous le nom de l'établissement institué et sous celui de la commune.

Pour les communautés enseignantes, les mêmes règles devraient être suivies si l'École était destinée à avoir le caractère d'École communale et publique; s'il s'agissait, au contraire, d'une École libre, on n'imposerait que la double acceptation sans immatriculation conjointe.

D'après les avis combinés des 24 janvier 1863 et 22 novembre 1866, la garde et la conservation des titres de rentes ou de propriété et la perception des revenus étaient attribuées au représentant de la commune, qui remettait les arrérages ou revenus à l'institué.

Toutefois l'avis du 18 décembre 1867 fit une concession aux réclamations qui se produisaient contre ce système. Dans une espèce où la testatrice avait expressément voulu que le titre de rente fût remis au curé chargé d'en distribuer les arrérages aux pauvres, on prescrivit néanmoins la remise de ce titre au bureau de bienfaisance, mais à la charge de délivrer au curé copie certifiée du testament et du titre.

XI. — A côté de ces dispositions restrictives de la liberté des bienfaiteurs, on voyait, après comme avant 1863, le Conseil d'État revenir, dans la pratique, à la plus ancienne jurisprudence et reconnaître aux établissements ecclésiastiques, et notamment aux fabriques, la capacité d'acquérir seules, pour fonder et entretenir les Écoles, non pas seulement à titre gratuit, mais, ce qui est bien plus décisif encore, à titre onéreux. Parmi les dernières autorisations de ce genre, je citerai les décrets des 21 décembre 1859, fabrique de Saint-Jean-d'Hérans (Isère), 22 janvier 1867, fabrique de Saint-Georges-les-Bains (Ardèche); parmi les autorisations de libéralités à titre gratuit, le décret du 3 août 1867, Oisonville (Eure-et-Loir), tous rendus sur l'avis conforme du Conseil d'État.

XII. — La jurisprudence inaugurée en 1863 n'était donc pas constamment suivie dans la pratique : elle était très vivement critiquée par les jurisconsultes les plus autorisés.

On l'attaquait dans son principe, en faisant remarquer que les incapacités, comme

Que, dans le but de perpétuer sa fondation, elle a légué la maison et une somme de 3 000 francs à la fabrique de cette paroisse, en indiquant la destination de sa libéralité;

les pénalités, sont de droit étroit, et qu'il n'est jamais permis de suppléer, en pareil cas, au silence du législateur; — qu'on ne pouvait jamais valider, en droit civil, une libéralité faite à un incapable ou réputé tel, en lui adjoignant, par mesure administrative, un tiers capable non dénommé au testament; — que d'ailleurs cette adjonction était attributive de propriété au profit de tiers non appelés par le testateur, ou quelquefois même exclus formellement par lui, et qu'elle constituait un excès de pouvoir.

On l'attaquait dans son application, en signalant les difficultés considérables qu'elle présenterait dans la pratique : notamment pour le renouvellement des inscriptions hypothécaires ou des titres de rentes constituées; pour la transcription des actes constitutifs de la propriété donnée ou léguée; pour les baux en forme authentique; pour l'exercice des actions possessoires et autres actions judiciaires, etc. On ajoutait enfin que ces prescriptions venaient diminuer le patrimoine des pauvres d'un vingtième environ, perçu à titre de remises par le receveur municipal, et qu'elles amèneraient de nombreux procès.

XIII. — Ces prévisions ne tardèrent pas à se réaliser. Dans les départements de l'Isère et de Maine-et-Loire, des héritiers ou exécuteurs testamentaires de testateurs, dont les dispositions dernières se trouvaient modifiées par les décrets d'autorisation, se refusèrent à délivrer les legs, et demandèrent qu'ils fussent déclarés caducs pour inexécution des conditions sous lesquelles ils étaient faits. Les tribunaux civils et les Cours de Grenoble et d'Angers accueillirent ces conclusions, tout en reconnaissant aux établissements ecclésiastiques la pleine capacité d'accepter et d'exécuter les libéralités qui leur étaient destinées.

La Cour de Grenoble, dans un arrêt du 5 juillet 1869 (MENUEL), reconnaît aux évêques la capacité de fonder et de diriger des Écoles, attendu « qu'aucune loi « d'ordre public ne prohibe la fondation d'une École, sous la condition qu'elle sera « dirigée par des religieux choisis et surveillés par l'évêque du diocèse...; que la loi « du 15 mars 1850... autorise, par ses articles 17, 27 et suivants, l'établissement « d'Écoles libres, et qu'il suffit de se reporter à la discussion qui précéda le vote de « la loi pour se convaincre que, dans les prévisions du législateur, la plupart de ces « Écoles libres devaient être placées sous la direction du clergé ».

Dans son arrêt du 28 mars 1871, relatif à l'exécution du testament du sieur de Langottière, qui avait légué à la commune de Vieil-Baugé (Maine-et-Loire) une maison et un capital pour établir une École, la Cour d'Angers a également reconnu la capacité de la fabrique et lui a donné acte de ce qu'elle était toujours prête à accepter le legs et à exécuter le testament du sieur de Langottière.

Plusieurs autres instances du même genre étaient pendantes ou à la veille de s'ouvrir en 1870 : les héritiers annoncent aujourd'hui l'intention de les reprendre, et dans quelques-unes de ces affaires, notamment dans les départements de l'Aveyron et d'Indre-et-Loire, j'ai cru devoir intervenir à titre de conseil, pour éviter des procès dispendieux entre les fabriques et les communes.

XIV. — Cette lutte des héritiers ou exécuteurs testamentaires contre la jurisprudence du Conseil d'État avait éveillé l'attention du Ministère de l'Instruction publique avant sa réunion au Ministère des Cultes. Un de mes prédécesseurs, M. Segris, consulté sur l'exécution de ce legs Langottière à la fabrique de Vieil-Baugé, répondait, le 6 avril 1870, dans le sens où il fut statué, une année plus tard, par la Cour d'Angers :

« Il n'y aurait aucun inconvénient, je crois, à garantir les droits de ces établis« sements (religieux) que les testateurs ont préférés aux autres, préoccupés qu'ils « étaient de garantir, dans l'avenir, l'accomplissement de leurs intentions. Il faut en « convenir loyalement : le testateur qui institue légataire un établissement religieux

Considérant que le projet de décret proposé autorise, conformément à l'avis du 10 juin 1863, la fabrique à accepter le legs, mais seulement à la condition : 1° que la commune interviendra dans l'ac-

« manifeste clairement sa résolution de lui attribuer la possession et l'administra-
« tion des biens qu'il lui lègue. »

(Legs LANGOTTIÈRE. — Fabrique de Vieil-Baugé, Maine-et-Loire.)

XV. — En présence de ces décisions judiciaires, la Commission provisoire chargée, en septembre 1870, de remplacer le Conseil d'État, crut devoir soumettre à un nouvel examen le système des avis de 1863, et la section de l'Intérieur, de l'Instruction publique, etc., sur un rapport très étudié de M. Le Vavasseur de Précourt, fut d'avis qu'on ne pouvait tout au moins maintenir la disposition qui enlevait aux établissements institués légataires la garde des titres de propriété et le soin de toucher les revenus. (Distribution du 3 novembre 1871.) La Commission provisoire crut toutefois devoir ajourner l'examen de l'ensemble de la question.

XVI. — Enfin, le nouveau Conseil d'État, par son avis du 6 mars dernier sur les libéralités charitables, a abandonné le système de l'immatriculation conjointe, de la remise des titres à l'établissement bénéficiaire non institué, et a substitué à l'acceptation conjointe par cet établissement l'acceptation du bénéfice de la disposition. Cet avis s'applique aux libéralités faites aux fabriques pour les pauvres; mais, en revenant sur ce point au système soutenu par le Ministère de l'Intérieur, en 1840, il a résolu implicitement la question générale.

Il n'y a, en effet, aucune raison de distinguer, à ce point de vue de la rédaction de décrets, la libéralité faite à une fabrique pour une destination charitable ou pour une destination scolaire. Le problème est toujours le même, et il n'y a aucun motif juridique de lui donner deux solutions différentes.

D'après notre législation rappelée et constatée par l'avis du 6 mars dernier, l'administration et l'emploi des libéralités charitables ne sont pas en dehors des attributions des fabriques. Les libéralités destinées à assurer l'instruction gratuite des enfants pauvres sont assurément une des formes les plus nobles et les plus utiles de la charité : en acceptant ces libéralités, les fabriques et les autres établissements ecclésiastiques reçoivent pour les pauvres et continuent des œuvres que la jurisprudence des Parlements rangeait dans leurs attributions.

DEUXIÈME PARTIE.

CONTRÔLE ADMINISTRATIF.

« Quelles conditions convient-il d'imposer à l'autorisation des libéralités faites
« pour des Écoles, soit qu'elles s'adressent à des établissements ecclésiastiques ou à
« des établissements religieux?

« Convient-il de maintenir la jurisprudence établie par l'avis du 10 juin 1863? »

L'exposé historique que je viens de faire des divers systèmes produits depuis trente-cinq ans permet de répondre brièvement sur ces deux points et d'indiquer une solution pratique qui évite les inconvénients signalés par l'expérience.

§ 1er.

« Convient-il de maintenir la jurisprudence établie par l'avis du 10 juin 1863? »

I. — En 1837, on s'inspire de ces idées d'incapacité absolue, de minorité des établissements publics, qui étaient encore en vogue, bien qu'elles fussent déjà abandonnées par nos plus éminents jurisconsultes et hommes d'État. — « Ces expressions « de tutelle et de minorité sont fausses, disait M. Thiers à la Chambre des députés, « le 6 mai 1833, et c'est avec des expressions fausses qu'on répand dans le pays des

ceptation conjointement avec la fabrique légataire; 2° que la rente qui sera achetée au moyen de la somme de 3000 francs sera immatriculée conjointement aux deux noms de la commune et de la fabrique; 3° que la garde du titre sera confiée au receveur municipal, et non au trésorier de la fabrique;

Considérant que ces conditions ne découlent pas du testament

« erreurs dommageables*. » — On veut résister alors à la volonté du testateur, et on crée des incapacités relatives, pour rendre leurs dispositions inutiles lorsque l'institué n'est pas en même temps le bénéficiaire.

En 1841, on passe sous silence cette théorie des incapacités relatives, et on adopte le système des acceptations conjointes de l'institué et du bénéficiaire, tout en déclarant, du reste, en 1846, que cette acceptation conjointe n'opère point attribution de propriété au bénéficiaire non institué.

En 1852, la Cour de cassation se prononce sur la question de capacité en faveur des établissements ecclésiastiques; mais cependant, en 1863, le Conseil d'État tire les conséquences logiques du principe de l'acceptation conjointe, à savoir : l'immatriculation conjointe, la remise des titres de rente ou des titres de propriété des immeubles entre les mains du bénéficiaire non dénommé au testament, l'administration des biens et la perception des arrérages ou revenus par ses soins.

Les héritiers et les établissements ecclésiastiques voient dans ces prescriptions une attribution de propriété par voie administrative; les tribunaux civils leur donnent gain de cause et déclarent la caducité des legs pour inexécution des conditions, c'est-à-dire par le fait de l'autorité administrative.

Le Conseil d'État s'émeut de ce conflit et des conséquences fâcheuses de sa jurisprudence; il l'abandonne en partie en 1871, et complètement le 6 mars 1873, en ce qui concerne les libéralités charitables.

Il me paraît, dès lors, bien difficile qu'il ne l'abandonne pas, en ce qui concerne les libéralités scolaires qui font précisément l'objet des arrêts de la Cour de cassation, des Cours de Grenoble et d'Angers.

Je ne crois donc pas avoir à me prononcer sur un système que la jurisprudence des cours judiciaires rend aujourd'hui impraticable.

II. — Mais faut-il revenir au système de 1841-1846?

J'ai dit plus haut que, dans la pratique, ce système n'avait soulevé aucune difficulté. Toutefois, on doit reconnaître qu'il est défectueux dans son principe d'acceptation conjointe, lequel tend juridiquement à créer un second légataire, un copropriétaire. Aussi, les rédacteurs de l'avis de 1863 n'ont-ils fait que tirer de ce principe ses conséquences logiques en imposant l'immatriculation conjointe et la remise des titres à ce copropriétaire constitué par voie administrative.

Je préférerais donc la formule déjà proposée en 1840 par le Ministère de l'Intérieur, fréquemment suivie dans la pratique après 1841 et consacrée de nouveau par le Conseil d'État dans son avis du 6 mars dernier, formule consistant à faire intervenir l'établissement destinataire pour accepter le bénéfice de la disposition qui l'intéresse.

Cette rédaction ne semble pouvoir soulever aucune difficulté de la part des héritiers, ni aucun conflit entre l'autorité administrative et l'autorité judiciaire, puisque le décret se borne à établir un fait incontestable, à savoir : que la commune, par exemple, est intéressée à ce que les pauvres soient secourus ou les enfants assistés, et que le même décret laisse implicitement à l'autorité compétente le soin de tirer les conséquences de cette déclaration, en habilitant la commune à faire valoir, s'il y a lieu, les droits qu'elle peut en induire.

Ce système n'a donc pas les inconvénients de la théorie de l'acceptation conjointe, et il en offre tous les avantages. J'ai cherché une espèce dans laquelle le régime

* M. le président AUCOC, *Conférences sur l'administration et le droit administratif*, T. I, p. 85.

comme une conséquence nécessaire des stipulations qu'il contient en faveur de la commune; qu'en effet, si la charge imposée à la fabrique constitue au profit des enfants de la paroisse un avantage qui paraît de nature à être accepté en leur nom par le maire, et qui peut donner à l'administration municipale le droit de veiller à ce que cette

de 1841 puisse donner des garanties que la nouvelle formule n'assurerait pas aux bénéficiaires, et je n'en ai pas trouvé.

Je n'hésite donc pas à donner à cette formule mon assentiment.

§ 2.

J'ai répondu à la deuxième partie de la question que nous examinons présentement :

« Convient-il de maintenir la jurisprudence établie par les avis de 1863? »

Il me reste à répondre à la première partie :

« Quelles conditions convient-il d'imposer à l'autorisation des libéralités faites « pour des Écoles à des établissements ecclésiastiques ou à des établissements re- « ligieux? »

Par établissements ecclésiastiques j'entends, comme je l'ai dit précédemment, les établissements publics constitués par la loi et appartenant à l'un des cultes reconnus par l'État, ainsi que les définit l'arrêt précité de la Cour de cassation du 18 mai 1852.

Par établissements religieux j'entends, avec l'ordonnance du 14 janvier 1831, articles 1 et 4, les congrégations, communautés et associations enseignantes autorisées par le Gouvernement comme établissements d'utilité publique.

Cette distinction entre ces deux classes d'établissements a été soigneusement maintenue par les avis des 10 juin 1863 et 22 novembre 1866, qui donnent des solutions différentes pour les deux cas :

« Lorsqu'il s'agit de dons et legs faits à des établissements religieux et affectés à « la fondation et à l'entretien d'Écoles, dit l'avis du 10 juin 1863, il y a lieu de dis- « tinguer si les établissements institués sont des fabriques, consistoires, succursales, « cures et évêchés, ou bien si ce sont des communautés religieuses enseignantes. »

Dans le premier cas, ces avis de 1863 et 1866 exigent l'acceptation conjointe par l'établissement institué et par la commune; — l'immatriculation conjointe des titres de rente et la remise des titres à la commune non instituée, qui perçoit les revenus et administre les biens.

Dans le second cas, on n'exige que l'acceptation conjointe par la congrégation ou communauté et la commune. Toutefois, si la libéralité est faite pour la fondation d'Écoles ayant ou devant avoir le caractère d'Écoles communales et publiques, on suit les règles tracées pour la première hypothèse, et on exige tout à la fois l'acceptation et l'immatriculation conjointe et la remise des titres de propriété à la commune.

J'ai exposé les motifs qui peuvent déterminer le Conseil d'État à abandonner le système établi par les avis de 1863 pour les libéralités destinées aux Écoles, ainsi qu'il l'a fait, par son avis du 6 mars 1873, pour les libéralités destinées aux pauvres.

Il ne me reste qu'à indiquer les conditions ou prescriptions du domaine administratif qu'on pourrait substituer aux règles établies par les avis de 1863 pour sauvegarder les intérêts dont ils se préoccupaient, sans soulever les difficultés qui les rendent inapplicables.

I. *Libéralités faites pour des Écoles à des établissements ecclésiastiques.*

Il me paraît hors de doute et de contestation qu'on devra d'abord se conformer aux règles établies par le Conseil d'État, dans son avis du 6 mars 1873, à savoir :

Si la fondation est en rente sur l'État, mention dans l'immatriculation du titre de la destination des arrérages; acceptation par le maire du bénéfice de la fondation;

chargé ne soit pas oubliée, elle ne justifie pas une intervention se produisant dans des termes qui semblent transporter à la commune une part dans la propriété des objets légués à la fabrique et dans la direction de l'École, et qui lui attribuent un rôle prépondérant dans l'exécution du legs;

remise au représentant de la commune d'une copie de l'acte constitutif de la fondation (testament ou donation), du décret d'autorisation et de l'inscription de rente.

Mais, en raison de la nature de l'établissement institué, je serais d'avis de réclamer encore quelques conditions accessoires :

1° L'inscription des recettes et dépenses de l'École dans un chapitre spécial du budget et du compte de la fabrique ou du consistoire légataire ou donataire. Cette condition était de rigueur dans l'ancienne jurisprudence sur les petites Écoles ou Écoles de charité;

2° Si le legs est fait en vue de la fondation d'une École congréganiste, obligation de choisir les instituteurs ou institutrices parmi les associations ou congrégations reconnues par l'État. Si le legs est fait pour la fondation d'une École laïque, obligation de choisir les instituteurs ou institutrices sur la liste d'admissibilité dressée par les Conseils départementaux, en exécution de la loi du 15 mars 1850;

3° L'enseignement donné dans ces Écoles devra comprendre les matières qui, d'après l'article 23 de la loi du 15 mars 1850 et l'article 16 de la loi du 10 avril 1867, constituent essentiellement l'enseignement primaire.

Indépendamment de ces conditions, qui seraient brièvement indiquées dans les décrets d'autorisation des libéralités, il me semblerait opportun de convenir dès à présent de quelques règles de conduite et de jurisprudence à suivre par le Conseil d'État et par l'Administration. J'indiquerai les plus importantes à mon avis, sans préjuger les additions ou modifications qui seront ultérieurement suggérées par la pratique :

1° Les établissements ecclésiastiques ne seront autorisés qu'exceptionnellement à recevoir des libéralités qui seraient destinées à des Écoles situées en dehors de leur circonscription territoriale;

2° L'œuvre entreprise devra être et rester ce que le testateur ou donateur a voulu qu'elle soit;

3° Si le testateur ou ses héritiers n'ont pas fait connaître leurs intentions sur la nature de l'établissement à créer, cet établissement sera et restera un établissement primaire;

4° Si la fondation est présentement insuffisante, on prescrira la capitalisation des arrérages, et on fixera un délai maximum pour l'ouverture de l'établissement;

5° Lorsque le département ou la commune croiront opportun de subventionner l'École, dans le cas de l'article 36 de la loi du 15 mars 1850, et que l'établissement intéressé y consentira, le budget des ressources spéciales de cette École, qui, dans ce cas, tiendra lieu de l'École communale, sera communiqué chaque année au Conseil municipal, sans préjudice, en ce qui concerne les fabriques, de la production des comptes, en fin d'exercice, prescrite par l'article 89 du décret du 30 décembre 1809.

II. *Libéralités faites pour des Écoles à des établissements religieux reconnus par le Gouvernement (Congrégations, Communautés et Associations religieuses).*

Ces établissements ont pleine capacité pour recevoir ces libéralités, dit l'avis du 10 juin 1863, « puisqu'ils ont été autorisés en vertu de l'utilité publique et dans le « but précisément de fonder et de diriger des Écoles; l'objet de ces fondations rentre « donc dans leurs attributions spéciales ».

D'autre part, leur aptitude est rigoureusement déterminée et circonscrite par l'ordonnance ou le décret qui les autorise.

Il pourra donc suffire de réclamer, dans ce cas, l'application des règles générales;

Considérant que ces conditions sont imposées par le projet de décret, en vue de suppléer à l'incapacité prétendue de la fabrique, soit pour accepter, soit pour exécuter un legs de cette nature;

Considérant que la première question est essentiellement judiciaire, et que, toutes les fois que les tribunaux ont été appelés à se prononcer, ils ont jugé, notamment par les arrêts susvisés, que les établissements religieux appartenant à l'un des cultes reconnus par l'État, et en particulier les fabriques et les consistoires, ont capacité pour recevoir des libéralités destinées à fonder ou à entretenir des Écoles, à la seule condition d'obtenir du Gouvernement l'autorisation exigée par l'article 910 du Code civil;

Considérant, sur le deuxième point, que si la loi n'a imposé qu'aux autorités civiles l'obligation de créer et d'entretenir des Écoles, aucune disposition n'interdit aux établissements qui représentent les intérêts religieux d'un groupe d'habitants partageant les mêmes croyances, de veiller et au besoin de pourvoir à ce que les enfants de ces habitants reçoivent l'instruction;

Que, loin de là, diverses dispositions législatives ou réglementaires reconnaissent expressément ce droit aux établissements appartenant aux cultes non catholiques;

Que l'on peut citer notamment la loi du 18 germinal An X et le décret du 26 mars 1852, sur l'organisation des cultes protestants, qui visent *la discipline ecclésiastique des églises réformées de France*, et qui fixent les attributions des consistoires et des conseils presbytéraux; le décret du 17 mars 1808 et les ordonnances des 29 juin 1819, 20 août 1823 et 25 mai 1844, qui règlent l'organisation du culte israélite et qui fixent les attributions du consistoire central et des consistoires départementaux;

Que l'article 31 de la loi du 15 mars 1850 sur l'enseignement, inspiré par la même pensée, confère aux consistoires le droit de présenter les instituteurs pour les Écoles communales protestantes ou israélites;

Qu'en fait, la plupart des consistoires subventionnent ou entretiennent des Écoles et possèdent des rentes et des immeubles qu'ils ont reçus ou acquis dans ce but avec l'autorisation du Gouvernement;

mention de l'affectation des rentes dans l'immatriculation des titres; acceptation par le maire du bénéfice d'une disposition toujours avantageuse pour la commune; remise à ce fonctionnaire d'une copie des titres et du décret d'autorisation.

Ces clauses et conditions me paraissent suffisantes pour sauvegarder les intérêts dont le Gouvernement doit se préoccuper. Elles n'ont rien de gênant pour les établissements ecclésiastiques et religieux, et elles ne sauraient soulever aucune difficulté devant les tribunaux judiciaires, puisqu'elles ne touchent en rien aux questions de capacité et de propriété.

Que, si, à l'égard des fabriques, les règlements sont muets, et si les autorisations de ce genre ont été plus rares, ce n'est pas parce qu'il existerait dans leur organisation et leurs attributions une différence essentielle créant aux yeux de la loi une inégalité inexplicable, au détriment du culte de la majorité; c'est par des considérations de fait et parce que, les Conseils municipaux pouvant en général être regardés comme représentant naturellement les intérêts et les sentiments de la majorité catholique, l'intervention des conseils de fabrique paraissait inutile, tandis que celle des consistoires était réputée nécessaire pour donner satisfaction aux intérêts religieux des minorités;

Que cependant, à toutes les époques, des autorisations ont été données aux fabriques, même en dehors des localités où la population catholique était en minorité[1];

Qu'en fait, un certain nombre de fabriques emploient des ressources spéciales à soutenir des Écoles;

Que cet état de choses ne paraît avoir jamais présenté aucun inconvénient;

Qu'au contraire, l'autorité universitaire, à diverses époques, en a reconnu les avantages ainsi que la légalité (Avis du Conseil royal de l'instruction publique du 10 février 1837[2]; lettre de M. Guizot, Ministre de l'Instruction publique, du 9 mars 1837[3]; lettre de M. Se-

1. Voir notamment ordonnance royale du 3 mars 1836 et ordonnance rendue au contentieux, le 19 juin 1838 (fabrique de l'église Saint-Epvre, à Nancy); ordonnance royale du 29 novembre 1833 et ordonnance rendue au contentieux le 1er juillet 1840 (fabrique de l'église Saint-Pierre, à Saumur); décret du 22 janvier 1867 (fabrique de Saint-Georges-les-Bains, Ardèche).

2. Voir le texte de cet avis, Tome II, page 299.

3. « Je ne vois, écrivait M. Guizot le 9 mars 1837, en ce qui concerne les intérêts de mon Ministère, aucune difficulté à ce que les fabriques soient autorisées à accepter les libéralités qui ont pour objet le service de l'instruction publique. C'est une heureuse idée que celle de réunir, par un lien aussi étroit que possible, l'intérêt de la religion et de l'éducation populaire. C'est elle qui inspire les donations qui se font assez fréquemment aux fabriques catholiques et aux consistoires des cultes dissidents, à la charge de fonder et d'entretenir des Écoles. L'autorité doit protection et encouragement à ces dispositions, qui assurent l'instruction primaire par la double surveillance de la fabrique et de la commune, du pasteur et du maire. Il ne suit, du reste, nullement de là une concurrence nuisible aux Écoles communales; car, de deux choses l'une : ou la donation sera assez considérable pour que la commune soit dispensée de faire elle-même des sacrifices pour l'établissement d'une autre École publique, ou, la donation étant insuffisante pour acquitter la dette de la commune à l'égard de l'enseignement, celle-ci sera obligée d'entretenir une seconde École. Dans l'une comme dans l'autre hypothèse, il sera pourvu à l'instruction de tous les enfants; et, en cas de concurrence, il ne pourra que s'établir entre les deux Écoles une émulation utile au bien du service. J'estime, d'ailleurs, que, toutes les fois qu'il sera fait une donation en faveur des fabriques, des évêchés ou des congrégations religieuses enseignantes, à la charge de fonder des Écoles publiques, il convient que l'ordonnance autorise l'établissement religieux donataire et l'autorité municipale à accepter simultanément la libéralité. »

gris, Ministre de l'Instruction publique, du 6 avril 1870; lettre de M. Jules Simon, Ministre de l'Instruction publique, du 25 avril 1873);

Considérant qu'aujourd'hui plus que jamais, il importe de multiplier les Écoles et, en particulier, d'augmenter le nombre de celles qui sont pourvues de dotations allégeant les charges de l'État, des départements et des communes;

Que presque toutes les fondations de cette nature sont inspirées par le sentiment religieux et confiées à des établissements ecclésiastiques;

Qu'au lieu de décourager les donateurs en subordonnant l'exécution de leurs libéralités à des conditions qui s'écartent complètement de leurs intentions, il est, au contraire, conforme à l'intérêt public, en même temps qu'il est juste, de leur laisser la plus grande liberté compatible avec les exigences de la loi, et de se borner à édicter les prescriptions nécessaires pour assurer dans l'avenir l'exécution fidèle et durable de leurs volontés;

Que, pour atteindre ce but, il convient :

1° D'autoriser, d'une part, l'établissement légataire à accepter la libéralité; d'autre part, le maire à accepter le bénéfice qui en résulte en faveur des enfants de la commune;

2° Dans le cas où le montant de la libéralité doit être placé en rente, de prescrire que le titre mentionnera la destination des arrérages; qu'il sera immatriculé au nom de l'établissement légataire; qu'il restera en sa possession; que le maire de la commune recevra une expédition du titre, du testament et du décret d'autorisation;

3° De prescrire que les revenus et les dépenses de la fondation formeront un chapitre spécial dans le budget de la fabrique ou du consistoire, ainsi que cela se pratique sans difficultés pour les chapelles de secours;

4° De constater, dans le décret d'autorisation, la nature de l'établissement (École primaire de garçons ou de filles, salle d'asile, etc.);

5° Dans le cas où les instituteurs ou institutrices devront être congréganistes, de prescrire qu'ils seront choisis parmi les membres des associations ou congrégations religieuses vouées à l'enseignement et reconnues comme établissements d'utilité publique;

6° De rappeler que l'enseignement devra porter sur les matières déclarées obligatoires par les lois;

Considérant que, dans ces conditions et en présence du droit qui appartient à l'Administration d'apprécier les circonstances de chaque affaire et de refuser, s'il y a lieu, l'autorisation, il n'y a aucun inconvénient et il ne peut y avoir que des avantages à ce que les établissements ecclésiastiques soient, conformément à leurs traditions historiques, autorisés à recueillir, à administrer et à employer les libéralités destinées à des Écoles;

Que l'administration municipale aura titre et qualité, non pour exercer un contrôle sur l'emploi des revenus, mais pour s'assurer que le capital est conservé, et que le revenu est toujours inscrit avec sa destination au budget de l'établissement légataire;

Que l'établissement légataire, chargé par le fondateur de veiller à la continuation de sa pensée, administrera et emploiera librement les revenus de la fondation sans qu'aucune confusion puisse s'introduire entre ces revenus et ses ressources normales, et compromettre les services que la loi lui a plus particulièrement confiés;

Considérant que, pour les solutions ci-dessus indiquées, il n'y a pas lieu de distinguer si, au moment où l'autorisation est demandée, l'École dont il s'agit est publique ou libre;

Qu'en effet, d'une part, le caractère actuel de l'École peut plus tard être changé;

Que, d'autre part, l'École, soit libre, soit publique, devra toujours être régie par les prescriptions générales de la loi.

En ce qui concerne spécialement le legs de la demoiselle Galtier:

Considérant qu'il résulte de l'instruction que l'École à la dotation de laquelle est destiné le legs existe depuis plusieurs années; qu'elle a le caractère d'École libre; qu'elle est dirigée par des religieuses appartenant à une congrégation légalement reconnue; qu'elle reçoit gratuitement une partie des élèves; qu'elle prospère, et que le témoignage des autorités universitaires lui est favorable,

Est d'avis qu'il convient d'autoriser l'acceptation du legs et d'adopter le projet de décret, après l'avoir modifié dans le sens des observations qui précèdent[1].

1. Un décret a été rendu en août 1873, conformément à cette nouvelle doctrine. En voici la teneur :

« ARTICLE 1er. — Le trésorier de la fabrique de l'église succursale de Saint-Georges-de-Luzançon est autorisé à accepter, aux clauses et conditions énoncées, le legs fait à ladite fabrique par la demoiselle Marie-Anne Galtier, suivant ses testaments publics des 12 et 14 novembre 1867, et consistant en une somme de 3 000 francs et une maison estimée 3 000 francs, pour l'établissement de sœurs vouées à l'éducation des jeunes filles de la paroisse.

« Conformément à la demande du conseil de fabrique, la somme de 3 000 francs sera employée à l'achat d'une rente sur l'État; cette rente sera immatriculée au nom de la fabrique, avec mention, sur l'inscription, de la destination des arrérages.

« Les revenus et les dépenses de la fondation formeront un chapitre spécial dans le budget de la fabrique.

« Les sœurs préposées à l'École devront appartenir à une congrégation vouée à l'enseignement et légalement reconnue.

« L'enseignement donné dans l'École devra comprendre toutes les matières déclarées obligatoires par les lois.

Décret annulant une délibération en date du 24 avril 1873, par laquelle le Conseil général des Bouches-du-Rhône a chargé six de ses membres de constater la situation matérielle des Écoles primaires dans vingt et un des cantons du département. 27 juillet 1873.

27 Juillet 1873.

Le Président de la République française,

Sur le rapport du Ministre de l'Intérieur;

Vu la loi du 15 mars 1850;

Vu la loi du 10 août 1871, et notamment les articles 33, 47 et 51;

Vu la délibération, en date du 12 septembre 1872, par laquelle le Conseil général des Bouches-du-Rhône avait chargé une Commission de six membres, prise dans son sein, de faire une enquête sur la situation matérielle des Écoles primaires du département;

Vu la délibération, en date du 24 avril 1873, par laquelle le Conseil, modifiant les termes de sa première décision, charge, en vertu de l'article 51, § 2, de la loi du 10 août 1871, six de ses membres de recueillir sur les lieux, dans vingt et un des cantons du département, les renseignements nécessaires pour statuer sur les subventions à accorder aux Écoles primaires, et ajoute que ces renseignements seront soumis au Conseil général à sa prochaine session ordinaire;

Vu le recours formé contre cette dernière délibération par le Préfet des Bouches-du-Rhône;

Vu les pièces constatant que ce recours a été notifié le 20 mai 1873 au président du Conseil général et de la Commission départementale, conformément à l'article 47 de la loi du 10 août;

Considérant que le deuxième paragraphe de l'article 51 de la loi du 10 août 1871 permet aux Conseils généraux de charger un ou plusieurs de leurs membres de recueillir sur les lieux les renseignements qui leur sont nécessaires pour statuer sur les affaires placées dans leurs attributions;

Mais considérant qu'il résulte des délibérations susvisées que la mission conférée aux membres délégués du Conseil général excède les limites déterminées par ledit article;

Que, en effet, par sa décision du 24 avril, le Conseil général des Bouches-du-Rhône organise, pour la majeure partie des Écoles pu-

« ART. 2. — Le maire de Saint-Georges-de-Luzançon, au nom de cette commune, est autorisé à accepter le bénéfice qui résulte, au profit des enfants en âge de fréquenter l'École, le legs de la demoiselle Galtier.

« Il lui sera délivré une expédition de l'inscription de rente et d'un titre de propriété de la maison léguée, un extrait du testament et un extrait du présent décret. »

bliques du département, une inspection qui appartient exclusivement aux autorités instituées par les lois spéciales, et notamment par la loi du 15 mars 1850;

Que, dès lors, le Conseil général des Bouches-du-Rhône a excédé ses attributions, faussement appliqué l'article 51 de la loi du 10 août 1871 et violé les lois spéciales sur l'inspection des Écoles;

Le Conseil d'État entendu,

Décrète :

ARTICLE 1er. — Est annulée la délibération, en date du 24 avril 1873, par laquelle le Conseil général des Bouches-du-Rhône a chargé six de ses membres de constater la situation matérielle des Écoles primaires dans vingt et un des cantons du département.

---

4 sept. 1873. **Arrêté du Conseil départemental de l'instruction publique du Rhône, relatif à l'obligation, pour les instituteurs, de donner dans leurs Écoles l'instruction religieuse.**

4 Septembre 1873.

Les instituteurs et les institutrices, qui ne donnent pas l'instruction religieuse dans leurs Écoles, contreviennent à la prescription fondamentale de l'article 23 *de la loi du* 15 *mars* 1850.

Le Conseil départemental de l'instruction publique du Rhône,

Considérant que toutes les lois qui régissent l'enseignement primaire, et notamment celle du 15 mars 1850, établissent simultanément : pour l'instituteur, que son École soit libre ou publique, l'obligation de donner l'instruction religieuse; pour le père de famille, la liberté de faire admettre son enfant dans une École d'un culte différent du sien : d'où résulte qu'il n'est permis à aucun instituteur, qu'il soit libre ou public, de supprimer l'instruction religieuse, sous prétexte de la volonté des pères de famille;

Considérant, en ce qui concerne Mme...., que le Préfet a abandonné la plainte en raison du peu de gravité de la faute;

Considérant, en ce qui concerne tous les autres inculpés, qu'il résulte de l'instruction écrite et des débats oraux, qu'à des degrés différents et dans le cours de l'année 1872-1873, ils n'ont pas donné, chacun dans son École, l'instruction religieuse; qu'ils ont ainsi contrevenu sciemment à la prescription fondamentale de l'article 23 de la loi du 15 mars 1850,

Arrête :

Acte est donné à Mme.... de sa déclaration écrite qu'elle abandonne le poste d'institutrice libre de l'École de la rue...., et au Préfet du Rhône de son désistement en ce qui la concerne; en conséquence, Mme.... est renvoyée des fins de la plainte.

Mlle.... sera censurée.

Mlle.... est suspendue jusqu'au 16 novembre prochain; pendant cette suspension, son École restera fermée.

Mmes...... et M..... sont suspendus jusqu'au 1er janvier 1874; pendant la suspension des instituteurs et institutrices ci-dessus mentionnés, leurs Écoles resteront fermées.

Il est interdit à Mlle...., à MM...... d'exercer leur profession dans les communes où ils exercent présentement.

Interdiction absolue d'exercer la profession d'instituteur est faite à Mlles...... et à MM......

Arrêté relatif au mode de désignation des présidents des distributions de prix dans les établissements d'instruction publique. 29 octobre 1873.

29 Octobre 1873.

Le Ministre, etc.,

Vu l'article 219 du statut du 4 septembre 1821,

Arrête :

ARTICLE 1er. — Les présidents des distributions de prix dans les Lycées seront choisis par le Ministre de l'Instruction publique.

Chaque année, avant la fin du mois de juin, les Recteurs adresseront au Ministre une liste de trois candidats pour chacun des Lycées de la circonscription académique. Le Ministre pourra choisir les présidents en dehors des listes de présentation. Si la désignation par le Ministre n'a pas été faite avant le 15 juillet suivant, le Recteur choisira les présidents.

ART. 2. — Les présidents des distributions de prix dans les Collèges communaux seront désignés par le Recteur de l'Académie avant le 15 juillet de chaque année.

ART. 3. — Dans chaque département, les présidents des distributions de prix des Écoles communales seront désignés par le Préfet[1].

ART. 4. — Aucun discours ne devra être prononcé dans les fêtes

1. Voir la circulaire du 10 *juillet* 1877 rappelant les règles à suivre. (*Circ. et Instr. off.*, T. VII, p. 687.)

scolaires dont il est parlé aux articles précédents, s'il n'a reçu, au préalable, l'approbation du président.

---

29 octobre 1873. **Arrêté relatif aux frais d'inspection, de tournées et de missions des Inspecteurs généraux et autres fonctionnaires de l'instruction publique.**

29 Octobre 1873.

Le Ministre, etc.,

Vu l'arrêté du 9 octobre 1848, réglant les frais d'inspection, de tournées et de missions des Inspecteurs généraux et autres fonctionnaires de l'Instruction publique;

Considérant qu'en raison de l'extension donnée aux lignes de chemins de fer et de l'uniformité des bases d'après lesquelles sont réglés les prix de parcours sur toutes ces lignes, il est permis de renoncer aux tarifs par kilomètre, établis par le susdit arrêté;

Considérant, quant à l'indemnité de séjour, que le renchérissement de tous les objets nécessaires à la vie rend insuffisant le taux actuel de cette indemnité;

Vu l'article 44 du règlement général de la comptabilité du Ministère de l'Instruction publique, en date du 16 octobre 1867,

Arrête :

Article 1er. — Les frais d'inspection, de tournées et de missions des Inspecteurs généraux, des Recteurs, des Inspecteurs d'Académie, des déléguées générales et spéciales pour l'inspection des Écoles de filles et des salles d'asile, et de tout fonctionnaire chargé d'une mission extraordinaire ou d'une inspection générale, sont réglés de la manière suivante :

1° Remboursement des frais de transport, soit par voie ferrée, soit par voie de terre, sur un état des dépenses réelles, certifiées par la personne intéressée;

2° Allocation d'une indemnité par jour d'absence, savoir :

25 francs pour les Inspecteurs généraux de l'instruction publique et pour tout fonctionnaire chargé d'une mission extraordinaire ou d'une inspection générale;

15 francs pour les Recteurs des Académies;

15 francs pour les déléguées générales, chargées de l'inspection des Écoles de filles et des salles d'asile;

10 francs pour les Inspecteurs d'Académie et pour les déléguées spéciales d'Académie, chargées de l'inspection des salles d'asile.

ART. 2. — Les Inspecteurs généraux et autres fonctionnaires, en mission spéciale à Versailles ou à Vanves, ne reçoivent, outre le remboursement de leurs frais de transport, que la moitié des indemnités ci-dessus fixées, selon l'ordre de leurs fonctions.

ART. 3. — Les dispositions de l'article 2 sont applicables aux fonctionnaires des Académies d'Aix et de Douai, en résidence à Aix ou à Douai, se rendant à Marseille ou à Lille, en inspection spéciale, sans y faire séjour.

ART. 4. — Les fonctionnaires ci-dessus dénommés remettent au Ministre, à leur retour, un état, en double expédition, de leurs frais de tournées, indiquant :

1° L'itinéraire détaillé; 2° les jours d'absence; 3° les distances parcourues; 4° la dépense réelle des frais de transport.

ART. 5. — Les dispositions du présent arrêté sont exécutoires à partir du 1er janvier 1874.

L'arrêté du 9 octobre 1848 est et demeure rapporté.

Arrêté modifiant les prescriptions de l'arrêté du 22 juillet 1873, relatif à l'examen des livres classiques. 3 nov. 1873.

3 Novembre 1873.

Le Ministre, etc.,

Vu la loi du 25 mars 1873, relative aux attributions du Conseil supérieur de l'instruction publique;

Vu l'arrêté du 22 juillet suivant,

Arrête :

ARTICLE 1er. — Tout livre dont l'introduction dans les Écoles publiques est sollicitée doit porter la mention du millésime de l'année où il est publié.

ART. 2. — Les dispositions de l'arrêté ministériel qui autorise l'introduction d'un livre dans les Écoles publiques sont applicables à toutes les éditions ultérieures de ce livre, à la condition expresse que ces nouvelles éditions ne présentent pas d'autres changements que ceux qui peuvent résulter de simples améliorations de détail et de rédaction, ne modifiant en rien la pensée et les principes émis dans la première édition.

Chacune des nouvelles éditions doit reproduire, avec le millésime de l'année où elle est imprimée, *le texte même et la date exacte* de l'autorisation ministérielle déjà obtenue. Elle ne peut être mise en vente qu'après que l'éditeur ou l'auteur en a fait la déclaration au Ministre de l'Instruction publique, en lui adressant un exemplaire sur lequel sont notées toutes les modifications apportées au texte de la première édition.

ART. 3. — Toute nouvelle édition qui renferme des changements notables autres que ceux qui sont spécifiés à l'article précédent, doit, afin de pouvoir être introduite dans les Écoles publiques, être soumise de nouveau à la Commission d'examen des livres classiques et au Conseil supérieur de l'instruction publique, et devenir l'objet d'une nouvelle autorisation.

Dans ce cas, l'auteur ou l'éditeur, en sollicitant ce nouvel examen et cette nouvelle autorisation, indique exactement, sur l'un des trois exemplaires qui doivent être déposés au Ministère de l'Instruction publique, et dans la lettre d'envoi adressée au Ministre, tous les changements apportés à la première édition déjà autorisée.

---

14 nov. 1873. **Décision du Conseil départemental de l'instruction publique de la Seine, relative à l'obligation de l'enseignement moral et religieux dans les Écoles primaires libres.**

14 Novembre 1873.

Aux termes de la loi, l'enseignement moral et religieux doit être nécessairement donné dans les Écoles primaires libres.

Le Conseil départemental,

Vu la délibération en date du....., par laquelle la délégation cantonale de..... signale l'absence de tout enseignement moral et religieux dans l'École libre dirigée par M.....;

Vu le rapport de l'Inspecteur primaire;

Vu la délibération en date du....., par laquelle le Conseil a déclaré qu'il y a lieu à suivre;

Vu l'arrêté en date du....., par lequel le sieur..... est cité à comparaître devant le Conseil;

Vu le procès-verbal de notification dudit arrêté, dressé à la date du.....;

Ouï le sieur..... dans la séance de ce jour, conformément à l'article 26 du décret du 29 juillet 1850;

Vu les articles 18, 21, 23, 30, 42, 44 de la loi du 15 mars 1850, et l'article 7 de la loi du 14 juin 1854;

En droit :

Considérant que la loi du 15 mars 1850, dans son esprit comme dans son texte, place, à la base de l'enseignement primaire, l'instruction religieuse et morale;

Considérant qu'en appliquant le principe de liberté, elle a fait de cette instruction une condition absolue, pour l'École libre de même que pour l'École publique, dans un intérêt d'ordre social;

Considérant que cette instruction est inscrite au premier rang dans les matières énumérées par l'article 23;

Considérant que le législateur a donné le droit aux autorités qu'il a désignées à cet effet, d'entrer à toute heure dans l'École libre, et de s'assurer que l'enseignement n'y est pas contraire à la morale et aux lois;

Considérant, en outre, qu'aux termes de l'article 44, les ministres des différents cultes sont spécialement chargés de surveiller l'enseignement religieux de l'École;

Considérant que cette disposition implique la nécessité de l'enseignement religieux dans l'École libre, de même que dans l'École publique;

Considérant que l'instituteur qui serait convaincu d'avoir écarté de son École l'enseignement moral et religieux, aurait commis une faute grave dans l'exercice de ses fonctions;

Dans l'espèce :

Attendu que le sieur..... a reconnu que l'enseignement religieux était exclu de son École; que l'enseignement moral n'était donné aux enfants qu'accidentellement, à l'occasion des devoirs et des lectures;

Attendu que cette exclusion de l'enseignement religieux résulte de l'adhésion de sa part à la proposition qui lui aurait été faite par le Comité fondateur de l'École;

Attendu qu'il y a dans ce fait violation de la loi;

Attendu que le sieur..... proteste, en vain, qu'il n'a pas cherché à faire un acte d'hostilité contre l'enseignement religieux; que son École est mixte, et que les enfants des différents cultes reçoivent, hors de l'École, cet enseignement par les ministres de leur culte;

Attendu que la loi impose à l'instituteur l'obligation formelle de donner l'enseignement religieux dans son École;

Mais, attendu que le sieur..... a d'excellents antécédents; que les certificats qu'il a produits attestent le soin avec lequel il a veillé, dans les Écoles publiques confiées à sa direction, à l'éducation morale et religieuse;

Attendu qu'il déclare sa formelle intention de donner désormais dans son École l'enseignement moral et religieux, dans les conditions prescrites par la loi;

Attendu qu'il a déclaré qu'il quitterait immédiatement la direction de l'École, s'il rencontrait, auprès du Comité fondateur, un obstacle à l'accomplissement de ses devoirs;

Par ces motifs,

Le Conseil, tenant compte à l'inculpé de ses antécédents et de ses intentions, et lui appliquant la peine la plus légère, prévue dans l'article 30 de la loi du 15 mars 1850,

Délibère :

La peine de la censure est prononcée contre le sieur.....

---

18 déc. 1873.

Circulaire du Ministre de l'Instruction publique, relative aux examens du brevet de capacité pour l'enseignement primaire.

18 Décembre 1873.

Monsieur le Recteur, j'ai dû, à différentes reprises, appeler votre attention sur les irrégularités que présentaient trop souvent les opérations des jurys d'examen pour le brevet de capacité, et j'ai constaté avec satisfaction que, dans la plupart des départements, mes instructions avaient produit d'heureux résultats.

Il s'en faut toutefois de beaucoup que les prescriptions réglementaires soient partout exactement suivies, et la nécessité me paraît démontrée de généraliser, avant l'ouverture de la prochaine session, des observations dont une grande partie des Commissions d'examen pourront, ainsi que vous, Monsieur le Recteur, tirer profit.

1° *Fixation de l'époque des examens.* — Aux termes de l'article 1er, § 3, de l'arrêté du 3 juillet 1866, « *les sessions s'ouvrent le même jour et à la même heure, dans chacun des départements composant le ressort académique. Ce jour est fixé par les Recteurs, après les avis des Conseils départementaux* ». Malgré ces dispositions très nettement formulées, qui ont pour but d'assurer la sincérité des épreuves, quelques Commissions ont cru pouvoir changer les jours d'ouverture de la session, et il est arrivé que des sujets de composition ont pu être communiqués, dans une même Académie, d'un département à l'autre.

Il est donc indispensable, non seulement que les sessions s'ouvrent à la même date dans tous les départements composant le ressort académique, mais encore que chacune des compositions de l'examen, pour le brevet obligatoire et pour le brevet facultatif, soit faite le même jour et à la même heure par tous les candidats.

2° *Composition des Commissions d'examen.* — Les Commissions d'examen qui, aux termes de l'article 46 de la loi du 15 mars 1850, sont nommées par le Conseil départemental, apportent généralement le concours le plus dévoué dans l'accomplissement d'une mission souvent pénible, et ce n'est que tout à fait exceptionnellement que vous avez dû refuser quelques-uns des brevets de capacité dont la délivrance vous était proposée.

En décidant, notamment, que deux membres de l'enseignement public ou libre feront nécessairement partie des jurys (*Art. 46 de la loi du 15 mars 1850*), il est hors de doute que le législateur a voulu donner à ces Commissions des garanties plus complètes au point de vue de la compétence et du savoir.

Je ne dois pas vous laisser ignorer néanmoins, Monsieur le Recteur, que la nomination, comme membres de la Commission d'instruction primaire, de professeurs préparant eux-mêmes aux examens du brevet, a plusieurs fois éveillé de justes susceptibilités. Vous reconnaîtrez, en effet, avec moi, qu'il est contraire à toutes les convenances qu'un membre du jury soit chargé de l'examen de candidats préparés par lui aux épreuves du brevet. Je ne saurais trop vous engager à insister auprès des Conseils départementaux sur les inconvénients de pareils choix, afin qu'ils ne portent désormais leurs préférences que sur des personnes complètement désintéressées, et dont les jugements seront à l'abri de tout soupçon.

3° *Choix des sujets de composition.* — J'ai eu l'occasion de remarquer que, dans certains départements, les sujets de composition pour les matières facultatives, telles que le dessin linéaire et d'ornement et les langues vivantes, étaient laissés au choix du président du jury. Cela est contraire aux prescriptions de l'article 2 de l'arrêté du 3 juillet 1866 : les sujets de composition sont choisis par le Recteur et doivent être identiques dans toute l'étendue du ressort académique. L'importance de ce choix ne saurait d'ailleurs vous échapper, et vous voudrez bien vous reporter aux instructions contenues dans la circulaire du 8 mai 1855 (Paragraphe : *Composition*). J'ajouterai qu'il est toujours nécessaire d'envoyer aux Inspecteurs d'Académie un sujet de géométrie distinct du sujet d'arithmétique appliquée, pour le cas où les aspirants au brevet facultatif, venant d'être déclarés dignes du brevet obligatoire, demanderaient à subir l'examen sur l'une ou l'autre de ces matières.

4° *Épreuves orales.* — J'ai eu le regret d'apprendre que, pour réduire la durée des épreuves orales, les jurys se dispensaient parfois de faire subir les épreuves devant le bureau, ainsi que l'exige la circulaire du 1er juillet 1856, et que les examinateurs interrogeaient isolément les candidats. Cette habitude paraît même assez générale, et j'ai dû dernièrement, pour ce fait, annuler un examen. Je désire vivement que ces abus ne se renouvellent pas, et c'est à vous, Monsieur le Recteur, qu'il appartient d'y veiller.

Il résulte de divers procès-verbaux dont j'ai pris connaissance, que certains examinateurs paraissent ignorer que l'article 15 de l'arrêté du 3 juillet 1866 prescrit, pour l'épreuve orale de la langue française, l'analyse d'une phrase au tableau noir; cette phrase devrait, autant que possible, être préparée à l'avance et reproduite dans le dossier de chaque candidat. Le membre de la Commission chargé de cette partie de l'examen contrevient souvent à cette disposition, en se contentant de poser aux aspirants et aspirantes des questions sur la grammaire, ce qui est insuffisant.

5° *Examen facultatif.* — Des doutes se sont élevés sur l'interprétation des articles 17 et 23 de l'arrêté du 3 juillet déjà cité, en ce qui concerne la manière de grouper les branches d'enseignement comprises dans les différentes séries de matières facultatives pour les aspirants et les aspirantes au brevet facultatif ou de premier ordre, et je crois répondre à un désir souvent exprimé en rappelant à ce sujet la jurisprudence adoptée par mes prédécesseurs.

Les aspirants au brevet facultatif peuvent se présenter devant un jury autant de fois que l'article 17 contient de séries, et obtenir ainsi successivement la mention des diverses matières qui les composent, à la condition toutefois que l'examen sera subi sur la série *tout entière*.

Les candidats doivent obtenir une note qui ne peut pas être inférieure à 5 pour chacune des matières dont la série est composée, et *non pour l'ensemble*, ainsi que je l'ai fait déjà fréquemment observer dans mes précédentes communications.

Les instructions du 20 septembre 1866 sont formelles à cet égard, et elles s'appliquent aux aspirants et aux aspirantes qui, après l'épreuve du brevet obligatoire, demandent, dans la même session, à être interrogés à leur choix sur une ou plusieurs matières facultatives. Mais, quant aux aspirantes au brevet de premier ordre, il suffit, pour que ce brevet puisse leur être délivré, qu'elles obtiennent la moyenne de 5 points pour l'ensemble des matières facultatives exigées par le programme, les notes obtenues dans les diverses facultés pouvant ainsi se compenser l'une par l'autre, à moins, toutefois, que l'une des épreuves ne soit nulle. Il est bien entendu que la faculté de subir l'examen sur celles des matières que les candidats désigneront ne leur confère pas le droit de demander à être interrogés sur l'histoire sans la géographie, par exemple, ou sur les notions des sciences physiques isolées des notions d'histoire naturelle, etc., etc...., qui, dans la série, forment des groupes d'enseignement qu'il n'est pas possible de séparer.

Ces groupes sont formés ainsi qu'il suit :

1re SÉRIE.

1° Arithmétique appliquée aux opérations pratiques, tenue des livres;
2° Éléments de géométrie, arpentage, nivellement;
3° Dessin linéaire et d'ornement;
4° Chant.

2e SÉRIE.

1° Éléments d'histoire et de géographie;
2° Notions de sciences physiques et d'histoire naturelle, applicables aux usages de la vie;
3° Instructions élémentaires sur l'agriculture, l'industrie, l'hygiène et la gymnastique.

3e SÉRIE.

Dessin d'imitation.

4e SÉRIE.

Langues vivantes.

Je vous prie, Monsieur le Recteur, de vouloir bien donner, d'une manière précise, toutes ces indications aux présidents des Commissions d'examen de votre ressort académique. Vous inviterez aussi MM. les secrétaires à mentionner désormais aux procès-verbaux la moyenne des points obtenus dans chacune des matières du programme de l'examen par la totalité des candidats jugés dignes du brevet obligatoire. Ce renseignement manque dans la plupart des dossiers, et il m'est indispensable pour apprécier le degré d'instruction générale dans chacune des épreuves. Il importe aussi, en ce qui concerne l'examen facultatif, que les procès-verbaux contiennent l'indication exacte et claire des matières dont les candidats ont obtenu la mention.

Je ne veux pas terminer sans vous dire tout le prix que j'attache à connaître les observations que la lecture des dossiers peut vous suggérer. Les rapports de

MM. les Inspecteurs d'Académie sur l'ensemble des opérations dans leur département renferment assurément des documents précieux, et ces fonctionnaires, dont la présence dans les Commissions devra toujours être mentionnée, contribueront, j'en suis persuadé, au maintien et à l'application des règlements; mais leur surveillance ne vous dispense pas, Monsieur le Recteur, d'un contrôle sévère, et vous ne sauriez oublier que les brevets ne peuvent être délivrés par vous qu'après l'appréciation exacte des conditions de chaque examen.

Recevez, etc.

Signé : DE FOURTOU.

Arrêté relatif à la formation et à l'inspection des bibliothèques populaires. 6 janvier 1874.

6 Janvier 1874.

ARTICLE 1er. — Il est souscrit, tous les ans, sur le vu de la loi de finances, à un certain nombre d'ouvrages destinés aux bibliothèques populaires et désignés au choix du Ministre par une Commission compétente.

Le fonds de souscription destiné aux bibliothèques n'étant pas un fonds d'encouragement aux auteurs, il n'est souscrit aux ouvrages *qu'au prix net*.

ART. 2. — Sur l'avis de la Commission, il peut être accordé aux bibliothèques populaires des ouvrages provenant du dépôt légal.

ART. 3. — Il n'est jamais fait deux concessions, dans la même année, à la même bibliothèque.

ART. 4. — Il n'est fait de concessions que sur la proposition des Préfets.

ART. 5. — Il n'est accordé de livres qu'aux bibliothèques qui s'engagent à se soumettre à l'inspection de l'État, et, en cas de dissolution de la société ou de fermeture de la bibliothèque, à reverser à une bibliothèque publique du département les ouvrages accordés par l'État.

ART. 6. — L'inspection des bibliothèques populaires est confiée :

1° A l'Inspecteur général des bibliothèques dans la circonscription de sa tournée annuelle;

2° A MM. les Inspecteurs d'Académie dans l'étendue de leur circonscription;

3° En cas d'empêchement de leur part, à un membre de l'Université, ou à un ancien élève de l'École des Chartes, désigné au choix du Ministre par le Préfet et le Recteur.

Les rapports des personnes désignées par les paragraphes 2 et 3 et par l'article 7 sont adressés annuellement, par l'intermédiaire du Préfet, au Ministre de l'Instruction publique.

Les bibliothèques populaires sont toujours accessibles à tous les délégués du Ministère.

ART. 7. — Les administrateurs, bibliothécaires ou Commissions de surveillance des bibliothèques qui ont obtenu une concession du Ministère, adressent, tous les ans, au Ministre, un rapport sur l'état de la bibliothèque, son accroissement, ses services, ses ressources et les progrès réalisés.

Ces rapports sont visés par les Préfets, qui les transmettent au Ministre, en les accompagnant, s'il y a lieu, de leurs observations.

---

8 janvier 1874.

Arrêt de la Cour d'appel de Paris, relatif à la responsabilité de l'instituteur en cas d'accident survenu à ses élèves.

8 Janvier 1874[1].

Un instituteur est responsable de l'accident causé à un élève par un de ses camarades, alors même que le mouvement instantané qui en a été la cause n'a pu être empêché, lorsque d'ailleurs l'accident aurait pu être prévenu par une surveillance plus active, notamment par la présence d'un professeur, et par la visite des pupitres, afin d'empêcher un enfant de posséder un liquide dangereux.

M. F..., dont l'enfant a perdu un œil, à la suite d'un accident survenu à la pension, par le fait de deux jeunes camarades, a assigné en 10 000 francs de dommages-intérêts l'instituteur et les parents des deux élèves.

Le tribunal de Corbeil a rendu, le 20 décembre 1870, un jugement ainsi conçu :

Le tribunal,

Attendu qu'il résulte des enquêtes et expertises ordonnées par jugement de ce tribunal du 8 avril 1869 :

1° Que le 20 juillet 1867, dans la pension du sieur X....., l'un des élèves, L....., tenait dans le creux de sa main un liquide qu'un de ses camarades, S....., venait d'y verser, lorsque F....., un autre élève, s'étant approché, demanda ce que c'était; que L....., en plaisantant, lui porta vivement la main au visage en disant : « Tiens! tiens! » et que ce liquide, qui était de l'alcali volatil, ayant jailli dans l'œil gauche de F....., lui fit une blessure;

2° Que cette blessure a occasionné la perte de l'œil;

1. Voir *La responsabilité des instituteurs*, par P. BEURDELEY (1 vol. in-8°, librairie Delagrave, 1892).

Attendu que F..... père, agissant comme administrateur légal de son fils mineur, a intenté contre X..... et contre S..... et contre L..... père, comme administrateurs légaux de leurs fils mineurs, une action en réparation du préjudice causé;

En ce qui touche la demande dirigée contre X..... :

Attendu qu'aux termes de l'article 1384 du Code civil les instituteurs sont responsables du dommage causé par leurs élèves pendant qu'ils sont sous leur surveillance;

Attendu que les élèves S..... et L..... étaient sous la surveillance de X....., lorsque le dommage dont se plaint F..... a été causé par eux;

Attendu que s'il est vrai que l'accident ait été causé par un mouvement de L....., qui ne pouvait être empêché à cause de son instantanéité, la responsabilité de X..... n'en subsiste pas moins entière, parce qu'il n'aurait pas dû permettre à des enfants l'usage d'un liquide aussi dangereux, ou s'il ignorait, comme il le prétend, que S..... l'eût en sa possession, parce qu'il eût dû en empêcher l'introduction et l'usage dans son établissement et qu'il a manqué de surveillance;

Attendu que X..... doit être tenu à réparer le dommage dont il a la responsabilité;

Attendu que le tribunal a les éléments suffisants pour décider que le service à F..... fils d'une rente viagère de 400 francs sera une réparation suffisante du préjudice qu'il a souffert;

En ce qui touche la demande dirigée contre S..... et L..... :

Attendu que, en raison des circonstances de la cause au moyen des dispositions du présent jugement, le demandeur doit être déclaré mal fondé;

Par ces motifs,

Déclare F..... mal fondé dans sa demande contre S..... et L....., l'en déboute, et condamne X..... à payer au sieur F..... père, comme administrateur légal de son fils mineur, la somme annuelle de 400 francs à titre de rente viagère sur la tête de F..... fils, laquelle commencera à courir du jour de la demande;

Dit que le service de ladite rente sera assuré, au choix de X....., soit par une inscription de rente sur l'État, au nom de F..... fils, soit par première hypothèque sur les biens de X....., et, dans ce cas, sera payable par quart tous les trois mois et d'avance;

Condamne F....., ès nom, aux dépens envers S..... et L....., et X..... au surplus des dépens.

Sur l'appel interjeté par M. X..., du chef relatif à F..., la Cour a rendu l'arrêt suivant :

La Cour,

Considérant qu'il résulte de l'enquête que X..... a fait preuve de négligence en laissant seuls les enfants confiés à sa garde, en ne les faisant pas, en son absence, surveiller par un professeur;

Qu'il est également coupable de ne pas avoir visité les pupitres de ses élèves;

Qu'il aurait pu ainsi prévenir l'accident dont a été victime le jeune F.....;

Que sa responsabilité est donc engagée;

Qu'il faut toutefois reconnaître que sa faute est légère eu égard aux circonstances dans lesquelles l'accident s'est produit, et en présence de l'exonération de toute responsabilité de L..... père, dont le fils a été l'auteur de l'accident, et de S..... père, qui a confié à son enfant de l'alcali;

Que les dommages-intérêts alloués sont exagérés;

Que la Cour a les éléments nécessaires pour les réduire à 1 000 fr.;

Confirme, réduit à 1 000 francs;

Ordonne la restitution de l'amende;

Condamne l'appelant aux dépens.

---

17 janvier 1874. **Circulaire du Ministre de l'Instruction publique, rappelant les instructions relatives à l'admission des livres dans les bibliothèques scolaires.**

17 Janvier 1874.

Monsieur le Préfet, l'arrêté constitutif des bibliothèques scolaires, en date du 1er juin 1862, porte (article 3) que ces bibliothèques comprendront :

1° Le dépôt des livres de classe à l'usage de l'École;

2° Les ouvrages concédés par le Ministre de l'Instruction publique;

3° Les livres donnés par les Préfets au moyen de crédits votés par les Conseils généraux;

4° Les ouvrages donnés par les particuliers;

5° Les ouvrages acquis au moyen des ressources propres à la bibliothèque.

L'article 6 dudit arrêté ajoute « qu'aucun ouvrage ne peut être placé dans la « bibliothèque scolaire, soit qu'il provienne d'acquisition, soit qu'il provienne « de dons faits par les particuliers, sans l'autorisation des Inspecteurs d'Aca- « démie ».

L'instituteur doit tenir trois registres : 1° un catalogue des livres; 2° un registre des recettes et dépenses; 3° un registre d'entrée et de sortie des livres prêtés au dehors. Ces registres, cotés et parafés par le maire, doivent être visés par l'Inspecteur de l'instruction primaire, lors de l'inspection de l'École, et communiqués aux autorités scolaires, à toute réquisition (*art.* 8).

Chaque année, au 31 décembre, l'instituteur doit dresser, en présence du maire, la situation de la bibliothèque, ainsi que celle de la caisse. Le procès-verbal constatant cette double opération est adressé à l'Inspecteur d'Académie par l'Inspecteur primaire (*art.* 10).

A leur passage dans l'École, les Inspecteurs primaires doivent vérifier les divers registres énumérés à l'article 8. Ils doivent s'assurer que l'acquisition des ouvrages a été faite conformément aux prescriptions de l'article 6, et que la bibliothèque ne contient aucun livre, donné ou légué, dont l'acceptation n'aurait pas été autorisée par l'Inspecteur d'Académie (*art.* 12).

Enfin, l'article 13 porte qu'à la fin de chaque année, l'Inspecteur d'Académie adresse au Ministre de l'Instruction publique, par l'intermédiaire du Recteur, un rapport sur la situation des bibliothèques scolaires.

Telle est la législation actuellement en vigueur.

Dans les années désastreuses que la France vient de traverser, il est à craindre que les prescriptions de l'article 6 n'aient pas été rigoureusement observées, et que des ouvrages pouvant offrir quelque danger ne se soient glissés dans ces bibliothèques.

J'appelle votre attention d'une manière toute spéciale sur ce point délicat. Je vous prie d'inviter MM. les Inspecteurs à faire une revision minutieuse des bibliothèques scolaires. Ils examineront avec le plus grand soin tous les ouvrages provenant de dons (autres que ceux faits par mon Administration) ou d'achats, et qui ne sont pas portés au catalogue revêtu de mon approbation.

En effet, plus de dix ans se sont écoulés depuis la création des bibliothèques scolaires. Pendant ce laps de temps, durant lequel aucune plainte sérieuse n'a été adressée à mon Administration, les éloges décernés à ces établissements par les diverses assemblées législatives sont venus sanctionner le choix des ouvrages et le travail de la Commission consultative qui a dressé les catalogues.

Pour faciliter la tâche de MM. les Inspecteurs, vous leur rappellerez qu'ils n'auront pas à s'occuper des ouvrages qui composent ces catalogues. Ils ont tous été examinés avec le plus grand soin et offrent toutes les garanties désirables. Mais ils devront vous rendre un compte exact de la valeur de tous les livres qui n'y figurent pas et faire retirer immédiatement des bibliothèques scolaires tous ceux qui leur paraîtraient de nature à offrir quelque danger, sauf à en référer à l'avis de la Commission consultative et à ma décision.

Vous voudrez bien, Monsieur le Préfet, engager MM. les Inspecteurs à vous adresser promptement un rapport détaillé sur leurs opérations. Je vous prie de me transmettre ces rapports avec vos observations personnelles.

Recevez, etc.

Signé : DE FOURTOU.

Circulaire du Ministre de l'Instruction publique, relative à l'engagement décennal des Alsaciens-Lorrains. 17 janvier 1874.

17 Janvier 1874.

Monsieur le Recteur, quelques-uns de vos collègues m'ont consulté sur la question de savoir si les Alsaciens-Lorrains mineurs, ayant opté pour la nationalité française avec le consentement de leurs représentants légaux, ont qualité pour contracter l'engagement décennal en vue d'obtenir la dispense du service militaire. On m'a demandé, en outre, quels sont ceux des jeunes gens qui, originaires des pays annexés, peuvent contracter cet engagement; quelles sont les pièces à exiger et les formalités à remplir dans ce dernier cas, et enfin si le consentement des parents ou tuteurs pour les jeunes gens majeurs est nécessaire.

Une circulaire de M. le Ministre de la Guerre, en date du 7 décembre dernier, règle de la manière suivante la position des jeunes gens originaires des pays cédés à l'Allemagne, et qui sont susceptibles, par leur âge, de prendre part au tirage au sort de la classe de 1873 : « Ceux d'entre eux qui ont opté « pour la nationalité française, ainsi que leurs père, mère ou tuteur, sont por- « tés sur les tableaux de recensement de la commune où leur famille a aujour- « d'hui son domicile légal. Quant à ceux dont les père, mère ou tuteur n'au- « raient pas eux-mêmes réclamé la nationalité française ou auraient conservé « leur domicile sur le territoire cédé, on ne devra les inscrire que s'ils en font « formellement la demande. »

Mon collègue, à qui j'ai cru devoir en référer, ajoute que, dans l'un et l'autre cas, « ces jeunes gens pourront, dès qu'ils auront été inscrits sur les tableaux « de recensement, être admis à souscrire l'engagement décennal prévu par « l'article 20 de la loi du 27 juillet 1872. Ceux qui auront atteint l'époque de « leur majorité ne seront pas tenus de produire, à l'appui de cet engagement, « le consentement de leurs parents. Quant à ceux qui seront encore mineurs, « ils devront en justifier préalablement; mais, lorsqu'il s'agira de jeunes gens « dont les père et mère ou tuteur n'auraient pas eux-mêmes réclamé la natio- « nalité française ou auraient conservé leur domicile sur le territoire cédé, on « pourra les dispenser de l'obligation de faire légaliser la signature de leurs « parents par les autorités allemandes. »

Vous voudrez bien, Monsieur le Recteur, m'accuser réception de la présente circulaire et communiquer, dans le plus bref délai, ces dispositions à MM. les Inspecteurs d'Académie, qui auront à en informer les intéressés.

Recevez, etc.

Signé : DE FOURTOU.

---

24 janvier 1874.

Circulaire du Ministre de l'Instruction publique, relative à la reconstitution et aux fonctions des délégations cantonales.

24 Janvier 1874.

Monsieur le Préfet, les délégations cantonales, instituées par les articles 18 et 42 de la loi du 15 mars 1850, ne sont pas organisées dans tous les départements, et, dans quelques autres, elles ne fonctionnent plus avec toute la régularité désirable.

Cet oubli d'une des prescriptions les plus importantes de la loi organique du 15 mars 1850 est, à tous égards, profondément regrettable. L'institution des délégués cantonaux, telle que l'a comprise le législateur de 1850, doit, en effet, rendre les plus grands services, et c'est avec raison que tous les auteurs des divers projets de lois sur l'instruction primaire, dont l'Assemblée nationale est actuellement saisie, proposent son maintien et cherchent même à agrandir son influence.

Le délégué cantonal se charge volontairement d'une mission fort délicate; il est du devoir de l'Administration de le soutenir et de l'encourager. S'il a du zèle et une certaine compétence, s'il est dévoué à l'œuvre de l'enseignement populaire, son action est des plus utiles dans la circonscription dont il est chargé; il sert, pour ainsi dire, de lien, d'intermédiaire autorisé entre les familles, dont il apprécie en parfaite connaissance de cause les besoins et les tendances, l'instituteur, qu'il voit à l'œuvre et qu'il surveille de très près, et l'autorité départementale, à laquelle il fournit les renseignements les plus précieux.

Tous les trois mois, il rend compte à ses collègues de la délégation, réunis au chef-lieu de canton, des faits les plus saillants qu'il a constatés et des impressions qu'il a recueillies.

Là, soustraits aux influences locales, voyant les personnes et les choses d'assez loin et d'assez haut, les délégués cantonaux délibèrent sur les questions scolaires et émettent des avis avec une indépendance que personne n'a le droit de suspecter. Ces avis sont ensuite transmis au Conseil départemental, car la loi exige leur production dans des circonstances déterminées et sur des matières quelquefois difficiles.

En dehors de la surveillance des Écoles, les attributions de la délégation cantonale sont nombreuses, vous le savez; je crois devoir toutefois vous rappeler les principales, afin de montrer combien il est urgent de reconstituer ces Comités cantonaux, s'ils ont cessé de fonctionner dans votre département.

C'est ainsi que, lorsqu'il s'agit de l'ouverture d'une École, le délégué doit visiter le local destiné aux classes et faire connaître au Conseil départemental si l'établissement est suffisamment propre à l'usage auquel il sera consacré (*art. 7 du décret du 7 octobre* 1850).

Vous devez soumettre aux délégations les délibérations des Conseils municipaux relatives aux dépenses d'entretien des Écoles primaires publiques et à la fixation de la rétribution scolaire dans ces établissements, ainsi que dans les salles d'asile publiques (*art.* 19 *du décret du* 7 *octobre* 1850 et 33 *du décret du* 21 *mars* 1855).

Seuls, les délégués cantonaux peuvent autoriser les personnes qui, dans un but charitable, et sans rétribution aucune, veulent enseigner à lire et à écrire aux enfants (*art.* 29 *de la loi de* 1850). C'est là une attribution considérable et pour laquelle nul ne peut les suppléer. Dans ce cas même, le législateur leur a accordé une part d'autorité, dont mon Administration n'a jamais appris qu'ils aient abusé.

Il importe donc, Monsieur le Préfet, que vous preniez immédiatement les mesures nécessaires pour mettre fin, s'il y a lieu, à un état de choses irrégulier, et dont les conséquences ne peuvent être que fort nuisibles aux progrès même de l'instruction primaire.

Je ne saurais trop insister pour que vous recherchiez dans votre département les personnes qui, par leur instruction, leur situation personnelle et leur notoriété, pourraient faire utilement partie des délégations cantonales. Le Conseil départemental (*art.* 42 *de la loi de* 1850), éclairé par vous, choisira, je n'en doute pas, les délégués les plus dignes de la mission qu'il leur confiera.

Ainsi que l'écrivait un de mes prédécesseurs : « Il ne faut pas que ces fonc-
« tions puissent jamais être données à ceux qui les rechercheraient uniquement
« comme moyen d'influence. Elles doivent être conférées seulement comme des
« occasions de service public et de dévouement. » Le Conseil départemental ne perdra pas de vue ces considérations, et, au besoin, vous sauriez les lui rappeler, lorsqu'il procédera aux désignations nouvelles. Il sentira, j'en suis certain, la nécessité de n'accorder un semblable témoignage d'estime qu'aux

personnes qui joignent à un amour véritable de l'instruction populaire les sentiments les plus désintéressés.

Je n'ai pas besoin d'ajouter, Monsieur le Préfet, que tous vos efforts doivent tendre à faciliter aux délégués l'accomplissement de leur tâche. Vous comprenez en effet combien il importe que ces auxiliaires dévoués de l'Administration puissent toujours compter sur son appui.

Vous voudrez bien les tenir exactement au courant des mutations faites entre les instituteurs de leur circonscription, leur faire connaître les récompenses qui auraient été accordées à ces maîtres et les peines disciplinaires que quelques-uns d'entre eux auraient encourues. Il convient aussi qu'aucun congé ne soit accordé à un instituteur sans que vous en informiez le délégué chargé spécialement de la surveillance de son École. L'action des délégations cantonales ne sera véritablement profitable qu'à la condition que l'autorité témoignera, par ses fréquents rapports avec les délégués, de tout le prix qu'elle attache à leur collaboration.

Il serait à désirer aussi que vous fissiez envoyer à MM. les délégués le *Bulletin de l'Instruction primaire* qui se publie dans votre département. Ils se trouveraient, de cette façon, informés de tous les faits scolaires qui intéressent la région, et pourraient se rendre un compte exact des progrès et des besoins du service.

Je vous prie, Monsieur le Préfet, de m'accuser réception de la présente circulaire et de m'informer, avant le 15 février prochain, des mesures que vous aurez prises pour reconstituer les délégations, si elles avaient cessé d'exister dans votre département.

Dans le cas où cette institution y serait encore en vigueur, vous voudriez bien m'adresser, à la même date, un rapport détaillé sur la manière dont elle fonctionne et sur les résultats qu'elle obtient.

Recevez, etc.

Signé : DE FOURTOU.

---

28 janvier 1874.

Arrêt de la Cour d'appel d'Agen relatif à l'ouverture d'École [1].

28 Janvier 1874.

Ne doit pas être considéré comme tenant une École dans le sens de la loi, celui qui, après avoir fait la déclaration prescrite par l'article 27 à l'autorité municipale, consent à donner quelques répétitions dans une maison privée, en attendant l'expira-

1. Dans le courant du mois de novembre dernier, M. ....., instituteur libre, se présentait à la mairie de Sainte-Livrade (Lot-et-Garonne) et y déclarait son intention d'ouvrir dans la commune une École primaire : il désignait en même temps le local où il voulait s'établir. Aux termes de l'article 27 de la loi du 15 mars 1850, l'École ne peut être tenue que trente jours après cette déclaration, et pendant ce délai l'autorité académique peut former opposition, dans l'intérêt des mœurs publiques, à l'ouverture de l'établissement d'instruction. M. ....., voulant se conformer à la loi, dont il connaissait les dispositions, chercha un logement dans une maison appartenant à un honorable négociant de la ville, et, pour répondre au bon accueil de son hôte, il crut pouvoir donner quelques leçons à son jeune fils, et même de

tion du délai de trente jours, alors même que d'autres enfants auraient assisté à ces leçons, mais d'une façon accidentelle, irrégulière, et d'ailleurs à la demande expresse du père de famille seul, abstraction faite de tous rapports personnels entre le répétiteur et les parents de ces jeunes élèves.

Attendu qu'il ressort de l'ensemble de tous les faits et circonstances de la cause, des constatations du procès-verbal de M. l'Inspecteur ....., comme des dépositions des témoins entendus par le tribunal, que ....., dès son arrivée à Sainte-Livrade, et après avoir fait choix d'un local convenable dans la maison ....., pour y établir son École, s'est empressé d'en faire la déclaration au maire de cette ville, le 8 novembre 1873, et de se conformer à cette fin aux dispositions de la loi; que, reçu, en attendant l'expiration du mois, dans la maison du sieur ....., il fut prié par lui d'y donner quelques leçons à son petit-fils, le jeune .....;

Que, sur la demande expresse dudit ..... et de son gendre, ... consentit, pour répondre aux prières et au bon accueil de ses hôtes, à ce que quelques enfants, camarades du jeune ....., assistassent aux leçons données à celui-ci, pour exciter son émulation et éviter que ces enfants ne fussent, en attendant l'ouverture de l'École, trop livrés à eux-mêmes;

Que l'assistance accidentelle et irrégulière de ces enfants, d'ailleurs si peu nombreux, aux répétitions fournies à ....., a eu lieu, par la volonté des maîtres de la maison, sans aucun rapport personnel du prévenu avec les parents de ces enfants, en dehors de toute réglementation d'heures de classes et de programmes de leçons ou devoirs à remplir, et en outre sans aucune rémunération;

Que, dans cette situation, ... fournissant au jeune ....., chez lui, un enseignement dont le caractère domestique est incontestable, ne saurait être considéré comme ayant exercé vis-à-vis des quelques amis de cet enfant la mission d'un maître d'école avec l'autorité y attachée sur des élèves soumis à sa direction;

temps à autre à plusieurs de ses petits camarades qui venaient se joindre à lui. M. l'Inspecteur d'Académie de l'arrondissement, voyant dans ces faits une contravention à la loi sur l'instruction primaire, se transporta à Sainte-Livrade, et constata dans un procès-verbal la présence de dix enfants réunis autour de M. ....., dans un arrière-magasin. Le parquet, saisi de l'affaire, introduisit alors une poursuite correctionnelle contre l'instituteur, qui comparut, le 3 décembre 1873, devant le tribunal de Villeneuve-sur-Lot; mais le tribunal renvoya le prévenu des fins de la poursuite.

Sur appel interjeté par le Procureur général, la Cour d'appel d'Agen a prononcé le présent arrêt confirmatif, contre lequel le Procureur général s'est pourvu en cassation.

Que le prévenu entendait si peu ouvrir une École avant le 8 décembre, époque à laquelle il devait en ouvrir une dans la maison ....., qu'il a refusé les enfants qui lui étaient offerts, en déclarant aux pères de famille qu'il ne pouvait les recevoir qu'à l'expiration du mois à son École, devant être établie alors dans le local ci-dessus désigné;

Attendu qu'en cet état les premiers juges, en ne voyant pas dans les faits imputés à ..... l'ouverture d'une École avant l'expiration du délai fixé par les articles 28 et 29 de la loi du 15 mars 1850, et en relaxant, par suite, le prévenu de la poursuite, ont sainement apprécié les faits de la cause et les dispositions de la loi précitée;

Adoptant, au surplus, les motifs des premiers juges;

La Cour, sans s'arrêter à l'appel relevé le 19 janvier courant par M. le procureur général, et l'en démettant :

Confirme le jugement du tribunal correctionnel de Villeneuve-sur-Lot, du 3 décembre 1873, et ordonne qu'il sortira son plein et entier effet, sans dépens.

---

3 février 1874. **Décret portant que le certificat d'admission à l'École centrale des Arts et Manufactures peut suppléer au brevet de capacité pour l'enseignement primaire.**

3 Février 1874.

Le Président de la République française,

Sur le rapport du Ministre de l'Instruction publique, des Cultes et des Beaux-Arts,

Vu l'article 25 de la loi du 15 mars 1850;

Vu l'article 1er du décret du 31 mars 1851;

Vu la loi du 19 juin 1857;

Le Conseil supérieur de l'instruction publique entendu,

Décrète :

ARTICLE 1er. — L'École centrale des Arts et Manufactures est mise au nombre des établissements désignés par l'article 1er du décret du 31 mars 1851. Le certificat d'admission dans ladite École supplée au brevet de capacité pour l'enseignement primaire.

Circulaire du Ministre de l'Instruction publique, relative aux améliorations à introduire dans les études et le personnel enseignant des Écoles normales primaires. 21 février 1874.

21 Février 1874.

Monsieur le Recteur, la circulaire du 1er septembre dernier avait appelé votre attention sur la faiblesse de certaines parties des études dans les Écoles normales primaires et sur l'avantage qu'il pourrait y avoir à charger provisoirement les professeurs de Lycées ou de Collèges de quelques-uns des cours les plus importants.

J'ai pris connaissance des rapports que vous m'avez adressés; j'ai comparé les opinions qui s'y trouvent exprimées avec celles qu'avaient antérieurement formulées les Inspecteurs généraux de l'instruction publique, et c'est après m'être rendu ainsi un compte exact de la valeur des divers enseignements donnés dans les Écoles normales, que j'ai pris le parti de demander à l'Assemblée nationale des ressources suffisantes pour élever ou du moins pour fortifier les études des élèves-maîtres.

La Chambre, que préoccupent si vivement les intérêts de l'instruction populaire, a accueilli cette demande avec faveur; elle a voté, pour l'année 1874, une allocation de 80 000 francs, qui me permettra d'utiliser, dans l'intérêt de l'instruction de nos futurs instituteurs, le savoir et l'expérience de quelques-uns des professeurs de l'enseignement secondaire.

Il convient de tirer parti le plus tôt possible, et partout où la mesure sera applicable, du subside si généreusement accordé par l'Assemblée, et de désigner dès maintenant, pour chaque École, les professeurs dont il faudrait s'assurer le concours.

Mais, avant d'entrer dans de plus longs détails sur ce point, je tiens à vous faire connaître, Monsieur le Recteur, quelle est au juste ma pensée sur le caractère que doit présenter l'amélioration dont il s'agit. Peut-être parviendrai-je de la sorte à dissiper les doutes et les inquiétudes qui ont pu naître dans certains esprits.

Et d'abord, que le personnel enseignant de nos Écoles normales se rassure! Il n'est nullement question, quoi qu'on en ait dit, ni de l'amoindrir, ni surtout de le déconsidérer. Personne plus que moi ne rend justice aux efforts qu'il a faits pour élever le niveau de l'instruction, et je me plais à reconnaître qu'il n'y a point toujours eu de sa faute si les résultats obtenus n'ont pas complètement répondu sur tous les points aux exigences actuelles.

Le recrutement des maîtres des Écoles normales primaires se fera, comme par le passé, dans les rangs mêmes de l'instruction primaire. Aucun emploi de maître adjoint ne sera supprimé, et, si nous demandons le concours des professeurs appartenant à l'ordre secondaire, pour leur confier quelques cours importants, il faut bien qu'on le sache, la mesure n'est que transitoire, elle n'est prise qu'à titre d'essai.

Maintenant pourquoi cette innovation, que nous déclarons ne devoir être que temporaire?... Le voici.

Certains enseignements spéciaux, tels que ceux des sciences physiques et naturelles, ne peuvent être bien donnés et, par suite, devenir fructueux qu'à la condition que le maître saura se conformer dans ses cours à une tradition acquise et que l'expérience a pour ainsi dire consacrée.

Or, il faut l'avouer, cette tradition, la plupart de nos maîtres adjoints n'ont point été à même de la connaître et d'en apprécier l'importance; leur horizon scientifique et littéraire n'a jamais dépassé les limites de l'École normale, qui les reçut autrefois comme élèves et qui les emploie aujourd'hui comme professeurs. Au contraire, les maîtres expérimentés des Lycées et Collèges, nourris de solides études, formés dans les Facultés ou les Écoles spéciales par les hommes les plus distingués, possèdent cette tradition et l'appliquent journellement dans leurs leçons. Ce que nous voulons, c'est que l'exemple des seconds profite aux premiers, c'est qu'au contact du professeur externe, et en le voyant à l'œuvre dans sa classe, le maître adjoint soit conduit à se débarrasser des procédés vieillis qu'il employait; qu'il se pénètre, au point de vue des méthodes, d'un esprit nouveau, et qu'il devienne à son tour un maître habile.

Il ne s'agit donc point de détruire ce qui est, il s'agit de l'améliorer; il ne s'agit point de substituer imprudemment à celles des méthodes de l'enseignement primaire qui sont reconnues bonnes les pratiques, les tendances et les habitudes d'esprit, qui sont autres et qui doivent l'être, des professeurs de l'ordre secondaire; nous voulons tout simplement que pour certains enseignements, devenus nécessaires à notre époque, les Écoles normales puissent bénéficier à leur tour des progrès que les sciences en général, et la science pédagogique en particulier, ont faits dans ces derniers temps.

L'entrée des professeurs externes dans les Écoles normales n'aura pas seulement pour conséquence d'élever immédiatement le niveau de l'instruction des élèves-maîtres; elle permettra, en outre, aux maîtres adjoints de tirer parti des loisirs qui leur seront faits pour étendre leurs connaissances spéciales et se mettre ainsi en état de continuer les bonnes traditions d'enseignement dont on leur aura livré le secret.

Ce n'est pas tout : l'organisation nouvelle donnera satisfaction au vœu, souvent exprimé par l'inspection générale et par les Commissions de surveillance, de rendre moins lourde la tâche imposée aujourd'hui aux maîtres adjoints. Il sera désormais possible d'attribuer temporairement à l'un d'eux, à celui qui prendra, à raison de son âge ou de son inexpérience, une part moins active à l'enseignement, sinon la totalité, au moins une portion considérable de la surveillance. Allégés ainsi, les uns du côté de l'enseignement, les autres du côté de la surveillance, ils auront tous plus de temps pour travailler par eux-mêmes et accroître leur instruction. Il importe qu'ils n'oublient pas que, pour imprimer une bonne direction à ses élèves et laisser dans leur esprit des traces profondes de ses leçons, le maître doit dominer son enseignement, et qu'il n'est véritablement à la hauteur de sa tâche qu'à la condition de creuser tous les jours plus profondément les matières qu'il est chargé d'enseigner.

Il ne faut pas se le dissimuler : les résultats de l'essai que nous allons tenter dépendent absolument de la façon dont il sera mis en pratique, et surtout du choix des nouveaux professeurs. Vous seul pouvez, Monsieur le Recteur, me signaler dans les établissements d'instruction secondaire les maîtres qui, par leur caractère, leur expérience, leur notoriété, vous paraîtront les plus propres à donner aux élèves-maîtres un enseignement répondant à leurs besoins et au degré d'instruction qu'ils possèdent.

Les rapports que j'ai reçus à la suite de l'inspection générale des Écoles normales faite en 1873 m'ont permis de constater quelles sont, dans chacun de ces établissements, les parties de l'enseignement en souffrance, et desquelles, par conséquent, il conviendrait de charger un professeur spécial. Les renseignements que, de votre côté, vous avez adressés à mon Administration ont complété cette enquête, dont vous trouverez les résultats dans le tableau ci-joint.

Dans la colonne « *propositions* », vous devez m'indiquer, Monsieur le Recteur, les noms des professeurs de l'enseignement secondaire que vous aurez jugés les plus dignes de la mission que je me propose de leur confier.

Je ne saurais trop insister sur l'importance que j'attache à vos choix, et je vous prie de les motiver par une note aussi complète que possible sur chaque professeur.

Je désirerais que la nouvelle organisation pût être mise en vigueur dès le 15 mars prochain.

Recevez, etc.

Signé : DE FOURTOU

Circulaire du Ministre de l'Instruction publique, relative à la pension de retraite des instituteurs et institutrices. 25 février 1874.

25 Février 1874.

Monsieur le Préfet, l'Assemblée nationale, lors du vote de la loi de finances pour l'exercice 1874, a décidé que la pension des instituteurs et institutrices admis à la retraite à partir du 1er janvier de l'année courante serait complétée, par voie de secours, à 500 francs, et a porté au budget de mon département le crédit nécessaire pour faire face à cette dépense.

La situation des membres de l'enseignement primaire retraités antérieurement au 1er janvier dernier, et dont les ressources annuelles ne sont assurées que jusqu'à concurrence de 360 francs, ne pouvait pas échapper à sa sollicitude. Aussi, tout en regrettant que d'importantes nécessités budgétaires ne permettent pas d'attribuer, quant à présent, à cette catégorie d'anciens instituteurs les mêmes avantages qu'à leurs collègues, l'Assemblée nationale a voulu leur donner immédiatement un témoignage particulier de sympathie en votant une allocation destinée à être répartie entre les plus nécessiteux, dans des proportions qui n'ont pas été déterminées et qui varieront suivant le nombre des ayants droit et la position de chacun d'eux.

Je crois devoir, Monsieur le Préfet, vous adresser des instructions au sujet de l'exécution de ces dispositions.

Le complément à 500 francs, assuré aux instituteurs et institutrices admis à la retraite à partir du 1er janvier 1874, leur sera attribué immédiatement et sans qu'il y ait lieu de défalquer le montant de leurs revenus personnels.

Quant aux instituteurs retraités antérieurement au 1er janvier de la présente année, je me vois dans l'obligation de maintenir, quant à présent, les règles en vigueur : ils continueront à ne pouvoir prétendre au secours complémentaire à 360 francs qu'à partir du 1er janvier de l'année qui suivra celle dans le cours de laquelle leur brevet leur aura été délivré, et vous aurez à tenir compte, comme par le passé, dans vos propositions, de leurs ressources propres, sans toutefois faire figurer parmi ces ressources les profits qu'ils retirent de travaux personnels. Je souhaite vivement que des dispositions plus favorables puissent être prochainement adoptées à leur égard, et je ferai, en ce qui me concerne, tous mes efforts pour obtenir ce résultat.

Je vous ferai connaître ultérieurement la part qui pourra être attribuée à votre département dans l'allocation votée au profit de cette catégorie d'instituteurs, et je vous transmettrai des indications précises relativement aux propositions que vous aurez à m'adresser en leur faveur.

Recevez, etc.

Signé : DE FOURTOU.

---

27 mars 1874. **Circulaire du Ministre de l'Instruction publique, relative aux peines disciplinaires appliquées aux membres de l'enseignement primaire.**

27 Mars 1874.

Monsieur le Préfet, malgré les recommandations adressées, à diverses reprises, par mes prédécesseurs, j'ai fréquemment l'occasion de constater que des peines disciplinaires sont infligées à des membres de l'enseignement primaire sans que l'Administration centrale en soit informée ; et c'est par les journaux ou par des personnes étrangères au service que j'apprends parfois les décisions prises en cette matière.

Vous n'ignorez pas, Monsieur le Préfet, qu'une circulaire du 21 juillet 1871 a eu pour objet de rappeler que le Ministre doit être exactement tenu au courant de toutes les affaires de ce genre. J'ajouterai que ces communications donnent lieu, de ma part, à des observations dont l'importance ne saurait vous échapper, et qu'elles servent, en outre, de base à un travail de statistique auquel j'attache le plus grand intérêt.

J'ai vu d'ailleurs, avec regret, que, dans beaucoup de cas, les peines prononcées par les Préfets ne sont pas conformes aux prescriptions de la loi du 15 mars 1850, et il me paraît nécessaire de rappeler sommairement les dispositions qui concernent l'application de ces peines.

Aux termes de l'article 33 de cette loi, les instituteurs publics peuvent être *réprimandés*, *suspendus*, avec ou sans privation totale ou partielle de traitement et pour un temps qui ne saurait excéder six mois, et *révoqués*.

L'instituteur révoqué perd le droit de diriger une École publique ou libre dans la commune où il a encouru cette peine.

Le Conseil départemental peut, de plus, après l'avoir entendu ou dûment appelé, frapper l'instituteur communal d'une *interdiction absolue*, sauf appel devant le Conseil supérieur dans les délais prescrits.

Bien que le législateur ait pris soin de déterminer les pénalités applicables au personnel enseignant, je reçois souvent des rapports officiels desquels il résulte, par exemple, que le Préfet a substitué la *mise en disponibilité*, qui n'est pas au nombre des peines prévues par la loi, à la suspension pour un laps de temps déterminé, ou à la révocation.

Je n'hésite pas à considérer de pareilles mesures comme illégales. Les peines édictées par l'article 33 sont d'ailleurs sagement graduées, et elles suffisent à la répression de tous les abus. Au surplus, il n'appartiendrait qu'au législateur de les modifier.

MM. les Préfets se montrent généralement mieux pénétrés, je le reconnais, des dispositions de l'article 30 de la même loi, relatif aux instituteurs ou institutrices libres, qui relèvent surtout, il est vrai, du Conseil départemental de l'instruction publique. C'est, en effet, cette haute assemblée qui juge s'il y a lieu de censurer, de suspendre ou d'interdire les maîtres de l'enseignement libre, que vous ou M. le Procureur de la République croyez devoir lui *déférer*.

Je ne tiens pas moins à être prévenu des poursuites judiciaires et des condamnations qui pourraient atteindre le personnel enseignant placé sous vos ordres, et je vous ferai observer, à ce sujet, que les personnes qui ont subi une condamnation pour un crime ou pour un délit contraire à la probité et aux mœurs sont, d'après l'article 26 de la loi du 15 mars, rendues incapables de tenir une École publique ou libre, ou d'y être employées.

Lorsque les Préfets prononcent la révocation de maîtres frappés déjà d'une incapacité de ce genre, ils prennent donc une décision superflue, puisqu'elle est sans effet.

Enfin, je dois vous rappeler les prescriptions de l'article 8 de la loi du 14 juin 1854, portant que le Préfet exerce, sur le rapport de l'Inspecteur d'Académie, les attributions déférées au Recteur par la loi du 15 mars 1850 et par le décret organique du 9 mars 1852, en ce qui concerne l'instruction primaire publique ou libre.

Aux termes de l'article 23 du décret du 22 août 1854, le rapport que M. l'Inspecteur d'Académie est tenu de vous soumettre sur les peines à infliger aux instituteurs ainsi que sur les mutations à opérer, doit être écrit et signé. Je vous serai donc obligé de joindre toujours ce rapport aux arrêtés portant application de peines disciplinaires, que vous m'adresserez. J'ai dû souvent faire réparer cette omission dans les envois qui m'étaient faits.

J'appelle toute votre attention sur les observations contenues dans la présente circulaire.

Recevez, etc.

Signé : DE FOURTOU.

Arrêté relatif aux frais de passage et de transport des fonctionnaires de l'Instruction publique en Algérie. 25 avril 1874.

25 Avril 1874.

ARTICLE 1er. — Le passage gratuit pour les fonctionnaires de l'Instruction publique se rendant de France en Algérie, et *vice versa*, sera toujours l'objet d'une décision ministérielle.

ART. 2. — Le transport gratuit sur le littoral algérien, pour les fonctionnaires de l'Instruction publique au service de l'État, pourra être accordé par autorisation du Recteur de l'Académie d'Alger.

Circulaire du Ministre de l'Instruction publique, rappelant que l'ordonnance du 22 février 1839 sur les bibliothèques publiques est encore en vigueur. 4 mai 1874.

4 Mai 1874.

Monsieur le Préfet, j'ai appris, par les rapports de l'inspection générale et par les communications de plusieurs de vos collègues, que, par suite des troubles de ces dernières années, l'ordonnance du 22 février 1839 concernant l'organisation des bibliothèques publiques n'était plus exactement en vigueur dans certaines villes qui possèdent des bibliothèques.

Dernièrement le maire d'une ville importante a dénié au Ministre le droit d'appliquer cette ordonnance. Il a présenté au Conseil d'État une requête tendant à faire annuler, pour excès de pouvoir, un arrêté par lequel j'avais nommé deux membres du Comité d'inspection et d'achat de livres de la bibliothèque. Il soutenait que cette nomination appartenait, soit au Conseil municipal, en vertu de l'article 17 de la loi du 18 juillet 1837, soit au maire, en vertu de l'article 12 de la même loi; et que l'article 38 de l'ordonnance du 22 février 1839 ne pouvait porter atteinte aux droits prétendus de l'autorité municipale.

Cette étrange prétention n'a pas été admise par le Conseil d'État, dont l'arrêt est ainsi conçu :

« Considérant que les Comités institués par l'article 38 de l'ordonnance du « 22 février 1839 ont été créés pour assurer la bonne distribution des ouvrages « à répartir entre les bibliothèques publiques, ainsi qu'il est indiqué à l'article 37, et la conservation des ouvrages provenant des libéralités faites par « l'État à ces établissements; que, même en ce qui concerne les achats et « échanges de livres et l'emploi des fonds, les Comités institués près des biblio- « thèques communales n'ont et ne peuvent avoir qu'une mission de surveil- « lance et d'inspection, etc., etc. »

Le Conseil d'État, statuant au contentieux, a rejeté, dans sa séance du 31 mars dernier, la requête du maire dont il s'agit.

Vous le voyez, Monsieur le Préfet, l'ordonnance reçoit une nouvelle force de l'arrêt que je viens de citer. Je crois donc devoir appeler votre attention sur la nécessité de veiller à la stricte application des dispositions qu'elle renferme, notamment sur celles des articles 37, 38, 40 et 42, ainsi conçus :

« ART. 37. Les catalogues de toutes les bibliothèques appelées à participer aux distributions de livres, pour lesquelles sont et demeurent affectés les ouvrages provenant soit du dépôt légal, soit des souscriptions, devront être adressés au Ministère de l'Instruction publique, et y constituer le grand-livre des bibliothèques de France, lequel sera tenu à la disposition de tout bibliographe, littérateur ou savant.

« ART. 38. Il sera établi, par notre Ministre de l'Instruction publique, dans toutes les villes qui possèdent une bibliothèque, sous la présidence du maire, un Comité d'inspection de la bibliothèque et d'achat des livres, qui déterminera l'emploi des fonds consacrés aux acquisitions, la confection des catalogues, les conditions des échanges proposés. Tous les ans, à l'époque des vacances, l'état des acquisitions sera adressé à notre Ministre de l'Instruction publique, pour être annexé au grand-livre des bibliothèques de France.

« ART. 40. Toute aliénation, par les villes et les Facultés, des livres, manuscrits, chartes, diplômes, médailles, contenus en leurs bibliothèques, est et demeure interdite.

« Les échanges ne peuvent avoir lieu que sous l'autorité des maires et recteurs, avec l'approbation du Ministre.

« ART. 42. Tous les règlements des autorités locales sur le service public, l'établissement du service de nuit et les fonds affectés aux dépenses du personnel, du matériel et des acquisitions, sont adressés au Ministère de l'Instruction publique et y restent déposés. »

Vous voudrez donc bien, Monsieur le Préfet, m'adresser la liste des bibliothèques de votre département dans lesquelles ces Comités fonctionnent régulièrement. Quant aux bibliothèques dont les Comités sont désorganisés ou n'existent pas encore, vous aurez à m'adresser d'urgence vos propositions pour que je puisse immédiatement nommer les membres que vous désignerez à mon choix.

Enfin, quant aux Comités dont les membres auront été nommés par les maires, vous me ferez connaître votre opinion sur les personnes qui les composent. Vous me proposerez, s'il y a lieu, de les confirmer purement et simplement, ou vous formulerez des propositions générales ou partielles, suivant les circonstances, pour que je puisse pourvoir à leur remplacement.

Je vous rappellerai, à ce sujet, les termes de mon arrêté en date du 6 janvier 1874, et je vous invite à désigner comme membres du Comité, soit d'anciens élèves de l'École des Chartes, soit des membres de l'Université ou de sociétés savantes; en un mot, des personnes qui, sous tous les rapports, présentent de sérieuses garanties aux autorités locales comme à mon administration.

Recevez, etc.

Signé : De Fourtou.

Arrêt de la Cour de cassation, chambre des requêtes, relatif aux traités entre les maires et les congrégations religieuses.

16 mai 1874.

16 Mai 1874.

Le traité verbal entre un maire et une congrégation religieuse, réglant les conditions matérielles et financières sous lesquelles cette congrégation s'engage à donner l'instruction primaire aux enfants des Écoles communales, est, de sa nature, un contrat privé et de droit civil.

En conséquence, les tribunaux ordinaires sont compétents pour connaître des difficultés auxquelles donne lieu son exécution ou son inexécution, quelles que soient les délibérations municipales et les décisions préfectorales qui sont intervenues à l'occasion de l'inexécution du traité.

Aux termes du statut de la congrégation des Frères des Écoles chrétiennes, une ville ne peut pas supprimer les Écoles communales qu'ils dirigent avant d'avoir notifié six mois à l'avance l'arrêté de suppression, et à la charge, en outre, de payer à chacun des frères une indemnité équivalant à six mois de son traitement.

Par suite, bien qu'au moment de la suppression des Écoles le directeur de l'institut ait touché une somme de la ville, cette somme ne peut être considérée que comme un acompte de ce qui est dû réellement à la congrégation, et n'empêche pas celle-ci de réclamer ultérieurement le solde du traitement entier de chacun des frères; et cela, quoique la quittance de la somme reçue ait été donnée sans réserves.

La fin de non-recevoir contre cette réclamation, tirée devant la Cour d'appel, de l'acquiescement des frères par la réception de ladite somme, peut être considérée comme écartée par des motifs suffisants, lorsqu'on trouve dans le jugement, dont les motifs ont été adoptés, une réponse implicite à cette fin de non-recevoir.

L'arrêt qui condamne une partie aux frais d'enregistrement d'un traité n'a pas besoin d'employer les termes sacramentels, que cette condamnation est prononcée à titre de dommages-intérêts : il suffit que l'intention des juges résulte de l'ensemble de leur décision[1].

---

16 mai 1874.

Arrêt du tribunal correctionnel de Guéret, relatif à l'ouverture d'École sans autorisation.

16 Mai 1874.

Ne saurait être considérée comme ayant ouvert ou dirigé une École, en contravention aux dispositions de la loi du 15 mars 1850, sur l'enseignement, la jeune fille mineure qui reçoit chez elle un groupe d'enfants en bas âge, sans aucune rétribution scolaire, alors qu'ils sont trop jeunes pour aller à l'École communale, quand même il serait établi par un procès-verbal que ces enfants auraient été vus assis autour d'une table et se disposant à prendre une leçon d'écriture[2].

Attendu qu'il résulte de l'instruction que le 30 mars dernier, M. l'Inspecteur primaire de l'arrondissement de Guéret, faisant sa tournée ordinaire, a trouvé à Colondannes, dans une chambre à coucher au premier étage, neuf enfants, âgés de quatre à cinq ans, ex-

1. Ainsi jugé, au rapport de M. le conseiller Dagallier, et sur les conclusions conformes de M. l'avocat général Reverchon, par rejet du pourvoi de la ville de Perpignan contre un arrêt de la Cour de Montpellier du 7 juillet 1873, rendu au profit des Frères des Écoles chrétiennes.

2. Mlle M....., âgée de vingt ans, était traduite devant le tribunal correctionnel de Guéret pour se défendre comme prévenue d'avoir, dans le courant de l'année 1874, et spécialement le 30 mars de cette année, ouvert et dirigé à C..... une École sans y être autorisée et sans avoir rempli les formalités prescrites par les articles 25, 27, 28 et 29 de la loi du 15 mars 1850. Mais le tribunal a renvoyé la prévenue des fins de la plainte par le jugement ci-dessus.

cepté un de sept à neuf ans, assis autour d'une table et se disposant à prendre une leçon d'écriture, sous la surveillance de la fille M.....;

Attendu qu'il n'en résulte pas que M..... ait réellement donné à ces enfants des leçons de lecture et d'écriture et qu'elle ait ouvert ou dirigé, dans le courant de 1874, et spécialement le 30 mars dernier, à Colondannes, une École sans y être autorisée et sans avoir rempli les formalités prescrites par les articles 25, 27, 28 et 29 de la loi du 15 mars 1850;

Attendu qu'il est probable que M..... se bornait à prendre soin de ces jeunes enfants, qui lui étaient confiés par leurs parents, pendant qu'ils vaquaient à leurs travaux ordinaires, la plupart étant trop jeunes pour fréquenter l'École communale, dont le directeur, du reste, avait perdu la confiance des habitants de Colondannes;

Que M..... ne faisait pas une concurrence nuisible à l'instituteur, puisqu'elle ne percevait, pour la garde de ces enfants, aucune rétribution scolaire;

Attendu, dès lors, que la prévention n'est pas suffisamment justifiée;

Par ces motifs,

Le tribunal renvoie ladite demoiselle M..... et son père de la plainte contre eux portée, sans dépens.

Loi relative au travail des enfants et des filles mineures employés dans l'industrie.

19 mai 1874.

19 Mai 1874 [1].

SECTION Ire. — *Age d'admission. Durée du travail.*

ARTICLE 1er. — Les enfants et les filles mineures ne peuvent être employés à un travail industriel dans les manufactures, fabriques, usines, mines, chantiers et ateliers que sous les conditions déterminées dans la présente loi.

ART. 2. — Les enfants ne pourront être employés par des patrons ni être admis dans les manufactures, usines, ateliers ou chantiers avant l'âge de douze ans révolus.

1. Cette loi a été remplacée par la loi du 2 *novembre* 1892.
Consulter l'*État actuel en France du patronage et de l'enseignement des apprentis*, par E. CACHEUX, ingénieur civil, Monographies pédagogiques, T. V, pages 423 à 536; — la circulaire du 20 *juillet* 1875 (*Circ. et Instr. off.*, T. VII, page 490).

Ils pourront être toutefois employés à l'âge de dix ans révolus dans les industries spécialement déterminées par un règlement d'administration publique rendu sur l'avis conforme de la Commission supérieure ci-dessous instituée.

ART. 3. — Les enfants jusqu'à l'âge de douze ans révolus ne pourront être assujettis à une durée de travail de plus de six heures par jour, divisée par un repos.

A partir de douze ans, ils ne pourront être employés plus de douze heures par jour, divisées par des repos.

SECTION II. — *Travail de nuit, des dimanches et jours fériés.*

ART. 4. — Les enfants ne pourront être employés à aucun travail de nuit jusqu'à l'âge de seize ans révolus.

La même interdiction est appliquée à l'emploi des filles mineures, de seize à vingt et un ans, mais seulement dans les usines et manufactures.

Tout travail entre neuf heures du soir et cinq heures du matin est considéré comme travail de nuit.

Toutefois, en cas de chômage résultant d'une interruption accidentelle et de force majeure, l'interdiction ci-dessus pourra être temporairement levée, et pour un délai déterminé, par la Commission locale ou l'Inspecteur ci-dessous institués, sans que l'on puisse employer au travail de nuit des enfants âgés de moins de douze ans.

ART. 5. — Les enfants âgés de moins de seize ans et les filles âgées de moins de vingt et un ans ne pourront être employés à aucun travail par leurs patrons, les dimanches et fêtes reconnues par la loi, même pour rangement de l'atelier.

ART. 6. — Néanmoins, dans les usines à feu continu, les enfants pourront être employés la nuit ou les dimanches et jours fériés aux travaux indispensables.

Les travaux tolérés et le laps de temps pendant lequel ils devront être exécutés seront déterminés par des règlements d'administration publique.

Ces travaux ne seront dans aucun cas autorisés que pour des enfants âgés de douze ans au moins.

On devra, en outre, leur assurer le temps et la liberté nécessaires pour l'accomplissement des devoirs religieux.

SECTION III. — *Travaux souterrains.*

ART. 7. — Aucun enfant ne peut être admis dans les travaux souterrains des mines, minières et carrières avant l'âge de douze ans révolus.

Les filles et femmes ne peuvent être admises dans ces travaux.

Les conditions spéciales du travail des enfants de douze à seize ans, dans les galeries souterraines, seront déterminées par des règlements d'administration publique.

SECTION IV. — *Instruction primaire.*

ART. 8. — Nul enfant ayant moins de douze ans révolus ne peut être employé par un patron qu'autant que ses parents ou tuteur justifient qu'il fréquente actuellement une École publique ou privée.

Tout enfant admis avant douze ans dans un atelier devra, jusqu'à cet âge, suivre les classes d'une École pendant le temps libre du travail.

Il devra recevoir l'instruction pendant deux heures au moins, si une École spéciale est attachée à l'établissement industriel.

La fréquentation de l'École sera constatée au moyen d'une feuille de présence, dressée par l'instituteur[1] et remise chaque semaine au patron.

ART. 9. — Aucun enfant ne pourra, avant l'âge de quinze ans accomplis, être admis à travailler plus de six heures chaque jour, s'il ne justifie, par la production d'un certificat de l'instituteur ou de l'Inspecteur primaire, visé par le maire, qu'il a acquis l'instruction primaire élémentaire.

Ce certificat sera délivré sur papier libre et gratuitement.

SECTION V. — *Surveillance des enfants. Police des ateliers.*

ART. 10. — Les maires sont tenus de délivrer aux père, mère ou tuteur, un livret sur lequel sont portés les nom et prénoms de l'enfant, la date et le lieu de sa naissance, son domicile, le temps pendant lequel il a suivi l'École.

Les chefs d'industrie ou patrons inscriront sur le livret la date de l'entrée dans l'atelier ou établissement, et celle de la sortie.

1. Consulter, pour l'application de cet article, les circulaires des 20 *juillet* 1875, 20 *février* 1877, 22 *novembre* 1879, 20 *mai* 1882 (*Circ. et Instr. off.*, T. VII, p. 490, 651, T. VIII, p. 234, T. IX, p. 43).

Ils devront également tenir un registre sur lequel seront mentionnées toutes les indications insérées au présent article.

ART. 11. — Les patrons ou chefs d'industrie seront tenus de faire afficher dans chaque atelier les dispositions de la présente loi et les règlements d'administration publique relatifs à son exécution.

ART. 12. — Des règlements d'administration publique détermineront les différents genres de travaux présentant des causes de danger ou excédant leurs forces, qui seront interdits aux enfants dans les ateliers où ils seront admis.

ART. 13. — Les enfants ne pourront être employés dans les fabriques et ateliers indiqués au tableau officiel des établissements insalubres ou dangereux, que sous les conditions spéciales déterminées par un règlement d'administration publique.

Cette interdiction sera généralement appliquée à toutes les opérations où l'ouvrier est exposé à des manipulations ou à des émanations préjudiciables à sa santé.

En attendant la publication de ce règlement, il est interdit d'employer les enfants âgés de moins de seize ans :

1° Dans les ateliers où l'on manipule des matières explosibles et dans ceux où l'on fabrique des mélanges détonants, tels que poudres, fulminates, etc., ou tous autres éclatant par le choc ou par le contact d'un corps enflammé;

2° Dans les ateliers destinés à la préparation, à la distillation ou à la manipulation de substances corrosives, vénéneuses, et de celles qui dégagent des gaz délétères ou explosibles.

La même interdiction s'applique aux travaux dangereux ou malsains, tels que :

L'aiguisage ou le polissage à sec des objets en métal et des verres ou cristaux;

Le battage ou grattage à sec des plombs carbonatés dans les fabriques de céruse;

Le grattage à sec d'émaux à base d'oxyde de plomb dans les fabriques de verre dit de mousseline;

L'étamage au mercure des glaces;

La dorure au mercure.

ART. 14. — Les ateliers doivent être tenus dans un état constant de propreté et convenablement ventilés.

Ils doivent présenter toutes les conditions de sécurité et de salubrité nécessaires à la santé des enfants.

Dans les usines à moteurs mécaniques, les roues, les courroies, les engrenages ou tout autre appareil, dans le cas où il aura été constaté qu'ils présentent une cause de danger, seront séparés des ouvriers de telle manière que l'approche n'en soit possible que pour les besoins du service.

Les puits, trappes et ouvertures de descente doivent être clôturés.

ART. 15. — Les patrons ou chefs d'établissements doivent, en outre, veiller au maintien des bonnes mœurs et à l'observation de la décence publique dans leurs ateliers.

SECTION VI. — *Inspection.*

ART. 16. — Pour assurer l'exécution de la présente loi, il sera nommé quinze Inspecteurs divisionnaires. La nomination des Inspecteurs sera faite par le Gouvernement, sur une liste de présentation dressée par la Commission supérieure ci-dessous instituée, et portant trois candidats pour chaque emploi disponible.

Ces Inspecteurs seront rétribués par l'État.

Chaque Inspecteur divisionnaire résidera et exercera sa surveillance dans l'une des quinze circonscriptions territoriales déterminées par un règlement d'administration publique.

ART. 17. — Seront admissibles aux fonctions d'Inspecteur les candidats qui justifieront du titre d'ingénieur de l'État ou d'un diplôme d'ingénieur civil, ainsi que les élèves diplômés de l'École centrale des Arts et Manufactures et des Écoles des Mines.

Seront également admissibles ceux qui auront déjà rempli, pendant trois ans au moins, les fonctions d'Inspecteur du travail des enfants ou qui justifieront avoir dirigé ou surveillé pendant cinq années des établissements industriels occupant cent ouvriers au moins.

ART. 18. — Les Inspecteurs ont entrée dans tous les établissements manufacturiers, ateliers et chantiers. Ils visitent les enfants; ils peuvent se faire représenter le registre prescrit par l'article 10, les livrets, les feuilles de présence aux Écoles, les règlements intérieurs.

Les contraventions seront constatées par les procès-verbaux des Inspecteurs, qui feront foi jusqu'à preuve contraire.

Lorsqu'il s'agira de travaux souterrains, les contraventions seront constatées concurremment par les Inspecteurs ou par les gardes-mines.

Les procès-verbaux seront dressés en double exemplaire, dont l'un sera envoyé au Préfet du département, et l'autre déposé au parquet.

Toutefois, lorsque les Inspecteurs auront reconnu qu'il existe dans un établissement ou atelier une cause de danger ou d'insalubrité, ils prendront l'avis de la Commission locale ci-dessous instituée, sur l'état de danger ou d'insalubrité, et ils consigneront cet avis dans un procès-verbal.

Les dispositions ci-dessus ne dérogent point aux règles du droit commun quant à la constatation et à la poursuite des infractions commises à la présente loi.

ART. 19. — Les Inspecteurs devront, chaque année, adresser des rapports à la Commission supérieure ci-dessous instituée.

SECTION VII. — *Commissions locales.*

ART. 20. — Il sera institué dans chaque département des Commissions locales dont les fonctions seront gratuites, chargées : 1° de veiller à l'exécution de la présente loi ; 2° de contrôler le service de l'inspection ; 3° d'adresser au Préfet du département, sur l'état du service et l'exécution de la loi, des rapports qui seront transmis au Ministre et communiqués à la Commission supérieure.

A cet effet, les Commissions locales visiteront les établissements industriels, ateliers et chantiers ; elles pourront se faire accompagner d'un médecin quand elles le jugeront convenable.

ART. 21. — Le Conseil général déterminera, dans chaque département, le nombre et la circonscription des Commissions locales ; il devra en établir une au moins dans chaque arrondissement ; il en établira, en outre, dans les principaux centres industriels ou manufacturiers, là où il le jugera nécessaire.

Le Conseil général pourra également nommer un Inspecteur spécial, rétribué par le département ; cet Inspecteur devra toutefois agir sous la direction de l'Inspecteur divisionnaire.

ART. 22. — Les Commissions locales seront composées de cinq membres au moins et de sept au plus, nommés par le Préfet sur une liste de présentation arrêtée par le Conseil général.

On devra faire entrer, autant que possible, dans chaque Commission un ingénieur de l'État ou un ingénieur civil, un Inspecteur de l'instruction primaire et un ingénieur des mines dans les régions minières.

Les Commissions sont renouvelées tous les cinq ans ; les membres sortants pourront être de nouveau appelés à en faire partie.

SECTION VIII. — *Commission supérieure.*

ART. 23. — Une Commission supérieure, composée de neuf membres, dont les fonctions seront gratuites, est établie auprès du

Ministre du Commerce; cette Commission est nommée par le Président de la République; elle est chargée :

1° De veiller à l'application uniforme et vigilante de la présente loi;

2° De donner son avis sur les règlements à faire et généralement sur les diverses questions intéressant les travailleurs protégés;

3° Enfin, d'arrêter les listes de présentation des candidats pour la nomination des inspecteurs divisionnaires.

ART. 24. — Chaque année le président de la Commission supérieure adressera au Président de la République un rapport général sur les résultats de l'inspection et sur les faits relatifs à l'exécution de la présente loi.

Ce rapport devra être, dans le mois de son dépôt, publié au *Journal officiel.*

Le Gouvernement rendra compte chaque année à l'Assemblée nationale de l'exécution de la loi et de la publication des règlements d'administration publique destinés à la compléter.

SECTION IX. — *Pénalités.*

ART. 25. — Les manufacturiers, directeurs ou gérants d'établissements industriels et les patrons qui auront contrevenu aux prescriptions de la présente loi et des règlements d'administration publique relatifs à son exécution, seront poursuivis devant le tribunal correctionnel et punis d'une amende de 16 à 50 francs.

L'amende sera appliquée autant de fois qu'il y a eu de personnes employées dans des conditions contraires à la loi, sans que son chiffre total puisse excéder 500 francs.

Toutefois, la peine ne sera pas applicable si les manufacturiers, directeurs ou gérants d'établissements industriels et les patrons établissent que l'infraction à la loi a été le résultat d'une erreur provenant de la production d'actes de naissance, livrets ou certificats contenant de fausses énonciations ou délivrés pour une autre personne.

Les dispositions des articles 12 et 13 de la loi du 22 juin 1854 sur les livrets d'ouvriers seront, dans ce cas, applicables aux auteurs des falsifications.

Les chefs d'industrie sont civilement responsables des condamnations prononcées contre leurs directeurs ou gérants.

ART. 26. — S'il y a récidive, les manufacturiers, directeurs ou gérants d'établissements industriels et les patrons seront condamnés à une amende de 50 à 200 francs.

La totalité des amendes réunies ne pourra toutefois excéder 1 000 francs.

Il y a récidive lorsque le contrevenant a été frappé, dans les douze mois qui ont précédé le fait qui est l'objet de la poursuite, d'un premier jugement pour infraction à la présente loi ou aux règlements d'administration publique relatifs à son exécution.

ART. 27. — L'affichage du jugement pourra, suivant les circonstances et en cas de récidive seulement, être ordonné par le tribunal de police correctionnelle.

Le tribunal pourra également ordonner, dans le même cas, l'insertion de sa sentence, aux frais du contrevenant, dans un ou plusieurs journaux du département.

ART. 28. — Seront punis d'une amende de 16 à 100 francs les propriétaires d'établissements industriels et les patrons qui auront mis obstacle à l'accomplissement des devoirs d'un Inspecteur, des membres des Commissions, ou des médecins, ingénieurs et experts délégués pour une visite ou une constatation.

ART. 29. — L'article 463 du Code pénal est applicable aux condamnations prononcées en vertu de la présente loi.

Le montant des amendes résultant de ces condamnations sera versé au fonds de subvention affecté à l'enseignement primaire dans le budget de l'Instruction publique.

SECTION X. — *Dispositions spéciales.*

ART. 30. — Les articles 2, 3, 4 et 5 de la présente loi sont applicables aux enfants placés en apprentissage et employés à un travail industriel.

Les dispositions des articles 18 et 25 ci-dessus seront appliquées auxdits cas, en ce qu'elles modifient la juridiction et la quotité de l'amende indiquées au premier paragraphe de l'article 20 de la loi du 22 février 1851.

Ladite loi continuera à recevoir son exécution dans ses autres prescriptions.

ART. 31. — Par mesure transitoire, les dispositions édictées par la présente loi ne seront applicables qu'un an après sa promulgation.

Toutefois, à ladite époque, les enfants déjà admis légalement dans les ateliers continueront à y être employés aux conditions spécifiées dans l'article 3.

ART. 32. — A l'expiration du délai susindiqué, toutes dispositions contraires à la présente loi seront et demeureront abrogées.

Rapport fait au nom de la Commission[1] chargée d'examiner la proposition de loi de M. Maurice, relative au traitement et à la pension de retraite des instituteurs et des institutrices primaires, par M. Ernoul, membre de l'Assemblée nationale. 27 juillet 1874.

Séance du 27 Juillet 1874[2].

Messieurs, l'Assemblée, dans sa séance du 15 décembre 1873, a renvoyé à une Commission spéciale la proposition de l'honorable M. Maurice, relative au traitement et à la retraite des instituteurs primaires. C'est du travail de cette Commission que je suis chargé de vous rendre compte : ce sont ses résolutions que j'ai le devoir de vous exposer, sinon avec des développements complets, du moins, autant que les circonstances, un ajournement prononcé par l'Assemblée et les nécessités d'une discussion à bref délai peuvent le permettre.

Trois questions se posaient pour ainsi dire d'elles-mêmes.

Était-il juste, était-il nécessaire d'améliorer le sort de nos instituteurs primaires, d'augmenter leur traitement, de récompenser leurs services, de faciliter leur admission à la retraite?

Quelles seraient les conditions matérielles et morales de cette amélioration?

A quelles ressources s'adresser pour des charges nouvelles et considérables?

La première question, si elle n'avait pas été définitivement tranchée, se trouvait tout au moins singulièrement préjugée par la vivacité des sentiments exprimés, par l'unanimité des propositions soumises à l'Assemblée, et dont voici la nomenclature chronologique.

Le 15 décembre 1871, M. Jules Simon, alors Ministre de l'Instruction publique, propose, au nom du Gouvernement, de comprendre les instituteurs primaires, les instituteurs et institutrices publics, et les directrices de salles d'asile parmi les fonctionnaires du service actif et de les ajouter au tableau n° 2 de la loi du 9 juin 1853. Son projet, renvoyé à la Commission de l'instruction primaire, est accepté et complété par elle (*art. 69 du projet sur l'enseignement primaire*).

Dans son rapport, la même Commission (*art. 75 et suiv.*), tout en regrettant de ne pouvoir faire plus et mieux, demande à l'Assemblée d'élever graduellement les traitements des instituteurs et institutrices de tout ordre au-dessus des limites fixées, en dernier état de choses, par le décret du 27 juillet 1870.

Le 9 juin 1873, M. Maurice dépose son projet, bientôt suivi d'un texte modifié, en faveur duquel l'Assemblée vote l'urgence et le renvoi à la Commission du budget.

Dès le 14 juin, un amendement important est présenté par MM. Rive, de Salvandy et par un grand nombre de leurs collègues.

Quelques jours plus tard, le 28 juin, le président vénéré de la Commission de l'enseignement primaire, les membres de la Commission à sa suite, dé-

1. Cette Commission était composée de Mgr DUPANLOUP, *président;* MM. L'EBRALY, *secrétaire;* DE SALVANDY, VINAY, ERNOUL, DELPIT; ARFEUILLÈRES, CORNE, CHARTON (Yonne), le comte DE CINTRÉ, DE TILLANCOURT, TAILHAND, le comte DE MAILLÉ, LA CAZE, Francisque RIVE.

2. *Journal officiel* du 12 août 1874, pages 5786 et suiv.

posent, sous forme d'amendement, un véritable projet destiné à grossir considérablement les chiffres que la Commission n'avait pas cru possible de dépasser lors du dépôt du premier rapport.

Viennent à la suite divers amendements de MM. de Tillancourt, Charton, Beaussire et Wallon.

Tous ces projets, tous ces amendements, sont inspirés par une même pensée, tendent à un but unique.

Rien également de plus explicite que la discussion du budget de 1874. C'est le rapporteur de la Commission du budget, M. Bardoux, qui insiste sur l'importance de la question et qui propose, d'accord avec le Gouvernement, l'élévation de la pension de retraite à un minimum de 500 francs; c'est le Ministre de l'Instruction publique, M. de Fourtou, déclarant qu'il faut évidemment entrer dans cette voie de l'augmentation du traitement des instituteurs, et qu'il y est, pour sa part, absolument disposé; c'est lui encore qui, après avoir signalé les difficultés d'application, reconnaît l'opportunité d'une très prompte solution; enfin, c'est l'Assemblée qui, après discussion, vote la mesure relative aux retraites pour l'année 1874, et qui, pressée par le désir d'une décision plus rapide, ordonne le renvoi de la proposition de M. Maurice à une Commission spéciale.

Aussi, dès sa première séance, cette Commission, dont l'origine parlait déjà si clairement, n'hésita point à remplir le mandat dont la discussion dans les bureaux avait encore précisé le sens, et à décider immédiatement les trois points suivants : il y a lieu en principe d'augmenter les traitements; il y a lieu de faciliter l'admission à la retraite; des résolutions devront être préparées et présentées à l'Assemblée avant le vote du budget de 1875.

Restaient les questions de chiffres et les problèmes d'organisation, problèmes toujours ardus, questions particulièrement difficiles dans l'état actuel de nos finances, et qu'il était impossible de résoudre sans un examen approfondi. Une sous-commission, après plusieurs mois de longues, mais nécessaires recherches, a pu, grâce au concours éclairé et dévoué de M. le Directeur de l'instruction primaire, constater tous les faits, établir tous les chiffres. Un projet a été présenté au nom du Gouvernement; d'autres propositions ont été faites et soutenues au sein de la Commission; puis l'accord s'est établi, et de toutes ces bonnes volontés réunies est sortie une proposition de loi, dont il faut mettre en lumière l'économie générale et les traits principaux.

La Commission a tout d'abord entendu se maintenir rigoureusement dans les limites du mandat défini et étroit qu'elle avait reçu. Chargée uniquement d'améliorer la situation des instituteurs, elle s'est gardée avec soin des discussions qui ne lui appartenaient pas; elle a isolé la question spéciale qu'elle avait à traiter, et les solutions adoptées par elle se relient modestement à la législation existante, dont elles n'ébranlent ni les principes ni les règles. Un chapitre a été, par la volonté souveraine de l'Assemblée, détaché des projets complexes qui embrassent l'instruction primaire tout entière; en dehors de ce chapitre, rien n'est innové, rien n'est préjugé, rien n'est préparé.

Sur le terrain même qui lui appartenait sans contestation, la Commission n'a pas voulu marcher trop vite et trop loin, craignant de compromettre l'ensemble des réformes possibles par des changements trop brusques, et, si elle a modifié le chiffre des traitements, elle a respecté les principes sur lesquels ils reposent. Assurément il y a fort à dire contre le système des traitements *minima;* tous ceux qui se sont occupés d'instruction primaire ont signalé à quel degré ils sont peu favorables au développement de l'activité, de l'esprit de zèle et d'émulation. Vraisemblablement le progrès consistera, dans l'avenir, à élever à la base, suivant une classification hiérarchique, le traitement fixe de 200 francs, au lieu de compléter au sommet, quels que soient le nombre des élèves et le travail du maître, un chiffre immuable, qui ne peut s'abaisser. Il eût été trop périlleux de tenter aujourd'hui une expérience radicale, dont nous avions vainement essayé de préciser la portée et les conséquences financières.

Ce sont donc les traitements *minima*, calculés dans les conditions des lois de 1850 et 1867, dont le projet augmente le chiffre. D'après quelles règles aura lieu cette élévation?

Trois circonstances ont paru de nature à être prises en considération : 1° l'âge; 2° le mérite du maître; 3° le lieu où il réside. En autres termes, une bonne loi doit tenir compte des charges qu'amènent les années et la durée des services; elle ne saurait sans injustice traiter semblablement des mérites inégaux ou imposer sans indemnité des charges exceptionnellement onéreuses.

Les instituteurs titulaires seront désormais divisés en quatre classes, les institutrices titulaires en trois classes seulement. Les instituteurs adjoints et les institutrices adjointes recevront des traitements différents, suivant qu'ils seront attachés à des Écoles principales et placés dès lors sous les ordres des titulaires, ou que la direction d'une École de hameau leur aura été personnellement confiée.

L'instituteur ou l'institutrice qui débute appartient naturellement à la dernière classe. Chaque période de cinq ans donne droit à une promotion dans la classe supérieure, et nul instituteur ne peut changer de classe sans avoir donné à l'instruction cinq années de son temps et de son labeur. L'article 1er du projet présente le tableau complet de cette classification, qui repose uniquement sur la durée des services.

Il suffit d'y jeter les yeux et de comparer les chiffres à ceux qui se trouvent énoncés dans la loi du 10 avril 1867 et dans les décrets du 27 juillet 1870 et du 20 janvier 1873, pour comprendre combien la situation actuelle est profondément et réellement améliorée. Le chiffre de 900 francs, qui est affecté à la dernière classe des instituteurs titulaires et qui sert de point de départ à tout le reste, est celui qu'avait déjà proposé la Commission de l'enseignement primaire; il est supérieur de 200 francs au minimum de 700 francs fixé par le décret du 27 juillet 1870.

Si les articles 1er et 2 du projet n'ont en vue que l'âge de l'instituteur, les articles 3 et 4 sont consacrés exclusivement à la récompense du mérite. Le mérite est signalé ou par la possession du brevet complet, ou par une place conquise dans le premier quart de la liste de mérite dressée par le Conseil départemental, ou par une médaille d'argent obtenue dans les conditions qu'a déterminées l'arrêté du 31 août 1858.

La possession du brevet complet élève de 100 francs le traitement minimum pour toute la durée de la carrière. L'inscription dans le premier huitième de la liste de mérite assure le même avantage, mais seulement pour l'année courante. L'élévation n'est que de 50 francs pour les instituteurs qui figurent dans le deuxième huitième de la liste. Il ne s'agit pas, disons-le nettement, d'allocations fixes attribuées personnellement aux instituteurs et s'ajoutant à leur traitement quel qu'il soit. Le complément dont parle l'article 3 n'est accordé que pour le cas où le traitement ne dépasse pas en fait ou dépasse de moins de 100 francs le minimum réglementaire. Quant à la médaille d'argent, elle confère à l'instituteur qui a été jugé digne de cette marque d'honneur vraiment exceptionnelle, puisque dans un département il n'en est accordé qu'une seule pour cinq cents instituteurs, le droit à une allocation supplémentaire de 100 francs tant qu'il reste en activité, et alors même que son traitement dépasserait le minimum auquel il a droit. Deux observations sont ici nécessaires.

1° La loi de 1850 parlait de listes d'admissibilité et d'avancement. Nous avons dit listes de mérite, voulant exprimer ainsi que l'instituteur qui s'attache à une commune, qui entend y vivre et y mourir, peut et doit, si ses services le comportent, bénéficier des dispositions de l'article 3, bien qu'il ne sollicite aucun changement. Ces listes auront désormais une importance considérable et devront, par suite, être dressées chaque année avec la plus grande régularité, sur la proposition des Inspecteurs;

2° L'arrêté du 31 août 1858 se trouve visé dans une loi. C'est dire à la fois qu'il ne pourra plus être modifié arbitrairement, et que ses prescriptions devront être religieusement suivies.

Comment tenir un compte exact et juste des exigences et des rigueurs particulières que rencontre la vie dans certaines régions, dans certaines localités exceptionnelles? L'article 5 a essayé de résoudre cette question.

Des inégalités parfois choquantes n'étaient niées par personne; chacun s'ingéniait au contraire à trouver une règle qui, à distance égale de l'indifférence et de l'arbitraire, pût se plier à des circonstances essentiellement variables, suivant les lieux et les temps. L'avant-projet, préparé au Ministère de l'Instruction publique, proposait de répartir les départements en trois catégories distinctes, entre lesquelles se seraient subdivisées les quatre classes d'instituteurs et les trois classes d'institutrices; mais ce système, plein, d'ailleurs, de complications, introduisait entre les départements une inégalité blessante, qui n'eût même pas été compensée par la certitude d'une répartition proportionnelle aux besoins que l'on voulait secourir.

L'un de nos collègues proposait de diviser les circonscriptions scolaires suivant leur population, d'attribuer un traitement uniforme à toutes celles qui seraient inférieures à 800 habitants, un traitement plus élevé à toutes celles qui dépasseraient ce chiffre; un autre faisait remarquer qu'il fallait plutôt considérer la densité que le chiffre de la population. La Commission a cru devoir écarter toutes les règles inflexibles et, pour ainsi dire, mathématiques : elle a pensé qu'à des cas particuliers et changeants, il fallait un juge compétent et des jugements successifs. Le Conseil départemental sera le juge, et les tableaux qu'il dressera, après avis du Recteur de l'Académie et du Conseil général, seront définitivement arrêtés par décrets en la forme des règlements d'administration publique, et revisés tous les cinq ans. L'arbitraire n'a pas sa place dans une semblable procédure; la commune et le département ayant été représentés et défendus, l'État, dont le budget comble tous les déficits, interviendra pour réprimer les abus et maintenir l'uniformité d'application et de jurisprudence.

Par la centralisation des ressources à la trésorerie générale du département, l'article 9 assure un mode de payement plus régulier et plus prompt.

C'est l'article 7 qui s'explique sur la grave question des retraites. Les instituteurs et institutrices, les directrices de salles d'asile et, comme eux, les autres fonctionnaires de l'enseignement primaire, c'est-à-dire les Inspecteurs, les directeurs et professeurs d'Écoles normales, seront désormais compris parmi les fonctionnaires du service actif et ajoutés au tableau n° 2 de la loi du 9 juin 1853. L'âge nécessaire pour obtenir la retraite se trouve ainsi fixé à cinquante-cinq ans, au lieu de soixante; la durée des services est réduite à vingt-cinq ans (*art. 5 de la loi*). La pension sera calculée sur la moyenne des six années qui ont produit le chiffre le plus élevé; mais les six années ne pourront être choisies capricieusement et devront figurer dans une période de douze années de services consécutifs.

En aucun cas, le chiffre ne pourra être inférieur à 500 francs pour un instituteur, à 400 francs pour une institutrice ou directrice de salle d'asile. Cette dernière disposition a été provoquée par la Commission du budget de 1874 et votée déjà par l'Assemblée. Nous nous sommes bornés à la modifier sur un point, à la compléter sur un autre. La modification consiste en ce que le chiffre est abaissé à 400 francs pour les institutrices, la somme de 500 francs étant trop rapprochée du traitement d'activité et pouvant entraîner des demandes de retraites désastreuses par leur nombre et par leurs conséquences. Le projet ajoute qu'après soixante ans d'âge et trente ans de services, le chiffre minimum sera élevé à 600 francs pour les instituteurs, à 500 francs pour les institutrices. Il a paru qu'il y avait là un moyen de ne pas revenir sur le vote de l'année dernière, quand les situations seraient identiques, un moyen aussi d'éviter les retraites trop multipliées et d'encourager, à une époque où les vocations scolaires se font rares, des maîtres expérimentés à ne pas abandonner prématurément leur école et leurs élèves. Il est bien entendu, d'ailleurs, que les dispositions de l'article 7 ne rétroagissent aucunement sur les pensions déjà liquidées; la loi règle l'avenir seulement et ne s'appliquera qu'aux instituteurs et institutrices qui seront mis à la retraite à partir du 1er janvier 1875.

L'ensemble des mesures qui viennent d'être analysées constitue, nous l'espérons du moins, un réel, un important progrès. L'espérance de la Commission est d'avoir tout à la fois amélioré sensiblement, quoique sans exagération, la condition des instituteurs, mieux déterminé les règles de l'avancement et de la hiérarchie, assuré les progrès de l'enseignement en même temps que le sort des maîtres qui se dévouent à le propager. Mais, il ne faut pas se le dissimuler, ces prescriptions si vivement demandées par l'opinion, objet de tant de réclamations légitimes, à peine contestables, sinon dans leurs détails, au moins dans leur esprit, dans leur économie générale, et surtout dans leur nécessité, vont entraîner des charges financières très considérables. Quelle sera leur importance? A quelles sources puiser?

Il est sans doute impossible de déterminer à l'avance des chiffres absolument certains en une matière si compliquée, et qui comporte des éventualités de plusieurs sortes; mais la vérité approximative a été cherchée avec le plus grand soin au Ministère de l'Instruction publique, et voici ce qui résulte des évaluations et des déclarations de ses représentants :

1° Le surcroît des dépenses, pour les soixante-douze départements subventionnés par l'État, serait d'environ 7 470 000 francs;

2° Chaque année, par un abus des plus regrettables, des ressources importantes, affectées par la loi du 15 mars 1850 au service de l'instruction primaire, sont détournées de leur destination dans un certain nombre de communes et appliquées à des dépenses purement facultatives. Le produit des 3 centimes spéciaux n'est pas lui-même toujours employé en totalité. De ce double chef il est possible de prévoir une ressource de 1 863 000 francs.

3° Un centime communal et un centime départemental produiraient dans les départements subventionnés une somme d'environ 4 140 000 francs.

Quant au second point, la Commission ne peut que désirer l'exécution exacte des prescriptions de la loi; c'est affaire de gouvernement et d'administration, non de délibérations législatives; l'Assemblée n'intervient pour voter des ressources nouvelles qu'après épuisement des ressources existantes.

La Commission vous propose en outre, comme l'avait déjà fait, dès 1872, la

Commission de l'enseignement primaire, d'ajouter un quatrième centime communal, un quatrième centime départemental aux trois centimes additionnels et spéciaux des lois de 1850 et de 1867, estimant que cette façon d'agir présente de nombreux avantages.

Elle ménage le budget de l'État déjà si cruellement surchargé.

Elle respecte les principes essentiels de la matière. L'instruction de l'enfant est la charge naturelle de la famille; après le père, la commune, une autre famille agrandie; le département vient au secours de l'insuffisance des ressources communales, et l'État ne doit intervenir que lorsque ces trois premiers échelons sont franchis : principe salutaire qu'il serait singulièrement dangereux d'ébranler ou de remettre en question.

Par son caractère relativement facultatif, elle s'applique équitablement à la situation de chaque commune, de chaque département.

Elle sollicite la surveillance des Conseils municipaux et des contribuables sur les applications souvent abusives de la gratuité.

Elle peut devenir un frein puissant contre la tendance des communes à rejeter sur l'État un fardeau qu'elles doivent supporter. Deux faits sont à noter dans cet ordre d'idées : l'abaissement de la somme fournie par la rétribution scolaire, la diminution énorme de la part pour laquelle les communes contribuent dans les charges relatives au service de l'instruction primaire.

En résumé, le surcroît de dépenses relatif à l'article 1er étant de 7 460 000 francs, les ressources acquises et indiquées s'élevant à 6 003 000 francs, reste à combler un déficit approximatif de 1 500 000 francs, auxquels devraient s'ajouter les éventualités prévues par les articles 3 et 4.

Ce côté du problème relève directement de la Commission du budget, à laquelle nous vous demandons, par suite, de renvoyer en ce point notre projet; j'ai dû me borner à vous exposer rapidement les principes qui ont guidé votre Commission spéciale et les résolutions qu'elle vous soumet.

Il appartient maintenant à l'Assemblée, saisie de l'examen du budget de 1875, de mener à fin, tandis qu'elle est possible, l'œuvre importante dont elle avait prescrit d'urgence la préparation.

Projet de loi.

I. Les traitements minima des instituteurs et institutrices publics sont fixés de la manière suivante :

Instituteurs titulaires divisés en quatre classes :

4e classe, 900 fr.; 3e classe, 1 000 fr.; 2e classe, 1 100 fr.; 1re classe, 1 200 fr.

Institutrices titulaires divisées en trois classes :

3e classe, 700 fr.; 2e classe, 800 fr.; 1re classe, 900 fr.

Instituteurs adjoints chargés d'une École de hameau (classe unique), 800 fr.

Instituteurs adjoints attachés à l'École principale (classe unique), 700 fr.

Institutrices adjointes chargées d'une École de hameau (classe unique), 650 fr.

Institutrices adjointes attachées à l'École principale (classe unique), 600 fr.

II. L'instituteur ou l'institutrice qui débute comme titulaire appartient à la dernière classe.

La promotion à une classe supérieure est de droit après cinq ans passés dans la classe immédiatement inférieure, et ne peut avoir lieu avant l'expiration de cette période.

III. L'obtention du brevet complet élève de 100 francs, pour les instituteurs et institutrices de tout ordre, les traitements minima auxquels ils ont droit d'après leur classe.

Le même avantage est accordé, mais seulement pour l'année courante, aux instituteurs et institutrices non pourvus du brevet complet, placés dans le premier huitième de la liste de mérite qui sera dressée, chaque année, par le Conseil départemental.

L'allocation annuelle sera réduite à 50 francs pour ceux qui figureront dans le second huitième.

IV. Les instituteurs et institutrices qui auront obtenu la médaille d'argent dans les conditions fixées par l'arrêté du 21 août 1858, auront droit à une allocation supplémentaire et annuelle de 100 francs, tant qu'ils seront en activité.

V. Une indemnité annuelle, variant de 50 à 150 francs, pourra être attachée à la résidence des instituteurs et institutrices de tout ordre dans les circonscriptions scolaires où des circonstances exceptionnelles la rendraient nécessaire.

Des tableaux sont, à cet effet, dressés tous les cinq ans par le Conseil départemental et arrêtés, après avis du Conseil général et du Recteur de l'Académie, par décrets en la forme des règlements d'administration publique.

VI. Les associations religieuses vouées à l'enseignement et reconnues par l'État continueront à être admises à fournir, à des conditions convenues, des maîtres aux communes où elles seront appelées.

VII. Les instituteurs, institutrices et directrices de salles d'asile (les Inspecteurs primaires, les directeurs et professeurs d'Écoles normales), sont compris parmi les fonctionnaires du service actif et ajoutés au tableau n° 2 annexé à la loi du 9 juin 1853.

Leur pension de retraite est réglée, conformément aux dispositions de cette loi relatives aux emplois du service actif. Elle est établie sur la moyenne des traitements des six années qui ont produit le chiffre le plus élevé pendant la période de douze années de service.

En aucun cas, le chiffre ne pourra être inférieur à 500 francs pour un instituteur, à 400 francs pour une institutrice ou directrice de salle d'asile. Il sera porté à 600 francs pour les instituteurs, à 500 francs pour les institutrices qui obtiendront leur retraite à soixante ans d'âge et après trente années de service.

Les membres des associations religieuses n'ont point droit à la retraite et ne sont point soumis à la retenue du vingtième.

VIII. Il est pourvu au surcroît de dépenses résultant de la présente loi, au moyen des ressources énumérées dans les articles 40 de la loi du 15 mars 1850 et 14 de la loi du 10 avril 1867, augmentées d'un quatrième centime communal, et d'un centime départemental, additionnels au principal des quatre contributions directes.

IX. Les ressources d'origines diverses affectées au service de l'instruction primaire seront centralisées à la trésorerie générale du département.

Les traitements seront mandatés mensuellement et par douzièmes, sur le vu d'un état dressé par l'Inspecteur d'Académie.

18 août 1874. **Arrêt de la Cour de cassation relatif à l'exécution des contrats intervenus entre les maires et les congrégations religieuses.**

18 Août 1874.

Le contrat passé entre un maire et une congrégation religieuse, réglant les conditions matérielles et financières sous lesquelles cette congrégation s'engage à donner l'instruction primaire aux enfants de la commune, est, de sa nature, un contrat de droit civil; les tribunaux ordinaires sont compétents pour connaître des difficultés auxquelles donne lieu son exécution.

Ainsi jugé sur le pourvoi formé contre un arrêt de la Cour de Bourges, du 19 juin 1872.

La chambre civile, après avoir entendu le rapport de M. le conseiller Aubry, a rendu l'arrêt suivant, conformément aux conclusions de M. le premier avocat général Blanche :

La Cour,

Après en avoir délibéré conformément à la loi;

Statuant sur le moyen unique du pourvoi;

Vu l'article 13, titre II, de la loi des 16-24 août 1790 et l'article 1134 du Code civil, lesquels sont ainsi conçus :

« ART. 13. Les fonctions judiciaires sont distinctes et demeureront toujours séparées des fonctions administratives. Les juges ne pourront, à peine de forfaiture, troubler, de quelque manière que ce soit, les opérations des corps administratifs, ni citer devant eux les administrateurs pour raison de leurs fonctions.

« ART. 1134. Les conventions légalement formées tiennent lieu de loi à ceux qui les ont faites »;

Attendu que le traité par lequel un maire et une congrégation religieuse règlent les conditions matérielles et financières sous lesquelles cette congrégation s'engage à donner l'instruction primaire aux enfants de la commune est, de sa nature, un contrat de droit civil;

Qu'en traitant ainsi, le maire n'exerce pas l'autorité dont il est revêtu comme délégué du pouvoir exécutif, mais fait un simple acte de gestion communale;

Que, dès lors, les demandes en payement de sommes et en dommages-intérêts formées en vertu d'un pareil contrat rentrent dans la compétence des tribunaux ordinaires;

Attendu que l'application de ces principes pouvait d'autant moins souffrir difficulté dans l'espèce, que l'existence, la teneur et la régularité administrative du traité verbal convenu entre le maire de la commune de Prémery et la congrégation des sœurs de la Charité de Nevers n'étaient pas contestées;

Attendu que, si le chef de demande relatif au traitement des sœurs soulevait une question préjudicielle, qui ne pouvait être décidée par la justice ordinaire, le tribunal de Cosne avait satisfait aux exigences du principe de la séparation des pouvoirs, en prononçant un sursis, et en délaissant les parties à se pourvoir devant l'autorité administrative pour faire statuer sur la question de savoir si les sœurs avaient, ou non, été régulièrement privées du titre d'institutrices communales;

D'où il suit qu'en infirmant le jugement de ce tribunal, qui, sous la réserve du sursis par lui prononcé, avait retenu la cause, et en le déclarant incompétent pour en connaître, la Cour de Bourges a fait une fausse application du principe de la séparation des pouvoirs, et violé les articles ci-dessus visés;

Par ces motifs,

Donnant défaut contre la commune de Prémery,

Casse et annule l'arrêt rendu entre les parties par la Cour d'appel de Bourges, le 19 juin 1872, etc.

Circulaire du Ministre de l'Instruction publique, prescrivant la réunion de nouveaux documents pour le projet de loi sur les traitements et les pensions de retraite des instituteurs. 9 sept. 1874.

9 Septembre 1874.

Monsieur le Préfet, la Commission chargée par l'Assemblée nationale d'examiner les propositions relatives aux traitements et aux pensions de retraite des instituteurs et des institutrices publics n'a pu, malgré toute l'activité qu'elle y a mise, terminer son travail et déposer son rapport avant le 27 juillet.

Il restait alors trop peu de temps jusqu'à l'époque de la prorogation de la Chambre, pour qu'il fût possible à mon collègue, M. le Ministre des Finances, de se rendre un compte exact des modifications qu'apporterait au budget de 1875 le projet de loi de la Commission. L'ajournement de la discussion à dû être prononcé; mais le projet a été maintenu à l'ordre du jour de l'Assemblée.

Il importe, Monsieur le Préfet, de mettre à profit ce délai de plusieurs mois pour compléter, au point de vue financier, l'étude des mesures projetées.

Les calculs faits dans mes bureaux en vue d'estimer le surcroit de dépenses qui résulterait de la nouvelle loi, et, en même temps, d'apprécier les nouvelles ressources que l'on propose de créer, n'ont pu être établis que sur des moyennes: les résultats en sont, par suite, fort incertains; ils n'offrent qu'un degré d'approximation dont on ne saurait se contenter.

Votre administration, Monsieur le Préfet, possède toutes les données nécessaires pour évaluer d'une manière précise les augmentations de traitements que le nouveau projet attribue aux instituteurs et aux institutrices de tout ordre : la somme de toutes ces augmentations représente le chiffre réel de l'accroissement de la dépense. Il vous sera possible, en outre, de déterminer avec la même rigueur le produit d'un quatrième centime au principal des quatre contributions directes, pour les communes où la loi nouvelle rendrait obligatoire cette imposition. Je vous demanderai, en dernier lieu, de faire entrer dans l'évaluation des ressources créées la portion non employée pour les exercices antérieurs des trois centimes spéciaux affectés au service de l'instruction primaire, portion qui serait dorénavant utilisable pour les besoins devenus plus grands de ce service.

Les indications que vous avez à me fournir sur ces différents points devront figurer dans les cadres que vous trouverez ci-joints, et qui sont au nombre de cinq[1]. Les deux premiers concernent les instituteurs et les institutrices titulaires; le troisième et le quatrième, les instituteurs adjoints et les institutrices adjointes; le cinquième enfin présente la récapitulation générale.

Dans ces tableaux vous avez à inscrire :

1° Les traitements actuels des maîtres et maîtresses;

2° Les traitements résultant du projet de loi dont je vous transmets un exemplaire;

3° L'augmentation de dépense qu'entraînerait l'application des articles 1 et 2 de ce projet;

4° Enfin, en regard de ces dépenses, l'évaluation exacte des ressources nécessaires pour y faire face.

J'appelle votre attention particulière sur la fixation des sommes que produira le quatrième centime communal. Il ne s'agit pas, en effet, d'obtenir ce produit en le calculant purement et simplement d'après le principal des quatre contributions directes; il faut, dans le calcul, tenir compte des communes qui n'auront pas besoin de voter ce quatrième centime ou qui n'emploieront qu'une partie de son produit.

Je ne vous demanderai pas d'indiquer les dépenses dont il est fait mention aux articles 3, 4 et 5 du projet, attendu que vous ne pourriez les évaluer que très approximativement : je devrai me contenter, pour ces dépenses, des renseignements que je possède.

Votre travail complet devra m'être adressé le 10 octobre prochain au plus tard.

Il ne vous échappera pas, Monsieur le Préfet, que la moindre inexactitude dans ces documents, qui doivent servir de point de départ pour la discussion d'un projet où sont engagées les finances des communes, des départements et de l'État, aurait les conséquences les plus graves. Je ne doute donc pas que vos bureaux n'apportent, dans le travail que je leur demande aujourd'hui, tout le soin qu'il réclame en raison de son importance.

Recevez, etc.

Signé : A. DE CUMONT.

1. Il n'a pas paru utile d'insérer les cadres dans ce recueil; les §§ suivants de la circulaire en indiquent suffisamment les éléments.

Circulaire du Ministre de l'Instruction publique, relative à l'opportunité de nommer des maîtres surveillants et d'enseigner les langues vivantes dans les Écoles normales primaires. 26 octobre 1874.

26 Octobre 1874.

Monsieur le Recteur, je suis avec le plus vif intérêt le développement de l'instruction dans les Écoles normales primaires. Parmi les questions qui se rapportent à ce grave sujet, il en est deux sur lesquelles je vous prie de me faire connaître votre sentiment.

La première est relative à l'un des principes essentiels de notre organisation actuelle. Y a-t-il lieu d'introduire dans les Écoles normales des maîtres spécialement chargés de la surveillance?

D'après la pensée qui a présidé à la formation de ces établissements, l'instruction devait être donnée et la surveillance exercée par les mêmes personnes. On a cru que les deux fonctions réunies se fortifieraient et se rehausseraient l'une par l'autre; que les maîtres adjoints ne devaient pas seulement faire leurs preuves en matière d'enseignement, qu'ils avaient encore besoin d'acquérir ou de prouver une suffisante aptitude à connaître et à gouverner les caractères; que l'autorité confiée à ceux qui donnent les leçons serait naturellement acceptée de ceux qui les reçoivent; que, d'ailleurs, les élèves étaient arrivés à un âge où ils se plieraient eux-mêmes à une discipline toujours raisonnable; en un mot, qu'un véritable esprit de famille régnerait dans nos maisons. Voilà ce qu'on a désiré, voilà ce qu'on a espéré. Le résultat a-t-il répondu à l'attente? la discipline a-t-elle été maintenue avec sagesse et fermeté à la fois?

L'enseignement a-t-il souffert de ce que les maîtres ne pouvaient pas s'y consacrer exclusivement? Quelques Conseils généraux ont pris les devants et voté les fonds nécessaires pour la création de places qu'amènerait la séparation de l'enseignement et de la surveillance. Nous n'avons pu donner notre approbation à leurs délibérations. Il ne saurait appartenir à une assemblée départementale, de quelque zèle qu'elle soit animée, de réformer une législation ou des règlements dont le caractère est nécessairement général. La réforme ne doit être acceptée que si elle est bonne en elle-même, et, si elle est bonne, nous devons l'introduire partout.

Veuillez donc, Monsieur le Recteur, me faire connaître votre opinion personnelle sur cette grave question. Vous indiquerez, dans le rapport que vous m'adresserez, les sentiments et les désirs qui auraient été manifestés autour de vous, les tentatives qui auraient été faites pour arriver à une solution affirmative.

Je me demande, en second lieu, s'il ne convient pas de faire enseigner les langues vivantes dans nos Écoles normales ou dans quelques-unes d'entre elles.

Mais ne vous méprenez pas sur ma pensée. Ne croyez pas que je cherche, en principe, à étendre nos programmes. Je ne sais s'ils suffiront toujours; je crois qu'ils suffisent aujourd'hui. Ce qui est à souhaiter, c'est que les matières qui y sont actuellement portées soient bien enseignées par les maîtres, bien apprises par les élèves. Si nous avons appelé des professeurs externes dans nos Écoles, ce n'est pas pour augmenter le nombre et l'importance des sujets à étudier, c'est, il ne faut pas l'oublier, pour que les sujets déjà étudiés le soient d'une manière plus profitable.

Cet enseignement nouveau, s'il était admis, ne saurait non plus avoir le même caractère que celui qui lui est donné dans nos établissements d'enseignement secondaire. Il serait pratique plutôt que littéraire; il porterait sur la langue parlée plutôt que sur la langue savante ou poétique; l'objet principal en serait, non d'ajouter à la culture de l'intelligence, mais de mettre à même de comprendre un idiome étranger et de s'en servir quand on en éprouverait la nécessité.

La question ne se pose d'une manière pressante que dans les pays où une telle nécessité vient de se faire sentir, dans ceux où des relations s'établissent ordinairement entre les Français et les étrangers. Ce sont les Conseils généraux des départements voisins de la frontière qui ont proposé un progrès qu'ils sentaient indispensable, également imposé par l'intérêt général du pays et par l'intérêt plus particulier de leurs compatriotes. Ne devons-nous pas ajouter foi à leur expérience? Il est vrai que le besoin auquel il est nécessaire de donner satisfaction est surtout local. Aussi, en ce qui touche cette seconde question, ne s'agit-il pas de poser une règle uniforme. Je vous demande de me faire savoir si un besoin véritable se fait sentir dans votre ressort académique.

Recevez, etc.

Signé : A. DE CUMONT.

---

23 octobre 1874.

Circulaire du Ministre de l'Instruction publique, relative à l'irrégularité de certaines inspections faites dans les Écoles primaires.

28 Octobre 1874.

Monsieur le Préfet, je suis informé qu'il existe dans certaines villes des Commissions ou des fonctionnaires qui, sous un titre irrégulièrement conféré par l'administration municipale, sont chargés de la surveillance et de l'inspection des Écoles, publiques ou libres, et adressent aux Conseils municipaux des rapports sur la situation de ces Écoles.

Ces désignations sont faites contrairement aux prescriptions de la loi du 15 mars 1850, qui spécifie limitativement, dans ses articles 18, 20, 42 et 44, les autorités auxquelles le législateur a cru devoir confier la surveillance des Écoles. En dehors de ces autorités, qui sont les Inspecteurs généraux, Recteurs, Inspecteurs d'Académie, Inspecteurs primaires, délégués cantonaux ou communaux, maires, curés, pasteurs ou délégués du consistoire israélite, nul ne peut, sans autorisation, inspecter les Écoles publiques.

Les délégations données dans ce but sont donc, à tous égards, illégales, et ne sauraient être tolérées plus longtemps. Je vous prie, en conséquence, Monsieur le Préfet, dans le cas où des faits de ce genre vous auraient été signalés dans votre département, de faire connaître aux administrations municipales l'irrégularité qu'elles commettent, en les mettant en demeure de la faire cesser sans délai. Je me plais à reconnaître, d'ailleurs, que la pensée qui a guidé les municipalités en cette circonstance a été, le plus souvent, de favoriser les progrès de l'enseignement populaire; mais la loi existe, elle doit être respectée.

J'ajouterai que les fonctions de délégué cantonal sont, dans tous les cas, essentiellement gratuites, et qu'un délégué ne saurait être autorisé à recevoir une allocation quelconque d'une municipalité à la condition de lui rendre compte de la situation des Écoles qu'il inspecte en vertu du mandat conféré par le Conseil départemental.

Vous aurez à me faire connaître le plus promptement possible les applications auxquelles la présente circulaire aura pu donner lieu dans votre département.

Recevez, etc.

Signé : A. DE CUMONT.

Loi relative à la protection des enfants employés dans les professions ambulantes.

7 déc. 1874.

7 Décembre 1874.

ARTICLE 1er. — Tout individu qui fera exécuter, par des enfants de moins de seize ans, des tours de force périlleux ou des exercices de dislocation;

Tout individu autre que les père et mère, pratiquant les professions d'acrobate, saltimbanque, charlatan, montreur d'animaux ou directeur de cirque, qui emploiera dans ses représentations des enfants âgés de moins de seize ans,

Sera puni d'un emprisonnement de six mois à deux ans et d'une amende de 16 à 200 francs.

La même peine sera applicable aux père et mère exerçant les professions ci-dessus désignées, qui emploieraient dans leurs représentations leurs enfants âgés de moins de douze ans.

ART. 2. — Les pères, mères, tuteurs ou patrons qui auront livré, soit gratuitement, soit à prix d'argent, leurs enfants, pupilles ou apprentis âgés de moins de seize ans, aux individus exerçant les professions ci-dessus spécifiées, ou qui les auront placés sous la conduite de vagabonds, de gens sans aveu ou faisant métier de la mendicité, seront punis des peines portées en l'article 1er.

La même peine sera applicable à quiconque aura déterminé des enfants âgés de moins de seize ans à quitter le domicile de leurs parents ou tuteur pour suivre des individus des professions susdésignées.

La condamnation entraînera de plein droit pour les tuteurs la destitution de la tutelle; les pères et mères pourront être privés des droits de la puissance paternelle.

ART. 3. — Quiconque emploiera des enfants âgés de moins de seize ans à la mendicité habituelle, soit ouvertement, soit sous l'apparence d'une profession, sera considéré comme auteur ou complice du délit de mendicité en réunion, prévu par l'article 276 du Code pénal, et sera puni des peines portées audit article.

Dans le cas où le délit aurait été commis par les pères, mères ou tuteurs, ils pourront être privés des droits de la puissance paternelle ou être destitués de la tutelle.

ART. 4. — Tout individu exerçant l'une des professions spécifiées à l'article 1er de la présente loi devra être porteur de l'extrait des actes de naissance des enfants placés sous sa conduite, et justifier de leur origine et de leur identité par la production d'un livret ou d'un passeport.

Toute infraction à cette disposition sera punie d'un emprisonnement de un mois à six mois et d'une amende de 16 à 50 francs.

ART. 5. — En cas d'infraction à l'une des dispositions de la présente loi, les autorités municipales seront tenues d'interdire toutes représentations aux individus désignés en l'article 1er.

Cesdites autorités seront également tenues de requérir la justification, conformément aux dispositions de l'article 4, de l'origine et de l'identité de tous les enfants placés sous la conduite des individus susdésignés. A défaut de cette justification, il en sera donné avis immédiat au parquet.

Toute infraction à la présente loi, commise à l'étranger, à l'égard de Français, devra être dénoncée, dans le plus bref délai, par nos agents consulaires aux autorités françaises, ou aux autorités locales, si les lois du pays en assurent la répression.

Ces agents devront, en outre, prendre les mesures nécessaires pour assurer le rapatriement en France des enfants d'origine française.

ART. 6. — L'article 463 du Code pénal est applicable aux délits prévus et punis par la présente loi.

---

16 déc. 1874.

Loi modifiant la loi du 7 février 1851, concernant la nationalité des individus nés en France d'étrangers qui eux-mêmes y sont nés[1].

16 Décembre 1874.

ARTICLE 1er. — L'article 1er de la loi du 7 février 1851 est ainsi modifié :

« Est Français tout individu né en France d'un étranger qui lui-

1. La loi du 7 *février* 1851 était ainsi conçue :

« ARTICLE 1er. — Est Français tout individu né en France d'un étranger qui lui-même y est né, à moins que, dans l'année qui suivra l'époque de sa majorité, telle

même y est né, à moins que, dans l'année qui suivra l'époque de sa majorité telle qu'elle est fixée par la loi française, il ne réclame la qualité d'étranger par une déclaration faite, soit devant l'autorité municipale du lieu de sa résidence, soit devant les agents diplomatiques et consulaires de France à l'étranger, et qu'il ne justifie avoir conservé sa nationalité d'origine par une attestation en due forme de son gouvernement, laquelle demeurera annexée à la déclaration.

« Cette déclaration pourra être faite par procuration spéciale et authentique. »

ART. 2. — Les jeunes gens auxquels s'applique l'article précédent peuvent, soit s'engager volontairement dans les armées de terre et de mer, soit contracter l'engagement conditionnel d'un an, conformément à la loi du 27 juillet 1872 (*titre IV*, 3e *section*), soit entrer dans les Écoles du Gouvernement à l'âge fixé par les lois et règlements, en déclarant qu'ils renoncent à réclamer la qualité d'étranger dans l'année qui suivra leur majorité.

Cette déclaration ne peut être faite qu'avec le consentement exprès et spécial du père, ou, à défaut du père, de la mère, ou, à défaut de père et de mère, qu'avec l'autorisation du conseil de famille. Elle ne doit être reçue qu'après les examens d'admission et s'ils sont favorables.

Avis du Conseil d'État, relatif aux conditions légales du recrutement des instituteurs et institutrices primaires. 16 déc. 1874.

16 Décembre 1874.

Les sections de l'Intérieur, de la Justice, de l'Instruction publique, des Cultes et des Beaux-Arts, des Finances, de la Guerre, de la Marine et des Colonies, du Conseil d'État réunies,

Consultées par le Ministre de l'Instruction publique, des Cultes et des Beaux-Arts sur la question de savoir dans quelles conditions

qu'elle est fixée par la loi française, il ne réclame la qualité d'étranger par une déclaration faite, soit devant l'autorité municipale du lieu de sa résidence, soit devant les agents diplomatiques ou consulaires accrédités en France par le gouvernement étranger.

« ART. 2. — L'article 9 du Code civil est applicable aux enfants de l'étranger naturalisé, quoique nés en pays étranger, s'ils étaient mineurs lors de la naturalisation.

« A l'égard des enfants nés en France ou à l'étranger, qui étaient majeurs à cette même époque, l'article 9 du Code civil leur est applicable dans l'année qui suivra celle de ladite naturalisation. »

Voir, au Tome V, la loi du 26 *juin* 1889 sur la nationalité.

légales un département peut se placer pour s'acquitter de l'obligation de pourvoir au recrutement des instituteurs et institutrices publics, qui lui est imposée par l'article 35 de la loi du 15 mars 1850, et, dans le cas où une entente pourrait s'établir avec un département voisin, à quelles prescriptions légales on devrait se conformer;

Vu l'article 35 de la loi du 15 mars 1850;

Vu l'article 11 de la loi du 28 juin 1833;

Vu les articles 89 et 90 de la loi du 10 août 1871;

Vu l'article 13 du décret du 2 janvier 1866, relatif aux Écoles normales primaires;

Considérant qu'aux termes de l'article 35 susvisé, tout département est tenu de pourvoir au recrutement des instituteurs communaux, soit en entretenant des élèves-maîtres dans les établissements d'instruction primaire désignés par le Conseil départemental, soit aussi dans l'École normale établie à cet effet par le département;

Considérant que, au cours de la discussion de la loi, un amendement avait été présenté par M. Monet, en vue de reproduire les dispositions de l'article 11 de la loi de 1833, qui permettent, sous réserve de l'approbation du chef de l'État, la réunion de plusieurs départements pour la fondation et l'entretien d'une École normale; que cet amendement n'a été retiré par son auteur que parce qu'il est résulté des explications échangées dans la séance que les dispositions de la loi de 1833 étaient maintenues; qu'ainsi la loi offre aux départements trois moyens de remplir leurs obligations en ce qui touche au recrutement des instituteurs : l'entretien de bourses dans un établissement d'instruction primaire désigné par le Conseil départemental, la fondation d'une École normale dans le département, la fondation et l'entretien d'une École normale commune à plusieurs départements;

Considérant que, si la loi exige la sanction du chef de l'État pour la fondation d'une École normale commune à plusieurs départements, et s'il y a alors intérêt commun dans le sens des articles 89 et 90 de la loi du 10 août 1871, on ne saurait arbitrairement étendre cette prescription au cas où il ne s'agit que de placer des boursiers dans une École établie dans un département voisin; qu'en ce dernier cas, il n'y a plus d'établissement commun à plusieurs départements, mais seulement un compte d'intérêt particulier à régler entre le département qui envoie les élèves et l'École qui les reçoit;

Mais, considérant que la loi confère au Conseil départemental le droit exclusif, toutes les fois qu'il n'existe pas une École normale départementale ou interdépartementale, de désigner les établissements où devront être placés les élèves-maîtres; qu'il y a lieu, dès lors, de suivre nécessairement, en cas de fondation de bourse, les désignations de ce Conseil, sauf le droit du Ministre de déterminer, dans les termes de l'article 13 du décret du 2 janvier 1866, le nombre des élèves boursiers ou pensionnaires libres qui peuvent être reçus. chaque année, dans les Écoles normales,

Sont d'avis de répondre à la question posée dans le sens des observations qui précèdent.

Circulaire du Ministre de l'Instruction publique, relative à l'emplacement qu'il convient de choisir pour les maisons d'école. 19 janvier 1875.

19 Janvier 1875.

Monsieur le Préfet, je suis informé que dans un certain nombre de localités la maison d'école se trouve trop souvent rapprochée d'établissements tels que cafés, cabarets, auberges, etc.; il en résulte des inconvénients sérieux au point de vue moral et au point de vue scolaire. Les élèves qui fréquentent l'École n'y trouvent pas la tranquillité nécessaire aux études.

A différentes reprises, mes prédécesseurs ont appelé sur ce point l'attention de l'administration préfectorale; mais, leurs instructions paraissant tombées dans l'oubli, je tiens à les replacer sous vos yeux.

« Dans quelques villes, dit la circulaire du 24 décembre 1850, on ne fait nulle attention au voisinage des Écoles, et on expose ainsi les enfants à recevoir des impressions, soit morales, soit physiques, aussi contraires à leurs mœurs qu'à leur santé. Aucun de ces détails n'est à dédaigner pour tout homme qui connaît et qui aime l'enfance. »

« La maison d'école doit être isolée de toute habitation bruyante ou malsaine. » (*Circulaire du* 30 *juillet* 1858.)

Je recommande de nouveau, Monsieur le Préfet, cette question à votre sollicitude. Il importe au plus haut point que les Écoles soient protégées autant que possible contre tout voisinage gênant, insalubre ou dangereux : cafés, auberges, marchés, abattoirs, etc.; en un mot, contre tout ce qui peut nuire à la santé, à la moralité et aux études des élèves.

Vous avez le devoir, lorsqu'une commune veut créer une École ou déplacer un établissement déjà existant, de faire examiner et de rechercher vous-même si le local proposé convient à sa destination. Le décret du 7 octobre 1850 (*art.* 7 *à* 11) vous indique la marche à suivre en pareil cas, et vous fournit les moyens d'assurer les conditions d'hygiène et de moralité nécessaires à tout établissement destiné à l'enfance. Je ne puis que vous engager à vous reporter à ses prescriptions.

Lorsque des demandes d'autorisation d'ouverture de cabarets vous sont soumises, je vous prie de veiller tout spécialement à ce que le nouvel établissement ne puisse s'ouvrir auprès de l'École. Il serait même convenable que l'autorisation accordée précédemment fût retirée, si des plaintes motivées et sérieuses vous étaient adressées.

Vous voudrez bien, Monsieur le Préfet, m'accuser réception de cette circulaire et prendre des mesures pour en assurer l'exécution.

Recevez, etc.

Signé : A. DE CUMONT.

---

15 février 1875.

Décret fixant les circonscriptions territoriales pour l'inspection du travail des enfants employés dans l'industrie.

15 Février 1875.

Le Président de la République française,

Sur le rapport du Ministre de l'Agriculture et du Commerce,

Vu l'article 16 de la loi du 19 mai 1874, concernant le travail des enfants et des filles mineures employés dans l'industrie, aux termes duquel un règlement d'administration publique doit déterminer les quinze circonscriptions territoriales où chaque Inspecteur divisionnaire, chargé d'assurer l'exécution de la loi, résidera et exercera sa surveillance;

Vu l'avis du Comité consultatif des arts et manufactures;

Vu l'avis de la Commission supérieure du travail des enfants dans les manufactures;

Le Conseil d'État entendu,

Décrète :

ARTICLE 1er. — Les circonscriptions territoriales des inspections instituées par la loi du 19 mai 1874, relative au travail des enfants et des filles mineures employés dans l'industrie, sont déterminées ainsi qu'il suit :

1re circonscription. — Département de la Seine. Résidence, Paris.

2e circonscription. — Départements de Seine-et-Marne, de Seine-et-Oise, du Loiret, d'Eure-et-Loir, de Loir-et-Cher, du Cher et de l'Indre. Résidence, Orléans.

3e circonscription. — Départements de l'Yonne, de la Côte-d'Or, du Jura, de l'Ain, de Saône-et-Loire, de la Nièvre et de l'Allier. Résidence, Dijon.

4e circonscription. — Départements de Meurthe-et-Moselle, des Vosges, de la Haute-Saône, de la Haute-Marne et du Doubs. Résidence, Nancy.

5e circonscription. — Départements de l'Aisne, des Ardennes, de la Marne, de la Meuse et de l'Aube. Résidence, Reims.

6e circonscription. — Départements du Pas-de-Calais et du Nord. Résidence, Lille.

7e circonscription. — Départements de la Seine-Inférieure, de la Somme et de l'Oise. Résidence, Rouen.

8e circonscription. — Départements de l'Eure, du Calvados, de la Manche et de l'Orne. Résidence, Caen.

9e circonscription. — Départements des Côtes-du-Nord, d'Ille-et-Vilaine, de la Mayenne, de la Sarthe, de Maine-et-Loire, de la Loire-Inférieure, du Morbihan et du Finistère. Résidence, Rennes.

10e circonscription. — Départements de la Vendée, d'Indre-et-Loire, de la Vienne, de la Creuse, de la Haute-Vienne, de la Charente, des Deux-Sèvres et de la Charente-Inférieure. Résidence, Limoges.

11e circonscription. — Départements de la Corrèze, de la Dordogne, de Lot-et-Garonne, de la Gironde, des Landes, du Gers, des Basses-Pyrénées, des Hautes-Pyrénées, du Lot et de Tarn-et-Garonne. Résidence, Bordeaux.

12e circonscription. — Départements du Cantal, de l'Aveyron, du Tarn, de la Haute-Garonne, de l'Ariège, de l'Aude et des Pyrénées-Orientales. Résidence, Toulouse.

13e circonscription. — Départements de l'Ardèche, de la Lozère, du Gard et de l'Hérault. Résidence, Nîmes.

14e circonscription. — Départements de la Drôme, des Hautes-Alpes, des Basses-Alpes, des Alpes-Maritimes, de Vaucluse, des Bouches-du-Rhône, du Var et de la Corse. Résidence, Avignon.

15e circonscription. — Départements du Rhône, de la Loire, du Puy-de-Dôme, de la Haute-Loire, de l'Isère, de la Savoie et de la Haute-Savoie. Résidence, Lyon.

ART. 2. — Le Ministre de l'Agriculture et du Commerce est chargé de l'exécution du présent décret.

Arrêt de la Cour d'appel de Paris, relatif aux saisies faites pour payement de loyers de maisons d'école. 2 mars 1875.

2 Mars 1875.

Les bancs et tables d'une maison d'école ne sont pas considérés comme des objets servant à l'enseignement et au travail personnel de l'instituteur, et ne peuvent être, à ce titre, reconnus insaisissables; même en leur supposant ce caractère, ils ne pourraient être distraits d'une saisie faite pour obtenir payement de loyers[1].

1. M. F...., instituteur à L...., était poursuivi par son propriétaire en payement des loyers dus; une saisie avait été opérée, et le procès-verbal avait constaté la présence dans les lieux loués de meubles qui, en y comprenant les tables et bancs de l'École, avaient une valeur bien inférieure au montant des termes échus et tout à fait insuffisante pour garantir les loyers. Une ordonnance de référé du 14 janvier 1875 avait ordonné l'expulsion de M. F.... et la vente des meubles sur simple affiche.

Sur appel, interjeté par M. F...., qui, entre autres prétentions, objectait que les meubles et bancs garnissant son institution étaient insaisissables, d'après l'article 592 du Code de procédure civile, comme étant les instruments servant à l'enseignement et au travail personnel du saisi, la Cour a rendu le présent arrêt qui renferme, sur ce point spécial, les considérants suivants.

Considérant qu'aucun livre n'a été compris parmi les objets dont la vente a été ordonnée; que les tables et bancs qui doivent en faire partie ne sont pas des objets servant à l'enseignement; qu'ils servent seulement aux enfants qui viennent chez F..... recevoir leur instruction et ne peuvent être considérés que comme un aménagement de l'Ecole;

Que, d'ailleurs, les instruments réservés par l'article 592 ne le sont plus, lorsque la vente a pour cause les créances mentionnées en l'article 593, et notamment les loyers dus au propriétaire,

Confirme.....

---

23 mars 1875. **Arrêté relatif aux attributions et au fonctionnement du Comité consultatif de l'enseignement public.**

23 Mars 1875.

Le Ministre de l'Instruction publique, des Cultes et des Beaux-Arts,

Vu le décret du 25 mars 1873,

Arrête :

ARTICLE 1er. — Chaque section du Comité consultatif de l'enseignement public se réunit une fois par semaine :

La section de l'enseignement supérieur, le mardi;

La section de l'enseignement secondaire, le mercredi;

La section de l'enseignement primaire, le vendredi.

ART. 2. — Chaque section délibère sur les affaires qui lui sont soumises par le Ministre, conformément aux dispositions de l'article 4 du décret susvisé, savoir : sur les projets de lois, de règlements et de programmes d'études; sur les questions de contentieux administratif et de discipline; sur les questions qui touchent aux droits et à l'avancement des membres du corps enseignant.

Il est tenu registre de ces délibérations, et chacun des procès-verbaux, dont il est donné lecture, est certifié par le président après approbation par la section.

ART. 3. — Suivant les cas, la section compétente charge une sous-commission ou un rapporteur d'examiner la question qui lui est renvoyée par le Ministre.

Le membre de la section désigné pour faire le rapport présente par écrit ses conclusions. Après discussion, l'avis de la section est mentionné au dossier et signé par le président.

ART. 4. — Les affaires qui intéressent plusieurs sections à la fois sont renvoyées par le Ministre, soit à l'une d'elles, qu'il désigne, soit à deux ou plusieurs sections réunies.

ART. 5. — Du 1er avril au 1er juillet, époque de la tournée des Inspecteurs généraux, les affaires urgentes concernant l'instruction secondaire et l'instruction primaire sont renvoyées à la section de l'enseignement supérieur, à laquelle s'adjoignent, pour les examiner, les membres des deux autres sections présents à Paris.

ART. 6. — Les présidents des sections reçoivent, par l'intermédiaire du secrétaire général et à la diligence des directeurs du Ministère, tous les renseignements nécessaires à l'expédition des affaires.

ART. 7. — Le secrétaire général du Ministère de l'Instruction publique et les Directeurs sont chargés, chacun en ce qui le concerne, de l'exécution du présent arrêté.

Décret déterminant les diverses industries qui peuvent employer des enfants de dix à douze ans dans les conditions prévues par la loi du 19 mai 1874. 27 mars 1875.

27 Mars 1875.

Le Président de la République française,

Sur le rapport du Ministre de l'Agriculture et du Commerce,

Vu l'article 2 de la loi du 19 mai 1874, ainsi conçu :

« Les enfants ne pourront être employés par les patrons, ni être admis dans les manufactures, usines, ateliers ou chantiers, avant l'âge de douze ans révolus;

« Ils pourront être toutefois employés, à l'âge de dix ans révolus, dans les industries spécialement déterminées par un règlement d'administration publique, rendu sur l'avis conforme de la Commission supérieure ci-dessous instituée » ;

Vu l'avis du Comité consultatif des arts et manufactures;

Vu l'avis de la Commission spéciale instituée par l'article 23 de la loi du 19 mai 1874;

Le Conseil d'État entendu,

Décrète :

ARTICLE 1er. — Les enfants de dix à douze ans peuvent, dans les conditions déterminées par la loi, être employés dans les industries dont la nomenclature suit :

1° Dévidage des cocons;

2° Filature de bourre de soie;

3° Filature de coton;
4° Filature de la laine;
5° Filature du lin;
6° Filature de soie;
7° Impressions à la main sur tissus;
8° Moulinage de la soie;
9° Papeterie (les enfants de dix à douze ans ne pourront être employés au triage des chiffons);
10° Retordage du coton;
11° Tulles et dentelles (fabrication mécanique des);
12° Verrerie.

---

23 avril 1875.

Arrêt du Conseil d'État, relatif à la notification des décisions du Conseil supérieur.

23 Avril 1875.

L'irrégularité de la notification d'une décision du Conseil supérieur de l'instruction publique ne peut vicier la décision elle-même, qui a été régulièrement prise et régulièrement constatée au procès-verbal des séances.

Le Conseil d'État,

Vu les lois du 15 mars 1850 et du 19 mars 1873;

Vu le règlement d'administration publique du 29 juillet 1850;

Vu la loi des 7-14 octobre 1790;

Vu la loi du 24 mai 1872, art. 9[1];

Considérant qu'il est constaté par le procès-verbal de la séance du Conseil supérieur de l'instruction publique, en date du 18 juin 1874, que la décision attaquée a été rendue dans les formes prescrites par la loi du 19 mars 1873 et le décret du 29 juillet 1850; que ce procès-verbal énonce notamment que la décision a été prise à la majorité de plus des deux tiers des suffrages; qu'il mentionne le nom des membres qui y ont participé, et qu'il porte la signature du président; que, si ces diverses mentions n'étaient pas consignées dans la notification faite au sieur P..... à la date du 24 juillet 1874, l'irrégularité de cette notification ne pouvait vicier la décision elle-même, qui avait été régulièrement prise et régulièrement constatée; que, d'ailleurs, le requérant reconnaît avoir reçu, à une date postérieure,

1. Loi portant organisation du Conseil d'État. (*Bulletin des Lois*, XIIe série, tome IV, n° 92, page 505.)

une notification complète de ladite décision; qu'il se borne à contester l'exactitude des énonciations portées au procès-verbal de la délibération du Conseil supérieur, sans produire aucune preuve à cet égard :

La requête..... est rejetée.

Arrêté relatif aux livres classiques[1]. 3 juillet 1875.

3 Juillet 1875.

Le Ministre de l'Instruction publique, des Cultes et des Beaux-Arts,

Vu l'article 4 de la loi du 19 mars 1873;

Vu les arrêtés du 22 juillet 1873;

Vu l'avis du Conseil supérieur de l'instruction publique,

Arrête :

ARTICLE 1er. — Il est dressé chaque année une liste des livres en usage : 1° dans les Lycées et Collèges; 2° dans les Écoles normales primaires; 3° dans les Écoles primaires publiques.

ART. 2. — A cet effet, les professeurs de chaque Lycée, Collège et École normale primaire se réunissent dans la première quinzaine du mois d'avril, sous la présidence du proviseur, principal ou directeur. Ils dressent la liste des livres qui ont été en usage durant la dernière année, et arrêtent, de concert, la liste de ceux qu'ils se proposent de mettre entre les mains des élèves dans la prochaine année scolaire.

Les instituteurs communaux transmettent aux Inspecteurs de l'enseignement primaire la liste des livres en usage dans leurs Écoles respectives.

ART. 3. — Avant le 1er mai, les listes mentionnées dans l'article précédent sont, à la diligence des proviseurs, principaux et Inspecteurs, envoyées au Recteur de l'Académie.

Le Recteur en dresse un tableau récapitulatif, qu'il transmet, avant le 15 juillet, au Ministre, avec ses observations, après avoir pris l'avis

1. Voir ci-dessus l'arrêté du 22 *juillet* 1873, p. 473. —Voir également la circulaire du 16 *juillet* suivant, relative à l'application de l'arrêté du 3 juillet. (*Circ. et Instr. off.*, T. VII, p. 488.)

Consulter aussi la circulaire du 10 *avril* 1875 demandant des renseignements sur les livres employés pour l'enseignement primaire (*Ibid.*, p. 463), et celle du Ministre de l'Intérieur, du 31 *mai* de la même année, se référant à celle du 12 *mai* 1874, relative à la revision des estampilles accordées aux écrits destinés au colportage. (*Recueil des Lois et Actes de l'Instruction publique*, 1875, p. 184.)

du Conseil académique, en ce qui concerne l'instruction secondaire, et l'avis du Conseil départemental, en ce qui concerne l'enseignement primaire.

ART. 4. — La liste générale des livres en usage dans les établissements d'instruction publique est soumise à une Commission composée des Inspecteurs généraux et de membres désignés par le Ministre. Cette Commission est chargée de l'examen préparatoire desdits livres. Elle dresse la liste de ceux qu'elle juge ne pas pouvoir être introduits dans les établissements publics, et de ceux dont il y a lieu de prononcer l'interdiction dans les Ecoles libres.

ART. 5. — Le Conseil supérieur, dans sa seconde session annuelle, est saisi par le Ministre : 1° de la liste générale des livres en usage dans les Écoles publiques; 2° des propositions de la Commission d'examen.

ART. 6. — Si, dans le cours d'une année, un ouvrage qui n'avait pas été primitivement porté sur la liste des livres en usage vient à être introduit dans un établissement, il en est donné avis par le chef de l'établissement au Recteur, qui avise à son tour le Ministre.

ART. 7. — Sont rapportées, en ce qu'elles ont de contraire au présent règlement, les dispositions des arrêtés du 22 juillet 1873.

---

5 juillet 1875. **Circulaire du Vice-Recteur aux Inspecteurs de l'Académie de Paris, relative à l'intervalle qui doit séparer deux examens subis par un candidat au brevet de capacité.**

5 Juillet 1875.

Monsieur l'Inspecteur, un de vos collègues me demande s'il faut refuser l'inscription de tout candidat qui, par la différence des dates d'examen subi dans deux Académies, ne peut justifier que de *trois mois* écoulés depuis son dernier examen.

Les prescriptions de l'article 7 de l'arrêté du 3 juillet 1866 sont formelles : il y est dit, en effet, que tout aspirant doit déposer, un mois avant l'ouverture de la session, la déclaration qu'il ne s'est présenté devant aucune Commission dans l'*intervalle des quatre mois* qui précèdent la session.

L'arrêté du 19 juillet 1833 prescrivait un intervalle de six mois. Cette disposition, infirmée en partie par une décision du 30 août 1838, qui autorisait les Recteurs de quelques Académies à substituer le mois d'août au mois de septembre, fut rétablie et maintenue par les circulaires des 23 août 1834, 20 août 1835, 22 août 1836 et 26 juillet 1838.

L'arrêté du 4 novembre 1834 disait, en termes formels : « 1° Le candidat qui, à la suite d'un examen, n'aura pas été admis, ne pourra se présenter devant la même Commission, ou devant une autre, qu'après un intervalle de six mois; 2° tout candidat qui se présentera devant une Commission sera tenu de déclarer si c'est la première fois qu'il se présente à cette épreuve; et, dans le cas où il l'aurait déjà subie, de dire à quelle époque et devant quelle Commission. La déclaration sera inscrite au procès-verbal et signée de lui. En cas de fausse déclaration, le brevet qu'il aurait obtenu sera considéré comme non avenu et ne pourra lui conférer aucun droit dans l'instruction primaire; 3° lorsqu'une Commission aura ajourné un candidat, elle en informera aussitôt le Recteur, qui donnera avis de cet ajournement aux autres Commissions existant dans le ressort de son Académie et aux Recteurs des Académies voisines. Chaque Recteur en instruira les Commissions établies dans son ressort académique. »

La circulaire du 9 août 1838 étendit aux aspirantes les dispositions de l'arrêté du 4 novembre 1834.

Un arrêté du 14 août 1838 disposait même que « tout individu qui aspire à obtenir un brevet de capacité doit subir l'examen devant la Commission du département où il a son domicile ». Mais la loi de 1850 laisse aux candidats une liberté absolue.

L'article 50 du règlement d'administration publique du 29 juillet 1850 prescrivit que les Commissions tiendraient au moins deux sessions par an; mais les dispositions restrictives de la législation de 1833 à l'égard des aspirants ajournés n'avaient pas été conservées. Des abus ne tardèrent pas à se produire[1].

L'Administration fit observer, dans une circulaire du 22 juin 1852, que des aspirants, après avoir échoué devant une Commission, passent immédiatement dans un ressort académique où ils espèrent trouver des juges plus indulgents, et où ils réussissent quelquefois à obtenir le titre dont ils n'ont pas été jugés dignes dans une première épreuve. Il fut alors décidé que les Recteurs exigeraient des candidats étrangers à leur ressort une déclaration portant qu'ils se sont déjà présentés, à telle époque, devant telle Commission.

« La Commission devant laquelle ils demandent à tenter une nouvelle épreuve, disait M. le Ministre, tenue en garde par cet avertissement, devra procéder à l'examen avec une attention toute spéciale, et de manière à éviter toute surprise préjudiciable à l'enseignement. »

Cette précaution parut bientôt insuffisante; car un arrêté du 16 août 1852 décida que « l'aspirant au brevet de capacité primaire qui aura été refusé à un premier examen ne pourra être admis à en subir un second, soit dans l'*Académie où il s'est déjà présenté*, soit dans *un autre ressort*, qu'après un intervalle de trois mois, et en session régulière. »

Cet intervalle a été porté à quatre mois par l'article 3 de l'arrêté du 15 février 1853, portant règlement pour les examens du brevet de capacité des instituteurs et des institutrices.

Depuis lors, cette disposition n'a point été modifiée, et l'article 7 de l'arrêté du 3 juillet 1866 n'a fait que le reproduire.

Ainsi, Monsieur l'Inspecteur, il reste établi que ce terme de quatre mois n'indique pas seulement le délai qui s'écoule ordinairement d'une session à une autre, quelle que soit l'Académie choisie par le candidat, mais que cette expression doit *être prise à la lettre;* qu'elle représente, comme le disait formellement l'arrêté du 4 novembre 1834, et comme le dit encore l'arrêté du 16 août 1852, l'intervalle de temps qui doit séparer les deux examens subis par le même candidat ajourné une première fois; que ces deux examens soient subis devant

1. Le § 3 de l'article 63 de la loi du 15 mars 1850 est ainsi conçu :

« Un candidat refusé ne peut se présenter avant trois mois à un nouvel examen, sous peine de nullité du diplôme ou brevet indûment obtenu. »

la même Commission ou devant une autre, appartenant à un ressort académique différent[1].

Recevez, etc.

---

19 juillet 1875. **Loi relative au traitement des instituteurs et des institutrices primaires[2].**

19 Juillet 1875.

ARTICLE 1er. — Les traitements *minima* des instituteurs et institutrices publics sont fixés de la manière suivante :

Instituteurs titulaires divisés en quatre classes :

4e classe.	900 francs.
3e classe.	1 000 —
2e classe.	1 100 —
1re classe.	1 200 —

Institutrices titulaires divisées en trois classes :

3e classe.	700 francs.
2e classe.	800 —
1re classe.	900 —

1. Les examens n'ont pas lieu à Paris aux mêmes dates que dans les départements. Mais l'assimilation quant aux sessions est complète. (*Bulletin administratif*, 20 avril 1895, n° 1157, page 343.)

2. Voir, ci-dessus, pages 457 et 463, les origines de la loi. — Consulter pour l'application les circulaires ci-après (*Circ. et Instr. off.*, T. VII et VIII) :

7 *août* 1875 : Règles générales pour l'établissement du budget communal et du budget départemental (*aux Préfets*);

16 *décembre* 1875 : Instructions sur le sens et la portée de la loi (*aux Inspecteurs d'Académie*);

22 *décembre* 1875 : Confirmation des instructions précédentes (*aux Préfets*);

28 *décembre* 1875 : Instructions complémentaires (*aux Inspecteurs d'Académie*);

31 *janvier* et 28 *mars* 1876 : Cotisations municipales pour le traitement des instituteurs (*aux Préfets*);

17 *août* 1876 : Détermination du traitement éventuel (*aux Préfets*);

21 *août* 1876, rappelée le 10 *mars* 1877 : Transmissive du décret du 8 août 1876 (*aux Préfets*);

22 *décembre* 1876 : Liquidation du traitement en cas de mutation ou de décès (*aux Préfets*);

20 *janvier* 1877 : Liquidation des dépenses des Écoles primaires (*aux Préfets*);

13 *août* 1877 : Règles à observer pour le mandatement du traitement des instituteurs (*aux Préfets*);

26 *février* 1878 : Report des excédents d'un exercice sur un autre (*aux Préfets*);

30 *avril* 1878 : Application de l'article 3 concernant l'indemnité de résidence et la liste de mérite (*aux Préfets*);

31 *août* 1878, complémentaire de la circulaire du 26 *février* 1878 sur le report des excédents (*aux Préfets*);

30 *septembre* 1878, transmissive du décret du 30 août précédent (*aux Préfets*).

Consulter en outre, pour l'application des articles 7, 8 et 9 de la loi, la circulaire du Ministre de l'Intérieur aux Préfets, du 24 *novembre* 1875. (*Recueil des Lois et Actes de l'Instruction publique*, 1875, p. 478.)

Instituteurs adjoints chargés d'une école de hameau (classe unique)	800 francs.
Instituteurs adjoints attachés à l'école principale (classe unique)	700 —
Institutrices adjointes chargées d'une école de hameau (classe unique)	650 —
Institutrices adjointes attachées à l'école principale (classe unique)	600 —

ART. 2. — L'instituteur ou l'institutrice qui débute comme titulaire appartient à la dernière classe.

La promotion à une classe supérieure est de droit après cinq ans passés dans la classe immédiatement inférieure, et ne peut avoir lieu avant l'expiration de cette période.

ART. 3. — L'obtention du brevet complet[1] élève de 100 francs, pour les instituteurs et les institutrices de tout ordre, les traitements *minima* auxquels ils ont droit d'après leur classe.

Le même avantage est accordé, mais seulement pour l'année courante, aux instituteurs et institutrices non pourvus du brevet complet, placés dans le premier huitième de la liste de mérite[2] qui sera dressée, chaque année, par le Conseil départemental.

1. Les brevets complets délivrés sous le régime de la loi du 15 mars 1850 dans la seconde session de 1866 donnent droit à la faveur. (*Lettre du Ministre de l'Instruction publique au Recteur de Besançon*, 2 *avril* 1879.)

2. *Lettre du Ministre de l'Instruction publique au Préfet du Doubs, relative à l'exécution de la loi du* 19 *juillet* 1875, *en ce qui concerne les institutrices exerçant dans les communes de moins de cinq cents âmes* (juin 1878).

Monsieur le Préfet, par une lettre que vous m'avez communiquée le 20 juin dernier, M. l'Inspecteur d'Académie en résidence à Besançon demande :

1° Si les institutrices exerçant dans des communes dont la population est inférieure à 500 habitants doivent figurer sur la liste de mérite;

2° Si ces mêmes institutrices doivent bénéficier des avantages attribués au brevet complet et à la médaille d'argent;

3° Si le traitement des adjoints ou adjointes pourvus du brevet complet sera élevé de cent francs, comme celui des titulaires.

Bien que la loi du 19 juillet 1875 ne soit pas applicable aux institutrices des communes de moins de 500 âmes, *en ce qui concerne les augmentations de traitement mentionnées à l'article* 1er, ces maîtresses doivent bénéficier de l'avantage attribué par l'article 4 à la médaille d'argent, attendu qu'il s'agit, dans le cas particulier, d'une allocation spéciale attachée à cette distinction honorifique.

Il ne saurait en être de même à l'égard du brevet complet : aux termes de la loi, ce brevet élève de 100 francs les traitements *minima* des institutrices qui l'obtiennent; or, comme les directrices des Écoles de filles dans les communes de moins de 500 âmes n'ont pas de traitement *minimum* légal, elles ne doivent pas bénéficier de cette disposition particulière.

En ce qui concerne la liste de mérite, les maîtresses dont il s'agit peuvent y figu-

L'allocation annuelle sera réduite à 50 francs pour ceux qui figureront dans le second huitième.

ART. 4. — Les instituteurs et institutrices qui auront obtenu la médaille d'argent dans les conditions fixées par l'arrêté du 21 août 1858, auront droit à une allocation supplémentaire et annuelle de 100 francs tant qu'ils seront en activité.

ART. 5. — Une indemnité annuelle, variant de 50 à 150 francs pourra être attachée à la résidence des instituteurs et institutrices de tout ordre dans les circonscriptions scolaires où des circonstances exceptionnelles la rendraient nécessaire.

Des tableaux sont à cet effet dressés tous les cinq ans, par le Conseil départemental, et arrêtés, après avis du Conseil général et du Recteur de l'Académie, par décrets en la forme des règlements d'administration publique.

ART. 6. — Les associations religieuses vouées à l'enseignement et reconnues par l'État continueront à être admises à fournir, à des conditions convenues, des maîtres aux communes où elles seront appelées.

A défaut de conventions particulières, toutes les dispositions des articles précédents sont applicables aux instituteurs et institutrices communaux appartenant auxdites associations.

ART. 7. — Il est pourvu au surcroît des dépenses résultant de la présente loi au moyen des ressources énumérées dans les articles 40 de la loi du 15 mars 1850, et 14 de la loi du 10 avril 1867, augmentées d'un quatrième centime communal et d'un quatrième centime départemental, additionnels au principal des quatre contributions directes.

ART. 8. — Les ressources d'origines diverses affectées au service de l'instruction primaire continueront à être inscrites au budget communal.

Les traitements sont mandatés par le Préfet et acquittés suivant le mode établi en matière de cotisations municipales.

rer, mais seulement à titre de renseignement. Pour le motif expliqué au sujet du brevet complet, leur inscription sur ce tableau ne saurait leur donner *droit* à l'une des allocations déterminées par les paragraphes 2 et 3 de l'article 3 de la loi du 19 juillet 1875, tant qu'elles exerceront dans des communes où l'entretien d'une Ecole de filles n'est pas obligatoire; mais il pourrait leur être accordé des indemnités, dont la quotité serait fixée facultativement.

Quant aux adjoints et adjointes, toutes les dispositions des articles 3 et 4 de la loi leur sont applicables, comme aux titulaires.

Je vous prie de vouloir bien communiquer ces explications à M. l'Inspecteur d'Académie.

Recevez, etc.

Ils seront payés mensuellement et par douzièmes, sur le vu d'un état dressé par l'Inspecteur d'Académie.

Disposition transitoire.

ART. 9. — Les instituteurs et institutrices de tous ordres parviendront, par augmentations successives, aux traitements ci-dessus fixés dans un délai qui n'excédera pas quatre années.

Les instituteurs, institutrices titulaires et instituteurs adjoints, dont les traitements *minima* sont de 500, 600, 700 et 800 francs, recevront, la première année, une allocation complémentaire qui élèvera de 100 francs ces traitements *minima*.

Le traitement *minimum* des institutrices adjointes sera porté, la première année de 450 à 500 francs.

Pour chacune des trois années suivantes, un décret déterminera les diverses catégories d'instituteurs et d'institutrices de tout ordre qui, dans les limites fixées par la présente loi, devront obtenir une nouvelle augmentation de traitement. Il fixera en outre le chiffre de cette augmentation.

Décision relative au droit de timbre pour la perception de la rétribution scolaire. 22 juillet 1875.

22 Juillet 1875.

Par décision du 22 juillet 1875, l'administration de l'enregistrement a reconnu que la rétribution scolaire est une contribution assimilée par les lois des 15 mars 1850 et 14 juin 1859 aux contributions directes, et qu'à ce titre, les quittances qu'en délivrent les comptables chargés du recouvrement dans les divers établissements ressortissant à l'instruction primaire sont affranchies du timbre à 25 centimes par le deuxième paragraphe de l'article 4 de la loi du 8 juillet 1865.

Circulaire du Ministre de l'Instruction publique, relative aux instituteurs secrétaires de mairies. 24 juillet 1875.

24 Juillet 1875.

Monsieur le Préfet, l'attention du Conseil supérieur de l'instruction publique a été appelée, lors de sa dernière session, sur les inconvénients que présente quelquefois, au point de vue des intérêts scolaires, le cumul des fonctions d'instituteur communal et de secrétaire de mairie.

La haute assemblée n'a pas méconnu, sans doute, les services que les instituteurs peuvent être appelés à rendre aux administrations municipales, et il n'entre point non plus dans ma pensée de priver les maires d'auxiliaires aussi utiles.

Le Conseil supérieur a remarqué, toutefois, que les occupations du secrétariat ne sont pas toujours réglées de manière à concilier suffisamment les devoirs de l'instituteur avec les fonctions administratives. Il a donc considéré, avec raison, que l'autorisation accordée par le Conseil départemental, conformément aux prescriptions de l'article 32 de la loi du 15 mars 1850, ne pouvait en aucun cas permettre aux instituteurs de s'occuper, pendant les heures de classe, de travaux étrangers à l'enseignement, et je partage absolument cet avis.

Je ne saurais donc vous recommander trop instamment de veiller à ce que, sous aucun prétexte, les instituteurs communaux autorisés à remplir les fonctions de secrétaire de mairie s'acquittent de cette tâche sans nuire à l'accomplissement de leurs devoirs professionnels.

Si les maîtres encouraient quelques reproches à cet égard, vous ne devriez pas hésiter à proposer au Conseil départemental de leur retirer l'autorisation qui leur aurait été précédemment accordée.

J'aime à penser, d'ailleurs, que ceux d'entre MM. les maires qui ont choisi des instituteurs pour secrétaires s'abstiendront d'exiger de ces derniers tout travail qui serait de nature à entraver la direction de leur École, et contraire, par suite, aux prescriptions du règlement.

Vous voudrez bien m'accuser réception de la présente circulaire et me tenir au courant des mesures que vous aurez prises pour en assurer l'exécution.

Recevez, etc.

Signé : H. WALLON.

---

30 juillet 1875.

Loi sur l'enseignement élémentaire pratique de l'agriculture[1].

30 Juillet 1875.

ARTICLE 1er. — L'enseignement élémentaire pratique de l'agriculture sera donné :

1° Dans les Fermes-Écoles créées en vertu de la loi du 3 octobre 1848, avec les modifications qui y sont apportées par la présente loi;

2° Dans les établissements d'enseignement professionnel agricole qui prendront le nom d'Écoles pratiques d'agriculture.

ART. 2. — Il pourra être établi dans chaque département, ou pour plusieurs départements qui s'entendront à cet effet, une École pra-

1. Voir *L'Enseignement de l'Agriculture* (Mémoires et Documents scolaires publiés par le Musée pédagogique, Fascicule n° 34, Année 1887). — Consulter les circulaires des 17 *octobre* 1874, 28 *février* 1878 (*Circ. et Instr. off.*, T. VII, p. 432 et 749), et 12 *août* 1875 (*Recueil des Lois et Actes*, 1875, p. 280).
Voir ci-dessus l'arrêté du 30 *décembre* 1867, p. 183.

tique d'agriculture, instituée sur une exploitation gérée aux risques et périls de l'exploitant.

ART. 3. — Le choix du domaine sur lequel sera instituée l'École pratique d'agriculture sera fait par le Ministre de l'Agriculture et du Commerce, après avoir pris l'avis du Conseil général ou des Conseils généraux intéressés.

ART. 4. — Les départements intéressés à la création d'Écoles pratiques d'agriculture auront à s'imposer les sacrifices nécessaires à l'installation matérielle de ces établissements.

ART. 5. — La rétribution de tout le personnel dirigeant et enseignant des Écoles pratiques d'agriculture et les frais accessoires de l'enseignement seront exclusivement à la charge de l'État.

L'État pourra, en outre, intervenir pour tout ou partie des frais d'appropriation des lieux et d'achat de matériel d'enseignement dans les départements dont les ressources sont insuffisantes.

ART. 6. — Le prix de la pension affectée aux frais de nourriture et d'entretien des élèves sera fixé pour chaque École par le Ministre de l'Agriculture.

L'État, les départements et les communes pourront entretenir dans les Écoles pratiques d'agriculture des élèves avec des bourses entières ou partielles.

ART. 7. — Le programme des études sera réglé par le Ministre, pour chaque École, suivant la spécialité culturale de la contrée et après avis du Comité de surveillance et de perfectionnement institué comme il sera dit ci-après. Il comportera le maniement des armes et des exercices de tir.

Ce programme pourra comprendre l'étude de la pisciculture.

ART. 8. — Il y aura pour chaque Ferme-École et pour chaque École pratique d'agriculture un Comité de surveillance et de perfectionnement.

Ce Comité sera ainsi composé :

1° L'Inspecteur général de l'agriculture attaché à la région ;

2° Un professeur de sciences attaché à un établissement d'instruction publique du département ou de la circonscription, nommé par le Ministre de l'Agriculture et du Commerce ;

3° Trois membres du Conseil général délégués par lui, chaque année ;

4° Deux membres nommés par le Ministre et choisis parmi les notabilités agricoles du département.

Pour les Écoles appartenant à plusieurs départements, le Comité comprendra, en outre, un membre désigné par chaque Conseil général, et un membre choisi parmi les notabilités agricoles de chacun des départements intéressés.

ART. 9. — Le Comité veillera sur la direction, la discipline et l'enseignement des Fermes-Écoles et des Écoles pratiques d'agriculture.

Il donnera son avis sur le programme des études et les conditions d'admission; les examens d'entrée et de sortie des élèves, la collation des brevets de capacité, et les présentations pour les bourses et fractions de bourses auront lieu avec son concours et sous sa surveillance.

Le Comité correspondra directement avec le Ministre de l'Agriculture et du Commerce. Il adressera chaque année aux Conseils généraux intéressés un rapport sur la situation de l'École.

ART. 10. — L'engagement de se vouer pendant dix ans à l'enseignement public, prévu par l'article 79 de la loi du 15 mars 1850, peut être réalisé par les instituteurs brevetés et les professeurs de l'Université dans les Fermes-Écoles et dans les Écoles pratiques d'agriculture désignées à l'article 1er de la présente loi.

Pour l'exécution de cette disposition, le Ministre de l'Agriculture et du Commerce se concertera avec celui de l'Instruction publique.

ART. 11. — Le brevet de capacité délivré à la sortie de ces établissements donnera droit, sans autre épreuve, aux bénéfices du volontariat d'un an. Un officier de l'armée, mis par le Ministre de la Guerre à la disposition du Ministre de l'Agriculture, fera partie de la Commission des examens de sortie.

Les élèves qui entreront dans les Fermes-Écoles après la promulgation de la présente loi ne recevront de pécule ou prime de sortie que s'ils ont obtenu le brevet de capacité.

ART. 12. — Sont et demeurent abrogées toutes les dispositions antérieures contraires à la présente loi.

---

30 juillet 1875.

Arrêté relatif aux cours préparatoires établis au Cours pratique des salles d'asile.

30 Juillet 1875.

ARTICLE 1er. — Les deux cours préparatoires, établis au Cours pratique des salles d'asile par l'arrêté du 5 avril 1850, sont réunis désormais en un seul, qui s'ouvrira le 15 novembre pour se terminer le 15 juillet suivant.

Cette décision aura son effet à partir du 15 novembre 1875.

ART. 2. — Les aspirantes devront adresser à M. le Ministre de l'Instruction publique une demande d'admission au cours, soit comme boursières internes, soit comme boursières externes.

Cette demande devra être faite sur papier timbré et accompagnée des pièces suivantes :

1° L'acte de naissance de l'aspirante;

2° L'acte de mariage, si l'aspirante est mariée;

3° L'acte de décès de son mari, si elle est veuve;

4° Un certificat de moralité délivré par le maire de la commune et à Paris de l'arrondissement et par le maire de chacune des communes ou de chacun des arrondissements que l'aspirante aura habité en dernier lieu dans le cours des trois dernières années. Le dernier certificat devra avoir au plus un mois de date;

5° Un certificat de médecin constatant que l'aspirante a été vaccinée, et que sa santé lui permet de se livrer à l'enseignement.

ART. 3. — Les aspirantes aux bourses devront être âgées de dix-huit ans au moins et de trente ans au plus, à moins de dispense spéciale.

ART. 4. — Les mêmes conditions seront imposées aux personnes qui solliciteront la faveur d'être admises au cours en qualité de pensionnaires payantes. La Commission de surveillance du Cours pratique proposera, chaque année, au Ministre le nombre de ces places.

ART. 5. — L'examen d'admission se composera d'épreuves écrites et d'épreuves orales.

Les épreuves écrites comprendront :

1° Une dictée d'orthographe d'une vingtaine de lignes environ, empruntée à un livre classique. Cette dictée servira en même temps d'épreuve d'écriture;

2° La pratique des quatre opérations fondamentales sur les nombres entiers et les nombres décimaux, avec l'application au système métrique;

3° Le dessin simple d'un objet usuel.

Les épreuves orales se composeront :

1° D'interrogations sur l'instruction religieuse (catéchisme et histoire sainte);

2° D'une lecture expliquée;

3° D'une analyse d'une phrase simple au tableau;

4° De quelques questions élémentaires sur le système métrique;

5° De quelques questions sur la géographie physique et la géographie générale;

6° Du chant de la gamme et d'un air simple et facile.

Les aspirantes subiront, en outre, une épreuve de couture.

ART. 6. — Pour les aspirantes de Paris, l'examen d'admission aura lieu, à Paris, au siège même de l'établissement, devant la Commission de surveillance de l'École.

Dans les départements, cet examen sera fait au chef-lieu de l'arrondissement par une Commission d'examen composée de l'Inspecteur primaire, *président*, d'un ministre du culte professé par l'aspirante et d'un membre délégué par le Recteur.

ART. 7. — Les textes des compositions écrites seront préparés, chaque année, par la Commission de surveillance, soumis à M. le Ministre et envoyés aux Inspecteurs d'Académie dans tous les départements.

Les examens commenceront, à Paris et dans les départements, le premier lundi d'octobre.

ART. 8. — Le procès-verbal des examens et les compositions des aspirantes seront transmis à M. le Ministre par M. l'Inspecteur d'Académie, qui les adressera, avec les renseignements recueillis par lui sur les aspirantes (*art. 2 de l'arrêté du* 31 *mars* 1859), au Ministre de l'Instruction publique.

Ces diverses pièces seront soumises à la Commission de surveillance du Cours pratique, qui fera un travail de classement, qu'elle soumettra à M. le Ministre.

ART. 9. — Les aspirantes qui, pendant la première quinzaine de leur séjour à l'École, se montreraient inférieures à ce que les résultats de l'examen préalable avaient fait espérer d'elles, cesseront de faire partie de l'établissement, après avis de la Commission de surveillance.

ART. 10. — A l'expiration du quatrième mois, toutes les élèves subiront un examen de passage. Celles dont les progrès n'auraient pas été suffisants et qui, faute de travail, d'intelligence ou même de santé, feraient présager un insuccès en fin d'année, ne seront pas admises à suivre la seconde partie du cours.

ART. 11. — Les aspirantes, déjà pourvues d'un brevet de capacité ou d'un certificat d'aptitude, pourront, sur l'avis de la Commission de surveillance, être dispensées de l'examen d'admission; elles devront joindre ces pièces à leur demande, ainsi qu'une attestation constatant qu'elles ont la voix juste.

ART. 12. — Les articles 7, 10, 11 et 12 de l'arrêté du 13 avril 1849, l'arrêté du 5 avril 1850, les articles 1, 3, 4, 5 et 6 de l'arrêté du 31 mars 1859 sont et demeurent rapportés.

Arrêt de la Cour d'appel de Paris, relatif au payement des frais de pension. 4 août 1875.

4 Août 1875.

Le mineur est tenu envers l'instituteur dans la maison duquel il a été placé au payement des frais de sa nourriture, de son entretien, ainsi que de ceux de l'éducation qu'il y a reçue, quand son père est dans un état d'insolvabilité qui ne lui permet pas de les acquitter lui-même.

Mais il ne doit payer que ce qui lui était nécessaire et lui a été véritablement utile, et dans les limites de ses ressources personnelles et de sa fortune.

L'instituteur, créancier pour les causes ci-dessus, peut valablement assigner en payement de ce qui lui est dû le père et le fils mineur simultanément, sans être obligé d'attendre, pour assigner ce dernier, que ses poursuites contre le père aient prouvé son insolvabilité; mais la condamnation du mineur ne peut être que conditionnelle et subordonnée à l'inexécution par le père de ses obligations[1].

Jugement.

Le Tribunal,

Attendu que l'abbé R.... est créancier de D....-M.... d'une somme de 1 604 fr. 50 c., restant due sur plus forte somme, pour frais de nourriture et d'éducation avancés pour le compte de Gustave D...., son fils mineur, pendant l'année scolaire 1872-1873;

Que partie de cette somme a été réglée en deux billets, l'un de 300 francs, payable le 31 juillet dernier, l'autre de 500 francs, payable le 31 août suivant, tous deux protestés faute de payement;

Attendu que, pour assurer le recouvrement de leur créance, les demandeurs ont, suivant acte du ministère de Payen, huissier à Troyes, du 27 septembre 1873, formé une saisie-arrêt entre les mains des dames P.... et W...., locataires de deux maisons appartenant en propre à D....-M...., sur toutes les sommes qu'elles devaient ou devraient à ce dernier;

Qu'ils demandent aujourd'hui que cette saisie-arrêt soit déclarée bonne et valable, et, en outre, que D....-M.... soit condamné, tant en son nom personnel que comme tuteur naturel et légal de

1. Ainsi jugé, par jugement du tribunal civil de la Seine, du 4 mars 1874, et par l'arrêt de la Cour de Paris, du 4 août 1875, dont les termes font suffisamment connaître les circonstances dans lesquelles ils sont intervenus.

son fils mineur, au payement de la somme de 1 604 fr. 50 c. susénoncée;

Attendu que D....-M.... ne conteste pas le bien fondé de la demande, en ce qui le concerne, se reconnaît personnellement débiteur de la somme qui lui est réclamée, et se borne à demander terme et délai pour se libérer;

Mais qu'il soutient en même temps qu'il ne doit rien à l'abbé R.... comme tuteur de son fils mineur;

Que s'il a placé ce dernier à l'institution N....-D...., c'est que, comme père et ayant la jouissance légale de ses biens, il était tenu de pourvoir à ses besoins et à son éducation;

Que seul, il a contracté une obligation envers les chefs de cet établissement; que son fils n'a jamais pris un engagement envers eux et ne saurait être poursuivi pour une dette qui ne lui est pas personnelle;

En ce qui touche D....-M.... personnellement, et la demande en validité d'opposition :

Attendu que, D....-M.... ne contestant pas la dette, il y a lieu, en le condamnant au payement de la somme réclamée, de déclarer bonne et valable l'opposition du 27 septembre dernier;

En ce qui touche D....-M...., au nom et comme tuteur de son fils mineur :

Attendu que, si, par le fait seul de la paternité, D....-M.... était dans l'obligation de pourvoir à la nourriture, à l'entretien de son fils et à son éducation; que, si, par suite, en le plaçant dans l'institution N....-D...., il n'a fait que satisfaire à cette obligation, et que les engagements qu'il a pris envers les directeurs de cet établissement ne constituent pour lui qu'une obligation purement personnelle, on ne saurait en conclure cependant que le mineur D.... est complètement affranchi, et, dans tous les cas, de l'obligation de rembourser les avances qui auraient été faites pour lui et dans son intérêt, dans tous les cas où son père n'y satisferait pas lui-même;

Attendu, en effet, que, s'il est certain que Gustave D.... n'a personnellement contracté aucun engagement envers R...., s'il est non moins certain qu'il ne peut être lié par la convention intervenue entre ce dernier et son père, on ne saurait nier cependant que R.... a bien et utilement géré son affaire, en lui donnant la nourriture et l'entretien dont il ne pouvait se passer, et en lui procurant le bienfait d'une instruction éminemment utile;

Qu'il suit de là que Gustave D.... doit rembourser au demandeur les avances faites dans son intérêt personnel, pour sa nourriture et son éducation, mais dans le cas seulement où il serait démontré que son père est dans un état d'insolvabilité tel, qu'il lui est absolument impossible de s'acquitter lui-même de la dette qu'il a contractée;

Attendu, toutefois, que, Gustave D.... n'étant pas lié par un engagement personnel, et n'étant tenu envers R.... qu'autant que son affaire a été gérée utilement, et en vertu du principe que nul ne doit s'enrichir aux dépens d'autrui, il y a lieu de réduire son obligation aux dépenses nécessaires et véritablement utiles et, en outre, de les restreindre dans des limites équitables et en rapport avec sa fortune;

Attendu que le mémoire présenté par R.... comprend certaines dépenses, qui peuvent être considérées comme dépenses de luxe d'une utilité fort contestable, et, dans tous les cas, peu en rapport avec les ressources de Gustave D...., et que le Tribunal, prenant en considération tout à la fois l'utilité des dépenses et la situation de fortune du mineur D...., estime que la somme mise à sa charge doit être fixée 1 275 francs seulement;

En ce qui touche la demande de terme et délai formée par D....-M.... :

Attendu que les circonstances de la cause ne permettent pas d'y faire droit;

Par ces motifs,

Le Tribunal condamne D....-M.... à payer à l'abbé R.... la somme de 1 604 fr. 50 c. pour les causes susénoncées, avec les intérêts tels que de droit, savoir : pour 300 francs, à partir du 1er août dernier, pour 500 francs, à partir du premier jour de la demande;

Dit qu'il n'y a lieu d'accorder les délais demandés;

Déclare bonne et valable la saisie-arrêt du 27 septembre 1873;

Dit et ordonne, en conséquence, que les tiers saisis restitueront entre les mains de M. l'abbé R.... toutes les sommes dont ils se reconnaîtront ou seront jugés débiteurs envers D....-M...., pour venir en déduction ou jusqu'à due concurrence de la somme dont il est jugé débiteur;

Et, pour le cas seulement où, par suite d'insolvabilité régulièrement constatée, D....-M.... ne payerait pas lui-même le montant des condamnations qui viennent d'être prononcées contre lui,

Le condamne, au nom et comme tuteur de son fils mineur, sauf recours de celui-ci contre son père, à payer à R.... la somme de 1 275 francs et aux intérêts à partir du jour de la demande;

Et, sous les distinctions ci-dessus établies, le condamne, en sa double qualité, en tous les dépens.

ARRÊT.

La Cour,

Adoptant les motifs des premiers juges,

Considérant, en outre, que la simultanéité d'actions contre D...., en son nom personnel et comme tuteur de son fils, est dans l'intérêt même du mineur, puisqu'il ne lui impose que les frais d'une seule instance, tandis que la division des actions aurait nécessité les dépens de deux procès;

Considérant que les droits du mineur ont été suffisamment sauvegardés par la condamnation éventuelle seulement prononcée contre le tuteur,

Confirme.

---

12 août 1875.

Circulaire du Ministre de l'Instruction publique, relative à l'instruction des affaires disciplinaires déférées aux Conseils départementaux.

12 Août 1875.

Monsieur le Préfet, l'examen par le Conseil supérieur de l'instruction publique des recours formés contre les décisions de Conseils départementaux validant des oppositions faites à l'ouverture d'Écoles libres, ou portant interdiction des fonctions de l'enseignement, a donné lieu de la part de cette haute assemblée, dans la dernière session, à quelques observations sur lesquelles il me paraît indispensable d'appeler votre attention.

Il est arrivé, par exemple, que, dans certains cas, le Conseil supérieur a dû annuler, *pour vice de forme*, des jugements qui eussent sans doute été confirmés si les Conseils départementaux s'étaient exactement conformés aux prescriptions des lois et décrets réglant le mode d'instruction de ces affaires.

En d'autres circonstances, la haute assemblée s'est vue contrainte d'ajourner ses décisions jusqu'à plus ample informé, parce que les dossiers étaient incomplets, ou les enquêtes insuffisantes.

J'ai pensé qu'il était nécessaire de placer de nouveau sous vos yeux les règles de la procédure à suivre, notamment dans les deux cas ci-dessus mentionnés.

1° *Opposition à l'ouverture d'une École libre.*

Aux termes de l'article 28 de la loi du 15 mars 1850, § 1er, « le Préfet, soit « d'office, soit sur la plainte du Procureur de la République ou du Sous-Préfet, « peut former opposition à l'ouverture d'une École, dans l'intérêt des mœurs « publiques, dans le mois qui suit la déclaration à lui faite.

« § 2. Cette opposition est jugée dans un bref délai, contradictoirement par « le Conseil départemental », et l'article 19 de la loi du 10 avril 1867 permet d'interjeter appel des décisions de cette assemblée.

« § 3. Si le maire refuse d'approuver le local, il est statué par le Conseil « départemental », et appel peut être aussi formé.

Vous ne devez pas oublier que *c'est dans l'intérêt des mœurs publiques* seu-

lement que le législateur vous confère le droit de former opposition. Vous ne pourriez invoquer, par suite, ce motif à l'égard d'un instituteur communal auquel vous auriez proposé un autre poste pour l'éloigner d'une commune où il ne pouvait être maintenu; il en serait de même pour celui qui aurait donné sa démission et fait ensuite une déclaration d'ouverture d'École libre dans la même localité ou ailleurs, alors qu'en dernier lieu il n'aurait été l'objet d'aucune mesure disciplinaire pour inconduite, immoralité ou actes d'indélicatesse.

Aux termes de l'article 25 du décret du 29 juillet 1850, « les réclamations « des parties, avec les pièces et mémoires à l'appui, sont déposées au bureau « de l'Inspecteur d'académie; il en est donné récépissé, etc. » Enfin, « pour « chaque affaire, le Conseil désigne un rapporteur, qui fait son rapport à la plus « prochaine réunion du Conseil ».

D'un autre côté, l'opposition étant jugée *contradictoirement*, vous devez veiller à ce que le déclarant soit averti en temps utile de l'époque de la réunion du Conseil départemental, afin qu'il lui soit possible de se présenter devant cette assemblée ou de lui faire connaître les raisons qui l'en empêchent. Je vous ferai remarquer à ce propos qu'on a quelquefois reconnu l'insuffisance des délais de comparution.

La présence de la moitié plus un des membres du Conseil départemental est nécessaire pour la validité des délibérations. En cas de partage, il en sera délibéré de nouveau, et les membres qui n'auraient pas assisté à la délibération seront spécialement convoqués. S'il y a de nouveau partage dans la deuxième délibération, il sera vidé par la voix prépondérante du président (*art.* 9 *et* 23 *du décret précité*). Vous devez notifier la décision du Conseil départemental dans les huit jours (*art.* 27 *du même décret*), en faisant savoir à l'intéressé que l'article 19 de la loi du 10 avril 1867 lui accorde un délai de *dix jours* pour se pourvoir, à compter de la notification de la décision.

Aux termes de l'article 28 du décret du 29 juillet 1850, « le recours de la « partie contre la décision du Conseil départemental est reçu au bureau de « l'Inspecteur d'Académie; il en est donné récépissé.

« Le recours du Préfet est formé par un arrêté, qu'il notifie à la partie inté- « ressée. Ampliation de cet arrêté est adressée, avec les pièces de l'affaire, au « Ministre de l'Instruction publique, qui en saisit le Conseil supérieur. »

Lors donc que vous aurez à me transmettre un appel formé devant cette haute assemblée, le dossier devra comprendre avec votre rapport :

1° La déclaration d'ouverture d'école;

2° Les renseignements divers recueillis sur les antécédents du déclarant;

3° La plainte du Procureur de la République ou du Sous-Préfet, si l'opposition n'a pas été faite d'office;

4° L'arrêté préfectoral portant opposition;

5° La copie de la citation;

6° Le rapport du membre du Conseil départemental chargé de l'instruction de l'affaire (*art.* 26 *du décret précité*);

7° La copie *in extenso* de la délibération du Conseil départemental;

8° La copie de la notification de la décision;

9° Le recours du déclarant et les pièces à l'appui.

2° *Interdiction des fonctions de l'enseignement.*

L'article 30 de la loi du 15 mars 1850 porte que « tout instituteur libre, sur « la plainte du Préfet ou du Procureur de la République, pourra être traduit

« pour cause de faute grave dans l'exercice de ses fonctions, d'inconduite ou « d'immoralité, devant le Conseil départemental, et être censuré, suspendu « pour un temps qui ne pourra excéder six mois, ou interdit de l'exercice de « sa profession dans la commune où il exerce.

« Le Conseil départemental peut même le frapper d'une interdiction absolue. « Il y aura lieu à appel devant le Conseil supérieur de l'instruction publique.

« Cet appel devra être interjeté dans le délai de dix jours à compter de la « notification de la décision et ne sera pas suspensif. »

L'instituteur public, qui, aux termes de l'article 33 de la même loi, peut aussi être interdit par le Conseil départemental, bénéficie de cette dernière disposition.

Les prescriptions des articles 24 et 26 du décret du 29 juillet 1850, qui fixent la procédure à suivre, ont une importance capitale, et, comme elles ont été diversement interprétées, il m'a paru nécessaire d'en rappeler les termes mêmes :

« ART. 24. Lorsque l'instruction d'une affaire disciplinaire est renvoyée au « Conseil départemental, en vertu du sixième paragraphe (de l'article 14 remis « en vigueur par l'article 5 de la loi du 19 mars 1873) de la loi organique, le « Conseil désigne un rapporteur, qui recueille les renseignements et les témoi- « gnages, appelle l'inculpé, l'entend s'il se présente, et fait son rapport au jour « le plus prochain indiqué par le Conseil.

« Le Conseil peut toujours ordonner un supplément d'instruction.

« L'avis du Conseil exprime s'il y a lieu de donner suite à l'affaire, et, en cas « d'affirmative, quelle peine doit être prononcée. »

« ART. 26. Lorsque le Conseil est appelé à prononcer en matière discipli- « naire, un membre désigné par lui est chargé de l'instruction; il recueille les « informations et fait son rapport à l'époque fixée par le Conseil.

« Sur le rapport, le Conseil départemental déclare s'il y a lieu de suivre. En « cas d'affirmative, il entend l'inculpé dans ses moyens de défense, et, s'il y a « lieu, les témoins. »

Ces diverses formalités ne sauraient être omises sans compromettre la validité des décisions du Conseil départemental, et cette assemblée contrevient à la règle quand, dans une seule et même séance, elle juge l'instituteur cité devant elle sans qu'une instruction préparatoire ait été faite par les soins du rapporteur désigné par le Conseil. Le rapporteur doit procéder à l'enquête, recueillir les témoignages et entendre l'inculpé dans ses moyens de défense, si celui-ci se présente.

Vous veillerez à ce qu'il ne soit jamais passé outre, quelque évidente d'ailleurs que puisse être la culpabilité du comparant.

Je vous rappelle, en outre, que les articles 9 et 23 du même décret exigent la présence de la moitié plus un des membres du Conseil pour la validité de ses délibérations, et que, en cas de partage, l'avis favorable à l'inculpé prévaut.

J'ajouterai que les notifications et recours indiqués ci-dessus, relativement aux oppositions à des ouvertures d'écoles, doivent être faits dans les mêmes formes et délais pour les affaires d'interdiction, et que chaque dossier de pourvoi que vous m'adresserez devra comprendre :

1° La plainte à la suite de laquelle le Conseil départemental aura été saisi de l'affaire;

2° La copie *in extenso* de la délibération portant désignation d'un rapporteur;

3° Le rapport et toutes les pièces de l'enquête;

4° Le procès-verbal *in extenso* de la séance dans laquelle le Conseil départemental aura statué;

5° Les copies des diverses citations et notifications;

6° Le recours de l'inculpé.

Ces instructions, Monsieur le Préfet, ont pour objet d'assurer aux instituteurs les garanties de justice qui leur sont dues et de sauvegarder les intérêts supérieurs de l'enseignement.

Je sais que, pour atteindre ce but, je puis compter à la fois sur le dévouement si désintéressé des Conseils départementaux et sur votre plus active sollicitude.

Vous voudrez bien m'accuser réception de la présente dépêche.

Recevez, etc.

Signé : H. Wallon.

Décret relatif à l'organisation de l'instruction publique en Algérie. 15 août 1875.

15 Août 1875.

Le Président de la République française,

Sur le rapport du Ministre de l'Instruction publique, des Cultes et des Beaux-Arts,

Vu l'arrêté du Gouvernement, en date du 30 mai 1848, et l'arrêté du Chef du Pouvoir exécutif, du 16 août 1848;

Vu la loi du 15 mars 1850, et spécialement l'article 81 de ladite loi;

Vu les lois des 14 juin 1854, 21 juin 1865, 10 avril 1867 et 19 mars 1873;

Vu les décrets des 29 juillet, 7 octobre, 20 décembre et 30 décembre 1850;

Vu les décrets du 22 août 1854;

Vu l'arrêté du 30 décembre 1853;

Vu l'avis du Conseil supérieur de l'Instruction publique;

Le Conseil d'État entendu,

Décrète :

Article 1er. — Les établissements d'instruction publics ou libres, en Algérie, sont placés dans les attributions du Ministre de l'Instruction publique.

Néanmoins les Écoles arabes-françaises situées en territoire militaire, et les Écoles musulmanes dans toute l'Algérie, restent placées sous l'autorité du Gouverneur général.

Art. 2. — La législation qui régit actuellement l'instruction publique en France est applicable à l'Algérie, sauf les modifications résultant du présent décret.

Art. 3. — L'Algérie forme une circonscription académique, dont le chef-lieu est à Alger.

Art. 4. — Le Conseil académique d'Alger se compose :

Du Recteur, président;

De l'Archevêque d'Alger ou de son délégué;

Du Directeur général des affaires civiles;

Des Inspecteurs d'Académie de la circonscription;

Des Doyens des Facultés ou Directeurs d'établissements publics d'enseignement supérieur;

De six membres choisis par le Ministre de l'Instruction publique, pour trois ans, savoir :

Quatre parmi les membres du clergé catholique et les représentants des cultes non catholiques reconnus en Algérie;

Deux parmi les membres de la Cour d'appel;

De deux membres choisis par le Gouverneur général, pour trois ans, parmi les fonctionnaires ou personnes notables de la circonscription.

Art. 5. — Le Conseil académique exerce, en ce qui concerne les affaires disciplinaires et contentieuses relatives aux établissements libres d'instruction secondaire, les attributions déférées aux Conseils départementaux par l'article 7 de la loi du 14 juin 1854.

Art. 6. — Le Conseil départemental de l'instruction publique, pour chacun des départements de l'Algérie, se compose :

Du Préfet, président;

De l'Inspecteur d'Académie;

De l'Évêque ou de son délégué;

D'un ecclésiastique désigné par l'évêque;

Du Procureur général près la Cour d'appel dans le département d'Alger, et du Procureur de la République près le tribunal de première instance du chef-lieu dans les autres départements;

De membres nommés, pour trois ans, par le Ministre de l'Instruction publique, savoir :

Un ministre de l'une des deux Églises protestantes dans les départements où il existe une Église légalement établie;

Un membre du Consistoire israélite dans les départements où il existe un Consistoire légalement établi;

Un musulman;

Un membre de la Cour d'appel dans le département d'Alger, un président ou juge titulaire du tribunal civil du chef-lieu dans les autres départements;

Quatre fonctionnaires ou personnes notables, dont un Inspecteur de l'enseignement primaire.

ART. 7. — Le Gouverneur général est membre de droit du Conseil académique d'Alger et des Conseils départementaux de l'instruction publique en Algérie. Quand il assiste à une séance, il la préside.

ART. 8. — Le Gouverneur général peut, dans les délais prévus par les articles 28 et 64 de la loi du 15 mars 1850, s'opposer à l'ouverture des établissements d'enseignement libre, dans l'intérêt de l'ordre public en Algérie.

L'opposition est portée directement devant le Conseil supérieur de l'instruction publique, qui sera saisi dans sa plus prochaine session.

ART. 9. — Sous l'autorité du Ministre de l'Instruction publique, le Recteur exerce :

En ce qui concerne l'enseignement secondaire libre, les attributions déléguées aux Inspecteurs d'Académie par le second paragraphe de l'article 9 de la loi du 14 juin 1854;

En ce qui concerne l'enseignement primaire public ou libre, l'autorité conférée aux Recteurs par la loi du 15 mars 1850;

En outre, il nomme et révoque les instituteurs et les institutrices publics et les directrices des salles d'asile, sur le rapport de l'Inspecteur d'Académie du département; il les choisit, soit sur la liste d'admissibilité et d'avancement dressée par le Conseil départemental, soit sur la présentation des supérieurs des associations religieuses vouées à l'enseignement et autorisées par la loi ou reconnues comme établissements d'utilité publique.

Les consistoires jouissent du droit de présentation pour les instituteurs et les institutrices appartenant aux cultes non catholiques.

En ce qui concerne les Écoles arabes-françaises établies dans les territoires civils et les Écoles israélites dites *midrashim*, des arrêtés pris par le Ministre de l'Instruction publique détermineront le régime spécial de ces établissements et les attributions du Recteur.

Le Recteur adresse au Gouverneur général, pour être soumis au Conseil supérieur du Gouvernement, un rapport annuel sur la situation de l'instruction publique en Algérie.

ART. 10. — Les professeurs et fonctionnaires de l'instruction publique autres que les instituteurs et les institutrices reçoivent, en Algérie, le traitement accordé en France à leurs fonctions et à leur classe; ils jouissent, en outre, du supplément colonial.

ART. 11. — Un règlement d'administration publique déterminera les charges des départements et des communes en ce qui concerne l'enseignement primaire public.

Jusqu'à la promulgation de ce règlement, l'arrêté ministériel du 30 décembre 1853 reste en vigueur.

Le minimum obligatoire des traitements des instituteurs et des institutrices des Écoles publiques sera provisoirement celui qui est déterminé par les paragraphes 1er et 2 de l'article 1er de l'arrêté du 30 décembre 1853, pour les instituteurs et institutrices établis dans les localités de l'Algérie non érigées en communes.

ART. 12. — Dans les Écoles musulmanes de tout ordre et dans les Écoles arabes-françaises situées en territoire militaire, l'autorité du Gouverneur général s'exerce par l'intermédiaire du Recteur et des généraux chargés de l'administration du pays.

L'organisation du service est réglée par arrêtés du Gouverneur général.

ART. 13. — Un règlement d'administration publique déterminera les dispositions de la loi du 12 juillet 1875[1] qui seront applicables à l'Algérie.

ART. 14. — Le Ministre de l'Intérieur, le Ministre de l'Instruction publique et le Gouverneur général de l'Algérie sont chargés, chacun en ce qui le concerne, de l'exécution du présent décret.

---

14 octobre 1875.

Arrêté réglant les attributions de la Commission d'examen des livres classiques.

14 Octobre 1875.

Le Ministre de l'Instruction publique, des Cultes et des Beaux-Arts,

Vu l'arrêté du 2 juillet 1875,

Arrête :

ARTICLE 1er. — La Commission d'examen des livres classiques, instituée en vertu de l'article 4 de l'arrêté du 2 juillet 1875, se réunit une fois au moins par mois.

ART. 2. — Elle entend les rapports de ses membres sur les livres en usage dans les classes, dont les listes lui ont été communiquées par le Ministre.

ART. 3. — Chaque membre de la Commission a le droit de déférer directement à son examen les ouvrages qu'il jugerait insuffisants ou dangereux.

1. La loi du 12 *juillet* 1875 a pour objet la liberté de l'*enseignement supérieur*.

ART. 4. — Les propositions de la Commission tendant à décider qu'il y a lieu d'interdire un ouvrage dans les établissements publics d'instruction, ou qu'il y a lieu de l'interdire dans les établissements publics et dans les établissements libres, sont accompagnées d'un rapport écrit et signé du rapporteur.

ART. 5. — Tous les ans la Commission adresse au Ministre un rapport général sur les livres en usage dans les Écoles publiques.

Elle indique dans ce rapport les livres qu'elle juge le plus dignes d'être encouragés.

Elle signale également les parties de l'enseignement qui lui paraissent manquer de bons ouvrages propres à être placés entre les mains des élèves.

ART. 6. — Il est attribué aux membres de la Commission des jetons de présence de la valeur de ceux qui sont distribués aux membres du Comité consultatif de l'enseignement public.

ART. 7. — Une somme de 3 000 francs, prélevée sur le chapitre 29, art. 4, du budget de l'instruction publique (*Frais d'examen des livres classiques*), est affectée à des indemnités qui pourront être attribuées, à raison des rapports dont ils auront été chargés, aux membres de la Commission qui n'en font pas partie en raison de leurs fonctions, soit comme Inspecteurs de l'instruction publique, soit comme fonctionnaires de l'Administration centrale.

Loi relative aux conditions suivant lesquelles les Français domiciliés en Algérie seront soumis au service militaire. [Extrait.] 6 nov. 1875.

6 Novembre 1875.

ARTICLE. 1er. — Les Français nés en Algérie et qui y ont conservé leur domicile; ceux qui, n'y étant pas nés, y sont domiciliés, ou qui, ayant leurs parents domiciliés sur le territoire continental de la France, ont fixé en Algérie leur résidence habituelle et prennent devant le maire, avant leur inscription sur le tableau de recensement, l'engagement d'y résider dix ans, sont soumis à l'obligation du service militaire personnel imposé à tout Français par la loi du 27 juillet 1872, dans les conditions déterminées par la présente loi.

. . . .

ART. 9. — Sont, à titre conditionnel, dispensés du service militaire :

1° Les membres de l'instruction publique, les élèves de l'École normale supérieure de Paris ;

2° Les professeurs des Institutions nationales des sourds-muets et des Institutions nationales des jeunes aveugles;

3° Les membres et novices des Institutions religieuses vouées à l'enseignement et reconnues comme établissements d'utilité publique, et les directeurs, maîtres adjoints, élèves-maîtres des Écoles fondées ou entretenues par les associations laïques, lorsqu'elles remplissent les mêmes conditions et qu'elles existent depuis plus de deux ans ou renferment trente élèves au moins;

4° Les jeunes gens qui, sans être compris dans les paragraphes précédents, se trouvent dans les cas prévus par l'article 79 de la loi du 15 mars 1850 et par l'article 18 de la loi du 10 avril 1867.

Ces jeunes gens devront, avant les opérations du Conseil de revision, contracter devant le Recteur de l'Académie l'engagement de se vouer pendant dix ans à la carrière de l'enseignement[1].

Cet engagement peut être réalisé par les instituteurs et par les instituteurs adjoints mentionnés au paragraphe 3 du présent article, tant dans les Écoles publiques que dans les Écoles libres désignées à cet effet par le Ministre de l'Instruction publique, après avis du Conseil départemental;

5° Les artistes qui ont remporté les grands prix de l'Institut, à la condition qu'ils passeront à l'École de Rome les années réglementaires et rempliront toutes leurs obligations envers l'État;

6° Les élèves pensionnaires de l'École des langues orientales vivantes et les élèves de l'École des chartes nommés après examen, à la condition de passer dix ans tant dans lesdites Écoles que dans un service public;

7° Les élèves ecclésiastiques désignés à cet effet par les archevêques et par les évêques, et les jeunes gens autorisés à continuer leurs études pour se vouer au ministère dans les cultes salariés par l'État, sous la condition qu'ils seront assujettis au service militaire s'ils cessent les études en vue desquelles ils auront été dispensés, ou si, à vingt-six ans, les premiers ne sont pas entrés dans les ordres majeurs et les seconds n'ont pas été consacrés ou reçus rabbins.

ART. 10. — Les jeunes gens dispensés, à titre conditionnel, du service militaire, qui cessent d'être dans une des positions indiquées à l'article précédent avant d'avoir accompli les conditions qu'il leur impose, sont tenus :

1° D'en faire la déclaration au maire de la commune dans les deux mois, et de retirer copie de leur déclaration;

1. Voir, au sujet de l'engagement à contracter, les circulaires des 20 et 23 *janvier* 1873. (*Circ. et Instr. off.*, T. VII, p. 284 et 286.)

2° De passer sous les drapeaux le temps déterminé par la présente loi, et de satisfaire ensuite aux obligations restant à accomplir à la classe à laquelle ils appartiennent.

Faute par eux de faire la déclaration ci-dessus et de la soumettre au visa du Préfet dans le délai d'un mois, ils sont passibles des peines édictées par l'article 60 de la loi du 27 juillet 1872. Ils sont rétablis dans la première classe appelée après la cessation de leurs services, fonctions ou études; mais le temps écoulé depuis la cessation de leurs services, fonctions ou études jusqu'au moment de leur déclaration ne leur est pas compté.

ART. 11. — Les élèves de l'École polytechnique et les élèves de l'École forestière sont considérés comme présents sous les drapeaux pendant le temps par eux passé dans lesdites Écoles.

Ceux de ces jeunes gens qui ont satisfait aux examens de sortie et ne sont pas placés dans les armées de terre ou de mer, reçoivent l'application de l'article 36 de la loi du 24 juillet 1873 et de l'article 39 de la loi du 13 mars 1875.

Ceux qui ne satisfont pas aux examens de sortie desdites Écoles et qui conservent leur domicile en Algérie ne sont pas appelés sous les drapeaux, mais restent assujettis aux autres obligations imposées aux jeunes gens de la classe sur les tableaux de recensement de laquelle ils figurent.

. . . .

Arrêté autorisant l'introduction de la langue arabe dans les examens du baccalauréat, de l'enseignement spécial et de l'enseignement primaire. 10 nov. 1875.

10 Novembre 1875.

Le Ministre de l'Instruction publique, des Cultes et des Beaux-Arts,

Vu les arrêtés des 19 mars et 29 décembre 1874;

Vu le vœu émis par le Conseil du gouvernement de l'Algérie le 27 mai 1875;

Le Conseil supérieur de l'instruction publique entendu,

Arrête :

ARTICLE 1er. — Les candidats aux grades de bachelier ès lettres et de bachelier ès sciences qui subiront leurs examens en Algérie pourront demander que l'épreuve relative à la connaissance d'une langue vivante porte sur la langue arabe.

L'épreuve écrite pour l'un et l'autre baccalauréat devra, dans ce cas, porter sur un texte écrit en arabe littéraire.

ART. 2. — Les épreuves orales comprendront :

1° Des questions sur la grammaire;

2° L'explication à livre ouvert d'un texte pris dans les morceaux choisis des *Mille et une Nuits* et dans les fables de Bidpay;

3° Des exercices de conversation en langue vulgaire.

ART. 3. — Les dispositions des articles 1 et 2 ci-dessus sont applicables à l'examen pour l'obtention du diplôme d'études de l'enseignement secondaire spécial.

ART. 4. — Les candidats au brevet de capacité pour l'enseignement primaire (partie facultative) pourront demander à subir un examen sur l'arabe vulgaire.

Cet examen comprendra :

1° Des exercices de conversation;

2° Une question de grammaire;

3° Un thème et une version.

ART. 5. — Le présent règlement sera exécutoire à partir de l'année scolaire 1875-1876.

---

9 déc. 1875. **Loi portant modification de l'article 79 de la loi du 27 juillet 1872, relatif à l'obligation de savoir lire et écrire pour contracter un engagement volontaire.**

9 Décembre 1875.

ARTICLE UNIQUE. — L'article 79 de la loi du 27 juillet 1872, sur le recrutement de l'armée, est modifié de la manière suivante :

« L'obligation de savoir lire et écrire pour contracter un engagement volontaire dans les armées de terre et de mer ne sera imposée qu'à partir du 1er janvier 1880. »

---

16 déc. 1875. **Arrêt de la Cour d'appel de Rouen, relatif aux conditions d'âge et de capacité exigées pour la direction d'un pensionnat**

16 Décembre 1875.

I. *Est nul le traité de cession d'une institution de jeunes gens faite à un individu n'ayant pas l'âge requis et non muni du brevet de capacité exigé par les articles 25 et 53 de la loi du 15 mars 1850*[1].

En conséquence, sont restituables les sommes payées en vertu de cette convention frappée d'une nullité d'ordre public, ainsi que les intérêts desdites sommes, alors surtout que le cédant savait que le cessionnaire ne satisfaisait pas au moins à une des conditions exigées par la loi. Et dans ce cas, le cédant ne peut obtenir des dommages-intérêts basés sur la nullité de l'acte, ou sur la clause pénale contenue dans cet acte.

II. *La nullité du traité de cession entraîne la nullité du bail consenti en vue de l'exploitation de l'établissement.*

La Cour,

En ce qui concerne la nullité de la cession :

Attendu que, par l'acte du 6 février 1874, B.... a vendu et cédé à H.... l'institution de jeunes gens qu'il dirigeait à Vernon, avec le matériel dépendant dudit établissement; que cette vente n'a été subordonnée à aucune condition, ni retardée dans son exécution par aucun terme, puisque l'entrée en possession était fixée au 9 février 1874, époque à partir de laquelle, est-il dit dans l'acte, H.... aurait seul les charges et les bénéfices de l'institution; qu'il était, en outre, stipulé que B.... resterait titulaire de l'institution cédée vis-à-vis de l'Académie, au moins jusqu'au 1er mai 1875;

Attendu que, d'après les articles 25 et 53 de la loi du 15 mars 1850, pour ouvrir ou diriger un pensionnat de la nature de celui qui était cédé à H...., il faut notamment être âgé de vingt-cinq ans et être

1. Le sieur B...., propriétaire et directeur d'un pensionnat de jeunes gens à Vernon, céda son établissement à un sieur H...., suivant acte passé le 6 février 1874, stipulant entrée en possession immédiate. Il était convenu cependant que le cédant resterait titulaire vis-à-vis de l'Académie jusqu'au 1er mai 1875.

Des difficultés étant survenues entre les sieurs B.... et H...., au sujet des diverses conditions de payement insérées dans le traité, un débat, qui n'offrait d'ailleurs que peu d'intérêt, fut porté par le sieur B.... devant le tribunal civil d'Évreux.

Mais, en appel, le sieur H...., par une demande reconventionnelle, demanda la nullité de l'acte de cession, et, en outre, la nullité du bail de l'établissement à lui consenti par B.... le 9 février 1874. B.... forma alors une demande incidente en dommages-intérêts pour le cas où la nullité de la cession serait prononcée.

De là, les questions intéressantes sur lesquelles la Cour eut à statuer.

En fait, H.... n'avait pas encore vingt-quatre ans accomplis, alors qu'aux termes de la loi de 1850, il lui fallait vingt-cinq ans pour ouvrir ou diriger un pensionnat de la nature de celui cédé par B..... En outre, il n'avait et n'a jamais obtenu depuis le brevet de capacité nécessaire.

Dans ces circonstances, la cession était-elle nulle et était-elle frappée d'une nullité d'ordre public, dont les effets devaient rejaillir sur le cédant? Quelles devaient être les conséquences de cette nullité, si elle était admise, sur le bail de l'immeuble et sur les dommages-intérêts réclamés par B....?

muni d'un brevet de capacité; que, d'après l'article 29 de la même loi, quiconque ne remplissant pas les conditions requises aura ouvert ou dirigé soit une école, soit un pensionnat primaire, se rend passible de peines correctionnelles;

Attendu que H.... ne satisfaisait ni à la condition d'âge, n'ayant pas même encore vingt-quatre ans accomplis au 9 février 1874, ni à la condition d'aptitude, n'ayant ni alors, ni depuis, obtenu le brevet de capacité;

Attendu qu'il suit de là que le traité du 6 février 1874, fait en violation d'une loi d'ordre public, se trouve entaché d'une nullité absolue; qu'il n'a pu conférer à H.... le droit de gérer ou diriger l'institution cédée; que, dès lors, l'obligation prise par lui d'en payer le prix est dépourvue de cause; que, par une conséquence ultérieure, les sommes qu'il a payées en vertu de cette obligation l'ont été indûment, et qu'il est en droit de les répéter;

Attendu qu'il est également fondé à réclamer les intérêts de ces mêmes sommes à partir de chaque versement, en vertu de l'article 1 378 du Code civil; qu'en effet, B.... ne peut être considéré comme ayant reçu de bonne foi ce qu'il a touché en vertu d'une convention frappée d'une nullité d'ordre public; qu'en fait, d'ailleurs, il savait que H.... ne satisfaisait pas au moins à l'une des conditions exigées par la loi pour devenir chef d'un pensionnat primaire;

Sur la demande en dommages-intérêts formée additionnellement par B...., pour le cas réalisé où la nullité du traité de cession serait admise :

Attendu qu'on ne saurait trouver une cause juridique de dommages-intérêts dans l'acte frappé de nullité, ni dans la clause pénale contenue en cet acte, ni même dans la prétention de B.... qu'il aurait été trompé par son cessionnaire, puisqu'il est constant, en fait, qu'il savait que H.... ne remplissait pas la condition d'âge, ce qui suffisait pour rendre nulle la cession;

Mais, attendu que des faits postérieurs à l'acte de février 1874 résulte une cause légitime de dommages-intérêts;

Qu'en effet, tant par le choix défectueux de ses auxiliaires et de ses professeurs que par la direction peu intelligente qu'il a personnellement donnée à l'institution, H.... a notablement diminué la valeur de l'établissement dont, en fait, il a eu la gestion pendant dix-huit mois; qu'il reconnaît lui-même qu'il doit une indemnité à B....; qu'il y a lieu d'en fixer le chiffre à 4 000 francs, conformément à ses offres;

Sur la demande en nullité de bail :

Attendu que la convention du 9 mars 1874, par laquelle l'immeuble appartenant à B...., et où se trouvait établi le pensionnat cédé, était loué à H...., était évidemment l'accessoire de la cession du pensionnat lui-même; que, dans l'intention des parties, c'était uniquement parce que B.... vendait son institution à H.... que le premier donnait et le second prenait à bail cet immeuble; que l'institution et la maison qui en était le siège devaient rester tellement unies, qu'il était stipulé dans l'acte du 9 mars que le preneur ne pouvait céder le droit au bail qu'à une personne exerçant la profession de chef d'institution;

Que la nullité du traité de cession doit donc entraîner la nullité de la cession du bail.

. . . .

Par ces motifs,

Parties ouïes et M. l'avocat général entendu, statuant sur les demandes reconventionnelles de H...., déclare nul et de nul effet l'acte de cession du 6 février 1874;

Condamne, en conséquence, B.... à restituer à H.... les sommes qui lui ont été payées par ce dernier en exécution dudit traité de cession avec les intérêts du jour de chaque versement, le tout sauf la compensation dont il va être parlé;

Dit et juge que le bail du 9 février 1874 constitue une convention accessoire à l'acte de cession du 6 février; déclare en conséquence ledit bail nul et de nul effet;

Statuant sur la demande en dommages-intérêts :

Condamne H.... à payer à B.... 4 000 francs à titre de réparation du préjudice qu'il lui a causé par ses faits postérieurs au 9 février 1874;

Dit que cette somme se compensera jusqu'à due concurrence avec celle que B.... est condamné à restituer...

Arrêt du Conseil d'État, relatif au droit de présentation par les consistoires des instituteurs des Écoles protestantes.

Décemb. 1875.

Décembre 1875.

Aux termes de l'article 31 de la loi du 15 mars 1850, « les consistoires jouissent du droit de présentation pour les instituteurs appartenant aux cultes non catholiques ».

Par voie de conséquence, c'est au consistoire seul qu'il appar-

tient, lorsqu'un instituteur a été nommé par le Préfet dans une École protestante, sans avoir été présenté par lui, de se prévaloir de l'inexécution de cette formalité.

Ainsi jugé, au rapport de M. de Montesquiou, conseiller d'État, et conformément aux conclusions de M. David, commissaire du Gouvernement, sur le recours des sieurs Maraval et autres contre un arrêté du Préfet du Gard du 4 novembre 1875.

---

4 janvier 1876.

Circulaire du Ministre de l'Instruction publique, relative à la création de bibliothèques pédagogiques pour les instituteurs.

4 Janvier 1876.

Monsieur le Recteur, je reçois de divers côtés des lettres par lesquelles certains groupes d'instituteurs témoignent le désir de créer des bibliothèques pédagogiques et me demandent de leur venir en aide.

Je ne vois aucun inconvénient à ce que ces sortes de créations soient encouragées, mais sous certaines conditions et avec des règlements particuliers.

Il faudrait surtout que ces bibliothèques ne pussent jamais dégénérer en lieu de réunion, et qu'elles ne fussent réellement que des bibliothèques de prêt à la disposition des maîtres, qui pourraient y emprunter les volumes dont ils auraient besoin.

Je vous prie, en conséquence, de vouloir bien centraliser les affaires de cette nature, en donnant des instructions précises aux promoteurs de ces sortes d'établissements.

Vous me transmettrez ensuite, avec votre avis, après les avoir attentivement examinées, toutes les demandes de ce genre qui vous seront adressées.

Recevez, etc.

Signé : H. WALLON.

---

16 février 1876.

Instruction du Ministre de l'Instruction publique, relative à la formule du certificat d'instruction primaire élémentaire prescrit par l'article 9 de la loi du 19 mai 1874, sur le travail des enfants dans les manufactures.

16 Février 1876.

Monsieur le Préfet, vous me faites l'honneur de me signaler un commentaire sur la loi du 19 mai 1874, publié par le journal la *Réforme du bâtiment* (numéro du 15 décembre 1875), dans lequel un Inspecteur du travail des enfants propose le modèle du certificat à délivrer par l'Inspecteur primaire ou l'instituteur, conformément à l'article 9 de la loi précitée, aux apprentis âgés de moins de quinze ans.

Ce certificat serait ainsi conçu : « Je soussigné, etc., certifie que le jeune.....
« a reçu l'instruction primaire élémentaire, c'est-à-dire qu'il sait lire, écrire et
« faire les quatre règles élémentaires de l'arithmétique. »

Vous me demandez si ce fonctionnaire, en proposant ce modèle, a exactement interprété la loi.

Je ne le pense pas.

L'article 9 de la loi est, en effet, ainsi rédigé : « Aucun enfant ne pourra, avant l'âge de quinze ans accomplis, être admis à travailler plus de six heures par jour, s'il ne justifie, par la production d'un certificat de l'instituteur ou de l'Inspecteur primaire, visé par le maire, qu'il a acquis l'instruction primaire élémentaire. »

Lors de la troisième délibération de la loi, l'honorable rapporteur, M. Tallon, s'exprimait ainsi : « Nous voulons que l'enfant justifie de l'instruction nécessaire pour être admis à travailler la journée complète de douze heures par jour; nous le demandons pour presser sa famille de lui faire acquérir cette instruction. »

Quel est donc le minimum d'instruction primaire élémentaire que doit avoir acquis nécessairement l'enfant âgé de moins de quinze ans qui voudra travailler plus de six heures par jour?

C'est incontestablement l'instruction portant sur l'ensemble des matières que la loi indique comme devant être obligatoirement enseignées dans les écoles.

Or, les matières ont été déterminées par l'article 23 de la loi du 15 mars 1850, § 1er, et l'article 16 de la loi du 10 avril 1867.

Ces articles sont ainsi conçus :

(*Loi de* 1850, *art.* 23) : « L'enseignement primaire comprend :

« L'instruction morale et religieuse,

« La lecture,

« L'écriture,

« Les éléments de la langue française,

« Le calcul et le système légal des poids et mesures. »

(*Loi de* 1867, *art.* 16) : « Les éléments de l'histoire et de la géographie de la France sont ajoutés aux matières obligatoires de l'enseignement primaire. »

La rédaction de ces deux articles ne saurait laisser aucun doute, et le modèle de certificat proposé par le journal la *Réforme du bâtiment* est incomplet; on a omis l'instruction morale et religieuse, les éléments de la langue française, le système légal des poids et mesures, les éléments de l'histoire et de la géographie de la France.

L'auteur ignorait, sans aucun doute, les textes de loi que je viens de rapporter, et il ne s'est pas non plus pénétré de l'esprit qui a présidé à la rédaction de la nouvelle loi sur le travail des enfants dans les manufactures. Si le législateur a eu, en effet, en vue de protéger l'enfance, de déterminer la somme de travail qu'on peut lui imposer, et de fixer l'âge où elle pourra supporter la même charge que l'adulte, il s'est aussi proposé de répandre l'instruction pour faire des ouvriers plus intelligents et plus habiles. Il a tenu à former l'âme et l'intelligence de l'enfant, voulant ainsi l'armer physiquement et moralement avant de l'abandonner à lui-même et aux hasards de la vie.

Cette pensée, Monsieur le Préfet, vous la retrouverez à chaque page de la discussion que j'ai pris la peine de relire avec la plus scrupuleuse attention.

Vous devez donc donner des instructions précises à MM. les Inspecteurs primaires et aux instituteurs de votre département; ils ne devront délivrer que des certificats indiquant que l'enfant a reçu l'instruction primaire élémentaire édictée par les articles 23, § 1er, de la loi de 1850 et 16 de la loi du 10 avril 1867.

Recevez, etc.

Signé : H. WALLON.

20 mars 1876.

Proposition de loi sur la composition des Conseils de l'enseignement, présentée par M. Paul Bert, député[1].

Séance du 20 Mars 1876.

ARTICLE 1er. — Les Conseils départementaux sont composés ainsi qu'il suit :

1° Le Préfet, président;

2° L'Inspecteur d'Académie, vice-président;

3° Deux membres du Conseil général, nommés par leurs collègues;

4° Les Inspecteurs de l'enseignement primaire;

5° Un membre nommé par le directeur et les professeurs de l'École normale primaire d'instituteurs;

6° Un membre nommé dans chaque arrondissement par les instituteurs communaux titulaires, munis du brevet de capacité; ce membre pourra être pris en dehors de ces fonctionnaires.

Dans le département de la Seine, l'Inspecteur d'Académie, vice-président, sera désigné par le Ministre; les membres nommés par les instituteurs seront au nombre de douze, dont dix pour la ville de Paris.

ART. 2. — Les Conseils académiques sont composés ainsi qu'il suit :

1° Le Recteur, et à Paris le Vice-Recteur, président;

2° Un membre de chacun des Conseils généraux de la circonscription académique, nommé par ses collègues;

3° Les Inspecteurs d'Académie de la circonscription;

4° Un professeur de chacune des Facultés, de l'École supérieure de pharmacie, de l'École secondaire de médecine de plein exercice existant dans la circonscription académique, nommés par leurs collègues;

5° Un membre nommé par les proviseur, censeur et professeurs de chacun des Lycées de la circonscription académique.

ART. 3. — Le Conseil supérieur est composé ainsi qu'il suit :

1° Le Ministre, président;

2° Deux membres du Sénat, et deux membres de la Chambre des députés, élus par leurs collègues;

3° Un membre du Conseil d'État, élu par ses collègues;

4° Un membre de chacune des cinq Académies de l'Institut, élu par cette Académie;

5° Un membre de l'Académie de médecine, élu par ses collègues;

6° Deux professeurs du Collège de France, élus par leurs collègues;

7° Un professeur du Muséum d'histoire naturelle de Paris, élu par ses collègues;

8° Deux maîtres de conférences à l'École normale supérieure, l'un pris dans la section des lettres, l'autre dans la section des sciences, nommés par leurs collègues;

9° Un professeur d'une Faculté de théologie catholique, nommé par les professeurs de ces Facultés;

1. *Journal officiel* du 27 *mars* 1876, pages 2167 et 2168.

Rapprocher ce projet des documents ci-après : le projet de M. BARODET, 19 *mars* et 1er *décembre* 1877; — le projet relatif à la constitution du Conseil supérieur, 23 *janvier* 1879; — le projet de M. Jules FERRY, 15 *mars* 1879; — la proposition de M. MONNET, sénateur, sur les Conseils départementaux, 12 *décembre* 1878.

Un professeur de la Faculté de théologie protestante, nommé par ses collègues;

10° Deux professeurs des Facultés de droit, nommés par les professeurs de ces Facultés;

11° Deux professeurs des Facultés de médecine, et un professeur des Écoles supérieures de pharmacie, nommés par l'ensemble des professeurs des Facultés de médecine et des Écoles supérieures de pharmacie;

12° Deux professeurs des Facultés des lettres, nommés par les professeurs de ces Facultés;

13° Deux professeurs des Facultés des sciences, nommés par les professeurs de ces Facultés;

14° Sept membres nommés par le Président de la République et choisis parmi les fonctionnaires de l'enseignement supérieur, secondaire ou primaire, qu'ils soient ou non encore en exercice : ces membres formeront une Section permanente.

Art. 4. — Les membres des Conseils de l'enseignement sont nommés pour trois ans; ils sont rééligibles.

Art. 5. — Les nominations dont il est question dans les articles précédents auront lieu dans le mois qui suivra la promulgation de la présente loi.

Art. 6. — Dans le délai d'un mois après leur constitution, les Conseils départementaux nommeront les délégués cantonaux, les personnes désignées par l'article 44 de la loi du 15 mars 1850, et les membres des Commissions d'examen pour le brevet de capacité.

Proposition de loi modifiant les conditions du recrutement et du fonctionnement des instituteurs et institutrices primaires, présentée par M. Paul Bert, député[1]. 20 mars 1876.

Séance du 20 Mars 1876.

Article 1er. — A partir de la promulgation de la présente loi, ne pourront exercer la profession d'instituteurs et d'institutrices primaires à titre public ou libre, que les personnes munies du brevet de capacité.

Ce brevet peut cependant être suppléé par le diplôme de bachelier, ou par un certificat constatant l'admission dans une des Écoles spéciales de l'État énumérées par le décret du 31 mars 1851.

Les personnes qui, antérieurement au jour de la promulgation de la présente loi, exerçaient en vertu de lettres d'obédience ou des certificats de stage établis par l'article 47 de la loi du 15 mars 1850, pourront continuer leurs fonctions pendant une année à partir dudit jour; celles qui auront, dans cet intervalle, échoué à l'examen pour l'obtention du brevet de capacité, jouiront, pour s'y présenter une seconde fois, d'un nouveau délai de six mois, pendant lequel elles pourront continuer également leurs fonctions.

Art. 2. — Les instituteurs communaux et institutrices communales sont

1. Voir *Journal officiel* du 24 *mars* 1876, page 2065.
Consulter ci-après, à la date du 18 *mai* 1877, le projet de la Commission à laquelle il fut renvoyé. (Rapporteur : M. Paul Bert.)

nommés par le Recteur dans les conditions établies par l'article 31 de la loi du 15 mars 1850.

Ils peuvent être par lui réprimandés ou suspendus, avec ou sans privation totale ou partielle de traitement, pour un temps qui n'excédera pas six mois.

La suspension prolongée plus longtemps, le changement de résidence, pour les cas où l'instituteur réclamerait, la révocation, ne peuvent être prononcés par le Recteur qu'après avis du Conseil.

ART. 3. — Le choix entre les instituteurs et institutrices laïques ou les membres des associations religieuses vouées à l'enseignement et autorisées par la loi appartient au Conseil municipal.

Si le choix a porté sur un instituteur ou une institutrice laïque, l'option ne peut plus être soumise au Conseil qu'en cas de changement dudit fonctionnaire. S'il a porté sur un instituteur ou une institutrice congréganiste, le Conseil sera, cinq ans après, appelé à confirmer ou à modifier son choix primitif.

Un an après la promulgation de la présente loi, les Conseils municipaux de toutes les communes de France seront appelés à délibérer sur l'option ci-dessus indiquée.

ART. 4. — Tout département est tenu de pourvoir au recrutement des instituteurs communaux et des institutrices communales, en entretenant des élèves-maîtres soit dans des Écoles normales établies par le département ou par des groupes de départements, soit dans des établissements d'instruction primaire désignés par le Conseil départemental. Les directeurs et professeurs de ces établissements et des Écoles normales départementales devront être laïques.

---

21 mars 1876.

Arrêt de la Cour de Cassation, relatif aux Écoles libres recevant des enfants indigents.

21 Mars 1876.

Conventions faites par une commune avec une École libre, pour qu'elle reçoive des enfants dont les familles sont hors d'état de payer la rétribution. Indemnité par suite de rupture des conventions.

De ces deux principes combinés : 1° que les communes peuvent, sous certaines conditions, pourvoir à l'enseignement primaire, dans une École libre, de tous les enfants dont les familles sont hors d'état d'y subvenir (*article 36 de la loi du 15 mars 1850*); 2° que le nombre des Écoles publiques à établir dans chaque commune est fixé par le Conseil départemental, sur l'avis du Conseil municipal; que les décisions prises en vertu de cette disposition sont soumises à l'approbation du Ministre de l'Instruction publique, et qu'ainsi approuvées ces décisions sont obligatoires pour les communes et ne peuvent être rapportées ou modifiées que dans les mêmes formes (*article 2 de la loi du 10 avril 1867*), il résulte spécialement :

Qu'un arrêté du Ministre de l'Instruction publique, du 23 juin 1868, rendu conformément à la loi précitée, ayant reconnu les neuf Écoles de la société la *Providence* comme tenant lieu d'Écoles publiques dans la ville de Nantes, et cet arrêté n'ayant pas cessé d'être exécutoire pour les années 1871 et 1872, la ville a été mal fondée à refuser de subvenir pour les quatre derniers mois de l'année 1871 et pour l'année 1872 tout entière, aux dépenses desdites Écoles, et qu'en la condamnant à payer à la société la somme représentant le dommage causé par ce refus, un arrêt a justement appliqué les lois des 15 mars 1850 et 10 avril 1867, et les dispositions de l'article 30, n° 12, de la loi du 18 juillet 1837.

Rejet, au rapport de M. le conseiller Almeras-Latour, et conformément aux conclusions de M. l'avocat général Reverchon, du pourvoi de la ville de Nantes, contre un arrêt de la Cour d'appel de Rouen, du 3 mars 1875, rendu au profit de la société la *Providence*.

Circulaire du Ministre de l'Instruction publique, invitant les Préfets à recommander dans les Écoles primaires la protection des oiseaux insectivores. 31 mars 1876.

31 Mars 1876.

Monsieur le Préfet, les dommages causés à l'agriculture par les insectes nuisibles ont pris, depuis quelques années, des proportions véritablement inquiétantes.

M. le Ministre de l'Agriculture et M. le Ministre de l'Intérieur m'ont fait l'honneur d'appeler mon attention sur ce regrettable état de choses, dont l'une des causes principales est la disparition, ou, tout au moins, la diminution du nombre des oiseaux insectivores. Ces oiseaux, qui sont les gardiens naturels de nos récoltes et les plus précieux auxiliaires de l'agriculteur, sont cependant presque partout traités en ennemis. Le cultivateur, oubliant les services incessants qu'ils rendent, ne voit que les dégâts qu'ils commettent; l'enfant poursuit leur destruction, soit en leur tendant des pièges, soit en détruisant leurs nids, et ces alliés, que les étrangers viennent nous acheter, pour les acclimater chez eux, disparaissent peu à peu de nos campagnes.

Plusieurs circulaires ont déjà été adressées à MM. les Inspecteurs d'Académie et de nombreuses notes ont été insérées au *Bulletin administratif* de mon Ministère, afin d'arrêter cette destruction. Néanmoins je me fais un devoir de répondre au désir que m'ont exprimé mes collègues, en réclamant de nouveau le concours des instituteurs.

Je vous prie en conséquence, Monsieur le Préfet, d'adresser des instructions à tous les maîtres de votre département, afin qu'ils apprennent à leurs élèves à distinguer les insectes nuisibles des insectes utiles à l'agriculture, et qu'ils encouragent ces enfants à détruire les premiers, à protéger les seconds.

Il faut aussi que les instituteurs fassent comprendre aux enfants qu'ils nuisent aux intérêts mêmes de leurs familles, en détruisant les nids, et qu'en agissant ainsi ils se montrent aussi imprévoyants qu'ingrats. On devra en même temps leur rappeler qu'ils s'exposent à des peines sévères. La loi du 22 janvier 1874, qui complète, en la modifiant, celle du 3 mai 1844 sur la police de la chasse, donne, en effet, aux Préfets les pouvoirs nécessaires pour prévenir la destruction des oiseaux ou favoriser leur multiplication. Des arrêtés préfectoraux ont été pris à cet effet, et les personnes qui contreviennent aux dispositions de ces arrêtés sont passibles d'une amende qui varie de 16 à 100 francs (*art. 11 de la loi du 3 mai 1844*).

Les instituteurs devront aussi, à l'occasion, rappeler aux pères de famille que, s'ils se font à eux-mêmes un tort considérable en laissant détruire les nids, ils sont responsables des délits que leurs enfants mineurs pourraient commettre en l'espèce.

J'ajouterai que, dans quelques communes que je pourrais citer, des instituteurs ont eu l'heureuse pensée d'organiser parmi leurs élèves des sociétés protectrices des animaux utiles. Ces sociétés ont rendu de grands services, et je verrais avec plaisir leur nombre s'augmenter.

J'attache, Monsieur le Préfet, le plus sérieux intérêt à l'exécution de cette circulaire, dont je vous prie de vouloir bien m'accuser réception.

Recevez, etc.

Signé : WADDINGTON.

Mars 1876.

Arrêt du Conseil d'État, relatif aux obligations des instituteurs libres vis-à-vis des Inspecteurs primaires.

Mars 1876.

L'instituteur libre qui refuse de faire connaître à l'Inspecteur chargé de visiter son École le programme de son enseignement, qui doit comprendre l'instruction morale et religieuse, commet une faute grave et s'expose à une peine disciplinaire, que peuvent lui appliquer le Conseil départemental et le Conseil supérieur.

Vu la loi du 15 mars 1850, articles 18, 22, 23 et 30;

Vu la loi du 14 juin 1854, articles 7 et 8;

Vu la loi des 7-14 octobre 1790;

Vu la loi du 24 mai 1872, article 9;

Ouï M. Pascalis, conseiller d'État, en son rapport;

Ouï Mᵉ Hérisson, avocat du sieur D...., en ses observations;

Ouï Mᵉ Laferrière, maître des requêtes, commissaire du Gouvernement, en ses conclusions;

Considérant qu'aux termes de l'article 30 de la loi du 15 mars 1850, combiné avec les articles 7 et 8 de la loi du 14 juin 1854, tout instituteur libre, sur la plainte du Préfet ou du Procureur de la République, pourra être traduit, pour cause de faute grave dans l'exercice de ses fonctions, devant le Conseil supérieur, censuré, suspendu ou interdit de l'exercice de sa profession, soit dans la commune où il exerce, soit même dans toute autre commune;

Considérant que, par la décision attaquée, le Conseil supérieur de l'instruction publique, après avoir constaté que le sieur D.... avait refusé itérativement de faire connaître à l'Inspecteur, qui s'était présenté pour visiter son École, le programme de son enseignement comprenant l'instruction morale et religieuse, a déclaré que ces faits constituaient, dans les circonstances où ils se sont produits, une faute grave commise dans l'exercice des fonctions d'instituteur libre, et a, en conséquence, confirmé la décision par laquelle le Conseil départemental avait prononcé contre le sieur D.... l'interdiction absolue de cette profession;

Considérant que le sieur D.... soutient, à l'appui de son pourvoi, que les faits qui lui étaient reprochés, et qui se bornaient en réalité au refus de répondre aux interrogations de l'Inspecteur de l'instruction primaire, ne pouvaient donner lieu qu'à une poursuite devant l'autorité judiciaire, en vertu de l'article 22 de la loi du 15 mars 1850;

Que le tribunal correctionnel de Bordeaux ayant déjà, à raison de ce refus, condamné l'exposant à une amende de 200 francs, il n'appartenait pas à la juridiction disciplinaire de statuer à nouveau sur le même objet, et d'ajouter à la peine prononcée par l'autorité compétente une peine beaucoup plus grave, qui n'est pas prévue par l'article 22;

Mais considérant qu'en admettant que les faits qui ont motivé la décision attaquée fussent les mêmes que ceux qui avaient été jugés et punis par le tribunal correctionnel de Bordeaux, il résulte de la disposition de l'article 30 de la loi précitée, qu'indépendamment de l'action correctionnelle organisée par cette loi, le Conseil départemental et le Conseil supérieur de l'instruction publique avaient le droit d'apprécier ces faits au point de vue d'une répression disciplinaire;

Considérant que le Conseil supérieur a statué dans la limite des pouvoirs qui lui sont attribués par cette disposition, en jugeant que les faits relevés à la charge du requérant avaient le caractère d'une faute grave, et en leur appliquant, par suite, l'une des peines inscrites dans ledit article pour le cas de faute grave;

Que, dès lors, le recours du sieur D.... doit être rejeté,

Décide :

La requête du sieur D.... est rejetée.

3 avril 1876. **Proposition de loi ayant pour objet de modifier certaines dispositions des articles 1 et 8 de la loi du 10 avril 1867, sur l'instruction primaire, présentée par M. J. Pagézy, sénateur[1].**

Séance du 3 Avril 1876.

ARTICLE 1er : 1er paragraphe. — Toute commune de 300 habitants et au-dessus est tenue d'avoir au moins une École publique de filles, si elle n'en est pas dispensée par le Conseil départemental en vertu de l'article 15 de la loi du 15 mars 1850.

ART. 8 : 2e paragraphe. — En cas d'insuffisance des ressources indiquées au paragraphe qui précède, et sur l'avis du Conseil départemental, il est accordé à la commune, sur les fonds du département, et, à leur défaut, sur les fonds de l'État, les subventions nécessaires pour l'entretien des Écoles entièrement gratuites.

---

3 avril 1876. **Proposition de loi ayant pour objet de maintenir en activité les fonctionnaires et employés de l'État admis à faire valoir leurs droits à la retraite jusqu'à la remise de leur titre de pension, présentée par MM. Bamberger, Versigny et Marmottan, députés[2].**

Séance du 3 Avril 1876.

Au moment où la Chambre des députés se préoccupe de réformes utiles, nous croyons opportun d'appeler son attention sur une période critique de la vie des fonctionnaires et des employés de l'État.

Après avoir loyalement consacré leur temps et compromis souvent leur santé au service de leur pays, ils reçoivent de ce dernier une pension de retraite; ils ont d'ailleurs très largement contribué à la parfaire, en raison de la retenue opérée sur leur traitement.

Il semblerait que l'entrée en jouissance de cette pension, trop modeste parfois, dût être facile; il n'en est rien.

Des retards de toute sorte viennent attrister, décourager même d'honorables serviteurs de l'État; des difficultés de diverse nature, dont nous n'avons pas ici à rechercher les causes, s'élèvent au moment où ils comptent jouir de leur pension. On réclame d'eux des pièces justificatives; on leur impose des délais sans nombre, et cela, Messieurs, à une époque de l'existence où la santé commence à s'altérer, où des nécessités de toute sorte, où les besoins journaliers de la vie, où l'éducation et l'établissement des enfants exigent souvent des ressources pécuniaires immédiates.

Nous savons que beaucoup d'administrations comprennent ce que cette situation a de pénible; elles viennent parfois en aide à leurs employés pendant les longs mois qui s'écoulent jusqu'à la liquidation de la pension de retraite; on leur accorde quelques secours, mais toujours à titre gracieux. Cela ne saurait

1. *Journal officiel* du 15 *avril* 1876, page 2734.
Voir ci-après, 7 *août* 1876, le rapport de M. TAILLEFERT sur la proposition.
2. *Journal officiel* du 26 *avril* 1876, page 2945.
Voir ci-après les rapports de MM. FRÉMINET, 17 *juin* 1876, et Adolphe LELIÈVRE, 6 *mars* 1877.

suffire; il nous a paru qu'une mesure générale, garantie par la loi, devait sauvegarder des intérêts si respectables.

Nous croyons que le moyen le plus simple, le plus rationnel, consiste dans la prolongation des fonctions et du traitement intégral jusqu'au moment où, les opérations de liquidation étant terminées, l'entrée en jouissance de la pension de retraite peut avoir lieu.

Cette mesure ne saurait être onéreuse pour le Trésor, car il importe peu que l'ancien titulaire ou un titulaire nouveau jouisse du traitement attribué à la fonction. Le service n'en souffrira nullement, et vous aurez accompli un acte de justice et d'humanité.

Nous avons donc l'honneur de vous soumettre la proposition de loi suivante:

Proposition de loi.

ARTICLE UNIQUE. — A partir de la promulgation de la présente loi, les fonctionnaires et les employés civils et militaires de l'État, admis à faire valoir leurs droits à la retraite, seront maintenus en activité jusqu'à la remise de leur titre de pension.

Proposition de loi ayant pour objet l'instruction primaire gratuite, obligatoire et laïque, présentée par M. Henri de Lacretelle, député[1]. 4 avril 1876.

Séance du 4 Avril 1876.

ARTICLE 1er. — L'instruction primaire est gratuite, obligatoire et laïque dans toutes les Écoles de la République, pour les enfants des deux sexes.

ART. 2. — Tout enfant âgé de sept ans révolus sera tenu, sous la responsabilité de ses père, mère, ascendant ou tuteur, de fréquenter les Écoles primaires jusqu'à l'âge de quinze ans, sauf l'exception relatée plus loin. Néanmoins le père de famille pourra conserver ses enfants chez lui, s'il fournit la preuve qu'il leur fait donner l'instruction primaire à domicile.

ART. 3. — L'instituteur ou l'institutrice, ou les directeurs et directrices des Écoles libres, devront remettre chaque mois au maire de la commune la liste des enfants qui suivent leurs classes. En cas de refus de la part de la famille,

1. *Journal officiel* du 2 *mai* 1876, pages 3044 et 3045.
Voir les projets présentés par M. DE LACRETELLE, les 5 *août* 1871, page 295, et 6 *septembre* 1871, page 298; — M. VACHEROT, 29 *août* 1871, page 296; — M. Jules SIMON, Ministre, 15 *décembre* 1871, page 324; — M. ERNOUL, au nom de la Commission, 3 *juillet* 1872, page 383.
Consulter ci-après :
Le projet de M. Édouard MARION, 7 *juillet* 1876;
Le projet de M. LAROCHE-JOUBERT, 29 *juillet* 1876;
Le projet de M. WADDINGTON, 29 *janvier* 1877;
Le projet de M. BARODET, 19 *mars* et 1er *décembre* 1877;
Le projet de M. BARNI, 23 *mars* 1877;
Le projet de M. BARTOLI, 1er *mai* 1877;
Les projets de M. BARDOUX, 17 *décembre* 1877 et 24 *janvier* 1879.

ou d'absences multipliées et non justifiées de l'enfant, le maire appellera devant lui les délinquants.

ART. 4. — La peine infligée à ceux qui ont la surveillance de l'enfant sera une réprimande publique toutes les fois que l'absence aura duré plus de huit jours, sans être justifiée. La peine consistera dans l'insertion des noms, sur un placard affiché devant la porte de la mairie, s'il y a récidive. Si l'absence est systématique, ou si le refus des parents est constaté, la peine, à la troisième insertion, sera d'une amende de un franc pour chaque jour de retard, et d'une interdiction des droits civils pendant deux années. L'amende sera versée dans la caisse de l'École communale. Elle pourra être convertie en journées de prestation.

S'il y a récidive, le père de famille ou le tuteur sera traduit une première fois devant le juge de paix du canton, et ensuite, s'il ne s'est pas soumis à envoyer à l'école l'enfant dont il est responsable, il sera traduit devant le tribunal correctionnel. Le maximum de la peine ne pourra pas dépasser 500 francs. L'interdiction des droits invoqués, pendant trois ans, pourra être prononcée contre le père de famille ou le tuteur.

ART. 5. — Dans les hameaux éloignés de l'École et aux époques des grands froids, et dans tout le territoire de la commune pendant la fenaison et la vendange, il pourra être accordé aux élèves une autorisation de quinze jours d'absence. Cette permission ne sera renouvelée qu'une fois par an.

ART. 6. — L'Inspecteur primaire et le médecin cantonal visiteront tous les mois les Écoles du canton.

ART. 7. — Les père, mère, ascendant ou tuteur seront à l'abri de toute recherche si leurs enfants sont inscrits dans une autre École que celle de leur résidence légale.

ART. 8. — A l'âge de douze ans, pour ceux qui entreront dans les Écoles de second degré ou dans les Lycées et Collèges, et de quinze ans pour ceux qui se livreront aux études primaires, les élèves passeront devant un jury composé d'un Inspecteur primaire, d'un père de famille résidant dans la commune et du maire, un examen après lequel il pourra leur être délivré un certificat de capacité. Ils continueront leurs études jusqu'à ce qu'ils aient obtenu un certificat.

ART. 9. — Les communes contribueront aux frais de l'instruction gratuite, dans la proportion de la moyenne des fonds qu'elles consacraient à l'assistance scolaire. Le reste sera fourni par l'État. Le minimum du traitement de l'instituteur et de l'institutrice sera de 1 200 francs par an. Ils auront droit au logement, à un jardin, au chauffage et à l'éclairage. L'instituteur adjoint ou l'institutrice adjointe recevront en minimum un traitement de 1 000 francs par an.

ART. 10. — Les instituteurs et les institutrices ne devront appartenir à aucun ordre religieux. Toutefois, et pour la durée seulement d'un an après la promulgation de la présente loi, les frères des Écoles chrétiennes et les sœurs des Écoles congréganistes seront admis à concourir devant des Conseils académiques, pour obtenir le diplôme d'instituteur et d'institutrice, et ce diplôme obtenu, ils continueront, en costume laïque, et d'après le programme et les méthodes universitaires, à professer dans des Écoles commmunales.

ART. 11. — Des notions générales sur l'existence de Dieu, sur l'immortalité de l'âme, sur la morale, sur les principes organiques d'un gouvernement républicain, seront données assidûment aux élèves des deux sexes, dès l'âge de dix ans.

Proposition de loi sur la retraite de divers fonctionnaires de l'enseignement primaire, présentée par M. Paul Bert, député[1]. 6 avril 1876.

Séance du 6 Avril 1876.

Messieurs, le 15 décembre 1871, M. Jules Simon, Ministre de l'Instruction publique, déposait sur le bureau de l'Assemblée nationale un projet de loi ainsi conçu :

« Les Inspecteurs de l'enseignement primaire, les instituteurs et les institutrices publics et les directrices de salles d'asile communales sont compris parmi les fonctionnaires du service actif et ajoutés au tableau n° 2 annexé à la loi du 9 juin 1853. Leur pension de retraite est réglée conformément aux dispositions de cette loi relatives aux emplois de la partie active. »

Les dispositions si justes de ce projet de loi furent adoptées en principe par la Commission chargée d'examiner les diverses propositions relatives à l'instruction primaire; et l'article 69 du projet qu'elle avait élaboré, et qu'elle déposa le 3 juillet 1872, disait, en effet :

« Les instituteurs communaux et les institutrices communales, les directeurs et directrices de salles d'asile communales sont compris parmi les fonctionnaires du service actif et ajoutés au tableau n° 2 annexé à la loi du 9 juin 1853. Leur pension de retraite est réglée conformément aux dispositions de cette loi relatives aux emplois de la partie active. Elle est basée sur la moyenne des traitements et émoluments de toute nature soumis à retenue, dont l'ayant droit a joui pendant les six années qui ont produit le chiffre le plus élevé. »

Enfin, le 9 juin 1873, l'honorable M. Maurice, considérant que les promesses libérales du projet de loi présenté par la Commission tardaient bien à se réaliser, et estimant non sans raison que la complexité des problèmes résolus par ce vaste projet l'empêcherait pendant longtemps de venir en discussion devant l'Assemblée, en détachait deux dispositions, relatives, l'une au traitement, l'autre à la pension de retraite des instituteurs.

L'article 4 de sa proposition stipulait que :

« Les instituteurs communaux et les institutrices communales sont compris parmi les fonctionnaires du service actif et ajoutés au tableau n° 2 annexé à la loi du 9 juin 1853. Leur pension de retraite est réglée conformément aux dispositions de cette loi relatives aux emplois de la partie active. Elle est basée sur la moyenne des traitements et émoluments de toute nature soumis à la retenue dont l'ayant droit a joui pendant les six années qui ont produit le chiffre le plus élevé.

1. *Journal officiel* du 5 *mai* 1876, page 3093.
Voir ci-dessus les projets de M. J. Simon, 15 *décembre* 1871, page 341; — M. Ernoul, 3 *juillet* 1872, page 383; — M. Maurice, 9 *juin* 1873, page 463.
Voir ci-après, page 591, le contre-projet de M. Emile Beaussire, 7 *avril* 1876.
Voir les documents ci-après à leur date :
Premier rapport de M. Paul Bert, 29 *juin* 1876;
Rapport de M. Bozérian, 4 *août* 1876;
Rapport de M. Batbie, 8 *août* 1876;
Second rapport de M. Paul Bert, 10 *août* 1876;
Loi du 17 *août* 1876.

« Toutefois, le chiffre de la pension de retraite ne pourra être inférieur à 600 francs pour un instituteur et à 500 francs pour une institutrice. »

La loi devait être applicable à dater du 1er janvier 1874. L'urgence fut déclarée sur la proposition, qui, renvoyée d'abord à la Commission du budget, fut ensuite examinée par une Commission spéciale.

Le 19 juillet 1875, un projet de loi qui réalisait de sérieuses améliorations dans le traitement des instituteurs fut adopté par l'Assemblée. Mais la question des pensions de retraite ne reçut pas de solution. Le rapporteur de la Commission, l'honorable M. Ernoul, disait à ce propos :

« Nous n'avons pas insisté sur les retraites. Pourquoi cela? Parce qu'un projet sur les pensions civiles est en ce moment préparé par l'initiative du Gouvernement et soumis aux délibérations du Conseil d'État; parce que, à cette tribune même, l'honorable M. Mathieu-Bodet, avec l'assentiment de la Commission, a demandé que l'on ne séparât pas ce qui concerne les instituteurs en particulier de ce qui concerne le reste des fonctionnaires. »

Je viens, aujourd'hui, reprendre le projet, qui, appuyé par tant d'autorités, n'a cependant pu, depuis cinq ans, aboutir à un vote et à une mise à exécution. Et cependant, à maintes reprises, dans les termes les plus pressants et aussi les plus éloquents, le Gouvernement, les rapporteurs des Commissions spéciales, des membres de l'Assemblée en ont démontré l'urgence.

Faut-il attendre encore que le Conseil d'État ait terminé l'examen d'un projet de loi dont les difficultés frappent tous les esprits? Faut-il attendre que les deux Chambres en aient fait successivement l'objet d'un examen approfondi, de plusieurs lectures, de votes répétés? Nous risquerions fort de voir s'écouler les années sans qu'aucune amélioration soit apportée à une situation des plus pénibles, dont souffrent douloureusement des fonctionnaires si utiles et si dévoués, et à laquelle une somme bien faible suffirait pour remédier.

Comme le disait si justement M. Jules Simon, dans l'exposé des motifs de ce projet de loi resté à l'état d'intention depuis le 15 décembre 1871 :

« Trois points sont à réformer :

« La limite d'âge, fixée à soixante ans;

« La durée des services, fixée à trente ans;

« La moyenne des six dernières années de traitement, prise pour base de la liquidation.

« Cette triple réforme peut être faite dans le sens le plus favorable aux instituteurs, en les comprenant dans le tableau n° 2 annexé à la loi de 1853.

« Il suffit, dit l'article 5 de cette loi, de cinquante ans d'âge et de vingt-cinq « ans de service pour les fonctionnaires qui ont passé quinze ans dans la partie « active, et à la suite de cette loi se trouve un tableau n° 2, où sont énumérés « les emplois du service actif qui donnent droit à cette faveur. Ce sont les « emplois des douanes, des tabacs, des forêts de l'État, de la couronne et des « postes. »

Telles sont les raisons pour lesquelles j'ai l'honneur de soumettre à la Chambre des députés la proposition suivante, qui n'est autre que le projet de M. Jules Simon complété par l'adjonction des maîtres adjoints des Écoles normales primaires, par l'amendement de l'honorable M. Bozérian sur les six années qui doivent servir de base au calcul du traitement moyen, et par la disposition de la proposition de l'honorable M. Maurice relative au minimum de la retraite.

Proposition de loi.

ARTICLE 1er. — Les Inspecteurs de l'enseignement primaire, les maîtres adjoints des Écoles normales primaires, les instituteurs communaux et les institutrices communales, les directrices des salles d'asile communales, seront compris parmi les fonctionnaires du service actif et ajoutés au tableau n° 2, annexé à la loi du 9 juin 1853. Leur pension de retraite sera, à partir du 1er janvier 1877, réglée conformément aux dispositions de cette loi relatives aux emplois de la partie active.

ART. 2. — La pension de retraite sera basée sur la moyenne des traitements et émoluments de toute nature, soumis à la retenue, dont l'ayant droit aura joui pendant les six années qui auront produit le chiffre le plus élevé.

ART. 3. — Le chiffre de la pension de retraite ne pourra être inférieur à 600 francs pour un instituteur et à 500 francs pour une institutrice et une directrice de salle d'asile communale.

Proposition de loi sur la retraite des fonctionnaires de l'instruction publique, présentée par M. Émile Beaussire, député[1]. 7 avril 1876.

Séance du 7 Avril 1876.

Messieurs, la proposition que j'ai l'honneur de présenter à la Chambre des députés a été adoptée à l'unanimité, il y a trois ans, par une Commission dont je faisais partie et qui avait été instituée par un arrêté ministériel en date du 12 mars 1873, à l'effet de rechercher les modifications à introduire dans la loi du 9 juin 1853 sur les pensions civiles, en ce qui concerne les fonctionnaires de l'instruction publique. Les fréquents changements qui sont survenus depuis cette époque au Ministère de l'Instruction publique et l'annonce d'une revision générale de la loi du 9 juin 1853 ont toujours retardé la présentation de ce projet par le Gouvernement.

La Chambre des députés, en renvoyant d'urgence à ses bureaux une proposition de notre honorable collègue, M. Paul Bert, conçue dans le même esprit, sur la retraite des instituteurs, s'est prononcée pour une prompte solution de cette question trop longtemps ajournée. Or, quelque digne d'intérêt que soit la position des instituteurs, celle des autres serviteurs de l'enseignement ne l'est pas moins. Les mêmes maux appellent les mêmes remèdes, et ils les appellent avec la même urgence. L'enseignement, à tous ses degrés, est meurtrier. Très peu de professeurs atteignent l'âge légal de soixante ans exigé actuellement pour l'admission à la retraite dans le service sédentaire.

Chaque année en voit mourir un grand nombre, frappés avant l'âge, sans laisser aucun droit assuré à leur veuve et à leurs enfants mineurs. Chaque année en voit également un grand nombre forcés, par l'affaiblissement prématuré de leurs forces physiques, d'attendre, quelquefois pendant plusieurs années, avec un

1. *Journal officiel* du 5 *mai* 1876, page 3095.
Voir ci-dessus, page 589, le projet de M. Paul BERT, 6 *avril* 1876.

traitement d'inactivité, le moment tardif où ils pourront faire valoir leurs droits à une modeste pension. La Commission ministérielle de 1873 avait donc eu raison de ne pas vouloir séparer la cause des professeurs de l'enseignement secondaire et de l'enseignement supérieur de celle des instituteurs primaires. Elle avait réclamé, avec toute justice, pour les uns et pour les autres, les mêmes avantages, les mêmes garanties. Les pouvoirs publics institués par la constitution du 25 février, et qui ont déjà si hautement manifesté leur zèle pour les besoins de l'enseignement, n'en jugeront pas autrement.

Proposition de loi.

ARTICLE 1er. — Les membres de l'enseignement sont compris dans la catégorie des fonctionnaires du service actif. Leur pension de retraite est réglée conformément aux dispositions relatives aux emplois de ce service. Ils seront ajoutés au tableau n° 2 annexé à la loi du 9 juin 1853.

ART. 2. — Les fonctionnaires de l'enseignement secondaire et de l'enseignement supérieur ne pourront être admis à la retraite que sur leur demande ou sur l'avis conforme du Comité consultatif de l'instruction publique. Dans ce dernier cas, l'avis sera visé dans l'acte qui prononcera l'admission du fonctionnaire à la retraite.

ART. 3. — Les années que les fonctionnaires de l'enseignement public auront passées, à partir de l'âge de vingt ans, en qualité d'élèves à l'École normale supérieure, à l'École normale de Cluny et dans les Écoles normales primaires, seront comprises dans le compte de leurs années de service lors de la liquidation de leur pension de retraite.

---

7 avril 1876. **Appendice à l'exposé des motifs de la proposition de loi sur la retraite des fonctionnaires de l'instruction publique, présentée par M. Émile Beaussire, député[1].**

Séance du 7 Avril 1876.

I. Historique de la question.

Les pensions de retraite, pour les fonctionnaires de l'enseignement, ont été instituées par la loi du 11 floréal An X (1er mai 1802).

Cette loi porte :

1° Qu'il sera établi, sur les traitements des professeurs des Lycées, une retenue qui n'excédera pas le vingtième de ces traitements;

2° Que le droit à la retraite sera acquis après vingt ans de services, sans condition d'âge.

Cette première loi fut modifiée par le décret du 17 mars 1808, qui exigea trente ans de services, au lieu de vingt.

1. *Journal officiel* du 23 *mai* 1876, pages 3536 et suiv.

Elle fut complétée par le décret du 22 octobre 1810, qui, sauf quelques modifications de détail, a régi la matière jusqu'à la loi du 9 juin 1853.

Voici les principales dispositions de ce décret :

I. Le titre d'émérite est acquis aux membres de l'Université après trente ans de services non interrompus. Il donne droit à la pension de retraite.

II. La pension est égale aux trois quarts du traitement fixe dont aura joui le fonctionnaire pendant les trois dernières années de son exercice.

Elle s'accroît d'un vingtième du traitement fixe pour chaque année de service au delà de trente ans.

Elle n'augmente plus, passé le traitement de trente-cinq ans, car elle devient alors égale au traitement fixe.

III. Tout membre de l'Université âgé de plus de soixante ans, ou attaqué de quelque infirmité dans l'exercice de ses fonctions, peut obtenir une pension de retraite avant l'époque fixée pour l'éméritat.

Lorsque le motif de la retraite a été jugé légitime par le Conseil de l'Université, la pension est réglée sur les bases suivantes :

De dix à quinze ans de services, un quart du traitement fixe;

De quinze à vingt ans de services, trois huitièmes du traitement fixe;

De vingt à vingt-cinq ans de services, la moitié du traitement fixe;

De vingt-cinq à trente ans de services, cinq huitièmes du traitement fixe.

Dans tous les cas, le minimum de la pension est fixé à 500 francs.

L'ordonnance royale du 19 avril 1820 modifia sur deux points seulement les règles établies par le décret de 1810.

Elle fixa aux trois cinquièmes, au lieu des trois quarts du traitement des trois dernières années, la pension de l'éméritat, et, par suite, à trente-huit ans de services, au lieu de trente-cinq, le terme après lequel la pension atteignait le chiffre du traitement moyen.

Elle réduisit aux deux, trois, quatre et cinq dixièmes du traitement moyen, suivant les catégories établies par le décret de 1810, les pensions accordées à titre exceptionnel pour cause de vieillesse ou d'infirmités.

Un peu moins libérale que les décrets antérieurs, l'ordonnance de 1820 l'était cependant beaucoup plus que la loi actuelle; mais elle ne l'était pas au détriment du Trésor. Elle a pu subsister pendant plus de trente ans sans exiger pour la caisse spéciale des retraites universitaires une subvention exceptionnelle[1].

Nulle raison financière n'appelait donc la suppression de cette caisse et l'abrogation de la législation qui la régissait. Le législateur de 1853 obéit à une seule préoccupation : celle d'introduire l'uniformité dans les conditions d'admission à la retraite et dans le règlement des pensions pour les diverses catégories de fonctionnaires.

D'après la loi du 9 juin 1853, toutes les fonctions publiques sont partagées arbitrairement en deux classes : les fonctions dites sédentaires, parmi lesquelles sont rangées celles de l'enseignement, et les fonctions actives.

Les premières donnent droit à la retraite après soixante ans d'âge et trente ans de services; les secondes, après cinquante-cinq ans d'âge et vingt-cinq ans

1. La subvention, lors de la suppression de cette caisse, n'était que de 750 000 fr., sur plus de 14 millions pour l'ensemble des caisses de retraite. L'écart entre les produits des fonds de retenue et les pensions à servir est aujourd'hui, pour les seules pensions civiles, de plus de 24 millions. (*Note de l'Appendice.*)

de services. En cas d'infirmités, les fonctionnaires du service sédentaire ne peuvent obtenir leur retraite qu'après cinquante ans d'âge et vingt ans de services; ceux du service actif qu'après quarante-cinq ans d'âge et quinze ans de services. Dans l'une et dans l'autre classe, la pension est réglée sur le traitement moyen des six dernières années. Elle se compose, pour les fonctions sédentaires, d'autant de soixantièmes; pour les fonctions actives, d'autant de cinquantièmes qu'il y a d'années de services.

L'arithmétique est satisfaite par ce système; mais elle ne l'est qu'aux dépens de l'équité ou de la véritable égalité. L'âge naturel de la retraite n'est pas le même pour toutes les fonctions qualifiées légalement soit de sédentaires, soit d'actives. Dans les conditions ordinaires, un magistrat de soixante ans peut fournir encore, sans user ses forces et sans briser sa vie, une longue et utile carrière, et il se plaint, non sans raison, de n'avoir plus devant lui, d'après une loi qui n'a pas cessé de soulever de vives protestations, qu'un avenir de dix ans. Un instituteur ou un professeur sent en général dès cinquante ans, et souvent même beaucoup plus tôt, les atteintes de la vieillesse; ses forces le trahiront presque toujours avant la limite fatale de soixante ans.

Les résultats de la loi de 1853 démontrent, avec la dernière évidence, combien cette loi a été inique à l'égard des membres de l'enseignement. Elle a augmenté leurs charges, puisqu'elle a reculé jusqu'à l'âge de soixante ans le temps pendant lequel ils subissent la retenue en vue de la retraite. Elle a diminué leurs avantages de trois façons : 1° en privant de toute pension de retraite ceux qui n'atteignent pas l'âge de soixante ans, ou, en cas d'infirmités, celui de cinquante; 2° en faisant subir à toutes les pensions une réduction d'un sixième; 3° en prenant pour base de la pension le traitement moyen, non plus des trois, mais des six dernières années. Or, comme elle a augmenté, d'un autre côté, dans une proportion considérable, les charges du Trésor pour l'ensemble des retraites de tout ordre, il n'est pas douteux que les fonctionnaires de l'Université ne soient traités plus défavorablement, dans la répartition de ces charges, que les autres catégories de fonctionnaires avec lesquels ils sont confondus sous la rubrique arbitraire de fonctionnaires sédentaires.

Un tel état de choses, si contraire à l'équité, a soulevé, dès l'origine, les réclamations des membres de l'Université. Ce n'est toutefois qu'en 1871 qu'un Ministre libéral, M. Jules Simon, a essayé d'y porter remède par un premier projet de loi, applicable aux seuls instituteurs, qu'il faisait passer du service sédentaire dans le service actif. En 1873, le même Ministre, comprenant que les autres membres du corps enseignant avaient les mêmes droits que les instituteurs, réunit une Commission, à laquelle il soumit la revision générale de la loi des retraites, en ce qui concerne les fonctionnaires de l'instruction publique. Cette Commission était composée du Ministre, président, de MM. Jourdain, Inspecteur général de l'enseignement supérieur, vice-président; Wallon et Beaussire, députés; du Mesnil, directeur de l'enseignement supérieur; Mourier, directeur de l'enseignement secondaire; Gréard, directeur de l'enseignement primaire; Bouin, chef de la division de comptabilité au Ministère de l'Instruction publique; Ourry, délégué du Ministre des Finances, et de Serravalle, chef du bureau des pensions à l'Instruction publique, secrétaires. Elle ne tint qu'une seule séance, dans laquelle elle adopta, à l'unanimité, la proposition actuellement soumise à la Chambre des députés.

Au début de cette séance unique, M. Jules Simon avait exposé, avec une éloquence irrésistible, les raisons d'humanité et de justice qui militent en faveur du premier article de cette proposition.

« Parmi les vœux exprimés par les membres de tout ordre de l'enseignement public, avait-il dit, au sujet des modifications à introduire dans la loi de 1853 sur les pensions de retraites, il en est un qui se reproduit dans chacune des pétitions; c'est celui qui consiste à voir assimiler les fonctions de l'enseignement aux emplois du service actif[1]. Cette assimilation, qui a pour effet le droit à la pension acquis par vingt-cinq ans de services et cinquante-cinq ans d'âge, serait une mesure de justice et d'humanité tout à la fois.

« Il n'est pas d'état, en effet, où le fonctionnaire use plus rapidement ses forces physiques et morales que celui de professeur. L'expérience fait reconnaître qu'après vingt-cinq ans de services, le maître ne peut plus utilement exercer. La statistique démontre qu'un quart des fonctionnaires à peine atteignent l'âge de la retraite; les autres, dans des proportions diverses, ou attendent en congé de disponibilité, soit le temps de service, soit l'âge réglementaire, ou font prématurément liquider leur pension pour cause d'infirmités, ou meurent avant d'avoir acquis aucun droit. Quant aux premiers, à qui leur santé permet d'atteindre le temps voulu, ils n'en sont pas moins, sous d'autres rapports, soumis aux influences de l'âge : leur mémoire s'altère, leur zèle s'émousse; ils n'ont plus l'ardeur ni la force nécessaires pour acquérir des connaissances nouvelles, et leur enseignement, s'il ne s'affaiblit pas, demeure du moins stationnaire, au grand détriment du progrès des études. Une autre considération milite en faveur de la disposition projetée. Parmi les fonctionnaires qui meurent avant d'avoir été admis à la retraite, ceux-là seuls qui comptent trente ans accomplis d'exercice transmettent à leur veuve un droit à réversion. Il est donc désirable, à tous les points de vue, que l'assimilation dont il s'agit soit prononcée non seulement en faveur des instituteurs primaires, dont les fonctions semblent être les plus pénibles, mais au profit des membres des autres enseignements, dont les fatigues ne sont pas moindres. »

Cette première réforme en appelait une autre, dans le double intérêt des fonctionnaires et du Trésor. On pouvait craindre qu'une administration mal inspirée n'abusât des facilités de la loi nouvelle pour mettre à la retraite des fonctionnaires encore valides. M. Wallon proposa, et la Commission adopta à l'unanimité certaines garanties pour prévenir cet abus. Ces garanties consistent dans l'avis obligatoire du Comité consultatif de l'Instruction publique. Elles forment l'article 2 de la proposition.

L'article 3, proposé à la Commission par MM. Wallon et Mourier, fut également adopté à l'unanimité. Il a pour objet de faire compter dans les services effectifs le temps d'études passé dans les Écoles normales, comme cela a lieu, au profit d'autres fonctionnaires, pour le temps d'études de l'École polytechnique et des Écoles militaires.

Tels sont les trois points en faveur desquels s'est prononcée, sur l'initiative éclairée et généreuse d'un membre éminent du Gouvernement, une Commission particulièrement compétente. Leur adoption par les pouvoirs publics n'aurait pas pour effet de concéder à l'Université des avantages nouveaux, mais de lui restituer en partie ceux qu'elle a perdus. Ce serait un retour non à la faveur, mais à la justice; car la loi de 1853, en ne tenant pas compte du caractère exceptionnel des services universitaires, a violé, au préjudice du corps si méritant de l'enseignement public, toutes les règles de la justice distributive.

1. Cette assimilation avait été proposée, dès la présentation de la loi de 1853, par un amendement de M. Brohier de Littiniéres.

II. Documents justificatifs.

Sur 149 pensions de retraite portées au *Bulletin des Lois* de 1874, pour services rendus dans l'ordre judiciaire, 37 seulement, soit un peu moins de 25 pour 100, sont concédées pour cause d'infirmités; sur 1 123 pensions portées au même Bulletin pour services dans l'instruction publique, les causes d'infirmités comptent pour 427, soit plus de 38 pour 100. Ces chiffres se décomposent ainsi :

Instruction primaire :

Total des pensions	955
Infirmités	355
Chiffre proportionnel	37 0/0

Autres services universitaires :

Total des pensions	168
Infirmités	72
Chiffre proportionnel	42 0/0

On voit, par ces chiffres, combien la loi de 1853 a été peu équitable en imposant à l'instruction publique et à la magistrature les mêmes conditions d'âge et de services pour la retraite, alors que, dans la première, les infirmités contractées avant le terme légal s'élèvent aux deux cinquièmes, tandis que, dans la seconde, elles ne comptent que pour un quart. On voit également que, parmi les diverses fonctions de l'instruction publique, les plus meurtrières ne sont pas celles de l'instruction primaire.

Si l'on compare, d'un autre côté, l'âge moyen de la retraite dans l'instruction publique et dans la magistrature, on trouve pour la première 63 ans, et pour la seconde 69. Or, pour la plupart des magistrats, la retraite est forcée à 70 ans, ce qui diminue nécessairement le chiffre de l'âge moyen. Dans l'instruction publique, au contraire, il n'y a pas de limite d'âge obligatoire, et certaines retraites ont pu être reculées au delà de 80 ans. Si, malgré ces causes en sens inverse, l'âge moyen de la retraite, dans la magistrature, se tient très près du maximum fixé par la loi (67, 70), et si, dans l'instruction publique, l'âge moyen ne s'élève pas beaucoup au-dessus du minimum légal des retraites ordinaires (60, 63), n'est-ce pas une preuve nouvelle et frappante de la différence des deux ordres de fonctions quant à l'épuisement des forces?

L'instruction publique rentre évidemment dans ces fonctions actives auxquelles la loi de 1853 a voulu faire des conditions moins défavorables pour la retraite. Jusqu'à quel point le Trésor public serait-il affecté par cette réforme si légitime et si nécessaire? Les chiffres officiels permettent de répondre approximativement à cette question.

L'instruction publique entrant pour un peu plus d'un sixième dans le chiffre annuel des pensions de retraites inscrites au Trésor (715 000 francs sur 4 200 000 francs en 1875), c'est forcer les chiffres que de leur attribuer le cinquième du total des pensions civiles. Ce total étant, en nombre rond, environ 40 millions, donnerait donc au plus 8 millions pour l'instruction publique.

La réforme proposée élèverait ce chiffre d'un cinquième et le porterait à 9 600 000 francs.

Il serait également augmenté, dans une certaine proportion, par suite de l'abaissement de la limite d'âge et de services.

Toutefois cette dernière augmentation ne serait pas très considérable, parce que le chiffre des retraites pour cause d'infirmités se trouverait, par le fait même, sensiblement diminué. Elle ne doit pas être évaluée à plus de 400 000 francs, ce qui porterait le total des pensions de l'instruction publique à 10 millions, soit, en tout, un accroissement de 2 millions.

Cette double augmentation serait d'ailleurs purement nominale pour l'instruction primaire ; car elle viendrait en déduction d'une partie des subventions destinées à porter le chiffre des pensions, soit à 360, soit à 500 francs. Ces subventions sont inscrites au budget pour 1 071 504 francs. L'augmentation des pensions permettrait également de diminuer le chiffre des secours accordés aux fonctionnaires sans emploi, aux anciens fonctionnaires ou à leurs veuves, soit pour compléter une pension insuffisante, soit pour tenir lieu d'une pension à laquelle, par suite de la rigueur de la loi, ils n'ont aucun droit. Ces secours sont portés au budget pour une somme de 934 110 francs; mais ce chiffre est inférieur à la réalité, car il ne tient pas compte des indemnités payées sur les fonds des Lycées. Les sommes payées à titres divers par l'État, pour suppléer à l'insuffisance ou à l'absence des pensions de retraite, ne s'élèveraient pas à moins de deux millions ; avec une loi plus équitable, elles pourraient être réduites à un million, et l'augmentation totale ne serait plus elle-même que d'un million.

Mais cette augmentation ne viendrait pas tout de suite et en bloc charger nos budgets. Les lois sur les retraites n'ont pas d'effet rétroactif. Il faudrait une période de vingt-cinq ans pour que la loi produisît tous ses effets. On peut donc évaluer à 1/25 l'augmentation annuelle, qui se réduirait ainsi à la somme insignifiante de 40 000 francs.

Un accroissement progressif de 40 000 francs par année; un accroissement total de un million au bout de 25 ans : voilà à quoi se réduit la charge imposée au Trésor par une réforme que réclament les plus graves et les plus touchants intérêts. Une réforme aussi modeste ne saurait effrayer les financiers les plus soucieux de l'équilibre de nos budgets.

Proposition de loi ayant pour objet de suspendre l'application de l'article 9 de la loi du 19 mai 1874 sur le travail des enfants dans les manufactures, présentée par MM. Pierre Legrand, Merlin, Guillemin, Trystram, Charles Mention, Parsy, Devaux, Masure, Léon Renard, P. Richarme, députés[1]. 10 mai 1876.

Séance du 10 Mai 1876.

ARTICLE UNIQUE. — Les dispositions de l'article 9 de la loi du 19 mai 1874 sur le travail des enfants dans les manufactures seront suspendues dans leur

1. *Journal officiel* du 21 *mai* 1876, page 3494.
Voir, ci-après, le rapport sur cette proposition, déposé le 17 *juillet* 1876 par M. LÉVÊQUE.

application jusqu'à ce qu'une loi ait rendu obligatoire l'instruction des enfants âgés de six à sept ans.

---

10 mai 1876.

Proposition de loi tendant à ajouter un article additionnel à la loi du 19 mai 1874 sur le travail des enfants dans les manufactures, présentée par M. Testelin, sénateur[1].

Séance du 10 Mai 1876.

« L'application des dispositions de l'article 9 de la loi du 19 mai 1874 sur le travail des enfants sera suspendue jusqu'au jour où une loi aura rendu l'instruction obligatoire pour les enfants de six à sept ans. »

---

24 mai 1876.

Circulaire du Ministre de l'Instruction publique, relative aux attributions des autorités départementale et académique.

24 Mai 1876.

Monsieur le Préfet, mon attention a été plusieurs fois appelée sur le mode d'instruction trop souvent irrégulier des affaires relatives au personnel de l'enseignement primaire, et j'ai pu constater moi-même, en examinant certains dossiers, que, dans quelques départements, les prescriptions des lois et des règlements n'étaient pas toujours rigoureusement observées.

Je crois donc nécessaire de retracer brièvement les devoirs qui incombent, en pareille matière, à l'administration préfectorale ainsi qu'à l'administration académique.

L'article 8 de la loi du 14 juin 1854 détermine comme il suit les attributions de l'une et de l'autre : « Le Préfet exerce, sous l'autorité du Ministre de l'In- « struction publique, et sur le rapport de l'Inspecteur d'Académie, les attribu- « tions déférées au Recteur par la loi du 15 mars 1850 et par le décret orga- « nique du 9 mars 1852, en ce qui concerne l'instruction primaire publique ou « libre. »

Ainsi, la loi confie au Préfet la nomination des instituteurs et des institutrices publics et des directrices des salles d'asile (*art. 31 de la loi du 15 mars 1850* et *art. 23 du décret du 21 mars 1855*) ; elle lui donne le droit d'infliger à ces maîtres, suivant les cas, des peines disciplinaires dont elle indique exactement la nature (*art. 33 de la loi de 1850*). Le premier magistrat du département pénètre ainsi nécessairement dans les détails assez compliqués d'un service qui se rattache d'ailleurs par plusieurs côtés à l'administration départementale et communale.

D'autre part, la loi réserve au Recteur la surveillance et la haute direction

1. *Journal officiel* du 25 *mai* 1876, page 3587.
Voir, ci-après, le rapport sur cette proposition, présenté par M. PARIS à la séance du 8 *juin* 1876.

des études dans l'enseignement primaire public, le maintien des bonnes méthodes, l'examen des mesures à proposer au Ministre pour l'amélioration des procédés d'enseignement soit dans les Écoles primaires publiques, soit dans les Écoles normales (*art. 17 et 21 du décret du 22 août 1854*).

La législation actuelle de l'enseignement primaire définit donc d'une façon très précise les attributions du Préfet et du Recteur. Au premier, la nomination et la discipline du personnel enseignant; au second, la surveillance et la direction des études.

Toutefois, Monsieur le Préfet, en vous donnant, sous l'autorité du Ministre de l'Instruction publique, la direction du personnel des instituteurs, le législateur a placé, à côté de vous, un fonctionnaire de l'Université, l'Inspecteur d'Académie, dont le chef hiérarchique immédiat est le Recteur.

L'article 23 du règlement d'administration publique du 22 août 1854 a même déterminé d'une manière complète la forme dans laquelle ce chef de service doit vous présenter ses propositions concernant le personnel : « L'Inspecteur d'Aca- « démie est tenu de soumettre au Préfet un rapport, écrit et signé, sur les no- « minations et mutations des instituteurs communaux, et sur les peines disci- « plinaires prévues par l'article 33 de la loi du 15 mars 1850 qu'il pourrait y « avoir lieu de leur appliquer. »

Cette prescription si importante du décret du 22 août a été trop souvent négligée. J'ai eu, à diverses reprises, le regret de constater que le rapport écrit dont il est question n'avait point toujours précédé certaines décisions préfectorales, et j'ai dû chaque fois faire remarquer que les arrêtés ainsi libellés étaient entachés d'irrégularité, et que leur annulation par le Conseil d'État ne ferait aucun doute s'ils étaient déférés à cette haute assemblée. Vous ne devez, en effet, jamais oublier, Monsieur le Préfet, que vous ne pouvez exercer les pouvoirs que la loi vous confère, en pareille matière, que sur le rapport écrit et signé de M. l'Inspecteur d'Académie. Je ne saurais trop insister pour que vous teniez strictement la main à l'exécution du décret précité.

Je n'ai pas à vous rappeler, d'ailleurs, que ce fonctionnaire est véritablement un chef de service ayant, vis-à-vis de l'Administration supérieure, la responsabilité de ses propositions et sous les ordres immédiats duquel sont placés MM. les Inspecteurs primaires du département (*art. 24 du même décret*).

C'est à l'Inspecteur d'Académie que doit aboutir directement toute l'administration scolaire; c'est lui qui prépare la solution de toutes les questions de personnel; c'est auprès de lui que vous devez toujours trouver une réponse aux difficultés que le règlement n'aurait pas prévues. C'est enfin à lui seul que les Inspecteurs primaires adressent leurs rapports, ainsi que le prescrit l'article 43 du décret du 29 juillet 1850, modifié dans sa rédaction par le décret organique de 1852 et la loi de 1854, article dont je vous rappellerai le texte : « Les Inspecteurs de l'instruction primaire donnent aux Préfets, par l'intermé- « diaire de l'Inspecteur d'Académie, leur avis sur les secours et encourage- « ments de tout genre relatifs à l'instruction primaire; ils s'assurent que les « allocations accordées sont employées selon leur destination. Ils font au Préfet, « par l'intermédiaire de l'Inspecteur d'Académie, des propositions pour la liste « d'admissibilité des instituteurs communaux. Ils adressent, tous les trois mois, « au Préfet, par l'intermédiaire de l'Inspecteur d'Académie, leur avis sur les « nominations des instituteurs communaux..... Ils adressent, tous les trois « mois, au Préfet, par l'intermédiaire de l'Inspecteur d'Académie, un rapport « sur la situation de l'instruction primaire dans les communes qu'ils ont par-

« courues pendant le trimestre et des notes détaillées sur le personnel des « Écoles. »

Vous le voyez, Monsieur le Préfet, les attributions des Inspecteurs d'Académie en même temps que celles des Inspecteurs primaires, sont nettement définies, et aucune autre autorité ne saurait intervenir légalement dans l'examen des affaires dont l'instruction leur est confiée tout spécialement. Ce n'est, en effet, vous ne l'ignorez pas, que dans des cas spécifiés et fort rares que la loi fait appel au concours de MM. les Sous-Préfets. En dehors des questions de budget, pour lesquelles les fonctionnaires de l'ordre administratif interviennent nécessairement, les Sous-Préfets peuvent, quand les circonstances l'exigent, vous proposer de former opposition à l'ouverture d'une École (*art. 28 de la loi de 1850*). Ils convoquent (*art. 46 du décret du 29 juillet 1850*) les délégués cantonaux de leur arrondissement lorsque le Préfet ou le Conseil départemental demande leur avis sur des questions scolaires. Ainsi, c'est d'une façon tout à fait indirecte que les Sous-Préfets ont à s'occuper des Écoles et du personnel enseignant. Ils n'ont point à intervenir, à titre de fonctionnaires compétents, dans les questions d'administration et de direction des établissements primaires. Ils n'ont, par suite, aucune qualité pour demander aux Inspecteurs primaires des rapports écrits, et ce n'est que dans des cas de nécessité exceptionnelle que ces derniers doivent leur donner verbalement leur avis sur des questions purement scolaires.

Il est, en effet, des circonstances où, dans l'intérêt de la chose publique, tous les fonctionnaires, bien que n'appartenant pas à la même administration, ont le devoir de se prêter un mutuel appui et d'assurer la bonne solution d'une affaire par la communauté de leurs efforts. Mais ce sont là, vous le savez, des cas tout particuliers. Je saisirai même cette occasion pour vous rappeler que les Sous-Préfets ne sauraient à aucun titre, comme cela est trop souvent arrivé, être chargés de l'exécution de vos arrêtés emportant nomination, révocation ou mutation d'instituteurs. L'Inspecteur d'Académie et les Inspecteurs primaires ont seuls mission pour cela.

Vous apprécierez, j'en suis certain, Monsieur le Préfet, l'importance de ces observations, et vous me saurez gré de vous avoir rappelé les principes qui doivent diriger votre administration en ce qui concerne l'un des services les plus importants qui vous soient confiés.

Recevez, etc.

Signé : WADDINGTON.

---

26 mai 1876. **Rapport sommaire fait au nom de la 1re Commission d'initiative parlementaire chargée d'examiner la proposition de loi de M. Paul Bert, modifiant les conditions du recrutement et du fonctionnement des instituteurs et des institutrices primaires, par M. René Brice, député.**

Séance du 26 Mai 1876.

Messieurs, votre première Commission d'initiative a examiné la proposition de loi par laquelle M. Paul Bert vous demande de modifier les conditions du fonctionnement et du recrutement des instituteurs et des institutrices primaires.

M. Paul Bert voudrait : 1° interdire à toute personne non munie du brevet de capacité l'exercice de la profession d'instituteur et d'institutrice et fixer à une année le délai dans lequel ceux ou celles exerçant sans brevet au jour de la promulgation de la loi dont le projet vous est en ce moment soumis, seraient tenus de se mettre en mesure de l'obtenir ; 2° confier la nomination des instituteurs communaux et des institutrices communales aux Recteurs d'Académie ; 3° abandonner aux Conseils municipaux, qui devraient être immédiatement consultés, le choix entre les instituteurs et les institutrices laïques ou les membres des différentes associations religieuses. Lorsque le choix aurait porté sur un instituteur ou une institutrice laïque, l'option pourrait de nouveau être soumise au Conseil à chaque changement de fonctionnaire. Le Conseil, s'il avait d'abord choisi un instituteur ou une institutrice congréganiste, serait, cinq ans après, appelé à confirmer ou à modifier son choix primitif.

Ce sont là, Messieurs, de graves questions, sur lesquelles est appelée depuis longtemps l'attention de tous ceux qui s'intéressent au développement et aux progrès de notre enseignement primaire.

La loi de 1850, tout en exigeant, en principe, des instituteurs primaires le brevet de capacité, permet de le suppléer par un certificat de stage, que le Conseil départemental a le droit de délivrer à ceux qui justifient avoir enseigné, pendant trois ans au moins, les matières obligatoires de l'enseignement dans les Écoles publiques ou libres autorisées à recevoir des stagiaires. Elle n'exige de la part des instituteurs adjoints aucune garantie, et son article 49 porte que : « Les lettres d'obédience tiendront lieu de brevet de capacité aux institutrices appartenant aux congrégations religieuses. »

Depuis quelques années, plusieurs Conseils généraux ont émis le vœu que les lettres d'obédience et les certificats de stage soient supprimés. Le projet de loi sur l'instruction primaire, présenté à l'Assemblée nationale au nom du Gouvernement, le 15 décembre 1871, par M. Jules Simon, alors Ministre de l'Instruction publique, proposait de décider que nul ne pourrait, à partir du 1er janvier 1876, être chargé de la direction d'une École s'il n'était pourvu du brevet de capacité. Bien que la Commission de l'Assemblée nationale, qui a examiné ce projet, ait été d'avis qu'il y avait lieu de maintenir les lettres d'obédience, vous jugerez sans doute utile, Messieurs, que la Chambre des députés soit appelée à se prononcer dans cet important débat.

Elle aura à rechercher, en outre, si l'intérêt de l'instruction primaire ne commande pas d'étendre, au moins dans une certaine mesure, aux instituteurs adjoints et institutrices adjointes les dispositions si souvent réclamées pour les instituteurs directeurs ou institutrices directrices d'Écoles, sauf à ajourner pour les directeurs d'École ou adjoints en exercice l'application de la législation nouvelle à un an, à cinq ans, à six ans peut-être, en un mot, jusqu'au jour où cette application se pourra faire sans créer, pour le recrutement du personnel enseignant, des difficultés insurmontables. Il est impossible d'oublier, en effet, qu'à cette heure 12 000 institutrices enseignent en vertu de la seule lettre d'obédience, et que supprimer cette lettre d'obédience sans délai, ce serait en même temps fermer 12 000 Écoles.

Il est de même urgent que nous votions une loi réglementant à nouveau le mode de nomination des instituteurs et des institutrices. Les instituteurs et les institutrices ont été successivement nommés par les administrations de département, sur la présentation des autorités communales (*loi du 27 brumaire An III*, *17 novembre 1794*) ; par les maires (*loi du 11 floréal An X, 1er mai 1802*) ; par le Recteur (*ordonnance du 29 février 1816*) ; par le Recteur, mais après autorisation accordée par l'évêque (*ordonnance du 8 avril 1824*) ; par le Recteur, sans autorisation de l'évêque, mais sur le vu d'un certificat d'instruction religieuse (*ordonnance du 21 avril* 1828) ; par le Comité d'arrondissement, sur présentation du Conseil municipal, après avis du Comité communal, mais le Ministre de l'Instruction publique donnant l'institution (*loi du 28 juin* 1833); par le Conseil municipal sur une liste dressée par le Conseil académique, institution par le Ministre (*loi du* 15 *mars* 1850); par les Recteurs exerçant la délégation du Ministre, les Conseils municipaux entendus (*décret du* 9 *mars* 1852). — Enfin, depuis la loi du 14 juin 1854, les instituteurs et les institutrices sont nommés par le Préfet, sur le rapport de l'Inspecteur d'Académie. C'est la politique transportée dans l'École.

En 1871, M. Jules Simon voulait remettre la nomination, à titre provisoire, des instituteurs et institutrices à l'Inspecteur d'Académie. Il réservait aux Recteurs le droit de nommer à titre définitif, au nom du Ministre, les instituteurs qui, après deux années d'exercice, auraient subi avec succès un examen professionnel.

La Commission de l'Assemblée nationale avait imaginé de donner dans chaque commune ces nominations à une Commission scolaire composée du maire, du curé, du délégué cantonal, de cinq ou de sept pères de famille suivant l'importance de la commune. Cette Commission scolaire devait choisir l'instituteur laïque parmi trois noms relevés par le Conseil départemental sur des listes d'admissibilité et d'avancement précédemment dressées par le Conseil, après avis du directeur départemental et des directeurs d'École normale. Quant aux instituteurs congréganistes, ils devaient être présentés à la Commission scolaire par les supérieurs de leur congrégation.

M. Paul Bert demande que, désormais, les instituteurs communaux et les institutrices communales soient nommés par le Recteur dans les conditions établies par l'article 31 de la loi du 15 mars 1850, c'est-à-dire sur une liste d'admissibilité arrêtée par le Conseil départemental, ou, s'il s'agit d'instituteurs congréganistes, sur la présentation des supérieurs de leur ordre.

Convient-il d'adopter le système auquel s'est arrêté M. Bert? Vaut-il mieux remettre la nomination des instituteurs et institutrices aux Inspecteurs d'Académie, placés plus près d'eux, les connaissant par là même davantage, sauf peut-être à entourer les Inspecteurs d'Académie d'un Conseil formé des Inspecteurs primaires, ou à réserver l'investiture aux Recteurs? Il importe que la Chambre, après un mûr examen, le décide.

Enfin, Messieurs, le troisième point soulevé par M. Bert dans son projet de loi ne mérite pas moins que les deux premiers de fixer notre attention. Jusqu'en 1871, le décret de 1852, qui donne la nomination des instituteurs aux Préfets, les Conseils municipaux entendus, a été, conformément à des circulaires ministérielles des 3 avril 1852 et 2 mars 1853, confirmées par un avis du Sénat du 8 mai 1862[1], interprété de telle façon que les assemblées communales n'étaient appelées à exprimer leur avis sur l'option entre laïques et congréganistes que dans les cas de démission, révocation ou décès.

Le 28 octobre 1871, M. Jules Simon, alors Ministre de l'Instruction publique, estimant qu'une pareille interprétation renfermait dans de trop étroites limites le droit d'option des Conseils municipaux, invita les Préfets à donner aux Conseils toutes facilités pour exprimer leurs vœux en tout état de cause, tout en se réservant le droit de décider en dernier ressort, après avoir consulté le Conseil

1. Cet avis a été communiqué au personnel de l'instruction publique par une circulaire du 12 *juillet* 1862.

départemental, seule autorité qui parût au Ministre assez indépendante, assez étrangère aux passions locales pour pouvoir éclairer les Préfets et défendre près d'eux les intérêts scolaires.

Le projet de loi dont M. Ernoul a été, devant l'Assemblée nationale, le rapporteur, remettait ce droit d'option à un véritable collège électoral composé : 1° des pères de famille inscrits sur la liste électorale municipale dont les enfants ont moins de dix-huit ans; 2° des mères de famille résidant dans la circonscription scolaire lorsqu'elles exercent les droits de la puissance paternelle, ou lorsqu'elles sont chargées de la garde et de l'éducation de leurs enfants; 3° des tuteurs à défaut des pères et des mères.

L'article 3 de la proposition de M. Bert, article déjà analysé plus haut, est ainsi conçu :

« Le choix entre les instituteurs et institutrices laïques ou les membres des associations religieuses vouées à l'enseignement et autorisées par la loi appartient au Conseil municipal.

« Si le choix a porté sur un instituteur ou une institutrice laïque, l'option ne peut plus être soumise au Conseil qu'en cas de changement dudit fonctionnaire. S'il a porté sur un instituteur ou une institutrice congréganiste, le Conseil sera, cinq ans après, appelé à confirmer ou à modifier son choix primitif.

« Un an après la promulgation de la présente loi, les Conseils municipaux de toutes les communes de France seront appelés à délibérer sur l'option ci-dessus indiquée. »

Sans doute, on peut trouver excessif d'attribuer au Conseil municipal, au lieu d'un simple droit d'avis, un droit de décision souveraine. On peut refuser d'accepter, tel qu'il est rédigé, un article qui paraît faire aux instituteurs congréganistes une situation plus dure qu'aux instituteurs laïques, alors que l'auteur, obéissant à cette pensée, que les changements d'instituteurs laïques se font en moyenne tous les cinq ans, et qu'il y a lieu de se précautionner contre l'hypothèse dans laquelle une congrégation éterniserait, pour échapper aux conséquences de l'option municipale, un de ses membres dans une École, a voulu, en réalité, mettre sur la même ligne et les uns et les autres.

Peut-être aussi semblera-t-il difficile ou même impossible de concilier, avec une sage administration et avec les droits et les intérêts les plus légitimes des instituteurs, la faculté pour les Conseils municipaux d'opter à nouveau à chaque changement d'instituteur entre les congréganistes et les laïques, et estimera-t-on qu'il serait préférable ou de revenir à l'état de choses antérieur à 1871, ou de ne rien changer aux pratiques actuelles, ou d'appeler les Conseils municipaux à délibérer sur l'option, à époques fixes, par exemple après chaque élection nouvelle.

Mais ce sont là des questions sur lesquelles une Commission spéciale aura seule, pour se prononcer, qualité et compétence.

La Commission d'initiative n'a à rechercher qu'une chose : la proposition de M. Paul Bert est-elle digne d'une discussion et d'un examen approfondis?

Cela ne saurait, à nos yeux, faire l'ombre d'un doute. C'est pourquoi, Messieurs, les opinions individuelles des membres de la Commission étant réservées, nous avons l'honneur de vous proposer de prendre en considération la proposition de notre honorable collègue, M. Bert.

8 juin 1876. **Rapport fait au Sénat au nom de la Commission[1] chargée d'examiner la proposition de loi de M. Testelin, tendant à ajouter un article additionnel à la loi du 19 mai 1874, sur le travail des enfants dans les manufactures, par M. Paris, sénateur[2].**

Séance du 8 Juin 1876.

Messieurs, la proposition que vous avez soumise à notre examen a pour objet de suspendre l'application de l'article 9 de la loi du 19 mai 1874 sur le travail des enfants dans les manufactures, « jusqu'au jour où une loi aura rendu l'instruction obligatoire pour les enfants de six à sept ans ».

Vous savez qu'aux termes de la loi qu'on vous demande de modifier aucun enfant ne peut, avant l'âge de quinze ans accomplis, être admis à travailler plus de six heures par jour, s'il ne justifie, par la production d'un certificat de l'instituteur ou de l'Inspecteur primaire, visé par le maire, qu'il a acquis l'instruction primaire élémentaire.

L'honorable M. Testelin a exposé, devant la Commission dont il est membre, les motifs de la proposition dont il a pris l'initiative. Favorable au principe de la loi de 1874, notre collègue s'est préoccupé des difficultés que l'application de cette loi a rencontrées dans le département du Nord. Les ouvriers des centres industriels de cette riche contrée, et particulièrement ceux qui sont employés à la filature et au tissage du coton et de la laine, manquent généralement, nous a-t-il dit, de toute espèce d'instruction; il n'y en a pas un sur vingt qui sache lire et écrire.

C'est ce qui fait que le département du Nord se trouve relégué au cinquante-cinquième rang, dans les statistiques relatives à l'enseignement primaire. Une situation aussi défectueuse tient au déplacement de la population, créé par le développement rapide de l'industrie. Un tiers des ouvriers des manufactures appartiennent à des familles belges ou flamandes, attirées sur le sol français par l'appât d'un plus grand salaire. Cependant les principaux industriels du Nord, sans se laisser arrêter par l'étendue de la tâche, n'ont pas attendu la loi de 1874 pour répandre l'instruction parmi leurs ouvriers : il en est qui ont fondé dans leurs établissements des écoles qu'ils entretiennent à grands frais. Assurément ils ont obtenu des résultats; mais il est impossible qu'ils puissent faire disparaître presque instantanément un arriéré énorme d'ignorance héréditaire, au sein d'une population hétérogène et flottante. Les Écoles communales ne peuvent d'ailleurs se prêter facilement à l'instruction des enfants de cette catégorie.

Dès les premiers essais d'application de la loi de 1874, on a partout reconnu la nécessité de créer pour eux des cours spéciaux; mais les instituteurs manquent, les Écoles normales ou congréganistes n'en produisent pas en nombre suffisant pour répondre à de pareils besoins. Il suit de là, selon M. Testelin, que les industriels les mieux intentionnés sont impuissants à appliquer l'article 9 de la loi de 1874, et il est à craindre qu'ils ne se découragent, tandis que

1. Cette Commission était composée de MM. ADAM (Seine-et-Marne), *président;* PARIS, *secrétaire;* colonel MEINADIER, CUNIN-GRIDAINE, CLAUDE, JOUBERT (Achille), TESTELIN, BOMPARD, DE KÉRIDEC.

2. *Journal officiel* du 19 *juin* 1876, pages 1308 et 1309.

Voir ci-dessus, page 598, la proposition de loi déposée le 10 *mai* 1876.

d'autres, plus indifférents, se contentent de se croiser les bras et d'attendre que la loi de 1874 soit réduite, comme l'était la loi de 1841, à l'état de lettre morte. Ils trouveront du reste une facile connivence : les ouvriers ne comprennent pas encore les bienfaits d'une législation qui protège leurs enfants contre les conséquences d'un travail prématuré; ils ne savent pas qu'au point de vue économique, ils se font concurrence à eux-mêmes en les envoyant trop tôt à l'atelier. C'est donc autant dans l'intérêt de la loi elle-même que de l'industrie que M. Testelin demande au Sénat de suspendre l'application de l'article 9.

Une première objection a été soulevée contre la proposition de notre honorable collègue. Vous paraissez demander, lui a-t-on dit, que le Sénat consacre implicitement, et par un moyen détourné, le principe de l'enseignement obligatoire; une aussi grave question ne peut être résolue d'une manière incidente. M. Testelin n'a pas hésité à déclarer que telle n'était pas son intention, et qu'il ne tenait nullement à la forme sous laquelle la suspension de l'article 9 serait édictée. Même après cette déclaration, votre Commission a pensé que la suspension projetée n'offrait pas moins un caractère indéfini, qu'elle atteignait l'article le plus important de la loi, et que, dès lors, elle équivalait à une abrogation pure et simple. Nous n'avons pas à rappeler au Sénat que la loi de 1874, inspirée par les plus nobles sentiments, a été accueillie avec sympathie sur tous les bancs de l'Assemblée nationale, élaborée avec autant de soin que de compétence, discutée longuement, votée après trois lectures, et qu'enfin l'application en a été retardée jusqu'en mai 1875.

Le respect dû à la loi ne nous permet pas de vous proposer, sans motifs impérieux, de porter sitôt la main sur une œuvre si récente, et dont une plus longue expérience permettra seule d'apprécier les inconvénients ou les avantages. L'extrême mobilité de la législation est contraire au bon ordre des sociétés; elle est particulièrement funeste dans les questions qui touchent à l'industrie. Que la loi de 1874 ait produit au premier moment une certaine gêne pour les industriels, nous le comprenons sans peine; mais les obstacles qu'elle a rencontrés, en admettant que les plaintes dont l'honorable M. Testelin s'est fait l'interprète n'aient rien d'exagéré, présentent un caractère passager et s'affaibliront nécessairement avec le temps. Les renseignements fournis par divers membres de la Commission nous ont prouvé que, dans les autres régions, l'Est, l'Ouest, la Normandie, grâce à des efforts constants, on a surmonté les difficultés inhérentes à l'application d'une loi nouvelle.

Les résultats déjà acquis tendent à démontrer que la loi de 1874 ne tardera pas à produire, au point de vue de l'instruction et de la moralisation des ouvriers de l'industrie, tout le bien qu'en attendaient ses auteurs.

Après avoir constaté les effets excellents d'une législation à peine en vigueur, votre Commission devait-elle, tout en repoussant un ajournement indéfini, vous inviter à proroger législativement la disposition transitoire édictée par l'article 31 de la loi du 19 mai 1874, qui, vous le savez, a suspendu pendant un an l'application de cette loi? Nous avons pensé qu'un nouveau sursis aurait de graves inconvénients. On ne peut évidemment créer, au profit d'un département, une situation privilégiée. La mesure sollicitée par le Nord s'étendrait donc aux contrées qui ne la réclament pas et qui, au lieu de se plaindre, se félicitent des succès que leurs efforts ont déjà obtenus.

N'est-il pas à craindre qu'on ne décourage les uns sans profit pour les autres; que les industriels, très nombreux, qui ont institué, dans leurs établissements, un enseignement élémentaire, n'apportent moins de zèle à continuer une œuvre dont le législateur aurait décrété l'ajournement; que les familles d'ouvriers ne considèrent la suspension comme une abrogation et ne se montrent, comme par le passé, peu soucieux d'envoyer leurs enfants aux écoles? Même dans le département du Nord, est-il bien sûr qu'un délai de cinq ans, par exemple, améliorerait la situation, et qu'on ne rencontrerait pas, le jour où la loi serait remise en vigueur, de nouvelles objections dont notre tolérance même aurait accru le nombre et l'importance?

La Commission, cependant, avant de prendre une résolution définitive, a voulu s'éclairer d'une façon plus complète encore et savoir dans quel esprit la loi de 1874 avait été appliquée jusqu'à présent. Elle était portée à croire que l'Administration avait usé de tolérance à l'égard des industriels qui avaient fait preuve de bon vouloir. Les renseignements que M. le Ministre du Commerce et M. le Directeur du commerce intérieur nous ont fournis ont confirmé ces prévisions. Les Inspecteurs généraux, nous a dit M. le Ministre, ont été invités à appliquer la loi avec une grande modération pendant la première année. Il a été entendu qu'ils visiteraient d'abord le plus grand nombre possible d'usines et d'ateliers, qu'ils s'attacheraient à faire comprendre aux patrons et aux ouvriers le but et la pensée du législateur et à les convaincre des avantages que les dispositions nouvelles, régulièrement appliquées, procureraient dans l'avenir aux uns et aux autres.

Les Inspecteurs ont constaté, dans leur première tournée, qu'à l'exception de quelques grands établissements, dont les chefs, mus par un sentiment généreux auquel on ne saurait trop applaudir, avaient organisé spontanément des Écoles dans leurs usines, les éléments d'instruction faisaient absolument défaut, et qu'en général on n'avait pas mis à profit l'année de préparation accordée par la loi de 1874. Cependant, les conseils des Inspecteurs ont été généralement exécutés, et leurs rapports plus récents démontrent que, dans les tournées subséquentes, ils ont observé de sérieuses améliorations et ont eu à combattre des objections moins nombreuses. Partout où ils ont rencontré de la bonne volonté, ils se sont bornés à relever les contraventions sans verbaliser et à exhorter les intéressés à marcher, le plus vite possible, dans la voie où ils étaient entrés; ils n'ont déployé de sévérité que quand ils avaient à combattre une résistance ou une inertie manifeste. Le nombre des procès-verbaux déférés à la justice n'a pas dépassé 70.

Parmi les réclamations qui se sont fait entendre, il en est une que votre Commission, d'accord avec M. le Ministre du Commerce, croit devoir signaler au Sénat et au Gouvernement : l'article 9 de la loi de 1874 exige que les enfants de douze à quinze ans qui veulent être employés à un travail industriel pendant plus de six heures par jour produisent un certificat d'instruction.

La loi a pris soin d'indiquer qu'il s'agissait de l'instruction primaire élémentaire; n'était-ce pas viser, par ces termes formels, le programme établi par la loi du 15 mars 1850, lequel comprend l'instruction religieuse, la lecture, l'écriture, les éléments de la langue française et du calcul? Le département de l'Instruction publique, désireux d'élever le niveau de l'instruction, s'est montré plus rigoureux; il a substitué aux prescriptions restreintes de la loi de 1850 le programme de la loi du 10 avril 1867, qui a ajouté aux notions que nous venons d'énumérer l'étude de l'histoire générale et celle de la géographie de la France; c'est-à-dire que l'on a rendu obligatoire, pour les ouvriers des manufactures, non plus l'instruction primaire élémentaire, mais l'instruction primaire complète. L'obtention du certificat prévu par l'article 9 est devenue ainsi plus difficile, et un certain nombre d'enfants ont pu se trouver écartés des ateliers ou céder au découragement.

Votre Commission, Messieurs, s'associe volontiers aux désirs exprimés, sur ce point, par M. le Ministre du Commerce en faveur d'une interprétation plus favorable de l'article 9 de la loi du 19 mai 1874.

Elle constate avec satisfaction que l'Administration, pendant la période de transition qui accompagne nécessairement la mise à exécution d'une législation nouvelle, s'est montrée bienveillante et a proportionné l'indulgence aux efforts tentés.

Mais elle persiste à penser qu'il serait inopportun et funeste d'autoriser par une mesure législative, ou par une tolérance poussée à l'excès, une suspension quelconque de l'article 9 de la loi du 19 mai 1874. En conséquence, elle propose au Sénat de ne pas adopter la proposition de l'honorable M. Testelin.

Circulaires du Ministre de l'Instruction publique, relatives aux bâtiments scolaires primaires et à leur installation.

15 juin 1876.

15 Juin 1876[1].

I.

Monsieur le Préfet, l'intention du Gouvernement est d'assurer, aussi promptement que possible, les bienfaits de l'instruction primaire à tous les enfants en âge de fréquenter l'École. Pour que ce but soit sûrement atteint, plusieurs conditions préliminaires doivent être remplies. Il faut, en premier lieu, que les établissements scolaires soient assez nombreux dans notre pays pour que l'École se trouve partout à la portée des familles, et que, dans aucun cas, l'enfant de six à treize ans n'ait à parcourir une distance tellement grande, que son assiduité ne puisse être raisonnablement exigée. Il faut, en second lieu, que les locaux scolaires présentent, par leur étendue et leur disposition intelligente, toutes les garanties désirables de commodité et de bonne hygiène. Il faut surtout que l'air et la lumière pénètrent abondamment dans les salles de classe. Ne l'oublions pas, Monsieur le Préfet, rendre le séjour de l'École attrayant pour l'élève, donner au père de famille cette conviction, que la santé de son enfant ne peut être compromise par la fréquentation de l'École primaire, c'est répondre de la façon la plus catégorique à l'une des principales objections qu'ont formulées les adversaires de l'obligation en matière d'instruction primaire. Il faut enfin que l'instituteur trouve dans le bâtiment d'école une installation convenable pour lui et les siens, et qu'un jardin d'étendue suffisante soit mis à sa disposition. N'est-il pas en effet souhaitable, à tous les points de vue, que le maître puisse s'attacher à la maison d'école, qu'il fasse des efforts pour l'approprier à ses goûts, à ses besoins, si bien qu'au bout d'un certain temps, il soit porté à la considérer désormais comme sienne. N'est-il pas juste, d'autre part, que les avantages offerts par l'habitation qui lui est concédée apportent quelque allégement aux fatigues très réelles résultant de son labeur quotidien?

Pour entrer dès à présent dans la voie qui vient d'être indiquée, le Gouvernement n'a point hésité à demander aux pouvoirs publics de nouveaux subsides,

1. Une autre circulaire également datée du 15 *juin* 1876 a prescrit une enquête sur l'état des maisons d'école. (*Circ. et Instr. off.*, T. VII, p. 580.)

qui permettront à l'État de venir en aide aux départements et aux communes d'une manière plus large et par suite plus efficace, quand il s'agira de constructions ou d'appropriations de maisons d'école et d'acquisitions de mobiliers scolaires.

Ces propositions ont déjà été accueillies avec une sympathie marquée par la Commission du budget que la Chambre des députés a choisie dans son sein, et l'on peut croire qu'à cet égard la Commission n'a fait que répondre par avance aux sentiments qui animent les deux Assemblées pour tout ce qui touche à l'instruction populaire.

A ce point de vue, mais sans vouloir préjuger toutefois les décisions qui seront prises par le Sénat et la Chambre des députés, je vous prie, Monsieur le Préfet, de faire connaître sans retard aux administrations municipales quelles sont, sur la question qui nous occupe, les intentions du Gouvernement. Il importe beaucoup que l'emploi des crédits qui seront votés puisse être utilement opéré dès le printemps de l'année prochaine.

Vous voudrez bien, en conséquence, provoquer de la part des Conseils municipaux, et notamment dans les communes où les besoins sont déjà constatés, des délibérations tendant à faire mettre immédiatement à l'étude, soit des projets de créations d'Écoles nouvelles de chef-lieu ou de hameau, soit des projets de construction, d'acquisition, d'agrandissement ou d'assainissement de bâtiments à destination d'école.

Il est nécessaire que les plans et devis soient dressés dans le plus bref délai, pour que les demandes de secours, après avoir subi l'instruction réglementaire, puissent être, conformément à la loi du 10 août 1871, soumises aux délibérations du Conseil général dès la session d'août prochain.

Vous voudrez bien me transmettre ensuite chaque dossier avec toutes les pièces à l'appui[1], ainsi qu'un extrait de la délibération du Conseil général fixant la quotité de la subvention qui pourrait être attribuée à chaque commune intéressée sur les fonds du département.

Recevez, etc.

Signé : WADDINGTON.

II.

Monsieur le Préfet, en présence des efforts que font en ce moment les communes pour améliorer l'installation de leurs Écoles, il m'a paru utile de replacer sous les yeux de MM. les Inspecteurs primaires les instructions contenues dans la circulaire du 30 juillet 1858, relative aux bâtiments scolaires. Je vous transmets un certain nombre d'exemplaires de cette circulaire, ainsi qu'un exemplaire du recueil de plans-modèles dressés par M. César Pompée et présentant l'application des dispositions recommandées par les instructions précitées. Les plans-modèles, déposés dans le cabinet de M. l'Inspecteur d'Académie, resteront à la disposition de MM. les Inspecteurs primaires, de MM. les maires, architectes, entrepreneurs et de toutes les personnes qui auraient besoin de les consulter.

1. La circulaire du 12 *février* 1874 prescrit, — lorsque la commune n'est pas en état de supporter les frais à l'aide de ses ressources propres, — la production, indépendamment du budget de l'exercice courant, du décompte spécial des dépenses scolaires afférent à l'année précédente, ainsi que du dernier compte général de la gestion municipale. — Le Préfet est tenu de donner son avis sur les voies et moyens de pourvoir à la dépense.

Il convient de rappeler ici que MM. les Inspecteurs primaires ont à examiner les projets de construction ou d'appropriation de maisons d'école, surtout au point de vue des règlements et des convenances scolaires. Les demandes ne sont pas toujours instruites avec le soin désirable; l'étude des projets est parfois incomplète, ou bien les devis ne contiennent pas des évaluations distinctes pour l'École, pour la salle de mairie et pour les autres services étrangers à l'École; ces circonstances nécessitent le renvoi des dossiers; il en résulte des retards préjudiciables aux intérêts des communes.

En dehors des conditions d'installation intérieure, MM. les Inspecteurs ont aussi à se préoccuper de la question de l'emplacement choisi pour la construction à élever : l'École doit être, autant que possible, située en un point central, d'un accès facile, et protégée contre tout voisinage gênant ou dangereux (*circulaire du 19 janvier 1875*); elle sera également placée à une distance convenable du cimetière. Le décret du 23 prairial An XII dispose que les cimetières ne peuvent être établis à moins de 40 mètres de l'enceinte des communes, et la loi du 7 mars 1808 porte qu'aucune habitation ne sera élevée à moins de 100 mètres des cimetières transférés. Ces prescriptions, édictées pour les constructions en général, sont nécessairement applicables aux établissements scolaires.

D'autre part, il arrive souvent que des communes demandent le payement de secours dont la concession remonte à plusieurs années. Il importe de faire connaître aux municipalités qu'elles ont une période de cinq ans pour faire emploi du secours concédé; passé ce délai, l'affaire devrait m'être soumise à nouveau, et j'aurais à statuer sur la quotité du secours qu'il conviendrait d'allouer. Lorsque le secours a été ordonnancé et non payé dans le cours de l'exercice auquel il se rapporte, la créance doit toujours être constatée sur les états de situation définitive qui sont transmis au Ministère. L'oubli de cette formalité a pour conséquence de faire perdre au budget de l'Instruction publique une somme égale au secours concédé, et la situation des crédits peut ne pas permettre de réordonnancer sur un nouvel exercice la somme qui a été mise à la disposition de la commune et dont elle n'aurait pas fait emploi pour des motifs que l'Administration supérieure n'aurait pas été mise à même d'apprécier.

En dernier lieu, je vous prierai, Monsieur le Préfet, de joindre toujours à chaque dossier que vous aurez à m'adresser un extrait de la délibération que le Conseil général aura été appelé à prendre sur l'affaire.

Recevez, etc.

Signé : WADDINGTON.

Rapport sommaire fait au nom de la 1re Commission d'initiative parlementaire chargée d'examiner la proposition de loi de MM. Bamberger, Versigny et Marmottan, ayant pour objet de maintenir en activité les fonctionnaires et employés de l'État admis à faire valoir leurs droits à la retraite jusqu'à la remise de leur titre de pension, par M. Fréminet, député[1]. 17 juin 1876.

Séance du 17 Juin 1876.

Messieurs, aux termes de l'article 4 de l'arrêté du 15 floréal An XI, les pensions de retraite des fonctionnaires et employés de l'État ne commençaient à

1. *Journal officiel* du 30 *juin* 1876, page 4680.
Voir ci-dessus, page 586, le projet initial de M. BAMBERGER, 3 *avril* 1876, et ci-après le rapport de M. LELIÈVRE, 6 *mars* 1877.

courir que du premier jour du semestre qui suivait leur inscription au Trésor, et la jurisprudence avait déclaré cette règle applicable même au cas où le retard de la liquidation de la pension provenait exclusivement du fait de l'Administration.

Cette disposition avait le tort manifeste d'établir, entre le moment où cessait le traitement et celui où commençait la pension de retraite, un entre-temps plus ou moins prolongé, pendant lequel toute ressource était supprimée.

La loi du 9 juin 1853 a pensé corriger cette inconséquence, en décidant, par son article 25, que la jouissance de la pension commencerait du jour de la cessation du traitement ou du lendemain du décès du fonctionnaire.

Ce remède n'avait pas paré à tous les inconvénients.

Le traitement cesse du jour où le fonctionnaire est admis à faire valoir ses droits à la retraite, et, si la jouissance de la pension commence immédiatement, le droit de percevoir effectivement n'existe qu'au jour où la pension est liquidée et le titre remis au pensionnaire. Jusqu'à ce moment, les arrérages de la pension s'accumulent bien au profit du futur pensionnaire, mais il ne touche rien pour subvenir aux besoins actuels qui peuvent être très pressants.

Préoccupés de cette situation intéressante, trois de vos collègues vous proposent de décider, par une loi nouvelle, que le fonctionnaire ou l'employé ne cessera d'être en activité, et par conséquent de percevoir son traitement, qu'au jour où le titre de sa pension lui sera remis.

L'obligation pour l'État de ne pas remplacer le fonctionnaire admis à faire valoir ses droits à la retraite avant le moment où sa pension sera liquidée peut-elle se concilier aisément avec les exigences des services publics? N'y aura-t-il pas de mesures à prendre pour éviter que le fonctionnaire ou l'employé prolonge abusivement la période pendant laquelle, admis à faire valoir ses droits à la retraite, il continuera de percevoir le traitement de fonctions qu'il remplira peut-être fort peu? Enfin, comment obvier à l'inégalité entre le cas visé par les auteurs de la proposition et celui où le droit à la retraite s'ouvre à l'occasion du décès du fonctionnaire?

L'étude de ces diverses questions n'est pas du domaine d'une Commission d'initiative. Il nous a suffi d'avoir constaté l'intérêt d'humanité qui s'attache à l'objet de la proposition formulée par nos collègues. A ce titre, la 1re Commission d'initiative a l'honneur, Messieurs, de vous demander de prendre cette proposition en considération.

Rapport fait au nom de la Commission[1] chargée d'examiner : 1° la proposition de M. Paul Bert, sur la retraite de divers fonctionnaires de l'enseignement primaire; 2° la proposition de M. Beaussire, sur la retraite des fonctionnaires de l'instruction publique, par M. Paul Bert, député[2]. 29 juin 1876.

Séance du 29 Juin 1876.

Messieurs, vous avez renvoyé à l'examen d'une Commission nommée d'urgence une proposition de loi déposée, le 6 avril dernier, par M. Paul Bert[3].

Cette proposition n'était, comme le faisait remarquer son auteur, que la reproduction à peu près textuelle de celle que, le 9 juin 1873, l'honorable M. Maurice, de regrettable mémoire, soumettait aux délibérations de l'Assemblée nationale. M. Maurice l'avait empruntée lui-même à la Commission chargée de rédiger la loi d'ensemble sur l'organisation de l'enseignement primaire; et l'article 69, spécial à cette question, était à son tour extrait d'un projet de loi déposé au nom du Gouvernement, le 15 décembre 1871, par l'honorable M. Jules Simon, Ministre de l'Instruction publique.

Ainsi, en plusieurs circonstances, depuis l'établissement du Gouvernement républicain, les Ministres et les Commissions s'étaient trouvés d'accord sur le principe et sur les détails des mesures législatives à prendre; et l'initiative parlementaire était venue rappeler qu'une Assemblée ne fait pas des promesses, mais des lois.

D'où vient cette contradiction apparente entre les intentions et les résolutions? D'où vient cette unanimité dans l'appréciation de la nécessité de mesures législatives nouvelles, et cette sorte d'accord tacite pour demeurer dans le *statu quo?* C'est ce que nous allons d'abord examiner.

I.

D'après la loi du 9 juin 1853, les fonctionnaires de l'ordre civil sont, comme chacun sait, divisés en deux catégories, au point de vue de leurs pensions de retraite. Pour la première, qui comprend la grande majorité des fonctionnaires, le droit à la pension n'est acquis qu'à soixante ans d'âge et après trente ans accomplis de service, et la pension est liquidée, par chaque année de services, à un soixantième du traitement moyen.

La seconde est dite de la « partie active »; il suffit que le fonctionnaire y ait passé 15 ans, pour que le droit à la pension s'ouvre à 55 ans d'âge et après 25 ans seulement de services; de plus, pour 25 ans de services entièrement rendus dans la partie active, la pension est de la moitié du traitement moyen,

1. Cette Commission était composée de MM. Pascal DUPRAT, *président;* Paul BERT, *secrétaire;* BEAUSSIRE, PINAULT, DESCHANEL, DUVAUX, LACASCADE, LIOUVILLE, BARODET, BOYSSET, GUICHARD.

2. *Journal officiel* du 6 *juillet* 1876, pages 4881 à 4884.

Voir ci-dessus la proposition de M. Paul BERT, 6 *avril* 1876, page 589, et la proposition de M. BEAUSSIRE, 7 *avril* 1876, page 591.

Voir ci-après les rapports de M. BOZÉRIAN, sénateur, 4 *août* 1876, — de M. BATBIE, 8 *août* 1876, — de M. Paul BERT, 10 *août* 1876, qui ont abouti à la loi du 17 *août* 1876.

3. Voir ci-dessus le texte, p. 589.

avec accroissement, pour chaque année de service en sus, d'un cinquantième de ce traitement; enfin, en cas d'infirmités graves, résultant de l'exercice des fonctions, la pension peut être obtenue à 45 ans d'âge et après 15 ans de service, au lieu de 50 ans et de 20 ans, exigés des fonctionnaires de « la partie sédentaire. »

Or, dans l'état actuel des choses, les instituteurs sont placés dans la première catégorie; les projets et propositions de lois dont notre collègue M. Paul Bert a reproduit devant vous les dispositions ont pour but de les faire passer dans la partie active, à côté des facteurs ruraux, des douaniers, etc., avantage qui, aux termes de l'article 5, ne peut être accordé qu'en vertu d'une loi.

L'énoncé seul de cette situation suffit pour motiver ces propositions.

Les avantages attachés au classement dans la partie active sont, en effet, réservés par la loi aux fonctions qui, par les fatigues physiques inhérentes à leur accomplissement, exposent leurs titulaires à un épuisement prématuré; condition d'où résulte pour eux le droit de se reposer plus tôt, et pour l'Administration celui de les remplacer, s'il est nécessaire, par des fonctionnaires suffisamment jeunes et actifs.

Or, qui pourrait prétendre que les instituteurs ne se trouvent pas dans les conditions exigées par l'esprit de la loi? Qui songerait à nier les fatigues excessives d'une profession qui exige une tension continuelle de l'esprit, une incessante vigilance des sens, une dépense épuisante des forces musculaires et nerveuses, pour la surveillance, l'enseignement à haute voix, la gymnastique. le chant, et cela sans relâche, du matin au soir, et chaque jour, le dimanche excepté, où les fonctions à l'église, chantre, sonneur ou bedeau, que la loi n'impose pas à l'instituteur, mais que sa situation précaire le contraint d'accomplir, ne le laissent jouir que d'un insuffisant repos?

Ajoutez les cours d'adultes qu'il fait avec tant de dévouement et presque sans rétribution; le nombre excessif d'enfants qu'il doit diriger, nombre qui dépasse souvent la centaine, alors qu'en Suisse la loi le limite à 30; le logement insuffisant et insalubre, auquel le réduit la parcimonie des budgets communaux; les salles d'école trop souvent humides, mal éclairées, mal aérées, où, en été comme en hiver, les fenêtres doivent rester ouvertes, ce qui double les fatigues et les dangers de l'enseignement oral; enfin, la modicité d'un traitement qui ne permet guère les compensations hygiéniques que nécessiteraient toutes ces causes d'épuisement, et vous aurez, sans parler d'une vie jalousement surveillée, du combat latent ou patent qui se livre autour de lui, à propos de lui et toujours à son détriment, les influences locales, les autorités administratives, universitaires, ecclésiastiques, sans parler de la nécessité de satisfaire à tant d'antagonismes, sous peine de suspension, de révocation, ou de changements ruineux de domicile; et vous aurez, disons-nous, dépouillée des voiles de l'optimisme officiel, une fidèle image de la situation dans laquelle se trouvent aujourd'hui la majorité des instituteurs de France.

Sans doute, la protection d'une administration libérale; sans doute, les garanties morales et les avantages matériels que leur assureront bientôt les lois de finances et d'organisation, diminueront le poids des difficultés qui les écrasent aujourd'hui. Mais les fatigues de l'enseignement lui-même n'en resteront pas moins de celles que la plupart des hommes ne peuvent, sans périls, supporter jusqu'à 60 ans, après une durée de services qui, dans presque tous les cas, aura atteint 40 années.

Ce sont ces considérations qui ont inspiré les auteurs des diverses propositions dont nous rappelions les dates au début de ce rapport; ce sont elles, tout au moins, qui leur ont mérité l'accueil unanimement favorable qu'elles ont rencontré dans l'opinion publique.

Mais comment et pourquoi n'ont-elles pas été votées? Comment, depuis cinq années, sont-elles restées à l'état de projet? La réponse à cette question n'est pas seulement intéressante au point de vue historique, elle fera connaître une objection qui a même été produite à la tribune de la Chambre des députés, lors du dépôt de la proposition soumise à notre étude, et qui, peut-être, se fera entendre de nouveau au moment de la discussion.

La disposition présentée le 15 décembre 1871 par M. Jules Simon fut, quelques jours après, suivie d'un projet de loi considérable qui remaniait toute l'organisation de l'enseignement primaire. Le tout fut renvoyé à l'examen d'une Commission, que présida M. l'évêque d'Orléans. Le 3 juillet 1872, celle-ci déposa un contre-projet dont l'article 69 reproduisait le texte de la disposition proposée par le Gouvernement. On sait qu'il ne fut jamais discuté.

La prolongation d'un état de choses aussi regrettable émut l'honorable M. Maurice, qui, estimant avec raison que la complexité des problèmes soulevés par le projet de loi, dont M. Ernoul était rapporteur, l'empêcherait pendant longtemps de venir en discussion, en détacha deux dispositions relatives l'une au traitement, l'autre à la retraite des instituteurs. Il demanda, le 9 juin 1873, et obtint l'urgence sur sa proposition, qui fut cependant, à la demande de M. Magne et malgré les efforts de MM. Maurice et Charton, renvoyée à l'examen de la Commission du budget. Celle-ci ne s'occupa nullement de la question des traitements, et se contenta de fixer à 500 fr., à partir du 1er janvier 1874, le minimum de la pension de retraite des instituteurs et des institutrices primaires.

C'était un premier pas, indispensable à franchir, car l'application stricte de la loi des retraites amenait les résultats les plus pénibles; les retenues n'ayant pas été faites antérieurement à 1853, on avait vu des pensions liquidées à des chiffres vraiment dérisoires. Mais M. Maurice ne se contenta pas de ce mince succès; il reproduisit sa proposition de loi et en demanda le renvoi à une Commission spéciale, ce qui lui fut accordé, le 15 décembre 1873, par une majorité de deux voix.

Or, le 14 décembre 1874, l'honorable M. Mathieu-Bodet, alors Ministre des Finances, faisait retirer le projet de loi de l'ordre du jour, en déclarant qu'il entraînerait une dépense nouvelle de 12 à 14 millions. Il y reparaissait le 19 juillet 1875; mais le traitement seul y était amélioré et porté à 900 francs au minimum pour les instituteurs, à 700 francs pour les institutrices : un surcroît de dépenses de 4 800 000 francs seulement, divisé en quatre annuités, était demandé à l'État : la loi fut votée.

Quant à la question des pensions de retraite, elle fut encore ajournée; le rapporteur de la loi, l'honorable M. Ernoul, s'exprimait à ce propos dans les termes suivants :

« Nous n'avons pas insisté sur les retraites. Pourquoi cela? Parce qu'un projet sur les pensions civiles est en ce moment préparé par l'initiative du Gouvernement et soumis aux délibérations du Conseil d'État; parce que, à cette tribune même, l'honorable M. Mathieu-Bodet, avec l'assentiment de la Commission, a demandé que l'on ne séparât pas ce qui concerne les instituteurs en particulier de ce qui concerne le reste des fonctionnaires. »

Et l'honorable M. Maurice se voyait alors contraint de retirer la proposition qui lui tenait tant à cœur.

Cependant le nouveau Ministre des Finances, M. Léon Say, parlant, dans une séance antérieure (18 mai 1875), du projet de loi sur les pensions civiles en général, n'avait rien dit qui pût faire pressentir une solution prochaine de cette question si compliquée.

Ainsi, la raison des retards dans l'adoption d'une mesure que personne n'avait directement combattue, se trouve dans l'inutile liaison du projet de loi modificateur des retraites avec la loi générale de la réorganisation de l'enseignement primaire, puis dans l'attente, toujours déçue, d'un projet réglementant dans leur ensemble toutes les pensions civiles.

Cette dernière objection reparut même de nouveau le jour où la Chambre des députés décida l'urgence du projet que nous examinons aujourd'hui. Notre honorable collègue M. Mathieu-Bodet revint sur le projet de loi des pensions civiles; il en annonça presque la présentation prochaine et laissa entendre qu'il serait plus favorable aux instituteurs que les dispositions présentées par M. Paul Bert.

Or, M. le Ministre des Finances, appelé dans le sein de la Commission, nous a déclaré qu'il ne lui semblait pas possible de soumettre le projet actuellement en étude devant le Conseil d'État, avant le mois d'avril 1877, à une délibération des Chambres. Il n'y a donc nulle exagération à penser que le vote définitif de cette loi, si difficile à tant de points de vue, ne pourra avoir lieu avant la session de 1878, ce qui reculerait au 1er janvier 1879, pour le moins, l'époque où les instituteurs pourraient jouir des avantages nouveaux que ce projet, dont la base même n'est pas encore assise, devrait, suppose-t-on, leur attribuer.

Dans ces conditions, votre Commission n'a pas hésité à passer outre et à vous demander de voter d'urgence, suivant le désir que vous en aviez exprimé, une loi qui donnera une satisfaction immédiate à des nécessités douloureuses, qui est attendue comme un véritable bienfait par le corps entier des instituteurs, auquel il donnera courage et confiance. Rien n'empêchera, du reste, de la fondre dans la loi générale des pensions civiles, si vraiment celle-ci doit se montrer encore plus favorable aux fonctionnaires que vous voulez secourir aujourd'hui.

II.

Cette objection capitale, qui constituait une sorte de question préalable, étant écartée, votre Commission s'est trouvée unanime pour accepter, dans son ensemble, la proposition que vous aviez soumise à son étude. Elle n'en a que très légèrement modifié le texte primitif, et, nous devons le dire tout d'abord, toujours dans un sens favorable aux fonctionnaires qui devaient en profiter.

C'est ainsi qu'elle vous demande de faire passer dans la partie active, avec les instituteurs, institutrices et directrices de salles d'asile, non seulement les Inspecteurs primaires, comme le demandait déjà le Ministre en 1871, mais aussi les maîtres adjoints et les directeurs des Écoles normales primaires, dont le service n'est guère moins pénible que celui des instituteurs; peut-être même, au moins pour les Inspecteurs primaires, est-il dans les arrondissements étendus, plus fatiguant encore.

Une modification d'un autre ordre a été apportée à la rédaction de l'article. Le projet de la Commission porte, en effet, que le règlement nouveau des pensions de retraite aura lieu « à partir de la promulgation de la présente loi ».

Cet amendement n'a pas laissé de susciter une discussion dans le sein de la Commission. Quelques-uns de ses membres, de ceux-là mêmes dont la vie entière témoigne de leur affection pour les fonctionnaires de l'enseignement public, ont fait remarquer qu'il est contraire aux règles généralement suivies en semblable matière. Son adoption entraînera nécessairement l'ouverture d'un crédit supplémentaire sur l'exercice 1876, nécessité souvent imposée par les faits, mais qu'il est fâcheux de voir établie par une loi. Mais la majorité a pensé que cette mesure exceptionnelle est justifiée par la situation exceptionnelle dans laquelle se trouvent les instituteurs.

On sait, en effet, que c'est au début de l'année scolaire que se font les entrées et les sorties dans le personnel enseignant; c'est à cette époque, par suite, que se liquident les pensions de retraite. Or, tout fait espérer que la présente loi, dans laquelle nos divisions politiques n'ont heureusement rien à voir, sera votée d'urgence par le Sénat comme par la Chambre des députés, et que, par conséquent, elle sera promulguée avant l'époque où sera décidée la mise à la retraite des instituteurs pour 1876. Il nous a semblé qu'il y aurait quelque cruauté, lorsqu'une loi favorable aurait été votée, à titre définitif, d'empêcher d'en jouir de pauvres fonctionnaires arrivés trois mois trop tôt à la fin de leurs services.

L'intérêt financier est, du reste, bien minime, et la Commission a vu avec bonheur M. le Ministre des Finances se ranger à son opinion.

L'article 2 a été adopté sans discussion, et les Ministres compétents lui ont donné leur assentiment. Il est la reproduction d'un amendement que l'honorable M. Bozérian avait présenté et fait accepter à la Commission de l'instruction primaire, dans la dernière Assemblée. La dérogation qu'il édicte à la règle fixée par l'article 6 de la loi du 9 juin 1853 nous a paru nécessaire.

En effet, la loi de 1853, en décidant que la pension serait basée sur la moyenne des traitements « dont l'ayant-droit a joui pendant les six dernières années d'exercice » a eu pour but de liquider la pension dans les conditions les plus favorables pour les fonctionnaires; car c'est une règle générale, que les traitements augmentent avec l'âge et la durée des services. Mais, dans un très grand nombre de cas, il n'en est pas ainsi pour les instituteurs.

Lorsqu'ils avancent en âge, les fatigues qu'entraine l'exercice même de leur profession leur rendent de plus en plus pénible, et enfin impossible, la direction de l'École importante à la tête de laquelle ils avaient mérité d'être placés; l'Administration alors leur trouve une situation moins fatigante, mais aussi moins rémunérée, sorte de retraite anticipée, dans laquelle ils attendent, si toutefois il ne leur faut pas descendre encore, qu'ait sonné l'heure de la retraite légale. Or, c'est précisément sur ces années mauvaises que se liquide le montant de leur pension; en telle sorte que les intentions bienfaisantes du législateur de 1853 ne sont nullement appliquées. C'est à cette situation regrettable que nous avons voulu porter remède en déclarant que la pension de retraite serait basée sur la moyenne des traitements « dont l'ayant droit a joui pendant les six années qui ont produit le chiffre le plus élevé ».

Nous avons, de plus, emprunté à la proposition de loi déposée par notre honorable collègue M. Beaussire, proposition dont nous vous entretiendrons tout à l'heure, une disposition qui ne paraît pas non plus de nature à soulever de discussion. Elle consiste à comprendre dans le nombre des années de services celles que le jeune instituteur a passées dans l'École normale primaire ou à l'École spéciale de Cluny, à partir de sa vingtième année. Sa situation se rapprochera ainsi de celle qui est faite aux élèves des grandes Écoles de l'État, sans être cependant aussi favorable à beaucoup près. Disons que la Commission instituée par M. Jules Simon pour étudier la question des retraites avait à l'unanimité adopté cette disposition équitable.

Nous avons enfin accepté, sans y rien changer, l'article 3 de la proposition qui nous était soumise. Il ne modifie pas le chiffre minimum de la pension de retraite des institutrices et élève de 100 francs celui des instituteurs et des autres fonctionnaires désignés en l'article 1er.

Il serait inutile d'insister sur les raisons si légitimes qui militent en faveur de cette amélioration légère; nous verrons dans un moment qu'elle ne peut entraîner qu'une dépense sans importance.

III.

Un seul amendement a été soumis à votre Commission. Il émane de l'honorable M. de Lacretelle, et est ainsi conçu :

« Ajouter à l'article 1er :

« Les instituteurs révoqués jusqu'à ce jour, soit pour cause politique, soit pour cause religieuse, et rentrés dans l'instruction publique, sont comptés depuis le jour de leur première nomination et sans interruption dans leurs états de services, pour la pension de retraite et pour l'augmentation de traitement à laquelle donne droit la loi de juillet 1875. »

Notre honorable collègue a développé devant nous son amendement. Il a rappelé quels abus certains Préfets, sous l'Empire et sous le gouvernement de combat qui a suivi le 24 mai 1873, avaient fait dans un intérêt politique, ou pour satisfaire aux violences des passions religieuses, du droit de révocation que leur donne la loi de 1850. Il a cité à ce propos des faits qui indiquent chez quelques-uns de ces fonctionnaires un singulier dédain de la justice, des droits acquis, des services rendus. Or, le fait seul d'être replacé consécutivement dans l'instruction publique montre suffisamment, selon M. de Lacretelle, que la révocation n'avait point été basée sur des motifs sérieux, avouables et relatifs aux devoirs professionnels.

La Commission a reconnu la justesse des observations de M. de Lacretelle. Elle regrette profondément les excès de pouvoir qu'il a signalés.

Une récente circulaire de M. le Ministre de l'Instruction publique a même révélé que, dans la grande hâte à se défaire d'instituteurs dénoncés devant eux, certains Préfets n'avaient même pas observé les formalités légales; qu'ils avaient pris des arrêtés sans l'avis, sans le rapport préalable de l'Inspecteur d'Académie, arrêtés qu'incontestablement frapperait de nullité le Conseil d'État, si les intéressés portaient devant lui leur cause.

Mais pour les révocations prononcées dans les formes exigées par la loi, nous ne pouvons actuellement que signaler à la justice du Gouvernement des situations pénibles, des réparations nécessaires. Certes, il est à souhaiter, non seulement que de tels abus ne se reproduisent plus, mais qu'une loi nouvelle empêche de les commettre. Mais ni ces réparations, ni ces améliorations ne peuvent trouver place dans une loi sur la liquidation des pensions de retraite.

Enfin, il paraît peu conforme aux principes législatifs, d'insérer dans une loi une disposition transitoire qui n'a pas pour but de la mettre en harmonie avec l'ensemble des lois existantes, d'établir les conditions de modifications successives, ou de remédier aux conséquences fâcheuses d'une loi antérieure; une disposition qui constitue seulement une sorte de protestation contre l'usage abusif mais légal que des fonctionnaires ont pu faire des pouvoirs qui leur étaient conférés.

L'amendement de notre honorable collègue, qui vise, du reste, non seulement les pensions de retraite, mais les augmentations de traitement, donne prise à d'autres critiques encore. D'abord, il semble poser ce principe, inacceptable selon nous, qu'un instituteur ne saurait être révoqué pour « cause politique ou religieuse ». Nous ne saurions admettre qu'un instituteur, non plus qu'aucun autre fonctionnaire, puisse impunément, par exemple, combattre le principe du Gouvernement duquel il dépend, ou se faire l'agent de sectes qui menacent la tolérance religieuse inscrite dans nos lois. Sa situation exige même impérieusement de sa part une réserve plus grande que celle qui est imposée non seulement aux simples citoyens, mais aux autres fonctionnaires. L'instituteur doit se tenir en dehors et au-dessus des rivalités politiques et des querelles religieuses; son autorité sur ses élèves, son influence sur les familles est à ce prix.

Enfin, on a fait remarquer à M. de Lacretelle que son amendement serait inapplicable; car les motifs de la révocation, lorsqu'on en a inscrit sur les registres officiels, ne visent jamais les « causes religieuses ou politiques » avec une netteté suffisante pour permettre la mesure réparatrice qu'il propose.

En conséquence, votre Commission a été unanimement d'avis de ne pas accepter l'amendement de notre honorable collègue; mais elle appelle instamment, sur les abus de pouvoir qui ont été commis, l'attention de M. le Ministre de l'Instruction publique : attention déjà en éveil, comme le prouve la circulaire que nous citions il y a un moment.

De nombreuses pétitions nous ont été transmises; toutes approuvent les dispositions du projet que nous vous soumettons; un certain nombre demandent davantage encore.

Il en est qui voudraient voir la loi nouvelle revenir aux dispositions du décret du 17 mars 1808, qui a régi la matière jusqu'à la loi du 9 juin 1853 : ce décret donnait à tous les membres de l'Université le droit à la retraite après 30 ans de services, sans condition d'âge. D'autres demandent qu'avec les 25 années de services, la limite d'âge soit abaissée à 50 ans.

Sans nier la valeur des raisons qui peuvent être invoquées pour que les instituteurs soient placés, comme le sont les militaires, dans une situation spéciale au point de vue de la retraite, et si favorable qu'elle soit aux mesures qui peuvent améliorer et rendre enviable le sort de ces fonctionnaires si utiles et si méritants, votre Commission n'a pas cru devoir accéder aux vœux des pétitionnaires. La dérogation qu'ils sollicitent aux règles générales en matière de pension de retraite est si grave, elle entraînerait de telles conséquences financières, que nous avons craint, en entrant dans cette voie, de compromettre le sort même d'une proposition qui a rencontré des sympathies unanimes, et à laquelle vous n'auriez peut-être pas accordé le bénéfice de l'urgence, si vous aviez pensé que ses dispositions pouvaient être à ce point élargies.

D'autres pétitionnaires, s'appuyant sur la sage disposition de la loi de juillet 1875, qui élève de 100 francs le traitement des instituteurs munis du brevet complet ou ayant obtenu la médaille d'argent, ont demandé que la pension de retraite fût, elle aussi, augmentée de sommes égales sous les mêmes conditions. L'obtention des palmes d'officier d'Académie, et surtout d'officier de l'Instruction publique, de la décoration de la Légion d'honneur, devrait également, aux yeux de certains pétitionnaires, mériter aux titulaires une augmentation de retraite.

Votre Commission n'a pas cru devoir accepter cette idée. Elle a considéré comme contraire aux principes l'inscription d'un droit à une retraite supplémentaire qui n'avait pas son équivalent possible dans une retenue annuelle. Les augmentations de droit, stipulées dans la loi de 1875, étant sujettes à retenue, comptent dans le calcul des liquidations de retraite. Mais l'adjonction pure et simple d'une somme annuelle au chiffre résultant de cette liquidation est tout autre chose qu'une retraite; cette dépense ne pourrait être couverte que par une subvention qui prendrait le caractère d'une véritable dotation. Or, ce n'est pas une idée sans valeur que de penser à créer, pour les instituteurs, une récompense emportant avantages pécuniaires attachés à la personne, analogue à la médaille militaire; mais ce n'est pas dans une loi relative à la liquidation des pensions de retraite que peut se glisser, comme à la dérobée, une institution de cette importance.

Enfin, presque toutes les pétitions font ressortir la déplorable situation des instituteurs retraités avant le 1er janvier 1874, dont les pensions n'atteignent trop souvent que l'insuffisant minimum de 360 francs. Elles demandent qu'ils soient placés sur le pied d'égalité avec leurs collègues plus récemment mis à la retraite. Votre Commission, sans inscrire dans la loi qu'elle vous propose une disposition conforme au juste désir des pétitionnaires, car ç'aurait été sortir de son rôle, vous aurait cependant demandé de lui donner satisfaction lors du vote du budget de 1877; mais elle a appris que le Gouvernement avait pris l'initiative de cette équitable mesure : elle peut l'assurer qu'il répond ainsi à ses propres vœux, comme à ceux de tout le corps des instituteurs.

IV.

Une autre proposition de loi, émanant de notre honorable collègue M. Beaussire[1], et comprenant les dispositions suivantes, a été renvoyée par vous à notre examen.

Cette proposition est à la fois plus générale et plus restreinte que celle de M. Paul Bert. D'une part, en effet, elle ne dit rien des années qui doivent servir de base à l'établissement du traitement moyen, ni du minimum de la pension de retraite; d'autre part, elle fait passer dans la catégorie du service actif tous les fonctionnaires de l'enseignement public, à quelque degré qu'ils appartiennent.

Les motifs qui ont inspiré son auteur sont dignes au plus haut point d'attention et d'estime. Nous ne saurions mieux faire, pour les mettre en pleine lumière, que d'emprunter à l'exposé des motifs rédigé par l'honorable M. Beaussire un passage inspiré par une émotion généreuse et qui peint fidèlement une situation des plus pénibles :

« L'enseignement, dit-il, à tous ses degrés est meurtrier. Très peu de professeurs atteignent l'âge légal de soixante ans, exigé actuellement pour l'admission à la retraite dans le service sédentaire. Chaque année on en voit mourir un grand nombre, frappés avant l'âge, sans laisser aucun droit assuré à leur veuve et à leurs enfants mineurs. Chaque année on en voit également un grand nombre forcés, par l'affaiblissement prématuré de leurs forces physiques, d'attendre, quelquefois pendant plusieurs années, avec un traitement d'inactivité, le moment tardif où ils pourront faire valoir leurs droits à une modeste pension. »

Ce tableau n'est point chargé de couleurs trop sombres, au moins pour ce qui a trait aux professeurs des Lycées et des Collèges communaux. Les professeurs des Facultés ont à supporter moins de fatigues physiques, et ils échappent à l'épuisement occasionné par la monotonie des devoirs professionnels. Votre Commission n'eût probablement pas hésité à vous demander dès aujourd'hui d'adopter le principe général de la proposition, qui se présentait devant vous

1. Voir ci-dessus le texte, 7 *avril* 1876, page 591.

appuyée de l'autorité d'une importante Commission extraparlementaire instituée par M. Jules Simon en 1873; les considérations budgétaires ne nous eussent peut-être point arrêtés; mais nous avons rencontré, relativement à l'article 2 de la proposition, des difficultés très sérieuses, qui nous ont forcés de suspendre momentanément notre jugement et d'ajourner à un prochain rapport l'étude des dispositions relatives aux fonctionnaires de l'enseignement secondaire et de l'enseignement supérieur.

En séparant ainsi ces deux propositions, nous ne faisons du reste que nous conformer au désir que vous avez presque unanimement exprimé dans les discussions des bureaux. Nous avons l'avantage de vous présenter un projet d'ordre purement financier, qui répond à des besoins pressants et reconnus tels, d'un accord unanime, par l'opinion publique.

V.

Il nous reste à vous faire connaître le surcroît de charges que la mise à exécution du projet présenté apporterait au Trésor public.

ARTICLE 1er. Il résulte de calculs faits au Ministère de l'Instruction publique que, si, immédiatement après la promulgation de la loi, tous les instituteurs et institutrices qui peuvent en profiter, c'est-à-dire tous ceux qui auraient 55 ans d'âge et 25 ans de services, ou 45 ans d'âge et 15 ans de services, avec infirmités, demandaient leur mise à la retraite, il en résulterait une dépense immédiate de 1 100 000 francs. Ce serait une dépense une fois faite, et, l'année suivante, tout rentrerait dans les limites ordinaires. Mais, bien évidemment, la plus grande partie des instituteurs resteront encore en exercice pendant une ou plusieurs années; il en est certainement beaucoup qui, valides encore, et protégés contre les conséquences d'une diminution de traitement par la disposition de l'article 2, attendront la limite actuelle de 60 ans. L'âge moyen de la retraite dans l'instruction publique est de 63 ans.

Des renseignements pris auprès de fonctionnaires compétents du Ministère de l'Instruction publique permettent d'estimer que la dépense supplémentaire, pendant les cinq années qui suivront la loi, ne dépassera peut-être pas le tiers et n'atteindra certainement pas la moitié de la somme susindiquée.

C'est donc, au maximum, de ce chef, une dépense de 500 000 francs environ, répartie suivant une progression décroissante sur les budgets des cinq prochaines années.

Remarquons, en outre, que cette somme serait diminuée du montant des pensions anticipées, pour causes d'infirmités graves, qu'on serait obligé de liquider dans le laps de ces cinq années. Or, ces pensions s'élèvent à 37 pour 100 du total des retraites.

ART. 2. L'augmentation, permanente cette fois, qui suivra le changement d'assiette de la base du traitement moyen, ne saurait être aujourd'hui estimée, même approximativement. Les hommes compétents affirment seulement qu'elle doit être faible. Mais cette dépense médiocre viendra au secours des plus malheureux, de ceux qu'avait involontairement placés dans une position défavorable le rédacteur de la loi.

ART. 3. Le seul changement apporté par cet article à l'état actuel des choses est l'élévation de 500 francs à 600 francs du minimum de la pension pour les instituteurs.

L'année dernière, 1 000 instituteurs, en nombre rond, ont été retraités. Prenons pour base du calcul ce nombre, plus élevé du reste que la moyenne. Si nous supposons que la liquidation de leur retraite ait donné, pour tous, un chiffre inférieur à 500 francs, c'est une somme de 100 000 francs qu'il faudrait inscrire au budget pour exécuter la prescription de l'article 3. Mais, fort heureusement, cette hypothèse est loin d'être exacte, et nombre de pensions dépassent le minimum actuel de 500 francs. L'honorable M. Maurice, dans la discussion qu'il a soutenue en faveur de cette amélioration, estimait à 48 800 fr. la dépense annuelle venant de ce chef.

Ajoutons que cette somme devra, chaque année, aller en diminuant jusqu'à zéro, à cause de l'augmentation progressive de la moyenne des retraites. Les traitements, en effet, ont été augmentés, et, par suite, les retenues; de plus, la période depuis laquelle celles-ci sont opérées aura bientôt la durée exigée pour les services donnant droit à la retraite. A ce moment, la liquidation des retraites se fera dans des conditions régulières, qui en élèveront le taux au niveau, sinon au-dessus du minimum que nous vous demandons de fixer aujourd'hui.

Telles sont les dépenses supplémentaires que le projet de loi dont la teneur suit mettrait à la charge du Trésor. Nous pensons vous en avoir démontré l'utilité, et l'on ne peut s'empêcher de remarquer que leur médiocrité est tout à fait disproportionnée avec le grand intérêt d'humanité et de justice auquel elles donnent un commencement de satisfaction.

Nous aurions voulu que les charges budgétaires qui arrêtent l'élan de tant d'intentions généreuses nous permissent de faire davantage. Il est encore bien faible et bien insuffisant, ce minimum de 500 francs pour les institutrices; plus insuffisant peut-être encore celui de 600 francs pour un instituteur qui a dû élever une famille, sans autres ressources souvent que son maigre traitement!

Nous espérons qu'une époque prochaine verra nos budgets en situation de donner à ces utiles serviteurs de la patrie une rémunération plus en rapport avec la grandeur de leur rôle, et d'assurer à leur vieillesse une retraite à l'abri du besoin. Mais, dans les conditions actuelles, et sur le terrain étroit de la loi que nous examinons, il ne nous a pas paru possible de faire davantage.

Une dernière observation, d'ordre purement financier. Le service de l'instruction primaire est, de tous les services publics, celui qui voit le moins de ses fonctionnaires réaliser les conditions exigées pour la retraite. Un quarantième à peine du nombre total des instituteurs est annuellement mis en retraite. Une proportion énorme d'entre eux quitte l'instruction pour se vouer à des carrières plus rémunératrices ou plus indépendantes. Il en résulte que, si les retenues par eux versées étaient centralisées dans une caisse spéciale, semblable à celle qui a existé jusqu'en 1853, il y aurait très probablement sur les liquidations de retraite, faites dans les conditions actuelles, des bénéfices réalisés.

Tout au moins, il est permis d'affirmer qu'elle ne demanderait pas au budget une part dans l'énorme subvention qu'il doit porter aujourd'hui au chapitre des pensions civiles. Pendant trente années, la caisse des retraites de l'Université a fonctionné, sans rien coûter au Trésor.

Les instituteurs sont donc aujourd'hui dans une situation tout à fait différente des autres fonctionnaires; leurs retenues suffisent largement à alimenter leurs retraites; peut-être même vont-elles au delà; peut-être l'amélioration que nous vous proposons d'apporter à leur sort n'est-elle en réalité qu'un remboursement de sommes par eux versées, et qui constituaient un excédent de recettes pour le Trésor public.

Cette dernière considération n'est pas celle qui doit, ce nous semble, militer le moins énergiquement en faveur de l'adoption du projet de loi que nous soumettons à vos délibérations.

Proposition de loi[1].

ARTICLE 1er. — Les Inspecteurs de l'enseignement primaire; les directeurs et les directrices, les maîtres adjoints et les maîtresses adjointes des Écoles normales primaires; les instituteurs communaux et les institutrices communales, titulaires ou adjoints; les directrices de salles d'asile communales, seront compris parmi les fonctionnaires du service actif et ajoutés au tableau no 2 annexé à la loi du 9 juin 1853. Leur pension de retraite sera, à partir de la promulgation de la présente loi, réglée conformément aux dispositions relatives aux emplois de la partie active.

ART. 2. — La pension de retraite sera basée sur la moyenne des traitements et émoluments de toute nature, soumis à la retenue dont l'ayant droit aura joui pendant les six années qui auront produit le chiffre le plus élevé.

Les années passées, à partir de l'âge de vingt ans, en qualité d'élève dans les Écoles normales, seront comprises dans le compte des années de service lors de la liquidation de la pension de retraite.

ART. 3. — Le chiffre de la pension de retraite ne pourra être inférieur à 600 francs pour un instituteur et à 500 francs pour une institutrice et une directrice de salle d'asile communale.

Décret modifiant l'article 11 du décret du 15 août 1875, relatif au traitement des instituteurs et des institutrices primaires des Écoles publiques de l'Algérie.

1er juillet 1876.

1er Juillet 1876.

Le Président de la République française,

Sur le rapport du Ministre de l'Instruction publique et des Beaux-Arts,

Vu le décret du 15 août 1875;

1. Séance du 7 juillet 1876. *Avis de la Commission du budget sur le rapport fait au nom de la Commission chargée d'examiner : 1o la proposition de M. Paul Bert sur la retraite de divers fonctionnaires de l'enseignement primaire; 2o la proposition de M. Beaussire sur la retraite des fonctionnaires de l'instruction publique, présenté par M. Léon Gambetta, député**.

La Commission, après avoir pris connaissance du rapport de M. Paul Bert sur les deux propositions de MM. Bert et Beaussire, est d'avis qu'il n'y a pas lieu de faire opposition, dans l'état actuel de nos finances, à la proposition placée à la suite de ce rapport. (*Extrait du procès-verbal de la séance du 4 juillet.*)

Le projet fut voté par la Chambre le 13 *juillet* et transmis le même jour au Sénat.

* *Journal officiel* du 17 *juillet* 1876, page 5239.

Vu l'arrêté ministériel du 30 décembre 1853 ;

Vu l'arrêté du Gouverneur général civil de l'Algérie, du 31 mai 1866;

Le Conseil d'État entendu,

Décrète :

ARTICLE 1er. — L'article 11 du décret du 15 août 1875 est modifié de la manière suivante :

« ART. 11. — Un règlement d'administration publique déterminera les charges des départements et des communes en ce qui concerne l'enseignement primaire public.

« Jusqu'à la promulgation de ce décret, les charges continueront à être réglées par l'arrêté ministériel du 30 décembre 1853.

« Le traitement des instituteurs et des institutrices des Écoles publiques sera provisoirement, pour toutes les localités de l'Algérie, érigées ou non en communes, celui qui est établi spécialement pour les localités non érigées en communes par l'article 1er de la décision du Gouverneur général en date du 31 mai 1866. »

ART. 2. — Le Ministre de l'Instruction publique et le Gouverneur général de l'Algérie sont chargés, chacun en ce qui le concerne, de l'exécution du présent décret[1].

---

7 juillet 1876. **Proposition de loi ayant pour objet l'instruction primaire gratuite et obligatoire et l'amélioration du sort des instituteurs et institutrices primaires, présentée par M. Édouard Marion, député[2].**

Séance du 7 Juillet 1876.

ARTICLE 1er. — A partir du 1er janvier 1878, l'instruction primaire sera gratuite dans toutes les communes de France.

Elle sera obligatoire pour tous les enfants des deux sexes, depuis l'âge de sept ans jusqu'à douze ans accomplis, soit à l'École communale, soit dans les Écoles libres. Le chef de famille qui voudra faire donner l'instruction primaire à domicile sera tenu de fournir la preuve que cette instruction est réellement donnée.

ART. 2. — Chaque année le maire de la commune donnera la liste des enfants pour lesquels la fréquentation de l'École est obligatoire; chaque mois l'institu-

1. Consulter le décret du 3 *février* 1876, transportant au budget du Ministère de l'Instruction publique les crédits du budget du Gouvernement général de l'Algérie, pour 1876, relatifs aux dépenses des établissements d'instruction publique en Algérie.

2. *Journal officiel* du 28 *juillet* 1876, pages 5633 et 5634.

Consulter ci-dessus, page 587, le projet de M. DE LACRÉTELLE, 4 *avril* 1876.
Voir ci-après le rapport de M. ALLÈGRE, 4 *août* 1876.

teur et l'institutrice, les directeurs ou directrices des Écoles libres devront faire connaître au maire les absences non justifiées.

ART. 3. — En cas d'absence non justifiée de plus de huit jours, le maire appellera devant lui le chef de famille pour le réprimander.

S'il y a récidive, la réprimande sera publique par l'insertion des noms sur un placard affiché à la mairie. Si l'absence devient habituelle ou si le refus des parents est constaté, le chef de famille sera traduit devant le juge de paix et pourra être condamné à une amende de 1 franc à 15 francs. S'il persiste dans son refus, il sera traduit devant le tribunal correctionnel et pourra être condamné à une amende de 50 francs à 500 francs, et à l'interdiction des droits civils pendant deux années.

ART. 4. — Toutes les communes sont tenues d'avoir au moins une École primaire.

Pourront seules avoir une École mixte les communes fournissant moins de de quarante élèves des deux sexes.

ART. 5. — En attendant que toutes les communes puissent avoir des Écoles laïques, les chefs-lieux de canton devront avoir des Écoles communales laïques.

ART. 6. — Les fonctionnaires de l'enseignement primaire ne relevant que de leurs chefs hiérarchiques, les instituteurs et institutrices seront nommés par le Recteur sur la proposition de l'Inspecteur d'Académie.

ART. 7. — Toutes fonctions salariées, toutes opérations commerciales ou industrielles sont interdites aux instituteurs.

ART. 8. — Les instituteurs ne sont pas dispensés du service militaire; mais ils appartiennent de droit à la seconde partie du contingent.

ART. 9. — L'enseignement théorique de l'agriculture, ainsi que l'école du soldat, feront partie désormais du programme obligatoire des Écoles primaires de garçons, et l'économie domestique sera ajoutée au programme des Écoles de filles.

ART. 10. — Il sera créé pour chaque sexe, dans chaque canton, une École primaire supérieure. Des bourses ou portions de bourse pourront être accordées aux élèves de ces établissements aux frais de l'État, du département et des communes.

ART. 11. — Un Conseil d'instruction primaire sera institué dans chaque canton pour la surveillance matérielle et morale des Écoles.

Il se composera du conseiller général, président, du conseiller d'arrondissement, du juge de paix, de l'Inspecteur primaire et d'un instituteur élu chaque année par ses collègues.

Ce Conseil, après avoir entendu les intéressés, pourra proposer à l'Inspecteur d'Académie, suivant les cas, l'une des peines disciplinaires suivantes : la réprimande, la dégradation d'une ou plusieurs classes et la révocation.

Ce Conseil surveillera les Écoles supérieures cantonales et désignera au choix de l'Inspecteur d'Académie les délégués cantonaux qui devront visiter et surveiller les Écoles communales. Il aura aussi l'administration de la caisse cantonale pour l'instruction primaire.

ART. 12. — Les instituteurs adjoints et les instituteurs titulaires sont divisés en sept classes, savoir :

7e	classe au	traitement de	700	francs.
6e	—	—	800	—
5e	—	—	1 000	—
4e	—	—	1 200	—

3e classe	au traitement de	1 400	francs.
2e —	—	1 600	—
1re —	—	1 800	—

Les instituteurs adjoints non brevetés appartiennent à la 7e classe; les instituteurs adjoints brevetés à la 6e. Les instituteurs titulaires débutent à la 5e. Ceux qui sont pourvus du brevet complet débutent à la 4e.

Après chaque période de six années de services accomplis dans une classe, ou à partir de l'année où il aura obtenu le brevet complet, chaque instituteur passe de droit à la classe immédiatement supérieure.

ART. 13. — Les institutrices sont divisées en cinq classes, savoir :

5e classe	au traitement de	600	francs.
4e —	—	700	—
3e —	—	800	—
2e —	—	1 000	—
1re —	—	1 200	—

Les institutrices adjointes non brevetées appartiennent à la 5e classe; les institutrices adjointes brevetées à la 4e. Les institutrices titulaires débutent à la 3e classe. Celles qui sont pourvues du brevet complet débutent à la 2e. Après chaque période de six années de services accomplis dans une classe, chaque institutrice passe de droit à la classe immédiatement supérieure.

ART. 14. — Indépendamment des traitements fixes afférents à chaque classe d'instituteurs et d'institutrices titulaires, il leur sera alloué un traitement proportionné au nombre des habitants des communes. Ce traitement supplémentaire sera de 25 francs par 100 habitants.

ART. 15. — En outre des traitements fixes et supplémentaires, les récompenses honorifiques donneront droit aux allocations suivantes :

Mention honorable.	50	francs par an.
Médaille de bronze.	100	— —
Médaille d'argent	150	— —
Palme académique.	250	— —

Ces allocations ne peuvent se cumuler.

ART. 16. — Les instituteurs et les institutrices auront droit à la pension de retraite après 25 années de services, sans condition d'âge.

ART. 17. — Les frais de l'instruction primaire, en principe, sont à la charge des communes. L'État et le département viendront en aide aux communes dont les ressources ne sont pas suffisantes, dans les proportions et sur les bases actuellement adoptées.

Disposition transitoire.

ART. 18. — M. le Ministre des Finances préparera, pour le budget de 1878, les voies et moyens financiers nécessaires pour le fonctionnement de la présente loi.

Circulaire du Ministre de l'Agriculture et du Commerce, relative au temps que doivent passer à l'École les enfants et filles mineures employés dans les manufactures, qui n'ont pas atteint l'âge requis ou obtenu le certificat d'instruction primaire. 10 juillet 1876.

10 Juillet 1876.

Monsieur, les deux questions suivantes ont été posées par plusieurs Inspecteurs divisionnaires :

« ART. 8, § 2. — Les enfants de moins de douze ans doivent-ils être tenus de passer à l'École tout le temps qu'ils ne passent pas à l'atelier?

« ART. 9. — Peut-on obliger à aller à l'École les enfants illettrés de douze à quinze ans qui ne travaillent qu'un demi-temps? »

La Commission supérieure consultée s'est prononcée à l'unanimité pour la négative; elle est d'avis que, dans le premier cas, il suffit que l'enfant de dix à douze ans suive régulièrement un cours d'environ deux heures.

Dans le second cas, le rôle de l'Inspecteur doit se borner à exiger que l'enfant de douze à quinze ans qui n'a pas le certificat d'instruction exigé par l'article 9 ne travaille qu'un demi-temps.

Je partage l'avis de la Commission, et je vous invite à vous y conformer.

Recevez, etc.

Signé : TEISSERENC DE BORT.

Rapport sommaire fait au nom de la 2e Commission d'initiative parlementaire[1] chargée d'examiner la proposition de loi de MM. Pierre Legrand, Merlin et plusieurs de leurs collègues, ayant pour objet de suspendre l'application de l'article 9 de la loi du 19 mai 1874 sur le travail des enfants dans les manufactures, par M. Lévêque, député[2]. 17 juillet 1876

Séance du 17 Juillet 1876.

Messieurs, aucun enfant, aux termes de l'article 9 de la loi du 19 mai 1874, ne peut, avant l'âge de quinze ans accomplis, être admis à travailler plus de six heures par jour, s'il ne justifie, par la production d'un certificat de l'instituteur ou de l'Inspecteur primaire, visé par le maire, qu'il a acquis l'instruction primaire élémentaire.

MM. Pierre Legrand, Merlin et plusieurs de leurs collègues vous proposent de suspendre l'application de cette disposition de l'article 9 « jusqu'à ce qu'une loi ait rendu obligatoire l'instruction des enfants âgés de six à sept ans ».

Ils ont exposé devant votre Commission d'initiative les motifs qui rendent nécessaire la mesure qu'ils sollicitent.

1. Cette Commission était composée de MM. LAVERGNE (Bernard), *président;* LOGEROTTE, *secrétaire;* JENTY, MENTION, BRELAY, CAZE, LABITTE, FOUQUET, BOYSSET (Hérault), BIZOT DE FONTENY, GALPIN, ALLAIN-TARGÉ, LISBONNE, PÉRIN, JOIGNEAUX, CONSTANS, DUPOUY, BORRIGLIONE, LÉVÊQUE, BLANDIN, POUJADE.

2. *Journal officiel* du 13 *août* 1876, pages 6356 et 6357.

Voir ci-dessus, page 597, la proposition de loi déposée à la séance du 10 *mai* 1876.

Nous devons vous les faire connaître.

Nos honorables collègues n'élèvent aucune critique contre la règle édictée par l'article 9 de la loi du 19 mai 1874, mais ils soutiennent que l'application de cette règle a été prématurée, qu'elle cause et causerait pendant quelques années encore, si elle n'était pas suspendue, un préjudice considérable tant aux industriels qu'aux enfants dont le législateur a voulu justement protéger la situation morale et matérielle.

Le court espace de temps pendant lequel l'exécution de la loi a été retardée, l'insuffisance du nombre des Écoles, les conditions d'admission aux Écoles, n'ont pas permis aux enfants de douze à quinze ans de recevoir l'instruction exigée d'eux pour qu'ils puissent travailler plus de six heures par jour. Les enfants de cet âge sont cependant indispensables à l'industrie. Condamner ceux qui n'ont pas obtenu le brevet d'instruction primaire à un travail de six heures seulement, c'est faire sortir des manufactures plus de la moitié de ces enfants, et c'est rendre nécessaires des arrêts partiels dans un grand nombre d'usines; c'est priver de leurs aides les ouvriers adultes et, par suite, les réduire à l'inaction; c'est enfin diminuer le salaire des enfants à l'époque de la vie où ils ont le plus besoin de nourriture pour achever leur développement physique.

Le département du Nord, qui est le plus industriel de France, est très rigoureusement frappé par la loi du 19 mai 1874, car c'est un de ceux où l'enseignement primaire est le moins développé. Dans ce département, on compte 36 pour 100 d'illettrés, sans parler de la population flottante belge. Il n'a pas été possible depuis le mois de mai 1874, et il sera impossible pendant quelque temps encore, de remédier à cet état de choses.

La ville de Lille, qui s'impose de lourdes charges pour l'instruction primaire, et qui, à cet égard, tient le premier rang parmi les grandes villes, n'a pas de classes suffisantes pour recevoir tous les enfants de douze à quinze ans et ne pourrait pas, en tous cas, les recevoir dans les Écoles ordinaires, où ne sont admis que des enfants de sept à dix ans.

Les industriels font des sacrifices pour instruire les enfants; mais celui-là seul qui occupe 50 enfants au moins peut faire les frais d'une École, et encore est-il nécessaire qu'il soit isolé dans un village, car autrement, il verrait bientôt ces enfants l'abandonner pour aller travailler chez un concurrent qui n'aurait pas d'école et qui leur offrirait un salaire un peu plus élevé.

Dans les petites communes, où il n'existe qu'une École mixte pour les garçons et les filles, le règlement interdit à l'instituteur de prendre des élèves au-dessus de treize ans.

Si la loi de 1874 continue à être exécutée avant qu'on ait laissé le temps aux communes, aux industriels et aux familles des ouvriers de donner aux enfants de douze à quinze ans l'instruction primaire nécessaire pour que ceux-ci soient admis à travailler plus de six heures par jour, ces enfants seront condamnés tout à la fois à perdre un salaire qui leur est indispensable et à courir et à vagabonder pendant le temps où l'usine et l'École ne peuvent pas les recevoir.

Les auteurs de la proposition ont ajouté qu'ils ne persisteraient pas à réclamer la suspension de l'application de l'article 9 de la loi de 1874, « jusqu'à ce qu'une loi ait rendu obligatoire l'instruction des enfants âgés de six à sept ans », mais qu'ils demandaient cette suspension pendant un temps qui serait déterminé par la loi qu'ils sollicitent.

Votre Commission d'initiative estime que les dispositions édictées par l'article 9 de la loi de 1874 sont excellentes. Elles assurent à une catégorie nombreuse de jeunes enfants, dont beaucoup jusqu'ici en étaient privés, les bienfaits de l'instruction primaire. Ces dispositions doivent donc être respectées scrupuleusement, et leur application ne peut être suspendue que pour des causes graves, bien justifiées et pendant le temps qui sera jugé strictement indispensable.

Il n'appartient pas à votre Commission d'initiative de vérifier si les inconvénients reprochés à la loi de 1874 et les faits signalés par les auteurs de la proposition sont incontestables; mais il lui a paru que ces inconvénients et ces faits étaient vraisemblables.

Le temps qui s'est écoulé depuis la promulgation de la loi de 1874 ne semble pas avoir été suffisant pour que les enfants de douze à quinze ans illettrés puissent acquérir l'instruction primaire exigée. D'un autre côté, les Écoles ne sont pas encore assez nombreuses pour faciliter une prompte exécution de la loi, alors même que, dans certains cas, les règlements de quelques Écoles n'y apporteraient pas obstacle. Il y a lieu de croire que beaucoup d'enfants, qui ne sont pas autorisés à se livrer à plus de six heures de travail, perdent dans une oisiveté dangereuse le temps qu'ils ne peuvent pas employer à l'École ou à l'usine. Ce n'est pas là le résultat que le législateur de 1874 a eu en vue.

Il est nécessaire qu'une Commission spéciale recherche si, comme cela paraît admissible, la mise en vigueur de l'article 9 de la loi de 1874 a été prématurée et occasionne les inconvénients qui motivent la proposition de nos honorables collègues.

On fait deux objections à cette proposition.

La loi de 1874, dit-on, a été étudiée et discutée avec un grand soin par l'Assemblée nationale. Il serait dangereux de modifier, sans en avoir fait une plus longue expérience, une loi si récente et qui touche à l'industrie.

Votre Commission d'initiative n'a pas accueilli cette première objection. Elle a trouvé dans une décision de l'Assemblée nationale relative à un cas analogue un précédent qui l'a déterminée.

La loi du 27 juillet 1872, sur le recrutement de l'armée, imposait aux engagés volontaires, à partir du 1er janvier 1875, l'obligation de savoir lire et écrire.

L'Assemblée nationale, sur la demande du Gouvernement, qui trouvait prématurée l'exécution de cette disposition, a voté, le 2 décembre 1875, une loi qui a reporté au 1er janvier 1880 l'application de l'obligation imposée aux engagés volontaires.

L'Administration, dit-on encore, use de tolérance. Partout où les Inspecteurs généraux rencontrent de la bonne volonté, ils se bornent à relever les contraventions sans verbaliser; ils ne déploient de sévérité que quand ils ont à combattre une résistance ou une inertie manifeste.

Cette seconde objection est de nature à faire prendre en considération la proposition de M. Pierre Legrand et ses collègues, plutôt qu'à la faire repousser. En effet, il n'est pas possible de laisser à l'arbitraire des Inspecteurs généraux le soin de décider si la loi doit être ou ne pas être appliquée vis-à-vis de certains industriels.

Si l'article 9 de la loi de 1874 peut être exécuté sans inconvénient pour l'industrie et les enfants qu'elle occupe, il n'appartient à personne de suspendre à son gré les effets de ses prescriptions.

Si, au contraire, l'exécution de l'article 9 peut, en ce moment et pendant quelque temps encore, nuire aux intérêts que la loi a voulu protéger, c'est au législateur seul qu'il appartient de suspendre l'application de cet article.

En conséquence, votre deuxième Commission d'initiative est d'avis qu'il y a lieu de prendre en considération la proposition de MM. Pierre Legrand, Merlin et plusieurs de leurs collègues.

20 juillet 1876. **Proposition de loi tendant à fixer le traitement des institutrices dirigeant des Écoles publiques de filles dans les communes dont la population est inférieure à 500 habitants, présentée par M. Adolphe Lelièvre, député[1].**

Séance du 20 Juillet 1876[2].

Messieurs, la loi du 19 juillet 1875, en divisant les institutrices communales en trois catégories, a fixé le minimum des traitements auquel peuvent prétendre les maîtresses adjointes et celles qui sont chargées de la direction des Écoles de hameaux. Mais ses dispositions ne devant être appliquées qu'aux Écoles déclarées obligatoires par la loi du 10 avril 1867, la situation des institutrices enseignant dans les Écoles purement facultatives, établies dans les communes d'une population moindre de 500 âmes, reste la même que dans le passé.

Envisagée à plusieurs points de vue, cette situation est des plus fâcheuses. En effet, le législateur de 1875 n'a eu, n'a pu avoir qu'une pensée : améliorer le sort de ces femmes courageuses qui se vouent à la tâche ingrate et pénible de l'instruction primaire, leur assurer une rémunération plus équitable des services qu'elles rendent et relever leur indépendance en les mettant à l'abri du besoin. Il ne pouvait à coup sûr entrer dans l'esprit de nos devanciers d'abandonner quelques-unes d'entre elles au bon plaisir des administrations locales, qui, suivant les nécessités du budget, quelquefois même selon leurs caprices ou leurs rancunes, pourraient être amenées à réduire outre mesure les émoluments qui, le plus souvent, constituent l'unique ressource de ces modestes fonctionnaires.

C'est à ce résultat pourtant qu'aboutirait en fait notre législation, si la loi de 1875 demeurait, dans son application restreinte aux seules catégories d'institutrices communales visées par la loi de 1867.

D'un autre côté, cette inégalité de traitement entre des femmes exerçant les mêmes fonctions, soumises aux mêmes devoirs, concourant avec une égale ardeur au même but, l'instruction et l'éducation populaires, aurait pour effet, si elle était maintenue, de pousser au découragement celles qui, moins privilégiées, seraient par le hasard, ou suivant les nécessités du service, appelées à donner leur enseignement dans des Écoles facultatives.

Désespérant d'arriver avant un long temps à une position meilleure, elles se décourageraient d'autant plus vite que le chiffre de leurs appointements ne leur permettrait pas de vivre. Les plus patientes attendront, pour se retirer, l'expiration de leur engagement décennal; les autres chercheront, même avant ce terme, à se placer comme institutrices soit dans des Écoles libres, soit dans des

1. Cette proposition de loi fut l'objet d'un rapport favorable de la Commission d'initiative, à laquelle elle avait été soumise. Voir ci-après ce rapport en date du 3 *août* (M. Émile DESCHANEL, rapporteur).

Une Commission spéciale, dont le rapport fut déposé dans la séance du 19 *mars* 1877, avait également conclu à son adoption. La discussion en séance publique de ses conclusions était à l'ordre du jour lorsque parut le décret de dissolution.

Le projet fut déposé de nouveau par M. LELIÈVRE dans la séance du 1er *décembre* 1877 (*Journal officiel*, pages 8549 et 8550).

Il donna lieu à un second rapport de M. DESCHANEL, 14 *décembre* 1877, et à un troisième de M. LELIÈVRE lui-même, le 11 *février* 1879.

2. *Journal officiel* du 9 *août* 1876, page 6141.

familles, sauf à rembourser au département qui les a formées le tout ou partie des frais de leur propre éducation.

Nos Écoles normales de filles finiraient aussi par se dépeupler, et, faute par l'État d'avoir fait un sacrifice relativement léger, nous verrions nos départements perdre, dans un avenir prochain, le fruit des charges aussi lourdes que nombreuses qu'ils se sont imposées pour assurer le recrutement du personnel féminin de notre enseignement primaire.

M. le Ministre de l'Instruction publique a partagé ces craintes et il n'a pas tenu qu'à lui de les faire disparaître; mais ses efforts, contenus dans d'étroites limites par les exigences des budgets, n'ont pu jusqu'à présent se traduire qu'en de faibles subventions, qu'il a spécialement appliquées à l'élévation des traitements faits par les communes aux institutrices dirigeant des Écoles facultatives.

Votre Commission actuelle du budget elle-même, préoccupée à juste titre de cette situation fâcheuse, a pensé qu'il était de son devoir de leur venir en aide en portant, pour l'année 1877, de 100 000 francs à 300 000 francs le crédit de secours mis pour cet objet à la disposition de M. le Ministre.

Mais ces marques d'intérêt et de sympathie peuvent n'être que passagères. Elles resteraient stériles, si la Chambre des députés, à la sollicitude de laquelle on n'a jamais fait un vain appel en faveur de l'instruction populaire, ne venait, à son tour, par une sanction légale, assurer d'une façon définitive l'avenir, l'existence même des institutrices des Écoles facultatives.

C'est par ces motifs, Messieurs, que j'ai l'honneur de soumettre à vos délibérations la proposition de loi dont le texte suit, en vous proposant, afin de n'apporter aucune entrave nouvelle à l'élaboration du budget de 1877, d'en fixer la mise en vigueur à partir du 1er janvier 1878.

Proposition de loi.

ARTICLE UNIQUE. — A partir du 1er janvier 1878, les dispositions de la loi du 19 juillet 1875 sont applicables aux institutrices dirigeant les Écoles publiques de filles dans les communes dont la population n'excède pas 500 habitants.

Proposition de loi ayant pour objet de procurer, gratuitement et sans déplacement, l'enseignement élémentaire au plus grand nombre, présentée par M. Laroche-Joubert, député[1]. 29 juillet 1876.

Séance du 29 Juillet 1876.

Il n'est pas un Français digne de ce nom qui n'éprouve le désir de voir l'instruction se généraliser, se répandre, ne fût-ce qu'en germe, dans le moindre hameau, jusque sous la plus humble chaumière.

Décréter l'instruction gratuite et obligatoire serait une excellente mesure, à

1. *Journal officiel* du 2 *septembre* 1876, page 6731.

La proposition fut déposée de nouveau par son auteur le 18 *janvier* 1878, avec les deux §§ suivants en tête de l'exposé des motifs :

« Ce projet est le même que j'ai présenté à la Chambre le 29 juillet 1876, qui

laquelle applaudiraient tous les bons citoyens ; mais la loi sera impuissante à nous procurer l'immense bienfait de la diffusion des lumières, tant qu'on n'aura pas commencé par résoudre les trois problèmes suivants :

1° Mettre les Écoles à la proximité de tous ;

2° Créer un nombre d'instituteurs et d'institutrices en rapport avec les besoins qui résulteraient de l'obligation ;

3° Enfin créer des moyens d'existence pour les enfants que leurs parents, faute de ressources suffisantes, sont obligés de faire travailler.

Aux trois empêchements permanents que je viens d'indiquer, s'en joint un quatrième qui, pour n'être que temporaire, n'en est pas moins sérieux.

Je veux parler des mauvais temps, des chemins impraticables, de la saison rigoureuse. On doit comprendre combien il est difficile, dans l'hiver, d'envoyer à des Écoles lointaines de tout jeunes enfants, par la pluie battante et à travers la neige et la gelée ; quand, la nuit venue, ces pauvres petits êtres, mal vêtus, mal nourris, débiles, sont obligés de revenir seuls au toit paternel, pour eux, tout est souffrance et danger.

Cependant n'est-ce pas assez déjà que les parents se soient privés du travail utile qu'eussent pu donner leurs enfants ? Faut-il qu'ils soient encore astreints à les conduire à l'École et à les en ramener ?

Or, il arrive souvent que des enfants n'ayant pu, dans le bas âge, sous l'empire des causes que je viens d'énoncer, recevoir la moindre instruction élémentaire, éprouveraient plus tard le besoin de réparer le temps perdu. Alors ils ont grandi, ils sont forts, et en toute saison ils pourraient se rendre à une École éloignée ; mais l'amour-propre se met de la partie ; ils rougissent, eux plus âgés, de se trouver inférieurs à des bambins qui, grâce à de meilleures circonstances, ont pu être initiés de bonne heure aux mystères de l'alphabet.

Donc, et c'est là le but de ma proposition de loi, en attendant que nous possédions un nombre suffisant d'Écoles, d'instituteurs et d'institutrices, en attendant aussi que l'amélioration matérielle du sort du plus grand nombre permette la suppression du travail des enfants en bas âge, procurons aux plus pauvres, à ceux qui sont plus éloignés des centres d'instruction, le moyen d'apprendre au moins à lire et même, autant que possible, à lire, écrire et compter.

Il faut créer cent enseignants là où il n'y a qu'un instituteur.

Il faut faire de l'enseignement une propagande philanthropique.

Il faut que partout celui qui sait quelque chose se fasse un devoir charitable et ait le droit d'enseigner gratuitement en utilisant, pour ce soin précieux, les heures de loisir. Des gens qui ne possèdent que l'instruction la plus bornée peuvent toujours suffire pour inculquer à l'enfant les premières notions de l'abécédaire, de l'écriture, surtout pour lui donner le goût précieux de l'étude ; en même temps que cette tutelle bienveillante et désintéressée ferait disparaître la fausse honte qui empêche une foule de jeunes enfants complètement illettrés de se rendre à l'École, quand ils en ont la force et les moyens.

L'enseignement dont je parle se pratiquerait surtout aux jours de chômage,

donna lieu à un rapport de prise en considération de la 5e Commission d'initiative, rapport déposé par M. Devès, rapporteur, le 5 mai 1877.

« La dissolution me faisant une obligation de le renouveler, je n'hésite pas à le faire. »

Le reste comme au projet initial. (*Journal officiel* du 31 janvier 1878, pages 891 et 892.)

Voir ci-après à sa date le rapport de M. PATISSIER, 10 *mai* 1878.

lorsque le mauvais temps ne permet pas d'aller aux champs. On utiliserait ainsi ces veillées d'hiver, qui se consument dans un babil inutile, dans les récits d'absurdes légendes, trop souvent même dans la médisance et surtout au cabaret.

C'est avec la conviction d'émettre une idée nouvelle et utile que j'ai l'honneur de vous soumettre la proposition de loi suivante :

Proposition de loi.

ARTICLE 1er. — Toute personne, soit du sexe masculin, soit du sexe féminin, jouissant de ses droits civils, est autorisée à enseigner ce qu'elle sait à ceux qui, autour d'elle, ne savent rien, toutes les fois que ces derniers se trouvent habiter à plus d'un kilomètre d'une École publique.

ART. 2. — Aucune rétribution n'est due, de la part des parents, à ces enseignements volontaires.

ART. 3. — Toute personne qui justifiera avoir gratuitement appris à lire à un enfant recevra, de la part du Ministre de l'Instruction publique, un diplôme de félicitations, qu'elle aura droit d'afficher chez elle.

ART. 4. — Toute personne qui justifiera avoir gratuitement appris à lire à cinq enfants, ou à lire, écrire et calculer à un enfant, recevra, de la part du même Ministre, une petite médaille de bronze gravée à son nom et un diplôme de félicitations.

ART. 5. — Toute personne qui justifiera avoir gratuitement appris à lire, écrire et calculer à cinq enfants et plus, recevra, de la part du même Ministre, une petite médaille d'argent gravée à son nom et un diplôme de félicitations.

ART. 6. — Sur les médailles sera gravé, d'un côté, l'exergue suivant : *Honneur à la bonne volonté;* de l'autre : *Ministère de l'Instruction publique.*

ART. 7. — Les enseignants volontaires ont le droit de porter ces médailles sur leurs habits.

ART. 8. — La justification est faite au moyen d'une déclaration du maire, approuvée par délibération du Conseil municipal de la commune qu'habitent les enfants enseignés.

ART. 9. — Il sera mis, chaque année, à la disposition du Ministre de l'Instruction publique, une somme suffisante pour pourvoir aux dépenses que la présente loi nécessitera.

ART. 10. — Un règlement d'administration publique pourvoira aux prescriptions de détail que ne saurait comporter l'étendue d'un projet de loi.

3 août 1876. **Rapport sommaire fait au nom de la 5e Commission d'initiative parlementaire, chargée d'examiner la proposition de loi de M. Adolphe Lelièvre, tendant à fixer le traitement des institutrices dirigeant des Écoles publiques de filles dans les communes dont la population est inférieure à 500 habitants, par M. Émile Deschanel, député[1].**

Séance du 3 Août 1876.

Messieurs, aux termes de la loi du 10 avril 1867, il y a deux sortes d'Écoles : premièrement des Écoles fixes, déclarées obligatoires; deuxièmement des Écoles intermittentes ou facultatives, dans les communes d'une population moindre de 500 âmes.

La loi du 19 juillet 1875, qui a divisé les institutrices communales en trois catégories, a fixé le minimum des traitements alloués aux maîtresses adjointes et à celles qui sont chargées de la direction des Écoles de hameaux. Mais les dispositions de cette loi ne devant être appliquées qu'aux Écoles obligatoires et fixes, il suit de là que la situation des institutrices enseignant dans les Écoles intermittentes et facultatives reste la même que par le passé, c'est-à-dire extrêmement précaire et aléatoire.

Cette situation avait, d'abord, été l'objet de la sollicitude de M. le Ministre de l'Instruction publique, qui a essayé de l'améliorer au moyen de quelques subventions spécialement appliquées à l'élévation des traitements faits par les communes aux institutrices dirigeant des Écoles facultatives.

Votre Commission du budget, à son tour, pensant avec raison qu'il était de son devoir de soutenir le Ministre dans ses efforts pour améliorer le sort de ces femmes courageuses qui se vouent à la tâche ingrate et pénible de l'instruction primaire, a proposé de porter, pour l'année 1877, de 100 000 francs à 300 000 francs le crédit de secours mis pour cet objet à la disposition de M. le Ministre.

Le projet de M. Adolphe Lelièvre tend à rendre permanent et définitif ce qui a été accordé pour l'année 1877 seulement. Il se résume en un article unique ainsi conçu :

« A partir du 1er janvier 1878, les dispositions de la loi du 19 juillet 1875 sont applicables aux institutrices dirigeant les Écoles publiques de filles dans les communes dont la population n'excède pas 500 habitants. »

Messieurs, votre 5e Commission d'initiative, à l'unanimité, a été d'avis que la proposition de M. Adolphe Lelièvre méritait d'être prise en considération.

1. *Journal officiel* du 9 *septembre* 1876, page 6867.
Voir ci-dessus, page 628, la proposition de loi déposée le 20 *juillet* 1876.
Voir, tome V, le rapport de M. Lelièvre, 11 *février* 1879.

Rapport fait au nom de la Commission[1] chargée d'examiner la proposition de loi, transmise par la Chambre des députés, et relative à la retraite de divers fonctionnaires de l'enseignement primaire, par M. Bozérian, sénateur[2]. 4 août 1876.

Séance du 4 Août 1876.

§ 1er.

Messieurs, dans sa séance du 10 juillet 1876, la Chambre des députés a adopté d'urgence, sans discussion, après quelques observations de M. le Ministre des Finances, le projet de loi dont la teneur suit :

Article 1er. — Les Inspecteurs de l'enseignement primaire; les directeurs et les directrices, les maîtres adjoints et les maîtresses adjointes des Écoles normales primaires; les instituteurs communaux et les institutrices communales, titulaires ou adjoints; les directrices de salles d'asile communales, seront compris parmi les fonctionnaires du service actif et ajoutés au tableau n° 2 annexé à la loi du 9 juin 1853. Leur pension de retraite sera, à partir de la promulgation de la présente loi, réglée conformément aux dispositions relatives aux emplois de la partie active.

Art. 2. — La pension de retraite sera basée sur la moyenne des traitements et émoluments de toute nature soumis à la retenue dont l'ayant droit aura joui pendant les six années qui auront produit le chiffre le plus élevé.

Les années passées à partir de l'âge de vingt ans en qualité d'élèves dans les Écoles normales seront comprises dans le compte des années de service lors de la liquidation de la pension de retraite.

Art. 3. — Le chiffre de la pension de retraite ne pourra être inférieur à 600 francs pour un instituteur, et à 500 francs pour une institutrice et une directrice de salle d'asile communale.

Conformément à l'article 137 du règlement de la Chambre des députés, cette proposition de loi a été transmise au Sénat après son adoption par la Chambre.

Tous les membres de la Commission s'y sont montrés favorables, et ils m'ont chargé, en me désignant pour rapporteur, de vous en proposer l'adoption pure et simple.

Cette communauté d'appréciations ne peut que simplifier et abréger la tâche du rapporteur; cette tâche est d'ailleurs d'autant plus simple, et elle doit être d'autant plus courte, qu'un rapport étendu ne pourrait constituer qu'une reproduction du rapport si complet présenté à la Chambre des députés par l'honorable M. Paul Bert.

En disant tout, M. Paul Bert n'a guère laissé de place qu'à la redite.

1. Cette Commission était composée de MM. Bertauld, *président;* Bozérian, *secrétaire-rapporteur;* Adam (Seine-et-Marne), Édouard Charton, baron de Ravignan, Noubel, Valentin, Humbert, Jahan.

2. *Journal officiel* du 9 *octobre* 1876, pages 7396 et 7397.

Voir ci-dessus la proposition de M. Paul Bert, 6 *avril* 1876, page 589, et la proposition de M. Beaussire, 7 *avril* 1876, page 591.

Voir également, page 611, le rapport de M. Paul Bert, 29 *juin* 1876.

Voir ci-après le rapport de M. Batbie, 8 *août* 1876, et le second rapport de M. Paul Bert, 10 *août* 1876.

§ 2.

La proposition de loi dont vous êtes saisis, Messieurs, se compose de la réunion de deux propositions présentées à la Chambre des députés par MM. Paul Bert et Beaussire.

Ces propositions n'étaient elles-mêmes que la reproduction de diverses dispositions législatives, qui avaient trouvé place, soit dans le projet de loi soumis à l'Assemblée nationale, le 15 décembre 1871, par notre honorable collègue, M. Jules Simon, alors Ministre de l'Instruction publique, soit dans le contre-projet déposé, le 3 juillet 1872, par la Commission présidée par Mgr l'évêque d'Orléans, dans la proposition de loi déposée le 9 juin 1873 par notre regretté collègue M. Maurice.

§ 3.

Les innovations proposées par le projet consistent :

1° A faire passer du service sédentaire dans le service actif les personnes désignées dans l'article 1er, ce qui leur permet de faire valoir leurs droits à la pension à cinquante-cinq ans d'âge, au lieu de soixante, et après vingt-cinq ans de service, au lieu de trente;

2° A baser la moyenne de la pension de retraite sur la moyenne des six années les plus productives, au lieu de la baser sur la moyenne des six dernières;

3° A édicter un minimum de 600 francs de retraite pour un instituteur et de 500 francs pour une institutrice et une directrice de salle d'asile communale.

D'après l'article 2, § 2, les années passées à partir de l'âge de vingt ans, en qualité d'élèves dans les Écoles normales, seront comprises dans le compte des années de service, lors de la liquidation de la pension de retraite.

§ 4.

La Commission du budget de la Chambre des députés, à laquelle cette proposition de loi a été soumise, a, dans sa séance du 4 juillet, émis l'avis qu'il n'y avait pas lieu d'y faire opposition dans l'état actuel de nos finances.

Dans la séance du 10 du même mois, M. le Ministre des Finances, tout en exprimant un léger regret de ce que la question des pensions de retraite des fonctionnaires de l'instruction primaire fût traitée séparément de celles relatives aux pensions de retraite des autres fonctionnaires, alors que le Conseil d'État est saisi d'une loi générale, a néanmoins déclaré en fin de compte qu'il ne s'opposait pas au vote du projet de loi[1].

§ 5.

C'est dans cette situation que nous venons vous demander, Messieurs, de suivre la voie qui vous est ouverte.

Quelques-uns de nos honorables collègues, allant plus loin que le projet, auraient désiré que la loi fût déclarée applicable, non seulement aux fonctionnaires dont la pension sera liquidée postérieurement à la promulgation de ladite loi, mais encore à ceux dont la pension a été liquidée antérieurement.

Quelque puissantes que soient les considérations qui militaient en faveur de

1. Voir l'*Officiel* du 11 *juillet*, page 5015.

cette disposition, on ne peut se dissimuler que, sans compter les charges budgétaires qui en seraient résultées, c'eût été peut-être chose grave que de donner à la loi un effet rétroactif.

Au surplus, cette situation a préoccupé l'attention de la Commission du budget de la Chambre des députés, et, pour répondre aux sentiments d'humanité qui auraient inspiré ces réclamations, elle a, d'accord avec M. le Ministre de l'Instruction publique, proposé d'inscrire au budget de 1877 une augmentation de 100 000 francs sous ce titre : « Secours ou subventions pour complément de retraite au profit d'anciens instituteurs et d'anciennes institutrices publiques, veuves de directeurs d'Écoles normales, d'Inspecteurs primaires et d'instituteurs publics.. »

Cette disposition donne, dans une large mesure, satisfaction à nos honorables collègues.

§ 6.

Nous croyons devoir borner notre exposé à ces courtes observations; la question est actuellement trop connue de chacun de vous pour qu'il soit nécessaire de se livrer à de plus longs développements.

Votre Commission est convaincue, Messieurs, qu'à l'exemple de la Chambre des députés, laquelle, d'ailleurs, comme nous avons eu l'honneur de vous le dire, n'a fait que reprendre et continuer l'œuvre précédemment entreprise et commencée par plusieurs de nos honorables collègues sous la précédente Assemblée, vous tiendrez à donner à cette classe si intéressante des fonctionnaires de l'instruction primaire une preuve de sympathie justement méritée, et qu'unis à nos collègues de la Chambre par une communauté de vues et de sentiments, vous vous joindrez à eux pour voter la présente proposition de loi.

Proposition de loi.

Article 1er. — Les Inspecteurs de l'enseignement primaire; les directeurs et les directrices, les maîtres adjoints et les maîtresses adjointes des Écoles normales primaires, les instituteurs communaux et les institutrices communales, titulaires ou adjoints, les directrices de salles d'asile communales, seront compris parmi les fonctionnaires du service actif et ajoutés au tableau nº 2 annexé à la loi du 9 juin 1853. Leur pension de retraite sera, à partir de la promulgation de la présente loi, réglée conformément aux dispositions relatives aux emplois de la partie active.

Art. 2. — La pension de retraite sera basée sur la moyenne des traitements et émoluments de toute nature soumis à la retenue, dont l'ayant droit aura joui pendant les six années qui auront produit le chiffre le plus élevé.

Les années passées, à partir de l'âge de vingt ans, en qualité d'élèves dans les Écoles normales, seront comprises dans le compte des années de service, lors de la liquidation de la pension de retraite.

Art. 3. — Le chiffre de la pension de retraite ne pourra être inférieur à 600 francs pour un instituteur, et à 500 francs pour une institutrice et une directrice de salle d'asile communale.

4 août 1876. **Rapport sommaire fait au nom de la 4e Commission d'initiative parlementaire chargée d'examiner la proposition de loi de M. Édouard Marion, ayant pour objet l'instruction primaire gratuite et obligatoire et l'amélioration du sort des instituteurs et institutrices primaires, par M. Allègre, député[1].**

Séance du 4 Août 1876.

Messieurs, notre honorable collègue M. Marion a présenté à la Chambre une proposition de loi qui a pour objet l'instruction primaire gratuite et obligatoire et l'amélioration du sort des instituteurs et institutrices primaires.

Votre 4e Commission d'initiative parlementaire, à qui cette proposition de loi a été renvoyée, ne pouvait demeurer indifférente aux questions d'enseignement ainsi posées, et, par l'organe de son rapporteur, elle vient vous exprimer toute la sympathie qu'un tel projet lui inspire.

Notre honorable collègue, M. Marion, a voulu préparer une loi presque complète sur l'instruction publique; car il énonce des principes et il en applique les conséquences dans de nombreux articles relatifs à l'organisation et aux moyens financiers de sa réforme scolaire.

La disposition qui se trouve placée en tête de la proposition de notre honorable collègue est celle, Messieurs, qui mérite surtout de fixer l'attention de vos bienveillants esprits, préparés aux mesures libérales et démocratiques.

En effet, l'article 1er de la proposition de loi est ainsi conçu :

« A partir du 1er janvier 1878, l'instruction primaire sera gratuite dans toutes les communes de France.

« Elle sera obligatoire pour tous les enfants des deux sexes, depuis l'âge de sept ans jusqu'à douze ans accomplis, soit à l'École communale, soit dans les Écoles libres. Le chef de famille qui voudra faire donner l'instruction primaire à domicile sera tenu de fournir la preuve que cette instruction est réellement donnée. »

Ainsi notre honorable collègue nous invite d'abord à formuler en texte de loi un de vos vœux et une des espérances nationales, l'établissement de la gratuité et de l'obligation pour l'instruction populaire.

Messieurs, il n'est pas nécessaire d'insister auprès de vous, pour vous démontrer que le moment est venu d'assurer au pays des moyens de progrès intellectuel et moral. Vous avez à cet égard une conviction profonde, et vous êtes prêts à tous les sacrifices, afin de réserver à notre nation un avenir de vertus et de savoir.

Un souvenir aussi nous fera approuver l'excellente pensée de notre honorable collègue; nous devons nous rappeler qu'en France les républicains se sont toujours montrés favorables au programme le plus étendu de l'enseignement primaire. Il n'y a pas de meilleure cause dans un pays d'égalité comme le nôtre, où désormais le suffrage universel reste la loi fondamentale de l'État.

Messieurs, l'instruction populaire doit être l'objet de nos plus sérieuses délibérations, parce qu'elle est une question d'ordre public et d'intérêt social. Tout le bien que vous ferez aux enfants sera par nos concitoyens rendu au pays en dévouement et en reconnaissance. Il ne suffit pas de reconnaître leurs

1. *Journal officiel* du 18 *septembre* 1876, pages 7034 et 7035.
Voir ci-dessus, 7 *juillet* 1876, page 622, la proposition de M. Édouard Marion.

droits à tous les hommes pour les rendre heureux, il faut encore leur faciliter l'accomplissement de leurs devoirs, par une éducation généreuse et patriotique.

Vous établirez, Messieurs, parmi nous des liens solides de paix et de réconciliation en prodiguant vos soins à l'enfance. Vous toucherez ainsi, par les sentiments, le père et la mère de famille, et le Gouvernement qui a pour lui les voix de la nature est un pouvoir durable et fort. Il répond aux aspirations légitimes de l'humanité, qui veut progresser toujours et met sa confiance dans les générations futures.

Il est, en outre, bien vrai, que chez les nations où l'instruction est largement donnée, tous les genres de bien-être augmentent, tandis que le personnel des prisons diminue. Cette dernière observation justifierait seule la mesure par laquelle vous appliquerez, Messieurs, la gratuité de l'enseignement primaire, après en avoir proclamé le principe.

Vous ne pourrez point d'un coup le faire passer absolument dans la pratique, puisqu'il faudra ménager une transition à cause des difficultés financières, en même temps que l'on devra tenir compte de certaines susceptibilités et de plusieurs objections. Mais vous aurez hâté la solution du plus intéressant problème, et vous exercerez dans le pays une salutaire influence, le jour où, partisans convaincus de la gratuité, vous aurez déclaré vouloir en être les législateurs.

Il sera d'autant plus nécessaire de réaliser la gratuité que l'on édictera l'obligation. Si l'enseignement est gratuit en effet, on n'aura plus d'excuse pour ne pas envoyer les enfants à l'École, et l'on aura alors le droit d'établir une pénalité qui sanctionnera le principe de l'instruction obligatoire.

L'intervention de l'autorité est ici légitime; car l'État est institué pour protéger les faibles et les élever jusqu'à la fière dignité de l'homme et du citoyen.

Notre Code civil a reconnu cette vérité, puisqu'il astreint les parents non seulement à nourrir leur progéniture, mais encore à lui procurer l'éducation. Il faut donc que les pères négligents ou coupables ne puissent plus s'affranchir des devoirs sacrés qu'ils ont envers leurs enfants. Ils leur doivent, avec le pain matériel, les aliments du cœur et de l'esprit, et ils recevront en retour la meilleure des récompenses dans une plus grande affection de leur famille.

La République, ne redoutant pas la lumière pour son existence, est à même d'établir l'obligation de l'instruction primaire, qui deviendra un bienfait pour le peuple et une cause de prospérité pour le pays.

Bien que notre honorable collègue M. Marion propose une loi d'obligation, il respecte néanmoins la liberté des parents. Ceux-ci pourront toujours envoyer leurs enfants soit à l'École publique, soit ailleurs, et même ils conserveront le droit de les faire instruire à domicile, pourvu qu'ils fournissent la preuve que l'enseignement est réellement donné.

Dès lors aucune difficulté ne peut plus être opposée au projet de notre honorable collègue; il soumet les dispositions de sa loi à un autre grand principe des sociétés modernes, la liberté de conscience.

Si nos traditions et nos convictions républicaines s'unissent afin de nous exciter à la prompte réalisation de la réforme scolaire, cette mesure urgente, Messieurs, s'impose à nous par des considérations d'un autre ordre puisées dans les désastres d'un passé encore tout vivant en la douleur des patriotes.

Faites enfin, Messieurs, éclater aux yeux du monde tous les riches trésors d'intelligence et de volonté que notre race indestructible renferme dans son sein, et qui ne sont pas employés. Vous ouvrirez ainsi par l'instruction une nouvelle ère de travail et d'honneur à notre nation, qui veut noblement réparer ses infortunes en demeurant un des facteurs nécessaires aux futures civilisations.

Ces pensées animaient certainement notre honorable collègue lorsqu'il a préparé sa proposition; elles vous expliquent le soin minutieux qu'il a mis à régler de nombreux détails d'organisation, afin de recommander une œuvre excellente.

Mais votre 4e Commission d'initiative parlementaire ne peut suivre notre honorable collègue dans ses articles de loi qui visent les moyens propres à exécuter son dessein.

Sur ces différents points d'application, votre Commission n'a pas à se prononcer et fait même ses réserves, parce qu'il est possible que l'étude et la discussion parlementaire d'un pareil sujet amènent l'adoption d'un système préférable à celui de l'honorable M. Marion.

Mais nous n'avons pas moins le devoir, Messieurs, d'applaudir à un projet qui nous offre une nouvelle occasion d'affirmer expressément notre ferme intention de relever le pays par l'enseignement populaire.

Donc, Messieurs, vous prendrez en considération la proposition de loi de notre honorable collègue, et vous consacrerez ainsi tout ce que vous avez déjà fait pour l'instruction primaire en promettant davantage.

Après avoir enrichi votre premier budget de l'enseignement public, vous prouverez que vous ne voulez point vous arrêter dans la dispensation du bien moral et intellectuel.

De cette manière, vous encouragerez encore l'honorable Ministre, M. Waddington, à qui, dans une de vos dernières séances, vous avez prodigué des bravos mérités, lorsqu'il vous annonçait les nombreuses améliorations qu'il préparait afin d'arriver jusqu'à l'obligation de l'enseignement primaire.

Vous ferez plus : vous inaugurerez avec bonheur la République définitive; elle deviendra par vos largesses le règne des intelligences, et dans l'âme des citoyens éclairés elle trouvera la garantie de son affermissement.

Tel est, Messieurs, le mandat exceptionnel que vous aurez l'honneur de remplir. Vous voterez, dans la durée de vos pouvoirs, toutes les réformes scolaires parce que les dépenses relatives à cet objet sont le seul droit de joyeux avènement que la République puisse imposer au peuple français.

---

7 août 1876. **Rapport sommaire fait au nom de la 1re Commission d'initiative parlementaire chargée d'examiner la proposition de M. Jules Pagézy, ayant pour objet de modifier certaines dispositions des articles 1 et 8 de la loi du 10 avril 1867 sur l'instruction primaire, par M. Taillefert, sénateur[1].**

Séance du 7 Août 1876.

Messieurs, notre honorable collègue M. Pagézy a saisi le Sénat d'un projet de loi ayant pour objet de modifier certaines dispositions des articles 1 et 8 de la loi du 10 avril 1867 sur l'enseignement primaire.

Il propose d'abord de rédiger le premier paragraphe de l'article 1er de cette loi comme il suit :

1. *Journal officiel* du 12 octobre 1876, pages 7458 et 7459.
Voir ci-dessus, page 586, le projet de M. PAGÉZY, 3 *avril* 1876.

« Toute commune de 300 habitants et au-dessus est tenue d'avoir au moins une École publique de filles, si elle n'en est pas dispensée par le Conseil départemental, en vertu de l'article 15 de la loi du 15 mars 1850. »

Sous le régime de la loi actuelle, cette obligation n'est imposée qu'aux communes comptant 500 habitants et plus. Notre honorable collègue, en substituant le chiffre 300 à celui de 500 dans la rédaction qu'il propose, n'atteint pas moins de 8 231 communes, auxquelles il créerait des charges très onéreuses et le plus souvent hors de proportion avec les ressources dont elles peuvent disposer.

Nous reconnaissons que la séparation des élèves dans des Écoles publiques, spéciales à chaque sexe, est désirable; que l'État, en prenant la haute direction de l'enseignement primaire, a contracté l'obligation de veiller, dans les Écoles publiques, à la discipline, à la bonne tenue et à la sûreté des enfants qui lui sont confiés. Mais, tout en rendant hommage à l'esprit qui a inspiré le projet de loi soumis à son examen, votre première Commission d'initiative a dû se demander tout d'abord si la proposition de M. Pagézy se présentait dans des conditions d'opportunité de nature à lui mériter votre adhésion.

Quand la loi de 1867 a été votée, nous n'avions que 15 093 Écoles publiques de filles. En 1873, date de la dernière statistique qui ait fait le relevé de nos établissements scolaires, et malgré la perte de territoire que nous avions subie dans l'intervalle, le chiffre de ces Écoles était monté à 17 461. Ainsi, bien qu'il ait fallu déduire les Écoles de l'Alsace et de la Lorraine que nous ne possédons plus, le nombre de nos Écoles de filles s'était accru de 2 362 dans une période de six années.

Quelque satisfaisants que soient ces chiffres, ils disent clairement que l'œuvre entreprise en 1837 ne peut s'achever que dans un laps de temps qu'on ne saurait encore déterminer, quoique l'on ait largement augmenté, pour l'exercice de 1877, le crédit inscrit au projet du budget de l'instruction publique, dans le but de venir en aide aux communes qui bâtirout des maisons d'école.

Il est donc bien certain que, malgré le zèle des administrations compétentes, malgré la légitime pression qu'elles ont exercée sur les autorités municipales et les subventions qui ont été promises, la loi de 1867 n'a pas encore été mise à exécution dans un grand nombre de communes de 500 habitants et au-dessus.

Comme il est de toute évidence que la réunion des élèves des deux sexes dans une même École présente bien plus d'inconvénients dans les communes très peuplées que dans les agglomérations de moindre importance, il est urgent d'assurer d'abord la complète exécution de la loi de 1867, avant d'étendre ses prescriptions à une nouvelle série de communes, où son application serait beaucoup moins utile.

Déjà un certain nombre de communes au-dessous de 500 habitants sont pourvues d'Écoles spéciales pour les filles. En général, elles doivent cet avantage à des dons ou à des fondations pieuses. D'autres se sont imposé de lourds sacrifices pour créer ces Écoles et ont été subventionnées par l'État. Il convient ici de signaler que le projet de budget pour 1877 met à la disposition de M. le Ministre de l'Instruction publique une somme de 100 000 francs avec cette affectation spéciale. Ce crédit, déjà voté par la Chambre des députés, ne sera pas contesté au Sénat. Il y a là, pour les communes de moins de 500 âmes, une marque de sollicitude et un encouragement qui doit donner à M. Pagézy une première satisfaction, et cette satisfaction nous paraît être la seule qui puisse lui être accordée dans la situation actuelle.

Si maintenant on veut se rendre compte des dépenses qu'entraînerait encore l'application de la loi de 1867, modifiée dans son article 1er par la proposition de l'honorable M. Pagézy, nous devons évaluer, d'après des renseignements puisés à bonnes sources, à environ 8 000 le nombre des communes de plus de 300 habitants qui n'ont pas encore d'Écoles de filles. Dans ce chiffre, nous comprenons les communes de plus de 500 âmes qui ne se sont pas encore conformées à la loi de 1867.

Nous aurions donc d'abord 8 000 maisons d'école à bâtir ou à louer.

Si on construit ces maisons d'école, et cela sera presque toujours indispensable dans les petites communes rurales, où il est fort difficile de trouver et de prendre en location des bâtiments que l'on puisse approprier au service scolaire, l'État sera dans la nécessité d'allouer de larges subventions à ces 8 000 communes, qui sont en général fort pauvres.

En admettant que chacune des Écoles ne coûte que 12 000 francs, évaluation qui est loin d'être exagérée, la dépense serait de 96 millions, dont un tiers environ, soit 32 millions, resterait à la charge de l'État, et encore faudrait-il que toutes ces petites communes, la plupart sans revenus et dont le centime est très peu productif, fussent en mesure de solder de leurs deniers le surplus, c'est-à-dire les deux tiers de la dépense.

Quand on songe aux charges écrasantes qui résulteraient pour les petites communes rurales de la proposition de M. Pagézy, on se demande s'il serait d'une bonne politique de leur imposer de si lourds sacrifices, ou même de les leur faire pressentir comme une menace qui se dresse devant elles pour un avenir prochain.

Dans les cas exceptionnels où on se bornerait à louer des maisons d'école, c'est à la charge de l'État que retomberait toute la dépense, car presque toutes les petites communes sont subventionnées pour les besoins de l'instruction primaire et ont déjà fourni toutes ce qu'elles devaient et pouvaient donner pour le service scolaire. Cette pénurie des communes réclamerait en outre le concours de l'État pour assurer le payement du traitement des institutrices dont le chiffre total s'élèverait à environ 5 600 000 francs.

Une autre considération vous démontrera que la proposition du dédoublement des Écoles de nos petites communes est certainement prématuré. Vous n'ignorez pas, sans doute, que l'on se plaint de manquer d'institutrices, et que M. le Ministre de l'Instruction publique, dont l'attention a été appelée sur ce grave inconvénient, demande avec insistance la création de nouvelles Écoles normales de filles. Serait-il opportun de décréter l'établissement d'un grand nombre de classes de filles, quand le personnel enseignant suffit à peine aux besoins des Écoles déjà existantes?

Nous pourrions encore examiner jusqu'à quel point il est possible de réduire le nombre des enfants fréquentant une École, sans détruire entre les élèves l'émulation, qui est le stimulant le plus efficace de leur travail et de leur progrès, et sans produire chez le maître l'indifférence et le découragement; mais c'est un nouvel aspect que nous nous bornons à indiquer.

Aux observations que nous venons de présenter on peut sans doute répondre que, pour les communes où l'application de la disposition proposée par M. Pagézy présenterait trop de difficultés, le Conseil départemental accorderait la dispense de l'exécuter. Mais alors quelle nécessité y aurait-il de faire dès aujourd'hui une loi dont l'application deviendrait, à notre avis, une exception, tandis que par la force des choses la dispense s'imposerait comme une règle presque générale?

Nous croyons vous avoir suffisamment démontré que la modification à l'article 1er de la loi de 1867, demandée par M. Pagézy, est au moins prématurée.

La deuxième proposition de notre honorable collègue porte sur le second paragraphe de l'article 8 de la loi de 1867, qu'il importe de reproduire ici pour faire saisir la gravité du changement que M. Pagézy désire y introduire :

Article 8 de la loi du 10 avril 1867. — « Toute commune qui veut user de la faculté, accordée par le paragraphe 3 de l'article 36 de la loi du 15 mars 1850, d'entretenir une ou plusieurs Écoles entièrement gratuites, peut, en sus de ses ressources propres et des centimes spéciaux autorisés par la même loi, affecter à cet entretien le produit d'une imposition extraordinaire qui n'excédera pas quatre centimes additionnels au principal des quatre contributions directes.

« En cas d'insuffisance des ressources indiquées au paragraphe qui précède et sur l'avis du Conseil départemental, une subvention peut être accordée à la commune sur les fonds du département, et, à leur défaut, sur les fonds de l'État, dans les limites du crédit spécial porté annuellement à cet effet au budget du Ministre de l'Instruction publique. »

M. Pagézy demande le remplacement du second paragraphe de cet article par la disposition suivante :

« En cas d'insuffisance des ressources indiquées au paragraphe qui précède, et sur l'avis du Conseil départemental, il est accordé à la commune, sur les fonds du département et, à leur défaut, sur les fonds de l'État, les subventions nécessaires pour l'entretien des Écoles entièrement gratuites. »

Si la rédaction de M. Pagézy était adoptée, il suffirait de l'adhésion du Conseil départemental pour que la subvention sur les fonds du département et, à leur défaut, sur les fonds de l'État, à laquelle la loi actuelle ne donne qu'un caractère facultatif, devînt obligatoire.

En outre, ces subventions, qui maintenant ne doivent être accordées que dans les limites d'un crédit spécial porté annuellement au budget du Ministre de l'Instruction publique, pourraient s'élever à une somme indéterminée.

De l'amendement présenté par notre honorable collègue, il résulterait donc que les communes, de concert avec le Conseil départemental, auraient le droit de puiser soit dans les fonds départementaux, soit dans des caisses de l'État, des sommes que nul n'aurait le pouvoir de leur refuser. Ce serait, à vrai dire, un crédit illimité ouvert à toutes les communes sur le Trésor public, contrairement aux principes les plus élémentaires de la comptabilité administrative et aux règles qui président à la confection de nos budgets.

Il ne faut pas d'ailleurs se faire d'illusion sur le motif qui inspire le plus souvent les Conseils municipaux, quand ils demandent d'établir la gratuité de l'enseignement primaire dans leur commune. Dans un grand nombre de nos communes rurales le produit du centime est si peu élevé, que le total fourni par les quatre centimes que la loi de 1867 autorise dans son article 8 est notablement inférieur à la somme que les habitants ont à débourser pour le payement de la rétribution scolaire. Toute commune qui se trouve dans ces conditions, et il y en a un grand nombre en France, fait donc une économie en établissant chez elle la gratuité de l'enseignement primaire.

Il faudrait peu d'exemples de ces avantageuses opérations pour que beaucoup de Conseils municipaux fussent tentés d'entrer dans la même voie, si, comme le propose M. Pagézy, chaque commune avait le droit à peu près absolu de puiser dans les caisses de l'État sous prétexte de développer l'instruction primaire. Pour arrêter cette habile manœuvre, qui pourrait prendre une extension imprévue, serait-il même prudent de compter sur la résistance des Conseils départementaux, complètement désintéressés au sujet de l'emploi des centimes spéciaux de leur département? Il y a donc là un danger.

Les deux propositions de notre honorable collègue M. Pagézy ne nous ont pas été présentées en temps opportun. Ce n'est pas au moment où M. le Ministre de l'Instruction publique fait procéder à une grande enquête administrative sur la situation et les besoins de l'enseignement primaire, qu'il convient de modifier les lois qui régissent cette branche si importante de l'instruction publique. En conséquence, tout en reconnaissant que les propositions de notre collègue lui ont été inspirées par des motifs de l'ordre le plus élevé, votre 1re Commission d'initiative est d'avis qu'il n'y a pas lieu de les prendre en considération. Le vote que nous vous demandons serait d'ailleurs conforme aux avis émis à la Chambre des députés par M. le Ministre de l'Instruction publique dans les discussions soulevées à l'occasion du budget.

---

8 août 1876. **Décret déterminant les traitements des instituteurs et institutrices primaires publics.**

8 Août 1876.

Le Président de la République française,

Sur le rapport du Ministre de l'Instruction publique et des Beaux-Arts,

Vu la loi du 19 juillet 1875, portant fixation du traitement minimum des instituteurs;

Vu l'article 9, § 4, de cette loi, disposant que, pour les années 1877, 1878 et 1879, un décret déterminera les diverses catégories d'instituteurs et d'institutrices de tout ordre qui, dans les limites fixées par ladite loi, devront obtenir une nouvelle augmentation, et déterminera en outre le chiffre de cette augmentation,

Décrète :

Article 1er. — Tous les instituteurs titulaires de 4e et de 3e classe, les institutrices titulaires de 3e classe, les instituteurs adjoints et les institutrices adjointes attachés à l'École principale ou chargés d'une École de hameau qui ne reçoivent pas le traitement minimum fixé par l'article 1er de la loi du 19 juillet 1875, toucheront ce traitement minimum à partir du 1er janvier 1877.

Art. 2. — A partir de la même époque, le traitement des instituteurs titulaires de 2e et de 1re classe sera porté au minimum de 1 000 francs.

Le traitement des institutrices titulaires de 2e et de 1re classe sera porté au minimum de 700 francs.

ART. 3. — Il sera pourvu à l'augmentation de dépense résultant des dispositions qui précèdent au moyen des ressources énumérées dans l'article 7 de la loi du 19 juillet 1875.

Rapport fait au nom de la Commission des finances[1] chargée d'examiner la proposition de loi transmise par la Chambre des députés, et relative à la retraite de divers fonctionnaires de l'enseignement primaire, par M. Batbie, sénateur[2]. 8 août 1876.

Séance du 8 Août 1876.

Messieurs, aux termes de l'article 20, deuxième paragraphe, de votre règlement, M. le président du Sénat a renvoyé à la Commission des finances une proposition de loi, précédemment votée par la Chambre des députés, sur la retraite des instituteurs.

Cette proposition contient trois dérogations aux règles suivies jusqu'à présent en matière de pensions : 1° elle fait passer les instituteurs du service sédentaire au service actif, ce qui aura pour conséquence de leur donner droit à pension après vingt-cinq ans de services et à cinquante-cinq ans d'âge; dans le service sédentaire le droit ne leur était acquis qu'à soixante ans d'âge et après trente ans de services; 2° leur pension, au lieu d'être calculée sur la moyenne des six dernières années, sera établie d'après la moyenne des six années qui, pendant leur exercice, ont donné le produit le plus élevé; 3° un minimum de 600 francs de retraite sera assuré aux instituteurs et un minimum de 500 francs aux institutrices.

La proposition accorde aussi aux instituteurs la faveur de compter comme années de services celles qu'ils ont passées, à partir de vingt ans, en qualité d'élèves des Écoles normales. Mais ce n'est pas là une quatrième dérogation, ou du moins cette exception n'est pas nouvelle, car des faveurs semblables ont été accordées aux élèves d'autres Écoles.

La Commission des finances n'a pas à s'occuper de ces dérogations au point de vue de la législation, mais seulement à rechercher les effets qu'elles peuvent produire sur la situation du Trésor. Avec la Commission de la Chambre des députés et avec M. le Ministre des Finances, votre Commission des finances est d'avis qu'il n'y a pas lieu, au point de vue financier, de faire opposition à la proposition qui vous est soumise.

Nous devons faire remarquer que l'article 3 de la proposition, qui garantit un minimum de 600 francs aux instituteurs et de 500 francs aux institutrices, est conçu en termes tellement généraux qu'on pourrait croire que ce minimum s'applique aux pensions exceptionnelles pour infirmités comme à la pension normale pour ancienneté.

1. Cette Commission était composée de MM. POUYER-QUERTIER, *président;* ANCEL, CAILLAUX, *vice-présidents;* VANDIER, BERNARD, DE MONTGOLFIER, *secrétaires;* FERAY, DELSOL, ROULAND, BATBIE, BOCHER, DUCLERC, LUCET, CORDIER, GOUIN, O. DE LAFAYETTE, LAMBERT DE SAINTE-CROIX, baron LE GUAY.

2. *Journal officiel* du 21 octobre 1876, page 7611.

Voir ci-dessus, page 633, le rapport de M. BOZÉRIAN, 4 *août* 1876.

La Chambre des députés l'a-t-elle ainsi décidé? Quelle est l'opinion de la Commission sur ce point? Il ne faut pas qu'il y ait de doute sur cette question, et qu'après avoir aperçu cette difficulté nous passions outre sans la résoudre.

---

10 août 1876. **Rapport fait au nom de la Commission chargée d'examiner la proposition de loi relative à la retraite de divers fonctionnaires de l'enseignement primaire; adoptée par la Chambre des députés le 10 juillet 1876; adoptée avec modification par le Sénat le 9 août 1876; transmise à la Chambre des députés, au nom du Sénat, par M. le président du Sénat, par M. Paul Bert, député[1].**

Séance du 10 Août 1876.

Messieurs, le projet de loi relatif à la retraite de divers fonctionnaires de l'instruction primaire que vous avez voté dans votre séance du 10 juillet dernier était ainsi conçu :

ARTICLE 1er. Les Inspecteurs de l'enseignement primaire, les directeurs et les directrices, les maîtres adjoints et les maîtresses adjointes des Écoles normales primaires; les instituteurs communaux et les institutrices communales, titulaires ou adjoints; les directrices des salles d'asile communales, seront compris parmi les fonctionnaires du service actif et ajoutés au tableau n° 2 annexé à la loi du 9 juin 1853. Leur pension de retraite sera, à partir de la promulgation de la présente loi, réglée conformément aux dispositions relatives aux emplois de la partie active.

ART. 2. La pension de retraite sera basée sur la moyenne des traitements et émoluments de toute nature, soumis à la retenue, dont l'ayant droit aura joui pendant les six années qui auront produit le chiffre le plus élevé.

Les années passées, à partir de l'âge de vingt ans, en qualité d'élèves dans les Écoles normales, seront comprises dans le compte des années de service lors de la liquidation de la pension de retraite.

ART. 3. Le chiffre de la pension de retraite ne pourra être inférieur à 600 francs pour un instituteur, et à 500 francs pour une institutrice et une directrice de salle d'asile communale.

Le Sénat, après avoir voté les deux premiers articles, a modifié la rédaction de l'article 3 par l'adjonction du paragraphe suivant :

« Ce minimum ne s'appliquera pas aux pensions exceptionnelles pour infirmités. »

L'honorable M. Batbie, président de la Commission des finances du Sénat et auteur de l'amendement qui s'est transformé en disposition additionnelle à l'ar-

1. *Journal officiel* du 5 octobre 1876, page 7307.
Voir ci-dessus, page 611, le premier rapport de M. Paul BERT, 29 *juin* 1876.
Les conclusions du présent rapport furent adoptées dans la séance du 10 *août* 1876, et le projet adressé au Sénat, qui l'adopta sans modification nouvelle. (*Journal officiel* du 30 septembre 1876, page 7243.)
Il a abouti à la loi du 17 *août*, qui suit le présent rapport.

ticle 3, a exprimé les motifs qui l'ont inspiré dans des termes que nous croyons devoir rapporter ici :

« D'après la loi du 9 juin 1853 sur les pensions civiles, tous les fonctionnaires, de quelque degré qu'ils soient, n'ont, pour cause d'infirmités, droit qu'à une somme proportionnelle à la durée des services.

« Cette pension, il est vrai, sera souvent insuffisante pour faire vivre l'employé retraité; mais la loi présume que cet employé, encore jeune, pourra travailler pour compléter ses moyens d'existence. De ce qu'il ne peut pas continuer ses fonctions, il ne résulte pas qu'il soit incapable de faire un travail quelconque. Il y a des employés qui sont incapables de faire un service actif, qui pourront faire un service sédentaire, et réciproquement. Les instituteurs, notamment, qui ne pourront plus enseigner, ne seront pas incapables de faire le commerce, d'être hommes d'affaires, secrétaires de mairies.

« Il serait injuste d'accorder à des instituteurs, qui peuvent faire d'autres travaux, après quinze ans d'activité, la pension que d'autres n'auront gagnée qu'après vingt-cinq ans de services. Il serait à craindre qu'après quinze ans d'activité, tous les maîtres de l'enseignement primaire ne fissent des efforts pour quitter la carrière, ce qui leur permettrait de joindre à leur retraite le produit des travaux assez nombreux dont ils seraient encore capables.

« Ajoutez que, pour la plupart des instituteurs, la pension après vingt-cinq ans n'atteindra pas le chiffre de 600 francs, et qu'il faudra invoquer en leur faveur le minimum. On accorderait donc souvent la même retraite à ceux qui auront servi quinze ans qu'à ceux qui auront servi vingt-cinq ans. »

La question soulevée devant le Sénat ne l'avait pas été devant la Chambre et, nous devons le déclarer, n'avait pas davantage été discutée dans le sein de la Commission. Il avait paru évident à tous ses membres que l'article 3, qui dérogeait aux rigueurs du droit strict dans un motif d'humanité, devait s'appliquer aux cas dans lesquels l'instituteur aurait, suivant les termes de la loi, « l'âge de quarante-cinq ans et après quinze ans de services, contracté des infirmités graves résultant de l'exercice de ses fonctions, qui le mettraient dans l'impossibilité de les continuer », tout aussi bien qu'à la retraite régulièrement obtenue à cinquante-cinq ans d'âge et après vingt-cinq ans de services.

Notre texte ne porte nullement atteinte à la sage distinction établie par la loi de 1873 entre la retraite ordinaire et la retraite anticipée pour cause d'infirmités; l'article 3, qui élève de 5 à 600 francs, pour les instituteurs le minimum de la retraite, a simplement pour but de permettre à l'instituteur retraité de faire face aux plus pressantes nécessités de la vie, nécessités qui ne sont pas moindres pour un infirme que pour un vieillard.

Si la thèse de l'honorable président de la Commission des finances du Sénat avait été soutenue devant vous, vous n'auriez pas manqué de répondre que le texte de la loi de 1853, si l'on veille à son exécution, protège suffisamment le Trésor public contre les menaces d'une désertion des instituteurs âgés de quarante-cinq ans, sous prétexte d'infirmités; que si, dans l'état actuel des choses cet abandon de leurs droits à une retraite régulière peut n'être pas toujours un désavantage, il n'en sera bientôt plus ainsi, à cause de l'augmentation rapide du traitement des instituteurs; qu'enfin, au point de vue budgétaire, l'intérêt est bien minime, puisqu'il ne s'agit guère que de 50 à 60 000 francs par an.

Mais enfin le Sénat a voté, et votre projet ainsi amendé revient devant vous. Vous pouvez ou le repousser, ou l'accepter, ou, suivant l'article 140 de votre règlement, charger une Commission de s'entendre avec une Commission du Sénat pour essayer de rédiger un texte commun.

Cette dernière procédure ne nous paraît pas devoir amener, dans l'espèce, un résultat utile. En effet, la Commission du Sénat, nommée pour étudier le projet de loi que vous aviez voté, était du même avis que votre propre Commission.

Son rapporteur, l'honorable M. Bozérian, a combattu sans succès l'amendement proposé et fait valoir contre lui les raisons que nous indiquions succinctement tout à l'heure. Tout fait penser qu'une nouvelle délibération du Sénat ne changerait rien à sa décision.

Ajoutons que ces formalités ne permettraient pas de voter définitivement la loi dans la présente session, et que les instituteurs retraités à la fin de l'année scolaire actuelle n'en bénéficieraient pas.

Nous serions encore bien moins disposés à vous proposer de repousser le projet, qui, malgré l'addition signalée, réalise des améliorations considérables, et sera accueilli comme un véritable bienfait par les instituteurs.

Les instituteurs retraités pour cause d'infirmités n'auront donc comme minimum de retraite que la somme de 500 francs, allouée par les lois annuelles de finances, qui n'ont pas jusqu'ici fait la distinction que nous voyons avec regret inscrite aujourd'hui dans la présente loi, et qui, nous l'espérons, ne la fera pas davantage dans l'avenir.

---

17 août 1876.

Loi modifiant les conditions de retraite des divers fonctionnaires de l'enseignement primaire.

17 Août 1876.

Article 1er. — Les Inspecteurs de l'enseignement primaire, les directeurs et les directrices, les maîtres adjoints et les maîtresses adjointes des Écoles normales primaires; les instituteurs communaux et les institutrices communales, titulaires ou adjoints; les directrices des salles d'asile communales, seront compris parmi les fonctionnaires du service actif et ajoutés au tableau n° 2 annexé à la loi du 9 juin 1853. Leur pension de retraite sera, à partir de la promulgation de la présente loi, réglée conformément aux dispositions relatives aux emplois de la partie active.

Art. 2. — La pension de retraite sera basée sur la moyenne des traitements et émoluments de toute nature, soumis à la retenue, dont l'ayant droit aura joui pendant les six années qui auront produit le chiffre le plus élevé.

Les années passées, à partir de l'âge de vingt ans, en qualité d'élèves dans les Écoles normales, seront comprises dans le compte des années de service, lors de la liquidation de la pension de retraite[1].

1. Consulter pour l'application de la loi les circulaires suivantes :

21 *août* 1876, rappelée le 10 *mars* 1877, transmissive du décret du 8 *août* 1876 (*aux Préfets*). (*Circ. et Instr. off.*, T. VII, p. 592.)

Art. 3. — Le chiffre de la pension de retraite ne pourra être inférieur à 600 francs pour un instituteur, et à 500 francs pour une institutrice et une directrice de salle d'asile communale.

Ce minimum ne s'appliquera pas aux pensions exceptionnelles pour infirmités.

Circulaire du Recteur de l'Académie de Besançon aux Inspecteurs de son ressort, relative aux prescriptions ministérielles reconnaissant la liberté des méthodes d'écriture pour les épreuves du brevet de capacité de l'instruction primaire. 1er sept. 1876.

1er Septembre 1876.

Monsieur l'Inspecteur, j'ai l'honneur de vous communiquer un extrait de la lettre qui m'a été adressée par M. le Ministre en réponse à mon rapport sur les observations de l'inspection générale (enseignement primaire).

Je vous prie de vouloir bien en donner connaissance à la Commission d'examen et le faire insérer dans le *Bulletin de l'Instruction primaire.*

« L'Administration n'impose et ne recommande aucune méthode d'écriture. « MM. les Inspecteurs généraux ont pu donner des conseils aux Inspecteurs et « aux instituteurs en ce qui concerne le choix des cahiers à adopter; mais il « demeure entendu que les maîtres ont une liberté entière à cet égard, et que « tout aspirant qui se présenterait au brevet de capacité avec une écriture « nette, bien formée et bien lisible, devrait être admis, quel que fût le genre « adopté par lui. »

Recevez, etc.

Signé : J. Lissajous.

Jugement du tribunal correctionnel de Mâcon [1], relatif à la rupture de l'engagement décennal. 15 sept. 1876.

15 Septembre 1876.

Celui qui a été dispensé du service militaire comme membre de l'Université, en vertu de l'engagement décennal qu'il a con-

21 *septembre* 1876, transmissive de la loi du 17 *août* (*aux Préfets*). (*Ibid.*, p. 608.)

3 *janvier* 1877 et 22 *février* 1878, concernant les secours complémentaires à accorder aux instituteurs et institutrices (*aux Préfets*). (*Ibid.*, p. 632 et 744.)

24 *janvier* 1878, rappelant celle du 19 *décembre* 1874, et recommandant de restreindre autant que possible les propositions d'admission à la retraite (*aux Préfets*). (*Ibid.*, p. 730.)

Voir le projet de loi initial de M. Paul Bert, 6 *avril* 1876, page 589.

1. Par jugement en date du 15 septembre 1876, le tribunal correctionnel de Mâcon a condamné par défaut à un an de prison le sieur Habwachs (François-Denis), de la

tracté, et qui abandonne la carrière de l'enseignement public sans faire la déclaration prescrite par la loi, encourt la peine de l'emprisonnement.

---

29 sept. 1876. **Circulaire du Ministre de l'Instruction publique, rappelant que les directeurs d'Écoles et de pensionnats primaires doivent renfermer leur enseignement dans les limites des matières indiquées par la loi et inscrites sur leur brevet.**

29 Septembre 1876.

Monsieur le Recteur, je suis informé que, dans quelques départements, des chefs d'établissements primaires (*Écoles et pensionnats*) donnent ou font donner à leurs élèves, soit dans leurs Écoles, soit au dehors, des leçons d'enseignement secondaire, et qu'ainsi par ce fait leurs maisons, destinées exclusivement à l'enseignement primaire, se transforment abusivement en Écoles secondaires préparatoires au baccalauréat. C'est là une violation formelle de toutes les prescriptions de la loi, qui ne saurait être tolérée.

L'enseignement, dans chaque École, doit répondre, sur tous les points, aux conditions de la déclaration d'ouverture et des pièces à l'appui. La loi et les règlements ne laissent aucun doute à ce sujet. L'École primaire ne saurait, directement ou indirectement, devenir École secondaire, sans qu'il y ait lieu à avertissement et à répression. Dans le cercle même de l'enseignement primaire, l'instituteur ne peut enseigner les matières qui ne sont pas inscrites sur son brevet de capacité. L'un de mes prédécesseurs a pris soin de vous adresser à ce sujet (*circulaire du 7 juillet 1862*) des instructions précises, que je rappelle à toute votre attention.

Vous aurez donc à veiller, Monsieur le Recteur, à ce que désormais les directeurs d'Écoles et de pensionnats primaires renferment leur enseignement dans les limites de leur déclaration et de leur brevet, et que, soit directement, soit indirectement, ils n'empiètent pas sur le domaine de l'enseignement secondaire. Je vous prie de m'accuser réception de la présente circulaire.

Recevez, etc.

Signé : WADDINGTON.

---

24 déc. 1876. **Circulaire du Ministre de l'Instruction publique, relative à la tenue et au développement des bibliothèques scolaires.**

24 Décembre 1876.

Monsieur le Recteur, l'arrêté du 1er juin 1862 prescrit (art. 13) à MM. les Inspecteurs d'Académie de me transmettre, à la fin de chaque année, par votre intermédiaire, un état présentant la situation des bibliothèques scolaires du département.

classe de 1872, du canton de Cluny (Saône-et-Loire), dispensé comme membre de l'Université, qui a abandonné la carrière de l'enseignement public sans faire dans les délais légaux sa déclaration de renonciation.

J'ai l'honneur de vous envoyer ci-joint des imprimés en nombre suffisant pour permettre à MM. les Inspecteurs de dresser cette statistique en trois expéditions, dont une devra être adressée à mon administration avant la fin de février prochain.

MM. les Inspecteurs devront toujours joindre à ces tableaux un rapport, dans lequel ils signaleront, pour chaque département, celui des instituteurs qui se sera le plus distingué par son zèle et les services rendus aux bibliothèques en général ou, en particulier, à celle dont la garde lui est confiée. Ils indiqueront aussi quels sont les livres le plus fréquemment lus, en classant les ouvrages en quatre catégories : littérature, histoire, agriculture et sciences, et désignant nominativement ceux qui auront été prêtés le plus souvent.

Vous voudrez bien également inviter MM. les Inspecteurs d'Académie à classer toutes les communes de chaque département dans une seule série alphabétique. Je vous prie de veiller à ce que cette prescription soit exécutée sans exception, afin de faciliter les recherches dans les tableaux statistiques.

J'appelle, Monsieur le Recteur, votre attention toute spéciale sur ce travail, auquel j'attache une sérieuse importance. Cette statistique devra sans doute figurer à l'Exposition universelle de 1878, et il est à désirer qu'elle soit faite avec tout le soin et toute l'exactitude possibles. J'ai remarqué que, dans les relevés adressés les années précédentes à mon administration, on avait trop souvent négligé de porter d'une manière exacte les concessions antérieures faites aux communes par le Ministère, et j'en ai conclu que, si ce renseignement facile à donner n'avait pas été consigné avec un soin suffisant, il devait également s'être glissé bien des irrégularités sur d'autres points.

Je saisis cette occasion, Monsieur le Recteur, pour insister sur diverses questions relatives au même sujet.

Il résulte des rapports joints par MM. les Inspecteurs d'Académie à la statistique de l'an dernier que l'œuvre des bibliothèques scolaires est loin de continuer à progresser comme par le passé. Elle semble même être actuellement stationnaire.

Cette situation paraît tenir à deux causes :

1° Le nombre des volumes qui composent les bibliothèques scolaires ne s'accroît pas suffisamment, parce que leur détérioration hâtive en met rapidement un grand nombre hors de service ;

2° Le nombre des lecteurs diminue, parce que, dans beaucoup de localités, les ouvrages existants ont été lus et relus.

De là deux questions capitales :

1° Conservation des volumes existants ;

2° Renouvellement des ouvrages.

Pour empêcher la détérioration des volumes, il serait important, pour ne pas dire indispensable, de faire relier tous les volumes. On arriverait sans doute à ce résultat si les Conseils généraux voulaient se décider à appliquer exclusivement, pendant au moins une année, à la reliure des ouvrages la totalité de la subvention qu'ils accordent annuellement aux bibliothèques. Là où les ressources ainsi réalisées ne suffiraient pas, on pourrait engager les instituteurs à ouvrir des souscriptions, auxquelles ils inviteraient leurs anciens élèves et les familles de la commune à prendre part. Il est évident que, si l'on ne se hâte pas d'obvier à l'inconvénient signalé, dans un délai très court il n'y aura plus de volumes dans les bibliothèques, et que, par suite, les efforts et les sacrifices faits depuis dix ans n'auront donné aucun résultat.

Quant à l'avenir, il est facile d'empêcher que le danger ne se reproduise. En effet, l'Administration a mis autrefois en adjudication la fourniture des livres aux bibliothèques scolaires. L'adjudicataire s'est engagé à fournir aux bibliothèques les ouvrages portés sur le catalogue publié par le Ministère, tout reliés et rendus *franco* à la gare la plus voisine, à un prix inférieur de 10 pour 100 au prix de vente.

Il faut aussi que les instituteurs, bien pénétrés de leur mission, sachent qu'ils sont responsables de la conservation des volumes, qu'aucun ouvrage ne peut disparaître de la bibliothèque, et que les livres perdus ou gravement détériorés doivent être remplacés aux frais des personnes qui les ont mis hors de service ou qui les ont fait sortir de la bibliothèque. Lorsqu'un des volumes sera détruit, le fait devra être constaté par un procès-verbal de destruction, qui sera soumis aux autorités compétentes.

La seconde question, celle du renouvellement des volumes, est complexe et plus difficile à résoudre que la première.

Il s'agit d'abord d'acquérir de nouveaux ouvrages qui viennent alimenter et accroître le fonds existant. L'Administration y contribue dans une très large part. Elle fait son possible pour amener la fondation de bibliothèques nouvelles et encourage celles qui donnent de bons résultats. Mais l'Administration ne saurait tout faire. Les Conseils généraux, eux aussi, font des sacrifices dans ce but. Les municipalités pourraient également être engagées à coopérer à l'œuvre entreprise : car elles ne font pas tout ce qu'elles devraient faire.

Il serait important que les instituteurs, convaincus de l'importance de cette œuvre, pussent faire partager leur conviction aux maires et aux municipalités, afin d'obtenir le vote de subventions indispensables pour la conservation et l'extension de ces utiles institutions. Les Inspecteurs, dans leurs tournées, pourraient aussi agir d'une façon efficace en mettant en lumière les services qu'on en doit attendre.

Enfin, les souscriptions faites dans les familles et parmi les anciens élèves des Écoles ont donné dans le passé d'excellents résultats. Les instituteurs les ont trop négligées dans ces derniers temps. Ce serait là un moyen facile, qui, s'il ne doit pas produire des ressources sérieuses dans un grand nombre de localités trop pauvres pour pouvoir faire de grands sacrifices, pourra pourtant faire récolter quelques sommes, et servira surtout à faire connaître l'œuvre et déterminer les populations à seconder une institution à laquelle elles participeront dans une mesure si faible qu'elle soit.

Il y aurait enfin un autre moyen de renouveler les bibliothèques : ce serait de créer des bibliothèques roulantes et d'organiser un système d'échange entre les établissements, de façon qu'ils envoient dans les bibliothèques voisines les ouvrages déjà lus, et que ces bibliothèques, à leur tour, leur renvoient en échange les ouvrages qui ne trouvent plus de lecteurs chez elles.

Le mode pratique d'opérer offre certaines difficultés, et c'est là une question à approfondir et à étudier avec soin. La solution ne saurait être obtenue immédiatement; mais il serait bon de s'en préoccuper.

Je pense que le rôle des Inspecteurs a une très grande importance, et que leur intervention peut être des plus efficaces. C'est à eux qu'il appartient de faire bien comprendre aux instituteurs et aux municipalités la haute portée de l'œuvre et les résultats pratiques qu'on en peut attendre. Ils doivent stimuler le zèle des instituteurs, leur montrer le parti qu'ils peuvent tirer des bibliothèques et leur rappeler quelle est leur responsabilité.

Toutes les questions que j'ai indiquées plus haut pourraient être traitées par écrit dans les conférences pédagogiques. On pourrait demander aux instituteurs de faire connaître leur avis sur l'importance des bibliothèques, les résultats qu'elles doivent donner, les systèmes pratiques d'échange qui sembleraient pouvoir être appliqués aux bibliothèques existantes, de manière à en faire de véritables bibliothèques circulantes.

Il serait bon que les Inspecteurs insistassent aussi sur ce point, que la bibliothèque scolaire ne doit pas être placée dans une salle de la mairie, mais bien dans la salle de classe de l'École, et cela toujours et sans aucune exception. Cette prescription me paraît avoir souvent été mise en oubli.

Trop souvent aussi des communes sollicitent des concessions de livres, soit directement, soit par l'intermédiaire de MM. les députés ou de MM. les sénateurs, sans avoir au préalable fait l'acquisition de l'armoire réglementaire exigée pour assurer la conservation des volumes. Il en résulte que les livres restent dans les caisses d'envoi tout ouvertes. Il est dès lors très difficile, pour ne pas dire impossible, de s'en servir, et ils ne tardent pas à se perdre. Je suis décidé à ne plus accorder aucune concession aux communes qui ne justifieront pas rigoureusement de la possession d'une armoire.

Je remarque dans les rapports qui m'ont été adressés que dans certaines Écoles, pour accroître le nombre des lecteurs, on a supprimé la rétribution exigée d'eux. Il y a là un fait qui me surprend. La bibliothèque scolaire doit être essentiellement gratuite, et, si l'instituteur peut accepter et même provoquer des dons et des souscriptions volontaires, il doit toujours et à tous prêter les ouvrages gratuitement.

Il est indispensable que le contrôle des Inspecteurs soit sérieux et efficace : ils doivent, quand ils visitent les Écoles de leur ressort, donner une attention toute spéciale à la tenue de la bibliothèque et examiner de très près les causes d'insuccès de telle ou telle bibliothèque; se bien rendre compte si l'absence de lecteurs est due simplement à ce que tous les volumes ont été lus et n'offrent plus d'intérêt, si elle est due à l'indifférence des habitants, qui se tiennent volontairement à distance, ou à la faute de l'instituteur.

J'insiste, en dehors des tournées d'inspection, sur l'importance des conférences pédagogiques, dans lesquelles on peut stimuler et éclairer les instituteurs.

Outre ces conférences, il est un moyen qui a réussi dans les Écoles du territoire de Belfort, et que je signale à votre attention. On y prête, comme partout, les livres aux habitants des communes et aux élèves des Écoles et des cours d'adultes. Seulement, en ce qui concerne les élèves, quand ils rapportent les volumes, on leur fait rendre compte de leurs lectures devant leurs camarades réunis. Ce procédé a le double avantage de faire lire avec plus d'attention et par conséquent avec plus de fruit par ceux qui empruntent, et de donner envie à ceux qui entendent le compte rendu fait par leurs condisciples d'emprunter à leur tour.

Je vous serai obligé, Monsieur le Recteur, d'examiner ces divers points et de me faire part, lorsque vous m'enverrez les tableaux statistiques pour l'année 1876, des observations qu'ils vous auront suggérées.

Recevez, etc. [1].

Signé : WADDINGTON.

1. En transmettant le même jour cette circulaire aux Préfets, le Ministre leur prescrivait d'insister près des Conseils généraux et des Conseils municipaux, pour les amener à faire quelques sacrifices en faveur des bibliothèques scolaires.

26 déc. 1876.

Loi portant fixation du budget des recettes de l'exercice 1877. [Extrait.]

26 Décembre 1876.

TITRE II. — *Budget des dépenses sur ressources spéciales.*

ARTICLE 4. — Toute commune qui veut user de la faculté accordée par les lois des 15 mars 1850 et 10 avril 1867 d'entretenir une ou plusieurs Écoles gratuites, peut, en sus de ses propres ressources et des centimes spéciaux autorisés par les mêmes lois, affecter à cet entretien le produit d'une imposition extraordinaire de quatre centimes additionnels au principal des quatre contributions directes.

En cas d'insuffisance des ressources indiquées au paragraphe qui précède, une subvention peut être accordée à la commune, soit sur les fonds du département, soit sur les fonds de l'État dans les limites du crédit spécial porté annuellement à cet effet au budget du Ministère de l'Instruction publique.

Si ces ressources réunies ne suffisaient pas à satisfaire à toutes les dépenses d'entretien de la gratuité, la commune pourrait encore y affecter une nouvelle imposition extraordinaire et spéciale qui n'excéderait pas six centimes additionnels au principal des quatre contributions directes.

---

27 déc. 1876.

Circulaire du Ministre de l'Instruction publique, relative aux dépenses de la gratuité absolue dans les Écoles.

27 Décembre 1876.

Monsieur le Préfet, dans l'une des séances où le budget de mon département, pour l'exercice 1877, a été discuté, la Chambre des députés a appelé mon attention sur les questions qui se rapportent à la gratuité absolue dans les Écoles primaires.

L'obscurité qui règne dans ces questions provient de ce que l'article 36, § 3, de la loi du 15 mars 1850, et l'article 8 de la loi du 10 avril 1867 ont reçu dans l'application, suivant les circonstances, des interprétations diverses.

Il était difficile, en tous cas, de prendre à l'avance des engagements vis-à-vis des communes, alors que le crédit inscrit au budget de l'instruction primaire pour cette dépense essentiellement facultative devait répondre à des besoins dont l'importance variait d'un exercice à l'autre, et qui, par leur nature, devaient aller toujours en croissant.

Aujourd'hui la situation ne s'est pas modifiée au point de vue de la possibilité de garantir à l'avance à une commune une subvention fixe; néanmoins il est opportun de rechercher quelles sont les mesures les plus propres, dans la limite des sommes mises à ma disposition, à donner satisfaction au vœu exprimé par la Chambre des députés.

Je commencerai par faire observer que l'article 36, § 3, de la loi du 15 mars 1850 était ainsi conçu : « Toute commune a la faculté d'entretenir une ou plusieurs Écoles entièrement gratuites à la condition d'y subvenir sur ses propres ressources. » Cette dernière disposition a été, il est vrai, modifiée par l'article 8, § 2, de la loi du 10 avril 1867; mais cette modification, loin d'être restrictive, a eu, au contraire, pour objet d'étendre aux communes pauvres une faculté qui était réservée aux communes possédant des ressources propres.

Par conséquent, l'article 36 précité est applicable sans restriction à celles qui ne demandent pas de subvention pour établir la gratuité dans leurs Écoles.

Quant aux communes qui réclament une subvention, il convient de remarquer que la quotité de cette subvention est subordonnée, après avis du Conseil départemental : 1° au montant des crédits spéciaux votés par le Conseil général pour cet objet; 2° au chiffre du crédit inscrit à mon budget, conformément aux prescriptions de l'article 6, § 2, de la loi du 10 avril 1867.

Pour que je puisse fixer le chiffre de la subvention attribuée à chacune d'elles, il est donc nécessaire que j'aie sous les yeux la liste de toutes les communes qui ont voté, pour l'établissement de la gratuité absolue, les quatre centimes additionnels autorisés par l'article 8, § 1er, de la loi du 10 avril 1867, et à propos desquelles le Conseil départemental a émis un avis favorable. Cette liste devra indiquer pour chaque commune le déficit à combler en tout ou en partie au moyen des fonds de subvention.

Il faut, en outre, que je connaisse les sommes votées par le Conseil général, dans le cas où il en consacre à cette nature de dépenses.

Je vous prie de me transmettre d'urgence ces indications pour l'année 1877.

Vous voudrez bien y joindre, à titre de renseignement, un état des communes qui, dans votre département, ont établi la gratuité, et qui ne demandent aucune subvention ni au département ni au Trésor public.

Lorsque j'aurai reçu votre travail, la répartition du crédit affecté à la gratuité pourra être faite, et la part attribuée à chaque commune de votre département pourra être déterminée.

Il faut prévoir, en outre, le cas où les communes qui ont actuellement des Écoles payantes décideraient l'introduction de la gratuité absolue dans ces Écoles.

Vous voudrez bien avertir les municipalités qu'elles devront alors délibérer à ce sujet, dans la session de février. Les délibérations qu'elles auront prises seront immédiatement soumises au Conseil départemental et me seront transmises sans aucun retard. Je pourrai, de cette manière, demander à la Chambre des députés les augmentations de crédit que pourra nécessiter l'extension du service.

Recevez, etc.

Signé : WADDINGTON.

31 déc. 1876. **Décret élevant le nombre des Inspecteurs généraux de l'enseignement primaire.**

31 Décembre 1876.

Le Président de la République française,

Sur le rapport du Ministre de l'Instruction publique et des Beaux-Arts;

Vu la loi de finances du 29 décembre 1876;

Vu le décret du 9 mars 1852,

Décrète :

Le nombre des Inspecteurs généraux de l'Instruction publique, pour l'enseignement primaire, est porté à huit.

---

31 déc. 1876. **Décret augmentant le traitement des Inspecteurs généraux de l'Instruction publique.**

31 Décembre 1876.

Le Président de la République française,

Sur le rapport du Ministre de l'Instruction publique et des Beaux-Arts;

Vu la loi de finances du 29 décembre 1876,

Décrète :

ARTICLE 1er. — Le traitement minimum des Inspecteurs généraux de l'Instruction publique est fixé à 10 000 francs.

. . . .

---

12 janvier 1877. **Arrêt du Conseil d'État relatif à l'inscription d'office d'une dépense obligatoire au budget d'une commune.**

12 Janvier 1877.

L'inscription d'office d'une dépense obligatoire au budget d'une commune ne peut être faite sans que le Conseil municipal ait été appelé à délibérer sur cette dépense.

Aux termes de l'article 39 de la loi du 17 juillet 1837, lorsqu'une commune n'alloue pas des fonds obligés pour une dépense obligatoire, ou n'alloue qu'une somme insuffisante, il appartient à l'autorité compétente d'inscrire d'office au budget l'allocation nécessaire pour pourvoir à cette dépense; mais, dans tous les cas, le Conseil municipal doit être appelé préalablement à en délibérer.

Par application de ces principes, le Conseil d'État a annulé pour excès de pouvoir l'arrêté d'un Préfet qui avait inscrit d'office au budget d'une commune, et à titre de complément du traitement des instituteurs, une certaine somme sur l'emploi de laquelle le Conseil municipal n'avait pas été appelé à délibérer.

Décret déterminant les conditions auxquelles les instituteurs primaires publics qui exercent en vertu d'un titre suppléant au brevet de capacité seront admis au bénéfice de l'augmentation de traitement accordé par l'article 3 de la loi du 19 juillet 1875. 15 janvier 1877.

15 Janvier 1877.

Le Président de la République française,

Sur le rapport du Ministre de l'Instruction publique et des Beaux-Arts,

Vu l'article 25, § 2, de la loi du 15 mars 1850;

Vu l'article 9 de la loi du 21 juin 1865;

Vu le règlement du 3 juillet 1866, relatif aux examens du brevet de capacité pour l'enseignement primaire;

Vu l'article 16 de la loi du 10 avril 1867;

Vu l'article 3 de la loi du 19 juillet 1875;

Vu l'avis du Conseil supérieur de l'instruction publique, en date du 18 décembre 1876,

Décrète :

ARTICLE 1er. — Les instituteurs primaires publics qui exercent en vertu de l'un des titres déterminés par l'article 25 de la loi du 15 mars 1850 comme pouvant suppléer au brevet de capacité, et qui désirent bénéficier des dispositions du paragraphe 1er de l'article 3 de la loi du 19 juillet 1875, sont admis à faire compléter leur titre en subissant un nouvel examen.

ART. 2. — Un arrêté ministériel déterminera les matières sur lesquelles les candidats à l'examen du brevet complet auront à répondre.

---

15 janvier 1877.

Arrêté relatif à l'exécution de l'article 3 de la loi du 19 juillet 1875, sur le traitement des instituteurs et des institutrices publics.

15 Janvier 1877.

Le Ministre de l'Instruction publique et des Beaux-Arts,

Vu l'article 25, § 2, de la loi du 15 mars 1850;

Vu l'article 9 de la loi du 21 juin 1865;

Vu le règlement du 3 juillet 1866, relatif aux examens du brevet de capacité pour l'enseignement primaire;

Vu l'article 16 de la loi du 10 avril 1867;

Vu l'article 3 de la loi du 19 juillet 1875;

Vu l'avis du Conseil supérieur de l'instruction publique, en date du 18 décembre 1876;

Vu le décret en date du 15 janvier 1877,

Arrête :

ARTICLE 1er. — Les instituteurs et les institutrices publics qui exercent en vertu de l'un des titres déterminés par l'article 25 de la loi du 15 mars 1850 comme pouvant suppléer au brevet de capacité, et qui désirent bénéficier des dispositions du paragraphe 1er de l'article 3 de la loi du 19 juillet 1875 et du décret du 15 janvier 1877, sont admis à faire compléter leur titre en subissant les épreuves écrites et orales de l'examen sur les matières du brevet complet non comprises dans le titre dont ils sont porteurs.

ART. 2. — Les matières sur lesquelles les candidats à l'examen auront à répondre sont fixées ainsi qu'il suit, selon la nature du diplôme, du certificat ou du titre en vertu duquel ils exercent, savoir :

1° Pour les candidats pourvus du diplôme de bachelier ès lettres : — la tenue des livres; l'arpentage et le nivellement; l'agriculture, l'industrie et l'hygiène; le dessin d'imitation, le dessin linéaire et d'ornement, le chant; la gymnastique;

2° Pour les candidats pourvus du diplôme de bachelier ès sciences complet : — les mêmes matières que ci-dessus, plus l'histoire naturelle;

3° Pour les candidats qui ont subi, avec succès, les épreuves du baccalauréat ès sciences restreint : — les mêmes matières que celles mentionnées au n° 1 du présent article;

4° Pour les candidats pourvus d'un certificat d'admission à l'École normale supérieure : — (section des lettres) : les matières indiquées au n° 1 du présent article; — (section des sciences) : les matières indiquées pour les candidats pourvus du diplôme de bachelier ès sciences, moins le dessin d'imitation et le dessin linéaire;

5° Pour les candidats admis à l'École polytechnique : la tenue des livres; le dessin d'ornement; l'agriculture, l'industrie et l'hygiène; le chant; la gymnastique; et, de plus, l'histoire naturelle pour ceux d'entre ces candidats qui n'auront subi que le baccalauréat ès sciences ou la première épreuve du baccalauréat ès lettres nouveau;

6° Pour les candidats admis à l'École militaire de Saint-Cyr : — la tenue des livres; l'agriculture, l'industrie et l'hygiène; le dessin d'imitation; le dessin linéaire et d'ornement; le chant; l'histoire naturelle (dans les mêmes conditions que pour les candidats admis à l'École polytechnique);

7° Pour les candidats admis à l'École forestière : — la tenue des livres; l'histoire naturelle (pour les bacheliers ès sciences qui ne produisent pas le diplôme de bachelier ès lettres); l'agriculture, l'industrie et l'hygiène; le dessin d'ornement; le chant; la gymnastique;

8° Pour les candidats admis à l'École navale : — la tenue des livres; l'arpentage et le nivellement; les notions de sciences physiques et naturelles; l'agriculture, l'industrie et l'hygiène; le dessin d'ornement; le chant; la gymnastique;

9° Pour les candidats admis à l'École des mineurs de Saint-Étienne : — la tenue des livres; l'arpentage et le nivellement; l'histoire naturelle; l'agriculture, l'industrie et l'hygiène; l'histoire et la géographie; le dessin d'ornement; le chant; la gymnastique; une langue vivante;

10° Pour les candidats admis à l'École des mineurs d'Alais : — toutes les matières, sans exception, du brevet facultatif;

11° Pour les candidats admis à l'École des Chartes : — les mêmes matières que pour les possesseurs du diplôme de bachelier ès lettres;

12° Pour les candidats admis à l'École centrale des Arts et Manufactures : — la tenue des livres; les notions des sciences physiques (électricité, magnétisme, acoustique et optique seulement); la chimie (depuis les métalloïdes); l'agriculture, l'industrie et l'hygiène; l'histoire et la géographie; le chant; la gymnastique; une langue vivante;

13° Pour les candidats pourvus du certificat de stage délivré conformément à l'article 47 de la loi du 15 mars 1850, ou du titre de ministre, non interdit ni révoqué, de l'un des cultes reconnus par l'État : — toutes les matières de l'enseignement facultatif.

ART. 3. — Jusqu'à ce qu'il en ait été décidé autrement, la connaissance d'une langue vivante ne sera pas considérée comme obligatoire sous peine d'élimination.

ART. 4. — L'examen complémentaire pour les candidats porteurs de l'un des titres mentionnés dans le présent arrêté sera subi dans une même session. Les dispositions de l'article 12 de l'arrêté du 3 juillet 1866, qui permet aux aspirants au brevet facultatif de subir quatre examens successifs devant la même Commission ou devant des Commissions différentes, ne sont donc plus applicables aux candidats mentionnés dans le présent arrêté.

ART. 5. — Les candidats qui voudront subir l'examen complémentaire pourront se présenter à l'une des deux sessions réglementaires.

Ils devront se faire inscrire un mois à l'avance au secrétariat de l'Académie, et déposer, en même temps, le titre en vertu duquel ils exercent et qui permettra de déterminer la nature des épreuves qu'ils auront à subir.

---

16 janvier 1877.

Arrêt de la Cour d'appel de Nancy, relatif aux instituteurs primaires donnant illégalement l'enseignement secondaire.

16 Janvier 1877.

L'instituteur primaire qui, contrairement aux dispositions précises de la loi, a tenu à domicile un cours d'enseignement secondaire, est non seulement passible d'une peine, mais encore de dommages-intérêts envers les chefs d'établissements de la même ville auxquels il a fait ainsi une concurrence illégale.

Sur la plainte de M. F....., chef d'un établissement libre d'instruction secondaire à Vouziers (Ardennes), le tribunal civil de première instance de Vouziers (tribunal de police correctionnelle) a rendu, le 28 novembre 1876, le jugement suivant contre le sieur G....., directeur d'un pensionnat primaire dans la même ville . . . .

Considérant que des prospectus publiés, des distributions de prix faites, des témoins entendus, il résulte que le défendeur, en concurrence avec le demandeur, a, contrairement aux dispositions précises de la loi, tenu à domicile un cours d'enseignement secondaire;

Qu'il y a lieu dès lors de lui faire l'application des dispositions de l'article 66 de la loi du 15 mars 1850, ainsi conçu :

« Quiconque, sans avoir satisfait aux conditions prescrites par la loi, aura ouvert un établissement d'instruction secondaire, sera poursuivi devant le tribunal correctionnel du délit et condamné à une amende de 100 francs à 1 000 francs;

« L'établissement sera fermé. »

Considérant que le défendeur a été averti, et que ce n'est pas le cas de lui faire l'application de l'article 80 de la loi précitée;

Sur l'action civile;

Considérant que le dommage est, quant à présent, inappréciable en argent;

Qu'il faut réduire l'affaire, à ce point de vue, aux proportions d'un avertissement sérieux;

Par ces motifs :

Condamne G..... en 100 francs d'amende;

Dit que son établissement secondaire sera immédiatement fermé;

Fixe au minimum la durée de la contrainte par corps;

Condamne G..... en tous les dépens à titre de dommages-intérêts envers la partie civile, desquels celle-ci est tenue, sauf son recours.

Appel de ce jugement ayant été formé, par M. F....., chef d'institution secondaire libre à Vouziers (Ardennes), la Cour d'appel de Nancy a rendu, le 16 janvier 1877, l'arrêt suivant :

Attendu que, par jugement du tribunal correctionnel de Vouziers du 28 novembre 1876, G....., instituteur primaire, a été condamné à 100 francs d'amende par application de l'article 66 de la loi du 15 mars 1850, pour avoir ouvert dans cette ville un établissement d'instruction secondaire sans avoir satisfait aux conditions exigées par l'article 60 de la même loi; — que G..... n'a pas interjeté appel de ce jugement, et que la seule question soumise à l'appréciation de la Cour consiste à déterminer l'étendue du dommage causé au sieur F....., chef d'une institution secondaire à Vouziers, par les actes abusifs réprimés par les premiers juges;

Attendu qu'il résulte des documents versés au procès que le sieur F..... a éprouvé un très faible préjudice de la concurrence que lui a faite G....., et qu'une somme de 25 francs sera une réparation suffisante du dommage causé; que de plus il n'est pas nécessaire de donner à la condamnation une plus grande publicité que celle de la poursuite;

Par ces motifs :

La Cour ayant tel égard que de raison à l'appel émis par F....., en qualité de partie civile,

Fixe à 25 francs l'étendue du dommage à lui causé par le délit commis par G.....;

Condamne, en conséquence, ce dernier à payer à F....., ladite somme de 25 francs;

Condamne F..... en qualité de partie civile aux dépens de première instance et d'appel, sauf son recours contre G....., qui en est tenu en définitive;

Dit que dans les frais de l'appel seront compris les honoraires dus à l'avoué chargé de défendre les intérêts de l'appelant, et dont la présence aux débats était nécessitée par un intérêt légitime de défense;

Fixe au minimum la durée de la contrainte par corps pour le recouvrement des frais et des dommages-intérêts.

---

29 janvier 1877. **Projet de loi sur la gratuité de l'enseignement primaire[1], présenté à la Chambre des députés, par M. Waddington, Ministre de l'Instruction publique et des Beaux-Arts.**

Séance du 29 Janvier 1877.

ARTICLE 1er. — Toute commune a la faculté d'établir la gratuité absolue dans ses Écoles.

ART. 2. — La commune qui, dans les conditions actuelles, n'a point à réclamer le concours du département et de l'État pour acquitter les dépenses de l'instruction primaire, et qui veut user de la faculté accordée par l'article 1er, doit subvenir aux dépenses de l'instruction gratuite au moyen de ses propres ressources.

ART. 3. — Toute commune subventionnée qui veut user de la même faculté doit, en sus des ressources énumérées dans les articles 40 de la loi du 15 mars 1850, 14 de la loi du 10 avril 1867 et 7 de la loi du 19 juillet 1875, affecter à l'entretien de la gratuité absolue dans ses Écoles le produit d'une imposition extraordinaire suffisante pour remplacer celui de la rétribution scolaire.

Le nombre des centimes votés à cet effet ne doit pas être inférieur à quatre, à moins que la commune ne dispose de ressources spécialement destinées à tenir lieu de la nouvelle imposition.

Il ne doit pas être supérieur à dix. Dans le cas où le produit de dix centimes est moindre que celui de la rétribution scolaire, le déficit est comblé au moyen d'un accroissement correspondant de la subvention de l'État.

ART. 4. — Lorsque la gratuité absolue est établie dans une commune, elle doit s'appliquer à toutes les Écoles publiques de cette commune indistinctement.

Il ne peut être fait d'exception à cette règle que provisoirement, et à raison des circonstances, sur la proposition du Conseil municipal et avec l'autorisation du Ministre de l'Instruction publique.

ART. 5. — Le mode d'évaluation du produit de la rétribution scolaire dans la

[1] Consulter les projets de M. DE LACRETELLE, 4 *avril* 1876, page 587, — de M. MARION, 7 *juillet* 1876, page 622, — de M. LAROCHE-JOUBERT, 29 *juillet* 1876, page 629; — et ci-après à leur date le projet de M. BARODET, 19 *mars* et 1er *décembre* 1877, — celui de M. BARTOLI, 1er *mai* 1877.

commune qui veut se placer sous le régime de la présente loi sera réglé ultérieurement par un décret rendu en Conseil des Ministres.

ART. 6. — Sont abrogés les articles 8 et 9 de la loi du 10 avril 1867, et les dispositions des lois antérieures en ce qu'elles ont de contraire à la loi actuelle.

ART. 7. — La présente loi ne sera exécutoire qu'à partir du 1er janvier 1878.

Circulaire du Ministre de l'Instruction publique au Préfet de la Seine, relative à la nature du stage exigé pour l'ouverture d'un pensionnat primaire. 23 février 1877.

23 Février 1877.

Monsieur le Préfet, j'ai pris connaissance de vos dépêches du 20 octobre 1876 et du 9 février dernier concernant la nature du stage exigé pour l'ouverture d'un pensionnat primaire.

Vous me demandez si le terme d'*instituteur*, mentionné à l'article 53 de la loi du 15 mars 1850, est applicable indistinctement à tout maître ayant exercé, soit en qualité de directeur, soit à titre de maître adjoint, dans un externat public ou libre, ou si le législateur, en opposant le terme d'*instituteur* à celui de *maître* dans un pensionnat, n'a pas voulu établir une différence, à savoir : qu'il faudrait avoir exercé dans un *externat* public ou libre comme *instituteur-directeur*, tandis qu'il suffirait d'avoir été employé comme *maître auxiliaire* ou *adjoint* dans un *pensionnat*.

Cette dernière interprétation me paraît celle qui doit être donnée à l'article en question.

En conséquence, je suis d'avis qu'il y a lieu de considérer comme apte à faire une déclaration d'ouverture de pensionnat tout Français âgé de vingt-cinq ans et ayant au moins cinq années d'exercice :

1° Comme instituteur, c'est-à-dire comme chef d'École publique ou libre, mais non comme instituteur adjoint dans une École à laquelle un pensionnat ne serait pas annexé;

2° Comme maître dans un pensionnat dépendant d'une École publique ou libre, en d'autres termes, comme maître employé dans un internat.

Recevez, etc.

Signé : WADDINGTON.

Projet de loi sur la construction des maisons d'école[1], présenté à la Chambre des députés, par M. Waddington, Ministre de l'Instruction publique et des Beaux-Arts, par M. Jules Simon, Ministre de l'Intérieur, Président du Conseil, et par M. Léon Say, Ministre des Finances. 1er mars 1877.

Séance du 1er Mars 1877.

TITRE Ier. — *Des ressources affectées à la construction des bâtiments scolaires.*

ARTICLE 1er. — Une somme de 60 millions de francs, payable en cinq annuités à partir de 1878, est mise à la disposition du Ministre de l'Instruction

1. Voir ci-après le projet de M. C. SÉE, 23 *mars* 1877, présenté de nouveau le 22 *novembre* suivant; — le rapport de M. MARTIN-FEUILLÉE, 10 *décembre* 1877; —

publique et des Beaux-Arts, pour être répartie, à titre de subvention, entre les communes, en vue de l'amélioration ou de la construction de leurs bâtiments scolaires et de l'acquisition des mobiliers scolaires.

Une autre somme de 60 millions de francs, également payable en cinq annuités à partir de la même époque, est mise, à titre d'avance, à la disposition des communes dûment autorisées à emprunter pour le même objet.

ART. 2. — Les allocations consenties par le Ministre sont indépendantes de celles qui peuvent aussi être accordées aux communes par le Conseil général sur les fonds du département.

La quotité de ces dernières doit être fixée au moment où le Conseil général est appelé à donner son avis sur les demandes de secours présentées par les communes.

ART. 3. — Les communes qui auront préalablement consenti les sacrifices que comporte leur situation financière, et qui ne seront pas en mesure de couvrir la totalité de la dépense, seront seules admises à recourir à la subvention de l'État. Elles devront adresser leurs demandes au Préfet, qui les instruira conformément aux lois et règlements existants et les transmettra ensuite au Ministre de l'Instruction publique, en y joignant les plans et devis des constructions projetées.

ART. 4. — Lorsque ces plans et devis auront été approuvés par le Ministre de l'Instruction publique, un arrêté ministériel déterminera la quotité et les époques d'exigibilité de la subvention, en tenant compte, pour ces évaluations, de la situation financière de la commune et de l'étendue des sacrifices qu'elle aura consentis.

Toutefois, lorsque la subvention demandée dépassera le tiers de la dépense totale ou le chiffre de 10 000 francs, le dossier de la demande sera soumis à une Commission de neuf membres composée de deux sénateurs et trois députés, nommés respectivement par chaque Chambre, et de quatre membres appartenant à l'administration. L'avis de cette Commission devra être visé et mentionné sommairement dans l'arrêté de répartition du Ministre.

Le Directeur général de la Caisse des dépôts et consignations et le Directeur de l'enseignement primaire font, de droit, partie de cette Commission.

ART. 5. — Les subventions allouées aux communes ne leur sont définitivement acquises que sous les conditions ci-après :

1° Production d'un certificat, dont la forme sera déterminée par le Ministre de l'Instruction publique, et qui devra lui être également transmis, établissant que la commune a déjà fait emploi de ses propres ressources pour les bâtiments scolaires, et que les travaux exécutés sont conformes aux plans et devis approuvés comme il vient d'être dit;

2° Mise à exécution des travaux dans un laps de temps qui ne pourra excéder deux ans.

Si, à l'expiration de ce délai, la commune n'a pas rempli les conditions ci-dessus, la subvention sera considérée comme non avenue.

Dans le cas où le projet serait ultérieurement repris, le Ministre de l'Instruction publique devra statuer à nouveau.

ART. 6. — Toutes les communes, admises ou non à profiter de la subvention de l'État et du département, peuvent être appelées à participer à l'avance de 60 millions indiquée au deuxième paragraphe de l'article 1er.

le projet de M. BARDOUX, du 17 du même mois; — le rapport de M. FLOQUET à la Chambre, 19 *janvier* 1878; — le rapport de M. DAUPHIN au Sénat, 2 *mai* 1878; — la loi du 1er *juin* 1878.

Les plans et devis des constructions projetées doivent, dans les deux cas, être soumis à l'approbation du Ministre de l'Instruction publique.

Avant de statuer sur les demandes d'emprunt, le Ministre devra prendre l'avis de la Commission instituée à l'article 4, toutes les fois que la somme à emprunter dépassera le chiffre de 30 000 francs.

Lorsque ces demandes auront été reconnues admissibles, les emprunts ne pourront avoir lieu que s'ils sont autorisés par une loi, un décret ou un arrêté préfectoral, suivant le cas, conformément aux lois en vigueur.

TITRE II. — *De la caisse pour la construction des Écoles.*

ART. 7. — Il est créé, sous la garantie de l'État, une caisse spéciale chargée de délivrer aux communes les subventions qui leur ont été accordées conformément aux articles 1er, 3, 4 et 5, et de leur faire les avances prévues aux articles 1er et 6. Cette caisse, qui prendra le nom de *Caisse pour la construction des Écoles*, est administrée par la Caisse des dépôts et consignations.

ART. 8. — La Caisse pour la construction des Écoles pourvoira au payement des subventions et avances ci-dessus stipulées, soit avec des fonds qui seront mis à sa disposition par le Trésor, moyennant un intérêt de 3 pour 100 réglé annuellement, soit avec le produit de la négociation de titres créés et émis dans les conditions du dernier paragraphe de l'article 8 de la loi du 11 juillet 1868 sur les chemins vicinaux.

ART. 9. — Les subventions payées aux communes par la Caisse pour la construction des Écoles lui seront remboursées, en capital et intérêts, au moyen de quinze annuités, de 5 millions de francs chacune, à inscrire au budget du Ministère de l'Instruction publique, à partir de l'exercice 1878.

Cette dotation sera ordonnancée au profit de la Caisse et payée par le Trésor dans les trois premiers mois de chaque année.

Les crédits nécessaires seront ouverts chaque année par la loi de finances.

En cas d'insuffisance du fonds de dotation et des ressources propres à la Caisse, il sera tenu compte par le Trésor tant de ses dépenses complémentaires d'intérêt et d'amortissement que de ses divers frais de gestion.

ART. 10. — Les avances aux communes seront faites pour trente et un ans au plus. Elles seront remboursées à la Caisse pour la construction des Écoles au moyen du versement semestriel d'une somme de 2 fr. 50 c. par chaque 100 francs empruntés.

Ce versement, continué pendant soixante-deux semestres, libérera la commune en intérêt et amortissement.

Des termes de remboursement plus courts pourront être stipulés. Dans ce cas, les versements semestriels devront être calculés de manière à tenir compte à la Caisse, en outre de l'amortissement, d'un intérêt fixé à 3 pour 100 l'an.

ART. 11. — Il sera passé, entre la Caisse pour la construction des Écoles et les communes dûment autorisées à contracter des emprunts, des traités particuliers relatant la quotité et les termes d'exigibilité des avances consenties par la Caisse, ainsi que les conditions de remboursement de ces avances.

ART. 12. — Les fonds prêtés à la Caisse spéciale par le Trésor ou réalisés au moyen d'obligations, conformément à l'article 8, seront remboursés aux ayants droit, savoir :

En ce qui concerne les subventions, au moyen des ressources de la dotation stipulée en faveur de la Caisse par l'article 9, et dans un délai de quinze ans au plus tard ;

En ce qui concerne les fonds employés en avances, au moyen des remboursements en capital opérés par les communes et dans les conditions de temps de ces remboursements, conformément à l'article 10.

ART. 13. — Chaque année, les Ministres de l'Instruction publique, de l'Intérieur et des Finances rendront compte au Président de la République de la distribution des subventions et des avances, de la marche des travaux et des opérations de la *Caisse pour la construction des Écoles*, par un rapport, qui sera distribué au Sénat et à la Chambre des députés.

TITRE III. — *De l'obligation de construire les maisons d'école.*

ART. 14. — Lorsque la création d'une École dans une commune aura été décidée par l'autorité compétente, conformément aux prescriptions des lois des 15 mars 1850 et 10 avril 1867, les frais d'installation, d'acquisition, d'appropriation et de construction des locaux scolaires et d'acquisition du mobilier scolaire constitueront pour la commune une dépense obligatoire.

La même prescription est applicable aux bâtiments scolaires destinés à deux ou plusieurs communes réunies.

Pour ce dernier cas, le mode de fixation de la part contributive de chaque commune dans la dépense sera déterminé par un règlement spécial.

ART. 15. — A défaut d'un vote du Conseil municipal ou sur son refus, il est pourvu d'office, par un arrêté préfectoral et après avis conforme du Conseil général, au payement des frais dont il s'agit, soit par un prélèvement sur les ressources disponibles de la commune, soit par des subventions du département ou de l'État, soit enfin par un emprunt contracté à la Caisse spéciale.

Lorsque cet emprunt aura été jugé nécessaire par le Préfet et par le Conseil général, le maire, ou, sur son refus, un délégué spécial, nommé en exécution de l'article 15 de la loi du 18 juillet 1837, empruntera à ladite Caisse, après y avoir été dûment autorisé, la somme nécessaire.

Il sera alors pourvu au remboursement de l'emprunt au moyen d'une imposition spéciale, établie par un décret.

1er mars 1877. **Proposition de loi ayant pour objet d'assurer la liberté de conscience dans les Écoles et les examens, présentée par MM. Talandier, Madier de Montjau, Barodet, Cantagrel, F.-V. Raspail, Benjamin Raspail, Leconte (Indre), Clemenceau, Jules Maigne, Daumas, Viette, Germain Casse, le comte de Douville-Maillefeu, Dethou, Escarguel, Armand Duportal, Duvaux, Margue, Louis Blanc, Martin Nadaud, Alfred Naquet, Henri de Lacretelle, Turigny, Bouchet, Sallard, députés[1].**

Séance du 1er Mars 1877.

Messieurs, la Chambre ayant repoussé pour cette année la séparation de l'Église et de l'État, et maintenu, en votant le budget des cultes, l'obligation,

1. *Journal officiel* du 8 mars 1877, pages 1778 et 1779.

La dissolution de la Chambre, le 16 mai 1877, empêcha l'examen du projet.

Il fut présenté de nouveau par ses auteurs le 14 *janvier* 1878, avec la seule modification suivante au premier § de l'exposé des motifs :

« La Chambre paraissant décidée à ne point examiner encore le vœu de ceux qui

même pour ceux qui n'appartiennent à aucun des cultes reconnus, de contribuer, par la voie de l'impôt, à des dépenses que leur conscience désapprouve, nous venons vous demander, — en attendant la satisfaction complète que nous ne cesserons de réclamer, — d'apporter au moins quelque tempérament, notamment en ce qui concerne l'enseignement, à la tyrannie que le maintien de cette union de l'Église et de l'État fait peser sur la conscience de tous les dissidents, et particulièrement des libres penseurs.

Nul parmi vous, sans doute, ne contestera que les parents libres penseurs aient, quant à la direction à donner à l'éducation de leurs enfants, les mêmes droits que les parents qui appartiennent à l'une des trois ou quatre orthodoxies que la loi reconnaît également, bien qu'elles s'anathématisent les unes les autres. Cependant ces droits du père de famille, ce respect de la conscience, sont blessés tous les jours et de la manière la plus odieuse. Il n'est personne, en effet, qui ne sache qu'un père de famille ne peut mettre ses enfants dans une École, dans un Lycée quelconques sans déclarer à laquelle des trois religions reconnues ils appartiennent et sans que les enfants soient obligés de prendre des leçons et de prendre part à des cérémonies religieuses qui ne peuvent que produire le plus mauvais effet, lorsque, ainsi que cela arrive très souvent, les enfants se trouvent tiraillés en sens contraire, ballottés, déconcertés par la double et contradictoire éducation qu'ils reçoivent à l'école et dans leur famille.

Les inconvénients de la toute-puissance que l'esprit clérical exerce à tous les degrés de l'instruction publique, mais surtout aux degrés primaire et secondaire, sont trop connus pour que nous ayons besoin d'insister longuement sur le bien fondé de notre proposition de loi. Les garanties de liberté que nous demandons ne peuvent d'ailleurs porter atteinte à la liberté de personne; aussi ne voulons-nous pas mettre en doute que la Chambre des députés accueille favorablement une proposition de loi qui ne tend absolument qu'à accorder à la liberté de conscience de tous les mêmes garanties.

Nous avons donc l'honneur de vous soumettre la proposition de loi suivante :

Proposition de loi.

ARTICLE 1er. — L'enseignement religieux est désormais, et dans tous les établissements d'instruction primaire, secondaire ou supérieure, absolument facultatif. Il sera complètement séparé de l'enseignement civique, littéraire, scientifique et moral, sera donné en dehors de l'École ou du Lycée, par d'autres personnes que les instituteurs ou institutrices, professeurs hommes ou professeurs dames, à des heures déterminées par les règlements, et seulement aux enfants ou adolescents de l'un ou de l'autre sexe, dont les parents, tuteurs ou correspondants, auront formellement exprimé la volonté que ces enfants ou adolescents suivent une instruction ou assistent à des cérémonies religieuses quelconques.

ART. 2. — Il est formellement interdit à tout instituteur ou institutrice, directeur ou directrice, proviseur, censeur, professeur, préfet des études, sous-maître ou sous-maîtresse, surveillant ou surveillante, surintendant ou surintendante d'une École quelconque, d'ordre primaire, secondaire ou supérieur, d'imposer ou de tolérer que qui que ce soit, dans leurs établissements, impose

réclament la séparation de l'Église et de l'État et à voter un budget des cultes, maintenant, même pour ceux....., etc. »

Voir ci-après le rapport, 17 *mai* 1878, auquel donna lieu le projet.

à leurs élèves ou aux parents, tuteurs ou correspondants de leurs élèves, l'obligation de déclarer à quelle religion lesdits élèves appartiennent.

ART. 3. — Nul élève, quels que soient son âge ou son sexe, ne pourra être forcé de suivre un enseignement religieux ou les cérémonies d'un culte quelconque, non plus qu'à aller au catéchisme, s'agenouiller, dire des prières ou suivre des processions, sans que la volonté des parents, tuteurs ou correspondants des élèves ait été manifestée sur ce point.

La volonté desdits parents, tuteurs ou correspondants, fera loi en pareille matière.

ART. 4. — Il est formellement interdit à tout instituteur ou institutrice, directeur ou directrice, proviseur, censeur, professeur, préfet des études, sous-maître ou sous-maîtresse, surveillant ou surveillante, surintendant ou surintendante d'une École quelconque, d'ordre primaire, secondaire ou supérieur, de faire aucun rapport signalant à qui que ce soit les élèves qui s'abstiennent des pratiques d'un culte ou des enseignements d'une religion quelconque, ou les parents, tuteurs ou correspondants de ces élèves.

ART. 5. — Dans tous les examens et concours, quels que soient la nature ou le degré des certificats, brevets ou diplômes à obtenir, et quels que soient l'âge, le sexe ou le rang des candidats ou concurrents, toutes épreuves relatives à l'enseignement religieux sont supprimées.

ART. 6. — Les membres de l'enseignement ou de l'administration qui auront contrevenu aux prescriptions édictées par la présente loi, et ceux qui les auront engagés à y contrevenir, ou qui auront demandé ou reçu des rapports tels que ceux dont il est question à l'article 4, seront passibles, envers la partie lésée, de dommages-intérêts s'élevant, pour la première fois, de 100 à 300 francs, et, pour la seconde fois, de 300 à 1 000 francs. Les récidivistes seront, en outre, déclarés incapables de faire partie désormais de l'enseignement ou de l'administration.

ART. 7. — Tout ce qui, dans les lois, règlements, instructions ou circulaires ministérielles, est contraire aux prescriptions édictées par la présente loi, et notamment l'obligation du certificat de baptême ou de première communion comme condition d'admission dans une École publique quelconque, ou comme condition attachée à l'obtention des livrets d'apprentissage, est et demeure aboli.

---

2 mars 1877.

Décision du Conseil d'État, relative au droit d'annulation par le Ministre compétent d'un traité approuvé par le Préfet.

2 Mars 1877.

Lorsqu'un traité passé avec un tiers par la Commission administrative d'un hospice a été approuvé par le Préfet, une première fois en projet et une seconde fois sous sa forme d'acte authentique et définitif, et que les parties, sur la foi de cette double autorisation, ont exécuté leur contrat, le Ministre de l'Intérieur commet un excès de pouvoirs en annulant rétrospectivement les arrêtés du Préfet, en portant atteinte, par cette annulation, à des droits irrévocablement acquis par les contractants.

Le Conseil d'État,

Vu la requête présentée par le directeur et les membres du Conseil d'administration de la Société anonyme de l'Institut catholique de Lille,

Vu la loi du 7 août 1851, notamment les articles 8, 9, 10 et 14;

Vu la loi du 12 juillet 1875 sur la liberté de l'enseignement supérieur, notamment l'article 6;

Vu l'article 6 du décret du 25 mars 1852 sur la décentralisation administrative;

Vu la loi des 17-14 octobre 1790 et celle du 24 mai 1872;

Ouï M. Perret, conseiller d'État, en son rapport;

Ouï Me Sabatier, avocat de l'Institut catholique de Lille, en ses observations;

Ouï M. David, maître des requêtes, commissaire du Gouvernement, en ses conclusions;

Considérant que, par sa délibération du 23 octobre 1875, la Commission administrative des hospices de Lille a décidé qu'il y avait lieu de convertir en acte authentique un projet de convention en vertu duquel, moyennant le payement par l'Institut catholique de Lille d'une somme de 140 000 francs, entre les mains du receveur des hospices, l'administration des hospices mettait, dans l'hospice Sainte-Eugénie, à la disposition des services de clinique médicale et chirurgicale de l'Université libre du Nord, fondés par ledit Institut, une salle d'amphithéâtre, un cabinet pour le professeur, une salle d'autopsie et un minimum de cent vingt lits, en attendant qu'on puisse livrer les deux cents lits des deux pavillons au fond de l'hôpital; que, par un arrêté du 16 novembre 1875, le Préfet du Nord a approuvé cette délibération et a autorisé la Commission administrative des hospices de Lille à traiter avec l'Université libre du Nord aux conditions du projet de convention précité;

Que le traité autorisé par la délibération et par l'arrêté préfectoral ci-dessus énoncés a été passé par-devant notaires, les 22 et 24 décembre 1875, entre le vice-président et les membres de la Commission administrative des hospices, agissant au nom des hospices de Lille, et le directeur et les administrateurs de la Société anonyme de l'Institut catholique du Nord, agissant au nom de ladite Société; que ce traité, enregistré le 30 décembre 1875, a été approuvé par le Préfet le 1er février 1876; qu'en exécution dudit traité, l'Institut catholique a versé, le 29 mai 1876, entre les mains du receveur des hospices une somme de 50 000 francs à valoir sur celle de 140 000 francs qu'il s'était engagé à payer;

Que ce traité avait créé, tant au profit de l'Institut catholique du Nord qu'à celui des hospices de Lille, des droits auxquels l'autorité administrative ne pouvait porter atteinte; que, dès lors, en annulant, par sa décision du 31 octobre 1876, les arrêtés par lesquels le Préfet avait approuvé la délibération de la Commission administrative des hospices autorisant le traité et le traité lui-même, le Ministre de l'Intérieur a excédé ses pouvoirs,

Décide :

La décision attaquée du Ministre de l'Intérieur, en date du 31 octobre 1876, est annulée.

---

6 mars 1877. **Rapport fait au nom de la Commission[1] chargée d'examiner la proposition de loi de MM. Bamberger, Versigny et Marmottan, ayant pour objet de maintenir en activité les fonctionnaires et employés de l'État, admis à faire valoir leurs droits à la retraite, jusqu'à la remise de leur titre de pension, par M. Adolphe Lelièvre, député[2].**

Séance du 6 Mars 1877.

Messieurs, la Chambre des députés, dans sa séance du 23 juin 1876, a pris en considération et renvoyé à l'examen d'une Commission spéciale une proposition de loi présentée par MM. Bamberger, Versigny et Marmottan, dont l'article unique est ainsi conçu :

« A partir de la promulgation de la présente loi, les fonctionnaires civils et militaires de l'État, admis à faire valoir leurs droits à la retraite, seront maintenus en activité jusqu'à la remise de leur titre de pension. »

Bien qu'inspirée par une pensée généreuse, à laquelle votre première Commission d'initiative s'est déjà plu à rendre hommage, cette innovation, si elle

1. Cette Commission était composée de MM. LE VAVASSEUR, *président;* FRÉMINET, *secrétaire;* MARGAINE, DE LABORDE, RENAULT (Léon), LAUMOND, BAMBERGER, NOIROT, LASSERRE, BOTTARD, LELIÈVRE.

2. *Journal officiel* du 14 *mars* 1877, pages 1932 et suivantes.

Voir ci-dessus le projet initial du 3 *avril* 1876, page 586; — le rapport de M. FRÉMINET, 17 *juin* 1876, page 609.

Les conclusions du rapport, 6 *mars*, de M. LELIÈVRE furent votées par la Chambre le 23 mars 1877.

Au cours de la discussion, MM. DES ROTOURS, Arthur LEGRAND et Georges BRAME avaient déposé le contre-projet ci-après, destiné à remplacer la proposition de MM. Bamberger, Versigny et Marmottan :

« ARTICLE UNIQUE. — Lorsque les besoins du service le permettront, les fonctionnaires admis à faire valoir leurs droits à la retraite seront maintenus en activité jusqu'au moment de la délivrance de leur brevet de pension.

« Dans les autres cas, à partir du jour de leur admission à la retraite et en attendant la liquidation définitive de leur pension, les fonctionnaires ou leurs ayants

était acceptée dans les termes mêmes que nous venons de reproduire, présenterait de graves inconvénients.

La mise à la retraite, il ne faut pas l'oublier, est souvent pour l'Administration un moyen de remplacer un fonctionnaire, honorable sans doute, mais dont les facultés, l'intelligence, le zèle, affaiblis par l'âge, ne peuvent plus rendre à l'État les services qu'il était en droit d'en attendre. La retraite est alors imposée. D'autres fois, c'est le fonctionnaire lui-même qui, sous le poids d'une fatigue prématurée ou d'infirmités graves, sollicite d'être rendu à la vie privée.

Il nous a semblé, et l'un des auteurs de la proposition s'est empressé de le reconnaître avec nous, qu'il était impossible, dans le premier cas, d'enlever à l'Administration une arme de l'usage de laquelle elle est et doit rester seule juge; dans le second, d'ajourner, pour le fonctionnaire qui désire se retirer, l'exercice d'un droit légitimement acquis.

Par des considérations d'un ordre différent, mais non moins grave, nous avons dû écarter également un amendement de MM. des Rotours, Arthur Legrand et Georges Brame. Cet amendement, qui substituait une simple faculté à l'obligation, imposée à l'État par le projet primitif, de maintenir en activité jusqu'à la remise du titre de pension les fonctionnaires admis à la retraite, présentait l'inconvénient de ne créer aucune distinction entre les diverses espèces de retraite et d'accorder à tous les fonctionnaires ou ayants droit présumés, par trimestre et d'avance, la totalité des arrérages de la pension qu'une liquidation provisoire leur aurait attribuée.

Nous avons pensé que ce système pourrait engager dans une trop large mesure les finances du Trésor et maintenir la porte ouverte à certains abus, qui ont en partie motivé les réclamations des pensionnaires eux-mêmes, abus dont nos honorables collègues ont voulu pourtant prévenir le retour.

Aussi, sans s'arrêter aux termes mêmes de la proposition et de l'amendement qui lui étaient soumis, votre Commission s'est appliquée à trouver un texte qui puisse donner satisfaction à la pensée dont nos collègues s'étaient inspirés : « Éviter que, dans l'avenir, un employé puisse être privé de toutes ressources pendant l'intervalle souvent considérable qui sépare la mise à la retraite de la délivrance du titre de pension. »

Pour arriver à ce résultat, il a paru préférable à votre Commission d'emprunter en partie la solution qu'elle est appelée à vous soumettre au système des secours qui, déjà dans quatre de nos administrations financières, a jusqu'ici fonctionné sans inconvénient, sauf à en étendre ou à en restreindre l'application suivant que les droits de l'intéressé seront plus ou moins incontestables et faciles à définir.

Ainsi, tandis que, pour le fonctionnaire dont l'âge et l'ancienneté de services, conditions qui rendent son droit certain et facile à la liquidation de la pension, auront seuls motivé la mise à la retraite, l'État sera tenu d'accorder une pro-

droit toucheront par trimestre, et à titre d'avances, les arrérages de la pension pour laquelle ils seront proposés par les chefs de l'administration compétente.

« Ce payement aura lieu sur la présentation d'un titre constatant que la liquidation de la retraite est en cours d'instruction.

« Les sommes ainsi avancées figureront dans les écritures des comptables sous la dénomination : *Avances à régulariser*.

« La régularisation s'effectuera lorsque le brevet définitif de pension aura été délivré. »

Ce contre-projet fut repoussé à la séance du 23 *mars* 1877. (Voir *Journal officiel* du 24 *mars*, page 2330.)

vision mensuelle équivalente à la presque totalité du chiffre de la pension présumée, cette obligation se transformera en une faculté ou en une possibilité dans d'autres cas où le droit est douteux et peut donner naissance à contestation; les Ministres compétents devant d'ailleurs, chacun dans son service et sous sa responsabilité, demeurer juges des cas où cette faculté doit être exercée.

De même, et dans les situations diverses que peuvent présenter les demandes de provisions, celles-ci seront portées à un chiffre plus élevé ou ramenées à une somme plus restreinte, suivant que les données sur lesquelles doit reposer la liquidation de la pension même seront plus ou moins discutables.

A ces conditions seules, il nous a paru que des abus pourraient être évités et le Trésor garanti contre les prétentions exagérées de solliciteurs insolvables.

Le payement de ces provisions aura lieu à titre d'avances, qui seront régularisées par imputation sur le premier payement des arrérages de la retraite définitivement liquidée. En cas d'insolvabilité du fonctionnaire qui, sans droit, aurait été admis au bénéfice de la provision, la régularisation des sommes perçues par lui sera faite au moyen du fonds de secours alloué au budget du Ministère duquel relevait l'employé débiteur.

Nous avons dû appliquer à ces provisions, qui ne sont, on vient de le voir, qu'une avance sur la pension de retraite, les mêmes règles qu'aux pensions elles-mêmes, et par suite les soustraire, dans la même mesure, aux atteintes des créanciers du fonctionnaire qui en jouit.

Une dernière question se posait devant votre Commission. Devait-elle accorder indistinctement à tous les fonctionnaires de l'État le bénéfice de la loi en projet? Elle ne l'a pas pensé.

Et d'abord, elle a dû faire exception pour tous les militaires et employés relevant du Ministère de la Marine, à qui un décret du 11 juin 1875 confère déjà des avantages analogues, peut-être même plus étendus que ceux que nous vous proposons de créer.

Du bénéfice de la loi en projet nous avons dû écarter également les militaires ou employés relevant de l'administration de la Guerre, auxquels les usages et règlements en vigueur permettent de toucher jusqu'à la remise des titres de pension le traitement attaché à l'état de non-activité. Les veuves des pensionnaires de cette dernière catégorie seront seules admises à toucher des provisions.

En outre, nous avons pensé, et, en cela, nous nous sommes encore trouvés d'accord avec les honorables auteurs de la proposition, que, aussi bien dans le but de ne pas surcharger d'un trop lourd fardeau le travail de la comptabilité mensuelle, que pour ne pas éteindre chez l'employé les sentiments d'une sage prévoyance, il convenait de restreindre le bénéfice des provisions aux fonctionnaires qui, au moment de la retraite, ne jouiraient que d'un traitement inférieur à 5 000 francs; encore sera-t-il indispensable qu'ils en fassent la demande.

Telle est, en résumé, Messieurs, l'économie du projet de loi que nous avons l'honneur de soumettre à vos délibérations. Il nous semble répondre à la pensée de nos honorables collègues, en même temps qu'il donne satisfaction aux réserves faites dans la séance du 23 juin 1876 par M. le Ministre des Finances.

Proposition de loi.

ARTICLE 1er. — Lorsqu'un fonctionnaire soumis, pour la pension, à la loi du 9 juin 1853 aura été admis à la retraite pour cause d'ancienneté de services, s'il n'est pas maintenu en activité, il touchera, par mois et à titre d'avances, les quatre cinquièmes de la pension à laquelle il sera en droit de prétendre.

ART. 2. — Le fonctionnaire admis pour cause d'infirmité ou de maladie à faire valoir ses droits à une pension exceptionnelle pourra obtenir une provision mensuelle et égale aux quatre cinquièmes de sa pension présumée.

ART. 3. — La veuve, dont le mari sera décédé en activité de service, pourra obtenir une provision payable par mois et d'avance, égale aux trois quarts de la pension minima à laquelle elle sera présumée avoir droit.

Si le fonctionnaire est décédé en jouissance d'une pension, la veuve, dès qu'elle aura justifié de son droit par la production de son acte de mariage, recevra, à titre d'avances, la totalité de la portion de cette pension dont la loi lui attribue la réversion. Dans ce dernier cas, la provision allouée sera payée par trimestre.

Les dispositions du présent article seront également appliquées aux pensions des veuves de militaires.

ART. 4. — Ces provisions ne seront accordées que sur une demande adressée par les intéressés au Ministre compétent; elles seront touchées en vertu de l'ampliation qui sera remise aux ayants droit de la décision ministérielle qui en déterminera le montant.

ART. 5. — Les provisions autorisées par la présente loi ne seront saisissables que dans les conditions et proportions applicables à la pension définitive. La régularisation de ces avances s'effectuera lors du payement des premiers arrérages de la pension.

Dans le cas où le droit à une pension exceptionnelle ne serait pas définitivement reconnu en faveur d'un fonctionnaire auquel des provisions auraient été accordées, et qui n'en pourrait restituer le montant, ces avances seront régularisées au moyen du fonds des secours alloué au budget de chaque Ministère.

ART. 6. — Les avances autorisées par les articles précédents ne pourront avoir lieu qu'en faveur des fonctionnaires dont le traitement soumis à retenue ne dépassait pas 5 000 francs au moment de leur mise à la retraite.

ART. 7. — Un règlement d'administration publique déterminera les conditions du contrôle du Ministre des Finances sur l'allocation et le payement desdites provisions à quelque nature de pensions qu'elles se réfèrent.

Proposition de loi tendant à encourager la formation d'Écoles professionnelles d'apprentissage au moyen d'allocations prises sur le budget départemental, sur celui du Conseil municipal et par un crédit de l'État, présentée par MM. Martin Nadaud, Charles Floquet, Crozet-Fourneyron, Spuller, Germain Casse, Talandier, Clemenceau, Lockroy, Louis Blanc, Georges Périn, Barodet, Maigne, Codet, B. Raspail, F.-V. Raspail, Armand Duportal, E. Bouchet, députés[1]. 6 mars 1877.

Séance du 6 Mars 1877.

Messieurs, les plaintes incessamment renouvelées des Chambres de commerce, celles non moins énergiques de nos grands industriels et de nos plus

1. *Journal officiel* du 14 *mars* 1877, pages 1933 et 1934.
Le projet ne put être discuté par suite de la dissolution de la Chambre le 16 mai suivant.

intelligents ouvriers, établissent d'une manière incontestable que l'apprentissage, tel qu'il a fonctionné et fonctionne encore de nos jours, est la cause principale de l'abaissement des connaissances pratiques dans nos divers ateliers et manufactures. Le mal est si grand que bientôt on n'entendra plus que ce cri : Comment répondre aux nécessités créées par le développement de l'industrie? Comment nous défendre surtout des envahissements de la concurrence étrangère, si l'intelligence des ouvriers n'est pas cultivée avec le plus grand soin?

En effet, depuis la loi du 2 mars 1791, qui a aboli les anciennes corporations d'arts et métiers, aucune loi n'est venue suppléer à ce que les anciennes corporations avaient d'utile pour former des ouvriers d'un haut mérite. Aussi l'apprentissage depuis 1789 n'a guère été qu'une école d'ignorance et de démoralisation pour les enfants. Ils oublient, en effet, pendant les années d'apprentissage, ce qu'ils ont appris à l'École primaire, et ils n'apprennent pas même leur métier. Le mal serait aujourd'hui irréparable si le hasard ne plaçait point de temps en temps l'apprenti sous la direction de maîtres humains, d'ouvriers de cœur et de dévouement, enseignant sans y être obligés le jeune apprenti qui travaille à leurs côtés.

Pour conjurer le péril dont nous sommes menacés par le manque d'Écoles d'apprentissage, le moyen le plus sûr serait, sans contredit, une bonne et large organisation nationale des forces intellectuelles et productives de nos classes laborieuses.

Or, de toutes les solutions proposées pour suppléer à l'imperfection actuelle des contrats d'apprentissage, il est évident qu'un système complet d'enseignement professionnel semble le moyen le plus rationnel. Déjà la ville du Havre et le Conseil municipal de Paris nous ont donné l'exemple.

Lorsqu'on entre dans l'École d'apprentissage du boulevard de la Villette, à Paris, on est émerveillé à la vue de ces jeunes enfants, travaillant avec zèle et maniant dans la même journée le marteau, la lime, la scie, la varlope, le compas et la plume. Ils reçoivent même un commencement de véritable instruction militaire.

Depuis la proclamation de la liberté du travail par l'Assemblée constituante, tous les gouvernements ont eu conscience du danger que nous signalons ici. En effet, la loi du 7 ventôse An III (25 février 1795) eut pour effet de fonder des Écoles centrales dans toute la République, et il y eut alors en France pour la première fois des cours d'agriculture, de commerce et d'économie politique. Nous savons aussi que, six mois après la promulgation de cette loi, la réaction thermidorienne supprima les professeurs d'économie politique, et que la collection des machines et des modèles fut mise au rebut. Le nom d'Écoles professionnelles, tombé en oubli, ne devait reparaître que dans une loi de la seconde République.

Ce n'est pas que dans ce long intervalle on n'ait rien tenté pour favoriser nos industries; mais ce que nous affirmons, c'est que ces gouvernements n'ont eu en vue que les intérêts des classes moyennes; car l'enseignement dans nos Écoles secondaires a été plutôt scientifique que pratique, témoin l'École centrale, les Écoles d'Angers, Chaptal, Turgot et tant d'autres; mais là, encore une fois, l'apprentissage est tout en faveur des enfants des familles jouissant déjà d'une aisance relative. S'il sort de ces Écoles des ingénieurs, des commis,

Il fut présenté de nouveau par ses auteurs le 14 *janvier* 1878 avec l'unique modification indiquée ci-après à l'article 1er de la proposition.

Il donna lieu au rapport de M. Martin NADAUD, 6 *mai* 1878.

des teneurs de livres et des employés de commerce, il n'est point sorti d'ouvriers manuels de ces Écoles bourgeoises, comme les appelait M. Cousin.

Ajoutons que, pour ces établissements, les deniers des départements, des municipalités et de l'État sont prodigués avec largesse pour pourvoir aux professeurs et à l'outillage.

Les députés de la troisième République n'oublieront pas que, toutes les fois que le cours des événements développe une société nouvelle, il faut aussi une éducation nouvelle. Enfin, si un certain nombre de nations nous ont devancés pour établir chez elles l'instruction primaire obligatoire et gratuite, prenons notre revanche, car l'enseignement professionnel laisse beaucoup à désirer chez nos voisins. Si nous savons vouloir, si nous mettons de côté les tâtonnements, les petits moyens, pour aller droit au but, la France éclipsera bientôt ses rivales sur les marchés étrangers. Nous pourrons fabriquer à meilleur marché, faire beaucoup mieux, puisque nous aurons des chefs d'atelier du premier mérite et des ouvriers d'un talent incomparable, qui n'auront point de rivaux dans le monde.

La République a à payer sa dette aux travailleurs manuels. Qu'elle les paye, qu'elle n'oublie pas surtout que, si les hommes d'élite que la France a produits ont porté au loin sa renommée, sa gloire et son génie, la monarchie n'en avait pas moins laissé le peuple dans une ignorance complète.

Nous avons l'honneur de soumettre à la Chambre la proposition de loi suivante :

Proposition de loi.

ARTICLE 1er. — Un crédit de 400 000 francs[1] est ouvert au Ministère de l'Agriculture et du Commerce pour encourager la création d'une École professionnelle dans chaque département.

ART. 2. — Le siège de ces Écoles sera fixé par délibération du Conseil général.

ART. 3. — Le chiffre de la subvention allouée par l'État sera proportionné à l'importance réelle des sacrifices consentis par le Conseil général.

ART. 4. — Ces Écoles d'apprentissage seront placées sous le patronage immédiat du Conseil général, qui en réglera l'organisation intérieure.

Proposition de loi ayant pour objet d'assurer la régularité du payement mensuel des instituteurs, présentée par M. Loustalot, député[2]. 12 mars 1877.

Séance du 12 Mars 1877.

Messieurs, la loi du 19 juillet 1875 a été la réparation d'une longue injustice. Après bien des efforts tentés par nos Assemblées politiques pour améliorer la position jusque-là si précaire des instituteurs et des institutrices, le dernier Parlement a eu l'insigne honneur, en assurant leur sort, de s'acquitter envers eux d'une dette véritablement nationale. Relever la dignité des maîtres de la

1. Le projet du 14 *janvier* 1878 portait :
« Un crédit de un million..... »
2. *Journal officiel* du 21 *mars* 1877, page 2219.

jeunesse par la sécurité de l'existence, les attacher à leurs fonctions par un traitement rémunérateur, progressant en raison de la durée des services, soutenir leur émulation et inciter leur zèle par des récompenses honorifiques et pécuniaires, par l'avancement sur place, telle a été l'œuvre généreuse de nos devanciers.

Mais tous ces bienfaits seraient compromis si la régularité ne présidait point au payement des modestes émoluments de l'instituteur. Que lui importerait d'avoir enfin obtenu une rétribution suffisante pour ses besoins, s'il devait en attendre la rentrée durant plusieurs mois? Trop pauvre pour se ménager les ressources de l'épargne, obligé de faire appel à un crédit onéreux, il ne pourrait parer aux nécessités d'un moment difficile qu'en compromettant les bénéfices qu'a voulu lui assurer la loi.

C'est pour remédier à cette situation, devenue intolérable sous la législation antérieure, que la loi de 1875 a édicté les mesures qui font l'objet de son article 8. Malheureusement, les précautions prises par le législateur ont été inefficaces, et l'expérience de moins de deux années a suffi pour démontrer qu'il n'a été apporté qu'un insignifiant palliatif aux inconvénients signalés. Le fonctionnement de la loi, source d'un travail accablant pour le service académique et de lenteurs insurmontables, oblige fatalement les instituteurs et les institutrices à se passer de traitement pendant les mois de décembre et de janvier, de février même, c'est-à-dire pendant les mois les plus difficiles. De toutes parts s'élèvent les plaintes et les doléances. Aussi l'article 8 de la loi du 19 juillet 1875 est-il irrémissiblement condamné par tous les hommes compétents.

Afin de rendre sensible la difficulté, et pour la démontrer à tous les yeux, il est nécessaire de rappeler d'abord les antécédents, d'entrer ensuite dans les détails d'une question qui doit éveiller la vive sollicitude d'une Chambre si dévouée aux intérêts de l'instruction publique.

D'après la loi du 15 mars 1850, le traitement affecté aux instituteurs se compose de ressources d'origines diverses : il y a d'abord 200 francs fixes qui sont inscrits au budget municipal et payés par la commune; — il y a ensuite la rétribution scolaire, encaissée par le receveur municipal et touchée par l'instituteur; — il y a en outre l'éventuel, c'est-à-dire le traitement payé par l'État pour les élèves admis gratuitement; — enfin, si ces trois ressources n'ont pas atteint le chiffre du traitement, l'État, qui le garantit, intervient à la fin de l'année pour le parfaire.

Ce système de formation du traitement avait pour conséquence forcée l'irrégularité dans les payements. En effet, le percepteur recouvrait les centimes communaux, rétribution scolaire, subvention du département et de l'État, destinés à former le traitement; or, l'État ne pouvant connaître le chiffre total de la subvention qui lui incombe dans les dépenses de l'année précédente, que par une liquidation faite en janvier, février ou mars, il ne l'ordonnançait qu'en avril ou mai et ne la versait dans la caisse municipale qu'en mai ou juin. De là des retards considérables, et l'on voyait fréquemment des instituteurs qui ne recevaient qu'en juillet leur traitement du quatrième trimestre de l'année précédente.

Pour éviter ces lenteurs si préjudiciables, la loi de 1875 n'a trouvé qu'un moyen : centraliser dans la caisse du receveur général toutes les ressources affectées au traitement des instituteurs et faire payer ceux-ci mensuellement sur des mandats délivrés par les Préfets. De là l'article 8, ainsi conçu :

« Les ressources d'origines diverses affectées au service de l'instruction primaire continueront à être inscrites au budget communal.

« Les traitements seront mandatés par le Préfet et acquittés suivant le mode établi en matière de cotisations municipales.

« Ils seront payés mensuellement et par douzième, sur le vu d'un état dressé par l'Inspecteur d'Académie. »

Voyons maintenant comment ces dispositions ont été réalisées dans la pratique.

D'après les instructions ministérielles, l'Inspecteur d'Académie doit fournir au Préfet les éléments des mandats dans un état adressé à la préfecture avant le 25 de chaque mois.

Le Préfet établit les mandats.

Le trésorier-payeur général les vise et les lui renvoie.

Enfin le Préfet les expédie aux parties prenantes du 1er au 5 du mois qui suit l'échéance.

Or tout cela exige du travail et du temps. Pour ne citer qu'un exemple, dans un département des moins populeux, les Landes, on doit dresser chaque mois six états contenant en moyenne 225 noms avec douze colonnes à remplir pour chaque nom, sans parler de la correspondance que ce travail implique. Cette absorbante besogne, qui nuit naturellement à la prompte expédition des autres affaires, on peut encore y suffire dans les mois ordinaires; mais, à la fin de l'année, quand il s'agit d'établir le décompte définitif du traitement et l'état de prévision pour l'année nouvelle, les difficultés matérielles s'accroissent et aboutissent à un retard inévitable.

Ainsi, pour le mois de décembre, l'Inspecteur d'Académie doit attendre que les Inspecteurs primaires lui aient envoyé le relevé des rôles de la rétribution scolaire et de l'éventuel pour l'année; avec toute la diligence possible, ces documents ne peuvent lui être fournis avant le 20 ou le 25 décembre. Il doit alors faire le décompte du traitement de tous les instituteurs, institutrices, adjoints et adjointes pour l'année entière, et enfin confectionner les états de traitement de décembre. Dans les départements qui comptent douze cents fonctionnaires de l'instruction primaire, et c'est un cas assez général, ce travail ne peut guère être terminé que vers le 25 janvier, car il est certainement le triple du travail d'un mois ordinaire.

Pour le mois de janvier, l'Inspecteur d'Académie doit dresser l'état de prévision pour l'année entière. Il doit ouvrir un compte à chaque instituteur, institutrice, adjoint et adjointe, et dresser les états de traitement. Le travail est ainsi doublé pour ce mois.

Dans les conditions actuelles, il est donc à peu près impossible que les instituteurs puissent toucher leur traitement de décembre avant la première quinzaine de février et celui du mois de janvier avant les premiers jours de mars.

Le but que s'était proposé la loi de 1875 : assurer aux maîtres d'école le mandatement régulier de ce traitement à la fin de chaque mois, n'a donc pas été atteint.

Le législateur avait nettement vu que le mal consistait en la rentrée tardive de la quote-part du département et de l'État, qui est la plus importante, dans le traitement des instituteurs. Il avait cru trouver le remède dans la centralisation des ressources qui concourent à former le traitement, sans s'apercevoir que l'on ne peut centraliser que des ressources déjà réalisées, et que la seule manière de les réaliser, c'est de faire l'avance des fonds de subvention. La loi était inexécutable, et, lorsqu'on la corrigea immédiatement dans la pratique, en ayant recours à des avances trimestrielles des fonds de subvention, l'encombrement d'écritures créé par la loi et les fâcheux retards qu'il a produits enlevèrent à cette sage mesure toute son efficacité.

Il faut donc revenir aux anciens errements et restituer aux maires le mandatement du traitement des maîtres. Par là, on débarrassera trois administrations de ces fastidieuses écritures d'où vient tout le mal, en déchargeant le service académique des états à fournir, les préfectures des mandats à signer, les trésoriers des visas à donner. Les maires ont à leur portée tous les éléments nécessaires pour faire ce travail, en prenant pour base la liquidation précédente; il se réduira en moyenne à deux ou trois mandats à dresser et signer dans le mois. Ils s'en sont acquittés pendant bien des années à la satisfaction de tous, et nous avons expliqué surabondamment que les empêchements qui se produisaient à la fin du quatrième trimestre et au commencement du premier ne pouvaient leur être imputés.

Il faut aussi faire disparaître complètement les causes de ces irrégularités dans les payements, en consacrant législativement la pratique actuelle des avances de fonds de subvention et en la simplifiant. Aujourd'hui le Préfet, au commencement de chaque trimestre, avance le quart des fonds de subvention du département et de l'État; ces fonds sont alors envoyés par le trésorier-payeur à la caisse municipale; ils reviennent au trésorier par les percepteurs; enfin ils sont renvoyés par le trésorier aux percepteurs pour le payement des instituteurs; — trois opérations à réduire à une, en supprimant ce va-et-vient des fonds de subvention et en les faisant simplement envoyer une seule fois par le trésorier à la caisse municipale, au commencement de chaque trimestre.

En résumé : assurer la composition mensuelle du traitement des instituteurs et des institutrices par l'avance des fonds de subvention; assurer le payement mensuel de ce traitement en se débarrassant des écritures qui l'entravent par la restitution aux maires du mandatement, telles sont les mesures que nous avons l'honneur de soumettre à la Chambre et de formuler dans les termes suivants :

Proposition de loi.

ARTICLE UNIQUE. — L'article 8 de la loi du 19 juillet 1875 est et demeure ainsi modifié :

« Les ressources d'origines diverses affectées au service de l'instruction primaire continueront à être inscrites au budget communal.

« Les subventions accordées aux communes sur les fonds du département et sur ceux de l'État seront mises à leur disposition par avances trimestrielles, en prenant pour base la dernière liquidation, sauf règlement en fin d'exercice.

« Les traitements seront payés par les receveurs municipaux sur mandats délivrés mensuellement par les maires.

« Le mandat mensuel sera du douzième du traitement établi pour la commune par la dernière liquidation, sans qu'il puisse être inférieur au douzième du traitement minimum correspondant à la classe de l'instituteur ou de l'institutrice. »

---

19 mars 1877. **Proposition de loi sur l'instruction primaire présentée par M. Barodet, etc.**

19 Mars 1877.

(Voir, à la date du 1er *décembre* 1877, le texte de cette proposition de loi.)

Rapport fait au nom de la Commission[1] chargée d'examiner la proposition de loi de M. Adolphe Lelièvre, tendant à fixer le traitement des institutrices dirigeant des Écoles publiques de filles dans les communes dont la population est inférieure à 500 habitants, par M. Adolphe Lelièvre, député[2]. 19 mars 1877.

Séance du 19 Mars 1877.

Messieurs, avant d'aborder la discussion de la proposition de loi que nous avons l'honneur de soumettre aux délibérations de la Chambre, il a paru nécessaire à votre Commission de rappeler brièvement les dispositions des lois antérieures qui règlent le mode de création et d'entretien des Écoles primaires communales de filles. Cet examen est, suivant nous, de nature à mieux fixer les conséquences auxquelles aboutira l'adoption de ce projet, si elle est acceptée par vous.

La loi du 15 mars 1850, dans son article 51, imposait à toute commune de plus de 800 âmes l'obligation, à moins d'une dispense formelle, de créer une École publique de filles, lorsque ses propres ressources lui en fournissaient les moyens. Cette obligation est aujourd'hui étendue, par l'article 1er de la loi de 1867, à toutes les communes dont la population excède 500 habitants.

Ces Écoles sont placées sous la direction d'institutrices titulaires ou adjointes, dont le traitement, d'abord fixé par les lois de 1850 et de 1867, a été définitivement réglé par la loi du 19 juillet 1875, de la manière suivante :

Institutrices titulaires :	1re classe.	900 francs.
—	2e classe.	800 —
—	3e classe.	700 —
Institutrices adjointes à l'École principale. . . .		600 —

Les articles 2, 3, 4 et 9 de cette même loi déterminent en outre, par une série de dispositions spéciales, les conditions d'avancement de ces diverses catégories d'institutrices.

Obligatoires à moins d'une dispense formelle prévue par l'article 15 de la loi de 1850, ces Écoles sont entretenues, et ces traitements payés sur un ensemble de ressources qui comprend :

1° Les rétributions scolaires;

2° Les fondations, dons ou legs faits aux communes;

3° Les ressources communales ordinaires;

4° Quatre centimes communaux additionnels au principal des quatre contributions directes.

En cas d'insuffisance, ces dépenses sont acquittées :

1° Sur les ressources ordinaires du département;

2° Sur les quatre centimes additionnels votés par les Conseils généraux.

1. Cette Commission était composée de MM. DE TILLANCOURT, *président;* BOUSQUET, *secrétaire;* ESCANYÉ, BARODET, LEFRANC (Victor), DESCHANEL, FOLLIET, LELIÈVRE, PILET DES JARDINS, SOYE, DUVAUX.

2. *Journal officiel* du 31 *mars* 1877, pages 2580 et 2581.

Le projet initial est du 20 *juillet* 1876 (page 628); il fut présenté de nouveau le 1er *décembre* 1877.

Voir le rapport de M. DESCHANEL, 14 *décembre* 1877, et un troisième rapport de M. LELIÈVRE, 11 *février* 1879.

A leur défaut, l'État vient en aide aux communes au moyen de subventions votées à son budget.

Mais il arrive souvent que des communes dont le nombre d'habitants est inférieur à 500 se voient dans la nécessité de créer des Écoles spéciales de filles, soit parce que la population de l'École unique est trop considérable, soit parce que le maintien d'une seule École mixte leur paraît offrir des inconvénients et des dangers.

Dans ce cas, l'École de filles ne revêt plus qu'un caractère facultatif, et, pour en obtenir la création, la commune doit se munir d'une autorisation spéciale, qui ne lui est accordée que sous certaines conditions au sujet desquelles le Conseil départemental est d'abord appelé à donner son avis, et que le Ministre, après lui, reste souverain juge d'apprécier et de prescrire. Ainsi, elle doit justifier d'abord de la nécessité absolue de cette création, puis démontrer que ses ressources sont suffisantes, non seulement pour entretenir l'École obligatoire de garçons exigée par l'article 1er de la loi de 1867, mais encore pour faire face, dans une certaine mesure au moins, aux dépenses de toute nature qu'entraînera la fondation nouvelle qu'elle sollicite. Elle doit, en outre, être en mesure de fournir un local convenable et un mobilier scolaire suffisant.

C'est à ces conditions seulement, conditions, nous le répétons, que le Conseil départemental est chargé d'apprécier, que le Ministre est libre d'accepter ou de rejeter, que la commune peut être autorisée à ouvrir son École.

Cette autorisation forme évidemment un contrat, qui, comme tous les contrats, peut être brisé en cas d'inexécution des engagements souscrits par la commune; et il est certain que, si la commune réduisait le chiffre des ressources primitivement affectées par elle, le Ministre, de son côté, aurait le droit de revenir sur sa décision. L'École ainsi créée est placée sous la direction d'une institutrice nommée par le Préfet; mais cette institutrice, bien qu'elle soit pourvue des mêmes grades que ses collègues dirigeant des Écoles obligatoires, qu'elle sorte des mêmes rangs, qu'elle remplisse les mêmes fonctions, a pourtant sur celles-ci une infériorité marquée. Elle n'a pas de traitement défini, assuré : elle n'appartient à aucune des catégories fixées par la loi de 1875; elle ne touche que la rétribution scolaire, ou, à défaut, les émoluments que le Conseil peut ou veut bien lui abandonner.

Ce traitement est le plus souvent insuffisant. Presque toujours il varie entre 250 et 300 francs; rarement il atteint un chiffre qui, même avec la plus sévère économie, permette à ces malheureuses femmes de pourvoir aux besoins les plus pressants et les plus essentiels de leur vie matérielle.

Encore si les conditions de leur avancement étaient assurées; si elles avaient la certitude de passer, après un certain temps d'épreuve, à la tête d'une École obligatoire et là de jouir d'un traitement minimum de 700 francs, qui, réglé par la loi de 1875, pourrait s'accroître dans un avenir déterminé; mais non! cette perspective n'est pour elles qu'un espoir, dont il leur est impossible d'attendre, pendant de longues années, la réalisation.

Une telle situation, il faut en convenir, est intolérable. L'État, les départements, sont les premiers à en souffrir. Par elle, le recrutement de nos Écoles normales peut être compromis, car où trouver des jeunes filles qui consentent, en face d'une pareille perspective, à se vouer à l'enseignement?

Déjà celles qui, s'y étant égarées, sont venues échouer dans des Écoles de cette nature, cherchent par tous les moyens à se faire un autre avenir. Tantôt, et ce sont les plus favorisées, elles rompent leur engagement décennal pour entrer dans l'enseignement libre, ou comme institutrices dans des familles qui consentent, pour se les attacher, à rembourser au département les frais de leur éducation; tantôt elles sont réduites pour vivre à se placer comme femmes de chambre ou demoiselles de compagnie; tantôt enfin, les ressources manquant, elles peuvent être amenées par la misère à des extrémités plus terribles encore.

Aussi, frappé à juste titre des conséquences funestes auxquelles peut aboutir un tel système, M. le Ministre s'est-il préoccupé d'y apporter remède. Par des subventions, dont il demande encore aujourd'hui à la Chambre d'augmenter le chiffre, il a essayé de compléter, dans une certaine mesure, le traitement trop insuffisant des institutrices dont nous nous occupons. Ce sont là de louables et généreux efforts; ils soulagent en partie les misères présentes; mais ils sont impuissants à les faire disparaître complètement et surtout à en prévenir le retour.

Le projet qui vous est soumis, Messieurs, comble cette lacune.

Sans rien changer à la nature exceptionnelle et au caractère facultatif des Écoles que vise son auteur, sans apporter aucune modification aux règles qui déterminent aujourd'hui leur fondation, sans engager le droit souverain du Ministre d'exiger des communes qui en réclameront le bénéfice un ensemble de ressources dont il lui appartient de juger la suffisance, il vous propose de déterminer seulement le minimum du traitement dont jouiront à l'avenir les institutrices qui dirigent ces Écoles, et de les assimiler, quant aux règles de leur avancement, à leurs camarades dont le sort est déjà régi par la loi.

Cela nous a paru si juste que nous nous sommes étonnés que le législateur de 1875 n'ait pas réparé ce que nous considérons comme une erreur. Votre Commission en est convaincue; il y a eu là un simple, mais dangereux oubli, contre lequel viennent protester les sentiments les plus élémentaires de l'équité, de la justice et de l'égalité.

Il n'a pu, en effet, entrer dans l'esprit de nos prédécesseurs d'établir une différence aussi considérable que peu justifiée entre des femmes ayant la même origine, vouées aux mêmes fonctions, soumises aux mêmes devoirs, concourant avec une égale ardeur à l'instruction, à l'éducation de nos enfants et méritant, par conséquent, à un titre égal, la protection et la reconnaissance de l'État.

L'honorable M. Wallon lui-même, consulté à ce sujet au lendemain du jour où fut promulguée la loi du 19 juillet 1875, répondait :

« Je reconnais qu'il y a là une question d'un grand intérêt. Il est incontestable, en effet, que les institutrices qui, renonçant à l'avancement, ont consenti par dévouement à demeurer dans des conditions modestes, méritent de participer aux améliorations que le législateur a apportées récemment dans la situation des maîtresses de l'enfance. »

Le Ministre avait raison; il commettait pourtant une erreur : c'est que ces femmes courageuses dont il parle, loin de consentir à rester dans des situations qui engendrent pour elles la misère, y sont le plus souvent contraintes par la force de la législation qu'elles doivent subir, ou plutôt par l'oubli dans lequel cette législation les a jetées.

C'est par ces considérations, Messieurs, que votre Commission, à l'unanimité de ses membres, a l'honneur de vous proposer l'adoption du projet qui suit :

Proposition de loi.

ARTICLE UNIQUE. — A partir du 1er janvier 1878, les dispositions de la loi du 19 juillet 1875 sont applicables aux institutrices dirigeant des Écoles publiques de filles dans les communes dont la population n'excède pas 500 habitants.

23 mars 1877.

Proposition de loi sur la construction des maisons d'école, présentée par M. Camille Sée, député[1].

Séance du 23 Mars 1877.

ARTICLE 1er. — Une subvention de 60 millions payables en cinq annuités, à partir de 1878, est accordée aux communes pour faciliter l'amélioration ou la construction de leurs bâtiments scolaires.

ART. 2. — Chaque annuité sera répartie entre les départements par un décret, en ayant égard aux besoins, aux ressources et aux sacrifices des communes et des départements.

La répartition sera opérée par un décret rendu sur la proposition du Ministre de l'Instruction publique, après avis d'une Commission composée de trois sénateurs, de cinq députés et de deux membres appartenant à l'Administration.

Le Directeur de l'enseignement primaire fera de droit partie de cette Commission.

Un dixième pourra être réservé pour être appliqué directement aux besoins exceptionnels dans les départements dont le centime est d'un produit inférieur à 20 000 francs.

Dans chaque département, la subvention de l'État et celle du département seront réparties entre les communes par le Conseil général, sur la proposition du Préfet et suivant les bases indiquées par le paragraphe 1er du présent article.

ART. 3. — Une somme de 60 millions, également payables en cinq annuités à partir de 1878, est mise à titre d'avance à la disposition des communes et des départements dûment autorisés à emprunter pour l'amélioration ou la construction des bâtiments scolaires. Sa répartition entre les départements sera faite et pourra être modifiée par un décret rendu sur la proposition du Ministre de l'Instruction publique et après avis de la Commission instituée en exécution de l'article 2.

La quote-part de chaque commune sera fixée par le Conseil général, sur la proposition du Préfet.

ART. 4. — Pour être admises à la répartition des subventions et des avances, les communes devront justifier :

1° Qu'elles votent la totalité des ressources mises à leur disposition par l'article 40 de la loi du 15 mars 1850 et l'article 7 de la loi du 19 juillet 1875;

2° Que les plans et devis des constructions projetées ont été approuvés par le Ministre de l'Instruction publique.

ART. 5. — Les subventions et les avances ne seront mandatées au profit des communes qu'au fur et à mesure de l'exécution des travaux, et proportionnellement au montant de ces travaux.

ART. 6. — Il est créé, sous la garantie de l'État, une caisse spéciale, chargée

1. *Journal officiel* du 4 *mai* 1877, pages 3259 et 3260.

Voir ci-dessus, page 661, le projet de M. WADDINGTON, 1er *mars* 1877.

Voir ci-après le nouvel exposé des motifs de M. C. SÉE, 22 *novembre* 1877; — le rapport de M. MARTIN-FEUILLÉE, 10 *décembre* 1877; — le projet de M. BARDOUX, 17 du même mois; — le rapport de M. FLOQUET (Chambre), 19 *janvier* 1878; — le rapport de M. DAUPHIN (Sénat), 2 *mai* 1878; — la loi du 1er *juin* 1878.

de délivrer les subventions accordées conformément à l'article 2, et les avances prévues à l'article 3.

ART. 7. — La Caisse pour la construction des Écoles est gérée par la Caisse des dépôts et consignations; elle pourvoira au payement, etc... (*le reste comme à l'article* 8 *du projet du Gouvernement*).

ART. 8. — *Reproduire l'article* 9 *du projet du Gouvernement, en supprimant le* 3e *paragraphe.*

ART. 9, 10, 11, 12. — *Comme aux articles* 10, 11, 12 *et* 13 *du projet du Gouvernement.*

ART. 13. — Lorsque la création d'une École dans une commune aura été décidée par l'autorité compétente, conformément aux prescriptions des lois des 15 mars 1850 et 10 avril 1867, les frais d'installation, d'acquisition, d'appropriation et de construction des locaux scolaires, constitueront pour la commune une dépense obligatoire.

Si le Conseil municipal, mis en demeure, n'a pas voté des ressources suffisantes, la dépense sera inscrite d'office au budget.

Pour y faire face, le maire ou, sur son refus, un délégué spécial, nommé en exécution de l'article 15 de la loi du 18 juillet 1837, empruntera, à défaut de ressources disponibles, à la Caisse pour la construction des Écoles, après y avoir été autorisé, la somme nécessaire.

Il sera pourvu, s'il y a lieu, au remboursement de l'emprunt au moyen d'une imposition spéciale établie par un décret.

Les dispositions qui précèdent sont applicables aux bâtiments scolaires destinés à deux ou plusieurs communes.

Proposition de loi sur l'enseignement primaire, présentée par MM. Barni, Dréo et Leblond, députés[1]. 23 mars 1877.

Séance du 23 Mars 1877.

Messieurs, cette proposition de loi n'est due à l'initiative personnelle d'aucun de ceux de vos collègues qui ont l'honneur aujourd'hui de la soumettre à vos délibérations. Ce travail d'ensemble sur l'organisation de l'enseignement primaire émane de la Société pour l'instruction élémentaire; il est le résultat des longues et consciencieuses recherches de professeurs, de publicistes ou d'hommes politiques voués depuis longtemps au développement et au progrès de notre enseignement populaire.

Voici, en effet, comment, le 15 juillet 1876, s'exprimait, en assemblée générale de cette Société, M. C. Ridoux, rapporteur de ce projet de loi élaboré par une Commission spéciale[2] :

« En soumettant à votre examen une œuvre d'ensemble, longuement élaborée

1. *Journal officiel* du 14 *mai* 1877, pages 3570 à 3576.

2. Cette Commission était composée de MM. FEYTAUD, *président;* AYMEZ, BUTEZ, Jules BARNI, CARNOT père, Adolphe CARNOT, Léon COLIN, DEFODON, Achille DELORME, DRÉO, FOLLIET, Emile GROSSELIN, LEFEBVRE, Albert LEROY, MAUMY, REMOIVILLE, Jules RIQUIER, André ROUSSELLE, STRAUSS, VAVASSEUR, HINDLÉ et RIDOUX.

Ses séances ont été présidées par MM. HÉROLD, *président de la Société;* DRÉO, Albert LEROY, *vice-présidents*, et REMOIVILLE, *secrétaire général.*

par des hommes compétents, et qui lui paraît réaliser les principales réformes qu'appelle notre système d'éducation publique, le Conseil s'est inspiré de la pensée patriotique qui a présidé à la fondation de notre société.

« L'esprit qui nous anime est celui qui animait les hommes de cœur qui, en 1815, fondaient la Société pour l'enseignement élémentaire. Comme eux, nous demeurons « convaincus que l'éducation nationale est le premier moyen de former des hommes vertueux, amis de l'ordre, soumis aux lois, intelligents et laborieux, et que seule elle peut fonder d'une manière solide et durable le bonheur et la vraie liberté des États[1] ».

Ce n'est pas ici le lieu de rappeler toutes les œuvres entreprises et menées à bien par notre société pendant sa longue existence[2]. Nous nous bornerons à citer quelques faits, qui prouveront que, depuis son origine, elle a secondé énergiquement les efforts des divers gouvernements en faveur de l'enseignement populaire, et que, plus d'une fois, les études auxquelles elle s'est livrée ont servi de point de départ aux travaux des législateurs.

Dès 1815, la Société pour l'instruction élémentaire introduit en France, mais en la perfectionnant, la méthode d'enseignement mutuel qu'elle emprunte à l'Angleterre; et, moins d'un an après (27 juin 1816), cette méthode, dont le mérite pédagogique peut être contesté, mais qui, à cette époque, avait du moins l'inappréciable avantage de suppléer au chiffre insuffisant des instituteurs, était autorisée dans les Écoles primaires publiques.

Vers la même date (29 février 1816), s'inspirant des idées émises par les fondateurs de notre Société, Royer-Collard, président du Conseil de l'instruction publique, institue les Comités cantonaux chargés de « surveiller et d'encourager l'Instruction primaire ».

En même temps, la société met à l'étude, dans ses Comités et ses Commissions, les questions de tout genre que soulève le grand problème de l'éducation populaire. Dès 1828, par l'organe de l'un de ses fondateurs, M. Jomard, elle adresse aux Chambres une requête signalant l'état d'infériorité de la France au point de vue de l'enseignement primaire et indiquant les moyens d'y remédier.

Le Gouvernement issu de la révolution de Juillet, en reconnaissant notre société « établissement d'utilité publique » (27 avril 1831) et en lui garantissant le lendemain, lui permit d'étendre son action bienfaisante.

En 1831 et en 1832, la Société appelle de nouveau l'attention du pays sur les besoins de l'enseignement élémentaire et présente aux Chambres des projets de lois sur l'instruction primaire. De ces projets devait sortir la « loi du 28 juin 1833, » dont, pendant trop longtemps, on a fait exclusivement honneur au libéralisme de M. Guizot.

Nous sommes en droit de le déclarer avec un légitime orgueil : c'est aux travaux consciencieux et au zèle infatigable de nos devanciers que la France est redevable de cette loi dont une voix autorisée a pu dire qu'elle était « l'une des meilleures qui aient jamais été faites, parce qu'elle posait magistralement les principes, organisait avec une habileté supérieure le recrutement des maîtres, la direction des Écoles, le service de l'inspection, et rendait possibles, par voie de simple développement, toutes les améliorations ultérieures[3] ».

1. Article 1er du règlement de la Société, arrêté en assemblée générale du 4 juillet 1815.

2. Voir la *Notice sur les Travaux de la Société pour l'Instruction élémentaire*, publiée par M. Auguste MARAIS et insérée au *Bulletin* de 1872.

3. Discours de M. Jules Simon, président de la Société, à l'assemblée générale de 1867.

Mais, à ce brillant tableau, il y a une ombre. Au moment du vote, un chapitre entier disparut, et le plus important de tous : celui qui fondait l'éducation des filles. C'était là une cruelle injustice, que notre Société ne pouvait laisser passer : aussi ne négligea-t-elle aucune occasion d'appeler sur ce point l'attention des pouvoirs publics, jusqu'à ce que la loi du 10 avril 1867 vînt combler une lacune aussi regrettable.

Dans ce rapide exposé, nous ne voulons que retracer à grands traits les points les plus essentiels de l'histoire de la Société pour l'instruction élémentaire; nous nous bornerons donc à indiquer la vaste enquête organisée en 1848 par nos prédécesseurs, enquête ayant pour but de signaler au pays l'insuffisance et l'infériorité de notre enseignement primaire. Vers la même époque ils présentaient à l'Assemblée législative, comme amendement au projet du Gouvernement, un projet de loi sur l'instruction primaire, projet auquel nous avons fait plus d'un emprunt.

Après ce qui précède, avons-nous besoin de dire que la loi du 15 mars 1850 et le décret organique du 9 mars 1852, qui livraient les instituteurs, comme les autres fonctionnaires de l'instruction publique, à l'arbitraire gouvernemental, rencontrèrent la plus vive opposition au sein de notre Société ? Aussi, dès qu'un souffle de liberté passa sur notre pays, éleva-t-elle la voix pour demander, comme nous le demandons encore aujourd'hui, que les instituteurs fussent replacés sous la seule autorité de leur chef hiérarchique, le Ministre de l'Instruction publique, représenté par les Recteurs et les Inspecteurs d'Académie.

Pour mener à bien l'œuvre entreprise, nos devanciers eurent la sage pensée de fonder un journal d'enseignement populaire, qui allât porter dans tous les pays et au dehors les méthodes pédagogiques dont la propagation leur paraissait utile aux progrès de l'instruction primaire. Ce journal, qui se publie sans interruption depuis 1815, est un des ouvrages les plus curieux à étudier pour quiconque veut suivre les progrès de l'enseignement élémentaire en France et à l'étranger pendant plus d'un demi-siècle. C'est là, qu'on nous permette cette expression, le *Livre d'Or* de la Société pour l'instruction élémentaire; ce sont les titres de noblesse dont elle est légitimement fière. A ses détracteurs, comme aux indifférents, elle peut montrer que, dès 1819, elle introduisait dans ses Écoles les exercices de chant et de musique avec la méthode de Wilhem, l'un de ses membres, et que, depuis 1818 jusqu'en 1848, secondant les efforts du colonel Amoros, elle ne cessait de demander que la gymnastique eût une place dans l'enseignement des Écoles communales. Nous pourrions en dire autant pour d'autres branches d'enseignement, histoire, géographie, dessin linéaire, etc., dont, pendant de longues années, elle réclama l'introduction dans le programme de l'instruction primaire.

Les adultes ignorants, ces malheureux déshérités du savoir, devaient, eux aussi, attirer l'attention des bons citoyens qui comprenaient qu'un pays n'est réellement grand que lorsque l'instruction y coule à pleins bords, répandant sur tous son action bienfaisante. Bibliothèques scolaires et communales, Écoles régimentaires, cours dans les prisons et les hôpitaux, caisses d'épargne, etc., toutes ces œuvres, qui, aujourd'hui, ont pris un si grand développement, sont nées de l'initiative de notre Société.

Telle est, dans son ensemble, l'histoire des travaux de la Société pour l'instruction élémentaire. Pendant une existence de plus d'un demi-siècle, elle a, sans défaillance comme sans témérité, poursuivi l'œuvre entreprise par ses illustres fondateurs; et, avec notre vénéré collègue M. Carnot, nous pouvons dire : « L'esprit de la société n'a jamais varié; elle s'est toujours opposée hautement, franchement, depuis 1830 comme auparavant, aux envahissements de l'éducation congréganiste, soutenant avec fermeté que l'éducation laïque donne à l'État de meilleurs citoyens, à la famille des chefs plus éclairés[1]. »

Au moment où l'opinion publique, enfin éclairée par de récents malheurs, réclame l'instruction laïque, gratuite et obligatoire, la Société pour l'instruction élémentaire ne pouvait rester indifférente à ce grand mouvement. En inscrivant ce triple principe au frontispice du projet de loi qu'elle soumet à votre appréciation et sur lequel elle appelle l'attention des pouvoirs publics et de tous les amis de l'instruction populaire, elle n'a fait d'ailleurs que demeurer fidèle à son passé; les développements un peu longs dans lesquels nous avons cru devoir entrer vous prouvent, en effet, que, dans sa longue carrière, notre association a toujours devancé et éclairé l'opinion, animée qu'elle a toujours été de cette conviction : que la grandeur d'un peuple se mesure, non au nombre de ses soldats, mais à la valeur de l'instruction qui, à des degrés divers, est distribuée à tous ses enfants.

Ce préambule nous servira d'exposé des motifs; il suffira, nous en avons la certitude, pour appeler toute la bienveillante attention de la Chambre sur un projet de loi dû à l'initiative d'une société dont font partie dans les deux Chambres:

MM. Barthélemy Saint-Hilaire, Bozérian, Carnot, Charton, Corbon, Jules Favre, Hérold, Laboulaye, Laurent-Pichat, Magnin, Pelletan, Picard (Ernest), Schœlcher et Jules Simon, sénateurs; MM. Andrieux, Allègre, Bamberger, Barni, Bardoux, Barodet, Bert, Boysset, Brisson, Carnot (Sadi-), Casimir-Périer (Jean), Castelnau, Chavassieu, Christophle (Albert), Clémenceau, Cochery, Cornil, Denfert-Rochereau, Deschanel, Devès, de Douville-Maillefeu, Dréo, Pascal Duprat, Ferry, Folliet, Gambetta, Gatineau, Godin, Guichard, Haentjens, Joly (Albert), Laurier (Clément), Lepère, Loustalot, Liouville (Henri), Magniez, Marcellin Pellet, Méline, Menier, Mir, Proust, Raymond (Francisque), Sarrien, Sée (Camille), Tirard, Villain, Varambon, Wilson, députés.

Proposition de loi.

TITRE Ier. — De l'enseignement primaire. Dispositions générales.

ARTICLE 1er. — L'instruction primaire est obligatoire pour les enfants des deux sexes. Elle est donnée dans les Écoles publiques, dans les Écoles libres ou dans les familles, soit par le père de famille lui-même, soit par toute personne qu'il en aura chargée.

Dans les Écoles primaires publiques l'enseignement est gratuit et laïque.

ART. 2. — Le programme de l'enseignement primaire comprend des matières obligatoires et des matières facultatives.

Les matières obligatoires sont : 1° l'instruction morale; 2° la lecture; 3° l'écriture; 4° les éléments de la langue française; 5° les leçons de choses; 6° les éléments d'arithmétique; 7° la comptabilité élémentaire; 8° le système métrique; 9° l'histoire générale, et plus particulièrement l'histoire de France; 10° la géographie générale et plus particulièrement la géographie de la France; 11° l'instruction civique; 12° la gymnastique; 13° la musique vocale; 14° pour les filles, les travaux à l'aiguille; 15° pour les garçons, les exercices militaires.

Les matières facultatives sont : 1° l'étude pratique des langues vivantes; 2° des

1. *Bulletin* de 1847, page 201.

instructions familières sur l'agriculture, l'horticulture, le commerce et l'industrie, selon les besoins des localités; 3° les principes de dessin linéaire (appliqués); 4° des notions élémentaires de physique, de chimie, de cosmographie et d'histoire naturelle; 5° l'hygiène pratique; 6° la natation.

L'enseignement religieux n'est point donné dans les Écoles publiques. Il relève exclusivement des familles.

TITRE II. — Des Écoles.

CHAPITRE Ier. — *Des Écoles primaires publiques.*

ART. 3. — Les Écoles primaires publiques sont celles qu'entretiennent en tout ou partie les communes, les départements ou l'État.

ART. 4. — Toute commune est tenue d'entretenir une ou plusieurs Écoles primaires de garçons et de filles.

Le Conseil départemental peut dispenser les communes dont la population n'excède pas 400 habitants d'entretenir des Écoles séparées pour les enfants des deux sexes; mais cette dispense ne peut être donnée que provisoirement et lorsque les ressources de la commune sont notoirement insuffisantes.

Aucune École communale ne peut recevoir d'enfants des deux sexes, si la commune possède des Écoles publiques distinctes pour chacun d'eux.

ART. 5. — Le Conseil départemental fixe, après avis du Conseil municipal et de la Commission scolaire, le nombre des Écoles à établir dans chaque commune, et le lieu où elles doivent être établies.

Il y a une École dans tout hameau ou agglomération d'au moins 200 habitants, distant de plus de 4 kilomètres d'une École publique quelconque.

ART. 6. — Nulle École ne doit contenir plus de 60 élèves dans la même classe; mais, si la classe compte plus de 40 élèves, l'instituteur sera aidé par un élève-maître salarié, proposé par lui et accepté par le Conseil municipal.

Toute classe qui contient plus de 60 élèves est dédoublée; il y a un instituteur adjoint pour chaque classe supplémentaire.

ART. 7. Le Conseil départemental peut autoriser une commune à se réunir à une ou plusieurs autres communes voisines pour l'entretien d'une École publique.

ART. 8. — Les Écoles publiques mixtes et les Écoles publiques de filles sont toujours dirigées par des institutrices.

Le Conseil départemental peut autoriser une institutrice à diriger une École de garçons.

ART. 9. — Aucune École primaire communale ne peut recevoir d'enfants n'ayant pas atteint leur sixième année au commencement de l'année scolaire, s'il existe dans la commune une salle d'asile publique ou libre.

ART. 10. — Toute commune doit fournir pour les Écoles publiques un local convenable, le mobilier, le chauffage et l'éclairage des classes, ainsi que le matériel d'enseignement.

Les détails d'application du présent article seront déterminés par un règlement d'administration publique.

ART. 11. — A défaut de fondations, dons ou legs, le Conseil municipal délibère sur les moyens de pourvoir aux dépenses de l'enseignement primaire dans la commune.

En cas d'insuffisance des revenus ordinaires, il est pourvu à ces dépenses au moyen d'une imposition spéciale votée par le Conseil municipal, ou, sur son refus, inscrite d'office au budget de la commune par arrêté du Préfet. Cette imposition, qui sera autorisée chaque année par la loi de finances, ne pourra excéder 8 centimes additionnels au principal des quatre contributions directes.

Lorsque les communes, soit par elles-mêmes, soit en se réunissant à d'autres communes, n'auront pu subvenir, de la manière susindiquée, aux dépenses des Écoles communales, il y sera pourvu sur les ressources ordinaires du département, ou, en cas d'insuffisance, au moyen d'une imposition spéciale votée par le Conseil général, ou, à défaut du vote de ce Conseil, établie par décret du Président de la République. Cette imposition sera autorisée chaque année par la loi de finances dans la limite de 4 centimes additionnels au principal des quatre contributions directes.

Si les ressources communales et départementales ne suffisent pas, le Ministre de l'Instruction publique accordera, sur le crédit qui sera porté annuellement pour l'enseignement primaire au budget de l'État, la subvention nécessaire pour suppléer à cette insuffisance.

Chaque année, un rapport annexé au projet de budget fera connaître l'emploi des fonds alloués pour l'année précédente.

ART. 12. — Une Caisse des Écoles, destinée à faciliter la fréquentation des Écoles communales, à encourager et récompenser le travail des élèves et à fonder des bibliothèques, peut être créée par chaque Commission scolaire.

Le revenu de la Caisse se compose de cotisations volontaires, du montant des amendes prononcées pour absence de l'École primaire, et des subventions de la commune ou du département.

Plusieurs Commissions scolaires peuvent se réunir pour la formation et l'entretien d'une Caisse unique. La Caisse est alors administrée par les délégués des Commissions scolaires intéressées.

Le service de la Caisse est fait gratuitement par les percepteurs.

CHAPITRE II. — *Des Écoles libres.*

ART. 13. — Les Écoles primaires libres sont celles qu'entretiennent des particuliers ou des associations.

ART. 14. — Toute personne, réunissant les conditions exigées par la présente loi, qui veut ouvrir une École libre, doit préalablement déclarer son intention au maire de la commune où elle veut s'établir et lui désigner le local.

Le maire remet immédiatement au postulant le récépissé de sa déclaration.

Si le maire ne trouve pas que le local proposé soit dans les conditions réglementaires, il s'oppose à l'ouverture de l'École, après avoir pris l'avis de la Commission scolaire.

Le Comité cantonal est saisi de cette opposition, dans les trois jours, par le maire; sinon, l'opposition est considérée comme non avenue et ne peut être réitérée. Le Comité doit statuer dans le délai d'un mois.

ART. 15. — Le Directeur départemental peut, soit d'office, soit sur la plainte du Procureur de la République, former à l'ouverture de l'École, dans les quinze jours qui suivent la déclaration faite au maire, une opposition fondée sur l'existence d'un cas d'incapacité ou d'indignité prévu par la présente loi.

L'opposition est jugée, l'instituteur dûment appelé, par le Conseil départemental dans sa plus prochaine session.

Le Directeur départemental, dans les dix jours de la décision, et le postulant, dans les dix jours de la notification qui lui en sera faite, pourront faire appel de cette décision devant le Conseil supérieur de l'instruction publique. Ce Conseil prononcera à sa prochaine session. L'appel n'est pas suspensif.

A défaut d'opposition, l'École libre peut être ouverte à l'expiration de la quinzaine sans autre formalité.

Art. 16. — Quiconque aura ouvert ou dirigé une École primaire libre en contravention aux articles 14, 70, 72, 73, 75 et 76, ou avant l'expiration du délai fixé par le dernier paragraphe de l'article 15, sera poursuivi devant le tribunal correctionnel du lieu du délit et condamné à une amende de 50 à 500 francs. L'École sera fermée.

En cas de récidive, le délinquant sera condamné à un emprisonnement de six jours à un mois et à une amende de 100 à 1 000 francs.

Art. 17. — Toutes personnes voulant former une association pour fonder ou entretenir une ou plusieurs Écoles primaires libres doivent faire au Directeur départemental de l'enseignement primaire, au Préfet et au Procureur de la République si l'association est instituée pour un seul département, au Ministre de l'Instruction publique si elle embrasse plusieurs départements, une déclaration contenant les noms, qualités et domicile des fondateurs ou administrateurs, les statuts, l'indication du siège de l'association et du lieu de réunion.

Les administrateurs, ou le directeur, sont tenus de faire une nouvelle déclaration dans les cas de modifications aux statuts.

Art. 18. — Le Directeur départemental et le Ministre de l'Instruction publique peuvent, soit d'office, soit sur la plainte du Préfet ou du Procureur de la République, faire opposition dans l'intérêt de la loi pendant le mois qui suivra le dépôt de la déclaration. L'opposition motivée est notifiée aux fondateurs ou administrateurs au siège de l'association; elle est suspensive.

Art. 19. — Il est statué sur l'opposition par le Conseil départemental lorsqu'elle émane du Directeur départemental ou du Préfet, par le Conseil supérieur de l'instruction publique lorsqu'elle émane du Ministre.

L'affaire est portée à l'une des séances de la plus prochaine session du Conseil, sans toutefois que la décision puisse être reculée au delà de trois mois.

Les représentants de l'association sont appelés. Ils peuvent se faire assister ou remplacer par une personne de leur choix.

La décision du Conseil départemental peut être attaquée pendant un mois, soit par les fondateurs ou administrateurs de l'association, soit par le Directeur départemental, devant le Conseil supérieur de l'instruction publique, qui statue dans sa plus prochaine session. Le délai d'un mois court pour le Directeur du jour de la décision, pour les représentants de l'association du jour de la notification qui leur est faite.

Art. 20. — S'il n'a été formé aucune opposition dans le délai susindiqué, ou si l'opposition est rejetée, l'association peut se constituer définitivement.

Une copie de l'acte constitutif de l'association et de ses statuts est déposée aux archives du Conseil supérieur et du Conseil départemental; cette copie est communicable à tout requérant.

Les administrateurs de l'association ont droit de se faire délivrer un certificat constatant qu'il n'a pas été formé d'opposition ou que l'opposition a été rejetée.

Art. 21. — Si une association ne se conforme pas à ses statuts, si par ses actes elle porte atteinte à la loi, les administrateurs, sur la plainte du Directeur départemental ou du Ministre, suivant la distinction établie dans l'article 17, sont appelés devant le Conseil départemental ou devant le Conseil supérieur, qui prononce, s'il y a lieu, la peine de l'avertissement, celle de la réprimande, ou même, interdit l'enseignement à l'association.

La décision du Conseil départemental pourra être attaquée devant le Conseil supérieur et jugée suivant les formes et détails indiqués en l'article 19.

ART. 22. — Les fondateurs ou administrateurs d'une association relative à l'enseignement primaire, qui n'auraient pas fait les déclarations prescrites par l'article 17, seront punis d'une amende de 100 à 1 000 francs.

ART. 23. — Les administrateurs d'une association qui continuerait à fonctionner au mépris d'une décision qui la supprime, ou de l'interdiction prononcée conformément à l'article 21, seront punis d'une amende de 100 à 1 000 francs et d'un emprisonnement de six jours à trois mois.

ART. 24. — Les Écoles libres mixtes sont toujours dirigées par des instituteurs mariés ou par des institutrices.

ART. 25. — Le paragraphe 2 de l'article 8 et l'article 9 de la présente loi sont applicables aux Écoles libres.

ART. 26. — Les fonctionnaires de l'instruction primaire, dont il est fait mention aux articles 97, 99, 100, 103, 115 et 118 de la présente loi, inspectent les Écoles primaires libres au point de vue de la moralité et de l'hygiène, et vérifient si l'enseignement qui y est donné n'est pas contraire à la morale, à la Constitution et aux lois.

ART. 27. — Tout directeur d'École primaire libre qui refusera de se soumettre à la surveillance de l'État, telle qu'elle est prescrite par l'article précédent, sera traduit devant le tribunal correctionnel de l'arrondissement et condamné à une amende de 100 à 200 francs.

En cas de récidive, l'amende sera de 500 à 3 000 francs. Si le refus de se soumettre à la surveillance de l'État a donné lieu à deux condamnations dans l'année, la fermeture de l'établissement pourra être ordonnée par le jugement qui prononcera la seconde condamnation.

CHAPITRE III. — *Institutions complémentaires.*

1re Section.

ART. 28. — Il peut être créé pour répandre l'instruction primaire :

1° Des Salles d'asile;

2° Des Pensionnats primaires;

3° Des Écoles et des Cours d'adultes;

4° Des Écoles d'apprentis;

5° Des Écoles dans les ateliers et manufactures;

6° Des Classes dans les hôpitaux et les prisons;

7° Des Bibliothèques scolaires et pédagogiques;

8° Toutes autres institutions dont les statuts auront été approuvés par le Conseil supérieur de l'instruction publique.

ART. 29. — Les départements et les communes peuvent recevoir des dons et legs en faveur des établissements énumérés ci-dessus.

Les biens qui proviennent de ces dons et legs sont administrés et les institutions sont dirigées selon les intentions des donateurs ou testateurs, en tant qu'elles sont conformes aux dispositions de la loi.

ART. 30. — Il peut être formé pour le même objet des associations privées. Elles sont soumises aux prescriptions des articles 17 et suivants.

2e Section. — Des Salles d'asile.

Art. 31. — Les salles d'asile sont publiques ou libres. Elles ne peuvent être dirigées que par des femmes.

Art. 32. — Les salles d'asile publiques sont régies par un règlement arrêté en Conseil supérieur de l'Instruction publique. Ce règlement détermine :

1° Le mode de surveillance et d'inspection de ces établissements;

2° Les conditions d'âge, d'aptitude et de moralité des personnes qui seront chargées de la direction et du service dans les salles d'asile publiques;

3° Le programme de l'enseignement et des exercices.

Art. 33. — Dans tout asile public qui compte plus de 60 enfants, la directrice est secondée par une directrice adjointe.

Au-dessus de 100 enfants, il y a une directrice adjointe par groupe de 50 enfants.

Art. 34. — Les directrices et directrices adjointes des salles d'asile publiques sont nommées par le Directeur départemental.

Art. 35. — Les articles 14 et suivants et l'article 75 de la présente loi sont applicables aux salles d'asile libres.

3e Section. — Des Pensionnats primaires.

Art. 36. — Des pensionnats primaires peuvent être ouverts par tout Français âgé de 25 ans ayant au moins trois ans d'exercice comme instituteur public ou libre, comme maître dans un pensionnat primaire, et remplissant les conditions énumérées dans l'article 73.

Art. 37. — Les articles 14, 15, 16 et 75 de la présente loi sont applicables à tout instituteur qui veut ouvrir un pensionnat primaire.

Art. 38. — Le directeur d'un pensionnat primaire ne peut recevoir dans son établissement d'élèves des deux sexes.

4e Section. — Des Écoles d'apprentis. — Des Écoles et des Cours d'adultes.

Art. 39. — Le Directeur départemental veille à ce qu'il soit établi, partout où il le juge utile, des Écoles d'apprentis, des Écoles et des Cours d'adultes.

Art. 40. — Les instituteurs communaux qui veulent ouvrir une École d'apprentis, une École ou un Cours d'adultes, doivent obtenir l'autorisation du Directeur départemental, le maire et la Commission scolaire consultés.

Art. 41. — Les articles 14, 15, 16 et 75 de la présente loi sont applicables à tout instituteur libre qui veut ouvrir une École d'apprentis, une École ou un Cours d'adultes.

Les directeurs d'Écoles d'apprentis, d'Écoles ou de Cours d'adultes, sont soumis aux dispositions de l'article 38.

Art. 42. — Lorsqu'une classe d'adultes ou d'apprentis est annexée à une École primaire, les élèves de l'École primaire ne doivent jamais être admis dans les classes d'apprentis ou d'adultes.

Art. 43. — Une indemnité fixée par le Ministre de l'Instruction publique, après avis de la Commission scolaire et du Conseil départemental, sera accordée annuellement aux instituteurs et institutrices dirigeant gratuitement une classe communale ou libre d'adultes ou d'apprentis.

Cette indemnité est prise sur le crédit ouvert, chaque année, au budget du Ministère de l'Instruction publique.

ART. 44. — Les articles 36 à 43 de la présente loi sont applicables aux institutrices.

ART. 45. — Les articles 26 et 27 de la présente loi sont applicables à toutes les institutions énumérées en l'article 28.

CHAPITRE IV. — *Écoles normales primaires.*

ART. 46. — Tout département est tenu d'entretenir deux Écoles normales primaires, l'une pour les garçons, l'autre pour les filles.

Le Conseil général délibère sur les moyens d'assurer l'entretien des Écoles normales primaires du département.

ART. 47. — En cas d'insuffisance de ressources, un département peut se réunir à un département voisin pour l'entretien d'une École normale primaire de garçons ou de filles.

Cette réunion doit être autorisée par un arrêté du Ministre de l'Instruction publique, rendu après délibération des Conseils généraux assurant les ressources nécessaires à l'entretien de cette École, et de l'avis des Conseils de l'instruction primaire des départements intéressés.

ART. 48. — Les directeurs et directrices d'Écoles normales primaires sont nommés par le Ministre de l'Instruction publique, sur une liste de trois candidats présentés par le Conseil départemental.

Les candidats doivent être âgés de trente ans au moins et justifier des conditions suivantes :

1° Un stage de cinq années dans l'enseignement public ou libre;

2° Un certificat spécial d'examen, portant sur les matières indiquées en l'article 51.

Les directeurs et directrices d'Écoles normales primaires peuvent être suspendus ou révoqués par le Ministre, sur avis conforme du Conseil départemental.

ART. 49. — Les maîtres et maîtresses attachés aux Écoles normales primaires sont nommés par le Directeur départemental.

Ils doivent être âgés de 21 ans au moins et justifier d'un certificat spécial d'examen portant sur les matières indiquées en l'article 51.

Ils peuvent être suspendus ou révoqués par le Conseil départemental, sauf appel devant le Conseil supérieur de l'instruction publique, dans la quinzaine de la notification.

ART. 50. — Quand il n'existe qu'une seule École normale pour deux départements, le Conseil départemental et le Directeur départemental compétents, dans les cas prévus par les articles précédents, sont ceux du département où se trouve l'École normale.

ART. 51. — L'enseignement dans les Écoles normales primaires comprend :

1° L'instruction morale et civique;

2° La lecture et l'écriture;

3° L'étude de la langue française, comprenant : la grammaire, des exercices écrits et oraux de composition, l'histoire élémentaire de la langue et de la littérature;

4° L'étude des langues vivantes au point de vue pratique de la conversation et de la correspondance;

5° L'histoire et la géographie générales, et plus particulièrement l'histoire et la géographie de la France;

6° L'arithmétique, la géométrie, l'algèbre, jusqu'aux équations du 2e degré; les éléments de la trigonométrie et de la cosmographie;

7° Des notions sur les sciences physiques et naturelles, leurs applications à l'industrie et à la météorologie;

8° Des notions élémentaires d'agriculture et d'horticulture;

9° Les éléments de l'hygiène générale et de l'hygiène scolaire;

10° La tenue des livres;

11° Des notions élémentaires d'économie politique;

12° La législation usuelle et l'étude des institutions du pays;

13° Le dessin linéaire et d'imitation;

14° Le chant;

15° La gymnastique et la natation;

16° La pédagogie, à laquelle on joindra la législation de l'instruction primaire et son histoire depuis 1789. Ce dernier enseignement sera donné par le directeur ou la directrice de l'École.

L'enseignement comprend, en outre, dans les Écoles normales de garçons :

1° Les éléments de la topographie, l'arpentage et le nivellement;

2° Les exercices militaires;

Et, dans les Écoles normales de filles :

1° Les travaux à l'aiguille;

2° L'économie domestique.

ART. 52. — Il sera mis à la disposition de toute École normale un terrain suffisant pour que les élèves puissent y recevoir l'enseignement de la culture maraîchère et de la culture du verger.

ART. 53. — Les articles 14, 15, 16, 70, 73, § 1er, et 75 sont applicables à toute personne qui veut ouvrir une École normale primaire libre.

Si le Directeur départemental forme opposition à l'ouverture de l'École, le Conseil départemental prononce en premier ressort à sa prochaine séance; l'appel devant le Conseil supérieur peut être interjeté, soit par le Directeur départemental, soit par le postulant, dans les quinze jours qui suivent la notification.

Si le Directeur départemental n'approuve pas le choix du local, il est statué par le Conseil départemental à sa prochaine séance, avec faculté d'appel devant le Conseil supérieur de l'Instruction publique, dans les formes et délais prévus par l'article 15.

ART. 54. — Les directeurs et directrices des Écoles normales primaires sont soumis aux dispositions de l'article 38.

TITRE III. — De l'obligation de l'instruction primaire.

ART. 55. — Tout enfant de l'un ou de l'autre sexe, âgé de six ans révolus à treize ans révolus, doit recevoir l'instruction primaire obligatoire, soit dans l'École communale, soit dans une École libre, soit dans sa famille.

Le père, le tuteur, ou la personne responsable d'un enfant, qui est dans l'intention de ne pas l'envoyer à l'École communale, doit déclarer à la mairie de sa résidence, quinze jours avant la rentrée des classes, s'il veut, soit lui donner ou lui faire donner l'instruction primaire dans la famille, soit lui faire fréquenter une École libre; dans ce dernier cas, il donne le nom et l'adresse de l'instituteur.

ART. 56. — Pour assurer l'exécution de l'article précédent, le maire dresse chaque année et soumet à la Commission scolaire la liste de tous les enfants de la commune âgés de six à treize ans; il avise ensuite tous les parents, tuteurs, maîtres d'apprentissage, de l'ouverture des cours.

En l'absence de toute déclaration, le maire inscrit d'office à l'École communale le nom de l'enfant non déclaré.

Huit jours avant la rentrée des classes, il remet à l'instituteur communal, à l'institutrice communale, aux instituteurs et institutrices libres, la liste des enfants qui doivent suivre leurs Écoles.

ART. 57. — Le dernier jour de chaque mois, l'instituteur et l'institutrice publics, les instituteurs et institutrices libres, adressent au président de la Commission scolaire et à l'Inspecteur de l'enseignement primaire la liste des enfants qui ont été absents, avec l'indication du nombre et des motifs des absences pour chaque élève.

Ne sont considérées comme valables que les excuses acceptées par la Commission scolaire.

Lorsqu'un élève quitte l'École, l'instituteur en donne immédiatement avis au maire. La famille est tenue de faire la même déclaration, en indiquant de quelle façon l'enfant recevra l'instruction à l'avenir.

ART. 58. — Tout instituteur qui ne se conforme pas aux prescriptions de l'article précédent peut être déféré au Conseil départemental par la Commission scolaire ou par le Directeur départemental.

Après deux avertissements restés inutiles, le Conseil départemental prononce la suspension pour un mois. En cas de récidive, la peine peut être élevée à trois mois.

L'instituteur frappé de suspension peut en appeler au Conseil supérieur de l'instruction publique, dans les quinze jours de la notification.

ART. 59. — Si un enfant a fait, dans le courant d'un mois, trois absences non justifiées, son père, son tuteur ou la personne qui en est responsable, est mandé à la mairie devant la Commission scolaire qui, en lui rappelant le texte de la loi, lui explique ses devoirs.

En cas de récidive dans le courant de la même année, la Commission scolaire ordonne l'inscription à la porte de la mairie, pendant quinze jours ou un mois : des nom, prénoms et qualités du père, du tuteur ou de la personne responsable, avec indication du fait relevé contre lui.

En cas de nouvelle récidive dans le même délai, la Commission scolaire adresse une plainte au juge de paix, qui, après avoir appelé le contrevenant, prononce une amende de 1 à 10 francs. Dans le cas d'une nouvelle infraction, cette amende est doublée.

ART. 60. — Si, après les deux condamnations mentionnées en l'article précédent, de nouvelles contraventions à la loi se produisent, le tribunal correctionnel, saisi par le Directeur départemental, prononce une amende de 20 à 200 francs.

En cas de nouvelle contravention, l'amende est doublée. Le tribunal peut, en outre, prononcer contre un délinquant la privation des droits civiques pendant un laps de temps qui ne peut excéder cinq ans.

A défaut de payement, le total des amendes est converti en journées de prestations dont la valeur en argent, de même que le montant de l'amende, est versé à la caisse des Écoles, ou, s'il n'y a pas de caisse des Écoles dans la commune, est ajouté au produit des centimes spéciaux de l'instruction publique.

ART. 61. — Lorsque l'enfant est employé hors de sa famille, soit dans l'agriculture, soit dans un atelier ou une fabrique, le patron est mandé en même temps que le père ou tuteur et condamné aux mêmes peines. Il peut être déclaré solidairement responsable des amendes encourues et des frais.

ART. 62. — L'Inspecteur primaire et le Comité cantonal sont chargés d'examiner les enfants qui reçoivent l'instruction dans la famille.

A huit ans, ces enfants subissent un premier examen portant sur la lecture, l'écriture et le calcul élémentaire.

A partir de cet âge, leur instruction doit suivre une marche progressive telle qu'ils puissent, à l'âge de treize ans, obtenir le certificat d'études dont il est fait mention en l'article 65 de la présente loi. A cet effet, ils subissent, à la fin de chaque année scolaire, un examen devant une Commission composée de l'Inspecteur primaire et de deux membres du Comité cantonal désignés par le Directeur départemental.

Dans la huitaine de l'examen, la Commission en fait connaître le résultat au Directeur départemental et à la Commission scolaire.

ART. 63. — S'il est établi qu'un enfant ne possède pas le minimum d'instruction fixé par l'article précédent, la Commission scolaire met immédiatement le père, le tuteur ou la personne responsable en demeure d'envoyer l'enfant, dans la huitaine de la notification, soit à l'École publique, soit à une École libre.

Les dispositions des articles 59, 60 et 61 de la présente loi sont applicables au père ou à la personne responsable de l'enfant.

ART. 64. — Ne sont pas soumis aux sanctions pénales déterminées par les articles précédents, les habitants des communes dans lesquelles le Conseil départemental déclare le principe de l'obligation provisoirement inapplicable.

Le Ministre de l'Instruction publique est immédiatement avisé de la déclaration du Conseil départemental.

ART. 65. — A la fin de chaque année scolaire, tous les enfants de l'un et de l'autre sexe, arrivés à l'âge de treize ans, subissent à la mairie de leur commune un examen public sur les matières obligatoires de l'enseignement primaire.

Un règlement d'administration publique déterminera le programme de cet examen.

Cet examen a lieu devant une Commission spéciale de trois membres, nommée par le Conseil départemental et présidée par l'Inspecteur primaire, ou, à son défaut, par le membre que le Directeur départemental désigne pour le remplacer.

Les enfants qui passent un examen satisfaisant reçoivent un certificat d'études.

ART. 66. — Les enfants qui n'auront pas obtenu le certificat mentionné en l'article précédent, devront fréquenter, pendant l'année suivante, une École publique ou libre, à peine pour les pères, tuteurs ou patrons, des dispositions pénales des articles 59 et suivants.

A la fin de l'année, ils subissent un nouvel examen public et reçoivent, s'il y a lieu, un certificat d'études.

ART. 67. — Les jeunes gens qui, après les deux examens dont il est parlé dans les articles précédents, n'ont pas obtenu le certificat d'études, peuvent, jusqu'à l'âge de vingt ans révolus, se présenter, pour l'obtenir, devant la Commission d'examen mentionnée en l'article 65.

ART. 68. — Tout individu âgé de plus de vingt ans, qui n'a pas obtenu le certificat d'études, peut se présenter devant la Commission d'examen de sa résidence, à la fin de chaque année scolaire, pour y subir publiquement un examen sur les matières suivantes : lecture, écriture, orthographe usuelle, les quatre opérations de l'arithmétique.

Il reçoit, s'il y a lieu, un certificat d'instruction primaire.

ART. 69. — A partir du....., aucun Français, arrivant à l'âge de vingt et un ans, ne sera inscrit sur la liste électorale, s'il n'a reçu le minimum d'instruction attesté par le certificat d'études ou le certificat d'instruction primaire mentionné dans les articles précédents.

Titre IV. — Des instituteurs.

Chapitre Ier. — *Des conditions d'aptitude et d'exercice.*

Art. 70. — Nul ne peut exercer la profession d'instituteur public ou libre s'il n'est Français, âgé de vingt et un ans accomplis, et s'il n'est pourvu du brevet de capacité.

Art. 71. — Les instituteurs adjoints doivent être âgés de dix-huit ans au moins et avoir obtenu le certificat d'études.

Ils sont tenus exceptionnellement d'être pourvus du brevet de capacité s'ils dirigent une École.

Art. 72. — Les étrangers pourvus d'un brevet de capacité et admis à fixer leur domicile en France peuvent exercer la profession d'instituteurs avec l'autorisation du Ministre de l'Instruction publique.

Ils sont soumis à toutes les prescriptions de la présente loi.

Art. 73. — Chaque année le Conseil départemental nomme une Commission d'examen chargée de juger publiquement, à des époques fixes, l'aptitude des aspirants au brevet de capacité, quel que soit le lieu de leur domicile.

Cette Commission se compose de sept membres; elle est présidée par le Directeur départemental. Un délégué cantonal, un membre de l'enseignement secondaire et un membre de l'enseignement primaire libre en font nécessairement partie.

L'examen porte sur la pédagogie et sur toutes les matières comprises dans l'article 2 de la présente loi.

Un règlement, délibéré en Conseil supérieur de l'instruction publique, en déterminera le programme détaillé.

Art. 74. — Nul ne peut être nommé instituteur public à titre définitif, qu'à la suite d'un examen professionnel auquel on n'est admis qu'après deux ans d'exercice dans l'enseignement public ou libre.

Un règlement délibéré en Conseil supérieur de l'instruction publique déterminera le programme de cet examen.

Art. 75. — Sont incapables de tenir une École publique ou libre, un pensionnat primaire, une salle d'asile, une École d'adultes ou d'apprentis, ou d'y être employées, les personnes qui ont subi une condamnation pour crime ou pour un délit contre la probité ou les mœurs, les individus privés par jugement de tout ou partie des droits mentionnés en l'article 42 du Code pénal, et ceux qui ont été interdits en vertu des dispositions de la présente loi.

Art. 76. — Les conditions d'aptitude et d'exercice ci-dessus indiquées sont applicables aux institutrices.

Art. 77. — L'enseignement dans les Écoles primaires publiques ne peut être confié qu'à des laïques.

Art. 78. — Les instituteurs et institutrices publics titulaires et adjoints et les directrices de salles d'asile publiques ne peuvent exercer aucune fonction ni aucun emploi, sans l'autorisation du Conseil départemental.

CHAPITRE II. — *De la nomination, de la suspension, de la révocation des instituteurs.*

ART. 79. — Les instituteurs et institutrices publics, titulaires ou adjoints, sont nommés par le Directeur départemental, soit parmi les instituteurs en exercice, soit sur une liste d'admissibilité dressée chaque année par le Conseil départemental.

ART. 80. — Le Directeur départemental désigne les instituteurs et institutrices publics chargés de diriger les Écoles publiques d'adultes et d'apprentis et les Cours publics d'adultes.

ART. 81. — Les mesures ci-après énumérées peuvent être, suivant les cas, appliquées aux instituteurs et aux institutrices publics titulaires ou adjoints, aux directrices titulaires ou adjointes de salles d'asile publiques, aux directeurs et directrices d'Écoles ou Cours publics d'adultes ou d'apprentis, savoir :

1° L'avertissement;

2° La réprimande;

3° Le changement de classe avec diminution de traitement;

4° La suspension sans privation de traitement;

5° La suspension avec privation de traitement;

6° La révocation.

ART. 82. — L'avertissement est donné par le Directeur départemental et inscrit sur un registre spécial avec la signature du Directeur et de l'instituteur.

ART. 83. — La réprimande est infligée par le Directeur départemental, l'instituteur entendu. Mention de la condamnation est insérée au *Bulletin départemental de l'Instruction primaire*, avec indication des motifs qui y ont donné lieu.

ART. 84. — Le changement de classe avec diminution de traitement, la suspension avec ou sans privation de traitement et la révocation sont, suivant la gravité des cas, prononcés par le Conseil départemental, sur la proposition du Directeur départemental, les intéressés entendus ou dûment appelés.

Ces décisions, toujours motivées, sont, par les soins du Directeur départemental, insérées au *Bulletin de l'Instruction primaire.*

En cas d'urgence, le Directeur départemental peut prononcer, par décision motivée, la suspension jusqu'à la prochaine réunion du Conseil départemental, qui statue, sur le rapport du Directeur. La durée de la suspension ne peut excéder six mois. Le Directeur départemental désigne un instituteur suppléant chargé de remplacer provisoirement l'instituteur suspendu.

ART. 85. — L'instituteur révoqué ou suspendu peut interjeter appel devant le Conseil supérieur de l'instruction publique, dans le délai de dix jours à partir de la notification de la décision. Cet appel n'est pas suspensif.

ART. 86. — L'instituteur révoqué ne peut exercer la profession d'instituteur, soit communal, soit libre, dans le même département pendant une année.

Lorsque la révocation est prononcée pour un fait contraire à la probité ou aux mœurs, elle entraîne l'interdiction absolue d'enseigner.

CHAPITRE III. — *Du traitement et de la retraite des instituteurs.*

ART. 87. — Toute commune doit fournir un logement convenable dans l'École ou à proximité de l'École et un traitement aux instituteurs et aux institutrices publics, titulaires ou adjoints, ainsi qu'aux élèves-maîtres et aux instituteurs et institutrices de hameau. Elle doit en outre leur fournir le chauffage.

Il est pourvu à ces dépenses par les moyens indiqués en l'article 11 de la présente loi.

ART. 88. — Au point de vue du traitement, les instituteurs et les institutrices publics sont répartis, par nombre égal, en trois classes. Le Conseil départemental fait cette répartition, sur la proposition du Directeur départemental.

La promotion d'une classe à l'autre a lieu dans la proportion d'un tiers à l'ancienneté et de deux tiers au choix. Elle peut avoir lieu sans que l'instituteur change d'École.

ART. 89. — Nul instituteur ou institutrice public ne pourra être promu, soit à l'ancienneté, soit au choix, s'il ne compte au moins trois années de service dans la classe inférieure.

Tout instituteur ou institutrice public, comptant deux années de service dans la même classe, peut obtenir une augmentation de 100 francs; après quatre ans de service, cette augmentation peut être doublée. Ces augmentations sont fixées par le Conseil départemental, sur la proposition du Directeur départemental.

ART. 90. — Les instituteurs et institutrices publics reçoivent :

1re classe	1 800 à 2 000 francs.
2e —	1 600 à 1 800 —
3e —	1 400 à 1 600 —

ART. 91. — Dans les communes comptant plus de 2 500 habitants, les instituteurs et institutrices publics reçoivent, en outre, une indemnité basée sur le chiffre de la population, dans les proportions suivantes :

De 2 500 à 5 000 habitants	200 francs.
5 000 à 20 000 —	500 —
20 000 à 50 000 —	1 000 —
50 000 à 100 000 —	1 500 —
100 000 habitants et au-dessus. . . .	2 000 —

Cette indemnité sera la même pour tous les instituteurs et institutrices publics, à quelque classe qu'ils appartiennent.

ART. 92. — Les instituteurs et institutrices publics adjoints sont répartis en trois classes, conformément aux dispositions des articles 88 et 89.

Leurs appointements sont réglés ainsi qu'il suit :

1re classe	1 200 à 1 400 francs.
2e —	1 000 à 1 200 —
3e —	800 à 1 000 —

Les dispositions de l'article 89, relatives aux augmentations progressives dans la même classe, sont applicables aux instituteurs et institutrices publics adjoints.

ART. 93. — Dans les communes au-dessus de 2 500 habitants, les instituteurs et institutrices publics adjoints reçoivent une indemnité égale à la moitié de celle qui est allouée aux titulaires, d'après les proportions indiquées dans l'article 91.

ART. 94. — Il sera pourvu par les communes au logement, au chauffage et au traitement des directrices des salles d'asile publiques.

Ce traitement sera de 1 200 francs dans les communes de moins de 2 500 habitants.

Dans les communes de 2 500 habitants et au-dessus, les directrices de salles d'asile publiques recevront, en outre, une indemnité basée sur le chiffre de la population, dans les proportions établies par l'article 91.

ART. 95. — Les directrices adjointes des salles d'asile publiques reçoivent un traitement de 800 à 1 000 francs.

Au point de vue des augmentations progressives et de l'indemnité basée sur le chiffre de la population des communes, elles sont assimilées aux institutrices publiques adjointes.

ART. 96. — Les instituteurs et institutrices publics et les directrices de salles d'asile publiques sont compris parmi les fonctionnaires du service actif et ajoutés au tableau n° 2 annexé à la loi du 9 juin 1853. Leur pension de retraite est réglée conformément aux dispositions de cette loi relatives aux emplois de la partie active. Elle est basée sur la moyenne des traitements soumis à retenue dont l'ayant droit a joui pendant les six dernières années.

TITRE V. — Des autorités scolaires.

CHAPITRE Ier. — *Des autorités centrales.*

ART. 97. — La direction et la haute surveillance de l'instruction publique primaire appartiennent au Ministre de l'Instruction publique, qui les exerce conformément aux lois et aux règlements, soit personnellement, soit par les Inspecteurs généraux et Inspectrices générales de l'instruction primaire, par les Directeurs départementaux et par les Inspecteurs et Inspectrices primaires.

ART. 98. — Chaque année, à l'ouverture de la session législative, le Ministre de l'Instruction publique présente aux Chambres, en séance publique, un rapport sur la situation de l'enseignement primaire.

ART. 99. — Il est créé au Ministère de l'Instruction publique une Direction générale de l'instruction primaire.

ART. 100. — Il y a près le Ministre de l'Instruction publique au moins six Inspecteurs généraux et six Inspectrices générales de l'instruction primaire.

ART. 101. — Les Inspecteurs généraux de l'instruction primaire sont assimilés aux Inspecteurs généraux de l'instruction secondaire. Ils sont choisis au moins pour moitié parmi les Directeurs départementaux de l'instruction primaire.

Ils inspectent au moins une fois par an toutes les Écoles normales et contrôlent, par des inspections faites dans les Écoles primaires, le service des Directeurs départementaux et des Inspecteurs primaires.

Ils peuvent assister, avec voix consultative, aux réunions des Conseils départementaux.

Chacun d'eux adresse annuellement au Ministre un rapport sur l'état de l'instruction primaire dans les circonscriptions qu'il a visitées.

ART. 102. — Les Inspectrices générales de l'instruction primaire sont choisies, au moins pour moitié, parmi les directrices d'Écoles normales primaires publiques, les institutrices publiques et les directrices de salles d'asile publiques, comptant au moins cinq années de services.

Elles inspectent les Écoles normales et les Écoles primaires de filles, ainsi que les salles d'asile, et adressent au Ministre un rapport sur les inspections qu'elles ont faites.

CHAPITRE II. — *Des autorités locales.*

1re Section. — Des Directeurs départementaux de l'instruction primaire.

ART. 103. — Dans chaque département, la direction et la surveillance supérieures de l'instruction primaire appartiennent à un Directeur départemental.

Le Directeur départemental est nommé par le Président de la République, sur la proposition du Ministre de l'Instruction publique.

Il doit être choisi parmi les Inspecteurs d'Académie, les professeurs et agrégés des Facultés, les proviseurs, les censeurs ou les professeurs des classes supérieures des Lycées ou Collèges, les principaux des Collèges, les Inspecteurs des Écoles primaires, les directeurs d'Écoles normales, et les chefs d'établissements secondaires libres, licenciés ès lettres ou ès sciences.

Il doit être âgé de trente ans au moins.

ART. 104. — Le Directeur départemental peut être suspendu ou déplacé par arrêté du Ministre de l'Instruction publique. La durée de la suspension ne pourra dépasser un an.

Il peut être révoqué par décret du Président de la République, rendu sur la proposition du Ministre et sur l'avis conforme du Conseil supérieur de l'instruction publique.

ART. 105. — Le Directeur départemental correspond directement avec le Ministre.

Il a sous ses ordres immédiats les Inspecteurs primaires.

Il nomme les instituteurs et les institutrices publics, les directrices de salles d'asile publiques, en se conformant aux dispositions de la présente loi.

Un règlement d'administration publique déterminera le mode et le nombre des inspections auxquelles sera tenu de procéder le Directeur départemental.

ART. 106. — Le Directeur départemental veille à l'exécution, dans l'étendue du département, de toutes les prescriptions légales et réglementaires sur l'instruction primaire.

Il peut saisir directement les tribunaux compétents en cas d'infraction à la présente loi, notamment en ce qui concerne l'obligation.

Il fait au Conseil départemental toutes les propositions qu'il juge utiles.

Il est autorisé à faire et à organiser des conférences publiques sur l'instruction primaire.

ART. 107. — Le Directeur départemental présente tous les ans au Conseil départemental et adresse au Ministre de l'Instruction publique un ou plusieurs rapports détaillés sur l'état général de l'instruction primaire dans son ressort; il donne, sur tous les points qui le comportent, son avis motivé, et propose toutes les mesures qu'il juge utile d'introduire.

Le rapport du Directeur départemental est également adressé au Préfet, qui en donne communication au Conseil général. Ce rapport est tenu à la disposition des journaux du département.

ART. 108. — Les Directeurs départementaux sont divisés, sous le rapport du traitement, en trois classes, ainsi qu'il suit :

1re classe.	10 000 francs.
2e —	8 000 —
3e —	7 000 —

La classe est attachée à la personne et non à la résidence.

Les promotions sont faites par arrêté du Ministre de l'Instruction publique, moitié à l'ancienneté et moitié au choix.

L'avancement d'une classe à une autre ne peut avoir lieu qu'après trois ans au moins d'intervalle.

ART. 109. — Dans les départements dont le chef-lieu compte plus de 40 000 habitants, les Directeurs reçoivent une indemnité de 1 000 francs; dans les départements dont le chef-lieu compte plus de 100 000 habitants, les Directeurs reçoivent une indemnité de 2 000 francs.

Cette indemnité est la même pour tous les Directeurs, quelle que soit la classe à laquelle ils appartiennent.

ART. 110. — Les dépenses nécessaires pour le local des bureaux du Directeur départemental, pour le traitement de ses employés, pour le mobilier et les frais de ses bureaux sont à la charge du département.

Le département fournit également le local et le mobilier nécessaire pour les réunions du Conseil départemental.

Ces dépenses sont proposées par ce Conseil, sur le rapport du Directeur. Les propositions du Conseil sont soumises par le Préfet au Conseil général.

En cas de refus par le Conseil général de voter les dépenses prévues par le présent article, il sera statué d'office en vertu d'un arrêté pris par le Ministre de l'Instruction publique.

2e Section. — Du Conseil départemental de l'instruction primaire.

ART. 111. — Il est créé dans chaque département un Conseil départemental de l'instruction primaire. Ce Conseil est composé :

1° Du Directeur départemental;

2° De membres du Conseil général élus par leurs collègues, à raison de un par arrondissement;

3° D'un membre de la Faculté des lettres élu par ses collègues, ou, dans les départements où il n'existe pas de Faculté des lettres, d'un professeur ou ancien professeur des classes supérieures, élu par les professeurs du même ordre, appartenant au Lycée ou au Collège du chef-lieu;

4° D'un fonctionnaire du Lycée ou Collège du chef-lieu élu par ses collègues;

5° Du Procureur général ou, dans les départements où il n'y a pas de Cour d'appel, du Procureur de la République du chef-lieu;

6° D'autant de présidents de Comités cantonaux qu'il y a d'arrondissements. Ils sont élus, dans chaque arrondissement, par leurs collègues, les présidents des Comités cantonaux;

7° D'un instituteur et d'une institutrice publics élus par leurs collègues;

8° D'un instituteur et d'une institutrice libres élus par leurs collègues;

9° De l'ingénieur en chef des ponts et chaussées du département, et de l'ingénieur chargé du service des mines s'il en existe un dans le département;

10° D'un médecin délégué par le Conseil de salubrité du département.

Le Préfet ou son délégué assiste aux réunions du Conseil.

ART. 112. — Le Conseil départemental est nommé pour trois ans; ses membres sont rééligibles.

Le Conseil nomme chaque année son bureau.

ART. 113. — Le Conseil devra se réunir au moins une fois par mois.

Il délibère sur les rapports et les propositions du Directeur départemental, des Comités cantonaux et des Commissions scolaires. Il propose toutes les réformes qu'il juge utile d'introduire dans l'enseignement primaire.

Il donne son avis sur les dépenses relatives à l'instruction primaire incombant au département et aux communes, sur les secours et encouragements à accorder pour la propagation de l'instruction primaire.

Sur la proposition des Commissions scolaires, il détermine les heures et la durée des classes, fixe l'époque des examens de fin d'année, la date et la durée des vacances, et fait tous les règlements nécessaires relatifs au régime intérieur des établissements publics d'instruction primaire.

Il nomme les Commissions d'examen chargées de délivrer les brevets de capacité et les certificats d'études.

Il décerne les récompenses départementales et fait au Ministre de l'Instruction publique les propositions pour les distinctions honorifiques distribuées par lui.

Il présente des candidats pour la direction des Écoles normales primaires publiques et dresse la liste d'admissibilité des instituteurs et institutrices publics du département.

Il prononce sur les affaires contentieuses relatives à l'obtention des brevets de capacité, à l'ouverture des Écoles libres, sur les poursuites disciplinaires dirigées contre les membres de l'instruction primaire et dans tous les autres cas prévus par la présente loi.

Il adresse au Ministre de l'Instruction publique un extrait du procès-verbal de la séance dans laquelle a été lu et discuté le rapport général, rédigé à la fin de chaque année scolaire par le Directeur départemental. Cet extrait reçoit la même publication que le rapport du Directeur départemental.

ART. 114. — Les membres du Conseil départemental peuvent inspecter tous les établissements d'instruction primaire du département.

3e Section. — Des Inspecteurs spéciaux de l'enseignement primaire.

ART. 115. — Il y a dans chaque département au moins un Inspecteur spécial de l'enseignement primaire par 80 000 habitants.

Les circonscriptions de chaque Inspecteur primaire sont déterminées, tous les cinq ans, sur le rapport du Directeur départemental, par décision du Conseil départemental.

ART. 116. — Les Inspecteurs primaires sont nommés par le Ministre et révoqués par lui. Ils sont choisis parmi les directeurs d'Écoles normales, ou parmi les membres, soit de l'enseignement secondaire, soit de l'enseignement primaire public ou libre, pourvus du grade de licencié ès lettres ou ès sciences, ou d'un certificat d'aptitude dont les conditions seront déterminées par un règlement d'administration publique.

Ils doivent être âgés de trente ans au moins et avoir exercé pendant cinq ans au moins dans l'enseignement public ou libre.

ART. 117. — L'Inspecteur primaire visite, au moins deux fois par an, tous les établissements d'instruction primaire de sa circonscription.

Il veille à l'exécution des lois et règlements concernant ces établissements.

Il recherche et constate les faits à la charge des membres de l'enseignement primaire ou libre, sur lesquels l'autorité compétente, judiciaire ou universitaire, est ensuite appelée à statuer, et adresse sur ces faits des rapports au Directeur départemental.

Pendant ces tournées, il envoie chaque jour au Directeur départemental un bulletin d'inspection.

Il lui adresse également des rapports périodiques.

4e Section. — Des Inspectrices spéciales de l'enseignement primaire.

ART. 118. — Il y a, dans chaque département, au moins une Inspectrice spéciale de l'enseignement primaire.

ART. 119. — Les Inspectrices spéciales de l'enseignement primaire sont nommées par le Ministre et révoquées par lui. Elles sont choisies parmi les directrices des Écoles normales, parmi les institutrices ou les directrices des salles d'asile, comptant au moins cinq années de service dans l'enseignement public ou libre.

ART. 120. — Elles inspectent, au moins une fois par an, toutes les Écoles primaires de filles et tous les asiles du département, et adressent au Directeur départemental des rapports périodiques sur les établissements qu'elles ont visités.

5e Section. — Des Comités cantonaux d'instruction primaire.

ART. 121. — Il est établi dans chaque canton un Comité d'instruction primaire composé de membres de droit et de membres élus.

Les membres de droit sont :

1° Le conseiller général du canton;

2° Le juge de paix du canton;

3° Le maire du chef-lieu de canton.

Les membres élus sont cinq membres des Commissions scolaires. Ces derniers sont élus tous les trois ans, par les membres des Commissions scolaires dont il est parlé en l'article 125, et qui se réunissent, à cet effet, à la mairie du chef-lieu de canton.

Les membres élus du Comité cantonal sont rééligibles.

ART. 122. — Le Comité cantonal se réunit au moins une fois tous les trois mois au chef-lieu de canton.

Il nomme un président, un vice-président et un secrétaire.

Le secrétaire rédige les procès-verbaux des séances et les dépose à la mairie du chef-lieu de canton.

L'Inspecteur primaire du ressort a le droit d'assister à toutes les réunions du Comité cantonal.

ART. 123. — Le Comité cantonal est appelé à donner son avis :

Sur le nombre des Écoles publiques et des salles d'asile publiques à ouvrir dans chaque commune;

Sur la réunion de plusieurs communes pour l'entretien d'une École;

Sur l'établissement des Écoles de hameau;

Sur les autorisations à donner pour l'établissement des Écoles mixtes;

Sur l'autorisation de fonder un pensionnat primaire;

Sur la fixation de l'heure et de la durée des classes, de l'époque et de la durée des vacances;

Sur les réformes qu'il juge utile d'introduire dans les Écoles du canton.

ART. 124. — Les membres du Comité cantonal se répartissent chaque année l'inspection des Écoles publiques du canton, et donnent avis de cette répartition à l'Inspecteur primaire.

Chaque École publique doit être visitée au moins une fois tous les trois mois par un délégué cantonal.

Le Comité cantonal transmet au Directeur départemental un extrait de chacune de ses délibérations. Il lui transmet également, au moins une fois par an, un rapport sur les Écoles du canton que ses membres ont inspectées.

6e Section. — Des Commissions scolaires.

ART. 125. — Une Commission scolaire est instituée dans chaque commune. Elle est composée du maire et de citoyens habitant la commune et désignés par le Conseil municipal.

Ces citoyens sont au nombre de trois dans les communes de 3000 habitants et au-dessous, et au nombre de cinq dans les communes de plus de 3000 habitants.

L'Inspecteur de l'enseignement primaire fait partie de toutes les Commissions scolaires de son ressort.

ART. 126. — La Commission scolaire est nommée pour trois ans; elle est présidée par le maire. Elle nomme un vice-président et un secrétaire.

Le procès-verbal des séances est conservé dans les archives de la mairie.

ART. 127. — La Commission scolaire visite le local destiné aux Écoles publiques nouvelles; elle veille au bon entretien des bâtiments scolaires et du matériel d'enseignement.

Elle veille à la fréquentation des Écoles publiques ou libres de la commune, et adresse, tous les trois mois, au Directeur départemental, un tableau indiquant les noms des élèves qui ont été absents, les causes des absences et les excuses admises.

Elle visite les Écoles publiques et adresse, à la fin de chaque année scolaire, au Directeur départemental, un rapport détaillé sur l'état des Écoles, la conduite et les progrès des élèves.

TITRE VI. — Dispositions générales.

ART. 128. — Il sera ouvert chaque année, au budget de l'Instruction publique, un crédit pour rétribuer et encourager les institutions visées dans les articles 28 et 43 de la présente loi, pour récompenser les instituteurs qui se sont distingués par leur zèle et par l'intelligence de leur enseignement, et pour encourager les auteurs de livres ou méthodes utiles à l'instruction primaire. Ce crédit est réparti entre les départements par le Ministre, qui statue sur les propositions des Conseils départementaux.

ART. 129. — Un règlement d'administration publique déterminera le mode de construction et d'aménagement des Écoles, et fixera le taux de l'indemnité de déplacement et des frais de tournée à allouer aux Inspecteurs généraux, Inspectrices générales, Directeurs départementaux, Inspecteurs spéciaux et Inspectrices spéciales de l'enseignement primaire. Cette dépense sera à la charge de l'État.

Le même règlement statuera sur tous les détails d'exécution de la présente loi.

ART. 130. — Toutes les fois qu'il y a lieu de faire une déclaration, le fonctionnaire chargé de recevoir cette déclaration en délivre sur-le-champ récépissé.

ART. 131. — L'article 463 du Code pénal est applicable à tous les délits prévus par la présente loi.

ART. 132. — Toute décision rendue par une autorité statuant en dernier ressort peut être déférée au Conseil d'État pour excès de pouvoir ou violation de la loi.

Décision du Conseil d'État, relative à l'inscription d'office au budget de la commune du traitement de l'instituteur.

Mars 1877.

16 et 23 Mars 1877.

Lorsqu'il est constaté, en fait, qu'une École, libre dans le principe, est devenue École communale, l'arrêté par lequel le Préfet inscrit d'office au budget de la commune la somme nécessaire pour compléter le traitement du personnel enseignant de ladite École n'est pas entaché d'excès de pouvoir.

Ce traitement constitue pour la commune une dépense obligatoire à laquelle elle ne peut se soustraire[1].

Le Conseil d'État,

Considérant que les deux pourvois de la ville de Chaumont présentent à juger les mêmes questions pour 1875 et 1876, et qu'il y a lieu, dès lors, de les joindre et d'y statuer par une même décision;

Considérant que, par délibération du 1er février 1866, le Conseil municipal de Chaumont a autorisé le maire de cette ville à faire convertir en École communale l'École libre dite de Saint-Joseph, tenue par les frères des Écoles chrétiennes, dans des bâtiments appartenant à leur institut, puis à placer sur la porte d'entrée de l'établissement l'inscription suivante : *École communale dirigée par les Frères des Écoles chrétiennes, fondée par Mlle Agathe Oudinot en* 1837, *complétée par la ville en* 1866;

Que le supérieur général de l'institut des frères, averti par le maire de Chaumont, aux termes d'une lettre du 7 février suivant, du vote du Conseil municipal, a répondu, le 25 février, « qu'il acceptait complètement les propositions contenues dans la lettre « précitée, c'est-à-dire que l'École reconnue libre jusqu'à ce jour « devienne communale » ;

Qu'à la suite de ces actes, l'autorité municipale a fait placer sur la porte de l'École Saint-Joseph, où elle existe encore, l'inscription dont les termes avaient été adoptés par le Conseil municipal;

1. La ville de Chaumont, représentée par son maire, s'est pourvue devant le Conseil d'État à l'effet de faire annuler, pour excès de pouvoir, deux arrêtés en date des 24 mars et 1er décembre 1875, par lesquels le Préfet du département de la Haute-Marne a inscrit d'office au budget de ladite ville, pour les exercices 1875 et 1876, deux crédits de 1200 francs pour compléter le traitement dû aux frères des Écoles publiques congréganistes.

Le Conseil d'État, après avoir entendu M. de Montesquiou, conseiller d'État, en son rapport; Me Brugnon, avocat, en ses observations; M. David, commissaire du Gouvernement, en ses conclusions, a rendu la décision ici reproduite.

Que, par arrêté du 8 avril 1866, le Préfet de la Haute-Marne a nommé le frère Joseph, précédemment directeur de l'École Saint-Joseph, instituteur public à titre définitif dans la commune de Chaumont, et que le successeur du frère Joseph a été nommé en la même qualité par arrêté du 14 octobre 1874 ;

Que, par une décision du 31 octobre 1867, confirmée le 8 mai 1872, le Conseil départemental de la Haute-Marne a déterminé le nombre des adjoints à placer dans l'École Saint-Joseph ;

Que, depuis l'année 1866 jusqu'en 1870, époque à laquelle le Conseil municipal a décidé le remplacement des frères par des maîtres laïques et a supprimé toute allocation aux instituteurs congréganistes, les traitements d'une partie du personnel enseignant de l'École Saint-Joseph ont été portés avec les autres dépenses de cette École aux budgets de la ville par le Conseil municipal ;

Considérant qu'il résulte de ce qui précède que les conditions exigées par la loi du 15 mars 1850, par le décret du 9 mars 1852, et par la loi du 14 juin 1854, pour la création d'une École publique, pour la nomination de l'instituteur et pour la fixation du nombre des adjoints attachés à cette École ont été remplies ;

Que, dès lors, la ville de Chaumont n'est pas fondée à soutenir que l'École Saint-Joseph n'aurait pas cessé d'être une École libre et à demander pour ce motif l'annulation des arrêtés par lesquels le Préfet a inscrit d'office aux budgets de 1875 et 1876 la somme qu'il jugeait nécessaire pour compléter le traitement du personnel enseignant de ladite École ;

Considérant que la ville de Chaumont soutient subsidiairement qu'il résulterait, soit de la délibération précitée du 1er février 1866 et des lettres échangées entre le maire de Chaumont et le supérieur général de l'institut des frères, soit de la donation faite à cet institut par la demoiselle Oudinot, lors de la fondation de l'établissement des frères, que la ville ne devrait supporter que le traitement de deux des maîtres attachés à l'École Saint-Joseph, et que le Préfet, en inscrivant d'office le traitement de deux autres maîtres, aurait méconnu des conventions privées dont l'appréciation serait du ressort des tribunaux civils ;

Considérant que, par application de l'article 34 de la loi du 15 mars 1850, le Conseil départemental de la Haute-Marne a décidé, dans ses délibérations des 31 octobre 1867 et 8 mai 1872, que trois adjoints seconderaient l'instituteur titulaire dans l'École Saint-Joseph ;

Qu'aux termes de la loi du 15 mars 1850, de celle du 10 avril 1867, des décrets du 26 juillet-26 août 1870 et du 20 janvier 1873 et de la loi du 19 juillet 1875, les communes sont tenues de fournir aux instituteurs et aux adjoints chargés des Écoles publiques un traitement dont les bases sont fixées par lesdites lois et lesdits décrets;

Considérant qu'il résulte de ce qui précède que le traitement du personnel enseignant attaché à l'École Saint-Joseph constituait pour la ville de Chaumont une dépense obligatoire, et qu'en inscrivant d'office aux budgets de cette ville en 1875 et 1876, sur le refus du Conseil municipal d'y pourvoir, la somme nécessaire pour assurer à chacun des maîtres de ladite École un traitement inférieur, en tous cas, aux *minima* fixés par les lois et décrets ci-dessus visés, le Préfet de la Haute-Marne n'a fait qu'user des droits que lui confèrent les articles 30 et 39 de la loi du 18 juillet 1837;

Considérant, dès lors, que la ville de Chaumont n'est pas fondée à demander de ce chef, et pour excès de pouvoir, l'annulation des arrêtés du 24 mars et du 1er décembre 1875, sauf à ladite ville à porter devant les tribunaux compétents, dans le cas où elle se croirait en droit de le faire, la question de savoir si, par suite des conventions qu'elle invoque, la rente de 1 800 francs donnée par Mlle Oudinot devrait en tout ou en partie être affectée aux traitements des instituteurs de l'École Saint-Joseph,

Décide :

Les requêtes de la ville de Chaumont sont rejetées.

Lettre du Ministre de l'Instruction publique au Préfet de Seine-et-Oise, relative au calcul du traitement éventuel des instituteurs. 28 mars 1877.

28 Mars 1877.

Monsieur le Préfet, vous m'avez demandé si, dans le calcul de l'éventuel ou rétribution à payer aux instituteurs pour les élèves gratuits, il faut considérer seulement le nombre de jours où l'École a été ouverte.

En décidant que l'instituteur n'aurait droit à la rétribution mensuelle dont il s'agit que pour tout élève gratuit qui aurait assisté à l'école un nombre de jours déterminé, les instructions ont eu pour objet d'assurer la fréquentation des classes, c'est-à-dire de réaliser le but de la loi du 10 avril 1867, qui a établi l'éventuel. Cette ressource n'est donc réellement acquise au maître que pour une présence effective, et, dans le calcul, il n'y a pas lieu de tenir compte des dimanches et jours de fête. Voici, au surplus, le mode qu'il convient d'adopter pour éviter toute difficulté dans le règlement en question : s'il y a eu, par exemple, dans un mois 44 classes d'une demi-journée, l'instituteur n'a droit à l'éventuel qu'autant que l'élève se trouve porté comme présent, sur le registre d'appel, vingt-deux fois au moins. Ainsi, le maître peut obtenir la rétribution mensuelle pour un élève gratuit lorsque celui-ci a assisté à la moitié au moins des classes tenues pendant un mois.

Vous m'avez consulté, en outre, sur le point de savoir comment on pourrait déterminer l'éventuel lorsqu'un maître ne prend qu'un demi-mois au lieu d'un mois de vacances. Il s'agit là d'une exception pour laquelle aucune décision n'a encore été prise. J'ai pensé qu'alors il doit être payé à l'instituteur la moitié du taux mensuel de rétribution pour tout élève gratuit présent au moins à la moitié des classes faites pendant l'autre demi-mois.

Vous avez enfin prévu le cas où un élève gratuit ne se présenterait à l'instituteur que dans la seconde moitié ou à la fin d'un mois pendant la durée duquel l'École a été ouverte. Je ne puis admettre qu'une rétribution soit alors payée au maître. Celui-ci sait, en effet, dès le commencement de l'année, quels sont les enfants inscrits sur la liste de gratuité, et il est de son devoir, comme de son intérêt, de signaler à l'autorité locale les familles qui ne profiteraient pas du bénéfice de l'admission gratuite. Cette surveillance étant exercée, les élèves gratuits fréquenteront régulièrement les Écoles. Il n'y a donc pas lieu de s'arrêter à la dernière hypothèse.

Recevez, etc.

Signé : WADDINGTON.

---

30 avril 1877.

Circulaire du Ministre de l'Instruction publique, interdisant le colportage dans les Écoles de pétitions relatives à la politique étrangère.

30 Avril 1877.

Monsieur le Préfet, je suis informé que, dans quelques Écoles primaires, on a colporté des pétitions relatives à la politique étrangère. On a même poussé l'oubli des convenances jusqu'à demander les signatures des enfants qui fréquentent ces Écoles. Ce sont là des faits graves que je ne saurais trop blâmer; et je m'étonne qu'on ait pu ainsi méconnaître les intentions si formellement exprimées par mes prédécesseurs dans plusieurs circulaires, et notamment dans celle du 15 juin 1871.

Je n'ai pas à vous rappeler, Monsieur le Préfet, que la loi, en déterminant expressément quelles sont les diverses autorités qui ont entrée dans les Écoles, a pris le soin de préciser les attributions de chacune d'elles. Elles doivent donc toutes conserver à leur mission le caractère que le législateur a tracé : agir autrement serait compromettre le progrès des études aussi bien que la discipline scolaire.

En tout cas, il est de notre devoir de faire respecter l'enfance dans les asiles qui lui sont ouverts; l'École doit être tenue en dehors des discussions politiques et religieuses. Rien de ce qui agite, rien de ce qui passionne, ne doit y pénétrer.

Je vous prie, en conséquence, Monsieur le Préfet, de veiller avec le plus grand soin à ce que les faits qui m'ont été signalés ne se renouvellent pas; et, si quelque maître se rendait coupable d'une complaisance blâmable, vous ne devriez pas hésiter à le frapper d'une des peines disciplinaires que la loi met à votre disposition.

Vous voudrez bien, Monsieur le Préfet, m'accuser réception de la présente circulaire, en ayant soin de me faire connaître les agissements qui auraient pu avoir lieu dans votre département.

Recevez, etc.

Signé : WADDINGTON.

Proposition de loi ayant pour objet l'instruction primaire, présentée par M. Bartoli, député. 1er mai 1877.

Séance du 1er Mai 1877[1].

Messieurs, le but du présent projet de loi est de généraliser l'instruction primaire gratuite, et en même temps d'obtenir qu'elle soit efficacement obligatoire, sans avoir recours à des moyens trop rigoureux de coercition.

Pour atteindre ce résultat, je propose de prendre comme base l'état de choses actuel, avec cette réserve, que la rétribution scolaire continuerait à être imposée, par exception et à titre de pénalité, aux pères de famille seulement qui négligeraient d'envoyer leurs enfants à l'École, tandis que la gratuité existerait pour les autres.

On comprend, en effet, que le principe de la gratuité ne saurait constituer, pour tout Français indistinctement, et sans aucune réciprocité, une sorte de droit absolu à l'instruction.

En assumant la lourde charge d'entretenir des Écoles gratuites, les communes sont fondées à exiger de la part des pères de famille que les Écoles soient au moins fréquentées.

L'obligation devient ainsi la condition indispensable de la gratuité; et la conséquence logique de leur connexité se trouve dans le maintien, suivant les cas, ou l'exonération de la rétribution scolaire.

C'est la solution qui me paraît la plus juste, la plus praticable et aussi conforme à l'intérêt des communes qu'à celui des familles, dont elle stimulerait le zèle et l'émulation.

Les articles 1er à 8 de ma proposition ont pour objet de déterminer les conditions dans lesquelles la gratuité serait accordée ou retirée aux parents des élèves.

La création de secrétaires archivistes attachés aux bureaux des Inspecteurs primaires, qui fait l'objet de l'article 11, me paraît avoir un caractère d'utilité incontestable, si on veut obtenir des Inspecteurs primaires une surveillance plus active et plus efficace des Écoles.

Proposition de loi.

Article 1er. — Dans la session du mois de novembre et pour l'année suivante, le Conseil municipal dressera deux listes : l'une pour les garçons, l'autre pour les filles, si la commune possède des Écoles spéciales pour chaque sexe, et une seule liste si la commune n'a qu'une École mixte, de tous les enfants qui, au 1er janvier suivant, auraient accompli leur sixième année ou qui n'auraient pas accompli leur treizième.

Art. 2. — Chaque père de famille est porté sur un rôle de rétribution scolaire dressé au commencement de l'année et établi suivant l'âge des enfants; mais il sera exonéré de toute rétribution si ses enfants fréquentent assidûment l'École.

Art. 3. — L'instituteur ou l'institutrice devra, sous sa responsabilité per-

1. *Journal officiel* du 9 *mai* 1877, page 3134.

sonnelle, noter toutes les absences que feront les élèves, et indiquera dans la la colonne des observations de la feuille d'appel les motifs de l'absence.

ART. 4. — Les motifs légitimes d'absence sont :

1° La maladie de l'enfant;

2° La maladie grave ou le décès de l'un des parents;

3° La difficulté des communications, lorsque les parents ont leur domicile dans une localité éloignée de la maison d'école.

ART. 5. — Chaque trimestre, une Commission, composée du maire, du ministre du culte, de l'instituteur ou de l'institutrice et de deux conseillers municipaux, désignés tous les ans par leurs collègues dans la session de novembre, se réunit pour arrêter, d'après les feuilles d'appel et en tenant compte des excuses légitimes, les rôles d'exonération de la rétribution scolaire.

ART. 6. — Sur l'avis de la Commission, et sauf recours devant le Conseil départemental, les parents dont les enfants comptent dix jours d'absence non justifiée, devront payer la rétribution scolaire afférente au mois tout entier.

ART. 7. — Les rétributions ainsi perçues sont versées à la caisse municipale pour être employées au profit de l'École.

ART. 8. — Sont dispensés de payer la rétribution scolaire les parents qui pourront prouver que leurs enfants ont reçu l'instruction à domicile ou dans un établissement public ou libre. La preuve sera admise sur l'avis de la Commission susvisée et, en cas d'avis contraire de la Commission, par le Conseil départemental.

ART. 9. — Tous les ans, les Conseils généraux et les Conseils municipaux, avec le concours de l'État, mettront à la disposition du chef académique, dans le département, une somme destinée à l'achat de livres classiques, qui seront distribués, à des époques déterminées, par l'Inspecteur primaire, en présence de la Commission susvisée :

1° Aux élèves les plus méritants;

2° Aux élèves les plus assidus.

ART. 10. — Les frais de l'instruction primaire sont à la charge des communes, sans préjudice des subventions du département et de l'État. Lorsqu'une commune possède une ou plusieurs Écoles gratuites, et que le produit de l'imposition extraordinaire affecté à leur entretien est insuffisant, elle devra voter un nombre de centimes qui ne pourra être supérieur à 10.

ART. 11. — Des secrétaires archivistes sont adjoints aux Inspecteurs primaires, dans les arrondissements qui comptent un nombre considérable d'Écoles ou qui présentent de grandes difficultés de parcours.

Les secrétaires archivistes sont choisis parmi les instituteurs pourvus du certificat d'aptitude aux fonctions d'Inspecteur primaire. Leur traitement est fixé à 1 500 francs.

ART. 12. — Tous les ans, le Conseil départemental fixera le taux de la scolarité dans chaque commune.

ART. 13. — Les instituteurs et les institutrices auront droit à la pension de retraite, après vingt-cinq années de service.

Circulaire du Ministre de l'Instruction publique aux Inspecteurs d'Académie, relative à l'établissement d'un état de toutes les communautés, congrégations et associations qui s'occupent d'enseignement. 3 mai 1877.

3 Mai 1877.

Monsieur l'Inspecteur, la loi de finances du 29 décembre 1876 contient, article 12, la disposition suivante : « Il sera dressé, pour être publié et distribué aux membres des deux Chambres, dans le courant du premier semestre 1877, l'état de toutes les communautés, congrégations et associations religieuses, quelle que soit leur dénomination, autorisées ou non autorisées, qui existent en France, avec la désignation des communautés qui relèvent directement ou indirectement de supérieurs résidant en pays étranger. »

Afin d'être en mesure de satisfaire à ces prescriptions, j'ai l'honneur de vous adresser, sous ce pli, trois tableaux relatifs : deux aux congrégations religieuses dont il s'agit (Enseignement secondaire; Enseignement primaire); le troisième aux associations purement laïques vouées à l'enseignement primaire, sur lesquelles j'ai besoin de posséder des renseignements précis. Je vous prie de vouloir bien remplir ces trois questionnaires et de me les renvoyer dans le plus bref délai.

Vous aurez soin de joindre à cet envoi deux exemplaires des statuts de toutes les associations religieuses ou laïques spéciales à votre département, ou des associations qui, s'étendant soit à toute la France, soit à une région déterminée, auraient leur siège dans votre département.

Recevez, etc.

Signé : WADDINGTON.

Rapport sommaire fait au nom de la 5e Commission d'initiative parlementaire[1] chargée d'examiner la proposition de loi de M. Laroche-Joubert, ayant pour objet de procurer l'enseignement élémentaire au plus grand nombre, par M. Paul Devès, député. 5 mai 1877.

Séance du 5 Mai 1877[2].

Messieurs, la proposition de M. Laroche-Joubert a pour but de faciliter la diffusion de l'enseignement primaire.

Notre honorable collègue en a marqué le véritable caractère dans l'exposé des motifs qui précède les dix articles dont se compose son projet de loi.

1. Cette Commission était composée de MM. Pascal DUPRAT, *président;* DEVÈS, *secrétaire;* NAQUET (Alfred), ESCARGUEL, DURIEU, TRUELLE, LEFÈVRE, DESCHANEL, ALICOT, CHOISEUL (Horace DE), MASURÉ, VILLAIN, NINARD, DE RÉMUSAT, DANELLE-BERNARDIN, NOEL-PARFAIT, JACQUES, LAMY, MARMOTTAN, BOUQUET (Bouches-du-Rhône), LE VAVASSEUR, MAGNIEZ.

2. *Journal officiel* des 21 et 22 *mai* 1877, pages 3887 et 3888.

Voir ci-dessus le projet de M. LAROCHE-JOUBERT, 29 *juillet* 1876, page 629.

Ce projet fut présenté de nouveau par son auteur dans les mêmes termes le 18 *janvier* 1878 (*Journal officiel* du 31 *janvier* 1878, pages 891 et 892).

Voir le rapport de M. PATISSIER, 10 *mai* 1878.

Partisan déterminé de l'obligation et de la gratuité en matière d'instruction primaire, il pense que l'insuffisance du nombre des Écoles et des instituteurs empêchera, pendant quelque temps encore, l'adoption de cette utile et patriotique réforme.

« En attendant, dit-il, — et ce sont ses expressions mêmes, — il faut créer cent enseignants là où il n'y a qu'un instituteur et faire de l'enseignement une propagande philanthropique. »

Pour parvenir à ce but, M. Laroche-Joubert propose une disposition ainsi libellée :

« ARTICLE 1er. Toute personne, soit du sexe masculin, soit du sexe féminin, jouissant de ses droits civils, est autorisée à enseigner ce qu'elle sait à ceux qui, autour d'elle, ne savent rien, toutes les fois que ces derniers se trouvent habiter à plus de 1 kilomètre d'une École publique. »

Et, pour stimuler le zèle « des enseignants volontaires », M. Laroche-Joubert leur décerne (articles 3, 4, 5, 6 et 7) des diplômes de félicitations et des médailles de bronze ou d'argent, « qu'ils ont le droit de porter sur leurs habits ».

Sans s'approprier en rien l'originalité de cette conception, qui fait à la vanité humaine un appel assez imprévu et peuplerait la France de nouveaux médaillés, si l'effet qu'en attend M. Laroche-Joubert venait à se produire, la 5e Commission d'initiative n'a pas cru qu'il fût possible de refuser à son projet le bénéfice de la prise en considération.

Notre rôle n'était pas, en effet, de discuter dans leurs dispositions spéciales les divers articles de la proposition qui nous était soumise, mais d'en examiner seulement le caractère général au point de vue des travaux parlementaires.

Dans cet ordre d'idées, deux considérations ont fixé notre sentiment.

La diffusion de l'enseignement primaire est l'objet de la sollicitude et presque des préférences de la Chambre. Rien n'est plus louable que la pensée qui anime à cet égard notre honorable collègue. Comment refuser d'examiner au fond un projet qui procède de sentiments « philanthropiques », quand cet examen, quel qu'en puisse être le résultat ultérieur, ne présente pas d'inconvénient sérieux? Aucun scrupule ne peut s'élever, d'ailleurs, contre les tendances parfaitement inoffensives du projet.

Enfin un certain nombre de propositions, réformant l'enseignement primaire, ont été directement renvoyées, sur la demande de leurs auteurs, à la Commission qui doit en juger le fond, et dispensées ainsi du premier degré de la procédure parlementaire, l'examen des Commissions d'initiative. La justice veut que M. Laroche-Joubert ne rencontre pas un obstacle que ses collègues, traitant la même matière, n'ont pas trouvé sur leur chemin.

Aussi la 5e Commission n'hésite-t-elle pas à vous demander de prendre en considération la proposition qui vous est soumise et de la renvoyer à la Commission chargée d'examiner les diverses propositions relatives à la réforme de l'enseignement primaire.

Avis sur les dangers des boissons alcooliques, affiché dans les classes des Écoles primaires[1]. 6 mai 1877.

6 Mai 1877.

1. Ce qui distingue surtout l'homme de la bête, c'est qu'il a le sentiment de sa liberté d'action pour le bien comme pour le mal, et par conséquent le sentiment de sa responsabilité.

2. Le jour où l'homme perd ce double sentiment, il déchoit et tombe au rang de la brute.

3. Lorsque cette déchéance est le fait de la maladie, elle est pour l'homme un malheur; elle devient une honte, lorsqu'il la provoque lui-même par l'abus des boissons enivrantes, puisqu'il se dépouille ainsi volontairement du plus noble de ses attributs, de celui qui fait sa supériorité : *la conscience morale.*

4. Assurément, l'homme qui use des boissons fermentées ne veut pas cette déchéance; ce qu'il cherche, c'est un plaisir passager et une réparation momentanée de ses forces.

5. Dans de pareilles limites, cet usage n'a rien que l'hygiène réprouve; s'il n'est pas indispensable à la santé, il peut n'être pas non plus sans utilité.

6. Mais, si modéré qu'il soit, il offre cependant un danger. Il n'est pas besoin d'arriver jusqu'à l'abus des boissons fermentées pour constater que, sous l'influence de l'alcool qu'elles renferment *toutes*, le cerveau subit une excitation qui donne à l'esprit plus de vivacité et qui dispose à voir toutes choses par le meilleur côté.

7. Il ne faut donc pas s'étonner si l'homme qui a connu cette sensation la recherche de nouveau. Or, là est le péril; cette légère excitation cérébrale n'est que le premier degré de l'ivresse. Ce premier degré franchi, l'homme, par une pente insensible, prend l'habitude de s'enivrer, tombe rapidement dans toutes les misères physiques ou morales qu'engendre l'ivrognerie, et dès lors il est perdu.

8. Quelle que soit la nature d'une boisson fermentée, c'est surtout par l'*alcool* qu'elle agit. L'action de l'*eau-de-vie commune*, c'est-à-dire de l'*alcool* étendu de son volume d'eau, peut servir d'exemple.

9. Introduite dans un *estomac* vide, l'eau-de-vie, même à dose très modérée, le congestionne, excite ses contractions et augmente la sécrétion des sucs digestifs. Ces effets directs, *beaucoup moins prononcés lorsque l'estomac est rempli d'aliments*, sont d'ailleurs passagers et disparaissent sans laisser de traces si l'ingestion de l'eau-de-vie est accidentelle. Si elle se reproduit fréquemment, *si elle devient habituelle*, la rougeur congestive est plus vive, plus persistante; une *inflammation* se développe, les sucs digestifs deviennent plus rares et font place à des liquides nuisibles au travail de la digestion : à la longue, survient un travail d'*ulcération*, un épaississement, une induration qui, en paralysant l'estomac et en arrêtant ses sécrétions utiles, le rendent incapable de digérer.

1. Le texte de cet avis a été rédigé par l'Académie de médecine. M. le Ministre de l'Instruction publique en a autorisé l'affichage dans les Écoles primaires par une circulaire du 6 *mai* 1877.
Consulter à sa date la circulaire du 2 *août* 1895 concernant les mesures à prendre pour combattre l'alcoolisme.

En même temps, surviennent la sensation de chaleur et de brûlure au creux de l'estomac, le rejet par des efforts de vomissements de liquides tantôt fades, tantôt acides ou âcres (*pituite des buveurs*), la perte d'appétit, la lenteur de la digestion. Plus tard, des douleurs d'estomac se prolongeant sous les côtes et jusque dans le dos, depuis le pincement ou la pesanteur jusqu'aux plus atroces déchirements; en un mot, des troubles digestifs d'une gravité croissante et pouvant à eux seuls amener la *mort par épuisement*, et se compliquant souvent de *phtisie pulmonaire* ou de *cancer*.

10. Les effets de l'alcool sur l'estomac n'épuisent pas son action; la plus grande partie de ce liquide, entraînée par la circulation, va exercer sa triste influence sur le *cerveau*, le *foie*, les *poumons* et les *reins*.

11. Le *cerveau* est, de tous les organes, celui qui ressent le plus vivement l'action de l'alcool.

12. Absorbé et mis en rapport avec la substance du cerveau, l'alcool en exalte les fonctions. C'est d'abord une simple excitation, puis un véritable délire, plus ou moins querelleur, plus ou moins violent, aboutissant tantôt à une agitation extrême, tantôt à une crise de fureur dans laquelle l'homme devient capable de tous les crimes; tantôt enfin à un état de prostration, où, comme une masse inerte, il tombe *ivre-mort*.

13. Revenant à de courts intervalles, ces excès ont pour *conséquence inévitable* un accès d'alcoolisme aigu (*delirium tremens*), délire spécial des buveurs pouvant à lui seul déterminer la mort.

Quand l'action de l'alcool, bien que légère, se répète chaque jour, au simple ébranlement nerveux succède la *congestion* diffuse du cerveau, enfin le *ramollissement*. Surviennent des maux de tête persistants, des *vertiges*, des *hallucinations*, un affaiblissement graduel des facultés intellectuelles et morales, la paresse d'esprit, la perte de la mémoire, l'embarras de la parole, le tremblement des membres, des accès passagers de délire calme ou agité alternant souvent avec des accès d'*épilepsie*, — surtout quand le buveur a fait un usage habituel de l'absinthe, — et finalement la *folie*, l'*imbécillité*, la *paralysie*.

Avant de tomber à ce dernier degré d'abrutissement, combien de buveurs, devenus irritables et querelleurs, perdent tout sentiment du devoir et ruinent ou déshonorent leurs familles par des désordres, ou même par des crimes, et finissent sur les bancs de la police correctionnelle ou de la cour d'assises.

14. L'alcool agit d'abord sur le *foie* en le congestionnant; mais, lorsque l'usage des boissons alcooliques devient copieux et continu, survient une véritable inflammation, puis la suppuration du foie ou l'augmentation de son volume, ou même sa dégénérescence. Tous ces désordres s'annoncent par des troubles digestifs compliqués de jaunisse ou d'hydropisie et aggravés, dans les dernières périodes, par les angoisses qui précèdent la mort, lorsque la sérosité accumulée dans le ventre refoule les poumons et le cœur.

15. L'haleine des buveurs est imprégnée d'alcool rejeté au dehors par les *poumons*. Il pénètre ces organes; il les congestionne et leur donne une disposition extrême à s'enflammer. De là viennent : la toux sèche, quinteuse, opiniâtre de beaucoup de buveurs, la fréquence de la *fluxion de poitrine*, de la *bronchite* avec ou sans *phtisie* consécutive, mais presque toujours avec complication de *maladie du cœur*.

16. Les maladies du *cœur*, si pénibles par l'oppression qu'elles causent, et qui se terminent toujours, soit par la mort subite, soit par une hydropisie générale, peuvent se produire d'emblée par les excès alcooliques.

17. En traversant les *reins*, l'alcool excite leurs fonctions; si cette excitation

se répète fréquemment, le tissu des *reins* comme du *cerveau*, du *foie* et des *poumons*, se congestionne et s'enflamme; alors surviennent des douleurs de reins, des pissements de sang et de pus; enfin, le catarrhe de la vessie, la rétention ou l'incontinence des urines. Les douloureuses opérations qu'elles nécessitent font de la vie des malheureux, condamnés à toutes ces misères par leurs excès alcooliques, un affreux supplice, qu'ils n'abrègent que trop souvent par le *suicide*.

18. Ce n'est pas tout : chez tel buveur, l'action de l'alcool se manifestera par l'apparition fréquente de *clous* ou même d'*anthrax;* chez tel autre, par l'éruption de pustules disséminées sur le corps, ou par des rougeurs persistantes de la face (*couperose*), ou bien encore par des *dartres;* chez certains d'entre eux enfin, par la *goutte* ou par la *gravelle*, si souvent suivie elle-même de la pierre.

19. L'abus des boissons alcooliques, avant même d'avoir tous ces désordres matériels et les troubles de santé qu'ils entraînent, rend les ivrognes plus accessibles aux maladies accidentelles, aggrave ces maladies, et compromet de la manière la plus sérieuse la cicatrisation des blessures ou le succès des opérations.

Les maladies épidémiques : *variole, fièvre typhoïde, dysenterie, choléra*, sévissent de préférence sur les ivrognes; pour le choléra, en particulier, les admissions dans les hôpitaux sont toujours plus nombreuses le mardi et le mercredi, c'est-à-dire dans les deux jours qui suivent le lundi, jour trop consacré à l'oisiveté et à la fréquentation des cabarets.

Chez les alcoolisés, toutes les maladies aiguës tendent à se compliquer d'un délire toujours agité, souvent furieux, qui met le malade en danger de mort et qui, en tout cas, rend sa guérison plus difficile et sa convalescence plus longue.

L'ivresse, on le sait bien, est la cause d'un grand nombre d'accidents.

Ivre ou seulement excité par l'alcool, l'homme le plus doux, le plus sage, devient querelleur ou fanfaron : de là, des rixes sanglantes ou des tours de force périlleux. La même cause augmente les dangers propres à certaines professions, dangers qu'on évite avec de l'adresse et du sang-froid, mais dont devient victime celui que la boisson a rendu imprudent, faible ou maladroit.

L'ivresse est pour le chirurgien une source d'embarras nombreux; elle rend le traitement difficile ou inefficace; elle interdit souvent l'emploi d'un moyen utile : saignée, vomitif, chloroforme; elle fait ajourner une opération pressante; elle oblige à user de violence là où la douceur eût suffi; elle force le praticien à traiter son malade comme le vétérinaire traite la brute.

L'empoisonnement alcoolique invétéré a des conséquences plus redoutables encore : une blessure minime, qui serait sans gravité chez un homme sobre et sain, devient souvent, chez l'ivrogne, le point de départ d'accidents terribles.

Circulaire du Ministre de l'Instruction publique, relative au mode de recouvrement de la rétribution scolaire due par les élèves forains. 16 mai 1877.

16 Mai 1877.

Monsieur le Préfet, mon attention a été appelée sur différentes questions relatives au recouvrement de la rétribution scolaire des élèves dits *forains* ou appartenant à des communes non réunies, pour l'instruction primaire, à la commune dont ces enfants fréquentent l'école.

De son côté, M. le Ministre des Finances a été saisi des mêmes questions par des agents relevant de son administration.

Après m'être concerté avec mon collègue, j'ai l'honneur de vous faire connaître les dispositions qui doivent désormais régir la matière.

Jusqu'ici et conformément aux instructions du 31 janvier 1854, § 8, l'instituteur ou l'institutrice avait recouvré directement la rétribution scolaire à la charge des élèves forains; mais, comme cette rétribution entre dans la composition du traitement garanti aux maîtres, elle doit être encaissée par la commune, pour être versée ensuite à la trésorerie générale du département, au compte du *fonds de cotisation*. Puisqu'elle forme partie des contingents communaux dont le versement est prescrit aux époques déterminées par les circulaires des Ministres de l'Intérieur et des Finances en date des 24 novembre et 11 décembre 1875, la rétribution des élèves étrangers sera, à l'avenir et sans aucune exception, recouvrée à la diligence des receveurs municipaux, au même titre que la rétribution des élèves habitant la commune qui possède l'École.

Ainsi, par suite de l'application de la loi du 19 juillet 1875, qui a établi un nouveau mode de payement pour le traitement des instituteurs publics, le neuvième alinéa du paragraphe 8 de la circulaire du 31 janvier 1854 se trouve abrogé désormais.

Des instructions contenues dans le même paragraphe exigeaient la production d'un rôle spécial pour les élèves forains. Cette formalité devient inutile, du moment où le recouvrement de la rétribution scolaire de ces élèves doit être, dans tous les cas, opéré par les receveurs municipaux. Il n'y aura donc plus, à l'avenir, qu'un seul rôle comprenant tous les enfants assujettis à la rétribution scolaire.

A l'égard des élèves forains qui habitent une localité comprise dans une circonscription de perception autre que celle où se trouve la commune siège de l'École, il a été décidé que leur rétribution pourrait, au besoin, être recouvrée au moyen d'une contrainte extérieure, comme en matière de contributions directes.

Quant aux non-valeurs sur la rétribution scolaire des mêmes élèves, elles doivent nécessairement retomber à la charge de la commune qui fait la recette. C'est pourquoi j'ai décidé que les élèves dont il s'agit ne seront reçus par l'instituteur qu'avec l'autorisation du maire de la commune où est située l'École. Chaque fois qu'il autorisera l'admission d'un enfant étranger à la localité, ce magistrat délivrera à la famille un bulletin qui en fera foi et que celle-ci devra remettre à l'instituteur.

Il y a lieu de remarquer toutefois que, sans motif plausible, l'entrée de l'École ne devrait pas être refusée aux élèves forains. Sans doute, le maire serait fondé à repousser les demandes d'admission formées par les parents de ces enfants s'il y avait manque absolu de place à l'École, ou bien encore si les familles n'offraient pas de garanties suffisantes pour le payement d'une rétribution qui, à leur défaut, retomberait à la charge de la commune. Mais, en l'absence de toute cause légitime d'empêchement, les municipalités accueilleront, je l'espère, dans un sentiment bien compris d'intérêt général, les vœux des familles étrangères à la commune et désireuses d'envoyer leurs enfants dans une École se trouvant plus à leur proximité ou répondant mieux à leurs convenances particulières.

Je vous prie d'assurer, en ce qui vous concerne, l'exécution de la présente circulaire et de m'en accuser réception.

Recevez, etc.

Signé : WADDINGTON.

Projet de loi présenté au nom de la Commission chargée d'examiner la proposition de loi de M. Paul Bert, modifiant les conditions du recrutement et du fonctionnement des instituteurs et des institutrices primaires, par M. Paul Bert, député[1]. 18 mai 1877.

Séance du 18 Mai 1877.

ARTICLE 1er. — Ne peuvent exercer la profession d'instituteurs ou d'institutrices primaires, à titre public ou privé, comme titulaires ou comme adjoints, que les Français munis du brevet de capacité, obtenu après examen, selon le degré de l'École où ils sont appelés à exercer. Toutefois les Conseils départementaux pourront, par délibérations spéciales et motivées sur les nécessités du service, dispenser les adjoints et adjointes du brevet de capacité dans les communes qui ne sont pas des chefs-lieux de département ou d'arrondissement, et dont la population ne dépasse pas 5 000 âmes. Une même personne ne pourra jouir plus de trois années de cette dispense.

Les adjoints et adjointes dans les Écoles primaires supérieures pourront n'être munis que du brevet élémentaire de capacité.

Les instituteurs titulaires et adjoints et les institutrices titulaires devront avoir au moins dix-huit ans accomplis; les institutrices adjointes devront avoir au moins seize ans accomplis.

ART. 2. — Les instituteurs communaux et les institutrices communales, titulaires ou adjoints, sont nommés par le Recteur[2] sur le vu :

1° D'une liste d'admissibilité, dressée, pour les laïques, par le Conseil départemental, et, pour les congréganistes, par le supérieur de la congrégation, pour les cultes non catholiques, par les consistoires;

2° D'une liste d'avancement dressée par l'Inspecteur d'Académie et les Inspecteurs primaires, réunis en Conseil.

Les changements de résidence, toutes les fois que l'instituteur réclamera, ne deviendront définitifs qu'après avis du Conseil départemental, l'instituteur entendu ou dûment appelé.

ART. 3. — Les instituteurs communaux et les institutrices communales, titulaires et adjoints peuvent être, par le Recteur, réprimandés, suspendus avec ou sans privation partielle ou totale de traitement, pour un temps qui ne peut excéder six mois, ou révoqués. La révocation entraîne l'interdiction d'ouvrir une École libre dans la même commune.

La suspension pendant plus de deux mois et la révocation ne seront exécutoires qu'après avis du Conseil départemental, l'instituteur entendu ou dûment appelé.

Sur les réquisitions du Recteur, le Conseil départemental peut, en outre, interdire à l'instituteur révoqué le droit d'ouvrir une École libre dans le département pendant un temps qui ne peut excéder dix ans. Cet arrêté peut être frappé d'appel devant le Conseil supérieur de l'instruction publique, dans le

1. La Commission était composée de MM. P. BERT, *président;* MARMOTTAN, *secrétaire;* BARNI, LOCKROY, René BRICE, CHANTEMILLE, Pascal DUPRAT, DEVÈS, DE POMPERY, Germain CASSE, PARRY.

Le rapport qui précède ce projet de loi a été inséré au *Journal officiel* des 2, 9, 13, 16, 23, 24 et 25 *juillet* 1877, avec les annexes qui l'accompagnent.

Voir le projet de M. Paul BERT, déposé le 20 *mars* 1876, page 581.

2. Rapprocher du projet de M. BARDOUX, ci-après, 22 *janvier* 1878.

délai de dix jours, à partir de la notification de la décision; cet appel n'est pas suspensif.

ART. 4. — Lorsqu'une École publique nouvelle sera établie dans une commune, le Conseil municipal décidera si la direction doit en être confiée à des laïques ou à des congréganistes.

Pour les Écoles publiques déjà existantes, lorsque deux Conseils municipaux successifs auront émis le vœu de voir substituer des instituteurs laïques à des congréganistes ou réciproquement, l'Administration académique sera tenue d'y faire droit dans le délai d'une année.

Les droits conférés par cet article aux Conseils municipaux ne pourront être exercés par des Commissions municipales.

ART. 5. — Tout département devra être pourvu d'une École normale d'instituteurs et d'une École normale d'institutrices, suffisantes pour assurer le recrutement des instituteurs communaux et des institutrices communales.

Les directeurs et les directrices de ces Écoles devront être laïques.

La construction des Écoles normales est une dépense obligatoire pour les départements; leur installation devra être terminée dans le laps de quatre ans, à partir de la promulgation de la présente loi.

Les départements qui n'auraient pas de ressources suffisantes pour faire face aux frais de premier établissement de leurs Écoles normales seront tenus de s'imposer, pendant trois ans au plus, d'un centime extraordinaire au principal des quatre contributions directes.

ART. 6. — *Dispositions transitoires.* — L'article 1er de la présente loi ne sera applicable aux nominations nouvelles qu'un an après la promulgation.

Les personnes qui exercent actuellement, depuis moins de dix années, la profession d'instituteurs ou d'institutrices, titulaires ou adjoints, à titre public ou privé, sans être munies du brevet de capacité, devront subir les examens nécessaires pour l'obtenir dans le laps d'un an après la promulgation de la présente loi; celles qui auront échoué à ces examens jouiront d'un second délai d'une année pour s'y présenter à nouveau. Celles qui auront été nommées en vertu du premier paragraphe, dans la première année, devront passer lesdits examens dans la deuxième année qui suivra la promulgation.

Celles qui exerceront depuis plus de dix années sont dispensées de tout examen.

---

29 mai 1877. **Arrêt du Tribunal civil de Tours, relatif à l'exécution du traité intervenu entre le maire d'une commune et un employé de l'École communale.**

29 Mai 1877.

Les tribunaux civils sont compétents pour connaître d'un traité intervenu entre le maire d'une commune et un employé d'une École communale.

Le tribunal,

Attendu que la révocation d'un employé salarié par l'autorité compétente est un acte administratif dont l'examen n'est pas de la compétence des tribunaux ordinaires;

Attendu, néanmoins, que, sans examiner les motifs de cette révocation, les tribunaux civils peuvent statuer sur un traité par lequel un maire et cet employé règlent les conditions par lesquelles celui-ci s'engage, en devenant directeur d'une École communale de dessin, à donner des leçons de son art aux jeunes gens de la commune; que ce traité est de sa nature un contrat de droit civil;

Qu'en traitant ainsi, le maire n'exerce pas l'autorité dont il est revêtu comme délégué du pouvoir exécutif, mais fait un simple acte de gestion communale;

Que, dès lors, une demande en payement de sommes et dommages-intérêts formée en vertu d'un pareil contrat rentre dans la compétence des tribunaux civils;

Attendu que, dans l'espèce actuelle, L.... base sa demande en payement de son traitement et de dommages-intérêts sur le préjudice qu'il a éprouvé du fait des représentants légaux de la ville de Tours, par la rupture d'un traité verbal intervenu entre lui et le maire de cette ville et réglant les conditions pécuniaires du contrat passé entre eux;

Attendu que l'exécution de ce traité pendant plusieurs années forme une présomption grave de l'existence de ce contrat, que des votes du Conseil municipal de Tours ont ratifié;

Que le tribunal civil est donc compétent pour connaître des suites de ce traité et de son exécution,

Par ces motifs, se déclare compétent, condamne la ville de Tours aux dépens de l'incident.

Proposition de loi relative à l'enseignement départemental de l'agriculture, présentée par MM. E. de Parieu, le comte de Bouillé, de Raismes, Taillefert, Soubigou, Salmon, Toupet des Vignes, le comte de Cornulier, Dupasquier, Mayran, Pagézy, Gaudineau, Joubert, Houssard, de Ventavon, Espinasse, Hubert-Delisle, Foucher de Careil, Xavier Blanc et de Chantemerle, sénateurs[1]. 16 juin 1877.

Séance du 16 Juin 1877.

ARTICLE 1er. — Les notions élémentaires d'agriculture et d'horticulture seront à l'avenir comprises dans les matières obligatoires de l'enseignement primaire. Les programmes de l'enseignement dans chaque département seront arrêtés, après avis du Conseil départemental de l'instruction publique.

1. Voir l'exposé des motifs au *Journal officiel* du 27 *juin* 1877, pages 4822 et 4823.

Consulter les documents ci-après :

Rapport de M. ROBERT-DEHAULT, 16 *février* 1878, dont les conclusions furent

ART. 2. — Dans le délai de six ans au plus tard, à partir de la promulgation de la présente loi, il sera établi une chaire d'agriculture et d'horticulture, d'après les règles ci-après, dans les départements non dotés déjà de cet enseignement.

ART. 3. — Les professeurs départementaux d'agriculture et d'horticulture seront choisis au concours, sur le rapport d'un jury composé par le Ministre de l'Agriculture. Ils seront nommés par décrets rendus sur la double présentation des Ministres de l'Agriculture et de l'Instruction publique.

ART. 4. — Le concours portera sur les principes généraux de l'agriculture et de l'horticulture et sur leur application à la situation, à la production et au climat du département.

Un tiers au moins des membres du jury sera pris parmi les propriétaires ou agriculteurs du département.

ART. 5. — Le programme du concours sera rédigé et la liste des candidats admis au concours sera dressée par le Préfet sur l'avis du Conseil départemental de l'instruction publique.

ART. 6. — Les professeurs départementaux d'agriculture et d'horticulture seront chargés de leçons à l'École normale primaire, près de laquelle ils auront leur résidence, aux autres établissements d'instruction publique du département, s'il y a lieu, et de conférences aux instituteurs et aux agriculteurs des différentes parties du département.

ART. 7. — Le traitement du professeur départemental d'agriculture et d'horticulture sera payé par portions égales sur les fonds du budget du Ministère de l'Instruction publique et sur ceux du budget du Ministère de l'Agriculture. Les frais de tournées seront à la charge des départements.

ART. 8. — Les attributions, les conditions d'admissibilité au concours et de révocation des professeurs d'agriculture et d'horticulture départementaux seront déterminées par un règlement d'administration publique.

Le même règlement déterminera la résidence, le traitement et le minimum des frais de tournées des professeurs d'agriculture et d'horticulture par rapport à chaque département, après avis du Conseil général du département.

Les dispositions nouvelles relatives aux traitements et aux frais de tournées des professeurs d'agriculture et d'horticulture ne s'appliqueront qu'au fur et à mesure des vacances dans les départements où des chaires de cette nature sont déjà instituées.

ART. 9. — Dans les départements où il existe des chaires suffisant partiellement au but de la présente loi, la mise en vigueur des dispositions ci-dessus pourra être différée jusqu'à l'extinction des titulaires.

adoptées par le Sénat le 9 *mai* 1878; la proposition de loi fut transmise le même jour à la Chambre des députés (*Journal officiel* du 15 *mai* 1878, pages 5233 et 5234);

Rapport de M. LABUZE à la Chambre des députés, 22 *février* 1879 (voir au Tome V). Ce rapport fut discuté le 25 du même mois, et la proposition adressée le 27 au Sénat;

Rapport de M. DE PARIEU au Sénat, 19 *mai* 1879.

Ce projet a abouti à la loi du 15 *juin* 1879.

Arrêté du Préfet de la Seine, relatif à la réorganisation des cours d'adultes et d'apprentis dans les Écoles de Paris[1]. 10 août 1877.

10 Août 1877.

Le Préfet de la Seine,

Vu le rapport par lequel l'Inspecteur général de l'instruction publique directeur de l'enseignement primaire du département propose d'introduire dans l'organisation des cours d'adultes et d'apprentis, à dater de l'année scolaire 1877-1878, les modifications dont les bases ont été posées dans son mémoire en date du 25 septembre 1875;

Vu la loi du 19 mai 1874 sur le travail des enfants employés dans les manufactures et les apprentis;

Vu la circulaire du Ministre de l'Intérieur, en date du 5 mai 1875;

Vu le budget municipal de 1877, chapitre XX, article 6,

Arrête :

Article 1er. — Les Écoles du soir sont ouvertes, chaque année, du 15 octobre au 30 juin.

Les cours pour les adultes hommes et les apprentis ont lieu de 8 à 10 heures;

Les cours pour les adultes femmes et les jeunes filles apprenties, de 7 h. 1/2 à 9 h. 1/2.

Art. 2. — L'inscription des élèves se fait à l'École.

Les registres d'inscription sont ouverts pendant toute la durée des cours. Ils contiennent l'indication des nom et prénoms des élèves, du lieu et de la date de leur naissance, de leur domicile et de leur profession.

Pour les apprentis, garçons et filles, il est pris note, en outre, du nom et de l'adresse du patron.

Aucun apprenti n'est admis, s'il n'est présenté soit par ses parents, soit par son patron.

Art. 3. — Il est formé une section spéciale d'apprentis dans toute École où les inscriptions des élèves de cette catégorie atteignent au minimum le chiffre de 30.

Dans les Écoles où, faute d'un nombre suffisant d'apprentis, une section spéciale ne peut être organisée, les adultes et les apprentis, réunis dans une classe commune, sont placés sur des bancs distincts.

Art. 4. — Tout élève apprenti, garçon ou fille, reçoit, à son en-

1. Ce document fut transmis aux maires des arrondissements de Paris par circulaire du même jour.

trée dans l'École, un livret portant son nom et celui de la personne, patron ou parent, par laquelle il est présenté.

Les notes concernant le travail de l'apprenti, son assiduité, sa conduite, sont chaque semaine consignées par le directeur ou la directrice sur ce livret, que l'élève rapporte à la classe suivante visé par la personne désignée pour lui servir de répondant.

Toute absence d'un apprenti est immédiatement signalée par un bulletin envoyé au domicile de la famille ou du patron. L'élève n'est admis à rentrer en classe que s'il justifie, par un certificat régulier, des motifs de son absence.

Art. 5. — L'enseignement est divisé dans les Écoles du soir conformément aux principes établis pour les Écoles du jour et comprend trois degrés : élémentaire, moyen, supérieur.

Toute École du soir se compose nécessairement d'un cours élémentaire et d'un cours moyen.

Le cours supérieur n'est organisé que lorsque l'École compte au moins 30 élèves en état de le suivre.

Chaque cours est partagé en autant de divisions que l'exige le nombre des élèves présents.

L'effectif normal d'une division est de 50 élèves présents en moyenne.

Art. 6. — Aucun cours, aucune division de cours, ne peut être créé qu'en vertu d'un arrêté.

Art. 7. — Les directeurs et les directrices tiennent les registres d'inscription, répartissent les élèves entre les différents cours, veillent au maintien du bon ordre tant à l'entrée qu'à la sortie, s'assurent que l'appel nominal est fait exactement, contrôlent le pointage sur le registre, et suivent la marche des études dans toutes les classes.

Tous les trois mois, ils dressent, en double expédition, un état indiquant : 1° le nombre des élèves inscrits; 2° la moyenne des présences; 3° les résultats obtenus. L'une des expéditions est envoyée, avant les 5 janvier, 5 avril et 5 juillet, à l'Inspecteur de l'enseignement primaire de la circonscription, l'autre à l'Inspecteur ou à l'Inspectrice du matériel des Écoles. Ceux-ci les transmettent, avec leurs observations, avant le 15 des mêmes mois, à l'Inspecteur général de l'instruction publique directeur de l'enseignement primaire du département.

Art. 8. — Chaque année, du 15 au 30 juin, il est ouvert une session spéciale pour l'obtention du certificat d'études primaires en faveur des adultes et des apprentis âgés de quatorze ans au moins.

Art. 9. — La rétribution éventuelle, calculée d'après le nombre des élèves, est supprimée et remplacée par une indemnité annuelle payable en trois fractions égales aux mois de janvier, avril et juillet.

ART. 10. — L'indemnité annuelle accordée à chaque maître chargé d'une classe d'adultes ou d'apprentis est fixée à 600 francs.

ART. 11. — Les directeurs et les directrices des Ecoles dans lesquelles sont établis des cours du soir reçoivent une indemnité proportionnelle, calculée d'après les bases ci-dessous déterminées :

1re *Catégorie :* Directeurs ou directrices d'Écoles comprenant au minimum 6 classes distinctes d'adultes ou d'apprentis. 1 000 francs.

2e *Catégorie :* Directeurs ou directrices d'Écoles comprenant de 4 à 6 classes. . . . . 800 —

3e *Catégorie :* Directeurs ou directrices d'Écoles comprenant 3 classes. . . . . 500 —

4e *Catégorie :* Directeurs ou directrices d'Écoles comprenant 2 classes. . . . . 300 —

Sont comptés comme classes distinctes pour l'attribution de l'indemnité de surveillance et de direction :

1° Chaque division d'enseignement primaire dirigée par un maître;

2° Chaque cours de dessin, — dessin d'art ou dessin géométrique, — quel que soit le nombre des professeurs attachés à ce cours.

ART. 12. — Les directeurs et les directrices de la 1re catégorie ne font point de classe, sauf dans le cas où ils sont appelés à remplacer un maître absent. Ils se doivent tout entiers à la surveillance et à la direction générale des cours, ainsi qu'aux rapports journaliers qu'ils ont à entretenir avec les familles et avec les patrons des apprentis. Leur présence à l'École est de rigueur pendant toute la durée des classes.

ART. 13. — Les directeurs et les directrices des 2e, 3e et 4e catégories peuvent être autorisés, sur leur demande, à faire une classe.

Ils reçoivent, dans ce cas, l'indemnité fixe de 600 francs accordée aux maîtres enseignants, et leur indemnité de surveillance est réduite de moitié.

ART. 14. — Les présentes dispositions seront mises en vigueur à dater du 15 octobre 1877.

---

20 août 1877. **Décret relatif aux traitements des instituteurs et institutrices titulaires de 2e et de 1re classe.**

20 Août 1877[1].

Le Président de la République française,

Sur le rapport du Ministre de l'Instruction publique, des Cultes et des Beaux-Arts,

Vu la loi du 19 juillet 1875 portant fixation du traitement minimum des instituteurs et institutrices publics;

Vu l'article 9, § 4, de cette loi disposant que, pour les années 1878 et 1879, un décret déterminera les diverses catégories d'instituteurs et d'institutrices qui, dans les limites fixées par ladite loi, devront obtenir une nouvelle augmentation et déterminera en outre le chiffre de cette augmentation,

Décrète :

ARTICLE 1er. — Tous les instituteurs et institutrices titulaires de deuxième et de première classe qui ne reçoivent pas le traitement minimum fixé par l'article 1er de la loi du 19 juillet 1875, toucheront ce traitement minimum à partir du 1er janvier 1878.

ART. 2. — Il sera pourvu à l'augmentation de dépense résultant des dispositions qui précèdent au moyen des ressources énumérées dans l'article 7 de la loi du 19 juillet 1875.

---

3 octobre 1877. **Circulaire du Ministre de l'Instruction publique, prescrivant une enquête pour assurer le minimum de 500 francs aux instituteurs et institutrices retraités.**

23 Octobre 1877.

Monsieur le Préfet, la loi du 17 août 1876 assure aux instituteurs et aux institutrices admis à la retraite pour ancienneté d'âge et de services un minimum de pension de 600 et de 500 francs.

Mais une différence regrettable existe dans la situation faite aux fonctionnaires de cet ordre qui ont été retraités antérieurement à la loi précitée : ceux qui se sont retirés depuis le 1er janvier 1874 voient leur pension complétée, au moyen de secours, à 500 francs, quelle que soit leur situation personnelle; quant aux autres, admis à la retraite avant cette date, ceux-là seuls sont complétés au chiffre de 500 francs qui recevaient jusque-là un secours complémentaire de 360 francs.

1. Voir la circulaire transmissive du 30 *août* suivant. (*Circ. et Instr. off.*, T. VII, p. 704.)

Si des nécessités financières exigent qu'il soit toujours tenu compte aux instituteurs et institutrices, retraités antérieurement à 1874, des revenus qu'ils possèdent personnellement, il me paraîtrait équitable que la limite de 500 francs pût être adoptée pour eux comme pour leurs collègues dans les conditions suivantes : je désirerais que ceux qui, au moyen du montant de leur pension et de leurs revenus propres réunis, n'atteignent pas ce chiffre de 500 francs, tout en dépassant celui de 360, reçussent un secours qui complétât cette somme. Ainsi, un instituteur ou une institutrice retraitée qui, en dehors de sa pension

fixée à	230 francs,
posséderait un revenu personnel de.	140 —
toucherait un secours complémentaire de	130 —
Total.	500 francs.

J'espère que les reliquats disponibles en fin d'année sur le crédit inscrit à mon budget me permettront d'atteindre ce but. Toutefois cet espoir ne deviendra une certitude que lorsque je connaîtrai exactement le chiffre de la dépense à laquelle la mesure dont il s'agit donnerait lieu.

Veuillez donc, Monsieur le Préfet, faire procéder avec le plus grand soin à une enquête sur la situation de chacun des instituteurs et institutrices de votre département, dont la pension n'a pas été complétée jusqu'ici, et m'en faire connaître le résultat le plus promptement possible, dans un état conforme au modèle ci-joint.

Recevez, etc.

Signé : J. BRUNET.

Proposition de loi sur la construction des maisons d'école, présentée par M. Camille Sée, député[1]. 22 nov. 1877.

Séance du 22 Novembre 1877.

Messieurs, la proposition que nous avons l'honneur de vous soumettre n'est que la reproduction de celle que nous avons déposée sur le bureau de la Chambre dans la séance du 23 mars 1877.

Elle poursuit un double but : elle permet à l'État d'accorder, à titre de subvention, une somme de 60 millions aux communes pour la construction de leurs bâtiments scolaires. Elle lui donne, dans le même but, la faculté de faire aux communes, à titre de prêt, à des conditions exceptionnellement avantageuses, l'avance d'une somme d'égale valeur.

1. *Journal officiel* du 1er *décembre* 1877, pages 7914 et 7915.
Voir les documents ci-après :
Projet de M. WADDINGTON, 1er *mars* 1877, page 661;
Projet initial de M. Camille SÉE, 23 *mars* 1877, page 680;
Rapport de M. MARTIN-FEUILLÉE, 10 *décembre* 1877;
Projet de M. BARDOUX, 17 *décembre* 1877;
Rapport de M. FLOQUET à la Chambre, 19 *janvier* 1878;
Rapport de M. DAUPHIN au Sénat, 2 *mai* 1878;
Loi du 1er *juin* 1878.

Le Gouvernement avait, le 1er mars 1877, déposé un projet qui avait le même objet, mais qui différait de notre proposition sur un point capital : le mode à suivre pour la répartition des subventions et des avances accordées par l'État.

Le projet du Gouvernement ne réservait qu'un rôle secondaire aux Conseils généraux. Notre proposition tend à leur faire jouer le rôle principal. Nous estimons, en effet, que le meilleur moyen d'obtenir de ces Conseils un concours efficace est de les associer d'une manière étroite à cette œuvre, que nous désirons laisser presque entièrement à leur responsabilité comme à leur direction.

C'est ainsi, du reste, qu'a procédé le législateur de 1868, lorsqu'il a confié aux Conseils généraux, par l'article 2 de la loi du 11 juillet, le soin de répartir les subventions de l'État, et, par l'article 7, la faculté de se substituer aux communes.

Le concours des assemblées départementales, évalué au maximum de 100 millions au moment de la confection de la loi, en produit 125 à l'heure actuelle, et le temps est proche où il dépassera 150 millions.

Le Gouvernement avait songé un instant au mode de répartition que nous avons l'honneur de vous proposer; mais trois motifs semblent l'avoir déterminé à abandonner ce système.

Il avait pensé, d'une part, que l'État ne pouvait procéder à la répartition entre les départements, sous le prétexte qu'il n'était pas possible de suivre, pour la construction des maisons d'école, le procédé employé pour l'achèvement des chemins vicinaux, c'est-à-dire d'évaluer mathématiquement les besoins, les ressources et les sacrifices. Il lui avait paru, en second lieu, que le Ministre de l'Instruction publique, dégagé de toute influence locale, apprécierait, mieux que ne pourraient le faire les Conseils généraux, la situation des communes. Le Gouvernement, enfin, s'était laissé guider par cette considération, que la construction d'une École ne pouvait, à l'instar d'un chemin que l'on construit par portions au moyen de sommes réparties sur des exercices successifs, être fragmentée; que, partant, les subventions ne pouvaient être réparties année par année.

Il nous est aisé de réfuter ces trois objections.

Nous répondrons à la première qu'il est aussi facile, pour une École que pour un chemin, d'évaluer à l'avance et les dépenses à faire, et les ressources ordinaires et extraordinaires qui peuvent y être affectées.

Il est facile, en effet, d'évaluer les besoins d'un département. Il suffit de calculer la dépense que nécessite la construction des maisons d'école dans les communes où cette construction est obligatoire en vertu des lois des 15 mars 1850 et 10 avril 1867. Il n'est pas plus difficile de chiffrer en centimes les ressources qu'est tenue de s'imposer chaque commune; il suffit enfin d'une simple réunion du Conseil général pour connaître l'étendue des sacrifices que peut consentir le département.

Ce sont là des éléments indiscutables qui peuvent servir de base sérieuse à une répartition. Il ne serait pas, d'ailleurs, nécessaire de diviser, en cinq annuités, pour les répartir en cinq parts, les subsides et les prêts de l'État.

Il suffirait, selon nous, de faire deux répartitions comprenant à la fois les subventions et les avances. La somme de 120 millions pourrait être fractionnée en trois parts égales. La première serait réservée aux besoins; la deuxième serait destinée à l'insuffisance des ressources communales. Or, ces deux éléments pouvant être aisément dégagés, la répartition de ces deux parts pourrait être faite peu de temps après la promulgation de la loi. Chaque département, connaissant son contingent, pourrait alors déterminer la somme de subsides qu'il aurait à voter; quant à la troisième part, on n'en effectuerait la répartition que lorsqu'on serait fixé sur l'ensemble de l'opération.

Pour répondre à la deuxième objection, nous dirons : Le Conseil général n'est-il pas meilleur juge que le Ministre de la situation financière des diverses communes? N'est-il pas mieux placé pour savoir exactement si celles-ci font ce qu'elles doivent; si les sacrifices qu'elles s'imposent sont en rapport avec leur situation vraie; si les charges qui pèsent sur elles sont un motif légitime, ou si, au contraire, elles sont la suite de leur imprévoyance? Poser la question c'est, il nous semble, la résoudre.

Nous ajouterons que l'intervention d'un corps aussi haut placé dans l'opinion publique, et qui représente toutes les communes d'un département, aura l'incontestable avantage de préserver de tout entraînement, de toute injustice, de tout abus, la distribution des subsides de l'État.

Notre système offre encore un avantage qui, à nos yeux, est considérable.

Aux termes de l'article 15 du projet du Gouvernement, à défaut d'un vote du Conseil municipal, ou sur son refus, il est pourvu d'office, par un arrêté préfectoral et après avis conforme du Conseil général, au payement des dépenses dont il s'agit.

N'y a-t-il pas lieu de craindre que le Conseil général, qui se sera borné à émettre, relativement à la subvention de l'État, un simple avis n'engageant en aucune façon le Ministre, ne soit peu disposé à exécuter l'article 15. Tel serait notamment le cas où il s'agirait d'imposer annuellement, et pendant trente-deux ans, une commune de 20, 30 ou 40 centimes additionnels, alors que cette commune, dans la répartition des subsides de l'État, n'aurait pas reçu la part que le Conseil général jugeait devoir lui revenir.

Supposez, au contraire, que ce soit le Conseil lui-même qui détermine le chiffre de la subvention. Comme il aura exactement proportionné ce chiffre à la force contributive de la commune, il n'aura aucun motif de s'opposer à l'imposition d'office, et prendra toute la responsabilité de la mesure.

L'École, dans le premier cas, pourra n'être pas construite; elle le sera sûrement dans le second.

Nous avons réfuté la troisième objection en discutant la première et en démontrant que rien n'oblige le Gouvernement à scinder sa subvention en cinq annuités et à faire de chacune d'elles l'objet d'une répartition spéciale. Nous nous bornerons à ajouter — faisant ici un rapprochement avec ce qui se passe en matière de chemins vicinaux — qu'un pont, pas plus qu'une maison d'école, ne peut se faire par parties; or, les subsides et les avances de la loi du 11 juillet 1868 ont eu principalement pour effet de permettre l'achèvement des ouvrages d'art qui ne pouvaient être construits au moyen de la prestation en nature.

La discussion qui précède nous dispensera d'entrer dans l'examen des différents articles qui constituent notre proposition; car, nous le répétons, cette dernière reproduit presque entièrement le projet du Gouvernement; elle n'en diffère que sur un point : elle substitue le Conseil général au Ministre pour la répartition entre les communes.

[*Le texte de la Proposition de loi est conforme à celui du* 23 *mars* 1877, page 680.]

1er déc. 1877. **Proposition de loi sur l'instruction primaire, présentée le 19 mars 1877 par M. Barodet, et le 1er décembre 1877 par MM. Barodet, Marion, Henri de Lacretelle, Louis Blanc, Charles Boysset, Madier de Montjau, Henri Brisson, Floquet, Talandier, Clémenceau, Bouchet, Lockroy, Andrieux, Joigneaux, Duportal, Allègre, Masure, Le Cesne, Marcou, Lelièvre, Turigny, Georges Périn, F.-V. Raspail, Benjamin Raspail, Maigne, Laisant, Spuller, Ménier, Margue, Viette, Martin Nadaud, Gagneur, Cantagrel, Reyneau (Saône-et-Loire), Duvaux, Crozet-Fourneyron, Bouquet, Germain Casse, Farcy, Daumas, Dethou, Marcellin Pellet, Leconte, Greppo, Bertholon, Durand (Rhône), Vernhes, Tiersot, Brelay, Deschanel, députés[1].**

19 Mars — 1er Décembre 1877.

TITRE Ier. — Programme. — Dispositions générales[2].

ARTICLE 1er. — L'instruction primaire a pour objet l'ensemble des premières connaissances indispensables à tous les hommes pour leur permettre le complet développement de leurs facultés physiques, intellectuelles et morales.

Elle se compose de deux parties : la partie *obligatoire*, enseignée dans les Écoles primaires élémentaires, et la partie *facultative*, enseignée dans les Écoles primaires supérieures.

Loi du 15 mars 1850, article 23. Proposition Barni, 2.

La partie *obligatoire* comprend :

1° La morale;

2° La lecture;

3° L'écriture;

4° Les éléments de la langue française et l'orthographe;

5° Les leçons de choses;

6° L'arithmétique élémentaire;

7° Le système métrique;

8° La mesure des surfaces et des solides;

9° La comptabilité élémentaire;

10° Des instructions familières sur la météorologie, l'hygiène et la médecine pratique, l'agriculture, l'horticulture, le commerce et l'industrie, appliquées aux besoins des localités; des visites dans les usines, fabriques et chantiers, avec explications sur place;

1. *Journal officiel* des 7 et 8 *mai* 1877, pages 3355 à 3358 et 3390 à 3393; — même journal, nos des 14, 15 et 16 *décembre* 1877, pages 8363 à 8366, 8394 à 8395 et 8425 à 8426.

La dissolution de la Chambre, 16 *mai* 1877, eut pour effet d'interrompre l'étude du projet initial, qui avait été renvoyé à une Commission.

Voir ci-après à sa date le rapport de M. DESCHANEL, 8 *février* 1878.

Consulter au Tome V du présent ouvrage le Rapport de M. Paul BERT (6 *décembre* 1879).

2. Pour faciliter les recherches, les auteurs de la proposition ont indiqué en marge les articles à comparer : 1° des lois actuellement en vigueur; 2° de la loi de 1833; 3° du projet de M. Carnot, en 1848; 4° du projet de M. Jules Simon, en 1871; 5° du projet élaboré par la Commission de l'Assemblée nationale et rapporté par M. Ernoul, en 1872; 6° du projet élaboré par la Société pour l'instruction élémentaire et présenté, à la précédente Chambre des députés, par MM. Barni, Leblond et Dréo. (*Note du projet déposé le* 1er *décembre* 1877.)

11° La géographie générale, et, plus particulièrement, la géographie de la France; les plus élémentaires notions de cosmographie;

12° L'abrégé de l'histoire générale, et, plus particulièrement, de l'histoire de France;

13° La connaissance des devoirs et des droits de l'homme et du citoyen; le Code civil;

14° Les premiers éléments du dessin linéaire;

15° La musique vocale;

16° La gymnastique; la natation, partout où elle sera possible; les exercices militaires pour les garçons et les travaux d'aiguille pour les filles.

La partie *facultative* comprend :

1° L'étude plus approfondie de la langue française, la lecture et l'analyse des plus beaux morceaux de nos grands écrivains; la rédaction;

2° L'étude plus approfondie de l'arithmétique et de ses applications;

3° L'algèbre élémentaire et ses applications;

4° La géométrie élémentaire et ses applications;

5° La géographie agricole, industrielle et commerciale;

6° L'histoire générale, et, plus particulièrement, l'histoire nationale;

7° La comptabilité agricole et commerciale;

8° Les notions les plus élémentaires et les plus pratiques du droit commercial, civil et politique, et, plus spécialement, l'administration municipale;

9° L'étude pratique d'une langue vivante;

10° Des notions plus étendues sur les matières désignées dans l'article 10 du programme obligatoire; des notions élémentaires de physique, de chimie, de cosmographie et d'histoire naturelle; des visites dans les usines, fabriques et chantiers, avec explications sur place;

11° Le dessin, et, quand cela se pourra, le modelage, la gravure et la photographie;

12° Les travaux manuels de la menuiserie, du tour, de la forge, de la serrurerie, des industries locales, et, plus spécialement, l'apprentissage d'un de ces métiers, pour les garçons; l'économie domestique, la peinture sur émail et sur porcelaine, et autres arts de spécialité, pour les filles.

ART. 2. — Les Conseils départementaux pourront, avec l'autorisation du Ministre de l'Instruction publique, modifier ou étendre, selon les besoins des localités, le programme obligatoire et le programme facultatif. Ils ne pourront jamais les restreindre. *Loi de 1833, 1, § 4.*

ART. 3. — La loi reconnaît deux espèces d'écoles : *Loi de 1833, 3, 4, 8. Projet Carnot, 4, 5. Loi du 15 mars 1850, 17. Projet Ernoul, 23. Projet Barni, 8.*

1° Les Écoles *communales*, qui sont fondées et entretenues sur le budget des communes, avec ou sans le concours des départements et de l'État;

2° Les Écoles *libres*, qui sont fondées et entretenues par des particuliers ou par des associations.

ART. 4. — Il y a deux sortes d'Écoles primaires communales : *Loi de 1833, 1.*

1° Les Écoles primaires *élémentaires*, où s'enseigne la partie *obligatoire* du programme;

2° Les Écoles primaires *supérieures*, où s'enseigne la partie *facultative*.

ART. 5. — L'instruction primaire élémentaire est *obligatoire* pour les enfants des deux sexes, de l'âge de six ans à l'âge de treize ans révolus. *Projet Carnot, 2, 3. Projet J. Simon, 1. Projet Barni, 1.*

Ils peuvent la recevoir, soit dans les Écoles communales, soit dans les Écoles libres, soit dans la famille.

ART. 6. — Dans toutes les Écoles primaires communales, tant du degré élé- *Projet Carnot, 6. Projet Barni, 1.*

mentaire que du degré supérieur, et dans les Écoles normales primaires, l'instruction est *gratuite*.

Loi de 1833, 2. Projet Barni, 1, 2, 77.

ART. 7. — Les Écoles communales ne peuvent être dirigées que par des instituteurs ou institutrices laïques, employant la méthode expérimentale et scientifique. L'enseignement dogmatique et religieux, réservé au libre choix des familles, y est interdit.

ART. 8. — Ne sont admis comme livres classiques, dans les Écoles primaires communales et dans les Écoles normales primaires, que les ouvrages écrits d'après la méthode expérimentale et scientifique.

ART. 9. — Pour répandre l'instruction primaire, il peut être créé par les communes, par les particuliers ou par les associations, d'autres établissements, tels que :

Loi du 15 mars 1850, 56. Projet Ernoul, 12. Projet Barni, 28.

1° Des Écoles enfantines;

2° Des Pensionnats primaires;

3° Des Écoles d'apprentis;

4° Des Écoles et des cours d'adultes;

5° Des Écoles dans les ateliers et manufactures;

6° Des Classes dans les hôpitaux et les prisons;

7° Des Bibliothèques scolaires et pédagogiques;

8° Des Bibliothèques populaires;

9° Des Musées cantonaux;

10° Et, en général, toutes autres institutions dont les statuts ne seront pas contraires aux lois.

Il est ouvert, chaque année, au budget de l'Instruction publique, un crédit pour encourager la fondation et l'entretien de ces sortes d'institutions.

Les départements et les communes peuvent seuls recevoir des donations et legs en faveur des Écoles primaires et des établissements énumérés ci-dessus, à la condition que les intentions exprimées par les donateurs ou testateurs soient conformes aux dispositions de la loi.

Loi de 1833, 11. Loi du 15 mars 1850, 35. Projet J. Simon, 12. Projet Barni, 46.

ART. 10. — Chaque département est tenu d'entretenir une École normale d'instituteurs et une École normale d'institutrices.

Néanmoins, en cas d'insuffisance de ressources, un département peut se réunir à un autre département limitrophe pour l'entretien d'une seule École normale d'instituteurs ou d'institutrices.

ART. 11. — Il est ouvert, chaque année, au budget de l'Instruction publique :

1° Trois prix de 10 000 francs chacun, pour les auteurs des trois meilleurs ouvrages destinés à l'enseignement primaire élémentaire ou supérieur;

2° Deux prix de 5 000 francs chacun, pour les auteurs ou inventeurs des meilleurs procédés, méthodes ou appareils d'enseignement primaire.

ART. 12. — Il est institué, à Paris, une Commission d'examen des livres et des méthodes, chargée de juger du mérite des ouvrages envoyés au concours et de décerner les prix fondés en vertu de l'article qui précède.

Elle pourra aussi décerner des mentions honorables.

TITRE II. — Des Écoles.

CHAPITRE Ier. — *Des Écoles primaires communales.*

Loi de 1833, 9. Loi du 15 mars 1850, 36. Projet Ernoul, 24. Projet Barni, 4.

ART. 13. — Toute commune est tenue d'entretenir, en raison de sa population, une ou plusieurs Écoles primaires élémentaires de garçons et de filles.

ART. 14. — Toute commune chef-lieu de canton ou de plus de 3000 habitants est tenue d'entretenir une ou plusieurs Écoles primaires supérieures de garçons et de filles.

Loi de 1833, 10.

ART. 15. — Provisoirement, et seulement en cas d'insuffisance de ressources, le Conseil départemental peut dispenser les communes dont la population n'excède pas 300 habitants d'entretenir des Écoles séparées pour les deux sexes.

Loi du 10 avril 1867, 1, 2. Projet Ernoul, 24. Projet Barni, 4. Loi du 15 mars 1850, 52.

Aucune École ne peut recevoir, à la fois, des garçons et des filles, dans les communes pourvues d'Écoles communales distinctes.

ART. 16. — Il y a au moins une École élémentaire mixte dans tout hameau ou agglomération de 150 habitants et au-dessus, distant de plus de trois kilomètres d'une École communale quelconque.

Projet Barni, 5.

ART. 17. — Plusieurs petites communes, rapprochées de moins de trois kilomètres, peuvent se réunir pour l'entretien d'une ou de plusieurs Écoles primaires élémentaires ou supérieures.

Loi de 1833, 9. Loi du 15 mars 1850, 36. Projet Carnot, 20. Projet Barni, 7.

ART. 18. — Toute classe qui contient plus de soixante élèves est dédoublée. Il y a un instituteur adjoint par chaque classe supplémentaire.

Projet Carnot, 17. Projet Barni, 6.

ART. 19. — Les Écoles élémentaires de garçons, communales ou libres, peuvent être dirigées par des institutrices.

Projet Ernoul, 27. Projet Barni, 8.

Les Écoles de filles, communales ou libres, sont toujours dirigées par des institutrices.

Les Écoles mixtes ne peuvent être dirigées que par des institutrices ou par des instituteurs mariés.

ART. 20. — Toute commune doit fournir, pour ses Écoles communales, un local convenable, le mobilier, le chauffage et l'éclairage des classes, le matériel d'enseignement, ainsi que les registres nécessaires aux instituteurs et institutrices et les fournitures classiques des élèves.

Dans les Écoles primaires supérieures, le matériel d'enseignement devra comprendre les collections, instruments et appareils scientifiques indispensables à la parfaite intelligence des leçons.

Projet Carnot, 19, 21. Loi du 15 mars 1850, 37. Projet Ernoul, 29. Projet J. Simon, 17. Projet Barni, 10.

Les détails d'application du présent article seront déterminés par un règlement d'administration publique.

ART. 21. — Toute commune doit fournir, en outre, à ses instituteurs et institutrices, titulaires et adjoints, un logement convenable dans la maison d'école, ou à proximité, et le minimum de traitement déterminé par la présente loi.

Un préau et un jardin sont joints à chaque École.

Projet Carnot, 19. Loi du 10 avril 1867, 3. Projet Ernoul, 29. Projet J. Simon, 17. Projet Barni, 10.

ART. 22. — Les dépenses relatives à l'instruction primaire figurent au premier rang des dépenses obligatoires des communes.

Projet Carnot, 21. Projet J. Simon, 17.

A défaut de fondations, dons ou legs, le Conseil municipal délibère sur les moyens d'y pourvoir.

Lorsque la commune, sur ses revenus ordinaires et au moyen d'une imposition spéciale de 4 à 10 centimes additionnels au principal des quatre contributions directes, n'aura pu subvenir aux dépenses des Écoles communales, il y sera pourvu sur les ressources ordinaires du département. En cas d'insuffisance des ressources ordinaires, le Conseil général pourra voter une imposition spéciale, jusqu'à concurrence de 5 centimes additionnels au principal des quatre contributions directes.

Loi de 1833, 13. Loi du 15 mars 1850, 40. Projet Ernoul, 30. Projet Barni, 11.

Si les ressources communales et départementales ne suffisent pas, le Ministre de l'Instruction publique accordera, sur le crédit qui sera porté annuellement pour l'instruction primaire au budget de l'État, la subvention nécessaire pour suppléer à cette insuffisance.

Loi du 10 avril 1867, 15. Projet Barni, 12. Chaque année, un rapport annexé au projet de budget fera connaître l'emploi des fonds alloués pour l'année précédente.

ART. 23. — Une Caisse des Écoles, destinée à encourager et récompenser les élèves des Écoles communales, à les secourir dans certains cas, à fonder et entretenir des bibliothèques à leur usage, peut être créée dans chaque commune par le Conseil municipal.

Le revenu de la caisse se compose des cotisations volontaires, du montant des amendes prononcées contre les parents ou tuteurs qui ne se sont pas conformés aux prescriptions de la présente loi touchant l'obligation, et des subventions de la commune, du département et de l'État. Elle peut recevoir des dons et legs.

Plusieurs communes peuvent se réunir pour la fondation et l'entretien d'une caisse unique. La caisse unique est alors administrée par les délégués des Conseils municipaux intéressés.

Les percepteurs feront gratuitement le service de la Caisse des Écoles, toutes les fois qu'ils en seront priés.

CHAPITRE II. — *Des Écoles primaires libres. — Conditions et formalités à remplir.*

ART. 24. — Toute personne qui remplit les conditions exigées par la présente loi peut ouvrir une École libre, en déclarant son intention au maire de la commune où elle veut s'établir et en lui désignant le local.

Loi de 1833, 4. Projet Carnot, 22. Loi du 15 mars 1850, 27. Décret du 7 octobre 1850, 1 et suivants. Projet Ernoul, 34. Projet Barni, 14. Le maire remet immédiatement au postulant un récépissé de sa déclaration, et, dans les trois jours qui suivent, en adresse une copie, certifiée conforme, au Directeur départemental et au Procureur de la République.

Si le maire n'approuve pas le local indiqué, il doit inscrire, sur chacune de ces copies, son avis motivé.

Dans ce même délai de trois jours après la déclaration, si le maire juge que le local proposé ne remplit pas les conditions réglementaires, il forme opposition à l'ouverture de l'École, après avoir pris l'avis de la Commission scolaire du Conseil municipal, et en informe le postulant.

Le Comité cantonal, saisi de cette opposition dans les trois jours qui la suivent, statue définitivement dans le délai maximum d'un mois; sinon, l'opposition est considérée comme nulle et non avenue, et ne peut plus être réitérée.

Le postulant peut interjeter appel devant le Conseil départemental, dans les dix jours qui suivent la notification de la décision du Comité cantonal.

ART. 25. — Le Directeur départemental peut, soit d'office, soit sur la plainte du Procureur de la République, former opposition à l'ouverture d'une École libre. Cette opposition doit se produire dans les quinze jours qui suivent la déclaration faite au maire. Elle ne peut être fondée que sur l'existence d'un cas d'incapacité ou d'indignité prévu par la présente loi.

Loi du 15 mars 1850, 28. Décret du 7 octobre 1850, 1 et suivants. Projet Ernoul, 35. Projet Barni, 15. L'opposition est jugée contradictoirement par le Conseil départemental, dans sa plus prochaine session.

Si l'opposition est admise, le postulant peut faire appel devant le Conseil supérieur de l'instruction publique, qui prononce à sa prochaine session.

L'appel doit être interjeté dans les dix jours, à partir de la notification de la décision du Conseil départemental. Il n'est pas suspensif.

A défaut d'opposition, l'École libre peut être ouverte quinze jours révolus après la déclaration du postulant, sans autre formalité.

Projet Ernoul, 14. Projet Barni, 17. ART. 26. — Toute association, formée dans le but de fonder ou d'entretenir une ou plusieurs Écoles primaires libres, est tenue de faire au Directeur départemental de l'enseignement primaire et au Procureur de la République, si l'association est instituée pour un seul département, au Ministre de l'Instruction publique, si elle embrasse plusieurs départements, une déclaration contenant les noms, qualité et domicile des fondateurs ou administrateurs, les statuts, l'indication du siège de l'association et du lieu de réunion.

Les administrateurs sont tenus de faire une nouvelle déclaration dans le cas de modification aux statuts.

ART. 27. — Le Directeur départemental et le Ministre de l'Instruction publique peuvent, soit d'office, soit sur la plainte du Procureur de la République, faire opposition dans l'intérêt de la loi, pendant les trente jours qui suivent le dépôt de la déclaration. L'opposition motivée est notifiée aux fondateurs ou administrateurs, au siège de l'association. Elle est suspensive. Projet Ernoul, 15. Projet Barni, 18.

ART. 28. — Il est statué sur l'opposition par le Conseil départemental, lorsqu'elle émane du Directeur départemental; par le Conseil supérieur de l'instruction publique, lorsqu'elle émane du Ministre.

L'affaire est jugée au cours de la prochaine session du Conseil qui en est saisi. Les représentants de l'association sont appelés. Ils peuvent se faire assister ou remplacer par une personne de leur choix. Projet Ernoul, 16. Projet Barni, 19.

La décision du Conseil départemental peut être attaquée, pendant un mois, soit par les fondateurs ou administrateurs de l'association, soit par le Directeur départemental, devant le Conseil supérieur de l'instruction publique, qui statue dans sa plus prochaine session. Le délai d'un mois court, pour le Directeur, du jour de la décision, pour les représentants de l'association, du jour de la notification qui leur en est faite.

ART. 29. — S'il n'a été formé aucune opposition dans le délai susindiqué, ou si l'opposition est rejetée, l'association peut opérer. Projet Ernoul, 17. Projet Barni, 20.

Une copie de l'acte constitutif de l'association et de ses statuts est déposée aux archives du Conseil supérieur de l'instruction publique et du Conseil départemental. Cette copie doit être communiquée à tout requérant.

Les administrateurs de l'association ont le droit de se faire délivrer un certificat constatant qu'il n'a pas été formé d'opposition, ou que l'opposition a été rejetée.

ART. 30. — Les Écoles primaires libres sont soumises à l'inspection des fonctionnaires de l'instruction primaire dont il est fait mention dans la première énumération de l'article 83 de la présente loi. Cette inspection ne s'exerce qu'au point de vue de la moralité et de l'hygiène, et pour s'assurer que l'enseignement qui est donné dans ces Écoles n'est pas contraire à la morale, à la Constitution et aux lois de la République. Projet Carnot, 24. Loi du 15 mars 1850, 21. Projet Barni, 26.

ART. 31. — Aucune École ne peut être ouverte dans les établissements religieux cloîtrés.

ART. 32. — Aucune École primaire libre ne peut recevoir des enfants des deux sexes.

CHAPITRE III. — *Des institutions complémentaires.*

ART. 33. — Les articles 7, 8, 30, 31 et 124 de la présente loi sont applicables à toutes les institutions énumérées dans l'article 9.

1° Écoles enfantines.

ART. 34. — Les Écoles enfantines sont communales ou libres. Elles ne peuvent être dirigées que par des femmes. Loi du 15 mars 1850, 57. Projet Ernoul, 47. Projet Barni, 31.

ART. 35. — Les Écoles enfantines communales sont régies par un règlement arrêté en Conseil supérieur de l'instruction publique. Ce règlement détermine :

Loi du 15 mars 1850, 75. Projet Ernoul, 47. Projet Barni, 32.

1° Le mode de surveillance et d'inspection de ces établissements;

2° Les conditions d'âge, d'aptitude et de moralité des personnes qui seront chargées de la direction et du service;

3° Le programme de l'enseignement et des exercices.

Projet Barni, 33.

ART. 36. — Quand l'École enfantine compte plus de soixante enfants, la directrice est secondée par une directrice adjointe. En règle générale, il y a au moins une directrice adjointe par groupe supplémentaire de cinquante enfants.

ART. 37. — L'ouverture d'Écoles enfantines libres est soumise aux mêmes conditions et prescriptions que l'ouverture d'Écoles primaires libres.

2° Pensionnats primaires.

Loi de 1833, 4. Loi du 15 mars 1850, 53. Projet Ernoul, 42. Projet Barni, 36.

ART. 38. — Tout Français âgé de vingt-cinq ans, ayant au moins cinq années d'exercice comme instituteur communal ou libre, comme maître dans un pensionnat primaire, et remplissant les conditions énumérées dans l'article 62, peut ouvrir un pensionnat primaire de garçons, en se conformant aux prescriptions des articles 24, 25, 66 et 120 de la présente loi.

Toute Française qui remplit les mêmes conditions peut ouvrir un pensionnat primaire de filles, en se conformant aux mêmes prescriptions.

3° Écoles d'apprentis. — Écoles et cours d'adultes.

Loi du 15 mars 1850, 54, 55. Projet Ernoul, 43, 44. Projet Barni, 40 et suivants.

ART. 39. — Les instituteurs et institutrices communaux, titulaires ou adjoints, autorisés par le Conseil municipal, peuvent ouvrir, soit une École d'apprentis ou d'apprenties, soit une École ou un cours d'adultes.

ART. 40. — L'ouverture d'Écoles d'apprentis, d'Écoles ou de cours libres d'adultes, est soumise aux mêmes conditions et prescriptions que l'ouverture d'Écoles primaires libres.

ART. 41. — Les élèves des Écoles et pensionnats primaires ne sont jamais admis dans les classes d'apprentis ou d'adultes.

Loi du 10 avril 1867, 7. Projet Ernoul, 45. Projet Barni, 43.

ART. 42. — Une indemnité, fixée par le Ministre de l'Instruction publique, après avis du Conseil municipal et du Conseil départemental, sera accordée annuellement aux instituteurs et institutrices dirigeant gratuitement une École, communale ou libre, d'apprentis ou d'adultes.

CHAPITRE IV. — *Des Écoles normales primaires.*

Règlement du 24 mars 1851, 6. Projet Ernoul, 38. Projet Barni, 48, 49.

ART. 43. — Les directeurs et directrices, les maîtres et maîtresses d'Écoles normales primaires sont nommés et peuvent être suspendus et révoqués par le Conseil départemental.

Les directeurs et directrices doivent être laïques, âgés de trente ans au moins et justifier des conditions suivantes :

1° Un stage de cinq années dans l'enseignement;

2° Un brevet de capacité.

Les maîtres et maîtresses attachés aux Écoles normales primaires doivent être laïques, âgés de vingt-un ans au moins et justifier d'un brevet de capacité.

ART. 44. — Quand il n'existe qu'une seule École normale pour deux départements, le Conseil départemental compétent, dans les cas prévus par l'article précédent, est celui du département où se trouve l'École normale.

ART. 45. — Chaque année, le Conseil départemental nomme une Commission d'examen, chargée de juger publiquement, à des époques déterminées, l'aptitude des aspirants et aspirantes aux Écoles normales primaires.

Cette Commission se compose de onze membres laïques, non compris le Directeur départemental, président.

En font nécessairement partie :

1° Un conseiller général, membre du Conseil départemental; Loi de 1833, 25.

2° Un membre de l'enseignement secondaire; Loi du 15 mars 1850, 46.

3° Un instituteur primaire communal; Projet Ernoul, 49.

4° Une institutrice primaire communale; Projet Barni, 73.

5° Un instituteur primaire libre;

6° Une institutrice primaire libre.

L'examen porte sur la pédagogie et sur les matières comprises dans l'article 1er de la présente loi.

Un règlement d'administration publique détermine le programme de cet examen.

Nul ne pourra se présenter s'il n'est âgé de quinze ans au moins et de dix-sept ans au plus, et s'il n'est pourvu d'un certificat d'instruction primaire supérieure et d'un certificat de médecin constatant qu'il a été vacciné et qu'il jouit d'une bonne constitution.

ART. 46. — L'enseignement dans les Écoles normales primaires comprend :

1° L'instruction morale et civique; Règlement du 24 mars 1851, 1.

2° La lecture et l'écriture perfectionnées; Projet Barni, 51, 52.

3° L'étude de la langue française, comprenant : la grammaire, des exercices écrits et oraux de composition, l'histoire élémentaire de la langue et de la littérature;

4° L'étude des langues vivantes, au point de vue pratique de la conversation et de la correspondance;

5° L'histoire et la géographie générales, et, plus particulièrement, l'histoire et la géographie de la France;

6° L'arithmétique, la géométrie, l'algèbre jusqu'aux équations du deuxième degré; les éléments de la trigonométrie et de la cosmographie;

7° Des notions des sciences physiques et naturelles, leurs applications à l'industrie et à la météorologie; des visites dans les usines, fabriques et chantiers, avec explications sur place;

8° Des notions élémentaires d'agriculture et d'horticulture;

9° Les éléments de l'hygiène générale et de l'hygiène scolaire;

10° La comptabilité;

11° Des notions élémentaires d'économie politique;

12° La législation usuelle et l'étude des institutions;

13° Un cours élémentaire de philosophie;

14° Le dessin linéaire et d'imitation, le modelage, la gravure et la photographie;

15° Le chant;

16° La gymnastique et la natation;

17° La pédagogie, à laquelle on joindra la législation de l'instruction primaire et son histoire.

Ce dernier enseignement sera donné par le directeur ou la directrice de l'École.

L'enseignement comprend, en outre, dans les Écoles normales de garçons :

1° Les éléments de topographie, l'arpentage et le nivellement;

2° Les exercices militaires;

3° L'usage des outils de menuiserie, de tour, de forge, de serrurerie et autres industries locales ;

Et, dans les Écoles normales de filles :

1° L'économie domestique;

2° Les travaux à l'aiguille;

3° La peinture sur émail et sur porcelaine, et autres arts d'utilité et d'agrément.

ART. 47. — Il sera mis à la disposition de toute École normale d'instituteurs :

1° Un terrain pouvant suffire à l'enseignement de la culture maraîchère et de la culture du verger;

2° Des ateliers de menuiserie, de tour, de forge, de serrurerie et autres industries locales.

ART. 48. — Le cours normal est de trois ans.

Les élèves sont externes toutes les fois que cela est possible.

A la fin de chaque année scolaire, la Commission d'examen, nommée en vertu de l'article 45, examine publiquement les élèves qui ont achevé leur cours normal et tous autres aspirants et aspirantes au brevet de capacité.

Un règlement d'administration publique déterminera le programme de cet examen, qui portera sur les matières désignées en l'article 46.

Les aspirants et aspirantes qui auront répondu d'une manière satisfaisante recevront le brevet de capacité pour l'instruction primaire élémentaire et supérieure.

ART. 49. — Nul autre diplôme ne peut suppléer au brevet de capacité pour l'ouverture d'une École primaire, communale ou libre.

TITRE III.

CHAPITRE Ier. — *De l'obligation de l'instruction primaire.*

Projet Carnot, 27.
Projet J. Simon, 3.
Projet Barni, 55, 56, 57.

ART. 50. — Le père, le tuteur ou la personne responsable d'un enfant de six à treize ans révolus, qui est dans l'intention de ne pas l'envoyer à l'École communale, doit déclarer à la mairie de sa résidence, quinze jours avant la rentrée des classes, s'il veut lui donner ou lui faire donner l'instruction dans la famille, ou bien lui faire fréquenter une École libre; dans ce dernier cas, il donne le nom et l'adresse de l'instituteur ou de l'institutrice.

Pourront être admis à la rentrée des classes, dans les communes privées d'École enfantine, les enfants qui auront six ans accomplis au 31 décembre suivant.

ART. 51. — Pour assurer l'exécution de l'article précédent, le maire dresse, chaque année, et soumet à la Commission scolaire du Conseil municipal la liste de tous les enfants de la commune âgés de six à treize ans révolus à la rentrée des classes, et, s'il y a lieu, au 31 décembre suivant. Il avise aussi, par voie d'affichage ou de publication, les parents, tuteurs et maîtres d'apprentissage, de l'ouverture des cours.

En l'absence de toute déclaration, le maire inscrit d'office, à l'École communale, le nom de l'enfant non déclaré.

Huit jours avant la rentrée des classes, il remet à l'instituteur communal, à l'institutrice communale, aux instituteurs et institutrices libres, la liste des enfants qui doivent suivre leurs Écoles.

ART. 52. — Le dernier jour de chaque mois, les instituteurs et institutrices, communaux ou libres, adressent au maire et à l'Inspecteur ou Inspectrice primaire, la liste des enfants qui ont été absents, avec l'indication du nombre et des motifs des absences pour chaque élève.

Ne sont considérées comme valables que les excuses acceptées par la Commission scolaire du Conseil municipal.

Lorsqu'un élève quitte l'École, l'instituteur ou l'institutrice en donne immédiatement avis au maire. La famille est tenue de faire la même déclaration, en indiquant de quelle façon l'enfant recevra l'instruction à l'avenir.

CHAPITRE II. — *Des examens primaires.*

ART. 53. — Les enfants qui reçoivent l'instruction dans la famille subissent, à la fin de chaque année scolaire, un examen devant une Commission composée de l'Inspecteur ou de l'Inspectrice primaire et de trois membres du Comité cantonal désignés par le Conseil départemental. Cet examen a pour but de s'assurer que l'instruction de ces enfants suit une marche progressive telle que, à l'âge de treize ans, ils puissent obtenir le certificat dont il est fait mention à l'article 55 de la présente loi.

Projet Carnot, 44. Projet J. Simon, 5, 6. Projet Barni, 62, 63, 65 et suivants.

Dans la huitaine de l'examen, la Commission en fait connaître le résultat au Conseil départemental. Les procès-verbaux de ces examens sont conservés dans les archives du Comité cantonal.

ART. 54. — S'il est établi qu'un enfant ne possède pas le minimum d'instruction que comporte son âge, la Commission scolaire du Conseil municipal met immédiatement le père, le tuteur ou la personne responsable, en demeure d'envoyer l'enfant, dans la huitaine de la notification, soit à l'École communale, soit à une École libre, sous peine de se voir appliquer les articles 116, 117, 118 et 119 de la présente loi.

ART. 55. — A la fin de chaque année scolaire, tous les enfants, de l'un et l'autre sexe, arrivés à l'âge de treize ans révolus, ou qui l'auront au 31 décembre suivant, subissent un examen public sur les matières obligatoires de l'enseignement primaire.

Un règlement d'administration publique déterminera le mode et le programme de cet examen.

Cet examen a lieu devant une Commission spéciale de trois membres, nommée par le Conseil départemental et présidée par l'Inspecteur ou l'Inspectrice primaire, ou, à son défaut, par le membre que le Directeur départemental désigne pour le remplacer.

Les enfants qui passent un examen satisfaisant reçoivent un *certificat d'instruction obligatoire.*

ART. 56. — Les enfants qui n'auront pas reçu le certificat d'instruction obligatoire devront fréquenter, pendant l'année suivante, une École communale ou libre, à peine, pour les pères, tuteurs ou patrons, des dispositions pénales stipulées par les articles 116 et suivants de la présente loi.

A la fin de l'année, ils subissent un nouvel examen public, et reçoivent, s'il y a lieu, un certificat d'instruction obligatoire.

ART. 57. — Les jeunes gens qui, après les deux examens dont il est parlé dans les articles précédents, n'ont pas obtenu le certificat d'instruction obligatoire peuvent, jusqu'à l'âge de vingt-un ans révolus, se présenter pour l'obtenir devant la Commission d'examen.

ART. 58. — Tout individu, âgé de vingt-un ans et plus, qui n'a pas obtenu le certificat d'instruction obligatoire, peut se présenter devant la Commission d'examen de sa résidence, à la fin de chaque année scolaire, pour y subir publiquement un examen sur la lecture, l'écriture, l'orthographe usuelle et les quatre opérations de l'arithmétique. Il reçoit, s'il y a lieu, un *certificat d'écriture*.

A partir du 1er janvier 1885, aucun Français arrivant à l'âge de vingt-un ans, ne sera inscrit sur les listes électorales, s'il n'a obtenu au moins le certificat d'écriture.

ART. 59. — Tout élève, de l'un et l'autre sexe, qui aura obtenu le certificat d'instruction obligatoire, peut être admis, de treize à dix-sept ans révolus, à suivre les cours d'une École primaire communale supérieure.

Il est dû à la commune qui entretient l'École primaire supérieure, par les autres communes ayant des élèves qui suivent les cours de cette École, une indemnité annuelle par chaque élève et les fournitures classiques en plus.

Cette indemnité est déterminée par le Conseil départemental.

ART. 60. — Tout individu, de l'un et l'autre sexe, déjà pourvu d'un certificat d'instruction obligatoire, peut se présenter devant la Commission d'examen de sa résidence, à la fin de chaque année scolaire, pour y être interrogé publiquement sur les matières de l'enseignement primaire supérieur.

Un règlement d'administration publique déterminera le programme de cet examen.

Les personnes qui passent cet examen d'une manière satisfaisante reçoivent le certificat d'*instruction primaire supérieure*.

ART. 61. — Les autorités préposées à l'instruction primaire, ainsi que les diverses Commissions d'examen, sont tenues de rechercher et de signaler au Conseil départemental et au Ministre de l'Instruction publique, les élèves pauvres qui se recommandent par une intelligence et par des aptitudes exceptionnelles, afin que leur instruction soit poursuivie et achevée aux frais des communes, qui pourront ouvrir, des départements et de l'État qui ouvriront, à cet effet, un crédit spécial à leur budget annuel.

Les bourses des communes, des départements et de l'État seront données au concours et suffisantes pour permettre aux boursiers de vivre comme élèves externes, toutes les fois que les règlements ne s'y opposeront pas.

Il en sera créé spécialement pour les Écoles d'enseignement industriel, commercial et agricole.

TITRE IV. — Des instituteurs.

CHAPITRE Ier. — *Des conditions d'aptitude et d'exercice.*

Loi de 1833, 4.
Projet Carnot, 8.
Loi du 15 mars 1850, 25.
Projet Ernoul, 48.
Projet Barni, 70.

ART. 62. — Toute personne née ou naturalisée française, âgée de vingt-un ans accomplis et n'ayant contracté aucun vœu ou engagement qui lui interdise le mariage, peut exercer, dans toute la France, la profession d'instituteur ou d'institutrice primaire, dans une École communale ou libre, si elle est munie d'un brevet de capacité.

Projet Carnot, 15.
Loi du 15 mars 1850, 34.
Projet Ernoul, 51.
Projet Barni, 71.

ART. 63. — Les instituteurs adjoints doivent être âgés de dix-huit ans au moins et avoir obtenu le certificat d'instruction primaire supérieure.

Par exception, s'ils dirigent une École, ils doivent être pourvus du brevet de capacité.

Projet J. Simon, 7.
Projet Barni, 74.

ART. 64. — Nul ne peut être nommé instituteur communal, à titre définitif, qu'à la suite d'un examen professionnel, auquel on n'est admis qu'après deux années d'exercice dans l'enseignement communal ou libre.

Un règlement délibéré en Conseil supérieur de l'instruction publique, déterminera le programme de cet examen.

L'institution est donnée par le Ministre de l'Instruction publique. Loi du 15 mars 1850, 31.

ART. 65. — L'examen professionnel stipulé à l'article précédent a lieu devant le Directeur départemental et deux Inspecteurs primaires désignés par lui, quand il s'agit de l'examen des instituteurs; devant le Directeur départemental et deux Inspectrices primaires, quand il s'agit de l'examen des institutrices. Projet J. Simon, 7.

ART. 66. — Sont incapables de tenir une École communale ou libre, un pensionnat primaire, une École enfantine, une École ou un cours d'adultes ou d'apprentis, ou d'y être employés, les individus qui ont subi une condamnation pour crime ou pour délit contre la probité ou les mœurs, les individus privés, par jugement, de tout ou partie des droits mentionnés en l'article 42 du Code pénal, et ceux qui ont été interdits en vertu des dispositions de la présente loi. Loi de 1833, 5, 16. Projet Carnot, 26. Loi du 15 mars 1850, 26. Projet Ernoul, 53. Projet Barni, 75.

ART. 67. — Les instituteurs communaux, les institutrices communales, leurs adjoints et adjointes, les directrices d'Écoles enfantines communales et leurs adjointes ne peuvent exercer aucune fonction ni aucun emploi, sans l'autorisation du Conseil départemental. Loi du 15 mars 1850, 32. Projet Carnot, 13. Projet Ernoul, 54. Projet Barni, 78.

CHAPITRE II. — *Du classement, du traitement et des récompenses des instituteurs.*

ART. 68. — Dans chaque département, les Écoles communales sont, par les soins du Conseil général, divisées, par nombre égal, en trois classes, correspondantes aux trois classes de traitements stipulées en l'article suivant.

Pour ce classement des Écoles, on aura égard au chiffre de la population, aux ressources de la commune et aux besoins de l'industrie locale.

ART. 69. — Au point de vue du traitement, les instituteurs communaux et les institutrices communales sont répartis, par nombre égal, en trois classes, correspondantes aux trois classes d'Écoles dont il est parlé à l'article qui précède. Le Conseil départemental fait cette répartition sur la proposition du Directeur départemental. Projet Carnot, 9. Projet Barni, 88, 89.

La promotion d'une classe à l'autre a lieu dans la proportion d'un tiers à l'ancienneté et de deux tiers au choix. Elle peut avoir lieu sans que l'instituteur ou l'institutrice change d'École.

Les Écoles primaires supérieures sont toujours dirigées par des instituteurs ou par des institutrices de première classe.

ART. 70. — Nul instituteur ou institutrice ne peut être promu, soit à l'ancienneté, soit au choix, s'il ne compte au moins trois années de service dans la classe inférieure.

ART. 71. — Les instituteurs communaux et les institutrices communales reçoivent les traitements minima suivants, payables par douzième, à la fin de chaque mois :

3e classe.	1 500 francs.
2e —	1 800 —
1re —	2 100 —

Projet Carnot, 10. Projet Barni, 90, 91, 92. Loi du 19 juillet 1875.

ART. 72. — Dans les communes chefs-lieux d'arrondissement ou de plus de 5 000 habitants, les instituteurs et les institutrices reçoivent en outre, quelle que soit leur classe, une indemnité basée sur le chiffre de la population.

Cette indemnité est de :

300 fr. dans les communes de	5 000 à 10 000	habitants.
600 —	— 10 000 à 20 000	—

900 fr. dans les communes de 20 000 à 50 000 habitants.
1 200 — — 50 000 à 100 000 —
1 800 — — 100 000 et au-dessus.
3 000 — à Paris.

ART. 73. — Les instituteurs adjoints et les institutrices adjointes recevront les traitements minima suivants :

900 francs dans les Écoles de 3e classe.
1 200 — — 2e —
1 500 — — 1re —

Dans les communes chefs-lieux d'arrondissement de plus de 5 000 habitants, ils reçoivent une indemnité égale à la moitié de celle que reçoit l'instituteur ou l'institutrice titulaire.

ART. 74. — Les directrices d'Écoles enfantines reçoivent le même traitement et ont droit à la même indemnité que les institutrices adjointes de la même commune.

Projet Barni, 94, 95. Les directrices adjointes reçoivent 200 francs de moins que leur directrice, et leur indemnité s'élève aux trois quarts de son indemnité.

La commune doit pourvoir aussi au logement des directrices et directrices adjointes des Écoles enfantines.

Projet Carnot, 48. ART. 75. — Les instituteurs en exercice sont dispensés du service militaire.

ART. 76. — Les instituteurs et institutrices communaux, titulaires et adjoints, les directrices titulaires ou adjointes d'Écoles enfantines communales, les directeurs et directrices d'Écoles ou cours communaux d'apprentis ou d'adultes, peuvent recevoir, outre la promotion, les récompenses suivantes :

1° La mention honorable;
2° La médaille de bronze départementale ou ministérielle;
3° La médaille d'argent départementale ou ministérielle;
4° La médaille d'or départementale ou ministérielle.

La mention honorable est accordée par le Directeur départemental, sur la proposition de l'Inspecteur ou de l'Inspectrice primaire.

Les médailles départementales sont accordées par le Conseil départemental et les médailles ministérielles par le Ministre de l'Instruction publique, sur la proposition du Directeur départemental.

ART. 77. — Une prime de 300 francs sera accordée à l'instituteur ou à l'institutrice communale pour chaque élève reçu au concours ouvert en vertu de l'article 61 de la présente loi.

CHAPITRE III. — *De la nomination des membres de l'enseignement primaire communal.*

Loi de 1833, 21, 22. Projet Carnot, 7, 36. Loi du 15 mars 1850, 31. Projet Ernoul, 59. Projet J. Simon, 7. Projet Barni, 79.

ART. 78. — Les instituteurs et institutrices communaux, titulaires et adjoints, les directrices et les directrices adjointes des Écoles enfantines, sont nommés par le Conseil municipal.

Quand il s'agit d'un instituteur ou d'une institutrice titulaire, le choix doit correspondre à la classe de l'École à diriger.

Le maire avise le Directeur départemental de cette nomination, dans les trois jours qui la suivent.

ART. 79. — Quand il n'existe qu'une seule École pour deux communes, le

Conseil municipal compétent pour la nomination dont il est parlé à l'article précédent est celui de la commune où se trouve l'École.

ART. 80. — Si le Conseil municipal a fait un choix non conforme à la loi, ou n'en a fait aucun dans les trente jours qui suivent la vacance de l'École, le Directeur départemental envoie d'office un instituteur, une institutrice ou une directrice, à titre provisoire.

Si cet instituteur, cette institutrice ou cette directrice n'est pas accepté, à titre définitif, par le Conseil municipal, il lui sera payé, sur les fonds de la commune, une indemnité de déplacement.

ART. 81. — Pour faciliter le libre choix des communes, il sera publié, tous les mois, par les soins du Directeur départemental, dans le *Bulletin départemental de l'instruction primaire*, la liste des instituteurs, institutrices et directrices d'Écoles enfantines non placés ou voulant changer de commune, avec indication de leur adresse, de leur âge, de leur classe, de leurs années de service, ainsi que des distinctions honorifiques et des mesures disciplinaires que chacun d'eux aura méritées ou encourues.

Ce *Bulletin* contiendra également la liste des Écoles vacantes, avec indication des traitements y afférents.

ART. 82. — Le Conseil municipal peut autoriser les instituteurs et les institutrices à ouvrir des Écoles communales, ou cours communaux d'adultes ou d'apprentis.

Loi du 15 mars 1850, 54.
Projet Ernoul, 43.
Projet Barni, 39, 40.

TITRE V.

CHAPITRE Ier. — *Des autorités préposées à l'enseignement primaire.*

ART. 83. — L'inspection des établissements d'enseignement primaire, communaux ou libres, est exercée, sous la haute direction du Ministre de l'Instruction publique, et conformément aux lois et règlements, par :

Loi de 1833, 17 et suiv.
Projet Carnot, 31.
Projet J. Simon, 11.
Loi du 15 mars 1850, 18.
Projet Ernoul, 70, 82.
Projet Barni, 97.

1° Les Inspecteurs généraux et les Inspectrices générales de l'instruction primaire;

2° Les Directeurs départementaux;

3° Les Inspecteurs, les Inspectrices primaires et les Inspectrices d'Écoles enfantines;

4° Les membres des Conseils départementaux.

Elle l'est aussi, mais pour les établissements communaux seulement, par :

1° Les membres des Comités cantonaux;

2° Et les membres des Conseils municipaux.

Aucune autre personne ne peut être admise à faire, dans les établissements communaux, un acte quelconque de surveillance et d'inspection.

Néanmoins, dans les villes qui comptent un assez grand nombre d'établissements communaux d'instruction primaire pour justifier cet emploi, un contrôleur spécial pourra être chargé de la surveillance du matériel. Il sera nommé par le maire, après décision du Conseil municipal, et payé sur les fonds de la commune.

Projet J. Simon, 11.

1° Inspecteurs généraux et Inspectrices générales.

ART. 84. — Il est créé, au Ministère de l'Instruction publique, une Direction générale de l'instruction primaire.

Projet Barni, 99.

ART. 85. — Il y a, près le Ministre de l'Instruction publique, pour les Écoles de garçons, dix Inspecteurs généraux, et, pour les Écoles de filles, dix Inspectrices générales de l'instruction primaire.

Projet Carnot, 42.
Loi du 15 mars 1850, 18.
Projet J. Simon, 11.
Projet Ernoul, 82.
Projet Barni, 100, 101, 102.

Ils sont assimilés aux Inspecteurs généraux de l'instruction secondaire, et seront choisis parmi les Directeurs départementaux et les Inspectrices de l'instruction primaire ayant au moins cinq ans d'exercice.

Ils visitent, au moins deux fois par an, les Écoles normales, et contrôlent, par des inspections faites dans les Écoles primaires, le service des Directeurs départementaux et des Inspecteurs et Inspectrices primaires.

Ils peuvent assister, avec voix consultative, aux réunions des Conseils départementaux.

Chacun d'eux adresse au Ministre un rapport annuel sur l'état de l'instruction primaire dans les départements qu'il a visités.

2° Directeurs départementaux de l'instruction primaire.

Projet Ernoul, 82, 84. Projet Barni, 103, 104 et suivants.

ART. 86. — Dans chaque département, la direction et la surveillance de l'instruction primaire appartiennent au Directeur départemental, qui a sous ses ordres immédiats les Inspecteurs et les Inspectrices primaires, et correspond directement avec le Ministre de l'Instruction publique.

Il fait lui-même un nombre d'inspections déterminé par un règlement d'administration publique.

ART. 87. — Les Directeurs départementaux sont nommés, par le Président de la République, parmi les Inspecteurs primaires ayant au moins cinq ans d'exercice et trente-cinq ans d'âge.

Ils peuvent être déplacés ou suspendus par un arrêté du Ministre de l'Instruction publique. La durée de la suspension ne pourra dépasser un an.

Ils ne peuvent être révoqués que par un décret du Président de la République, rendu sur la proposition du Ministre, et sur l'avis conforme du Conseil supérieur de l'instruction publique.

ART. 88. — Le Directeur départemental veille à l'exécution de toutes les prescriptions légales et réglementaires sur l'instruction primaire.

Il peut saisir directement les tribunaux compétents, en cas d'infraction, notamment en ce qui concerne l'obligation.

Il fait au Conseil départemental toutes les propositions qu'il croit utiles.

Il peut faire et organiser des conférences publiques sur l'instruction primaire.

Il fait insérer, tous les mois, dans le *Bulletin départemental d'instruction primaire*, dont il a la direction, la liste des instituteurs et institutrices à placer, et celle des communes vacantes, aux termes de l'article 81 de la présente loi.

ART. 89. — Le Directeur départemental présente, tous les ans, au Conseil départemental, et adresse au Ministre de l'Instruction publique un ou plusieurs rapports détaillés sur l'état général de l'instruction primaire dans son ressort. Il donne, sur tous les points, son avis motivé et propose les mesures qu'il juge utiles.

Les rapports du Directeur départemental sont adressés au président du Conseil général et tenus à la disposition des journaux du département.

ART. 90. — Les Directeurs départementaux sont divisés en trois classes égales et reçoivent les traitements suivants :

3e classe.	6 000 francs.
2e —	7 500 —
1re —	9 000 —

La classe est attachée à la personne et non à la résidence.

Les promotions sont faites par arrêtés du Ministre de l'Instruction publique, moitié à l'ancienneté, moitié au choix.

L'avancement d'une classe à l'autre ne peut avoir lieu qu'après cinq ans au moins d'intervalle.

ART. 91. — Dans les chefs-lieux de département de 20 000 habitants et au-dessus, les Directeurs départementaux reçoivent, en outre, quelle que soit leur classe, une indemnité basée sur le chiffre de la population. Cette indemnité est de :

600 fr.	dans les chefs-lieux de	20 000 à 50 000	habitants.
1 200	— —	50 000 à 100 000	—
1 800	— —	100 000 et au-dessus.	
3 000	à Paris.		

ART. 92. — Chaque département doit fournir : Projet J. Simon, 10.

1° Le local nécessaire aux bureaux du Directeur départemental; Projet Barni, 110.

2° Le mobilier et les frais de bureaux;

3° Le traitement des employés nécessaires.

3° Inspecteurs et Inspectrices primaires, Inspectrices d'Écoles enfantines.

ART. 93. — Il y a, dans chaque département, par 100 000 habitants, au moins un Inspecteur primaire pour les Écoles de garçons et une Inspectrice primaire pour les Écoles de filles. Projet Carnot, 39, 40. Loi du 15 mars 1850, 20. Projet J. Simon, 11. Projet Ernoul, 82, 84. Projet Barni, 115 et suiv.

La circonscription de chaque Inspecteur ou Inspectrice est déterminée et modifiée, quand il y a lieu, sur le rapport du Directeur départemental, par décision du Conseil départemental.

ART. 94. — Les Inspecteurs et Inspectrices primaires sont nommés par le Ministre, suspendus et révoqués par lui. Décret du 29 juillet 1850, 38, 39, 42 et suivants.

Ils sont choisis parmi les directeurs et directrices d'Écoles normales et parmi les instituteurs et institutrices primaires de première classe, âgés de trente ans au moins et ayant exercé, pendant cinq ans au moins, dans l'enseignement primaire communal.

ART. 95. — Les Inspecteurs et les Inspectrices primaires visitent, au moins deux fois par an, tous les établissements d'instruction primaire de leur circonscription.

Les Écoles mixtes reçoivent au moins une visite de l'Inspecteur et une visite de l'Inspectrice.

Les Écoles enfantines sont inspectées par les Inspectrices primaires, à défaut d'Inspectrices spéciales.

Ces dernières sont nommées par le Ministre de l'Instruction publique, parmi les institutrices communales de première classe.

ART. 96. — Les Inspecteurs et Inspectrices primaires veillent à l'exécution des lois et règlements.

Ils recherchent et constatent les faits à la charge des membres de l'enseignement primaire, sur lesquels l'autorité universitaire ou judiciaire peut être appelée à statuer, et adressent, sur ces faits, des rapports au Directeur départemental.

Ils recherchent et constatent également les mérites des membres de l'enseignement primaire, et signalent les actes de nature à mériter des récompenses honorifiques et de l'avancement.

Ils font retirer des Écoles et des mains des enfants les livres d'éducation contraires à l'esprit civique et scientifique, et y substituent les ouvrages recommandés par la Commission des livres et des méthodes.

Pendant toute la durée de leurs tournées, ils envoient, chaque jour, au Directeur départemental, un bulletin d'inspection.

Ils lui adressent aussi deux rapports généraux par an.

Art. 97. — Les Inspecteurs et Inspectrices primaires sont divisés en trois classes égales, et reçoivent les traitements suivants :

Projet Carnot, 39.
Décret du 29 juillet 1850, 37.

3e classe.	3 000 francs.
2e —	3 600 —
1re —	4 200 —

La classe est attachée à la personne et non à la résidence.

Les promotions sont faites par arrêtés du Ministre de l'Instruction publique, moitié à l'ancienneté et moitié au choix.

L'avancement d'une classe à l'autre ne peut avoir lieu qu'après cinq ans au moins d'intervalle.

Indépendamment du traitement fixe, les Inspecteurs et Inspectrices primaires reçoivent des frais de tournée.

Ils reçoivent, en outre, quelle que soit leur classe, dans les villes de 20 000 habitants et plus, une indemnité basée sur le chiffre de la population. Cette indemnité est la même que celle des Directeurs départementaux.

4° Les Conseils départementaux de l'instruction primaire.

Art. 98. — Dans chaque département, il y a un Conseil départemental de l'instruction primaire, composé comme suit :

Loi de 1833, 18, 19.
Projet Carnot, 31, 35 et suivants.
Loi du 15 mars 1850, 10.
Loi du 14 juin 1854, 5.
Projet Ernoul, 70, 71.
Projet Barni, 111.
Projet Paul Bert, 1.

1° Le Directeur départemental;

2° Autant de membres du Conseil général, élus par leurs collègues, qu'il y a d'arrondissements;

3° Un membre de la Faculté des lettres et un membre de la Faculté des sciences, élus par leurs collègues, ou, à défaut, deux professeurs ou anciens professeurs du Lycée ou du Collège du chef-lieu, élus par les professeurs de ce Lycée ou Collège;

4° Deux avocats nommés par leurs collègues;

5° Un architecte nommé par ses collègues;

6° Deux médecins choisis par le Conseil de salubrité du département;

7° Autant de présidents de Comités cantonaux, élus par leurs collègues réunis au chef-lieu d'arrondissement, qu'il y a d'arrondissements;

8° Deux instituteurs communaux et deux institutrices communales, élus par leurs collègues réunis au chef-lieu d'arrondissement;

9° Un instituteur et une institutrice libres laïques, élus par leurs collègues réunis au chef-lieu d'arrondissement.

Loi du 15 mars 1850, 12.
Projet Barni, 42.

Art. 99. — Le Conseil départemental est nommé pour trois ans. Les membres sont rééligibles.

Loi de 1833, 22 et suiv.
Projet Carnot, 36, 37.
Loi du 15 mars 1850, 14, 15, 16, 46, 47.
Projet Ernoul, 71.
Projet Barni, 113.

Art. 100. — Le Conseil départemental se réunit au moins une fois par mois. Il nomme un président, un vice-président et un secrétaire.

Il délibère sur les rapports et les propositions du Directeur départemental, des Comités cantonaux et des Commissions scolaires des Conseils municipaux.

Il propose toutes les réformes qu'il juge utile d'introduire dans l'enseignement primaire.

Il fait, sur le rapport du Directeur départemental, le classement des instituteurs et institutrices primaires.

Il donne son avis sur les dépenses relatives à l'instruction primaire incombant au département et aux communes, sur les secours et encouragements à accorder pour la propagation de l'instruction primaire. Il fixe l'indemnité annuelle due à la commune qui entretient une École primaire supérieure, par les autres communes, pour chaque élève qui suit les cours de cette École.

Sur la proposition des Comités cantonaux, il détermine les heures et la durée des classes, fixe l'époque des examens de fin d'année, la date et la durée des vacances, et fait les règlements nécessaires relatifs au régime intérieur des établissements communaux d'instruction primaire; il nomme les Commissions d'examen chargées de délivrer les brevets de capacité et les certificats d'étude.

Il arrête la liste d'admissibilité aux Écoles normales primaires, et propose au Conseil général la nomination des boursiers du département et des communes.

Il décerne les récompenses départementales.

Il nomme les directeurs et professeurs des Écoles normales primaires départementales.

Il prononce sur les affaires contentieuses relatives à l'obtention des brevets de capacité, à l'ouverture des Écoles libres; sur les poursuites disciplinaires dirigées contre les membres de l'instruction primaire, et dans tous les autres cas prévus par la présente loi.

Il adresse au Ministre de l'Instruction publique un extrait du procès-verbal de la séance dans laquelle a été lu et discuté le rapport général, rédigé, à la fin de chaque année scolaire, par le Directeur départemental. Cet extrait reçoit la même publicité que le rapport du Directeur départemental.

ART. 101. — Les membres du Conseil départemental peuvent inspecter tous les établissements d'instruction primaire du département. Loi de 1833, 32. Projet Carnot, 36. Loi du 15 mars 1850, 42. Projet Ernoul, 71. Projet Barni, 114.

5° Comités cantonaux d'instruction primaire.

ART. 102. — Il y a, dans chaque canton, un Comité d'instruction primaire composé comme suit :

1° Le conseiller général du canton; Projet Carnot, 31.

2° Un instituteur primaire communal, élu par ses collègues du canton; Loi du 15 mars 1850, 42, 43.

3° Une institutrice primaire communale, élue par ses collègues du canton; Projet J. Simon, 12, 13, 14, 15.

4° Autant de membres des Commissions scolaires des Conseils municipaux qu'il y a de communes dans le canton, chacun d'eux désigné par le Conseil municipal dont il fait partie. Projet Ernoul, 72 et suiv. Projet Barni, 112 et suiv.

Les instituteurs et institutrices, membres du Comité cantonal, ne prennent aucune part à la visite des Écoles.

ART. 103. — Dans les villes comprenant plusieurs cantons urbains, le Comité de chaque canton se compose :

1° Du conseiller général;

2° D'un conseiller municipal, nommé par ses collègues;

3° D'un instituteur primaire communal, nommé par ses collègues;

4° D'une institutrice primaire communale, nommée par ses collègues;

5° Et de trois autres membres nommés par le Conseil municipal, parmi les personnes laïques.

ART. 104. — Dans les grandes villes, comprenant plusieurs arrondissements municipaux, comme Paris et Lyon, il y a un Comité cantonal par arrondissement.

Il est composé :

1° D'un conseiller général nommé par ses collègues;

2° De deux conseillers municipaux nommés par leurs collègues;

3° De deux instituteurs primaires communaux et de deux institutrices primaires communales, nommés par leurs collègues;

4° Et de cinq membres nommés par le Conseil municipal, parmi les personnes laïques.

ART. 105. — Les membres du Comité cantonal sont nommés pour trois ans et sont rééligibles.

ART. 106. — Le Comité cantonal se réunit, au moins une fois tous les trois mois, au chef-lieu de canton.

Il nomme un président, un vice-président et un secrétaire.

Les procès-verbaux des séances sont déposés aux archives de la mairie du chef-lieu de canton.

L'Inspecteur et l'Inspectrice primaires du ressort ont le droit d'assister aux réunions du Comité cantonal, avec voix délibérative.

ART. 107. — Le Comité cantonal est appelé à donner son avis :

1° Sur le nombre des Écoles communales et des Écoles enfantines à ouvrir dans chaque commune et sur l'établissement des Écoles de hameau;

2° Sur la réunion de plusieurs communes pour l'entretien d'une École;

3° Sur l'établissement des Écoles primaires supérieures, dans les communes où elles ne sont pas obligatoires;

4° Sur les autorisations relatives à l'établissement des Écoles mixtes;

5° Sur l'autorisation de fonder un Pensionnat primaire, une École d'apprentis, une École ou un Cours d'adultes;

6° Sur la fixation de l'heure et de la durée des classes, de l'époque et de la durée des vacances;

7° Sur les réformes qu'il juge utile d'introduire dans les Écoles primaires communales du canton.

ART. 108. — Les membres du Comité cantonal se répartissent, chaque année, l'inspection des Écoles communales et donnent avis de cette répartition à l'Inspecteur et à l'Inspectrice primaires.

Chaque École communale doit être visitée, au moins une fois tous les trois mois, par un délégué cantonal.

Le Comité cantonal transmet au Conseil départemental un extrait de chacune de ses délibérations. Il lui transmet également, au moins une fois par an, un rapport sur les Écoles du canton.

Les Comités cantonaux dont il est parlé aux articles 103 et 104 de la présente loi doivent adresser également au Conseil municipal un extrait de leurs délibérations et un rapport annuel sur les Écoles du canton ou de l'arrondissement municipal.

ART. 109. — Chacun des membres du Comité cantonal correspond directement avec les autorités locales, pour tout ce qui concerne les besoins des Écoles dont il est spécialement chargé.

6° Des Conseils municipaux.

Loi de 1833, 17. Projet Carnot, 31. Loi du 15 mars 1850, 44. Décret du 29 juillet 1850, 49. Projet Ernoul, 77. Projet Barni, 125, 126, 127.

ART. 110. — Le Conseil municipal de chaque commune choisit, parmi ses membres, une Commission scolaire, dont le maire fait toujours partie, chargée :

1° De veiller au bon entretien des maisons d'école et du matériel d'enseignement;

2° De veiller à ce que les enfants de la commune reçoivent l'instruction obligatoire, soit dans les Écoles communales, soit dans les Écoles libres, soit dans la famille;

3° Et d'adresser, tous les trois mois, au Conseil départemental un tableau indiquant les noms des élèves qui ont été absents, les causes des absences et les excuses admises.

ART. 111. — La Commission scolaire du Conseil municipal se réunit au moins une fois par mois. Elle peut s'adjoindre, pour les affaires relatives à l'enseignement des filles, une ou plusieurs déléguées, qui, pour ces affaires seulement, assistent aux séances avec voix délibérative.

CHAPITRE II. — *De la Commission des livres et des méthodes.*

ART. 112. — La Commission des livres et des méthodes, instituée en vertu de l'article 12, est présidée par le Ministre de l'Instruction publique, et composée comme suit :

1° Deux Inspecteurs généraux de l'instruction primaire;

Deux Inspectrices générales;

Deux Inspecteurs et deux Inspectrices primaires du département de la Seine;

Les directeurs et directrices des Écoles normales de garçons et de filles de la Seine;

Tous ces membres sont nommés par le Ministre de l'Instruction publique;

2° Trois membres du Conseil départemental de la Seine, nommés par leurs collègues;

3° Trois membres du Conseil municipal de Paris, nommés par leurs collègues;

4° Six instituteurs communaux et six institutrices communales, nommés par les instituteurs et institutrices communaux de Paris;

5° Trois directrices d'Écoles enfantines communales, nommées par leurs collègues de Paris;

6° Trois professeurs de philosophie,

Trois professeurs de mathématiques,

Trois — de sciences naturelles,

Trois — de médecine,

Trois — de droit,

Trois — d'économie politique,

Trois — de littérature française,

Trois — d'histoire,

Trois — de géographie,

Quatre — de langues (Anglais, Allemand, Italien, Espagnol),

Trois — de comptabilité,

Trois — de l'École des Beaux-Arts,

nommés par le corps des professeurs des Facultés, Lycées, Collèges et Écoles de l'État ou de la ville de Paris, résidant à Paris.

ART. 113. — La Commission des livres et des méthodes est nommée pour cinq ans. Ses membres sont rééligibles.

Elle se réunit au moins une fois par mois et nomme un vice-président et un secrétaire.

ART. 114. — Les manuscrits adressés à la Commission seront signés d'un pseudonyme qui permettra à l'auteur récompensé de se faire connaître.

ART. 115. — Les procès-verbaux et les rapports de la Commission des livres et des méthodes seront conservés et mis à la disposition des journaux du département de la Seine, ainsi que des auteurs qui auront pris part au concours.

TITRE VI. — Dispositions pénales et disciplinaires.

CHAPITRE Ier. — *Pénalités relatives à l'obligation de l'instruction primaire élémentaire.*

Projet Carnot, 27 et suiv.
Projet J. Simon, 4, 14.
Projet Barni, 59, 60, 61.

ART. 116. — Si un enfant a fait, dans le courant du mois, trois absences de l'école, non justifiées, son père, son tuteur, ou la personne qui en est responsable, est mandé à la mairie devant la Commission scolaire, qui, en lui rappelant le texte de la loi, lui explique ses devoirs.

En cas de récidive dans le courant de la même année, la Commission scolaire ordonne l'inscription, à la porte de la mairie, pendant quinze jours ou un mois, des nom, prénoms et qualités du père, du tuteur ou de la personne responsable, avec indication du fait relevé contre lui.

En cas de nouvelle récidive dans le même délai, la Commission scolaire adresse une plainte au juge de paix qui, après avoir appelé le contrevenant, prononce une amende de 1 à 10 francs.

Dans le cas d'une nouvelle infraction, cette amende est doublée.

ART. 117. — Si, après les deux dernières condamnations mentionnées à l'article précédent, de nouvelles infractions à la loi se produisent, le tribunal correctionnel, saisi par le Directeur départemental, prononce une amende de 20 à 100 francs.

En cas de récidive, l'amende est doublée. Le tribunal peut, en outre, prononcer la privation des droits civiques, pendant un laps de temps qui ne peut excéder trois ans.

ART. 118. — Le total des amendes est versé à la Caisse des Écoles, ou, s'il n'y a pas de Caisse des Écoles dans la commune, est ajouté au produit des centimes spéciaux de l'Instruction publique.

Le total des amendes peut être acquitté, sur la demande du condamné, en journées de prestations dont la valeur en argent reçoit la même destination.

ART. 119. — Lorsque l'enfant est employé hors de la famille, soit dans l'agriculture, soit dans un atelier ou une fabrique, le patron est mandé, en même temps que le père ou tuteur, et condamné aux mêmes peines. Il peut être déclaré civilement responsable des amendes encourues et des frais.

CHAPITRE II. — *Pénalités relatives à l'ouverture et à la tenue d'Écoles libres.*

Loi de 1833, 6.
Projet Carnot, 24.
Loi du 15 mars 1850, 29.
Projet Barni, 16.

ART. 120. — Quiconque aura ouvert ou dirigé une École primaire libre, ou tout autre établissement d'instruction primaire, en contravention aux articles 24, 62 et 66 de la présente loi, ou avant l'expiration du délai fixé par l'article 25, sera poursuivi devant le tribunal correctionnel du lieu du délit et condamné à une amende de 50 francs à 500 francs. L'École sera fermée.

En cas de récidive, le délinquant sera condamné à un emprisonnement de six jours à un mois et à une amende de 100 à 1 000 francs.

Projet Ernoul, 18.
Projet Barni, 21.

ART. 121. — Si une association ne se conforme pas à ses statuts, si par ses actes elle porte atteinte à la loi, les administrateurs, sur la plainte du Directeur départemental ou du Ministre, suivant la distinction établie dans l'article 36, sont appelés devant le Conseil départemental ou devant le Conseil supérieur de l'instruction publique qui prononce, s'il y a lieu, la peine de l'avertissement, celle de la réprimande ou même interdit l'enseignement à l'association.

La décision du Conseil supérieur de l'instruction publique est sans appel.

ART. 122. — Les fondateurs ou administrateurs d'une association relative à l'enseignement primaire qui n'auraient pas fait les déclarations prescrites par l'article 26 seront punis d'une amende de 100 francs à 1 000 francs. Projet Ernoul, 86. Projet Barni, 22.

ART. 123. — Les administrateurs d'une association qui continuerait de fonctionner, au mépris d'une décision qui la supprime ou de l'interdiction prononcée conformément à l'article 121, seront punis d'une amende de 100 francs à 1 000 francs et d'un emprisonnement de six jours à trois mois. Projet Ernoul, 87. Projet Barni, 23.

ART. 124. — Tout directeur d'École primaire libre qui refuse de se soumettre à la surveillance de l'État, telle qu'elle est prescrite par l'article 30, sera traduit devant le tribunal correctionnel de l'arrondissement et condamné à une amende de 100 à 200 francs. Projet Carnot, 24. Loi du 15 mars 1850, 22. Projet Barni, 27.

En cas de récidive, l'amende sera de 500 francs à 3 000 francs.

Si le refus de se soumettre à la surveillance de l'État a donné lieu à deux condamnations dans l'année, la fermeture de l'établissement sera ordonnée par le jugement qui prononcera la seconde condamnation.

ART. 125. — Toute École où les règlements de salubrité publique arrêtés par l'autorité publique ne seront pas observés sera fermée.

CHAPITRE III. — *Peines disciplinaires applicables aux instituteurs et institutrices.*

ART. 126. — Tout instituteur ou institutrice, communal ou libre, qui ne se conforme pas à l'article 52 de la présente loi peut être déféré au Conseil départemental par la Commission scolaire du Conseil municipal, ou par le Directeur départemental. Après deux avertissements restés inutiles, le Conseil départemental prononce la suspension pour un mois. En cas de récidive la peine peut être élevée à trois mois. Projet J. Simon, 3. Projet Barni, 58.

L'instituteur ou institutrice frappé de suspension peut en appeler au Conseil supérieur de l'Instruction publique dans les quinze jours de la notification.

ART. 127. — Les peines disciplinaires encourues par les membres de l'enseignement primaire communal sont : Loi de 1833, 23. Projet Carnot, 45 et suiv. Loi du 15 mars 1850, 33. Projet J. Simon, 8. Projet Ernoul, 63. Projet Barni, 81 et suiv.

1° L'avertissement;

2° La réprimande;

3° Le changement de classe;

4° La suspension sans privation de traitement;

5° La suspension avec privation de traitement;

6° La révocation.

ART. 128. — L'avertissement est donné par le Directeur départemental, sans publicité.

La réprimande est infligée par le Directeur départemental, la personne intéressée préalablement entendue. Mention de la réprimande est insérée au *Bulletin départemental de l'Instruction primaire*, avec indication des motifs qui y ont donné lieu.

ART. 129. — Les autres peines disciplinaires sont, suivant la gravité des cas, prononcées par le Conseil départemental sur la proposition du Directeur départemental, les intéressés entendus ou dûment appelés.

Les décisions du Conseil départemental sont motivées et insérées au *Bulletin de l'Instruction primaire*, par les soins du Directeur départemental.

ART. 130. — En cas d'urgence et après avis de la Commission scolaire du Conseil municipal, le Directeur départemental peut prononcer, par décision Loi de 1833, 21. Loi du 15 mars 1850, 33. Projet Ernoul, 63. Projet Barni, 84.

motivée, la suspension, jusqu'à la prochaine réunion du Conseil départemental, qui statue définitivement.

La suspension ne peut excéder six mois. Le Directeur départemental désigne un instituteur ou une institutrice pour remplacer l'instituteur ou l'institutrice suspendu, pendant la durée de la suspension.

ART. 131. — L'instituteur ou l'institutrice révoqué ou suspendu peut interjeter appel devant le Conseil supérieur de l'instruction publique, dans le délai de dix jours, à partir de la notification de la décision.

Cet appel n'est pas suspensif.

ART. 132. — Lorsque la révocation est prononcée pour un fait contraire à la probité ou aux mœurs, elle entraîne l'interdiction absolue d'enseigner.

ART. 133. — Aucun motif tiré de l'indifférence et des idées politiques et religieuses des membres de l'enseignement primaire ne peut être invoqué ni donner lieu à aucune peine disciplinaire contre eux.

Dispositions générales.

ART. 134. — L'article 463 du Code pénal est applicable à tous les délits prévus par la présente loi.

ART. 135. — Toute décision rendue par une autorité statuant en dernier ressort peut être déférée au Conseil d'État pour excès de pouvoir ou violation de la loi.

TITRE VII. — Dispositions transitoires.

Projet Carnot, 50. ART. 136. — Le Ministre de l'Instruction publique, dans le délai de trois mois, présentera à l'Assemblée, ou déterminera par des règlements, dans la limite de ses attributions, toutes les mesures transitoires nécessaires à l'exécution de la présente loi.

---

5 déc. 1877.

Décret relatif à l'organisation du Comité consultatif de l'enseignement public.

5 Décembre 1877.

Le Président de la République française,

Sur le rapport du Ministre de l'Instruction publique, des Cultes et des Beaux-Arts;

Vu l'arrêté du 26 octobre 1852;

Vu l'arrêté du 28 septembre 1869;

Vu l'arrêté du 23 mars 1875;

Vu les lois de finances portant création de deux emplois d'Inspecteurs généraux des langues vivantes et quatre emplois d'Inspecteurs généraux de l'instruction primaire,

Décrète :

ARTICLE 1er. — Le Comité consultatif de l'enseignement public est présidé par le Ministre.

Il se partage en trois Sections correspondant aux trois ordres d'enseignement : supérieur, secondaire et primaire.

Chacune des Sections nomme son président et son secrétaire.

Dans les Sections de l'enseignement supérieur et de l'enseignement primaire, le sous-directeur de chacun de ces services fait fonction de secrétaire adjoint.

Chacune des Sections peut se répartir en Commissions spéciales.

ART. 2. — La Section de l'enseignement supérieur se compose d'Inspecteurs généraux de l'enseignement supérieur, titulaires ou honoraires, de professeurs des Facultés et des Écoles supérieures de pharmacie, de professeurs des établissements du haut enseignement, du Vice-Recteur de l'Académie de Paris et du Directeur de l'École normale supérieure.

Les délégués des Facultés au Conseil supérieur de l'instruction publique sont membres de droit de la Section pendant la durée de leur mandat.

La Section de l'enseignement secondaire se compose d'Inspecteurs généraux de l'enseignement secondaire, titulaires ou honoraires, d'Inspecteurs généraux des langues vivantes, du Vice-Recteur de l'Académie de Paris, du directeur de l'École normale supérieure.

La Section de l'enseignement primaire se compose d'Inspecteurs généraux, titulaires ou honoraires, du Vice-Recteur de l'Académie de Paris et du directeur de l'École normale primaire de la Seine.

Les Directeurs des trois ordres d'enseignement font partie de droit du Comité.

ART. 3. — Ceux des membres du Comité qui ne font pas partie de cette assemblée en vertu de leurs titres, sont nommés par le Ministre, pour cinq ans.

ART. 4. — Les membres de l'Institut et les fonctionnaires de l'enseignement public appelés annuellement par le Ministre à prendre part aux travaux de l'inspection générale ou à présider les jurys d'agrégation peuvent, par arrêté du Ministre, siéger au Conseil, avec voix délibérative.

ART. 5. — Chaque Section se réunit sur la convocation du Ministre, à des époques qui seront fixées par un règlement propre à chacune d'elles.

ART. 6. — Le Comité donne son avis sur les projets de lois, de règlements et de programmes d'études, sur les questions de contentieux administratif et de discipline universitaire qui lui sont renvoyés par le Ministre.

Il délibère, en Section de l'enseignement supérieur, sur les vœux émis par les comités mensuels de perfectionnement institués près les Facultés.

Il donne nécessairement son avis sur l'admission à la retraite des professeurs titulaires.

Il est tenu registre des délibérations de chacune des Sections, et les procès-verbaux des séances doivent être certifiés par le président, après lecture et approbation.

ART. 7. — A la fin de chaque année scolaire, chacune des Sections tient une session spéciale pour dresser le tableau d'avancement des membres du corps enseignant.

Pendant cette session, les présidents des jurys d'agrégation, les membres de l'Institut et les fonctionnaires adjoints à l'inspection générale sont admis à prendre part aux travaux des Sections, avec voix délibérative.

ART. 8. — Sont abrogées les dispositions contraires au présent décret.

---

10 déc. 1877. **Rapport sommaire fait au nom de la 1re Commission d'initiative parlementaire[1] chargée d'examiner la proposition de loi de M. Camille Sée sur la construction des maisons d'école, par M. Martin-Feuillée, député[2].**

Séance du 10 Décembre 1877.

Messieurs, le 1er mars 1877, MM. Waddington, Ministre de l'Instruction publique, Jules Simon, Ministre de l'Intérieur, Président du Conseil, Léon Say, Ministre des Finances, avaient présenté à la Chambre des députés qui nous a précédés un projet de loi sur la construction des maisons d'école. L'exposé des motifs rappelait que la Chambre des députés, dans son désir d'améliorer l'état de l'instruction, avait déjà porté au chiffre de 5 millions, dans le budget de 1877, le crédit destiné à aider à la création de nouvelles maisons d'école; mais il faisait remarquer que, en supposant même que ce crédit fût renouvelé chaque année, il serait insuffisant pour faire face aux besoins les plus urgents.

Une enquête a établi, en effet, que, pour arriver au point de vue matériel à une

1. Cette Commission était composée de MM. LAUSSEDAT, *président;* SÉE (Camille), *secrétaire;* NADAUD (Martin), BUYAT, MARTIN-FEUILLÉE, OUDOUL, LABITTE (Somme), MAIGNE, LA CAZE, BOUQUET, comte DE ROYS, SARRIEN, DANELLE-BERNARDIN, CANTAGREL, DESCHANEL, MASURE, THIESSÉ, GANNE, RATIER (Morbihan), PERRAS, LIOUVILLE, PARRY.

2. *Journal officiel* du 27 *décembre* 1877, page 8720.

Voir ci-dessus le projet de M. WADDINGTON, 1er *mars* 1877, page 661; — le premier exposé des motifs de M. C. SÉE, 23 *mars* 1877, page 680.

Voir ci-après le projet de M. BARDOUX, 17 *décembre* 1877; — le rapport de M. FLOQUET, 19 *janvier* 1878; — le rapport de M. DAUPHIN au Sénat, 2 *mai* 1878; — la loi du 1er *juin* 1878.

organisation satisfaisante du service scolaire, il y aurait en ce moment à construire 17 320 maisons d'école, à en acquérir ou à en approprier 3 239, à en agrandir 5 458, à en réparer 7 381. Il faudrait enfin acquérir 19 857 mobiliers scolaires.

Pour remédier le plus promptement possible à cette situation regrettable, le projet présenté par le Ministre de l'Instruction publique proposait de créer pour la construction des maisons d'école une caisse qui serait constituée dans des conditions analogues à celles de la caisse établie par la loi du 11 juillet 1868 pour l'achèvement des chemins vicinaux. On trouvait ainsi le moyen d'améliorer l'état matériel de l'instruction primaire, soit par des subventions accordées à titre gratuit, soit par des avances faites aux communes, à des conditions avantageuses pour elles.

Le chiffre des subventions était fixé, dans le projet de loi, à 60 millions, et celui des avances également à 60 millions. Cette somme totale de 120 millions serait payable en cinq annuités à partir de 1878.

Et cependant, grâce au fonctionnement de la Caisse des Écoles, la somme annuelle inscrite au budget ne dépasserait pas le chiffre de 5 millions déjà alloué en 1877.

Enfin, les communes se trouvant ainsi assurées de recevoir des secours importants, une disposition du projet portait que les frais d'installation, de construction des locaux scolaires et d'acquisition de mobiliers des classes, constitueraient désormais des dépenses obligatoires.

Le 23 mars 1877, l'honorable M. Camille Sée avait, de son côté, déposé sur le même sujet une proposition de loi qui reproduisait la plupart des dispositions du projet du Gouvernement. On y remarquait toutefois une différence importante.

L'article 4 du projet du Gouvernement portait que les subventions seraient accordées par un arrêté ministériel. Toutefois, lorsque la demande aurait dépassé le tiers de la dépense totale, ou le chiffre de 100 000 francs, elle devrait être soumise à une Commission de neuf membres, composée de deux sénateurs et trois députés nommés respectivement par chaque Chambre, et de quatre fonctionnaires de l'Administration.

M. Camille Sée critiquait cet article 4. Il pensait qu'il faisait une part trop large au pouvoir discrétionnaire du Gouvernement. Il proposait, en conséquence, que chaque annuité de la subvention fût répartie entre les départements, par un décret rendu sur la proposition du Ministre de l'Instruction publique, après avis d'une Commission composée de trois sénateurs, de cinq députés et de deux membres appartenant à l'Administration ; puis, s'inspirant des dispositions de l'article 2 de la loi du 11 juillet 1868, il demandait que, dans chaque département, la subvention de l'État et celle que le département lui-même pourrait y joindre, fussent réparties entre les communes par le Conseil général.

Dans son exposé des motifs, M. Camille Sée faisait observer que c'était en associant d'une manière étroite les assemblées départementales à l'œuvre de l'État, en leur en laissant la responsabilité et la direction, que le législateur de 1868 en avait obtenu un concours efficace pour l'achèvement des chemins vicinaux. Il exprimait la pensée que le résultat serait le même pour les maisons d'école, si les mêmes règles étaient appliquées aux subventions accordées pour leur construction.

Il s'appliquait d'ailleurs à combattre les objections élevées par le Gouvernement contre cette assimilation des deux entreprises. Il soutenait qu'il était aussi facile pour une École que pour un chemin d'évaluer à l'avance les dépenses à faire, et les ressources ordinaires et extraordinaires qui peuvent y être affectées; par suite, de faire entre les départements une répartition qui tiendrait compte des besoins, des ressources et des sacrifices. Il ajoutait que le Conseil général était mieux placé que le Ministre pour apprécier la situation financière de chaque commune, et il faisait observer que l'intervention de cette assemblée serait une garantie contre les entraînements que pourrait subir, dans certaines circonstances, un Ministre plus disposé à se laisser guider par des considérations politiques que par l'intérêt même de l'instruction.

Les deux projets élaborés par le Gouvernement et par l'honorable M. Camille Sée avaient été envoyés l'un et l'autre à l'examen de la Commission du budget. Ils y avaient rencontré le meilleur accueil, et la Caisse des Écoles serait aujourd'hui organisée, si la dissolution de la Chambre qui nous a précédés n'était venue ajourner l'accomplissement de cette œuvre si digne d'intérêt et si urgente.

Le Ministère du 17 mai, dans les nouveaux projets qu'il a présentés sur le budget de 1878, ne s'est pas occupé de la Caisse des Écoles.

Pour réparer cette omission regrettable, M. Camille Sée a cru devoir reproduire la proposition qu'il avait déposée le 23 mars 1877. Vous y ferez sans doute, Messieurs, un accueil aussi favorable que celui qu'elle avait reçu de nos devanciers, et les événements que nous avons traversés vous feront apprécier la sagesse de la disposition qui propose d'enlever à l'arbitraire d'un Ministre, pour le donner aux conseillers généraux, la répartition des subventions destinées à la construction de nos Écoles.

Votre première Commission d'initiative vous propose, en conséquence, de prendre en considération la proposition de loi de M. Camille Sée, et, à l'exemple de la Chambre qui nous a précédés, d'en renvoyer l'examen à la Commission du budget.

---

10 déc. 1877.

Circulaire du Ministre de l'Instruction publique, relative au choix du trésorier des Caisses d'écoles.

10 Décembre 1877.

Monsieur le Préfet, vous m'avez fait l'honneur de me consulter sur l'interprétation qu'il conviendrait de donner au dernier paragraphe de l'article 15 de la loi du 10 avril 1867 relatif à la comptabilité des Caisses des Écoles. Ce paragraphe est ainsi conçu :

« Le service de la Caisse des Écoles est fait gratuitement par le percepteur. »

Je n'hésite pas à penser, et j'ai fait connaître mon appréciation à cet égard à M. le Ministre des Finances, dans une dépêche du 16 mars dernier, que le texte précité de la loi du 10 avril 1867 n'implique pas que le percepteur doive nécessairement être chargé du service de la Caisse; il signifie simplement que, dans le cas où ce fonctionnaire est désigné pour remplir l'emploi de trésorier de la Caisse des Écoles, il ne peut demander aucune indemnité pour ce service.

Il demeure donc entendu que les municipalités ont le droit de choisir, en dehors du percepteur receveur municipal, le comptable chargé de l'administration de la Caisse.

Recevez, etc.

Signé : FAYE.

Rapport sommaire fait au nom de la 1re Commission d'initiative parlementaire[1], chargée d'examiner la proposition de loi de M. Adolphe Lelièvre, tendant à fixer le traitement des institutrices dirigeant des Écoles publiques de filles dans les communes dont la population est inférieure à 500 habitants, par M. Émile Deschanel, député[2]. 14 déc. 1877.

Séance du 14 Décembre 1877.

Messieurs, cette proposition est la reproduction de celle dont notre honorable collègue M. Lelièvre avait saisi la précédente Assemblée et dont il avait été chargé de rédiger lui-même le rapport définitif.

Une Commission spéciale avait conclu à son adoption; la discussion publique de ses conclusions était à l'ordre du jour, lorsque la Chambre fut dissoute.

Voici dans quel esprit d'équité et de prévoyance M. Lelièvre a conçu cette proposition, et quels sont les faits qui la lui ont inspirée :

Aux termes de la loi du 10 avril 1867, il y a deux sortes d'Écoles communales de filles : premièrement, des Écoles fixes, déclarées obligatoires; deuxièmement, des Écoles intermittentes ou facultatives, dans les communes d'une population moindre de 500 âmes.

La loi du 19 juillet 1875, qui a divisé les institutrices communales en trois catégories, a fixé le minimum des traitements alloués aux maîtresses adjointes à celles qui sont chargées de la direction des Écoles de hameaux. Mais, les dispositions de cette loi n'étant applicables qu'aux Écoles obligatoires et fixes, il suit de là que la situation des institutrices enseignant dans les Écoles intermittentes et facultatives reste la même que par le passé, c'est-à-dire extrêmement précaire et aléatoire.

Cette situation avait d'abord été l'objet de la sollicitude du Ministre de l'Instruction publique, M. Waddington, qui avait essayé de l'améliorer au moyen de quelques subventions spécialement appliquées à l'élévation des traitements faits par les communes aux institutrices dirigeant des Écoles facultatives.

La Commission du budget de la précédente Assemblée, préoccupée, à son tour, de cette situation et pensant avec raison qu'il était de son devoir de soutenir le Ministre dans ses efforts pour améliorer et assurer le sort de ces femmes courageuses qui se sont vouées à la tâche ingrate et pénible de l'instruction primaire, avait proposé de porter, pour l'année 1877, de 100 000 francs à 300 000 francs le crédit de secours mis pour cet objet à la disposition du Ministre.

Mais ces marques d'intérêt et de sympathie pourraient n'être que passagères et resteraient stériles, si la Chambre des députés ne venait, à son tour, par une sanction légale, assurer d'une façon définitive l'avenir et l'existence même des institutrices des Écoles facultatives.

En un mot, le projet de M. Adolphe Lelièvre tend à rendre permanent et définitif ce qui a été accordé pour l'année 1877 seulement. Il se résume en un article unique, ainsi conçu :

« À partir du 1er janvier 1878, les dispositions de la loi du 19 juillet 1875

1. Voir, page 750, note 1, la composition de cette Commission.

2. *Journal officiel* du 25 *décembre* 1877, page 8704.

Voir le projet initial de M. LELIÈVRE, 20 *juillet* 1876, page 628; — le rapport de M. DESCHANEL en date du 3 *août* 1876, page 632; — le rapport de M. LELIÈVRE, 11 *février* 1879 (Tome V).

sont applicables aux institutrices dirigeant les Écoles publiques de filles dans les communes dont la population n'excède pas 500 habitants. »

Messieurs, votre première Commission d'initiative, à l'unanimité, a été d'avis que la proposition de M. Adolphe Lelièvre méritait d'être prise en considération.

---

17 déc. 1877. **Projet de loi sur la construction des maisons d'école, présenté par M. Bardoux, Ministre de l'Instruction publique, des Cultes et des Beaux-Arts, par M. de Marcère, Ministre de l'Intérieur, et par M. Léon Say, Ministre des Finances[1].**

Séance du 17 Décembre 1877.

TITRE Ier. — *Des ressources affectées à la construction des bâtiments scolaires.*

ARTICLE 1er. — Une somme de 60 millions de francs, payable en cinq annuités à partir de 1878, est mise à la disposition du Ministre de l'Instruction publique, des Cultes et des Beaux-Arts, pour être répartie, à titre de subvention, entre les communes en vue de l'amélioration ou de la construction de leurs bâtiments scolaires et de l'acquisition des mobiliers scolaires.

Une autre somme de 60 millions de francs, également payable en cinq annuités à partir de la même époque, est mise, à titre d'avance, à la disposition des communes dûment autorisées à emprunter pour le même objet.

ART. 2. — Les allocations consenties par le Ministre sont indépendantes de celles qui peuvent aussi être accordées aux communes par le Conseil général sur les fonds du département.

La quotité de ces dernières doit être fixée au moment où le Conseil général est appelé à donner son avis sur les demandes de secours présentées par les communes.

ART. 3. — Les communes qui auront préalablement consenti les sacrifices que comporte leur situation financière, et qui ne seront pas en mesure de couvrir la totalité de la dépense, seront seules admises à recourir à la subvention de l'État. Elles devront adresser leurs demandes au Préfet, qui les instruira conformément aux lois et règlements existants et les transmettra ensuite au Ministre de l'Instruction publique, en y joignant les plans et devis des constructions projetées.

ART. 4. — Lorsque ces plans et devis auront été approuvés par le Ministre de l'Instruction publique, un arrêté ministériel déterminera la quotité et les

1. Voir l'exposé des motifs au *Journal officiel* du 16 *février* 1878, pages 1620 et suivantes.

Voir ci-dessus : le projet de M. WADDINGTON, 1er *mars* 1877, page 661. — le projet de M. C. SÉE, 23 *mars* 1877, page 680; — le second exposé des motifs de M. C. SÉE, 22 *novembre* 1877, page 723; — le rapport de M. MARTIN-FEUILLÉE, 10 *décembre* 1877, page 750.

Voir ci-après : le rapport de M. FLOQUET à la Chambre, 19 *janvier* 1878 (le projet adopté par la Chambre des députés le 26 *janvier* 1878 fut transmis le même jour au Sénat (*Journal officiel* du 11 *mars* 1878, pages 2699 et 2700); — le rapport de M. DAUPHIN au Sénat, 2 *mai* 1878; — la loi du 1er *juin* 1878.

époques d'exigibilité de la subvention, en tenant compte, pour ces évaluations, de la situation financière de la commune et de l'étendue des sacrifices qu'elle aura consentis.

Toutefois, lorsque la subvention demandée dépassera le tiers de la dépense totale ou le chiffre de 100 000 francs, le dossier et la demande seront soumis à une Commission de neuf membres, composée de deux sénateurs et trois députés, nommés respectivement par chaque Chambre, et de quatre membres appartenant à l'Administration. L'avis de cette Commission devra être visé et mentionné sommairement dans l'arrêté de répartition du Ministre.

Le Directeur général de la Caisse des dépôts et consignations et le Directeur de l'enseignement primaire font, de droit, partie de cette Commission.

ART. 5. — Les subventions allouées aux communes ne leur sont définitivement acquises que sous les conditions ci-après :

1° Production d'un certificat, dont la forme sera déterminée par le Ministre de l'Instruction publique, et qui devra lui être également transmis, établissant que la commune a déjà fait emploi de ses propres ressources pour les bâtiments scolaires, et que les travaux exécutés sont conformes aux plans et devis approuvés comme il vient d'être dit ;

2° Mise à exécution des travaux dans un laps de temps qui ne pourra excéder deux ans.

Si, à l'expiration de ce délai, la commune n'a pas rempli les conditions ci-dessus, la subvention sera considérée comme non avenue.

Dans le cas où le projet serait ultérieurement repris, M. le Ministre de l'Instruction publique devra statuer à nouveau.

ART. 6. — Toutes les communes, admises ou non à profiter de la subvention de l'État et du département, peuvent être appelées à participer à l'avance de 60 millions indiquée au deuxième paragraphe de l'article 1er.

Les plans et devis des constructions projetées doivent, dans les deux cas, être soumis à l'approbation du Ministre de l'Instruction publique.

Avant de statuer sur les demandes d'emprunt, le Ministre devra prendre l'avis de la Commission instituée à l'article 4, toutes les fois que la somme à emprunter dépassera le chiffre de 30 000 francs.

Lorsque ces demandes auront été reconnues admissibles, les emprunts ne pourront avoir lieu que s'ils sont autorisés par une loi, un décret ou un arrêté préfectoral, suivant le cas, conformément aux lois en vigueur.

TITRE II. — *De la Caisse pour la construction des Écoles.*

ART. 7. — Il est créé, sous la garantie de l'État, une caisse spéciale, chargée de délivrer aux communes les subventions qui leur auront été accordées conformément aux articles 1er, 3, 4 et 5, et de leur faire les avances prévues aux articles 1er et 6. Cette caisse, qui prendra le nom de « Caisse pour la construction des Écoles », est administrée par la Caisse des dépôts et consignations.

ART. 8. — La Caisse pour la construction des Écoles pourvoira au payement des subventions et avances ci-dessus stipulées, soit avec des fonds qui seront mis à sa disposition par le Trésor, moyennant un intérêt de 3 pour 100 réglé annuellement, soit avec le produit de la négociation de titres créés et émis dans les conditions du dernier paragraphe de l'article 8 de la loi du 11 juillet 1868 sur les chemins vicinaux.

ART. 9. — Les subventions payées aux communes par la Caisse pour la construction des Écoles lui seront remboursées, en capital et intérêts, au moyen de quinze annuités, de 5 millions de francs chacune, à inscrire au budget du Ministère de l'Instruction publique à partir de l'exercice 1878.

Cette dotation sera ordonnancée au profit de la Caisse et payée par le Trésor dans les trois premiers mois de chaque année.

Les crédits nécessaires seront ouverts chaque année par la loi de finances.

En cas d'insuffisance du fonds de dotation et des ressources propres à la Caisse, il lui sera tenu compte par le Trésor, tant de ses dépenses complémentaires d'intérêt et d'amortissement, que de ses divers frais de gestion.

ART. 10. — Les avances aux communes seront faites pour trente et un ans au plus. Elles seront remboursées à la Caisse pour la construction des Écoles au moyen du versement semestriel d'une somme de 2 fr. 50 par chaque 100 francs empruntés.

Ce versement, continué pendant soixante-deux semestres, libérera la commune en intérêt et amortissement.

Des termes de remboursement plus courts pourront être stipulés. Dans ce cas, les versements semestriels devront être calculés de manière à tenir compte à la Caisse, en outre de l'amortissement, d'un intérêt fixé à 3 pour 100 l'an.

ART. 11. — Il sera passé, entre la Caisse pour la construction des Écoles et les communes dûment autorisées à contracter des emprunts, des traités particuliers relatant la quotité et les termes d'exigibilité des avances consenties par la Caisse, ainsi que les conditions de remboursement de ces avances.

ART. 12. — Les fonds prêtés à la Caisse spéciale par le Trésor ou réalisés au moyen d'obligations, conformément à l'article 8, seront remboursés aux ayants droit, savoir :

En ce qui concerne les subventions, au moyen des ressources de la dotation stipulée en faveur de la Caisse par l'article 9, et dans un délai de quinze ans au plus tard;

En ce qui concerne les fonds employés en avances, au moyen des remboursements en capital opérés par les communes et dans les conditions de temps de ces remboursements, conformément à l'article 10.

ART. 13. — Chaque année, les Ministres de l'Instruction publique, de l'Intérieur et des Finances, rendront compte au Président de la République de la distribution des subventions et des avances, de la marche des travaux et des opérations de la Caisse pour la construction des Écoles, par un rapport qui sera distribué au Sénat et à la Chambre des députés.

TITRE III. — *De l'obligation de construire les maisons d'école.*

ART. 14. — Lorsque la création d'une École dans une commune aura été décidée par l'autorité compétente, conformément aux prescriptions des lois des 15 mars 1850 et 10 avril 1867, les frais d'installation, d'acquisition, d'appropriation et de construction des locaux scolaires et d'acquisition du mobilier scolaire constitueront pour la commune une dépense obligatoire.

La même prescription est applicable aux bâtiments scolaires destinés à deux ou plusieurs communes réunies.

Pour ce dernier cas, le mode de fixation de la part contributive de chaque commune dans la dépense sera déterminée par un règlement spécial.

ART. 15. — A défaut d'un vote du Conseil municipal, ou sur son refus, il est pourvu d'office, par un arrêté préfectoral et après avis conforme du Conseil général, au payement des frais dont il s'agit, soit par un prélèvement sur les ressources disponibles de la commune, soit par des subventions du département ou de l'État, soit enfin par un emprunt contracté à la Caisse spéciale.

Lorsque cet emprunt aura été jugé nécessaire par le Préfet et par le Conseil général, le maire ou, sur son refus, un délégué spécial nommé en exécution de l'article 15 de la loi du 18 juillet 1837, empruntera à ladite caisse, après y avoir été dûment autorisé, la somme nécessaire.

Il sera alors pourvu au remboursement de l'emprunt au moyen d'une imposition spéciale établie par un décret.

Projet de loi sur la gratuité de l'enseignement primaire, présenté par M. Bardoux, Ministre de l'Instruction publique. 17 déc. 1877.

Séance du 17 Décembre 1877.

ARTICLE 1er. — Toute commune a la faculté d'établir la gratuité absolue dans ses Écoles.

ART. 2. — La commune qui, dans les conditions actuelles, n'a point à réclamer le concours du département et de l'État pour acquitter les dépenses de l'instruction primaire et qui veut user de la faculté accordée par l'article 1er, doit subvenir aux dépenses de l'instruction gratuite au moyen de ses propres ressources.

ART. 3. — Toute commune subventionnée qui veut user de la même faculté doit, en sus des ressources énumérées dans les articles 40 de la loi du 15 mars 1850, 14 de la loi du 10 avril 1867 et 7 de la loi du 19 juillet 1875, affecter à l'entretien de la gratuité absolue dans ses Écoles le produit d'une imposition extraordinaire suffisante pour remplacer celui de la rétribution scolaire.

Le nombre des centimes votés à cet effet ne doit pas être inférieur à 4, à moins que la commune ne dispose de ressources spécialement destinées à tenir lieu de la nouvelle imposition.

Il ne doit pas être supérieur à 10. Dans le cas où le produit de 10 centimes est moindre que celui de la rétribution scolaire, le déficit est comblé au moyen d'un accroissement correspondant de la subvention de l'État.

ART. 4. — Lorsque la gratuité absolue est établie dans une commune, elle doit s'appliquer à toutes les Écoles publiques de cette commune indistinctement.

Il ne peut être fait d'exception à cette règle que provisoirement et à raison des circonstances, sur la proposition du Conseil municipal et avec l'autorisation du Ministre de l'Instruction publique.

ART. 5. — Le mode d'évaluation du produit de la rétribution scolaire, dans la commune qui veut se placer sous le régime de la présente loi, sera réglé ultérieurement par un décret rendu en Conseil des Ministres.

1. Voir l'exposé des motifs au *Journal officiel* du 13 *janvier* 1878, pages 282 et 283.

Consulter les projets de M. DE LACRETELLE, 4 *avril* 1876, page 587; — de M. MARION, 7 *juillet* 1876, page 622; — de M. WADDINGTON, 29 *janvier* 1877, page 660; — de M. BARODET, 19 *mars* 1877, page 676; — de M. BARTOLI, 1er *mai* 1877, page 707.

Art. 6. — Sont abrogés les articles 8 et 9 de la loi du 10 avril 1867, et les dispositions des lois antérieures en ce qu'elles ont de contraire à la loi actuelle.

Art. 7. — La présente loi ne sera exécutoire qu'à partir du 1er janvier 1878.

---

20 déc. 1877.

Circulaire du Ministre de l'Instruction publique, relative aux instituteurs frappés de peines disciplinaires.

20 Décembre 1877[1].

Monsieur le Préfet, dès mon arrivée au Ministère, j'ai tenu à me rendre compte, par moi-même, des mouvements qui avaient récemment eu lieu dans le personnel primaire de chaque département.

Le relevé des peines disciplinaires prononcées contre certains maîtres a surtout fixé mon attention. A l'aide des renseignements contenus, soit dans les états de mutation, soit dans les rapports spéciaux parvenus à l'Administration centrale, j'ai eu le regret de constater que, dans un grand nombre de départements, le chiffre des déplacements et des peines infligées avait été très élevé. Cet examen m'a fourni en outre la preuve que la question politique avait joué trop souvent un rôle capital dans les décisions prises par les Préfets.

L'Administration de l'instruction publique tient absolument à ce que le maître et l'école restent en dehors des agitations de la politique ; la dignité de l'instituteur et le progrès des études l'exigent, et je ne puis à cet égard que vous rappeler les circulaires adressées par quelques-uns de mes prédécesseurs.

Notre devoir, Monsieur le Préfet, est de rappeler, avec plus de force que jamais, ces prescriptions si sages aux maîtres qui n'en auraient point tenu un compte suffisant. Nous avons de plus l'obligation de rechercher avec soin quelles sont les véritables causes des mesures de rigueur qui ont été prises dans ces derniers temps à l'égard de quelques-uns d'entre eux.

Vous devez, en conséquence, Monsieur le Préfet, vous faire représenter le dossier de chacun des instituteurs déplacés ou frappés de peines disciplinaires. S'il vous paraît démontré que le maître ait, de son initiative propre, manqué gravement à ses devoirs, la décision dont il a été l'objet devra être évidemment maintenue. Si, au contraire, il est établi que l'autorité administrative, en sévissant contre lui, a cédé uniquement à des influences locales ou à des animosités de parti ; si, en un mot, les faits allégués n'ont aucune gravité ou s'ils ne sont pas prouvés d'une manière certaine, vous devrez vous hâter de réparer le dommage occasionné.

Sans doute, il ne vous sera pas toujours possible de rendre à l'instituteur frappé le poste qu'il occupait. Cette mesure pourrait, dans certains cas, présenter les inconvénients les plus graves et mettre de nouveau l'instituteur aux prises avec des difficultés locales de tout genre. Mais vous devrez aviser aux moyens de donner à ceux de ces maîtres qui en seront dignes des compensations suffisantes.

Je n'ai pas besoin d'ajouter que les décisions qui n'auraient eu d'autres motifs

1. Une instruction avait été prescrite par lettre confidentielle le 1er *juin* précédent par M. le Ministre J. Brunet, relativement à la conduite tenue par les fonctionnaires de l'enseignement.

que des fautes professionnelles devront être maintenues, et que vous n'avez pas à réviser les dossiers de ces affaires.

Je désire, Monsieur le Préfet, qu'avant le 15 janvier vous me fassiez connaître dans un rapport détaillé : 1° le nombre des peines disciplinaires infligées aux instituteurs de votre département ; 2° celui des changements par disgrâce qui ont eu lieu dans les sept derniers mois ; 3° le nombre des cas dans lesquels la peine disciplinaire aura été maintenue par vous ; 4° le nombre des instituteurs injustement frappés auxquels une compensation aura pu être accordée. Vous mentionnerez en même temps la nature de cette compensation.

Je n'ai pas à insister sur l'importance toute particulière que j'attache à l'exécution équitable de ce travail ; je compte que vous apporterez dans l'examen des dossiers tout le tact et toute l'impartialité dont je vous sais capable.

Recevez, etc.

Signé : A. BARDOUX.

Arrêté modifiant la durée de l'épreuve écrite d'histoire et de géographie dans les examens du brevet complet d'instituteur et du brevet d'institutrice de premier ordre[1]. 26 déc. 1877.

26 Décembre 1877.

Le Ministre de l'Instruction publique, des Cultes et des Beaux-Arts,

Vu l'article 16 de l'arrêté du 3 juillet 1866, concernant l'examen pour le brevet de capacité des instituteurs et institutrices primaires ;

Vu l'avis du Comité consultatif de l'enseignement primaire,

Arrête :

Le dernier paragraphe de l'article 16 de l'arrêté du 3 juillet 1866, relatif à la durée des épreuves écrites du brevet complet ou facultatif pour les instituteurs et de premier ordre pour les institutrices, est modifié ainsi qu'il suit : *trois heures* sont accordées pour la première épreuve, *deux* pour la seconde, *une* pour la troisième et *une* pour la quatrième.

Proposition de loi sur l'établissement des Écoles normales primaires, présentée par M. Paul Bert, député[2]. 14 janvier 1878.

Séance du 14 Janvier 1878.

Messieurs, l'article 11 de la loi du 28 juin 1833 ordonne que « tout département sera tenu d'entretenir une École normale primaire, soit par lui-même, soit

1. Consulter la circulaire du 26 *décembre* 1877. (*Circ. et Instr. off.*, T. VII, p. 728.)

2. *Journal officiel* du 23 *janvier* 1878, page 580.
Voir ci-après le rapport de M. P. BERT en date du 1er *avril* 1878.
Consulter, au Tome V, le rapport de M. RONJAT au Sénat, 17 *juillet* 1879.

en se réunissant à un ou plusieurs départements voisins ». Mais cette prescription ne s'applique qu'aux Écoles normales d'instituteurs, et l'ordonnance royale du 23 juin 1836, qui étend à l'enseignement des filles la plupart des dispositions de la loi de 1833, passe sous silence les Écoles normales d'institutrices.

Il en résulte que, tandis qu'aujourd'hui 79 Écoles normales d'instituteurs sont fondées, et la plupart depuis longtemps, il n'existe que 17 Écoles normales d'institutrices, dont 9 n'ont été créées que depuis la guerre.

Aucune raison sérieuse ne pourrait être mise en avant pour justifier cette inégalité. Les temps ne sont plus où l'on semblait systématiquement négliger tout ce qui a rapport à l'éducation des filles; l'opinion publique a fini par comprendre qu'elle était au moins aussi importante à considérer que celle des garçons. Le mot célèbre de M. Jules Simon : « Quand on instruit une femme, on ne crée pas seulement une femme instruite, mais une institutrice », résume tout ce qui a été si justement développé à ce propos.

Je viens, en conséquence, vous demander d'appliquer aux Écoles normales d'institutrices les dispositions de la loi de 1833, relatives aux Écoles normales d'instituteurs. Mais il faut faire observer ici que la loi du 15 mars 1850, dont le projet primitif proposait « la destruction des Écoles normales[1] », a, par son article 41, rendu facultative la conservation des Écoles déjà fondées; ajoutons que deux de ces dernières seulement (Lot et Lot-et-Garonne) disparurent en vertu de la nouvelle législation.

Je pense qu'il est utile de reprendre la formule impérative de la loi de 1833. Il convient même, à mon avis, de supprimer la faculté qu'elle laisse aux départements de se réunir pour entretenir une École normale commune. Dans l'état actuel des choses, huit départements seulement (Charente, Côtes-du-Nord, Lot, Lot-et-Garonne, Morbihan, Oise, Pas-de-Calais, Haute-Savoie) auront à organiser des Écoles normales d'instituteurs; tous les autres possèdent leur École spéciale. A vrai dire, un seul essai sérieux d'École normale régionale a été fait à Rennes; il n'a pas réussi, chaque département ayant retiré ses élèves. L'insuccès serait certain pour les Écoles régionales destinées aux institutrices; car les parents s'effrayent de l'idée d'envoyer leurs filles loin d'eux, hors du département.

Il m'a paru nécessaire de fixer un délai, aussi rapproché que possible, pour l'ouverture des nouvelles Écoles normales. En cet ordre de matières, il faut être prodigue de l'argent et avare du temps. Nous manquons d'institutrices; il faut en faire à tout prix et le plus tôt possible.

Enfin, il a fallu, en faisant aux départements une obligation de créer des Écoles normales qui leur manquent, leur donner les voies et moyens financiers indispensables pour l'exécution de la loi. S'ils n'ont pas les ressources, ils devront s'imposer extraordinairement; en cas d'insuffisance, l'État apportera le complément nécessaire.

Proposition de loi.

ARTICLE 1er. — Tout département devra être pourvu d'une École normale d'instituteurs et d'une École normale d'institutrices, suffisantes pour assurer le recrutement des instituteurs communaux et des institutrices communales.

Ces établissements devront être installés dans le laps de quatre ans, à partir de la promulgation de la présente loi.

1. Paroles textuelles du rapporteur, M. BEUGNOT. (*Comptes rendus des séances de l'Assemblée législative*, T. IV, p. 666.)

ART. 2. — La construction et l'installation premières des Écoles normales sont des dépenses obligatoires pour les départements.

Les départements qui n'auraient pas de ressources suffisantes pour faire face aux frais de premier établissement de leurs Écoles normales d'instituteurs et d'institutrices seront tenus, pour chaque École à fonder, de s'imposer, pendant cinq ans au plus, d'un centime extraordinaire au principal des quatre contributions directes. Si la dépense ne peut être ainsi couverte, il y sera pourvu au moyen de subventions de l'État.

Texte du projet de loi sur la construction des maisons d'école, proposé, sur rapport de M. Floquet, par la Commission chargée d'examiner : 1° le projet de loi sur la construction des maisons d'école; 2° la proposition de loi de M. Camille Sée sur la construction des maisons d'école[1]. 19 janvier 1878.

Séance du 19 Janvier 1878.

ARTICLE Ier. — (*Comme à l'art. 1er du projet de M. Bardoux, 17 décembre 1877,* p. 754).

ART. 2. — (*Id.*).

ART. 3. — (*Comme à l'art.* 3 *du projet de M. Bardoux, en remplaçant les mots :* « ..... seront seules *admises à recourir* à la subvention.... », *par ceux-ci :* « ..... seront seules *admises* à la subvention.... ».)

ART. 4. — (Le 1er § *comme au projet de M. Bardoux. — Supprimer les* §§ 2 *et* 3).

ART. 5. — (*Comme au projet, en remplaçant au* § 1er *les mots :* « .... et que les *travaux* exécutés sont conformes.... », *par ceux-ci :* « .... et que les *bâtiments* exécutés sont conformes.... ».)

ART. 6. — (*Comme au projet, en supprimant* le 3e § : « Avant de statuer.... ».)

ART. 7, 8, 9, 10, 11, 12. — (*Comme au projet*).

ART. 13. — (*Comme au projet,* en ajoutant à la fin : « .... au commencement de leur session ordinaire ».)

ART. 14. — (*Comme au projet*).

ART. 15. — (*Comme au projet,* en supprimant, à la *dernière ligne du* 2e §, *le mot :* « .... dûment.... »[2].)

1. Voir au *Journal officiel* du 31 *janvier* 1878, pages 894 et suivantes, le texte complet du Rapport fait par M. FLOQUET.

Voir ci-dessus : le projet de M. WADDINGTON, 1er *mars* 1877, page 661; — le projet de M. C. SÉE, 23 *mars* 1877, page 680; — le second exposé de motifs de M. C. SÉE, 22 *novembre* 1877, page 723; — le rapport de M. MARTIN-FEUILLÉE, 10 *décembre* 1877, page 750; — le projet de M. BARDOUX, 17 *décembre* 1877, page 754.

Voir ci-après : le rapport de M. DAUPHIN au Sénat, 2 *mai* 1878; — la loi du 1er *juin* 1878.

2. Le projet fut voté par la Chambre dans sa séance du 26 *janvier* 1878. (*Journal officiel* du 27, pages 720 et 721.)

22 janvier 1878. **Projet de loi sur la nomination des instituteurs, présenté à la Chambre des Députés par M. Bardoux, Ministre de l'Instruction publique[1].**

Séance du 22 Janvier 1878.

Messieurs, s'il n'est pas possible, à l'heure actuelle, d'entreprendre avec chance de succès la refonte de toute notre législation primaire, il est du devoir d'un gouvernement qui comprend sa mission, de porter un remède immédiat à un mal évident; il est de son devoir de détacher de l'ensemble des lois existantes tel ou tel point manifestement défectueux, pour en proposer, sans retard, la revision.

Tel est, précisément, le but du projet que nous soumettons aujourd'hui aux délibérations de la Chambre des députés.

Depuis longtemps déjà les esprits libéraux s'accordent à reconnaître que l'un des vices principaux de notre législation scolaire consiste dans l'autorité absolue conférée au Préfet du département sur le personnel et la discipline de l'enseignement primaire. Aux termes de l'article 8 de la loi du 14 juin 1854, c'est le Préfet qui, sous l'autorité du Ministre de l'Instruction publique et sur le rapport de l'Inspecteur d'Académie, nomme et révoque l'instituteur; c'est lui qui, sans recours possible de la part de l'intéressé, a le droit de le suspendre de ses fonctions, de le déplacer dans les limites de sa circonscription administrative.

Dans une circulaire du 13 août 1835, adressée aux Inspecteurs des Écoles primaires, le Ministre de l'Instruction publique, M. Guizot, avait clairement indiqué quel devait être le rôle du Préfet au point de vue qui nous occupe : « Les Préfets sont appelés à rendre à l'instruction primaire les plus importants services; « leur concours actif et bienveillant est essentiel, non seulement à l'instruction « primaire, mais à la prospérité permanente des Écoles. Mais, en même temps, « il est évident, qu'occupés avant tout des soins de l'administration générale, « étrangers aux études spéciales qu'exige l'instruction primaire, les Préfets ne « sauraient la diriger. »

Les attributions du Préfet sont ainsi délimitées de main de maître : il est le protecteur né de l'enseignement primaire dans son département; mais il lui manque la compétence et l'aptitude pour la diriger.

Aussi, la loi de 1833 donnait-elle la nomination des instituteurs au Comité d'arrondissement, sur la présentation du Conseil municipal (*Loi du 28 juin 1833, art. 22*). La loi du 15 mars 1850 l'attribuait au Conseil municipal de chaque commune (*Loi du 15 mars 1850, art. 31*) et le décret-loi du 9 mars 1852 au Recteur départemental, le Conseil municipal entendu (*Décret du 9 mars 1852, art. 4*). — C'est en 1854 seulement que l'attribution dont il s'agit fut déférée aux Préfets. La loi du 14 juin 1854, article 8, établit ainsi et inaugura le régime sous lequel nous sommes placés encore aujourd'hui. Contradiction singulière! Le Recteur de l'Académie est chargé, de par la loi, *du maintien des méthodes de l'enseignement primaire public; il doit veiller à l'exécution des règlements d'études dans toutes les Écoles publiques du ressort;* il doit *proposer au Ministre les mesures propres à améliorer les méthodes d'enseignement dans les Ecoles primaires publiques* (*Décret du 22 août 1854, art. 17* et 21). C'est néanmoins une

1. Voir ci-dessus : le projet de M. DELPIT, 27 *mai* 1871, page 287; — le projet de M. J. SIMON, 15 *décembre* 1871, page 324; — le rapport de M. ERNOUL, 3 *juillet* 1872, page 383; — le rapport de M. P. BERT, 18 *mai* 1877, page 715.

autorité absolument indépendante de la sienne, l'autorité administrative du département, le Préfet, qui a tout pouvoir sur le personnel enseignant et sur la discipline. Le vice fondamental d'une semblable réglementation ne saurait être contesté. Quelle influence efficace un fonctionnaire de l'Université, si haut qu'il soit placé dans la hiérarchie scolaire, quelle action un Recteur peut-il exercer sur l'enseignement primaire, sur ses méthodes, sur ses progrès, lorsque le maître chargé de cet enseignement échappe complètement à son autorité?

Sans doute, le législateur de 1854 a dû obéir à des motifs d'intérêt politique pour qu'il en soit venu à édicter une telle confusion de pouvoirs. Pour nous éclairer sur les véritables causes de sa décision, examinons avec attention le rapport de la Commission à laquelle fut renvoyé le projet de loi de 1854.

Le rapporteur se demande quelle est l'autorité à qui peut être confié, plus utilement, le droit de nommer et celui de révoquer les instituteurs communaux?

Le Recteur? Mais ce fonctionnaire réside au chef-lieu d'une Académie qui comprend un assez grand nombre de départements. Comment pourra-t-il exercer sur les instituteurs, placés loin de lui, *une surveillance sérieuse et énergique?* Son *contrôle* sera *impossible* et *dérisoire.*

L'Inspecteur d'Académie? Mais serait-il convenable de faire de l'Inspecteur, agent subordonné du Recteur, et, en présence du Préfet du département, le directeur, le surveillant indépendant de l'enseignement primaire? L'Inspecteur est un fonctionnaire trop secondaire par rapport au Préfet; il ne peut avoir sous sa direction exclusive un service aussi important. Ce serait là, suivant le rapporteur, une combinaison *qui choquerait toutes les notions de gouvernement.* Reste donc le Préfet.

La direction et la surveillance de l'instruction lui seront confiées : il exercera ses attributions, sur le rapport de l'Inspecteur d'Académie et sous l'autorité du Ministre de l'Instruction publique. *C'est assez dire*, ajoute le rapporteur, *que son autorité sera tempérée*, *que la décision plus que l'instruction lui appartiendra de fait*, *et qu'on ne porte ainsi aucune atteinte à ce gouvernement d'unité qui est la base de notre enseignement national.*

Il rappelle même, à ce propos, l'opinion consignée dans le rapport présenté par le Conseil d'État à l'occasion du projet de loi de 1850 : *Nous reconnaissons*, disait le rapport, *que les Préfets ont toujours usé du pouvoir qui leur fut conféré par le Gouvernement d'une manière juste*, *impartiale*, *et conforme aux intérêts religieux et moraux du pays.*

Doit-on craindre que la politique n'envahisse le domaine de l'enseignement? Mais il y a, à côté du Préfet, l'Inspecteur, le Conseil départemental; au-dessus de lui, le Ministre dirigeant; ce sont là *des forces modératrices* qui serviront *de frein* et de *contrepoids.* D'ailleurs, et c'est ici que la pensée du rapporteur se dévoile plus complètement, *n'y a-t-il aucun intérêt à ce que ce corps considérable des instituteurs qui a*, *dans chaque commune*, *un agent jeune*, *actif*, *entreprenant quelquefois*, *porté à se plaindre du présent*, *se sente vivre sous une main ferme*, *sous l'autorité qui veille plus spécialement et avec plus de vigueur à la paix publique.*

La discussion de la loi de 1854 devant le Corps législatif ne nous révèle aucun argument nouveau en faveur du projet; on insiste seulement sur ce point, que le principe de la nomination des instituteurs par les Préfets n'est point une nouveauté; que, de 1808 à 1828, l'instruction primaire a été entre leurs mains, et que, comme l'avait déjà reconnu le rapporteur de la loi de 1850, les Préfets ont toujours usé du pouvoir qui leur était remis, d'une manière *juste*, *impartiale*, *et conforme à l'intérêt de la société.*

Qui oserait soutenir aujourd'hui, après cette longue expérience des vingt-trois dernières années, qui oserait soutenir, qu'en ce qui concerne le personnel de l'enseignement primaire, la justice et l'impartialité n'ont jamais fait défaut au premier magistrat du département ? que les intérêts scolaires ont été l'objet de son unique préoccupation, quand il s'est agi de déplacer un instituteur ou de sévir contre lui ? Nous n'insisterons pas davantage sur ce point : la question de fait est vidée, toute récrimination à l'endroit du passé serait superflue; nous nous bornerons à traiter la question de principe.

Le Préfet est essentiellement un agent politique; il apporte dans le département dont l'administration lui est confiée la pensée même du Gouvernement.

Mais c'est trop lui demander que de ne pas céder à la tentation d'utiliser, au profit d'un intérêt autre que celui de l'instruction populaire, l'influence et les services d'un fonctionnaire placé sous son autorité exclusive et discrétionnaire.

Il mettra, suivant son tempérament d'administrateur, plus ou moins d'énergie dans la pression que son intérêt le porte à exercer sur l'instituteur; et cette pression, pour être quelquefois latente, n'en sera pas moins effective, dans la plupart des cas.

Pour être en droit désormais de demander à l'instituteur de se montrer uniquement l'homme de l'École, l'éducateur respecté de l'enfance, pour lui permettre de sauvegarder, quoi qu'il arrive, son indépendance et sa dignité, il faut le soustraire au pouvoir absolu de l'autorité administrative et politique, il faut le rendre à ses chefs naturels, à ses chefs hiérarchiques.

L'article 1er du projet actuel dispose, à cet effet, que *l'enseignement primaire sera*, à l'avenir, *administré par le Recteur de l'Académie, comme* le sont déjà *l'enseignement secondaire et l'enseignement supérieur ; le Recteur exercera, sous l'autorité du Ministre de l'Instruction publique et sur le rapport de l'Inspecteur d'Académie, les attributions déférées aux Préfets par les articles* 8 *et* 9 *de la loi du* 14 *juin* 1854 *et par les lois et décrets ultérieurs pour tout ce qui touche au personnel et à la discipline de l'enseignement primaire, public ou libre, et des salles d'asile.*

Toute la loi nouvelle est renfermée dans cet article ; nous proposons de faire passer aux Recteurs les pouvoirs que le législateur de 1854 avait attribués aux Préfets, sur le personnel de l'enseignement primaire.

L'objection tirée de l'éloignement du Recteur, de la grande distance qui le séparera de quelques-uns de ses administrés, objection qui paraissait très sérieuse au rapporteur de la loi de 1854, nous a paru devoir être écartée. Nous verrions, au contraire, dans l'espèce, des inconvénients réels à ce que le pouvoir dirigeant fût placé trop près de l'instituteur, qu'on concédât par exemple ce pouvoir à l'Inspecteur d'Académie. Résidant au chef-lieu du département, à côté des fonctionnaires élevés dans la hiérarchie, le Préfet, l'Évêque, etc..., en rapport fréquent avec les maires, les conseillers généraux, etc.... l'Inspecteur d'Académie, quelle que soit sa fermeté de caractère, sera inévitablement accusé de subir, dans beaucoup de cas, les influences locales, de tenir plus de compte des personnes que du bien du service ; ses décisions perdraient donc de leur autorité, et nous retrouverions à coup sûr, avec un Inspecteur d'un caractère faible, comme il peut s'en trouver, une partie des abus qu'amène aujourd'hui la nomination des instituteurs par les Préfets.

Le Recteur est, en ce moment, placé à la tête du personnel de l'enseignement secondaire et supérieur, dans une Académie qui comprend en moyenne cinq ou six départements. Quand il aura, en outre, sous sa direction le personnel primaire, il verra les choses et jugera les actes et les hommes de plus loin, il est vrai, mais aussi de plus haut.

La position qu'il occupe dans le ressort, qu'il relève souvent par une certaine notoriété comme savant ou comme littérateur, est une garantie de son indépendance et de son impartialité.

Dira-t-on que les décisions du Recteur ne pourront être suffisamment éclairées, que les éléments d'appréciation lui feront souvent défaut? Mais, pour les affaires courantes, celles qui ne donnent lieu à aucune difficulté et qui ne peuvent susciter de réclamations, il aura pour se renseigner les rapports régulièrement transmis de l'Inspecteur d'Académie et des Inspecteurs primaires. Pour s'éclairer sur la valeur relative de chaque instituteur, il aura, sous la main, la liste par ordre de mérite des instituteurs de chaque département, la liste qui, aux termes de la loi du 19 juillet 1875, article 3, doit être dressée chaque année en Conseil départemental de l'instruction publique. La liste dont il est ici question devra être d'ailleurs complétée et revisée, après chaque session d'examen pour le brevet de capacité.

L'affaire soumise à l'appréciation du Recteur est-elle d'une nature délicate? de graves intérêts sont-ils en jeu? le Recteur provoquera des rapports spéciaux et, le cas échéant, des enquêtes de la part de l'Inspecteur d'Académie; au besoin même, il se transportera dans le département pour étudier par lui-même, et de très près, la question controversée.

En somme, comme le fait remarquer avec beaucoup de justesse M. Paul Bert, dans son rapport sur une proposition de loi relative à l'Instruction primaire, « Les Ministres des Finances, des Travaux publics, qui ont sous leurs ordres « d'innombrables agents, ne les nomment-ils pas et ne les changent-ils pas sur « le vu de documents et de rapports hiérarchiquement transmis? » Nous ajouterons que le Ministre de l'Instruction publique a lui-même aussi sous ses ordres une petite armée de professeurs des Collèges communaux, qu'il commande et qu'il dirige, sur le vu des rapports du Recteur et de l'Inspection générale.

Parmi les attributions dévolues au Préfet par la loi de 1854, se trouve la faculté de former opposition à l'ouverture des Écoles libres. Cette faculté, nous la transportons (*art.* 1er, § 3) à l'Inspecteur d'Académie, qui agira sous l'autorité du Recteur. C'est en effet une question purement locale, que l'autorité locale seule peut étudier avec compétence et résoudre équitablement.

Les articles 2 et 3 introduisent des prescriptions qui sont des conséquences nécessaires du principe nouveau de notre loi. L'article 2 attribue la présidence du Conseil départemental de l'instruction publique au Recteur de l'Académie, et, en son absence, au Préfet. Selon l'esprit de la législation existante, le Conseil départemental est véritablement le conseil de l'instruction primaire : il est donc naturel que la présidence en soit confiée au fonctionnaire à qui appartiendra désormais l'autorité sur le personnel et la discipline de cet enseignement.

L'article 3 dispose qu'*un règlement d'administration publique devra déterminer les attributions du Préfet en ce qui concerne la partie financière du service de l'Instruction primaire dans le département.*

Le Préfet, en perdant le droit de nomination des instituteurs, ne conserve pas moins un rôle notable, la prospérité de l'enseignement primaire doit être en partie son œuvre. L'auteur de la loi de 1833 avait parfaitement signalé ce rôle important de l'autorité préfectorale. « L'instruction primaire, dit-il, dans la circulaire citée plus haut, se lie étroitement à l'administration publique; elle « prend place dans les budgets de toutes les communes; elle a, dans chaque

« département, son budget particulier, que le Préfet doit présenter chaque « année au Conseil général ; elle donne lieu fréquemment à des travaux publics « qui se rattachent à l'ensemble de l'administration. »

Ce concours des Préfets est tout à fait direct et indispensable, quand il s'agit de l'installation et du fonctionnement des Écoles normales primaires. Les Préfets n'ont jamais eu sous leur direction le personnel de ces Écoles : directeurs et maîtres adjoints. L'on doit pourtant leur rendre cette justice, qu'ils se sont toujours montrés, en cette occasion, les auxiliaires les plus dévoués de l'Administration de l'Instruction publique par leur action naturelle sur les Conseils généraux. Il était donc indispensable de régler d'une façon précise leurs attributions pour tout ce qui a rapport à la partie financière de l'instruction primaire.

Sans doute la loi organique, qui, nous l'espérons, sera déposée, pourra, si un Directeur de l'enseignement primaire est créé par département, apporter quelques modifications de détail dans l'application de la loi que nous présentons; mais elle ne portera aucune atteinte au principe même que nous voulons dès à présent consacrer.

L'organisation administrative de l'enseignement primaire dans le département de la Seine n'est pas la même que dans les autres départements. Nous vous proposons de ne pas la modifier provisoirement.

Projet de loi.

ARTICLE 1er. — L'enseignement primaire est administré, comme l'enseignement secondaire et l'enseignement supérieur, par le Recteur de l'Académie, sous l'autorité du Ministre de l'Instruction publique.

Le Recteur exerce, sur le rapport de l'Inspecteur d'Académie, les attributions déférées au Préfet, par les articles 8 et 9 de la loi du 14 juin 1854 et par les lois et décrets ultérieurs, pour tout ce qui touche au personnel et à la discipline de l'enseignement primaire, public ou libre, et des salles d'asile.

L'Inspecteur d'Académie exerce, sous l'autorité du Recteur, les attributions qui avaient été déférées à ce dernier par les articles 27, 28 et 30 de la loi du 15 mars 1850, en ce qui concerne l'ouverture des Écoles libres.

ART. 2. — La Présidence du Conseil départemental de l'instruction publique est attribuée au Recteur, et, en cas d'empêchement ou d'absence du Recteur, au Préfet.

ART. 3. — Un décret, rendu en la forme des règlements d'administration publique, déterminera les attributions du Préfet, en ce qui concerne la partie financière du service de l'Instruction primaire dans le département.

ART. 4. — Il n'est rien changé provisoirement à l'organisation et à la direction du service de l'enseignement primaire dans le département de la Seine.

Proposition de loi relative à la création d'une École pédagogique destinée à former un personnel féminin pour l'enseignement et la direction des Écoles normales d'institutrices, ainsi que pour l'inspection des Ecoles primaires de filles et des salles d'asile, présentée par M. Chalamet, député[1]. 29 janvier 1878.

Séance du 29 Janvier 1878.

Messieurs, grâce aux efforts qui ont été faits depuis quarante-cinq ans pour développer l'instruction populaire dans notre pays et en élever le niveau, de grands progrès ont été accomplis pour l'instruction des garçons; mais il reste encore beaucoup à faire pour celle des filles.

En 1865, M. Jules Simon consacrait une partie de son beau livre sur *l'École* à ce grand sujet de l'éducation des filles, et il inscrivait ces mots en tête du premier chapitre : « L'enseignement des filles n'est pas à améliorer, il est à créer. »

Et, en effet, la loi du 28 juin 1833 avait oublié complètement les filles. La loi du 15 mars 1850 prescrivait, il est vrai, la création d'une École de filles dans toutes les communes de 800 âmes et au-dessus; mais, comme elle subordonnait cette création aux ressources propres de la commune, cette prescription était comme non avenue.

L'enseignement des filles ne date guère en France que de dix ans (*Loi du 10 avril* 1867). Depuis cette époque, d'excellentes mesures ont été prises pour améliorer la position des institutrices. Les décrets du 26 juillet 1870, du 20 janvier 1873, et surtout les lois du 19 juillet 1875 et du 17 août 1876, leur ont enfin assuré une existence modeste pendant le temps de la vie active et le repos pour la vieillesse. Mais comment se recrutent-elles?

Il y a aujourd'hui, en France, 79 Écoles normales d'instituteurs, tandis qu'il n'existe que 16 Écoles normales d'institutrices. L'écart entre ces deux nombres est d'une tristesse éloquente. Nous ne ferons rien de sérieux pour l'enseignement des filles, tant que nous n'aurons pas fait disparaître cette inégalité, qui est une criante injustice.

Beaucoup de Conseils généraux ont compris la nécessité de ne plus abandonner au hasard le recrutement des institutrices. Ils sont disposés à faire des sacrifices pour créer des Écoles normales. Le Gouvernement, de son côté, est disposé à venir en aide aux départements pour favoriser ces créations urgentes[2]. Enfin, nous avons été saisis tout récemment d'une proposition de loi d'un de nos collègues, M. Paul Bert, tendant à fonder, dans l'espace de quatre ans, une École normale d'institutrices dans chaque département.

Nous ne pouvons qu'applaudir à cet empressement; mais, quand les fonds nécessaires auront été votés, quand les bâtiments seront construits, quand nous aurons établi, sur toute la surface du pays, soixante Écoles normales de plus,

1. *Journal officiel* du 5 *février* 1878, pages 1168 et suivantes.
Voir ci-après le rapport de M. CHALAMET, 9 *mars* 1878, et, au Tome V, le second rapport du même en date du 13 *mars* 1879.

2. La création d'Écoles normales, dans les départements qui en sont dépourvus, devient encore le corollaire inévitable des efforts tentés pour activer le progrès de l'instruction dans notre pays..... Il est désirable, avant tout, que l'on détermine les Conseils généraux à fonder des Écoles normales d'institutrices. (*Projet de budget de* 1878, p. 1196.)

où trouver des personnes vraiment capables de diriger ces Écoles et d'y donner l'enseignement qu'elles réclament?

Il y a là une difficulté très grave, dont il importe de se préoccuper d'avance, et qu'a pour but de résoudre la proposition de loi que j'ai l'honneur de soumettre à la Chambre.

En outre, les Écoles primaires de filles ont besoin d'être inspectées tout aussi bien que les Écoles de garçons. Elles le sont aujourd'hui par des Inspecteurs primaires; mais n'y aurait-il pas avantage et convenance à ce qu'elles le fussent par des Inspectrices?

Les femmes instruites peuvent tout aussi bien que des hommes surveiller l'enseignement; et, quant à ce qui concerne l'éducation, surtout celle des enfants de leur sexe, elles ont certainement plus d'aptitude qu'eux. Pour tous les soins d'hygiène, d'ordre, de bonne tenue, de propreté, de toilette que réclament des petites filles de sept à douze ans, les femmes seules sont compétentes.

Il s'agit là, pour ainsi dire, d'une question de ménage : l'homme n'y entend rien, ce n'est pas son affaire; il y est déplacé. Le respect même du qu'en-dira-t-on devrait exiger qu'il ne s'en mêlât pas.

Il existe à la vérité des Inspectrices qu'on appelle *déléguées*. Pour la France et l'Algérie, il y a en tout cinq déléguées générales et dix-sept déléguées spéciales. Mais elles sont chargées de l'inspection des salles d'asile, et il n'est pas bien sûr qu'elles aient le droit d'entrer dans les Écoles de filles[1]. Ce droit, du moins, leur a été contesté : les unes font cette inspection, les autres ne la font pas. En tout cas, si elles étaient autorisées à inspecter les Écoles de filles, il leur serait absolument impossible de suffire à une pareille tâche. Elles sont vingt-deux pour toute la France; elles devraient être au nombre de trois cents.

Il n'y a aucune raison pour que, au point de vue de l'instruction, les filles ne soient pas traitées comme les garçons. Il faut pour les deux sexes un nombre égal d'Écoles primaires et d'Écoles normales; il faudrait aussi, pour surveiller l'enseignement qui se donne dans ces Écoles, autant d'Inspectrices qu'il y a d'Inspecteurs. Créer dès à présent ces fonctions d'Inspectrices est impossible; mais il est urgent d'en rendre la création possible dans un avenir prochain.

Bien loin d'entrer dans cette voie, qui est indiquée par l'intérêt public et par les convenances, en 1874, la Commission du budget avait émis le vœu qu'au fur et à mesure de l'extinction des titulaires, les fonctions de déléguées générales et spéciales seraient supprimées[2]. L'Assemblée nationale avait adhéré à ce vœu, et l'Administration y avait donné satisfaction. En 1876, un vote de la Chambre a rétabli les déléguées.

Comment s'expliquer que l'idée ait pu venir de supprimer une fonction qui semble indispensable, sinon parce qu'on a éprouvé de grandes difficultés à trouver, pour la remplir, des personnes d'une compétence bien constatée? Dès

1. Dans la séance du 31 juillet 1876, l'honorable M. Lockroy demande à M. le Ministre de l'Instruction publique s'il ne compte pas rendre aux déléguées générales l'inspection des Écoles de filles, dont elles ont été privées, et que leur avait accordée, en 1872, un décret du gouvernement de M. Thiers. Le Ministre déclare qu'il lui est impossible de répondre d'une façon précise : il y a des déléguées qui inspectent un certain nombre d'Écoles de filles, d'autres qui n'inspectent que les salles d'asile. (*Note du projet.*)

2. La Commission disait que cette suppression avait pour but de laisser aux Comités locaux plus de latitude et de responsabilité dans la surveillance des salles d'asile. Il faut vraiment un peu de naïveté pour croire à l'efficacité, au point de vue pédagogique, de la surveillance bénévole des Comités locaux, même pour les salles d'asile. Quant aux Écoles de filles, il n'en était pas question. (*Note du projet.*)

lors, on a été exposé à nommer des déléguées dont le principal titre était d'être dans le besoin, ou recommandées par de puissantes influences. En un mot, cette fonction, qui exige des connaissances spéciales, du dévouement et beaucoup de tact, a été trop souvent accordée, à titre de faveurs ou de secours, comme on accorde un bureau de tabac.

Aussi, pendant deux années de suite, l'honorable rapporteur de la Commission du budget de l'instruction publique, M. Bardoux, parlant de l'utilité de l'institution des déléguées, a demandé à l'Administration, au nom de la Commission et au nom de la Chambre, « des garanties pour les choix à faire[1] ». Nous sommes convaincus que M. Bardoux, devenu Ministre, tiendra à honneur de donner satisfaction au vœu si légitime qu'il exprimait comme rapporteur; mais les meilleures intentions échouent souvent contre les difficultés d'une situation.

Il ne suffit pas de demander vaguement à l'Administration des garanties pour qu'elle fasse de bons choix; il faudrait lui donner les moyens de n'en faire que de bons. Tel est l'objet de ma proposition de loi. Si elle était votée par les Chambres, de l'École pédagogique que vous auriez créée sortiraient, chaque année, des institutrices formées aux bonnes méthodes d'enseignement, et on trouverait parmi elles des déléguées vraiment capables et dignes de remplir cette fonction.

Dès lors, il serait possible, non seulement de maintenir l'institution des déléguées, telle qu'elle existe, mais d'organiser un vaste ensemble d'inspection féminine, surveillant à la fois les Écoles de filles et les salles d'asile.

Enfin, Messieurs, l'utilité de ma proposition se justifie par une dernière considération, qui me paraît aussi très grave : elle améliorerait les procédés scolaires des salles d'asile.

Les salles d'asile ne sont pas des institutions de charité, mais de vrais établissements d'instruction publique; elles sont le vestibule de l'École primaire, selon l'heureuse expression d'une circulaire ministérielle. On y reçoit les enfants de deux à sept ans, et il importe que, dès ce premier âge, tout en donnant aux enfants les soins qu'exige leur développement physique et moral, on dirige leur intelligence naissante par de bonnes méthodes.

C'est ce que l'on comprenait déjà il y a quarante ans. Une ordonnance du 23 décembre 1837 avait institué une Commission chargée, entre autres choses, d'assurer l'uniformité des méthodes à employer dans les salles d'asile.

Un arrêté du 28 avril 1848 établit, près l'Académie de Paris, une École normale chargée de former des surveillantes de salles d'asile. Au nombre des leçons théoriques qui y seront faites figurent l'exposé des procédés qui doivent être suivis dans les salles d'asile et l'enseignement des notions scolaires qui leur sont applicables.

Par arrêté du 3 février 1852, l'École normale des salles d'asile a pris le nom de Cours pratique. Il est destiné : 1° à former, pour Paris et les départements, des directrices ou des sous-directrices de salles d'asile; 2° à conserver les principes de la méthode établie; 3° à expérimenter les nouveaux procédés d'éducation et de premier enseignement... (*Décret du 21 mars 1855.*)

Toutes ces mesures, prises à différentes époques et sous divers gouverne-

1. Si la Commission a été unanime pour reconnaître l'utilité de l'institution des déléguées, elle a été unanime aussi pour demander à l'Administration des garanties pour les choix à faire (Rapport sur le budget de l'instruction publique de 1877). (*Note du projet.*) — Le rapport sur le budget de 1878 renouvelle le même vœu.

ments, prouvent l'importance que les hommes compétents ont toujours attachée à ce que la direction intellectuelle des enfants qui fréquentent les salles d'asile ne fût pas confiée à des personnes ignorantes. Le dévouement ne suffit pas pour remplir utilement cette tâche; il y faut joindre la connaissance des méthodes pédagogiques applicables à la culture de la première enfance.

Le cours pratique des salles d'asile institué à Paris depuis trente ans existe encore[1]. Pendant plusieurs années, ce modeste établissement a même jeté un certain éclat. Sous la direction d'une personne douée d'un vrai génie pédagogique, Mme Pape-Carpantier, il attirait des élèves de toutes les parties de la France et même du dehors.

Mais le cours pratique rend peu de services, parce qu'il est unique en France et qu'il prépare exclusivement à la direction des salles d'asile. Je proposerais de l'agrandir et de le transformer, en le remplaçant par une institution d'une portée plus haute et d'une utilité plus générale : c'est-à-dire par une École pédagogique.

L'École pédagogique aurait pour objet de préparer des directrices; mais, comme l'enseignement qui y serait donné comprendrait toutes les notions relatives aux salles d'asile aussi bien qu'aux Écoles primaires, il deviendrait facile d'annexer aux Écoles normales d'institutrices un cours pour les salles d'asile. Par là, on ferait pénétrer partout les bonnes méthodes et on rattacherait par un lien étroit deux enseignements qui ont besoin d'être unis pour produire tous leurs effets. Car la salle d'asile doit être la préparation à l'École primaire, comme celle-ci est le complément de la salle d'asile.

Ainsi se trouverait organisé l'enseignement primaire des filles : à Paris, une École pédagogique qui imprimerait une direction intelligente; dans les départements, un nombre suffisant d'Écoles normales pour fournir, partout où il en faudrait, des institutrices et des directrices de salles d'asile; à côté, des Inspectrices surveillant et contrôlant l'application des méthodes. Il ne faudrait rien moins que tous ces efforts réunis travaillant à la même œuvre, pour chasser peu à peu de l'enseignement cette routine qui paralyse les meilleures intentions chez les personnes qui enseignent, et qui dégoûte les enfants de l'étude avant même qu'ils aient étudié[2].

Les cours de l'École pédagogique seraient d'une année scolaire ou de dix mois. Ce temps serait suffisant, à la condition que l'on n'admettrait à les suivre que des personnes munies des deux brevets pour l'enseignement primaire. Il ne s'agit pas en effet de fonder un établissement où l'on donne une instruction complète, mais où l'on enseigne à des personnes déjà instruites l'art même de l'enseignement, c'est-à-dire la pédagogie.

L'École pourrait recevoir des pensionnaires et des externes. Les cours seraient gratuits, et il serait désirable que le pensionnat le fût aussi, comme l'est celui de l'École normale supérieure, comme devrait l'être celui de toutes les Écoles normales primaires.

Depuis quelques années, une mode, et une mode très respectable, pousse un

1. Le cours pratique ne figure nulle part au budget sous son nom. Il est sans doute compris dans l'article 4 du chapitre 36, sous la rubrique *Subvention pour l'entretien et l'établissement des salles d'asile et ouvroirs de jeunes filles.* — Il est regrettable qu'on ne lui ait pas fait une place à part : on saurait ce qu'il coûte. (*Note du projet.*)

2. Une fois l'enseignement primaire des filles ainsi organisé, il y aurait lieu d'examiner s'il ne conviendrait pas de confier à des institutrices plutôt qu'à des instituteurs la direction des 15 000 Écoles mixtes qui existent actuellement. (*Note du projet.*)

grand nombre de jeunes filles à prendre leurs brevets pour l'enseignement primaire. Beaucoup le font sans se destiner à l'enseignement. Celles qui s'y destinent entrent, un peu au hasard, dans l'enseignement privé ou dans l'enseignement public, ou bien attendent vainement, pour y entrer, une occasion qui ne se présente pas. Il manque d'ailleurs à la plupart, même aux plus instruites, une direction pour devenir vraiment capables d'enseigner. L'École pédagogique les attirerait, leur ouvrirait la voie; elle leur donnerait cette direction, ce complément de savoir et d'expérience qui leur font défaut; elle permettrait enfin d'utiliser, à leur profit et au grand profit du pays, bien des forces intellectuelles éparses et ignorées qui ne produisent aujourd'hui que de médiocres résultats.

« On cherche, dit M. Jules Simon, des carrières pour les femmes. La carrière d'institutrice est celle qui leur convient le mieux; la nature les y a, pour ainsi dire, destinées. Elles sont institutrices parce qu'elles sont mères[1].

Ajoutons que le jour où toutes les mères de famille seraient instruites, ce ne serait pas seulement un grand bienfait pour elles; tous les enfants, dès l'âge le plus tendre, en ressentiraient l'heureuse influence. Car, quand la mère est « un peu instruite », elle précède pour lui (pour l'enfant) l'École, « elle la remplace, elle la complète, elle est mère et maîtresse d'école toute la journée[2] ».

En conséquence, Messieurs, j'ai l'honneur de vous soumettre la proposition de loi suivante :

Proposition de loi.

ARTICLE 1er. — Il est créé à Paris, au lieu et place du cours pratique des salles d'asile, qui est supprimé, une École pédagogique destinée à former un personnel féminin pour la direction et l'enseignement des Écoles normales primaires d'institutrices, ainsi que pour l'inspection des Écoles primaires de filles et des salles d'asile.

ART. 2. — Seront admises à concourir pour cette École les jeunes filles qui se vouent à l'enseignement public et qui sont déjà pourvues des deux brevets pour l'enseignement primaire.

ART. 3. — L'École pédagogique recevra des internes et des externes. L'enseignement y sera gratuit. Les cours seront d'une année scolaire ou dix mois.

ART. 4. — Une Commission nommée par le Ministre de l'Instruction publique réglera tout ce qui est relatif à l'organisation de l'École, aux conditions d'admission et au programme des cours.

Circulaire du Ministre de l'Instruction publique, relative au développement des Écoles normales primaires d'institutrices.

31 janvier 1878.

31 Janvier 1878.

Monsieur le Préfet, l'instruction primaire des femmes, en France, est véritablement en souffrance. La loi du 10 avril 1867, en rendant obligatoires les Écoles de filles dans les communes de 500 habitants et au-dessus, indiquait aux dépar-

1. Jules SIMON, *l'École*, p. 173.
2. *Ibid.*, p. 204.

tements la voie nouvelle dans laquelle ils devaient entrer. Il fallait pourvoir sans retard et avec plus d'activité que jamais au recrutement des institutrices.

Un trop grand nombre d'administrations départementales ont paralysé par leur inertie l'impulsion si intelligemment donnée par le législateur de 1867. Les Écoles spéciales de filles n'ont pu se multiplier dans des proportions convenables.

La loi de 1850 (*art.* 35) indique, il est vrai, pour les instituteurs deux moyens de pourvoir au recrutement des maîtres futurs de l'enfance. Le premier, et c'est celui qui a prévalu dans la plupart des cas, consiste dans la fondation d'une École normale dans chaque département.

Le second moyen consiste dans l'organisation de cours normaux, établissements habituellement libres, que le Conseil départemental désigne pour recevoir les élèves-maîtres, boursiers du département ou de l'État.

Il existe enfin un troisième mode de recrutement, que la loi de 1833 avait signalé : c'est qu'il est permis à plusieurs départements de s'entendre et de se réunir pour la fondation et l'entretien à frais communs d'une École normale primaire régionale.

L'expérience a montré que, de ces trois façons de satisfaire au vœu de la loi, la première était préférable à tous les points de vue.

Les cours normaux, qui sont le plus souvent des Écoles libres, ne sont soumis que dans une mesure très restreinte à la surveillance et au contrôle de l'État. En ce qui concerne les filles, l'enseignement y est donné par des maîtresses ou des professeurs libres choisis exclusivement par le chef de l'établissement. Ces maîtres ne présentent pas toujours les garanties désirables d'expérience et d'aptitude pédagogiques. La gestion économique du cours normal est, d'autre part, soustraite à l'action immédiate du département et de l'État; le mobilier classique, les collections indispensables, sont le plus souvent fort incomplets.

Sans dénier aux cours normaux la part d'influence utile qu'ils ont exercée dans ces dernières années sur la préparation des institutrices, il faut reconnaître que, dans la majorité des cas, leur organisation et leur installation sont insuffisantes.

La création d'Écoles normales inter-départementales ou régionales, comme on les a appelées quelquefois, offrirait sans doute une solution meilleure.

Ces établissements, destinés par leur constitution même à recevoir un grand nombre d'élèves-maîtresses, profiteraient des ressources réunies de plusieurs départements. Leur installation pourrait être vaste et soigneusement appropriée aux besoins des divers services. Le mobilier classique, les collections scientifiques, les bibliothèques, pourraient y recevoir tout le développement nécessaire. Situés à dessein dans le voisinage de grands centres de population, ils posséderaient tous les moyens d'instruction pédagogique : on aurait recours aux professeurs les plus capables, aux maîtres les plus éprouvés; en outre, ces établissements seraient, de la part de l'État, l'objet d'une surveillance active, tant au point de vue de la gestion qu'au point de vue de la méthode d'enseignement et de la direction morale donnée aux élèves-maîtresses.

Malheureusement, à côté de ces avantages évidents, se trouvent les inconvénients les plus sérieux.

La fondation d'Écoles régionales a été tentée pour les instituteurs, et il est arrivé qu'au bout d'un petit nombre d'années le traité conclu entre les départements d'une même région a été rompu d'un commun accord : chaque Conseil général, jaloux de ses prérogatives, a repris ses élèves-maîtres pour les placer dans une École normale à lui et les avoir sous sa surveillance immédiate.

N'y aurait-il pas à craindre, d'ailleurs, que les Écoles régionales ne rendissent plus difficile encore le recrutement des élèves-maîtresses? Les familles n'éprouveraient-elles pas une sorte de répugnance à envoyer leurs filles loin d'elles, dans des villes où des relations de parents ou d'affaires leur feraient défaut? L'expérience n'a-t-elle pas, du reste, éclairé suffisamment ceux qui ont depuis longtemps étudié cette grave question?

La seule création qui paraisse viable et permette d'atteindre notre but, le recrutement des institutrices, c'est celle d'une École normale dans chaque département.

Il n'existe, en ce moment, en France que 17 Écoles normales, — 18 en comptant celle de Miliana en Algérie. — De vastes régions, celles du sud-ouest et du centre en particulier, en sont complètement dépourvues. Il y a là une lacune des plus fâcheuses; il faut la combler promptement.

Au moment où les pouvoirs publics ne reculent pas devant les sacrifices les plus considérables pour généraliser l'instruction des femmes, il est de notre devoir, Monsieur le Préfet, de provoquer l'adhésion des assemblées départementales à la création d'une École normale primaire d'institutrices.

Vous voudrez bien, dès à présent, dans un rapport détaillé, me renseigner :

1° Sur les besoins de votre département au point de vue du recrutement des institutrices;

2° Sur les dispositions probables du Conseil général;

3° Sur le chiffre approché de la dépense qu'entraîneraient la fondation et l'entretien d'une École normale;

4° Sur l'importance des ressources départementales qui pourraient être créées en vue de cette fondation et de cet entretien;

5° Sur les localités de votre département où l'établissement dont il s'agit pourrait être installé dans les conditions les plus favorables.

Je compte, Monsieur le Préfet, sur votre concours le plus dévoué pour le prompt accomplissement de cette œuvre de progrès : elle s'impose aujourd'hui à votre patriotisme; il n'y en a pas de plus digne de votre intelligence et de votre activité.

Le rapport que je vous demande devra m'être adressé avant le 15 février.

Recevez, etc.

Signé : A. BARDOUX.

Rapport sommaire fait au nom de la 1re Commission d'initiative parlementaire[1], chargée d'examiner la proposition de loi de M. Barodet et un certain nombre de ses collègues, sur l'instruction primaire, par M. Émile Deschanel, député[2]. 8 février 1878.

Séance du 8 Février 1878.

Messieurs, la proposition de loi présentée par l'honorable M. Barodet, et signée de cinquante noms, est d'une importance capitale : elle a pour objet

1. Cette Commission était composée de MM. LAUSSEDAT, *président;* SÉE (Camille), *secrétaire;* NADAUD (Martin), BUYAT, MARTIN-FEUILLÉE, OUDOUL, LABITTE (Somme), MAIGNE, LA CAZE, BOUQUET, comte DE ROYS, SARRIEN, DANELLE-BERNARDIN, CANTAGREL, DESCHANEL, MASURE, THIESSÉ, GANNE, RATIER (Morbihan), PERRAS, LIOUVILLE, PARRY.

2. *Journal officiel* du 17 *février* 1878, page 1671.
Voir ci-dessus le projet de M. BARODET, page 726.
Consulter, au Tome V, le rapport de M. P. BERT, 6 *décembre* 1879.

l'instruction primaire et veut que cette instruction soit à la fois obligatoire, gratuite, laïque et civique.

Sur le premier point, vous savez, Messieurs, que, dès 1871, M. Jules Simon, Ministre de l'Instruction publique, exprimait le vœu qu'on rendît obligatoire l'instruction primaire, et regrettait que l'état de nos finances ne nous permît pas alors de la rendre gratuite en même temps.

En 1877, M. Waddington, Ministre de l'Instruction publique, voulait la gratuité et ajournait l'obligation.

Il nous est donc permis de conclure, en réunissant les idées de l'un et de l'autre ministre, que l'obligation et la gratuité sont également praticables, et que la Chambre peut, du même coup, si elle veut, les réaliser toutes deux.

Le bonne volonté du Ministre actuel, l'honorable M. Bardoux, vient au-devant de celle du Parlement, en reprenant pour son compte et en continuant les projets de M. Waddington.

Ainsi donc, les deux premiers points, l'obligation et la gratuité, nous sont, pour ainsi dire, déjà acquis, ou ne soulèveront pas de grandes difficultés dans la Chambre des députés.

Mais n'est-il pas tout aussi essentiel, tout aussi urgent, le projet dit même plus essentiel, plus urgent encore, que dans toutes nos Écoles communales l'instruction soit laïque et civique?

C'est, en effet, le moyen d'empêcher que l'œuvre de 89 ne soit anéantie, et de la développer pacifiquement; c'est le moyen de prévenir les envahissements du cléricalisme et de sauvegarder la liberté de conscience, en laissant les parents seuls maîtres et seuls juges des croyances qu'ils veulent inspirer à leurs enfants, jusqu'à ce que ceux-ci, devenus grands, puissent choisir ou contrôler eux-mêmes leurs principes de conduite.

Telle est l'idée mère de la proposition de loi déposée par l'honorable M. Barodet et quarante-neuf de ses collègues.

Cette proposition considérable présente des développements étendus et entre dans tous les détails de cet important sujet. Mettant à profit les travaux successifs des divers Ministres républicains et des précédentes Assemblées, travaux loyalement rappelés et cités en marge, elle tend à résumer, à unifier et, en quelque sorte, à codifier les lois et les projets relatifs à l'instruction primaire, selon l'esprit de la société moderne et des institutions démocratiques.

Dans sa généralité, que quelques-uns pourront trouver trop vaste, elle n'a cependant rien d'excessif; elle est analogue à ce qui se trouve déjà établi en Suisse, pour le grand bonheur de ce sage pays.

Elle a pour but de consacrer les points suivants :

1° L'instruction primaire gratuite, obligatoire et laïque, avec une large extension des programmes;

2° La création, sur une vaste échelle, de l'enseignement primaire supérieur, destiné à combler l'énorme et regrettable lacune qui existe actuellement entre l'instruction primaire élémentaire et l'instruction secondaire;

3° L'éducation civique, scientifique et professionnelle, impliquant la refonte de nos livres classiques;

4° L'égalité de l'homme et de la femme dans l'instruction et dans l'éducation;

5° La recherche constante des enfants les mieux doués, et la culture complète et gratuite des intelligences, des aptitudes et des facultés exceptionnelles destinées à faire la gloire et la richesse de la nation;

6° L'amélioration matérielle, intellectuelle et morale de la noble profession d'instituteur, rendue indépendante et protégée contre l'hostilité trop certaine du cléricalisme;

7° Le principe électif dans la nomination des Conseils départementaux et des Comités cantonaux;

8° Les droits de la commune et du département en matière d'instruction publique;

9° La liberté d'enseignement pour les individus et pour les associations, mise à l'abri de tout arbitraire comme de tout privilège.

Messieurs, il n'appartient pas à une simple Commission d'initiative d'entrer dans les détails de ce grand projet, ni de l'apprécier à fond ; elle doit se borner à vous en signaler l'importance incontestable et l'esprit général, conforme à nos institutions.

Elle vous propose, Messieurs, à l'unanimité, de la prendre en considération.

Rapport sommaire fait au nom de la 4e Commission d'initiative parlementaire[1] (session 1877), chargée d'examiner la proposition de loi de M. de Parieu et de plusieurs de ses collègues, relative à l'enseignement départemental de l'agriculture, par M. Robert-Dehault, sénateur[2]. 16 février 1878.

Séance du 16 Février 1878.

Messieurs, dès 1874, une Commission instituée près du Ministère de l'Instruction publique, par arrêté du 18 janvier de cette même année, pour l'examen de toutes les questions relatives à l'enseignement agricole et horticole dans les Écoles normales primaires et dans les Écoles primaires rurales, demandait la création de professeurs départementaux spéciaux. Elle y voyait le moyen d'assurer un enseignement fructueux de l'agriculture aux élèves-maîtres et d'accomplir une œuvre éminemment utile et moralisatrice en favorisant la diffusion des connaissances agricoles dans nos campagnes.

C'est la même pensée qui a inspiré les auteurs de la proposition dont votre 4e Commission est saisie.

L'art empirique ne donnant lieu qu'à une sorte d'apprentissage, comme le dit avec raison l'exposé des motifs, l'agriculture est devenue une science positive, dont les principes et les théories sont malheureusement encore ou ignorés ou tenus en défiance dans la petite culture.

1. Cette Commission était composée de MM. SACASE, *président;* FOURNIER (Henri), *secrétaire;* LABOULAYE, DE VOISINS-LAVERNIÈRE, baron DE RAVIGNAN, LACOMME, BRUNET, comte DE MALHERBE, BOFFINTON, vicomte DE RODEZ-BÉNAVENT, vicomte DE PELLEPORT-BURÈTE, ARBEL, ROBERT-DEHAULT, DAUPHIN, BATBIE, baron LE GUAY, baron DE LAREINTY, BÉRALDI.

2. *Journal officiel* du 21 *février* 1878, page 1800.

Voir les documents suivants :

Projet de M. DE PARIEU, 16 *juin* 1877, page 717;

Rapport présenté à la Chambre des députés par M. LABUZE, le 22 *février* 1879 (Tome V); ce rapport fut discuté le 25 du même mois, et le nouveau projet adressé le 27 au Sénat;

Second rapport au Sénat, 19 *mai* 1879 (Tome V).

Ces documents ont abouti à la loi du 15 *juin* 1879.

Cet état de choses s'explique par deux motifs.

Le premier tient à notre système d'instruction. Dans nos communes, l'enfant ne trouve à l'école aucun élément de cette science agricole si indispensable à la vie des champs, qu'il est naturellement destiné à mener. L'école s'efforce de l'initier à toutes les sciences, hormis à celle qui doit lui donner son pain et celui de sa famille. Comment concevoir qu'une fois le manche de la charrue à la main, livré à ce labeur fatigant, il pourra seul se rendre compte de ces mystères de la nature, si décevante parfois pour qui n'en a pas le secret?

Le second motif, qui a trait à la défiance du cultivateur pour toute innovation, tient à la difficulté où il est de réaliser des économies. Tremblant pour son épargne, il laisse à d'autres le soin des expériences et n'accepte les améliorations les plus profitables qu'avec la plus extrême réserve.

Les Comices agricoles, les Sociétés d'agriculture, les Écoles de Grignon, de Grand-Jouan, de Montpellier, l'Institut agronomique, sont des institutions dont les services sont incontestables; mais leur action est restreinte à une classe privilégiée d'agriculteurs. Et cependant, quel intérêt pour la société tout entière n'y aurait-il pas à ce qu'il en fût autrement?

S'il connaissait les plus simples éléments de la science agricole, le laboureur ne chercherait-il pas, en retournant la terre, à en étudier la composition, à se demander comment il pourrait l'améliorer, la rendre plus fertile, et, dans cette étude intéressée, dans cette étude de toute son existence, n'aurait-il pas l'occasion de ces découvertes utiles que seule peut amener une pratique éclairée?

Si, d'autre part, on se rappelle la préoccupation à laquelle a souvent donné lieu l'émigration du campagnard vers la ville, ne serait-ce pas aussi un moyen de l'attacher davantage à la terre qu'il doit cultiver, que de donner au travail des champs, en mettant à la portée de tous l'application raisonnée des principes de la science, l'attrait d'un travail plus intelligent et plus rémunérateur?

Pénétrés de ces sentiments, les honorables auteurs de la proposition de loi veulent faire comprendre dans les matières obligatoires de l'enseignement primaire les notions élémentaires d'agriculture et d'horticulture. Pour atteindre ce résultat, ils demandent que, dans chaque département, une chaire spéciale soit établie. Les professeurs feraient des cours dans les Écoles normales et, sur différents points du territoire, des conférences inspirées, pensons-nous, par le caractère régional de la culture. Les maîtres-élèves répandraient ensuite dans leurs communes les notions qu'ils auraient ainsi reçues à des sources sûres.

Le vœu émis par la Commission instituée en 1874 n'est point d'ailleurs demeuré sans effet.

Quelques départements, l'Aveyron, la Corse, les Côtes-du-Nord, le Doubs, le Finistère, la Haute-Garonne, la Gironde, l'Oise, la Somme, la Seine-Inférieure, avaient déjà alors créé des chaires établies dans des conditions diverses, payées sur les fonds du Ministère de l'Agriculture; le vœu de la Commission provoqua une circulaire du Ministre de l'Instruction publique à tous les Conseils généraux pour les inviter à prendre l'initiative de créations analogues.

Les Pyrénées-Orientales, l'Yonne, le Cher, la Marne, la Haute-Marne, la Mayenne, les Basses-Pyrénées, le Vaucluse, l'Indre-et-Loire, la Côte-d'Or, le Jura, le Loiret, la Seine-et-Marne, la Vienne, la Haute-Vienne, la Vendée, les Landes, ne tardèrent pas à répondre à cet appel et à suivre l'exemple des départements précités.

Aujourd'hui la nécessité de la diffusion de l'enseignement agricole et horticole commence à être universellement reconnue. Dans certaines communes rurales même des instituteurs en ont pris l'initiative, et, là où dans un temps on manifestait quelque répugnance pour cet enseignement, il est accepté maintenant avec empressement: il a suffi pour cela de quelques récompenses intelligemment accordées par les Comices cantonaux.

L'objet de la proposition de loi qui vous est soumise n'est donc point, à proprement parler, une innovation : c'est la régularisation et la généralisation de l'enseignement d'une science positive, que son utilité doit faire classer parmi les plus importantes de celles que comporte notre enseignement primaire.

Notre mission, Messieurs, n'est pas d'entrer dans l'examen critique de la proposition qui vous est faite. Ce sera l'œuvre de la Commission qui sera nommée pour en faire l'étude définitive. Votre Commission d'initiative n'a à se prononcer que sur la prise en considération; à l'unanimité de ses membres, elle n'hésite pas à vous demander de prendre en considération un projet qu'elle regarde comme éminemment utile[1].

Rapport sommaire fait au nom de la 3e Commission d'initiative parlementaire, chargée d'examiner la proposition de loi de M. Chalamet, relative à la création d'une École pédagogique destinée à former un personnel féminin pour l'enseignement et la direction des Écoles normales d'institutrices, ainsi que pour l'inspection des Écoles normales primaires de filles et des salles d'asile, par M. Chalamet, député[2]. 9 mars 1878.

Séance du 9 Mars 1878.

Messieurs, vous avez renvoyé à l'examen de votre 3e Commission d'initiative la proposition de loi[3] relative à la création d'une École pédagogique pour les jeunes filles qui se destinent à l'enseignement.

Cette École aurait pour but :

1° De former, pour les Écoles normales d'institutrices, des directrices et des maîtresses initiées d'avance aux meilleures méthodes d'enseignement.

2° De rendre possible, dans un avenir prochain, la création d'un personnel féminin d'inspectrices, d'une compétence bien constatée, qui surveilleraient à la fois les salles d'asile et les Écoles primaires de filles;

3° D'établir l'unité dans l'enseignement des filles, depuis la salle d'asile jusqu'à l'École normale primaire, en faisant prévaloir, à tous les degrés, les procédés scolaires les plus propres à développer l'intelligence.

Enfin, l'École pédagogique aurait pour avantage d'attirer dans l'enseignement public un certain nombre de jeunes filles qui, aujourd'hui, faute de direction et quoique pourvues de leurs deux brevets pour l'enseignement primaire, ne tirent pas tout le parti possible de leurs connaissances acquises, et n'en font pas profiter le pays.

1. Voir le texte des articles du projet de loi, page 717.
Cette proposition de loi fut adoptée par le Sénat le 9 *mai* 1878 et transmise le même jour au Président de la Chambre. (*Journal officiel* du 15 *mai* 1878, pages 5233 et 5234.)

2. *Journal officiel* du 18 *mars* 1878, pages 3035 et 3036.
Voir ci-dessus, page 767, le projet de M. CHALAMET, 29 *janvier* 1878, et, au Tome V, le second rapport de M. CHALAMET en date du 13 *mars* 1879.

3. 20 *janvier* 1878.

La troisième Commission d'initiative estime que cette proposition de loi, excellente en elle-même, acquiert encore de l'importance des circonstances où elle se produit. Il nous a semblé, en effet, que l'École pédagogique pourrait servir, pour ainsi dire, de base à la proposition de M. Paul Bert, relative à la création des Écoles normales d'institutrices, pour laquelle vous avez déclaré l'urgence.

Toutefois quelques membres de la Commission ont cru devoir faire des réserves sur l'article 4, qui est relatif à l'organisation de l'École : ils expriment le désir qu'on règle législativement une partie des questions que cet article laisse à la décision du ministre.

Sauf cette réserve, la Commission, à l'unanimité, demande à la Chambre de prendre la proposition de loi en considération.

---

29 mars 1878. **Lettre du Ministre de l'Instruction publique au Préfet des Côtes-du-Nord, relative au prélèvement fait sur la rétribution scolaire pour le traitement des instituteurs adjoints et des institutrices adjointes.**

29 Mars 1878.

Monsieur le Préfet, j'ai pris connaissance des informations que vous m'avez transmises, le 20 mars courant, au sujet des prélèvements opérés sur la rétribution scolaire pour la formation du traitement des instituteurs adjoints.

D'après votre rapport, les Conseils municipaux qui ont jusqu'à présent sollicité la création d'emplois d'instituteurs adjoints avaient tous demandé que le traitement de ces auxiliaires fût mis à la charge du département et de l'État; mais le Conseil départemental de l'instruction publique, tout en tenant compte des services des directeurs d'École et de leur situation de famille, a cru devoir décider; dans un certain nombre de cas, qu'une partie de la rétribution scolaire servirait à former ce traitement. Le Conseil départemental a usé ainsi du droit que lui confère l'article 6 de la loi du 10 avril 1867. Cette assemblée, se pénétrant de l'esprit de cette loi et des instructions du 9 août 1870 sur son application, a pensé qu'il n'est pas juste que le département et l'État supportent exclusivement toutes les charges, et que les instituteurs titulaires seuls profitent de la création d'emplois d'adjoints; que les adjoints, par cela même qu'ils contribuent à la prospérité de l'École, doivent avoir une part dans les ressources de l'établissement.

Vous m'avez fait connaître, en outre, qu'en déterminant la part de rétribution scolaire à affecter au traitement des adjoints, le Conseil départemental n'a pas d'ailleurs perdu de vue les dispositions transitoires de l'article 11 de la loi du 10 avril 1867, d'après lequel le traitement de l'instituteur titulaire ne peut se trouver réduit à un chiffre inférieur au chiffre moyen qu'il a atteint pendant les trois dernières années qui ont précédé la promulgation de la loi. Le tableau que vous m'avez transmis indique, en effet, que, dans toutes les communes des Côtes-du-Nord où des emplois d'adjoints ont été créés, le traitement des instituteurs dépasse cette moyenne de sommes qui varient entre 40 et 700 francs.

Le Conseil départemental aurait donc exercé le droit qu'il tient de la loi, dans les conditions mêmes que la loi a déterminées. Toutefois la décision que cette assemblée a prise peut toujours être revisée par elle.

Il n'y aurait pas lieu de provoquer des réclamations contre une mesure prise régulièrement; vous devriez seulement, au cas où il s'en produirait, les soumettre au Conseil départemental, qui apprécierait l'opportunité de maintenir ou de modifier sa première décision.

Recevez, etc.

Signé : A. BARDOUX.

Projet de loi portant ouverture, au Ministre de l'Instruction publique, d'un crédit de 108 000 francs, sur l'exercice 1878, pour compléter à 500 francs le chiffre de la pension de tous les instituteurs retraités avant la loi du 17 août 1876, présenté par M. Bardoux, Ministre de l'Instruction publique, et par M. Léon Say, Ministre des Finances[1]. 30 mars 1878.

Séance du 30 Mars 1878.

Messieurs, vous savez que la loi du 17 août 1876 a classé les instituteurs, institutrices et directrices de salles d'asile communales dans la partie active; elle a établi, en outre, que la pension de retraite serait de 600 francs au moins pour les instituteurs et de 500 pour les institutrices et directrices de salles d'asile, après cinquante-cinq ans d'âge et vingt-cinq ans de services.

Les instituteurs qui avaient été retraités avant le 1er janvier 1874 recevaient d'abord un complément destiné à élever le total calculé de leur pension et de leurs revenus personnels au chiffre de 360 francs. Ce complément fut porté plus tard à 500 francs pour tous ceux qui avaient été admis à la retraite entre le 1er janvier 1874 et le 17 août 1876. Il y avait, entre ces deux catégories, une inégalité qui ne s'expliquait que par des raisons financières. Les Chambres firent cesser cette inégalité en votant le crédit nécessaire pour que ceux dont la pension n'était complétée jusqu'alors qu'à 360 francs, reçussent désormais un secours élevant leurs ressources à 500 francs. Néanmoins il subsistait encore une dernière anomalie : les instituteurs mis à la retraite avant le 1er janvier 1874, dont les ressources totales dépassaient 360 francs sans atteindre 500 francs, se trouvaient dans une situation inférieure à celle de leurs collègues. Le projet de loi a précisément pour but de faire disparaître cette autre inégalité. Désormais il ne sera plus tenu compte des revenus personnels; tous les instituteurs, mis à la retraite avant la loi de 1876, auront leur pension de retraite complétée à 500 francs.

Pour fixer le chiffre du crédit à demander aux Chambres, il était nécessaire que l'Administration ouvrît une enquête dans tous les départements. L'Administration était en voie de s'éclairer et d'éclairer les Chambres sur le nombre des instituteurs dont il faudrait élever la pension, lorsqu'un amendement de M. Paul Bert fut discuté. M. le Ministre intervint alors, fit connaître la situation, et, au moment où le crédit additionnel allait être mis aux voix, il fit renvoyer la question, avec promesse de déposer un projet de loi, dès que le chiffre du crédit à affecter à ce service serait nettement déterminé.

1. *Journal officiel* du 3 *mai* 1878, page 4658.

Voir ci-après : le rapport de M. Ch. BOYSSET à la Chambre des députés, 16 *mai* 1878; — le rapport de M. DAUPHIN au Sénat, 4 *juin* 1878.

Consulter, pour les origines de la question, le projet du 15 *mai* 1873 (ci-dessus, page 457), le texte modifié du 9 *juin* 1873 (page 463), les circulaires des 25 *février* (page 513), 9 *septembre* 1874 (page 535), 12 *janvier* 1875 (*Circ. et Instr. off.*, T. VII, p. 446).

De l'information à laquelle il a été procédé, il résulte qu'une somme de 108 000 francs serait suffisante pour porter à 500 francs le chiffre de la pension de tous les instituteurs retraités avant la loi du 17 août 1876.

Le Ministre de l'Instruction publique est heureux de vous proposer l'ouverture d'un crédit additionnel d'égale somme et de vous voir compléter, par son adoption, l'ensemble des mesures réparatrices que les Chambres ont prises, pour assurer une vieillesse honorable à de modestes fonctionnaires qui ont consacré la plus grande partie de leur existence à l'éducation de l'enfance.

Projet de loi.

ARTICLE 1er. — Il est ouvert au Ministre de l'Instruction publique, des Cultes et des Beaux-Arts, section 1re, chapitre 36, un crédit additionnel de 108 000 francs, sur l'exercice 1878, pour compléter, à 500 francs, le chiffre de la pension des instituteurs retraités avant la loi du 17 août 1876.

ART. 2. — Il sera pourvu à la dépense au moyen des ressources de l'exercice 1878.

1er avril 1878. **Projet de la Commission chargée d'examiner la proposition de loi sur l'établissement des Écoles normales primaires, présentée par M. Paul Bert, député**[1].

Séance du 1er Avril 1878.

ARTICLE 1er. — Tout département devra être pourvu d'une École normale d'instituteurs et d'une École normale d'institutrices, suffisantes pour assurer le recrutement de ses instituteurs communaux et de ses institutrices communales.

Ces établissements devront être installés dans le laps de quatre ans, à partir de la promulgation de la présente loi.

ART. 2. — L'installation première et l'entretien annuel des Écoles normales primaires sont des dépenses obligatoires pour les départements.

ART. 3. — Le prix de location du bâtiment et les frais d'entretien annuel de l'École seront prélevés sur le produit des centimes spéciaux affectés au service de l'enseignement primaire.

ART. 4. — En outre des subventions qui pourront leur être accordées pour la construction et l'installation de leurs Écoles normales, en considération de leur situation pécuniaire et de leurs sacrifices, les départements pourront être admis à participer à l'avance de 60 millions, indiquée au deuxième paragraphe de l'article 1er de la loi instituant la *Caisse pour la construction des Écoles.*

Les plans et devis des constructions ou des aménagements projetés devront être soumis à l'approbation du Ministre de l'Instruction publique.

Lorsque les demandes d'emprunt auront été reconnues admissibles, les em-

1. Voir ci-dessus le projet de M. Paul BERT, 14 *janvier* 1878, page 759; le rapprocher de l'article 5 du projet de recrutement des instituteurs, 18 *mai* 1877, page 715.

Le rapport, présenté sur ce projet par la Commission chargée de l'examiner, fut discuté à la Chambre les 8 *juin* 1878 et 20 *mars* 1879, et la proposition transmise au Sénat le 22 *mars* 1879.

Voir, au Tome V, le rapport de M. RONJAT au Sénat, 17 *juillet* 1879.

Le projet a abouti à la loi du 9 *août* 1879.

prunts ne pourront avoir lieu que s'ils sont autorisés conformément aux lois en vigueur.

ART. 5. — Les avances aux départements seront faites pour trente et un ans au plus. Elles seront remboursées à la *Caisse pour la construction des Écoles* au moyen du versement semestriel d'une somme de 2 fr. 50 cent. par chaque 100 francs empruntés.

Ce versement, continué pendant soixante-deux semestres, libérera le département en intérêt et amortissement.

Des termes de remboursement plus courts pourront être stipulés. Dans ce cas, les versements semestriels devront être calculés de manière à tenir compte à la Caisse, en outre de l'amortissement, d'un intérêt fixé à 3 pour 100 l'an.

ART. 6. — Il sera passé, entre la *Caisse pour la construction des Ecoles* et les départements dûment autorisés à contracter des emprunts, des traités particuliers relatant la quotité et les termes d'exigibilité des avances consenties par la Caisse, ainsi que les conditions de remboursement de ces avances[1].

Arrêté modifiant l'époque d'ouverture du cours pratique des salles d'asile. 3 avril 1878.

3 Avril 1878.

ARTICLE 1er. — Les classes et exercices préparatoires établis au cours pratique des salles d'asile s'ouvriront désormais le 15 octobre pour se terminer le 15 juin suivant.

Cette décision aura son effet à partir du 15 octobre prochain.

ART. 2. — Les examens d'admission commenceront à Paris ou dans les départements le premier lundi d'août.

ART. 3. — Les aspirantes devront adresser au Ministre de l'Instruction publique, avant le 15 juillet, leur demande d'admission au cours, soit comme boursières internes, soit comme boursières externes; elles y joindront les diverses pièces prescrites par l'article 2 de l'arrêté du 30 juillet 1875.

Arrêtés portant fixation des traitements des fonctionnaires de l'inspection primaire et des Écoles normales primaires. 11 avril 1878.

11 Avril 1878.

Les traitements des Inspecteurs primaires, directeurs et directrices d'Écoles normales primaires, maîtres adjoints et maîtresses ad-

1. Voir au *Journal officiel* (Annexe au procès-verbal de la séance du 1er *avril* 1878) le Rapport de M. Paul BERT. — Voir aux *Documents annexes* les huit tableaux qui accompagnaient la proposition de loi.

jointes des Écoles normales primaires sont fixés ainsi qu'il suit à partir du 1er janvier 1878 :

Inspecteurs primaires	de 1re	classe,	3 600	francs.
— —	2[e]	—	3 200	—
— —	3[e]	—	2 800	—
Directeurs d'Écoles normales	de 1re	—	4 500	—
—	2[e]	—	4 000	—
—	3[e]	—	3 600	—
Maîtres adjoints	de 1re	—	2 200	—
—	2[e]	—	1 900	—
—	3[e]	—	1 600	—
Directrices d'Écoles normales	de 1re	—	3 500	—
—	2[e]	—	3 000	—
—	3[e]	—	2 500	—
Maîtresses adjointes	de 1re	—	2 000	—
— —	2[e]	—	1 600	—
— —	3[e]	—	1 200	—

---

2 mai 1878. **Projet de loi présenté au nom de la Commission des finances du Sénat[1], chargée d'examiner le projet de loi, adopté par la Chambre des députés, sur la construction des maisons d'école, par M. Dauphin, sénateur.**

Séance du 2 Mai 1878.

ARTICLE 1er. — *(Comme l'art. 1er du projet de M. Bardoux, 17 décembre 1877, page 754, en remplaçant à la deuxième ligne « 1878 » par « 1877 ».)*

ART. 2. — *(Comme l'art. 2 du projet de M. Bardoux.)*

ART. 3. — *(Comme l'art. 3 du projet de M. Bardoux, en remplaçant les mots:* « .....seront seules *admises à recourir* à la subvention..... » *par ceux-ci :* « .....seront seules *admises* à la subvention..... ».)

ART. 4. — *(Le 1er § comme au projet. — Supprimer les §§ 2 et 3.)*

ART. 5. — *(Comme au projet.)*

ART. 6. — *(Comme au projet, en supprimant le 3e § :* « Avant de statuer.... ».)

ART. 7 à 14. — *(Comme au projet.)*

ART. 15. — *(Comme au projet, en supprimant, à la dernière ligne du 2e §, le mot :* « .....dûment..... ».)

1. Voir au *Journal officiel* du 13 *mai* 1878, pages 5122 et 5123, le rapport de M. DAUPHIN au Sénat.

Voir ci-dessus : le projet de M. WADDINGTON, 1er *mars* 1877, page 661 ; — le projet de M. C. SÉE, 23 *mars* 1877, page 680 ; — le second exposé des motifs de M. C. SÉE, 22 *novembre* 1877, page 723 ; — le rapport de M. MARTIN-FEUILLÉE, 10 *décembre* 1877, page 750 ; — le projet de M. BARDOUX, 17 *décembre* 1877, page 754 ; — le rapport de M. FLOQUET à la Chambre, 19 *janvier* 1878, page 761.

Ces travaux ont abouti à la loi ci-après du 1er *juin* 1878.

Projet de loi tendant à encourager la formation d'Écoles manuelles d'apprentissage au moyen d'allocations prises sur le budget du Conseil municipal et par un crédit de l'État, présenté au nom de la Commission chargée d'examiner la proposition de loi de M. Martin Nadaud, député[1]. 6 mai 1878.

Séance du 6 Mai 1878.

ARTICLE 1er. — Des Écoles manuelles d'apprentissage pourront être annexées aux Écoles primaires, dans les communes où le Conseil municipal le jugera nécessaire.

ART. 2. — Le Conseil municipal seul choisira et révoquera les ouvriers instructeurs.

ART. 3. — En cas d'insuffisance des ressources communales, le surplus des dépenses occasionnées par la création et le fonctionnement de l'atelier sera supporté par l'État.

ART. 4. — A cet effet, un crédit spécial de 1 million est inscrit au budget du Ministre de l'Instruction publique.

Rapport sommaire fait au nom de la 3e Commission d'initiative parlementaire[2], chargée d'examiner la proposition de loi de M. Laroche-Joubert, ayant pour objet de procurer gratuitement et sans déplacement l'enseignement élémentaire aux enfants les plus nombreux, par M. Patissier, député[3]. 10 mai 1878.

Séance du 10 Mai 1878.

Messieurs, notre honorable collègue M. Laroche-Joubert a soumis à la Chambre une proposition de loi qui a pour objet de procurer gratuitement et sans déplacement l'enseignement élémentaire aux enfants les plus nombreux.

Dans l'exposé des motifs qui précède les dix articles dont se compose la proposition de loi dont le titre même vient d'être rappelé, notre honorable collègue indique le but qu'il voudrait atteindre. Il désirerait voir l'instruction se généraliser, se répandre dans les villages, les hameaux et jusque dans la plus humble chaumière; partisan de l'instruction gratuite et obligatoire, il voudrait mettre

1. Voir au *Journal officiel* du 12 *mai* 1878, pages 5075 à 5080, le rapport de M. Martin NADAUD.
Voir ci-dessus le projet initial du 6 *mars* 1877, page 671.

2. Cette Commission était composée de MM. LAUSSEDAT, *président;* LACASCADE, *secrétaire;* MALÉZIEUX, MOLLIEN, GREPPO, PATISSIER, DURAND (Ille-et-Vilaine), LOGEROTTE, DEVELLE, CASSE (Germain), MESTREAU, BERNIER, GUILLEMIN, TALANDIER, PERRAS, COLIN, LESGUILLON, CHALAMET, DEVAUX, NADAUD (Martin), DE LA ROCHETTE, le baron DE BOURGOING.

3. *Journal officiel* du 20 *mai* 1878, pages 5488 et 5489.
Voir ci-dessus le projet de M. LAROCHE-JOUBERT, 29 *juillet* 1876, page 629; ce projet fut présenté de nouveau dans les mêmes termes le 18 *janvier* 1878 (*Journal officiel* du 31 *janvier* 1878, pages 891 et 892); — le rapport de M. DEVÈS, 5 *mai* 1877, page 709.

les Écoles à proximité de tous, créer un nombre d'instituteurs et d'institutrices en rapport avec les besoins qui résulteraient de l'obligation, enfin créer des moyens d'existence pour les enfants que leurs parents, faute de ressources suffisantes, sont obligés de faire travailler.

Néanmoins, l'honorable M. Laroche-Joubert ne se dissimule pas les difficultés et les obstacles à surmonter pour atteindre ce but; en attendant ces temps heureux et peu éloignés (car le temps est proche, a dit M. le Ministre de l'Instruction publique dans son discours à la Sorbonne du 27 avril, où chaque hameau aura son École), notre collègue, pour remédier à l'insuffisance actuelle de l'enseignement élémentaire et en activer la propagation, propose, sous forme de loi, tout un système de récompenses, de diplômes et de médailles.

Assurément, Messieurs, les motifs qui ont dicté cette proposition sont des plus louables, et nous nous empressons de rendre hommage aux sentiments qui l'ont inspirée. Votre Commission aurait vivement désiré la soumettre à la discussion publique par la prise en considération, tant elle est heureuse de s'associer aux mesures qui contribuent au développement de l'instruction primaire.

Mais un examen attentif lui a démontré que non seulement cette proposition était inutile, que non seulement elle serait inefficace, mais qu'elle aurait même des inconvénients sérieux.

L'article 1er énonce que toute personne, soit du sexe masculin, soit du sexe féminin, jouissant de ses droits civils, est autorisée à enseigner ce qu'elle a appris à ceux qui, autour d'elle, ne savent rien, toutes les fois que ces derniers se trouvent habiter à plus d'un kilomètre d'une École publique.

L'article 2 dispose qu'aucune rétribution n'est due de la part des parents à ces enseignements volontaires.

Ces deux articles, qui semblent créer un droit, n'innovent rien en réalité. Aujourd'hui, celui qui veut se livrer à l'enseignement non public peut le faire incontestablement, et aucune rétribution ne lui est due, si les parents n'en ont pris l'engagement. Ces textes sont donc inutiles et auraient même l'inconvénient de laisser planer un doute sur la liberté d'enseigner, garantie par toutes nos lois.

Si, dans ces deux premiers articles de son projet, M. Laroche-Joubert a eu en vue un enseignement public, ce qu'il ne dit pas, les lois de 1850 et la loi de 1867 lui donnent entière satisfaction; car nous ne pouvons admettre que notre honorable collègue ait pu songer un seul instant à autoriser un enseignement public sans surveillance, sans contrôle, sans aucune garantie préalable.

Outre les dangers qu'aurait un enseignement donné dans de semblables conditions, il apparaît à tous qu'il irait contre les intentions si louables de l'honorable auteur de la proposition : ces enseignements multiples, répandus dans la commune, fonctionnant à côté de l'enseignement communal et mutuel, favorisant quelquefois et la faiblesse des parents et la paresse des enfants, leur permettant de ne pas se rendre à l'École publique, donnant des maîtres zélés sans doute, mais inexpérimentés, supprimant l'émulation des cours publics et nombreux, auraient les plus graves inconvénients, et ce n'est pas au moment où cette Chambre est résolument décidée à fortifier l'instruction primaire, qu'elle se laisserait aller à favoriser un enseignement et des mesures qui auraient pour résultat de l'énerver et de l'affaiblir.

Les articles 3, 4, 5, 6, 7 et 8 créent des diplômes de félicitations, instituent des médailles de bronze et d'argent, et organisent tout un système de récompenses au profit de ceux qui auront appris aux enfants à lire et à calculer.

Toutes ces dispositions nous paraissent inutiles et ont, en outre, cet inconvénient de faire un appel immodéré à la vanité humaine, en peuplant nos campagnes de nouveaux médaillés.

M. le Ministre de l'Instruction publique a à sa disposition des distinctions honorifiques, qu'il peut, avec certaines garanties, décerner à tous ceux qui se dévouent à cette grande œuvre de l'enseignement populaire : aux médailles obligatoires de bronze et d'argent, aux diplômes de félicitations, nous préférons assurément les témoignages publics que, sur les rapports des fonctionnaires dévoués et éclairés de l'instruction publique primaire, le Gouvernement sait accorder aux membres du corps enseignant et à tous ceux qui le secondent dans sa tâche.

La proposition de l'honorable M. Laroche-Joubert a été inspirée par les sentiments les plus louables et les plus dignes d'éloge.

Néanmoins, votre 3e Commission d'initiative n'a pu se décider à la prendre en considération ; elle n'est pas seulement inoffensive, pour rappeler l'expression de l'honorable M. Devès, rapporteur, en 1876, de la Commission d'initiative qui avait conclu à la prise en considération, mais elle est inutile et présente les graves inconvénients que nous avons signalés, et votre Commission vous prie de ne pas la prendre en considération.

Circulaire du Ministre de l'Instruction publique, relative à la création d'Écoles primaires supérieures. 16 mai 1878.

16 Mai 1878.

Monsieur le Préfet, je crois devoir vous faire remarquer qu'une somme de 110 000 francs a été inscrite au budget de l'exercice 1878, chapitre XXXIV, pour favoriser la création d'Écoles primaires supérieures.

Le crédit dont il s'agit, qui a été porté à 360 000 francs au budget de 1879, pourrait être employé, notamment, à payer un certain nombre de chaires dans lesdites Écoles, à y entretenir des bourses d'externes et, enfin, à venir en aide aux communes, au moment de la fondation du nouvel enseignement, dans les localités où il existerait des éléments convenables.

D'un autre côté, je serais disposé à répartir, entre quelques-unes de ces Écoles, des livres, des modèles de dessin ou des collections provenant des souscriptions faites avec les fonds spéciaux attribués à mon département.

Je vous prie, en conséquence, de me tenir très exactement au courant des projets de création d'Écoles primaires supérieures dont vous seriez saisi, et de me faire connaître, le cas échéant, quelles seraient les communes qu'il vous paraîtrait le plus utile d'encourager.

Vous voudrez bien ne pas perdre de vue que le crédit mis à ma disposition est encore peu considérable, et que, par suite, vos propositions ne devront comprendre que les établissements auxquels le concours de l'État serait absolument indispensable.

Je désire que vous m'accusiez réception de la présente circulaire.

Recevez, etc.

Signé : A. BARDOUX.

16 mai 1878. **Projet de loi relatif à la création d'un Musée pédagogique et d'un bureau central de statistique scolaire, présenté à la Chambre des députés par M. Bardoux, Ministre de l'Instruction publique, des Cultes et des Beaux-Arts.**

Séance du 16 Mai 1878.

Messieurs, la plupart des nations de l'Europe ont créé leur Musée pédagogique, les unes avec un grand luxe, les autres sur un plan plus modeste et non moins pratique. Partout, ces collections, où chaque peuple profite de l'expérience et de l'initiative de tous les autres, ont rendu de réels services.

Chez nous, une raison de plus doit déterminer une création de ce genre : le crédit de 120 millions généreusement offert par la Chambre pour la construction de bâtiments scolaires, donne lieu en ce moment à un mouvement d'études que nous ne saurions trop encourager; de toutes parts, on s'enquiert des meilleures conditions hygiéniques, pédagogiques, économiques, à adopter pour ce grand nombre de constructions nouvelles ; on demande à l'Administration, aux architectes, aux sociétés d'instruction, aux publications étrangères même, les plans d'École, les types de matériel, les appareils d'enseignement les mieux entendus, tous les moyens enfin d'employer le plus fructueusement possible les sommes considérables que le pays consacre à ses Écoles.

L'Administration de l'instruction publique n'a pas sans doute à édicter des modèles officiels de constructions et ameublements scolaires; mais elle ne peut se dissimuler quelle influence heureuse elle pourrait exercer en offrant à ce public avide de renseignements précis une exposition permanente, méthodiquement classée, de tout ce qui intéresse l'installation matérielle des Écoles. Un tel musée serait à notre instruction primaire ce qu'est à l'enseignement technique le Conservatoire des Arts et Métiers.

Mais ce n'est pas le seul service que l'institution nouvelle doit être appelée à rendre. Ce Musée, riche de spécimens se rapportant au matériel scolaire, pourvu de tous les documents français et étrangers concernant l'instruction primaire, serait le siège naturellement désigné d'un bureau permanent de la statistique scolaire. Il centraliserait, sans effort, les différents ordres de renseignements qui ont trait à la situation des Écoles, à leur développement numérique, à leur valeur pédagogique, à leurs résultats intellectuels et moraux, à l'histoire complète enfin de notre instruction primaire dans le passé et dans le présent.

Il y a longtemps qu'on a reconnu chez nous la nécessité d'une statistique scolaire exactement et périodiquement établie. C'est avec les chiffres qu'elle fournit qu'il devient possible d'apprécier au juste l'influence des réformes de divers genres antérieurement introduites dans l'enseignement. C'est elle qui donne la mesure des progrès accomplis au point de vue de la fréquentation des Écoles et de l'élévation du niveau des études primaires.

Une ordonnance royale du 5 octobre 1831 avait décidé « qu'il serait publié tous les trois ans une statistique sur l'instruction primaire, qui en constaterait la situation et permettrait d'en mesurer les progrès ».

Cette sage prescription a été exécutée, sauf quelques interruptions de dates, jusqu'en 1850. La réaction politique qui suivit supprima cette statistique triennale, qui ne fut reprise qu'en 1864 et 1867. Depuis lors, les événements n'ont pas permis de reprendre avec succès une publication du même genre; la statistique de 1877, qui paraîtra dans quelques semaines, sera le point de départ d'une nouvelle série de tableaux scientifiques interrompus.

Établie jusqu'à présent à de longs intervalles, changeant de cadres, s'adressant à un personnel en grande partie nouveau, et que rien n'y avait préparé, la statistique de l'instruction primaire exigeait de la part de tous les fonctionnaires un travail exceptionnel et pénible; elle entraînait à des dépenses considérables et n'offrait pas toutes les garanties d'exactitude qui seraient nécessaires. Notre pays, qui, pour certains services administratifs, a donné, au jugement même des étrangers, des modèles de statistique officielle, peut et doit aussi, en cette délicate matière, arriver à toute la vérité, à toute la clarté désirables; mais il faut, pour cette statistique spéciale, ce qui a fait le succès de celles de la guerre, de la justice, du commerce : une direction uniforme et constante, des cadres fixes remplis annuellement, un esprit de suite enfin qui permette de la tenir sans cesse à jour, au lieu d'avoir à l'improviser de toutes pièces tous les dix ou quinze ans.

Pour l'organiser ainsi, il nous semble indispensable d'affecter à ce service un bureau permanent, qui trouvera les premiers instruments de travail dans la bibliothèque spéciale de l'instruction primaire comprise dans le Musée projeté.

C'est là, en effet, que seront peu à peu réunies et que pourront être dépouillées les collections, jusqu'ici dispersées et incomplètes, de ces documents imprimés ou inédits, qui forment les archives véritables de l'instruction primaire en France avant et depuis 1789; c'est là que seront recueillies aussi et analysées les grandes collections de statistique scolaire étrangère, dont nous aurons de plus en plus à tenir compte; c'est là enfin qu'on pourra le mieux entreprendre de réaliser un projet qui a plusieurs fois attiré l'attention des hommes compétents et des sociétés savantes, celui d'établir une statistique comparée de l'instruction populaire dans les différents pays.

Tel serait notre Musée national de l'instruction primaire, dans ses attributions diverses et connexes.

Dans mon rapport sur le budget de 1878, j'exprimais le regret que la France ne possédât rien d'analogue au *Bureau national d'Education* de Washington. Vous le voyez, Messieurs, c'est le bureau même que je voudrais aujourd'hui constituer et pour lequel je sollicite un vote favorable des Chambres françaises. Comme celui de Washington, le bureau qui vous est proposé serait surtout un centre de renseignements pédagogiques et statistiques. Il n'aurait d'action à exercer que par les informations qu'il recueillerait et qu'il répandrait, par les conférences spéciales dont il serait le siège, et qui pourraient devenir pour une élite d'instituteurs laborieux un complément d'éducation professionnelle, enfin par les facilités d'étude et d'examen que procureraient à tous les amis de l'instruction populaire ses propres publications statistiques et aussi celles qu'il inspirerait.

Ce n'est point sans motif que cette fondation vous est proposée au lendemain même de l'ouverture de l'Exposition universelle. Partout où des établissements analogues ont pris naissance, c'est aux expositions internationales qu'ils ont dû leur origine et aussi leur succès, depuis celle de Londres en 1851 jusqu'à celle de Philadelphie en 1876. En effet, une Exposition universelle offre pour une telle institution des ressources qui ne se présentent plus ainsi réunies qu'après une longue suite d'années.

Le grand nombre des objets scolaires provenant de divers pays qu'on y rencontre, l'abondance des documents statistiques et administratifs que les nations étrangères tiennent à honneur d'y grouper, les facilités d'examen et de choix qui résultent de ce groupement, les relations qui s'établissent, soit entre les administrations, soit entre les personnes les plus compétentes des divers pays, les traditions même de courtoisie internationale auxquelles la France, pour sa part, n'a jamais manqué, et qui rendent tout naturel l'échange ou l'abandon à titre gracieux d'une partie des produits exposés, ce sont là autant de circonstances exceptionnellement favorables dont il serait bien fâcheux que la France ne pût profiter.

Le projet de loi que j'ai l'honneur de soumettre à vos délibérations a un caractère d'urgence que vous ne manquerez pas d'apprécier. Il importe au premier chef que le Musée national d'enseignement primaire puisse bénéficier, au moment de sa création, des avantages que lui offrira l'Exposition universelle de 1878.

Projet de loi.

ARTICLE 1er. — Il est créé, au Ministère de l'Instruction publique, un *Musée national de l'Enseignement primaire*, comprenant un bureau permanent de statistique scolaire, une bibliothèque pédagogique française et étrangère, et une exposition permanente et publique de tout ce qui se rapporte au matériel de classe.

ART. 2. — Il sera ultérieurement pourvu aux dépenses que nécessitera la fondation de ce *Musée national*.

L'organisation du service sera réglée par un décret du Président de la République, rendu sur l'avis du Comité consultatif de l'enseignement primaire.

---

16 mai 1878. **Rapport fait au nom de la Commission du budget[1] chargée d'examiner le projet de loi portant ouverture au Ministre de l'Instruction publique, des Cultes et des Beaux-Arts, d'un crédit de 108 000 francs sur l'exercice 1878, pour compléter à 500 francs le chiffre de la pension de tous les instituteurs retraités avant la loi du 17 août 1876, par M. Charles Boysset, député[2].**

Séance du 16 Mai 1878.

Messieurs, aux termes de la loi du 9 juin 1853, les fonctionnaires de l'ordre civil sont divisés, au point de vue des pensions de retraite, en deux catégories.

Les uns, dits fonctionnaires de l'ordre sédentaire, n'ont droit à la retraite qu'après soixante ans d'âge et trente années de service.

Les autres, considérés comme appartenant à l'ordre actif, ont droit à la retraite après vingt-cinq ans seulement de service et à cinquante-cinq ans d'âge.

1. Cette Commission était composée de MM. GAMBETTA, *président;* GUICHARD, *vice-président;* MILLAUD (Édouard), DEVÈS, WADDINGTON (Richard), LIOUVILLE, *secrétaires;* PROUST (Antonin), CARNOT (SADI-), NADAUD (Martin), ALLAIN-TARGÉ, MARTIN-FEUILLÉE, TALLON (Alfred), LANGLOIS, WILSON, GERMAIN (Henri), FLOQUET, PARENT, GUYOT (Rhône), TIRARD, JACQUES, DRÉO, VARAMBON, MERLIN, BLANDIN, BOYSSET, FERRY (Jules), LAMY, BETHMONT, SPULLER, TURQUET, MENIER, SENARD, ROUVIER.

2. *Journal officiel* du 26 *mai* 1878, pages 5794 et 5795.

Voir ci-dessus le projet du Gouvernement, 30 *mars* 1878, page 779, et ci-après le rapport de M. DAUPHIN au Sénat, 4 *juin* 1878.

La loi du 17 août 1876 a classé dans la partie active les instituteurs, institutrices et directrices de salles d'asile communales, qui jusqu'alors avaient été considérés comme sédentaires, et elle a fixé à 600 francs au moins pour les instituteurs et à 500 francs au moins pour les institutrices et directrices de salles d'asile, le montant des retraites après cinquante-cinq ans d'âge et vingt-cinq ans de service.

Tout a été ainsi réglé pour l'avenir.

Mais quant aux instituteurs dont la pension a été liquidée antérieurement à la loi du 17 août 1876, leur situation appelle notre plus sympathique intérêt.

A leur égard, une distinction a été jusqu'à présent admise.

Les instituteurs retraités avant le 1er janvier 1874 ne reçoivent qu'un faible complément destiné à porter à 360 francs leur revenu annuel, dans lequel sont comprises les ressources personnelles dont ils peuvent disposer.

Ceux dont la retraite a été liquidée après le 1er janvier 1874, mais antérieurement à la loi du 17 août 1876, reçoivent un minimum fixe de 500 francs, dans lequel les revenus personnels qu'ils peuvent avoir ne sont point compris.

Une telle distinction est susceptible des plus justes critiques.

Outre que le chiffre de 360 francs est d'une insuffisance manifeste, l'inégalité ainsi établie entre d'anciens instituteurs dont les services sont également recommandables, ne peut être logiquement justifiée. Et l'appréciation des ressources personnelles, dont quelques-uns d'entre eux peuvent disposer, est une source d'abus, d'injustices et de déterminations arbitraires.

Le maintien provisoire d'une telle situation n'a pu s'expliquer que par des mesures d'ordre budgétaire.

Toutefois, ces motifs eux-mêmes n'ont jamais paru suffisamment établis. Dès la discussion du budget de 1877, M. Waddington, alors Ministre de l'Instruction publique, fut invité à admettre, pour tous les instituteurs retraités avant la loi du 17 août 1876, un minimum fixe et unique de 500 francs de pension annuelle; et M. le Ministre s'empressa de déclarer qu'il ouvrirait une enquête à l'effet de préciser l'importance des charges budgétaires qui résulteraient de l'augmentation demandée.

L'enquête fut, en effet, commencée immédiatement par M. Waddington; mais elle fut arrêtée par les événements du 16 mai, et, lors de la discussion du budget de 1878, le nouveau Ministre de l'Instruction publique annonça qu'il allait activement la reprendre, ajoutant que, si cette enquête n'établissait point une trop lourde aggravation budgétaire, il serait en mesure de demander, pour l'exercice de 1878 même, et par voie de crédits additionnels, la somme nécessaire à l'augmentation ferme et uniforme dont il s'agit.

M. le Ministre de l'Instruction publique nous fait connaître aujourd'hui le résultat de ses recherches. Il estime que la somme de 108 000 francs est suffisante, et il demande à la Chambre l'ouverture d'un crédit supplémentaire de pareille somme.

Votre Commission se croit assurée d'être l'organe de la Chambre tout entière en remerciant M. le Ministre d'une proposition qui fait disparaître une situation fâcheuse à tous égards, et qui augmente les modestes ressources de fonctionnaires honorables dont l'existence s'est usée dans l'utile service des Écoles communales.

Elle n'hésite point à vous en proposer l'adoption.

Projet de loi.

ARTICLE 1er. — Il est ouvert au Ministre de l'Instruction publique, des Cultes et des Beaux-Arts, section 1re, chapitre 36, un crédit additionnel de 108 000 fr. sur l'exercice 1878, pour compléter à 500 francs le chiffre de la pension des instituteurs retraités avant la loi du 17 août 1876.

ART. 2. — Il sera pourvu à la dépense au moyen des ressources de l'exercice 1878.

---

17 mai 1878. **Rapport sommaire fait au nom de la 5e Commission d'initiative parlementaire[1], chargée d'examiner la proposition de loi de M. Talandier et plusieurs de ses collègues, ayant pour objet d'assurer la liberté de conscience dans les Écoles et les examens, par M. Alfred Talandier, député[2].**

Séance du 17 Mai 1878.

Messieurs, votre 3e Commission d'initiative, saisie de la proposition que j'ai eu l'honneur de vous présenter au nom de plusieurs de mes collègues et au mien, touchant les garanties à donner à la liberté de conscience dans les Écoles et dans les examens, a bien voulu me charger du rapport à faire sur cette proposition.

Sans vouloir en dire sur le fond même du sujet plus long qu'il ne convient dans un rapport sur une simple prise en considération, il n'est peut-être pas inutile de constater ici que notre proposition tend tout simplement à faire, pour la France, quelque chose d'analogue à ce qui a été fait en 1870 pour l'Angleterre par les « Education Acts », qui ont consacré pour les parents le droit de soustraire leurs enfants à l'enseignement religieux et aux observances religieuses, et ont limité les examens aux sujets séculiers ou laïques (*secular subjects*).

La plupart d'entre vous, Messieurs, savez déjà comment ce sujet difficile de la séparation de l'enseignement religieux et de l'enseignement civil a été réglé chez nos voisins. Il a suffi d'insérer dans la loi un article ordonnant que l'enseignement religieux sera donné à la première ou à la dernière heure de la journée scolaire, pour que les parents puissent très facilement, et sans déranger qui que ce soit, soumettre leurs enfants au régime de leur choix. Une analyse de la circulaire adressée, au mois de janvier dernier, par le Comité du Conseil d'éducation aux Inspecteurs des Écoles publiques d'Angleterre ne sera peut-être pas sans intérêt pour la Chambre.

Cette circulaire prescrit aux directeurs et professeurs des Écoles la plus stricte adhérence à la lettre des articles et à l'esprit de la 7e section de l'acte de 1870, relatifs à la *Time Table conscience clause*[3], et enjoint aux Inspecteurs

1. Cette Commission était composée de MM. LAUSSEDAT, *président;* LACASCADE, *secrétaire;* MALÉZIEUX, MOLLIEN, GREPPO, PATISSIER, DURAND (Ille-et-Vilaine), LOGEROTTE, DEVELLE, CASSE (Germain), MESTREAU, BERNIER, GUILLEMIN, TALANDIER, PERRAS, COLIN, LESGUILLON, CHALAMET, DEVAUX, NADAUD (Martin), DE LA ROCHETTE, baron DE BOURGOING.

2. *Journal officiel* du 28 *mai* 1878, page 5896.

Voir ci-dessus le projet de M. TALANDIER, 1er *mars* 1877, page 664.

3. « Clause qui assure les droits de la conscience par le tableau du temps », c'est-à-dire des heures consacrées aux divers exercices.

de leur rappeler que toute subvention serait supprimée aux Écoles où ces prescriptions seraient oubliées ou négligées. Les Inspecteurs ne doivent pas oublier qu'un enfant, soustrait par ses parents, en partie ou en totalité, à l'enseignement religieux et aux observances religieuses, ne doit jamais être l'objet d'un traitement différent de celui des autres enfants.

D'un autre côté, les Inspecteurs doivent se souvenir qu'en ce qui concerne les arrangements du tableau des heures (*Time Table*), ils doivent laisser aux directeurs des Écoles la liberté de pourvoir aux demandes d'enseignement religieux, au commencement et à la fin de la journée scolaire. Les Inspecteurs doivent s'abstenir de ce qui pourrait faire croire aux maîtres et aux maîtresses d'école et aux professeurs des deux sexes, que les prescriptions édictées pour protéger les droits de la conscience et limiter le programme des examens aux sujets laïques (*secular subjects*), impliquent que l'État est indifférent au caractère moral des Écoles ou hostile à l'enseignement religieux[1].

En Hollande, où l'instruction vient d'être réorganisée, les mêmes principes ont été confirmés. Le caractère non confessionnel de l'enseignement public est conservé; l'enseignement religieux est, comme par le passé, facultatif, et laissé aux corps ecclésiastiques; le programme qui règle les heures d'étude doit mettre à part les heures spéciales pour l'enseignement religieux.

Ainsi, vous le voyez, Messieurs, les nations les plus éclairées nous donnent l'exemple; la France voudra-t-elle montrer moins de respect que ses voisines pour les droits de la conscience? Nous ne pouvons le croire; et c'est pourquoi, sans entrer ici dans le détail des faits auxquels il s'agit de porter remède, sans montrer combien trop souvent la complicité active ou passive de certains agents de l'autorité civile ou militaire permet d'étendre ou d'aggraver les dispositions de la loi qui rend l'enseignement religieux obligatoire, et laissant le soin de vous présenter ce travail à la Commission qui devra étudier sous tous ses aspects une question dont nul ne peut contester la gravité, nous avons l'honneur de vous proposer de prendre en considération la proposition qui vous est soumise.

Arrêté relatif à l'organisation de l'enseignement du dessin.

21 mai 1878.

21 Mai 1878.

Le Ministre de l'Instruction publique, des Cultes et des Beaux-Arts,

Vu l'article 23 de la loi du 15 mars 1850;

Vu le décret du 24 mars 1851;

Vu l'article 9 de la loi du 21 juin 1865;

Vu le décret du 2 juillet 1866;

Vu les arrêtés des 26 janvier 1853, 29 décembre 1853 et 12 août 1865;

Vu l'avis du Conseil supérieur de l'instruction publique en date du 2 août 1877;

1. Voir cette circulaire dans le *Times* du 21 *janvier* 1878.

Vu l'avis du Conseil supérieur des beaux-arts en date du 7 décembre 1877,

Arrête :

TITRE Ier.

Enseignement du dessin dans les établissements publics d'enseignement primaire.

ARTICLE 1er. — Le programme de l'enseignement du dessin dans les Écoles normales primaires et dans les Écoles primaires supérieures est divisé en trois parties, savoir :

1° Dessin linéaire;

2° Dessin d'ornement;

3° Dessin d'imitation.

Les élèves, selon le degré de leur force, seront appliqués à tel ou tel genre d'étude.

ART. 2. — Le *dessin linéaire* comprend :

Le tracé des lignes droites, perpendiculaires, horizontales et parallèles;

Leur division en parties égales ou proportionnelles à des lignes ou à des nombres donnés;

Le tracé des figures géométriques formées par des carrés, des rectangles, des triangles, des parallélogrammes et des trapèzes;

Le tracé des lignes courbes, cercles, courbes à plusieurs centres et volutes;

Le tracé des polygones inscrits dans un cercle;

La formation des solides, tels que le cube, la pyramide, etc.;

L'usage des échelles;

Les relevés géométraux;

Les règles élémentaires de la perspective.

ART. 3. — Le *dessin d'ornement* comprend :

Les rudiments de l'ornement tels que :

Les filets parallèles différents de mesure et d'écartement;

Les rinceaux linéaires;

Les dentelures de mesure égale formées par des lignes droites et contournées;

Les rosaces et leurs variétés, et autres ornements empruntés à l'architecture, tels que denticules, rinceaux de feuillage, etc.

L'étude des contours et des profils d'objets, tels que moulures, balustres et vases;

Enfin l'étude de l'ornement proprement dit.

ART. 4. — L'enseignement du *dessin d'imitation* comprend :

La copie des modèles dessinés, gravés ou lithographiés, placés sous les yeux des élèves;

La représentation en perspective d'objets artificiels ou naturels, placés dans l'espace;

Le dessin de plantes, fruits et feuillages;

L'étude des parties et l'ensemble de la figure de l'homme et des animaux.

ART. 5. — Le programme précédent sera suivi dans les cours d'adultes et les Écoles primaires où l'enseignement du dessin est ou pourra être organisé.

TITRE II.

Dispositions applicables aux établissements d'enseignement secondaire et à ceux d'enseignement primaire.

ART. 6. — Les figures et les modèles nécessaires à l'enseignement du dessin linéaire, du dessin d'ornement et du dessin d'imitation, devront être approuvés par le Ministre de l'Instruction publique et des Beaux-Arts sur l'avis du Conseil supérieur des beaux-arts.

Les photographies ne seront admises qu'autant qu'elles reproduiront des dessins ou des estampes.

ART. 7. — Les professeurs de dessin sont nommés par le Ministre; ils sont choisis : 1° parmi les anciens élèves de l'École nationale des Beaux-Arts de Paris munis des diplômes et certificats de capacité établis par l'arrêté en date du 8 août 1876; 2° parmi les artistes pourvus d'un certificat de capacité délivré à la suite d'un examen spécial dont les conditions seront ultérieurement établies.

ART. 8. — L'enseignement du dessin, dans tous les établissements publics d'enseignement primaire où cet enseignement est donné, sera soumis à une inspection spéciale.

Les Inspecteurs de cet ordre seront choisis par le Ministre sur la présentation du Conseil supérieur des beaux-arts.

Le Directeur des Beaux-Arts et le Directeur de l'enseignement primaire sont chargés, chacun en ce qui le concerne, de l'exécution du présent décret.

21 mai 1878. **Proposition de loi ayant pour objet l'abrogation de l'article 6 de la loi du 10 avril 1867 sur l'enseignement primaire, présentée par M. Le Provost de Launay, député[1].**

Séance du 21 Mai 1878.

Messieurs, l'article 6 de la loi du 10 avril 1867 est ainsi conçu :

« Dans le cas où un ou plusieurs adjoints ou adjointes sont attachés à une École, le Conseil départemental peut décider, sur la proposition du Conseil municipal, qu'une partie du produit de la rétribution scolaire servira à former leur traitement. »

Cet article met le traitement d'un grand nombre d'instituteurs à la discrétion des Conseils départementaux d'instruction publique.

Il consacre des mesures arbitraires ; car, dans le même département, il permet de prélever une retenue sur certains instituteurs, alors que d'autres en sont dispensés.

Il établit une inégalité qui ne saurait se justifier entre les instituteurs des différents départements. Dans un grand nombre de départements, en effet, les Conseils départementaux n'usent pas de la faculté qui leur est conférée par cet article ; ils s'en servent dans quelques autres.

Enfin, pour prélever de très faibles sommes sur quelques instituteurs méritants et souvent chargés de famille, les Conseils départementaux sont obligés, le plus souvent, de ne pas se conformer au texte même de l'article dont je demande l'abrogation. Ils ne tiennent plus compte du vœu des Conseils municipaux, qui, d'ordinaire, lorsqu'ils sollicitent la création d'emplois d'instituteurs adjoints, demandent que le traitement de ces auxiliaires soit mis à la charge du département et de l'État.

J'ai donc l'honneur de vous proposer, Messieurs, de faire disparaître un article de loi qui n'est généralement pas appliqué, et qui donne lieu, lorsqu'il est appliqué, à des mesures arbitraires et à des interprétations fort discutables.

Proposition de loi.

ARTICLE UNIQUE. — L'article 6 de la loi du 10 avril 1867 sur l'enseignement primaire est abrogé.

---

27 mai 1878. **Décret fixant les traitements des instituteurs et institutrices dans les Écoles publiques françaises en Algérie.**

27 Mai 1878.

Le Président de la République française,

Sur le rapport du Ministre de l'Instruction publique, des Cultes et des Beaux-Arts,

Vu les lois du 15 mars 1850, du 10 avril 1867 et du 19 juillet 1875 ;

1. *Journal officiel* du 3 *juin* 1878, page 6169.

Vu le décret du 15 août 1875 et le décret modificatif du 1er juillet 1876;

Vu l'arrêté ministériel du 30 décembre 1853;

Le Conseil d'État entendu,

Décrète :

ARTICLE 1er. — Les traitements minima des instituteurs et des institutrices dans les Écoles publiques françaises et les Écoles arabes-françaises du territoire civil sont fixés de la manière suivante :

1° Instituteurs titulaires, divisés en quatre classes :

4e classe.	1 500 francs.
3e classe.	1 700 —
2e classe.	1 900 —
1re classe.	2 100 —

2° Institutrices titulaires, divisées en trois classes :

3e classe.	1 200 francs.
2e classe.	1 300 —
1re classe.	1 500 —

3° Instituteurs adjoints français, divisés en trois classes :

3e classe.	1 200 francs.
2e classe.	1 300 —
1re classe.	1 500 —

4° Instituteurs adjoints indigènes, attachés aux Écoles arabes-françaises, divisés en trois classes :

3e classe.	1 000 francs.
2e classe.	1 200 —
1re classe.	1 400 —

5° Institutrices adjointes, divisées en deux classes :

2e classe.	1 000 francs.
1re classe.	1 100 —

ART. 2. — Les articles 2, 4, 5, 6 et 8 de la loi du 19 juillet 1875 sont applicables aux instituteurs et institutrices titulaires ou adjoints attachés aux Écoles françaises et aux Écoles arabes-françaises du territoire civil. Les instituteurs et institutrices publics de tout ordre, pourvus d'un diplôme de langue arabe, auront droit, en outre, à une prime spéciale qui sera déterminée par le Ministre de l'Instruction publique.

ART. 3. — L'enseignement primaire est gratuit dans les Écoles arabes-françaises publiques.

Disposition transitoire.

ART. 4. — Les instituteurs et les institutrices de tout ordre parviendront aux traitements ci-dessus fixés, par augmentations successives, dans un délai qui n'excédera pas quatre années à dater du 1er janvier 1878.

ART. 5. — Les Ministres de l'Intérieur et de l'Instruction publique, des Cultes et des Beaux-Arts et le Gouverneur général civil de l'Algérie sont chargés, chacun en ce qui le concerne, de l'exécution du présent décret.

1er juin 1878.

Loi sur la construction des maisons d'école[1].

1er Juin 1878.

TITRE Ier.

Des ressources affectées à la construction des bâtiments scolaires.

ARTICLE 1er. — Une somme de 60 millions de francs, payable en cinq annuités à partir de 1878, est mise à la disposition du Ministre de l'Instruction publique, des Cultes et des Beaux-Arts, pour être répartie, à titre de subvention, entre les communes, en vue de l'amélioration ou de la construction de leurs bâtiments scolaires et de l'acquisition des mobiliers scolaires.

Une autre somme de 60 millions de francs, également payable en cinq annuités, à partir de la même époque, est mise, à titre d'avance,

1. Consulter les *Constructions scolaires*, par Georges PETIT et Marcel LAMBERT. (Recueil des *Monographies pédagogiques* publiées à l'occasion de l'Exposition universelle de 1889, T. VI, pages 3 à 88.) — Consulter, dans le Tome V, le Rapport au Président de la République, 20 *janvier* 1879.

Voir les documents ci-après :

Projet de M. WADDINGTON, 1er *mars* 1877, page 661;
Projet de M. Camille SÉE, 23 *mars* 1877, page 680;
Nouvel exposé des motifs de M. Camille SÉE, 22 *novembre* 1877, page 723;
Rapport de M. MARTIN-FEUILLÉE, 10 *décembre* 1877, page 750;
Projet de M. BARDOUX, 17 *decembre* 1877, page 754;
Rapport de M. FLOQUET, 19 *janvier* 1878, page 761;
Rapport de M. DAUPHIN, 2 *mai* 1878, page 782.

à la disposition des communes dûment autorisées à emprunter pour le même objet.

ART. 2. — Les allocations consenties par le Ministère sont indépendantes de celles qui peuvent être accordées aux communes par le Conseil général sur les fonds du département.

La quotité de ces dernières doit être fixée au moment où le Conseil général est appelé à donner son avis sur les demandes de secours présentées par les communes.

ART. 3. — Les communes qui auront préalablement consenti les sacrifices que comporte leur situation financière, et qui ne seront pas en mesure de couvrir la totalité de la dépense, seront seules admises à la subvention de l'Etat. Elles devront adresser leurs demandes au Préfet, qui les instruira conformément aux lois et règlements existants, et les transmettra ensuite au Ministre de l'Instruction publique, en y joignant les plans et devis des constructions projetées.

ART. 4. — Lorsque ces plans et devis auront été approuvés par le Ministre de l'Instruction publique, un arrêté ministériel déterminera la quotité et les époques d'exigibilité de la subvention, en tenant compte, pour ces évaluations, de la situation financière de la commune et de l'étendue des sacrifices qu'elle aura consentis.

ART. 5. — Les subventions allouées aux communes ne leur sont définitivement acquises que sous les conditions ci-après :

1° Production d'un certificat, dont la forme sera déterminée par le Ministre de l'Instruction publique, et qui devra lui être également transmis, établissant que la commune a déjà fait emploi de ses propres ressources pour les bâtiments scolaires, et que les travaux exécutés sont conformes aux plans et devis approuvés comme il vient d'être dit;

2° Mise à exécution des travaux dans un laps de temps qui ne pourra excéder deux ans.

Si, à l'expiration de ce délai, la commune n'a pas rempli les conditions ci-dessus, la subvention sera considérée comme non avenue.

Dans le cas où le projet serait ultérieurement repris, le Ministre de l'Instruction publique devra statuer à nouveau.

ART. 6. — Toutes les communes admises ou non à profiter de la subvention de l'État et du département peuvent être appelées à participer à l'avance de 60 millions indiquée au deuxième paragraphe de l'article 1er.

Les plans et devis de constructions projetées doivent, dans les deux cas, être soumis à l'approbation du Ministre de l'Instruction publique.

Lorsque ces demandes d'emprunt auront été reconnues admissibles, les emprunts ne pourront avoir lieu que s'ils sont autorisés par une loi, un décret ou un arrêté préfectoral, suivant le cas, conformément aux lois en vigueur.

TITRE II.

De la Caisse pour la construction des Écoles.

ART. 7. — Il est créé, sous la garantie de l'État, une Caisse spéciale chargée de délivrer aux communes les subventions qui leur auront été accordées conformément aux articles 1er, 3, 4 et 5, et de leur faire les avances prévues aux articles 1er et 6. Cette Caisse, qui prendra le nom de *Caisse pour la construction des Écoles,* est administrée par la Caisse des dépôts et consignations.

ART. 8[1]. — La Caisse pour la construction des Écoles pourvoira au payement des subventions et avances ci-dessus stipulées soit avec des fonds qui seront mis à sa disposition par le Trésor, moyennant un intérêt de trois pour cent, réglé annuellement, soit avec le produit de la négociation de titres créés et émis dans les conditions du dernier paragraphe de l'article 8 de la loi du 11 juillet 1868, sur les chemins vicinaux.

ART. 9. — Les subventions payées aux communes par la Caisse pour la construction des Écoles lui seront remboursées, en capital et intérêts, au moyen de quinze annuités de cinq millions de francs chacune, à inscrire au budget du Ministère de l'Instruction publique, à partir de l'exercice 1878.

Cette dotation sera ordonnancée au profit de la Caisse et payée par le Trésor dans les trois premiers mois de chaque année.

Les crédits nécessaires seront ouverts chaque année par la loi de finances.

En cas d'insuffisance du fonds de dotation et des ressources propres à la Caisse, il lui sera tenu compte, par le Trésor, tant de ses dépenses complémentaires d'intérêt et d'amortissement que de ses divers frais de gestion.

ART. 10. — Les avances aux communes seront faites pour trente et un ans au plus. Elles seront remboursées à la Caisse pour la construction des Écoles au moyen du versement semestriel d'une somme de deux francs cinquante centimes par chaque cent francs empruntés.

1. Les articles 8, 9 et 10 ont été abrogés et remplacés par les articles 11, 12 et 13 de la loi du 3 *juillet* 1880. (Voir cette loi, à sa date, dans le Tome V.)

Ce versement, continué pendant soixante-deux semestres, libérera la commune en intérêts et amortissement.

Des termes de remboursement plus courts pourront être stipulés; dans ce cas, les versements semestriels devront être calculés de manière à tenir compte à la Caisse, en outre de l'amortissement, d'un intérêt fixé à trois pour cent l'an.

ART. 11. — Il sera passé, entre la Caisse pour la construction des Écoles et les communes dûment autorisées à contracter des emprunts, des traités particuliers relatant la quotité et les termes d'exigibilité des avances consenties par la Caisse, ainsi que les conditions de remboursement de ces avances.

ART. 12. — Les fonds prêtés à la Caisse spéciale par le Trésor ou réalisés au moyen d'obligations, conformément à l'article 8, seront remboursés aux ayants droit, savoir :

En ce qui concerne les subventions, au moyen des ressources de la dotation stipulée en faveur de la Caisse par l'article 9, et dans un délai de quinze ans au plus tard;

En ce qui concerne les fonds employés en avances, au moyen des remboursements en capital opérés par les communes et dans les conditions de temps de ces remboursements, conformément à l'article 10.

ART. 13. — Chaque année, les Ministres de l'Instruction publique, de l'Intérieur et des Finances rendront compte au Président de la République de la distribution des subventions et des avances, de la marche des travaux et des opérations de la Caisse pour la construction des Écoles, par un rapport qui sera distribué au Sénat et à la Chambre des députés au commencement de leur session ordinaire.

TITRE III.

De l'obligation de construire des maisons d'école.

ART. 14. — Lorsque la création d'une École dans une commune aura été décidée par l'autorité compétente, conformément aux prescriptions des lois des 15 mars 1850 et 10 avril 1867, les frais d'installation, d'acquisition, d'appropriation et de construction des locaux scolaires et d'acquisition du mobilier scolaire, constitueront pour la commune une dépense obligatoire.

La même prescription est applicable aux bâtiments scolaires destinés à deux ou plusieurs communes réunies.

Pour ce dernier cas, le mode de fixation de la part contributive de chaque commune dans la dépense sera déterminé par un règlement spécial.

ART. 15. — A défaut d'un vote du Conseil municipal, ou sur son refus, il est pourvu d'office, par un arrêté préfectoral et après avis conforme du Conseil général, au payement des frais dont il s'agit, soit par un prélèvement sur les ressources disponibles de la commune, soit par des subventions du département ou de l'État, soit enfin par un emprunt contracté à la Caisse spéciale.

Lorsque cet emprunt aura été jugé nécessaire par le Préfet et par le Conseil général, le maire ou, sur son refus, un délégué spécial, nommé en exécution de l'article 15 de la loi du 18 juillet 1837, empruntera à ladite Caisse, après y avoir été autorisé, la somme nécessaire.

Il sera alors pourvu au remboursement de l'emprunt au moyen d'une imposition spéciale établie par un décret.

---

4 juin 1878. **Rapport fait au nom de la Commission des finances du Sénat[1], chargée d'examiner le projet de loi, adopté par la Chambre des députés, portant ouverture au Ministre de l'Instruction publique, des Cultes et des Beaux-Arts d'un crédit de 108 000 francs sur l'exercice 1878, par M. Dauphin, sénateur[2].**

Séance du 4 Juin 1878.

Messieurs les Sénateurs, la loi du 17 août 1876 a classé les instituteurs, les institutrices et les directrices de salles d'asile dans la catégorie des fonctionnaires de l'ordre actif. Cette mesure avait pour but et a eu pour effet de leur donner droit à la retraite après vingt-cinq ans de service et cinquante-cinq ans d'âge. Le minimum de la retraite a été en même temps fixé à 600 francs pour les instituteurs et à 500 francs pour les institutrices et les directrices de salles d'asile.

Vous avez fait plus : justement préoccupés du sort des anciens instituteurs dont la retraite avait été liquidée avant le 17 août 1876, vous avez étendu, par rétroactivité, le bénéfice de la loi nouvelle à ceux qui avaient été admis à la retraite depuis le 1er janvier 1874, en restreignant à 500 francs le minimum de la pension.

Mais jusqu'ici les instituteurs retraités avant le 1er janvier 1874 sont restés dans une position moins avantageuse à deux points de vue. En premier lieu, le minimum de la retraite est seulement pour eux de 360 francs; en second lieu,

1. Cette Commission était composée de MM. POUYER-QUERTIER, *président*; CORDIER, CUNIN-GRIDAINE, *vice-présidents;* DAUPHIN, CAZOT, VANDIER, *secrétaires;* DELSOL, VARROY, CAILLAUX, DE BELCASTEL, RAMPONT (Yonne), Oscar DE LAFAYETTE, GRANIER, CHESNELONG, duc DE BROGLIE, ROBERT-DEHAULT, POMEL, colonel comte D'ANDLAU.

2. *Journal officiel* du 24 *juillet* 1878, page 8113.

Voir ci-dessus le projet du Gouvernement, 30 *mars* 1878, page 779; — le rapport de M. Charles BOYSSET à la Chambre des députés, 16 *mai* 1878, page 788.

s'ils ont des revenus personnels, on fait état de ces revenus; s'ils sont supérieurs ou égaux à 308 francs, il n'y a pas de pension; s'ils sont inférieurs, on ne leur verse que la somme nécessaire pour compléter un revenu de 360 francs.

Les nécessités budgétaires ou plutôt la crainte d'une charge trop lourde pour l'État étaient la seule cause de cette distinction injuste et préjudiciable à des fonctionnaires aussi recommandables que les autres, et que leur âge rend plus dignes d'intérêt. Lors de la discussion du budget de 1877, M. le Ministre de l'Instruction publique fut invité à rechercher quelle serait l'importance de la dépense pour établir l'égalité dans le chiffre minimum et dans le mode de calcul de la pension des instituteurs retraités à toutes époques avant le 17 août 1876.

Il a été procédé à une enquête : M. le Ministre de l'Instruction publique déclare que, pour atteindre ce résultat, il suffira d'ouvrir en 1878 un crédit de 108 000 francs, crédit qui, d'ailleurs, diminuera dans les exercices suivants par suite des extinctions.

M. le Ministre a, en conséquence, demandé l'ouverture d'un crédit supplémentaire de 108 000 francs à la Chambre des députés, qui s'est empressée de le voter dans sa séance du 21 mai dernier.

Ce projet de loi est aujourd'hui soumis au Sénat. L'exposé qui précède suffit à en démontrer l'incontestable utilité et l'opportunité.

Votre Commission des finances vous propose, Messieurs, de l'adopter.

Projet de loi.

ARTICLE 1er. — Il est ouvert au Ministre de l'Instruction publique, des Cultes et des Beaux-Arts, sur le budget de l'exercice 1878 (section 1re, chapitre 36), un crédit additionnel de 108 000 francs pour compléter à 500 francs le chiffre de la pension des instituteurs retraités avant la loi du 17 août 1876.

ART. 2. — Il sera pourvu à cette dépense au moyen des ressources de l'exercice 1878.

Proposition de loi ayant pour objet l'organisation de l'enseignement de l'hygiène dans les Écoles primaires, présentée par MM. Labuze, Ganne, Couturier, Bamberger, de Sonnier, Martin Nadaud, Colin, Fouquet, Mathé, Jean David (Gers), Frébault, Vernhes, Seignobos, de la Porte, de Mahy, Greppo, Brelay, Guyot (Rhône), Leconte (Indre), Albert Joly, Forné, Loustalot, Henri Giraud (Deux-Sèvres), Durand (Rhône), députés[1]. 6 juin 1878.

Séance du 6 Juin 1878.

Messieurs, tous ceux de nos collègues qui représentent des circonscriptions rurales, tous ceux, notamment, qui, dans l'exercice de la profession médicale, ont eu des rapports fréquents avec les populations des campagnes, savent que les notions les plus élémentaires de l'hygiène mettraient les travailleurs en mesure d'éviter un grand nombre de maladies et d'empêcher souvent la propagation des affections contagieuses.

Tous, en effet, ont dû constater que le défaut de soins et l'absence des précautions les plus simples étaient les causes principales du développement fréquent des épidémies meurtrières.

1. *Journal officiel* du 4 *août* 1878, page 8167.

Nous sommes convaincus, Messieurs, qu'il serait possible, sans imposer de lourdes charges au budget, de donner aux populations ouvrières de nos villes et aux habitants des campagnes des notions suffisantes d'hygiène.

Nous avons pensé que l'instituteur et l'institutrice, dans chaque commune, pourraient être utilement appelés à donner aux élèves qui fréquentent leurs Écoles cet enseignement indispensable.

Toutefois nous avons cru qu'ils devaient eux-mêmes le puiser dans les leçons de l'École normale et le recueillir de la bouche d'un professeur présentant des garanties solides d'instruction, et désigné au choix du Ministre par des hommes compétents et autorisés.

En conséquence, nous avons l'honneur de vous proposer l'adoption des dispositions législatives suivantes :

Proposition de loi.

ARTICLE 1er. — A partir de l'année scolaire 1879-1880, l'enseignement élémentaire de l'hygiène deviendra obligatoire dans les Écoles normales primaires.

ART. 2. — Le professeur sera nommé par le Ministre de l'Instruction publique sur la présentation du Conseil d'hygiène du département.

ART. 3. — Le professeur devra être muni du diplôme de docteur en médecine.

ART. 4. — Le traitement sera ultérieurement fixé par un règlement d'administration publique.

Il sera payé moitié par l'État, moitié par le département.

ART. 5. — Trois ans après la promulgation de la présente loi, l'enseignement élémentaire de l'hygiène deviendra obligatoire dans toutes les Écoles communales primaires de filles et de garçons.

---

13 juin 1878.

Loi relative aux contributions directes et aux taxes y assimilées pour l'exercice 1879.

13 Juin 1878.

[Extrait relatif au budget de l'instruction publique.]

. . . .

ARTICLE 9. — En cas d'insuffisance des revenus ordinaires pour l'établissement des Écoles primaires communales, élémentaires ou supérieures, les Conseils municipaux et les Conseils généraux des départements sont autorisés à voter, pour l'année 1879, à titre d'imposition spéciale destinée à l'instruction primaire, des centimes additionnels au principal des quatre contributions directes. Toutefois, il ne pourra être voté à ce titre plus de quatre centimes par les Conseils municipaux et plus de quatre centimes par les Conseils généraux.

Sont d'ailleurs maintenues et continuées en 1879, pour l'entretien des Écoles communales gratuites, les ressources énoncées à l'article 4 de la loi des recettes de l'exercice 1877 en date du 26 décembre 1876.

. . . .

Loi portant ouverture d'un crédit destiné à compléter à 500 francs le chiffre de la pension de tous les instituteurs retraités avant la loi du 17 août 1876. 20 juin 1878.

20 Juin 1878.

ARTICLE 1er. — Il est ouvert au Ministre de l'Instruction publique, des Cultes et des Beaux-Arts, sur le budget de l'exercice 1878 (section Ire, chapitre 36), un crédit additionnel de cent huit mille francs, pour compléter à 500 francs le chiffre de la pension des instituteurs retraités avant la loi du 17 août 1876.

ART. 2. — Il sera pourvu à cette dépense au moyen des ressources de l'exercice 1878.

Circulaire du Ministre de l'Instruction publique, relative au choix des livres à donner en prix dans les Écoles primaires publiques. 16 juillet 1878.

16 Juillet 1878.

Monsieur le Préfet, d'après les rapports qui me sont transmis de divers départements, la plupart des instituteurs auraient, depuis quelques années, une tendance marquée à multiplier outre mesure les prix dans leurs Écoles, et croiraient pouvoir donner ainsi satisfaction au vœu des familles, sans compromettre les intérêts de l'enseignement.

D'un autre côté, afin d'obtenir le résultat qui vient d'être signalé, les administrations municipales ou départementales auraient, dans bien des cas, favorisé l'acquisition de livres à vil prix, et qui, le plus souvent, n'ont aucun mérite ni moral ni littéraire.

Je ne saurais trop regretter qu'un pareil usage se soit introduit dans nos Écoles. S'il est vrai que des récompenses accordées avec mesure excitent l'émulation, il est évident, en même temps, que, distribuées avec profusion et en vue seulement de répondre à un sentiment de vanité de l'enfant ou de la famille, ces récompenses produisent des résultats tout opposés.

Il importe, d'ailleurs, que les jeunes élèves comprennent qu'une distinction n'a de valeur qu'en raison des efforts qu'on a faits pour s'en rendre digne.

J'estime en outre que, par un choix judicieux des récompenses, on habituera vite les parents à préférer, pour leurs enfants, des ouvrages moins nombreux sans doute, mais véritablement utiles, à ces petits livres futiles et insignifiants qu'on n'a tant prodigués qu'en raison de leur bon marché.

J'ajouterai, Monsieur le Préfet, que les bonnes publications ne font pas défaut. Le catalogue, déjà important, des livres de lecture approuvés par la Commission des bibliothèques scolaires présente d'excellentes garanties. La dernière édition de ce catalogue, qui se publie en ce moment, permettra aux maîtres et aux municipalités de procéder à un choix éclairé des livres les plus propres à développer chez les enfants le goût de l'étude et l'amour du devoir. La lecture des bons ouvrages qui y sont indiqués les préparera en tout cas à devenir des hommes de leur temps.

Je vous recommande, en conséquence, Monsieur le Préfet, de veiller à ce que les livres de prix qui vont être prochainement distribués dans les Écoles communales soient choisis avec autant de soin que de réserve.

Il sera nécessaire que la liste de ces livres soit préalablement revêtue du visa de l'Inspecteur primaire de la circonscription. Je sais que je puis compter sur votre concours pour réaliser, à ce point de vue, des améliorations qui me paraissent appeler particulièrement votre sollicitude.

En m'accusant réception de la présente circulaire, vous voudrez bien me faire connaître les mesures que vous aurez prises pour en assurer l'exécution.

Recevez, etc.

Signé : A. BARDOUX.

---

26 juillet 1878. **Arrêt du Conseil d'État, relatif à l'inscription d'office, sur le budget de la commune, du traitement et de l'indemnité de logement dus à un instituteur public.**

26 Juillet et 2 Août 1878.

Le Préfet a le droit d'inscrire d'office sur le budget de la commune le traitement et l'indemnité de logement dus à un instituteur public, mais à condition de se conformer aux lois en vigueur.

I. Lorsque les actes de l'autorité municipale et du Préfet, dont l'objet était de substituer un instituteur laïque aux frères des Écoles chrétiennes dans la direction d'une École communale, ont été annulés pour cause d'excès de pouvoir par un arrêté du Conseil d'État, les frères des Écoles chrétiennes, qui n'ont pas été régulièrement remplacés dans la direction de l'École communale, ont droit, par suite de cette annulation, au traitement et au logement que la loi assure aux instituteurs publics.

Dès lors, le Préfet, en inscrivant d'office au budget de la commune les sommes nécessaires pour pourvoir à cette dépense, ne fait qu'assurer le payement d'une dépense obligatoire et n'excède pas ses pouvoirs.

II. A défaut de conventions formelles passées entre la congrégation des frères des Écoles chrétiennes et l'administration municipale, le traitement des frères adjoints ne peut être inscrit d'office au budget de la commune que s'il est établi sur les bases fixées par la loi pour celui des instituteurs adjoints des Écoles publiques.

Et, comme aux termes de la loi du 10 avril 1867 (art. 5), de la loi de finances du 20 décembre 1872 et du décret du 20 janvier 1873, le minimum du traitement des adjoints de première classe, fixé à 500 francs par an jusqu'au 1er janvier 1873, a été élevé à 600 francs par an à partir de cette époque, il s'ensuit qu'un Préfet n'a pu, sans excéder ses pouvoirs, attribuer à chacun des six frères adjoints attachés à une École communale un traitement supérieur à 500 francs par an, pour la période comprise entre le 1er janvier 1871 et le 1er janvier 1873, et à 600 francs pour la période suivante.

III. Il résulte de l'article 37 de la loi du 15 mars 1850 que toute commune doit fournir à l'instituteur un local convenable, tant pour son habitation que pour la tenue de l'école, et il appartient au Préfet de régler les conditions du logement des instituteurs et de l'établissement des classes.

Le Préfet agit donc dans la limite de ses attributions quand il détermine l'indemnité due à chaque frère des Écoles chrétiennes pour représenter le logement que la loi assure aux instituteurs publics.

Circulaire du Ministre de l'Instruction publique aux Inspecteurs d'Académie, prescrivant un envoi régulier des Bulletins départementaux de l'enseignement primaire à l'Administration centrale. 7 août 1878.

7 Août 1878.

Monsieur l'Inspecteur, à plusieurs reprises, mon Administration a rappelé à MM. les Inspecteurs d'Académie les instructions qui prescrivent l'envoi régulier au Ministère des *Bulletins départementaux de l'Enseignement primaire.*

J'attache d'autant plus d'importance à ce qu'il ne soit fait aucune omission à cet égard, que mon intention est de faire relever désormais avec soin tous les actes importants dont les publications départementales auront fait mention. L'Administration centrale pourra ainsi se rendre compte des mesures prises en province en vue d'améliorer les services scolaires; elle prendra note des vœux exprimés, de tous les faits enfin qui, à divers titres, intéressent l'enseignement primaire et les progrès dont il y aurait lieu de poursuivre la réalisation.

Je dois ajouter qu'il est indispensable que les Bulletins départementaux signalent très régulièrement au personnel de l'enseignement primaire les dons, concessions ou subventions qui sont attribués aux communes du département par le Ministère de l'Instruction publique. Il est bon que l'on se rende un compte exact des sacrifices consentis par l'État en faveur de l'instruction primaire.

Je vous prie, en conséquence, Monsieur l'Inspecteur, de m'adresser désormais exactement trois exemplaires de chaque numéro du Bulletin officiel de votre département, et de joindre, dès à présent, à l'accusé de réception de la présente circulaire trois exemplaires des numéros publiés depuis le 1er décembre dernier.

Recevez, etc.

Signé : A. BARDOUX.

---

10 août 1878. **Décret relatif au fonctionnement de la Caisse pour la construction des maisons d'école.**

10 Août 1878.

Le Président de la République française,

Sur le rapport du Ministre de l'Instruction publique, des Cultes et des Beaux-Arts;

Vu la loi du 1er juin 1878, portant création d'une Caisse pour la construction des Écoles;

Considérant qu'il importe d'assurer immédiatement, par voie de règlement, le fonctionnement de la Caisse,

Décrète :

Article 1er. — L'instruction des demandes de subventions pour l'amélioration ou la construction de bâtiments scolaires continuera à être régie par le règlement en date du 14 juillet 1858, et par l'instruction du 30 juillet de la même année.

Pour le payement des subventions, le Préfet du département adressera, le premier de chaque mois, au Ministre de l'Instruction publique, un bordereau présentant le montant des sommes à payer. Ce bordereau, qui sera établi conformément au modèle annexé au présent règlement, sera accompagné des justifications dont la production est prescrite par l'article 5 de la loi.

Le Ministre de l'Instruction publique transmettra, après vérification, les certificats dûment visés à la Caisse pour la construction des Écoles, laquelle effectuera, à partir du 5 de chaque mois, les payements correspondant au montant total du bordereau parvenu dans le courant du mois précédent.

Art. 2. — Les plans et devis pour la construction ou l'appropriation des bâtiments scolaires devront être dressés avec une exactitude complète avant d'être soumis à l'approbation de l'Administration. Les dépenses supplémentaires ayant pour cause des erreurs ou des oublis dans l'estimation primitive des travaux, des modifications ou des additions non autorisées aux plans primitifs, demeureront, en tout cas, à la charge des communes.

Art. 3. — Lorsqu'une commune aura encouru pour sa subvention la déchéance prévue par l'article 5 de la loi, et qu'elle aura reçu tout ou partie de cette subvention, le Ministre de l'Instruction publique en avisera la Caisse pour la construction des Écoles, qui poursuivra le remboursement des sommes à reverser.

Art. 4. — Les communes qui voudront obtenir une avance sur le fonds de 60 millions, mentionné au deuxième paragraphe de l'article 1er de la loi, devront recevoir, à cet effet, l'autorisation préalable du Ministre de l'Instruction publique, qui fixera en même temps le maximum du capital à avancer.

Si la commune qui fait cette demande sollicite en même temps une subvention, aucune décision définitive ne pourra être prise relativement à la subvention avant la signature du contrat à intervenir, en ce qui concerne l'avance, entre la commune et la Caisse pour la construction des Écoles.

Lorsque la Caisse pour la construction des Écoles aura reçu du Ministre de l'Instruction publique l'avis de l'approbation pour la concession d'une avance, elle invitera la municipalité à se munir de l'autorisation qui lui est nécessaire, conformément aux lois en vigueur. Cette autorisation, qui lui sera donnée, s'il y a lieu, sous forme de loi, de décret ou d'arrêté préfectoral, devra viser l'approbation délivrée par le Ministre de l'Instruction publique.

Art. 5. — L'annuité dont le versement doit être effectué à la Caisse des dépôts et consignations, en vertu de l'article 9 de la loi, sera ordonnancée chaque année dans les cinq jours qui suivront l'ouverture de chaque exercice.

Art. 6. — Dans le cas où une commune voudrait éteindre sa dette vis-à-vis de la Caisse pour la construction des Écoles, dans un délai inférieur à celui de trente et un ans fixé dans l'article 10 de la loi, elle aurait à acquitter, chaque semestre, l'intérêt et l'amortissement suivant un tarif indiqué dans le tableau annexé au présent règlement.

Art. 7. — Les traités particuliers que la Caisse pour la construction des Écoles est autorisée à passer avec les communes, aux termes de l'article 11 de la loi, devront contenir une clause spéciale en vertu de laquelle il sera établi que, si, dans un délai de deux ans, la commune ne s'est pas mise en mesure de faire emploi du produit de son emprunt pour la construction d'une ou de plusieurs Écoles, le traité pourra être résilié à la requête du Ministre des Travaux publics, et le remboursement des sommes restant à amortir immédiatement poursuivi.

Art. 8. — En cas de désaccord entre plusieurs communes réunies pour le service de l'instruction primaire, les dépenses d'installation, d'appropriation et de construction des locaux scolaires et celles d'acquisition du mobilier scolaire seront réparties entre les communes par le Conseil général, en tenant compte des revenus ordinaires de chacune d'elles, du chiffre de sa population, des avantages particuliers qu'elle en retirerait.

16 août 1878. **Instruction du Ministre de l'Instruction publique, relative à la loi sur la construction des maisons d'école.**

16 Août 1878.

Monsieur le Préfet, la circulaire du 15 juin 1876 invitait l'autorité départementale à provoquer avec la plus grande énergie la création de maisons d'école dans les communes qui en étaient dépourvues et à assurer une meilleure appropriation des locaux scolaires partout où le besoin en avait été constaté. Cette même circulaire engageait à mettre en jeu dans ce but l'initiative des municipalités et le bon vouloir de tous ceux qui considèrent la prospérité du pays comme liée intimement aux progrès de l'instruction primaire.

L'appel adressé par le Ministre fut entendu. Des projets de construction ou d'appropriation des bâtiments d'école furent soumis en grand nombre à l'approbation des Conseils généraux dans les sessions qui suivirent la publication de la circulaire du 15 juin. En même temps, des subventions plus larges que par le passé purent être accordées par le Ministre de l'Instruction publique à toutes les communes dont les ressources étaient manifestement insuffisantes. Ces allocations plus importantes attribuées aux communes furent rendues possibles par l'inscription au budget d'un crédit de 5 millions, au lieu des 2 millions qui y figuraient auparavant, et aussi par la décision que prenait le Ministre d'utiliser pour les constructions scolaires les reliquats disponibles en fin d'exercice sur le chapitre 34 de son budget. Au reste, l'autorité préfectorale et académique et l'inspection générale signalaient depuis longtemps la nécessité pour l'État de se montrer plus généreux en matière de secours dans le but de faciliter l'amélioration du matériel de l'enseignement primaire.

L'enquête approfondie, dirigée en 1876 par les soins des Préfets, avait, d'autre part, montré que dans plusieurs de nos départements l'installation des Écoles était déplorable, et dans la plupart défectueuse. Il eût fallu un très long temps pour arriver à un progrès sérieux dans cette direction, si l'on n'avait pu disposer que du crédit de 5 millions récemment inscrit au budget de l'Instruction primaire. Une situation tolérable n'eût été obtenue que dans un avenir fort éloigné. C'est pour se trouver en mesure d'atteindre plus promptement et plus sûrement ce but que le Ministre de l'Instruction publique, M. Waddington, d'accord avec ses collègues de l'Intérieur et des Finances, soumit aux délibérations des Chambres, le 1er mars 1877, un projet de loi portant création d'une Caisse pour la construction des maisons d'école. Ce projet, que je me suis empressé de reprendre dès mon arrivée au Ministère, a été voté à l'unanimité par les pouvoirs publics.

La loi, promulguée le 1er juin dernier, doit être mise à exécution immédiatement. Pour en régler l'application, j'ai l'honneur de vous adresser, Monsieur le Préfet, le règlement ci-joint, qui, avant d'être soumis à mon approbation, a été élaboré par une Commission mixte, composée de délégués appartenant aux trois Ministères de l'Intérieur, des Finances et de l'Instruction publique.

Titre Ier.

Des ressources affectées à la construction des bâtiments scolaires.

Deux dispositions essentielles dominent la loi nouvelle : 1° une somme de

60 millions est mise à la disposition du Ministre de l'Instruction publique, pour être répartie, sous forme de subventions, dans un laps de cinq années, entre les communes qui ne pourraient créer toutes les ressources nécessaires à l'installation matérielle de leur service scolaire; 2° une autre somme de 60 millions est mise, à titre d'avance, et dans le même intervalle de temps, à la disposition des communes autorisées à emprunter pour le même objet.

Occupons-nous d'abord de la première sorte de ressources. Les 12 millions que le Ministre est chargé de répartir chaque année à titre de subventions aux communes ont une destination bien précise. Ils sont exclusivement destinés à venir en aide aux municipalités qui, pour réaliser leurs projets de constructions, auront disposé de toutes les ressources que permet de créer leur situation financière.

Il est indispensable, Monsieur le Préfet, de détruire, en premier lieu, cette idée fausse qui a été, sans aucune raison admissible, trop souvent reproduite dans ces dernières années, à savoir, que l'État donne, sous forme de subvention, à une commune une fraction déterminée de la dépense totale, le tiers, le quart, etc. Il n'y a dans cette opinion rien de fondé. Ce serait même une injustice criante que d'adopter un tel principe. La subvention de l'État doit être essentiellement variable quant à sa quotité absolue et aussi quant au rapport à établir entre cette quotité et le chiffre de la dépense totale. L'État donne beaucoup aux communes qui ont peu; il donne peu aux communes qui ont beaucoup; il ne donne rien à celles qui, à raison de leur situation financière et des ressources dont elles disposent, peuvent et doivent se suffire à elles-mêmes. Il est telle commune qui, par la faiblesse de son centime, par la grandeur des charges qu'elle supporte annuellement, par la modicité ou même par la nullité de ses revenus, se trouve dans l'impossibilité évidente de consentir à un sacrifice important. A cette commune, nous n'avons le droit de demander qu'une manifestation de sa bonne volonté : elle donnera un dixième, un vingtième de la dépense, — encore moins, s'il le faut, — et l'État sera dans l'obligation de lui donner le reste. Telle autre commune, au contraire, a des revenus considérables, des rentes sur l'État, des biens communaux, un octroi élevé; elle peut, par conséquent, engager impunément son crédit pour un assez grand nombre d'années. Sa situation fût-elle momentanément obérée, cette commune est assurément en mesure de pourvoir à tous les besoins que nécessite une bonne installation de ses maisons d'école; l'État ne lui doit rien, tout au plus un encouragement. Je me trouverais donc dans la nécessité, Monsieur le Préfet, de vous renvoyer les dossiers des demandes de secours, lorsque ces demandes me paraîtraient excessives ou hors de proportion avec la part contributive des communes. Invitez les Conseils municipaux et les plus imposés à bien se pénétrer de ce principe : qu'aux termes des lois existantes, la charge du service de l'instruction primaire incombe essentiellement à la commune. C'est seulement par voie de secours, et quand le besoin en est parfaitement constaté, qu'interviennent le département et l'État.

J'ajouterai, Monsieur le Préfet, qu'il convient que les communes qui ne sont pas encore dotées de bâtiments scolaires réservent, dans les charges qu'elles s'imposent en vue d'autres services, une part de leurs ressources pour l'installation de l'École; autrement, elles s'exposeraient à voir ajourner à une époque éloignée des améliorations dont elles auraient reconnu l'opportunité. Il ne suffirait pas, en effet, qu'une commune eût engagé la totalité de ses ressources, pendant un certain laps de temps, pour que l'État se substituât à elle dans le payement d'une dépense qui intéresse la population à un si haut degré, et dont la loi lui fait une obligation ; il importe de prévenir soit un calcul erroné, soit une imprévoyance regrettable.

L'Administration supérieure a dû, pour les motifs que je viens d'avoir l'honneur de vous exposer, s'attribuer l'appréciation de la mesure dans laquelle les communes pourront compter sur le concours de l'État.

Il est, en outre, un point important sur lequel je dois, Monsieur le Préfet, appeler tout particulièrement votre attention : dans certains cas, les devis de construction qui me sont transmis sont dressés avec une incontestable exagération. On grossit la dépense à plaisir, dans l'espoir d'obtenir une plus grosse subvention. D'autres fois, au contraire, on néglige, de parti pris, dans les plans et devis, certaines constructions accessoires qu'on est cependant dans l'intention de réaliser immédiatement ; on arrive ainsi à diminuer la dépense, à ne demander à l'État qu'une subvention tellement modique qu'elle est accordée intégralement. Qu'arrive-t-il? Un peu plus tard, est soumise au Ministère une demande de secours supplémentaire, plus importante quelquefois que le secours précédemment alloué, et cela à propos de travaux soi-disant imprévus ou de modifications qui ont été décidées en cours de construction. L'État, qui se croyait quitte à l'égard de cette commune, se trouve inopinément en présence de travaux exécutés que la commune est dans l'impossibilité de solder, en présence de dettes contractées envers l'entrepreneur, et cela au moment où la commune ne saurait tenter un effort nouveau ; en un mot, on met l'État en face du fait accompli ; on lui impose la nécessité d'une subvention nouvelle, qu'il n'avait aucune raison de prévoir.

Faites savoir aux municipalités, Monsieur le Préfet, que, désormais, les plans et devis devront être dressés avec une scrupuleuse exactitude ; qu'il ne faut, en cette matière, ni exagération, ni amoindrissement. L'Administration sera toujours moins bien disposée à l'égard d'une commune qui cherche à l'induire en erreur, tant au point de vue du chiffre de la dépense projetée que de l'importance des ressources communales ; elle se montrera naturellement plus généreuse pour les communes qui auront fait le possible et qui exposeront leur situation telle quelle en toute vérité. Vous préviendrez les maires que, dans les décisions prises au sujet des demandes de secours, le Ministre ne fera entrer en ligne de compte que les dépenses relatives aux constructions scolaires proprement dites. Nous ne nous opposons point à ce qu'une municipalité cherche à placer sous le même couvert, en même temps que son École, sa mairie, sa justice de paix, etc. Il y a là une raison d'économie, à laquelle il faut sans doute avoir égard. Mais l'Administration de l'instruction publique n'a nullement le droit de contribuer, pour une part quelconque, aux dépenses qui se rapportent à des services étrangers à l'instruction primaire. Vous veillerez donc, Monsieur le Préfet, à ce que, dans les devis adressés au Ministère, une ventilation soit toujours opérée, laquelle permette d'apprécier exactement la part de dépense afférente à l'École et celle qui s'applique aux autres services municipaux.

Les demandes de subventions seront d'ailleurs soumises à l'instruction actuellement en vigueur. (*Règlement du* 14 *juillet* 1858 *et Instruction du* 30 *juillet* 1858.) — Il sera nécessaire de recommander aux autorités locales qu'elles aient le soin de comprendre dans le montant de la dépense les intérêts de l'emprunt, les frais d'actes et d'enregistrement, les honoraires de l'architecte ; elles devront enfin joindre aux pièces à produire à l'appui de leurs demandes (*Instruction du* 30 *juillet* 1858) une délibération du Conseil municipal faisant connaître l'intention d'emprunter à la Caisse, ainsi que les conditions de remboursement.

Un grand nombre de Conseils généraux ont, depuis quelques années, voté des crédits d'une importance variable, dans le but de venir en aide aux communes pour l'installation de leurs Écoles publiques. Il est vivement à désirer que cette intervention des départements se généralise.

L'assemblée départementale est en mesure, sous tous les rapports, d'apprécier les efforts des municipalités et de les encourager. Les secours qu'elle accorde donnent évidemment une importance plus grande aux avis qu'elle doit légalement fournir sur chaque projet. L'article 2 de la loi nouvelle dispose expressément « que la quotité des allocations accordées par le Conseil général doit être « fixée au moment même où le Conseil donne son avis sur les demandes qui lui « sont soumises. ».

Les allocations de l'État ont surtout ce caractère, de constituer des compléments de ressources pour les communes; il est donc indispensable que le Ministre, avant de statuer, sache au juste quelle est la somme totale qui, par le fait de la commune et du département, est actuellement affectée à la dépense projetée.

L'article 4 dispose que l'arrêté portant concession de subvention sur les fonds de l'État indiquera les époques d'exigibilité de payement. Il y a tout lieu de croire que la subvention pourra être mise à la disposition de la commune dans le courant de l'exercice pendant lequel elle aura été accordée; ce n'est qu'autant que les secours alloués pendant l'année excéderaient de beaucoup le montant du crédit ouvert par la loi, qu'il serait nécessaire de mentionner des époques de payement. Jusque-là vous voudrez bien transmettre mensuellement — du 1er au 5 — des états de propositions pour l'ordonnancement des secours alloués aux communes.

Vos propositions devront toujours être accompagnées : 1° du certificat prescrit par l'article 3 de l'arrêté du 14 juillet 1858; 2° d'une déclaration établissant que, ainsi que l'exige l'article 5 de la présente loi, la commune a fait emploi de ses propres ressources.

Le Gouvernement, se proposant de compléter dans le plus court délai possible l'installation du service scolaire, ne peut admettre pour la réalisation de projets ayant reçu l'approbation ministérielle des ajournements qu'il serait difficile de justifier. L'administration municipale, en effet, est en mesure de les exécuter immédiatement au moyen de l'emprunt autorisé dont il sera parlé plus loin, des autres ressources locales prévues et du secours accordé par le département et par l'État. Il a paru, d'ailleurs, que le crédit de l'État ne pouvait être engagé au delà de deux années. Ces considérations ont fait limiter à deux ans le délai accordé aux communes pour faire emploi du secours qui leur aura été accordé. Ce laps de temps expiré, le secours est annulé.

Si la commune reprenait ultérieurement le projet ajourné, vous auriez à me transmettre de nouveau le dossier de l'affaire; il serait statué alors sur la demande de subvention reproduite par la commune. Vous voudrez bien ne pas manquer d'insister sur ces dispositions de la loi auprès des autorités municipales.

Titre II.

De la Caisse pour la construction des Écoles.

En ce qui concerne les demandes d'avances, vous voudrez bien remarquer que ces ressources ne sont pas réservées seulement aux localités pauvres; mais que, dans l'esprit de la loi, elles doivent également profiter aux communes plus aisées dont la situation financière se trouverait momentanément obérée, et qui obtiendront ainsi, dans des conditions favorables, les fonds nécessaires à la prompte construction des maisons d'école.

Toutes les communes peuvent être appelées à participer aux avances faites par la Caisse. Mais, tout d'abord, les plans et devis des constructions projetées seront soumis à mon approbation (*art.* 6). Vous devez donc, à l'appui des demandes d'avances, me transmettre ces projets, ainsi que tous les documents de nature à m'éclairer sur la situation financière de la commune.

Lorsque j'aurai, au vu de ces pièces, reconnu si l'emprunt peut être admis et arrêté en sa quotité, j'aviserai de ma décision la Caisse pour la construction des maisons d'école, qui interviendra directement auprès de l'autorité municipale au point de vue des intérêts qui lui sont confiés; les communes devront lui fournir les garanties que la Caisse des dépôts impose d'ordinaire à ses emprunteurs, et qui sont déjà connues d'un très grand nombre de municipalités.

Pour faciliter la tâche qui vous est confiée et vous permettre de répondre aux questions qui pourraient vous être faites, je vais résumer ces conditions aussi brièvement que possible.

Toute demande d'emprunt devra être faite par le maire de la commune et être appuyée :

1° D'une copie de l'acte d'autorisation (loi, décret ou arrêté préfectoral) suivant les distinctions établies par les articles 3, 5 et 7 de la loi du 24 juillet 1867. Cette pièce visera expressément mon autorisation;

2° D'une copie des délibérations relatives à l'emprunt prises par le Conseil municipal assisté, s'il y a lieu, des plus imposés;

3° De pièces justificatives à l'appui, suivant la nature des ressources offertes en garantie du prêt.

Les copies des actes d'autorisation seront certifiées conformes par vous ou les Sous-Préfets sous vos ordres et revêtues du cachet des préfectures ou des sous-préfectures.

Les copies des délibérations des Conseils municipaux énonceront le montant de l'emprunt, sa durée et les ressources affectées à l'amortissement. Elles mentionneront le pouvoir donné aux maires de traiter avec la Caisse pour la construction des maisons d'école. Elles devront enfin contenir la clause expresse qu'en cas de retard dans l'acquittement de ses engagements, l'emprunteur sera passible envers la Caisse d'intérêts moratoires au taux légal de 5 pour 100.

Les ressources offertes en garantie des prêts devront être d'une réalisation certaine, et, de plus, votées et autorisées pour la durée intégrale de l'amortissement.

Si la Caisse pour la construction des écoles juge suffisantes les garanties qui lui sont offertes, un traité particulier sera passé entre elle et la commune intéressée (*art.* 11). Ce contrat fera connaître la quotité et les termes de remboursement des avances consenties, et contiendra la clause expresse que, si la commune employait les fonds prêtés à un autre usage que celui auquel ils étaient destinés, le traité serait annulé, et le montant de l'emprunt immédiatement exigible. (Voir le traité, Annexe n° 1, page 815.)

Vous savez que les avances aux communes sont faites pour 31 ans au plus. Elles sont remboursées à la Caisse au moyen de versements semestriels d'une somme de 2 francs 50 cent. par chaque 100 francs empruntés. Ce versement, continué pendant 62 semestres, libérera la commune en intérêts et amortissement. (Voir le tableau d'amortissement, Annexe n° 2, page 816.)

Toutefois des termes de remboursement plus courts peuvent être stipulés (*art.* 10). Dans ce cas, les versements semestriels sont calculés de manière à tenir compte à la Caisse, outre l'amortissement, d'un intérêt fixé à 3 pour 100 l'an. (Voir le tarif, Annexe nº 3, page 816.)

Je dois enfin vous faire observer que la Caisse se réserve de poursuivre, par toutes les voies légales, la rentrée des sommes qui lui sont dues; elle provoquera notamment l'inscription d'office à titre de dépenses obligatoires, au budget de la commune, des crédits nécessaires au remboursement de ses avances, conformément aux articles 30, § 21, et 39, §§ 1, 2 et 4, de la loi du 18 juillet 1837.

Telles sont, Monsieur le Préfet, les principales observations que vous ne devez point perdre de vue dans la préparation des emprunts contractés pour la construction des maisons d'école.

J'ajoute qu'au cas où l'emprunt serait contracté en exécution du titre III de la loi, c'est-à-dire par suite d'imposition d'office, la Caisse exigerait alors la production des copies de l'arrêté préfectoral et de l'avis du Conseil général qui auraient prescrit l'emprunt, une copie du décret établissant l'imposition spéciale destinée au remboursement de l'emprunt, et, s'il y a lieu, une copie de l'arrêté nommant, sur le refus du maire, un délégué spécial.

Outre les avances prévues aux articles 1 et 6 de la présente loi, et les subventions accordées conformément aux articles 1, 3, 4 et 5, la Caisse doit encore délivrer aux communes les secours alloués pour achat de mobiliers personnels d'instituteurs et d'institutrices, le crédit relatif à cette dépense étant prélevé, aux termes du décret du 4 septembre 1863, sur le fonds de subvention pour payement de ces allocations, conformément aux instructions contenues dans la circulaire du 1er août 1871.

Quant aux allocations pour mobiliers scolaires, vous aurez à m'adresser un certificat de M. l'Inspecteur d'Académie, constatant que la commune est en possession de ce mobilier, et qu'elle a fait emploi de la somme représentant sa part contributive dans la dépense.

Il est bien entendu que la Caisse se charge d'acquitter toutes les subventions concédées avant la promulgation de la loi du 1er juin, et qui ne seraient pas atteintes par la prescription quinquennale précédemment établie. Dans un intérêt d'ordre, vos propositions pour le payement de ces subventions devront figurer sur un cadre conforme à celui qui a été employé jusqu'à ce jour. Cependant les communes qui ont obtenu une subvention de l'État depuis le 1er mars 1877, jour de la présentation de la loi, et qui ont ajourné l'exécution de leur projet, en vue de profiter des avantages que leur assure la Caisse, devront figurer sur le cadre indiqué au dernier paragraphe de l'article 4 de la présente instruction.

Titre III.

De l'obligation de construire des maisons d'école.

Les communes ne trouvent pas toujours à prendre à loyer pour la tenue de la classe une maison qui présente les conditions indispensables à la bonne installation d'une École, et, lorsqu'elles refusent de consentir les sacrifices nécessaires pour une construction spéciale, on ne saurait admettre que les enfants soient exposés à être privés d'instruction. La loi du 1er juin s'est proposé de combler une lacune qui semblait exister à ce sujet dans la législation de l'enseignement primaire. Désormais toute commune aura le nombre d'Écoles publiques reconnues nécessaires, quelles que soient les résistances des autorités locales. Ces résistances se manifestaient plus particulièrement lorsqu'il s'agissait d'établir une École dans une des sections de la commune; elles n'auront plus leur raison d'être, ou tout au moins elles seront surmontées au moyen des dispositions des articles 14 et 15 de la loi du 1er juin.

Je ne doute pas que, dans la plupart des cas, les autorités locales ne finissent par comprendre quels sont leurs véritables intérêts, et je suis convaincu, en tout cas, que vous ne soumettrez de propositions au Conseil général pour établir une imposition d'office qu'après avoir épuisé toutes les voies de persuasion; mais, si vous rencontriez une mauvaise volonté manifeste qui fît obstacle au bien que le législateur a entendu assurer à des populations délaissées jusqu'à ce jour, je compte sur toute votre sollicitude et votre influence pour obtenir du Conseil général l'avis conforme sans lequel il ne serait pas possible d'appliquer les dispositions des articles 14 et 15 de la loi. Cet avis obtenu, les demandes de secours et les demandes d'avances seront instruites dans la forme recommandée par la présente instruction.

C'est surtout, Monsieur le Préfet, dans les communes réunies pour l'entretien d'une École que l'installation se montre souvent le plus défectueuse. La commune où se tient l'École est peu disposée à s'imposer quelques sacrifices pour des améliorations dont doivent profiter les enfants des communes annexées; quant à celles-ci, elles s'y refusent absolument, l'immeuble qu'on se propose d'agrandir ou de réparer n'étant pas leur propriété.

L'autorité supérieure ne pouvait tenir compte de considérations de cette nature. Il importe avant tout que chaque enfant des communes réunies trouve sa place à l'école, et que le bâtiment scolaire présente les conditions d'hygiène et de convenances spéciales reconnues indispensables.

Quelle sera la part contributive de chaque commune dans la dépense dont il s'agit?

On ne saurait prendre pour base le nombre des enfants appartenant à l'une et à l'autre localité, ce nombre variant d'une saison à l'autre, eu égard aux difficultés de parcours et aux habitudes locales. Il a paru qu'il serait plus équitable de fixer la part contributive des communes, en tenant compte des revenus ordinaires de chacune d'elles, du chiffre de sa population et des avantages particuliers qu'elle est appelée à retirer de l'installation projetée d'un bâtiment scolaire. Le Conseil général sera tout à fait en mesure d'opérer la répartition dont il s'agit.

Il n'y aura pas lieu pour les affaires de cette nature de demander l'avis du Conseil départemental de l'instruction publique, la loi ne contenant aucune prescription à ce sujet.

Recevez, etc.

Signé : A. Bardoux.

Annexe N° 1.

EMPRUNT
A LA CAISSE POUR LA CONSTRUCTION DES ÉCOLES.

Entre le Maire de la commune d (arrondissement d) et le Directeur général de la Caisse des dépôts et consignations chargé, par l'article 7 de la loi du 1er juin 1878, de la gestion de la Caisse pour la construction des Écoles instituée par ladite loi,

Il a été exposé et convenu ce qui suit :

Par une décision de M. le Ministre de l'Instruction publique du , la commune d a été autorisée à emprunter à la Caisse pour la construction des Écoles une somme de .

Le Conseil municipal de la commune a voté cet emprunt et les ressources nécessaires pour son remboursement en ans, au moyen du versement semestriel de par chaque 100 francs empruntés.

La délibération ci-dessus a été approuvée par[1] .

M. le Maire de a adressé à la Caisse, avec sa demande d'emprunt, la délibération du Conseil municipal, le[2] et toutes les autres pièces servant à justifier de ressources suffisantes affectées au remboursement de cet emprunt.

En conséquence, les conventions suivantes ont été arrêtées entre les parties :

La Caisse pour la construction des Écoles versera au Trésor public, au crédit du trésorier-payeur général du département d pour le compte de la commune d , la somme de .

Le Maire de la commune d s'engage à rembourser cette somme au moyen de versements semestriels d chacun, effectués à la recette des finances de l'arrondissement.

Ces remboursements, faits au crédit de la Caisse pour la construction des Écoles, sans avis préalable, libéreront la commune en intérêts et amortissement, conformément aux dispositions de l'article 10 de la loi du 1er juin 1878.

A défaut de payement des semestres à leur échéance, la commune payera des intérêts de retard, à raison de 5 pour cent.

Si les fonds prêtés à la commune étaient détournés de leur destination, sur un avis de M. le Ministre de l'Instruction publique, le présent traité serait annulé et le remboursement de l'emprunt exigible immédiatement.

Le présent contrat, fait double entre les parties, sera soumis au timbre de dimension et enregistré à la diligence et aux frais de la commune.

A , le[3] .

Le Directeur général de la Caisse des dépôts et consignations,

Le Maire[4],

1. Une loi, un décret ou un arrêté préfectoral.
2. La loi, le décret ou l'arrêté préfectoral.
3. Cette date sera mise par M. le Directeur général de la Caisse des dépôts et consignations.
4. Timbre de la mairie.

Annexe N° 2.

CAISSE DES DÉPOTS ET CONSIGNATIONS. CAISSE pour la construction des Écoles.	TABLEAU D'AMORTISSEMENT COMMUNE d	DÉPARTEMENT d ARRONDISSEMENT d (Loi du 1er juin 1878.)

N° Emprunt de remboursable en ans.

Versement fait au Trésor public le 18 .

Numéros des semestres.	Indication des semestres à rembourser.	Montant du semestre.	Dates des remboursements.	Numéros des semestres.	Indication des semestres à rembourser.	Montant du semestre.	Dates des remboursements.
	18..				18..		
	18..				18..		
	18..				18..		
	18..				19..		

Annexe N° 3.

CAISSE DES DÉPOTS ET CONSIGNATIONS.

SOMMES A PAYER, PAR SEMESTRE, POUR CHAQUE 100 FRANCS EMPRUNTÉS A LA CAISSE POUR LA CONSTRUCTION DES ÉCOLES, SUIVANT LE NOMBRE D'ANNÉES DE REMBOURSEMENT.

		f. c.			f. c.
31 ans.	Semestre à payer.	2 50	15 ans.	Semestre à payer.	4 19
30 ans.	—	2 55	14 ans.	—	4 43
29 ans.	—	2 61	13 ans.	—	4 70
28 ans.	—	2 66	12 ans.	—	5 02
27 ans.	—	2 73	11 ans.	—	5 40
26 ans.	—	2 80	10 ans.	—	5 86
25 ans.	—	2 87	9 ans.	—	6 42
24 ans.	—	2 95	8 ans.	—	7 12
23 ans.	—	3 04	7 ans.	—	8 03
22 ans.	—	3 14	6 ans.	—	9 23
21 ans.	—	3 24	5 ans.	—	10 92
20 ans.	—	3 36	4 ans.	—	13 45
19 ans.	—	3 49	3 ans.	—	17 68
18 ans.	—	3 64	2 ans.	—	26 13
17 ans.	—	3 80	1 an.	—	51 50
16 ans.	—	3 98			

Décret relatif au traitement des instituteurs et institutrices primaires. 30 août 1878.

30 Août 1878.

Le Président de la République française,

Sur le rapport du Ministre de l'Instruction publique, des Cultes et des Beaux-Arts,

Vu la loi du 16 juillet 1875, relative au traitement des instituteurs et institutrices primaires publics;

Vu l'article 9 de cette loi, disposant qu'un décret déterminera les augmentations de traitement successives, auxquelles parviendront les instituteurs et institutrices dans un délai qui n'excédera pas quatre années,

Décrète :

ARTICLE 1er. — A partir du 1er janvier 1879, les instituteurs et institutrices primaires publics recevront les allocations déterminées par les articles 3, 4 et 5 de la loi susvisée, dans les conditions indiquées par ces articles.

Circulaire du Ministre de l'Instruction publique, relative à la procédure à suivre en matière d'option entre l'enseignement laïque et l'enseignement congréganiste dans les Écoles primaires publiques. 24 sept. 1878.

24 Septembre 1878.

Monsieur le Préfet, je suis si fréquemment consulté sur la procédure à suivre en matière d'option entre l'enseignement laïque et l'enseignement congréganiste, qu'il m'a paru nécessaire de vous faire connaître mon sentiment à ce sujet d'une manière précise.

Aux termes de l'article 31 de la loi du 15 mars 1850, les Conseils municipaux nommaient les instituteurs communaux et les choisissaient, soit sur une liste d'admissibilité et d'avancement dressée par le Conseil académique du département, soit sur les présentations faites par les supérieurs pour les membres des associations religieuses vouées à l'enseignement.

Le décret-loi du 9 mars 1852 (*art.* 4) décida ensuite que les Recteurs, par délégation du Ministre, nommeraient les instituteurs communaux, *les Conseils municipaux entendus*, d'après le mode ci-dessus énoncé, et, plus tard, la loi du 14 juin 1854 donna aux Préfets les attributions déférées aux Recteurs, en ce qui concerne l'instruction primaire publique ou libre.

Une circulaire du 3 avril 1852 avait expliqué que les mots : « *les Conseils municipaux entendus* », devaient être compris en ce sens, que ces assemblées seraient mises en demeure de déclarer si elles désiraient que la direction de l'École fût confiée à un maître laïque ou à un instituteur congréganiste.

L'année suivante, une autre circulaire autorisait les Recteurs à opérer les déplacements d'instituteurs sans prendre l'avis des Conseils municipaux. L'Administration adopta depuis lors cette jurisprudence, d'après laquelle les Conseils municipaux ne seraient nécessairement invités à se prononcer sur l'option que lorsqu'il se produirait une vacance réelle dans la direction de l'École, par suite de démission, révocation ou décès.

Les Conseils municipaux, réunis en session régulière, ont toujours le droit, s'ils le jugent à propos, de formuler un avis sur l'option entre congréganistes et laïques.

De ces dispositions, on peut donc tirer les conséquences suivantes, à savoir :

1° Que, toutes les fois qu'une vacance se produit dans la direction d'une École publique, il est du devoir du Préfet de mettre le Conseil municipal en demeure de donner son avis sur la catégorie à laquelle le nouveau titulaire appartiendra;

2° Qu'en dehors des cas de vacance, le Conseil municipal peut toujours, en session régulière, exprimer un vœu sur la direction des Écoles;

3° Que les vœux exprimés, dans l'un ou l'autre cas, n'engagent nullement la liberté du Préfet, qui a le droit et le devoir de choisir les instituteurs dans la catégorie qui lui paraîtra répondre le mieux aux intérêts scolaires et au vœu de la majorité de la population.

Il est bien évident que, pour arriver à cette connaissance, vous devez, par tous les moyens en votre pouvoir, rechercher l'influence qu'aura, sur le développement de l'instruction primaire dans la commune, le choix de l'une ou de l'autre des catégories.

Parmi les moyens d'information dont vous disposez à cet effet, il en est un qui se présente tout naturellement. Le Conseil départemental de l'instruction publique, dont le concours est toujours si précieux, peut, dans ses réunions périodiques, être appelé par vous à donner son opinion sur les questions d'option souvent fort délicates.

Il demeure bien entendu toutefois que l'intervention de cette assemblée, recommandée par la circulaire du 28 octobre 1871, ne saurait légalement être considérée comme obligatoire. Un arrêté de vous en matière d'option ne pourrait être taxé d'irrégularité pour ce motif que le Conseil départemental n'aurait point été consulté.

J'ajouterai qu'en ce qui touche les Conseils municipaux, qu'ils soient, par suite d'une vacance, obligatoirement appelés à se prononcer, ou qu'ils usent régulièrement, sans qu'une vacance se soit produite, du droit de formuler un vœu, vous devez, Monsieur le Préfet, ne pas oublier que ces assemblées sont les interprètes les plus naturels et les plus légitimes de la commune. Il vous appartient, au reste, de contrôler l'avis du Conseil, de vous éclairer par tous les moyens sur le sentiment de la population même. C'est à vous que sont confiés tout à la fois les intérêts de l'instruction primaire, les droits de la majorité, et ceux de la minorité, que vous sauriez invoquer et défendre. Il ne vous échappera pas qu'une lourde responsabilité s'attache à une décision qui est sans appel.

Je veux aussi appeler votre attention sur certaines délibérations de Conseils municipaux qui contiennent un double vœu. Ces délibérations portent à la fois, et sur ce qu'*on a appelé improprement la communalisation d'une école libre*, et sur *le choix du maître qui en aura la direction*.

Il n'est point possible d'instruire simultanément deux affaires absolument distinctes, et qui sont réglées par des autorités différentes.

La création d'une École publique dans la commune est, après avis du Conseil municipal, décidée par le Conseil départemental de l'instruction publique, sauf approbation du Ministre. Ici donc, c'est le Conseil départemental qui statue.

Quand il s'agit, au contraire, d'une question d'option, c'est le Préfet qui décide, après que la procédure ci-dessus indiquée a été suivie.

D'ailleurs, comment serait-il possible qu'un Conseil municipal s'occupât d'une question relative à la catégorie de l'instituteur, alors que l'École qui doit être dirigée par cet instituteur n'est pas encore créée?

Voici donc, Monsieur le Préfet, quelle est la marche à suivre dans une affaire de cette sorte :

1° Création de l'École nouvelle :

Prendre l'avis du Conseil départemental, et, dans le cas d'une décision affirmative, déférer cette décision à l'approbation du Ministre;

Si le Ministre approuve, l'École a désormais une existence légale;

2° Choix de la catégorie d'instituteurs :

L'avis du Conseil municipal est alors demandé en premier lieu. L'autorité départementale utilise, comme il a été dit plus haut, tous les moyens d'information dont elle dispose pour arriver à connaître le vœu véritable des habitants de la commune. Enfin le Préfet nomme l'instituteur, en se conformant aux prescriptions de la loi. (*Loi du 15 mars 1850, art. 31 ; décret-loi du 9 mars 1852, art. 4; loi du 14 juin 1854, art. 8.*)

Recevez, etc.

Signé : A. BARDOUX.

Circulaire du Ministre de l'Instruction publique, relative à la réorganisation des conférences pédagogiques. 29 octobre 1878.

29 Octobre 1878.

Monsieur le Recteur, la visite récente des instituteurs à l'Exposition universelle a montré l'importance que présentent, au point de vue de l'instruction des maîtres, les conférences pédagogiques. L'organisation officielle de ces conférences date de 1837; leur but est nettement indiqué dans le règlement du 10 février de cette année (*art. 1er*). Les instituteurs primaires, d'un ou de plusieurs cantons, y est-il dit, sont autorisés à se réunir, avec l'approbation de leurs chefs hiérarchiques, « pour conférer entre eux sur les diverses matières de leur enseignement, sur les méthodes et procédés qu'ils emploient, sur les principes qui doivent diriger l'éducation des enfants et la conduite des maîtres ». Tout autre objet de discussion est sévèrement banni de ces conférences.

L'institution, clairement définie dans son principe et son objet et complètement réglée jusque dans les moindres détails de son fonctionnement, ne tarda pas à porter ses fruits. Les rapports des Recteurs, dans les années qui suivirent, nous donnent la preuve que, partout où elles furent organisées, les conférences pédagogiques amenèrent d'excellents résultats : l'instruction des maîtres fut en progrès, les classes, mieux dirigées, réunirent un plus grand nombre d'élèves, un sentiment de louable émulation se développa chez les instituteurs dans le sens de l'amélioration des méthodes et des procédés d'enseignement; enfin, un lien de solidarité s'établit entre ces hommes qui ne se connaissaient pas auparavant, et qui, jusqu'alors, n'avaient jamais eu l'occasion d'échanger leurs idées sur les questions si délicates de la pédagogie pratique.

C'est précisément de cette époque que date la création et surtout le développement des sociétés de secours mutuels entre les instituteurs et les institutrices d'un même département.

Ces sociétés ont, pour la plupart, résisté à l'action du temps[1]. Quelques-unes sont même devenues très florissantes; les conférences d'instituteurs ont, au contraire, d'année en année, diminué de nombre; elles ont cessé d'exister dans certains départements; dans d'autres, elles se sont complètement transformées.

Je ne rechercherai point, Monsieur le Recteur, quelles sont les causes de nature très diverse qui ont nui au succès et à la durée d'une institution aussi utile; il en est une cependant qui me frappe tout d'abord, et que je signalerai plus spécialement à votre attention.

Le règlement de 1837 me paraît avoir eu cette tendance trop marquée de rendre l'organisation matérielle des conférences pédagogiques absolument uniforme dans notre pays. Elles auront lieu, dit l'article 7, une fois par mois, dans le semestre d'hiver, et deux fois par mois dans le semestre d'été. (Le jeudi leur est spécialement affecté..... *art.* 16.) Les conférences se tiendront dans la salle communale du chef-lieu de canton.....

En cette matière, des prescriptions aussi minutieuses et aussi absolues rencontrent presque toujours, ici et là, des difficultés insurmontables dans leur application; l'autorité locale en triompherait le plus souvent, si le règlement lui laissait une certaine liberté d'action. Dans le cas qui nous occupe, le nombre des conférences, le jour où elles se tiendront, le lieu des réunions, ne doivent-ils pas pouvoir être changés suivant la région? Les usages locaux, la faveur plus ou moins grande qu'attache l'opinion publique dans le pays au développement de l'instruction primaire, l'étendue territoriale du canton, les facilités, très inégales suivant le département considéré, des communications de commune à commune, tous ces éléments, en un mot, ne doivent-ils pas entrer en ligne de compte quand il s'agit d'organiser des réunions périodiques?

J'estime, Monsieur le Recteur, qu'il y a grand intérêt, au point de vue de notre instruction primaire, à reprendre, en l'améliorant, cette institution des conférences d'instituteurs. Les rapports de l'inspection générale, vos propres communications, signalent l'absence trop fréquente d'une direction imprimée, au point de vue pédagogique, aux maîtres de nos Écoles.

L'Inspecteur primaire, placé fréquemment dans une circonscription très étendue, visite trop rapidement et trop rarement les Écoles rurales; il n'a pas le temps d'exercer sur la tenue des classes, sur les tendances des maîtres, une influence qui devrait être si profitable. Qu'après s'être rendu dans un certain nombre de communes, il réunisse, soit au chef-lieu de canton, soit dans toute autre localité, d'un accès plus commode, les instituteurs dont les Ecoles ont été récemment inspectées, il aura là une occasion très naturelle de faire connaître son opinion sur les lacunes qu'il vient de constater, sur les réformes qu'il y aurait lieu d'introduire dans les procédés d'enseignement.

Mais, cette fois, c'est l'Inspecteur qui a eu la parole; il faut trouver le moyen de la donner aussi à l'instituteur : telle est précisément la raison d'être des conférences pédagogiques proprement dites.

Vous voudrez bien, Monsieur le Recteur, vous concerter avec chacun des Inspecteurs d'Académie de votre ressort, pour élaborer un projet d'organisation de ces conférences qui puisse s'adapter complètement aux besoins constatés de son département.

Je n'ai à recommander le maintien d'autres principes généraux que les suivants :

1. Consulter la circulaire du 20 *novembre* 1869. (*Circ. et Instr. off.*, T. VI, p. 725.)

1° L'objet des conférences doit conserver le caractère qui lui a été assigné dans l'article 1er du règlement du 10 février 1837, rappelé plus haut;

2° La présidence en sera exclusivement confiée soit à l'Inspecteur primaire, soit à l'Inspecteur d'Académie;

3° Les sujets à traiter, les questions à résoudre dans chaque conférence seront choisis par l'Inspecteur d'Académie, sur la proposition de l'Inspecteur primaire; ils seront fixés assez longtemps à l'avance pour que les instituteurs puissent en préparer la solution.

Quant à la partie purement matérielle de cette organisation : fixation du nombre des réunions, des époques et des lieux où elles seront tenues, questions financières qui s'y rattachent, création de bibliothèques pédagogiques à l'usage exclusif des instituteurs, je vous laisse le soin, Monsieur le Recteur, de me soumettre un projet de réglementation, qui pourra, je le répète, varier dans ses détails d'un département à l'autre, et quelquefois même d'un arrondissement à l'autre dans le même département.

Vous aurez de plus à examiner si, indépendamment des conférences, dites de canton, dont il vient d'être question, il n'y aurait pas avantage à réunir, au chef-lieu du département, à l'époque des vacances et pendant quelques jours seulement, un certain nombre d'instituteurs qui viendraient prendre part à ce qu'on a appelé une retraite pédagogique. Ces assises scolaires seraient présidées soit par l'Inspecteur d'Académie, soit par des hommes d'une compétence reconnue en matière d'instruction primaire, qui auraient été désignés par lui.

Instituées dans ces dernières années dans quelques départements, ces conférences départementales ont eu un grand succès; les instituteurs qui y avaient assisté se trouvaient initiés aux procédés nouveaux de la pédagogie, et rentraient dans leurs communes avec le désir de les appliquer et de les propager autour d'eux.

Votre rapport devra me parvenir avant le 15 décembre prochain [1].

Recevez, etc.

Signé : A. BARDOUX.

Projet de loi relatif à l'organisation de l'enseignement primaire supérieur, présenté par M. Bardoux, Ministre de l'Instruction publique, des Cultes et des Beaux-Arts [2]. 4 nov. 1878.

Séance du 4 Novembre 1878.

Messieurs, un enseignement intermédiaire entre l'instruction primaire proprement dite et l'instruction secondaire est absolument nécessaire.

La loi de 1833 avait, du reste, créé deux degrés dans l'instruction primaire.

Mais l'enseignement primaire supérieur, il faut le reconnaître, n'avait pas pris racine dans le pays, tandis que les Écoles moyennes et les Écoles bourgeoises d'Allemagne prospéraient. En présence de l'insuffisance des Écoles primaires, et en l'absence d'établissements spéciaux d'un ordre plus élevé donnant

1. Celui du Recteur de l'Académie de Paris fut soumis au Conseil académique (Rapporteur : M. Bos) dans sa session de novembre 1878 et transmis au Ministre le 16 décembre suivant.

2. *Journal officiel* du 25 *novembre* 1878, pages 10996 à 10998.

Le projet fut renvoyé à la Commission de l'instruction primaire.

l'instruction réclamée par une partie de la population, beaucoup d'enfants étaient envoyés dans les Lycées ou Collèges, non pour y recevoir toute l'instruction classique, mais seulement pour en suivre les cours durant plusieurs années et y puiser une instruction un peu plus forte. On avait même créé, sous la monarchie de Juillet, dans quelques Collèges, sous les noms de *cours de français* ou autres, des cours particuliers organisés en faveur de ces élèves.

Ces cours étaient plus nombreux qu'on ne l'a cru. On n'y enseignait guère que la lecture, l'écriture, la langue française, encore d'une manière très incomplète, le calcul, avec un peu de géographie et d'histoire. Il n'y était aucunement question de l'enseignement scientifique.

D'après l'article 10 de la loi de 1833, les communes chefs-lieux de département, et celles dont la population excède 6 000 âmes, devaient cependant avoir une École primaire supérieure. 273 communes se trouvaient alors atteintes par la loi; six ou sept ans plus tard, près des deux tiers de ces communes avaient essayé de satisfaire à ses prescriptions.

Dans son rapport sur l'instruction publique, M. Villemain émit la pensée de réunir ces Écoles aux Collèges, ou de créer dans ceux-ci des cours particuliers destinés à les remplacer.

Les effets ne tardèrent pas à suivre la manifestation de cette pensée. Dès le 21 novembre de l'année 1841, une ordonnance royale avait autorisé la création de vingt-trois cours d'instruction primaire supérieure annexés à des Collèges communaux. Dans le cours de l'année suivante, cinq autres ordonnances autorisèrent la création de cinquante cours du même genre dans autant de Collèges. Dans l'espace d'une seule année, du 21 novembre 1841 au 18 novembre 1842, soixante-treize cours furent annexés à autant de Collèges. C'était la destruction d'un pareil nombre d'Écoles primaires supérieures. Aussi le nombre de celles qui existaient déjà diminua-t-il rapidement, et, dans le cours des années suivantes, il ne fit que décroître par l'effet de mesures semblables.

La loi du 15 mars 1850, qui fit disparaître la distinction entre l'enseignement primaire élémentaire et l'enseignement primaire supérieur, porta un nouveau coup à ce dernier. Elle ne le supprima pas effectivement; elle le laissa même exister en grande partie sous le nom d'enseignement facultatif; mais aucune nouvelle École ne put être créée sous l'ancien nom; il ne s'ouvrit pendant quelque temps que des établissements sans nom spécial, et où, pour cette raison, ne se donnait guère qu'un enseignement bâtard.

Un effet plus funeste à l'existence des Écoles primaires supérieures fut produit par la loi du 21 juin 1865, relative à la création et à l'organisation de ce qu'on a nommé l'enseignement secondaire spécial. Dans les délibérations qui précédèrent la présentation de la loi, quelques personnes firent remarquer que cet enseignement rentrait essentiellement dans le cadre de l'ordre d'études créé par la loi de 1833, sous le titre d'enseignement primaire supérieur. Mais les raisons qui avaient motivé, vingt-cinq ans plus tôt, l'annexion aux Collèges communaux des cours de ce nom prévalurent encore. On répondit aux objections que le nombre des élèves qui suivaient ces cours était nécessaire pour faire vivre la plus grande partie des Collèges, et même quelques-uns des Lycées.

Par suite de cette loi, les cours d'enseignement primaire supérieur des établissements secondaires furent réorganisés, étendus et complétés de manière à constituer un enseignement d'un ordre plus élevé que l'enseignement créé par la loi de 1833. La conséquence naturelle de ce nouvel ordre d'études fut que, non seulement il ne fut plus créé aucune École primaire supérieure, mais, en outre, qu'un certain nombre de celles qui existaient encore furent supprimées et remplacées par des cours d'enseignement secondaire spécial créés dans les établissements secondaires.

C'est ce que constatent les rapports adressés en 1874 par les Inspecteurs d'Académie lors de l'enquête ouverte cette année-là par le Ministre de l'Instruction publique. Ils citent, en effet, plusieurs Écoles de ce genre qui furent supprimées à partir de 1865, et remplacées par des cours d'enseignement secondaire spécial.

D'après ces rapports, il n'y aurait plus eu, en 1874, que trente-neuf Écoles primaires supérieures publiques encore en exercice.

Le nombre des Écoles primaires supérieures qui existent aujourd'hui en France s'élève à une centaine environ, si l'on réunit aux Écoles publiques les Écoles privées, dont les élèves doivent dépasser le chiffre de 4000. Encore convient-il de remarquer que beaucoup d'Écoles publiques, sans porter le nom d'Écoles primaires supérieures, donnent un enseignement qui se rapproche beaucoup de celui qu'on désigne de ce nom, mais qui en diffère principalement par l'insuffisance de l'enseignement scientifique.

Le but de l'enseignement primaire supérieur, tel qu'il convient de le constituer, est de continuer, de développer et de spécialiser, dans une certaine mesure, les connaissances qui constituent l'instruction primaire en y ajoutant seulement quelques notions qui sont plus particulièrement utiles pour les classes ouvrières et agricoles.

Afin de mieux préciser ce but, nous entendons que, pour fréquenter les établissements où l'on donnera l'enseignement primaire supérieur, les élèves aient tous reçu l'instruction élémentaire. Nous avons en vue, par là, d'arriver à l'unité de connaissances préliminaires, à l'unité d'enseignement et à l'unité de direction, qui ne peuvent s'obtenir que lorsqu'on s'adresse à des élèves placés dans des conditions analogues, et se proposant tous un but semblable. Or, ce sont précisément ces conditions qui manquent à l'enseignement secondaire spécial. Dans celui-ci, on entre à tout âge, sans avoir fait preuve de connaissances déterminées et avec toutes sortes de destinations différentes. Il ne peut donc y avoir ni unité de programme, ni unité de méthode. C'est par là d'abord que l'enseignement primaire s'en distingue essentiellement. Ajoutons encore que, tout en admettant des externes, les établissements d'enseignement secondaire spécial sont principalement organisés en internats.

Laissons donc l'enseignement spécial tel qu'il subsiste, et, sans nous adresser à la clientèle qui le fréquente, tâchons d'en organiser un autre qui convienne à une population différente, mais bien plus nombreuse : celle qui a besoin de donner à ses enfants une instruction un peu plus étendue que celle des Écoles élémentaires; c'est aussi celle des artisans des villes et des campagnes, qui n'ont pas besoin de l'enseignement toujours un peu trop théorique des Lycées et des Collèges, mais pour qui un enseignement plus varié et plus substantiel que celui des Écoles communales est indispensable, afin de préparer leurs enfants à toutes les professions qu'ils peuvent embrasser.

Quelques-unes des bonnes Écoles primaires supérieures existant aujourd'hui et perfectionnées, du reste, celles qui existent à Paris sous le nom d'Écoles Turgot, sont le type qui est présenté. Les dernières ne nous ont pourtant pas semblé un exemple qu'on puisse offrir partout à l'imitation. Il y a, en effet, dans ces Écoles, une large organisation matérielle et un nombreux personnel enseignant que permettent à la ville de Paris sa richesse et son immense population, aux besoins si variés, mais qu'on ne pouvait proposer comme modèle aux villes placées dans des conditions infiniment plus modestes, et, à plus forte raison, aux campagnes. Chaque ville, suivant sa richesse, ses besoins, la nature particulière de son industrie, et suivant la région où elle est située, doit toujours avoir la faculté de faire au projet présenté les additions que pourrait réclamer sa position particulière.

Il nous a semblé qu'en présentant un cadre d'enseignement dont il serait bon de se rapprocher le plus possible partout, il y avait pourtant quelques matières indispensables qui pourraient être retranchées dans certaines localités peu importantes ou situées dans des conditions spéciales. Ces retranchements, du reste, n'auraient lieu qu'avec le consentement de l'autorité à laquelle les Conseils municipaux devraient soumettre leur programme lors de la création de l'École primaire supérieure.

Nous désirons que l'École primaire supérieure soit toujours complètement indépendante d'un Lycée ou d'un Collège. La classe à laquelle s'adresse surtout l'enseignement primaire supérieur ne trouverait, dans les établissements précités, ni professeurs, ni programmes, ni condisciples, en rapport avec ses aspirations, ses goûts et ses habitudes. On pourrait, dans certaines localités, au contraire, sans inconvénient, annexer les nouvelles Écoles aux Écoles primaires déjà existantes; il peut y avoir, en effet, quelque avantage, et notamment de l'économie, à profiter de locaux appartenant déjà aux communes; mais les deux enseignements doivent avoir une organisation distincte.

Il convient de laisser aux communes un délai pour exécuter les prescriptions de la loi, et nous croyons pouvoir l'étendre à cinq ans. Ce délai est nécessaire pour qu'une partie d'entre elles aient le temps de se procurer les ressources nécessaires à la création d'un nouvel établissement. Ajoutons qu'à l'heure actuelle, il serait peut-être difficile de trouver partout un nombre de maîtres suffisamment aptes à y donner l'enseignement.

Afin de faciliter la création des Écoles primaires supérieures, il a paru convenable de poser en principe qu'elles seraient érigées en externats.

Ce n'est point par une imitation servile de ce qui se fait presque universellement à l'étranger que nous proposons ce système : c'est parce qu'il diminue dans une proportion énorme les dépenses de création et de premier établissement, et qu'il restreint de même considérablement toutes les dépenses d'entretien. Sans compter l'avantage de faire disparaître les difficultés nombreuses et même les embarras qui sont la conséquence de l'internat, le système proposé a le mérite de rendre plus facile l'extension d'une classe d'Écoles reconnues nécessaires aujourd'hui.

Il reste, d'ailleurs, bien entendu que, lorsque les villes le croiraient nécessaire, l'Administration supérieure pourrait autoriser l'annexion d'un pensionnat à l'École.

On objecte contre le système de l'externat qu'il ne permettrait pas aux élèves des autres localités de l'arrondissement ou du département de fréquenter l'École située au chef-lieu. Mais il a été répondu que ces élèves appartenaient presque toujours à des familles ayant dans ce chef-lieu, situé à une faible distance de leur domicile, des parents, des connaissances, chez qui ils pourraient placer leurs enfants gratuitement ou moyennant une redevance généralement moindre que celle qu'on exige dans un pensionnat proprement dit. Une objection plus grave est celle qu'on tirerait de la difficulté, pour les familles pauvres résidant hors de la localité où serait située l'École, d'en faire profiter leurs enfants. Mais les bourses et les demi-bourses, qui, nous l'espérons, seront fondées, feront disparaître ces difficultés. Le taux de ces bourses et demi-bourses serait, dans ce système, moins élevé que dans celui de l'internat : il permettrait, par conséquent, d'en augmenter la quantité et d'en faire profiter un plus grand nombre de familles.

Sans nous occuper des questions relatives à l'organisation matérielle des Écoles, des bâtiments et du mobilier, nous devons cependant faire remarquer que l'externat simplifie beaucoup toutes ces questions. Il réduit dans des proportions considérables l'étendue des terrains à acquérir ainsi que des bâtiments à élever ou bien à approprier. Les terrains ou bâtiments qui restent nécessaires se réduisent à ceux qui sont indispensables : 1° pour les classes où doivent se donner les leçons et les salles de travail ; 2° pour les pièces destinées à recevoir les collections, instruments et appareils que réclame l'enseignement ; 3° pour le logement du directeur et pour quelques autres dépendances ; 4° enfin, pour les préaux ou cours affectés aux récréations et aux exercices de gymnastique.

Au point de vue de l'enseignement, il convenait d'assigner des limites dans lesquelles toutes les Écoles primaires supérieures doivent se renfermer. Une distinction a servi de base à tout le projet de loi. Nous établissons deux sortes d'Écoles supérieures : celles des villes et celles des campagnes; les unes dites urbaines, les autres rurales. Le chiffre de la population nous a paru le seul moyen possible de fonder cette distinction. Deux sections, dont quelques dispositions sont différentes et se justifient, ont dès lors été créées dans le projet de loi. Il nous a paru qu'un minimum de trois années d'études était indispensable pour donner un enseignement solide et répondant bien aux besoins de toutes les parties de la population appelée à en profiter. Nous avons pensé, du reste, que, dans la répartition définitive des programmes, il conviendrait de disposer les matières de telle façon que l'enseignement de chaque année pût former une espèce de tout complet. Cela est utile surtout pour que les élèves qui seraient forcés de quitter l'École avant l'achèvement du cours entier puissent tirer parti des connaissances acquises, au lieu de n'emporter de l'École qu'une masse de notions fragmentaires de toutes choses. Cette remarque est principalement importante à l'égard des matières qui formeront le sujet d'enseignement des deux premières années.

En outre, quoique nous ayons limité à trois années la durée du cours entier, nous comprenons cependant qu'une quatrième année, dans les Écoles urbaines, puisse être utile pour ceux des élèves qui voudraient perfectionner leur instruction ou la pousser un peu plus loin. Une quatrième année pourrait donc être autorisée à titre de cours de perfectionnement.

Mais, pour qu'un pareil enseignement soit donné d'une manière profitable, le nombre des élèves admis dans chaque classe ne doit pas être trop élevé. Nous avons posé des limites qu'il ne convient pas de franchir. L'expérience a, du reste, fait reconnaître que, lorsque les matières d'enseignement deviennent d'un ordre plus difficile, ce qui a lieu à mesure que les élèves avancent en âge, il convient d'en réduire graduellement le nombre. Remarquons d'ailleurs que, dans les établissements de ce genre, le nombre des élèves diminue d'ordinaire à mesure qu'on avance vers les classes les plus élevées.

Il ne suffit pas de limiter le nombre des élèves qui composeront chaque classe ; il faut encore que chacun de ceux qui seront admis soit en état de suivre avec fruit les leçons. Il est donc indispensable de régler les conditions d'admission. Elles paraissent devoir être de deux sortes : conditions de capacité et conditions d'âge. En ce qui concerne les premières, il nous a semblé que la possession du certificat d'études primaires suffirait pour établir que l'élève est en état d'entrer dans la première classe de l'école et d'en comprendre les leçons.

Restaient à déterminer les conditions à remplir par le directeur et par les maîtres. Nous avons jugé nécessaire de demander à chaque maître les mêmes conditions de capacité. Nous proposons donc d'exiger de chacun d'eux la possession du brevet complet. Ce brevet, toutefois, pourrait être suppléé par le diplôme de bachelier ès lettres ou ès sciences, complété d'ailleurs, comme l'établit le règlement du 15 janvier 1877, pour celles des matières qui ne sont pas exigées pour le diplôme dont le candidat est porteur. Il pourrait enfin être suppléé par le brevet délivré à la sortie de l'École de Cluny.

Quant à l'âge exigé pour donner l'enseignement, nous l'avons fixé à vingt et un ans pour les maîtres chargés des classes; mais nous portons à vingt-cinq ans l'âge nécessaire pour obtenir la direction d'une École, en y ajoutant la condition de cinq ans d'exercice. Cet âge et ce temps d'exercice paraissent indispensables pour un homme qui n'a pas seulement à faire des leçons, mais qui doit avoir acquis de l'expérience dans l'art de conduire un établissement et de former la jeunesse.

Nous avons cru qu'il importait de fixer un minimum au-dessous duquel on ne pourrait pas descendre. La fixation de ce minimum nous a paru utile, tant pour faire bien connaître l'importance et le caractère de l'institution qu'il s'agissait de réorganiser, que pour y attirer des sujets vraiment capables, et pour déterminer à s'y préparer ceux qui sentiraient en eux l'aptitude à suivre dignement cette carrière.

Restait à créer l'enseignement supérieur des filles.

Nous n'avons pas cru possible encore d'introduire dans le projet de loi l'obligation, comme pour les garçons. Les motifs pour expliquer cette différence sont nombreux. Nous manquons d'abord de personnel; les dépenses à faire sont trop considérables pour que nous puissions mener de front ces deux importantes réformes. L'État encouragera de tous ses efforts l'établissement de l'enseignement supérieur des filles. Nous reconnaissons toute son importance, et le programme dont nous jetons les bases indique suffisamment quelles préoccupations nous inspire l'éducation des femmes dans la démocratie française. L'enseignement primaire supérieur est d'autant plus nécessaire pour elles, que l'enseignement secondaire n'est pas organisé de façon à assurer à toutes les jeunes filles l'instruction dont elles ont besoin. Il faut attendre du temps, de l'esprit public, de l'amélioration du personnel enseignant, et de nos efforts persévérants la solution de cette grave question; mais faisons tout ce qui est actuellement possible.

Projet de loi.

CHAPITRE Ier.

ARTICLE 1er. — Les Écoles primaires sont de deux sortes :

Les Écoles primaires élémentaires;

Les Écoles primaires supérieures.

Écoles primaires supérieures.

ART. 2. — Il sera créé dans chaque canton, et dans les cinq années qui suivront la promulgation de la présente loi, un enseignement primaire supérieur pour les garçons.

ART. 3. — Les Écoles d'enseignement primaire supérieur sont de deux sortes, urbaines ou rurales : sont dites urbaines celles établies dans des communes ayant plus de 3 000 habitants.

Ces Écoles supérieures sont, ou séparées de l'École primaire élémentaire, ou annexées à ladite École.

CHAPITRE II.

SECTION Ire. — *Écoles des garçons.*

ART. 4. — Le maître chargé de la classe d'enseignement supérieur devra être muni du brevet complet et être âgé de vingt et un ans au moins.

Ce brevet pourra être suppléé par les diplômes de bachelier ès lettres ou ès sciences ou par le diplôme de l'enseignement spécial.

Nul élève ne pourra être admis dans les Écoles d'enseignement primaire supérieur s'il n'a atteint l'âge de douze ans, s'il n'est déjà pourvu du certificat d'études primaires, ou s'il n'a subi un examen spécial portant sur les matières de l'enseignement primaire élémentaire.

ART. 5. — La durée de l'enseignement primaire supérieur sera de trois années. Chacune de ces années présentera néanmoins un enseignement complet.

ART. 6. — Le programme des matières à enseigner, programme qui sera déterminé par un règlement spécial, aura partout un caractère professionnel.

Les communes auront la faculté d'y introduire, avec l'autorisation de l'Administration supérieure, et après avis du Conseil départemental de l'instruction publique, toutes les modifications ou additions que rendraient nécessaires les besoins particuliers de la région.

ART. 7. — Les Écoles primaires supérieures seront érigées en externats.

La création d'un pensionnat, y annexé, pourra cependant être autorisée par le Ministre, sur l'avis du Conseil départemental de l'instruction publique.

SECTION II. — *Écoles rurales.*

ART. 8.— Dans l'une des communes de chaque canton, une salle, autant que possible annexée à l'École primaire élémentaire, sera spécialement affectée à la classe de l'enseignement primaire supérieur.

Cette salle sera pourvue du mobilier scolaire correspondant au degré d'enseignement adopté.

ART. 9. — Le traitement du maître chargé de la direction de l'enseignement primaire supérieur sera, au minimum, de 2 000 francs.

Celui du maître adjoint de 1 500 francs.

ART. 10. — Un musée scolaire sera installé dans chaque École primaire supérieure par les soins du directeur de l'École.

ART. 11. — Le programme d'enseignement, qui fera l'objet d'un règlement spécial, comprendra nécessairement des notions élémentaires sur la législation municipale, l'application de la géométrie à l'arpentage et au nivellement, l'étude générale des trois règnes (animal, végétal, minéral) avec applications à l'hygiène et à l'industrie locale, des instructions élémentaires sur l'agriculture et l'horticulture adaptées à la région, des principes de gymnastique avec exercices pratiques.

SECTION III. — *Écoles urbaines.*

ART. 12. — Le nombre des maîtres sera de trois au moins, y compris le directeur.

Le traitement du directeur sera, au minimum, de 3 000 francs; celui de chaque adjoint de 2 000 francs.

ART. 13. — Chaque maître sera chargé, non point de l'enseignement de toute une classe, mais seulement de différentes branches d'instruction pour lesquelles il aura une aptitude spéciale.

ART. 14. — Une quatrième année d'enseignement pourra être autorisée sur l'avis du Recteur de l'Académie à titre de cours de perfectionnement.

ART. 15. — Chaque École primaire supérieure devra comprendre les bâtiments ou locaux nécessaires : 1° aux classes où devront se donner les leçons (une salle spéciale sera affectée à l'enseignement du dessin) ; 2° au logement du directeur et aux autres dépendances reconnues indispensables ; 3° aux préaux ou cours affectés aux récréations et aux exercices gymnastiques.

ART. 16. — Des maîtres étrangers à l'établissement pourront être attachés à l'École pour quelques enseignements spéciaux.

ART. 17. — Le programme d'enseignement comprendra, outre les connaissances générales qui seront déterminées par un règlement spécial, des études préparatoires au commerce et à la comptabilité, la tenue des livres, les comptes courants et en participation, les principes essentiels du droit commercial et du droit civil, les éléments de la mécanique nouvelle (machines simples et composées, transmission et transformation des mouvements), les principales découvertes modernes et leurs applications scientifiques aux usages de la vie.

On pourra, avec l'autorisation du Recteur, ajouter à ce programme des connaissances se rapportant à l'industrie locale.

Certaines suppressions ou additions pourront être opérées dans les programmes, sous la réserve d'une autorisation préalable, obtenue dans les conditions fixées par l'article 6 de la présente loi.

CHAPITRE III.

SECTION UNIQUE. — *Écoles des filles.*

ART. 18. — Il pourra être annexé à l'École publique élémentaire de filles de l'une des communes de chaque canton une classe d'enseignement primaire supérieur.

ART. 19. — La classe d'enseignement supérieur sera dirigée par une maîtresse pourvue du brevet complet et âgée de vingt et un ans au moins.

ART. 20. — Une salle distincte, pourvue du mobilier scolaire, sera affectée à l'enseignement primaire supérieur.

ART. 21. — Le programme de cet enseignement sera déterminé par un règlement spécial.

Il comprendra accessoirement des leçons de couture, confection et entretien du linge et des vêtements ; des notions sur l'hygiène de la famille, sur l'économie domestique et rurale ; la tenue des livres ; le dessin linéaire et d'ornement appliqué au travail des femmes ; le chant.

CHAPITRE IV. — *Dispositions générales.*

ART. 22. — Les dépenses nécessitées par l'enseignement primaire supérieur seront à la charge des communes.

Le Conseil général désignera, après avis du Conseil départemental de l'instruction publique, les Écoles publiques d'enseignement primaire supérieur auxquelles l'État pourra accorder des subventions, soit pour leur fondation, soit pour leur entretien.

ART. 23. — Les inspections des Écoles primaires supérieures, publiques ou libres, s'exerceront dans les conditions prescrites par les règlements pour ce qui concerne l'enseignement primaire élémentaire.

Proposition de loi relative au traitement des instituteurs et des institutrices, présentée par MM. le comte de Colbert-Laplace et Flandin, députés. 4 nov. 1878.

Séance du 4 Novembre 1878.

Messieurs, en 1875, au cours de la discussion de la loi relative au traitement des instituteurs et des institutrices, l'honorable M. Monnet, aujourd'hui sénateur, proposa un article additionnel qui était conçu dans les termes suivants :

« Après cinq années d'exercice dans la même École, les instituteurs adjoints sont assimilés pour le traitement et les droits à l'avancement aux instituteurs titulaires de quatrième classe.

« Cette disposition est appliquée aux institutrices adjointes. »

Cette proposition, que soutint aussi l'honorable M. de Kerdrel, portait donc qu'après cinq années de service dans une même École, les instituteurs adjoints seraient, en quelque sorte, identifiés avec les instituteurs titulaires, et elle posait en principe qu'après un stage de cinq ans, les adjoints avaient le même droit que les titulaires de voir leur traitement s'augmenter graduellement en raison de la durée de leurs services.

Nous laissons de côté le premier point pour nous occuper exclusivement du second, en nous fondant sur la nécessité, sur la convenance qu'il y aurait de faire que les années passées comme adjoints par les instituteurs ne fussent point absolument perdues pour eux, le jour où ils viennent à être nommés titulaires. Notre projet n'a donc trait que d'une manière indirecte aux instituteurs adjoints, et il ne vise distinctement que les titulaires qui pendant un certain temps auront exercé comme adjoints.

Cela étant, les objections qui avaient été faites à MM. Monnet et de Kerdrel tombent d'elles-mêmes. En effet, on craignait que, des avantages égaux leur étant assurés, les jeunes gens n'eussent cherché à s'éterniser dans les villes, ce qui aurait été au préjudice des campagnes. Mais le projet que nous avons l'honneur de soumettre à la Chambre des députés n'assure aux adjoints le bénéfice de la loi du 19 juillet 1875, que le jour où ils sont nommés titulaires.

La situation des adjoints ne serait donc pas changée, s'ils devaient rester adjoints. Mais, d'autre part, les adjoints ne seraient plus poursuivis par la nécessité d'être nommés titulaires le plus vite possible, et, par suite, sans porter le moindre préjudice aux campagnes, bien loin de là même, on assurerait un service stable aux Écoles municipales des chefs-lieux de canton.

Nous avons donc l'honneur de soumettre à la Chambre la proposition de loi suivante :

Proposition de loi.

ARTICLE UNIQUE. — A partir de la promulgation de la présente loi, les instituteurs titulaires seront classés d'après le nombre d'années qu'ils auront passées au service de l'enseignement primaire, soit comme titulaires, soit comme adjoints.

Les années qui s'écouleront entre le jour où un instituteur adjoint aura refusé un poste de titulaire et celui où il en aura accepté un, ne seront pas comptées.

Les précédentes dispositions seront appliquées aux institutrices et directrices de salles d'asile.

13 nov. 1878. **Instruction du Ministre de l'Instruction publique, relative à la surveillance à exercer pour le personnel admis dans les Écoles primaires publiques.**

13 Novembre 1878.

Monsieur le Préfet, d'après les rapports qui m'ont été transmis par MM. les Inspecteurs généraux et par quelques-uns de vos collègues, j'ai pu constater que des instituteurs adjoints laïques ou congréganistes sont introduits, à votre insu, dans un certain nombre d'Écoles primaires communales, et, qu'en outre, ces maîtres ne remplissent pas toujours les conditions d'âge exigées par la loi. C'est là un regrettable abus, qu'il importe de faire cesser, et sur lequel j'appelle toute votre attention.

Ainsi que l'a fait très justement observer l'un de mes prédécesseurs, les Écoles communales sont des établissements publics, où nul ne doit être employé sans l'autorisation préalable des fonctionnaires qui sont spécialement chargés de leur surveillance.

Je n'ai pas à vous rappeler, d'ailleurs, que l'article 34 de la loi du 15 mars 1850, qui précise l'intervention du Préfet, en pareil cas, n'admet pas que les instituteurs adjoints puissent être âgés de moins de dix-huit ans.

Ce sont là des principes essentiels, auxquels il ne peut être fait aucune dérogation.

Il y a un intérêt moral de premier ordre à ce que l'Administration de l'instruction publique soit constamment édifiée sur le personnel auquel sont confiés les enfants de nos Écoles, et il est de votre devoir de vous assurer que personne, d'où qu'il vienne, n'y sera admis sans que vous ayez été prévenu et mis en mesure, par suite, de prendre tous les renseignements nécessaires sur les antécédents et la moralité du candidat proposé.

J'ai eu moi-même trop souvent l'occasion de déplorer les conséquences résultant de l'admission dans les Écoles d'auxiliaires sans titre, dont on ignorait la provenance, et qui échappaient à tout contrôle. Il arrivait alors parfois que la justice venait leur demander compte de faits antérieurs au dernier déplacement dont ils avaient été l'objet.

Je vous invite, en conséquence, Monsieur le Préfet, à vous faire renseigner très exactement sur la situation de chaque École communale laïque ou congréganiste de votre département, et à n'y tolérer aucun maître qui y aurait été attaché sans que vous en ayez été averti en temps utile.

En ce qui concerne plus spécialement les directeurs des Écoles communales congréganistes, j'ajouterai qu'ils ne pourront quitter leur poste qu'autant que vous leur aurez délivré une lettre d'*exeat*, et qu'une pareille lettre sera également exigée par vous du nouveau titulaire proposé par le supérieur général de la congrégation.

Vous voudrez bien m'accuser réception de la présente circulaire et m'adresser, dans un bref délai, un rapport spécial sur les irrégularités qui auront été portées à votre connaissance.

Recevez, etc.

Signé : A. BARDOUX.

Arrêt du Conseil d'État, relatif à l'inscription d'office, au budget d'une commune, du traitement des instituteurs. 29 nov. 1878.

29 Novembre et 6 Décembre 1878.

Un Préfet ne peut, sans commettre un excès de pouvoirs, inscrire d'office au budget d'une commune, pour le traitement de ses instituteurs congréganistes, une somme supérieure à celle que le Conseil municipal a votée en se conformant à la législation qui régit la matière, s'il fait cette inscription en exécution d'une convention dont la commune conteste la validité et même l'existence. L'autorité judiciaire est seule juge d'une pareille contestation.

Le Conseil d'État,

Vu les lois des 15 mars 1850, 10 avril 1867 et 19 juillet 1875;

Vu les lois des 7-14 octobre 1790 et 24 mai 1872;

Considérant que les deux pourvois présentent à juger les mêmes questions, et n'ont donné lieu qu'à une même instruction; que, dès lors, il y a lieu de les joindre pour y être statué par une même décision;

Considérant que, si les traitements des instituteurs communaux congréganistes constituent pour les communes une dépense obligatoire, ces traitements, à défaut de conventions passées avec les congréganistes, ne peuvent être inscrits d'office à leur budget que d'après les bases fixées par la loi pour les instituteurs et adjoints des Écoles publiques;

Considérant qu'aux termes de l'article 34 de la loi du 15 mars 1850, c'est au Conseil départemental qu'il appartient de déterminer le nombre des instituteurs adjoints, et qu'il n'est pas contesté que le nombre, pour les trois Écoles dirigées par les frères dans la ville de Grenoble, a été fixé à douze par le Conseil départemental;

Considérant, en ce qui touche le traitement des trois directeurs, que, sous le régime de l'article 7 de la loi du 10 avril 1867, relatif aux communes où la gratuité est établie, le traitement de l'instituteur public est composé d'un élément fixe, et d'éléments variables calculés d'après le nombre des élèves de l'école, et que l'article 1er de la loi du 19 juillet 1875 s'est borné à élever à 900 francs le minimum de ce traitement;

Considérant, en ce qui touche le traitement des instituteurs adjoints, que, d'après l'article 1er précité et l'article 9 de la même loi combinés, le traitement minimum était de 600 francs en 1876 et de 700 francs en 1877;

Considérant que le Préfet du département de l'Isère, en inscrivant d'office au budget de la ville de Grenoble pour les années 1876 et 1877, pour la dépense des Écoles congréganistes, une somme supérieure à celle qui avait été votée par le Conseil municipal, ne s'est pas fondé sur ce que la somme votée serait insuffisante pour pourvoir au payement des traitements dus aux frères d'après les dispositions des lois rappelées ci-dessus;

Qu'il s'est fondé sur ce que la somme portée au budget serait inférieure à celle qui serait due aux frères en vertu de conventions antérieures passées entre l'institut et la ville;

Que la ville contestait la validité et même l'existence de ces conventions;

Qu'il n'appartenait qu'à l'autorité judiciaire de connaître de cette contestation, et que, tant qu'aucun jugement n'était intervenu, le Préfet ne pouvait, sans excès de pouvoirs, déclarer que l'exécution des conventions prétendues était obligatoire pour la ville;

Que de tout ce qui précède il résulte que la ville est fondée à demander l'annulation des arrêts attaqués;

Sur les conclusions de la ville tendant à faire condamner le Préfet aux dépens :

Considérant qu'il ne peut être prononcé de condamnation aux dépens contre les Préfets à l'occasion des actes faits par eux comme représentants de la puissance publique,

Décide :

Sont annulés, pour excès de pouvoirs, les arrêtés du Préfet du département de l'Isère en date des 13 janvier et 2 mai 1877;

Les conclusions de la ville de Grenoble à fin de dépens sont rejetées.

---

12 déc. 1878. **Proposition de loi tendant à modifier la loi du 14 juin 1854 sur l'organisation des Conseils départementaux de l'instruction publique, présentée par M. Monnet, sénateur.**

Séance du 12 Décembre 1878.

Messieurs, les articles 5, 8 et 9 de la loi du 14 juin 1854 sont modifiés ainsi qu'il suit[1] :

ART. 5. — Il y a au chef-lieu de chaque département un Conseil départemental de l'instruction publique composé : 1° du Recteur; 2° du Préfet ou de son délégué; 3° de l'Inspecteur d'Académie; 4° d'un Inspecteur de l'instruction

1. Voir au tome III, page 588, le texte des articles 5, 8 et 9 de la loi du 14 *juin* 1854.

primaire désigné par le Ministre; 5° des membres que les paragraphes 5, 6, 7, 8, 9, 10 et 11 de l'article 10 de la loi du 15 mars 1850 appelaient à siéger dans les Conseils académiques; 6° de quatre membres élus pour trois ans par le Conseil général, dont deux au moins seront pris dans son sein.

La présidence du Conseil départemental appartient au Recteur; en cas d'absence, il est remplacé par un président élu par le Conseil.

ART. 8. — Le Recteur exerce, sous l'autorité du Ministre de l'Instruction publique, les attributions qui lui sont déférées par la loi du 15 mars 1850, en ce qui concerne l'instruction primaire publique ou libre.

ART. 9. — Sous l'autorité du Recteur, etc., etc. (*comme à l'ancienne rédaction*).

Circulaire du Vice-Recteur aux Inspecteurs de l'Académie de Paris, relative à l'interprétation de l'article 66 de la loi du 15 mars 1850, concernant le nombre légal des élèves auxquels les ministres des différents cultes peuvent donner l'instruction secondaire. 14 déc. 1878.

14 Décembre 1878.

Monsieur l'Inspecteur, j'avais été consulté par un de vos collègues sur l'interprétation à donner à l'article 66 de la loi du 15 mars 1850, à l'occasion de la déclaration faite par un ecclésiastique qui voulait recevoir huit élèves auxquels serait donnée l'instruction secondaire. Je répondis que le nombre légal était de quatre; qu'il ne pouvait être dépassé; que la loi, d'ailleurs, sur ce point était formelle.

Mais l'ecclésiastique, indépendamment de sa déclaration personnelle pour quatre élèves, en fit une autre pour quatre élèves également au nom d'un de ses vicaires; je refusai de recevoir cette seconde déclaration, de même que j'avais refusé la première.

L'exception stipulée, en matière d'instruction secondaire, en faveur des ministres des différents cultes reconnus, qui n'ont été ni interdits, ni révoqués, était expliquée dans le rapport de la Commission à la Chambre des députés :

« Nous demandons, dit le rapport, que le Recteur n'intervienne que si les curés, dans les campagnes ou dans les villes, abusaient de la faculté qui leur est accordée de donner l'instruction classique à un certain nombre d'élèves, pour tenir de véritables pensionnats, sans s'être conformés aux injonctions de la loi. »

M. le Ministre, auquel je soumis l'affaire, tant pour l'interprétation de la loi que pour le régime des maîtrises, a répondu que les deux questions avaient été traitées à fond dans une dépêche adressée, le 4 février 1863, à l'un de MM. les Recteurs, et dont je suis autorisé à reproduire les termes :

« L'article 66 de la loi du 15 mars 1850, écrivait M. le Ministre, n'a d'autre but que de permettre aux ministres du culte de former des jeunes gens pour les petits séminaires et d'assurer le recrutement du clergé.

« Rien ne serait plus contraire à la lettre et à l'esprit de la loi, que de réunir dans la même maison, sous prétexte qu'elle est habitée par plusieurs ministres des cultes reconnus, autant de fois quatre jeunes gens qu'il y a de ministres; ce serait là créer et ouvrir réellement une École secondaire libre. Or, pour ces Écoles, les conditions et formalités à remplir sont évidemment celles du droit commun, tel qu'il est expressément déterminé par l'article 60 de la loi du

15 mars 1850 : quiconque les méconnaît et les enfreint tombe sous l'application de l'article 66, § 1er, de ladite loi; il s'expose à être poursuivi devant le tribunal correctionnel du lieu du délit, condamné à une amende, et à voir son établissement fermé.....

« Quant aux maîtrises tolérées jusqu'à ce jour auprès des églises cathédrales, où elles ont leur raison d'être, où elles sont indispensables pour l'éclat des cérémonies du culte, vous veillerez à ce que cette tolérance, en s'étendant aux églises paroissiales d'une même ville, ne dégénère pas en abus. Ici encore, il faut prévenir l'établissement illégal de véritables Écoles primaires ou secondaires libres. Si cette extension peut s'admettre, jusqu'à un certain point, dans les grandes villes, elle devient inapplicable quand il s'agit des campagnes. Dans la très grande majorité de nos communes rurales, l'église trouve ses enfants de chœur parmi les élèves mêmes de l'École primaire laïque ou congréganiste. »

Je ne puis que vous inviter, Monsieur l'Inspecteur, à prévenir, par des avis donnés à propos, toute pratique tendant à éluder les prescriptions de la loi. Nous avons à faire respecter le principe de liberté, mais dans les conditions d'exercice que la loi a fixées, que nul ne saurait impunément méconnaître.

Agréez, etc.

Signé : MOURIER.

---

19 déc. 1878. **Rapport et Décret ayant pour objet de donner le nom de « Pape-Carpantier » au Cours pratique des salles d'asile.**

19 Décembre 1878.

1° Rapport au Président de la République.

Monsieur le Président,

J'ai l'honneur de soumettre à votre signature un projet de décret qui a pour but de donner au Cours pratique des salles d'asile le nom de Mme Pape-Carpantier.

Fondatrice de cet établissement, qui, en assurant le recrutement du personnel des directrices et sous-directrices des salles d'asile, rend d'incontestables services, Mme Pape-Carpantier l'a dirigé avec une grande compétence pendant vingt-sept ans. Elle est décédée le 31 juillet dernier. Vous voudrez sans doute, Monsieur le Président, rendre à sa mémoire un public et légitime hommage.

Agréez, etc.

Signé : A. BARDOUX.

2° Décret.

Le Président de la République française,

Sur le rapport du Ministre de l'Instruction publique,

Décrète :

Le Cours pratique des salles d'asile prendra désormais le nom d'*École Pape-Carpantier* (*Cours pratique des salles d'asile*).

Circulaire du Ministre de l'Instruction publique, insistant sur l'établissement régulier de l'état des services dans les propositions d'admission à la retraite des instituteurs et des institutrices primaires publics. 21 déc. 1878.

21 Décembre 1878.

Monsieur le Préfet, parmi les pièces que vous avez à me transmettre à l'appui de vos propositions d'admission à la retraite en faveur des instituteurs et des institutrices de votre département, je signale à votre attention l'état des services comme l'une des plus importantes.

Ce document, quoique en général établi avec soin, présente parfois certaines irrégularités, qu'il est nécessaire de faire disparaître, et qui font l'objet des observations suivantes :

1° L'état en question ne doit contenir que les services rendus dans l'enseignement public. Quant aux services militaires, quant aux services civils étrangers à l'instruction publique, ils doivent, aux termes du décret du 9 novembre 1853, être constatés par des certificats authentiques émanés des divers Ministères auxquels ils ressortissent. Ces certificats, dont la production est indispensable pour que le dossier du fonctionnaire qui a exercé ailleurs que dans l'enseignement soit absolument complet, seront réunis dans un bordereau spécial, sur lequel vous ferez résumer tous les services de l'intéressé, y compris ceux d'instituteur, avec mention de la durée de chacun d'eux;

2° Lorsqu'un fonctionnaire a eu, dans son temps d'exercice, une ou plusieurs interruptions, il ne suffit pas de défalquer la durée de ces interruptions du montant des années admissibles; il faut encore déclarer pour quelles causes et à quelles époques elles ont eu lieu, et, dans le cas où il s'agirait d'un congé régulier, faire connaître si pendant ledit congé l'intéressé a ou non joui d'une allocation soumise à retenue;

3° Il convient d'établir très exactement le traitement moyen qui sert de base à la liquidation. A ce sujet, je vous ferai remarquer que, lorsqu'un instituteur cesse ses fonctions dans le cours d'une année qui est ou peut être une des plus productives de son exercice, il y a lieu de faire une distinction entre le cas où le maître jouit d'un traitement absolument *fixe* et celui où le fonctionnaire touche des émoluments composés de rétribution scolaire et d'éventuel, éléments essentiellement variables.

Dans le premier cas, les fractions de cette dernière année doivent entrer dans le calcul de la moyenne : chaque fraction représente exactement, en effet, un douzième d'une somme déterminée, allouée pour l'année entière; il n'en est pas de même dans le second cas : l'instituteur ne recevant mensuellement que des douzièmes provisoires, la quotité réelle qui lui revient pour chacun des derniers mois de son activité ne serait connue qu'après la reddition du compte définitif de l'année; vous ne pourriez former la moyenne selon des données certaines qu'à l'expiration d'un long délai, et il en résulterait dans vos propositions d'admission à la retraite, et par conséquent dans le règlement de la pension, un retard dont souffriraient les intéressés : il est donc nécessaire, pour ces derniers, de ne point faire entrer dans le calcul de la moyenne les fractions de l'année au cours de laquelle ils cessent d'exercer : cette mesure n'est, d'ailleurs, que l'application de l'article 28 du décret du 9 novembre 1853, relatif à l'établissement du traitement moyen des agents rétribués par des salaires variables;

4° Enfin il convient, pour obvier à des difficultés de vérification et de classement, que l'*état* des services soit dressé par tous les départements selon un cadre uniforme et sur un papier de dimensions semblables. J'ai, en conséquence, décidé qu'il y a lieu d'adopter un format en quatre pages de 0^m31 de longueur sur 0^m21 de largeur, pareil au modèle dont je vous envoie ci-joint dix exemplaires. Vous voudrez donc bien désormais, et à partir du 1er janvier prochain, ne faire établir la pièce dont il s'agit que conformément à ce modèle. Vous remarquerez à la troisième page un petit cadre qui est destiné à contenir l'indication de la localité qu'a choisie le fonctionnaire pour y toucher les arrérages de sa pension, ainsi que celle du département et de l'arrondissement. Ce renseignement devra être donné par M. l'Inspecteur d'Académie, sur le vu de la déclaration du domicile de l'intéressé.

Recevez, etc.

Signé : A. BARDOUX.

---

11 janvier 1879.

Arrêt du Tribunal des conflits.

11 Janvier 1879.

REMPLACEMENT D'UN INSTITUTEUR CONGRÉGANISTE PAR UN INSTITUTEUR LAÏQUE. — INSTANCE EN RÉFÉRÉ INTRODUITE EN VUE D'OBTENIR UN DÉLAI. — ARRÊTÉ DE CONFLIT[1].

1re *espèce.* — Recours du sieur Legoff (frère Camérin) contre le maire de Lambézellec (Finistère). — Confirmation de l'arrêté de conflit.

Vu l'arrêté, à la date du 19 octobre 1878, par lequel le Préfet du département du Finistère a élevé le conflit d'attributions dans l'instance pendante, devant la Cour de Rennes, entre le maire de la commune de Lambézellec et le sieur Legoff, en religion frère Camérin, par suite de l'appel interjeté devant ladite Cour d'une ordonnance de référé rendue, à la date du 29 août 1878, par le président du tribunal civil de Brest;

Vu la requête présentée par le sieur Legoff, directeur du pensionnat des frères des Écoles chrétiennes de Lambézellec, désigné par arrêté préfectoral comme instituteur public de ladite commune, à l'effet d'être autorisé à assigner à bref délai en référé le sieur Bernard, en sa qualité de maire de la commune de Lambézellec, pour voir décerner acte au requérant de ses protestations et réserves, tant en la forme qu'au fond, et de sa déclaration de se pourvoir im-

1. Voir le Recueil des *Arrêts rendus par le Conseil d'État et par le Tribunal des conflits* sur les affaires relatives à l'enseignement primaire. (Mémoires et Documents publiés par le Musée pédagogique, fascicule n° 110, Année 1891.)

médiatement devant la juridiction compétente contre l'arrêté du Préfet du département du Finistère, en date du 23 août précédent, pour voir dire et juger que les frères des Écoles chrétiennes seront provisoirement maintenus, comme au passé, dans la libre possession et jouissance des bâtiments occupés par eux, jusqu'à ce qu'il ait été statué par les juridictions compétentes sur les droits et obligations des parties; dépens et tous droits réservés;

Vu l'ordonnance rendue, le même jour, sur cette requête, par le président du tribunal et l'exploit en date dudit jour, par lequel le requérant a assigné aux fins ci-dessus énoncées le maire de Lambézellec;

Vu les conclusions additionnelles prises à l'audience par le requérant et tendant à faire ordonner la réintégration des frères dans les bâtiments de l'école, au cas où, de fait, ils en auraient été expulsés;

Vu l'ordonnance, à la date du 29 août 1878, par laquelle le président du tribunal donne acte au requérant de sa déclaration de se pourvoir, devant la juridiction compétente, en annulation de l'arrêté préfectoral du 23 août précédent, ordonne que, jusqu'à ce qu'il ait été statué par les tribunaux compétents sur les actions et obligations appartenant aux frères, ceux-ci seront maintenus en possession des immeubles qu'ils occupent et devront y être réintégrés, si, après la citation à lui donnée, le maire a procédé à leur expulsion totale ou partielle desdits lieux;

Vu l'acte signifié le 10 septembre 1878, par lequel le maire de Lambézellec a déclaré interjeter appel de l'ordonnance ci-dessus visée;

Vu le mémoire, en date du 11 septembre suivant, par lequel le Préfet propose le déclinatoire et demande à la Cour d'annuler l'ordonnance dont est appel comme incompétemment rendue;

Vu les conclusions du ministère public tendant au rejet du déclinatoire;

Vu l'arrêt, en date du 14 octobre 1878, par lequel la Cour rejette le déclinatoire du Préfet et déboute le maire de Lambézellec de son exception d'incompétence;

Vu l'arrêt, en date du 26 du même mois, par lequel la Cour donne acte au ministère public de la communication de l'arrêté de conflit et ordonne qu'il sera sursis à toute procédure;

Vu l'extrait du registre tenu au parquet de la Cour, en exécution de l'ordonnance du 1er juin 1828, duquel il résulte que l'arrêt de la Cour sur le déclinatoire a été transmis au Préfet le 17 octobre 1878, que l'arrêté de conflit a été déposé au greffe le 22 du même mois, et qu'après le rétablissement des pièces au greffe, les avoués des parties ont été invités à en prendre connaissance;

Vu les observations présentées, au nom du frère Camérin, par Me Gayet, avoué, lesdites observations tendant à l'annulation de l'arrêté de conflit;

Vu la lettre, en date du 21 novembre 1878, par laquelle le Procureur général près la Cour de Rennes transmet au Garde des Sceaux, Ministre de la Justice, l'arrêté de conflit et les pièces à l'appui; ensemble le certificat du directeur des affaires civiles au Ministère de la Justice, constatant que lesdites pièces sont parvenues à la chancellerie le 22 novembre 1878;

Vu la lettre par laquelle le Procureur général transmet diverses pièces relatives au conflit, notamment l'acte d'assignation du 28 août 1878 et la requête qui l'a précédée, ladite lettre enregistrée au Ministère de la Justice le 26 novembre 1878;

Vu les observations des Ministères de l'Intérieur et de l'Instruction publique, enregistrées comme dessus les 4 et 12 décembre 1878, et tendant à la confirmation de l'arrêté de conflit;

Vu la lettre, en date du 28 du même mois, par laquelle le Ministère de l'Intérieur a transmis au Garde des Sceaux les observations fournies par le Préfet à l'appui de l'arrêté de conflit;

Vu les observations présentées par le supérieur des frères des Écoles chrétiennes, lesdites observations enregistrées comme dessus le 10 janvier 1879, et tendant à l'annulation de l'arrêté de conflit;

Vu l'arrêté du Préfet du département du Finistère à la date du 23 août 1878;

Vu la délibération du Conseil départemental de l'instruction publique..... ensemble la délibération du Conseil municipal de la commune de Lambézellec;

Vu l'article 13, titre II, de la loi des 16-24 août 1790 et la loi du 16 fructidor an VIII;

Vu l'article 37 de la loi du 15 mars 1850 et l'article 9 du décret du 7 octobre suivant;

Vu l'article 4 du décret du 9 mars 1852 et l'article 8 de la loi du 14 juin 1854;

Vu les ordonnances des 1er juin 1828 et 12 mars 1831, le règlement d'administration publique du 26 octobre 1849 et la loi du 24 mai 1872;

Considérant que, par un arrêté en date du 23 août 1878, le Préfet du département du Finistère a ordonné que la direction de l'École communale de Lambézellec, confiée aux frères des Écoles chrétiennes, serait remise à un instituteur laïque, et a enjoint aux frères de délaisser immédiatement les locaux occupés par eux, appartenant à la commune, et les bâtiments existants sur ces locaux; que, suivant exploit en date du 28 août, le sieur Legoff, en qualité de directeur du pensionnat des frères de Lambézellec, a assigné le maire de la commune devant le juge des référés, à l'effet de faire ordonner que, nonobstant l'arrêté, les frères seraient provisoirement, et comme au passé, maintenus dans la libre jouissance et possession des bâtiments dont il s'agit, jusqu'à ce qu'il ait été statué au fond par les juridictions compétentes sur les droits et obligations des parties; que, dans le cas où les frères auraient été expulsés desdits locaux, ils y seraient réintégrés; qu'à l'appui du déclinatoire proposé, le Préfet soutient que ces conclusions tendent à faire empêcher partiellement ou au moins suspendre par le juge du référé, et pour un temps indéterminé, les effets et l'exécution de son arrêté;

Considérant qu'aux termes de l'article 37 de la loi du 15 mars 1850, c'est à l'instituteur que la maison doit être fournie par la commune, et que notamment de l'article 9 du décret du 7 octobre 1850 il résulte qu'il appartient au Préfet de prendre les mesures utiles pour que l'école soit et demeure affectée au service de l'enseignement primaire communal;

Considérant qu'il appartient également au Préfet, par délégation du Ministre de l'Instruction publique, aux termes de l'article 8 de la loi du 14 juin 1854 et de l'article 4 du décret du 9 mars 1852 combinés, de nommer l'instituteur par qui l'enseignement primaire est donné dans la maison d'école, en qualité de préposé à un service public, sous la surveillance de l'autorité et de l'administration;

Considérant que l'arrêté par lequel la qualité d'instituteur, retirée au sieur Legoff, a été transmise, avec les droits et les obligations qui y sont attachés par la loi, à un instituteur laïque, a été pris par le Préfet dans l'exercice des attributions qui lui sont confiées par les lois ci-dessus rappelées, et constitue un acte d'administration qui ne peut être déféré qu'au Ministre, sous l'autorité duquel le Préfet est placé, ou au Conseil d'État, pour excès de pouvoirs, par application des lois des 7-14 octobre 1790 et 24 mai 1872; qu'à défaut d'une exception formelle au principe de la séparation des pouvoirs, exception qui n'existe pas dans l'espèce, il ne saurait appartenir à l'autorité judiciaire d'en entraver les effets et l'exécution, non plus que d'en apprécier la régularité; que le Ministre et le Conseil d'État, auxquels il appartient de prononcer la réformation de l'acte, peuvent seuls ordonner, s'il y a lieu, qu'il sera sursis à son exécution;

Considérant qu'il n'est point contesté que le bâtiment où est établie l'École communale et les constructions qui y ont été ajoutées par les frères sont la propriété de la commune; que le sieur Legoff reconnaît également qu'il n'occupait les lieux qu'en qualité d'instituteur public de la commune; qu'il n'allègue aucune convention de droit commun par laquelle la commune aurait cédé aux frères la jouissance d'une partie de l'immeuble communal distincte et indépendante des bâtiments affectés au service de l'École, pour être affectée au pensionnat que les frères ont été autorisés à établir; mais que le sieur Legoff soutient que l'occupation des lieux doit néanmoins lui être conservée provisoirement : 1° en vertu de conventions intervenues entre la commune et les frères, au moment où la direction de l'École communale leur a été confiée, et desquelles résulterait pour la commune l'obligation de prévenir les frères un certain temps à l'avance, au cas où elle résilierait les conventions; 2° à raison des impenses faites et des constructions élevées par les frères sur l'immeuble communal, et desquelles résulterait pour eux le droit de retenir l'immeuble jusqu'au règlement et au payement des indemnités qui peuvent leur être dues;

Considérant que la convention alléguée par les frères n'est pas produite, et que son existence est contestée; que la continuation de l'occupation de la maison d'école par les frères, à l'encontre du nouvel instituteur, serait inconciliable avec l'exécution de l'arrêté par lequel le Préfet a confié à un instituteur laïque le service de l'enseignement primaire dans la commune; qu'en tout cas, ni de cette convention ni du fait que les frères auraient fait des impenses et élevé des constructions sur l'immeuble qu'ils occupaient à titre d'instituteurs publics, il ne saurait résulter une dérogation aux règles de compétence fondées sur le principe de la séparation des pouvoirs et qui sont d'ordre public;

Considérant que, si l'autorité judiciaire peut être compétente, soit pour statuer, s'il y a lieu, sur les indemnités demandées par les frères pour les impenses par eux faites dans l'immeuble communal ou pour toute autre cause, soit pour ordonner les mesures nécessaires pour la conservation du mobilier appartenant aux frères, il ne saurait appartenir aux tribunaux judiciaires et spécialement au juge des référés de retenir la connaissance d'une demande tendant à empêcher les effets et à suspendre l'exécution de l'acte administratif :

ARTICLE 1er. — L'arrêté de conflit pris par le Préfet du département du Finistère, à la date du 19 octobre 1878, est confirmé.

ART. 2. — Sont considérés comme non avenus : l'assignation en référé du 28 août 1878, l'ordonnance de référé du 29 du même mois, et l'arrêt de la Cour de Rennes du 14 octobre suivant.

ART. 3. — Expédition de la présente décision sera transmise au Garde des Sceaux, Ministre de la Justice, qui est chargé d'en assurer l'exécution.

2e *espèce.* — Recours du sieur Tarrit (frère Joseph) contre le maire de Blois (Loir-et-Cher). — Confirmation de l'arrêté de conflit.

Vu l'arrêté, en date du 2 novembre 1878, par lequel le Préfet du département de Loir-et-Cher a élevé le conflit d'attributions dans une instance introduite devant le juge des référés du tribunal de Blois par le sieur Tarrit, en religion frère Joseph, et par le supérieur général de l'institut des Frères des Écoles chrétiennes;

Vu l'arrêté du Préfet, en date du 10 octobre 1878, qui décide que l'École publique de garçons de la place Saint-Vincent, dirigée par les frères des Écoles chrétiennes, sera à l'avenir confiée à un instituteur laïque, et l'arrêté du 15 du même mois par lequel le Préfet a nommé le sieur Alix, instituteur communal à Blois, en remplacement du sieur Tarrit, en religion frère Joseph;

Vu les assignations, en date des 12 et 22 octobre suivants, données à la requête du sieur Tarrit et du supérieur général de l'institut des Frères, tendant à ce qu'il soit dit et ordonné que, jusqu'à ce qu'il ait été statué sur le pourvoi qu'ils entendent former contre l'arrêté préfectoral du 10 octobre, ils seront maintenus, par provision, dans la libre possession et jouissance de la maison d'école de Blois, de ses dépendances et du mobilier, et même, jusqu'à ce qu'il ait été statué par les tribunaux sur les droits et indemnités auxquels les frères peuvent prétendre pour la résiliation du contrat et les impenses faites par eux dans l'immeuble communal; voir, en conséquence, faire défense au maire de Blois, pendant ladite période de temps, de troubler les demandeurs dans la paisible possession et jouissance desdits lieux et objets, et, en cas de trouble, les autoriser à le faire cesser, même avec l'assistance du commissaire de police et de la force armée, si besoin est;

Vu le mémoire en déclinatoire adressé le 24 octobre par le Préfet au Procureur de la République;

Vu les conclusions du maire de la ville de Blois, tendant à ce que le président du tribunal se déclare incompétent;

Vu les conclusions des sieurs Tarrit et Cazaneuve, signifiées le 26 octobre et tendant au rejet du déclinatoire;

Vu les conclusions du Procureur de la République, exprimant l'avis que le président du tribunal doit se déclarer incompétent;

Vu l'ordonnance rendue le 28 octobre par le tribunal de Blois, à l'audience duquel le référé avait été renvoyé, rejetant le déclinatoire proposé par le Préfet et par le maire de Blois;

Vu l'ordonnance rendue le 5 novembre, par laquelle le président du tribunal a donné acte de la communication de l'arrêté de conflit, et dit qu'il serait sursis à statuer sur le fond;

Vu les pièces constatant qu'il a été donné avis aux parties du dépôt au greffe de l'arrêté de conflit;

Vu les observations fournies par l'avoué des sieurs Tarrit et Cazaneuve, et celles du Procureur de la République;

Vu la lettre de laquelle il résulte quo le dossier a été transmis au secrétariat du tribunal des conflits le 27 novembre 1878;

Vu les observations présentées par le Ministre de l'Instruction publique et par le Ministre de l'Intérieur, sur la communication à eux donnée du dossier (*Mêmes textes visés que dans l'arrêt précédent*);

Considérant que les assignations données devant le juge des référés du tribunal de Blois, à la requête du sieur Tarrit, en religion frère Joseph, et du sieur Cazaneuve, en religion frère Irlide, supérieur général de l'institut des Frères des Écoles chrétiennes, avaient pour objet de faire ordonner que, nonobstant les arrêtés du Préfet de Loir-et-Cher, des 10 et 15 octobre 1878, décidant que l'École publique tenue à Blois par les frères appartenant à cet institut, serait confiée à un instituteur laïque, et nommant ensuite le sieur Alix instituteur communal chargé de la direction de cette École, en remplacement du sieur Tarrit, ce dernier et les frères qui lui étaient adjoints seraient, par provision, maintenus en possession et jouissance de la maison d'école et dépendances, jusqu'à ce qu'il eût été statué par le Conseil d'État sur le pourvoi qu'ils entendaient former contre l'arrêté du 15 octobre, et par les tribunaux sur les indemnités auxquelles ils prétendaient avoir droit; et, subsidiairement, qu'il leur fût accordé un délai de six mois;

Considérant que le Préfet de Loir-et-Cher soutient que, cette demande ayant pour but d'entraver ou de suspendre les conséquences nécessaires et l'exécution des arrêtés pris par lui les 10 et 15 octobre, le juge des référés était incompétent pour en connaître;

Considérant qu'aux termes de l'article 8 de la loi du 14 juin 1854 et de l'article 4 du décret du 9 mars 1852 combinés, il appartient au Préfet, par délégation du Ministre de l'Instruction publique, de nommer l'instituteur par qui l'enseignement primaire doit être donné dans l'École communale, en qualité de préposé à un service public, sous la surveillance et l'autorité de l'administration; que, par suite, l'arrêté du 15 octobre par lequel la qualité d'instituteur a été retirée au sieur Tarrit de la congrégation des frères et transmise, avec les droits et obligations qui y sont attachés par la loi, à un instituteur laïque, a été pris par le Préfet dans le cercle de ses attributions, et constitue un acte d'administration, dont il ne saurait appartenir à l'autorité judiciaire d'apprécier la régularité ou d'entraver l'exécution; que l'occupation par l'instituteur nommé du local affecté tant à l'habitation qu'à la tenue des classes, local qu'aux termes de l'article 37 de la loi du 15 mars 1850 la commune doit lui fournir, est une conséquence de cet arrêté, dont les conclusions de la demande tendent ainsi à empêcher ou suspendre l'exécution; que le recours au Ministre, supérieur hiérarchique du Préfet, et le recours au Conseil d'État pour excès de pouvoirs sont les seules voies ouvertes pour attaquer un acte de cette nature, et que c'est aussi au Ministre ou au Conseil d'État d'ordonner, s'il y a lieu, qu'il sera sursis à son exécution;

Considérant qu'il est reconnu par le supérieur des frères que la maison d'école sise à Blois, place Saint-Vincent, est la propriété de la ville, et que le sieur Tarrit, ayant cessé d'être instituteur, ne peut, en cette qualité, continuer à occuper les bâtiments de l'école; qu'il a été seulement allégué, en dernier lieu, qu'il aurait mis à la disposition du nouvel instituteur les classes et le mobilier scolaire, et obéi par là à l'arrêté du Préfet; mais que l'occupation des locaux affectés à l'habitation devait lui être conservée, parce qu'elle procédait d'une convention entre la ville et l'institut des frères, et parce qu'il avait été stipulé, qu'en cas de suppression de l'enseignement congréganiste, avertissement en serait donné au moins six mois d'avance;

Considérant que le local affecté à l'habitation est l'accessoire de la fonction d'instituteur communal et doit être fourni par la commune, en même temps que le local où l'enseignement est donné; que le droit de l'occuper cesse avec la qualité d'instituteur et passe, en vertu de l'arrêté qui l'a nommé, à celui qui a été investi de cette qualité; que la clause insérée dans le prospectus des frères, et stipulant un délai de six mois entre leur départ et la fermeture de l'école, n'a jamais été appliquée à la ville de Blois, ainsi que le supérieur général l'a expressément reconnu dans une lettre au maire de cette ville, en date du 17 octobre 1872; que, d'ailleurs, et sans qu'il soit besoin d'examiner si les pouvoirs du Préfet auraient pu être restreints par une convention, il n'en existait plus entre la ville de Blois et l'institut des frères, à la date des arrêtés des 10 et 15 octobre, le traité qui avait été formé en 1818 ayant été dénoncé pour prendre fin le 1er septembre 1878, et le supérieur général, par une lettre au Préfet, en date du 14 août précédent, en ayant reconnu et accepté la résiliation; que, si l'autorité judiciaire peut être compétente pour statuer sur les indemnités qui seraient demandées pour impenses faites dans l'immeuble communal ou pour autres causes, il ne saurait appartenir aux tribunaux, et spécialement au juge du référé, de retenir la connaissance d'une demande tendant à entraver ou retarder les effets et l'exécution d'un acte administratif :

ARTICLE 1er.... (*Arrêté de conflit confirmé.*)

ART. 2. — Sont considérées comme non avenues : les assignations en date des 12 et 22 octobre 1878 et l'ordonnance de référé rendue par le tribunal de Blois le 28 du même mois.

---

20 janvier 1879. **Lettre du Ministre des Travaux publics au Ministre de l'Instruction publique, relative au transport à prix réduits, par le chemin de fer, des instituteurs et institutrices primaires publics.**

20 Janvier 1879.

Monsieur le Ministre et cher Collègue, j'ai demandé aux compagnies de chemins de fer s'il ne leur paraîtrait pas possible d'accorder la faveur du tarif à demi-place aux instituteurs primaires des deux sexes, voyageant pour les besoins du service et sur le vu d'une lettre officielle de leurs chefs hiérarchiques.

Toutes les compagnies (sauf celle de Vitré à Fougères) se sont empressées de satisfaire à cette demande, et elles m'ont fait connaître qu'elles se tenaient à votre disposition pour déterminer, de concert avec vous, le mode des justifications à produire par les intéressés pour obtenir le bénéfice du demi-tarif.

Je suis heureux que mon intervention ait pu amener un résultat conforme aux vœux qui m'avaient été adressés en faveur d'une catégorie de fonctionnaires si dignes d'intérêt, vœux dont votre département lui-même s'était fait plusieurs fois l'interprète auprès de mon administration.

Agréez, etc.

Signé : CH. DE FREYCINET.

---

23 janvier 1879. **Projet de loi présenté, au nom de la Commission chargée d'examiner la proposition de loi de M. Barodet et de plusieurs de ses collègues sur l'instruction primaire (Conseil supérieur de l'instruction publique), par M. Paul Bert, député, rapporteur[1].**

Séance du 23 Janvier 1879.

ARTICLE UNIQUE. — Le Conseil supérieur, institué près le Ministre de l'Instruction publique, est composé comme il suit :

1. Voir au *Journal officiel* du 10 *février* 1879, pages 924 et 925, le texte du rapport de M. Paul BERT.

Le Ministre, président;

Deux Sénateurs, élus par leurs collègues;

Deux Députés, élus par leurs collègues;

Un membre de chacune des cinq Académies de l'Institut, nommé par cette Académie;

Deux Professeurs du Collège de France, élus par leurs collègues;

Un Professeur du Muséum d'histoire naturelle, élu par ses collègues;

Deux Professeurs des Facultés de droit, élus par les professeurs de ces Facultés;

Deux Professeurs des Facultés de médecine et un Professeur des Écoles supérieures de pharmacie, élus par l'ensemble des professeurs de ces Facultés et de ces Écoles;

Deux Professeurs des Facultés des lettres, élus par les professeurs de ces Facultés;

Deux Professeurs des Facultés des sciences, élus par les professeurs de ces Facultés;

Deux Maîtres de conférences à l'École normale supérieure, pris l'un dans la section des sciences, l'autre dans la section des lettres, élus par l'ensemble des maîtres de conférences de l'École;

Un Maître de conférences de l'École normale de l'enseignement spécial, élu par ses collègues;

Un Agrégé en exercice de chacun des ordres d'agrégation de l'enseignement secondaire, élu par l'ensemble des agrégés fonctionnaires de l'enseignement secondaire;

Six Membres nommés par un corps électoral composé de : 1° les Inspecteurs d'Académie; 2° les Directeurs laïques et Directrices laïques des Écoles normales primaires; 3° deux Membres nommés par chacun des Conseils départementaux.

Projet de loi sur l'enseignement primaire obligatoire, présenté par M. Bardoux, Ministre de l'Instruction publique, des Cultes et des Beaux-Arts[1]. 24 janvier 1879.

Séance du 24 Janvier 1879.

Messieurs, la statistique de l'enseignement primaire pour l'année 1876-1877 nous montre qu'en France, sur 4 502 894 enfants des deux sexes ayant l'âge scolaire, 3 878 151 seulement ont fréquenté, dans le courant de l'année, l'un ou l'autre de nos divers établissements d'instruction. En 1876-1877, il y a donc eu 624 743 enfants de six à treize ans qui ont été tenus en dehors de l'école.

Ce résultat n'a point sans doute la signification qu'on serait porté à lui attribuer tout d'abord : il ne veut pas dire que, dans notre pays, plus de 600 000 enfants ayant actuellement l'âge scolaire se trouvent désormais privés de toute instruction. La vérité est que quelques-uns d'entre eux n'entrent que tardivement dans la classe primaire, — après leur septième ou leur huitième année, —

1. *Journal officiel* du 9 *février* 1879, pages 908 et 909.
Rapprocher le projet des documents suivants : Projet de M. DE LACRETELLE, 4 *avril* 1876, page 587; — de M. MARION, 7 *juillet* 1876, page 622; — de M. BARODET, 19 *mars*-1er *décembre* 1877, page 726; — de M. BARNI, 23 *mars* 1877, page 681.

que d'autres l'ont quittée avant leur quatorzième année. Ainsi, par le fait de la trop courte durée de leur séjour à l'école, la somme des connaissances élémentaires qu'ils y acquièrent est tout à fait insuffisante, et, parvenus à l'âge adulte, ils vont presque tous grossir la classe déjà si nombreuse des illettrés.

Cette situation fâcheuse ne date point d'aujourd'hui. Bien souvent les mêmes faits ont été signalés, les mêmes plaintes ont été formulées.

En 1863, on évaluait à 692 000 le nombre des enfants de sept à treize ans restés en dehors des Écoles, et ce n'était qu'à la faveur de considérations empreintes d'un optimisme évident qu'on parvenait, de déductions en déductions, à réduire à 252 000 le nombre des enfants privés d'instruction par suite de l'indifférence des parents.

Sans doute, depuis cinquante ans, grâce à la multiplication des Écoles, grâce à l'augmentation du personnel enseignant, une amélioration notable s'est produite au point de vue de la diffusion de l'instruction primaire.

On ne comptait en France, en 1833, que 15 000 ou 16 000 Écoles enfantines, avec 1 000 000 d'élèves sur une population de 32 560 000 habitants.

C'était 30 élèves environ par 1 000 habitants.

En 1847, le nombre des Écoles avait déjà atteint 67 000, avec un effectif de 3 530 008 élèves sur une population de 35 400 000 habitants. Il y avait cette fois 99 élèves sur 1 000 habitants.

Enfin, en 1877, le nombre des Écoles primaires s'est trouvé porté à 71 547, avec un total d'élèves de tout âge égal à 4 716 000, sur une population de 36 905 788 habitants. C'est environ 127 élèves sur 1 000 habitants.

La progression, on le voit, a été rapidement croissante de 1833 à 1877. Que nous sommes loin cependant du but à atteindre!

Nous le disions plus haut : 1/7e environ des enfants compris dans la période scolaire — 624 000 sur 4 500 000 — ne paraît pas dans la classe de l'instituteur ou ne la fréquente que trop peu de temps.

C'est que les dernières résistances à vaincre sont sans contredit les plus tenaces. Nous nous heurtons cette fois, plus fortement que jamais, à l'incurie des familles, à leur indifférence en matière d'éducation, à l'ignorance invétérée des uns, à la cupidité des autres. Tel père ne voit dans le fils confié à sa garde qu'un moyen facile de grossir de quelques centimes par jour le revenu de la famille.

Mais, au sein d'une société civilisée, lorsque le père ou le tuteur méconnaît ses principales obligations à l'égard de l'enfant dont il a la charge, les pouvoirs publics n'ont-ils pas le droit et le devoir d'intervenir et d'édicter des mesures protectrices?

N'appartient-il pas à l'État de prendre directement sous sa sauvegarde tout individu qui, à raison de sa faiblesse, devient la victime de l'ignorance ou de l'égoïsme?

Depuis plus de cinquante ans, les États allemands, la Suisse, le Danemark, la Suède, la Norvège, etc., ont inscrit dans leurs lois le principe de l'obligation de l'enseignement primaire, et partout ou presque partout les résultats constatés ont été excellents.

— La France restera-t-elle plus longtemps en dehors du mouvement qui s'est accompli autour d'elle? Tout progrès dans la fréquentation de l'école est devenu désormais impossible, si l'on n'a recours qu'aux moyens ordinaires : l'opinion publique, les encouragements de l'État, les bons exemples ne sauraient triompher de la résistance systématique de ces familles qui, ignorantes elles-mêmes, ne comprennent point les bienfaits de l'instruction. Quels que soient les efforts que l'on tente, les conseils de la raison et du bon sens demeurent impuissants. Nous n'avons plus contre elles d'autre moyen efficace que l'arme de la loi.

Du reste, cette nécessité d'introduire le principe de l'obligation dans notre législation, nécessité qui a été bien des fois mise en doute, rencontre de jour en jour un moins grand nombre d'opposants.

En juin 1848, le projet de loi de M. Carnot sur l'enseignement primaire édictait, en son titre IV, l'obligation pour le père de famille de donner à son fils le minimum d'instruction élémentaire. La proposition de loi de M. Barthélemy Saint-Hilaire, en décembre de la même année, reproduisait les mêmes prescriptions. Je rappellerai encore le projet déposé, dans le même dessein, par MM. Vacherot, Ed. Charton et plusieurs de leurs collègues, le 29 août 1871, et enfin la proposition de loi élaborée par M. Jules Simon, alors Ministre de l'Instruction publique, et qui fut soumise, le 15 décembre 1871, aux délibérations de la même assemblée.

L'exposé de motifs qui la précède résume avec une netteté parfaite les arguments de tous genres qui militent en faveur du principe de l'obligation légale de l'enseignement.

Cet exposé si lumineux me dispense d'insister à nouveau sur la question théorique. Je me bornerai à indiquer sommairement ce qu'il y a de spécial, au point de vue de l'application, dans l'économie du projet de loi que j'ai l'honneur de déposer au nom du Gouvernement de la République.

Les articles 1er, 2 et 3 affirment le principe de l'obligation. Ce principe d'ailleurs n'est nullement attentatoire, comme on l'a quelquefois soutenu, à la liberté de conscience ni aux droits du père de famille. Celui-ci conserve toujours la faculté de faire élever son fils suivant ses croyances religieuses ou ses idées politiques. Il garde, s'il le veut, l'enfant dans la famille pour imprimer à son éducation la direction qu'il juge convenable; il lui donne, s'il l'aime mieux, en dehors de la maison, un instituteur de son choix : public ou libre, laïque ou congréganiste. Le seul droit que la loi lui refuse, c'est le droit de priver son fils de toute instruction. Comme on l'a dit avant nous, ce mot « liberté de l'enseignement » ne peut signifier en aucun cas « liberté de l'ignorance ».

L'article 4 organise de la façon la plus simple le tribunal de famille ou Commission scolaire qui sera chargée de veiller à l'observation de la loi : c'est le système proposé par M. Jules Simon dans le projet de loi déjà cité. On a cherché à le simplifier encore et à le rendre plus pratique en éliminant autant que possible toute chance de conflit au sein même de la Commission.

L'article 5 oblige l'instituteur libre à remplir les mêmes formalités que l'instituteur public pour constater la fréquentation de l'école. Les deux derniers paragraphes de cet article établissent la marche que doit suivre la Commission scolaire pour se rendre un compte exact de l'assiduité de chaque élève.

Les articles 6 et 7 édictent les pénalités diverses auxquelles l'autorité civile pourra successivement recourir afin d'assurer l'exécution de la loi. C'est le point le plus délicat de la question, et qui a donné lieu aux plus sérieuses controverses. Quelle sera la sanction de la loi sur l'obligation? Quels seront les moyens coercitifs à mettre en œuvre à l'égard de parents qui refusent d'accomplir le premier de leurs devoirs : celui d'instruire leurs enfants?

Nous avons écarté, comme difficilement conciliables avec nos mœurs actuelles et nos traditions, les pénalités dites correctionnelles telles que la prison et l'amende.

Comment obtenir que l'amende soit payée par des familles qui n'ont aucune ressource, et ce sont cependant, n'en doutons pas, les plus pauvres qui commettront le plus d'infractions à la loi actuelle?

Il a semblé que la réprimande ou le blâme prononcés par la Commission scolaire, l'affichage pendant quinze jours, à la porte de la mairie, des noms et qualités des parents coupables, la privation des droits politiques pour une durée de deux à trois ans, l'incapacité d'exercer des fonctions publiques ou communales infligée au père de famille, pour le punir de sa négligence ou de son mauvais vouloir à l'endroit de l'instruction de son fils, seraient des pénalités suffisantes pour triompher, dans la plupart des cas, des résistances les plus opiniâtres.

Tant que l'enfant n'est âgé que de six à treize ans, on ne saurait lui imputer à tort son absence de l'École : c'est le père qui est le vrai coupable, c'est lui qui doit être frappé par la loi. Mais la période scolaire une fois traversée, l'enfant est devenu un jeune homme, la raison a dû se développer avec l'âge, les bienfaits de l'instruction lui ont été démontrés par l'expérience de la vie ; si, de treize à vingt ans, il n'a pas cherché à s'instruire, s'il n'a point suivi des cours d'adultes qui sont ouverts aujourd'hui dans la plupart des communes, il est à son tour coupable de négligence, et il est juste qu'il subisse la peine de sa faute. Aussi l'article 8 de la présente loi porte-t-il que tout conscrit qui, au moment du tirage au sort, n'aura pas satisfait aux examens établis par l'article 2 de la présente loi, ou qui ne pourra donner la preuve qu'il a acquis ultérieurement le minimum d'instruction élémentaire, sera, sauf les cas de réforme ou d'exemption, compris dans la première partie du contingent.

Je remarquerai, en terminant, que la loi actuelle ne saurait être appliquée sans qu'on développe largement et dès à présent la gratuité facultative, pour laquelle un projet a été déjà déposé, et l'institution des caisses des écoles. Ces caisses, créées par la loi du 10 avril 1867, ont précisément pour but de faciliter et même de rendre possible, dans certains cas, la fréquentation des classes primaires pour les enfants qui appartiennent à des familles pauvres. Si l'on veut que la loi de l'obligation légale de l'enseignement ne demeure pas lettre morte, il faut que les enfants indigents reçoivent gratuitement des fournitures classiques, des livres, au besoin même des vêtements propres, que leurs parents sont dans l'impossibilité de leur fournir. C'est précisément la caisse des écoles qui est destinée à répondre à tous ces besoins.

En conséquence, nous avons l'honneur de vous proposer le projet de loi suivant :

Projet de loi.

ARTICLE 1er. — L'instruction primaire est obligatoire pour les enfants de l'un et de l'autre sexe de six à treize ans révolus.

ART. 2. — Tout père de famille ou tuteur devra, sous la forme ou suivant le mode qui lui convient, donner à ses enfants ou pupilles une instruction élémentaire suivie et suffisante.

Ce minimum d'instruction sera constaté, à la fin de la période scolaire, par un examen.

ART. 3. — L'obligation de suivre les cours d'une école cessera lorsque l'enfant aura atteint l'âge de treize ans, ou lorsque, avant cet âge, il aura satisfait à un examen de capacité.

ART. 4. — Une Commission scolaire, composée de quatre pères de famille nommés par le Conseil municipal, est instituée pour surveiller la fréquentation des Écoles.

Le maire fait partie de droit de cette Commission et la préside.

L'Inspecteur primaire fait aussi partie de droit de toutes les Commissions scolaires instituées dans son ressort.

ART. 5. — L'instituteur libre est soumis, pour la constatation de la fréquentation de l'École, aux mêmes obligations que l'instituteur public.

Le maire remet à l'instituteur, dès les premiers jours de l'année scolaire, la liste des enfants en âge de fréquenter l'École. Il indique sur cette liste les enfants qui, d'après la déclaration des pères ou tuteurs, suivent une École autre que la sienne, ou qui reçoivent l'instruction à domicile.

Tout instituteur public tient à jour un registre d'appel, qui constate, pour chaque classe, la présence ou l'absence des élèves inscrits comme devant suivre l'École.

Un extrait de cette liste, signalant les absents, sera déposé chaque mois à la mairie, pour y être, par les soins du maire et d'un délégué de la Commission scolaire, contrôlée et comparée à la liste générale.

ART. 6. — Après trois absences non justifiées dans le courant du mois, le père ou le tuteur de l'enfant sera mandé à la mairie devant la Commission scolaire.

En cas de récidive, la Commission prononcera l'inscription des nom, prénoms et qualités de la personne responsable, à la porte de la mairie pendant quinze jours ou un mois.

En cas de nouvelle récidive, le juge de paix, sur la plainte du maire, prononcera, sauf appel devant le tribunal civil, la privation des droits politiques pour une durée d'un an au moins et de trois ans au plus.

ART. 7. — A dater de la promulgation de la présente loi, tout père ou tuteur ne pourra exercer une fonction publique ou communale s'il ne produit un certificat délivré par le maire, après avis de la Commission scolaire, certificat constatant que l'enfant dont il a charge fréquente régulièrement une École ou reçoit à domicile l'instruction primaire.

ART. 8. — Tout conscrit qui, au moment du tirage au sort, n'aura pas satisfait aux examens établis par l'article 2 de la présente loi ou qui ne pourra donner la preuve qu'il a acquis ultérieurement le minimum d'instruction exigé, sera, sauf les cas de réforme ou d'exemption, compris dans la première partie du contingent.

ART. 9. — La Commission scolaire pourra accorder des exemptions de fréquenter l'École aux enfants dont les parents en feront la demande motivée.

Ces exemptions ne pourront être accordées pour plus de deux mois par année.

Quand elles dépasseront quinze jours, elles ne seront valables qu'autant que l'Inspecteur primaire y aura donné son adhésion.

ART. 10. — La présente loi sera exécutoire à dater d'octobre 1881.

Arrêt du Conseil d'État rejetant une demande en décharge de centimes additionnels affectés aux dépenses de l'enseignement primaire (loi du 15 mars 1850, art. 40). 24 janvier 1879.

24 Janvier 1879.

Vu les requêtes présentées par le sieur Dieu.... tendant à ce qu'il plaise au Conseil annuler : 1° un arrêté du 1er août 1872, par lequel le Conseil de préfecture de la Seine a sursis à statuer sur sa demande en décharge des trois centimes additionnels affectés aux dépenses de l'instruction primaire, pour l'année 1871, jusqu'après la production des comptes de 1871; 2° un arrêté du même Conseil de préfecture du 3 juillet 1874, qui a rejeté au fond sa demande en décharge; ce faisant, attendu que, aux termes de l'article 40 de la loi du 15 mars 1850, il ne peut être établi de centimes spéciaux pour les dépenses de l'instruction primaire qu'en cas d'insuffisance des revenus ordinaires des communes pour faire face à ces dépenses; que, pour apprécier si les ressources ordinaires sont ou non suffisantes, on doit se reporter au budget de l'année de laquelle l'imposition est mise en recouvrement, et non au compte général, qui ne peut être dressé qu'après l'expiration de l'année; que, d'après le budget de 1870, dont les prévisions de recettes et dépenses ont été appliquées en 1871, les recettes ordinaires permettaient de faire face à toutes les dépenses de l'instruction primaire; que c'est à tort que le Conseil de préfecture a, d'abord, sursis à statuer jusqu'à la production du compte de 1871, et ensuite rejeté la demande en décharge en se fondant sur les résultats de ce compte; lui accorder décharge des centimes additionnels affectés aux dépenses de l'instruction primaire, auxquels il a été imposé, pour l'année 1871, sur le rôle de la ville de Paris;

Vu les observations du Ministre de l'Intérieur tendant au rejet de la requête pour les motifs que l'insuffisance des ressources ordinaires de la ville de Paris, pour faire face, en 1871, aux dépenses de l'instruction primaire, a été nettement constatée par le compte administratif des opérations financières de l'année 1871;

Vu les lois des 21 avril 1832, 18 juillet 1837, 15 mars 1850 (art. 40), 10 avril 1867 et 24 juillet 1867;

Considérant que, si aux termes de l'article 40 de la loi du 15 mars 1850, il peut être pourvu aux dépenses de l'instruction primaire, en cas d'insuffisance des revenus ordinaires des communes, au moyen de centimes additionnels au principal des contributions directes, et si, dès lors, les contribuables sont recevables, à l'appui de leurs demandes en décharge des centimes additionnels, à soutenir que les revenus ordinaires des communes n'étaient pas insuffisants, dans le sens de l'article 40 de la loi du 15 mars 1850, pour faire face aux dépenses de l'instruction primaire, il résulte de l'instruction, et notamment du compte général des recettes et dépenses pour l'exercice 1871, que, en 1871, année à laquelle se réfère la réclamation du sieur Dieu, les revenus ordinaires de la ville de Paris n'étaient pas suffisants pour lui permettre de pourvoir aux dépenses de l'instruction primaire; que, dans ces circonstances, c'est avec raison que le

Conseil de préfecture a rejeté la réclamation du sieur Dieu comme mal fondée.... (*Rejet.*)

Proposition de loi tendant à rendre viagère l'allocation supplémentaire et annuelle accordée, pendant la durée de l'activité, aux instituteurs qui ont obtenu la médaille d'argent, présentée par M. Barodet, député[1]. 28 janvier 1878.

Séance du 28 Janvier 1879.

Messieurs, l'article 4 de la loi du 19 juillet 1875 est ainsi conçu :

« Les instituteurs et institutrices qui auront obtenu la médaille d'argent, dans les conditions fixées par l'arrêté du 21 août 1858, auront droit à une allocation supplémentaire et annuelle de 100 francs, tant qu'ils seront en activité. »

La même allocation de 100 francs attribuée à la médaille militaire est annuelle et viagère.

Pourquoi cette différence? Comment la justifier?

N'y a-t-il pas de la cruauté à faire cesser l'allocation annuelle accordée à l'instituteur qui a obtenu la médaille d'argent, au moment même où sa mise à la retraite a diminué ses ressources de moitié, et quand les infirmités de la vieillesse vont augmenter ses besoins?

La raison tirée des nécessités budgétaires ne saurait être ici invoquée sérieusement; car, si l'on considère que la médaille d'argent universitaire est la troisième des distinctions honorifiques, et qu'elle n'est accordée qu'à un très petit nombre d'instituteurs parmi les plus méritants, on est bien obligé de convenir qu'il ne peut être question que d'une augmentation de dépense presque insignifiante.

En conséquence, Messieurs, j'ai l'honneur de vous soumettre la proposition de loi suivante :

Proposition de loi.

ARTICLE 1er. — L'allocation supplémentaire annuelle déterminée par l'article 4 de la loi du 19 juillet 1875 deviendra viagère pour les instituteurs et institutrices qui auront obtenu leur pension de retraite ou qui, pour cause de santé, auront été obligés de renoncer à l'enseignement.

ART. 2. — Les instituteurs et institutrices pourvus de la médaille d'argent, qui, antérieurement à la présente loi, ont obtenu leur pension de retraite, et ceux qui, pour cause de santé, ont été obligés de renoncer à l'enseignement, recevront la même allocation annuelle et viagère à partir du 1er janvier 1880.

1. *Journal officiel* du 7 *février* 1879, page 841.
Voir, au Tome V, le rapport, 18 *mars* 1879, auquel donna lieu la proposition.

---

31 janvier 1879. **Arrêts du Conseil d'État, annulant ou confirmant des arrêtés préfectoraux qui nommaient des instituteurs communaux appartenant aux cultes non catholiques sans qu'il y ait eu présentation préalable des consistoires.**

31 Janvier 1879.

1re *espèce.* — Consistoire de Vialas (Lozère). — Annulation.

Vu la requête et le mémoire ampliatif, présentés par le consistoire de l'Église réformée de Vialas...., tendant à ce qu'il plaise au Conseil annuler, pour excès de pouvoirs, un arrêté du 12 septembre 1877, par lequel le Préfet de la Lozère a nommé Mlle Roméjou institutrice publique de hameau dans l'École protestante de Gourdouze, commune de Vialas, par le motif qu'aux termes des lois sur la matière, et notamment des articles 31 de la loi du 15 mars 1850, 4 du décret du 9 mars 1852 et de la loi du 14 juin 1854, les consistoires jouissent du droit de présentation pour les instituteurs publics appartenant aux cultes non catholiques; que, si l'École dont la direction a été confiée à la demoiselle Roméjou est une École de hameau, aucune disposition des lois précitées ne permet de distinguer entre les Écoles situées au centre de la commune et celles qui sont établies dans les hameaux, quant au droit qui appartient aux consistoires de présenter à la nomination des Préfets les instituteurs protestants chargés de ces Écoles, et que, dès lors, le Préfet de la Lozère a excédé ses pouvoirs en nommant dans l'École protestante de Gourdouze une institutrice qui n'avait pas été présentée par le consistoire de l'Église réformée de Vialas auquel ressortit cette École;

Vu les observations du Ministre de l'Instruction publique tendant à ce qu'il soit fait droit à la requête du consistoire;

Vu la loi du 15 mars 1850, le décret du 9 mars 1852, la loi du 14 juin 1854, la loi du 10 avril 1867 et celle du 19 juillet 1875;

Vu les lois des 7-14 octobre 1790 et 24 mai 1872;

Considérant qu'aux termes des dispositions combinées de l'article 31, § 2, de la loi du 15 mars 1850, du décret du 9 mars 1852, article 4, et de la loi du 14 juin 1854, article 8, les consistoires « jouissent du droit de présenter » à la nomination des Préfets les instituteurs communaux appartenant aux cultes non catholiques; que si, par application de l'article 34 de la loi précitée du 15 mars 1850, les instituteurs adjoints protestants attachés à une École communale, en raison du nombre d'élèves qu'elle renferme, peuvent être nommés par l'instituteur, sans présentation du consistoire, cette disposition exceptionnelle ne s'applique pas aux instituteurs adjoints chargés par le Préfet, en vertu de l'article 2 de la loi du 10 avril 1867, de diriger une École communale établie dans un hameau, et dont la nomination est soumise aux mêmes règles que celle des instituteurs publics;

Considérant que de ce qui précède il résulte qu'en nommant, sur la proposition de l'Inspecteur d'Académie, pour diriger l'École publique protestante du hameau de Gourdouze une institutrice adjointe protestante qui n'a pas été présentée par le consistoire de Vialas auquel ressortit cette École, le Préfet de la Lozère a excédé ses pouvoirs, et que, dès lors, ledit consistoire de Vialas est fondé à demander l'annulation pour excès de pouvoirs de l'arrêté préfectoral pris pour la nomination de l'institutrice de Gourdouze.... (*Arrêté annulé.*)

2e *espèce*. — Consistoire de Montauban (Tarn-et-Garonne). — Non-lieu.

Vu la requête et le mémoire ampliatif, présentés pour le consistoire de l'Église réformée de Montauban...., tendant à ce qu'il plaise au Conseil annuler, pour excès de pouvoirs, un arrêté du 11 septembre 1877, par lequel le Préfet de Tarn-et-Garonne a nommé, en qualité d'instituteur public dans l'École protestante de Montauban, un sieur Gremillot, qui n'a pas été présenté par le consistoire;

Ce faisant, attendu qu'aux termes de la loi du 15 mars 1850, les consistoires jouissent du droit de présentation pour les instituteurs appartenant aux cultes non catholiques, que les dispositions des lois subséquentes, en transportant aux Préfets les pouvoirs qui appartenaient aux Conseils municipaux pour la nomination des instituteurs, ont, ainsi que l'a reconnu le Conseil d'État dans sa décision du 25 avril 1873 (consistoire de Sainte-Foix), expressément réservé le droit de présentation attribué aux consistoires; que l'Administration ne saurait se prévaloir, dans le cas présent, de ce que l'instituteur nommé dans l'École protestante de Montauban était, au moment de sa nomination, investi des mêmes fonctions dans une École du même ressort consistorial, et de ce qu'il s'agirait, dès lors, d'une mutation de poste, cas dans lequel le Préfet ne serait pas tenu de recourir à la présentation du consistoire; attendu que les termes de la disposition légale précitée sont généraux et s'appliquent à tous les cas, soit qu'il s'agisse de la nomination d'un instituteur qui ne faisait pas partie du corps enseignant, soit qu'il s'agisse d'une simple mutation de poste; que, dès lors, le Préfet de Tarn-et-Garonne a excédé ses pouvoirs en nommant un instituteur protestant dans l'École de Montauban, sans avoir mis le consistoire en mesure de lui en faire une présentation; par ces motifs, prononcer l'annulation de l'arrêté attaqué;

Vu les observations présentées par le Ministre de l'Instruction publique et des Cultes tendant au rejet du recours du consistoire, par le motif que l'article 31 de la loi du 15 mars 1850 doit être entendu en ce sens, que le Préfet n'est tenu de demander des propositions au consistoire que dans le cas où il s'agit d'introduire un membre nouveau dans le corps des instituteurs publics d'une même communion; lesdites observations enregistrées comme ci-dessus le 27 juillet 1878;

Vu la loi du 15 mars 1850, article 31, le décret du 9 mars 1852, article 4, et la loi du 14 juin 1854, article 8;

Vu la loi des 7-14 octobre 1790 et celle du 24 mai 1872;

Considérant qu'il résulte de l'instruction que le Préfet de Tarn-et-Garonne a remplacé le sieur Gremillot par un autre instituteur protestant dans l'École de Montauban; que, dès lors, le pourvoi dirigé par le consistoire de Montauban contre l'arrêté préfectoral du 14 septembre 1877, pris pour la nomination du sieur Gremillot, est devenu sans objet :

ARTICLE 1er. — Il n'y a lieu de statuer sur le recours formé par le consistoire de Montauban.

DOCUMENTS ANNEXES

I

BREVETS ET CERTIFICATS

Modèles des Brevets de capacité annexés à la circulaire du 3 juillet 1866 (page 109).

MODÈLE N° 1.

ACADÉMIE
d

EMPIRE FRANÇAIS

DÉPARTEMENT
d

BREVET DE CAPACITÉ POUR L'ENSEIGNEMENT PRIMAIRE

(ENSEIGNEMENT DES GARÇONS)

LE RECTEUR DE L'ACADÉMIE d

Vu les articles 23, 46 et 48 de la loi du 15 mars 1850, l'article 9 de la loi du 21 juin 1865, l'article 50 du décret du 29 juillet 1850 et l'arrêté du 3 juillet 1866 ;

Vu le procès-verbal de l'examen subi par M. (et, s'il y a lieu, en religion frère N...), sur l'Instruction morale et religieuse, la Lecture, l'Écriture, les Éléments de la Langue française, le Calcul, le Système légal des Poids et Mesures;

Vu le certificat en date du 18 , par lequel la Commission d'examen siégeant à , département d , atteste que M. , né le à , département d , a été jugé apte à obtenir un Brevet de capacité pour l'enseignement primaire, comprenant les matières ci-dessus énumérées,

Délivre à M. le présent Brevet.

Fait à , le 18 .

Signature de l'Impétrant. *Le Recteur de l'Académie d*

MODÈLE N° 2.

ACADÉMIE
d

EMPIRE FRANÇAIS

DÉPARTEMENT
d

BREVET DE CAPACITÉ DU SECOND ORDRE

(ENSEIGNEMENT DES FILLES)

LE RECTEUR DE L'ACADÉMIE d

Vu les articles 23, 46 et 48 de la loi du 15 mars 1850, l'article 50 du décret du 29 juillet 1850 et les articles 6 et 7 du décret du 31 décembre 1853;

Vu l'article 23 de l'arrêté du 3 juillet 1866;

Vu le programme de l'examen pour l'obtention du Brevet de capacité du second ordre, comprenant l'Instruction morale et religieuse, la Lecture, l'Écriture, les Éléments de la Langue française, le Calcul, le Système légal des Poids et Mesures et les Travaux à l'aiguille.

Vu le procès-verbal de l'examen subi par M

Vu le certificat en date du 18 , par lequel la Commission d'examen siégeant à , département d , atteste que M , née le , à , département d , a été jugée apte à obtenir un Brevet de capacité du second ordre,

Délivre à M le présent Brevet.

Fait à , le 18 .

Signature de l'Impétrante. *Le Recteur de l'Académie d*

MODÈLE N° 3.

ACADÉMIE
d

EMPIRE FRANÇAIS

DÉPARTEMENT
d

BREVET DE CAPACITÉ DE PREMIER ORDRE

(ENSEIGNEMENT DES FILLES)

Le Recteur de l'Académie d

Vu le Brevet de capacité du second ordre en date du , délivré conformément à la loi du 15 mars 1850 et au décret du 31 décembre 1853, à M
née le , à département d ;

Vu l'article 9 de la loi du 21 juin 1865, les articles 6 et 7 du décret du 31 décembre 1853 et l'article 24 de l'arrêté du 3 juillet 1866;

Vu le programme de l'examen pour l'obtention du Brevet de capacité du premier ordre, comprenant l'Arithmétique appliquée aux opérations pratiques, la Tenue des livres, les Éléments d'Histoire et de Géographie, les Notions de Sciences physiques et d'Histoire naturelle applicables aux usages de la vie, le Dessin, le Chant, l'Hygiène ;

Vu le procès-verbal de l'examen subi par M.

Vu le certificat en date du 18 , par lequel la Commission d'examen siégeant à département d , atteste que M a été jugée apte à obtenir un Brevet de capacité du premier ordre,

Délivre à M le présent Brevet.

Fait à , le 18 .

Signature de l'Impétrante. *Le Recteur de l'Académie d*

Modèle du Certificat d'études primaires annexé à la circulaire du 20 août 1866
(page 111).

CERTIFICAT D'ÉTUDES PRIMAIRES

L'instituteur soussigné certifie que
né à , le 18 ,
a fréquenté l école d depuis
jusqu'au , et qu'à sa sortie de l'école, il a subi devant la Commission locale un examen, duquel il résulte qu'il a mérité les mentions suivantes dans les différentes branches de l'enseignement primaire qu'il a étudiées, savoir :

(Inscrire ici, avec la mention *bien* ou *assez bien*, celles des matières de l'enseignement obligatoire ou facultatif sur lesquelles l'élève aura justifié de connaissances suffisantes.) (Loi du 15 mars 1850 et du 21 juin 1865.)

En foi de quoi lui a été délivré le présent certificat.

A , le 186 .

L'Instituteur,

Certifié sincère et véritable par nous, membres de la Commission locale d'examen, instituée pour la délivrance du certificat d'études primaires :

Vu et approuvé :

A , le 186 .

L'Inspecteur de l'instruction primaire,

II

TABLEAUX STATISTIQUES

ANNEXÉS AU RAPPORT

SUR LA PROPOSITION DE M. PAUL BERT

RELATIVE AUX ÉCOLES NORMALES PRIMAIRES

(page 780).

A

ÉCOLES NORMALES ET COURS NORMAUX (Date de leur fondation).

DÉPARTEMENTS.	ÉCOLES NORMALES.		COURS NORMAUX.		COURS NORMAUX PROTESTANTS.		OBSERVATIONS.
	GARÇONS.	FILLES.	GARÇONS.	FILLES.	GARÇONS.	FILLES.	
Ain	1er janvier 1832.	»	»	15 octobre 1854.	»	»	
Aisne	1er octobre 1833.	»	»	27 juin 1845.	»	»	
Allier	1833.	16 mai 1873.	»	1844.	»	»	
Alpes (Basses-)	1833.	»	»	28 janvier 1857.	»	»	
Alpes (Hautes-)	10 juin 1834.	»	»	1er janvier 1840.	»	»	
Alpes-Maritimes	30 novembre 1860.	»	»	»	»	»	
Ardèche	10 octobre 1831.	»	»	»	»	»	
Ardennes	20 octobre 1831.	25 août 1845.	»	»	»	»	
Ariège	1er octobre 1833.	»	»	30 août 1869.	»	»	
Aube	1er mars 1834.	»	»	1er octobre 1843.	»	»	
Aude	novembre 1833.	»	»	1er septembre 1869.	»	»	
Aveyron	1833.	»	»	15 octobre 1869.	»	»	
Bouches-du-Rhône	20 novembre 1837.	7 décembre 1843.	»	»	»	»	
Calvados	14 août 1834.	»	»	Blou. Lisieux } 25 novembre 1858.	»	»	
Cantal	1829.	»	»	1er janvier 1875.	»	»	
Charente	»	»	»	25 novembre 1844.	»	»	Envoie ses boursiers à l'École normale de Poitiers.
Charente-Inférieure	1er octobre 1865.	»	»	octobre 1847.	»	1er octobre 1849.	Subit maintenant une transformation.
Cher	31 janvier 1832.	»	»	1869.	»	»	
Corrèze	1er septembre 1832.	»	»	août 1873.	»	»	
Corse	1er avril 1833.	20 octobre 1854.	»	»	»	»	
Côte-d'Or	11 novembre 1829.	En installation.	»	4 septembre 1867.	»	»	
Côtes-du-Nord	»	»	6 janvier 1858.	septembre 1841.	»	»	
Creuse	août 1830.	»	»	4 juin 1844.	»	»	
Dordogne	1er octobre 1835.	»	»	1er novembre 1849.	»	»	
Doubs	1835.	1843.	»	»	École modèle de Montbéliard, 1838.	Idem 1871.	
Drôme	18 octobre 1862.	»	»	25 juillet 1845.	Dieulefit, 1834.	1845.	
Eure	août 1831.	»	»	août 1869.	»	»	
Eure-et-Loir	1831.	17 juin 1872.	»	»	»	»	
Finistère	1er octobre 1873.	»	»	»	»	»	
Gard	22 novembre 1833.	»	»	»	»	1844.	Reçoit des boursières des Consistoires des départements voisins.
Garonne (Haute-)	1833.	»	»	24 décembre 1869.	»	»	
Gers	1833.	»	»	»	»	»	
Gironde	1833.	»	»	1834.	»	»	
Hérault	31 août 1833.	janvier 1876.	»	»	»	»	
Ille-et-Vilaine	1832.	»	»	1841.	»	»	
Indre	1849.	»	»	»	»	»	
Indre-et-Loire	avril 1863.	»	»	26 janvier 1851.	»	»	
Isère	octobre 1831.	septembre 1872.	»	»	École normale de Mens, 1833.	»	
Jura	octobre 1862.	1842.	»	»	»	»	
Landes	septembre 1833.	»	»	octobre 1849.	»	»	
Loir-et-Cher	17 juillet 1834.	»	»	24 octobre 1874.	»	»	
Loire	1833.	»	»	»	»	»	
Loire (Haute-)	1833.	»	»	1854.	»	»	
Loire-Inférieure	11 juin 1872.	»	»	1er octobre 1849.	»	»	
Loiret	1832.	1843.	»	»	»	»	
Lot	»	»	»	»	»	»	L'École normale a été supprimée en 1852; le département envoie 10 élèves à Montauban.

DÉPARTEMENTS.	ÉCOLES NORMALES.		COURS NORMAUX.		COURS NORMAUX PROTESTANTS.		OBSERVATIONS.
	GARÇONS.	FILLES.	GARÇONS.	FILLES.	GARÇONS.	FILLES.	
Lot-et-Garonne	»	»	»	20 août 1861.	»	»	L'École normale a été supprimée en 1850. Envoie ses boursiers à la Grande-Sauve.
Lozère	octobre 1832.	»	»	janvier 1841.	»	»	
Maine-et-Loire	1831.	»	»	26 août 1869.	»	»	
Manche	décembre 1832.	»	»	Avranches. / Coutances. 1844	»	»	
Marne	août 1833.	»	»	11 novembre 1853	»	»	
Marne (Haute-)	1834.	»	»	janvier 1867.	»	»	
Mayenne	20 janvier 1833.	»	»	»	»	»	Le Cours normal de filles n'a pas d'institution légale; le département y entretient deux boursières.
Meurthe-et-Moselle	1833.	»	»	17 décembre 1853	»	»	
Meuse	1er décembre 1823.	»	»	1er octobre 1858	»	»	
Morbihan	»	»	»	»	»	»	Envoie ses boursiers à l'École normale de Savenay.
Nièvre	24 mai 1861.	»	»	28 août 1841.	»	»	
Nord	mai 1834.	»	»	octobre 1845.	»	»	
Oise	»	»	15 octobre 1850.	1er octobre 185[illegible]	»	»	
Orne	juillet 1843.	août 1842.	»	»	»	»	
Pas-de-Calais	»	»	août 1872.	1er janvier 1850.	»	»	
Puy-de-Dôme	14 avril 1831.	»	»	1860.	»	»	
Pyrénées (Basses-)	1833.	»	»	août 1838.	»	»	
Pyrénées (Hautes-)	1843.	»	»	novembre 186[illegible].	»	»	
Pyrénées-Orientales	décembre 1833.	»	»	9 février 1858.	»	»	
Rhin (Haut-) (partie française	»	»	»	»	»	»	Envoie ses élèves boursières à Vesoul.
Rhône	antérieure à 1837.	1876.	»	»	»	»	
Saône (Haute-)	mai 1834.	»	»	»	»	»	Envoie ses boursières à Besançon.
Saône-et-Loire	novembre 1837.	octobre 1872.	»	»	»	»	
Sarthe	7 août 1834.	»	»	29 janvier 1844.	»	»	
Savoie	14 juin 1860.	»	»	»	»	»	
Savoie (Haute-)	»	août 1861.	»	»	»	»	Envoie ses boursiers à Albertville.
Seine	1er octobre 1873.	1er octobre 1874.	»	»	(Courbevoie) 1846.	13 septembre 1865 (Boissy-St-Léger).	
Seine-et-Marne	(Melun) 1832.	»	juillet-août 1869.	»			Une École normale de filles est votée.
Seine-et-Oise	31 décembre 1831.	»	»	»	»	»	
Seine-Inférieure	29 novembre 1823.	»	»	6 décembre 1873.	»	»	
Sèvres (Deux-)	6 juin 1835.	»	»	28 juin 1861.	8 août 1862.	octobre 1867.	
Somme	2 novembre 1831.	1876.	»	»	»	»	
Tarn	1832.	»	»	»	»	»	
Tarn-et-Garonne	1er avril 1834.	»	»	1843.	»	»	
Var	31 août 1851.	»	»	1er décembre 1861.	»	»	
Vaucluse	29 octobre 1832.	»	»	»	»	»	Envoie ses boursières à l'École normale d'Aix.
Vendée	La Roche-sur-Yon.	»	»	»	»	»	
Vienne	janvier 1834.	»	»	»	»	»	
Vienne (Haute-)	14 octobre 1875.	»	»	1er novembre 1874.	»	»	
Vosges	octobre 1828.	»	»	janvier 1869.	»	»	
Yonne	février 1835.	1er novembre 1872.	»	»	»	»	
Alger	4 mars 1865.	18 décembre 1874.	»	»	»	»	L'Algérie n'a pour la colonie que ces deux Écoles communes aux trois provinces.
Oran	»	»	»	»	»	»	
Constantine	»	»	»	»	»	»	
Totaux pour la France et pour l'Algérie	79	19	4	54	5	6	

B

Écoles normales primaires d'instituteurs.

(SIÈGE ; NATURE DE LEUR DIRECTION, 1876-77.)

DÉPARTEMENTS.	VILLE où se trouve L'ÉCOLE.	NOMBRE D'ÉLÈVES.	
Ain	Bourg	54	École laïque.
Aisne	Laon	56	id.
Allier	Moulins	39	id.
Alpes (Basses-)	Barcelonnette	41	id.
Alpes (Hautes-)	Gap	33	id.
Alpes-Maritimes	Nice	30	id.
Ardèche	Privas	30	id.
Ardennes	Charleville	54	id.
Ariège	Foix	36	id.
Aube	Troyes	42	id.
Aude	Carcassonne	45	id.
Aveyron	Rodez	36	id.
Bouches-du-Rhône	Aix	36	id.
Calvados	Caen	62	id.
Cantal	Aurillac	29	École congréganiste.
Charente	»	»	Envoie ses élèves à Poitiers.
Charente-Inférieure	Lagord	40	Ecole laïque.
Cher	Bourges	36	id.
Corrèze	Tulle	36	id.
Corse	Ajaccio	34	id.
Côte-d'Or	Dijon	40	id.
Côtes-du-Nord	»	»	Cours normal.
Creuse	Guéret	31	École laïque.
Dordogne	Périgueux	55	id.
Doubs	Besançon	48	id.
Drôme	Valence	34	id.
Eure	Évreux	40	id.
Eure-et-Loir	Chartres	52	id.
Finistère	Quimper	38	École congréganiste.
Gard	Nîmes	30	École laïque.
Garonne (Haute-)	Toulouse	36	id.
Gers	Auch	37	id.
Gironde	Grande-Sauve	78	id. (Lot-et-Garonne : 25.)
Hérault	Montpellier	42	id.
Ille-et-Vilaine	Rennes	49	id.
Indre	Châteauroux	30	id.
Indre-et-Loire	Loches	30	id.
Isère	Grenoble	58	id.
Jura	Lons-le-Saunier	44	id.
Landes	Dax	30	id.
Loir-et-Cher	Blois	40	id.
Loire	Montbrison	34	id.
Loire (Haute-)	Le Puy	36	id.

DÉPARTEMENTS.	VILLE où se trouve L'ÉCOLE.	NOMBRE D'ÉLÈVES.	
Loire-Inférieure. . .	Savenay	75	École laïque. (Morbihan : 16.)
Loiret	Orléans.	51	id.
Lot.	»	»	10 élèves à l'École de Montauban.
Lot-et-Garonne . . .	»	»	25 élèves à l'École de la G^de^-Sauve.
Lozère.	Mende	21	École laïque.
Maine-et-Loire . . .	Angers.	51	id.
Manche	Saint-Lô.	60	id.
Marne.	Châlons.	65	id.
Marne (Haute-) . . .	Chaumont	42	id.
Mayenne.	Laval.	30	id.
Meurthe-et-Moselle.	Nancy.	60	id.
Meuse	Commercy.	60	id.
Morbihan	»	»	14 élèves à l'École de Savenay.
Nièvre.	Nevers.	38	École laïque.
Nord.	Douai.	77	id.
Oise	»	»	Cours normal.
Orne.	Alençon	44	École laïque.
Pas-de-Calais	»	»	Cours normal.
Puy-de-Dôme	Clermont.	30	École laïque.
Pyrénées (Basses-) .	Lescar	50	id.
Pyrénées (Hautes-) .	Tarbes.	30	id.
Pyrénées-Orientales.	Perpignan.	32	id.
Rhin (Haut-) (Partie française) . . .	»	»	10 élèves à l'École de Vesoul.
Rhône.	Villefranche	34	École laïque.
Saône (Haute-) . . .	Vesoul.	62	id. (Belfort : 10.)
Saône-et-Loire. . . .	Mâcon	50	id.
Sarthe.	Le Mans.	36	id.
Savoie.	Albertville.	75	id. (Haute-Savoie : 36.)
Savoie (Haute-). . .	»	»	36 élèves à l'École d'Albertville.
Seine.	Paris.	78	École laïque.
Seine-Inférieure. . .	Rouen	70	École congréganiste.
Seine-et-Marne . . .	Melun	43	École laïque.
Seine-et-Oise	Versailles.	60	id.
Sèvres (Deux-) . . .	Parthenay	36	id.
Somme.	Amiens.	54	id.
Tarn.	Albi	30	id.
Tarn-et-Garonne . .	Montauban.	39	id. (Lot : 10.)
Var.	Draguignan	28	id.
Vaucluse.	Avignon	23	id.
Vendée.	La Roche-sur-Yon.	35	id.
Vienne.	Poitiers.	60	id.
Vienne (Haute-). . .	Limoges	26	id.
Vosges.	Mirecourt	60	id.
Yonne	Auxerre	55	id.
Province d'Alger . .	Alger.	32	id.
	Total.	3483	

C — Écoles normales primaires d'institutrices.

(SIÈGE ; NATURE DE LEUR DIRECTION.)

DÉPARTEMENTS.	VILLE OU SE TROUVE L'ÉCOLE.	
Allier.	Moulins.	École laïque.
Ardennes.	Mézières	École congréganiste.
Bouches-du-Rhône. . .	Aix.	École laïque.
Corse.	Ajaccio	École congréganiste.
Côte-d'Or.	Dijon.	École laïque.
Doubs	Besançon.	École congréganiste.
Eure-et-Loir.	Chartres	École laïque.
Hérault.	Montpellier.	id.
Isère	Grenoble	id.
Jura.	Lons-le-Saunier	École congréganiste.
Loiret.	Orléans.	id.
Orne	Argentan.	id.
Rhône	Lyon	id.
Saône-et-Loire.	Mâcon.	École laïque.
Haute-Savoie.	Rumilly.	École congréganiste.
Seine.	Paris.	École laïque.
Somme.	Amiens	id.
Yonne	Auxerre.	id.
Algérie.	Miliana.	id.

D — Nombre et origine des élèves de ces Écoles, 1877-78.

SIÈGE DE L'ÉCOLE. 1	NOMBRE DES ÉLÈVES. 2	FILLES d'instituteurs ou d'institutrices. 3	PARENTS habitant l'arrondissement du lieu de l'école. 4	PARENTS habitant le département. 5	RAPPORT entre les nombres des colonnes 4 et 5. 6
Aix.	70	9	11	32	0.34
Ajaccio.	26	2	8	26	0.31
Amiens.	»	»	»	»	»
Argentan	21	»	»	20	»
Auxerre	39	10	16	29	0.55
Besançon.	78	22	6	43	0.14
Chartres.	32	4	14	22	0.64
Dijon.	En installation.				
Grenoble.	46	11	22	44	0.50
Lons-le-Saunier.	43	3	10	43	0.23
Lyon	25	1	12	18	0.66
Mâcon	29	14	8	27	0.27
Mézières	18	3	8	18	0.44
Miliana.	24	3	»	Algériens.	»
Montpellier. . . .	26	4	16	26	0.62
Moulins	20	3	4	9	0.28
Orléans.	32	5	14	30	0.47
Paris	65	8	63	64 à Paris.	0.98
Rumilly	3	7	23	37	0.62
Total. . . .	667	109	235	488	0.48

E

Cours normaux dans lesquels l'État entretient des bourses.

DÉPARTEMENTS.	
Ain	»
Aisne	Laon, cours normal d'institutrices.
Allier	Moulins, —
Alpes (Basses-)	Digne, —
Alpes (Hautes-)	Gap, —
Ariége	Pamiers, —
Aveyron	Rodez, —
Calvados	Lisieux, —
	Blon, —
Charente	Angoulême, —
Charente-Inférieure	Château-d'Oléron, —
Cher	Royan, —
Creuse	Guéret, —
Dordogne	Terrasson, —
Doubs	Montbéliard, —
Drôme	Valence, —
Landes	Mont-de-Marsan, —
Loire (Haute-)	Le Puy, —
Lozère	Mende, —
Manche	Avranches, —
	Coutances, —
Marne	Reims, —
Marne (Haute-)	Chaumont, —
Nièvre	Nevers, —
Nord	Douai, —
Pas-de-Calais	Dohem, —
Puy-de-Dôme	Clermont, —
Pyrénées (Basses-)	Pau, —
Pyrénées (Hautes-)	Bagnères, —
Pyrénées-Orientales	Perpignan, —
Sarthe	Le Mans, —
Seine	Courbevoie, cours normal d'instituteurs.
Seine-et-Marne	Juilly, cours normal d'institutrices.
Seine-et-Oise	Boissy-Saint-Léger, —
Var	Draguignan, —
Vendée	La Roche-sur-Yon, —

F

Dépenses d'entretien des Écoles normales et Cours normaux acquittées par les départements sur des centimes autres que les 4 centimes spéciaux. Exercice 1877.

DÉPARTEMENTS.	ÉTABLISSEMENTS.	NATURE DES DÉPENSES.	PRÉLÈVEMENTS sur centimes ordinaires autres que les 4 centimes spéciaux.	PRÉLÈVEMENTS sur centimes extraordinaires.
Ain	Cours normal d'institutrices.	Bourses.	2.400 »	»
Aisne	Id. Id.	Id.	6.360 »	»
Allier	École normale d'instituteurs.	Id.	5.400 »	»
	— d'institutrices.	Id.	10.750 »	»
Alpes (Basses-)	»	»	»	»
Alpes (Hautes)	École normale d'instituteurs.	Id.	840 »	»
	Cours normal d'institutrices.	Id.	840 »	»
Alpes-Maritimes	»	»	»	»
Ardèche	»	»	»	»
Ardennes	Cours normal d'instituteurs.	Id.	1.300 »	»
Ariège	École normale d'instituteurs.	Traitement du prof. d'agric.	800 »	»
	Cours normal d'institutrices.	Bourses.	1.200 »	»
Aube	Id. Id.	Id.	2.365 »	»
Aude	Id. Id.	Id.	1.625 »	»
Aveyron	»	»	»	»
Bouches-du-Rhône	»	»	»	»
Calvados	Cours normal d'institutrices.	Id.	141 66	»
Cantal	»	»	»	»
Charente	»	»	»	»
Charente-Inférieure	École normale et cours normaux d'institutrices	Id.	10.680 »	»
Cher	»	»	»	»
Corrèze	»	»	»	»
Corse	École normale d'institutrices.	Id.	»	4.980
Côte-d'Or	Cours normal Id.	Bourses et traitements.	»	3.600
Côtes-du-Nord	Id. Id.	Bourses.	1.900 »	»
Creuse	Id. Id.	Entretien d'une école annexe.	1.250 »	»
Dordogne	École normale d'institutrices.	Bourses.	1.200 »	»
Doubs	»	»	»	»
Drôme	Cours normal d'institutrices.	Id.	2.400 »	»
Eure	»	»	»	»
Eure-et-Loir	Id. Id.	Bourses et subvent. à l'éc. an.	2.750 »	»
Finistère	»	»	»	»
Gard	»	»	»	»
Garonne (Haute-)	»	»	»	»
Gers	École normale d'instituteurs.	Traitem. du profes. d'hortic.	700 »	»
Gironde	»	»	»	»
Hérault	»	»	»	»
Ille-et-Vilaine	»	»	»	»
Indre	»	»	»	»
Indre-et-Loire	»	»	»	»
Isère	»	»	»	»
Jura	Cours normal d'instituteurs.	Bourses.	312 48	»
Landes	»	»	»	»
Loir-et-Cher	»	»	»	»
Loire	»	»	»	»
Loire (Haute-)	Cours normal d'instituteurs.	Id.	1.350 »	»

DÉPARTEMENTS.	ÉTABLISSEMENTS.	NATURE DES DÉPENSES.	PRÉLÈVEMENTS sur centimes ordinaires autres que les 4 centimes spéciaux.	PRÉLÈVEMENTS sur centimes extraordinaires.
Loire-Inférieure . . .	École normale d'instituteurs.	Bourses.	1.600 »	»
Loiret.	»	»	»	»
Lot	»	»	»	»
Lot-et-Garonne. . . .	»	»	»	»
Lozère.	Cours normal d'institutrices.	Id.	2.000 »	»
Maine-et-Loire	»	»	»	»
Manche	Id. Id. ..	Id.	12.937 50	»
Marne.	École normale d'instituteurs.	Bourses et indemnités aux prof. de dessin et d'agric.	915 85	»
Marne (Haute-). . . .	»	»	»	»
Mayenne.	Cours normal d'institutrices.	Bourses.	900 »	»
Meurthe-et-Moselle. .	»	»	»	»
Meuse.	École normale d'instituteurs.	Bourses et profes. de dessin.	2.100 »	»
Morbihan	»	»	»	»
Nièvre.	École normale d'instituteurs.	Location de jardin à l'éc. an.	2.150 »	»
	Cours normal d'institutrices.	Bourses et traitem. de profes.	4.800 »	»
Nord.	»	»	»	»
Oise.	Id. Id. ..	Bourses.	1.200 »	»
Orne.	»	»	»	»
Pas-de-Calais.	Id. Id. ..	Id.	5.500 »	»
Puy-de-Dôme.	»	»	»	»
Pyrénées (Basses-). .	Id. Id. ..	Bourses et traitements.	7.800 »	»
Pyrénées (Hautes-). .	Id. Id. ..	Id.	4.620 »	»
Pyrénées-Orientales. .	»	»	»	»
Rhin (Haut-), Belfort.	»	»	»	»
Rhône.	»	»	»	»
Saône (Haute-)	»	»	»	»
Saône-et-Loire	»	»	»	»
Sarthe.	Id. Id. ..	Bourses.	1.680 »	»
Savoie.	École normale d'instituteurs.	Traitement du prof. d'agric.	»	300
Savoie (Haute-). . . .	École normale d'institutrices.	Dépenses ordinaires.	»	6.450
Seine.	»	»	»	»
Seine-Inférieure . . .	École normale d'instituteurs.	Bourses.	5.750 »	»
	Cours normal d'institutrices.	Bourses et traitements.	14.850 »	»
Seine-et-Marne	Id. Id. ..	Bourses.	3.600 »	»
Seine-et-Oise	»	»	»	»
Sèvres (Deux-)	»	»	»	»
Somme	École normale d'institutrices.	Dépenses ordinaires.	16.133 »	»
	Cours normal Id. ..	Bourses.	1.200 »	»
Tarn.	»	»	»	»
Tarn-et-Garonne . . .	École normale d'institutrices.	Bourses et traitements, professeur de gymnastique.	»	600
Var.	Id. d'Aix.	Bourses.	240 »	»
Vaucluse	Id. Id.	Id.	4.100 »	»
Vendée	»	»	»	»
Vienne.	»	»	»	»
Vienne (Haute-) . . .	»	»	»	»
Vosges.	École normale d'instituteurs.	Id.	2.400 »	»
	Cours normal d'institutrices.	Id.	3.000 »	»
Yonne.	»	»	»	»
		TOTAUX.	156.040 49	15.930

G

Écoles normales en location.

DÉPARTEMENTS.	ÉCOLES NORMALES D'INSTITUTEURS. — Montant de la location.	ÉCOLES NORMALES D'INSTITUTRICES. — Montant de la location.	OBSERVATIONS.
	fr.	fr.	
Alpes (Basses-), Barcelonnette.	270	»	Location partielle.
Alpes-Maritimes, Nice	5.000	»	
Ardennes, Charleville	180	1.500	École congréganiste, 1.500 fr. de location payés en vertu d'un traité avec la congrégat.
Bouches-du-Rhône, Aix	400	»	Location partielle.
Corrèze, Tulle	650	»	Location partielle.
Drôme, Valence	4.300	»	
Eure, Évreux	150	»	Location partielle.
Eure-et-Loir, Chartres	»	5.250	
Finistère, Quimper	2.000	»	
Indre-et-Loire, Loches	1.500	»	Location d'un terrain (les Viautères).
Isère, Saint-Égrève	»	2.500	
Loire (Haute-), Le Puy	200	»	Location partielle.
Loire-Inférieure, Savenay	250	»	Location partielle.
Loiret, Orléans	»	1.200	École congréganiste, traité passé avec la congrégation.
Lozère, Mende	1.640	»	
Nièvre, Varzy	150	»	Location partielle.
Nord, Douai	450	»	Location partielle.
Orne, Argentan	»	1.000	
Puy-de-Dôme, Clermont	2.400	»	Une nouvelle école est en construction.
Saône-et-Loire, Mâcon	»	1.500	
Seine, Paris	10.000	»	
Seine-Inférieure, Rouen	500	»	Location partielle.
Somme, Amiens	»	3.300	
Vaucluse, Avignon	1.500	»	400 fr. location de jardin.
	40.040	16.250	
	56.290		

H **Valeur du centime départemental au principal des quatre contributions directes**

ET NOMBRE DE CENTIMES EXTRAORDINAIRES IMPOSÉS.

DÉPARTEMENTS.	VALEUR DU CENTIME.	NOMBRE des CENTIMES extraordinaires.	OBSERVATIONS.
Ain	21.290 »	17.75	
Aisne	55.203 02	19.45	
Allier	25.340 88	26	
Alpes (Basses-)	9.482 »	16.50	
Alpes (Hautes-)	7.676 79	21	
Alpes-Maritimes	17.068 74	32.50	
Ardèche	17.378 58	27	
Ardennes	27,804 41	19	
Ariège	10.682 79	27.25	
Aube	26.074 67	16	
Aude	27.272 67	18	
Aveyron	22.979 »	22	
Bouches-du-Rhône	73.298 39	17	
Calvados	61.500 »	14	
Cantal	15.670 »	20	
Charente	31.582 »	12	
Charente-Inférieure	40.271 »	19	
Cher	19,362 45	15	
Corrèze	13.421 68	20	
Corse	5.315 »	32	
Côte-d'Or	42.756 »	7.25	
Côtes-du-Nord	27.275 32	16	
Creuse	11,667 09	17	
Dordogne	32.131 38	12	
Doubs	23.573 57	12	
Drôme	21.773 93	15.50	
Eure	51.221 79	20	
Eure-et-Loir	33.786 26	19	
Finistère	31.170 71	14	
Gard	36.188 37	10	
Garonne (Haute-)	45.300 »	10	
Gers	23.753 56	11	
Gironde	85.644 39	12.77	
Hérault	45.050 »	22.50	
Ille-et-Vilaine	35.763 09	12	
Indre	17.464 78	19	
Indre-et-Loire	29.023 82	12.50	
Isère	43.000 »	12	
Jura	22.089 60	12	
Landes	13.975 04	16	
Loir-et-Cher	22.413 98	13.38	
Loire	40.889 36	12	

DÉPARTEMENTS.	VALEUR DU CENTIME.	NOMBRE des CENTIMES extraordinaires.	OBSERVATIONS.
Loire (Haute-)	16.674 67	16.10	
Loire-Inférieure	40.608 »	24.20	
Loiret	34.280 »	14	
Lot	18.605 50	14.50	
Lot-et-Garonne	31.274 26	11.50	
Lozère	8.350 75	14	
Maine-et-Loire	45.140 »	17	
Manche	50.436 83	18.10	
Marne	43.961 01	12	
Marne (Haute-)	23.073 49	9.50	
Mayenne	26.457 63	20	
Meurthe-et-Moselle	32.432 38	12	
Meuse	25.434 48	12	
Morbihan	24.416 25	12	
Nièvre	22.702 38	17	
Nord	129.971 31	12	
Oise	47.847 51	12	
Orne	37.737 50	20	
Pas-de-Calais	60.611 20	15.70	
Puy-de-Dôme	37.781 23	22.10	
Pyrénées (Basses-)	22.088 57	13	
Pyrénées (Hautes-)	10.950 »	12	
Pyrénées-Orientales	12.488 32	20	
Rhin (Haut-), partie française	4.470 55	12	
Rhône	85.652 23	23	
Saône (Haute-)	23.371 51	12	
Saône-et-Loire	47.126 02	14.87	
Sarthe	38.425 77	16	
Savoie	10.644 36	34	
Savoie (Haute-)	8.811 »	51	
Seine	523.226 92	16	
Seine-Inférieure	116.186 14	12	
Seine-et-Marne	47.236 73	17.12	
Seine-et-Oise	75.618 71	15	
Sèvres (Deux-)	23.130 »	15.40	
Somme	60.150 »	11	
Tarn	25.874 »	14	
Tarn-et-Garonne	22.607 94	12	
Var	25.525 86	15	
Vaucluse	19.974 15	20	
Vendée	25.091 17	20	
Vienne	22.296 48	19	
Vienne (Haute-)	18.935 »	20	
Vosges	24.150 13	12	
Yonne	30.434 15	12	

TABLE CHRONOLOGIQUE

DES MATIÈRES CONTENUES DANS LE TOME IV

DE LA

LÉGISLATION SUR L'INSTRUCTION PRIMAIRE

1863-1879

[Dans la dernière colonne, *n* renvoie aux *Notes*.]

1871	15 décembre.	*Projet de loi sur l'instruction primaire, présenté par M. Jules Simon, Ministre de l'Instruction publique*	324
—	15 —	*Projet de loi sur la retraite de divers fonctionnaires de l'enseignement primaire, présenté par M. Jules Simon, Ministre de l'Instruction publique*	341
—	19 —	*Amendement à la proposition de loi de M. Delpit* (27 *mai* 1871), *relative à la nomination des instituteurs communaux et à la surveillance des Ecoles primaires, présenté par M. le marquis de La Rochejaquelein*	343
1872	9 janvier.	Arrêt de la Cour d'Aix, établissant la compétence du pouvoir judiciaire pour maintenir provisoirement en possession des locaux qu'elle occupe, une École congréganiste expulsée.	344
—	10 —	*Amendement au projet de loi de M. Jules Simon sur l'instruction primaire* (15 *décembre* 1871), *présenté par MM. de Bonald, etc.* . . .	346
—	12 —	*Amendement au projet de loi sur l'instruction primaire, présenté par M. Antonin Lefèvre-Pontalis*	347
—	19 —	*Amendement à la proposition de loi de M. Delpit, relative à la nomination des instituteurs communaux et à la surveillance des Ecoles primaires, présenté par MM. G. de Belcastel, etc.*	347
—	24 —	*Amendement à la proposition de loi de M. Delpit, présenté par M. le marquis de La Rochejaquelein*	347
—	26 —	*Proposition de loi sur l'instruction élémentaire, présentée par M. Emile Beaussire.* . .	348
—	5 février.	*Amendement au projet de loi de M. Jules Simon sur l'instruction primaire* (15 *décembre* 1871), *présenté par M. Alfred Naquet*	356
—	16 —	Circulaire recommandant la plantation et l'entretien des jardins annexés aux Écoles rurales. . .	356
—	20 —	Décret modifiant le nombre et les attributions des déléguées générales pour l'inspection des salles d'asile.	357
—	20 —	Décret créant un nouvel emploi de déléguée spéciale des salles d'asile dans l'Académie de Paris.	358
—	21 —	Circulaire prescrivant une demande d'autorisation pour les représentations théâtrales données dans les Écoles primaires publiques	358
—	14 mars.	Circulaire relative aux plans-modèles des maisons d'école	359

DOCUMENTS ANNEXES

PARIS. — IMPRIMERIE DELALAIN FRÈRES

RUE DE LA SORBONNE, 1 ET 3.

www.ingramcontent.com/pod-product-compliance
Lightning Source LLC
LaVergne TN
LVHW020956300926
849160LV00007B/166